恐慌論

――マルクス的弁証法の経済学批判的な検証の場

論創社

恐慌論

――マルクス的弁証法の経済学批判的な検証の場

故日高普と故宇野弘蔵の両氏に、わたしのマルクス経済学的決算である本書を、謹んで捧げる。

両氏はすばらしい師弟の間柄であられたが、わたしのマルクス「経済学批判」の方法的自得は、これことごとく両氏の誘掖の賜物である。

両氏から享けた学問・文化の薫風は、長いといえば長い、短いといえば短かったわたしの全人生にとって、最高・至醇の一大快心事であった。

恐慌論——マルクス的弁証法の経済学批判的な検証の場　目次

第二三章　カール・マルクスの『資本論』弁証法体系と宇野弘蔵の〈純粋資本主義モデル像〉体系
――「具体的普遍」と「抽象的普遍」

第二四章　自由主義時代の周期的恐慌ならびに前=後自由主義時代の恐慌の変容の歴史

恐慌論——マルクス的弁証法の経済学批判的な検証の場

第一章　「青年ヘーゲル派」としての最初期マルクスの世界観的出立

「根柢的《ラディカル》であるということは、事象の根柢を摑むということである。ところで、人間にとって、根柢とは、人間そのものである」（カール・ハインリッヒ・マルクス『ヘーゲル法哲学批判』「緒論」）。

1　イギリス・フランス・ドイツのヨーロッパ近代化〈三重革命〉と最先進資本主義イギリスのヘゲモニー的位置

近代西欧を形成し、定着させ、構造化した歴史的要因として、イギリスにおける大文字の産業革命 The Industrial Revolution、フランスにおける「革命のイエルサレム」と謳われたパリを聖地とする政治革命（一七九三年のフランス大革命）、ドイツにおける「批判哲学体系」としてのカントの批判《クリティーク》からヘーゲルの弁証法《ディアレクティーク》へといたる思想革命、の〈三重革命〉が挙げられることは、よく知られているところである。

ヘーゲル死後の〈青年ヘーゲル派〉の沸騰時代に、モーゼス・ヘスが提起した「新たなヨーロッパにおける三頭制」に由来するこの、イギリス産業革命、フランス政治革命、ドイツ意識革命の〈三重革命論〉は、若きマルクス＝エンゲルス自身の積極的主張であり、後にレーニンも「マルクス主義の源泉」としての三成素として特に強調したところであるが、産業・政治・意識上の三重革命の成果として形成されるにいたった近代西欧の構造的特性は、ほかならないそうした近代西欧の構造が、この現在において全世界をグローバルに一体化した近代世界の主導的基軸となっている以上、そこでは西欧的視野に立脚して東洋《オリエント》世界の要因はすべてことごとくオミットされてしまっているが、にもかかわらず、この東洋《オリエント》欠落問題は、近代世界としての普遍性に不可分に関連する重要な問題である。

近代世界における産業上の価値基準としてはイギリス的事態、政治上の価値基準としてはフランス的事態、思想上の価値基準としてはドイツ的事態という、三分法＝三配置法は、それなりの諸歴史的事件を伴う近代歴史的根拠を有しているものであるが、深く再考察してみると、それらをいわば一元化的方向へと相対化して位置づけることが可能でもあり、必要でもあることが、分明となってくる。

近代西欧の政治的国家の形成にさいしての典型的要因として、フランス大革命が国王ルイ一八世ならびに王妃マリリ・アントアネットの頭をギロチンで刎ねて共和制を確立した民衆的壮挙として推し上げられてきたことは、あまりにも有名に歴史常識化されてきたところであるが、その一七九三年一月の事件のはるか以前に、オリヴァー・クロムウエルの鉄騎隊が主導したイギリス清教徒《ピューリタン》革命が、一六四九年に、国王チャールズ一世の首を刎ねて、同年五月に共和制をうちたてたことが、改めて顧みられなければならない。

わが明治維新後の近代天皇制国家の確立期に、それに抗する自由民権運動の最頂点において、中江兆民が「自主の主の字を解剖すれば王の頭に釘を打つ」と喝破したとき、王の頭を刎ねた釘は、フランス大革命において打たれただけではなく、イギリス清教徒革命においても打たれていたのであり、博識な中江兆民のその革命的都々逸が、そうした近代西欧史形成の全体の政治的事実を踏まえてうちだされていることは、疑いのないところである。

そのような国王の頭に釘を打ったイギリス共和制は、その後の名誉《グロリアス》革命を経過してから以後の、いわゆる地主王政の下で曖昧化されてしまってきたが、それとの類比でいうならば、近代世界に冠たるフランス共和制においても、若きマルクスが言う通り「フランス大革命の歴史的帰結は民族国家《フォルクス・シュタート》（すなわち「国民国家」）である」という規定の示すごとく、また、若きエンゲルスが言う通り「フランス大革命の歴史的帰趨は、バブーフの共産主義的陰謀《コンスピラシー》か、ナポレオン帝政か、の二者択一である」という規定の示すごとく、ナポレオン世界制覇戦争の発動のなかでの帝政であり、その対英大陸封鎖の失敗後のナポレオンの退位・流謫・死去の後でさえも、一八四八年革命流産後のボナパルティズムの復活によるナポレオン三世復位時代を歴史的に経験したのであり、普仏戦争の敗北によるボナパルティズムの崩壊の以後になってはじめて、フランス共和制は今日にいたるまでの近代フランスの国制としてようやくにして定着をみるにいたったのである。

以上を、近代西欧史として再総括してみるならば、近代西欧における封建的・絶対主義的王政の廃止と共和政的政治制度の構造化の濫觴は、炳乎としてクロムウエル清教徒《ピューリタン》革命以後の近代イギリスにほかならない。

次に、マルクス、エンゲルス、レーニンの歴史意識においても、近代西欧の哲学＝思想＝意識上の覚醒の最先進は、カントからヘーゲルにいたるドイツ観念論哲学＝批判哲学体系の展開にある、という近代思想史的位置づけについても、マルクス的思惟の心髄である唯物弁証法がヘーゲルの顚倒した観念弁証法の再正立にあったという位置づけは確かになされうるものではあるが、そのようないわゆるドイッチェ・イデオロギー体系の外に、いかなるところも宇宙の中心であるとみなしたライプニッツ哲学、神即自然という実質上の唯物論であるスピノザ哲学が、屹立して厳として実在し、さらに言えば、イギリス経験論《アンビリシズム》として概括されている近代イギリス的思惟には、フランシスコ・ベーコンが創発した『新器官《ノーヴム・オルガヌム》』に由る思想大革新に始まる、ニュートン「力学」とダーウィン「種の起源」論の、物理学・生物学上の根源的考察がある。万有引力に一元化されたニュートンの力学的世界像の根源に一元的物質世界像があり、ダーウィンの「種の起源」的世界像の根源に進化論的生物世界像があることは、あまりにも自明なことであり、その両者のイギリス的思惟は、近代の普遍的思考の中核であるものとして、カント→フィヒテ→シェリング→ヘーゲルのドイツ批判哲学体系をはるかに超出した実証的思考体系であることは、あきらかすぎるところである。

このようにして以上、近代西欧が創発した科学的思惟も、ニュートン力学とダーウィン生物学を擁した先進イギリス的思惟に価値規範的に一元化されるべきものであることが、判明する。

以上総覧すれば、近代西欧の構造的特性は、産業上も政治上も意識上も、先進イギリス資本主義の「普遍的特性」をモデルとして一元的に再構成されて然るべきものである。そのようなイギリス・西ヨーロッパの先進的中心に対して、その対蹠点にある前近代の諸共同体社会の後発的・周辺的性格は、いかに規定さるべきか？　それは「カースト社会」にほかならない。

聖なる価値統合によって社会的再生産を成り立たせる前近代の諸共同体社会は、その本性上「宗教的社会」であるが、同時にその成員の多様・重層的な階層性にしたがって、多かれ少なかれ階層社会として「カースト社会」である。前近代世界において、「カースト社会」はインドに特有なものではなく、むしろかえって、それは、世界史的に遍在している前近代社会の特性の「インド的範例」にほかならないのである。

二〇世紀的現代における思想的・政治的領導者であったレーニンが、「マルクス主義の三つの源泉」をイギリス産業革命・フランス政治革命・ドイツ哲学革命に限局して再構成・再定義したのは、むしろ、右に見たような一九世紀産業資本主義時代の〈パクス・ブリタニカ〉としての一元的モデル構成が、一八六八年の周期的恐慌の歴史的変容（周期性の喪失）以後の、金融・独占資本主義時代としての〈帝国主義段階〉への世界史的移行にともなう多極化を反映した、三元的再構成の産物であるものと思われる。

そこにおいては、後発的・後進的ドイツは、資本主義の不均等的・複合的発展を亢進させて、（「二重のドイツ的悲惨《ミゼーレ》」としての意識的複合・倒錯をはらみながらも、主としては意識的意義においてではなく）、鉄鋼・重化学工業における巨大固定資本の需要に社会的資金を新たな株式会社的形態を通じて動員・調達しながら独占体を形成したことによって、植民地独占世界を再編成したイギリスの寄生的帝国主義と対応しつつ、帝国主義時代的に多元・多極化したのであり、そこにおける三元・三極化は、すでにイギリスとともに鉄鋼・重化学製造業においてドイツに凌駕されてしまったフランスではなく、大西洋を渡った新大陸の新興のアメリカ合州国の「証券資本主義」型帝国主義の第三極的躍進となって、実現をみつつあったのである。

二〇世紀的初頭以来の帝国主義時代は、まぎれもなく前世紀末のポンド体制＝〈パクス・ブリタニカ〉一元体制が世界史的に崩壊した後の多極化世界であり、その多極化の拮抗の結果は、資本主義の基本矛盾の発現である世界恐慌と世界戦争とを合流・重合させて、まもなく第一次世界大戦＝帝国主義世界戦争となって大爆発をとげ、全世界的規模における〈戦争と革命の時代〉への突入の歴史的契機となり、よってもって、世界大戦の主要な副産物としての一九一七年のソヴエト・ロシア革命の勃発と、レーニン主義の形成とに結びついていったのである。

かつての「帝国主義段階」論を基軸とする〈重商主義→自由主義→帝国主義の〉〈三段階〉論の提示で知られる〈宇野理論〉の喝破によれば、「マルクスにたいするわれわれの優位は、マルクスが知らなかった資本主義の帝国主義段階を知っている点にある」のである。今日のわたしたちは、マルクス主義の源泉を論ずる場合にも、マルクス自身が知ることをえなかった帝国主義段階以後を了知しているわたしたちの利点を、百パーセント活学・活用すべきである。〈宇野理論〉が、マルクス『資本論』体系の重要な概念範疇《カテゴリー》である「世界貨幣」「世界市場」カテゴリーを放逐して、**「世界市場と恐慌」**というマルクス的最終カテゴリーを抜きにして**〈恐慌論〉**を構築した方法論をさらにもう一段脱皮せしめて、〈世界資本主義論〉としての「内面化」方法をうちたてようとした鈴木鴻一郎・岩田弘の『経済学原論』は、『資本論』の体系的論理を三構成した内の、〈流通論〉を「重商主義段階」に、〈生産論〉を「自由主義段階」に、〈分配論〉を「帝国主義段階」に、それぞれ対応させ配当した、〈三段階〉論の歴史主義を「内面化」した論理の基本骨格を示して首尾一貫した叙述を完成させようとした。このような「内面化」方法論も、帝国主義段階以降の三極化を論理化しようと志向した試みにほかならない。そのように歴史主義的に対応・配当しながら、それを資本主義の構造的論理へと「内面化」しようと志向したのである。

それは、〈宇野理論〉が経済学原理論を純化させる立場から、マルクスの「世界貨幣」「世界市場」カテゴリーを原理論体系から排斥・放逐して、とどのつまり中期マルクスの〈経済学批判体系プラン大系〉の最終範疇とされていた「世界市場と恐慌」（それは後半体系の〔国家―国際貿易、国際関係―世界市場と恐慌〕の最終範疇であったばかりではなく、プラン大系全体の最終範疇でもあった。したがって、前半体系〔資本一般―土地所有―賃労働〕の論理的体系から歴史的範疇である「国家」「国際関係」を導入して後半体系への論理的移行を企図することはできない、という中期から後期への理論的移行・深化過程におけるマルクス自身の断念に基づくプラン大系自体の全面的放棄・廃棄は正しいが、それはプラン大系全体の本来の論理的構成の最終範疇である「世界市場と恐慌」の放逐・廃棄――〈宇野理論〉による宇野〈恐慌論〉はそのような誤った理論的排除に陥ってしまったのであるが――にはけっして直結しないのである）を、〈宇野理論〉によるそのネグレクトから、本来のマルクス〈恐慌論〉の核心の復権、ひいてはそれを核心としていたマルクス『資本論』弁証法体系そのものの復権を図るための積極的作業をおこなうことこそが、本書の主要な理論的課題にほかならない。

マルクスの一八五七～五八年の『資本論』草案の全面的検討・解析に基づいて『資本論』へのマルクスの理論的成熟の道を解明する古典的名著となったロマン・ロスドルスキー『資本論成立史 Zur Entstehungsgeschichte des Marxschen Kapital』1968（法政大学出版局刊、一九七三年）は、つぎのように論述している――

「最後に、『経済学批判要綱』「経済学批判体系プラン大系」（一八六四～六五年の手稿プラン）の第四～六部（国家、外国貿易ならびに世界市場の部）について言えば、すでに『資本論』第三部から前に引用した箇所を参照するように指示しておけばよいであろう。〔一八六四～六五年にできた原稿（これは、エンゲルスによって『資本論』第三部整理・公刊の基礎にされたものである）は、もはや、元のプランのこれらの部を気に留めていないし、それらの部を――またはすくなくともこれらのうちの一つ、それも世界市場の部を――ただ、著作のうち「あるいはできるかもしれない続巻（すなわち『資本論』第三部）」に割り当てているだけであるからである。こうして、その時にすでに、最初のプラン大系は縮小されている、と言えよう」。そこでは、マルクスは「世界市場での競争」の問題を、『資本論』の研究範囲から除いていたのである。しかし同じことは、その問題と密接に関連する産業循環の問題、つまり「**繁栄と恐慌との交替**」の問題にもあてはまる。——「それ以上の詳しい分析は」——マルクスがくりかえし強調しているように——「われわれの考察範囲には入らない」のであって、「もし著作の続巻ができれば」、その時初めてそこで行なうつもりでいたのである——。とはいえ、こうしたことが証明していることは、**マルクスの恐慌論**には事実上「欠けている点」があるということである。——それは、この問題を、その最も具体的な領域で論ずることが、もはやマルクスには許されなかったという意味においてである——。そして、その限りでは、ローザ・ルクセンブルクの批判には、たしかに或る一つの正しい核心がふくまれている」（傍点いいだ）。

右にR・ロスドルスキーが積極的な意味で引例している、R・ルクセンブルク『資本蓄積論』（一九二一年）（青木書店刊、一九五二年）が参照せよ、と指示している箇所の全文は、次のごときものである。長大を厭わず、本章での理論的行論の必要上、その全文をここに引例する——

「『いったい資本家階級全体は、どのようにして貨幣を蓄積すべきであるか？』（『資本論』第二部）。剰余価値の実現は、ただ二つしか実存しないこれらの社会階級以外では、必要でありながら不可能なように思われる。資本の蓄積はこうして迷宮に入った。『資本論』第二部では、われわれはどうしても問題の解決を見出しえないのである。

いま人あって、資本制的蓄積というこの重要問題の解決が、どういうわけで、マルクスの『資本論』中に見出せないのか、と質問しようとするならば、何よりも先ず、『資本論』第二部は完結した著作ではなくて、言葉なかばにして中断された原稿であった、という事情が考慮されなければならない。

ことに第二部の最後の数章は、その外形を見ただけでも、それらは、読者を啓蒙するために仕上げられた成果というよりも、むしろ、この思想家自身の理解のための覚え書だ、ということがわかる。この事実は最も適当な証人

――すなわち、第二部の編者たるフリードリヒ・エンゲルスが、十分にわれわれに確証してくれている。第二部への「序文」においてかれは、マルクスが書き残した下書や原稿――これらは当然、この第二部のための基礎として役立てられた――の状態について、つぎのように詳しく報告している。

『マルクスが、第二部のために書き残した手稿的材料を数え上げてみただけでも、かれがその偉大な経済学的諸発見を公けにする前に、いかに比類ない誠実さをもって、いかに厳格な自己批判をもって、それらを極度に完全なものに仕上げようと努力したかがわかる。この自己批判たるやかれをして、叙述をば内容的にも形式的にも稀有なほどに、新たな研究によって絶えず拡大するかれの視点に適合させることを得せしめた態のものである。ところで、この材料というのは、次のものから成り立つ。

『まず第一に、一八六一年八月から一八六三年六月までに書かれた、二十三冊から成る四つ折り版一千四百七十二頁の『経済学批判』という原稿がある。これは、一八五九年にベルリンで刊行された同じ表題をもつ書物の第一冊の続きである。……この原稿は、はなはだ価値の高いものではあるが、この第二部の出版には、ほとんど利用されえなかった。

『日付からみて、これに続くのは、第三部の原稿である。……

『その次の時期――第一部の公刊後――のものに第二部用として、マルクス自身により第一～第四と番号を付けられた二つ折り版の四つの原稿の一組みがある。そのうちの第一稿（百五十頁）は、おそらく一八六五年または六七年のものであって、現在の区分での第二部についての最初の独立した、しかし多かれ少なかれ断片的な書き上げである。このうちにも利用できるものはなかった。第三稿は、一部分は引用文とマルクスの抜粋帳への指示――主として第二部第一篇に属するもの――の集成から成り立ち、一部分は個々の論点の書き上げ、ことに固定資本および流動資本に関する、また利潤の源泉に関する、A・スミスの諸命題への批判から成り立つ。さらに、第三部に属するもので、剰余価値率の利潤率に対する関係の叙述もある。これらの指示からは、新たに得るところはほとんどなく、また完成稿は、第二部用のも第三部用のと同様に、その後に改修されたものの方が秀れていたので、これまた大部分が放棄されなければならなかった。——第四稿は、第二部の第一篇および第二篇初章の印刷に付しうる書き上げであって、これは然るべき箇所で利用されている。これは、第二稿よりも先に書かれたことは明白であったが、形式上いっそうよく整っていたので、第二部の当該部分のために利用されえた。第二稿から若干の追加をすれば十分であった。——この最後にあげた原稿は、第二部の書き上げでどうにか完成されている唯一のものであって、一八七〇年のものである。すぐ言及する最後の改修のための覚書では、明白に「第二の書き上げが基礎とされなければならない」と云っている。

『一八七〇年以後ふたたび、主として病状のせいである休止がやってきた。いつものことだが、マルクスはこの時期をもろもろの研究に利用した。農学、アメリカおよびことにロシアの農村事情、貨幣市場および銀行業、最後に自然科学——地質学や生理学、およびことに独立の数学的労作——が、この時代の多数の抜粋帳の内容を成している。一八七七年の初めに、かれはふたたび本来的労作に携わりうるまでに、健康を回復したことを感じた。一八七七年の三月末以来、第二部の新稿の基礎としての前述の四つの原稿から指示と覚書が作られ始めたのであって、その端緒は第五稿（二つ折り版五十六頁）にある。これは、最初の四章を含んでいるが、まだほとんど完成されてはいない。本質的な論点が、本文の下の注で取り扱われている。素材が集められただけで選別されていないが、しかもそれが第一篇のこの最重要部分の最後の完全な叙述である。——これから印刷に付しうる原稿を作ろうという最初の試みは、第六稿（一八七七年十月以後で、七八年七月以前）になるが、これは、第一章の大部分を含みながら四つ折り版十七頁にすぎず、また第二の——最後の——試みは、「一八七八年七月二日」の第七稿にあるが、これは二つ折り版七頁にすぎない。

『この頃マルクスは、自分の健康状態を完全に変えないでは、第二部ならびに第三部をかれ自ら満足できる程度には書き了えることはできないだろう、ということを悟ったように思われる。論より証拠、第五~第八稿(エンゲルスの原文では「第七稿」)には、あまりにもしばしば、ひどい病気と死力をつくしてたたかった形跡がある。第一篇中の最も困難な部分は、第五稿で書き変えられていた。第一篇の残部と第二篇全体(第十七章を除く)には、たいした理論的困難はなかった。ところが、第三篇、社会的資本の再生産と流通は、かれにとっては、書き変えることがぜひ必要だと思われた。けだし、第二稿では、再生産が先ず、それを媒介する貨幣流通を顧慮しないで取り扱われ、つぎにもう一度、それを顧慮して取り扱われているからである。これは処理され、この全篇が総じて、著者の拡大した視野に照応するように、書き変えられなければならなかった。こうして出来上ったのが第八稿、四つ折り版でわずか七十頁の一冊である。だが、マルクスが、これだけの紙面にどれだけのものを圧縮しえたかは、印刷された第三篇から第二稿よりの挿入部分を差し引いてみれば分かる。

この原稿もまた、対象の暫定的取り扱いにすぎず、そこでは何よりも先ず、第二稿に見られない、獲得された新たな観点を確立し展開することが眼目とされたのであって、新たに語るべきことのなかった点は、等閑に付せられたままである。第二篇第十七章の重要な一部分——これはもともと、いくらか第三篇にふれている——もまた、ふたたび取り上げられて拡大されている。論理的序列はしばしば中断され、取り扱いはところどころ不十分であり、ことに結びのところは全く断片的である。だが、マルクスが語ろうとしたことは、とにもかくにもこの中で語られている。

以上が、第二部の材料であり、マルクスが死ぬ少し前に、娘のエリーナに語ったところでは、「これによって私が「何とかする」はずだったものである」。

ひとは、こんな状態の材料から、エンゲルスが作りえた『何とかしたもの』に、驚嘆するにちがいない。だが、かれの詳しい報告によって、わたしたちの興味をいだく問題について、次のこと——第二部を形成する三篇のうち、はじめの二篇、すなわち、貨幣資本および商品資本の循環、ならびに流通費に関する篇と、資本の回転に関する篇とについては、マルクスの遺稿が一番先に印刷に付しうるようになっていたということ——が、まったく明白となる。これに反して、総資本の再生産を取り扱う第三篇は、諸断片の寄せ集めにすぎなかったのであって、これはマルクス自身、書き変えることが『ぜひ必要』だと思ったのである。ところが、この篇のうち、まさに蓄積と拡大再生産とを問題とする最後の第二十一章は、全巻のうち最も未完成のままであった。それは一切が全部でわずか三十五印刷頁のうちに抱合され、分析の中途で切れている。

こうした外的事情のほかに、なおもう一つ大きな影響をもつ契機があったものと思われる。マルクスにあっては、社会的再生産過程の研究はすでに見たように、アダム・スミスの分析——これは、なかんずく、すべての商品の価格は、v＋mから構成されるという誤った命題のために、失敗に終わった——を出発点としている。そこでこのドグマの論究が、マルクスの再生産過程の全分析を支配している。社会的総生産物は、種々の収入源泉の額だけの消費にばかりでなく、不変資本の更新にも役立たなければならないという論証に、マルクスはその全注意を捧げている。ところが、この論証のためには、理論的に最も純粋な形態は、拡大再生産の場合でなく単純再生産の場合に与えられるのだから、マルクスは再生産を、主として、まさに蓄積とは反対の視角から、すなわち全剰余価値が資本家によって消費されるという仮定のもとで、考察している。スミスに対する論議がいかにはなはだしくマルクスの分析を支配したかは、かれがその全労作を通じて、種々様々の方面から、幾度となくこの論議に立ち帰っているのをみれば分かる。たとえば、何と、第一部では第七篇第二十二章五五一～五五四頁が、第二部では三三五～三七〇頁、三八三頁、四〇九～四一二頁、四五一～四五三頁が、この論議に捧げられている。第三部第二分冊において、マルクスは再び総再生産の問題をとりあげているが、そこでもまたかれは、直ちに、スミスが出した謎に飛びかかって、この謎に第四十九章全部（三六七～三八八頁）と、なお実にまた第五十章全部（三八八～四一三頁）とを捧げている。最後に『剰余価値学説史』においては、わたしたちはまたもや、スミスのドグマに対する詳しい論議を、第一部一六四～二五三頁、第二部第二分冊九二、九五、一二六、一三三～二六二頁で見出す。マルクス自身がくりかえして強調し力説していることだが、かれはまさに、社会的生産物からの不変資本の塡補の問題のうちに、再生産にかんする最も困難で最も重要な問題を認めた。こうして、蓄積という他の問題、すなわち資本化目的のための剰余価値実現の問題は、後方に押しやられて、ついにマルクスによってはほとんど切開されなかったのである。

この問題は、資本制経済にとって大きな意義をもっているので、ブルジョア経済学が、これをたえずくりかえして取り上げることは、何ら不思議なことではない。資本制的経済の死活問題、すなわち、資本蓄積が実際に可能であるかないかの問題を片づけてしまおうという試みは、経済学の歴史のなかにたえず現われてくる。いまやわたしたちは、この問題を解決しようとする、マルクス以前ならびに以後の、こうした歴史的試みに眼を転じよう」（R・ルクセンブルク『資本蓄積論』青木文庫刊）。

理論的必要あってのR・ルクセンブルク『資本蓄積論』（一九一二年）からの長大な引例の前半部は、ローザによるエンゲルスのマルクス『資本論』第二部・第三部の整理・編集・刊行の苦心談からの、これまた長大な引々例であったが、よってもって、晩期エンゲルスが一種の「マルクスの遺言の執行」として全心全霊をあげた『資本論』第二部・第三部の編集が、いかに錯雑した困難をきわめたものであったかが、よく分かる。とりわけその解読・考証上の困難は、『資本論』第二部・第三篇の箇所に集中したのであるが、ローザが言うごとく、マルクスの書き残した状態の材料から、編者フリードリヒ・エンゲルスが作りえた『何とかしたもの』には、何人も「驚嘆するにちがいない」。今日のわたしたちが、『資本論』全体系、とりわけその第二部・第三部を、容易に手にすることができるのは、晩期のエンゲルスの不滅の努力にひとえに負うているのである。このことは、今日の新《ノイエ》メガによる、エンゲルス版の現行

『資本論』とは面目を一新しつつあるといってよい『資本論』の原マルクスに即した新たな公刊が、エンゲルスが冒《おか》した編集上の不備を厳密・厳格に追究しなければならないことと、けっして矛盾するたぐいのことではない。私心のなかったエンゲルスが、盟友マルクスの「遺言執行」に当って冒した不備は、根本的に言って、かれのマルクス理論の真髄についての理論的理解の不備——かれ自身が〈広義の経済学〉と称したかれの〈唯物史観経済学〉をもってしては、〈狭義の経済学〉に分類されたマルクスの厳密・精緻きわまる『資本論』弁証法体系＝「経済学原理論」の真髄は、これを原理的に把握することができなかったのである。

とまれかくまれ、ローザがエンゲルス編集『資本論』第二部・第三部の構想から、鋭敏・機敏に看てとったように、マルクスが社会的総資本の再生産過程の総体的分析を取り扱った『資本論』第三部は、エンゲルスの苦心整理・編集によってもいかんともしがたかったマルクス直筆の「諸断片の寄せ集め」にすぎなかったものであり、マルクス自身がその書き変え・書き上げが『ぜひ必要である』と自覚していたものの、かれの生理的肉体の限界によって書き変え・書き上げられることなく終わらざるをえなかったものなのであり、とりわけ資本の蓄積と拡大再生産を問題とする第三部最後の第二十一章は「全体のうち最も未完成のまま」に終わらざるをえず、「それは一切が全部でわずか三十五印刷頁のうちに抱合され、分析の中途で切れてしまっている」のである。

ローザが指摘しているように、マルクスはこの社会的再生産過程の研究において、古典派経済学との総体的対決・批判・克服の「理論的契機」からして、アダム・スミスの「v＋mのドグマ」の批判的分析に全力を傾注したのであり——本書の第二一章において、社会的総資本の再生産過程における〈c＋mのアダム・スミスのドグマ〉の批判が、資本の再生産構造・過程にとって持っている理論的意義について詳細に再考察したごとくである——、社会的総生産物は、種々の収入源泉の額だけの消費にばかりではなく、「不変資本の更新」にも役立たせなければならないという論証は、マルクスがその全注意を集中しているのであるが、にもかかわらず、この論証が「理論的に最も純粋な形態」

である〈単純再生産〉の場合に限局されたまま終わらざるをえなかった実際的・生命的実情のために、かれ自身が資本制経済の再生産構造にかんする「最も困難で最も重要な問題」として問題形式上は正確に把えていた「社会的生産物からの不変資本の塡補の問題」は、R・ロスドルスキーならびにR・ルクセンブルクが指摘するように、内容上は十分な理論的解決を与えることができないままに終わったのである。この問題は、ローザが強調するごとく、ブルジョア経済学にとっても、マルクス以前ならびにマルクス以後の（マルクス経済学そのものをふくめた）全経済学説にとって「死活問題」にほかならないのである。

そして、R・ロスドルスキーが烱眼に指摘しているように、「世界市場での競争」の問題を、それと不可分な「産業循環の問題、つまり**繁栄と恐慌との交替**の問題」もろとも、取り除いてしまう（〈宇野理論〉に基づく宇野〈**恐慌論**〉がまさにそうなのであるが）場合には――それはたしかに一面では、マルクス自身が中期プラン大系以来の古いドグマのままに「それ以上の詳しい分析は、われわれの考究範囲には入らない」という強調を『資本論』体系においてもくりかえしている事例があるのだが――、ロスドルスキーが言うがごとく「**マルクスの恐慌論**には事実上『欠けている点』がある」とみなさざるをえないのである。

もしも「著作の続巻ができれば」というマルクスの素志が、曲がりなりにも晩期エンゲルスの努力によって『資本論』第二部・第三部という続巻として公刊された以後においてこれをみれば、「**世界市場と恐慌**」の問題、「**繁栄と恐慌との交替**の産業循環の問題」は、『資本論』弁証法体系の核心の問題として、きわめて積極的に「われわれの考察範囲に入れ」なければならないのであり、最晩期マルクスも事実上そのように積極的に志向しているかぎりにおいて、かれの終生の念願とした〈**恐慌論**〉を「その最も具体的な領域で論ずること」をかれの余命の許すかぎりでは展開し、宇野弘蔵をはじめとする後代のわたしたちが、この二〇世紀的現代以後において、マルクスの理論的遺志として依拠する〈**恐慌現象**〉についての「基本的規定」を開陳することができたのである。本書で系統的・全面的に追究したごとく、その問題中の問題が、資本制経済の社会的再生産構造・過程における不変資本の塡補の問題にほかならない。
右のような現代の世界史的進展は、その後もわたしたちがすでに経験したごとく、ソヴエト連邦のスターリン主義的変質と、その終局における一九九一年のソ連邦ならびにスターリン主義体系の全世界史的瓦解へとつづいたのであるが、このような現代史的全経過のなかで、再一極化・一元化的に再形成されたドル・核帝国USAを基軸とする現代資本主義世界システムは、〈パクス・アメリカーナ〉一元化体制として、よかれあしかれ、前世紀の〈パクス・ブリタニカ〉一元化体制とは異質なものなのである。

このような今日的観点から、純西欧的起源に限定されている〈マルクス主義の三つの源泉〉（レーニン）を顧みて再構成する場合には、オクシデントとオリエントの境界にあったソヴエト・ロシアにおいて、東洋の植民地革命の来たるべき興起に世界革命の希望的展望をつなぎながら、ソヴエト権力の「官僚主義的堕落」への対応・対策に苦闘しつつ、スターリン実権体制下でスターリン党書記長の罷免をめざした「最後の闘争」に敗北してそのまま死去するにいたったレーニンが、その自らの「マルクス主義の源泉」を真に普遍的に拡大することなく（少なくとも明文・言明上は）終わってしまった、東洋《オリエント》の革命的源泉を、ぜひとも付け加える今日的必要があることは、疑いないところである。

近代世界を構成した、イギリスの産業革命、フランスの政治革命とともにその意識革命を表現したドイツ観念論の〈批判哲学〉体系は、対象分析への批判方法的接近の原理的叙述あるいは方法であるとともに、「絶対精神」の「我在り」としての「われわれ」の批判的自我の自己表現にほかならなかった。

カントからフィヒテ、シェリングを経てヘーゲルへといたったそのような〈批判《クリティーク》〉とは、われわれの経験的意識から絶対精神（神ないしは理念《イデー》）への超越的生成の可能性を説くものであるが、他面それは、絶対精神という先験的思弁の事柄《ザッヘ》が自証せられる経験的妥当性——言い換えるならば、その社会的・対人間的妥当性ならびに自然的・現実的妥当性の可能性を説く哲学的思惟にほかならない。この世とあの世との架橋の工夫といってもよい。このような、カント以来のドイツ観念論に特有な批判的方法の特質からして、近代ドイツの弁証法的思惟は、連綿たる〈批判《クリティーク》〉のくりかえしの体系であり、そのような反覆・深化を通じて、もちろんのこと、その体系的蓄積は累重的に高次化していって、ヘーゲル思弁哲学の絶対観念弁証法体系にまでいたったのである。

そのそもそもの発端において、カント的自我は、かれの第一批判＝『純粋理性批判』ならびに第二批判＝『実践理性批判』に端的にうかがわれるように、二重的な性格を内有していた。すなわち、批判する批判者としての当事者である自我――換言すれば、「先験的な批判者」としての自我、それはやがて理念《イデー》としての観念的昇華において極限化して解明される「絶対自我」と、そのような対象化された自我の批判を営む認識主観＝意識当体としての自我――それは対象と主観が自己同一者としての自我である構造上、「反省」ないしは「自覚」としての認識主観＝心理主観的特性を有つこととなる――、すなわち悟性的自我であり、そのようなものとしての形式化・抽象化された思惟形態としての（カント的創発の命名によれば）「先験的統覚」なのである。

「批判哲学」のアンチノミー的端緒を成すこの二つの「自我」は、イマヌエル・カントの第一批判と第二批判の不可分な連関を通じて、二重的な性格をもつ〈自我〉の自己統合性を、自我自身の内なる（したがって「反省」「自覚」へともちきたらされる）当為の必然性として解明するものであった、と看てよい。カント批判哲学においては、二重的自我の統合された自由の在り方は、このように当為としてのみ解明されうるのであり、このような倫理的自由の絶対的に抽象された在り方が、カントのいわゆる「定言命法」として命題化されるのである。

このカント的定言命法は、「絶対自我」を内容として有つ先験的理念《イデー》の必然性を解明することであり、それはまた、それに端的に有形的に対置される現実的自我の在り方の必然性を、経験的生成として自己了解しうるように、解明することでもある。カント哲学における第一批判と第二批判とは、このような批判哲学的解明の叙述として体系的連続性を有つのである。その批判理性的批判と実践理性的批判とは、観照と実践の両領域にまたがって相互依存的な体系性を構成しているのである。その再統合的結実を、観念弁証法体系化したものが、ヘーゲル哲学にほかならない。

その体系的連続性が「当為の必然性」の特異点的描出をもってなされていること（終わらされていること）が、いかなることを意味しているのか、ということこそが、カント批判哲学を承け継ぐ後代のドイツ観念論者＝自我探求者、とりわけフィヒテとヘーゲルの最大の哲学的課題と成ったと言ってよい。カント的批判は、批判の出発点の提示であって、批判《クリティーク》の成就や完成の最終局面の提示にまでこぎつけて完成されて首尾一貫して終わっているのではなくて、結局は「批判的否定性」の提示の初歩局面で実は終わっているのである。

それが何より証拠には、カントの第三批判＝『判断力批判』は、理性批判としての推論的必然性の次元にあるものの、判断力批判から〈崇高《サブライム》〉の昇華領域の探求として（概念判断＝自己分割《ベグリア》の本筋からは）逸らされてしまうのであり、その意味でそれは、美学的ないしは審美的探究であり、しかもその崇高美の分析を介して神の領域の探究、すなわち啓示宗教論へと導かれて終わるのである。先にわたしが、その特異点の描出を、成行の必然として「なされている」のにとどまらず、「終わらされている」と表現した所以である。

批判哲学体系を「反省の哲学」と規定したゲオルグ・ヴィルヘルム・フリートリヒ・ヘーゲルは、カント哲学における〈アンチノミー〉の規定を、事態の核心的問題点の弁証法的提示として賞揚していた。カント曰く——「純粋理性の法則の適用において現われるアンチノミーは、われわれの貧弱な知慧にあっては、立法の当否を吟味する最良の試験であり、抽象的思弁によるのでは、なかなか自分自身の過誤に気づかなかった理性は、これによって自らの原則を規定するさいの要点に注意を払うようになるのである」（カント『純粋理性批判』）。

それにもかかわらず、ヘーゲルは、カントの第一＝第二批判的提示の局面においては、そのアンチノミーが自己解決力としての実在的運動ならびにその反映・表現としての意識的・反映的運動の自己揚棄力を有たないものとみなして、まだ体系として閉じるにいたっていないドイツ観念論弁証法体系の閉じ方を「円環的不定性」（田原八郎『ヘーゲル精神現象学論考』イザラ書房）として展開したのである。

『差異論《ディフェレンツシリフト》』のヘーゲルの命題によれば――「体系が示さなければならない最高の綜合は、結局のところ二つの当為である。自我＝自我は、自我は自我に等しくあるべきだということに変わってしまう。体系の結果は（いいだ注――カント＝フィヒテ的仕方では）体系の始源に立ち帰ることはないのである」と（傍点いいだ）。ヘーゲルは、カント＝フィヒテの批判哲学体系が、ただ単にアンチノミーの対立局面で終わらされていることに対して、否定的な評価を下しているのである。そのような局面では、「自我は自我に等しくあるべきだ」という当為に媒介されているとはいえ、絶対自我の弁証法的運動は、自我＝自我のトートロジー体系への帰結へと終わらさせられざるをえないのであり、「最高の綜合」としての体系の結果が体系の始源＝端緒へと自己還帰しないのである。

このような、対立する二つの制約の交換作用を反省が超えることができない因果関係にただ固執しつづけるだけであれば、批判哲学体系は、そのはじめに措定された事柄が権利づけられ、基礎づけられることにはなりえないのである。こうした思想的事態を簡潔に言えば、そのような場合には、弁証法的体系は自証されえないのである。カントの第三批判＝『判断力批判』が、必然的かつ普遍的な、悟性的な学知的表象の外にある、いわば偶然的・偶有的表象の世界において、自我の自由と主体性とを「合目的性」のカテゴリーの導出のもとに崇高美《サブライム》の宗教的法悦のなかに権利づけ、基礎づけようと苦渋きわまる理論的苦闘を重ねているのは、そのためである。

「カテゴリーの三重性の形式（いいだ注――トリアーデ）は、ここでは（カントにあっては）いまだに図式でしかない」（ヘーゲル『哲学史』）。けだし、カント『判断力批判』にあっては、判断力＝概念分割批判とは言い条、それによってたとえ経験における自我の抽象的同一性もしくは主観的同一性は権利づけられ、基礎づけられるとしても、こうした偶然的・偶有的表象の世界に対する、絶対自我の綜合的主体性、すなわち、そうした世界そのものにおける絶対自我

（実存）の真の自己同一性《アイデンティティー》の権利づけ＝根拠づけは放棄されてしまっているのである。

カントは、このような表象の世界が、自我の自発性の能力によって先験的《ア・プリオリ》に産出せられるものであることを解明することに失敗してしまったばかりでなく、同時に、そもそもカントの認識論、つまりカテゴリーによる認識論では、そのようなことは本来的に不可能であるからである。そのような意味で、カント批判哲学がカテゴリー論の根底に据えた「先験的統覚」とは、実は経験界からの密輸入でしかないのである。

「カントは、カテゴリーを経験的に得たにしかすぎない。そして、カテゴリーの必然性を認識しているわけではないのである。かれカントは、統一を置き、そして、統一のうちから区別を展開せしめることには思い及ばなかったのである。つまり、空間や時間の場合と同じく、これらの諸様式《アルテン》を演繹しようとしていたのではなく、それらはむしろ経験のうちから得られたものなのである」（ヘーゲル『哲学史』）。

以上のように、カント批判哲学の到達点が内有せざるをえなかった根本的欠陥は、第一批判と第二批判では、「当為」が自己揚棄されえないということとなって現われており、第三批判では「合目的性」の原理が、客観的原理ではなくして、美的崇高の合目的性という主観的・心理的・統制的原理にすぎないというかたちになって、結果しているのである。ヘーゲルが看破しているように、カント批判哲学体系においては、自我の先験的観念性の権利根拠の解明は、なされていないのである。

ヘーゲル弁証法哲学は、学＝哲学を「閉じた体系」と見立てている。かれヘーゲルによれば、学《ヴィッセンシャフト》とは円環 Kreis を成すものであって、端的な端緒を有つこともなければ、また端的な終結をも有たないものなのである。しかしこれでは他面、哲学とは「閉じた体系」たりえないこととなる。弁証法が円環化できないで、ただただ悪無限的な直線的進行として垂れ流されてゆくことになってしまうのである。

実はこれが、ヘーゲル弁証法の体系的閉じ方として最大の難問《アポリア》であった。閉じていないということを、その体系全体が体系の外なるものもしくは体系の他者に何ら制約されることなしに、またそれとは何ら関係をもたないという意味に解するならば、ヘーゲルの哲学体系は閉じていると言われうるのであろう。しかしながら、そうした閉じ方の解義をする場合、そこには端的な端緒と端的な終結もないということは、体系が不定である、つねに不定のままに一義的に形態化されないで終わらざるをえない、ということにならざるをえない。ヘーゲル哲学体系が本人の言うごとく円環《クライス》だとするならば、その円環体系はトートロジーの同語反復体系にすぎなくなるであろう。だから、田原八郎の「円環的不定性」という適切な譬喩が産まれなければならないのである。

「しかしながら、円環として譬喩されているということは、不定が単なる直線的な不定ではなく、ある操作のくりかえしの不定ということであると思うのである。この操作というのが、これまでにも述べてきたように、批判ということなのである。批判というのは、原理に対する批判である。／ヘーゲルの哲学的原理とは、シェリングが呈示した思弁的原理としての絶対的同一性である。ヘーゲル哲学、とくに『論理学』と『精神現象学』とにおいて展開されているヘーゲルの哲学は、このような思弁的原理の現実的妥当性もしくは客観的妥当性を解明し、このことによって思弁的な哲学原理の権利根拠を解明し、基礎づけることを課題としたのである。それは、原理の単なる自己展開‐自己開示の叙述ではない。そのように解するならば、ヘーゲルの思想は、哲学ではなく、絶対者の運動の説明にすぎなくなってしまうであろうし、カントが切り拓いた哲学の方法を無に帰してしまうことになるであろう。思弁的認識あるいはカントの言う理性的認識の可能を問うこと、すなわち、形而上学を学として基礎づけるというカントの所期の課題を、ヘーゲルは、カントが彫琢し、フィヒテ＝シェリングによって洗練された批判の方法によって、解決せんとしているのである。そして、ヘーゲルの批判の方法は、カントの方法の本質を把え、彫琢したものである。すなわち、ヘーゲルの批判とは、事態 Sache を方法的抽象によって、或る被措定性 Gesetztsein へともたらし、次にこの被措定のうちに、或る矛盾～対立すなわち批判的否定性を指摘する。そして、この批判的否定性を止揚することによって、さきの被措定性が自らのうちなる対立、あるいは、自らに対する対立に耐え、むしろこれを自らのうちに綜合的に内包していることを解明することになるのである。／そして、かかる解明の意義は、次の二つのことがらである。その一つは、被措定性＝現実的諸契機（意識形態あるいは概念規定）が、Sache そのものと対自的自覚的に für sich 一致しうること（自体的には一致しているのであるから）の解明であり、その二つは、このことによって、Sache の、被措定性に対する妥当性、すなわち現実的妥当性が解明せられるということである。これらの二つのことがらは、事態的には同じことがらであるが、『論理学』及び『精神現象学』の叙述が二重的なるものである限り、それらの解明の意義も二重的に把えられるのが妥当であろう」（田原八郎『ヘーゲル精神現象学論考』イザラ書房刊、一九七八年）。

ヘーゲル哲学体系の「円環的不定性」という在り方を客観化して把えるならば、そのこととの関連において、かれヘーゲルが批判知におけるくつがえり Verkehren という概念装置をたえず持ち出すことの意味は、明瞭である。このくつがえり Verkehren において、ヘーゲル哲学の閉じた体系性は、たえず生成しながら、たえずそれが体系崩壊を来たして、不定的運動のなかで次なる体系性の生成へと向かうのである。

「学は、自らにおいて、自らの欲するところのものとしてある。学は、直接的自己意識との関係にあっては、それのくつがえり ein Verkehrtes gegen dieses として自らを呈示する。あるいは、自己意識は、自らの現実性の原理を確信しているのであるから、したがって、その原理は、学の外にあるのであるから、学は非現実性を担っていることになる。それゆえにこそ、学は、こうしたエレメントへ直接的自己意識のエレメントを自己に結びつけるか、あるいはむしろ、直接的自己意識が学そのものに属していることを示さなければならないのである」（ヘーゲル『精神現象学』）。

右のようなヘーゲル的見解において、直接的自己意識は現実性であり、学＝思弁哲学は非現実性である。その両者は、端的に相異なる在り方を示しているものであり、後者すなわち思弁哲学が前者すなわち直接的自己意識を、自己に属しているものとして示すには、前者が自らの可能態であることを証明するだけで十分である。換言するならば、後者の成就なき生成可能性——より丁寧に言うならば、成就しては弁証法的運動によってたえず不定化して崩れ去るSache の、次なる高次な成就へ向けての不断の生成可能性——を説くだけで十分である。これが、端的な端緒も端的な終結も有たないヘーゲル弁証法体系が、にもかかわらず閉じた体系として弁証法的根本性格を呈示し、円環的不定性の形態転換をつづける論理である。

「真理は全体である。しかしながら、全体は、それ自身の展開によってのみ自らを完成する本質である。絶対者について、次のように言われなければならない。すなわち、絶対者は本質的には結果である。つまり絶対者は、終わりにおいてはじめて、それの真理となるということ、このことである」（ヘーゲル『精神現象学』）。

以上が、ヘーゲル弁証法の弁証法的運動そのものによる自証（完成）の論理である。

ヘーゲルの『大論理学』的自覚においては、右の自己媒介的体系性の自覚は、つぎのように言い表される——「ここでは、有がはじまりであり、そして媒介によって、同時に媒介そのものの揚棄であるような媒介によって、成立するものとして、叙述されている。すなわち、そこには、有限的な知の結果、つまり意識の結果としての純粋知が前提されているのである。しかしながら、なんらの前提がなされず、はじまりが直接に受けられるべきだとしたならば、はじまりは次の事柄によってのみ規定されることになる。すなわち、論理学にはじまりがなければならないということ、つまり自覚的対自的思惟にはじまりがなければならないということによってである。そこには、恣意とみなされうるような決断、すなわち思惟そのものを考察しようとする決断があるのみである。したがって、はじまりは、絶対的な、あるいは同じことであるが、抽象的なはじまりでなければならない」（ヘーゲル『大論理学』）。

「無前提の学」としての哲学の思惟を開序するにあたって、有—無—成のトリアーデのはじまりを、ヘーゲルは

〈有〉として措定するが、そのような「絶対的で抽象的なはじまり」は、まだいかなる媒介もされていない体系性の端緒なのであるから、さしあたりは「決断」として、論理として、言い換えるならば「仮説」として、設定されるにすぎないのであるが、それはくりかえし強調してきているように、それ以後の自覚的な対自的思惟の自己展開によって幾重もの媒介的上向を経るなかで、内容的な弁証法性を豊富化されてゆくのであって、そのようにして単なるトートロギーの同語反復に停滞することなく進行してゆく弁証法的思惟の方法は、体系的自証なのであって、けっして「恣意とみなされうるような決断」の連続ではない、具体的な思惟にほかならないのである。右のような多重の媒介作用によって充実化される哲学体系のはじまりが直接的なものであり、また終わりが端的なる終結をなすものであるということは、哲学体系的叙述を円環化して閉じるヘーゲル特有な方法にほかならない。この論理方法は「方法的抽象」(田原八郎)と呼ばれるにふさわしい。

右のごとき、方法的抽象による対自性と Sache の主体的・自己媒介的綜合性の自体性との交錯によって織り合わされる『大論理学』の論理的叙述の操作なしに、『大論理学』の批判的弁証法はありえないのである。これこそが、ヘーゲル哲学体系の「円環的不定性」の必然的根拠である。ヘーゲル思弁哲学の絶対弁証法の観念論的顚倒を再顚倒させて(つまり定立に戻して)ヘーゲル弁証法の「合理的核心」を探り出した、と自負しているマルクスのいわゆる唯物弁証法において、かれマルクスが一九世紀のイギリス資本主義の発展的展開に現われた、いわゆる純化傾向に即して、近代資本制社会の実在的弁証法を摘出した方法もまた、「方法的抽象」の最の最たるものにほかならないが、その方法的操作において方法的抽象による対自性とイギリス資本主義という Sache の主体的・自己媒介的綜合性の自体性との交錯によって重合した「資本論の論理学」は、近代市民社会を対象化した方法的抽象の論理的操作を、「円環的不定性」の解析法として適用した典型例としてこれを看ることができる。右のごとく、自覚的な対自的思惟としてのヘーゲル哲学の弁証法的自証は、その観念論的顚倒を近代資本制社会に対する批判的分析によって正立させたマルクス的弁証法においては、資本の産業循環＝景気変動過程における四局面推移を最終的に総括する**恐慌の周期的・暴力的爆発**による自証にほかならないと言える。

そのさい、近代資本制商品経済社会という歴史的・経過的存在を相手どったマルクスの「方法的抽象」は、ヘーゲル弁証法の適用対象である自然史（宇宙史—地球史）から人間史までも超歴史的一般化によって自体的に抽象化したものではないから、『資本論』弁証法体系としては、本来的に下向の端緒と上向の終結を内有する有限の、したがってまた本来的に閉じられた弁証法として、ヘーゲル観念弁証法における悪無限的同義反復へと陥る心配ははじめから免れている。逆に、近代資本制社会の経済的運動法則を対象化したその特定化的性格からして、マルクスの全教義の一般的な、比類のない終生の特性である〈開かれた体系性〉もまたそこから出来してくるのである。その〈開かれた体系性〉とは、「資本の論理学」による有限な資本制社会の批判的分析を鍵としながら、広く自然・人間・人間関係に一般化された前近代・後近代の〈唯物論的歴史把握〉における弁証法運動に即しながら、人類史一般にアプローチする「開かれた体系性」の動的基軸として躍動させられているのである。

ヘーゲル哲学の「方法的抽象化」の場合には、またそれを必然的根拠として田原八郎が適切に探り出した「円環的不定性」の場合には、その方法的抽象化の根拠＝基礎そのものに即して、それは円環的不定性として一般的にくりかえし循環しながらも、円環的不定性においてたえず高次化した体系性を展開してゆく対象＝方法的特性を示しているのであるが、特定化された歴史的社会形態である近代市民社会に即して理論的方法基軸として組み立てられたマルクス的弁証法においては、その「円環的不定性」は単なる抽象的・一般的不定性ではなくて、その都度、その都度に一義的形態性をもつ円環的不定性として立ち現われてくるのである。言い換えるならば、**規則的・周期的な恐慌現象の爆発**として。

この、資本制社会を解析する経済学原理論の弁証法と、前近代・後近代の諸共同体社会を解析する唯物論的歴史把握の弁証法との、広・狭弁証法の区別と連関は、ヘーゲル弁証法における有限性と無限性との処理にかかわる、『大論理学』『精神現象学』にみられる弁証法と、『エンチクロペディー』『歴史哲学』にみられる、体系を叙述するための、いわゆる正–反–合という外面的形式としての弁証法の図式 Schema としての狭・広の区別と連関とは、またおのずから別種の特質をもつものなのであって、このようなマルクスの〈開かれた体系性〉を構成している動源としての弁証法の特質の確認は、単に近代資本制社会の特定化的分析と人類社会史の一般化的分析との区別と連関を解明するための大前提を成しているだけではなくて、本書の最大主題に就いてみて、マルクス的弁証法を資本の産業循環＝景気変動過程に即して、その好況–**恐慌**–不況の各局面転換（これも抽象化していえば、一種の円環的不定性の現われである）に即して、その最終シーンである現実資本と架空資本の両運動の乖離が極大化して、利潤率の傾向的低下の亢進と利子率の高騰の亢進との衝突が**周期的・暴力的な恐慌の大爆発**へと導かれる行程（これも、前記の循環を基礎にした、資本制社会そのものさらに高次の円環的不定性を自己表現するものである）の弁証法的解明にとって、決定的に枢要なことがらなのである。

ブルジョア社会の「造物主《デミュルゴス》」とは、何と言ってもヘーゲルの「絶対者」＝プロテスタント的唯一神とは異なる〈資本〉なのであって、その資本の価値増殖運動という絶対的運動が自己表示する弁証法の検証の場は、ヘーゲルやその亜流「弁証家」が思いも及ばなかった（そして、現在でも自称マルクス主義者をふくめて思いも及ばないでいることが多い）**恐慌**以外のなにものでもないのである。

正–反–合のトリアーデの図式 Schema は、ヘーゲル的弁証法の生命であるが、マルクスの〈開かれた体系性〉にとっては、そのような図式は形式論理的かつ観念弁証法的な理論方法的過誤の源泉以外のなにものでもないのであって、経済学批判に即するかぎり、**恐慌の周期的・暴力的爆発**こそが、マルクス的弁証法の生命であるのである。

2　若きマルクスの「学位論文」とその直後に勃発した一八四八年ドイツ三月革命の帰趨

最初期のカール・マルクスの世界観的出立は、よく知られているように、また、本書冒頭の右に説いてきているように、「青年ヘーゲル派」の最左派的一員としての出発によって画された。

右の第一節に述べたごとくカント以来の「ドイツ批判哲学」の革命的思考の歩みを集大成したのが、ヘーゲル絶対観念論的弁証法哲学体系であった。絶対観念論的思惟の体系性と、それを進行させる動態的な弁証法的方法との対立・矛盾に、根本的に規定されていたことに起因して、「自由の意識における発展」の世界遍歴としての神義論の完遂（その歴史的・論理的絶頂《ピーク》が、プロテスタント的プロイセンの国家定立である）とさえされたその絶対主義哲学体系は、ヘーゲルの死去を契機として、いわゆる三月前夜《フォア・メルツ》的状況の裡において文字通り、音を立てて大崩壊した。

それに基づいてヘーゲル哲学が四分五裂・七花八裂におちいったことによって、近代ヨーロッパの意識革命の最尖端と目されていた「ドイツ批判哲学」は根底的大転換にさらされたが、その最先頭に立っていたのが「青年ヘーゲル派」であった。若きマルクスは、そうした「青年ヘーゲル派」の最左派に属していたのである。

この左右分岐によって「青年ヘーゲル派」そのものも、これまた内部的には、「自己意識」をめぐる四分五裂・七花八裂状態を呈していた哲学的大叛乱のただなかへとたたきこまれたのである。

この哲学的叛乱は、哲学批判によるいっさいの哲学からの訣別を孕みながら、言い換えるならば、ドイツ観念論体系としての批判哲学の最高度までの〈登攀〉《アナーゴーゲー》の最頂点において、いわば価値論的虚空への思想的大跳躍として敢行されたのである。

三月革命前夜《フォア・メルツ》のいわゆる疾風怒濤《シュトルム・ウント・ドラング》時代の渦中において、そのような大転換期に突入した若きマルクスの「青年ヘーゲル派」としての出立の思想的位置価は、若きかれのすでに独創的な学位論文である『デモクリトスとエピクロスにおける自然哲学の差異について』に看られるごとき、独自性をもっていた。その学位論文での、古代原子論の説く万有を産出する原子運動における、エピクロスの提起した原子の垂直落下の一斉運動が内有している、各原子の落下の微細な偏倚が、多様な万有を産出する第一原因である、という若きマルクスの洞察は、ただ単に自然界における多様に分化してゆく原子運動の弁証法についての着目であるばかりにとどまるものではなく、より広く人間界における行為的自己の意志の自由についての根拠付けとして、きわめて独創的なものであった。

「青年ヘーゲル派」の最左派としての最初期マルクスの哲学的ないしは哲学批判的出立の裡に、そのようなマルクスの初源的モティーフをすでにして明確に見届けることができる。

古代原子論におけるデモクリトスとエピクロスとの微妙な差異に分け入ろうとした若きマルクスの学位論文は、その構想的抱負においては、古典古代ギリシア哲学を継承発展させた、アリストテレスの弟子でもあったマケドニアのアレクサンドロス大王の大東征によるヘレニズム帝国の建設・形成による〈ヘレニズム期〉における、ストア哲学、エピクロス「快楽」哲学、ピュロン「懐疑」哲学の総体の移行期的意義を総括しようと企図したものであった。その大抱負を内実化すべく、若き学徒マルクスが精励抜萃した厖大な哲学的アンソロジーが、現に『マルクス＝エンゲルス全集』初巻にそのまま収録されている。

「自然哲学差異」論文をふくんだその古代哲学→ヘレニズム期哲学（それはいうまでもなく、古代ローマ世界哲学を支配した世界哲学の先駆形態である）の総体を総括しようという哲学的企図は、私見として言うならば、若きマルクスによる、いわゆるソクラテス以後において、ミレトス派（タレス、アナクシマンドロス、ヘラクレイトス、ピュタゴラス）の自然哲学《フュジカ》のいっさいから切り離されたかたちで、プラトン＝アリストテレス形而上学《メタフュジカ》体系に捏造的・虚構的に整序・一系化されるにいたった、プラトニズムによる古典古代ギリシア哲学についての支配的通念を、その根底から覆そうとした若きマルクスの哲学的志向性を意味している。

そのような、プラトン=アリストテレス的支配哲学は、それ以来、中世ヨーロッパにおいては、前期においてはプラトン「イデア論」体系と習合した「新《ネオ》プラトニズム=アウグスティヌス神学体系」として、また後期においてはアリストテレス「形而上学《メタフュジカ》」体系と習合した「アリストテレス=トマス・アクイナス神学体系」として、〈キリスト教神学秩序体系〉に世界表象化された。

そのような〈暗黒の中世〉を経て、ルネサンス=宗教改革以降、ドイツ観念論体系=「批判哲学」体系へと究極化したのが、西欧形而上学の伝統の総体的事実にほかならない。

そのような、西欧形而上学の伝統的総体に全面的に抗する、根底的な価値転換を企図した若きマルクスの〈ヘーゲル絶対哲学体系の七花八裂によって全身・全霊的に震撼されるなかでの〉思想的苦闘ならびに思想的野心の表明こそが、かれの学位論文『デモクリトスとエピクロスにおける自然哲学の差異について』の思想的モティーフにほかならなかった、と看ることができる。

プラトン=アリストテレス哲学体系として捏造的・偽造的に一系整序化された古典古代ギリシア哲学の通俗的体系化に対する、若きマルクスが企図し志向したこのような根本的な相対化は、近代西欧形而上学の伝統的思惟の始源にそうした古典古代ギリシア哲学「神話」が久しく置かれてきた以上、〈理性《ヌース》〉を枢軸とする西欧的思惟の歴史総体に対する根底からの価値転換への若きマルクス世界観的心熱にほかならない。これは、後のフリートリヒ・ニーチェの根底的価値転換作業のはるかな先駆である。

それは、古典古代ギリシア哲学以来の「理性《ヌース》」的思惟としての西欧思想が、よかれあしかれ人類文明精神史の原動力として今日まで作動してきたことを思うならば、全世界的な価値転換への志向を孕んでいたものにほかならないであろう。西欧中心の心性の不可避的傾向を、世界的合理化の推進とその帰結としての「合理化の鉄の檻」の世界史的出現に見届けるにいたった、後代のマックス・ウェーバーのテーゼから、見返してみるならば、若きマルクスがそのように堯望した価値転換は、世界合理化の呪物崇拝《フェティシズム》に対する全面的な異議申し立てであったと言える。三月前夜《フォアメルツ》における「青年ヘーゲル派」の哲学的発酵には、そうした全世界的な価値転換の疾風怒濤時代の到来が告知されていたのである。

そのような、きわめて凝縮するにいたっていた当時の問題状況は、実践的な歴史過程に即して言うならば、まもなく勃発した一八四八年ヨーロッパ世界革命において、フランスの二月革命→六月プロレタリア蜂起と相並んで、かつそれと結合したドイツ三月革命の推移――プロレタリア革命への強行転化の必然性を秘めたブルジョア民主主義革命としての「ドイツ革命」の持っていた最後のブルジョア革命としての特異な位置価の問題として、開示されるにいたるのである。

先取りして言うならば、そのような問題構制が示すべくして展示したドイツ三月革命の推移の具体的様相は、三月革命の勝利による「不可分に統一されたドイツ共和国」の樹立をめざす「フランクフルト国民議会」の創設、にもかかわらず、この後進的ブルジョア革命の勝利そのものによって示されたドイツ・プロレタリアートの「赤い共和国」樹立の予兆の階級的脅威に直面させられて動揺したドイツ・ブルジョアジーが、自己呪縛におちいって優柔不断の逡巡をつづけた末に、ついに敗北した筈のプロイセン反動王権（その国際的背後には「ヨーロッパ反動の牙城」としてのツァーリスト・ロシアがあった）との抱合に身を投じて、自らの「自由主義的ブルジョアジー」としての本来の地位を投げ棄ててしまったところに、端的に、集中的にあばきだされたごとくであった。

そのため、フランクフルト国民議会は悲惨にも、自己破滅的な自己解散をよぎなくされるにいたり、ドイツ三月革命の勝利の全成果は、プロイセン王権の再編・強化へと横奪されてしまうことになったのである。一八四八年の『共産主義宣言』を発して、このドイツ三月革命のために身を挺したマルクス＝エンゲルスにとって、一八四八年革命の総体が「敗北の年代記」として終焉をみるにいたった、と総括されたのは、何よりもこの決定的に重大な歴史的事実に基づいていたのである。

3　一八四八年革命の連続的敗北の年代記の後にやってきた〈反動の時代〉のボナパルティズムの「革命後社会」的反動としての新しい世界史的意味

マルクスの起草した共産主義者同盟の行動綱領である『共産主義宣言』（一八四八年）において、プロレタリア革命への強行転化の予兆をはらむブルジョア民主主義革命の前夜にあると規定され、そして、そのアクチュアリティーにヨーロッパ世界革命の全注意を集中すべし、とされたドイツ三月革命のたどった実際的帰趨は、右に見たごとく、或る意味ではそうした若きマルクスの先見通りに流産の結末に終わらされたのである。

四八年革命の蒙った一連の連続的敗北によって、その革命の前衛的主体として結党されたばかりの「共産主義者同盟」の最終的な解体（「ケルン共産党」の自己解散）にまで打ち続いた権力弾圧によって追い込まれたマルクスにとって、〈反動の時代〉の開示した世界史的意味は明確であった。それは、特異な、超中央集権的な寄生的国家形態にほかならなかった。それは当時のヨーロッパにあって、〈ボナパルティズム〉という〝革命的〟反動ないしは〝革命後社会〟的反動の最新形態として現われた。（後の、ビスマルキスムス的プロイセンvsボナパルティズム的フランスの普仏戦争のさなかに立ち現われた「人類史上最初のプロレタリアート独裁」の六十二日間天下の〈パリ・コミューン〉とは、まさにこの全社会を寄生的国家へと集中・収奪したボナパルティズムを相手どってなされた、最新型のヨーロッパ世界革命にほかならなかったのである）。

このようなボナパルティズム治下において、一八四八年革命の連続的敗北の年代記の総括に基づいて、連続における革命、プロレタリアートの独裁、プロレタリア党の民主党からの自立的形成、という三点セットの新テーゼを、マルクスが鋭意うちだした背景・下地には、右に観たような一八四八年革命が辿るべくして辿った具体的帰趨から汲み取られた、以下の四枢要点の教訓があったのである。すなわち――

（Ａ）イギリス・チャーティスト運動の四八年革命勃発の事前における敗北（「パンとフォーク」の憲章《チャーター》をかかげたその大運動の、三度目のロンドン蜂起は、ウェリントン将軍のひきいる戒厳令軍事態勢によって粉砕され、チャーティスト運動がはじめて意識的に運動追求したアイルランド植民地の農民・民族解放革命運動である「フィニアン」との同盟も分断・寸断されて、両運動ともに先進イギリスにおいて鎮圧されてしまったのである。これは、四八年革命の本舞台に登場することの叶わなかった革命の隠れた主役にほかならない。四八年革命勃発の合図が、四七年**ロンドン商業恐慌勃発**として与えられたことを、わたしたちはけっして忘失してはならない。後年のマルクス『資本論』体系は、それを体系化させた〈**恐慌論**〉の見地からするならば、**四七年ロンドン商業恐慌**の経済学原理論的分析の深化にほかならなかったのである）。

（Ｂ）フランス二月革命の勝利と六月パリ・プロレタリア蜂起の敗北（オルレアン王政を打倒してラファイエット主導の共和国をかちとり、その内閣に二名の労働者代表を送りこみ、「国立作業所」の開設と労資の「リュクサンブール委員会」の設立をかちとった、二月革命の勝利にもかかわらず、戦後不況の到来のなかで共和政ブルジョアジーが、国立作業所とリュクサンブール委員会の解散を宣言し、それに激昂したパリ・プロレタリアートが「四季協会」（それはマルクスらの「共産主義者同盟」とヨーロッパ世界革命におけるいわば兄弟組織であった）の指導者オーギュスト・ブランキの思慮と経験に長けた制止にもかかわらず、「ポーランド再興」をかかげてパリ議会を制圧し、パリに伝統的なバリケードを築いて、ブルジョア共和政国家に市街戦を挑んだが、フランス大革命以来の「不敗の神話」にもかかわらず、そのパリ・サンキュロットの今回のバリケード蜂起は、カヴェニヤック陸相の布いた戒厳令独裁の下に、激しい流血戦の裡で鎮圧されてしまった。このパリ・プロレタリア蜂起の敗北は、四八年革命の全ヨーロッパ全土を卜した大事件であり、ヨーロッパ情勢の「反動化」を決定づけたのである）。

（C）ドイツ三月革命の勝利と、にもかかわらぬフランクフルト国民議会の流産的自己解散とプロイセン王権体制の再編・強化（すでに述べた経過を踏まえたこのプロイセン王制の再編・強化は、結局、ビスマルキスムスへと政治体制的に収拾されて、普仏戦争の勝利によるビスマルキスムス的プロイセン主導のホーエンツォーレルン王朝の「単一不可分のドイツ帝国」の成立へと帰結してゆくのである。このドイツ帝国の成立は、一九世紀後半の世界同時代史的に言うならば、イタリアのリソルジメント運動によるカブール攻略によるサルデーニャ国王主導下でのイタリア王制統一、わが幕末期日本の明治維新による「王政復古」の近代天皇制創出と、同期政治現象である）。

（D）ウィーン革命を粉砕した外からの反革命力としてのツァーリスト・ロシアの「ヨーロッパ反動の牙城」としての位置（若きマルクスの『共産主義宣言』が先見できなかった、ヨーロッパ革命舞台の外として度外視されたこのツァーリスト・ロシアの「反動の牙城」的位置は、革命敗北後のマルクス＝エンゲルスの総括の一基軸であり、以後両者は、ツァーリスト・ロシアを瓦解させる革命構想に心魂をくだくにいたる。マルクスの「労働解放団」のヴェーラ・ザスーリッチの質疑に懇切に回答した、有名なロシアにおける村落共同体＝「ミール」の残存の歴史論的ならびに革命論的意味をめぐる往復書簡、ならびにそこに表明された「先進ヨーロッパのプロレタリア革命と連動する後進ロシアのツァーリズム打倒革命運動における、ロシアに残存する農業共同体《ミール》が共産主義体制創出の一環に直接的に飛躍できる可能性追求の問題」は、その追究の所産にほかならない）。

このような三月前夜《フォア・メルツ》に孕まれていた、若きマルクスの世界観的大激動は、三月革命勃発以来の一八四八年ヨーロッパ世界革命の具体的攻防過程によって検証してみるならば、価値転換の決定的な必要性と現実性の到来の確認として全く正当で、アクチュアルなものであったことが、よく分かるであろう。

この疾風怒濤《シュトルム・ウント・ドランク》の渦中に革命家として身を投じた若きマルクスは、僚友のイギリスのエンゲルスとともに、『ドイッチェ・イデオロギー』による唯物史観の創生、『聖家族』によるバウアー兄弟ら「青年ヘーゲル派」右派の「自己意識」論に対する哲学的批判、『ヘーゲル法哲学批判』『ユダヤ人問題』による哲学的批判から国家的・政治的批判への転化、『パリ草稿』（いわゆる「経済学・哲学手稿」）、『賃労働と資本』による資本制社会の両極弁証法的把握と「社会主義」の価値目標の提起、そして一八四八年革命の行動綱領としての『共産主義宣言』の公表へと、一路直行的にひた走ることによって、「青年ヘーゲル派」最左派としてのラディカルな民主主義の立場性からプロレタリア共産主義の立場性への移行（質的な意味での飛躍）をおこなったわけであるが、それとともに最初期の「学位論文」の哲学的大構想は、ついに終生未完に終わらざるをえない仕儀となったのである。一言付け加えておけば、拙著『〈主体〉の世界遍歴《ユリシーズ》』全三巻（藤原書店刊、二〇〇五年）は、マルクスのその学位論文の西欧哲学史再構想を今日的に具体化した労作にほかならない。

4　二〇世紀的現代の初頭におけるニーチェの「神の死」宣言以後の根底的な価値転換の提言

「青年ヘーゲル派」として、ヘーゲル観念弁証法体系の終焉の後における世界観的出立を画した若きマルクスが、当時の広くして深い新たな時代課題に即して、西欧の形而上学的伝統に対する根底的な価値転換の必要性に迫られ、そのアクチュアルな必要性に基づいて当面の実践的・政治的な綱領・戦略・戦術にいたるまで構想することになった次第については、前節で詳述したごとくである。そのような世界観から政治戦略・戦術にまでいたる全面的な考察が、リアルな解析上絶対に必要なことを、わたしたちはけっして忘れてはならない。〈恐慌論〉の決定的重要性についての認識も、このような全面的な考察・解析の絶対的必要性から導かれるのである。

そのような若きマルクスの思想的作業は、古典古代ギリシア・ローマ期以来の西欧思想史、ひいてはそれを理性的《ヌース》基軸として推進されてきた人類文明精神史に於てこれをみれば、もとより、革命的伝統の革命的批判の作業であったのである。そのような万人の自己解放の大業は、西洋形而上学の伝統の単なる一面的廃棄・清掃の思想作業であったのではなくて、将来構想としては（それはマルクスに即していえば、すでに〈共産主義《コミュニズム》〉への社会革命的・文化革命的価値転換の眺望であったのであるが）東洋《オリエント》をも含めた人類文明史遺産の継承を踏まえた、含蓄的にして揚棄的な弁証法的性格を固有に内有しているものにほかならなかった。

　そのようなマルクスの人間社会史を「前史」と「本史」とに頒つ人類史再構想を提示した、二〇世紀的現代が開始された初頭において、生前のマルクスが当然知ることのできなかったその二〇世紀的現代は、**一八六八年恐慌の変異**へと突入し、それを世紀末《ファン・ド・シエークル》的媒介として、マルクスが『資本‐経済学批判』の経済原理論体系を構築する「モデル」を契機として**農業恐慌の長期慢性化**を表徴とする「世界大不況」期（**ほぼ十年毎の典型的恐慌現象の周期の変型**である）としたヴィクトリアン期《エイジ》のイギリスは、産業資本基軸の自由主義時代から金融独占資本基軸の帝国主義時代へのいわゆる段階的移行をおこなって、ついには、一九一四年の帝国主義世界戦争の大爆発とそれが副産物としてともなった一九一七年のレーニンのソヴエト・ロシア革命の勃発へと、世界史的に帰結していったのである。

　そこへといたる一九世紀にとって最後の**一八六八年恐慌現象の再来**が、例によってイギリス商業恐慌＝信用恐慌の先行的勃発によってヨーロッパ世界恐慌へと逐次波及してゆきながらも、その波及過程においてかんじんな枢軸の**イギリス信用恐慌そのものが消失**してしまったという驚くべき変異現象を呈した。

　そのような**六八年恐慌の変異**は、マルクスがいち早く感知して、**後期マルクス的恐慌論の思索**を決定的に深化させるにいたった重大要件であったが、そのような変異はしたがってまた、**〈恐慌‐革命〉**論的なマルクスの期待にもかかわらず、**恐慌勃発後の「革命」の再襲**を伴うことがなかったのである。

　結局のところ、一九世紀資本主義史において**五度来襲した周期的恐慌**のうち、**〈恐慌‐革命〉**的連関をともなったのは、**一八四七年イギリス商業恐慌**―一八四八年ヨーロッパ世界革命の一度だけだったこととなる。この連関は、唯一回の出来事であったのであるから、厳密に言えば、当時のマルクスがうちだした〈恐慌―革命〉論的な階級闘争学説が法則性を主張しうるかどうかは、多大な疑念を残したままに終わったものと今日では認定しなければなるまい。

一般的に実験ができない、利かないのが、歴史の歴史学的解析にとっての、諸自然科学とは異なる特質であるが、それにしても、産業資本主義時代における**五回の周期的な古典的恐慌の現実的勃発**の歴史的事実は、以て経済学原理論を可能にする周期性＝法則性を実証するに十分に足りる。だが、**四七年恐慌―四八年革命**の唯一回きりの歴史的実証しかない**〈恐慌―革命〉**連関は、真の意味の歴史的実証とは言い難いのである。この問題は、実は、**マルクス〈恐慌論〉**のもつ最大の難点《アポリア》なのである。

一八七二年恐慌再来の当時の新たな歴史的条件のもとで、やって来たのは、一八七一年普仏戦争の来襲であり、その戦争に先行的に主導されて、セダン戦の敗北におけるナポレオン三世の捕虜化によってたちまち惹起された、ボナパルティズムの崩壊に続いて勃発した大事件が、一八七一年のパリ・コミューンの襲来であった。

六十二日間天下に終わったとはいえ、この「史上最初のプロレタリアート独裁」は、プロイセンにおけるビスマルキスムス主導の「単一不可分のドイツ帝国」であるホーエンツォーレルン王朝の確立と、フランスにおけるボナパルティズム帝政に取って替わったティエール共和政の確立をもたらしたのである。

革命論的アプローチの形態変化として言うならば、これは一八四八年革命以来の〈恐慌―革命〉連関型アプローチから、〈戦争―革命〉連関型アプローチへの変化を、必然化するものである。ここで、革命学説としてのマルクス主義における〈**恐慌論**〉が、**周期的恐慌の突発的・暴力的爆発を基軸**として経済学原理論的に理論構成されながらも、全実在・実践社会的には不可分に関連せざるをえない**恐慌―革命―戦争**の〈三幅対〉がここにすべて出揃ったことになる。この一九世紀末葉のマルクス的経験は、かれの歿後の二〇世紀的現代において、わたしたちを襲った全歴史経験の解析にとって、決定的なものである。すなわち、レーニンが『帝国主義論』の創発によって時代理論化した新しい金融・独占資本主義時代の到来である。

右のような**一八六八年恐慌現象の変異**の重大な意味は、再度くりかえし強調しておけば、まもなく**農業恐慌の長期慢性化**を渦心とする「世界不況」期をもたらし、それを介して資本家商品経済的な資本主義世界は、産業資本基軸の自由主義的世界編成から金融・独占資本基軸の帝国主義的世界編成へと転化した。そして、その歴史的帰結こそが、二〇世紀初頭の第一次世界大戦＝帝国主義世界戦争の勃発と、その「副産物」ともいうべき一九一七年のソヴエト・ロシア革命の到来（レーニン主義・共産党・コミンテルンの創出）にほかならなかったが、この世界史的転化は、革命論的アプローチから言うならば、全世界的規模における**〈恐慌―革命〉**連関型と**〈戦争―革命〉**連関型の歴史的合成であった、と観ることができる。

今日のドル・核帝国基軸のグローバル資本主義が、当然に呈しているさらなる**「恐慌の変容」**「戦争の変容」に眩惑されて、このようなマルクス主義的真理の核心を忘失してしまっている通俗左翼が横行しているが、かれらもけっして右に看たごとき歴史的真理から離れ去り、逃れ去ることは絶対にできないのである。今日のわたしたちは、やがて近未来的にやってくるドル危機とイラク戦争危機の重合によるドル本位相場変動制の世界史的解体のなかで、したたかにその真理性の再確認を強いられるにちがいない。

5　「神は死んだ！」というニーチェの二〇世紀初頭における宣言の人類文明的意義は、どこに在ったのか？

こうして二〇世紀的現代が開始された初頭において、フリードリヒ・ヴィルヘルム・ニーチェは、古代世界の移行期において「大いなる牧羊神《パン》は死せり！」という闇夜の海上に響き渡ったという大音声を、再び聴き取ったという宣言を、世界に向けて発信し、根底的な価値転換のアクチュアルな必要性を再提言するにいたった。当時において、かつて若き学徒マルクスがただ独り聴いたのと同じく、二〇世紀的現代の初頭にやはりただ独りニーチェが聴いたその声を、今日のわたしたちは等しく戦慄的なまでに聴きとどけることができる。

『音楽の精神からの悲劇の誕生』（一八七二年――「自己批判の試み」を付して刊行され新版における題名は、『悲劇の誕生、すなわちギリシア精神とペシミズム』）において、地中海の外光あふれる気候風土《クリマ》において、いっさいの影の隈のない彫塑的な全き形象に前景化され表面化された、アポロン的合理性に光被された古代ギリシア精神が、その実は古代ギリシア人の本性《ネーチャー》として、光輝にみちみちたアポロン的合理性と幽暗なディオニューソス的陶酔性との両義・両価性《アンビュギュイティー》の位相感情《フェイス》に貫かれているものであることを看破し、「ギリシア精神はニヒリズムである」と、当時としては驚くべき論定を、かれニーチェはおこなったのである。

そして、その時代表現として市民共同体が表出したアイスキュロス、ソフォクレス、ユウリピデスの〈ギリシア悲劇《トラゴーニア》〉を芸術的表現としての古代ギリシア人の「古典論《クラシックス》」の本源であると、かれニーチェはみなした。

西欧文明のそうした始源にまで遡及した古典学者ニーチェは、遡るべくして遡ったその根源的立場性からして、二〇世紀的現代に到来すべきニヒリズムの普遍化としての世界危機を人類が生き抜くためには、いまや根底的な価値転換が必要不可欠であることを切言したのであった。マルクスが、二度と戻らない幼児期の人類文明の初源として、その天真無垢な形姿に、ノスタルジックな賛嘆を惜しまなかった古代ギリシア文化の古典性の、世界史的普遍性の意義の再確認の問題である。そのさいかれニーチェは、「ほかならないソクラテス主義こそ、下降、疲労、罹病の兆候ではあるまいか」（『悲劇の誕生』「自己批判」）という古典古代ギリシア哲学史の病患にかんする臨床診断をおこなった。そのような病症診断を下すすぐれた魂の医師ニーチェのギリシア哲学史区分には、そのデカダンスへの下降の転機については、前期には「プラトン以後」と謂い、後期にはそれをふくめて「ソクラテス以後」と称するにいたったブレをともなった進化が認められる。たとえば――

「プラトンは退屈である。――プラトンに対するわたしの不信の念は、とことん深い。すなわち、プラトンはギリシアのあらゆる根本的本能からひどく逸脱し、きわめて道徳化され、あきらかにキリスト教を先取りする存在となっている――プラトンはすでに〈善〉という概念を最高概念としている――ので、わたしはプラトンという現象全体については、なにか他の言葉を使うくらいなら〈高等なぺてん〉という手きびしい言葉、ないしはもっと聞こえがよい言葉にしてほしいというのなら、理想主義という言葉を使いたい」(『偶像の黄昏』一八八九年)という、プラトン哲学に対するニーチェのとことん深い不信の念の表白は、かれの「プラトン以後」という分水嶺区分の遠い木魂《こだま》である。そこでは、荘重にして無内容なリヒァルト・ワーグナーの『神々の黄昏』が奏されるなかで、プラトンの Idealismus(「理想主義」)が、万有の生成を憎悪し「概念のミイラ」を産み出す「言葉の形而上学」=「高等ぺてん」として、痛撃されているのである。ニーチェにとって、プラトンとは「大いなるぺてん師カリオストロ」の古典版にほかならなかったのである。

こうしたニーチェのひそみに倣って〈プラトンは古代のスターリン主義者である〉という「もっと聞こえがよい言葉(!)」を定式化しているわたしとしては、双手をあげて歓迎するプラトニズム批判の言であるが、ニーチェの場合、こうしたプラトン批判は、つぎのように「キリスト教道徳」批判へとつなげられてゆくのである――

「プラトンに対する闘い――あるいはもっと分かりやすく〈民衆向きに〉言うならば、何千年にもわたるキリスト教的圧迫に対する闘いこそは、この地上にかつてなかった精神の華麗な緊張を、ヨーロッパにもたらした。ヨーロッパの人間は、この緊張を危機として感じている」(『善悪の彼岸』一八八二年)と。

このような、プラトンとの闘い→キリスト教との闘いという思想的文脈は、けっしてニーチェの個人的選好(偏向!)に偏した恣意的なものではない。先に触れたように、中世西欧世界のキリスト教秩序を正統化した神学的支配イデオロギーは、新《ネオ》プラトニズム哲学を介して〈新《ネオ》プラトン＝アウグスティヌス体系〉として、ローマ法王教会秩序を正当化する神学体系として最初の定礎をみたのである。

因みに、「近代性の批判」として価値転換の闘いを全面化したこのニーチェ最晩年の『善悪の彼岸』という著作題名の「彼岸 Jenseits」とは、キリスト教の伝統的用語に反する仏教用語である。プラトン‐アウグスティヌス的西欧伝統においては、天上（天国、イデア界＝神の王国）・対・地上（この世、地下＝冥界）との対立はあっても、此岸・対・彼岸という釈迦牟尼教的対立は本来ありえないのである。

このような、プラトン‐キリスト教的な道徳との非妥協的な世界史的闘争は、ニーチェにとっては、近代ヨーロッパにおいて現に激闘継続中の「この地上にかつてなかった精神の華麗な緊張」をもたらしているのであり、このヨーロッパ精神の華麗な緊張こそが、二〇世紀的現代に予感される危機《クリーゼ》の核心主題なのである。二〇世紀冒頭における、狂死寸前のニーチェのこうした予感は、帝国主義的二〇世紀とともに現実化した、それぞれ両度にわたる世界戦争と世界恐慌の襲来によって、もののみごとに世界史的に実証されたと言ってよい。

そこから、学位論文時代の最初期マルクスと同じく、最晩期ニーチェは、ソクラテス以後に変質した古典古代ギリシア哲学が、「前期」のミレトス派自然哲学《ピュシカ》を忘失させ、アテネ「盛期」ペリクレス時代のギリシア哲学＝「ソフィスト」を貶価したソクラテス‐プラトン‐アリストテレス「正統」哲学史を、もう一度再顚倒させ、あわせて「ヘレニズム＝アレキサンドレア期」におけるスコラ哲学・エピクロス哲学・ピュロン哲学の時代的意義を復権しようと志したのと等しく、古典古代ギリシア精神史における音楽の精神による〈悲劇《トラゴーニア》〉の誕生の根本義を復権させようとしたのである。

ニーチェのギリシア精神史観によれば、互いに相影響し合った同時代人＝ソクラテスとユウリピデスによって、ギリシア哲学が「個人誕生哲学」として変質せしめられたばかりでなく、ギリシア悲劇もまたアリスキュロス‐ソフォクレスの偉大な創発伝統からユウリピデスの「世話物」へと変質せしめられたのである。だからこそ「悲劇の精神」の復活によってかれニーチェは、女性反乱団（バッコスの信女、マイナス）をひきつれたディオニューソス的狂乱・陶酔を復権させ、ひいてはその歴史的・論理的延長線上にキリスト教信仰・道徳の「死亡宣言」を執行する華麗なる闘争＝「華やげる知恵」の創発を敢行して、よってもって二〇世紀的現代を〈生〉の祝福たらしめる価値転換の大業の扉を開こうとしたのである。

その始源論に立ち戻った古典学者ニーチェの箴言的命題を、補足的に若干紹介しておくとするならば――

「われわれの今日の思考方法は、高度にヘラクレイトス的であり、デモクリトス的であり、プロタゴラス的である。単にプロタゴラス的だと言うだけでも十分である。なぜなら、プロタゴラスは、ヘラクレイトスとデモクリトスの両者をあわせもっていたからである」（『遺稿』）。

「ソクラテスの〈最期の言葉〉は、耳ある人にはこう聞こえる、〈おおクリトンよ、人生はひとつの病気である！〉と。快活で、何びとの眼にも一個の兵士のように生きていた人物が――ペシミストであったのだ。つまりかれは、生に対してひたすら良い顔をみせていたのであり、生涯かれの究極の判断、最内奥の感情を匿していたのだ」（『華やげる知恵』）。

「ソクラテスとともに、ギリシアの趣味は一変して、弁証法《ディアレクティケー》の側につくようになる。弁証法とともに、賤民《パリア》がのさばりでる。ソクラテス以前には上流社会では、弁証法の流儀は斥けられていた。それは、下等の流儀とされていた。ものを裸かにしてしまうというのである。手の内をすべてさらけだすのは不作法であり、まず証明してみせなければならないものは、たいてい価値のないものである。いまだ権威が良俗の一部を成し、〈基礎づけ〉ではなく命令がおこなわれるところではどこでも、弁証法は道化である。弁証法は他に手段がないときにのみ選ばれるのであって、それは緊急防衛でしかありえない。弁証家になるとひとは、情容赦のない道具を手にすることになる。弁証家は敵が白痴でないことの証明を敵自身にさせる。弁証家は激怒させると同時に、手も足も出なくさせる。弁証家は敵の知性の足を殺《そ》ぐのだ」(『偶像の黄昏』)。

「われわれの全近代世界は、アレクサンドリア的な文化の網の目に捉えられていて、ソクラテスを原像ならびに元祖とする、最高度の認識能力を備え、学問への奉仕を仕事とする理想的人間を理想としている。……銘記すべきことは、アレクサンドリア的な文化が、長く存続しうるためには、奴隷の身分を必要とするということである」(『ギリシア悲劇の起源』)。

「ギリシア人の本来の哲学者は、ソクラテス以前の哲学者である。ソクラテスとともに、何かが変わった」(『遺稿』)。

「1. かれソクラテスは、論理学的判断の天真爛漫を破壊してしまった。2. かれは、学問を絶滅した。3. かれは、芸術に対する感覚をもっていなかった。4. かれは、歴史的結合から個人を引き抜いてしまった。5. かれは、弁証法的な空談や饒舌を促進した」(『遺稿』)。

「ソクラテス的人間の時代は終わった。いまこそ敢然と悲劇的人間たれ」(『悲劇の誕生』)。

「ソクラテスのデカダンスは、あの理性と徳と幸福の同一視に示されている。これはおよそ世界に存在する最も奇怪きわまる同一視であり、とくに古代ギリシア人のいっさいの本能を敵に廻してさえいる」(『偶像の黄昏』)。

「ソクラテス主義はソクラテスよりも古いのである」(『ソクラテスと悲劇《トラゴーニア》』)。

「ソクラテスは一つの誤解であった。すべての改良道徳は、キリスト教道徳も含めて、一つの誤解であった」(『遺稿』)——傍点センテンスはすべて、ニーチェ自身のゲシュペルト体)。

念のため——右の『偶像の黄昏』で痛撃されている〈弁証法〉とは、ニーチェの愛好するミレトス派自然哲学のヘラクレイトスの弁証法《ディアレクティケー》ではなくて、ソクラテスの問答法《ディアレクティケー》のことである。かれニーチェは、ソクラテス的な「弁証法的な空説や饒舌」を排して、端倪すべからざる〈ヘラクレイトス的生成の火〉をめざましく復活させたいとしたのである。

では、二一世紀の〈いま・ここ〉に立って、わたしたちはどこからこの回天の大業を始めるか？

6 時間観念の変革からはじめ、「時間ドロボー」をひっとらえて、追放してしまわなければならない

ミヒャエル・エンデは、有名な『モモ』のなかで、この世に在る最大の大泥棒は「時間ドロボー」だと喝破した。本書が主題とする〈恐慌〉も、いうまでもなく時間過程での大きな出来事であるが、二〇世紀初頭に発せられたフリードリヒ・ニーチェの価値転換の大事業においては、なによりもわたしたちの〈時間観念〉の大変革がなければならない。

エミール・デュルケムの非凡な著作『宗教生活の原初形態』（一九一五年）の「序論」によるならば——「わたしたちは、異なった瞬間を区別すること、すなわち周期性によって以外では、時間を了解することはできない」。では、この差異化の起源は、いったい何なのだろうか？　デュルケムとしては、「観察によると、これらの欠くことのできない指針は、社会的生活から採られる、ということである」。

つまり、それ自体としては連続している時間、つねに連続している歴史的時間過程を、日に、週に、月に、年に、等と分割・分節化することは、祝祭や公共の儀式の周期的な再現と一致してなされている。というよりは、そのような人間の社会的生活に一定のリズムをもたらす「祝祭」や「公共の儀式」による分割による、人間的生活の総体的な差異化と分節化による概念的社会構成が、人間社会史の「周期性」をもたらすのである。「暦は、集団の活動のリズ

ムを表現し、一方、同時にその規則性を保証するものとして機能する。……時間の範疇《カテゴリー》が示すのは、人間のグループに共通の時間、いわゆる社会的時間である」と。

このような、非凡な「社会範疇」論としての「時間範疇」の発生史的・形態史的考察が、原著者によって『宗教生活の原初形態』と名付けられているのは、わたしの前作『〈主体〉の世界遍歴《ユリシーズ》』がその全三巻をあげて論証し例証しつくしたように、そのような根源的な概念分割―差異化―分節化―概念命題形成が、〈歴史《ヒストリアイ》〉としての自覚表現でもあれば自己言及でもある有意味的自己編成として、近代の「迷信」である「科学」の認識作用にだけ尽きるものではなく、もっと総体的・根源的に、それが「神話」のシンボル作用や「叙事詩」や「哲学」のシンボル作用をも広く全包括した象徴形式として、現われるからなのであって、そのような根源的意味において、わたしたちの「原理的カテゴリー」がトーテミズム、アニミズム、アニマティズム、シャーマニズム等々の「宗教生活の原初形態」から発しているからにほかならない。

E・デュルケムによるならば――「哲学者が『理解のカテゴリー』と呼ぶもの、すなわち、時間、空間、類、数、原因、人格等々の概念は、事物の最も普遍的な性質と対応するが、それらは自ら自分自身を破壊することなしには、それらを、自分自身から分離することのできないような、全ての思考を取り図る固形の枠組のようなものである。というのは、時間や空間の内にない客体や、数のない客体などを考えることができようであるからだ。……今、原始的な信仰を体系的に分析すると、原理的なカテゴリーが自然に見つかる。それらは、信仰内で、信仰から生まれるのである。すなわち、それら原理的範疇《カテゴリー》は、信仰的思考の産物なのである。……それゆえ、カテゴリーは、信仰的な起源を有つものであっても、それらは社会的な要素のなかで豊富である、と考えてさしつかえないのである」。

右のような、人類生活の根本的実在に由来するE・デュルケムの「社会的時間」としての「時間」範疇化は、ドイツ観念論の批判《クリティーク》哲学体系の始点を成したイマニュエル・カントの「純粋理性批判」的な「時間」範疇を優に凌ぐものであった。もちろん、人間社会での「時間」概念は、理性的・合理的・科学的な側面・要素を内包しているものではあるけれども、そのようなただ単なる「合理的」「時計的」時間観念は、全面的・総体的には、人類生活史の根柢にある自己産出的な活きた「根源的時間」とは合致しないのである。

デュルケム社会理論の衝撃によって形成されることとなった、後代のイギリスの社会人類学者たちは、人間の社会的表現は、社会の「組織的」生活への貢献を基礎にしてはじめて説明されるだろう、という方法論に基づいて、人間の「時間」の認識は概念的・社会的に決定されるものである、というデュルケム社会論の原理に基づいて、かれらの「社会人類学」を形成したのである。

これに基づいて、エヴァンス・プリチャードやエドモンド・リーチ等のイギリス「社会人類学」は、カント批判哲学体系と訣別し、ドイツ観念論体系から脱却して、たとえばエヴァンスは『ヌアー族』（一九四〇年）において、「生態（環境）的時間」と「構造的時間」との間に賢明な区別を設けて、デュルケム理論の有効な特徴を保持しながら、それをさらに発展させて、デュルケムのいわゆる「社会的時間」から、かれが「生態（環境）的時間」と命名した「実践的時間」を区別することに成功したのである。また、リーチは『人類学再考』（一九六一年）を著わして、デュルケム「社会」「時間」理論の枠内に留まりながら、「時間の観念は、神の観念のようにわたしたちが必要だと考えるカテゴリーである。それは、世界の客観的経験における経験的な何のものというよりは、むしろ、わたしたちが社会的動物であるものである」としたのである。

右のような、リーチの『人類学再考』的な「時間」観によるならば、わたしたちの「時間」範疇には、人間社会生活の二つの「基本的な」経験が混じっており、その二つの基本的な人間経験とは、（1）或る種の過程《プロセス》は反復的か循環的である、（2）人間の生命は誕生で始まり死亡で終わる不可逆の変化で構成されている、というものである。「宗教」とは、そのようなわたしたちを騙して、「個」としての生命→死という不可逆的変化が、「類」としての生命→死

↓生命……という反復＝往還の繰り返しのなかでの一つの局面であることを考えさせるために、「時間」を創り出すのである。このようなリーチ理論を究極化してゆけば、「時間」とはエントロピーの原則への人間性《ヒューマニティー》の原則の答えである、ということになろう。かれリーチのそのような「時間」観は、実は、かれが属する西ヨーロッパに伝統的な「キリスト教終末論」からの借用である、と極東人のわたしたちからは、断定しうるものである。

　リチャード・バーンズは、『ケダン族』（一九七四年）にインドネシアのケダン族についてのかれの人類学的調査・研究の結果に基づいて、右のような西ヨーロッパ的・キリスト教的自己完結体系にあっては、その主知主義的概念体系化のゆえに逆に無意識裡に見逃されていた、「時間」の「循環的な」概念化をともなって機能している地球上の現存する「原始」社会が、時間は文字通りぐるぐる循環したり巡ったりするとは、考えてはいないことを指摘し、ケダン族はそうしたたぐいの「時間の視覚的な比喩表現」を全く欠如させていることを、議論の余地なく実証した。

　かれらケダン族は、それとは別な、規則的に予測したり個人や集団の活動を計画したりする、繰り返される出来事のリストの分類的一覧を構成する「時間」についての「集団的な表現」を、それなりにちゃんと持っているのである。これを言い換えれば、出来事の繰り返し的な、あるいは循環的なリストを獲得することは、時間それ自体が繰り返し的である、といったたぐいの「循環的」な時間概念を持つことを意味するものでは全くないのである。

　このようなR・バーンズの社会人類学的「時間」考察は、リーチでさえ本質的には持っていた（持たざるを得なかった）狭隘な「時間」観＝「時間」範疇概念に比して、地球普遍的な極度にまで一般化され、かつ純化された概念範疇性を、獲得しているのである。今日のわたしたちは、「類型 Type」と「事例 Token」の概念範疇的区別を、方法論的に使用して、それぞれの諸共同体社会の対象化分析をすることによって、以上の論理的・理論的事態をよりはっきりさせることができる。

　R・バーンズが主題化したケダン族の場合には、繰り返しのない、一方向性の時間の進行の中で周期的に繰り返される「トークン（事例）」を、一定の節目を持って繰り返し持つ出来事の「タイプ（類型）」（天文学的指標、四季、農作業の暦、祝祭、儀式行事など）の時間的順列を構成する社会的なリストを、社会的な行事の過去総括としても、未来予定としても、持っているのである。

その点から看るならば、「トークン」だけが、すくなくともケダン族の社会生活にとっては、現実の諸結果をともなう現実の出来事なのであり、それを表現し統制している「循環的」な聖俗社会的な行事予定表＝リストは、繰り返しの「形而上学」を用いて、理念編成した「時間」の不可逆性を否定するためのものではなくて、まさしく現実の出来事（トークン）を仔細に予期するためのものなのである。「備えておけ」というのが、かれらのモットーなのである。

このようにみるならば、ケダン族の営んでいる「哲学的」生活誌は、カント哲学の批判《クリティーク》という範疇概念で言うならば、純粋理性批判であるとともに実践理性批判でもあるものである。バーンズと違ってケダン族についての具体的調査の見聞を持ち合せていないわたしには、ただ推測されるだけのことであるが、かれらケダン族の「哲学的」生活はおそらくは、かれら自身の「判断力批判」による「崇高美」範疇やそれに基づく「美学」概念体系や「宗教」概念体系を持っているものと推察する。

今日のアルフレッド・ジュルの「時間と社会人類学」（『時間・ことば・認識』（ひつじ書房刊、一九九一年・所収）によれば、G・ガーヴィッチの“The Spectrum of Social Time” 1961（『社会的時間のスペクトラム』）が指摘しているように、デュルケム主義者たちが、社会的スケジュールと「カテゴリーとしての時間」である時間それ自身とを同一視してしまったため、E・リーチのようなイギリス人類学派に由来する数多くの人類学者たちや社会学者たちは、原始社会の「循環的な時間」意識と近代社会の「線条的な時間」意識との間に区別を画してしまう、という誤った方向へと進んでしまった。実際、もし「時間」が本当に「循環的」であるならば、出来事は一サイクル当り一回の周期で「再現されること」はできない。この問題は、本書において**恐慌現象の「周期」性の発生とその「周期性」の喪失による恐慌現象の「変容」**との論理的・歴史的関係性の総体の把握に即して、それをマルクス的弁証法に基づいて解明したのと、全く同質・同一の問題構制《プロブレマティーク》にほかならない。

もし、すべての「時間」が、たとえば一週間であるとするならば、わたしたちは、たとえば日曜日の「繰り返されるトークン」を持つことはできなくなり、時間全体の中で水曜日はたった一回限りの事例（トークン）を持つだけのことになるのである。断続的な日曜日の繰り返しは、まさしく「時間」の局処・局在的な線条件性と一方向性に由っているのである。そのことによってわたしたちは、「日曜日がまた来た」と言えるのであり、そのような過去・現在の「トークン」に依拠して、次の「日曜日がまた来る」ことにいとも楽しい期待を心弾ませることもできるのである。にもかかわらず、イギリス社会人類学を起点とする人類学は、一年毎、あるいは一生のサイクルを、その始源の点にまで引き戻す儀礼に対峙すると、その儀礼を担っている人びとが「循環的時間」を信じていない限り、かれらの振舞いを説明できない、と考えてしまってきた。

こうした考え方の「時間」パラダイムは、あきらかに非合理的な信仰・信念をもった他民族の「真である」と受けられるべき問題を、それらが実は合理的真実であると言える「形而上学的な筋書」（いうまでもなくそのような物語《ストーリー》は、西洋中心主義的に世界編成されたプラトン＝アリストテレス以来の伝統的な「形而上学的な筋書」とは異なるものである）を構築することによって取り扱うことができるようにする、実際たった一つの方法である。

したがって、もし時間が「循環的」であるならば、世界はその起源の点へと戻ってくることになるだろう。もしもわたしたちが、世界の新生を意図する儀式を観察するならば、それはその当事者が「時間は循環的である」と信じているということであり、そしてかれらがそのようにそれを信じているからだというのであれば、それは局処的・局在的にのみ真なるものなのである。

わたしの前作『〈主体〉の世界遍歴《ユリシーズ》』と今作『**恐慌論**』は、広く言うならば、以上のような、古典古代ギリシア文明の理性《ヌース》的視像化、中世キリスト教文明の唯一神教化、そして近代資本制商品経済文明の抽象化、によって連綿として一系的に形成されてきたパラダイムの総体を根底から転覆して、新たなパラダイムを「コペルニクス的転回の転回」としておこなわなければならない緊急必要性を、提示しようとしたものにほかならない。

資本制商品経済社会に特有な、重要な経済現象として、資本の価値増殖＝産業循環過程において不可避的に発生・発現する**恐慌現象の周期的大爆発**は、近代市民社会の社会的再生産に特有な商品生産・流通の過剰生産ならびに過剰資金の一挙的な一種の社会的処理・決済方式として、一時的に再生産を中断・減衰させながらも、全体としての資本制的生産・再生産を高次化軌道に再びのしあげる――もちろんのこと、そのような**恐慌現象**は他面では、資本制商品経済社会そのものを変革し解体させようと志向する社会成員の能動的な革命行動をも誘発するのであるが――一種の通過儀礼なのである。聖なる通過儀礼によって律せられている前近代の共同体社会においても、その非・前商品経済的な歴史的社会は、もとよりそれらの社会には商品経済に特有な**恐慌現象**は見られる由はないものの、同じようにそれぞれの社会に特有に発生・発現する過剰生産物の処理・決済方式を**恐慌**以外の在り方で具備していると言える。

いわゆる未開社会とよばれる原始社会をふくめた前近代のもろもろの共同体社会は、その宗教社会的再生産を基礎づけている富の生産からして、稀少性資源の制約を固有していることはもちろんのことながら、けっしてこれを欠乏社会として把えることは、実態とは全く合わないブルジョア的偏見である。そのようなわたしたちが往々おちいりがちなブルジョア的偏見は、近代市民社会の商品経済的生産・流通が産出する富によってはじめて人類社会が豊かに富むようになった、という近代主義的偏見・誤謬であるにしかすぎない。

たとえば、東海粟粒島のわが列島史上の原古社会である縄文時代の狩猟・漁撈・採集・初期農耕社会は、それに後行した、稲作農耕を社会的再生産の基軸に据えた本格的農耕再生産の弥生時代の諸日本人社会に比較してみてさえ、けっして欠乏した経済生活を営んでいた貧しい社会ではなく、大型神殿構築物を中心としてそれなりに豊かな、しかも広範囲の遠距離交易を営む原古の列島社会であったことが、今日ではよく知られるにいたっている。

このような、前近代のもろもろの歴史的社会においては、神の超越的世界との交渉を媒介にするその聖なる互酬・再分配・寄進経済が営まれるなかで生じる「豊かな」過剰生産物を、たとえば眩示的消費の再分配経済を営む首長制社会のように「ポトラッチ」その他の〝濫費〟（大盤振舞い）を通じて処理・放散していたことは、今日ではよく知られているところである。これらの社会経済現象は、ちょうど近代資本制社会における**周期的恐慌現象の発現**と同じ過剰生産処理の浪費的機能を果たしているといえる。そしてわたしたちは、このような社会的過剰の処理（濫費＝破壊）が、つねに単なる物財の処理にとどまらず、資本制社会もふくめてフェティッシュな物財の処理に特有な現象として、象徴交換としての過剰の破壊的処理であることに、注目する必要がある。この視点から観るならば、近代商品生産・流通社会の景気循環過程を通ずる**産業恐慌の循環的爆発**は、いわゆる未開社会の象徴交換としての過剰処理と同じ構造と用途をもっていることが分かる。それらはことごとく、社会の危機において発生・発現はするものの、その社会的機能はむしろ危機の回避・克服であり、そうした社会的解毒を通じての社会の高次化を調達するものと言える。

近代において世界的規模化した戦争のごときも、一つの不生産的消費（浪費・濫費）として、一つの過剰の（**恐慌**とは異なる、その一種の転化形態としての）暴力的処理にほかならない。

一九世紀の周期的恐慌が世紀末大不況を経て、二〇世紀的現代において、象徴交換的過剰処理の周期的循環性を喪失した時、近代資本制市場社会は、「平和的な」過剰処理能力を喪失したことを実証したと言ってよい。その現代史的帰結こそ、アウシュヴィッツとヒロシマ・ナガサキにほかならないが、そのような現代社会が将来社会への転形の不可避的切迫性において取り戻さなければならない象徴交換的機能は、かつていわゆる未開社会が実際に調達していた「平和」的な過剰処理の能力と機構にほかならないであろう。

現代の高度消費社会の汎通化（そこにおいては、ジャン・ボードリヤールが解明したように、近代社会に特有な生産中心主義的世界像である「生産の鏡」は、完全に壊れて砕け散ってしまっている）は、右の象徴交換的世界交通像の今日的再建の課題が、ぬきさしならない緊急の課題になっていることを如実に示していると言えるだろう。現代資本主義世界システムは、今や基本的に社会高次化への通過儀礼としての社会的機能を喪失した恐慌に取って代わることのできる社会経済的機能の自己創出を、切実に求められているのである。そしてそれが社会的に具現される歴史的条件は、この「シミュレーション」時代にすでに巨大な潜在力として十二分に用意されているのである。

第二章　エルンスト・トーピッチュによる〈上向の旅〉における登攀法《アナーゴーゲー》の不可能性の提示

人類文明史の初源において、古典古代ギリシア文化の両義的・両価的《アンビュギュイティー》な根本性格を、アポロン的理性とディオニューソス的非理性との葛藤とその高次調和に見届けたニーチェの価値判断と、ちょうど正反対の逆方向に遡源して、いわば背中合わせ的に逆判断している現代のエルンスト・トーピッチュは、「叡知自我」または「絶対自我」の自由に関する「観念論形而上学」の西欧的伝統の初源において、「ギリシア人の霊魂表象とその認識論との間に重要な関係がある」と見届けている。

1　理性《ヌース》の視触像として具象化された古典古代ギリシア文明

理性《ヌース》の視触像として具象化された、白日のもとでの翳《かげ》ひとつない、前景《ファザード》だけがたんに視覚的にだけでなく触覚的にもその凹凸ある形姿においてあらわれる、古典古代ギリシア文明の核心的特質を成した、フィロソフィア＝哲学的思惟の初源を画して、パルメニデスは、〈存在＝思惟〉という同一化命題をうちたてた。一見、トートロジー（同語・同義反覆）の全く無内容で空虚な虚体系のような命題に思われながら、一見純静態的《スタティック》なこの自己同一化命題は、存在ハ思惟サレテイルコトニヨッテ存在ト成ッテイル、という実質内容のある主張を単純強力に含んでいることによって、唯一者から多様性の諸事物への一即多・多即一といった形態化運動の起動力となったのである。

この、存在（論）的‐認識（論）的なパルメニデスが創発した存在＝思惟構造のもっていた関係性哲学が、古典古代ギリシア文明の出生以来、西洋《オクシデント》中心主義的に世界編成されてきた――古代の地中海世界をめぐる世界大戦であったペルシア戦争における史上空前の東洋《オリエント》のペルシア帝国が、渺たる地中海上のポリス国家に決定的敗北を喫したことを、文字調査記録したヘロドトスの『歴史《ヒストリアイ》』以来のそれは、世界史の巡歴である――西洋形而上学に特有な全伝統として、今日にいたるまで連綿と受け継がれてきていると言える。

そのような、パルメニデス以来の西洋《オクシデント》的思惟の歴史的特性は、イギリス経験論（カントの三大批判書以来、フィヒテ、シェリング、ヘルダーリン、ヘーゲルと辿られた、批判《クリティーク》哲学大系としてのドイツ観念論ではなく）を、クロンウェル革命（それは、清教徒《ピューリタン》革命として、同時にまた、カソリック農民の小「鉄軍」と呼ばれた鉄騎兵に結集して、国王を斬首した、正真正銘の最先駆的なブルジョア革命は、小作農を〝普遍的《カソリック》〟に価値統合していたアイルランドを世界最初の近代的植民地として隷属させた自由革命であった）以来、西欧の先進市民社会を新たに価値統合した市民《ブルジョア》革命理念のイデー的頂点へと押し上げた、ラテン文字の『聖書《バイブル》』を唯一至上の教典とした、中世紀特有のキリスト教世界秩序から、各国民国家の諸ロマンス語によって多様に彩られた近代市民社会秩序への、全社会的価値統合のパラダイム・チェンジとともに、イギリスの若きジョン・バークリーの初々しくも雄々しい宣言として発せられた“Esse is percipi”という簡潔な標語的命題として（その「Esse 存在」と「percipi 認識」は古代・中世西欧以来のラテン語語彙であり、その「存在」と「認識」を存在（論）的-認識（論）的に繋いで媒介する媒辞の「is」は言うまでもなく、デキタテホヤホヤの英語語彙である）再生・賦活したのである。

この、パルメニデスの初源的等置命題を復活させた“Esse is percipi”こそが、近・現代の西洋形而上学体系が領するブルジョア・イデオロギーの根幹的論理（論理方法=論理形態）の原理にほかならない。

今日のわが大森荘蔵の「大森哲学」のテーゼとして、「『存在する』ということと『見えている』ということとは、或る状況では同じことなのである」、「存在とは立ち現われなのである」（大森荘蔵『物と心』東京大学出版会刊、一九七六年）という命題に、今日の世界的危機を生きるわたしたちが接する所以である。

そして、戦後日本において物理学から哲学へと「転身」したわが大森荘蔵の「内包論理学の形式」「論理学の経験的性格」（以上、一九五四年）、「真理概念について」「感覚と存在——認識論における分析的方法——」（以上、一九五六年）の現代哲学的思惟に、「或る状況での」真理概念の革新がもしうかがわれるとするならば、言いかえれば、バークリー、ロックの『視覚論』から、大森荘蔵の『新視覚新論』（一九七六年）への革新的前進がもし認められるとするならば、それは、見えている存在として単純直截に存在＝認識というトートロジーの自己同一化命題としてそれを表現することがすでにできないままに、Cogito, Ergo sum（また、初歩的注意を喚起しておけば、「ワレ惟フ、ユエニワレ在リ」の思惟＝存在的なこのデカルト的命題は、ラテン語文章である）ルネ・デカルト哲学の近代的な〈物＝心、身＝心〉二元論の〝重ね焼き〟的一元論化をもくろんでいる現代哲学の日本的第一線としての大森哲学は、「存在とは立ち現われなのである」と自己表現して、それが実在なのか幽霊なのかの詮議はともかくとして、ずれた・暈《かさ》のある人格《ペルソナ》形象として、世界舞台になにやら朦朧としてヨロヨロと「立ち現われ」てくるのである。

ヨロヨロなりに、この哲学語彙はもと、動詞なのであるが、動作＝所作を通じて立ち現われてくるその人格形象は、「流れ」の「淀み」として「立ち現われ」として、名詞化的存在と化しているのである。わたしをして言わしめれば、このような現代的存在＝実存《エクジステンツ》は、華の舞台に立ち現われるやいなや、たちまち名詞的存在としての「立ち現われ」にいわば石化して、一場のドラマを演ずるいとまもないままに、立ち尽くしてしまうのである。

その石化した人格の顔をよくよく視るならば、それはおそらく石化したメデューサの首のような怖るべき形状を呈していることであろう。それを「新視覚新論」的に把握する大森哲学の描法は、「重ね描き」であり「ずれ描き」なのであるが、そのような「物言葉」と「知覚言葉」のずれを重ね合わせようとするピント焦点描き（というよりは「撮影」）によって、果たして首尾よく〈物と心〉のデカルト哲学的二元論の分裂＝ずれを再一元化して、その陰画《ネガ》の重ね焼きによって果たして、ピシャッとピント焦点の合った鮮明な人格《ペルソナ》形象が得られるものなのか、どうか。いささか心もとない、とわたしが感じざるをえないところがある。

　知覚風景と科学的世界像、あるいは日常言語と科学（論理）言語の両世界を、両描写によって重ね描きする描法による〈立ち現われ一元論〉によって、前期大森哲学以来の「独我論的行動主義」の素志が貫徹されうるか否かについて、『〈主体〉の世界遍歴《ユリシーズ》』（藤原書店刊）において、厖大にして綿密なウィトゲンシュタイン論を考察し終えたばかりのわたしにとっては、近代世界哲学史の流れとしては、バークリー→ヒューム→ウィトゲンシュタインという流れのなかに、「分析哲学」として現にそれこそ立ち現われている大森哲学にとっては、ウィトゲンシュタイン「独我論」の思想方法の継承は、淀みに淀んでしまって「語りえない事柄《ザッヘ》については、沈黙しなければならない」という言語的不可能性の自己表示（そう言った、書いた、記したウィトゲンシュタイン自身が、果たしてそのような自己言及的矛盾に心当たりがあり、哲学的自覚があるのかどうかについては、本当に心もとないところがあるのであるが）におちいってしまったウィトゲンシュタインは、まさにその世界舞台で棒立ちになって立ちすくんでしまった俳優として、世界と自己、存在と認識の共滅＝同時消失に立ちいたった、とわたしには思われるからである。

　ウィトゲンシュタインに「独我論は厳格に貫徹されると純粋な実在論と合致する」という哲学的断章（というよりは「御託宣」）があることはあまりにも有名なところであるが、現代思想世界切っての人気俳優であったウィトゲンシュタインのその片言隻句を踏まえて、わが大森荘蔵にも「整合的な独我論はもはや独我論ではないと私は信じる」（『言語・知覚世界』岩波書店刊、一九七一年）の言があるのであるが、そのあくまでも「すじの通った現象主義」を貫こうという大森荘蔵の志は壮とするとしても、わたしとしては、その「私は信じる」はイワシのアタマも信心からのたぐいを抜け出ていないように実感される。

　「言葉の働きは人の働きの一部であり、声は身の一部なのである」（『新視覚新論』一九七六年）ことをよく心得ており、「視覚風景」から「動作」を採り出して（わたし流に言わせれば、それは「所作」であり、したがって現代哲学の上演は歌舞伎（傾《かぶ》き）芝居の傾向的上演としての「所作事」となる）「身体動作と意志的未来」（一九八二年）の考察へと、「立ち現われ一元論」の行動主義的探究の歩を進めた大森哲学は、それが終生の哲学的主題としたバークリー以来の〈知覚〉論についても、正当にも（通俗哲学が無造作に前提しているがごとき）作用・内容・対象といった、デカルト的二元論以来の〈ノエマ－ノエシス〉な「三極構造」などの根拠などなにもありはしないのだ、という現代的見識に立っている通りなのである。

このような「三極構造」は、一が二になり、二が三に進化したのだから高級なのだ、というようなことは全くないのであって、それ自体が近代哲学の「意識中心主義」ならびに「主観－客観図式」の今日的な立ち現われ（！）以外のなにものでもないのである。

大森哲学が「身体動作の〈意志的立ち現われ〉」として、自己の身体の過去や未来も含めた四次元の宇宙風景のなかに立ち現われる現代の自己＝主体は、「独我論的行動主義」として括り出されることはありえないのである。

黒田亘が「大森哲学」批判において最も鋭利に迫ってみせているように、「『見え』と『思い』の融合を説く大森氏が、なぜ『見えている状態』と『見えるに至る動作』とを分断できるのか。能動・受動の関係は『見え』や『聞こえ』の由来についての因果物語に属し、『見えている』『聞こえている』という状態そのものとは無縁であるとされるが、この切り離しの操作が、すでに一定の因果物語りを前提しているのではないだろうか」（傍点いいだ）。「おそらく、大森氏が視覚風景から動作を括り出し、切り離したとき、何か重大な手違いがあったのである」（傍点いいだ）。

現代世界でも現代日本でもウィトゲンシュタインに憧れるファンたちは、ウィトゲンシュタイン哲学前期の『論理哲学論考』から後期の『哲学的探究』への転換には、画期的転換があった、とかれ自身のチンチンドンドンの宣伝通りに真《ま》に受けてすっかりそう思い込んでしまっているが、そんなことは全くないのだ。後期ウィトゲンシュタイン哲学のミソである〈言語ゲーム（プレイ）論〉のごときは、一見、かれが孤絶の独我論から脱却して、「言語」のコミュニケーション行為を媒介とする自他交通の存在（論）的‐認識（論）的な世界像の定立＝「重ね描き」へと転じたと宣伝されているが（その一世を風靡している俗説は、数多くのウィトゲンシュタイン・ファンのヨタ学者によって宣伝されているだけではなく、後期のウィトゲンシュタイン自身によって念入りに自己宣伝されているところである）、よく真面目に読解してみるならば、その〈言語ゲーム（プレイ）〉は、日常言語のコミュニケーション（会話）行為そのものが社会的に言語の文法を自己形成する、と命題化されているとは言い条、その実は、そうした自他交通にとってかんじんかなめのゲームの相手（プレイの相手）を欠いた一人芝居なのであって、その独我論的世界にあっては、ゲーム相手・プレイ相手が存在していない以上、言語＝ボール・駒は、競技者の不在な運動場や競技場にただ放ったらかしに転がっているだけのことであって、ゲームやプレイはいつまでたっても始まらないのである。それは始まりようがないのであって、第一「プレイ・ボール」を宣する第三者もそこには居ないのである。

二〇世紀的現代の思想の出立が画した、なによりの時代的特質は、認識論的転回に先行された、バークマン、ローティ以来の〈言語論的転回 *THE LINGUISTIC TURN*〉にあるのであるが、その〈言語論的転回《リンギスティック・ターン》〉の枢要事において、ソシュールとともにその「コペルニクス的転回の転回」に敢然ととりかかった現代的先駆者であったウィトゲンシュタインが、その〈言語論的転回〉についに失敗してしまった原因は、自他交通の要諦であるその〈言語論的転回〉を行う主体が不在となる「独我論」的世界観＝方法のせいにほかならなかったのである。詳細は、わたしの膨大な前著である『〈主体〉の世界遍歴《ユリシーズ》』（藤原書店刊）の第一巻を、参看されたい。

古代世界のパルメニデス以来の、そして近代世界のバークリー以来の存在（論）的‐認識（論）的自己同一化世界像の西洋形而上学的伝統の総体を、その根底から覆そうと志向している二〇世紀初頭以来の〈言語論的転回《リンギスティック・ターン》〉は、今日も現に、フッサールのいわゆる「ヨーロッパ諸学の危機と超越論的現象論」以来の西洋イデオロギー上の全般的危機のさなかでの、思想的・世界観方法的脱出の試行としての〈現象学《フェノメノロギー》〉すなわち「コペルニクス的転回の転回」として、今や〈記号論的転回〉〈情報論的転回〉へと深化しつづけながら、身体動作（所作）と意志的未来（構想力）との「思い籠め」の核心として、現代思想の根底的・全面的刷新（再生＝ルネサンス）の原動力として作動しつつあるのであるが、その人類文明史的位置価を強調すべく、この古典パルメニデス以来の西洋《オクシデント》形而上学の全伝統の下からの転覆をよびかける哲学史総括を、あえてわたしは、現代思想の世界的・日本的最前線であったルートヴィッヒ・ウィトゲンシュタインと大森荘蔵の現代哲学的営為を例題として略述したのである。思想的正鵠を逸していないつもりである。詳しくは、先にも自己宣伝したごとく、古代ミノア・ミュケーナイ文明以来の八千年の人類文明史を主体総括した『〈主体〉の世界遍歴《ユリシーズ》』全三巻を参看されたい。その参看は、本書『恐慌論』の読解にとっても、かならずや直截に有用・有益なものとして役立つにちがいない。

2　E・トーピッチュの世界把握の特徴

かれE・トーピッチュの、人間存在の根本所与である「現実の重圧 der Druck der Realität」に由来する「人間の前科学的な世界把握ならびに自己把握」についてのすぐれた鋭利な見解によれば、「未開の宇宙論はしばしば、宇宙を生物態的（biomorph）に――すなわち生物として――捉えるものであるが、それにもまして重要なのは、社会態的および技工態的（soziomorph und technomorph）なモデルである。それによれば、世界は一つの社会的形象（家族、民族、オイコス、国家など）として、或いは超人間的な技工の所産として捉えられる。この種の表象は、何千年にもわたって神話、宗教、および形而上学において保持されてきたところであるが、その強靱な生命力と連続性とはまさに一驚に値する。同じことが、恍惚的・浄化的（ekstatisch-kathartisch）な遺産についてもやはり言えるのである。太古の呪術恍惚（Magierekstatik）や浄化秘儀にはじまる伝統は、紛うかたなく、霊魂の堕落と再上昇（Fall und Wiederaufstieg der Seele）の神話へ、そしてそこからさらに、神的な原基（der göttliche Urgrund）――すなわち、この世界が堕落によってそこから生じ、また解脱の跳躍によってそこに回帰するところのもの――についての形而上学的思弁へと、連綿としてつづいているのである」。

これに依ってこれを看るに、かれトーピッチュは、原初社会の宇宙論は、自然態《ナトゥールモルフ》ならびに生物態《ビォモルフ》の表象においてばかりでなく、人間社会文明の（右引用文には、「超人間的な技工」といった筆の走りの蛇足があるが）社会態《ゾツィオモルフ》ならびに技工態《テクノモルフ》の表象においてこれを捉え、すぐれて家族・民族・世界・国家などの社会的形象に由来する神話・宗教・形而上学の表象が、何千年にもわたって、驚くべき強靭な生命力的連続性を示してきている、と観じていることがわかる。そればかりか、トーピッチュはさらに、そのような原初社会（かれはかれの価値観にしたがって、それを当然「未開社会」と価値概念化している）のさらに以前の、太古における呪術恍惚《マギーレクスタティーク》や浄化秘儀《カタルティシェ・ミステーリア》にはじまる「霊魂の堕落と再上昇」神話へと、人間社会の前科学的な世界=自己把握がさかのぼるとみなしている。

右のようなトーピッチュの所論は、西欧人としてはめずらしく、唯一神の啓示であるキリスト教の「原罪」から解放されてはいるが、人間社会史の太古におけるその、神的な原基《デル・ゴットリッチェ・ウルグルンド》において、この世界が堕落《フォール》によって産出され、次いで解脱の跳躍によって再上昇《ヴィーデル・アウフスティーグ》し、ふたたび神的な原基へと還帰する、という弁証法的運動過程（かれトーピッチュは、そのような弁証法《ディアレクティケー》そのものを「形而上学的思弁」とみなしているにもかかわらず）の把握において、霊魂《ゼーレ》の堕落すなわち原罪については貶価して拒否するものの、であればこそその必然的結果として再上昇が無限につづく直線的な進歩史観を積極的に奉ずることになり、その円環的な還帰という、いうならばシャーマン的な彼岸から此岸、天上から地上への回帰をも拒否することになっている。

これがマルクスの弁証法的体系の論理ともなれば、その具象から抽象化へと推転上昇する〈上向への旅〉は、その必須な往還運動として抽象から具象化への〈下向の旅〉へと推転降下（堕落！）して円環化を成就することとされるが、そのような円環化弁証法は、トーピッチュによれば「形而上学的思弁」の一種として拒否されるのである。マルクスより後代の、今日の二一世紀の時代に生きている西欧思想家のマルクス批判であるから、以上の論理的交錯関係については、これからの行論を理解する上であらかじめ、念頭に置いておいてもらいたい。

さて、トーピッチュによる古典古代ギリシア人の「認識論」における――必要上再度強調しておけば、このヘレネ的認識論をかれトーピッチュは、アポロン的合理性の認識論として賞揚的にとらえているのではなくて、「霊魂表象」的錯誤に囚われた「前科学的世界=自己把握」の初源とみなしているのである――批判的見解は、エルヴィン・ローデの『霊魂 Psyche』（一九二五年）、ならびにローデのその「霊魂《プシュケー》」論の洞察を承け継いで深化させたE・R・ドッズ『ギリシア人と非理性 The Greeks and the Irrational』（一九五一年）、ならびにF・M・コンフォードの『学問の根源ギリシア哲学思想の源泉 Principium Sapientae』（一九五二年）の示唆の採取に由るものであろうとわたしには思われる。

現代のイギリス学派のチャンピオンであるF・M・コンフォードの洞察によれば、古典古代ギリシア人の認識論は、一方では、タレス以来の自然哲学者《フュジシアン》やヒポクラテス以来の医学者《メディシアン》のように、認識現象は他の心的現象と同様に「人体の機能」であって、身体に依存するものとして他の身体的機能の場合と原理上は何ら違いのない「生理学的・経験的な方法」の伝統によって探究・叙述・説明すべきものとされた。

その他方で、シャーマニズムやそれに類する神的起源から生じた派は、「単なる感覚的経験」の外にそれらを超えて「より高次の認識形態」があり、このような高次の認識形態に到達しうるのは、ひとり、人間の肉体《ソーマ》から分離しうる、肉体とは本質的に異なる『高次の霊魂《プシュケー》』だけである、とみなした。そのようなかれらにとっては、プラトニズムがテーゼ化したように〈肉体《ソーマ》は魂の墓場《ソーマ》〉であったのであり、したがってこの派の世界=自己把握は、「現実の重圧」の克服を社会態的・技工態的な方途によってではなく、直接無媒介にその克服を空約束して、そのゆえに強度の価値的性格を帯びた「恍惚的《エクスタティッシェ》・浄化的な《カタルティッシェ》」原理が主導していた。

コンフォードによれば、「この両派は、時には無媒介のままに並存し、また時には両派間の深刻な相剋が、こうして生じた各種の問題（Problem）ないしは仮象問題（Scheinprobleme）の諸前提を洞察しえない思想家たちを悩ました」のであった。そして、ギリシア的な、またヘレニズム的・オリエント的な哲学・神学の伝統とともに、この思想遺産もまた、ヨーロッパ中世ならびに近代の「形而上学」に受け継がれて、その基本要素となったのである。

3　古典ギリシア哲学的思惟における、ミレトス派（ヘラクレイトス）弁証法とエレア派（パルメニデス、ゼノン）形式論理の対立的統合をめぐって

E・トーピッチュの『世界観批判の角度から見たプラトンならびにアリストテレスの霊魂教説 Die platonisch-aristotelischen Seelenlehren in weltanschauungskritischer Beleuchtung』（一九五九年）、ならびにG・ラルフの『西洋意識におけるプラトンとアリストテレス Platon und Aristoteles im abendl ändischen Bewutzsein』（一九五四年）によるならば、「アナクシマンドロスやパルメニデスの「否定的存在論」において然るがごとく、プラトンやアリストテレスも「かれの原理をとりあえず否定的に規定することしかできなかった。諸事物の原理としての原型は、事物にあってはならなかったからである。したがって、プラトンのイデアの本質的な特徴であるところのエン、オロン、クセウリストブンなどの性質は、語義上は積極的なものであるにもかかわらず、論理的に見るならば、前提となっている現象界の否定にほかならない。要するに、イデーがイデーたるのは、ほかでもない、それがあってはならないところのものの否定を通じてなのである」。

スピノザ哲学が謂うごとく、物事を規定することは否定することであり、ヘーゲル哲学が謂うごとく、弁証法とは

何よりも否定の弁証法にほかならない、あるいはまた、ブルトマンの弁証法神学は「否定の神学」と自称するたぐいのものであるのだからして、右のトーピッチュの言に格別な異議はだれにとってもありえないところであろう。問題は、そのような汎通的「否定」概念を、かれトーピッチュがどのような議論展開へとつなげて利用してゆくかにある。「洞窟の影」としての〈イデア〉の虚像以外には現実界の現象解読の術《すべ》をいっさい持ちえない「否定的存在論」の根本的制約によって、かれら「イデア主義者」は、神的な原基としての「一者」を、「現実の重圧」に対する優越・超絶を表わす「永遠」「唯一」「不滅」「無欠」などの完全性属性（それは、一者的完全性の故に概念上「属性」とはなりえないのであるが）によって定義される以上、そのような絶対神格化の反面、実体の存在を諸属性として経験的に示すことは不可能となってしまうのである。

存在＝思惟の自己同一性を原理とする、古典古代ギリシア哲学の原祖パルメニデスが、地上における実体のその諸属性が前提されている経験的現実における反価値的な所与の単なる否定としてしか与えられえないジレンマを、何とか突破しようとして樹ち立てた「認識論」が、真実在の認識は理性《ヌース》にのみ許される「特権」であって、感性はそこには達しえない、という主張にほかならなかった。

古代ギリシア人的思惟の特有の形態である古典哲学《フィロソフィア》の特質は、ミレトス派（タレス、アナクシマンドロス、ヘラクレイトス、ピュタゴラス）とともにエレア派（パルメニデス、ゼノン）との対立的統合において見届けられなければならない。トーピッチュのごとく、ギリシア哲学を「世界の奇蹟」としてのギリシア哲学たらしめたこのミレトス派とエレア派の真の正系を除外して、プラトニズムの捏造・虚構化にそのまましたがって自称正統・一系の「プラトンならびにアリストテレスの霊魂学説《ゼーレンレーヘン》」を追尾するだけでは、古典古代ギリシア人的思惟の特徴に何ほども迫ることはできないのである。

ヘラクレイトスの両極相反の弦が奏する弁証法の音響の律調に耳を澄ますことと、そのような鳴響をもたらす振動する〈ひも理論〉を、その運動性・媒体性そのものを根底から総否定するエレアのゼノンの「酷薄な」（P・ヴァレリー）の論理――ギリシア的形象論理の一面の特性である三段論法（アリストテレス）の推論式の形式論理学の争闘こそが、古典的思惟の最大・最高のドラマにほかならない。ゼノンの有名なパラドックスによれば、矢は飛ばない、アキレスは亀を追い越せない、直線は引けない、のである。

にもかかわらず、秩序《コスキス》（世界）生成の実相においては、矢は飛ぶ、アキレスは亀を追い越す、直線は引ける……だから、ゼノンの論理はゼノン自身がとっくに自覚しているように、〈逆説《パラドックス》〉なのである。

この運動と論理との両項・両極緊張に、古代ギリシア哲学のアルケー（始源・原因）探究のすべてが凝縮されていた、と言ってよい。

エレア派の開祖にして「酷薄な」ゼノンの直接の師匠であったパルメニデスその人において、かれの原理的核心命題である〈存在＝思惟〉の命題の自己同一性から、何が展示されるのか、それともそこから何かが展示されうるのか、が第一問題であったのである。一見、トートロジーのかれの自己同一命題は、にもかかわらず、そのような同一性は存在をそのようなものとして把える思惟つまり理性《ヌース》の能動性によって自己運動性を内有していることが証明されているのである。これが、一見静態的なパルメニデス哲学の動態的な原理であった。

このような矛盾性の形態設定によって、ギリシア哲学は言語的意識を本性とする人間の文明史における自己遡及的根本性格――言い換えるならば、存在-認識論という根本性格を人類文明史上はじめて具備する思惟様式となったのである。このような根本義をまったく了知しないで、「洞窟の影」としてのイデアの虚像性を、プラトン的始源の誤りとして指摘すれば、それがそのままマルクス的登攀法の不可能性の論証につながりうると痴想しているのが、トーピッチュ現代哲学なのである。

古典古代ギリシア哲学の特性とされる「理性《ヌース》の特権」的性格は、およそそのような苦心によって成ったパルメニデス的主張のつねに同工異曲としてあったのであるが、そのような「理性の特権」的認識論は、それはそれで、外光あふれる晴朗な地中海的風土《クリマ》において、つねに影のない明瞭な感性的（彫塑的なそれは触覚・触知的ですらある）自己表出において卓抜な古代ギリシア文物＝ギリシア美の特質とぶつかって、背反せざるをえなかった。

ニーチェが洞察した、古代ギリシア精神における知性と感性との分離・疎隔・背反・認識論（知的認識）と造型論（構想力）との分離・疎隔・背反も、まさにこの根本的難点から生じたのである。

この古典古代の解消も解決も不可能な原理的ジレンマに着目したエルヴィン・ローデ『霊魂《プシュケー》』は、「弁証法《ディアレクティケー》は、「色も形もなく、触れることもできる存在」への展望が、そこで開けてくるところの最高の頂上へと導いてゆくのであるが、その弁証法は霊魂がそこで己が本有の神性と己が神的故郷とを再発見する」と論断している。予めそのような神的故郷への円環化的還帰の〝退路〟を断ってしまっているかれローデは、もちろんのこと、そのような論断描写を貶価的・否定的な価値判断のもとにおこなっているのである。

このようなローデ的霊魂《プシュケ》論を踏襲して、「救済の道」の前科学的把握としての不可能性に立脚しているE・トーピッチュは、プラトン『国家論』（したがってその中心命題はプラトニズムの白鳥の歌＝最後の言葉である）の「ἄνοδος」とか「έπαμαγωγή」とかいう認識形態の階梯構造を、逐次に上昇している鍵概念を無内容たらざるをえない空《から》概念として援用して、「こうした表現や新《ネオ》プラトニズム的・グノーシス的用語の驥尾に付して、このタイプの「認識神学」を「登攀《アナーゴーゲー》」的と呼んでもよいであろう」としている。

わたしなりに平明な言葉に言い換えて言えば、このタイプのプラトニズム的な「登攀《アナーゴーゲー》」法によっては、認識が存在の頂上にまで到達することはおろか、人間の身体的認識ないしは共同体の社会的認識にとっては、そのような上昇法では一ミリも身体的・社会的認識は上向しえないのである。プラトン的「理想国」は、極度の位階制的《ヒエラルヒッシュ》な「霊魂国家」として編成されているにもかかわらず、その位階の一段一段を登攀することが実際には叶わないのである。おそらくは、最初からその最高位に天降り的に君臨している哲学者上御一人を除いては！　したがって、トーピッチュによるプラトニズム批判は、すくなくとも形式上きびしくも決定的に正しい。問題は、かれトーピッチュが、このような、少くともわたしたちにとっては自明なことである、プラトン的イデア界登攀法《アナーゴーゲー》の不可能性の証明から、最終的な狙いとしては、マルクス的弁証法の上向法を否定しようとしているところに存するのである。

　私見によれば、アリストテレス体系が、師プラトンのイデア説の誤りを悟ってそれを換骨奪胎しながら、形而上学を「メタ・タ・フュジカ」として自然学の後に置いて復権させたこと（同じことを、アリストテレス体系の重点度にしたがって逆に言い直せば、自然学《フュジカ》を形而上学《メタ・フュジカ》の前に置いたこと）は、古典古代ギリシア哲学のソクラテス−プラトン−アリストテレス的な一系整序による正統化が、その最終・最大集成者の苦心惨憺にもかかわらず、パルメニデスの存在＝思惟の自己同一性の回復へと行き着くことができないままに〈二元論〉的分離・前後並存の哲学的大破産に終わってしまったことの自己証明にほかならない。

　したがって、今でも世に流布されている、ソクラテス−プラトン−アリストテレス的一元・一系整序による「古典古代ギリシア哲学の自明性＝明証性」なるものは、その実は、そのような自己明証性の欠如の隠蔽以外のなにものでもないのである。わたしが、「状態」と言わないでわざわざ「隠蔽」ときびしく言うのも、そうした自己明証性の強調には、かれら「高等ぺてん師のカリオストロども」による捏造・偽造の作為が主動的に加わっているからである。

　古代弁証法の創発者であったエフェリスの「暗き人」ヘラクレイトスは、「常に在りき、在り、在らむ en aei kai estin kai estai」過・現・未を通じて円環する「活ける火 pur aeizoon」によって、万有が発生し、交換し、また絶えず復帰する往還の道を、「下り道 hodos kato」「上り道 hodos ano」として呼んだ。マルクスの『資本論』の弁証法を保証した「下向法 Absteigen」「上向法 Aufsteigen」の道であり、『資本論』体系の円環的体系化は、資本制商品経済社会を批判的に対象化した下向の極限〈限界〉である「冒頭商品」の商品形態から、上向への旅を開始して、商品→貨幣→

資本、貨幣の資本への転化、資本の商品資本―貨幣資本―生産資本の三形式の循環、商人・高利貸資本（重商主義・重金主義）―産業資本（自由主義）―金融・独占資本主義（帝国主義）の資本の世界組成の推転……という全過程は、人間の自然との関係行為である生産的労働という「活きた火」にあぶられた「上り道」「下り道」にほかならない。

その上向 Aufsteigen の極、利子生み資本―株式会社―信用制度の運動形態を創出した資本家社会は、利潤率の傾向的低下亢進と利子率の異常高騰の亢進との激突を直接の契機として**恐慌を法則的・規則的・周期的に大爆発**させて、よってもって資本の円環化体系化を自己実現し、資本の商品形態への自己還帰の形式において資本家社会を高次化し、新たな産業循環軌道での運動を再開するのである。

『経済学批判要綱《グルントリッセ》』の学的方法《メトード》についてのマルクスの明示的な規定によるならば――「これらの個々の諸契機が多かれ少なかれ確定され抽象されてしまうと、労働、分業、欲求、交換価値のような単純なものから、国家、諸国民の交換、そして世界市場にまで上向（Aufsteigen）していく経済学の諸体系が始まった。後者が、あきらかに、学的に正しい方法である。具体的なものは、それが多数の諸規定の総括であり、したがって多様なものの統一であるからこそそれは具体的である」。ヘーゲル「論理学」用語でいえば、これぞ「具体的普遍」である。

4　トーピッチュ理論は、古典ポリス国家の聖なる社会単位である〈オイコス〉についても何も知らない。それは、どこへかれの所説を導くか？

さてここで、トーピッチュは、西洋における認識論思想における「恍惚的《エクスタティッシェ》・浄化的《カタルティッシェ》モティーフ」と「社会態《ゾツィオモルフ》」表象との関係性についての、一種の論理的反転をおこなって、やや逆説的に次のような人類史的事実とその解釈へと、主題を移行させる。わたしに言わさせるならば、マルクス的上向法の不可能を〝論証〟するための廻り道（道草）である！　曰く――

「いずれにせよ、もっと重要な事情として、絶対君主制のもとでは生成したヘレニズム的・オリエント的「政治神学」と聖書の世界像とが、徹頭徹尾、社会態的モデルによって規定されていたという事実があった。このために、世界は、上述の恍惚的・浄化的神秘主義とは正面から対立するところの、人類のもつ一つの根本状況に照らして解釈されたのである。……何となれば、実生活志向の意識にとっては、同類としての人間、特に社会における行為の相手方は「最も実在的な存在」にほかならないからである。このことに対応して、社会的生活状況から出発し、社会態的モデルで宇宙を解釈しようとする世界観は、「現実主義的」な色彩を強く帯びる。古代オリエント、ヘレニズムおよび聖書に見られる「君主神観 Monarchotheisms」において、このことは特に顕著である。ここでは、神は人間との関係で行為の相手方として――たとえば、支配者、立法者、裁判官などとして――現われ、人間に向かって、人格対人格の関係において、己が意志を示し、賞、罰、慰安などを与えるものとなる。神と人との関係をこのように解することは、とりもなおさず、実生活の「社会的現実主義」を絶対化し、「現実主義的」な認識論に道を開くこととなる。同じことは、神を創造主と解し、その神が現実の世界を――単なる「現象」の虚構や「幻影」ではなく――造ったのである、という信仰についてもやはりあてはまる。ことに教会によって制度化されたキリスト教においては、今日にいたるまで、この種の信念が支配的な地位を占め、「真の自我」の認識神学に強力に対抗しているのである」。〔傍点いいだ――ここでトーピッチュが叙述している所論は、平明な事実確認として大筋で首肯しうる。しかしながら、「ヘレニズム的・オリエント的「政治神学」が絶対君主制のもとで生成した」という見解は、K・ヘルネッガー『信託なき権力　国家教会と民衆教会との発生 Macht ohne Auftrag, Die Entstehung der Staat- und Volkskirche』（一九六二年）からの受け売りであろうが、かれヘルネッガーは、中世西欧のキリスト教秩序における国家教会と民衆教会との発生を論ずるために、ヘレニズム的・オリエント的「政治神学」と聖書の「政治神学」とに言及したのであって、トーピッチュ式にその絶対権力が「信託なき権力」であることを、古代ギリシアのポリス国家をもふくめて普遍化しようとする場合（このような包括の仕方自体が、社会構成体の形態上の差異を無視しているために、根本的に無理なのであるが）、「ヘレニズム的・オリエント的」国家ないしは帝国における「絶対君主制」はともかくとして、古代ギリシア市民共同体における「絶対君主制」なる概念を、どのようにして実証できるとするのか？　せめてニーチェの見識にならって、古代ギリシア市民共同体＝ポリス国家における「家父長的男権支配」と「奴隷制支配」に言及すべきではないか？　また、この時代のMonarchotheismasについて論及するのも、おそらくは、W・E・ミュールマンの『ホモ・クレアートル　社会学・人類学・民族学論集 Homo Creator』（一九六二年）の示唆によるものであろうが、そのような歴史限定的な引例の場にいきなり「人格対人格の関係」からその形成を導出しようとするがごときは、トーピッチュの近代主義的習癖の恣意的な露出でしかありえない）。

アテネ民主主義を行じた古代ギリシア人の実生活における古典的生き方が、支配者・立法者・裁判官などが厳存するポリス国家において生き生きと営まれていたものである以上、トーピッチュの言う「ヘレーニッシュ客観主義」と織りまざっている認識論思想における「恍惚的・浄化的モティーフ」と両立・共存して、生理学的・経験主義的な技工態的・社会態的仕様でかれらの実生活が広場《アゴラ》と民会《アレオパゴス》を活動拠点として「イセーゴリアとパレーシア」すなわち「発言の平等と言論の自由」を規範として営まれていたことは、アテネ民主主義にとってのそれこそ自明事に属する。

したがって、このような「実生活志向の社会的現実主義」の生活法と認識論について、何もマックス・シェーラー『知《ヴィッセン》の形態と利益社会《ゲゼルシャフト》 Die Wissensformen und die Gesellschaft』（一九六〇年）に依拠しながら事々しくens realissimum「最も実在的な存在」などを引き合いに出すことは全くないのである。対面社会であるギリシアポリス国家においては、市民たちは自他の相互行為において「最も直接的な実在的存在」として生きていたのである。かれらは、民会において、直接民主主義して討論の結果にめいめいが全員賛否いずれかに挙手した時、お互いの名前も経歴も意見も熟知していたのである。

先に、E・トーピッチュは、「未開発」の人間の前科学的な世界把握ならびに自己把握の歴史的事例として、古典古代ギリシアポリス国家＝市民共同体社会における社会態的・技工態的形象を引き合いに出したさい、「オイコス」に言及してそれを引例した。ポリス国家における〈オイコス〉とは、よく講釈されるように、今日の西欧語における〈エコノミー〉と〈エコロジー〉の両義の古代ギリシア語的語源であるが、邦訳すれば「家政（術）」である。右の〈エコノミー〉としての〈オイコス〉は、福富久大教授式に名訳すれば、「経済」「節約」であるばかりでなく「天の摂理」である。「天の摂理」とあっては、西欧中心主義世界では神義的第一概念であるから、いくらでも煩瑣哲学式にそれこそ天上よりもなお高く遥けく神義されうるが、わたしたちの地上生活に分かりやすく近づけて邦訳すれば「天の配剤」である。そのように訳語すれば、空にさえずる鳥の声、峯より落つる水の音……といった造化の配剤に身近くなる。

いずれにせよ、〈オイコス〉の古典語の往昔からその語義は「トトノフ」ことなのである。それが「天の摂理・天の配剤」として、唯一神＝天のトトノフところとなるのは、〈オイコス〉という原共同体自体が、古典古代共同体社会においては宗教的社会単位として「聖なる集団」にほかならないからであり、そこにおいては「家政」とは天＝神がトトノヘルところであるからにほかならない。それを単に「技工態」であるとだけ把握するトーピッチュは、かんじんな古典古代ギリシアにおける「社会態」についてはほとんど何程のことも分かってはいないのである。〈オイコス〉を知らないE・トーピッチュの所説は、「エコノミー」も「エコロジー」も「家産学」もすべて全く欠落してしまっているのである。

したがって、トーピッチュがそのような西洋的思惟の始源における実生活志向の社会的現実主義の強調が、かれのもう一方の主張であった、古代ギリシア人の認識論における「恍惚的・浄化的モティーフ」――簡単に言って神秘主義——の強調との折り合いをつけバツをあわせるために、新《ネオ》プラトニズムもグノーシスも、「キリスト教と同じく、けっして認識論上のまたは一般に学問論上の問題に主たる関心を注いだのではなかった」と言い出すのは、誤った論点移行以外のなにものでもない。「一般に学問論上の問題」といえば「科学」と「技術」の位置、それも主要な位置をふくめなければならなくなるから、その付加的修飾語を剝いで言うならば、プラトニズムも、グノーシスも、その名そのものが示しているように「認識論上の問題に主たる関心を注いだ」ことは、明瞭至極のことでなければならない。

だからこそまた、ネオプラトニズムとグノーシスの〈知《ヴィッセン》〉は、キリスト教信仰《グラーベ》ときびしい対抗、抗争関係に置かれた（トーピッチュは「キリスト教と同じく」という修飾辞をセンテンスの冒頭に置くことで、ミソもクソも一緒にしようと文飾しているが）のであって、その知の体系と信仰の体系の競合（「融合」ではなくて）は、相互殲滅（「異端」呼ばわり、「異端」狩り）と相互習合の長期の歴史過程を経て、グノーシスの場合は敗退・廃除・消滅の道をたどり、ネオ・プラトニズムの場合は〈プラトン-アウグスティヌス神学体系〉として習合的結実をみるにいたったのである。

トーピッチュは、プラトニズムとグノーシスが「認識論上の問題に主たる関心を注いだのではなかった」という新テーゼと、にもかかわらない中世的秩序形成への長期の歴史過程における事実として、とりわけそのイデオロギー的習合過程で「認識論の諸問題」が出てこざるをえない歴史的事実との折り合いをつけるために、「これらの派において認識論の諸問題が出てくる場合、それはあくまで救済欲求の優位の下に置かれていた」とするのである。そうすれば——「全宇宙過程が神的根源から発出して、ついにそれに回帰するところの救済史として解釈される場合、このことは特にはっきり言える。この種の世界観の前提は、一切の「感性的な汚れ」から浄化された霊魂の神性の国への上昇とその物質界への堕落についての周知の神話モティーフである。この神話の核は、今や、完全な宇宙創造譚・宇宙論にまで成長し、分化し、多様化された世界は、神的な存在根源からの下降によって生じ、救済に憧れる霊魂において再びその根源に回帰しようとするものと解される」と。

この「アレクサンドリア的世界図式」は、F・ハイネマン『プロティノス』（一九二一年）からの借用であるが、わたしとしては、であれば、先に引例したニーチェの「アレクサンドリア的世界図式」に対する全面的コメントの見識をもう一度、トーピッチュ命題への対置用に再引例したい誘惑を禁じえない——「われわれの全近代世界は、アレクサンドリア的な文化の網の目（F・ハイムとE・トーピッチュの言う「アレクサンドリア的世界図式」と全く同意味の範疇である）に捉えられていて、ソクラテスを原像ならびに元祖とする、最高度の認識能力を備え、学問への奉仕を仕事とする理想的人間を理想としている。……銘記すべきことは、アレクサンドリア的な文化が、長く存続しうるためには、奴隷の身分を必要とするということである」。

このような『ギリシア悲劇の起源』に表明されたニーチェの識見が、ハイネマンやトーピッチュの「アレクサンドリア世界図式論」よりも優れている、とわたしが判定するのは、ニーチェがそこでハイネマンやトーピッチュが何よりもその優先的確認を欲している「最高度の認識能力を備え、学問の奉仕を仕事とする理想的人間」をまさに優先的に確認した上で、そのようなソクラテスを原像ならびに元祖とする「理想的人間」が古典古代ギリシアのニヒリズムへのデカダンスへの旋回の主導者にほかならないこと、それにもかかわらず、かりにそのような「アレクサンドリア世界図式」下の文化が長く存続しうるとするならば、それは奴隷制の基礎の上に成立しつづけるほかはない、ということをかれニーチェが明確に洞見しているからである。ハイネマンとトーピッチュは、この最枢要な機縁に気付こうとさえしないために、かれら自身が二元論的分裂に囚われたまま進退両難におちいってしまうのである。経済的社会構成体としての古典古代「奴隷制社会」の内部における堂々めぐり的あがきである。

トーピッチュは一方において、「完全な宇宙創造譚・宇宙論」にまで成長し、分化し、多様化された世界の形成径路を正しく指摘しながらも、そのような救済史 Heilsgeschehen の登攀の極限化が、他方でかれが主張しているごとき

「神的な存在根源からの下降、救済に憧れる霊魂《プシュケー》において再びその根源に回帰しようとする」シャーマニズム的ないしは弁証法的円環化の往還の途を予め無効・不能なものとして遮断してしまっている結果塞がれてしまっているために、登りもならず下りもならずという進退両難の遭難事故へと、必然的につながってしまわざるをえなくなるのである。これからは時代は寒く凍りついてゆく一方になるのであるからして、トーピッチュ先生もあまり御無理なさらないで御自分のお体にもっと気をつけられた方がよろしいのではないか！

トーピッチュの論旨の本格的展開がこの先、本来の狙いのヘーゲル・マルクス哲学の「救済史」観に対する論難へと絞られてゆくのであるからして、ここで右に述べた点を心得ておくことが、ぜひとも必要な前提的確認事項となる。

第三章　トーピッチュによる「ドイツ観念論批判」の基本的な方法と性格

「ドイツ観念論の認識形而上学において、世界を超絶する「真の自我」というモティーフは、特に印象的で格調の高い形態に達した。この派の哲学が新プラトン主義と親近性をもつことはすでにしばしば指摘されてきたが、この学派はほとんど全くと言ってよいくらい福音神学の地盤の上に育ったものであった。この派の目的は、哲学的に高貴化されたキリスト教によって、すべてを解体してしまう啓蒙思潮と硬直化した正統信仰とを、ともに克服することにあった」。

「カントは、自我というものを――ただし、これは経験的な主観とはあくまで別のものである――因果関係の支配から解放しようと試み、そのために、因果関係のほうが自我によってつくり出されるものである、と説いたわけである。／カント哲学のうちでもほかでもないまさにこの側面が、たいへんな影響を後世に及ぼしたのであり、観念論者たちはこの側面を最後まで突き詰めて展開したのであった。……事物的な現実界こそ、「非我」として「自我」から生じたものであり、ゆえに、いっさいの対象認識は自我の間接的自己認識にほかならないのである、とされた」。

「この「高次の自我」は、プロティノスの「一者」と同じく、世界根拠として、「創世《ゲネシス》」の、そして対象界と個別事物との永劫の創造の、出発点とみなされる。新プラトン主義の場合と同じく、ドイツ観念論においても、その「創造」の道は、無規定にしてしかも醇乎としてそれ自体において全く規定されえない原基《ウア・グルント》から、下降して、個々の主体および個々の経験的事物の規定された有限性へといたる道である。もとより、この下降は、新プラトン主義の場合とは違って、「流出《エマナツィオーン》」としてではなく、「原自我《ウア・イッヒ》」の自己分化として、「原因一性《ウア・イデンティテート》」の内的な自己分裂および自己対峙として、おこなわれるのである」。

「要するに、ドイツ観念論においては、認識論というものは、「堕落と解脱」を主題とする救済図式の従属的な一部分となっているのであり、そしてこの図式は「発出《プロオース》」と「登攀《アナーゴーゲー》」の輪廻《りんね》に近いものなのである。絶対的原自我《ウア・イッヒ》から、弁証法的な下降による宇宙生成過程を通じて、展開した世界が生ずるのだが、この過程は有限化と脱落の過程を成すものとされる」（エルンスト・トーピッチュ「認識論における神話的モデル」）。

1　メーヌ・ド・ビラン哲学の「超越論的内在」の方法論が、E・トーピッチュ的傾向を根本的に越える

「いかなる仕方でも外には読まれえず、いかなるたぐいのイマージュによっても表象されえないような、そのようなもろもろの思惟、そのような内密なもろもろの意欲が、存在しないだろうか。そのようなものを考えるためには、能動的でしかじかのもろもろの作用を自覚的に産出する力と、すなわち、自我それ自身と、同一化されなければならないではないか。自らのもろもろの働きのなかで自らを感じ、あるいは自らを覚知しはするが、しかし自らを対象として見ることなく、自らを現象として想像することのない、そのような自我それ自身と。……わたしたちの内密な反省以外のいかなる途によっても、わたしたちがそのもろもろの観念を獲得することができないような、すべてのもろもろの様態もしくは働きは、絶対に表象不可能である」（メーヌ・ド・ビラン『心理学のもろもろの基礎ならびに自然研究とのそのもろもろの関係についての試論』）。

そのような、内知としての「反省」を、自らの「超越論的内在」の思考の核心としている、メーヌ・ド・ビラン哲学を、復権させなければならない時機《とき》が到来しつつあるのかもしれない。時こそ今は、花は香炉に打ち薫じ……。

そのようなビラン哲学の用語において、「反省」とは、超越の運動に対置される古典的意味での・また通例的意味での「反省」を指示している用語ではない。それは、「超越」の一つの特殊ケースではないのである。「反省」という用語そのものを、かれビランは、イギリス経験論の大御所ジョン・ロックの『人間知性論』から借りて用いているのであるが、それは当時の哲学的思想状況のなかで仕方なくやむをえずしたことであって、コンディヤック学派およびその感覚論的用語法に反対しようとしていたビランの、ただそれだけのいわば戦術的配慮から、ロック的「反省」用語を用いただけのことである。「意識 conscience とはしかじかなになにを伴った知 science avec……を、何かについてこれこれしかじかの知を伴った自らについての知を、意味している」とは、かれビランの『思惟の分解についての覚書 Memoire sur la décomposition de la pensee』のなかで述べられている意味定義的な言葉である。すなわち、「内的経験がある。……わたしたちの思惟存在に内密な或る能力があって、それは、かくかくしかじかのもろもろの変様が起きているということ、しかじかこれこれのもろもろの作用が遂行されているということを知っている。……そして、このような反省的認識がなければ、観念学《イデオロギー》も形而上学《メタフィジーク》も存在しないであろう。それゆえこのような内的認識のために、ひとつの名が必要である。なぜなら、感覚という名では、そのすべてを言い尽くすことができないからである」と。

メーヌ・ド・ビランとしては、自らの哲学的思索中心的直観を言い表わすであろう「反省」という用語、こうした新たな用語法を哲学的願いのすべてを籠めて、そう名づけたのである。そしてかれビランは、このような用語法だけが、人間存在についての学の「形而上学的明証」の実在的根拠を、明るみにもたらすことができることになるであろう、と信じていた。「もしもわたしたちが反省にふさわしい明白な言語をもっていたとするならば、数学的明証と同じように形而上学的明証があるであろうことは、疑いないところである」と。

今日、ミシェル・アンリ『身体の哲学と現象学』（法政大学出版局刊、二〇〇〇年）が解説を加えているように——

「この問題は、ビランの『試論』（前述したビランの主著の略号）では、次のように定式化されている。すなわち、「内的・直接的覚知は果たして存在するだろうか」と。

この問いのもつ理論的射程距離は、それが「存在論的一元論」とわたしたちが呼んだものを、直接告訴することに由来している。「存在論的一元論」とはつまり、存在一般の超越論的地平の内部においてよりほかには、超越論的地平を媒介にするよりほかには、わたしたちにも何ものも与えられることはできない、とする哲学である。メーヌ・ド・ビランにとって、「存在一般」などはない。かれの哲学は、真の存在論的二元論である。かれはわたしたちに言う――「わたしは二つの次元の事実が存在することを知らせ、それらにふさわしい二種類の観察が必要であることを認めることが大切である、と思った」と。ミシェル・アンリは、さらに続けて言う――

「メーヌ・ド・ビランは、フランシス・ベーコンにおいて見出されるような自然の存在論について、反省してみる。この存在論は同時に、ひとつの現象学であり、ひとつの方法論である。自然の諸現象は、特定のひとつの方法の攻略に服しなければならないのだから。しかしながら「別種のもろもろの現象」が存在し、したがって、或るひとつの新しい方法が課されてくるのではないか。問題は以下のごとく提示される。すなわち、外にもろもろの対象を表象するもろもろの観念についての学から、それ固有のもろもろの限界のうちに自我を集中させるようなもろもろの変様ないし作用についての学へと移行するとき、観察し・分類し・分析する方法は、その目的、その方向、その諸手段において、絶対に同じものでありうるかどうか、と」（ミシェル・アンリ『身体の哲学と現象学』）と。看られたごとく、この問題は、本書がくりかえし強調してきた、カール・ヤスパースのいわゆる〈枢軸《アクシス》の時代〉以降、東西文明のいずれにおいてもイラン＝ペルシアから東西へと伝播した、儒教・道教・仏教・ウパニシャッド・ゾロアスター教・ユダヤ教・キリスト教（旧約・新約聖書）の全地球的規模における世界的啓示から開始された、「超越論的内在」の地平における「存在論的一元論」ないしは「存在論的二元論」の大問題である。

そこでの「ないし」を、二〇世紀的現代の〈言語論的転回《リンギスティック・ターン》〉を潜った現代哲学の、エドモンド・フッサールの『ヨーロッパ諸学の危機と超越論的現象論』以来の〈現象学《フェノメノロギー》〉の用語の今日形で時代表現するならば、本章で問題の俎上《そじょう》に供したわが〈大森哲学〉の「知覚像」と「物」とに分岐した、デカルト哲学のラテン語根本命題「ワレ惟ウ・ユエニ・ワレ在リ cogito ergo sum.」の〈思惟vs延長〉命題から発している、存在-認識、身-心、物質-観念、此岸-彼岸、の二元論的分裂を、何とか一元論化しようと志向する、「重ね描き」「重ね焼き」「思い籠め」の〈物心一如〉の「立ち現われ一元論」の思考=試考にほかならない。

本章での量子力学における「観測問題」に代表されるアポリアで言うならば、ミクロ世界の観測によって立ち現われてくる、量子飛躍《クアントム・ジャンプ》する「粒子《アーティクル》」と「波動《ウェイヴ》」の二重化運動現象が固有している「不確定性」が「相補性」として重合一元化して、その根源的〈一者〉(「一物」とはまだ言えないからかりに「一者」と言い表わしてみたが、あるいは「一性」と言い表わすべきなのかもしれない)の深い闇の深渕 Abgrund から、ミクロ世界における対象も認識もともに同時・同質現象として顕現してくる問題である。立ち現われてくるのである、そこのところから。

本章が半ば予見的にすでに述べたごとく、このミクロ世界における存在(論)的-認識(論)的世界把握の有っている特性の発見は、すでになされている全自然についての〈宇宙論〉という「実験」の絶対に利かない「具体的普遍」の階層化・分類体系化、〈進化論〉というやはり大局的に「実験」の利かない「具体的普遍」の階層化・分類体系化のマクロ・ミクロ包括的一元化の進展を通じて、マクロ世界との照応《コレスポンダンス》(シャルル・ボードレール)の大方向へとかならずや進んでゆくことになるであろう。

ここにおいて、古来のパルメニデス〈存在=思惟〉の自己同一性命題(それは、人間主体の言語的意識による概念分別《ベグリフ》と自己言及の介在・干渉・媒介作用によって、その自己同一性は同義・同語反復のトートロジー体系の不毛性を免れることができて、動態化することができた——これを要するに、概念の「判断」命題体系化としてその文脈・論脈から「意味」を析出・表出・形成することができるようになった、ということである）以来の、西洋《オクシデント》における「形而上学《メタ・タ・フュジカ》」の久しい伝統を自己形成してきた、万有の存在（論）的‐認識（論）的な総体性《トタリテート》把握の問題である。言い換えるならば、古くして新しい人類文明史にとって永遠の主題ともいうべき、「一の多」「多の一」「一即多」「多即一」の、ひとり西洋的《オクシデント》「形而上学」の伝統ばかりではなく、老子《ラオ》の「玄語」、ゾロアスターの「光と闇」、龍樹《ナーガールジュナ》の「中論・空論」、世親《ヴァスバンドゥ》の「唯識」に代表されてきた東洋的《オリエント》「無《ニヒツ》」の伝統をも、連綿と継承形成してきた大問題である。

メーヌ・ド・ビランの「超越論的内在」のメタ反省哲学は、右の主題を「心理学」として「自然哲学」との不可分な関係性によって樹ち立てようともくろんだ。かれビランの主著が『心理学のもろもろの基礎ならびに自然研究のそのもろもろの関係についての試論』という長々しい標題に見られるごとくである。簡略化して表現するならば、古典古代ギリシア哲学の開祖であったパルメニデスの始めての散文抒情詩として語られた「存在＝思惟」と簡約化できる自己同一命題のビラン風表現である。したがってこの場合においても、かれビランの「心理学」という用語法は、通例の学界慣用語としての「心理学」ではなくて、或る意味・或る次元としてはむしろそれと正反対な、「内的諸事実についての学」としての心理学の謂である。

かれによれば、「内的諸事実」がそれであるところの「別種のもろもろの現象」は、外的対象を把握する「自然哲学」を基礎として関係を取り結びながらも、その「自然哲学」的方法とは全く別の特定の方法にしたがって研究され分析されて範疇化《カテゴライズ》されなければならないのである。ビランの謂うところの「二種類の観察法」の一半を構成しているこの「第二種の観察」は、かれ自身によって「心理学」と命名されているにもかかわらず、その命名は「わたしたちの思惟存在に内密な或る能力」を定義づける表現なのであって、その実は通例の慣用句が表出している意味での「観察」では全くなくて、自然の諸事実を対象化して達する「外的観察」に平行した「内的観察」でさえないのである。

右のような、「外的観察」に平行した「内的観察」であるならば、わたしたちに伝統的・慣用的な古典的意味・通例的意味における「内観」「直観」「反省」「自覚」「悟性」といった範疇《カテゴリー》によく対応するであろうが、しかし、それらのすべての範疇は、かれビランがかれの「心理学」を根拠づけるために、絶対に斥けている認識の諸様態にすぎないのである。ミッシェル・アンリに言わせるならば――「ビランの眼には、意識の生は、超越的内的経験のうちでは、わたしたちに与えられることはできない。それゆえ残るのは、意識の生が超越論的・内的経験のうちでわたしたちに与えられる、ということである」と。

右に読まれたごとく、メーヌ・ド・ビラン哲学の核心を表現する「超越論的・内的経験」という術語は根源的《ラディカル》な内在の圏域において遂行される、言い換えれば、「自己・触発」といったオートポイエーシス的な「存在（論）的-認識（論）的把握」の基礎過程によって遂行されるような「生きられたものの自己自身への根源的な顕示」として解されなければならない。

マルクス的弁証法の論理もまた、本書ですでに縷々解析したごとく、ヘーゲル観念論の「合理的核心」をヘーゲル思弁哲学体系の「唯物論的改作」による「顛倒の顛倒」「転回の転回」として再獲得した、「開かれた体系」としての動的形態化運動の円環体系化論理であるが、そうしたマルクス的弁証法の有機的論理に即して解いてみれば、そのアポリア問題の問題点が、平易に理解できるようになるであろうように、そのような「存在（論）的-認識（論）的把握」の基礎過程において顕現される〝把握当事者〟は、けっして旧唯物論の基礎概念である「対象存在」（だけ）ではないのである。それは、マルクス以後の現代において解明される事態となった「量子力学的状態」を視ることの「観測問題」でものの見事にマルクス的弁証法の核心を遡及的に再検証することになったように、「対象存在」でないばかりではなくて、「世界内存在」としてその「観測」的顕現の場に立ち会っているミクロ対象に対面している外部観測者として、その行為的自己としての能力を自己制限的にミニマムに行使する「存在」として極めて稀釈された存在――『資本論』でのマルクスの表現によるならば、「商品」という対象存在の「超感性的」（コックリサンのタクトにしたがってテーブル踊りを踊る！）性格と対応した主体＝人格《ペルソナ》の「心霊的存在」「幽霊的存在」――なのである。

メーヌ・ド・ビラン以後の現代哲学のファッションにしたがって、今日のわたしたちが「存在論的一元論」とか「立ち現われ一元論」と命名している――わたしが、ミッシェル・アンリの「存在論的一元論」命名概念よりも大森荘蔵の「立ち現われ一元論」命名概念をいつも選好しているのは、アンリの「存在論的」という形容が、認識論主義の不毛性を警戒するあまり、西洋《オクシデント》「形而上学」の久しい哲学的伝統に反して、「存在論的-認識論的」世界把握様式を片手落ちに偏極化してしまっているからである。このような、〈身-心、延長-思惟〉として定式化された近代デカルト哲学以来の二元論を一元化する片手落ちの方式は、ミシェル・アンリにしてからが、〈存在（論）〉と〈認識（論）〉の分離・二重化の西欧人的弊風に汚染されていることをよく示している、と言ってよい。

だから、「物心一如」を唱える東洋《オリエント》じみた〈大森哲学〉用語を拝借していえば、「立ち現われ一元論」の先蹤であったメーヌ・ド・ビランは、この一元化テーゼ――内在・内発・内感する「超越論的内官 un sens interne transcendantal」の持ち主の能力である「主観的な観念学《イデオロギー》」の企投のテーゼ――について、絶大な、肯定的確信をもっていた。これは、古い過去のドイツ観念論への退行などではなくて、新しい未来のマルクス的唯物論への前進の予兆にほかならないのである。この「第二種の種類」に分類されている主体のサイドのもろもろの能力は、もう一つの他の種類の認識によって、「自らを見ることなく自らを知るのだ」ということをよく理解する必要がある。

わが西田哲学式に言えば、自らを見ることなく自らを知る『無の自覚的限定』のテーゼであり、わが大森哲学式に言えば、ロック「人間知性論」の〈視＝真〉テーゼを超えた『新視覚新論』テーゼである。ビラン哲学のさらなる展開においては、諸能力についてのかれの肯定的評価をさらに他の主体次元・範囲へと拡張して「視覚の眼」や「身体一般」について確証しているのである。ビランによる〈主観的身体〉の驚くべき発見がなされるためには、「超越論的・内的経験」の内部へと向けて、このようにして獲得された「もろもろの能力」「新視覚」「身体一般」を同化するだけで十二分であろう。

　わたしは、大日本帝国＝天皇制日本のサイドでは「大東亜戦争」とよばれていた、米英華ソの「連合国」と日独伊の「三国同盟」との世界史的死闘である第二次世界大戦の末期局面において、徴兵検査の第二乙種合格者として「学徒出陣」による入隊をただひたすらに待機しているなかで、「東京大空襲」に遇って芝公園地内の自宅を焼かれ、生き残った父母家族ともども現在の藤沢市に疎開・転居してきた折りに、同じ江之電沿線の極楽寺坂裏に隠棲していた西田幾多郎博士の御宅に日参するようになり、「西田幾多郎最後の弟子」と自称して、すでに日常、籐椅子に横臥していた老師を相手に、「先生はタテのモノをヨコにしようとしているが、ベルグソンはヨコのモノをタテにしようとしている、作麼生《そもさん》？」といった問答をあきることなく交わしながら、『無の自覚的限定』を読み耽るなかで、メーヌ・ド・ビランに始めて出会うこととなった。わたしは、かれメーヌ・ド・ビランについて、西田老師から教わったのである。

　まことに、犬も歩けば棒に当る、であったが、この当りはわたしという哲学少年にとってまさに大当りであった。左右田喜一郎博士が、西田幾多郎博士による「絶対無の場所の弁証法」の創製を目してその独創に〈西田哲学〉という命名を与えた時代の発展的主著であった『無の自覚的限定』は、すでに博士によって確立された「絶対無」という一者が自らの内に自らを映す「自覚的限定」によって多者を産出してゆく論理過程を体系化した主著であった。マルクス『資本論』で言えば、「冒頭商品」からの体系化的上向過程である。

　同じ高校の「国文学会」に所属する同級・同学・同志としてのやはり西田幾多郎門下の相弟子であった日高普との、一年間にわたった、B・ラッセルの『プリンキピア・マテマティカ』の勉強会が大幻滅の裡に終わってしまったばかりの、入隊への執行猶予期間中の境遇に受動的に置かれていた当時のわたしの精神状況は最悪と言ってよいものであった。「幻滅」というのは、E・フッサールのいわゆる「ヨーロッパ諸学の危機」の核心は、ラッセルによる

「集合論《メンゲンレーレ》のパラドックス」の発見による「数学」の大危機にある、と見定めた日高学兄とわたしとは、その大危機の打開のために、高校生として大それながら『プリンキピア・マテマティカ』の一年間を掛けての解析に文字通り寝食を投げうって取り組んできたのであるが、その解読の結果は悲惨極まることに、ダヴィッド・ヒルベルトの〈エルランゲン・プラン〉の全体系的大破産以外のなにものでもなかったのである。

数学の「公理論体系」化の演繹論理的整序によって「数学の危機」の抜本的救済を図ろうというかれヒルベルトの雄大な構想にもかかわらず、（わたしたち両名は当時はまだ、プリンストン大学高等研究所にアインシュタインと共に僚友として研究生活を送っていたクルト・ゲーデルが数学的に構築しつつあった、一定の数学的命題はその内部に必ず最終決定・証明・不能の矛盾を抱えこんでおり、その内部矛盾は、もう一つ次元を上にする高次の一定の数学的命題からの「インストラクター」を下部次元へと導入しなければ解決不能である、という「不完全性定理」については、米日戦争さなかの米軍空襲つづきの当時にあっては全く知る由もなかった）——戦後になって〈マンハッタン計画〉を主宰・主動した米人のフランツ・ノイマンが「人類思想史を前後二分した画期的な大発見」と激賞した、自然数系列の「完全性原理」と一般数学的命題の「不完全性定理」とを同時に数学的に証明してみせた鬼才クルト・ゲーデルについては、戦後久しくなっても日本ではたとえば巨大・精密な『岩波西洋人名辞典増補版』（一九八一年、第一刷発行）においてさえ、文字通り半言隻句の記載もない。精神史の根幹についての大方の学界的理解は、不肖わたしなどとは、よかれあしかれ全く、と言ってよいほど違うのである。

入隊・出征（それは同時に、当時の敗戦状況に在っては戦死を意味していた）を目前に控えて茫然自失状態に陥っていたわたしたち両名のうち日高普は、「集合論のパラドックス」のラッセル的発見によって、ゲオルグ・カントールの「集合論《メンゲンレーレ》」の数学的発見がもたらした位相学的公理の確立を土台としてそこから演繹される「公理論体系」化によって「現代数学の危機」を克服しようとしたヒルベルトの〈エルランゲン・プラン〉が大幻滅に終わらせられてしまった廃墟において、日常生活世界への還帰から天上界の「イデア数」ともいうべき数学の公理体系を下から積み上げていって昇華させることに「数学の危機」を解決しようと志向したブラウアーの「直観主義」に傾倒して、その解決方向を残されたわたしたちに指示して、その自己総括論文を旧制一高の機関紙『向陵時報』に残したまま、高射砲連隊へと「屠所へ引かれる羊」よろしく引かれていってしまった。（この偉大な数学者ブラウアーについても、前記の一九八一年発行の『西洋人名辞典』には一行の記載も名出しもない。驚くべき奇書であると嘆賞するの他はない！）。

実存の全面的危機に直面させられた極東の一少年は、追い詰められた「思惟」の実践的能力によって、厖大な砂の堆積のなかから、一粒の金を探し当てる能力を開発したのだ、とでも思う他はない。ともあれ、このようにしてかれがそのようにして去った後の挟間で、わたしは悪運強く西田博士の教導のもとに「メーヌ・ド・ビラン」に出会ったのである。

『無の自覚的限定』がわたしたち読者に紹介したメーヌ・ド・ビラン哲学の要諦は、適確無比な世界抜群の水準のものであり、それまでビランの名前さえ知らなかったわたしはたちまちその虜《とりこ》になったが、これは「二十歳までが人生」と自他ともに言われた時代において、少年学徒であったわたしがかけがえのない実存的生命との引き換えにおいて辛うじて入手することのできた人生の「指南図」にほかならなかったと言ってよい。その指南を、それから六十余年を閲してしまった現在でも忘れ難いわたしは、いかに突拍子もないことのように他人様から思われようとも、**『恐慌論』**の経済学原理論体系への規定力を明確にするために、商品経済の実在的発展が主・客ともに呈示する「抽象化」アポリア問題の「立ち現われ一元論」的解決に、方法論的に示唆するところが多大である、という再考察観点から如上のことどもを記しているのである。

メーヌ・ド・ビランの方法論の、今日的に言うならば、「現象学的還元」にほかならない特質から見るならば、いわゆる科学的方法論的に則って獲得されたもろもろの理論的諸結果が、自動的に絶対的真理に到達しえないことは、全くもって自明なことでなければならない。それらの諸結果は、本来的に言って、何か絶対的真理のようなものが可能であるような領分には属していないからである。

その点でかれメーヌ・ド・ビランは、イギリス経験論の次元には止まりえないで、とりわけそのイギリス経験論特有の「マッドリング・スルー」による泥沼的現実への地面へのじかべた的アプローチの、いうならば非コギト的な行為は、汚れ切った「主観的身体」しか残さない、と考えていたでもあろうと思われるが、それにしてもその「超越論的内在の反省」哲学は、ロックの最良・極上の「経験論」とヒュームの同じく最良・極上の「懐疑論」を潜った上で、「ロゴスの全体系」的に「マッドリング・スルー」哲学との間に或る分割線を画然として引いていたのである。

ビランによれば、「マッドリング・スルー」哲学方法論の「途によって得られる仮言的ないし条件的なもろもろの結果は、内的検証の手段をもっていないので、この次元に属するどんな問題の解決をも与えない。こうしたもろもろの結果は、それがどのようなものでありえようとも、反省的視点において立てられたもろもろの問いには、いうなれば手をつけることさえしないであろう」(強調傍点はすべていいだ)と。

イギリス経験主義的な「マッドリング・スルー」の方法では、ビランが哲学的思惟の最終・究極の到達目標として立てた、諸科学の圏域とは異質な「人間存在についての絶対的学＝第一哲学の圏域」には届きうべくもないのである。

言葉を換えて言えば、近代西欧哲学体系の総体において占めているメーヌ・ド・ビラン哲学の位置価は、ドイツ観念論の「澄明」な批判《クリティーク》哲学体系とイギリス経験主義の穴だらけな「マッドリング・スルー」方法とのちょうど中間に、その位置取りを占めており、パスカルに相似した「中間者」の全体系的思索として、「一の多」「多の一」「一即多」「多即一」の自由往還的な全運動をフル回転した、と評価することができるであろう。

その、自らが確立して引いた分割線を自ら不断に越境して自由往来する縦横無尽の思索運動を通じて、メーヌ・ド・ビランは、人間的認識の領野を拡げつつ、その広大化した領野を必・当然的明証性において、根源的にして絶対的な第一哲学の領野へと「現象学的還元」を遂行しぬくことができた、と言うべきであろう。それによって、根源的・絶対的真理が遂行される場にほかならない「超越論的・内的経験」が、まさしく〈超越論的現象学〉の根拠となることができたのである。

「知覚する、意欲する、比較する、反省する、といったもろもろの実在的な働きを表現するもろもろの名辞に結びついた、いくつかの積極的な観念が存在するということは、否定しうべくもない。……それゆえ、それらのもろもろの観念の起源を、何らかの特殊な内官 sens interieu に関係づけることができないかを、よく吟味しなければならない。この特殊な内官によって、個体は自らの働きを行使しつつ、自己自身に問われるのである。……したがって、わたしたちのもろもろの能力についての学の、すなわち本来主観的な観念学《イデオロジー》の、自然な根拠が考えられることになろう」（メーヌ・ド・ビラン『試論』——強調傍点はすべていいだ）。

「コギト」の実践的能力を肯定的に規定するさいに、かれメーヌ・ド・ビランは、明示的に、「コギト」vs「スム」——「思惟」vs「延長」、「心」vs「身」——のデカルト哲学の二元論に対して、きっぱりと反対の意志表示をおこなっている。ただし、通説の批判の仕方とはおそらく正反対に、ルネ・デカルトのそのような〈方法〉序説が「思惟《コギト》」について静態的《スタティック》な見方をしている、という問題点の指摘として。そのような静態的見方では、「意識の生」のすべての諸変様は「思惟」の諸規定、すなわち観念学《イデオロジー》でしかなくなってしまう、というわけである。

まこと、ルネ・デカルトの『省察』においては、実体としての生の全体が、継起するもろもろの様態によって変様され、多種・多様・多質な様態は専ら全くこの「閉じられた実体」の単なるもろもろの契機でしかなく、したがって、そのように形骸化せられてしまった様態は、実体に対して、他者=他物へのいかなる超出も作用も——すなわち本来の意味でのいかなる行為をも禁じてしまうのである。

それ自身において観察され考察された行為や運動に関して言えば、それらの「スム」はもはや「コギト」の圏域に属するものではなく、すなわち、それらはもはや「思惟《コギト》」の諸規定ではなくて、反対に何と「延長《スキエンティア》」の諸規定でしかないのである。もしこのようにして、自我《エゴ》が「延長」に変貌させられて固化してしまった「純粋思惟」に還元されてしまうならば、自我《エゴ》＝実存とはただただ受動的諸変様の場でしかありえないこととなり、このような静態的《スタティック》な場においては、わたしたちの「欲望」がかりに生まれることがあったとしても、それが具体的に実現され充足されるようなことはありえないであろう。

メーヌ・ド・ビランは、自我《エゴ》の存在と「主観性の存在」との同一性を、積極的に肯定しているが、しかしそれは、デカルト哲学のごとく自我《エゴ》をもろもろの偶有性によって変様される実体として規定しようとしているわけのものでは全くない。「自我《エゴ》が原初的事実においてそれ自身に与えられるのは、変様される実体としてであろうか、それとも、或る諸結果の原因ないし産出力としてであろうか？」「コギト」を「産出力」として規定しようと力めているビランにとっては、その自問にたいする自答は、自我《エゴ》は具体的な結果を、獲得する産出力である、というものなのである。したがって、これがビラン哲学の判断命題における「主語」の特質なのであるが、自我《エゴ》とはひとつの実践的力能であり、「コギト」が意味するのは、「われ思う je pense」なのではなくて、「われ能う je punx」なのである。

これが、カント以来のドイツ観念論の批判《クリティーク》哲学体系においてメーヌ・ド・ビランが、シェリング、フィヒテ、カバニス、デステュット・ド・トラシーの「自我《エゴ》」の哲学的系譜から、「自我意識」を単なるひとつの表象としてではなく、ひとつの努力、ひとつの力、ひとつの生、そしてひとつの作用として規定している哲学者らの系譜に、自らを組み入れ、「意識」を「われ能う」の能動的な自己解放としての自由にひきつけて解釈する根拠を成しているのである。そしてまた、そのようなビラン哲学をドイツ観念論体系のなかで特出させながら、わたしが近代西欧哲学のドイツ批判《クリティーク》哲学体系とは別に聳立した最高峰としての、神即自然として事実上の汎神論的無神論を展示したスピノザ哲学、「窓なきモナド」の四通八達的自由往来のなかで、「いたるところが中心」であるような宇宙《コスモス》を構成したライプニッツ哲学と、相似形にする所以のものである。かれは、三大批判書によって批判《クリティーク》哲学体系の開祖となったカントについて、「カントは、けっしてもろもろの原初的事実を規定しなかった。かれカントは、もろもろの原初的事実を、感性の最初のもろもろの受動的変様と混同してしまっている」と、一弾をもってその体系の的をもののみごとに射抜いたのである。

もちろんのこと、「第一哲学」の企投としてのビラン哲学は、「観念」ないし「思惟」の哲学に対立ないし並立するひとつの「行為哲学」なのではない。それは、「行為」についてのひとつの「存在論的-認識論的」な理論なのであって、その深遠な独自性は、コギトをひとつの「われ能う」として、つまり、ひとつの行為、ひとつの運動、として規定したことにあるのではない。それはまさに、そうした運動の、そうした行為の、この力能の存在がまさしくコギトの存在であることを、積極的に肯定したところにあるのである。

〈純粋資本主義モデル像〉とか、あるいはまた「純化する資本主義」とか「純化される資本主義」とか、それこれ純粋・純化めかした単なる思惟像を観念的に・観念論的にどうしても捏造したいというのであれば、それはもっと本質的に、簡潔・直截に、価値形態化された・価値形態化する資本制商品経済社会として概念範疇化されなければなるまい。

価値形態化された資本家社会ということであれば、具体的普遍の概念として、あるいはまた現象化した本体の概念として、とりもなおさずそれは経済学原理論なのである。

資本家社会は土地私有と労働力商品化を基軸動源・動力として自己編成し、人類社会史上きわめて特異な経済的社会構成体として有機化される歴史的一社会として、価値形態化をもってその歴史的一社会の論理的上向のロジックとして、社会的実質(実質社会)を形式内容として抽象化することを社会的再生産の本然とするのである。

論理的にして歴史的なマルクス的方法の下向の極限であるいわゆる冒頭商品から上向へと出立し、利子生み資本・

株式会社・信用制度の理念的上向極限へまでいたって、有限な弁証法体系として自己円環化して、**周期的恐慌の全面的大爆発**を介して、一社会を自己高次化しつつ「永遠にくりかえすがごとき、くりかえされるがごとき」（宇野弘蔵）その限りでは無窮の価値増殖運動をつづけてゆく、「開かれた体系」としての資本家社会が歴史的に生動してゆくのである。

あれこれ、そうした客観化・対象化された厳たる歴史的事実を模写し、自己表現し――そう言いたければそうした「自己表現」自体を模写し自己表現する――経済学原理論が、厳として成立するのであって、そこにはあれこれの観念的捏造や観念論的妄想を弄する余地などどこにもありはしないのだ。

2　E・トーピッチュによるグノーシス、キリスト教神学、ドイツ観念論、ヘーゲル、マルクスの超包括

近代の啓蒙主義思潮の後進ドイツ型ともいうべき「ドイツ観念論」、すなわちカント、フィヒテ、シェリング、ヘーゲルとその学派の主要な高峰をたどることのできる〈批判哲学〉体系は、E・トーピッチュによるならば、西欧形而上学の伝統における古代以来の「新プラトン主義」と中世以来の「キリスト福音神学」の地盤の上に育ったものであるとされる。実際に、中世キリスト教唯一神体系世界が、とりわけその前半期が〈ネオ・プラトン＝アウグスティヌス体系〉として集大成されたことを思い合わせるならば、大勢において適中している所説であると言える。

そのようなものとしていわば「物自体《ディング・アンジッヒ》」と「原自我自体《ウア・イッヒ・アンジッヒ》」との自己両極化的対峙関係に基づいて、発出《プロオース》と登攀《アナーゴーゲー》の輪廻の裡で、「堕落と解脱」を主題とする救済史観の弁証法的な上昇・下降の運動を、世界（宇宙）としても自己（人間）としても演ずるものと、トーピッチュによってみなされている。

このような近代西欧哲学の主潮であるドイツ観念論=批判哲学体系に関するトーピッチュの総体的把握は、トーピッチュ自身の「形而上学の起源と終焉」(一九五八年)、「世界観批判の角度から見たプラトンおよびアリストテレスの霊魂教説」(一九五九年)、「イデオロギーと科学との間に立つ社会哲学」(一九六一年)、同じく「人間の世界解釈の系統発生的および情緒的基礎」(一九六五年)、ならびに、F・ハイネマン『プロティノス』(一九二一年)、G・カフカ『ソクラテス、プラトンおよびソクラテス派のサークル』(一九二一年)、カフカ&アイブル『古代哲学の終焉』(一九二八年)、E・フォン・イヴァンカ『キリスト者プラトン、教父によるプラトン主義の受容と変容』(一九六四年)、等々の諸著作を踏まえた、周到にして包括的な見解であるが、では、そのようなトーピッチュの透徹・徹底した「観念論批判」から言って、かれがはたして「唯物論者」でありうるのか?

現によく知られているように、フリードリヒ・エンゲルスやハインリッヒ・ハイネは「ドイツ古典哲学の終焉」を論じた哲学的総括書を唯物論に立脚した観念論批判として全般的におこなったのであり、ドイツ批判哲学を集大成化したヘーゲル観念弁証法哲学体系が終焉した以後の四分五裂・七花八裂状況の裡から「青年ヘーゲル派」として世界観的出発をおこなったマルクスは、共産主義的立場性への移行の前夜において、とりあえずその哲学的立脚点を、ヘーゲル観念論に対比する「実践的唯物論」に立脚して遂行したのである。それに比べてみて、トーピッチュのとっている立場性は?

トーピッチュはというと、かれの徹底・透徹した〈ドイツ観念論批判〉の全面性にもかかわらず、かれトーピッチュが唯物論者ではないこと、自覚的にそうではないことは、かれがR・G・コロドニー編『確実性を超えて 現代科学・哲学論集』(一九六五年)に依拠しつつ、「そもそも「認識の絶対的根拠」というようなものが存在するという考え方は、現代の科学論理の例からはますます疑問視されるようになってきている」という言明に徴してみて、エンゲルスのいわゆる「唯物論vs観念論の二大陣営」へのかれトーピッチュ自身の所属の在り方は、そのようなブロック的対峙のどちらにも組みしない、一種の不可知論・懐疑論の立場であろうと推察される。これは一種の「はにかんだ」反唯物論の立場である。

「現代の科学哲学＝科学論理」とでも呼ぶべき立場性であるが、わたしたちの今日的哲学常識では、そのような「科学的」立場性は、世界観的性格としてかならず不可知論・懐疑論への親近性の要素を内有しているのである。

そのような不可知論・懐疑論は、それ自体がまた一種の「否定神学」であるからして、思想事態への立ち入った分析アプローチにおいては、消極的作用にとどまらざるをえない側面を固有するが、トーピッチュがそのような否定神学的立場をとる積極的目的がその実は奈辺にあるかは、次の論文「マルクス主義とグノーシス」（『イデオロギーと科学の間に立つ社会哲学』一九七一年・所収）においてついに明白となる。

さしあたり、トーピッチュの不可知論的立場は、I・イルジン『観念的神話としてのヘーゲル哲学』（一九四九年）、A・シュタウデンマイヤー『ヘーゲル哲学の紹介と批判』（一八四四年）に依拠しての、「ヘーゲル論理学の神学的前提」の剔抉にアプローチし、その科学論理的追及をマルクス弁証法論理学に串射し的に及ぼそうと志向する伏線であったのである。

3　ヘーゲル‐マルクス弁証法ははたしてグノーシスの「認識論における神話的モデル」か？

「マルクス主義とグノーシス」（『現代思想　第六巻　批判的合理主義』ダイヤモンド社、一九七四年所収）のはじめに、トーピッチュは、グノーシスに関するかれの例の持論を大展開する——「グノーシス的神話の主たる関心は、ひとまずおおざっぱにみて、物質界に囚われの身となっている霊魂の解放にあると言ってさしつかえないが、その元をただせば古代のシャーマニズムおよび類似の秘術や占いの形態にまでさかのぼる。恍惚、陶酔、夢幻の境にあって「肉体から解き放たれた」霊魂は、これらの原始的観念によれば、隠されているものを探りあて、事物を制御するという超人的能力をもつ。この種の信仰ならびに祭祀は、紀元前七世紀、六世紀に北方および北東方からギリシアに浸透し、オルフェウスおよびピタゴラス秘教の核心となった。肉体から解放することのできる、肉体とは本質的に異った霊魂のモティーフをこの神秘的宗教性から継承して、すでにピタゴラス学派に始まったこれらの古代的伝統の合理化、新解釈を引続き強力に押し進めたのがほかならぬプラトンであった。……プラトン哲学を「ギリシャの巫術《シャマニズム》の伝統とグノーシスとを結ぶ主要な歴史的な絆」であると評する人もあるが、以上の関連でみるとこれはけっして不当ではない」。

右に引用されているプラトン哲学の歴史的性格を、ギリシアのシャーマニズムの伝統とグノーシスとを結びつける歴史的な絆に求めた評者とは、まちがいないところ『ギリシア人と非理性』の著者E・R・ドッズにほかならないが、トーピッチュの所論をより詳細化した「霊魂と自己解釈」(『イデオロギーと科学との間に立つ社会哲学』一九七一年・所収)に徴してみて、右叙述におけるトーピッチュのプラトン観は、F・M・コンフォード『Principium Sapientiae』(一九五二年)、アリストテレス観はJ・クロイサント『アリストテレスと秘儀』(一九三二年)の祖述である。行論の検討の必要上、かれトーピッチュが必ずしも明示していない種本をあきらかにしておく必要がある。

〈グノーシス〉については、わたしは先に『主体の世界遍歴《ユリシーズ》』(藤原書店刊、二〇〇五年)において、古代ペルシアのゾロアスター教的二元論ならびに古代インドのカースト制との関連において、「グノーシス主義とマニ教の世界普遍史的意義」(第一巻・Ⅱ部「東西文明の交差する〈主体の世界遍歴〉へ」・第一章「〈枢軸《アクシス》の時代〉の諸啓示宗教」)において、全面的解析をおこなった。それをぜひ参看していただきたい。

現代風にいえば「人間の実存」的問い掛けであることをひとつの特徴としている〈グノーシスの神話〉は、アレクサンドリアのクレメンテスによるグノーシス文書からの抜粋の一つに代表させれば、およそつぎのように表現されているたぐいの根源的な問い掛けにほかならない。

われわれは誰で在ったのか。
われわれは何に成ったのか。
われわれはどこに居たのか。
われわれはどこに投げ込まれているのか。
われわれはどこへ行くのか。
われわれは何から解放されたのか。

〈覚知《グノーシス》〉の全達成の努力は、古代世界末期以来の数世紀を懸けて、右のような実存的問い掛けに対する応答《レスポンス》を、神学的・哲学的に集大成しよう、という人間精神史の巨大な試みにほかならなかった。

したがって、グノーシスとは、トーピッチュもそのような通俗的誤解のなかで安易に論じているような、単なる主知主義として、とりわけ当時の古代ローマ帝国末期の世界思潮の主潮であったキリスト教の信仰の教義と張り合った思想ではないのである。それは、トーピッチュが属している現代哲学の主題風に表現するならば、存在論と認識論を媒介的に統合しようとする全的世界観であって、それをもたらした言語論的転回《リンギスティック・ターン》は、聖書《バイブル》で原初において「光あれ」とされた「光」＝ロゴスによって媒介されていた。それがグノーシス＝〈知〉なのである。そのようなものとしてそれは、実在的世界そのものを転回させようとする、新たな価値の実践力なのである。

このような古代・中世の「実存」思想においては、宇宙創成論と連動した人間創成論における中心的主題は、「自己」となるのである。そこでは、〈知る〉というグノーシス的行為は、一方では、非世界的な「自己」が遂行する覚知機能であるとともに、他方では、その「自我」そのものを対象としていると言える。言い換えるならば、「自己＝自我」を発見し、それが「無知」として惰性化してしまっている世界からの解放を保証する知的行為であることを、覚知しようとするのである。

グノーシスの救済論の全体が、このようにし、人類文明創成史の原初において運命的な出来事によって世界へと「転落」してしまっている。「神聖な光」の火花を天の在るべき場所へと戻してゆく、神話論にいえば下から上への「魂の帰界」をめぐって展開されているのである。これが、グノーシス主義神学において、『人間』という神の教説とよばれている〈原人神話〉＝〈アントローポス神話〉の核心にほかならない。

このような核心に突きあわしてみて、トーピッチュのグノーシス論は、かんじんな右の下から上への魂の帰界の運動を、全くとりちがえて把えてしまっているのである。

グノーシス派のヴァレンティノスの救済史観的要約発言を、J・タウベス『Abendländische Eschatologie』（一九四七年）に依拠しながらつぎのごとく紹介して、トーピッチュはかれのグノーシス論を卒《お》える——「おのが根源から疎外され、見知らぬ此岸の迷える客となることにおいて、生の自己疎外は、その極に達する。此岸がもともと異郷であるとの『生』の追憶により、もと来た道が開ける。郷愁に目ざめ回帰が始まる」と。

要するに、右のヴァレンティノスのグノーシスは、自己疎外からの生の回復を実現する弁証法的自己還帰の運動であるが、そのようなグノーシスの特質規定は、トーピッチュの行論全体にとっては、そのままヘーゲル－マルクス弁証法の特質を規定するために転用されるのである。マルクスの場合、そのような適用水準・範囲は、わたしなどが強調してやまないように、「疎外革命」論としての初期マルクスにきびしく限定されなければならないのであるが、トーピッチュにとってはその適用範囲は、ヘーゲル弁証法の特性描写を踏まえて無制限・無制約にマルクス弁証法の総体——その核心は、レーニン『哲学ノート』を踏襲するわたしたちにとっては、「資本論の弁証法」なのであるが

──に及ぼされて、弁証法は殲滅されてしまうのである！　「マルクス主義とグノーシス」は、マルクス主義のグノーシス的特質を闡明する本論に入って、曰く──

「歴史哲学と並んでヘーゲルの労働理論も、カール・マルクスの学説の先駆的役割を果たした。すでにかなり早く、イエーナ大学の講義のなかでヘーゲルは、周知のグノーシス的構想を、労働者、労働生産物およびその交換の間の関係に適用している。「（Ａ）わたしは自分を労働において直接に物、存在である形にする。（Ｂ）このわたしの現存在をわたしは同様に外化し、わたしには疎遠なものとし、かつ自分をそこに維持する」。この労働による「外化」は、「内面的なもの」の外的実在への脱出として、人間および精神の自己実現の必然的段階である。この段階で主体は、自分自身を可能性の闇夜から現在の白日のもとへ、「まだ現われていない存在という形式から、現われた存在という形式」（ヘーゲル『精神の現象学』）へと移行させるのである。このように移行させることによって、一方で主体がさかのぼって影響を受ける──他に伝えている意識は「創成《ゲネシス》」の道程で労働を通じて自分自身に戻る（ヘーゲル『精神の現象学』）。他方、この移行によって人間の生産物の物的世界が共同で築かれるようになる。この自律性が、マルクス主義的歴史観の基本テーマのひとつとなった」。

かれトーピッチュにおいては、観念論を自称しているヘーゲルが、にもかかわらず、〈労働〉論を展開して、マルクス的弁証法に道を開いているのが、気に入らないのである。言うまでもなく、初期マルクスの「疎外された労働」論にそのままひきつがれてゆくヘーゲル哲学の「労働」論は、かれの「観念論」の核心に据わっている概念である。いくらでも引例されるヘーゲル観念弁証法が内有している「疎外された労働」論を、わざわざもう一度引例しないでも、たとえば、諸個人の相互承認の行為がおこなわれる現実的基盤としての経済社会を論じた『イエナ精神哲学』においても、「個別的欲求をめざす労働は、普遍的労働となる」、「労働そのものにとっていまやつぎのような要求が現存している。すなわち、この労働は承認されようとし、普遍的形式をえようとする」とされている。ヘーゲル社会哲学の根幹である、諸個人の承認を求める闘争において、労働は根源的意義をもつ概念として、定礎されているのである。トーピッチュは、あまりにも、ヘーゲル観念論哲学を〝観念的〟に理解してしまっているのである。

右の最後の条りの「マルクス主義的歴史観の基本テーマ」の特徴づけは、H・ポピッツ『Der entfremdete Mensch』(一九五三年)ならびにM・フリードリヒ『Philosophie und Ökonomie beim jungen Marx』(一九六〇年)からの受け売りであるが、本来からいえば、トーピッチュの「マルクス主義的歴史観の基本テーマ」規定は、ヘーゲル「労働理論」とマルクスとの継承関係にとどめて、M・フリードリヒが明示的に言っているように「若きマルクス」に限定すれば、その方が本当のところトーピッチュの立論自体にとってもよかったのだ。その方が、グノーシス→ヘーゲル→初期マルクス、というトーピッチュの文脈・論脈が、それなりに斉合的にすっきりするからである。

ともあれ、トーピッチュは、その過普遍化ともいうべき超包括性に基づいて、つぎのように総括して、いよいよ弁証法批判の本題へと転ずるのである――「原初状態、プロオース、エピストロープセー、外化および帰還、否定および否定の否定等々の三拍子リズムのテーマ(いいだ注――つまりトーピッチュのいわゆる「基本テーマ」)は、歴史および労働過程――ならびにおよそ経験的所与一般――に応用されることにより、検証不可能な神知学的思弁の領域から、検証可能な所与の領域へと入り込み、さらには、諸科学が自然現象、社会現象の叙述、説明のため発達させてきた方法の向こうを張るようになった。いや、弁証法はこの領域でも華々しい成功を博しているかに見える」と。

T・D・ウェルドン『政治の論理』(一九五三年、紀伊国屋書店刊)から、「しかし、これは、人を惑わす言葉のまやかしにしかすぎない。樫の木が団栗《どんぐり》を否定する、蒸気が水を否定する、とか言ってみたところで、それは何も新しい事実に関する情報も与えられるわけではない」という批判命題を援用したトーピッチュは、「このように理解してみれば、弁証法というものは、まさに内容が空虚でいろいろ操作ができるため非常に重宝がられ世界史的な成功を持しているところの、哲学においてよくみられる空虚形式のひとつということになる」と。かれの「空虚な定式について

――哲学用語および政治学用語の語用論――」において、さらにきびしく定式化された弁証法批判である。木が自分が成らせる果実を否定する、といったヘーゲルの弁証法の例話が、弁証法の戯画でしかないことは、トーピッチュの言う通りなのであるのだが。

自ら、「ヴィルフレド・パレート、カール・ポパー、ハンス・ケルゼン、フィリップ・フランク、アルフ・ロス、T・D・ウェルドンなどの驥尾に付しつつ」論述したとしている「空虚な定式について」(『現代思想　六巻』所収)において、E・トーピッチュは、強調的にこう論断する――「その事実とは、幾世紀にわたって、存在の、認識の、また価値判断の重要な原則、さらには基本原則とみなされてきた、そして現在なおそうみなされている言語的定式が、何らの実質的内容ないし規範的内容をもたないか、あるいは厳密に示しうるような内容をもたないものであること、しかもこれらが幾世紀にもわたって基本原則ないし重要な原則とされてきたのは、それらが無内容であるにもかかわらずそうなのではなく、まさしく無内容であるがゆえに、また無内容であるかぎりにおいてそうなのだ、という事実である」。

4　トーピッチュの「弁証法」＝「無内容な形式」論と、トーピッチュ自身の無内容きわまる世界精神の歴史論

そのような、「基本原則」「重要な原則」と幾世紀にもわたって称されながら、何らの実質的・規範的内容も、厳密に示しうるような具体的内容を持たないままに、まさしく無内容であるがゆえに、また無内容であるかぎりにおいてそうである「空虚な形式」と、それによって成り立っている「仮象命題」の最たる典型が、トーピッチュによれば〈弁証法〉にほかならないのである。

「この空虚な定式という問題領域にとって、基本的重要性をもつのは、神話から哲学へという合理化の過程である。擬技工的・擬社会的・エクスターシス＝カタルシス的モデルを基礎とする世界解釈・自己解釈のうち、この合理化過程をつうじて先ず致命的打撃を蒙るのは、直接経験的認識の統制にさらされる部分、すなわち、経験的・実用的部分であった」とするトーピッチュの、恣意的に操作可能な空虚な定式にとりわけ化してしまった弁証法に対する全否定的評価は、当然なことにきびしく、嘲弄的ですらある（それは、引用されている引例のかぎりそれなりに正当なのであるが）。かれは、ヘーゲル『精神の現象学』「序文」における「植物の弁証法」についての命題――「花が咲けば蕾は消失する。いわば蕾は花に否定されたのである。この花は同様にして実《み》によって、植物の誤った定在であることが示される。実《み》は花に代わって植物の真実として現われる」――について、「この定式は、日常的体験の観察の叙述なのであって、わたしたちが既に知っていること以上の内容を全然もっていない。これによって植物学上、植物生理学上のいっそう深い洞察が得られるということは全然ない」と酷評しているのだが、このヘーゲル「植物の弁証法」の「否定」ならびに「否定の否定」の弁証法、「真・偽」判別の弁証法、事物の真実＝真理に到達してゆく弁証法に対する、トーピッチュの手きびしい批判は、わたしから見ても完全に正当である。だが、その評注から、かれがそうした自らの批判的論点を補強するために援用しているK・R・ポパーの言葉――「『発見の論理 Logik der Forschung』においてわたしが説こうとしたことは、ある理論のもたらすものが多いほど、それが来たるべき経験によって反証される危険も大きいということである。それゆえ弁証法は非科学的なものである」とまで拡張普遍化して原理化できるかどうかは、また別問題であるとしなければなるまい。

なぜならば、リニャーノは、ヘーゲル弁証法とは「対照による諸概念の連想であり、これをかれは誤って論理と呼んでいる」としているとしても、また、G・マルクは、正‐反‐合の三拍子リズムの弁証法について「それによって得られた結果を、矛盾という途を通じて得られた全体として、この途とともに理解しようとする方法である」としているとしても、トーピッチュがそこからマクロ歴史論理的に飛躍して、そのような三拍子リズムの三段階図式は「神的原理が自己分裂という途を経て自己自身と宥和し、この全過程が神的なものである、というグノーシス神智学からの由来をいっそう明らかに示している」と締めくくるのは、いささか飛躍のし過ぎの嫌いがあるのである。

「発見の論理」つまり発見法の方法に真に即していうならば、まず第一に、ポパーの有名な「反証可能性」の存否を真理の発見を検証する基準であるとみなす論理的方法それ自体も、厳密に言えば経験による反証を許されない（保証されない）作業仮説原理なのであり、第二に弁証法も（すくなくともマルクス的唯物弁証法は）一種特異な発見法なのであって、諸経験の全体的集約を通じながらその全体的体系が時間過程の発見変化に適応してつねに螺旋状に拡大深化してゆく、という「開かれた体系」性（これに反してヘーゲル弁証法は神義論的プロテスタント的プロイセンの国家論として、「閉じた体系」性を特徴としていると言える）をなによりの特徴としているからである。

このヘーゲル弁証法とマルクス弁証法との国家論をめぐる差異に着目しながらも、そのような差異の由って来たった歴史的・思想的差異についての具体的分析を素っ飛ばしてしまうハンス・ケルゼンは、「ヘーゲルが弁証法によって国家を神と讃え、マルクスは同じ弁証法によって国家を悪魔として呪うことができたという事実ほど、弁証法的方法の不毛性を明らかにするものはない。ヘーゲルは弁証法によって、理性の発展的実現は戦争によって必然的に、ドイツ民族の世界支配をもたらすと説いたのに対して、マルクスは歴史発展の不可避的結果として、革命による世界共産主義の自由社会の樹立を予言したのである」（トーピッチュ編・ケルゼン『イデオロギー批判論文集』）とする。

そうやってケルゼンは、いずれにしても弁証家はどちらへも操作可能な方法的無方法を手中にしていると論定する新たな証拠（！）とするのであるが、そこで言われている二〇世紀的現代を画した帝国主義世界戦争の不可避性とその副産物としてのソヴエト・ロシア革命の不可避性についての所論は、固有名を厳密にすれば「ヘーゲル」をたとえば「カウツキー」とか「プレハーノフ」に、「マルクス」をたとえば「レーニン」とか「ローザ・ルクセンブルク」

とかに加変させなければならないものと考えられるが、そのように具体的補強を加えてみても、ケルゼンの論評もここまでくると、空論の上に空論を重ねる空談義以外のなにものでもなくなる、と言わなければならない。

ハンス・ケルゼンは『ボリシェヴィズムの政治的理論』（一九五五年）において、「弁証法的方法がいかなる政治目的にも代えることができるという事実こそ、その異常な魅力、全世界的普及の理由である。これと比肩しうるものとしては、一八世紀の自然法論があげられうるのみである」と、さすが当代随一の形式法学者らしく「自然法」との類比に論及しているが、その点ではアルロ・ロスの『On Law and Justice』（一九五八年）による「自然法は娼婦のごとく万人に身を委ねる。自然法の援用によって弁護されえないようなイデオロギーは存在しない」という有名な指摘がある。こうして問題の核心は、弁証法的方法が――とりわけその本性上「革命的」とされる弁証法が――はたして「娼婦のごとく万人に身を委ね」、言葉を換えていえば階級対決上の敵・味方のいずれによってもいかにも操作可能な万能的無方法性を基本的特質とするものであるのかどうか、という詮議に突められてくることとなる。この問題の核心を、ケルゼンのごとくマニ教的な善悪二元の争闘に帰せしめることほど、手軽で安直な「解決法」はありえない。

現代に生きているE・トーピッチュは、当然、マルクス主義の名において権力奪取して或る期間の歴史的実在として二〇世紀の地球上に存在したスターリン主義の一国社会主義体制が世界史的崩壊を遂げるにいたった一九九一年の劇的大転回を経験しており、したがってかれにとっても衝撃的であったその大事件の経験から、「マルクス主義は、次のような観点から研究されるべきである。すなわち、しまいにはソ連邦国民自身が、自らの定言や無意味な事後修正によって共産主義をきわめて大幅に変えてしまおうという気になったので、共産主義がその核心において全く制約になってしまい、どんな勝手な政治にも適合するようになったのではないか、という観点である。けっきょく、共産主義はそれ自体任意な権力政治の単なる正当化イデオロギーであり、したがってそれは、その本来の内容をすでに喪失したものと認められるが、ただそのことは、実際の政治において果たす機能を喪失していることと同じではないのである」と述べている。

すなわち、これを以てこれを看るに、かれトーピッチュの〈弁証法〉という「マルクス主義の論理」の「娼婦のごとく万人に身を委せる」社会自然法的な形式的特異性格の把握は、一九九一年のスターリン主義的社会主義諸国体制の世界史的崩壊の事後からの「どんな勝手な政治にも適合するような正当化イデオロギー」でスターリン主義があったという確認から遡及しての類推である、と推断してさしつかえないであろう。

そのような東洋風にいえば、革命も反革命も「不二の法門」といったたぐいの危機心理の洞察においては、一九九一年大転回後のかれトーピッチュの凝視はそれなりに深いものがある、と推察されるのであり、たとえばかれは、マルガレーテ・ブーバー・ノイマンの『ポツダムからモスコウへ』（一九五七年）から、スターリン主義的ソ連邦において発生した一九三七年の「大粛清」によって消された、かつてのドイツ共産党の指導者ハインツ・ノイマンについて記された次のような箇所を、「マルクス主義とグノーシス」の一評注に引例している――「わたしはこの時期に、かれハインツ・ノイマンが、カント、ヘーゲル、マルクスの諸著作のなかに、かれにとって不可解でかつ驚愕すべきソ連邦におけるマルクス主義の実態の発展に対する説明を見出そうと、熱に浮かされたように努力している、というような印象をもった。かれの批判的考察は、たえず党内民主主義の侵害に対して向けられており、スターリンの国家警察《ゲーペーウー》が全土で逮捕、尋問、殺害および神かくしをおこなっていた間、ハインツ・ノイマンは机に向って、国家法学者ヘーゲルの著作を渉猟し、現在のジレンマに対する妥当な解答、説明をヘーゲルから得ようとしたのだった」と。

わたしが思うに、そのような獄中のハインツ・ノイマンのヘーゲル弁証法の再考究の結果は、おそらくトーピッチュのヘーゲル弁証法の再精査の結果とは、よかれあしかれ異ったものであったことであろう。

公論、敵より来る、であって、トーピッチュ等によるマルクス弁証法の「空論性」についての手きびしい辛辣な批判は、一九九一年の現代世界史の劇的大転回の以後の今日の時代状況から来ている所論なのであって、そのようなものとして受け留めて、正当に説得的に反論する以外には〝悪魔祓い〟できないことは明瞭である。

「空虚な定式について」論文では、弁証法的唯物論《ディアマート》がいかにどこまでも空虚な定式の集積物であるかとして、スターリン『弁証法的唯物論と史的唯物論』において「マルクス主義の弁証法的方法の綱要」とされた、四つの定式化をあげている。すなわち――(1)自然と社会の諸現象間の一般的相関、(2)自然と社会における運動と発展、(3)発展とは量的変化の質的変化への転化(弁証法的「飛躍」)であること、(4)発展は対立物の闘争であること――

たしかに、このような可もなければ不可もない、具体的な発見と分析の方途をもたない、弁証法のスターリン式の超一般化のウルトラ定式化によっては、何事も明確とはなりえないことはあきらかである。にもかかわらず、スターリンがそうしたように、そのような「空虚な形式」からすべてを演繹的に降下的に導出しようとした場合には、かの不幸なドイツ共産主義の指導者ハインツ・ノイマンを襲ったかれにとって不可解で驚愕すべき悪夢的情況が帰結されざるをえないことは、あきらかなところである。そのかぎり、まことにポパーが指摘するごとく、「二つの相矛盾する前提からは論理上何ものをも演繹されうる。それゆえこのような矛盾した理論のもたらすものは――皆無である。矛盾をふくんだ理論は、いかなる種類の情報ももたらさないから、全く無益である」(K・R・ポパー『弁証法とは何か?』一九四〇年)。だから、公論、敵より来たる、とわたしは強調するのである。

このことに関しては、わたしとしても何らの論駁の必要もない。論駁の必要が生じるのは、このことからトーピッチュのごとく、ヘーゲルの『精神の現象学』にみられる「疎外」(Entfremdung ないしEntäußerung)」が、グノーシスの論理と親縁性がある、と果たして簡単に論断することができるのかどうか、そのようなヘーゲル的「疎外」の論理によって、マルクス的弁証法の核心(「資本論の諸現象」)をはたして掩いうるかどうか、ということである。

その再精査は、当然、マルクスにおける『資本―経済学批判』の弁証法体系の形成過程と構造論理についての再考察へと、わたしたちを導くのである。

そうした再考察は、Ｅ・トーピッチュが初期マルクスの或る側面・要素に依拠して過剰展開しているような、「青年期をベルリンのロマン主義とヘーゲル哲学に培われたため反啓蒙思想からついに完全には脱却しえなかった（いいだ注――このような論断は一八四一年に若きマルクスが発表した抒情詩 Wilden Lieder からの過剰特性化でしかない！）。かれの初期の諸論文にみられる「疎外《エントフレムドゥング》」および全著作にみられる「弁証法《ディアレクティクス》」などの基本概念や思考形態は、古代の新プラトン主義的グノーシス教、終末論的・黙示録的伝統に由来する」という全結論を、根底から覆してしまうことになるであろう――たしかにマルクスの「全著作にみられる弁証法」そのものに即して。

マルクス的弁証法の殲滅戦に熱中するトーピッチュは、方法としての弁証法もまた論理である以上当然、形式化されなければならないということ自体をも、完全否定してしまうのである。かれにとっておよそ「形式化」はすべて「空虚な定式化」なのである。たとえば、かれは、Ｒ・ハイスの「弁証法の定式がそれ自体としては無内容で空虚であるとはしても、形式論理学の基本法則と「それとてそれと同様ではないか」という言葉に食いついて、「しかし形式論理学（特に論理計算）は命題間の関係の構造を示すのみで、経験的現実についての命題だ、と主張したりはしないし、ましてや、存在論的・形而上学的、あるいは倫理的・政治的な問題に言及するものと、標榜したりはしない。その上、形式論理学は弁証法と異り一義的で厳密である」と反論している。

このような「形式論理学」批判は、形式論理学のまさに論理学的特性である「形式性」についての無知・没却を示しているばかりでなく、アリストテレスが精密化し定式化した「形式論理学」が、古典古代ギリシア的思惟においては生ける実在についての形象的思惟であった由来についても、完全にかれトーピッチュが無知・無理解であることを暴露してしまっているのである。

これは、ハイスの提起に対する反論には全くなっていない。私見をあえて推し出せば、先ずもって第一に、古典古代ギリシア人の形象的思惟の発明である「形式論理学」とは、当時においてはポリス国家の社会的実在の構想力論理として、とくに論理計算に現われた命題間の関係の構造を示す形式論理も、経験的現実の市民間の関係を律する形式性として、推論式の論理計算をもふくめて構想力的に機能していたのであり、そのかぎり古典古代ギリシアの形象的思惟においては、形式論理と三段論法は、存在論的識別・意味探究・原因探究の論理であり、倫理的・行為的価値選択の規範性の論理であったのである。

そして第二に、マルクス的弁証法の形式化・定式化は、(「否定の否定」原則なるものを軸心とする、エンゲルスによるその三法則化も、スターリンによるその四法則化も、失敗・錯誤に終わり、マルクス自身もその定式化を『資本論』の方法として以外には特出して整序・完成するにはいたらなかったとはいえ)、それ自体として豊かな内容をもつ動態的運動の形態化の論理なのであって、静態的な「形式論理学」の形式性とは自ら異る高次の性格を一義的に厳密に固有すべきものなのである。「形態化」規定運動なしには、およそあらゆる歴史的実在についての上向法的アプローチはできないのである。

最後に、現代に生きているE・トーピッチュに胸を借してもらった敬意を表するため、かれのヘーゲル歴史哲学との関係性におけるロシアのギリシア正教的思惟の文明史的特異性についての興味ある考察について付言して、トーピッチュ所論の全検討を終わることにしたい。かれトーピッチュのこのツァーリスト・ロシアについての所見は、おそらくその後のスターリン主義へと帰結した「ロシア・マルクス主義」批判の歴史哲学的伏線としてなされているのであろうが。曰く――

「ヘーゲルの例に倣って数多くの歴史哲学が作り上げられたが、その裡においてスラヴ系の著者は、折りにふれ、スラヴの民族と宗教は、歴史の終章を飾るよう運命づけられているとし、ヘーゲルがこの最後を飾るものと予見していたプロテスタント・ドイツを、反対に克服さるべき前段階におとしめた。たとえば、スラヴ主義のヘーゲル学派に属するロシア人ジュリュイ・サマリン(一八一九~七六)は、カトリック教が或る意味でテーゼであり、プロテスタント教は「過渡契機」もしくは「否定」であるとみなし、これに対して、ロシア人のギリシア正教はキリスト教が発展して充実した完全な状態を表すものとしている。Ｅ・Ｅ・コマロウスキィイ伯爵（一八〇三〜七五）は、人類の発展を三つの時代に区分した。すなわち、古代、西洋文明およびロシアの率いる（来るべき）スラヴ世界の時代である。そのさいかれは、ヨアヒム・フォン・フローレスならびにヘーゲル宗教哲学にみられるように、これらの三段階に三つの神的人格を配している」（「マルクス主義とグノーシス」）。

古代西ローマ帝国の没落と東・西ローマ帝国の分裂との以降、ビザンティン帝国は、久しく保全されていたカソリック教についての「正教」的正統意識を受け継いで、ツァーリスト・ロシアにおける「ロシア正教」的ギリシア正教が、「第三の帝国」的正統化イデオロギーとしての役割を演じつづけたことは、世界史的事実である。ただ、かれトーピッチュは、この世界史的事実に藉口して、それが、ロシア・マルクス主義＝スターリン主義の合理化イデオロギーと成ったとみなして、ひいてはそのようなロシア正教的世界制覇意識がマルクス「弁証法」をも特性づけている、としているのである。これは、凡百のスラヴォフィールによるギリシア正教の世界史的意味付けの世界救済論の、まさに裏返しのまた別種の謬論でしかありえない。

このようなツァーリスト・ロシアにおける——とくにそれが滅亡へといたる危機の時代に噴出した——スラヴ民族の特異な世界史的運命ならびに使命を前面化した一種の夜郎自大なお国自慢の歴史哲学に、いっそうの肉づけをあたえるためには、私見では、古代ローマ世界帝国の世界史的没落にはじまる、西における西ローマ帝国の崩壊以後の西欧内陸部におけるカロリンガ朝フランク王国の「神聖ローマ帝国王権」を兼ねた聖俗カソリック世界の秩序化、東における東ローマ帝国＝ビザンティン文明の存続とその遅れてのトルコ・スルタン帝国による覆滅、その覆滅をさらに東へ退避して逃れた、ロシア・東欧のギリシア正教を価値統合基軸とした東ローマ世界帝国＝ビザンティン文明の継承者としてのツァーリズムの世界史的位置付け、をともなわなければならないであろう。そのような歴史哲学的肉づけの具体化作業をいっさい素っ飛ばして、トーピッチュ式に敵本主義的意味付けをしてみたところで、説得性は全くもちえようもあるまい。

世界資本主義発展史における位置づけとしてツァーリスト・ロシアについて関説した以上、さらに極東に位置しているわたしたちにとってもさらに了解しやすいように、最後に、明治維新前後の日本の近代思想発祥史における西周と田口卯吉の文明開化の〈知〉《エピステメー》について、触れておくこととする。

幕末の蕃書調所教授手伝であった西周助は、同じく津田真道とともにオランダ留学生として公費派遣され、ランデン大学のシモン・フィセリング経済学教授の殊遇を受けて二年間修学し、「五科之業」——性法（希哲学、法理学）、大国公法、国法、制産学（政治経済学）、政表（政治社会学）——を収めて卒業し、明治維新以後の天皇制日本に帰国し、人も知るごとく、近代日本における諸学開明の大先達となった。

かれ西周《あまね》（明治維新以後の改名）は、オランダ留学中の断片的試論である『開題門』の冒頭に、「東土これを儒といい、西洲これを斐鹵蘇比《ヒロソヒ》という、みな天道を明らかにし人極を立つ、其の実一なり」と記した。かれにとって、西洲の現地における蘭学（洋学）の受容は、東土の儒教・儒学（かれ自身の儒学教養は、朱子学批判の古学復興による徂徠学であった。後に丸山真男が説くに、この「人為説」に立つ徂徠学が、かれの蘭学・洋学受容の思想方法的基礎として役立ったのである）も西洲の哲学《フィロソフィー》も、天地自然と人間社会を大元《おおもと》から一なるものとして探究する普遍的思惟としてとらえる見地・見識をもたらしたのである。

そのような普遍的見地からかれ西周が、明治初期日本に『百学連環』として留学生時代の試論「開題門」をどのように具体化したかを、『百学連環』総目次に即して総覧しておこう。わたしたちの今日の全学問教養も、見られるごとくすべてこの「百学連環」の諸分枝《ブランチ》としてあるのである。すなわち——

〔Ⅰ〕普通学 Common Science
（1）歴史 History
（2）地理学 Geography
（3）文章学 Literature
（4）数学 Mathematics
〔Ⅱ〕殊別学 Particular Science
（1）心理上学　Intellectual Science
（i）神理学 Theology
（ii）哲学 Philosophy
（iii）政事学（法学） Politics, Science of Law
（iv）制産学（経済学） Political Economy
（v）計誌学 Statistics
（2）物理上学 Physical Science
（i）格物学（物理学） Physics
（ii）天文学（星学） Astronomy
（iii）化学 Chemistry
（iv）造化史（博物誌） Natural History

明治期の田口卯吉の『日本開化小史』（一八七七年）の冒頭は、第一巻第一章「神道の濫觴より仏法の始まりまで」

と題して、神道・仏法という古代宗教史によって聖価値統合された社会史を書きはじめているが、その内容はかれの「開化」見識に則って徹頭徹尾、古代人の財貨獲得の生活史として展開され、その開化にともなった「神威」＝宗教的諸表象の人間的想像の累積が記されている。かれ田口卯吉によれば、日本開化史の初頭においても、「凡そ人心の文《ススメル》野《ススマザル》は、貨財を得るの難易と相俟《まっ》て離れざるものならん。貨財に富みて人心野なるの地なく、人心文にして貨財に乏《とぼし》きの国なし」とされ、「抑も人間の初代に當《あっ》てや、器械を用ふるの智未だ発すべからず、製作の技未だ熟すべからず、所謂天造の果実葉根を集めて其食物と為し、草葉樹皮を綴《つづ》りて其《その》衣服を造る外《ほか》手段なかるべし」。

今日では「縄文時代」→「弥生時代」として時代区分されている、わが弧状列島上における土器・石器時代のこうした採集狩猟「貨財」局面においては、日本書紀・古事記が肇国神話として記録化してうちだした「神」といえども、新井白石が『古史通』の冒頭で「神は人なり」として「加美《かみ》」と記し、本居宣長が「仮微《かみ》」として記してその尊称を「人」ばかりでなく「山川草木」にまで及ぼしたのを承けて、田口卯吉『開化小史』は、「カミと云へる語は、太古の時に於ては、神祇と云ふ程尊き意味あるにあらず。イザナギの尊《ミコト》は桃果と岩石の功あるを見てカミと称し給へり」とした。近代天皇制国家の創出とともに、その国家正統化イデオロギーとして整序された国家神道のごときは、この明治期の「開化」思想家はまったく受けつけていないのである。

スサノオノミコトが出雲の国に往った時に、翁嫗《オキナオウナ》が一少女を抱いて泣くのを見て、「汝は何者」ぞと問うた時、対えて曰く「吾はクニツカミなり」、と記紀神話には書いてあるではないか、と。国津神の翁嫗が、自分の娘がたかが八岐《ヤマタ》ノ大蛇《オロチ》に喰われてしまうと泣き叫んでいたのである！　八岐ノ大蛇の方がひょっとすると神なのではあるまいか!?　また神武天皇の東征の舟師が速吸《ハヤスヰ》ノ門にいたった時、艇に乗って来る一漁人があった、天皇招して問ふて曰く「汝は誰ぞ」、対《こた》えて曰く「臣《ヤツコ》は是れクニツカミなり」と。ホレ、また国津神だ。名を問う、対《こた》えて曰く「珍彦《ウズヒコ》」と。珍彦さん、そんなに珍しいかねえ？　「されば尋常の人亦たカミと称せり」というのが、田口卯吉の「記紀」精読の結果の結論である。

岩波『古語辞典』（大野晋ら編）が定式化しているように、「上代以前では、人間に対して威力をふるい、威力をもって臨むものは、すべてカミで、カミは人間の怖れと畏みの対象である。人間はこれに多くの捧げ物をして、これがおだやかに鎮まっていることを願うのが基本的な対し方であった」のである。このようなカミ（加美、仮微）は、逆に極東辺陬・上古未開の日本列島の特産物などと卑下する必要も毛頭ない。アニミズムやアニマティズムをふくむこのような神《ゴッド》は、世界普遍的に古代宗教感情としてはどこにでも見られる「ヌーメン」の位相《フェイス》感情なのである。

さて、以上の三章の展開によって、本書の主題である**マルクス〈恐慌論〉**の真義を理解するための歴史的・思想的下準備としての、古典古代ギリシア思惟以来の西欧哲学的伝統の検討を、現代のエルンスト・トーピッチュのヘーゲル－マルクス〈弁証法〉の特質論（それは、全面的貶価の殲滅戦としてなされている）を恰好の題材として、**〈恐慌論〉**了解のための準備トレーニングを終えた。第四章以降、いよいよズバリ、**マルクス〈恐慌論〉形成**の歴史過程の考察へと、概念の鋭利な刃を持って斬り込むこととしよう。

第四章　トーピッチュ所説に対する全面的反論——恐慌論の今日的課題に即しながら

1　ヘーゲル的具体性は、弁証法的に構成された全体性である

以上、これを要するに、現代思想家の随一人者と広く目されているエルンスト・トーピッチュは、その博捜な思想的・学問的知見を総動員して、「マルクス的弁証法」がゾロアスター教の二元論的統合の論理、あるいはまたグノーシスの知に類似する「神秘化的方法」であるにすぎない、と刻印を捺して、よってもってそのような弁証法を弄するマルクス経済学が「似而非科学」であるとする断定を下しているのである。

そのトーピッチュの最近の所説に対する全面的反論から始めた本書は、『資本論』体系の核心《ガイスト》であるマルクス〈恐慌論〉の再精査に即しながら、その然らざる所以を全面的に論証し、マルクス〈恐慌論〉の基本的規定の展開こそが「マルクス的弁証法」の厳密・厳格な検証の場であることを、確認しようと一貫して志向するのである。

「或る物が運動するのは、それが或る瞬間にはここにあり、別の瞬間にはそこにあるからではなく、それが同じただ一つの瞬間にここにあってここにないからにほかならず、同じ場所に同時にありかつないからである」（ヘーゲル『論理学』）。このように、時間（過程）的にも空間（場所）的にも、完全な同一性のなかで対立物の統一として現われるヘーゲルの弁証法は、悟性が分離・対立させるものを一つの具体的全体のなかへと統合する理性の運動形態にほかならない。理性は、対立物を今よりももっと高次の統合へと変化させ、もろもろの差異を同一性へと連れ戻すのであるが、この同一性は、内容を欠いた抽象的同一性ではないのであって、自己の内的諸区別を自己自身のなかに含み、自己自身のなかで措定・展開させるような具体的同一性である。ヘーゲルが解した〈弁証法《ディアレクティーク》〉の本質とは、およそこのようなものである。この限り、そのどこにトーピッチュの言う「神秘化的方法」があるか？

そこにおいては、考察される思惟対象が、先ずはじめに、その最も直接的な相のもとに考察され、次いで突然の顚

倒（Umschlagen）によって、最初の相と矛盾する別の相のもとに現われる。最後にこの思惟対象は、これら二つの対立する矛盾相の具体的自己同一性であるものとして、把握されるのである。

このような弁証法的運動は、存在を、その相対的に貧しく抽象的な状態から、より豊かで、より具体的な状態へと移行させる展開（Entwicklung）である。それは、よく言われるように、定立–反定立–統合、という〈トリアーデ〉という形式で表現されるが、カントとフィヒテが好んで用いたこれらのトリアーデ的諸術語を、弁証法家であるヘーゲルは実はきわめて稀れにしか使用していない。そのかわりに、このトリアーデによる高次の統合を表わすのにかれが好んで用いる哲学用語は、umschlagen（顚倒する）とか、さらにとりわけてaufheben（揚棄する）というドイツ語的表現であり、aufhebenとはいうまでもなく、廃棄する、保存する、高める、の三義を同時に意味するような動詞にほかならない。これを要するに、ヘーゲル哲学においては、存在は弁証法的運動を展開することによって、たえざる物象化に顚倒した姿において、たえざる上向的転換のなかで自らを過去化して廃棄し、現在的にその精髄を保存し、未来への潜勢力を有するものとして自らを高めるのである。したがって、ヘーゲルの弁証法哲学は、理念の運動態として「観念弁証法」と言われるものの、けっして抽象的・瞑想的なものではなくて、言葉の最もすぐれた意味で「思弁弁証法」「具体的なものの哲学」である。「具体的な」が由来するconcretum《コンクリート》というラテン語は、concrescereという動詞から派生した形容詞であって、元来、生長する植物のように自己の各部分全体の発展によって成長・増大するものを意味している。言い換えれば、ヘーゲルにとって具体的なものとは、自己自身の諸契機を出発点にして、弁証法的に構成された全体のことである。

というわけで、ヘーゲル哲学によれば、「論理的思惟」の働きは、つぎの三つの契機をふくんでいる——すなわち、(1) 抽象的契機、言い換えれば諸規定を解離する悟性の契機、(2) 本来の意味での弁証法的な契機、言い換えれば、否定的理性の契機（ここで矛盾が生じてくる）、(3) 思弁的契機、肯定的理性の契機（ここで綜合《ジンテーゼ》への上昇がおこなわれる）。したがって、弁証法運動の上昇による綜合《ジンテーゼ》は、理性の働きによる「否定の否定」として対立物の統一を具現することになるが、この、統一の契機が「思弁的 speculatif」とよばれるのは、そこにおいて概念が諸対象のなかに自己自身を認知する、つまりあたかもラテン語の「鏡」(speculum) の裡においてそうするからであって、ヘーゲルの「思弁弁証法」は、そのような厳格な意味において、主観的・恣意的な抽象的論理なのではなく、その逆に、存在＝認識論を完全円満具足する鏡映的自己認知なのである。思考散漫なわがトーピッチュには全く及び難い、厳密なヘーゲルの論理的思考ではある。

一八〇六年の『精神現象学』によって、シェリングの〈同一性の哲学〉から決定的に訣別したヘーゲルは、シェリングの哲学における〈絶対者〉は「すべての牛が黒く見える夜闇」以外のなにものでもないと痛烈に批判し、真の「絶対者」は、現実の世界を黒白のあるものなのであって、そこからどのようにして演繹・導出してよいか分らないような、そういうシェリング哲学的な何かしら神秘的なものとして立てられるべきではなくて、自らのすべての諸規定を自らの展開の諸契機として内に含んでいるような「一つの生きた全体」とみなさなければならない、としたのである。『精神現象学』の段階に入ってヘーゲル「弁証法哲学」が、シェリングの「同一性の哲学」を、〈カント的スピノザ主義〉と性格づけたのは、それによるのである。

ヘーゲルは、お互い青春期からの盟友のヘルダーリンが、テュービンゲンでヘーゲルに向って、「最高の真理」だと賞讃していたスピノザ哲学の〈εν καὶ πᾶν ヘン・カイ・パン＝一にして全〉の立場に組みしていたのであり、生も全体に内在してつねにいっさいの「超越」を斥けるという点で、スピノザ哲学と類似する立場をとっていたが、にもかかわらず、シェリングの〈同一性の哲学〉を「暗闇の黒い牛」にすぎないと批判して訣別した時に、暗黙のうちに、実体の哲学としてのスピノザ主義悟性の形而上学としてのスピノザ主義、数学的方法によって演繹されるスピノザ主義を、斥けるにいたっていたのである。たしかに、スピノザ哲学の核心命題が明示しているように「あらゆる規定は否定である」とはスピノザのよく知られた名言であったが、ヘーゲルからすれば、そのようなスピノザの世界になお欠けているのは、ヘーゲル的宇宙を遍照する弁証法的自己展開なのであって、実際に、スピノザ哲学は、存在と思惟とのいずれにおいても自己発展の源である「否定の否定」をたしかに知っていないのである。

スピノザの「実体」は、自らの有限な諸規定をただ単に内蔵するにすぎない無限な集積所であって、事実上、一つの物といった性格を帯びている。これに対して、ヘーゲルの〈実体〉は、そのような実体というよりもむしろ理念であって、一つの過程、発展、生成である。それは、ドイツ語のEntwicklungとして、一つの展開であり一つの進展であるという両義を含んで、自己表現されるのである。

スピノザ哲学の場合には、「絶対者」は同時的に延長と思惟である――そしてこのことによって、スピノザ哲学はデカルト哲学における物質＝延長vs観念＝思惟という身心・物心二元論を超えているのであるが――、ヘーゲル哲学の場合には「絶対者」は、継起的に物質的精神であるのであって、そのようなものとしてその双対はたえざる弁証法的運動過程（発展、生成――展開、進展）の裡に置かれているのである。だから、魂を物体の観念とみなす平行論をもってスピノザが、デカルト的物心分離二元論を超えて展示している事柄が、ヘーゲルの場合には、一つの進展（Entwicklung）から結果（帰結）するのである。

つまり、ヘーゲル思弁弁証法体系においては、絶対的な理念の外化である自然が、機械論的段階から徐々に化学的段階へと高まり、さらに目的論的段階の生へと高まり、そのような生の進展は、人間特有の言語的思惟にその究極頂に達し、ここで絶対精神はついに自己自身を自覚するにいたるのである。これに反して、スピノザ哲学体系の〈神即自然〉論においては、宇宙のなかの一切のものは、まったく機械論的な決定論にしたがって必然的に連関し、目的性は錯覚にしかすぎないとされる。

ヘーゲル弁証法哲学は、その有機体的高次化において、実体の運動の「目的性」と「規定論」とを結び合わせるのである。だからこそ、ヘーゲル哲学においては、「規定determination」（スピノザ哲学においてもすでにして「あらゆる規定は否定である」とされていた）は、同時に指向（destination）であるとされ、「否定の否定」の作用力によって規定は自己指示へと上向するのである。その意味でヘーゲル哲学体系においては、「自然」は「精神」を現われさせるために（この「顚倒」のロジックを、後のマルクスはヘーゲル思弁哲学自身の「顚倒」として批判するにいたるのであるが）弁証法的に自己進展するわけである。

2　古代・中世・近代の〈弁証法《ディアレクティケー》〉の略史

いうまでもなく、〈弁証法《ディアレクティケー》〉とは、古典古代ギリシア哲学が創始されて以来の、古いといえば古い哲学的創発概念であって、たとえば〈パンタ・レイ　παντα ρέι　万物流転〉で名高いミレトス派の自然哲学者ヘラクレイトスの、存在の法則としての弁証法《ディアレクティケー》は、対立物の統一の運動として、すべての存在は運動の裡にあって変化し闘争し流動するとして、その生成にあっては「存在」と「無」は同一であることを説く、矛盾をすべての運動およびすべての生の源泉とみなす「生成の哲学」としてのヘーゲル弁証法哲学の、遠い古典ギリシア的先駆であるが、近代のヘーゲル哲学における生成は、単に時間における進展ではなく、非時間的な展開として展示される。

古代ギリシアのヘラクレイトスばかりでなく、ヘーゲルの思弁弁証法にも影響を及ぼした神学者に、中世ヨーロッパのヤコブ・ベーメが居る。「ゲルマンの哲学者 philosophus deutonicus」とよばれたかれヤコブ・ベーメの神智学には、すでに近代ドイツのヘーゲル的な諸テーマがことごとくそこに見受けられると言ってよい。たとえば、自己自身の内部では自己自身に対立するものを自己措定し、それを自己自身に対置し、次いでこのような自己自身の諸矛盾をのりこえることによって、明確な自己意識のうちに開花し、いっさいの不調和を一つの調和的な綜合のなかに併呑してしまうような、そういう完全な存在、という観念が、その好個な一例である。ヘーゲルは、自覚的にそうしたヤコブ・ベーメの思想を踏襲して、〈三位一体〉といったようなベーメが洗練化したキリスト教の教義に、弁証法論的な意味を与えようと専念したのである。

古典古代ギリシアの哲学的大家がアリストテレスであったとすれば、近代西欧の哲学的大家はヘーゲルである。このような人類文明史上の二大巨人の類・対比において言うならば、アリストテレスの論理学は、ヘーゲルの論理学と同じく、先ず第一に存在論的であり、かれにとって思惟の諸法則は存在の諸法則であり、そのような存在=認識体系の同一性のゆえに、ヘーゲルは好んでアリストテレスを援用しており、たとえば、ヘーゲル『エンチュクロペディー』の最終節は、アリストテレスの『形而上学《メタ・タ・フュジカ》』からの長い引用で終わっている。

ヘーゲルが、アリストテレスに最も近づく点は、先ず第一に、普遍が個別のなかに実現されているという考え方にある。すなわち特殊（das Besondere）とは、『エンチュクロペディー』第二十四節が述べるごとく、自己を規定することによって自己を特殊化する本質である。存在の発展についてのヘーゲルの考え方は、このアリストテレス『形而上学《メタ・タ・フュジカ》』との親近関係がとくに顕著に表わされている。アリストテレス『形而上学』における「可能態」と「現実態」との関係は、ヘーゲルにおいては「即自 An sich」と「対自 Für sich」との関係として、対応している。即自存在とは、自己の内面的統一からまだ外へ出ていない、たとえば植物の芽のごとき潜勢状態のことであり、その対自態において存在は区別をもった特殊的現象存在として、たとえば現に生育しつつある植物のごとく現実化される。そして、対自はその完成形態においては即自の発展したものであるから、弁証法的進行の結句は即自かつ対自として、そのようなものとして綜合《ジンテーゼ》として〈弁証法的トリアーデ〉は完結する。即自と対自とのこのような統一が、ヘーゲル弁証法哲学を特性づける「具体的なもの」なのである。

ヘーゲル『哲学史講義』が力説しているように、存在の展開はこのようにして一種の具体化、すなわち抽象的なもの＝即自から具体的なもの＝対自への進展《エントヴィックルング》であり、それは同時にまた一種の媒介であり相互媒介である。すなわち、相互に矛盾しない、否定しない、反駁しあう継起的な諸契機を経て進展していくこの媒介過程によって、弁証法的移行が成就されるのである。

アリストテレスとのヘーゲルのもう一つの重要な接触点は、プラトンの「イデア」説を実際上廃棄して、古典古代ギリシア哲学の真の端緒であったミレトス派「自然哲学」における個物としての実在への道を復権させたヘーゲル『形而上学』体系がそのことに専念した、「経験」と「理性」との間に調停を確立しようと志向したところにある。哲学が、その発展を「経験的諸科学」に負っていること、それらの経験的諸科学と同様に哲学もまた、経験を唯一無二の出発点とすることを、ヘーゲル思弁哲学は、アリストテレスと同じく積極的に承認しており、けっしてプラトニズムには陥らないのである。

『エンチュクロペディー』第十二節の叙述によれば、ヘーゲルにあって哲学の役割は、先ずはじめには受動的に受け容れられる、そうした経験的内容に、必然性つまり論理的連関の保証を与えるところにあるのであり、言い換えれば、思惟の自由の表明である先験性《アプリオリ》の形式をそれらの経験的内容に付与するところにあるのである。

それゆえ、ヘーゲル思弁哲学は、nihil est in intellectu quod non prius fuerit in sensu（先ずはじめに感覚のなかになかったものは、何一つとして知性のなかにはない）というあの定式を立てることができたのである。ライプニッツ哲学は、この定式に、とはいえnisi ipse intellectus（知性そのものを除いては）の語句をつけくわえて右の定式を修正し補足しなければならなかったが、知性そのものが最も立体的な観念に属せしめられるヘーゲル思弁哲学の場合には、そのようなライプニッツ哲学的留保・付加を設けることなく、右の定式を完全に「顚倒」させてnihil est in sesu quod non fuerit in intellectu（先ずはじめに知性のなかになかったものは、何一つとして感覚のなかにはない）と定式化することができるのである。これはつまり、理性《ヌース》が世界の第一原因であり、すべての経験はすべての感情と同様、思惟＝思弁から発出するかぎりにおいてのみ妥当な内容をもちうる、ということにほかならない。したがって、俗見に反し、ヘーゲルが提示する思弁哲学は「合理主義思想」であり、それも、理性《ヌース》を全宇宙の実体そのものとみなすのであるからして、それは「合理主義思想」をその最も極端な姿にまで具体化している、と言うことができる。

　フリートリヒ・エンゲルスは周知のように、人類的思惟を「唯物論」と「観念論」との二大陣営的対峙へといわば軍事的に陣営化し、ヘーゲル思弁弁証法哲学を「観念論」の陣営に属せしめたが、ヘーゲル思弁哲学は右に見たように、「経験主義」と「合理主義」との対立を「仮現」としてのりこえるものであったと同時に、一八世紀の思想家たちを具体的に二分した「観念論的学説」と「唯物論的学説」との対立・対峙に具体的に即するかぎりは、「観念論的学説」と「唯物論的学説」との対立をものりこえたものであった、と言わなければならない。エンゲルスの右のような人類哲学史的に超一般化された二分法は、元来はマルクスの「現代的唯物論」に依拠しようという志向の一表現として出立したのであったが、それはあまりに歴史を遡源して超一般化されたために、機械的唯物論の軍営的対峙へと堕ちる結果になってしまったのである。

　ヘーゲルは、カントやスピノザのほかに、また、多かれ少なかれドイツのクリスチャン・ヴォルフの流れを汲んでいる啓蒙主義者《アウフクレーラート》たちのほかに、早くから一八世紀フランスの唯物論者たちを知っており、しかもかれらに哲学的共感を寄せていた。一八世紀の西欧においては、フランスの唯物論的学説のほうがアカデミズムの外では事実上社会的優位に立っていたのである。ヴィクトル・クーザンが証言しているように、「かれヘーゲルは、一八世紀の哲学者たちに対する共感を包み隠しはしなかった——キリスト教の立場や観念論的哲学の主張に対して最も激しくたたかった哲学者たちに対する共感でさえも」。

　ヘーゲルが「観念論」という陣営的語彙に積極的に付与する意味は、理念《イデー》を「絶対者」「最高の原理」とするような意味においてである。古典古代以来のプラトンの「イデア」は完全に超越的であり、プラトニズムは叡知界と感性界とをあくまでも対立させる二元論であるから、プラトンのイデア界とはいっさいの感性界を欠如した世界であり、かれの数論のごときにおいてさえもそのイデア化としての〈イデア数〉とは実際上かれが自らのアカデミアへの入門規則としてかかげた「幾何学」とも「算術」ともまったく縁のない一種のイデア的妄想であった。その反対に、ヘーゲル哲学は「内在の哲学」であり一元論である。つまり、ヘーゲル哲学において、「絶対者」とはすべてを包括する普遍的主観であり、いっさいの事物はそのような絶対者の弁証的法的展開にほかならない。このような「絶対者」を、かれへーゲルは理念（Idee）もしくは概念（Begriff）と呼ぶ。

Begriffというドイツ語はbegreifen（把握する）に由来する「自己分割」の意であるが、「概念」の英語であるconceptとは、元来がラテン語のconcipereから派生して、まるごと把握する（comprendre）、言い換えれば全部を一緒に把握する（prendre ensemble）アンサンブル概念である。このようにして、概念《ベグリフ》《コンセプト》とは全体的把握（comprehension）であり、一つの弁証法的展開のうちに自らの諸規定を包括する（comprendre）具体的普遍者である。この意味で、概念は『エンチュクロペディー』第一六四節が強調するように、「絶対に具体的なもの」なのである。

一方、的確な意味で理念《イデー》とは、ヘーゲルの場合にあっては、概念の合理的な現実化、「概念と客観性との絶対的統一」であり、そのような意味で「即自かつ対自的に真なるもの」にほかならない。理念《イデー》は、先ずはじめ、生命、魂であり、次いで認識と行為における真なるものおよび善なるものの理念であり、最終的に絶対知である。理念《イデー》は、哲学者の思惟において、このような絶対知に到達するが、哲学者つまりヘーゲルの思惟において、理念《イデー》は「自己自身を思惟するのであり、そこにおいて、理念は自己認識する真理である」。だから、それは絶対知なのであり、そのことを明らかにした『エンチュクロペディー』は絶対的思弁弁証法体系なのである。

さて、ヘーゲルの思弁弁証法哲学体系が、経験的内容に内在する哲学であったといっても、それはやはり思弁的独断主義《ドグマティズム》の弊とその限界を免れえない、たまたまといえない本質的誤謬があったことをも、リアルに付け加えて指摘しておかなければならない。その最も分かりやすい一例は、若いヘーゲルが一八〇一年に提出した大学教授資格取得のための論文『遊星の軌道について』で、木星と火星との間には他の遊星は存在しえない、と弁証法的に〝証明〟したところ、はなはだ間の悪いことにも同年なされたセレスの発見によって、かれのその〝証明〟は完膚ない観念論的ドグマの産物でしかなかったことが証明されてしまったという事例がある。

この大失敗は、後のヘーゲルに科学的アプローチについて慎重を期させることになった。かれは『エンチュクロペディー』が好評裡に版を重ねてゆくにつれて、ニュートンに対する形而上的攻撃をしだいに弱めて、改訂を加えてゆき、自らの学生たちには、科学的主題についてはけっして学位論文を書かないようにと勧めるのが常となった。ヘーゲルはその実、「自然哲学」者としては驚くほどの該博な自然科学的知識をもっており、かれの内在的経験から出発する方法論もけっしてかりそめのものではなかった。しかしながら、かれヘーゲルは、経験的内容のなかから専ら質的な様相に留意を払い、経験的内容の量的な様相、すなわちガリレオ・ガリレイとルネ・デカルト以来当時にあってもしだいに自然科学を支配するにいたっていた数学的骨組をなおざりにした。わたしに言わせれば、自然科学の法則科学としての真髄は、対象の量的把握による定量の確定にある以上、また、そうでなければそれは法則科学とはなりえない以上、ヘーゲル自身の質量転化の弁証法から言っても、定量の確定をなおざりにするヘーゲルの経験論が、自然科学に完全にはなじまないことはあきらかなところである。

後のマルクスのヘーゲル観念弁証法哲学批判にまでいたれば、ひとり自然科学における量的把握のみならず、労働の二重性と商品交換に由来する交換価値による市場価格の定量化が可能となった経済学ならびにそれを原理とする社会諸科学においても、ヘーゲル哲学の右のようなドグマティックな定量的規定を欠いた弁証法体系は、全般的批判を浴びざるをえないこととなったといえる。

自然科学においても、自然がヘーゲル哲学にとって価値をもつのが、それが生を条件づけるからであり、天の星と内面の道徳律を賛嘆してやまなかったカントとは正反対に、ヘーゲルは星をちりばめた天空を「悪無限性」の見本とみなして、それを神聖なものとして敬視することなどは全く無かった。かれヘーゲルは、「星は光るおできが天空に吹き出たもの」と、好んで言ったのである。かれヘーゲルによれば、地球はいかにも太陽に従属するちっぽけな一遊星にすぎないが、それでも地球は世界の「形而上学的中心」であることに何の変わりもなく、なぜなら地球は精神の担い手である人間の滞留地にほかならないからである。だから人間的思惟の所産は、「星辰の規則正しい運行や植物の無意識的な無垢よりも、無限に価値がある」(『エンチュクロペディー』第二四節)とされるのである。

ヘーゲル観念弁証法哲学体系をまさに全体系的に批判したマルクスは、観念と物質、思惟と現実との関係においてヘーゲルが意識的に冒した「顚倒」を、もう一度「顚倒」させる(マルクスの側から言えば、「正立」に戻す)ものであったが、そのような全面的逆倒の場合に、批判対象であるヘーゲル哲学体系のきわめた高い水準を、その原典と原意に即してありのまま把握することが、当然大前提になっていなければならない。そのことによってはじめて、ヘーゲル思弁弁証法からその「合理的核心」を、近代の資本制市民社会に対する批判的分析に即して採り出そうとしたマルクス的弁証法の決定的な重要性の高さとその真理性も、決定されるのである。マルクスは、そのような全体系的批判を通して、ヘーゲル思弁哲学体系がその保守的本性をもたざるをえない体系性とつねに革命的であるその弁証法的方法との根本矛盾に逢着し、現にヘーゲル没後直ちに開始されたヘーゲル哲学体系の四分五裂・七花八裂の根拠となっていることを、ものの見ごとに洞察し、自らエンゲルス、ヘス、ルーゲらとともに「青年ヘーゲル派」の最左派となり、共産主義的立場性へと移行していったのである。

3　ヘーゲル哲学の真の革命的重要性は、どこにあるのか？

エンゲルスは『ルートヴィヒ・フォイエルバッハ』において、「ヘーゲル哲学の真の重要性とその革命的な性格は、人間の思想ならびに行動のあらゆる所産の決定的性格に、決定的に終止符を打ったということにある。ヘーゲル思想の現前には、いかなる決定的なもの、絶対的なもの、神聖なものも存在しない。この思想は、あらゆる事物について、またあらゆる事物において、不可避的な衰退を示す。この思想にとっては、不断の生成過程、出現と崩壊の過程、より低い段階からより高い段階への終わりなき上昇の過程より以外には、なにものも存在しない、そして、この思想自体がそういう過程の、考える解題への反映にほかならない」と力説した。正しい力説である。

右のような、たえざる高次化をつづける客観的存在の弁証法的運動が、考える課題へと反映した思惟運動こそが「弁証法《ディアレクティーク》」にほかならないとすれば、その本性上革命的な弁証法的方法が、その本性上不可避な衰退を示すなかで硬直し・硬化し・石化せざるをえないヘーゲル哲学体系性と、根本的対立に陥らざるをえない、というのが、マルクス＝エンゲルスのヘーゲル思弁弁証法哲学批判の批判的核心点であった。この全面顚倒的批判を、かれらは近代市民社会の唯物論的把握、そして経済学原理論的把握に基づく批判的分析と合致させながら展開・深化していったのである。

ヘーゲルの学説は、周知の通り、国家を市民社会から区別し、市民社会の内的矛盾を弁証法的に揚棄するものが国家である（具体的には、プロテスタントのプロイセン絶対主義国家）とした。その逆にマルクスは、市民社会の矛盾をプロレタリア革命によって切開し変革し、市民社会のなかに国家を再吸収する共産主義学説をうち出したのである。

右のようなマルクス＝エンゲルスと、その先行者として絶対的体系哲学を建立したヘーゲルとの関係、その批判的核心に横たわっているヘーゲル思弁弁証法体系の内有する保守的体系性と革命的弁証法との背反の問題をめぐる根本的事情については、現代随一のマルクス主義哲学者であるテオドール・W・アドルノが、マルクスの真意に即しながら剴切な解明を与えている――

「このヘーゲルの断乎たる力、それこそが矛盾の力にほかならなかったのであり、この矛盾の力は、自分自身に背いて、絶対知の理念に刃向かうことになるのだ。積極的に観取することによってあらゆる存在者のうちに自らを再認する思考は、いかなる制約にも甘んずることができない。そのような思考は、自分のさまざまな規定の根底に、固定的な究極のものを設定する必要もまたそうした制約として打破するのであり、したがってこの思考はまた、自らの精髄である体系の優位をも揺るがしてしまうのである。もちろん、ヘーゲルの体系は、主観と客観との同一性を前提にしており、それゆえにまた、その体系が証示しようとしている精神の優位を前提にしているにちがいない。だがヘーゲルの体系は、その具体的な展開の場面では、自らが全体に帰していることの同一性を実際に否認しているのである。だが、このようにして対立的に展開されているもの、それは、今日好んで口にされるような存在それ自体の構造などではなくて、敵対的（antagonistisch）な社会であるのだ。概念の自己運動として現れた『精神現象学』が、その運動の発展段階のすべてにわたって、社会の現実の発展段階と緊密に結びつけられているのも、だからいわれのないことではないのである。弁証法は或る強制的なものを体系と分かち合っていて、これは弁証法のもつ内在的性格、すなわち、その「論理性（Logizität）」から切り離すことができない。そして、この強制的なものは、弁証法それ自体のもつ同一性原理（Identitätsprinzip）によって、現実そのもののもつ強制に近づけられているのであって、思考はこの現実の強制にしたがいながらも、幻惑されてこの強制を自分自身に発見しているものとみなしているのである。だが、この強制こそが社会的な罪連関が強いているものにほかならない。この円環の閉ざされた姿は、自然的なものという仮象を裂け目ひとつない形でもたらして、最終的には存在についての形而上学的仮象をもたらすこととなる。だが、弁証法は、この仮象をくりかえしくりかえし打ち砕くのである」（Th・W・アドルノ『認識論のメタ・クリティーク』法政大学出版局刊、一九九五年)。

ヘーゲル批判者としての大方の通俗的なマルクス主義者が、マルクス自身の『資本論』体系把握から逸れて、しばしば看過している点であるが、市民社会のなかの「賤民《パリア》」の存在の不可避性をよく心得ていて、その労資・賤貴・貧富の矛盾を福祉団体《コラボラティオーン》と植民地《コロニー》によって国家至上主義的に揚棄しようとしたヘーゲルにとって(かれは俗説が言うような経済学的分析軽視の哲学者ではなく、自然科学的分析を重視したのと同様に、アダム・スミスらの古典派経済学を広くマスターしていた一廉の経済学者でもあったのであるが、それにもかかわらず)、近代市民社会を**周期的に震撼した恐慌現象**のごとき、市民社会が資本制商品経済社会である以上免れることも避けることもできない根本矛盾の大爆発の不可避性についての経済学的把握をなしえなかったのは、それなりに当然のことである。このように、ヘーゲル観念弁証法の外皮にくるまれたその「合理的核心」の領域を探査してゆくならば、ヘーゲル哲学体系の「顚倒」の「顚倒」のコペルニクス的転回の問題とは、その実は、マルクス〈**恐慌論**〉によってヘーゲル哲学体系の虚妄性を撃つということにほかならないのである。

ヘーゲル哲学体系は、遊星上でもきわめて特異な人間社会において「合目的性」と「存在性」との合致が見られ、図られうる、という根本的見地を打ちたてており、その見地に立って自然が社会の「法則」性についても確固たる把握視角を有していたが、それにしてもその観念論的な、したがってまた本質的な非合理的な核心において、かれの生きた近代社会を**五度だけ襲った周期的恐慌の大爆発**によって市民社会の「法則性」が顕現し、人間的思惟によってそれが「経験的運動法則」として把握しうるところとなる、といった奥義中の奥義には気がつく術《すべ》もなかったことでもあろう。

それは単なる一回限りの歴史(それならば、ヘーゲルの「世界史」行程論が「哲学史」改編化をもちながらも曲がりなりにも歴史化しえたであろう)ではなく、五度だけの例解に依拠してではあるが、まぎれもなく、金星と火星の間に出現したセレスの発見のごとく、客観的実在として社会科学的に把握しうる「社会法則」を具現したのである。しかも、そのような**恐慌**の存否は、マルクスの唯物論的歴史把握の上では、近代以前の共同体社会の特性、それとは異質な近代社会の市民社会的特性、近代以後の将来社会の特性を、不連続の連続として連ねるマルクスの人類史の大構想の基準となったのである。

今日のわたしたちは、マルクス〈**恐慌論**〉の全体系的位置価を、そのようなものとしてきわめて深切に把握するのである。

4　『資本論』体系における〈恐慌論〉の最枢要的意義

カール・ハインリッヒ・マルクスにとって一個の「芸術作品」として彫琢された『資本《ダス・カピタル》—経済学批判』体系を、首尾一貫した円環化形態体系化たらしめた核心は、**恐慌現象**にほかならなかった。

一箇の歴史的ブロックの資本制商品経済社会の経済的土台として、国家的・法的・イデオロギー的上部構造から分離・二重化して、自律的な不断の価値増殖運動をつづけている市民社会の運動過程を、リズミックに律動化させている資本の産業循環＝景気変動過程、すなわち、好況—**恐慌**—不況そして再び好況への高次な再生産軌道への転化として、継起的な四局面の交替としてそれは展開されるが、そのように周期的にくりかえし反復される産業循環過程の最終的な範疇《カテゴリー》が、**周期的恐慌の全面的・激発的・暴力的な大爆発**である。

カール・マルクスが、かれの全生涯を懸けた理論的労苦によって完成させた『資本論』弁証法体系にとって有つ、**恐慌論の最終範疇としての枢要的位置価の決定的意義**について、果たして多くのマルクス主義者たちやマルクス主義経済学者たちが、本当に心得ているかどうかについては、現在でも心もとないところがある。

「現在でも」と言うのは、かつて帝国主義世界戦争＝第一次世界大戦の全地球的勃発にさいして、第二ヨーロッパ・インターナショナルの指導党をひきいた社会民主主義者《ソーシャル・デモクラット》たちの「世界史的裏切り」に接して、主体的危機のどん底へと陥れられたウラジミール・イリイチ・レーニンが、帝国主義世界戦争に対する主体的反撃のための二〇世紀初頭世界の総括である『帝国主義論』の理論的創発に取り組むことと不可分に結合させながら、ヘーゲル『論理学』の根源的な再学習に取り組んで『哲学ノート』を記したとき、「これまでのすべてのマルクス主義者のうちで、『資本論の論理学』を理解しえた者は誰一人居なかった」という驚くべき断定を秘かに書き記していた歴史的事例が現に在るからである。かれレーニンのその〈資本論の論理学〉とは、その要訣は『資本論』体系をして一個の「弁証法論理学」たらしめた、資本の産業循環＝景気変動過程における局面転換のダイナミックな最終範疇である**恐慌**論以外のなにものでもありえないのである。

二〇世紀的現代にいたって、『資本論』マルクスがその肉体的生命力の最終限界が到来したことによって、自らの包括的定式化としてはかれ自身にとってもそしてまた後代のわたしたちすべてにとっても甚だ遺憾きわまりないこととして、ついに完成にいたらなかった〈**恐慌論**〉について、『資本論』全三部の各処に未整序のままに分散的に遺された**恐慌の基本的規定**を、かれマルクスのその綜合化の基本志向についての理論的推測を頼りとして首尾一貫した完成へもたらそうとした**宇野弘蔵『恐慌論』**の不朽の業績が出現した後であるにもかかわらず、今もってマルクス〈経済原理論〉体系ならびに実践的唯物論・唯物論的歴史把握に立脚する「開かれた体系」としての全マルクス主義体系にとっての**〈恐慌論〉の最枢要的意義**について、今日のマルクス主義者・マルクス経済学者のうちで理解している者が果たして何人在るか、という興醒めた質疑を改めて発するならば、本書**『恐慌論』**の著者としてもいささか心もとないところがある。

このような問いと答えのいわば哲学的場面で、引き合いに出して申し訳ないことながら、たとえば、宇野学派の最俊秀と目される、そしてお互いマルクス学の同志としてわたしなどその啓発に浴することが多かったし今でも多い降旗節雄の『マルクス経済学の理論構造』（経済学全集4、筑摩書房刊、一九七四年）は、マルクス経済学の論理と歴史の双方に亙って、その「課題と方法」、「資本主義の発展とマルクス経済学の成立」、「原理論としての『資本論』」、「段階論としての帝国主義論」、「現代資本主義の展開と構造」と――〈宇野理論〉の全水準・全範囲に引き当てていうならば、その『経済原論』＝経済学原理論、三段階論（商人資本＝重商主義→産業資本＝自由主義→金融・独占資本＝帝国主義→現代資本主義）、三次元論（原理論―段階論―現状分析）の全水準・全領域に亙りながらも、はなはだ面妖なことには宇野『**恐慌論**』の世界だけは何故か忘失してシカトしてしまって、信じがたいことにそれこそ文字通り**恐慌**のキョの字ひとつ記されるところがないのである。再び強調する―これは面妖なことである、と。

　これは、すくなくとも本書のわたしとしてみれば驚くべき学問的嗟嘆なのであるが、おそらくは、この宇野学派の最高の門弟の俊敏きわまる理論的能力を以てしても、師宇野弘蔵における『経済原論』と『**恐慌論**』との肉離れについては施すに処置ナシの状況であって、今日にいたってもそれを理論的に架橋することが能わなかったのであろう。

　憶えば、日本マルクス主義にとってのこのような伝統的欠陥・弊風は、梯明秀の名著『資本論への私の歩み』（雄渾社刊、一九二九年――後に現代思潮社刊として一九六〇年に〈増補改訂版〉として再刊）が、それこそ〈宇野理論〉〈降旗理論〉の三次元・三段階の「資本の時代」的全水準・全範囲をもさらに越える、全「社会史的段階」―全「生物史的段階」―全「天体史的段階」にまでマルクス主義体系の対象領域を大拡張して、資本論―広義経済学―唯物史観―史的唯物論―進化論―自然弁証法―宇宙発展論にまで雄大な構想叙述を大展開しながら、かんじんな〈『資本論』への歩み〉のトドメとして、そのような全宇宙史的な弁証法的展開の経済学原理論＝『資本論』的な理論的・方法的原動力となっている筈の**恐慌現象**の批判的分析については、これまた降旗節雄〈マルクス経済学の理論構造〉と全く軌を一にして、ただの一言の言及もない事例に象徴的に示されているところであるのかもしれない。

「支那事変」「大東亜戦争」＝第二次世界大戦下のマルクス主義的悪戦苦闘の記念碑である『資本論への私の歩み』

は、資本制社会の経済的運動法則を対象化したマルクス経済学が「経済哲学」＝疎外論（初期マルクスのいわゆる『経済学・哲学手稿』段階）になってしまう（戦後の黒田貫一「経済哲学」とソックリさん）哲学癖からの全生命史・地球史・天体史・宇宙史的巨大構想（それは当然、「哲学」であるから、限りなく無内容にならざるをえない）はオマケ的にともかくとして、『資本論』了解においては、それなりに、労働過程論、社会的物質代謝論、冒頭商品論、価値形態論、唯物弁証法、「必然の王国」と「自由の王国」、「下向」「上向」法、そしてまたマルクス『資本論』体系とヘーゲル『大論理学』体系との対応関係までも、理論的・方法的にマスターしていながらも、〈恐慌論〉の欠落に象徴されている根本的・決定的欠陥をもっているがゆえに、最終的には〈広義経済学〉の積極的受容によるエンゲルスの『自然弁証法』、スターリン『経済学教科書』とマルクス『資本論』との癒着・同一視へと導かれていってしまい、その現代的右往左往のあげくの果ては、結局のところ〈スターリン主義〉の枠内で、スターリン主義の左翼的一変種として終わらざるをえないこととなったのである。

かれ梯明秀の基本的諸命題――エンゲルスの要請した〈広義経済学〉が今日においてようやくスターリン『経済学教科書』として「その傑れた姿で実現した」、『資本論』はマルクス主義の理論経済学ということでもあるがその体系的叙述から吟味をはじめていって『経済学教科書』の「歴史的な体系的叙述へと、方法論的関連をたどるのが、正しい順序である」、マルクスの「下向」「上向」法に基づく「上向的演繹」の延長がレーニンの『帝国主義論』の体系的方法である、『資本論』の「生きた体系」が『帝国主義論』にいたって「開かれた体系」となる、単純商品から資本への論理的上向が歴史的に商品交換の発生から資本制社会までの歴史的過程に照応する、『資本論』の体系的論理は賃労働者の自己疎外からの回復の論理に支えられた「理論的方法」である、唯物史観は『資本論』の生きた体系の立体的契機でありその対象的契機に「理論的方法」がある、史的唯物論は『資本論』の「理論的方法」の根底に横たわり、その両者は賃労働者の主体的な世界観としての唯物史観において統一されている、今日のスターリン『経済学教科書』へと具現化したエンゲルスの〈広義経済学〉の要請は、エンゲルス以前に「マルクスの念願していたものであり、レーニンがかつてボグダーノフの『経済学教程』を高く評価したのも、マルクス主義経済学者ならばだれしも持っているかかる「方法論的な衝動」に由来する」等々、といったアホダラ経のゴジラ的集大成に化してしまっているのである。

先の引例との関係で、念のため釈明的注意を施しておくならば、降旗節雄『マルクス経済学の理論構造』は、右のような梯明秀的「経済哲学」のアホダラ経の一切には、さすが宇野学派の最俊英として〈宇野理論〉を潜っているだけに免疫をもって免れているのである。そのような第二次大戦の戦後の最高水準と称されて珍重された梯体系式・降旗体系式「マルクス主義の理論構造」が、にもかかわらず先述したように、**恐慌**のキョの一字も、第二次大戦の戦時下の梯『資本論への私の歩み』と同じく全く欠落していることのおぞましさを、本書としてはそれだけ痛感せざるをえないのである。

両者の中でも、梯明秀は戦前・戦中から名だたる日本マルクス主義の大先達であるが、わが降旗節雄は戦後派の、宇野弘蔵門下の大逸材であり、しかも、マルクス『**恐慌論**』のマルクスの遺志の完遂に一生を捧げた宇野弘蔵博士の膝下に育て上げられた名うてのマルクス経済学者である。その降旗節雄の主著に「**恐慌**」のキョの字も無いとは！

わたしにとって、降旗節雄教授と伊藤誠教授は、戦後の最も困難な時期に、現代マルクス主義の旗を高く掲げつづけて、マルクス主義季刊誌『クライシス』を十年間というもの共同編集・刊行しつづけて共甘同苦した同志中の同志である。思想的・階級的誠実性を理論的誠実性として遂行してきたマルクス経済学的大学人でありアメリカ合州国の随一の独立マルクス主義で『マンスリー・レヴュー』を刊行しつづけたポール・スウィージーとの密切な理論的協力のもとに、現代世界において反スターリン主義・反資本主義のマルクス主義の孤塁に毅然として拠りつづけてきた同志中の同志である。その人にして、**恐慌論**のシカトがあるとは！　噫！

ここで、戦後におけるマルクス経済学の定評のある平均的な教科書として、杉原四郎・佐藤金三郎編の好著『マルクス経済学』（有斐閣双書、一九六六年）を採って、マルクス経済学的教養の最低基準として、その資本制社会における**恐慌現象**についての見解をわたしなりに要約・蒐集しておくならば

――資本主義経済における需給の絶えざる不一致は「多くの犠牲と無駄を伴う**恐慌時**において、暴力的にひきおこされるのであり、しかも、そのような**周期的恐慌**は富と貧困の対立と大量の失業者をうみだし、そのことが、それらの究極原因である私有財産制そのものにたいする反対運動をひきおこし、ここに社会革命は経済的必然性としておこってくる」→以上が、青年エンゲルスが『独仏年誌』に寄稿したところの、（マルクスによって）「天才的スケッチ」といわれている論文『国民経済学批判大綱』の要旨である」→「一八二五年にはじめてイギリス社会を襲って以来、ほぼ十年の周期をもって規則正しくくりかえされた**恐慌**は、これら資本主義社会のあらゆる矛盾の、いわば総合的な爆発であり、それは、ブルジョアジーが、もはや、みずからのよびおこした巨大な生産力を支配し、統御することができなくなったこと、いいかえれば、資本主義的生産関係がもはや十分に発達した生産力と適合しなくなり、それのいっそうの発展にとっての障碍物に転化したことを端的にしめすものであった。この**恐慌**は、すでに一八五七年には、イギリスだけでなく、後進のフランス・ドイツ・アメリカをも巻きこんだ史上最初の世界市場恐慌にまで発展した。ブルジョアジー・プロレタリアートとの間の階級闘争は、このような資本主義社会の矛盾の階級的表現にほかならなかった」→「マルクスが『資本論』を書いたのは、まさにこのような時代、すなわち、一方では、自由競争と産業資本の支配が完成され、その全盛期に達すると同時に、他方では、資本主義社会に固有の諸矛盾、それらの集中的表現としての**恐慌**と労資の階級闘争が顕在化し、資本の支配を根底から揺がしはじめた時代であった」→「だが、そのような形での調整には、同時に、一八二五年いらいほぼ十年の周期をもってくりかえされる**全般的過剰生産恐慌**による矛盾の暴力的解決を必要とするという、資本主義的な限界性をともなっていた」→「このような資本主義の国内的・国際的な構造変化と深刻な農業恐慌とは、この時期の資本主義経済全体にきわめて大きな影響をおよぼし、長期的な

「大不況期」ともいわれるほどの困難な状況をひきおこした。この時期には、農産物価格のみならず、工業製品の価格も慢性的な下落をつづけて、好況期にもあまり回復をしめしていない。また、経済恐慌の発現形態にもその影響はあらわれて、各国の恐慌の足なみのみだれとながい不況とみじかい微弱な好況との交替、といった変形をひきおこしている。そのため、当時、マルクス主義者のあいだにも、ほぼ十年を周期とする循環性恐慌は一八六八年恐慌いらい消失してしまい、慢性的な停滞にとってかわった、とする見解が有力であって、のちにみる修正主義論争のひとつの論点ともなっている。だが、資本主義世界全体をみると、この時期には生産はかなりの速度で増大しつづけていた」→「信用とカルテルによる恐慌の排除、さらに、近代的信用制度の発展と、当時すでに強力な地位をしめてきていたカルテル、トラスト、シンジケートなどの企業連合は、資本主義経済にたいする弾力的な「適応」能力をもたらして経済恐慌を阻止する作用をおよぼし、近いうちに全般的な恐慌があらわれるような根拠はなにひとつとして存在しない、と（ベルンシュタインによるマルクス主義修正の試みは）している」→「なお、恐慌の克服の問題についてみると、信用制度の発達は全般的過剰生産をとりのぞきうるものではないし、また、カルテルなどの独占体による国内市場での供給の統制と高利潤は、保護関税とむすびついて世界市場での投売り競争を激化させ、あるいは、カルテルの形成そのものが詐欺投機の対象となる等のことから、けっして恐慌要因を消滅せしめるものとはなりえない」→「(ローザの『社会改良か革命か』一八九九年の見解について云えば）世界市場が開拓されつくすと、カルテルなどの企業連合の組織はシャボン玉のように破裂し、ふたたび自由競争にたちかえらざるをえなくなる、という理論でもって、資本主義の無政府性の抑制と恐慌の防止は不可能であるとする見解などに、彼女の理論的欠陥はあらわれている」→「さらに恐慌や諸階級あるいは諸政策などにあらわれた変化をとりあげるなど、その当時はほとんど確立の寸前にあった独占資本主義のあらたな諸現象や諸形態の吟味をおこなうことによって、帝国主義段階の全面的把握のための礎石をおくという、きわめて大きな意義をもつものであった」→「したがって、このような独占は、資本主義の諸矛盾を解決し恐慌を排除するどころか、むしろ激化し、生産諸部門間の不均衡や生産の無政府性をますます強めるものである」→「(レーニンの『帝国主義論』)第三章では、これまでのことを総括して、「生産の集積、そこから成長してくる独占体、銀行と産業との融合あるいは癒着、――これが金融資本の発生史であり、金融資本の概念の内容である」と金融資本の概念規定を与え、さらに、金融資本の支配の仕組みを、とくに株式保有による他の会社支配の方法である参与制度についてみたあと、経済の諸分野から政治機構や他の国々にいたるまでの、金融資本の広般な体制的支配の構造についてふれている」→「この段階の資本主義の矛盾の発現してゆくメカニズムや動きについては、たとえば、諸部門の不均衡や恐慌の激化がひきおこされるといった指摘にもかかわらず、それがどのような要因をつうじてどのような形で展開するかについては、解明されておらず、残された課題となっている」→「マルクスによれば、共産主義社会とは、「各個人の完全で自由な発展を基本原理とする高度な社会形態」(『資本論』)である」――

およそ以上のごとき『マルクス経済学』的常識を、最小限の平均的了解として踏まえて、それを共有することを前提として、本書の〈恐慌論〉を出発させることとする。

同時に、このような〈恐慌論〉の最小限の前提の確認と共有は、戦後日本にとってだけに必要不可欠なことにとどまらず、欧米をふくめた全世界のマルクス主義者・マルクス経済学者にとって必要不可欠なことであるから、やはり西欧におけるかつての最小限の〈恐慌論〉的常識として、フレッド・エルスナーの『経済恐慌――その理論と歴史』一九五三年(大月書店刊、一九五五年)の所説を、引照しておくこととする(もちろんのこと、かれエルスナーは、最良の経済恐慌論をものにしていた東ドイツ随一のスターリン主義者としてのマルクス主義経済学者である)――

「生産の無制限な拡大にたいする資本の衝動は、それを実現するための技術的前提を機械工業の発展に見出し、その人口政策上の前提を産業予備軍の形成に見出す」→「直接的搾取の条件とその実現の条件とは、同一ではない。搾取とその実現とは、時間的、場所的にばかりでなく、概念的にも別のものである。前者は、社会の生産力によってのみ制限され、後者は、相異なる生産部門間の比率性により、また社会の消費力によって、制限される」→「利潤率の傾向的低下の法則の実現における一つの矛盾は、つぎの点にもある。すなわち、利潤率低下の基礎をなすものが、資本の有機的構成の高度化である、ということである。しかし、改良された機械の充用の結果として、資本の有機的構成が現実に高まる産業上の好況時には、価格も高騰し、それとともに利潤も増大する。したがって、資本の有機的構成の高度化にもかかわらず、利潤率は低下するかわりに、増大する。(産業上・経済上の)停滞が現われるにいたってはじめて、利潤率の傾向的低下の法則は活動的となり、自己を貫徹しはじめるのである。この法則もまた、資本主義的生産方法のあらゆる法則と同様に、暴力的にのみ、すなわち恐慌を媒介としてのみ自己を貫徹することができるのである。したがって、恐慌は、すでにルドルフ・ヒルファーディングが指摘したように、「利潤率の低落がやってくるその瞬間以外のなにものでもない」」→「世界市場における個々の国民経済の絡みあいは、恐慌をつうじて促進されるが、それとともにまた、それは恐慌を促進する。恐慌のさいには、生産の無制限な拡張と市場の制限された拡張能力とのあいだの矛盾が、現象化する。資本はその矛盾を「外部的生産場面の拡張によって」すなわち外国貿易の拡張によって、均衡を得ようとする。こうして、恐慌自身が、外国貿易を先頭に駆りたてる槓杆となるのである。「しかし、資本が或る産業部門を捨てて他の産業部門へ移るためには、この部門における恐慌が必然である」(ヴェ・イ・レーニン『ロシアにおける資本主義の発展』)→外国貿易の発展によって、資本はますます広範囲な世界市場を創出し、それによって資本主義的生産方法をしていたるところで支配的な生産方法たらしめる。すなわち、それは、資本主義的諸矛盾を世界的規模において再生産するのである。マルクスは、つぎのように書いている。「輸出入にかんして注意しなければならないのは、すべての国々がつぎつぎに恐慌に巻きこまれるということである」(『資本論』第三部)。こうして恐慌は世界経済恐慌になる」→「循環の四つの基本的局面——恐慌、不況、活況および高揚——を、同等の意義をもった局面として把握することは、完全に誤っているのである。

恐慌は循環の決定的局面であり、それは循環の基礎を成し、循環の性格を決定するものである。不況はたんに、恐慌の作業を完成し、恐慌において公然と爆発した諸矛盾を均衡せしめるだけである。活況と高揚とはたんに、つぎにおこる恐慌の準備局面にすぎない。循環全体の性格は、恐慌の性格、恐慌の範囲と深さとによって決定的に左右されるのである。だから、恐慌理論を景気論や循環理論のようなものによって置きかえようとする試みも、しりぞけられなければならない。ただ恐慌理論のみが恐慌の諸原因を資本主義的生産方法の全般的矛盾においてあばきだすことができるのである」→「われわれが恐慌は循環の基本的局面を成しているという事実から出発するならば、どうしても、資本主義的生産の循環的発展の諸原因は恐慌そのものをよびおこす諸矛盾と同じ諸矛盾であるという結論が生ずるのである。／これらの諸矛盾が存在するかぎり、すなわち、生産方法の資本主義的性格が変化しないかぎり、この生産方法は循環的発展のたえざる上昇と下降において運動するだろう」→「循環の期間は、十年からまず九年に短縮し、ついで二〇世紀には七年に縮少するにいたった。産業的循環がこのように短縮することの原因は、蓄積とともにおこなわれる固定資本の規模の拡大と固定資本の回転の加速化とにある」→「われわれがすでに見たように、固定資本をその死期に先立って大きな社会的規模で更新することをよぎなくさせるのは、主として恐慌なのである。／要するに、マルクス主義は、たとえばアフタリオンがやったように、恐慌を、あるいはたとえその周期性だけにせよ、「近代的生産の物理的諸条件」である資本主義的技術からみちびきだすことなどは、けっしてやらないのである。マルクス主義は、固定資本の回転のうちに周期的恐慌の一つの物質的基礎を認めるのであるが、固定資本自体のこの独特の循環的回転は、恐慌の原因をなす資本主義的生産の基本的諸矛盾に帰すべきものである、とするのである。他方、循環の継続期間にたいする固定資本の回転の重要性を否認し、それによって恐慌の周期性の科学的説明を放棄することは、〔アフタリオン流の恐慌の説明に〕おとらず誤まりであろう。要するに、マルクス主義的恐慌論は、経済恐慌の周期性の基礎を固定資本の回転のうちに見出したのである」→「終局的にはやはり資本主義的蓄積の一般的法則も自己を貫徹するのであって、この法則が自己を貫徹するための媒介物たるものは、これすなわち、恐慌である」→「経済上の危機はすべて或る政治革命にみちびかざるをえないと主張するのは、もちろん機械的で非実践的であろう。しかし、両者のあいだに一つの因果的な関連が存在していることは、理論的に証明されるし、歴史的にも実証されている。経済上の発展は、そのうえで政治的運動が展開するところの物質的基礎を成すものであって、政治的運動にその他の諸前提が与えられるとすれば、まさに経済恐慌の時期にこそ尖鋭化して、革命に発展することができるのである。だから、マルクスとエンゲルスは、まさに、経済恐慌の時期には革命的危機の徴候を待ち設け、他方、繁栄の時期には革命的諸運動の沈滞を予言したのであった」。——

以上、現代資本主義世界システムを体系的に叙述する東西双方の体制概括を恐慌を基軸概念として体系的に整序する平均的基潮を、提示し終えた。この最小限の確認を共有化するところから出立して、資本制社会の枢要的最終範疇である世界市場恐慌についての理論的・方法的再考察を、K・マルクスの『資本論』と宇野弘蔵の『恐慌論』とに基本的に依拠しながら、全面的に深化させ、発展させてゆくこととしたい。

5 「二一世紀型戦争」と「二一世紀型恐慌」との重合による世界史的危機へ

恐慌論は、マルクスの『資本論』全三部体系を「一個の芸術的作品」としての円環化的な弁証法体系として、体系化せしめた学的核心である。

そのような決定的な位置価を有つものとしての**恐慌論の基本的規定**を、『資本論』においてうちだした最晩期マルクスは、にもかかわらず、かれ自身の生理的・生命的限界にはばまれて、残念ながら自らの**恐慌論**の基本的規定を整序・綜合して完成させることができないままに、一九世紀末葉にこの世を去った。

くりかえし、先取り的に確認しておくならば、その遺業を、二〇世紀的現代に入って、マルクスの基本的志向に沿って、自らの『**恐慌論**』（一九六三年）として完成せしめた不滅の理論的功績は、いわゆる〈宇野理論〉に基づいた宇野弘蔵『**恐慌論**』に属する。

経済学原理論として、一九世紀において五回発現した資本制商品経済社会特有の**周期的恐慌の暴力的爆発**に即して、その資本の産業循環＝景気変動過程の焦点として経済的運動法則化したマルクスは——かれマルクスはたまたま、わたしたち万人にとって幸運なことに、その**五度の周期的恐慌**のすべてを体験し分析することができ、**最後の周期的恐慌であった一八六六年の恐慌**が歴史的変容をきたして**恐慌が周期性を喪失**したことを告知した場合にもその現場のロンドンに居合わせて、その意味を世界でただ一人感知して、資本制経済の世界史的編成が、一九世紀のイギリスを基軸とする産業資本主義時代の自由主義的ないしは自由貿易帝国主義的な世界編成から、マルクス死後に到来した二〇世紀における金融・独占資本主義を新たな基軸とする帝国主義的な世界編成へと、一九世紀末葉の「世界大不況」を媒介として歴史的に推転したこと——それはやがてまもなく、第一次世界大戦＝帝国主義世界戦争を惹起せしめた——を、もののみごとに先見することができたのである。

恐慌論を基軸とするマルクスの〈**恐慌**‐革命〉論的アプローチからするならば、この世紀転換期の推転が示した歴史的意義は、一九世紀末葉への転機において、普仏戦争の勃発によるフランス・ボナパルティズムの突然の崩壊によるパリ・コミューン（一八七一年）の「六十二日天下」として出現した「史上最初のプロレタリアート独裁」として現われた事態に示されたような、新たな〈戦争‐革命〉論的アプローチを媒介にして、マルクス従前の〈**恐慌**‐革命〉型が新たな〈戦争‐革命型〉へと、全世界的規模において転化したことをさししめす世界史的現象にほかならない、と看ることができる。

この歴史的転換を機に、二〇世紀的現代は、第一次世界大戦の主要な副産物として一九一七年のレーニン主義

（『帝国主義論』と『国家と革命』）によるソヴエト・ロシア革命が発現し、全世界史的規模における〈戦争と革命の時代〉として時代規定されることとなり、レーニン逝去後のソヴエト連邦のスターリン主義的変質が進行する以前においては、そのような〈戦争と革命の時代〉は、全世界史的規模において、世界資本主義体制が世界社会主義体制へと革命的に全面転換をとげる世界史的初期局面として広く観念されるにいたっていたのである。

このような、当時のコミンテルン・マルクス主義も奉じていた現代世界史観が、「革命的幻影」にすぎなかったものとして最終的に証明されて消滅してしまったのは、今日のわたしたちにとっては衝撃的に認知されたように、一九九一年における劇的大転回——ソ連邦共産党とソ連邦型「世界社会主義」体制の世界史的瓦解、ならびにそれにとってかわったドル・核帝国USAが一極制覇する新自由主義的グローバル資本主義の出現——によるものにほかならない。そのような巨大な歴史的意味において、今日の現代世界は、ポスト・二〇世紀的現代の端倪すべからざる前代未聞の創発的過程へと突入しはじめたといってよい。

そこにおいて、現代資本主義世界システムの根本問題として問われているのは、**恐慌の歴史的変容**による今日的経済現象の焦点としての、ドル・核帝国USAの発動している「二一世紀型戦争」としてのアフガン・イラク戦争の泥沼化と、それが必要とする戦費問題・国家財政破産問題・赤字国債乱発問題・原油高亢進問題を媒介として、不可分に結合して発生しつつある「**二一世紀型恐慌**」としての、随時・随処に転変して突発しているドル危機の深刻化による、ドル本位変動相場制の近未来的な世界史的崩壊の展望の問題にほかならないであろう。

以上のような意味において、二一世紀へと踏み込んだ今日における最大・最高の現代世界史的課題は、マルクス＝宇野〈**恐慌論**〉の再精査による**恐慌論**の基本的完成に基づく現状分析にある、としなければならない。

『資本論』弁証法体系の核心としての**マルクス**〈**恐慌論**〉の基本的規定は、かれ自らが資本制市民社会についての「体系的叙述が体系的批判であるような」と叙述した経済学批判的方法の特質に対応して、その歴史的特徴の人類史的考察を付加しておくならば、資本制商品生産・商品流通世界に特有な**恐慌現象そのもの**を伴うことがない（ありえない）前近代ならびに後近代の人間社会における社会原則に基づいた、その経済的現象を隠示的に照明する理論的方法を、マルクスの唯物論的歴史把握の理論的可能性として提供するものにほかならない。

人類文明史上の従来の諸経験に基づく、前近代の共同体社会の歴史的特質に徴してみて、その基本的な特徴づけをおこなうならば、人間社会の聖なる価値統合を基軸として社会経済の全体的編成を営む諸共同体社会においては、その社会の周縁と隙間に発生し存在し増大してゆく商品交換・流通——それは、マルクス・宇野の想定によれば、発生史として、共同体の果てるところで共同体と共同体との間に発生し、次いで当該社会の実質経済の内部へと浸透し・増殖してゆき、最終的には前近代共同体社会の実質経済を解体して、商品経済として、言い換えるならば、いっさいの聖性を剥奪した世俗化社会の経済の在り方として、一物一価の世界市場を基盤に一元的に商品生産・流通化した世界としての資本制的市民社会へと、転成させるにいたる。

そのような経過をたどる、前近代共同体社会から近代市民社会へといたる長い過渡期においては、前近代共同体社会における経済は、多かれ少なかれ聖性を帯びた、贈与、互酬、無縁、結い、再分配、公界、物々交換、歌垣《かがい》、無言《サイレント・トレード》（沈黙）貿易（鬼市・闇市）、楽市、宴、淫売（売笑）、寄進、勧進、喜捨、旅行、お裾分け等々の多種多様な諸特徴をもつ社会経済として、直接の人間間関係（ただし、超越的な神の世界との交渉を媒介にしての結合ではあるが）として聖なる組織化を成していたものと考えられる。

恐慌が媒介しない前近代ならびに後近代の人間社会の再生産は、そのような直接的人間関係において自己組織されるのほかはないのである。その編成方法も、〈資本の弁証法〉とは異なる別な一種の包括的社会方法としての〈マルクス的弁証法〉にほかならないであろう。

本書が、〈**恐慌論**——マルクス的弁証法の経済学批判的な検証の場〉と題されている所以である。

第五章　ヘーゲル観念弁証法とマルクス唯物弁証法との異同

——ヘーゲル思弁哲学体系における絶対弁証法の「再顛倒＝再定立」問題の意義と核心

1　エルネスト・マンデルによる〈上向弁証法的分析〉の六項目集約

第四（トロツキスト）インターナショナルの三代目のすぐれた指導者たちのひとりにエルネスト・マンデルが居た。かれマンデルは、原祖であるマルクスが自らは生きているあいだに経験することのできなかった、帝国主義世界戦争以後の二〇世紀を生き経験したばかりでなく、その裡で闘った秀抜な現代マルクス主義者として、広い意味でレーニンやトロツキーと同じく二〇世紀的現代の時代の真理を生きたのであり、そのような後続者としての利点を生かして、『晩期資本主義《シュペート・カピタリスムス》』（一九七三年）において、世界資本主義の現代的な発展との不可分の相即性において、かれ自身が「マルクスによって発見された資本主義の発展法則」――すなわち、「抽象から具体へ上向する弁証法的分析の成果」を「六項目」に集約して提示することができた。

ヘーゲル思弁哲学の絶対弁証法の観念論的顛倒を再顛倒させて（つまり本来の「定立」へと戻して）その「合理的核心」を採り出した、とみずから公言・自負していたマルクスのいわゆる唯物弁証法は、〈否定の弁証法〉であるとともに〈総体性の弁証法〉であって、E・マンデルと基本的に同時代の現代マルクス主義者たちは、ルカーチ（『歴史と階級意識』）でも、アドルノ（『本来性という隠語』）でも、コルシュ（『マルクス主義と哲学』）でも、グラムシ（『獄中ノート』中の「歴史ブロック論」）でも、ことごとく、マルクス的唯物弁証法を、〈否定の弁証法〉＝〈総体性の弁証法〉として把えている。本書でのわたしなりの表現では「矛盾の闘争的自己同一」の教義である。

その点からいうと、マルクスの盟友として「第二ヴァイオリン」弾きをもって自任していたフリートリヒ・エンゲルスは、弁証法を三つの根本法則――すなわち、（1）量から質への、ならびにその逆の転化、（2）対立物の相互滲透、否定の否定――として、図式化した。このようなエンゲルス的弁証法は、なにしろ〈自然の弁証法〉なのであって、そのような自然主義的図式主義は、かれエンゲルスの場合、体系的にかれ独得の「唯物史観経済学（広義・狭義の経済学）」、「科学的社会主義（実証主義的社会主義）」と、不可分に結合しているのであって、そのようなものとしてマルクスの〈資本の弁証法〉＝〈総体性《トタリテート》の弁証法〉とは全く異質な、近代市民社会の経済的運動法則を批判的に対象化することによって獲得されたその意味でエンゲルスに特有な、特異な「自然弁証法」的方法なのである。マルクス的弁証法は、このようなエンゲルス的弁証法とは異質な、商品の使用価値と価値（交換価値）との鏡像的対立に始まる近代資本制商品経済社会という有機的システムに特有な、歴史的に特定化された弁証法＝「資本論の弁証法論理」にほかならないのである。それがマルクスの〈否定の弁証法〉＝〈総体性の弁証法〉なのである。

エンゲルスには、アリストテレス以来の「形式論理学」と同様の「弁証法そのもの」といった中性的な形式的図式主義があるのであって、そこに由来する「弁証法の三大根本法則」なる図式は、ヘーゲルの思弁哲学によって歪曲されているだけなのであるから、それをヘーゲルの体系的観念論から「解放」すれば（つまり、中性的な図式の歪曲・脱線から取り払えさえすれば）、おのずから唯物論との結びつきを回復して「唯物弁証法」になる、というふうに考えてしまったものといえる。エンゲルスの〈自然の弁証法〉なるものも、この本来的に中性的な図式としての形式論理化された弁証法を、ヘーゲルの観念論体系から引き離して、そのものとして自然認識にあてはめるというところに由来しているのである。スターリンの悪名高い〈ディアマート体系〉とは、基本的にそのようなエンゲルスの「弁証法の三大根本法則」説を踏襲して、それに「党の世界観」としての「弁証法的・史的唯物論」を抽象的にまぶしたものにほかならない。

マルクスがきわめて平明に、「ヘーゲルが頭のなかでひっくりかえしてしまったものを、実在に照らしてその元のままの姿に戻す」と言い表わした〈弁証法〉のマルクス的再顚倒とは、エンゲルス的再顚倒とは本質的に根本性格が違うのである。マルクスは、フォイエルバッハ「自然主義」に傾倒したその初期マルクス時代からして、エンゲルスのようにフォイエルバッハを「形而上学者《メタフィジーカー》」――すなわち言い換えるならば非弁証法家――として片づけてしまうのではなくて、フォイエルバッハを「弁証法家」として把え、「フォイエルバッハは、ヘーゲルの弁証法に対してひとつの真面目な、批判的な態度をとったところの、そしてこの領域で真実の諸発見をしたところの唯一の人であり、総じて旧哲学の真の克服者である」（『パリ草稿』〔いわゆる『経済学・哲学手稿』〕――傍点いいだ）と積極的・肯定的に規定していたのである。後期マルクスの『資本論』の弁証法は、このような初期マルクスの〈疎外の弁証法〉が経済学原理論を本格的に潜って、近代市民社会の批判的分析に即して総体化された弁証法にほかならないのである。

かれマルクスの『経済学批判』初稿には、「叙述の弁証法的形態は、その限界を知っているときにおいてのみ正しいものである」という名言がある。そうした弁証法は、近代資本制商品経済社会の運動法則という円環化的体系の論理そのものによって対象的・実在的に画されている。そのかぎりそれは閉じられた（しかもそれはその都度閉じられたままたえず高次化しつつダイナミックに躍動してやまない）有限の弁証法なのである。これに対比してみて、ヘーゲルの有―無―成のトリアーデによる神義論としての絶対弁証法や、エンゲルスの自然＝宇宙《コスモス》の自然弁証法は、無始・無終の底ぬけの無限の弁証法以外のなにものでもないのである。そのようなものとして、否定性を欠くそれらの弁証法は、みずからを正しい真理として保証する限界を画されていない、恣意的な融通無礙の円転弁証法的思考なのであって、そのようなものとなるや否やたえず詭弁へと転落してしまうのである。

マルクスはクーゲルマンあての手紙（一八六八年三月六日）のなかで、「ヘーゲルの弁証法はすべての弁証法の基本形態であるが、それはただその神秘的な形態を剝ぎ取った上でのことにすぎないのであって、そしてこのことがまさにわたしの方法をそれから区別する」としたのである。マルクスの唯物弁証法的方法は、このようなヘーゲル弁証法の基本形態のまとっている「神秘的な形態」を剝ぎ取って、その「合理的核心」を採り出すことに本旨があるのであって、ヘーゲル哲学の「マルクス的再顚倒」とは、それ以外のなにものでもないのである。

マルクスが自らの弁証法論理学を、ヘーゲルのようには独立した著作として総括的に叙述しなかった、とよく言われることは、それはその通りなのであるが、それは必ずしも通俗的にそう言われているようにマルクスの粗漏ないしは生理的生命が尽きたことにだけ由るとのみは言えない、と看なければならない。現に、エンゲルスは、マルクスの生前に『反《アンチ》デューリング』という一種の体系書をものして（その体系書は、ドイツ社会民主主義の人気学者であったオイゲン・デューリングの哲学―経済学―科学的社会主義に逆規定されて、持たざるをえなくなった批判体系ではあったが）、「弁証法の三大根本法則」と自ら銘打った弁証法の「図式化」をやってのけていたのである。

レーニンは、周知のごとく、帝国主義世界戦争勃発前夜における、カウツキーらエンゲルスの理論的・政治的遺鉢を継ぐ第二（ヨーロッパ）インターナショナルの「世界史的裏切り」に震撼された全身全霊的危機のさなかにあって、『帝国主義論』の執筆と相表裏したヘーゲル『論理学』の再読の成果を『哲学ノート』に記したが、そのノートのなかで、「弁証法は、簡単に、対立物の統一の学説と規定することができる。これによって弁証法の核心は捉えられるであろうが、しかしこれはさらに説明と展開を要する」とした。

わたしが思うに、マルクスにかりに哲学ノートさせたとしても、かれマルクスもヘーゲルやレーニンと同様に、弁証法の核心を「対立物の統一」として命題化する以上には出なかったものと思われる。したがって、現に、レーニンばかりでなく、ルカーチも、コルシュも、グラムシも、トロツキーも、アドルノも、「弁証法の核心」を「対立物の統一」として定義しているのである――本書では、〈**恐慌論**〉の大主題に相即的に、〈弁証法〉を「対立物の分離・分裂と結合・統一」＝「矛盾の闘争的自己同一」として定義づけている。

けだし、論理的・構造的には先ずもって（それはかならずしも歴史的・過程的な先行性を意味しない、すなわち時間的前後性ではないのである）対立物が分離・分裂していなければ、それと相即・同時的に再統合・結合・統一も生じないのである。本書でのこの、弁証法の核心的定義は、概念内容としては、レーニンの最も簡単な定義である「対立物の統一」と同じことなのであるが、その内容の概念的表現形態としてより分節的・総合的なフル・フレーズを有ったものとして「矛盾の闘争的自己同一」と表現されているものにほかならない。

このような「簡単な定義」は、レーニン『哲学ノート』が周到に付記しているように、「さらに説明と展開とを要する」のであるが、このようなさらなる「説明と展開」は、エンゲルス的三大根本要因化（それは、何遍も強調するように「図式化」であって、さらにはスターリンの〈ディアマート〉体系においては四大根本要因へと発展（！）させられているのである）によってではなくて、結局のところ、レーニン自身が誰よりも痛切に自覚していたように、〈資本論の論理学〉として説明され展開されるのほかはあるまい。すなわち、マルクスはたしかにエンゲルスのように弁証法の総括的図式化はこれをおこなわなかったとはいえ、その主著である『資本―経済学批判』体系とはそれ自体がまさに円環体系化された弁証法の定義の豊かな「説明と展開」にほかならないと言える。

現に、マルクスの『資本論―経済学批判』は、『経済学批判要綱《グルントリッセ》』が提示した〈下向―上向〉の弁証法的方法によって、商品→貨幣→資本、貨幣の資本への転化、資本の三形式の運動、絶対的・相対的剰余価値の生産、資本―賃労働関係の再生産、再生産表式、産業資本の産業循環＝景気変動過程の四局面展開（好況→恐慌→不況→経済的再高揚））、その最終場面における最終カテゴライズとしての**恐慌の周期的・暴力的激発**、といった上向展開過程の一齣一齣によって媒介されながら「多様性の統一」として総体性を社会システムとして表現することによって、弁証法の核心的定義を自己証明（自証）的に説明し展開したのである。

わたしは、マルクスのこの価値法則の自証と相即的な弁証法の核心的定義の自己展開と高次化してゆく円環化によって、ヘーゲル観念弁証法の体系的提示以来――それは、ドイツ観念論の批判哲学体系としては、カントの〈アンチノミー〉の提示以来、と言ってもよいであろう――、有と無、即自と対他、即自と対自、無限と有限、同一と区別、質と量、存在と本質、本質と実存、実体と偶存、必然と偶然ないしは自由と必然、普遍と個別、個別と判断、主観と客観ないしは主体と客体、あるいはまた、本質と形態、直接性と媒介性、肯定性と否定性、自存性と関係性、連続性と分離性（不連続性・切断性）、過程的統一と形態的分立、過程的流動性と形態的凝固性、そして、有機性と無機性、実存と自己意識、共同体と個人、超越と内在、神と人間、自然と人間等々の、全面にわたる対立物を、その全媒介＝仲介による有機的統一として、弁証法的に自己実現・自己還帰していったものとして断定する。

マルクス『経済学批判要綱《グルントリッセ》』によれば、——「このようにして有機的システムは、歴史的に総体性《トタリテート》になるのである。この総体性になるということが、有機的システムの過程の、有機的システムの発展の一つの契機をなすのである」。この根本規定（これをしも、エンゲルス式に言えば、弁証法の「根本法則」と称すべきであろう）に先行する文辞によるならば——「完成したブルジョア的 Bürgerliches システムにおいては、どのような経済的関係もブルジョア経済的形態をとった他の関係を前提 voraussetzen しており、そこで措定されたもの Gesstzet はすべて同時にまた前提 Voraussetzung でもあるとすれば、こうしたことは、すべての有機的 Organisches システムについて言えることである。総体性 Totaletät としてのこのような有機的システムそのものは、自分自身の諸前提をもっており、また有機的システムの総体性への発展は、社会のすべての要素を自己に服属させること、あるいは自分にまだ欠けている諸器官を社会のなかからつくりだすことにまさに存する」のである。

経済学原理論を理論的・方法的基軸とする唯物論的歴史把握の領域への照明・探求を可能にした、マルクスのいわゆる〈導きの糸《アリアドネ》〉として、近代社会の迷宮《ラビリュントス》を探査する発見法的道具としての『一般的結論』は、周知のように、（A）自律的な価値法則的運動を営む〈経済的土台〉と、国家的・法的・イデオロギー的〈上部構造〉との矛盾・照応の弁証法、（B）生産様式を稼動させて高次化してゆく〈生産力〉と〈生産関係〉との矛盾・照応の弁証法、として定式化された。

だからこのマルクス的弁証法は、「有機的システムの過程の、有機的システムの発展の一契機をなす」総体性《トタリテート》の弁証法として発現するのであるが、そのような有機的システムの（恐慌を直接的全面契機とする）の危機の発現を〈有機的危機〉としてとらえたアントニオ・グラムシは、「上部構造の理論家」として土台の上部構造との有機的関係がけっしてレーニン主義的な〈反映〉にはとどまらない、上部構造領域に具現化される自己表現であり、しかもそれが社会的言語意識による自己言及としての歴史的表現である、と鋭く看取して、かれの〈歴史ブロック論〉を首尾一貫して完成させることができたのである。だからこそ、「徹底された弁証法は、唯物論であり、矛盾論的システム把握であり、実践的真理観である」（有井行夫『マルクスの社会システム理論』有斐閣刊、一九八七年）。

それ自体が一つの総体性《トタリテート》としての〈開かれた体系〉としてのマルクス主義は、このようにして、実践的唯物論―唯物論的歴史把握―『資本論』弁証法体系、としての体系的構造性においてトータルな姿容《ゲシュタルト》において自己確立されたのである。このことを離れて、マルクス主義なるものは絶対にありえない。二〇世紀以来、世に「マルクス・レーニン主義」として通俗的に流布されてきたイデオロギーは、スターリン主義によって〈党の世界観〉として規定された〈ディアマート虚偽意識体系《イデオロギー》〉（「弁証法的唯物論と史的唯物論」）でしかなかったのである。理論方法的にいって、必要不可欠なものは、「資本論の論理学」（レーニン）なのである。

このようなマルクス的弁証法に特有な〈否定性〉という根源的動力を欠落させ、具体的媒介の諸形態を発見し創発する上向力を欠如させた〈ディアマート体系〉は、エンゲルスであろうとスターリンであろうと、ありとあらゆる具体的な媒介的過程を失ってしまうがゆえに、最終的に、貧困にして無内容きわまる全体主義《トータリテアリアニズム》、すなわち上下顛倒された社会的総体性へと究極してゆかざるをえないこととなる。

『否定弁証法』の著者であるテオドール・W・アドルノによるならば――「商品世界を、それが現象するがままに、自体的なもの（das An sich）として受け容れるものは、『資本論』の商品の物神的性格の章でマルクスが分析したもろもろの機制《メカニズム》によって欺かれてしまうこととなる。この自体的なもの――交換価値をただ単なる幻想として軽視してかかる者は、〈全人性〉のイデオロギーの言うがままとなって、徹底的に回復不可能な――かつて何らかの形で実在したにせよ――人間の直接的共生のもろもろの形態にしがみつくこととなる。資本主義が理論的自己主張の無邪気さを失うと、その弁護者は、人間によって作り出されたものを、自発的な生のもろもろの範疇で――あたかもこの範疇が〈いま・ここ〉で妥当するかのように――語りはじめる。こうしたことどものいっさいを、隠語《ジャーゴン》の饒舌は故意に素通りして――おそらくは、自分の歴史健忘症を、それが既にあの〈人間的に直接的なもの〉ででもあるかのように、誇りに思いながら――流れてゆくのである」（Th・W・アドルノ『本来性という隠語』未来社刊、一九九二年）。

　これを要するに、歴史健忘症――それは独裁的国家権力による意識剥奪をともなって発症してくる――を病理としながら、そこにおいては歴史のいっさいが蒸発してしまうのである。そのような〈歴史〉を忘失してしまった現代の人間は、ヘルベルト・マルクーゼのいわゆる〈一次元的人間〉となって、あらゆる人格の奥行というものを失って多幸症《ユーフォリア》的に幸福に（！）毎日を暮らすようになってゆく。人間疎外の極である。アドルノによれば、「どのみち外化（Entäußerung）が幸福に外向的となった人間の法則として支配するようになった後では、外化を弁護することも不要である。だが同時に、自己意識を徐々に自己欺瞞へと変容させる亀裂の意識は、いよいよ耐えがたいものとなる。この自己欺瞞こそ、全面的な体制順応が自らを鼓舞するために必要とするものである。このイデオロギーは、主体の増大してゆく無力――主体の現世化（Verweltlichung）が同時に世界と具体性の喪失でもあったという事実と同盟することができるのだ」（『本来性という隠語』）。それはせいぜいのところ、資本家社会についての批判的分析の能力を喪失して、人間社会の「本来性」なるものにひたすら憧れる逆行的なジャーゴンの一種としての〈疎外革命〉論に、「初期マルクスの人間主義的復権」の名によってしがみつくこととなるのである。全面的な物象化社会に対する全面的批判としてのマルクス的弁証法とは、そのようなあれこれの〈本来性のジャーゴン〉とは異質なものなのである。

　マックス・ウェーバーは、世界史的に宗教倫理との関係において、人類の歴史的社会の人間類型を、〈対内倫理〉

と〈対外倫理〉との弁証法的対立によって把え、ピューリタン的西ヨーロッパの〈対内倫理〉と、儒教的中国の〈対外倫理〉との世界的・歴史的対比の構図を提示して——戦後の日本の「近代化の起点」において巨大な影響をあたえた、ルース・ベネディクトの〈罪の文化〉（キリスト教型）と〈恥の文化〉との対比も、それと思想的に類縁・等価のものであった——、西ヨーロッパ世界の対内倫理＝罪の文化の人格《ペルソナ》（それは同時に仮面《ペルソナ》でもあろう）である〈仮面紳士〉が、オリエント世界の対内倫理＝恥の文化の〈逃亡奴隷〉よりも優越性をもっていることを、首唱していた。しかし、M・ウェーバー式に言えば、世界の合理化過程のその極において現われる〈合理化という鉄の檻〉がもたらす西ヨーロッパ型人間類型が如実に示すようになった晩期資本主義《シュペート・カピタリスムス》が鋳型化した現代人は、対外倫理に終始する一次元的人間以外のなにものでもなくなってきたのである。啓蒙的合理性の進展の歴史的皮肉《アイロニー》である。そのような人類文明史の始源における古典古代ギリシア文明に暁《あか》るい学問的探究によるならば、理性《ヌース》の古代ギリシア人は、それこそ本来的には〈恥の文化〉に生きていたので、それが〈罪の文化〉へとパラダイム・チェンジしたのは、アテネ・デモクラシーの最盛期であるペリクレス時代に時代転化してから以後の最新事にしかすぎないのである。くわしくは拙著『〈主体〉の世界遍歴《ユリシーズ》』（藤原書店刊、二〇〇五年）を見られよ。

　晩期資本主義《シュペート・カピタリスムス》の今日的局面の社会心理学ないしは社会病理学においては、内発的なアイデンティティーを失った不安に脅えつづけざるをえない現代人は、そこから、逆に本来性（die Eigentlichkeit）という隠語《ジャーゴン》の饒舌にとめどなく耽りはじめて、「起源」「四大」「大地」「アルケー」「根源」「源泉」……何と言ってもいい「原初」なる神話へと自己逃避＝自己遡源しはじめるようになるのである。弁証法を画する限界に即して「限定された否定」の思惟を、きわめて具体的な姿で浮かび上がらせているアドルノによれば、このようにして無限に遡源する本来性《アイゲントリッヒカイト》への不毛な彷徨がはじまるのである。〈疎外革命論〉という自己欺瞞が発生してくる心理的源泉である。

　マルクスの弁証法的方法による総体としての多様性の統一に到達しようという探究は、そのような彷徨と漂流とは異なる繫留点・定錨点を固有しており、「抽象から具体への上向」を特徴としている。E・マンデルは、今日、この一般的理解に付加して、「そのさい等閑視されてきているのは、「抽象的なものから具体的なものへの上向」には、レーニンがこれを評したように、「具体的なものから抽象的なものへの下向が先行した」ということであるという有用な注意を促している。「けだし、抽象的なものそれ自体は、実際すでに具体的なものを、その「決定的な諸関連」に分解しようとする分析的作業の結果だからである。第三に、それによって、二つの過程、分析的および綜合的過程の統一が破られる。抽象的なものが真に抽象的であるのは、「具体的なもののうちに与えられている多様なものの統一」を再生産することに成功する場合だけである。ヘーゲルの言うように、真理とは総体なのであり、総体は抽象と具体との統一すなわち対立物の統一であり、その一致ではない。そして第四に、具体的な総体性を再生産することに成功するかどうかは、それの実践的適用によってのみ検証されうるものとなる。このことは、さらに、レーニンがあきらかに提示しているように、分析の個々の段階において「事実あるいは実践を通じてその制御」が存在していなければならない、ということを意味するのである」（E・マンデル『後期資本主義』拓殖書房刊、一九八〇年）。

マルクス的弁証法の核心的機微であるが、けだし、『資本論』の弁証法体系においては、その体系の限界を画するために（逆に言えば、その限界設定なしには弁証法は詭弁・逸脱・誤謬へと逆転化してしまう）資本制社会を対象化しながら下向によって理論的に獲得された上向への出発点としての〈冒頭商品〉は、そのような商品形態性によって画されたのであり、その底を恣意的に破って労働生産物とか一般的労働とか人口とか人間主体といった無規定的なものには転落しない繫留点・定錨点を有っていたのである。

このような、下向の限界における「最も抽象的で最も単純なカテゴリー」は、抽象的理解の主観的所産であるばかりでなく、資本制商品経済社会の現実的・歴史的な発展の起点を反映しているのである。だからこそ、〈冒頭商品〉から出発して弁証法的上向を開始した〈資本論の論理学〉は、使用価値と価値（交換価値）との対立物の分離・分裂と結合・統一、価値形態と交換形態との対立物の分離・分裂と結合・統一、商品→貨幣→資本の価値形態的上向転化、労働力商品化による貨幣の資本への転化、自然と人間との関係行為における労働過程と価値生産過程との統一、資本の生産過程における絶対的・相対的剰余価値の生産、資本の三形式の分化・交錯・統合の進展、産業資本範疇の確立、その全社会的過程を実現する商品資本の全循環とその再生産表式化、という産業循環＝景気変動過程の上向的叙述へと、一歩一歩資本制社会の具体的解明を進捗させることができたのである。

その究極の資本家社会の全矛盾の解決が、**周期的・突発的・全般的・暴力的な恐慌の大爆発**であり、これを直接契機として、弁証法のダイナミズムは、一方では、〈循環の弁証法〉として、「資本の過多《ブルセラ》」による「過剰資金の商品化」によって再び冒頭商品へと円環化して自己還帰して、さらに更次の再生産構造軌道へと進化してゆき、他方では、〈移行の弁証法〉として、資本主義の打倒・変革による能動的主体の革命的行動による資本収奪にとりかかり、将来社会の主体的構想の〈過渡期〉へと踏み込んでゆくのである。

このようにして、マルクス的弁証法は、レーニン『哲学ノート』の用語で言うならば、「二面的分析、すなわち演繹的で帰納的な、論理的で歴史的な分析」を包含することとなり、先にマルクス『経済学批判要綱《グルントリッセ》』から引例したように、有機的システムとしての資本制社会を批判的に対象化して、「理論と歴史的経験の統一」を全面的に主題とするにいたるのである。

現代のオットー・モルフの命題で言い表わすならば――「本質と現象の媒介が、統一的かつ対立的な二面性として現われる過程は、弁証法的なのである」。また、同じく現代のカレル・コシークによれば――「抽象性の具体性への上昇は、一つの運動であり、その端緒はつねに抽象的で、運動の弁証法は、この抽象性を乗り超えるところにある。それはしたがって、まったく一般的に言って、部分から全体へ、そして全体から部分への、現象から本質への、そして本質から現象への、総体性から対立への、そして対立から絶対性への、客観から主観への、そして主観から客観への、運動なのである」。

以上のような、現代的考察によって、晩期資本主義《シュペート・カピタリスムス》の諸経験に通暁しうる利点を最大限に生かしたエルネスト・マンデルは、「六項目」から成るマルクスの弁証法的方法の内容を提示するのである。これは、エンゲルス的な、さらには最悪なスターリン的な、弁証法の図式化などではなく、その形式内容の提示である。すなわち——

（1）経験的素材の一括的獲得。その歴史的に関連する細部にわたっての材料（表面的現象）の駆使。

（2）構造的・抽象的諸要因としての素材の分析的整序（具体的なものから抽象的なものへの下向）。

（3）これら諸要因の間の決定的関連全体の研究。これが、素材の抽象的運動法則、すなわちその本質を、当然、明確に意義づけることとなる。

（4）決定的な中間項の発見。これが、本質と表面的諸現象との媒介をなすことを可能にする（抽象的なものから具体的なものへの上向、多様な諸規定の統一としての具体性の思惟による再生産）。

（5）展開しつつある具体的・歴史的運動による分析（（2）（3）（4）項）の実践的・経験的検証。

（6）新しい、経験的に重要な資料と新しい諸関連の発見——しばしばそのうえ、新しい抽象的・基本的諸規定の発見。

右のような発見法に則って、**『現代の世界恐慌——国際資本主義の動態分析』**『ドルの没落』のすぐれた別書をもつE・マンデルは、最終的な弁証法的カテゴリーである現代資本主義世界システムにおける**世界市場恐慌**のメカニズムの解明へと接近してゆくのである。アメリカ・ドル、ユーロ、人民元、円と世界通貨が多極化しはじめているなかでの、ドル本位変動相場制として国際編成された擬制的な国際通貨制度のもとで、イラク戦争の泥沼下での戦費、赤字国債の乱発、USA国家財政の破産との連動のなかでドル危機を頻発させている現代資本主義の〈パクス・アメリカーナ〉的編成の世界史的没落への最終局面にすでに置かれていると言ってよい晩期資本主義《デア・シュペート・カピタリスムス》の今日的状況に対する全面的な批判的分析を深化させるアプローチにおいて、かれマンデルは、「マルクスにとって、恐慌は種々な産業部門間の価値的不比例によってのみならず、交換価値と使用価値との不比例、すなわち価値増殖と費用の不比例によって生じるものである」という根本的な価値論的考察の提起からはじまる、今日的にすこぶる有用な恐慌論の理論的深化の諸命題の提示を試みているのである。すなわち――

「超過利潤の三大源泉」について――『資本論』第二部・第三篇に提示されたマルクスの〈再生産表式〉に表現されている資本制生産の均衡状態が、資本制生産の均衡破壊的成長過程の例外的契機を表現するものであるように、全資本の利潤率の実際上の均等化が、種々な投資部面間の資本の流入・流出過程における例外的状態であることが、先ずもって確認されなければならない。拡大再生産の正常な状態は、「それゆえ利潤格差の状態であり、そのさいには超過利潤の追求が資本蓄積の拡大への重要な刺戟をなしている」。資本の蓄積は競争の強制のもとでのみなされるとしたならば、これはただ、費用価格の削減の強制の下における拡大再生産が、固定資本の拡大にほかならず、それゆえそれはより高度な労働生産性の増進を意味しており、さらに資本の有機的構成の高度化を意味している。それゆえに、それは社会的必要労働時間の節約であり、他の部面の可変資本によって産出された剰余価値の取得であり、このようにして、超過利潤の獲得の可能性の増大なのである。

資本の蓄積が、相対的剰余価値生産の拡大、ないしは産業予備軍=相対的過剰人口のいっそうの再生産とか、これによる可変資本=賃金の絶対的・相対的投下のための手段として働くような場合には、すべては、最高度の資本の有機的構成をもって最も強力に蓄積される資本に有利に、社会的に生産された剰余価値を新たに配分する過程で生ずることとなる。

資本蓄積の増大が平均利潤率の傾向的低下への反作用であるといわれるならば、つぎのことはあきらかである――すなわち、最高度に強力な資本は利潤差の増大をもって満足するものではなく、むしろ利潤率そのものを引きあげようと努めるのである。資本の蓄積が剰余価値の実現に依存するものである以上、それは、「多数の資本」の領域に、すなわち資本主義的競争の問題に、結局のところ再び超過利潤追求の問題になる。

こうして、剰余価値を部分的にのみただ平均利潤率以下で、ないしはちょうど平均利潤率で実現しうるような、そうした資本に対しては、かれらの商品価値をなんらかの「付加分」とともに、いうならば別の領域で生産された剰余価値の一部を加重することによって、すなわち超過利潤の帰結をともなって実現することができないような再生産・再配分上の資本制的欠点をもつことになるであろう。マルクスは『資本論』第三部においてつぎのように述べている

――

「種々の生産部面における特殊の諸利潤率は、それ自身すでに多かれ少なかれ不確実なものである。しかし、それらが現われるかぎりでは、現われるものは、それらの（いいだ注――種々の生産部面における特殊の諸利潤率の）斉一性ではなくて、それらの不等性である。しかし、一般的利潤率そのもの（いいだ注――平均利潤率）は、利潤の最低限界として現われるのであって、現実の利潤率の経験的な、直接に目に見える態容として現われるのではない」。

「これに反して、利潤率は、同じ部面の内部においても、商品の市場価格が同じでも、個々の資本が同一の商品を生産する場合の諸条件が異なるのにしたがって、種々に異なりうる。なぜならば、個別資本にとっての利潤率は、商品の市場価格によってではなくて、市場価格と費用価格との差額によって決定されるからである。そして、これらの種々に異なる利潤率は、先ず同じ部面の内部で、次には種々の部面そのもののあいだで、ただただ断えざる諸変動によってのみはじめて均等化されうるのである」。

「或る産業資本が或る特別の生産部面で実現する超過利潤は、偶然的例外を除けば、費用価格の低下から、それゆえ生産量から生ずるのであって、それは、資本が平均以上に、多量に充用され、それゆえに生産の費用を低下させ、他方において、労働生産力の一般的原因（協業、分業等々）がより高度に、より集約的に、より大きい作用領

域に作用しうる状態に、依存するものであり、またしかし、機能資本の範囲を無視して言うならばより良い作業方法、新発見、改良された機械、化学的工場秘密的な、これを要するに新規の改良された平均的水準以上の生産手段ならびに生産方法で採用される状態にもよるのである。／このようにして、資本量の増大と、新規に改良された平均的水準以上の生産手段ならびに生産方法、いっそう高度化された資本の有機的構成による、商品生産の費用価格の低下という、この二重の過程の進展は、しかし、競争の強制のもとでおこなわれる資本蓄積一般の意義と結果にほかならない。またそれゆえ、この事態を超過利潤への諸資本のあくなき追求によって支配されるものとして、特徴づけることは至当である」。

このように資本の拡大再生産過程が、超過利潤の追求によって規定されるとするやいなや、次の問題が生起する——すなわち、「正常な」資本制経済において、超過利潤はいったい何によって引き出されうるのか、と。ここでわたしたちは、超過利潤の獲得のための諸条件をただ一つの要因に還元することは不可能であり、そのさい、資本制生産様式の総体的運動法則を配慮しなければならない、という問題の生起である。その諸要因の問題として、資本制経済において超過利潤は、つぎの場合に発生するとしなければならない——

(1) 或る個別資本の資本の有機的構成が、社会的平均より低位水準にあり、同時に、その制度的・構造的要因が、その部面で生産された平均値以上の剰余価値が、平均利潤率の均等化の一般的過程に入りこむことを妨げる場合、これはたとえば、土地の独占によって作り出された資本制生産様式における絶対地代の源泉である。一般的には、これはすべての独占に固有な超過利潤の源泉である。マルクスに言わせるならば——「同時にまた、次のことも前提されている。すなわち、諸資本間の競争にとって、たとえば商品の価値がその生産価格よりも高い生産部面、または生産された剰余価値が平均利潤よりも大きい生産部面では、価値を生産価格まで引き下げ、こうしてこの生産部面の超過剰余価値を資本に利用されるすべての部面に比例的に配分することを妨げるような制限は、何もないか、たとえあったとしても、それはただ偶然的で一時的な制限でしかない。しかしこれと反対のことが生起して、資本が何か或る外的な力にぶつかりこの力を資本が部分的にして克服できないか、または全く克服できないで、この力が特殊な生産部面での資本の投下を制限するならば……、あきらかに、このような生産部面では商品の生産価格を超える商品価値の超過分によって超過利潤が生まれ、この超過利潤は地代に転化させられて地代として利潤に対して独立化されることができる」（『資本論』第三部——傍点いいだ）。これは、『資本論』体系を一個の円環化した弁証法体系たらしめた、〈資本—利子、土地—地代、労働—賃金〉の三位一体範式に基づく近代市民社会の物象化社会としての完成の直接前段の位置価をもって体系化の旋回軸とされた〈地代論〉（絶対地代と差額地代Ⅰ・Ⅱ）の「例解的挿入」による地代の源泉としての資本の超過利潤の配当とその地代の「資本還元」計算による「擬制資本」の発生の根拠づけの枢要問題にほかならない。

（2）平均利潤率の均等化にさいして、資本の有機的構成が社会的平均以上である場合——すなわち、或る特定の個別資本が新規に改良された生産手段ならびに生産方法の採用（とりわけ資本の産業循環過程における不況局面の克服、好況局面への転移の過程において顕勢化する）によって優越的生産力を享受することができ、こうしてこの部門の他の企業で生産された剰余価値を獲得しうる場合。

『資本論』第三部が述べるように、「この発展から、いかに剰余価値（そしてそれにかんして述べられていることは、生産価格に対する必要な制限に妥当する）が、個別の全生産部面で最良の条件下で生産しているものの超過利潤を含んでいるかが、あきらかになる」。

（3）労働力の支払い価格がその社会的価値以下に押し下げられうる場合——すなわち、その商品生産の社会的価格以下である場合。

同一の事態は、あるいは、労働力の価値ないし平均価格（労働対価）が、諸商品が売られる国での価値（平均価格）

以下にあるような国々で、労働力が買われて雇用され使用される場合にも生起する。

これらの場合においては、超過利潤は社会的平均以上の剰余価値の発生から生ずる。

（4）不変資本の諸成分に支払われた価格が、社会的平均（生産価格）以下に押さえられうる場合。

実際的にはこれは普通には、流動的不変資本にとってのみ生じうるのであって、固定資本にとってではない。換言すれば、一企業、一産業、あるいは一国の資本が、他企業、他産業、あるいは他国の資本が働かなければならない原料よりも安価な原料を得る機会がある場合である。

（5）流動資本（それゆえまた可変資本）の再生産が加速される場合——すなわち、個々の流動資本（可変資本）の回転時間が、社会的平均的流動資本の回転時間よりも短い場合。

この短縮された回転時間が、中位に一般化されることない場合には、超過利潤は利潤率が年々の資本のフローについてではなく、資本のストックについて計算される場合に生じる。けだしそれが生じるのは、企業内部で剰余価値が追加的に生産されたからにほかならない。これは実際には、先に看た（1）のケースの特殊な事例の変形である。すなわち、流動資本（可変資本）の回転時間の独占に等しい作用を、この特殊な事例の変形に演ずるのである。

その一例を、一九二〇年代のヨーロッパ自動車産業のコンベア・ベルトやアセンブリー・ライン生産への投資金額の困難にみることができる。それらは、アメリカ企業の流動資本（可変資本）の回転時間短縮にきわめて貢献した。

（いいだ注——いわゆる「デトロイト生産」へと型制化されるにいたった、この一九二〇年代の例とともに、第二次大戦後の一九八〇年代に優越化し、今日の二〇〇六年過程において全世界の自動車産業の熾烈な競争を制覇するにいたった、「あんどん方式」として有名なわがトヨタにおけるコンベア・ベルトやアセンブリー・ライン生産の形成、それをモデル的牽引力とした全世界の自動車産業における「リーン・プロダクション」方式の汎通化を、今日のわたしたちは目撃しつつある。そのトヨタ流の流動資本（可変資本）の回転時間短縮が、今日におけるトヨタのGM・フォードに対する世界史的逆転、「世界一のトヨタ」の制覇として、わたしたちによって如実に目撃されつつあるのである)。

これらすべての場合に関連して発生する超過利潤は、平均利潤率に順化されるまでには経過的時間が掛かるから、短期的には利潤の均等化過程に入りこまない。それは特定の独占企業に超過利潤をもたらすのである。このようにして発生して顕勢化する超過利潤は、社会的に増進する平均利潤率の社会的汎通化には直ちに導かれないものとして、すべて平均利潤率の低落をともないうるし、また現実にそうなのである。独占によって得られた超過利潤が、多くの諸生産部門において発生するような金融・独占資本主義の古典的事例が示すのは、超過利潤が相当の量である場合、それがいかに平均利潤率の格差をいっそう拡大するかということである。というのも、この超過利潤が非独占的諸部門・諸企業に配分されるべき剰余価値量を収奪したからである。

一九世紀の自由競争資本主義の時期には、顕著な国際的な資本移動は生じなかった。したがってまた、当時の〈パクス・ブリタニカ〉世界秩序にあっては、比較後進的な諸国での資本の本源的蓄積の主要な過程が、妨げられることもまたなかったのである。しかしながら、二〇世紀の帝国主義段階への突入以降というものは、国際的な資本移動が大規模に生ずることとなった。今日、わたしたちが日々に目撃しつつある資本ならびに労働力の国際的移動による資本制生産のグローバリゼイションは、そのような二〇世紀末の現代資本主義的傾向性の地球場裡一杯に亢進された態容にほかならない。

本書の大主題として総括した〈恐慌論〉の基準からするならば、右のような資本のグローバリゼイションへと加速度的に帰結しつつある資本主義史は、国際的領域における七年から十年の循環的運動の歴史的継起(それは本書が考察したようにその周期性の変容を、とりわけ二〇世紀以降は顕著にともなっている)として現象するばかりではなく、より長期にわたる、約五十年の画期の歴史的継起としても現象する。

E・マンデルは、その長期波動のサイクルを、技術革命の進展の視点から四点に総括している――

（1）一八世紀末から**一八四七年恐慌**（いうまでもなく、マルクス＝エンゲルスの『共産主義宣言』が発せられた一八四八年ヨーロッパ世界革命の発現の直接的モメントである）に達し、当初は手工業的に製造されたワットの蒸気機関が、最も重要な工業部門や工業諸国に段々に普及してゆくことによって特徴づけられるような長い期間——これは、大文字の産業革命 the Industrial Revolution から開始されてヨーロッパ先進諸国を皮切りとして全世界へと波及していった長期にわたった「産業革命」の期間、それによる全世界的近代的工業化の期間である。

（2）一八四七年の恐慌から九〇年代の初めまで上向の周期的恐慌の爆発を介して続行された、全産業部門の主要な動力機としての機械的に製造された蒸気機関の拡大・普及によって特徴づけられる長期の時期——それは、第一次技術革命の時期である。

オスカー・ランゲはかれの著作 "Entwicklungstendenzen der modernen Wirtschaft und Gesellschaft" 1964.（「近代の技術とゲゼルシャフトの発展傾向」）において、この期間の発展傾向をつぎのように特徴づけた——「こうして、工業化の基礎であった産業革命のいわば歴史的特色は消滅してゆくであろう。ここでは大工業が発生した産業革命は、それぞれ資本制生産様式の成立、したがってまた新しい社会《ゲゼルシャフト》形態と密接に結びついていたということもまた、強調しておかなければならない」。

（3）一九世紀の九〇年代から二〇世紀の第二次世界大戦にまで及び、全産業部門での電動機ならびに内燃機関の使用・利用拡大によって特徴づけられる、第二次技術革命の時期。

（4）北アメリカでは一九四〇年頃にはじまり、他の帝国主義諸列強では一九四五年から一九四八年頃にかけてはじまる、電子装置をもつ機械の拡大（同様に核エネルギーの導入）によって特徴づけられる、第三次技術革命の時期。

マルクス『資本論』の理論的予見をふくめた理論的射程距離は、このような今日的事態の予見にまで達しているが、今日における資本制生産のオートメーション化による全自動生産装置の実現は、第三次技術革命の延長的到達点にほかならないものである。

2　資本主義の世界的発展史における〈長期波動《ロング・ウェイヴ》〉について

右のような技術革命の進展と相表裏して、今日のわたしたちは、資本主義発展のいわゆる長期波動《ロング・ウェイヴ》を五十年サイクルの歴史的趨勢として看取しうるのである。この長期的趨勢の発展は、当然、資本の産業循環＝景気変動のサイクル変動をもたらし、その運動展開の最終カテゴリー化としての**恐慌の発現形態の変容**（周期性の喪失を基軸としながら）をもたらす。長期波動《ロング・ウェイヴ》の景気上昇・拡張の局面においては、好況期により長く、より集中的であり、これに対比して、循環的過剰生産（それは最終的に**恐慌**をもたらす）により短く、深くなる。長期波動《ロング・ウェイヴ》の景気後退・沈淪の局面においては、好況期はそれほど熱狂的でなく、より短いものとして現われるであろう。「長期波動」は、このような循環機能の局面交換の帰結としてのみ構想しうるのであって、マンデルが注意を促しているように「けっして形而上学的構成といったものではない」のである。

資本主義論史においてこの長期波動《ロング・ウェイヴ》が認められなければならないとした最初のマルクス主義者は、当初はボリシェヴィキとしてレーニンの同僚であり、かつはまたトロツキーの先達であったパルヴス（A・L・ヘルファンド）であった。〔ただし、ジョセフ・シュンペーターの『経済分析の歴史』（一九五六年）が所載した、ジュヴォンズからの引用によるならば、好況期における「長期波動」の存在を書き留めたハイド・クラークによる'Physical Economy'という論文が、一八七四年の雑誌 Railway Registed に、それこそ登録されているというが、残念ながらわたしは未見である〕。

前世紀末にヨーロッパ農業の危機をもたらした**長期・慢性的な農業恐慌**を分析・研究する過程で、パルヴスは一八九〇年代中葉に先駆的につぎのような結論に達した。すなわち、エンゲルスが重視した一八七三年の「長期不況」論（『資本論』第三部の整理・公刊に当ってエンゲルスが施した「脚注」を参照されよ）が説くがごとく、新たな長期の景気回復によってまもなく代償的にとってかわるであろう、と、パルヴスはこの当時のマルクス主義者仲間における〝異端的〟見解を、最初に一八九六年に『ザクセン労働者新聞』に発表した論文であきらかにし、それを一九〇一年に刊行したパンフレット『商業恐慌と労働組合』でさらに詳細に論じた。

それらの論考によれば、かれパルヴスは、資本の「疾風怒濤時代《シュトルム・ウント・ドラング》」なる概念用語を使って、拡張的な「長期波動《ロング・ウェイヴ》」が現にありうることを概念把握しようとし、その長期的高揚の反動として、一九世紀末から二〇世紀の「帝国主義段階」へかけて「経済的不況」の長い波が続くであろう、と予言したのである。

パルヴスにとって、この長期的な波動的運動にとって規定的であるものとして把握されたのは、資本制世界市場の拡張がいまや根本的に変化したということであり、それは「資本制的国民経済のあらゆる分野で――技術面で、金融市場で、貿易面で、植民地で――進行し、全世界経済を新たな遥かに改善された基礎に」据えつつある、とされたのである。

一九〇五年の第一次ソヴエト・ロシア革命の時期に、非凡にもパルヴスは「労働者政府」のスローガンをかかげて、レーニンのボリシェヴィズムの「労農民主独裁」の二段階革命論の左翼的変種の立場をも決定的に乗り越えて、マルクスの「連続革命論」のロシア版ならびに帝国主義時代版としての労農同盟による一段階革命論の見地に先駆的に立っていた。そのようなパルヴスは、ペテルブルグ・ソヴエトの議長をつとめた若きトロツキーの一段階ソヴエト革命論の推挙につとめ、「労働者政府」を来るべきソヴエト・ロシア革命の不可避的帰結とみなしていた。その理論的予見は、まもなく、一九一七年に開始された、一段階連続革命として二月革命から一〇月革命へと連続的に進撃していった第二次ソヴエト・ロシア革命として、輝かしく実証されることとなったのである。

　このようなパルヴスの先駆的思想は、レーニン主義の権威のもとに忘却をよぎなくされていたが、オランダの「左翼共産主義者」J・ファン・ヘルデルンによって十年以上の歳月の後に復活させられた。レーニンから、パンネクックらとともに「左翼小児病」患者とレッテル貼りされたヘルデルンは、評議会共産主義者の一人であり、そのような立場からするかれの論説は、一九一三年にオランダの左翼雑誌『新時代』に、J・フェッダーのペンネームで発表された。そのなかで、かれヘルデルンは、資本主義諸国において一般的に看取された物価上昇から出発して、一九世紀後半以降の資本主義発展史にとっての「長期波動《ロング・ウェイヴ》」仮説を、パルヴス再評価をともなって提起した。

　そこにおいて、かれヘルデルンは、かれの「長期波動」テーゼの経験的根拠を蒐集しようと努めただけでなく、“Beschouwingen over industrieele ontwikkeling en prijsbeweging” 1913. において、価格、外国貿易、多くの諸領域での生産能力の創出、および割引率、資本蓄積、事業創設等々の運動を精力的に追跡しながら、その理論的努力を資本制生産様式の長期波動的運動を証明すべく傾注した。そのさい、資本主義発展の拡大基潮の「長期波動」をSpringvloed「満潮」と呼び、停滞基潮の「長期波動」をEbbe「引き潮」と呼んだかれヘルデルンは、先達のパルヴスとは対照的に、世界市場の拡張からではなく、むしろ資本制生産の再生産構造の拡大から論旨をはじめた。「高揚期の生成条件は、それが自発的なものだろうと、緩慢なものだろうと、変わることなく強力な生産拡大なのである。この生産拡大は、他の生産物への需要を創出する。間接的には、これはつねに生産財産業の生産物需要と原材料需要とを創り出す」と。かれによれば、生産の拡大によってそのようにして創出された需要は、次の二つの主要形態で現出するとされる——

　(1) 今日までまだほとんど入植されていない領域の開発によって、農業と牧畜とは輸出財貨を提供し、それによって人びとはかれらの必要とする生産物を支払う。これは主として二重の性質をもつ。大量消費財、なかんずく加工産業と生産原料であり、加えて機械、鉄道その他の交通資材、建設資材である。これらの需要の増大によってひきおこされる価格上昇は、一つの生産部門から他の生産部門へと波及する。

（2）特定の人間的欲望の充足に、いままでよりもより急速に対応しうる生産部門のきわめて突然の生成による（自動車産業や電機産業）影響は、より低い水準においてではあるが、右の（1）において指摘したのと同等のものである。

こうした分析からファン・ヘルデルンが引き出した結論は、拡大基潮（満潮）の「長期波動《ロング・ウェイヴ》」は、全生産の強力な拡大に先導されるというものである。たしかにヘルデルンの説明は、決定的に二重性をもっており、かれは「高揚」を世界市場の拡張からも、新生産部門の生成からも引き出してくる。また、追加投資の問題が、追加的貨幣材料＝金の生産に還元されるものではなく、追加的剰余価値生産および蓄積の問題であることに、「生産拡大」原理主義者であるにもかかわらずかれは注意を向けていない。しかしながら、かれは開拓者として、パルヴスを引き継いで、先駆者的仕事をなしとげたのである。二〇世紀の二〇年代や三〇年代に、コンドラチェフからシュンペーター、デュブリエにいたるまで形成された〈長期波動《ロング・ウェイヴ》〉理論のいっそうの展開は、基本的に看るならば、ファン・ヘルデルンが開拓者＝先駆者としてうちたてた水準を基本的には超えてはいない。

帝国主義世界戦争としての第一次世界大戦が終わるか終わらないうちに、成立まもないソヴエト・ロシア連邦において、理論的にも革命的沸騰のさなかに、「長期波動《ロング・ウェイヴ》」の問題が、N・D・コンドラチェフを先頭として取り扱われはじめた。一九二〇年にモスクワ景気研究所を創設したかれコンドラチェフは、「長期波動《ロング・ウェイヴ》」理論のための資料収集をはじめた。当時、レーニンとの理論的協力関係のなかで、共産主義インターナショナル第三回大会（一九二一年）の「世界情勢報告」を受け持ったトロツキーは、独自に同じ問題の複雑さのなかにわけ入って、ソヴエト革命政権の前途の問題と実践的に関連させて、「長期波動《ロング・ウェイヴ》」問題を以下のように位置づけた——

「ことしの一月、『ロンドン・タイムズ』は、百三十八年間にわたる統計を発表した。それは、アメリカ植民地十三州の独立戦争から今日にまでわたっている。この期間に、十六の循環周期、すなわち十六の恐慌と好況の局面がみられる。わたしたちがその景気曲線をより仔細に分析するならば、それが、五つの部分に、すなわち五つの異なった種類と異なった期間を持つ時期に分けられることを、見出すであろう。一七八一年から一八五一年にかけては、発展はきわめてゆっくりしている。そこには観察しうる運動の起伏干満は、ほとんど存在しない。わたしたちはこの七十年のあいだに、外国貿易だけが一人当り二ポンドから五ポンドに上昇した事実だけを見出す。一八四八年の革命、それはヨーロッパ市場の枠を拡張するように作用したのだが、その革命後に停止点がやってくる。一八五三年から一八七三年にかけて、発展の曲線は急速に上昇する。二十年間に、外国貿易は一人当り五ポンドから二十一ポンドへと上昇し、他方鉄の生産量は同じ時期に、一人当り四・五キログラムから十三キログラムに上昇した。一八七三年以降、ひきつづき不況期が生じる。一八七三年からほぼ一八九四年にかけて、イギリスでの外国貿易の停滞がみとめられる。それは、二十二年間に二十一ポンドから十七・四ポンドに落ち込んだ。それから別のブームが到来し、一九一三年までつづいた。そこでは、外国貿易は十七ポンドから三十ポンドに上昇した。そしてついに一九一四年（いいだ注——第一次世界大戦勃発の年）となり、第五の時期がはじまる——資本主義経済の崩壊の時期が。周期的変動がいかに資本主義的発展の変化の主要な運動とまざりあっているか。それはきわめて簡単である。急速な資本主義的発展の時期に、恐慌は短期＝表面的になるが、ブームは長期間つづき、きわめて高い水準になる。資本主義没落期には、恐慌は長びく性格があり、ブームは早急に去り、表面的で投機的性格になる」（L・トロツキー「世界経済恐慌と共産主義インターナショナルの新しい任務についての報告」）。

トロツキーはそのとき、あきらかにかつての同志パルヴスに依拠しつつ、一八五〇年以降の資本の〈疾風怒濤時代《シュトルム・ウント・ドラング》〉について報告をおこなったのであり、二つの展望的予測をもってそれを結んだ——第一に、短期には資本主義の或る程度の高揚が、経済的に排除されないばかりでなく、まさに不可避であるが、この高揚が短いものであり、したがってヨーロッパにおける社会主義革命の歴史的チャンスをけっしてなくしているわけではないこと、第二に、ヨーロッパにおける労働者階級の革命的行動の失敗がつづくような場合には、二一〜三十年の長期にわたって資本主義の新たな拡張が可能であること。

その後数ヵ月、「上げ潮――経済的危機と世界労働運動」（『プラウダ』一九二一年一二月二五日号）、『コミンテルン最初の五ヵ年』（一九五三年）、「十月革命の第五周年記念日ならびにコミンテルン第四回世界大会に関する報告」（一九二二年一〇月二二日）等々において、トロツキーはなおしばしばこの問題に立ち戻った。コンドラチェフの「長期波動《ロング・ウェイヴ》」理論に関する労作が最初に発表されたのちに、トロツキーは『社会主義アカデミー年表』の編集部にあてた手紙の形で、この主題をとりあげ、資本主義の歴史には「正常な」産業循環と並んで別に「長期の画期」が存在し、資本制生産様式の長期の発展にとってそれは大きな意義をもつ、というかれ自身の理論的確信を強力に主張した。

トロツキーによれば、「これは荒削りの図式である。わたしたちの観察によると、歴史には同質的循環が時系列的に分けられる。資本主義的発展の全画期は、多数の循環が、明確な形をとるブームと弱い短命な恐慌とによって性格づけられるときに存在する。結局、資本主義的発展の基礎的傾向曲線は、明確な上昇運動を描く。そこにはまた停滞の時期も含まれるのであって、そのときは、この傾向は部分的な循環的な振幅を経過しながらも、この基礎的曲線が全体として下方へと向かい、生産力の低下に同調する」（「資本主義発展の傾向曲線」一九二三年四月の日付けの『社会主義アカデミー年報』編集部宛の手紙）。

そのさい、かれトロツキーは、「純粋に」経済的データにだけ制限することなく、あらゆる社会的・政治的・文化的発展を考察裡に包括することを強調しており、このようなアントニオ・グラムシの「歴史ブロック」論的把握に基づく「有機的危機」観と通底する立場から、かれトロツキーは、コンドラチェフの「経済主義的」偏重への鋭い批判を提起したのである。トロツキーは、コンドラチェフの「長期波動《ロング・ウェイヴ》」論が、「五十年」といった資本主義的発展の変

長期波動	主基調	工業的商品の価値部分の運動	この運動の原因
1）1793—1825	拡張的 利潤率上昇	cf：急激に上昇 cz：急激に上昇し、その後減少 v：低下 m/v：上昇	手工業的機械、農業が工業より後退——原料価値の上昇。 実質賃金の低下。工業プロレタリアートの緩慢な拡張と大量失業による世界市場の急速な拡大（南アメリカ）。
2）1826—1847	疲弊的 利潤率停滞	cf：上昇 cz：減少 v：低下 m/v：安定的	英国や西ヨーロッパにおける、前資本主義的生産との競争による。超過利潤の消滅。価値増加が剰余価値率の上昇を中和。世界市場の拡大の緩慢化。
3）1848—1873	拡張的 利潤率上昇	cf：減少 cz：安定から上昇へ v：低下 m/v：上昇	機械的に生産される機械への移行が、cfの価値を減少させる。czは上昇したがこれは、cfの後退と競合していない。1848年革命によって規定され開始された工業化と、全ヨーロッパや北米での鉄道網の拡大の結果としての世界市場の暴力的拡大。
4）1874—1893	疲弊的 利潤率低下 その後停滞から軽微な上昇へ	cf：増加 cz：減少 v：緩慢に上昇 m/v：最初低下、その後再び上昇（58）	機械的に生産される機械の普及。それによって生産される商品にもはや超過利潤を生まなくなる。資本の有機的構成の高度化が平均利潤率の低下を導く。西ヨーロッパの実質賃金の上昇。資本輸出の増加と原料価格の低下の結果、はじめて資本蓄積が徐々に増加する。世界市場は比較的停滞的。
5）1894—1913	拡張的 利潤率上昇 その後停滞	cf：減少 cz：上昇、しかし緩慢 v：緩慢に上昇、その後安定 m/v：急激に上昇、その後安定	植民地への資本投下、帝国主義の分裂、独占の一般化。さらに緩慢に上昇する原料価格によって有利になり、第二次技術革命による労働生産性のかなりの上昇と剰余価値率の急激な上昇に促されて利潤率が一般的に上昇に向かう。これは資本蓄積の急速な拡大を明らかにする。世界市場の急激な拡大（アジア、アフリカ、太洋州）。
6）1914—1939	後退的 利潤率の急激な低下	cf：安定的 cz：低下 v：減少、その後安定からさらに減少 m/v：低下（のち安定、ドイツでは1934年以降上昇）	戦争の勃発、世界貿易の崩壊、物的生産の後退等が資本の価値増殖困難を規定。ロシア革命の勝利とそれによる世界市場の縮小。
7）1940—1945（58）—1966	拡張的 利潤率は最初上昇、 その後徐々に低下しはじめる	cf：減少 cz：減少 v：最初安定ないし低下、その後緩慢に上昇 m/v：急激に上昇、その後安定	ファシズムと第二次世界大戦による労働者階級の弱体化（部分的孤立化）が剰余価値率の急上昇を許す。これが利潤率の上昇を規定し、さらに資本蓄積を有利にする。まず武器生産をもたらし、さらに第三次技術革命をもたらす。これは不変資本のかなりの低廉化をもたらし、利潤率の長期的上昇に利する。世界市場はアウタルキーと世界戦争、非資本主義的領域（東ヨーロッパ、中国、北部朝鮮、北部ベトナム、キューバ）によって縮小したが、帝国主義諸国の国際分業と半植民地の工業化によってかなり拡大。
8）1967……	疲弊的 利潤率低下	cf：安定から上昇 cz：減少、その後突然上昇 v：緩慢に上昇 m/v：安定化	帝国主義諸国の「産業予備軍」の緩慢な減少が、減価償却の増大にもかかわらず剰余価値率の一層の上昇を抑止。階級闘争が利潤率に影響。国際的競争の激化と世界通貨危機が同じ意味に作用、世界貿易の拡大が緩慢化する。

〔サム・デ・ウォルフ作成〕

動曲線の長期の固定的区分をおこなったことについても、そうした性格と継続期間は、資本主義的諸力の内的活動によっては決定されずに、資本主義的発展が現実に進行するそれらの外的諸条件によって決定されるとした。「資本主義による新しい国々や大陸の獲得、新しい自然資源の発見、次いで戦争、革命といった〈上部構造的〉秩序の主要要因が、資本主義的発展の上昇期、停滞期、下降期の性格や交替を決定する」と。

こうした見地から、トロツキーは、コンドラチェフ「テーゼ」に対して、二つの主要な論争点を提示した――第一には、「長期波動《ロング・ウェイヴ》」と古典的「サイクル」とのアナロジーは誤っていること、すなわち、「長期波動《ロング・ウェイヴ》」は古典的「サイクル」のような「自動的必然性を有するものではないこと。第二には、「古典的サイクル」が資本制的生産様式の内的動態からもっぱら説明されるのに対して、「長期波動《ロング・ウェイヴ》」を説明するためには、「資本主義的発展の傾向曲線と、社会生活全般との相互関係のより具体的研究」が要求されること。「長期波動《ロング・ウェイヴ》」の上昇・下降を規定している、きわめて異なった諸要因の絡み合いが、いったんあきらかにされ、そのさいこの「長期波動《ロング・ウェイヴ》」が資本制生産様式に固有な内在的な「古典的循環周期」をなんら有していないならば、一般に資本がつねにさらされている全体的な変化の綜合的表現をあらわす（すなわち、利潤率の変動）主要な機構との密接な関連を否定する合理的理由は存在しないとみなされなければならない。

パンネクック、ヘルデルンの理論的・思想的薫陶を享けたオランダの左翼マルクス主義者サム・デ・ウォルフは、ソ連邦のコンドラチェフと同時に、しかも独自に、ヘルデルンらの分析を「非循環的な」数値を引き出すことによって統計的に精緻化しようと企てた。その今もって有用・有益な「長期波動《ロング・ウェイヴ》」の時期区分表式化を、前頁に掲げておくこととする――

なお、資本主義発展の〈長期波動《ロング・ウェイヴ》〉論については、市原健志『資本主義の発展と崩壊』（中央大学学術図書：51、二〇〇一年）、シンポジウム報告『ローザ・ルクセンブルクと現代世界』（社会評論社刊、一九九四年）、イマニュエル・

ウォーラースティン『長期波動』（藤原書店刊、一九九二年）、E・マンデル『資本主義発展の長期波動』（柘植書房刊、一九九〇年）、S・マーグリン&J・ショアー『資本主義の黄金時代――マルクスとケインズを越えて』（東洋経済新報社刊、一九九三年）、平田清明ほか編『現代市民社会の旋回』（昭和堂刊、一九八七年）、山田鋭夫『二〇世紀資本主義』（有斐閣刊、一九九四年）、中村丈夫『コンドラチエフ景気波動論』（亜紀書房刊、一九七八年）、市川泰次郎編『世界景気の長期波動』（亜紀書房刊、一九八四年）、篠原三代平『世界経済の長期ダイナミクス――長期波動と大国の興亡』（TBSブリタニカ刊、一九九一年）、小澤光利「『長期波動論』と『金銭的危機論』――戦間期マルクス恐慌論の展開と特質《序説》」（法政大学『経済志林』第五八巻第三・四号合併号、一九九一年）、永井義雄編『経済学史概説――危機と矛盾のなかの経済学』（ミネルヴァ書房刊、一九九二年）等々を、ぜひとも参看されたい。

E・マンデルは『晩期資本主義』の第三冊において、「晩期資本主義の産業循環」において、「周知の通り、資本制的大工業の発展は、それが世界市場を支配して以来、不況、好況、ブーム、過熱、**恐慌**、不況等々の継起的諸局面をもつ、この生産様式に固有の、循環運動的性格を生み出した。マルクスが、産業循環や**過剰生産恐慌**に関するまとまった理論を残さなかったとしても、この理論のおおまかな線は、かれの重要な記述から素描することができる。わたしたちはすでに、第一章においてマルクスから引用をした。そこでかれは、どのような**恐慌**の一元的説明も拒否したが、かれは**恐慌**を資本制的生産様式の全体的矛盾の帰結として定義した。このような意味で、資本制的生産の循環的運動は、疑いもなく最も明瞭に平均利潤率の循環的運動において把握される。というのも、まさに利潤率の運動は、生産=再生産過程の全体的契機の矛盾にみちみちた発展を総括しているからである」。

景気の高揚は、利潤率上昇の場合にのみ可能であり、それは他方で、市場と景気の新たな拡大の条件を創り出す。しかしながら、その発展の或る特定の点では、資本の有機的構成の高度化と「財経消費者向け」商品の売り上げの限界は、利潤率を引き下げ、市場も相対的に狭めなければならなくなる。**過剰生産恐慌**において、これらの諸矛盾が解決される。利潤率の低下は投下資本の制限をもたらし、「崩壊」を不況に転化させる。資本の価値減少、合理化の推進と失業（剰余価値率の上昇）は、利潤率を再び引き上げることを可能とする。生産の停滞と在庫の形成は、再び市場の拡大を可能にし、それによって企業の投資を再活潑化するような利潤率の上昇とともに生産の高揚が規定される」。

3　ヘーゲル－マルクス弁証法的方法は、〈否定の弁証法〉＝〈総体性の弁証法〉である

万有の、それに内在している内部必然性としての自己展開の運動過程において、その内部矛盾・対立の運動展開によって自己成就・自己実現される〈弁証法《ディアレクティーク》〉についての最も簡潔な定義は、人類文明史上において、古典古代ギリシア・ポリス国家における「反対物（弓端《ゆはず》）の調和《ハルモニエ》（鳴絃）」「万物流転《パンタ・レイ》」（ヘラクレイトス）として、中世ヨーロッパ・キリスト教世界における「両極端の一致」（ニコラス・クザーヌス）として（この聖職者クザーヌスの定義は、唯一神教のキリスト教教会秩序においては、「異端」の世界観として、かれクザーヌスの秘密書簡に純内部的に書き留められた命題である）として、そして、近代資本制ヨーロッパにおいては、万有の有つ「アンチノミー」を摘出したカント以来のドイツ批判体系の集大成としてのヘーゲル思弁哲学の観念弁証法における「否定の否定」「対立物の統一」として、定義的に表出されることとなった。ヘーゲル絶対観念論体系において、歴史哲学としても、論理学としても、存在‐認識論的に定義された、このヘーゲル観念弁証法は、かれの属していたプロテスタント的ドイツの絶対主義（カイゼルトゥム）プロイセン国家に即して定義されたものである。

　ヘーゲル観念弁証法にもマルクス唯物弁証法にも通暁している許萬元に、「ヘーゲルの「精神」は、時間的なものと無時間的なものとの「理性の狡知」による統一という構造をもち、したがってそれが、歴史主義と総体主義との統

一としての「絶対的方法」の観念論的基礎づけをなすものであった」（『ヘーゲル弁証法の本質』青木書店刊、一九七二年）という名文句がある。

「だからこそ、ヘーゲルも「絶対的方法」を「精神」または「絶対理念」の名において叙述しているのであろう。ところで、注目すべきことは、ヘーゲルが「絶対的方法」を「絶対理念」の名において展開するにあたって、この「絶対理念」を「理論的理念と実践的理念との統一」として規定している事実である。この事実は一体何を意味しているのであろうか？　ほかでもない。それはヘーゲルの弁証法（＝絶対的方法）が理論と実践の統一——ただし、ヘーゲル特有の仕方での統一——を根拠として成立したものであることを意味しているであろう。この点は非常に重要であって、多くの弁証法論者たちはこの重要な点を見落としているように思われる」と。

ヘーゲル弁証法とマルクス弁証法に共通する「本質」は、さしあたり、わたしの一見突飛で無器用な方法論的特性づけによれば、神国日本において古くからおこなわれ今でもおこなわれている〈祝詞〉の言霊《ことだま》のリズムである。わたしはこの特性づけを、さしあたり肯定的におこなっているのであって、言う意味は、祝詞はこの世の生成発展の祈禱として、きわめて古くこの世の始源の由来を語りながらも、祝詞が言上している賀詞の時制としてはつねに〈いま〉の事として語っているのであり、宇宙とこの世の広大無辺ないたるところのコスモスを物語りながら、これまたつねに絶えず〈ここ〉の事として語っているのである。その言語論的転回《リンギスティック・ターン》において、悠久—無辺に等しい〈時空《タイム・スペース》〉の過去的・歴史的蓄積のいっさいが〈いま・ここ〉を有形的に形成した根拠（あかし）であり、〈いま・ここ〉の実存的自覚が悠久な過去を想起的に浮上させ、未来への構想力を喚起するかたちで呼び醒まされるのである。

ヘーゲル思弁哲学もまた、〈いま・ここ〉の徹底した現在主義から終始語っている。だから、わたしにとってヘーゲル哲学体系の世界大の厖大な告白は「祝詞」の言上である。かれヘーゲルは、その厖大な無時間的・時間的陳述において、あくまでも「現在」から出発し、「現在」へと還帰してくる。

ヘーゲル観念論哲学にとって、先にも釈明を試みたように、「絶対者」である「精神」や「理念」はけっして彼岸的なものではなく、徹頭徹尾此岸的なものであり、しかも此岸の〈いま・ここ〉の賀詞なのである。もっと特定化していえば、一九世紀中葉のプロテスタント的ドイツにおけるカイゼルトゥム・プロイセン絶対主義国家が、その「絶対精神」「絶対理念」が具現された理想的状況として寿がれているのである。ヘーゲルが「理念は確実にそこにある。これこそが理性の確信なのである」（『哲学史への序論』）と言い、同じく「哲学が取り扱うのは現在的なもの、現実的なものである」と説明するのは、その祝聖の謂にほかならない。ヘーゲル『歴史における理性』の名台詞に言わしめれば、「わたしたちは、世界史を概念的に把握する場合に、先ず最初には、その歴史を過去として取り扱う。しかし同時に、わたしたちは、そのさい、まったく現在を取り扱っているのである」。だから、つねに、現代史としての歴史が主題である。

　許萬元が先に指摘した「時間的なもの」とは通時態《ディア・クロニック》なものであり、「無時間的なもの」とは共時態《サン・クロニック》なものにほかならないが、そのような歴史的にして構造的な論理として、歴史主義と総体主義との統一としての「絶対的方法」が、ヘーゲル観念弁証法の核心となることができるのは、右のようなその「祝詞」的言説構造《ディスクール》によるのである。マルクス唯物弁証法の固有する「総体性の弁証法」も、あえてわたしをして言わしめれば、形式的本質としてこの「祝詞」的言説構造を、共有しているのである。だからマルクスも言う――「いわゆる歴史的発展の一般に基礎にあるものは、最後の形態が過去の諸形態を自分自身にたいする諸段階とみなすということ、そして、その最後の形態は稀にしか、しかも全く限られた条件のもとでしか自分自身を批判しないから、――つねに一面的に過去の諸形態を把握する、ということである」（マルクス『経済学批判序説』）。

　であるならば、初期マルクスの「生活手段の生産の開始」という人間の自然との根源的な関係行為の開始を出発点として、その全歴史的・全理論的帰結を『資本論』弁証法体系として経済学原理論的に円環化して、よってもってまた共同体社会史としての全人類史過程を唯物論的歴史把握する方途を開拓した晩期マルクスにみられるように、近代資本制社会という階級社会の「最後の歴史的形態」を全面的に批判するようになった場合には、歴史的考察は将来社会の主体的な展望と構想としていかが成り行くのか？　ここで、マルクスの歴史的総体性の弁証法は、ヘーゲルの形式的同一の歴史的絶対性の弁証法と、決定的に分岐するのである。いわばマルクスの場合にはいわゆる方向とは将来社会への主体的な構想力に基づくダイナミックな有形的展望として、ヘーゲルの場合にはいわゆる後ろ向きに過去への観照へと現在の意志がたえず含みこまれてしまうスタチックなたたら踏みとして。

　マルクスのこのような唯物弁証法的姿勢は、近代市民社会の批判的分析として観照の立場をあくまでも徹底しながら、まさにそのような客観的認識の徹底のゆえに、能動的意志の発動としての資本制社会を対象化した社会変革の行動へと触発されてゆくのである。「理論と実践との統一」という事実命題が、ここに全世界的転形を課題として当為命題へと意志と行動を媒介させて転化するのである。こうして、牧野紀之の言うごとく「マルクス的弁証法は総体主義を自己のうちに含んだ絶対的歴史主義として確立されたものなのである」が、たとえば現代マルクス主義者として自覚的に自らの弁証法的立場性を「絶対的歴史主義」と公言して表明しているアントニオ・グラムシにとっては、そのような「絶対主義を自己のうちに含んだ絶対的歴史主義」は、そうであるがゆえに深い歴史的・構造的根拠を内有する臨機応変な唯物弁証法的方法として、〈開かれた体系性〉をマルクスと共有するとともに、異質な多様な諸集団の諸思想との〈ヘゲモニー的統一〉関係を内から外へと具備・発揮しうるのである。

　ヘーゲル死後のヘーゲル思弁哲学の四分五裂・七花八裂的状況のなかで――その大分裂の発生自体、ヘーゲル思弁哲学の保守的体系性と弁証法の革命的方法性との和解しがたい根本矛盾に由来するものであった――、「青年ヘーゲル派」の最左派としての出自から共産主義的立場性へと移行したマルクスにとって、その後の『資本論』弁証法体系の経済学批判的な完成・深化過程に即して、ヘーゲル弁証法の観念論的歪曲・顚倒を再顚倒させて（つまり、本来の

「定立」へと戻して）その「合理的核心」を採り出した、近代資本制社会という分析対象に即する唯物弁証法として換骨奪胎されて概念的に彫琢されたが、そのマルクス的弁証法も形式上はヘーゲル的弁証法と同一に「否定の否定」「対立物の統一」として定義される運動概念であった。

と言っても、マルクスは、「弁証法」論を自己総括することなしに生涯を終わってしまったから、そのような唯物弁証法の形式的定義については、かれが当時の学界において「死んだ犬」扱いされていた「偉大なヘーゲル弁証法的思考」に最大限の敬意を払い、自ら「媚びを呈した」と公言している『資本論』第一部の言辞から、推定されるところがあるにしかすぎない。包括的には同一の基本的見地に立つ、マルクスの「僚友」エンゲルスは、かれの円熟期の理論的著作である『反《アンチ》デューリング』『自然の弁証法（草稿）』において、「唯物弁証法の法則」として、（1）「対立物の統一」、（2）「量の質への転化ならびにその質の量への逆転化」、（3）「否定の否定」、（4）「本質の現象化、現象の本質化」として、法則的定義化をおこなっている。厳密に弁証法論理の定義化として再検討してみるならば、そのエンゲルス的定義には、おそらくはマルクスの隠示的定義とは看過することのできない重大な差異が見られるであろうものと思われる。

『資本論』弁証法体系と相即的なマルクス的弁証法は、「総体性の弁証法」なのであって、エンゲルスの「自然の弁証法」的了解とは、質的に異なっているのである。そして、そのような、「資本の弁証法」に立脚するマルクスの「総体性の弁証法」の「総体性《トタリテート》」が由ってもって来たる所以のもの、そしてその弁証法的真理性が保証される所以のものは、存在論的に言って、それが批判的分析のシニフィアンの対象としてシニフィエ化した近代資本制商品経済社会が、冒頭商品から始まり、「資本の商品化」によって終わり、**恐慌の周期的・暴力的爆発**を画期とするその始終をもって再び冒頭商品へと自己還帰する円環化構造を内在的に具備しているからにほかならない。エンゲルスの「唯物史観経済学」は、このような資本制商品経済社会の内包している全論理構造については、全く無頓着なのである。マルクス死後の二〇世紀以降における現代資本主義を批判的に分析する活きた方法としての〈総体性の弁証法〉は、オランダのパンネクック、ヘルデル、ウォルフ、ゴルテル、ロシアのパルヴス、トロツキー、ハンガリーのルカーチ、ポーランドのローザ・ルクセンブルク、ドイツのコルシュ、イタリアのグラムシ等々、そのほとんどが第三共産主義インターナショナルを形成・主導したレーニンによって「左翼共産主義者」として一括してブランド化された新しい評議会共産主義者によって発展させられたのである。

マルクスのこのような〈総体性の弁証法〉が、『資本論』弁証法体系化において、下向法の極限としての冒頭商品を端緒《アンファング》とする価値形態論として展開され、商品→貨幣→資本という価値形態としての呪物《フェティッシュ》崇拝の進展として上向しつつ、貨幣の資本への転化として、絶対的・相対的剰余価値の生産を価値増殖的運動の展開原動力としながら、資本の諸形態の転移と諸回転の上向をトコトンまで具体的諸形態化しつつ進行させ、ついに利子生み資本―株式会社―信用制度の出動による、架空（擬制）資本の現実資本との運動の乖離、その極大化による利潤率の傾向的低下の亢進と利子率の暴騰の亢進との矛盾衝突によって、**周期的恐慌の暴力的大爆発へと導かれる必然性**を解明したのは、今日では人のよく知るところであり、それが即ち、本書の〈**恐慌論**〉の大主題にほかならない。

この**恐慌の爆発**において、資本制社会は「資本の過多《プルセラ》」を媒介環にしながら価値形態として冒頭「商品」へと自己還帰し、よってもって「ウロボロスの蛇」としての資本制社会の円環化を完成させて、この通過儀礼を介して永遠にくりかえすがごとくさらに高次の生産力水準のブルジョア社会の再生産軌道へと弁証法（〈循環・高次化の弁証法〉）を発揮するのである。そして、このような資本主義の臨界域における**恐慌の周期的激発**は、資本制打倒・変革をめざす生産者・生活者大衆の能動的意志を触発し、ここに現存社会の覆滅と将来社会の建設構想を開示する〈体制移行の弁証法〉が顕現するチャンスが到来するのである。

さて、そうした〈移行の弁証法〉の最たる現代的事例が、一九一七年に勃発したソヴエト・ロシア革命にほかならなかった。帝国主義世界戦争としての第一次世界大戦の爆発以後の歴史的帰趨に規定された、全世界的規模におけるいわゆる〈戦争と革命の時代〉の歴史的開始において、第一次世界大戦のもたらした全世界的惨苦のなかで、一九一七年のソヴエト・ロシア革命を能動的に主導したレーニンは、そのツァーリズム打倒（二月革命）→ケレンスキー臨時革命政府打倒（一〇月革命）の一段階連続革命の「四月テーゼ」的勝利によって具現されたソヴエト国家権力の執政党（与党）的指導者として、弁証法《ディアレクティーク》を形式内容的に定義したさい、形式上は右と同じくヘーゲル、マルクスを踏襲して「否定の否定」「対立物の統一」として規定した。かれレーニンの『哲学ノート』における「その（いいだ注――ヘーゲル「論理学」の「絶対的理念」についての章の）主要な対象は、弁証法的方法である。「ヘーゲルの論理学の総計と概括、最後の言葉であり核心であるものは、弁証法的方法である。――これは、きわめて注目すべきことだ」というレーニン『哲学ノート』の命題は、それ自体がきわめて注目すべきレーニン的「弁証法」定義の輝かしい核心である。ただし、その定義の形式内容性から言って、弁証法《ディアレクティーク》とは「方法」であり、それは認識論としての唯物論とは別のものである、とみなすことが、レーニンの真意にかなっているかどうかの包括的問題は、この命題自体からは判定することができない。また、レーニンの言う「論理的総計」が、はたして全例枚挙的な法則観なのかどうかも、その簡単な文言からはよくは分からない。万有の法則性が、完全に経験主義的な全事例の枚挙から得られるものではないことは、すくなくともわたしたちにとっては自明のことでなければならない。だからこそ、「理念の弁証法」がなければならないのである。

　マルクス的弁証法の妙味を完全に骨抜きにし、その唯物弁証法的心髄を完全に逆転倒せしめたスターリンの〈ディアマート〉的弁証法定義は、弁証法はウルトラ革命的方法、唯物論は或る種の形式論理的認識論、弁証法的唯物論とは「マルクス・レーニン主義の党の世界観」、という形而上学的分離・歪曲において際立ったものとなっている。

　レーニン死後のボリシェヴィキ党＝コミンテルン内部の大分派闘争にスターリンが暴力的に決裁をつけて、ソ連邦党とソ連邦におけるスターリン独裁（個人崇拝）を確立した一九二九年の直後の一九三〇～三一年にソ連邦党内で展開されたいわゆる「哲学論争」において、「トロツキー主義とローザ・ルクセンブルク主義の根絶」をスローガン化して問答無用式に熾烈化された「党のボリシェヴィキ化」過程において、スターリンの哲学代官であるミーチンが、それまでの「正統派」のデボーリン哲学体系を「メンシェヴィキ化した観念論」とレッテル貼りして権力的に駆逐し確立したミーチン流の「弁証法的唯物論」なるものが、コム・アカミーの決定版としてスターリン主義政権にとって公認・公刊されたのは、一九三三年のことに属する。

それによるならば、「哲学におけるレーニン主義的段階」なるものの開始と勝利によって「哲学の党派性」を確立したことによる「論理学および認識論としての弁証法」としての「弁証法的唯物論《ディアマート》」における「唯物弁証法の法則」の定義は、先に紹介したエンゲルスの「三法則」論を踏襲して、「対立物の統一」「量・質転化」「否定の否定」「本質・現象の弁証法」の四点に集約された。このスターリン主義の四点セット・セール大売り出し形骸的骨格をもって、「哲学と政治」「理論と実践」の直接無媒介的統一の緊急性を呼号して、スターリン・ミーチン時代における「哲学における二つの戦線上の闘争」が、全面的に「哲学のレーニン主義的段階」の貫徹として発動され、その結果、ソ連邦における全哲学と全思想は、もはやとりかえしがたい荒廃・不毛状況へと突き落とされるにいたったのである。

スターリン・ミーチン「偽造」学派の御用哲学者であったレオーノフは、第二次大戦後の一九四八年になって、『弁証法的唯物論講話』を公刊したが、その序論は表題自体が「弁証法的唯物論はマルクス・レーニン主義党の世界観である」という、完全に党国家的に顚倒された冒頭大命題からかれの「講話」なるものを天下り的に演繹しており、第一部「マルクス主義の弁証法の方法」を、第一章「弁証法と形而上学との根本的な諸形態」、第二章「自然と社会における現象の普遍的な連関と相互依存性」、第三章「自然と社会における運動と発展」、第四章「量的な変化から根本的な質的な変化としての発展」、第五章「対立物の闘争としての発展」を、詳述している。このような、一時代の

「マルクス・レーニン主義者」たちの頭脳に刷り込まれてしまっている、一見何の問題もなさそうな主題の全体が、スターリン・ミーチン＝ディアマート体系として一世を風靡したスターリン主義の思想的洗礼・洗脳の所産なのである。今日のわたしたちは、そのような問答法としても発見法としても何ら役立つところのない、深刻な一時代の思想的汚毒と理論的貧寒化のいっさいの古き残存物をきっぱり清掃しきってしまって、弁証法《ディアレクティーク》の最も簡潔な定義を、矛盾論として、「矛盾の闘争的自己同一」として再定義・再構成しなければならない。

たとえば、この世紀の一時代を反マルクス弁証法的に否定的に制覇したスターリン主義の「理論と実践の統一《アインハイト》」論は、かれスターリンがディアマート体系として主題化した「哲学と政治」の無媒介的統一の当為命題として、一世を風靡したが、その命題について、今日の牧野紀之が「ドイツ語のEinheit（アインハイト）の訳語ですが、このアインハイトというのは元々「統一すべきだ」という意味を持っていません。それは「一つであること」で、訳せば「一性」ということです。分かりやすく言うなら、先の命題の意味は「理論と実践は事実一つである（一致している）」ということです。つまりこれは事実命題です」（『理論と実践の統一』論創社刊、二〇〇五年）とコメントしているのは秀抜である。

けだし、いかに弁証法の本性上、ヘーゲル『論理学』が言うように「意志は思考を否む」とは言い条、カント的弁別にしたがえば『純粋理性』上の合理は『実践理性』上の倫理とは異なる領域の概念なのであって、「理論と実践の統一」なるスターリン主義の脅迫命題は、言葉の形式的同一性に順って事実命題から当為命題には本来は自動的には絶対に転化しえないのであって、その事実命題が当為命題へと目的論的に転化するためには、まさにヘーゲル『小論理学』が言うごとく「知性は世界をただあるがままにうけとろうとするにすぎないが、これに反して、意志はその在るべきものに作り変えようとする。意志にとっては、直接的なものや目前に在るものは不変な存在ではなくて、即自的に空無なものであり、仮象にすぎない」ものなのであって、「理論的理念」から「実践的理念」へと移り、終局的にはその両者の統一としての「絶対的理念」へと到達するヘーゲルの弁証法的思弁過程において、その全移行過程は主体である人間の能動的・意志的な歴史的行為によって有形化されなければならないのである。

この場合、ヘーゲル観念弁証法の観念論的弱点は、通俗的によく言われるように、そうしたヘーゲル弁証法が単なる主観的・精神的世界内の堂々めぐりに終わってしまうところにあるのではない。ヘーゲルの「精神」から出発する自覚的観念論は、その外化として客観的世界のすべてを経巡ってから、「絶対的理念」へと自己還帰する円環化にこそ、その弁証法的秘儀を固有しているのであって、マルクスの唯物弁証法のヘーゲルの観念弁証法からの自己区別は、初期マルクスからして、「人間的諸個人を動物から区別するところのかれらの最初の歴史的行為は、かれらが思考するということにあるのではなくて、かれらが自分の生活手段を生産しはじめる、ということにあるのである」という核心点に求められているのである。

この『ドイッチェ・イデオロギー』におけるマルクスの立言は、ヘーゲルの『法哲学』第四節付録における「動物は本能にしたがって行動し、内面的なものによって動かされて実践的にもなる。だが、動物は何らの意志をももたない。なぜなら、動物はその欲求するものを自己に表象しないからである。しかし人間もまた、同様に意志を欠いては、理論的にふるまうこと、つまり、思考することはできない。というのも、わたしたちは思考することによって、まさに活動的であるのだからである」という命題展開を踏まえて、その事実命題としてのヘーゲルの〈理論と実践との統一〉論の観念論的な一面性を突いて展開されているのであって、マルクスがその若きマルクスとしてヘーゲル思弁哲学から離脱した最初期から、人間の自然との本源的な関係行為である〈労働〉に実践的振舞の枢要根拠を見定め、「生活手段の生産からはじめる」ところに人間の全社会史の扉を開く鍵を求め、その労働過程の展開における自己言及としての言語的意識の発揚・表面化・進化をも（今日風に言うならば、「言語論的転回《リンギスティック・ターン》」を媒介として）解明しようとする姿勢を示しえたのである。

このような初期マルクスの〈労働〉を基軸とする人類文明史の存在–認識論的展示が、その経済学原理論的基軸としての後期マルクスの〈資本論〉弁証法体系に結実したことは、人びとにとってすでに周知のごとくである。

以上のごとき、万有の自己展開する運動過程の特性に依拠しての弁証法の定義は、今日のような現代資本主義世界システムのもつ弁証法的ダイナミズムへの弁証法的なアプローチにおいては、存在–認識論的に言っても、その「存在」と「認識」を相互媒介・相互嵌入する言語論的・記号論的・情報論的転回を意識化して導入し、これを全面展開しなければならない。そのような、国家的・法的・イデオロギー的上部構造が経済的土台の自律的な価値増殖運動の展開を自己表現する（ただ単に受動的に反映するばかりでなく、能動的・形象的に自己表現する——言い換えれば、それは、歴史的・経過的社会である近代市民社会の自己批判の表白でもある）最秘奥のメカニズム（それは当然、言語意識下の厖大な無意識・潜在意識領域の精神分析的な構造化・イメージ喚起化・言語化とも、密接不可分な関係を有する）とも究極的に密接に関連する最終領域の解明の問題として、万有がそこに於て有る（西田幾多郎哲学式に言えば）「絶対無の場所」が有無・生成してくる弁証法、（ジャン・ポール・サルトル哲学式にいえば）「存在（万有）と無」が生成・顕在してくる弁証法の問題を含んで、虚無界・想像界・此岸を含んで文字通り全面的に・全般的に展開されなければならない。

ここでは、万有の運動論理である有限の弁証法の定義を主題化している行論の厳格な限定上、その「無」の消息はしばらくこれを措いて、万有の弁証法の最も簡潔な定義を「矛盾の闘争的自己同一」として規定しているのである。

ヘーゲル、マルクス、レーニン、毛沢東は、そろって、〈弁証法〉を「対立物の統一」というワン・フレーズで簡潔に定義しているが、これはフル・フレーズでもっと正確に定義するとすれば「対立物の分離と統一」ということになる。万有＝一事物に内在する弁証法的対立物は、たとえばマルクス経済学にとっての使用価値と価値（交換価値）との弁証法にみられるように、一者の分離・分裂がなければ、それが弁証法的一性として統一・統合されることもありえない。毛沢東、楊献珍らの、かつての中国共産党内における「哲学論争」＝弁証法論争における主要語彙でいえば、「一が分かれて二になる」のか、「二が合して一になる」のか、という核心問題をそれは内包している。いわゆる分離結合論であるが、そうした「分離結合論」的命題自体が分離結合論としての論理構成をもっているために、その具体的な解は、現に中国共産党内におけるその哲学論争が、毛沢東の主張する「一が分かれて二になる」という主張のものに神格的に「解決」されて、中国共産党の組織問題としては「二が合して一になる」派の組織からの権力的放逐という不幸な結果に帰結してしまったように、組織論としては複雑怪異な状況を呈しうる。

日本マルクス主義史においても、一九三〇年代に猖獗をきわめた「福本イズム時代」には、レーニンの『何を為すべきか』の組織論に準拠した福本和夫が「分離結合論」を唱えて、山川イズムの「共同戦線党」論を爆砕し、再建共産党の組織論的イニシアティヴを採ったために、党形成上もまた労働組合運動の統一上も分裂主義的な宗派《セクト》主義の弊を一世にもたらしたのである。けだし「福本イズム」の場合には、「対立物の分離と統一」の弁証法的一性は、まさに非弁証法的に先ずもって分離（分裂）が党形成上も大衆運動形成上も先行し、然る後に「純化された分子」の組織的結合（結集）がありうるという前後段階の区分に基づく機械論的な宗派《セクト》主義的実践となったのである。この宗派主義的組織実践は先ずもって分離・分裂儀式としての「理論闘争」という形をとっただけに、組織実践上は悲惨な分裂主義的結果をしかもたらさなかった。

したがって、「対立物の分離と統一」という弁証法定義のフル・フレーズ化は、その「分離結合論」自体がかならず弁証法的に内包している一者性に反して、そのフル・フレーズの前後を分離してしまって先ず分裂し然る後に統合するといった態の解釈に堕することを絶対的に許してはならないのである。その正しい弁証法的解釈は、一が分かれて二になること自体が二が合して一になること自体であり、分離・分裂すること自体が結合・統一すること自体である、という自己還帰的自己実現として解されなければならないのである。本書の弁証法の最も簡潔な定義が「闘争的自己同一」としてなされている所以である。けだし、事物が本来的に内有・固有している「二者闘争性」の進行自体が絶えず変化してゆく相のなかでの絶えざる高次化としての事物の「自己同一性」としてメタボリズムを保障すると看なければならないのである。あらゆる事物の弁証法的一者性は、純粋に単独な「個物」としては顕在化することはありえないのであって、つねに自他交通的な二者の「鏡像的」対置のなかで、マルクスが価値形態論において二つの異質な多様性を有つ商品（それは、有用的・具体的労働に由来する有用財＝使用価値物が、商品交換＝市場において異なる使用価値を有する他商品と出会い、それぞれに等価形態として相互の商品交換的関係を取り結び、相互に他商品の交換価値を鏡像的に析出させて、それぞれ相互にそのシニフィエとシニフィアンの関係を役柄交換しながら、抽象的・一般的人間労働を顕在化・現前化させることによって、はじめて具現化される）の相互承認が得られることによってはじめて実現＝現前化されるのである。本書においてわたしが、弁証法《ディアレクティケー》の最も簡潔な定義として〈矛盾の闘争的自己同一〉というフレーズを提示する所以である。

先の一九世紀において、物理的世界についてアイザック・ニュートンによって確立・完成された古典的力学像は、二〇世紀的現代において取って替わった量子力学を理論的基盤とする物理的世界についての現代力学像にあっては、万有の空無との実在的関係性――有と無との相互転化の現実的実在性は、たとえばすべての物資が畳み込まれて呑み込まれてゆくブラックホールにおいて、また、それと関連する宇宙に遍満する暗黒物質《ダーク・マター》の暗黒《ダーク》エネルギーの存在として、単なる想像的存在が観念的想定とは異なる、万有と同様な実在性をもつものとして取り扱われている通りである。

4 ヘーゲル『論理学』体系とマルクス『資本論』体系

さて、本書のこの章は、ヘーゲル観念弁証法とマルクス唯物弁証法の異同についての根本的な再検討、ならびにそれと相即的に、マルクスによるヘーゲル絶対観念弁証法の再顛倒＝再定立の意義、換言するならば、ヘーゲルの為したコペルニクス的転回をその観念論的歪曲から合理的核心を『資本論』の営為を通じて採り出したマルクスの「コペルニクス的転回の転回」の有った意義についての、根本的な再考察にほかならない。本章結尾のこの終わりのところで、如上の〈弁証法〉の根本義をめぐる「ヘーゲル論理学の体系」と「マルクス資本論の体系」との対応=照応についての全体的構図を、『ヘーゲル論理学の世界』全三巻（福村書店刊、一九四七〜四八年）に即しながら、採り出しておきたい。

近・現代の日本におけるマルクス主義の立場からのヘーゲル批判の金字塔である武市健人の『ヘーゲル論理学の世界』全三巻（一九四七〜四八年）、松村一人の『ヘーゲル論理学研究』（一九四五年）、舩山信一の『認識論としての弁証法』（一九三四年）ならびに『ヘーゲルにおける歴史と論理』『ヘーゲル哲学の体系と方法』（上記自著の戦後における再版形態）は、そのいずれもが「支那事変」→「大東亜戦争」として第二次世界大戦に合流し一九四五年に連合軍に対する無条件降伏に終わった戦争のただなかにおける学問的営為であった。この学問的営為は、マルクス文献自体が「国禁の書」として治安維持法による取締り物件として権力的禁圧にさらされつづけるなかでの、国禁的な知的営為であったのであるから、それ自体が学問的苦闘の産物にほかならなかった。それだけに、元来が「受苦的存在」として人間を把握するマルクスの思想の真骨頂を、それぞれに会得・自得する貴重な精神的モメントになったであろう、と今日からも想像しうる。

マルクスは若い出立時代にヘーゲル左派の最左派である「青年ヘーゲル派」のそのまた最左派として、共産主義的立場性へと移行するのにさいして、「従前来の哲学的意識」を清算して、哲学との「晴朗な訣れ」をとげて学問的《ヴィッセンシャフト》にも出立したのであるから、そのかぎりマルクス主義体系には「哲学」は存在しない、その位置をもたない、のであるとも言えるのであるが、にもかかわらず、その首尾一貫した体系の基柢には〈実践的唯物論〉があるのであるからして、マルクス主義体系には「哲学」「思想」と呼ばれて然るべき世界観的側面が厳存することもまた、疑いを容れないところである。

第二次大戦中における東北帝国大学における武市健人らのヘーゲル論理学体系の集中的研究が、そのようなマルクス主義体系の哲学的・世界観的側面に深く垂鉛を下ろしていたことは、言うまでもないところである。当時の東北帝国大学には、宇野弘蔵とその高弟である豊崎稔、末永茂喜、玉城肇らが在学しており、「国禁の書」扱いされていた『資本論』が、経済学原理論として専門領域であるのみならず、かれらのそのような経済学研究との不可分な関連における哲学的・思想的思索の中心になっており、折柄、東北帝国大学哲学講義で「歴史哲学の問題」という特殊講義を受け持っていた武市健人は、かれの最初の著作である『歴史存在論の研究』（桜井書店刊、一九四三年）を公刊しながら、留学を終えて赴任してきたマルクス経済学者宇野弘蔵の演習に出席して、マルクスの『経済学批判』や『資本論』の研究にいそしむとともに、宇野弘蔵とその門下生たちとの仙台における交流・討論を重ねていた。武市健人はその「歴史哲学」の学問的追求から、ディルタイの『精神科学における歴史的世界の構成』を精読しながら、宇野弘蔵が発表した『経済政策論』（弘文堂）を味読し、著者である宇野弘蔵自身とも、哲学的にして経済学批判的な討論を深めていた。このような戦争権力の弾圧下での受苦的な学問的営為なしには、今日のわたしたちのマルクス主義も『資本論』研究もまたありえなかったであろう。先人の学恩に敬礼しなければならない。

戦争が敗北と無条件降伏に終わるや否や、間髪を入れずという感じで、武市教授は三度の食事の時と散歩の時以外は自らの書斎にこもりきりで原稿を書き継いでいたが、不幸にして一九四六年の早春に書斎から失火事故を起こしてしまい、折角鋭意書き溜めてきた原稿と蒐集・精読してきた蔵書のほとんどを灰燼に帰してしまった。にもかかわらず、それにめげることなく武市教授は、猛然と学問的闘志を奮い起こして、書斎を大急ぎで修復し、獅子奮迅の勢いで再び新たに原稿を起こしはじめ、一九四七年の春には大著『ヘーゲル論理学の世界――その資本論への聯關』と題する著作の上巻を、刊行したのであった。『ヘーゲル論理学の世界』全三巻（福村書店刊）は、一九四八年に完成したが、その二年後にそれらをまた集大成・圧縮した『ヘーゲル論理学の体系』（岩波書店刊）が、一九五〇年の五月に出版された。この両主著は、世界的水準における「資本論との連関」における「ヘーゲル論理学の世界」の体系的解明である。

宇野弘蔵博士の画期的な『経済原論』は、岩波書店からその〔上〕が一九五〇年に、次いでその〔下〕が一九五二年に刊行されたが、武市健人博士はその完成の年の『図書』六月号（岩波書店刊）に早速、「日本の学界の誇ってよい一つの大きな収穫ではあるまいか」という絶讃の書評を書いているが、その賞讃と其の後の書評の核心は「論理的に一貫した『資本論』の体系的再構成」というところに絞られ切られている。

そのような『資本論』の体系的な論理的再構成において、宇野弘蔵自身がかつての東北帝国大学時代における僚友の『ヘーゲル論理学の体系』が大いに裨益していることは間違いのないところである。その書評のなかで、ヘーゲル論理学の体系と宇野弘蔵の『資本論』の体系的再編成とが符合することに敬意と賛意を表しながら、かつはまた、宇野『原論』の「第一篇、流通論」が武市の『ヘーゲル論理学の体系』の「第一章、本質論」と符合していることを共鳴をこめて確認しながら（その始元の設定名称は、マルクス『資本論』の篇別構成ともヘーゲル『大論理学』の篇別構成とも異なっているのである）、その上で宇野『原論』の「第一篇、流通論」という題名は、どうしても「資本流通」ととられがちであるから「流通形態論」とした方がよくはないだろうか、という希望・提案を記している。おそらく武市教授の体系再編成上の見解には、「流通形態論」をもって全体系の「序説」として、本論として「第一篇、生産論」「第二篇、流通論」「第三篇、分配論」とする構想があったものと推察される。武市健人によるヘーゲル論理学の体系的編成の場合には、『論理学』の第二巻「本質論」の最初の「反省論」だけが「第一章、本質論」を構成しているのであって、ヘーゲル原典の「本質論」の「第二篇、現象論」と「第三篇、現実性論」は、武市の『体系』（再構成）では「第二章」の「第二節」「第三節」とされているのである。

共に『資本論』弁証法体系の始元に「価値形態論」を置くことで共通していながら、宇野『原論』にとっては、「第一篇、流通論」はいかにも形態論であるにはちがいないが、全巻の「序論」的性格のものとして「流通形態論」として位置づけるべきものではなくて、正真正銘の「第一篇、流通論」でなければならないとされていたのであった。「資本が一社会を支配する資本主義となるためには、そういう流通形態が生産過程を把握しなければならないのであって、この点を忘れなければ、流通主義に陥る危険は毫もないのである」と明言する宇野博士は、流通論に現われてくる商品も、そのような人間関係であれ労働生産されたものにはちがいないとは言われているものの、交換過程として特定の経済的社会構成体を考えるとか、唯物史観を基底に考えるとか、いった発想は、よかれあしかれ、厳に避けられているのであって、その理論的整序の主眼は「経済学原理論」としての純化に置かれているのである。だから、宇野『原論』の場合には、価値形態論の展開に当っても、相対的価値形態に立つ商品の背後に「商品所有者の欲望」を出してくる、有名な戦後初期の提起にもなるのである。

　しかしながら、武市健人の体系論からするならば、価値形態論の展開において価値の実体規定を仮りに括弧に入れて後から流通過程が労働過程を労働力商品化を媒介として「資本の生産過程」となるものとして再把握し、依ってもって資本制社会を一つの歴史的社会に総体化するにはしても、実体がやがて論証されるものとして予め前提的に把握されているのであってみれば（武市流は、アリストテレス『形而上学《メタ・タ・フュジカ》』をもじって言うならば「存在としてより先なるもの」がすでにその底であるのだから、ということになろう）、価値形態論にわざわざ「商品所有者の欲望」などという主観的欲望を持ち出してくることはないのである。だいたい、「形態規定」だけで第一・第二・第三形態の上向的展開をしようとするのは、『資本論』のマルクス的上向論理とは違ってしまい、だからそこのところからあえて別建ての「流通論」を孤立してつくりあげるようなことにもなるのではなかろうか。

　この問題は、周知のように、戦後日本マルクス経済学を画した〈宇野・久留間論争〉の誘因となり、また、「流通論」のこの性格による直ぐ続く「生産論」以下との乖離如何に？　という問題は、〈宇野理論〉の核心である「三段階論」（「原理―段階―現状分析」の三段階論つまり三次元論だけに特有のことであって、同一の術語名称だけにわずらわしい「重商主義段階―産業資本主義段階―帝国主義段階」の「三段階論」ではないことを、念のため断っておく）との関係如何に？　の問題領域にまで及び、宇野学派内部にもそれは大きな理論的渦流となって拡がってゆくこととなった。

数年後にいたって、武市健人はこの点を衝いて、〈宇野理論〉に対してはっきりと批判的立場をとるようになる。武市教授の立場は、「自分は哲学者だから存在論を、そして存在のロゴスを説くのだ。それは、社会科学者＝経済学者としての宇野弘蔵が認識論的にきびしく『資本論』を組み直している「純粋資本主義」論とは異なるのだ」ということになるのであろう。

パルメニデスの〈存在論＝認識論〉の提示以来、古典ギリシア哲学このかた今日にまでいたる西洋形而上学の大問題は、この経済学上の領域に転置してみるならば、かりに一九世紀イギリス資本主義の「純化」傾向に依拠した「純粋資本主義」モデルに抽象化して（そのためには、本書で何度も強調しているように、一九世紀イギリス資本主義の実態には重要な実在物であった「外国貿易」の問題も「農業・食糧」問題も「金の移出入」問題も「地主王政の問題」も「安上がりの政府」の問題も、いっさいことごとく恣意的に捨象してしまわざるをえないこととなる）経済学原理論を「純化」して体系化するとしても、そのような方法論では、〈原理―段階―現状分析〉といった「三次元論」も完全には解けない。「純化」した一九世紀イギリス資本主義モデルといえども、それが一九世紀の時点での「現状」を有し、「自由主義段階」に属していることもまた、自明のことでなければならない。そのような経済学原理論的「純化」には、どうしてもそれを理論的基軸とする唯物論的歴史把握の対象である前近代・後近代の諸共同体社会の分析や如何に？　といった残余がつきまとわざるをえないばかりか、本書で述べているように〈恐慌論〉そのものも、そのような『経済原論』的純化の別存在と化さざるをえなくなってしまうのである。これはこの経済学領域での最大の問題《イッシュー》であると言わなければならない。

『宇野追悼文集』に武市健人が送った「宇野弘蔵」なる文章は「滋味ゆたかなもの」（清水正徳）であるが、その後半で宇野の学問を「認識論的過程を貫くものといってよいではないか」としている。価値形態論の始元における「流通論」か「流通形態論」かというチョッとした（！）一見些細な違いが内蔵していた巨大な体系化方法的問題は、武市と宇野の両サイドに亘ってついに解けないで終わったのである。

〈存在論〉自体を「存在論=認識論」的に解明しようとするならば、資本制社会の体系的認識に「認識論的過程を貫く」ことだけによってそれを成就することができないことは、とりわけわたしたちにとっては自明のことでなければならない。資本制社会はまさに〈物象化社会〉として呪物《フェティッシュ》崇拝的に「存在論=認識論」的に自己編成されているものである以上、宇野・武市の両博士とも、当時の学問的条件に規定されて意識化することのなかった、できなかった、そのような人間社会の自己言及的構造の所以と機構を解明する二〇世紀初頭来の「言語論的転回《リンギスティックターン》」（前世紀のマルクスにあっては、その萌芽は初期マルクスを唯物史観的に画した『ドイッチェ・イデオロギー』にすでにある）を思索の要めとして二〇世紀的に据えなければ、西洋形而上学の伝統のどまんなかにとぐろを巻いて蟠踞しているこの「存在論=認識論」問題の理論的・方法的解決は原理的に不可能なのである。また、今日においては、レヴィ・ストロースが婚姻・親族体系や神話体系のブリリアントな解析において、無意識界を領する「形式構造」をものみごとに意識化して取り出した方法、フロイト=ラカンが人間精神・意識の底層深く潜在している無意識・下意識・潜在意識の「構造」を精神分析を通じて意識化・言語化させて浮上させた方法を、ヌキにして、このような西洋形而上学の伝統的課題の解明はこれをなしえないとしなければなるまい。

さて、武市健人『ヘーゲル論理学の体系』が、『精神の現象学』の論理学と『資本論』の論理学を対応させる問題点と問題意識の要目は、武市『体系』の「序論」に付されたさりげなく小さく組まれている（注）にあきらかにされているごとくである。長文の引用になるが、この再考察にとってだいじなところなので、その全文近くをここで引例しておきたい。

「マルクス自身は資本論で、ヘーゲル論理学に意識的に即き、それによっているところもあるが、全体としては資本論が論理学（いいだ注――ヘーゲル『大論理学』『小論理学』）の構造を範として、それに基づいたものかどうかは分らない。この点から前の私の著書が、両者の構造をすべて対照的に見ようとしたことが、形式的・シェマ的だという批評をうけたが、しかしマルクスが意識的に対照的に考えなかった場合でも、おのずから対照的になっていることは、むしろ両者の内容の分析から明らかになると思う。すなわち、私はこの意識的、無意識的の両面から両者の一致を示そうと試みたのであった。この点を理解して貰いたいと思う」。

「次にまた、この頃、「ヘーゲル論理学の世界」に対して次のような批評がある。それは、私が論理学（いいだ注――ヘーゲル「論理学」）を資本論と対照するとき、例えば資本論最初の商品を論理学最初の「有」のカテゴリーに対照するとき、商品は具体的、現実的存在であるから、「有」とすぐに対照せられ得ないと云い、商品の具体性に対しては、ヘーゲルの同様に具体的な精神現象論を対比しなければならぬと云う。たしかに、資本論がマルキシズムの体系全体の中に占める位置は、ヘーゲル哲学体系の中では論理学よりは精神現象論が占める位置と通じている。弁証法的唯物論や唯物史観に対しては、資本論はマルキシズムの中では認識論の位置に立つ。マルキシズムが弁証法的唯物論と唯物史観を根本の存在論、世界観とし、歴史哲学とするとしても、それを端的に云わず、あくまでも資本論に基づき、資本論を通して把捉せられることによって、弁証法的唯物論と唯物史観が原理として立ち得るのであって、この点は精神現象論のヘーゲルの根本の存在論である論理学やエンチクロペディーの体系に対する関係と同じである。この意味では、マルキシズムが現実科学としてはあくまでも資本論を中心に見るべきであると共に、ヘーゲル哲学もまた、あくまでも精神現象論を中心にして、その全哲学を見るべきものとも云うべきであろう。これはまた殊に現代の哲学の行き方に一致するところであり、ヘーゲル哲学において精神現象論が現代哲学から重んじられる所以である。だから、この点から資本論が精神現象論に対照せられなければならないと云うなら、その主張は肯定されてよい」。

「しかし、論理学が精神現象論の根本の本質をなすものであるかぎり、根本性格の対照として、資本論は現象論よりはむしろ論理学と対照されてよいのである。と云うことは、論理学は精神現象論の根底の本質をなしているものであるから、資本論と精神現象論とを対照することは、本質的には実は資本論と論理学を対照することだからである。だからこの場合、論理学が単なるロゴスの学として抽象的であり、従って資本論の商品は具体的なものであるから、論理学の「有」とすぐには対照せられないと云うときには、そこに論者の焦点がグラついているのである。次に述べるように、論理学が全体として抽象的なロゴスの領域のものであり、抽象的なものであることは勿論であるが、しかし論理学の中のものとしては、それはそれとして具体的なのである。勿論、それは資本論のような全体が現実社会の分析であるものとはちがうが、二つのそれぞれ異なる領域の中では、商品も有も同じに具体的なのである。それ故に、有の抽象性を救うために、精神現象論を持ち出すのは無意味である。我々はものを論理的に厳密に考える場合には、問題の焦点を動かさないようにし、そのように頭を訓練することが必要である」（武市健人『ヘーゲル論理学の体系』こぶし書房刊、一九九五年）。

まことに世に横行している俗流ヘーゲル主義者の解釈も、俗流マルクス主義者の解釈も、ともに厳しく斥けられて、「ものを論理的に厳密に考える」武市健人の学風が躍如としてみられる〈注〉ではあるが、右に言われている現代哲学の第一義的課題にひきつけてのヘーゲル論理学体系とマルクス資本論体系との対応・対照の問題は——根底的に提起されるにいたっている現代哲学=思想の弁証法問題としては、現に西田哲学の「絶対無の場所」の弁証法論理がそうであるように、事柄が論じられている拡張・遡源される〈時空《タイム・スペース》〉に即して、さらに古代インド哲学=思想における

ヘーゲル哲学体系の一覧表　〔武市健人〕

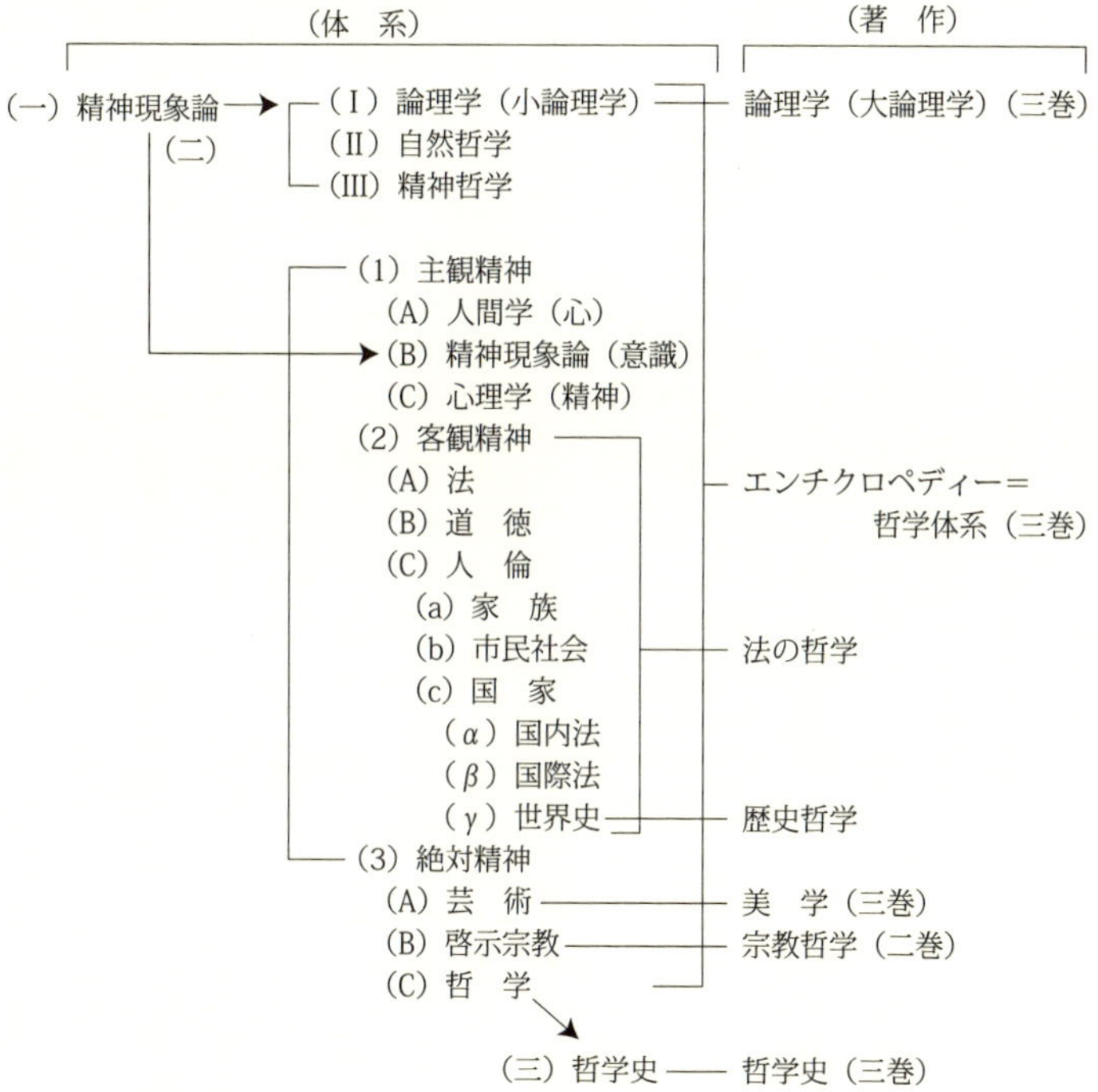

龍樹の『中論』と世親の『唯識』の核心的提起との対応・対照が必要不可欠であると、わたしには考えられるが――、その問題の焦点をグラグラしたものにしないためには、武市教授が切言しているように、その弁証法体系が下向の下限から上向の上限へと運動展開してゆく「限定」された出発点としての端初《アンファング》が、ヘーゲルの「有」、マルクスの「冒頭商品」として、共に同じに抽象的でありかつ具体的である、という根本的確認から出発しなければならない。

　右に言及されているヘーゲル観念弁証法哲学体系における『大論理学』『小論理学』『エンチクロペディー』『精神の現象学』の関係を整理しておくために、武市『ヘーゲル論理学の体系』に表示されている「ヘーゲル哲学体系の一覧表」を紹介しておこう。

　「一覧表」化されたヘーゲル哲学体系において、「美学（三巻）」を「絶対精神」としての芸術として位置づけられている（それはカント批判哲学体系でいえば『判断力批判』の位置に該当している）ことを例外として、その「歴史哲学」が「宗教哲学（二巻）」―「哲学史（三巻）」へと収斂してゆくのは、丁度その「法の哲学」が法―道徳―人倫→宗教―市民社会―国家→国内法―国際法―世界史という入れ子式のトリアーデ構成が、市民社会の内部＝基軸における「賤民《パリア》」の現存が職能団体《コーポラ》、植民地、国家を介して揚棄・解決されてゆく（そこがまたマルクスにとって、ヘーゲル観念弁証法の再顚倒が必要不可欠であるとされる、市民社会と国民国家との関係性問題の焦点を成しているのである）、ビスマルキスムスのプロイセン国家の実在を反映しているように、審判法廷としての「世界史」の展開（それは、「唯一人の自由」である蒙古《モンゴル》という歴史の始元から始まって、「数人の自由」であるオリエント専制王国を経て、「万人の自由」を実現したヨーロッパの「歴史の終焉」にまでいたるものとして展開される）、神義論による弁証法論理の自証としての宗教哲学的展開による、プロテスタンティズムを「国教」とするプロテスタンティズムのプロイセン国家の実在を反映しているのである（したがって、このようなヘーゲルの宗教哲学的・哲学史的立場からすれば、「資本主義の精神」としてのプロテスタンティズムは、M・ウェーバー流の「プロテスタンティズムの倫理と資本主義の精神」の限定性をも越えて、神義論として全面展開されているのである。このような事情を感得したM・ウェーバーにとって、〈宗教倫理〉というかれの理解社会学的普遍概念の創出が必至であった所以である）。

さて以上をもって、再びヘーゲル論理学体系とマルクス資本論体系との対応・対照の問題究明に直接に戻って行論を進めるならば、武市健人は、『資本論』第一部・第一篇・第二篇（つまり「価値形態論」である）を「資本論全体の序論」であると正しくみなして、冒頭商品論を資本制社会の始元形態の分析である、という確認から、『資本論』第一部・第三篇以降の全巻の進行を「現実の資本主義社会の（批判的）分析」の叙述であるとしており、そのような下向―上向法による論理的構成展開が、『資本論』の総体を「体系の叙述」であるとともに全面的な「体系批判《クリティーク》の叙述」であるような、認識論としても弁証法の円環化論理の構造化を根拠づけるとしたのである。けだし、カントに始まりヘーゲルにいたって集大成化されたドイツ観念論の批判哲学体系のマルクス的清算である。

そのような〈始元論〉に「この資本論冒頭の「商品」が資本主義社会の商品であるか、それともそれ以前のものであるかという問題が解決されると思う」と重要なことをさり気なく記している〈注〉のなかで、そうした〈始元論〉の確認を踏まえて、「これを第一巻第一篇そのものの中で云えば、その第一章の商品の分析、並びに価値形態の展開と、第二章の交換過程、第三章の単純流通の分析との関係も、始元論と現実過程、いまの問題で云えば、措定的反省と外的反省の関係と同様の関係にある。第一章は論理的分析であり、始元の分析であり、第二章と第三章はその現実過程の展開である。そしてこう見ることによって、殊に第一章の価値形態の展開と第二章の交換過程が同じものの叙述であるのに、異なるもののように資本論の中で述べられていることの意味が明確に区別されるのである。最近よく議論されているように、価値形態の展開が単に価値とその他者による表現関係であるのに対して、交換過程がそこに主体性、即ち商品所有者を入れて見るものだという議論も、こう見ることによってその理由が明らかになる。両者を始元論と現実過程、論理的過程の分析と現実過程の分析との区別を示すものとして、その議論も肯定されるのである。／また、第一巻第二篇の貨幣の資本への転化の節は、第七篇第二十四章の「謂ゆる本源的蓄積」と内容的には同じものを取り扱っているものであるが、一方は始元論、論理的分析、他方は現実過程の分析として、区別される。即ち第二篇は第一篇と共に始元論であって、現実過程の中で、これを第二十四章と対照すると、この同じ貨幣の資本への転化が、理論と歴史または現実論、即ち広義の実践論として対立しているのである」。けだし、卓見であると謂える。

この『資本論』冒頭命題における第一章「価値形態論」と第二章「交換過程論」の関係性の解明に、ヘーゲル『大論理学』の〈始元論〉を適用する武市健人教授的やり方は、本書でもしばしば取り上げた〈久留間・宇野論争〉以来の宿題の理論方法的解決にとっても、きわめて有用なものと考えられる。

ヘーゲル論理学の体系と資本論の構造との対照表　〔武市健人〕

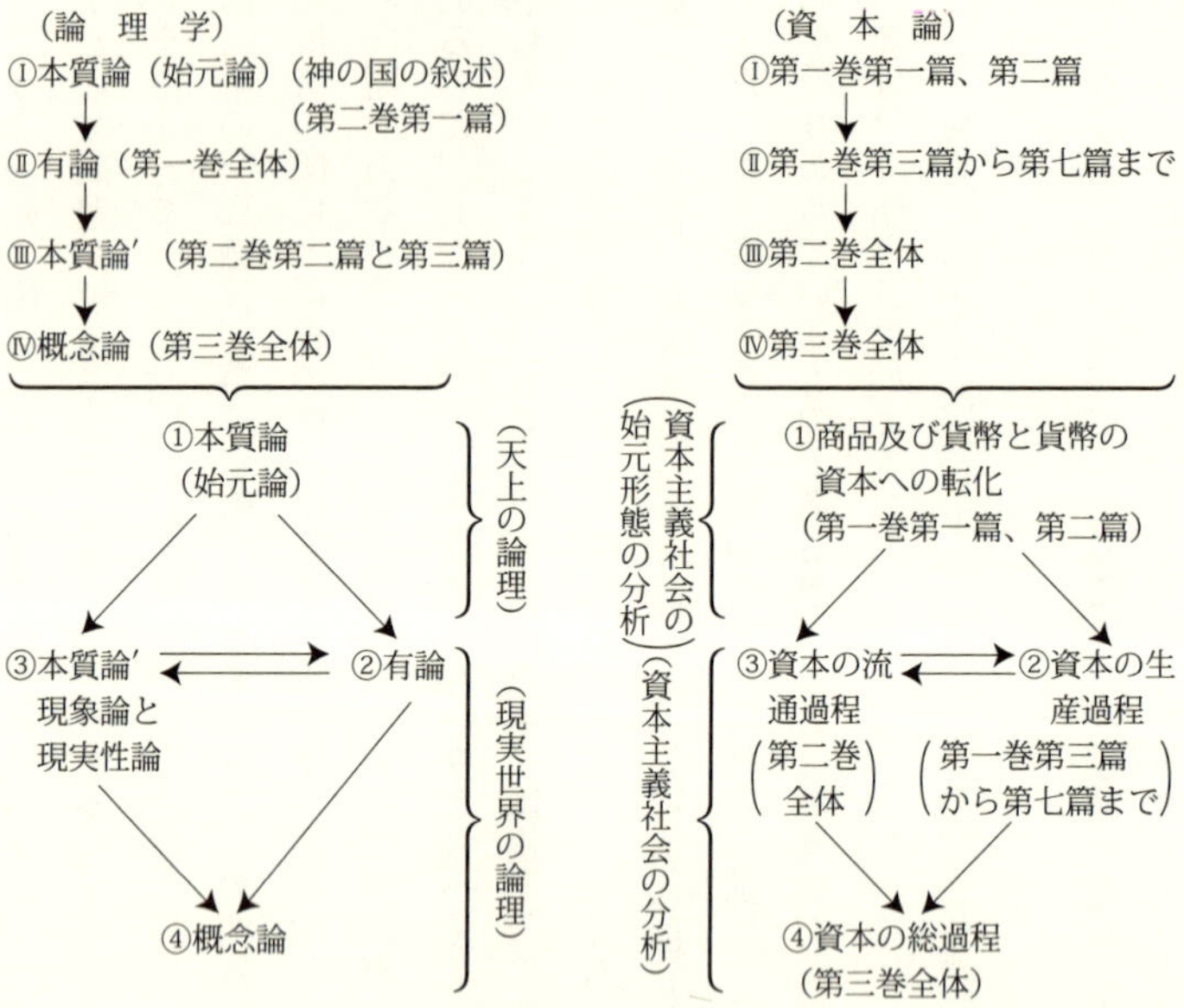

このような、ヘーゲル体系とマルクス体系との対応・対照、そしてまたヘーゲル体系内部における資本制社会の始元論と現実過程論との対応・対照（それは「理論と歴史または現実論、即ち広義の実践論としての対立」へと集約されている）は、上向運動してゆくのであるが、その端緒《アンファング》においてヘーゲル体系の始元である「有」と比定された「冒頭商品」という下向の極限（限定）から上向を開始した資本制社会の現実過程の進行（それは基本的に「分化」であり「形態化」である。すなわち、資本制社会自体の上向的発展における「形態的分化」の発見と創出の道程である）が、右に武市教授がさり気なく重要な指摘をおこなっているように、「貨幣の資本への転化」の第二篇・第四章が、第七篇・第二十四章の「いわゆる本源的蓄積」と、「理論と歴史または現実論、即ち広義の実践論として」対応していることを介在させながら（それは「内容的には同じものを取扱っているもの」のように見えながらその実は、わたしに言わせるならば、歴史的叙述として、一六世紀における「イギリス的方法」つまりエンクロージャによる土地（自

然）と生産労働（直接耕作）との歴史的分離過程の叙述を含むことによって、人類世界史上唯一回の出来事の発生・生成を、資本制社会の現実過程の論理化へと接続しているのである）、言うまでもなく、究極的にはその上向的発展のその極において、利子生み資本‐株式会社‐信用制度の発動に達し、その現実資本と架空資本（擬制資本）との分化・分離・乖離の増大を媒介する諸運動展開が、**恐慌の周期的・暴力的爆発**へと不可避的に導かれることによって、資本制社会は弁証法体系として円環化を自己実現し、「資本の商品化」を介して再び「冒頭商品」へと高次化的に自己還帰してゆくのである。

このように、両者の弁証法の対応のなかで総体的な対比をおこなってみるならば、「資本論の論理学」（レーニン）とは異なって、「有の論理学」であるヘーゲル弁証法、「無の論理学」である龍樹＝世親弁証法が、古代インドの思惟の置かれていた歴史的諸条件からして当然のこととして（特に、ヘーゲルとは異なって、偉大な古代インド哲学・思想の龍樹の「中論」や世親の「唯識」の場合には然るのであるが）近代資本制社会に特有な、弁証法を検証する経済学批判的な場としての**恐慌**の分析を全く欠いているということが、よかれあしかれこの対応・対照の決定的枢要であるということが自ずと了解されるであろう。

武市著作の「附録」として付された「大論理学テクストの目次」のなかで提示されている「対照表」は、右のごとくである――

武市健人『ヘーゲル論理学の体系』の「資料」として付されている「『ヘーゲル論理学の世界』の目次」は次の通り――

資料『ヘーゲル論理学の世界』目次（以下の傍線は、すべて、いいだに由るものである）

序　論

(Ⅰ) 商品の二因子
(Ⅱ) 労働の二重性
第三節　定有
(一) 有限性の区分
(二) 有限性――「或物と他物」との関係について
(Ⅰ) 単純な、または個別的の（または偶然的な）価値形態
――価値形態、または交換価値（その一）
(Ⅱ)「或物と他物」及び「規定、性状と限界」
(A) 或物と他物
(B) 規定、性状と限界
(三) 有限性と無限性
(Ⅰ) 有限性に於ける制限と当為の二契機と有限性の無限性への移行
(A) 有限性の本性
(B) 制限と当為
(C) 有限者の無限者への移行
(Ⅱ) 無限性
(A) 無限性一般
(B) 有限者と無限者との交互規定
(C) 肯定的無限性――真無限とその向自有への移行

(四) 価値形態の展開
――価値形態、または交換価値 (その二)
(A) 単純な価値形態の欠点
(B) 総体的の、または拡大された価値形態
(C) 一般的価値形態
(D) 貨幣形態

第四節　向自有
(一) 向自有の本性とその展開段階 (区分)
(二) 向自有そのもの
(三) 一者と多者
(四) 反撥と牽引、及び質の量への転化
(I) 反撥と牽引
(II) 質から量への転化と商品の交換過程

第三章　量――量論と「貨幣、または商品流通」論との対照
第一節　量
第二節　量論と「貨幣、または商品流通」論との対照

第四章　度量――本質の生成と貨幣の資本への転化
第一節　度量
(一) 度量の意味

（『ヘーゲル論理学の世界』上巻）

（一）実存
（二）現象
（三）本質的関係
現象論への附記――資本論第二巻第二篇「資本の回転」

第四章　現実性

第一節　現実性の区分とその梗概
（一）現実性の区分
（二）現実性の展開の概観
（Ⅰ）絶対者――絶対者、属性、様相の関係――
（Ⅱ）本来的の現実性
（Ⅲ）絶対的関係
（A）実体性の関係
（B）因果性の関係
（C）交互作用

第二節　偶然性、相対的必然性、絶対的必然性の関係
（一）偶然性
（二）相対的必然性
（三）絶対的必然性
現実性論への附記――資本論第二巻第三篇

「社会的総資本の再生産と流通」

(『ヘーゲル論理学の世界』中巻)

客観性論への附記――資本論第三巻第二項「地代論」

第四章　理念論

第一節　総論と区分

（一）理念の本性

（附記）自然弁証法、並びにその弁証法的唯物論と唯物史観との関係について

（二）理念の区分

（Ⅰ）生命

（Ⅱ）認識の理念

（A）真の理念

（B）善の理念

（Ⅲ）絶対的理念への移行

第二節　絶対的理念

（一）絶対的理念の本質

（Ⅰ）絶対的理念の意味

（Ⅱ）絶対的理念の形式

（二）方法と体系

（Ⅰ）内容と形式の関係と始元論

（Ⅱ）体系と方法との一致についての吟味

（Ⅲ）弁証法の構造と原理の再吟味
（三）全ヘーゲル哲学体系の構造
（Ⅰ）自然への転化
（Ⅱ）全ヘーゲル体系の再反省――真無限と悪無限
理念論への附記――資本論第三巻第三項「利子論」と所得論
（『ヘーゲル論理学の世界』下巻――傍線を引いた部分はすべていいだ）

右の両体系の対応・対照・対比において、本書の主題である〈**恐慌論**〉へのアプローチの観点からとりわけ注意を集中しなければならないのは、(1)ヘーゲル哲学体系の「三推論式」の「主観性論」と『資本論』第三部・第一項「利潤論」との対照、(2)ヘーゲル哲学体系の「反省としての本質」の諸規定の「客観性論」と『資本論』第三部・第二項「地代論」との対照、(3)ヘーゲル哲学体系の「理念論」と『資本論』第三部・第三項「利子論」と「所得論」との対照、である。

以上をもって、ヘーゲル観念弁証法とマルクス唯物弁証法との体系的対応・対照・対比についての全面的再検討のすべてを終える。

この場合、これは、古代インド哲学思想の龍樹や世親の「空の弁証法」「無の弁証法」との対応・対照・対比なのではないのであるからして、マルクス『資本論‐経済学批判』を弁証法円環化体系たらしめたそのかぎり「有の弁証法」が、かつてのヘーゲル哲学の「有の弁証法」や今日の西田哲学の「絶対無の弁証法」と同じく、歴史的・経過的実在としての資本制商品経済社会を実在的背景＝土台として展開されていることに、当然の注意を払わなければならない。そのような注意を払うことによって、マルクス『資本論』体系において、資本の産業循環＝景気変動過程を最終的にカテゴライズする恐慌の周期的・暴力的大爆発こそが弁証法を自証・検証する最大・最高の場であることの巨大な意義もまた、その根底から解明されるのである。

第六章　初期マルクスにおける『賃労働と資本』による恐慌論アプローチの画期的意義

カール・ハインリッヒ・マルクスは、人類文明史が歴史的臨界圏に踏み込むにいたった二一世紀のこの〈いま・ここ〉においても、汲めども汲みつくせない思想の富にあふれた宝庫でありつづけている。

その思想の海は、汲めば汲むほど、水が滾滾《こんこん》と地から湧き出し、天から降ってきて、ダイナミクにあふれかえってくる。

そのようなマルクスの思想と理論の源泉は、いうまでもなく『資本論』全三部であるが、繰り返し強調しておけば、その『資本論』弁証法体系の核心は、マルクス的弁証法の恰好の検証の場ともいうべき〈恐慌論〉にほかならない。

マルクス〈恐慌論〉をマスターしなければ、マルクスの富をマスターすることは絶対にできない。思想的にも、理論的にも、はたまた、実践的にも、実用的にも。

ごく日常的に、労働者運動においても、市民運動においても、地域運動においても。それはドグマチックに空論的にそう断定するのではなく、これから本書で逐次あきらかにされてゆくであろうように、事柄のリアルな実質の内容に即して、そのように言えるのである。

人は誰しも、**マルクス〈恐慌論〉**を会得することなくして、マルクス主義者たることはできないのである。

1　疎外革命論の初期マルクス水準から『賃労働と資本』の内部構造論へ

本書冒頭の第一章は、第一節の〈「青年ヘーゲル派」としての最初期マルクスの世界観的出立〉においてすでに詳述したごとく、若きマルクスの学位論文における人類文明史の初源としての古典古代ギリシア哲学史の再定立――それは、いわゆるソクラテス前期・プラトン前期に属するタレス‐アナクシマンドロス以来のミレトス派自然哲学《フュジカ》と、アテネ・ポリス民主主義のペリクレス最盛期時代におけるゴルギアス‐プロタゴラスらソフィスト哲学の復権、ならびにヘレニズム期以来のストア哲学‐エピクロス「快楽」主義‐ピュロン「懐疑」論の時代的評価を含む、従来のソクラテス‐プラトン‐アリストテレス「正統派」によって一系・一元的に整序体系化された哲学史のそもそもの偽造・捏造を根底的に転倒させて再定立――させようという思想的企図にほかならなかった。

ホメロスから聖アウグスティヌスにいたる世界像形成過程のなかに古典古代ギリシア哲学の位置価を確定しようと試みたテレンス・アーウインの『西洋古典思想《グラシメル・ソート》　古代ギリシア・ローマの哲学思想』一九八九年（東海大学出版会刊、二〇〇〇年）は、つぎのように述べている――「西暦紀元後四三〇年のアウグスティヌスの死は、（ラテン語を話す）西ローマ帝国の崩壊期に当たる。哲学の古典的伝統が、西ヨーロッパに再び導入されるまでは、（ギリシア語を話す）東ローマ帝国やアラビア人の諸国で続いていたが、帝国の片方の没落は残念ながら、哲学の歴史の中でも重大な断絶につながっていると思わざるを得ない。だがともかく、アウグスティヌスを中世哲学の始まりとみなすことは、まったくの間違いではないし、たとえかれのところで筆を止めるとしても、そこに哲学が後の数世紀においてたどった方向についての妥当な見方を記すことができるだろう」。

そのようなマクロな西洋哲学史的眺望に立っているかれT・アーウインは、たとえばプラトンら「正統派」が排除した前ソクラテス期の「自然哲学」についても、「ストア派とエピクロス派の哲学者たちは、気に入った自然学者たちから創造的着想を得たが、ストア派はヘラクレイトスから、エピクロス派は原子論者たち（デモクリトスら）からであった。キリスト教徒たちは、異教徒の神々についての自然学者たちの批判について言及している」と周到な配慮を記している。

デモクリトスとエピクロスの「自然哲学」の差異について論じた若きマルクスの学位論文の企図は、このような後代の今日の時代における西洋古典思想のマクロな展望から見返してみるならば、古代ギリシア・ローマの哲学思想におけるプラトン「イデア主義」哲学—アリストテレス「形而上学《メタ・フュジカ》」体系による偏倚的・独断的捏造に抗して、前ソクラテス期のヘラクレイトスら「自然哲学」とヘレニズム期のストア派・エピクロス派との結合による実態再解明といった、古典古代ギリシア哲学の位置価の復権＝再定立を図ったものと言えるだろう。

このような三月前夜《フォア・メルツ》における若きマルクスの野心的企図は、先に強調したごとく、にもかかわらず、まもなく勃発したドイツ三月革命を焦点とする一八四八年ヨーロッパ世界革命の疾風怒濤《シュトルム・ウント・ドランク》期に突入したかれマルクスが、イギリスのエンゲルスとの協同のもとに思想的・理論的にも実践的・政治的にもその渦中へと飛び込んでしまったことによって、永久未完に終わってしまった。

かれ若きマルクスは、ロンドンに本部のあった〈義人同盟〉の〈共産主義者同盟〉への改組・結成活動に加わり、新生の共産主義者同盟の「規約」改正（「裏切者」に対する処刑という前近代共同体的な「秘密結社」条項の削除）、綱領＝「共産主義宣言」の起草に積極的に携わった。

そのような過程で、エンゲルスとの共同草稿『ドイッチェ・イデオロギー』における唯物史観の創発（『国民経済学批判大綱』でイギリス古典経済学研究で先行していたエンゲルスの唯物史観構想を助けての共同創発）、同じくエンゲルスとの合著の『聖家族』の出版（〈ヘーゲル左派〉の右翼としてのブラウアー兄弟の「自己意識」論に対する最左翼としてのかれらのヘーゲル主義の残滓からの脱皮の哲学的著作の公刊）、『パリ草稿』（いわゆる『経済学・哲学手稿』）における労働疎外論を軸とする疎外論=疎外革命論と社会主義論の提起、イギリス政治経済学を摂取する『経済学ノート』をもとにした『賃労働と資本』の提示（この近代資本制社会に対する資本・賃労働の両極再生産構造についての最初の提起は、ウィーン革命の真っ最中における「ウィーン民主主義協会」の革命的主体形成のための学習テキストとして用いられたが、もとよりそのウィーン革命は、ロシア・ツァーリズムと東欧被抑圧諸民族の「赤マント兵」が長駆して殺到した反革命的外征によって、粉砕されて終わるのである）の一連の諸労作によって、初期マルクスのマルクス主義理論初発の自己形成は画されたのである。

先に第三章「トーピッチュによる「ドイツ観念論批判の基本的な方法と性格」において紹介しておいたように、トーピッチュは隠示的にせよあきらかに、初期マルクスの『パリ草稿』（いわゆる『経済学・哲学手稿』）の労働疎外論を念頭に置きながら、それがヘーゲルのグノーシス的構想による「労働理論」の引き写しであるとみなして、労働において直接に物、存在である形をとる人間存在としての自己自身が、「外化」して労働生物の形をとる「創成《ゲネシス》」を通じて自分自身へと戻り、他方、この移行によって人間の労働生産物の物的世界が共同で築かれるようになり、この自律性がマルクス主義的歴史観すなわち共産主義《コミュニズム》論の「基本テーマ」になるにいたった、としているのである。

このようなE・トーピッチュの観点からするならば、ヘーゲル『精神の現象学』の「労働理論」の影響下にあった初期マルクスの労働疎外論を軸とする人間疎外論ないしは疎外革命論は、「発出《プロオース》」と「登攀《アナーゴーゲー》」の輪廻を弁証法的な上昇と下降によって自己還帰する、ネオ・プラトニズム的・グノーシス的世界=自己把握の近代版の一種以外のなにものでもありえないのである。一種の「公論、敵より来たる」の好例である。

初期マルクスのマルクス主義がグノーシスである、という命題は、かれトーピッチュの一面的解釈にしかすぎないが、他面の理論的事実としては、初期マルクスの疎外論は——現代の高度消費文明に対する異和・反撥のあまりに、初期マルクスに過大な思い入れを情緒的に寄せるヘルベルト・マルクーゼ以来の一種の現代マルクス主義的嗜好にもかかわらず——たしかに、アドルノのマルクス主義的用語で表現すれば〈本来性という隠語〉に囚えられた〝本来的〟な人類社会の初源＝楽園《パラダイス》に対する回帰のロマン主義的幻想、あるいはまた〝本来的〟な人間の故郷《ハイマート》＝原郷《ウアマート》へと還帰したいというユートピア主義的願望に貫かれていることは、疑いを容れない。

「疎外された労働」の確認からそれを軸心として人間疎外論を描出した初期マルクスの手稿において、ヘーゲリアン時代の若きマルクスの哲学的過去の特徴が、かれ自身の「哲学の清算」「哲学との訣別」の宣言にもかかわらず、はっきりと古い影を落としており、それに加えてフォイエルバッハ哲学から借用された各種の「疎外」概念が転用されていることは、疑いないところではあるが、同時にそれらの「人間的存在」「人間の本質」「類」「類的存在」「類的本質」「類的生活」等々の概念の転用において、マルクスが社会の歴史的発展の物質的基礎と原動力を理論的に把握しようとする最初の試みが遂行されていることを認めることができる。

ウァルター・トゥーフシェーラー『初期マルクスの経済理論　資本論成立前史』（民衆社刊、一九七四年）によれば、「したがって、マルクスの疎外理論は、本質的に社会発展の理論である。それは、フォイエルバッハに結びついている唯物論的見解、すなわち、自然と人間は客観的実在であり、それらはその根拠を——ヘーゲルのように——絶対理念ないし世界精神にではなく、それら自身のうちにもっている、という見解に立脚している」と。「さらにマルクスは、特にフォイエルバッハならびにフランスの社会主義と共産主義の影響のもとに、しかもいうまでもないが、ヘーゲル哲学と対決して、経済学ならびに当時の実際の階級運動と階級闘争を批判的に研究した結果、「人間の本質」についての唯物論的ヒューマニズムの見解に達し、こうして到達した見解を、マルクスは当の手稿においてかれと論述を展開する過程でいっそう詳しく規定し、精密に提示しているのであるが、かれの疎外理論はかれのこの「人間の本質」についての唯物論的ヒューマニズムの見解に基づいているのである」と。

このようにして、仕上げられつつあるマルクス主義の新しい弁証法的・唯物論的な歴史観の概略を、わたしたちは初期マルクスの「疎外理論」が発展をとげて到達した積極的側面として確認しうるのである。

マルクスの『パリ草稿』は、曰う――「一方では、自然諸力、生命諸力をそなえた活動している自然存在である。これらの力は、人間のうちに素質として、能力として、衝動として実存している。他方では、人間は自然的な、肉体をそなえた、感性的な対象的存在として、動物や植物もまたそうであるように、条件づけられ制限された苦悩する存在である。すなわち、人間の衝動の対象は、かれから独立した対象として、かれの外に実存している。しかしながら、この対象はかれの欲求の対象であり、かれの本質的諸力の活動と確証には欠くことのできない本質的な対象である」。

このような、人間の物質的生産活動とその活動における人間の肉体的・精神的な本質的諸力ないし人間の生産諸力の対象化とは、若きマルクスによれば、ただ単に人間生活一般の必然的な存在条件であるばかりでなく、同時に、歴史における人間の自己産出過程の物質的基礎であり、またその表現でもある。なぜなら、人間はかれの物質的生産活動によって、単に対象的な世界やかれの肉体的欲望を満たすためだけの手段を生産するばかりでなく、自分自身を、かれの感覚、能力、本質的諸力や諸欲望を発展させ、同時に、他の人間に対するかれの関係をつくりだすからである。このようにして人間ははじめて「類的存在」たりうるのであり、すなわち、人間は対象的世界に労働の手を加えることによって、はじめて現実的な意識的な類的存在としての実を示し、したがってまた、労働によって産出された対象は「人間の類的生活の対象化」であり、物質的生産そのものが人間の「活動的な類的生活」となるのである。このような洞察は、初期マルクスの〈疎外論〉の積極的な側面・要素であり、そのようなものとして、中・後期マルクスにも底流として継承されてゆくこととなる。

初期マルクスは、物質的生産活動をあらゆる人間生活の基礎であり社会的生活の土台であるとみなし、人間と自然との関係を、人間自身によって自己産出された対象的世界ないし「自然」の発展と、人間および人間の社会的諸関係の発展との、弁証法的な相互作用とみなしているのである。この自己疎外状態の特徴づけを最後として、初期マルクスの「疎外された労働」の部章の第三次草稿は中断されてそのまま終わらされている。その再開・補完は、中・後期マルクスの「労働力商品」の大発見に由る〈物象化論〉の高次水準へとひきつがれて発展させられてゆくのである。

初期マルクスの〈疎外論〉と〈疎外革命論〉を、〈労働力商品化〉の大発見に即して〈物象化論〉を展開した『資本論』段階の後期マルクスから見返してみて、根源的に批判的に再吟味して位置づけるわたしたちは、にもかかわらず、初期マルクスの「疎外論」が有っていた積極的側面・要素を以上のように確認しながら、同時に、その決定的限界の側面・要素について、エンゲルスが後の一八九二年に『イギリスにおける労働者階級の状態』「一八九二年ドイツ語版序文」において確認した初期マルクス・エンゲルスの「疎外論」の一般的・理論的限界について、明瞭に確認しておくことが必要である。とりわけそれは、中・後期マルクスの意義をその枢要において確認するためにも必要不可欠なのである——「本来の一般的な理論的立場が——哲学的、経済的、政治的な点では——わたしの今日の立場といっしてぴったりとは一致しないということは、おそらく注意する必要もないであろう。一八四四年には、近代的な国際的社会主義はまだ存在していなかった。それはその後、とりわけ、そしてほとんどもっぱら、マルクスの系統によって一つの科学にまで完成されたのである。わたしの書物は、国際的社会主義の萌芽的な発展段階の一つを代表するにすぎない」と。これがほかならないエンゲルスの後年からの理論的保証であるだけに、強い説得力をもつのである。

このような初期マルクスの〈疎外化論〉の核心は、中期マルクス以降の〈物象化論〉によるその〈労働力商品化〉に即する原理的克服にもかかわらず、『資本論』体系においても文辞的にもなお保存されているのであり、物象化諸水準を偏愛するあまり人間疎外についてのそうしたマルクス的洞察をいっさい否定し去るようなことは、論外・不必要なことである。

物象化論による疎外化論の自己揚棄を、機械的に疎外化論か物象化論かの二者択一に再び退化させてしまうごときは、論者が〈物神性論〉だけに依拠して『資本論』体系の弁証法的体系性を質的に論証しようとする一面性の現われにすぎないのであって、そのような類別は、資本の物神性の高次化（それはまさに、利子生み資本・株式資本形態・信用制度の運動として現われる）を含めての〈**恐慌論**〉**の全面的解明**として遂行されなければならないのである。

　初期マルクスの理論創発過程において、いわゆる『経済学・哲学手稿』における右のような労働疎外＝人間疎外論は、『賃労働と資本』の近代ブルジョア社会の再生産構造についての最初の理論的定礎と共在・共存したのであるが、その「ブルジョア階級の存在と支配にとって、最も本質的な条件は、私人の手中への富の集積、すなわち資本の形成と増殖である。資本の条件は賃労働である」という主張は、『共産主義宣言』における「ブルジョアとプロレタリア」、有産者vs無産者という対立を、賃労働vs資本という階級対立の定式化へと概念的に発展させたものといえる。

　元来、一八四七年一一月にブリュッセルの「ドイツ人労働者協会」でのマルクスの講義を基礎として制作された『賃労働と資本』は、『共産主義宣言』よりもむしろ先行していた由来をもつものであるが、その正規な原稿化は、ドイツ三月革命勃発の前夜の一八四八年二月になされ、四九年四月に『新ライン新聞』にその革命の連続的敗北の年代記の総括の理論的進展の意味を孕んで連載発表されたものである。

　すでに四八年ヨーロッパ世界革命後の〈反動の時代〉に入ってしまった以後の革命運動挫折についての理論的教訓の一環として、一年半にわたる猶予・熟成期間をとって成稿化された『賃労働と資本』は、『共産主義宣言』からさらに理論的に一歩を進めて、イギリス古典経済学の再摂取を踏まえつつ、「資本と賃労働」の経済関係を立ち入って分析しようという意図に自覚的に基づいた労作であった、と言ってよい。

　この論文は、『新ライン新聞』に連載されるに当って、その冒頭に「二月革命（フランス）と三月革命（ドイツ）をおこなった労働者階級が制圧された」旨の確認がなされ、したがって「読者は、階級闘争が一八四八年に巨大な政治的形態をとって発展するのを見てきたのであるから、いまこそ、ブルジョアジーの存立とかれらの階級支配ならびに労働者の奴隷状態の基礎を成している経済的関係そのもの」の理論的検討の必要不可欠になっている旨が、強調されている。

この『賃労働と資本』の検討においては、資本・賃労働の対立の基礎として、生産力の発展と資本蓄積との内部関係にはじめて、理論的メスが入れられたことを、わたしたちは如実に認めることができる。このことの歴史的意義の確認が、先ずもって重要である。

マルクス〈恐慌論〉の発展にとって、この理論的第一歩の意義はすこぶる大きい。

『ドイッチェ・イデオロギー』『経済学・哲学手稿』『共産主義宣言』の段階においては、初期マルクスは〈**恐慌**―革命〉の理論的・実践的立場性にすでに立脚しながらも、その「**恐慌**と革命の経済学」はシスモンディの『新原理』ならびにその「マルサス的翻訳」「英語版の劇画」と呼ばれたマルサスの『経済学原理』の影響が強かったことも預って、**いわゆる過小消費説的な「恐慌」把握の傾向**が強かった。

そのような初期マルクスの経済学が、『賃労働と資本』において、資本蓄積の内部から、産業循環＝景気変動過程に即して**「周期的恐慌」現象**を理論的に解明しようとする新しい見地をうちだしたのであり、その点でマルクス主義体系の根幹である**〈恐慌論〉の体系化**の方向が、ここにようやく踏み出されたものと観ることができる。だから、第一歩としての理論的意義を『賃労働と資本』が画した、とわたしは特に強調して言うのである。

『ドイッチェ・イデオロギー』『経済学・哲学手稿』『共産主義宣言』の初期マルクス段階では、エンゲルスの『国民経済学批判要綱』をキャッチ・アップしたマルクスの〈賃労働〉の範疇《カテゴリー》了解は、アダス・スミス、デイヴィッド・リカードらのイギリス古典経済学の「国民経済学」における「賃労働」範疇《カテゴリー》と全く同一のものであって、「労働力」ではなくて「労働」そのものの商品化であるにしかすぎなかった。

したがってまた、そのような労働そのものの商品化としての「賃労働」という範疇《カテゴリー》は――たしかに、前貸資本部分として賃金が平等の等価交換の原理に基づいて雇用契約にしたがって支払われる現象形態は、労働そのものの商品価格化としての賃労働という所与の形態をそのままに示していた――前近代社会における職人労働（このような職人労働は古典古代ギリシア・ローマ奴隷制市民共同体社会においてはもちろんのこと、それよりもさらに遡る原初社会においても共同体に付着する部分的制度化として歴史貫通的に実在していた）にも当てはまる超歴史的なものであった。前近代共同体社会における職人労働に対しても、当然のこととして共同体に付着する商品貨幣経済のたぶんに慣習的原理に基づいて「労働サーヴィスへの対価」としての「賃金」はそれなりに適切・適正に支払われていたのである。これは、労働力の価値が隠蔽された形態としての、「労働の対価」＝「労賃」にほかならなかった。

中期マルクスへの経済学批判的沈潜によって決定的に「労働力商品」概念化されるにいたるように、資本制社会の存立の秘密としての「賃労働」は、いうまでもなく「労働力の商品化」として概念化されなければならないが、初期マルクスの**「恐慌と革命の経済学」**にとっては「労働力商品」が理論的に把握されなかった以上、ブルジョア社会における階級関係の把握もまた「有産者と無産者」の二極化把握にとどまることとならざるをえなかったのである。この二極化把握はそれなりに大凡は正しいものであるが、その階級真理的正しさはまだ類似的・類推的なものにとどまっていた、と言うことができるだろう。

所有論的に「私有財産の独占」による「有産者」（ブルジョアジー）と「無産者」（プロレタリアート）との対立という規定は、後に『資本論』弁証法体系が「三位一体範式」として定式化する〈資本‐利子、土地‐地代、労働‐賃金〉に基づいた資本家・地主・賃労働者の三大階級ではなくて、『共産主義宣言』の冒頭に定式化されたような有産者＝ブルジョアジーと無産者＝プロレタリアートとの擬似的・類推的二大階級の対立にすぎないのであって、ここにまさに初期マルクスの「労働疎外論」の限界が集約的に露呈されていたと言える。

有産者＝ブルジョアジーvs無産者＝プロレタリアートの二大階級の対立図式では、ブルジョア社会における二極化の事態も、有産者の間の「競争」（したがってまたそれによる「資本の集中」）や有産者の「収奪」による無産者への「没落」による、富の蓄積と貧困の拡大として、いわゆる「窮乏化法則」的な二極分解としてこれをとらえることができない。厳密にいえば、この段階のこうした規定では、資本・賃労働の内部関係からの階級的「搾取《エクスプロイテーション》」はまだ経済学的に把握されるにいたってはいないのであって、またそのような「搾取《エクスプロイテーション》」が同時にまた、自然との人間労働の関係行為による「開発《エクスプロイテーション》」である関係も、経済学的に把握されうべくもないのである。

『ドイッチェ・イデオロギー』と『共産主義宣言』は、いずれもエンゲルスとマルクスとの共同執筆であって、マルクス・エンゲルス問題として理論問題としても経済学問題としても厳密に究明しなければならない「持分問題」をその当初から孕んでいるのであるが、当時にあってイギリス古典派経済学への関心においては、『国民経済学批判大綱』をすでに執筆・公刊していたエンゲルスの方が先行・先導していたのであり、マルクスの〈**恐慌―革命テーゼ**〉も、エンゲルスの強烈な影響のもとで構想されたのである。

そのような初期レヴェルでの両者の〈**恐慌**〉**把握**は、エンゲルスが先導した唯物史観主義的傾向も手伝って、抽象的な「世界市場」レヴェルで把えられており、『ドイッチェ・イデオロギー』式用語でいえば、「交通関係」に生産関係が解消される傾向が強い。『共産主義宣言』において、〈**恐慌**〉が市場の「商業**恐慌**」としてうちだされていたのもそのためである。資本・賃労働に基づく「資本過剰」の視点はそこではまだまだ程遠いのである。

2 『賃労働と資本』が創発した〈恐慌論〉の三つの特性

したがって、『共産主義宣言』の〈恐慌〉把握と対比してみるならば、『賃労働と資本』における初期マルクスとして画期的であった〈**恐慌**〉**論の創発**の特性を、ここでまとめて確認しておくならば――

第一に、そこでは、労働価値説を基礎にしながら、再生産構造の解析を基礎とする、「資本―賃労働」関係の階級対立としての内部把握が方法として明確になり、それゆえに資本蓄積の内部において**恐慌現象**を位置づける方向が明確にうちだされるにいたった。ここに、一八五〇年代の中期マルクスの〈経済学批判要綱〉体系へと進んでゆく「労働力商品化」を鍵《キイ》概念とするレヴェルへの次元が開かれながら、**恐慌論**のマルクス的体系化の第一歩が巨歩として踏み出されることとなったのである。

第二は、いぜんとして、初期マルクスの「唯物史観」の定式に還元されたかたちでの生産力と生産関係の矛盾の把握の仕方ではあるが、生産力の発展がそれなりに資本蓄積の内部において位置づけられ、雇用拡大や賃金上昇を積極的に認めた上で**恐慌論**を展開しようという理論的志向が示されることとなった。したがってこのことは、産業循環＝景気変動過程における「好況局面」での資本蓄積を前提として、「好況」と「不況」を含む産業循環論も、すでに、不十分ながら提起されて、その**不況局面の突発的・突変的な暴力的爆発としての〈恐慌〉理解の道**が開かれていると言える。

第三は、依然としてスミスの「競争論」的な**恐慌論**アプローチの見地は強いが、しかし同時にリカードの「機械論」の継承によって、機械制大工業における資本の生産過程の推転の一結果としての「相対的過剰人口」論が展開されている点が、注目されなければならない。**「資本過剰説」に基づく恐慌論のアプローチ**も、資本蓄積過程の内部から形成される資本家社会的人口法則としての「相対的過剰人口」の把握をぬきにしては、具体化しえないのである。

したがって、『賃労働と資本』においては、小生産者や農民や小金利生活者の没落による「産業予備軍」の造出ばかりでなく、「相対的過剰人口」の累積による「貧困」化が**恐慌**と結びつけられる緒口が提示されたと言ってよい。その意味では、相対的人口による貧困に基づく「過小消費説」が、**「資本過多説」の副次的・随伴的恐慌現象**として、「資本の過多」の爆発傾向への一促進要因として包摂される基本的視角への道も、ここではじめて切り開かれたのである。

このようにして、『資本と賃労働』における〈**恐慌論**〉**の理論的創発の第一歩**は、**恐慌の必然性**が『共産主義宣言』『パリ草稿』とは異る経済学原理論的前進を見せながら、マルクス独自の、マルクス経済学批判をしてマルクス理論たらしめた価値法則論（価値論・剰余価値論）、資本蓄積論、資本-賃労働関係の社会的再生産論との不可分の固い結びつきの下に、**マルクス的恐慌論体系化への第一歩**が巨歩としてうちだされたとみることができると、看なければならない。〔宇野弘蔵『**恐慌論**』（岩波書店刊、一九五三年）、大内力『**農業恐慌**』（有斐閣刊、一九五四年）、大内秀明『**恐慌論の形成　ニューエコノミーと景気循環の衰滅**』（日本評論社刊、二〇〇五年）の三書を、ぜひとも参照されたい〕。

一八四四年の『パリ草稿』（いわゆる『経済学・哲学手稿』）に結晶化した初期マルクスの経済・社会観は、「疎外された労働」概念を基軸とする「人間疎外論」＝「自己疎外論」であるが、自己疎外の極であるスターリン主義に対する嫌悪・忌避の反動から、この初期マルクスの疎外論あるいは疎外革命論に対するロマン主義的な偏愛は、ごく最近の一九六八年反乱期におけるマルクーゼ理論の一世風靡でも如実なごとく、スターリン主義に飽きたらないいわゆる新左翼潮流においても今以て著しいものがある。

そのような「疎外革命」論的な潮流に対する頂門の一針は、スターリン批判とともに登場した清水正徳の『自己疎外論から『資本論』へ』（こぶし文庫刊、二〇〇五年）である。

清水正徳「序文」は曰う――

「マルクスが一八四四年頃に把握して死ぬまで彼の理論的および実践的活動を支えていたものは、労働主体性の立場というべきものである。人間存在の基本構造が労働＝自己対象化活動において捉えられ、この人間の原本的活動としての労働が、現実には主体の疎外となって現われ、このことの認識がやがて、近代社会においては総体的な経済的生産労働が自己疎外的本質（すなわち資本）のうちに包摂されているということとして把握されることになる」と。

このような清水正徳の立場は、戦後日本のマルクス主義了解においては代々木正統派によって「異端」とされた、清水正徳が高く評価する梅本克己の「戦後主体性論」の立場と等しい。もとより、清水も梅本もそしてまたその驥尾に付しているわたしなどの労働主体性＝主体性論の立場は、「疎外された労働」を鍵概念とする「自己疎外論」の美化の立場では何らないことは、清水著述の題名が『自己疎外論から『資本論』へ』とされていることでも明らかなごとくである。すなわちその立場は、労働力商品化論の理論的洗礼をまだ蒙っていない初期マルクスの疎外論的水準は、中期（『経済学批判要綱《グルントリッセ》』）・後期（『資本―経済学批判《ダス・カピタル》』）における労働力商品化の鍵概念《キイ・コンセプト》的把握を基軸とする物象化論への転化によって自己克服されたとみなす立場にほかならない。

にもかかわらず、同時に再確認されなければならないことは、初期・中期・後期のマルクスの不連続の連続ともいうべき自己形成史を一貫して跡づけるわたしどもの歴史形象的立場性からすれば、初期マルクスの自己疎外論は過去の「若気の過ち」として放擲されるべきものとしては取り扱われてはならない、という事である。何となれば、労働力商品化を鍵概念とする『資本論』の弁証法体系とは、厳密な意味における自己揚棄《アウフヘーベン》によって初期マルクスの自己疎外論を後期マルクスの物象化論の裡に包みこむことによって真の意味で揚棄しているからである。

物象化水準に確固としてすでに立つ『資本論』においても「自己疎外」の術語が頻発する所以である。ただ『資本論』段階のマルクスは、「本来性の隠語」（アドルノ）としての自己疎外の「本質論」にはいっさいわずらわされないまでのことである。本来性の隠語としての「疎外革命論」は、これを要するに、〝本来の〟どこにも・いつにてもない、人類の故郷《ハイマート》である「エデンの園」へのノスタルジア（＝「原罪」による「堕落」史観と裏腹の）にすぎないものであり、「本来仏」「本来聖人」への仏教徳・儒教徳と同じ反動的・空想的な復古願望の心理的・情緒的現われにしかすぎないのである。

疎外革命論の原初の志を「労働力商品」範疇概念の大発見後の物象化水準においてアウフヘーベン的に保存させるとすれば、物象化社会としての資本制社会の「物神性崇拝論」に偏極して〈三位一体社会範式〉をあきらかにした用語法よりは、より経済学原理論的に〈恐慌論〉の有無をもって疎外論と物象化論の識別標識とみなした方がよいであろう。

「マルクスは労働主体を自然によって基礎づけることと対応して、個としての主体の全体構造を捉え、人間における本来的社会性・普遍性の面を類的存在（Gattungswesen）として把握する」と、清水正徳は言う。けだし、問題点の均衡がよくとれている卓見である。初期においてマルクスが「労働主体を自然によって基礎づける」ということは、そこにおいてすでに人間の自然との関係行為としての「労働」を自己・相互媒介概念として「個としての主体の全体構造」を把えようとしたことを意味しており、そのように自己疎外からの「回復」を志向する実存の積極的意味は、何よりも「類的存在」としての個＝実存としての主体の全体構造の観《テオーリア》にあり、「隠語としての本来性」ではない「本来的社会性＝普遍性」の積極面もまた「類的存在」としての本来性にアクセントがあるのである。

清水正徳によれば、この Gattungswesen として人間の根源的位置を把える視点は、二つの意味をもつ――一つには、この「類的存在としての人間」を媒介として「社会の理想像（つまり本来的社会像）」を描けば、これはイデオロギーとしての社会像となる。それは、幻影でもなければ、さりとて既存の実在でもない。だから「イデオロギーとしての社会像」とここで表現しておくのである。他方、この労働者の疎外を、経済学原理論を基軸とする唯物論的歴史把握を媒介として、歴史的社会における「労働の矛盾」として把握するとすれば、これは最終的には、資本制商品経済社会における「労働力商品化」の矛盾の意識化＝認識へと導くことになる。清水正徳は、一八四四年の『パリ草稿』を記した頃のマルクスには、この二面がはじめから存在したとみなしているのである。両義的存在としての人間の発見である。その発見を、経済学批判的に精錬したのが、労働力商品化の大発見なのである。

マルクスの「労働主体性の立場」を、このような二つの側面の統一として解義した清水正徳は、マルクス哲学の本質を専ら「疎外論」として固定化してしまう立場を「空想的社会主義」にいたる道として名付けて（このような疎外論的マルクス主義に偏極したそのあげく、自己疎外の極大化にまでいたったのが、「スターリン主義」へといたる思想的転落の道であったであろう）、かれマルクス自身は、「疎外させる側（すなわち資本＝価値）を歴史的主体として一貫して認識する」立場から、人間疎外の構造の客観的解明に全力を注いで（だからこの対象化の営為は〈戦後主体性論〉の課題と何ら矛盾するものではなかった）、「自己疎外」概念が経済学原理論における「労働力商品化」規定へと純化・精錬されてゆく過程を終生追究し、その極まりをもって「類的存在」としての人間文化史総体に対する唯物論的歴史把握のアプローチを可能にする道を追究・発見したのである。

清水正徳『自己疎外論から『資本論』へ』をみごとに整序して解説した編者降旗節雄は、以上のすべてを確認した上で、清水正徳歿（二〇〇四年、八十三歳）後の今日の現代資本主義のグローバルな危機のさなかに立って、なお「望蜀の言葉」を綴っている、すなわち——「われわれは、今となっては、資本主義のマルクス的段階と現代との位相の違いをも強調すべきではないだろうか？　／つまり、「労働力の商品化」の無理を指摘しても、現代では、それだけでは現実社会の矛盾の焦点を解明したことにはならない。主体としての資本の性格が、マルクスの時代とは根本的に変質しているからである。というよりも、正確には、支配しているのはたんに資本だけでなく、資本と国家の複合体であり、しかもグローバリゼイションの潮流のもとでその国家も変質しつつあると見るべきだからである。／資本と国家という近代世界において人類を支配しつづけてきた二つの基本的システムが、今や変質し溶解しつつある時、「労働力の商品化」の無理は全く新たな様相と局面において噴出してきている。／われわれに残されたのは、この現代における「労働力の商品化」の矛盾の特殊な構造を具体的に分析するという課題であろう」。

右に降旗節雄教授が切言している、現代資本主義世界システムの二〇〇六年の今日における資本と国家という近代世界支配の二つの基本的システムの変貌・変質・溶解については、さらに、そこにおける「労働力商品化」の矛盾の新たな様相と局面における噴出については、わたしどもに異論のありうべくもないことは瞭らかなところである。問題のスリリングな核心は、そのような強調点《ウダレーニヤ》の転換がはたして、カール・マルクス——宇野弘蔵——清水正徳離れをもたらすのか否か、という見当づけにある。降旗節雄ともどもわたしたちの思想的・理論的精進を、思いのたけ詰めてみたいところである。

第七章　〈反動の時代〉＝ボナパルティズム治下での中期マルクスの理論的・実践的活動の意味

レーニンは『哲学ノート』のなかで、「マルクス主義者は誰ひとり、『資本論』の論理学を理解しなかった」という驚くべきコメントを書き記していた。

二〇世紀を世界史的に画した帝国主義戦争の勃発の前夜に、『帝国主義論』の理論的営為とともになされた、ヘーゲル『大論理学』の再精読ノートである『哲学ノート』は、かれレーニンの当時の全人格・全実存を懸けた一種の危機書にほかならなかった。

第二ヨーロッパ・インターナショナルに結集していた〈社会民主主義者〉が、その一環として久しくロシア社会民主労働党の首領として理論的・実践的活動を展開してきたレーニンにとっては、カウツキー、ベルンシュタインをはじめとするドイツ社会民主党の大転向を先頭とする帝国主義世界戦争の相互殺戮への参加・関与という前代未聞の「世界史的裏切り」の大発生に当面して、かれのそうした全根拠が突如として全面崩壊の奈落の渕に立たされていたのである。

それに対して全身全霊をもって激昂・抗議したさなかでの、このマルクス『資本論』とヘーゲル『大論理学』の読み直しは、かれレーニンにとって現代に生きるマルクス主義の創発としての一大苦闘にほかならなかったと言える。その精神的苦闘の成果をひっさげて、当時のかれは、「帝国主義戦争を内乱へ」という現代史を切り拓く綱領的テーゼを創発し、勃発した一九一七年のソヴエト・ロシア革命の現場へと参加すべく、亡命中のスイスから「封印列車」に搭乗してペテルブルクへと急ぎ、二月から一〇月への連続革命の途上にあるボリシェヴィキに〈四月テーゼ〉を提示したのである。

かれレーニン自身に、その理論的・綱領的責任があるとも言える、古い「二段階革命」の前帝国主義時代的な綱領的見地に固執するスターリン、モロトフ、ルイコフ以下の「オールド・ボリシェヴィキ」を制圧して、トロツキー、ヨッフェ、コロンタイらとソヴエト・ボリシェヴィキ党の事実上の再生である党合同による「全ロシア共産党」を党第七回大会として達成したレーニンは、よってもって七月クーデタ後の非合法態勢下のなかで一〇月の「労農兵ソヴエト」武装蜂起を決行して、ソヴエト・ロシア革命の勝利を手にしたのである。

現代の世界史的帰趨において、すでに一九七一年のスターリン主義体系の世界史的瓦解を経験したわたしたちにとっても、資本主義のアメリカニズムの勝利と社会主義＝マルクス主義の死亡宣告がかまびすしく喧伝されてきている現在にあって、右のようなマルクス『資本論』弁証法体系の再習得は、必至絶対の課題となって上程されてきていると言える。その読み直しの核心は、**マルクス〈恐慌論〉の基本的完成志向**に即したマスターにあるのだ。

1　「寄生的国家」ボナパルティズムの聳立過程と、中期マルクスの『経済学批判要綱』の「一般的結論」

産業革命以後の「資本の母国」ヨーロッパの政治・経済上の特性となった**周期的な恐慌と革命**は、周期的法則性をもった襲来であるといえ、その突変的・突発的な暴力的爆発の特異な性格は、ヨーロッパ世界のブルジョア体制に生きている人びとにとってつねに急迫されたかたちで突如として襲いかかってきたのであり、先進イギリスに勃発した**一八四七年の商業恐慌**に先導されて革命情勢そのものを醸し出したヨーロッパの世界同時恐慌の襲来も、そのような基本性格をもっていたと言える。

当時にあって、そのような急迫した情勢変化に即応して、とるものもとりあえずそのほとんどの成員が、ロンドンに亡命したドイツ人革命家から成る「共産主義者同盟」を「義人同盟」の改組・自己脱皮として党形成したシャッパー、モル、マルクス、エンゲルスらは、かれらがヨーロッパ革命情勢の焦点とみなしたドイツ三月革命の勃発に全注意を集中し、急造されたマルクス＝エンゲルス名義起草の『共産主義宣言』を辛うじて事態に間に合わせて発刊にこぎつけ、「単一不可分のドイツ共和国」創成をめざすドイツ革命の勃発に勇躍して帰国を急ぐ三百名の戦士たちに、その革命行動綱領である『宣言』を配布・携行させて、政治的前衛たるべき共産主義者同盟の一八四八年ヨーロッパ世界革命に参加・関与・促進に当たることができたのである。

その革命が、内からのブルジョアジーならびに市民軍の鎮圧と外からのロシア・ツァーリズムならびにその輩下にある東欧「赤マント兵」の制圧による「ウィーンの落城」を転機として、総体として挫折に終わり、そのウィーン陥落から革命情勢が急速に退潮して、メッテルニッヒ「神聖」体制崩壊以後のヨーロッパ全土に、今度はその支配再編体制としての〈反動の時代〉が襲来したことは、すでに述べたごとくである。その支配再編を通して登場してきた新たな反革命的政治形態が「ボナパルティズム」にほかならない。

そのような情勢転移の開始早々の時点で当然、結党早々の革命的試錬によって共産主義者同盟の解体の危機に直面させられたマルクス、エンゲルス、シャッパー、モルら生き残りの同盟員たちは、フランスはパリに設けた同盟中央を革命拠点として、四七〜四八年恐慌の継続的再来を確信かつ夢見つつ、共産主義者同盟の再結集・再建を急速に図るべく、モルを特使として、「フランクフルト国民議会」自己解散後の龍頭蛇尾的情況にすでにあるドイツへと派遣し、党再建のための「共産主義者同盟の回状」を二回にわたり同志たちに配布し、遅まきながら民主党（ヨーロッパ各地に簇生した「民主主義協会」を見られよ）から自立・独立した共産党の再建的創成をかちとろうと企図し、今度こそは「**恐慌**の再襲とともに革命の再襲もまた必至である」というマルクス的『回状』の命題の領導によって、再襲して来たるべき再四八年ヨーロッパ世界革命の連続革命的勝利をにぎりしめようと、支配権力の追求をかいくぐりながらの獅子奮迅の大童わな事後活動の継続に全力を投入していたのである。

にもかかわらず、むろんのこと、**四七～四八年恐慌の再襲**はありえず、したがってまた四八年革命の再襲もありえなかった。やってきたものは、ヨーロッパ全土にわたってボナパルティズム治下の〈反動の時代〉であったのである。

そのような情勢推移のなかで、「革命の特使」モルの戦士をも含みながら再建された共産主義者同盟は、もはや**恐慌と革命の直接的襲来**はありえない、と理論的に推測・論断したマルクス、エンゲルスらの「主流派」と、あいかわらずドイツ革命の継続的再開を夢見つつ、政治的実際活動としては新大陸アメリカにおける「革命公債」の募集による軍資金作りと、テロル活動と、小ブルジョア的民主党との統一戦線戦術に、埋没するといった、奇妙な三位一体活動に没入したシャッパー、ウルリッヒらの「分派」との分派闘争に明け暮れることになった。

そのような、直接的革命情勢の退潮下の共産主義者同盟の分派闘争も、「ケルン共産党事件」の弾圧によって最終的に息の根を止められてしまい、マルクス自身の選択による共産主義者同盟の自己解散という事態を迎えることとなり、そうしたマルクス派の解散以後もなお継続革命の夢に生きようとしたシャッパー、ウルリッヒらの「分派」活動もまた、まもなく自然消滅するにいたったのである。

爾後、その多くが海を渡ってアメリカへと移住して行ったそれらのドイツ人革命家たちの雄姿は、アメリカ南北戦争への軍事参加等々としてかいまみられながら、歴史舞台から次第に消え去っていったのである。マルクス、エンゲルスが、当時、英文をもって米紙に寄稿した四八年ヨーロッパ革命の帰趨についての総括連載論文は、ヨーロッパ読者向けではなくて、ひとえにそのようなアメリカ（亡命ドイツ人）読者向けに宛てられたものであった。

マルクス、エンゲルスが、そのような革命の連続敗北記としての自己総括に没頭した現地ヨーロッパは、くりかえし確認するがごとく、ボナパルティズムの制覇としての〈反動の時代〉以外のなにものでもなかったが、その裡でのマルクス、エンゲルスのそうした敗北総括は、けっしてシャッパーのような徒らに死んだ児の齢を数えながら自らも老いを迎える作業でもなければ、基本的に言って喧嘩過ぎての棒ちぎれや、夏草や兵《つわもの》どもが夢の跡といった回顧的作業ではありえなかった。

最終的・全体的には「敗北の年代記」としての挫折と流産に終わったとはいえ、一八四八年ヨーロッパ世界革命は真正の歴史的革命であって、それは当時の国際ブルジョアジーにとっては、最先進国イギリスにおいてナポレオン戦争の覇者ウェリントン将軍の布いたロンドン軍事戒厳令体制によって辛うじてチャーティストとアイルランド・フィニアンとの革命的同盟を解体して急場を凌ぎはできたものの、ウィーン中心のヨーロッパの「神聖」同盟体制であったメッテルニッヒ体制を瓦解させられ（「会議は踊る」の主人公メッテルニッヒ自身はイギリスへ身をもって蒙塵した）、フランスにおいてはオルレアン王政を打倒してラファイエット主導の共和政をかちとられ、ドイツにおいてはベルリンの王権をはじめとする各地・各邦の領主王権を麻痺させて「単一不可分のドイツ共和国」の創成を国憲化しようとした「フランクフルト国民議会」を産出させられたのであった。一連の危機の大泳動であった。

このようなきわめてリアルな旧支配体制の革命的危機に対する体制再編の所産が、総じてマルクスが〈ボナパルティズム〉と総括的に新たなヨーロッパ諸国政治形態の定義をおこなった革命後体制にほかならなかったのである。

一八四八年革命の主要な焦点の一つであったドイツ三月革命は、或る意味ではマルクスの『共産主義宣言』の先見の通りに、「フランクフルト国民議会」の優柔不断な逡巡のなかで不名誉な自己死をとげてしまい、プロイセン主導の各地・各邦の支配体制の再強化へと帰結したが、これとても、まもなくやってくる普仏戦争の勝利を契機とするビスマルク的プロイセンを主導力とするホーエンツォーレルン王朝下の「単一不可分のドイツ帝国」形成への歴史的布石となったのである。

もう一つの革命的焦点であったフランス二月革命にいたっては、六月パリ・プロレタリア蜂起がカヴェニヤック陸相の軍事戒厳令体制によって流血裡に粉砕され、革命後へとまさに連続的に情勢転移したにもかかわらず、その革命後転移の均衡点は、旧来のカヴェニヤック軍事独裁の定着に止まることができなくなった新情勢において、ルンペン・プロレタリアートをも統合したボナパルト三世の帝政復活へと権力集約されていったのである。

そのような〈ボナパルティズム〉とは、絶えざる外征の勝利によって（その余波が遠く極東の日本におけるボナパルティズムの前革命情勢に突入していた徳川幕府に対する外交的・軍事的支援、幕軍のフランス式調練、マルセイユ軍港を模した横須賀造船所の創設、そして五稜郭戦争＝フランス軍事顧問団の支援によって「交渉団体」としての国際外交的承認をとりつけた榎本武揚「共和国」の国家戦争、へと及んだことは、わたしたち日本人にとりわけよく知られているごとくである）内政の安定維持を図るという政治体制であり、その〝綱渡り〟的体制は、国家的制度上一面では、「クレディ・モビリエ」創出に具現されたような金融資本の上からの創出主導による資本主義の転態・進化を促しつつ、他面では、それらの政治・経済・軍事的操作を通じて、市民社会の実質内容をことごとくボナパルト帝政主導の政治的国家へと吸い上げて昇華・凝集する「寄生的国家」としての性格を基本的に特性とするものであった。

マルクスがこうした〈反動の時代〉における革命の自己総括――それは、連続における革命、それを通じてめざすべきプロレタリアート独裁、そのための共産党の民主党からの独立の組織化、の三点集約にほかならなかった――が相手どった新たな高次の「敵」対象は、このような〈ボナパルティズム〉であったのであり、そこから生み出されたヨーロッパ革命の核心問題はもはや、『共産主義宣言』のうちだした四八年革命的目標には納まりきらない、党に領導されたプロレタリアート独裁すなわち「コミューン」の直接的政治革命目標（それはマルクスにおいて、もちろんのこと、社会革命の扉口を開く直接の政治革命目標である）にほかならなかった。

共産主義者同盟解体の自己教訓から、革命の事象を労働者階級自らの自己解放の大業とみなすこととなったマルクスは、その解放的組織性格を結集規約冒頭に明示した万国労働者協会（第一インターナショナル）創設の組織化活動に全力を投入してきていたが、そのようなボナパルティズムの新水準に対立する新しい階級組織の革命的展望は、果然、普仏戦争の勃発とそこにおけるボナパルティズムの敗北（投機的なその外征戦争へ撃って出たナポレオン三世は、セダンの一戦においてあえなくドイツ・ビスマルク軍の捕虜となり、これを直接的契機として、事物の論理上あっけなく土崩瓦解してしまったボナパルティズム体制の廃墟には、ヴェルサイユ派のティエール共和政が政治的主導権をにぎって蟠居することとなった。ついでながらこのボナパルティズムの頓死によって、わが徳川幕府の命運も尽きて、明治維新による近代天皇制国家の創出が不可避になったのである。近代天皇制国家とはボナパルティズム以後に現われた、それゆえにその新たなビスマルキスムス的支配再編に範例を仰いだ政治均衡体制にほかならない）によって、史上最初のプロレタリアート独裁としての「パリ・コミューン」の六十二日間にわたる世界史的出現、そのヴェルサイユ派＝ティエール共和政との死闘もまた、不可避的な歴史的事実となったのである。

マルクスの一八四八年革命の連続的敗北の年代記の自己総括が、かれの大英図書館における経済学再研究への沈潜の意味評価もふくめて、そのようにきわめてリアルな政治的攻防過程の具体性においてなされたことを踏まえた上で、中期マルクスの理論的・実践的活動についてのわたしたちの論定をおこなわなければならない。

初期マルクスから『賃労働と資本』を媒介としての中期マルクスの『経済学批判要綱《グルントリッセ》』への移行は、思想・理論と実践・政治の全面にわたる自己更新の移行であったが、その移行の核心は経済学研究の深化であり、そのまた核心は『賃労働と資本』のブルジョア社会の二極弁証法の解明を踏まえた〈恐慌論〉の体系化への第一歩の踏み出しを、経済学批判的に深化させるところにあった。

そのような「グルントリッセ」的な中期マルクスの立場性は、『経済学批判』「序言」において定式化された、マルクスの唯物論的歴史把握におけるいわゆる「一般的結論」にほかならない。この経済学批判深化上の一般的結論とは、近代ブルジョア社会＝利益社会《ゲゼルシャフト》という「迷路《ラビリントス》」に分け入る「アリアドネの糸」――それは前ブルジョア的・後ブルジョア的な低次・高次の共同体社会《ゲマインシャフト》へも分け入ってゆくさいの「導きの糸」にもなるものである――にほかならない。その意味でその「一般的結論」は経済学批判的解明を具体化してゆく出発点であり、そうしたものとして抽象的方法としての純一般性を特質としているものであった。

そのような性格のものとして、自律的な運動を自己完結的に続ける「経済的土台」と、同じく自律的な運動を自己完結的に続ける「国家的・法的・イデオロギー的上部構造」との分離・二重化のテーゼにほかならなかった。

後代のアントニオ・グラムシ的用語で言えば、一つの〈歴史的ブロック〉であるブルジョア社会は、このような土台と上部構造の二元化を社会再生産的に統合しながら、土台の運動を究極的な規定力としつつ、それに規定される上部構造が構造的に歴史的ブロックとしてそれを反映し、表現した。ということは、取りも直さず、上部構造的意識によってその歴史ブロックの歴史的意味が、自己言及的にたえず歴史化されて自己確認《アイデンティファイ》されるということにほかならない。これ以降、それはブルジョア意識の何よりの特性となった。

このような中期マルクスの「アリアドネの糸」としての唯物論的歴史把握の方法論の「一般的結論」を目して、近時の初期マルクスの「疎外論」への先祖帰りにおちいる一知半解の徒は、それをマルクス主義の悪しき「土台還元主義」的・「経済主義」的偏向の源とみなすことが往々にして多いが、もちろんのこと、マルクス主義の唯物論的歴史把握とは「還元主義」でも「経済主義」でもなく、むしろそうした傾向とは正反対の「歴史ブロック」的特性を具有するものであって、その土台と上部構造との弁証法的相互作用、それを通ずる生産諸力と生産諸関係の弁証法的相互発展の定式化こそが、**恐慌論**の体系的完成をめざす『資本論』の弁証法体系化の方法理論的基軸を成すこととなったのである。

このように初期マルクスから中期マルクスへの移行を具体的に再考察してくるならば、その推移がたまたまならず、また本論の主題設定にひきつけられてのことならず、経済学批判の深化による恐慌論の体系的完成を基軸とする『資本―経済学批判』の弁証法的体系化への志向を理論的動源として進行していることを、洞察することができるのである。

2　時間の弁証法としての『要綱《グルントリッセ》』における社会発展の三段階

さて、一八五七年の世界恐慌の到来がマルクスに『経済学批判要綱』を執筆する決意を促し（たとえば、一八五七年一二月一八日ならびに二一日のマルクスのエンゲルス宛手紙を参照されたい）、『経済学批判』第一分冊を刊行させるのであるが、ここにマルクス研究家たちによって従前から「ひとつの謎」（大内秀明）とされてきたことは、『要綱』が「労働力商品化」の大発見に即して、価値論・剰余価値論・資本論・貨幣論の詳細な解明・論述が加えられ、マルクスの経済学批判体系の体系的整備にとって著しい進捗が成し就げられたにもかかわらず、初期『賃労働と資本』以来の〈恐慌論〉の第一歩踏み出し以来の深化の足が逆に止まってしまい、恐慌論が一時不在になっている、という「謎」の発生・現出である。その根拠が突き留められなければならない。

もちろん、『経済学批判要綱』を全体的な社会存在論の哲学的研究としては――そのかぎりそれは抽象的なものたらざるをえないのであるが――、キャロル・C・グールドが試みているように「個人と共同体」といった社会総体的な主題を曳き出しうる。たとえば『グルントリッセ』は、つぎのように述べているのである――

「社会的な人間のあらゆる性質の陶冶と、できるだけ豊かな性質と豊かな関係――できるだけ全体的で普遍的な社会的生産物としてのその生産（というのは、多面的な享受する能力がなければならず、したがって高い水準の文化的啓蒙がおこなわれていなければならないから）――は、やはり資本のうえにうちたてられた生産の一条件であるからである」。

「かれら自身の共同的関係としてやはりかれら自身の共同的規制に服しているような社会的関係をもつ普遍的に発展した諸個人は、自然の産物ではなくて、歴史の産物である。こうした個性が可能になる力能の発展の程度と普遍性は、まさに交換価値を基礎とする生産を前提としており、この生産は、一般性とともに、個人の自己および他人からの疎外を、だがまたかれの諸関係と諸力能の一般性と全面性をもはじめて生産する」（『経済学批判要綱』）。

初期マルクスの〈フォイエルバッハへ〉テーゼの第三項に有名な「個人は社会的諸関係の総体《アンサンブル》である」という命題があるが、中期マルクスの〈グルントリッセ〉にも「社会はこれらの諸個人が互いにかかわり合っている諸関連、諸関係の総和を表現している」という命題を見出すことができる。社会存在論としての人間の総和的探究においては、初期と中期との間には連続的な発展関係があるのである。

したがって、キャロル・C・グールドは、『「経済学批判要綱」における個人と共同体　社会存在論の哲学的研究』（合同出版刊、一九八〇年）において、『グルントリッセ』が示している「マルクスの労働の存在論」の特徴について、五つのテーゼに要約している――

（1）マルクスにとって、労働は自己創造の活動、すなわち、諸個人が自己自身を創造していく、あるいは現にあるようなものになっていく活動である。

（2）対象化と疎外のモデルは、あきらかにヘーゲルから引き出されているけれども、それは、個人の実在性と対象の独立性に対するマルクスのアリストテレス的な強調によって変容されていることを示している。しかし、マルクスにあっては、諸個人が自己の本質を自己自身の活動を通して創造し、またこの本質は固定的な本性ないし本質ではなくて、むしろこの活動の結果としてそれ自身変化してゆく本質である、と考えている点で、マルクスはヘーゲルとアリストテレスを超え出ている。

（3）『要綱』は、マルクスの初期の疎外論の政治経済学としての仕上げを組み立てている。『一八四四年のパリ草稿』と『ドイッチェ・イデオロギー』における初期マルクスの「疎外」の議論にかんする解釈が、疎外をもっぱら人間学的、心理学的ないしは道徳的な考え方とみなしてきたのに対してみて、中期マルクスの『要綱』は、資本家社会における「疎外」は、いかに政治経済学的観点から理解されなければならないか、をあきらかに示している。
（4）中期マルクスにとっては、労働は時間の――人間の時間的意識と時間的尺度――との始源である。
（5）中期マルクスは、経済的構成のさまざまな様式を、時間のさまざまな経済学として理解しており、したがってまたかれマルクスは時間をかれの社会発展の理論における基本的範疇《カテゴリー》とみなしている。すなわち、『要綱』に叙述された「社会発展の三段階」は、時間の弁証法なのである。

第八章　中期マルクスの『経済学批判要綱』における恐慌論の不在と価値論・貨幣論・資本論の深化の逆説

1　「利潤率低下」「資本それ自身の制限」といった外面《そとづら》にもかかわらず、『要綱《グルントリッセ》』の経済学批判体系は恐慌論不在の体系にほかならない

『経済学批判要綱』には、恐慌論についての断片的な叙述は、もちろんのこと見られることは見られる。たとえば——「厳密に考察すれば、資本の価値増殖過程をつうじてはじめて資本となる——は、すなわち同時に、その価値喪失過程、その貨幣資格喪失としてあらわれる」。

その価値増殖過程＝価値喪失過程といった内部的純一般化をもたらす資本の生産過程での価値増殖に対する外部によこたわる制限としては、「マルサスが言うごとく、〈どんな商品にも利潤が存在することこそ、それを生産した労働者以外の需要を前提している〉のであり、したがって労働者自身の需要ではけっして十分な需要ではありえないことが忘れられる。或る生産は他の生産を動かし、そしてそれゆえ消費者は他の資本の労働者として形成されるのであるからして、個々の資本にとっては、生産自体によって設定される労働者階級の需要は、〈十分な需要〉としてあらわれる。この生産自体によって設定される需要は、労働者との関連でおこなわれる生産の基準となるべき比率を越えて生産を駆りたてる。一面では、生産はこの比率を乗り越えざるをえないし、他面では、労働者自身の需要以外の需要は消滅し、または収縮してその結果崩壊が生じる」。

資本制生産の基準となるべき比率を乗り越えて生産が駆り立てられるが、その制限として労働者自身の消費需要の過小化が働き、その結果「崩壊」が生じるという、このマルクスの指摘はきわめて抽象的な恐慌論の記述であって、しかもその最終的結果は崩壊論であるにしかすぎない。

次いで、『要綱』「Ⅲ　資本に関する章」の第三篇「利潤論」に関連した部分では、資本蓄積による価値増殖の低下

としての「利潤率の低下傾向」の記述によって、**恐慌の必然性**に触れられているが、ここでも前提たるべき資本蓄積論や資本競争論の指摘は皆無である。というより、『要綱』のこうした利潤論は、資本の競争はむろんのこと「生産価格」の規定さえ欠落させているのであって、剰余価値を単に生産と流通との統一としての投下資本の価値総額で割ったものが「利潤率」とされ、言い換えるならば、価格論ぬきの価値論の直接無媒介な適用によって「利潤」が規定されているにしかすぎない。

　したがってまた、その「利潤率低下」は、周期的な産業循環過程にともなう利潤率低下ではなくて、「歴史的な傾向」としての利潤率低下を抽象的に措定しているにしかすぎないものである。

　このような歴史的な傾向性としての利潤率の傾向的な低下である以上、「生産力の発展は、一定の点を越えると資本にとって制限となる。したがって資本関係が労働の生産力の発展に対して制限となる」、それゆえ資本関係は「必然的に桎梏として脱ぎ捨てられ」て、「尖鋭な諸矛盾、**恐慌**、痙攣」が生じるとされるのである。

　すなわち、ここで示されている**資本それ自身の制限に自己撞着した恐慌の必然性**は、きわめて一般的・抽象的な形で論定されているにすぎないのである。これらの中期マルクスの『要綱』に見られる「利潤率低下」とか「資本それ自身の制限」といった言葉の外面《そとづら》に眩惑されて、それらを深読みしてしまってはならない。

　「必要労働に対する分け前の減少、全雇用労働についての剰余労働のいっそうの拡大によって、阻止しようとするあらゆる試みがなされるであろう。それゆえ、生産力の最高の発達は、存在する富の最大の拡張とともに、資本の減価、労働者の地位の低下、そしてその最もはげしい消耗と一致する。これらの諸矛盾は、爆発、大変動、**恐慌**へと導き、そこでは、労働の一時的機能停止と資本の大きな部分の破壊がおこなわれ、資本は再起可能な点まで暴力的に引き戻される」と。

　一般的に言って、中期マルクスの『経済学批判要綱』においては、〈経済学批判体系プラン大系〉における前半体系の首座に据えられた「資本一般」の視点が強く、後期マルクスの『資本論』体系のような、資本の競争を通ずる資本形態の特定化がなされないのである。

『要綱《グルントリッセ》』では、「資本の有機的構成」の概念は不明確なままであり、利潤率の傾向的低下の暴力的爆発による資本価値の破壊という、生産諸力の発展と生産諸関係との矛盾として恐慌をとらえようとする『ドイッチェ・イデオロギー』や『共産主義宣言』以来の視点は、もちろん継承されてはいるが、その内容的展開は『賃労働と資本』におけるそれよりはむしろ後退しているものとして、**抽象的・断片的な恐慌関説**にとどまっているのである。

したがってくりかえし言えば、『要綱』における利潤率低下論は、資本蓄積論が十分に前提されていないばかりか、多かれ少なかれ、資本の競争を前提とせざるをえない生産価格論さえ欠落してなされているのである。

利潤率低下傾向を**恐慌の必然性**として具体的に展開するためには、資本蓄積論と資本競争論を前提として「内的矛盾展開」が示され、「資本の絶対的過剰生産」を規定することが絶対に必要である。しかしながら、『要綱』の利潤率低下論では、「内的矛盾の展開」の論定は不可能であり、せいぜいのところ、長期的な歴史的傾向としての利潤率低下が、一般的に説明されるだけで、**周期的にくりかえす恐慌の必然性**とは無縁な内容、つまり崩壊論に帰結し解消される無内容な「必然性」が展開されているだけということになる。

以上すなわち、『要綱』の経済学批判体系は、「**恐慌論不在の体系**」なのである。

2　中期マルクスにおける価値論・剰余価値論・貨幣論・資本論の経済学原理論的深化と、**恐慌論の不在**という逆説が生じた方法的特性は、どこから来たか

では、中期マルクスは『経済学批判要綱』においてなぜ、一方では、価値論・剰余価値論・貨幣論・資本論を豊富

化して展開し、さらに資本の流通過程論や利潤論を範疇的に展開しながら、他方では、資本蓄積論や資本競争論、そしてさらには**恐慌論の内容的展開**を、試みようとしなかったのか？

この「謎」は、けっきょく根本的には、中期マルクスの『要綱』段階における独特の方法的見地に由来するものと思われる。

『要綱』「序説」において、マルクスは「経済学の方法」としてよく知られているように、「下向と上向」の方法を提示した。

下向法とはなにか？――「或る与えられた国を経済学的に考察する場合」、「実在的で具体的なものから、現実的な前提から、したがってたとえば経済学では全社会的生産行為の基礎であり主体である人口から始めるのは正しいように一見見える。だがこれは、もっと立ち入って考察するとまちがっていることが分かる」、「だから、わたしがかりに人口から始めるとすれば、それは全体の渾沌とした表象なのであって、いっそうくわしい規定をすることによって、わたしは分析的に、しだいにもっと単純な諸概念を見出すようになろう。すなわち、表象された具体的なものから、しだいにより稀薄な抽象的なものに進んでいって、ついには最も単純な諸規定に到達してしまうであろう」。

では、上向法とは？――「そこから今度は、再び後方への旅が始められるべきであって、最後に再び人口に到達するであろう。だが今度は、全体の渾沌とした表象としての人口ではなくて、多くの規定と関係より成る豊富な総体としての人口に到達するであろう」、「この後者の方法は、あきらかに科学的に正しい方法である。具体的なものは、それが多くの諸規程の総括であり、したがって多様なものの統一であるからこそ、具体的なのである。だから思惟では、具体的なものは、総括の過程として、その結果としてあらわれるのであって、それが現実的な出発点なのであって、したがってまた、直観と表象との出発点ではあるにしても、思惟ではそれは出発点としては現われない」。

一七世紀～一八世紀のイギリス国民経済学の発展を方法論に即して看るならば、一七世紀のイギリス経済学説は、イギリス経験論に特有な帰納法的伝統に基づいて、「下向法」によって理論的範疇《カテゴリー》を論定していた。

それに対比してみるならば、一八世紀のアダム・スミスやデイヴィッド・リカードを頂点とするイギリス古典派経済学は、いわゆる理神論的な演繹法によって労働価値説に立脚した理論的範疇《カテゴリー》展開を図り、古典派経済学としての経済学原理論としての体系化に成功をおさめたと言える。

労働価値説を基礎とした経済学原理論を継承する立場から『資本―経済学批判』体系の深化を図ったマルクスが、このようなイギリス古典経済学の完成をもたらした一七～一八世紀の科学的方法論――すなわち「下向と上向」の方法を踏襲したことはいうまでもない。

大内秀明教授の近著は、「しかし」と言う――「しかし、ここで重大な疑問を提起しなければならないのは、一八世紀の経済学者の上向法が一七世紀の下向法に比べて、より科学的な方法であることまでは正しいにしても、マルクスみずからの方法なのかどうか」（大内秀明『恐慌論の形成』日本評論社刊、二〇〇五年――傍点いいだ）と。

ごく最新に表明されたこの疑問の提起は、たしかに「重大な疑問の提起」ではあるが、大内秀明教授はもとより、マルクス『資本論』体系がイギリス古典経済学体系をその基礎にある共通の労働価値説をもふくめて、それらを批判的に継承しながら、方法上も具体的内容上も異質な経済学批判に基づく経済学原理論として深化させたことを積極的に評価されているのであるからして、この疑問への解答は、マルクス自らの経済学原理論の基本性格が奈辺にあるかという問いかけと完全に等価のものであり、その一般的等価から格別に「下向と上向の方法」だけを特出させて「重大な疑問」を呈示しなければならない事由はないものと、わたしには思われる。

私見では、『資本論』体系における「経済学の方法」は、『経済学批判要綱』が提示した「下向と上向の方法」をそのままに採っており、『資本論』の論理行程がそのことを方法論として再説していないのは、きわめて具体的に下向法によって資本家社会の分析的解明を進めるに当っての歴史的・論理的極限である「最も単純な諸規定」――それが自然に対する分析的解明であるならば、それは自然総体の諸要素形態としての「原子《アトム》」という原子論的方法にしたがって（今日風に表現すれば「量子《クアントム》」という）最も単純な自然の要素規定にまで下向するのであるが、人間社会である資本制世界ないしは「資本制的生産様式が支配している諸社会の富」を分析的に解明する下向の極限としてのその「最も単純な要素的規定」は、言うまでもなく、その富の要素形態として現われている「商品」にほかならないのである。

それゆえ、「わたしたちの研究は、商品の分析から始まる」という『資本論』の「冒頭商品」の規定、言い換えれば商品形態（商品価格――一般化して言い換えれば、流通形態、価値形態）から、マルクス『資本論』は〈後方への旅〉としての上向法へと移り、上向的解析を進めた結果、最後に多様な諸規定を統一する具体的総括規定としての、たとえば資本家社会的「人口法則」（資本蓄積過程による相対的過剰人口の析出）へと再び到達し、円環化弁証法体系式に一般化すれば、「資本制生産の総過程の姿容《ゲシュタルト》」としての資本-賃労働両極関係のたえざる再生産過程としての資本の分化の総過程を利潤、利潤率、利潤率の傾向的低下、地代、擬制資本、利子産み資本、利潤と利子の分化、信用機構、株式資本形態、信用創造にまで上向しきって、資金の過剰化を介して資本の商品化を説いて、再び冒頭商品へと自己還帰するのである。

わたし流にいえば、ウロボロスの宇宙蛇が自らの口に自らの尾を銜《くわ》えるとぐろ巻き状螺旋（永遠にくりかえすかのごとき高次螺旋状化）の円環化の完成態である。

このような「資本過剰」（再生産過程から逸脱する過剰「資金」の法則的滞留の発生）の「上向の旅」による終局的確認によってこそ、**恐慌の暴力的爆発の必然性**が崩壊論としてではなく価値法則の貫徹メカニズムとして論証され、その危機《クリーゼ》が主体的変革による社会転形につながらなかった場合には、より高次化された水準における資本制経済社会の再開動態を促す「活況の再来」の必然性もまた実証されるのである。そのどこに、方法論上「重大な疑問」がありうるであろうか？

大内秀明教授は、しかし言う――「スミスにせよ、リカードにせよ、古典派経済学はたしかに上向法に立脚したが、かれらが「抽象的なものから具体的なものに上向」するばあい、実在する具体的な現実である生きた表象を、「多くの諸規定の総括として」概念で加工した産物として分析したとはいえない」、「逆に、生きた歴史的現実を捨象し、理神論的見地から、小商品生産者的な市民社会、例えばスミスの商業社会として絶対視し、それゆえ資本主義経済の科学的認識にも十分な成功をおさめなかったのだ」、「それゆえ、一八世紀の古典派経済学の上向法は、抽象から具体への直線的な上向により、現実を具体的に分析することもできなかったし、具体物を具体的に把握できなかった。たんなる抽象から具体への直線的な上向法では、範疇の論理的展開と、それにもとづく現実の具体的分析の区別がつかず、かえって「直観と表象とを概念で加工」することにも失敗したのだ、その点で、ヘーゲルとは若干異質であるにしても、一八世紀の経済学者もまた理神論の立場から、範疇の論理的展開に歴史=現実を還元するというかたちで、いわば論理と歴史=現実の統一による「幻想」におちいったともいえる」と。

3　中期マルクスによる〈経済学批判要綱プラン大系〉の提示

マルクスによって一八五七年九月にはじめて作成された〈経済学批判要綱プラン大系〉は、一八五七～五八年の『資本論』草案に先行する『経済学批判』「序説」における唯物論的歴史把握上の「二つの基本的結論」での「経済学の方法」を取り扱っているその章の終わりのところに出てくる。

大内秀明教授によって〈宇野理論〉の「純粋資本主義モデル」的方法を補強すべく企図された、右に提示されたマルクスの「経済学の方法」における上向法・下向法の科学的規定についての否定的反論の誤謬を検討するためには、問題の再考察をその中期マルクスによる「経済学の方法」の提示時点にまで立ち戻って、精査してみる必要がある。

マルクスがそこで示しているのは、なによりも先ず、近代市民社会の批判的分析における「抽象的なものから具体的なものへの上向」という方法が、「具体的なものをわがものにするための、それを精神の上で具体的なものとして再生産するための」唯一の科学的な方法だ、ということである。『経済学批判』「序説」のなかで与えられた有名な規定には次のように記されている――「具体的なものが具体的であるのは、それが多くの諸規定の総括だからであり、したがって多様なものの統一だからである」と。

この規定が、ヘーゲル『エンチクロペディー、哲学体系要綱』の「しかしながら、具体的なものとしての概念はもちろんのこと、どんな規定態でさえも、一般に、本質的に自分自身において、区別された諸規定の一つの統一である」という命題を、踏まえた上で提示されていることは、あきらかなところであろう。それゆえに、『序説』が提示したこの「具体的なもの」は、ただ精神的思考によってのみ、「総括の過程」として、すなわち、具体的なものをそれの最も単純的な抽象的な諸規定から順々に再構成するという上向法的仕方で仕上げられたものとして、完全に理解されうることとなるのである。

このような科学的方法に反して、もし経済学的な分析を、無媒介に「現実的で具体的なものから」、つまり「現実的な前提」そのものから――したがって、たとえば人口ないしは世界市場から――始めるとすれば、その場合には、この分析は、現実の混沌とした、まったく無規定な一つの映像を対象としていることとならざるをえないのである。まさにこうした理由から、経済学批判の唯一の正しい哲学的方法は、「労働、分業、欲望、交換価値のような単純なものから、国家、諸国民間の交換および世界市場にまで」上向しなければならないのである。こうした上向法的経過を順次通過してはじめて、資本制的生産様式が「一つの総体」にまでいたる発展過程を追跡することができる。

右に引例したなかでの、マルクスの「国家、諸国民間の交換および世界市場にまで」という文言は、『経済学批判』「序説」段階における中期マルクスが抱懐していた〈経済学批判要綱プラン大系〉における、いわゆる後半体系（国家—国際関係—世界市場と恐慌）を意味する文言であり、本書ですでに再三論じてきたように、このような経済学原理論的な前半体系（資本一般—土地所有—賃労働）から後半体系への「国民国家—主権国家」を導入しなければならない論理的移行の理論的不可能性は、『経済学批判要綱』段階の中期マルクスから『資本論』段階の後期マルクスへの理論的・方法的深化過程のなかで理論的に自覚されて、〈プラン大系〉自体が『資本論』弁証法体系には背馳するものとしてマルクス自身によって放棄・廃棄されてしまったものである。

　このような問題領域を研究対象とするに当って、大内秀明教授が最近提示するにいたった異論は、もとより「最も単純で抽象的な規定」から直接無媒介に最も具体的な資本制的生産様式の現実的関係をいわば演繹するようなたぐいのものでないことは、念を押すまでもないところとしなければならないが、それにしてもそこから大内秀明教授が逸脱して、マルクスの「上向法」なるものは、資本制商品社会の総体についてただ「素材の観点からの」区分を意味し、それを解釈できるだけのものとしてみなすようなことは、絶対にできないのである。〈プラン大系〉は『資本論』段階で廃棄されたとはいえ、そのような理論的深化を可能にした科学的方法もまた、『経済学批判』「序説」における上向・下向法の「経済学の方法」によって得られたのであって、その構成プランそのものにおいて、すでにまさに「素材の観点」、言い換えるならば使用価値の物質代謝の観点だけに偏極することなく、その素材的再生産をふくめての価値・交換価値としての商品経済の資本制的総体化の観点から、「抽象的なものから具体的なものへの上向」の過程も、何度も次元を向上させながらおこなわれるよう構想されているのである。

　そのことは、とりわけ『経済学批判要綱』のなかで提示されている「プラン異稿」によって再確認できるところであり、その「プラン異稿」によるならば、マルクスの右研究プランは、一般的な諸カテゴリー（交換価値、貨幣、価格）から出発して、「生産の内的な編制」——すなわち、資本、土地所有ならびに賃労働という〈前半体系〉の諸カテゴリー——の分析を通して、〈後半体系〉の国家の形態でのブルジョア社会経済の総括にまで到達する、とされていたのである。

この国家形態に総括されたブルジョア社会が、さらに「自分自身にたいする関連において考察」されるならば、それは当然、まったく新たな観点を提供するのであって、それにともなってありのままの資本制社会総体の把握へといたる上向法は、その総段階へと向けてさらに具体化して進展するのである。というのは、ブルジョア社会を総括をした国民経済は、一元的な世界市場を形成している資本制的規定に在っては、さらにそのそれぞれの外部に対する国際的関連、すなわち自らの外囲に実存する他の資本主義的、ないしはまた非資本主義的な諸国民経済に対する国際的関連において、理解されなければならないし、また最後には、**世界市場恐慌として大爆発すべき**、もっと広範な、すべての国々を包括する全体を構成する一要素としても、理解されなければならないからである。

そのようにしてはじめてわたしたちは、大内秀明教授ならびに宇野弘蔵博士が最終的に忌避しようとしている「数多くの規定と関連とをもつ豊富な総体の多様の統一として」の「世界市場」の最終カテゴリーへと到達するのである。この上向過程は、同時に論理的な資本制経済の内的編成としては、「資本の部」においてくりかえされる、「資本一般」から始めて、「競争」や「信用制度」の運動分析を通して、資本が「株式資本」形態（「資本の理念」）において受けとる、資本制商品経済社会そのものの過渡的性格を自己体現する、その最も完成した姿容《ゲシュタルト》へと到達するのである。

右の点からして、次のことがわかる――すなわち、なによりも先ず、中期マルクスが唯一の正しい科学的方法としての〈上向・下向法〉を提示した最初の構想プランを特徴づけているものは、「有機的な全体」としてのブルジョア経済の考察であり、その総体の――「部分に対する全体の全面的な、決定的な支配」（ジェルジュ・ルカーチ『歴史と階級意識』）――の観点である。それは、経済的な諸現象を単に外面的に関連させているにすぎないブルジョア経済学の方法、ならびにそれとは異質ではあるものの、一九世紀イギリス資本主義に「純粋資本主義モデル」化の典拠を求めた〈宇野理論〉が――その純化モデルにおいては、商品経済の「歴史的抽象化」に依拠した「厳密な社会科学的唯物論」という名目のもとに、一九世紀イギリス資本制社会において死活的に実在していた「農業問題」「食糧問題」「植民地問題」「金の流出入問題」「外国貿易決済問題」ならびに「小さい政府問題」の一切が捨象されてしまっており、かつはまた、そのような「外化」を、イギリス資本主義の内部編制として「内面化」する経済学原理論の方法も何ら提示されていない——これが、マルクス本来の「経済学の方法」と、いかほどかけ離れているかは、一目瞭然たるものがある。

そのようなブルジョア経済学的な、ないしは準ブルジョア経済学的方法から自己区別して、マルクスが『経済学批判』「序説」で強調しているのは、「経済学的な諸カテゴリーを、それらが歴史上規定的となった順序で論ずるということは、実行もできないし、またまちがいである」ということであった。すなわち、「むしろそれらの諸カテゴリーの順序は、それらが近代ブルジョア社会のなかで相互に対してもつ関連によって規定されるものであるが、この関連は、それらの諸カテゴリーの自然的な関連として現われるものの、または歴史的な発展の順序に対応するものの、まさに逆である」（傍点いいだ）。さらにマルクスが言うことには——「このことが銘記されなければならないのは、それが直ちに（『資本論』分析の）篇制について決定的な手掛りを与えるからである。たとえば地代から、土地所有から始めることほど自然なことはないように（一見）思われる。なぜなら、土地所有は、たしかにすべての生産とすべての定在との源泉である土地に結びついており、また多少とも確立したすべての社会での最初の生産形態——農業に結びついているからである。しかし、これ以上の間違いはないであろう」（傍点いいだ）。

なぜならば、「すべての社会形態には、或る一定の生産があって、それが他のすべての生産に、したがってまた、その諸関係が他のすべての諸関係に、順位と新勢力を指示している」からである。このようにして、資本制的生産様式では、農業はますます単なる一つの生産部門に成り、そのようなものとして資本に従属させられるのである。それだからこそまた、ブルジョア的社会秩序の理論的な研究においても、資本は、——「ブルジョア社会のいっさいを支配する経済力」として――「その出発点をも終着点をもなさなければならず」、「また土地所有よりも前に説明されなければならないのである」。『経済学批判要綱』が言うように、「この両者が、別々に考察されたのちにはじめて、それらの相互関係が考察されなければならないのである」。

ブルジョア経済学によるブルジョア社会の〈三位一体的定式〉化においては――この定式は、生産の歴史的に規定された社会の諸形態と現実の労働過程の素材的な諸要素とを、無考えにいっしょくたにしているのだから――「資本制的生産様式の神聖化、社会的諸関係の物化」が完成されている、という状況を呈することとなる。つまり、すでに本書で一度別の文脈で引例したマルクスの名文句のように、「それは魔法にかけられ、転倒され、逆立ちした世界であって、そこでは、ムッシュー・カピタル（資本化）とマダム・ラ・テル（土地夫人）とが社会的な登場人物として、また同時に、直接にはただの物として、怪しい振舞をする」（『資本論』第三部）のである。

この命題に対応して、『経済学批判』「序説」のなかでも、地代を「単に土地から」導き出し、労賃を「単に労働から」導き出すことは、「まったく一つの幻想」であることが、強調されている。むしろ、これらの分配諸形態は、近代的な、資本制的に変形された土地所有や近代的な賃労働を、前提にしているのである。

だが、アダム・スミスやデイヴィッド・リカードの古典派経済学においては、「それは資本制経済の現象形態の多様性からは区別された内的な関連を把握しようとする。したがって、それは地代を超過利潤に還元し、これによって地代は特殊な独立な形態ではなくなり、その外観上の源泉である土地から分離されてしまう。それは、利子からもその独立な形態を剥ぎ取ってしまって、それによって非労働者が商品の価値を分け取りする名義を、利潤という一つの形態に還元した。しかし、この利潤は剰余価値に帰着する。というのは、商品全体の価値が労働に帰着するからである。商品に含まれている労働のうち、支払いを受けた分量は労働に帰着し、したがって、それを超える超過分は不払労働に、種々の名義で取得されるとはいえ資本によってひきおこされる剰余労働に、帰着する」（『資本論』第三部）。

しかし、そう帰着させられてしまえば、その限りでは、それは古典派経済学における素材の三部編制は、俗流経済学の〈三位一体的定式〉とは何のかかわりあいもないこととなってしまうであろう。

マルクスの場合、結局肝要なことは、「俗流経済学者に出発点として役立つ分配の現象形態」を、資本制的生産関係の必然的な反面として理解するということであり、すなわち、「地代、利潤、労賃という三つの大きな収入形態に対応する、発展した資本制社会の三つの大きな階級――土地所有者、資本家、賃金労働者――と、それらの存在とともに必然的に与えられている階級闘争とを、資本制時代の事実上現存する結果として」（『資本論』第三部）論証するということである。

これに対応して『資本論』体系の第三部は、「諸収入と社会的な諸階級」の研究をもって終わっているのである。ところがまた、一八五七年のマルクスの最初の構成プランによってもすでに、資本、土地所有ならびに賃労働の分析は、「三つの大きな社会的な諸階級」と「それらの間の交換」との考察に属するものとされていたのであり、そしてその考察は生産関係の批判的研究から分配関係のそれへと向かう筈だったのである。したがって、この最枢要点でも、マルクスの最初のプランと最終のプランとは、理論的構成形式として基本的に一致していることが、わたしたちによって確認されうるのである。

こうして、すべての資本に共通なものとして示されているのは、それらの価値増殖の属性――すべての資本が「資本一般」として資本制的生産過程のなかで産出された剰余価値を（直接にであろうと、間接にであろうと）取得するという事実――である。それゆえ、「資本一般」の分析は、まさに生産過程の研究から始めなければならない。この批判的分析が示さなければならないのは、貨幣が「貨幣としてのその単純な規定を越えて」資本に成る仕方、さらにその資本が人間労働を生産的に消費することによって剰余価値を産出する仕方、そして最後に、剰余価値生産がそれ自身また資本と資本関係そのものとの再生産になる仕方、である。

こうしたすべてのことは、より多くの資本の現存をそれらの間の色々な相違を考慮に入れる必要なしに、「資本一般」として説明されうる。なぜなら、種々の個々別々な資本が、生産過程で産出された剰余価値などのように分け合うにしても、資本制的生産過程の社会的総体においては、これらの諸資本は「もはや総剰余価値または剰余生産物として自分たちの間で分配することはできない」（『経済学批判要綱』）からである。『要綱』の別な命題によれば――「階級としての資本家たちの利潤すなわち資本の利潤は、それが分配されうる前に、（いいだ、追注――生産過程において）存在していなければならない」のである。剰余価値の発生は、こうして分配によってはけっして解明されえないのであって、ただ、曖昧にされるだけである。というのは、剰余価値は、利潤としては、資本のあらゆる部分によって一様に産出されたものとして現象し、資本そのものは「労働にかかわりのない富の源泉として」（『経済学批判要綱』）現象するからである。

したがって、資本関係の基本前提――資本と賃労働との関係、ならびに資本制的生産の推進力としての剰余価値の役割――を理解するためには、「多数の資本」から出発するのではなく、資本から、すなわち「社会全体の資本」から、つまり資本「一般」から出発しなければならない。そうしてはじめて「資本」概念の真実の説明の第一点が可能となるのである。このようにして、『資本―経済学批判』体系においては、廃棄されている、中期マルクスの〈経済学批判体系プラン大系〉と内的に不可分に結びついていた「資本一般」のカテゴリーは、一定の水準・範囲において概念的に機能しうるのである。「そして、われわれがここで問題にしなければならないのは、資本そのもの、いわば社会全体の資本である。諸資本の相違などは、まだわれわれには関係がない」（『経済学批判要綱』）。

これを要するに、『資本論』弁証法体系の総体においては、中期『要綱』段階マルクスの当初プラン大系の前半体系の冒頭部に据えられた「資本一般」は、『資本論』体系への理念的深化によって単純に消去・廃棄させられてしまったのではなく、貨幣から資本への「発生史」に即し、「資本の一般的定式」に即して、分配諸形態にかかわりのない、資本制的生産過程における剰余価値の一般的産出を基礎として「資本」概念として最初の具体的機能をそれなりに立派に果たしているのである。

したがって、『資本蓄積論』においてローザ・ルクセンブルクが、マルクスの「資本一般」の枠内における社会的再生産過程の考察について「血の通っていない理論上の作り話」としているのは、ローザの早トチリなのであって、まさに「資本一般」の枠内における社会的再生産過程の考察が〈再生産表式〉であるがゆえに、それは形式的表式として抽象的な社会的結晶をとげて呈示されているのである。ローザが、このいわゆるマルクスの「血の通っていない理論上の作り話」に対立させて、かのじょ流の「血湧き肉躍る歴史的な現実」をひきあいに出すのは、架空の対立をでっちあげることになるのであって、このような「血の通った」歴史的現実としての資本主義という考え方が、かのじょの〈永久帝国主義論〉という致命的誤謬へとかのじょ自身を導いていってしまったのである。

そのことを端緒的前提として確認した上で、もちろんのこと、「資本」概念の上向は、『資本論』第二部の「資本の流通過程」、『資本論』第三部の「資本の総生産過程の姿容《ゲシュタルト》」へと一層の具体化をとげてゆくのであり、諸資本の回転・変態・循環は第二部・第三篇にいたって商品資本の全社会的循環を赤い糸とする〈再生産表式〉の形式的抽象化へと帰結し、それを経て第三部の分配諸形態の具体的・上向的分析に沿って、剰余価値の利潤率への転化、利潤と利子の分化、したがってまた利潤率と利子率の分化・背反、現実資本と架空（擬制）資本との乖離を経て、総じていえば「多数の諸資本」の競争を媒介にしながら、「資本」概念の最高のカテゴリーである「利子生み資本」「信用制度」「株式資本」の価値増殖運動形態の特定化へと導かれ、それらの産業循環過程=景気変動過程は究極のところ**周期的恐慌の爆発**へと導かれるのである。

4　大内秀明「新テーゼ」における、マルクス「下向・上向」法の誤りとマルクス「世界市場と恐慌」最終範疇の誤りという説は、果たして正しいか？

大内秀明教授は、右の理神論に基づく古典経済学の「上向法」の方法的誤り、それを踏襲したマルクスの「上向法」の方法的誤りなるものに対するかれの批判をさらに一歩進めて、恐慌を世界市場との関連において「世界市場恐慌」として把握していたマルクスの現実の表象の仕方そのものが、『要綱』における恐慌論不在の真因である、とみなしている。

いかにもたしかに、中期マルクスがうちだした有名な〈経済学批判大系〉プランは、各種のヴァリアントがあるが、それが資本一般・土地所有・賃労働の「前半体系」と、国家による経済の総括・国際貿易関係・「世界市場と恐慌」（「世界市場」とだけ書かれた比較的に後に属するプランでの表現もある）の「後半体系」によって合成され、したがってプラン全体の最終範疇《カテゴリー》が「世界市場と恐慌」として措定されていることは、間違いのない共同前提であろう。

それを正当に踏まえて、大内秀明教授は（大内力教授との異同があるので、わずらわしい弊を冒して、本論では終始フルネームで表記させていただく）不当にも次のように断定する――「恐慌が（プランの）最終項目におかれたについては、……一方では世界市場とのむすびつきで表象されていたこと、他方では「恐慌－革命テーゼ」により、恐慌論が崩壊論と癒着していた理由が大きいとみていい」と。そして「抽象から具体への概念展開において、「世界市場と恐慌」こそ、「思惟総体としての具体的な総体」であり、「多くの諸規定の総括であり、したがって多様なものの統一」そのものだったわけだ」（『恐慌論の形成』日本評論社刊、二〇〇五年）と。

このようにして、『要綱《グルントリッセ》』における恐慌論不在が由って来たる所以が、マルクス「下向と上向」の科学的方法（一七～一八世紀イギリス古典派経済学の方法の残滓とされる）の誤りなるものに結びつけられ、ついには〈経済学批判プラン大系〉の「**世界市場と恐慌**」を最終項目とする範疇的組み立ての誤りなるものに結びつけられて、大内秀明教授の「上向法の批判的克服」は、方法的に、原理的に、一系・一元論的に『グルントリッセ』における恐慌不在論の真因をマルクス的上向法の誤りなるものに絞り切って考究しようとする強引な論法の首尾一貫的貫徹が、わたしの偽らざる感想では無理が通って道理がひっこむ態の結論に落ち着いて（込んで）しまったのである。

わたしは、「抽象から具体への概念展開において」つまり上向法の極限化によって、「「**世界市場と恐慌**」こそ、「思惟総体としての具体的な総体」であり、「多くの諸規定の総括であり、したがって多様なものの統一そのものである」としたマルクス的方法を正しいもの、『資本論』弁証法体系の解明においても貫かれている全面的に正しいものと相変らず確信している。

大内秀明教授は、（誤った）上向法に基づいて（誤った）プランが設定され、この（誤った）プランが「資本一般」という（誤った）次元を設定した理由も、これを要するに、上向法という「経済学批判」の（誤った）方法に基づいて、**恐慌の必然性**をマルクスが処理しようとしたことにある、と独断しているが、このようなドグマティズムが由って来たる所以はどこにあるのか？

大内秀明教授は、『経済学批判要綱』「序説」が、公刊された『経済学批判』第一分冊の冒頭に含められなかった理由は、「下向と上向」の科学的方法論を自ら誤ったものとみなす理論的自覚に達して、その方法論のかわりに自らの「経済学研究の経過」を簡単に回顧することによって代わらせたからであって、「それゆえそこでの方法をマルクスの経済学の方法として固定化し、一面的に評価するのは、マルクスの真意をそこなう誤りであろう」としている。これが大内秀明教授が今日冒した誤まりのそもそもの始まりである。

一般に、明示的に表白されていない著者の意見（意志・意図をふくむ――それは誤りを自覚して削除した場合もあろうし、自らにとって不明であるために未表白にする場合もあろうし、逆に自らにとって自明であるから省略した場合もあろう）

の「真意」を推し測ることは、文字通り推測の域を出ないことであるし、大内秀明教授が強調するごとく「いずれにしても、マルクスが『要綱』の「序説」の方法を省略したことは、動かすことのできない事実である」が、それはそれとして、『グルントリッセ』「序説」の〈下向と上向の科学的方法論〉が『経済学批判』第一分冊において省略されたという動かすことのできない事実の「真意」についての解釈学は、大内秀明教授とわたしとでは、不遜ながら全く正反対に異なるのである。わたしに言わせれば、後期マルクスは、中期以来の自らの「下向・上向」法が科学的方法として自明でありつづけていたからこそ、わざわざの表明を省略したにすぎないのである。

5　大内秀明教授の新機軸は、ことごとく誤謬の集大成に帰してしまっている

宇野弘蔵「『経済学の方法』について」から「ヒント」を得た（それはわたしに言わせれば、宇野理論における「純粋な資本主義社会」の「方法模写」的な方法のヒントを、宇野博士が必ずしも明示・明言してはいない「下向と上向の科学的方法」論の是非一般に拡大解釈した思い入れの産物でしかない）と自称する「上向法の方法的欠陥」について、大内秀明教授は、スミスにせよリカードにせよ古典派経済学者は、「むしろ、ブルジョア・イデオロギーに制約されたために、かえって資本主義そのものを絶対視するのではなく、市民社会としての小商品生産者の社会を想定することになった」とみなし（このような解釈学もまた、スミス-リカード経済学原理の方法論に即してみて一面的である）、「スミスにせよ、リカードにせよ、上向法を採用した古典派経済学が「初期未開の社会」や「原初の社会」からスタートし、そこで労働価値説を論証しつつ、現実の資本主義経済の法則を明らかにしようとした方法からも明らかだろう。つまり、古典派経済学の上向法は、現実の具体的分析がないままに、いわゆる論理的＝歴史的方法だった」とみなし、そこから「上向法は、もともと現実からの抽象による範疇の法則的展開とその法則性にもとづく現実の分析とを方法的に区別

できないのであり、そのかぎりでは論理的展開が多かれ少なかれ現実＝歴史的分析と同一視される、いわゆる論理と歴史との統一を安易にもとめる方法にもつながっていた」という方法論上の結論をひきだしている。

その場合、古典派経済学のいわゆる論理的＝歴史的方法（それは古典派経済学の「上向法」とは同一視できない）に対する批判（古典派のみならず、多くの「正統」マルクス派もまたドグマティックな論理的＝歴史的方法を安易に採っているが）の見地を、大内秀明教授と共有するわたしは、では、古典派ではないマルクス派のマルクスは「上向法」の誤りを冒しているがゆえにやはり「論理的＝歴史的方法」の誤りを『資本論』体系構築に当っても冒しているのであるか、そのマルクス的方向も古典派経済学の誤った方法の残滓なのか、と敢えて問いたい。

この点では、大内秀明教授も同意されることと思うが、私見では、さまざまな古典派経済学＝国民経済学の理論的・方法的弱点を踏襲しその残滓を混在させているとはいえ（したがってその分別・純化は、マルクス学徒にとって重大な課題の一つである）、マルクスをマルクスたらしめ、『資本論』を『資本論』たらしめた優越点は、断然、マルクスがいわゆる論理的＝歴史的方法の誤謬＝限界を乗り超えたところにこそある。

イギリス古典派経済学の経験論からくる、そしてまたドイツ批判哲学の観念論からもくる、論理＝歴史的方法という同一次元での方法的見地を乗り超えたマルクスは、『要綱』の「序説」のなかで、上向法によるにしても、単純に論理的な範疇展開と歴史的な発展とが照応しないことを強調している」という大内秀明教授の指摘は基本的に正しい。わたしとしてはむろん、「マルクス的上向法によって」と表記したいところではあるが。とにかく、大内秀明教授はこの点では『グルントリッセ』「序説」の方法論の肯定的側面を正しくひきだして、「たとえば、上向法は思惟にとっての様式にすぎない」とのべ、「それは具体的なもの自体の成立過程ではけっしてないのである」と主張する。また、「理論的方法にあってもまた、主体が、社会が、前提としてつねに表象に思いうかべられていなければならない」とのべている」と、『グルントリッセ』「序説」の主張を肯定的に評価している。

にもかかわらず、同時に自らの「上向法批判」の持論への平衡を回復しようとする教授は、「しかし同時に」とまた逸脱してゆくのである、すなわち「しかし、同時にマルクスは「範疇としては、交換価値はノアの洪水以前の定在をもっている。だから意識にとっては、……諸範疇の運動が現実の生産行為……としてあらわれ、この生産行為の結果が世界なのである。そしてこのことは、――しかしこれもまた同義反復ではあるが――、思惟総体としての具体的な総体が、一つの思惟具体物として、じつに思惟の概念行為の産物であるかぎりでは、正しいのである」(『要綱』)と主張しているし、さらに「「もっとも単純なものから複雑なものへと上向していく抽象的思惟の歩みは、現実的な歴史的過程に照応するものといえよう」(『要綱』)とものべている」と。

この場合のマルクスの主張は、大内秀明教授からすれば、上向法に由来する論理＝歴史説として否定さるべき誤った主張とされているのであるが、わたしにしてみれば、『要綱』「序説」のこのマルクスの主張は、前のセンテンスのものも、このセンテンスのものも、共に肯定的に正しいのであって、そのようなものとして、『資本論』弁証法体系の完成、したがってまた恐慌論の完成への理論的・方法的準備の布石となっているのである。

あくまでも「上向法の批判的克服」を志向する大内秀明教授は、結論的に注記して総体的判定を否定的に下している――「いずれにしても上向法を、そのまま受容した『要綱』のマルクスは、古典派経済学への批判と同時に、ヘーゲルへの批判をも不徹底なものにとどめ、論理的展開と歴史的・現実的展開との一致を強調せざるをえなくなっているのだ。『要綱』の評価が、マルクスの経済理論としてよりも、むしろ歴史理論として評価される傾きがあるのも、上向法によるヘーゲル批判の不徹底にもとづくものといっていい。その点で、『要綱』段階の上向法は、ヘーゲルの方法の機械的適用という限界をもっていたのであり、この方法的限界は『資本論』の純粋資本主義の対象設定の方法によって打破されながら**恐慌論**を復活させることになったように思われる」と。

「ように思われる」というボカシの龍頭蛇尾が末尾についてしまうと「何を思おうとそれぞれの勝手、自由な権利」

という判断エポケーの保留がつきまとってしまうことになりかねないが、上向法の欠陥をもつ『要綱』マルクスの経済学批判が論理＝歴史説のドグマに立脚するがゆえに、「『要綱』の評価も「マルクスの経済理論」としてよりも、むしろ歴史理論として評価される傾きがあるのも、上向法によるヘーゲル批判の不徹底にもとづくものといっていい」という大内秀明教授の論断も、わたしとしてみれば、あまりに強引な無理筋という感を禁じえない。

ここで、これまで論証してきた大内秀明教授が最新にうちだした新機軸が、〈宇野理論〉の最後の難点《アポリア》をも自らのものとして抱きこんだ、理論的誤謬の集大成に帰してしまっている点を、まとめておこう——

（1）私見では、後期マルクスにおいても、近代資本制社会の批判的解析に当っての〈下向—上向〉法は、中期『要綱《グルントリッセ》』以来の正しい「科学的研究法」として踏襲されて、『資本論』全三巻の体系化に巨大な方法的成果をあげている。

（2）同じく私見では、中期マルクスの『要綱《グルントリッセ》』「序言」がうちだした唯物論的歴史把握における「導きの糸《アリアドネ》」としての「一般的結論」は、経済的土台と国家的・法制的・イデオロギー的上部構造との分離・二重化運動、生産力と生産関係との矛盾運動、両基本命題にわたって、経済学原理論＝『資本論』体系との相即関係において堅持されている。後期『資本論』段階において、唯物論的歴史把握の「導きの糸《アリアドネ》」としての両一般的命題が棄却されたというようなことは全くない。

（3）さらに同じく私見では、中期マルクスの〈経済学批判体系プラン大系〉における、〈前半体系〉（資本一般—土地所有—賃労働）と〈後半体系〉（国家としての総括—国際貿易・国際関係—世界市場と恐慌）の連続大系化については、「経済学原理論」である〈前半体系〉からそれとは異次元・異質な「国家」範疇の導入による〈後半体系〉への論理的移行が不可能である以上、後期マルクスがその不可能性を熟考・自覚の上に（明言・表示はしていないものの）中期以来の〈経済学批判プラン大系〉そのものを廃棄した上で、『資本論』全三巻の経済学原理論としての弁証法体系化にいそしんだことは、あきらかである。いまだ数多くのスターリン主義的代々木宗派主義者が、〈プラン大系〉の今日的再生を種々もくろんでいるが、マルクス自身においては、この問題は決着済みの問題である。

その後期マルクス的決着に際して、プラン〈前半体系〉の三範疇（資本・土地所有・賃労働）はことごとく基本的に『資本論』体系のなかに収められ（『資本論』自体にも中期的残滓は副次的に残されてはいるものの、それは『資本論』のなかの弱い側面でしかない）、それとともに根強く残存していた「資本一般」の抽象的見地そのものも基本的に清算されるにいたった。——以上がわたしなりのこの問題に関しての結論である。

右の場合、大内秀明教授の所説との関係で、確認しておくことが必要なのは、〈前半体系〉から〈後半体系〉への「国家」範疇と「国際」範疇の導入による論理的移行を断念したマルクスが、後半体系（さらにはそれはプラン体系そのものの）最終範疇**「世界市場と恐慌」**を、どのように考え、どのように位置づけ、どのように処理したか、という問題である。

マルクスは『資本論』体系を弁証法体系たらしめた**〈恐慌論〉の基本的完成**に最後まで精進を重ねたさいに、**「世界市場と恐慌」**の最終範疇的立場を堅持していた。わたしはそのように解義する。このことを認めることなく、マルクス『資本論』体系における「世界貨幣」概念・**「世界市場と恐慌」**概念を「非原理論」的範疇として否定・排除したのが宇野・大内理論であり、それは、**宇野〈恐慌論〉**の最大難点と化したのである。〈宇野理論〉の終生の悲願であった**〈恐慌論〉の完成**が、〈経済原論〉の完成と別建て・別冊で完全分離されて刊行されなければならなかった理論的悲劇は、まさにその難点《アポリア》から生まれるべくして生まれた事態にほかならない。

（4）かくして大内秀明〈新テーゼ〉においては、マルクス〈上向法〉は、イギリス古典派経済学に特有とされる「理神論」に基づく歴史＝論理の方法的誤りを温存するものである、として否定・排除され、近代資本制社会の批判的分析である歴史＝論理の方法的分離と統合の弁証法は、歴史＝論理の一元論の誤謬に対する批判の名の下に、資本制社会発展の歴史と論理との完全分離・絶縁という観念論的堕落へと帰結せしめられてしまっているのである。

6　「下向の旅」「上向の旅」をつづけながら資本家社会の総過程的把握へ向けて、いかに〈宇野理論〉の難点を突破・克服してゆくか

たとえばわが国の市民社会派の驍将である望月清司の光彩陸離たる労作『マルクス歴史理論の研究』は、宇野弘蔵の「マルクス経済理論の研究」と同じく、世界的にも独創的なマルクス論であるが、それは『要綱』の貨幣章・資本章の精読に基づく「人類史の三段階理論」としてのマルクス歴史理論の整序・顕彰であって、『要綱』の経済理論の正当な評価と相即的にその歴史理論の顕彰した作業であって、『要綱』の経済理論と歴史理論との二分・両極化の評価によっては、そもそも出来上ることさえもできない、どちらも独創的なマルクス解釈学の所産なのである。

そもそもを言えば、マルクスの前人未踏の独創である〈価値形態論〉は、最も簡単なものから具体的なものへと論理を上向的に展開してゆくという自己の方法論に立脚して、商品価格の最も単純な形態をA、B二つの商品のaA＝bBという関係に求めた所産にほかならない。であればこそ、それはいわゆる「貨幣生成の謎」を解明するものとしての商品→貨幣への上向法をも、論理的に可能ならしめたのである。

そのようにして、貨幣の流通手段・支払手段機能のみならず、価値尺度機能としても把握された、完全な「貨幣」＝「貨幣としての貨幣（世界貨幣）」規定があればこそ、生産価格を市場価格の変動が資本制経済の平均化機構を形成する論理的範疇《カテゴリー》の根拠ある抽象化も可能となり、価値形態論的にいえば、価値と価値形態（商品価格）の関係が、資本制経済的現実としては、生産価格と市場価格との間に設定されることも可能になったのであって、このような市場価格・生産価格の主体的関係も、下向法ないしは上向法として確定されるのである。

このような科学的方法によってこそ、生産価格が価値の本質《エッセンス》（ないしはヌーメノン）であるところの現象《フェノメン》であるということがごとき一見分かりのよい俗流的見解を一掃して、A・エマニュエルが『不等価交換』（一九七二年）に述べているような、「生産価格はけっして現象ではない。それは、観察可能でもなければ、手にとって見ることもできず、またいかなる操作的《オペレーショナル》な計算によっても把えることはできない。それは、流通の均衡に結びついているのではなく、生産の均衡と結びついているのである。それは、現実を理解するために、価値と同じ方法（いいだ注——すなわち「下向と上向」の方法）でもって思考によって生み出された一つの抽象価格、すなわち、一つの純粋概念である。現象的生産価格ではなく、具体的価格、すなわち市場価格である」という理論的洞察もまた可能となるのである。そして、エマニュエルのこのような洞察は、「価値と生産価格の次元」の〝形而上学的相違〟を強調するのは「ネオ・ヘーゲル主義」ないしは「ネオ・カント主義」である、とするエマニュエルのきびしくも正しいマルクス的方法の解釈学に基づいているのである。

　このようなマルクス解釈学的な了解がなければ、価値と価格との次元の相違論から出発して、価値法則の論証を交換比率論から切り離して行おうとする試論も、価値についての定性分析にとどまって、定量分析には届かない、すなわち「科学」にはなりえない難関を突破することはできないとしなければならない。公文俊平の名ジャッジによれば——岩田弘・大内秀明のように、価値＝「実体的」・「実務的」・「均衡的」な交換比率、生産価格＝「形態的」交換比率とする二元論に対して、「実体的・実物的均衡関係」が「『価値関係』だともいわれているが、そのばあいの『価値』という語の意味もはっきりしない。さらにいえば、『実体的』関係と『形態的』関係とを、なぜ、いかにして、分離してとらえることが可能であるか、という点も、十分に示されているとは思えない」（公文俊平「価格理論と『転形問題』」、玉野井芳郎編『マルクス価値理論の再検討』青木書店刊、一九六二年・所収——傍点いいだ）という、宇野派「転化論」の致命的欠陥に対する根底的批判の意味も、これを了解することがおそらくはできなくなるのである。

〈宇野理論〉の経済学原理論の最終篇「分配論」は、大内秀明教授も熟知されているように、内容的には『資本論』第三部「資本制的生産の総過程の姿容」の展開の次元・範囲をすべてカヴァーして論じられているが、その基本課題を第二篇の「生産論」において資本の生産過程で生産された剰余価値の、資本家間での分配と分配の根拠を論ずるものとされた、言い換えれば、資本対労働の階級間での分配関係は第二篇の「生産論」で論じ、第三篇の「分配論」ではもっぱら資本家階級内部の資本家間での剰余価値の分配だけを論ずる、というふうに配当して「分配論」を二分するわけである。

〈宇野理論〉の経済学原理論である『経済原論』（一九五〇〜五二年）の第三篇「分配論」においては、ヘーゲルの『精神の現象学』の弁証法論理の順列序次に学んで、マルクス『資本論』弁証法体系の第三部の上向法での利潤→商業利潤→利子→地代の順列は、さらに唯物論的改作を精緻に進めて、利潤→地代→利子→商業利潤という序列に変貌させられている。大内秀明教授もおそらくそうであろうと思うが、わたしも、この宇野『経済原論』におけるおそらくはヘーゲル『大論理学』の再精読に関わるものと思われるマルクス「分配論」の論理的序列の変更にきわめて積極的に賛成である。

これを具体的に言えば――宇野『経済原論』における「利潤率の傾向的低下の法則の内的諸矛盾の開展」の章は、労働生産力の増進一般→農業生産力増進の特殊性（「資本は土地に対しては自ら、その原理を貫徹するためにいわば譲歩せざるをえない」）へと、「例解的挿入」とされた「地代」の章は、「土地の商品化」の証明を最後にして、「土地の商品化」つまり擬制資本化は「資本がそれ自身で利子を生むものとならなければ完成するものではない」という論理を媒介として、「利子」の章へと移行する。その「利子」の章は、利子の本質規定（利潤の利子と監督賃金への分裂、利子の自主化）をぬきにして、マルクスの「利子生み資本」ならざる「貸付資本」の範疇を登場させたのちに、貸付資本家は「流通資本」の一部への利子であるからしてこれは「剰余価値からの控除分をなす流通費用をも資本化しないではいない」という論理を媒介として、「商業資本」の分析へと移行する。しかしやがてまた、「商業資本」は、「あたかも商業資本家自身の活動によって得られたもののような外観をともなってくる」がゆえに、「利子は資本の所有自身によって得られるものとならざるをえない」という論理を媒介として、前述の「貸付資本」とは区別された、「それ自身に利子を生むものとしての資本」の規定分析へと移行し、ここにはじめて、「利潤の利子と企業利潤への分割」が出されて、しかしマルクス『資本論』におけるがごとく「産業利潤」ではなく「商業利潤」について説明がなされ、この論理を媒介にして、「株式会社」「株式資本」「土地価格」の基本的諸規定に入る。

右のような、自然の「果実」として「それ自身に利子を生むものとしての資本」の範疇規定は、『資本論』弁証法体系を一つの円環的体系として自己完結せしめる最終・最高範疇たる「利子生み資本」「株式資本」「土地＝擬制資本価格」「信用制度」の一連不可欠な資本形態活動を作動せしめることとなる。マルクス『資本論』の志向性に沿ってそれをさらに高度に概念鍛錬化した、このような宇野『経済原論』第三篇「分配論」の理論的構成を目して、宮崎犀一『経済原論の方法』上巻（未来社刊、一九七〇年）は「なんと恣意的な、諸範疇の創造および自己運動の構成であろうか」「これに関連する宇野教授の範疇規定も、けだし独特である」と罵倒・非難のかぎりを尽くしているが、このようなヤブニラミこそスターリンの『ソ同盟における経済学の諸問題について』に傾倒・心酔した代々木宗派流のスターリン主義経済学の妄想でしかない。

宇野教授は、右の宮崎犀一による宇野理論批判と同水準の宮川実による批判に対して反論した「経済学における歴史と論理」（一九五三年）のなかで、「なお最後に、利潤論と地代論と利子論との関係については、別になんら実質的批評と見られるものはないので、お答えする必要はないと思うが、ただ二つのことだけをいっておこう」として、その点での自らの積極的見解を付加している。すなわち――「一つは、利子論が地代論のあとに展開されている私の方法には、『剰余価値学説史』第三巻第七章でマルクスのいっている次の言葉が、非常に興味あるものであることを指摘しておこう。「すなわち利潤を完成する同じ過程が、利潤の一部分を地代としてこの利潤に対立せしめる……のであるが、やがてこの、目に見えざる幾つかの中間体によってその内部的本質から切り離されたところの姿態は、なお一層外化された形態、というよりもむしろ……利子付資本における……絶対的外部化の形態にまで到達するに至るのである」。／今一つ、宮川氏は「土地の私有は、資本制的生産様式にとっては外的なものである。土地が国有になっても、資本制的生産様式は存在しうる。そのためにマルクスは、資本の説明を終わったあとで土地所有に移行した」といっておられるが、この場合「土地所有」が「資本制的生産様式にとって外的なものである」という理由だけで、地代が「資本」利子論のあとに説かれる理由として十分であるかという点である。「土地所有」が資本制生産にとって「外的」なものであるということは、単に「土地の私有」がそうであるというだけのことではない。これではまるでマルクスの「差額地代」論が無視されることになりはしないか」。

このような「生産論」と「分配論」においても、価値・価格一致の想定を成立させる「理想的・平均的な資本主義の内的構造」の分析という基本点において、〈宇野理論〉はマルクスと方法的視座を共通にしているのである。そして私見によれば、**マルクス恐慌論の完成**（〈宇野理論〉はまさに二〇世紀に入ってからの、その完成にほかならない、不朽の理論的業績をもつのであるが）のもつ方法的含蓄の一つは、資本の産業循環過程とその最終シーンにおける**恐慌**の突発・突変的な爆発の動態を通じて、いかに共時的構造としての・その内部総連関としての「理想的・平均的な資本主義の内部構造」が造出されるか、という価値法則的メカニズムの確定にある。

その点から照らしかえしてみて、労働力商品の需給調節機構（そこでは労働力実存の生計的特異性から、価値＝価格の直接無媒介的同一性が常態である）は、一般商品の需給調節機構（そこでは価格の価値からの上下乖離・離反運動が常態である）とは質的に異なるものとして、第三篇「分配論」の最後で（言葉を換えていえば経済学原理論の最終シーンで）**「恐慌論」**を説くという点で、宇野経済学原理論は「株式会社」の理念《イデー》化による体系外放逐とも相即的にマルクス

『資本論』体系から逸脱して、最後のジレンマを自ら抱えこむにいたっているが、その宇野「恐慌論」ですら、市場機構の完全作動（私見では、〈宇野原理論〉の「アキレス腱」は、価値規定が可能な商品経済的機構を「市場機構」に限定した点にある）を前提として説くからどうしても無理が残ってしまう。逆に言えば、宇野「恐慌論」を宇野原理論体系的な「生産論」「分配論」展開の方法的視座の枠内で説くことの無理があぶりだされてくる、とも言えるのである。

高須賀義博『マルクス経済学研究』（新評論刊、一九七九年）は、宇野弘蔵の経済学原理論は価値法則を論証するためにはそれを可能とする商品経済的機構を明らかにしなければならないとした点で、そして鈴木鴻一郎『経済学原理論』が競争論的視角を積極的に導入して価値法則の貫徹様式を具体化する視座をとって、宇野原理論が恐慌論において否定していた循環的価格変動や部門間不均衡の問題などを導入した点で、重要な積極面があると大きく評価している。その上に立って、高須賀教授は、「産業循環が巨大な平均化機構であるがゆえに、そこから「理想的平均的資本主義」が抽象されうるのであり、それを分析対象として価値法則の達成した経済的内容の全体像を「内的に」叙述したのが『資本論』である」としている。「産業循環は、資本の現実的競争の世界であり、市場価格の世界であるのに対して、「理想的・平均的な資本主義」は、平均概念の世界であり、価値の世界、あるいは価値・価格一致の世界である。プラン問題風に表現すれば、前者は「競争」論に属し、後者は「資本一般」に属する。両者ははっきりと次元を異にする」と。

「簡単にいえば、「資本一般」の世界は「競争」の世界によって根拠づけられるという feed back の関係がある。マルクスは前者の視角を「上向の旅」、後者の視角を「下向の旅」とよび、経済学の叙述の唯一の科学的方法は「上向の旅」であるとしたことは周知の通りである。だが「上向の旅」の出発点――それは価値である――が「競争」論によって根拠づけられるまでは、出発点である価値は論証されたことにはならない」。

「マルクスが〈経済学批判体系プラン大系〉で構想した前半体系を全部含む経済学原理論は、「理想的・平均的資本主義」の内部構造を論ずる『資本論』と「競争論」＝産業循環論の二大サブ・システムを総合するものでなければならない。問題は、鈴木鴻一郎「原理論」のように両者を『資本論』体系の中で無理に混合することではなくて、二つのサブ・システムを総合する経済学原理論の新しいシステムを模索することであろう」。

「宇野弘蔵の重大な問題提起を生かすために、「競争」論から「資本一般」論への「下向の旅」が真剣に試みられてよいのではないかと考えられる。そのばあい経済学原理論の体系構成は、価格論・価値論・剰余価値論に限定していえば、市場価格→生産価格→価値→剰余価値という順序になるであろう。／この順序中、生産価格以降の部分は、生産価格に内在する価値を導出するいわゆる「逆転化問題」であって、これは価値から生産価格への転化が十分条件および必要条件をみたす形で論証できれば解決可能であり、この点は従来の転化問題研究で基本的には解明されている。残された難問は、市場価格の諸範疇（市場価格、賃金、利子率、etc.）を用いて産業循環を生産価格範疇を確立する商品経済的機構＝平均化機構として、かつサブ・システムとしての完結性を持って説くことである。ここにわれわれの課題がある」（高須賀義博『マルクス経済学研究』第五章「価値と生産価格」）。

わたしは、この高須賀義博教授の問題意識を共有することを表明した上で、こと「下向法の批判的克服」の一件に関するかぎりでは、このすぐれた問題意識の志向性は、大内秀明教授の問題意識とは完全に逆方向にあることを再確認しておきたい。

そして私見では、故高須賀教授の言われたこの「われわれの課題」が、それが発表されてからすでに四半世紀を閲した、大内秀明『恐慌論の形成』が公刊された今日においても、いまだに（おそらくは、その間における一九九一年のスターリン主義世界体制崩壊以来のマルクス主義不在・冷眼視の時期の介在に災いされて）遂行、達成されていない憾みを痛感するがゆえに、本論の詮議を再上程しているのである。

第九章　『剰余価値学説史』におけるはみ出しとしての恐慌論深化の『資本論』先行作業

さて以上、大内秀明教授が中期マルクスの『経済学批判要綱』に即して提起した「ひとつの謎」――そこにおける恐慌論の不在と価値論・剰余価値論・貨幣論・資本蓄積論・資本論の経済学批判的深化との共在・共存の「謎」――の適切な問題次元範囲に限定して、再考察を試みてきた。けだし、大内秀明教授のように自らが当初は適切に設定したその問題の「土俵」から自ら過大に逸脱して飛び出してしまい、徒らに下向と上向を過大に続ければ下は基盤を突き抜けて無の深渕へと呑みこまれてしまい、上は昇天のあげく天国へと窓を突き破って無何有郷に低徊することをよぎなくされてしまうことになるのも理の当然であると言わなければなるまい。

そのため、多少論点先取り時に『資本論』局面へと行論が急ぎすぎた趣きが生じたが、その行論上の難点も理論的に腰を落として、マルクスに即してじっくりと説くために、ここで再び、初期マルクス→『賃労働と資本』→中期マルクス『経済学批判要綱』という〈恐慌論〉発展過程の解析の文脈・論脈に即して、『剰余価値学説史』における「はみ出し恐慌論」の展開の問題に移行してみよう。

マルクス『剰余価値学説史』――「たとえば、購買と販売、すなわち商品の変態《モタモルフォーゼ》の運動が、二つの過程の統一、というよりはむしろ一つの過程が二つの対立する局面を通過する進行を表わすものであり、したがって本質的には両方の局面の統一であるとすれば、この運動はまた同様に、本質的には二つの局面の分裂とそれらの相互の独立化でもある。ところが、それらは合わせて全体を構成している部分にすぎないのだから、全体の部分を構成している諸契機の独立化は、暴力的にのみ、つまり破壊的な過程としてのみ、現われることができる。それらのものの統一、違ったものの統一が実証されるのは、まさに恐慌においてである。相互に構成部分を成し補足しあっている諸契機がお互いにたいして取っているところの独立性は、暴力的に破滅させられる。こうして、恐慌は、相互に独立した諸契機の統一を明示するのである。外観上は互いに無関係なもののこのような内的な統一がなければ、恐慌は起こらないであろう。ところが、弁証論的経済学者たちは、そうではない、と言う。統一が生ずるのだから、恐慌は起こりえない、と言う。これは、またしても、相対立する諸契機の統一が対立を排除する、ということ以外にはなにも意味していないのである」（傍点いいだ）。

「過剰生産の基礎、発展した資本の基本矛盾を明らかにしておくためには、すなわち経済学者が述べるように、過剰生産が生産力の発展のための絶対的形態ではないということを、一般的に明らかにしておくためには」（『経済学批判要綱』）それで十分である。

1　「純粋資本主義」モデルとは何であるのか？　何であってはならないのか？

したがって、大内秀明教授が当初一度は適切に設定した「謎」の次元・範囲に、もう一度問題の考究を再限定して戻して議論を進めたい。

だが、ことが前章で再吟味した深刻な問題構制《プロブレマティーク》にまで亙ってきたからには、これから中期マルクスを介していよいよ後期マルクスの『資本論』第四部＝『剰余価値学説史』と『資本論』の恐慌論形成へと論旨を進める予定からすれば、ここでもまた先取り的になる面が生じざるをえないので、大内秀明教授のマルクス『資本論』のモデル化をめぐる「純粋資本主義」的解釈についての、わたしなりの原理的再検討を、ここで先に加えておくこととしたい。

この「純粋資本主義」モデルは、いうまでもなく、大内秀明教授独自のものではなく、宇野弘蔵教授の理論的作成に由来する、曰くつきのモデル観にほかならない。

マックス・ウェーバー流の「理念型《イデアル・ティープス》」モデルとして「純粋資本主義」モデルを把えるとするならば、その論理的モデルが、一九世紀の産業資本基軸の自由主義時代の最先進イギリス資本主義のヴィクトリアン期《エイジ》における資本主義的純化傾向を法則モデル化したものとして、その限りでわたしも肯定的にこれを直ちに了解することができる。

しかしながら、一種の歴史的抽象――言い換えれば商品経済の現実的進行の抽象――を反映した、このような「純粋資本主義」モデルが、経済学原理論の依拠すべき唯一の模型設定である、という〈宇野理論〉的設定は、せいぜいよく言っても、ひとつの作業仮説にしかすぎないように、わたしには思われる。

なぜならば、ヴィクトリアン期《エイジ》における具体実在的なイギリス資本主義における純化現象、すなわち「純粋資本主義」モデル化現象は、そのモデル化における「外国貿易」の捨象や「金流出入」の捨象や「農業・農民問題」・「食糧問題」の捨象にうかがわれるように、イギリス外国の後進資本主義的・非資本主義的な「不純」的存在があってこそのヘゲモニー国家としての最先進国イギリス資本主義の「純化」現象以外のなにものでもないからである。そしてそのことは、宇野教授自身が誰よりもよく心得ていた筈のところである。

このような一九世紀の（それはいうまでもなくマルクスが経験しえた資本主義の歴史的世紀であるから、マルクスはその「純化」・「不純化」の弁証法を、ブルジョア世界の共時態としてしか経験的には知りえなかったのであるが）イギリスを唯一基軸とする自由主義的ないしは自由貿易帝国主義的世界編成の具体的様相は、何も二〇世紀に入っての〈宇野理論〉による「段階論」の創設・導入を待つまでもなく、その当時においてイギリスを世界基軸として宗主国工業（綿工業・鉄工業）―モノカルチャー植民地農業として国際経済的に世界編成され、その価値関係を基軸とする内面化機構をイングランド・バンクとロンバート・ストリートを中心とする国際金本位制の下に多角的貿易決済機構として確立していた当時の中心イギリス・ヨーロッパ―周辺A・A・LA世界の具体的構造に即して明らかなところであったのである。

そうした一九世紀的構造に即した、世紀末《ファン・ド・シェークル》における資本主義の自由主義的世界編成から、**農業恐慌の長期・慢性化**を基軸とする世紀末「世界大不況」を介しての、帝国主義的編成への世界史的推転は、右のような関係を通時態《ディア・クロニック》に歴史化したものにほかならなかったと言えるであろうが、その不可避的な歴史的帰結は、いうまでもなく、第一次世界大戦＝帝国主義世界戦争の突変的・突発的爆発であり、その副産物としてのソヴェト・ロシア革命の主体的爆発にほかならなかった。

このような一九世紀の資本主義的現状を現実的実在の基礎としてこそはじめて、それへの理論的アプローチによる歴史的抽象の反映としての概念的・範疇的純化（すなわち経済学原理論の形成）もまた可能であった、といわなければならない。

にもかかわらず、宇野・大内的解釈学においては、そのような歴史的・現実的抽象と概念的・理論的抽象とが、無条件的に等置・混同されてしまっており、その混乱から、大内秀明教授のように、そこに論理＝歴史説を脱皮した論理的アプローチと歴史的アプローチの峻別の源基を見届けながら、マルクス的上向法がイギリス古典経済学以来の論理＝歴史説的アプローチの元兇であるとみなしたような誤認もまた生じてくるのである。

イギリス古典経済学の経済論に基づく論理＝現実という「統一幻想」の起因についても、大内秀明教授はそのイデオロギー的原因を「理神論」の立場に帰一させるのを常とするが、フランス大革命時におけるロベスピエールの真理神崇拝祭典以来の「理神論」にしても、それだけで「真理観と表象とを概念で加工」してのブルジョア社会像＝資本家的生産観を形成すること、とりわけ「超歴史的幻想」としてそれを形成することはできないのであって、そのためには、かれらブルジョアジーとブルジョア経済学者にとっても、マルクスが看破した、商品・貨幣・資本の物神性崇拝に基づくブルジョア社会の三位一体的物象化社会の形成（それは単なる理神論的錯視といったものではない、実在そのものの特質に由来するものなのである）へと導く「日常生活の宗教」としての「呪物崇拝《フェティシズム》」に由来するものにほかならない。その近代的呪物崇拝《フェティシズム》は、前近代のアニマリズムないしはアニマティズムとも、近代前期の理神論とも異質な、近代市民社会における万人の日常生活そのものが分泌する特異・特有な呪物的《フェティッシュ》イデオロギーなのである。

したがって、宇野弘蔵『経済学を語る』以来人口に膾炙している、マルクス『資本論』の方法は、対象を模写するばかりでなく、対象を模写するその方法そのものを模写する、という「方法の模写」にマルクス的理論抽象の特質を求める〝徹底的唯物論〟なるものの、今日の宇野学派における評価についてはわたしはつまびらかにはしないが、正統派のタダモノ論的認識論（反映論）に比べてみてより高次の（その限り、より高尚な）模写論であるにはしても、大内秀明教授が今もっていぜんとしてそれを金科玉条的に捧持しているにもかかわらず、二〇世紀以来の言語論的転回《リングリスティック・ターン》を経た今日では、論理的にはもはや成立しえない〈反映論＝模写論〉の素朴実在論的レヴェルのいささか精妙なものでしかないのである。

ましてや、このような「方法模写論」をもって、『資本論』体系を方法的に推進し完成せしめた〈下向と上向の科学的方法〉を廃除することなどは、到底及びもつかないことなのである。

2　「剰余価値論」の枠からも、「資本一般」の枠からもはみ出した『剰余価値学説史』の理論的進展

さてここで、『資本論』体系創造の直接的な先行作業である『剰余価値学説史』における、**恐慌論の再精査**に移行しよう。

『資本論』体系第四部としての位置づけをもちながらも、先行的に作業された『剰余価値学説史』は、題名の「剰余価値論」の枠を大きくはみ出して、事実上『資本論』第一部・第三部の主題といえる「資本の生産過程」と「資本

と利潤」の範別構成を学説史的に追尾しながら、「資本一般」の従前来の〈プラン大系〉的次元の枠をも打破して進行させられており、具体的にいえば、本来「資本一般」の枠内に入る筈ではなかった「地代論」に関するロドベルトゥスからリカード、スミスの所論の検討、「生産価格」や「市場価値論」、「蓄積論」や**「恐慌論」**までも論じられている。

この「剰余価値に関する諸学説」についての学説史的整序からはみ出して、それを上廻った同書の**「恐慌論」**の所見が、本章での限定的な検討主題である。

この『学説史』から開始された『資本論』への研究・執筆の発展過程のなかで、イギリスを中心とする景気循環の現実（それはすでに一八六八年の特異な恐慌の発現以来、産業循環＝景気変動の変型を示しはじめていた）が、世界史的にすでに出現していたことの、理論的意味を先ずもって確認しておかなければならない。

マルクス「恐慌論」において、産業資本を基軸とする資本制経済の産業循環過程において、**恐慌現象が周期的に（十年周期とされた）くりかえされるという認識**に比べて、その周期的性格がしだいに変貌しはじめ、景気変動過程の変型がはじまりつつある、という歴史的認識が、その当時にあってすでに確認されはじめられていたのであり、それと同時に、客体＝主体の同一化に基づく**恐慌論**と崩壊論（一九世紀末以来の社会民主主義者《ソーシャル・デモクラット》の**恐慌論・危機《クリーゼ》論**は、二一世紀の今日にいたるまで、安易きわまる資本主義の自動崩壊論であるにしかすぎない）との理論的・実践的癒着も切り剝がされてしまい、歴史と論理の機械的統一（というより直結）の方法論的弊も是正されるにいたった、と評価することができる。

『剰余価値学説』におけるこの良い意味でのはみ出しのなかで、ロドベルトゥスからリカード、スミスにいたる地代論が、総括的・根底的に再検討されたことの意義はとりわけ大きかった。

マルクスによる「差額地代論」の執拗な検討は、その「絶対地代論」の資本制経済＝ブルジョア社会に有っている意義の確認とともに、古典派経済学の地代論を発展・脱皮させる上で重要であったことは、『資本論』第三部における「地代論」の「例解的挿入」が一般平均利潤率の確定による地代を産む土地の資本還元による土地商品価格の算出を可能にし、「擬制資本」の原型としての「土地資本」概念を確立させたことで、単なる例解的挿入の域を越えて、まさにブルジョア社会の三位一体範式（資本‐利子、土地‐地代、労働‐賃金）の全体化を可能にする途を切り開いた点で画期的であったのであり、そのことに付随して、そればかりにはとどまらず、リカードの「利潤率低下論」のマルクスによる批判的検討＝最終的判定としても、没却することのできない重要な論点を提示しえたのである。

　このような経過を経て、『剰余価値学説史』は、当初の『経済学批判』第一分冊の続きとしての性格から脱化して、むしろ、マルクスが一八四〇年代の初期マルクス時代の『パリ草稿』や五〇年代初頭での『経済学研究ノート』における先行学説の批判的検討を継承・深化する『経済学ノート』作りの三回目の作業へと、大きく前進的に転質せしめられることになった、と観ることができる。

　マルクスは、『剰余価値学説史』において、近代社会における「利子」という範疇は、産業資本の十分な発展を前提として前期資本主義時代における「高利貸資本」の範疇を再定義して得られるものであること、ならびに、そのような「利子生み資本」においてこそ資本関係の「外面化」「物神化」は、その高度の頂点に達するということを、証明している。さらに『剰余価値学説史』では、「利子生み資本」の近代社会における再定義をそこに限定して証明し、「信用そのもの」の分析はもっと後の研究段階ではじめて与えられるものであることが、くりかえし強調されている。『剰余価値学説史』第二分冊によれば――「われわれがここで考察しなければならないのは、ただ、資本がそのいろいろな継続的発展のなかで通過するところの諸形態だけである。したがって、現実の生産過程がその内部でおこなわれるところの現実の諸関係はここでは説明されないのである。すなわち、諸資本の競争はここでは考察されないのである。それは、信用制度がここでは考察されないのと、まったく等しい」と。同じ第二分冊の他の箇所によれば、

「**現実の恐慌**が説明されうるのは、ただ、資本制的生産の現実の運動、すなわち競争ならびに信用からだけである」。同じ分冊にはつぎのように書かれている――「したがって、信用においてこそ、資本家階級全体の資本は、各部面の資本家たちの資本の所有に比例してではなく、かれらの生産要求に比例して、各部面の使用に任せられるのであるが、――ところが一方、競争においては個々の資本は、他の個々の資本に対して独立なものとして現われるのである。――信用は、資本制的生産の結果でもありその条件でもあるのであって、このことが諸資本の競争から信用としての資本へのみごとな移行をわれわれに与えるのである」。このことの理論的再確認は、マルクスの構成プランの心髄を把握する上で、きわめて重要な確認事項となっている。

こうして、『剰余価値学説史』は、一八五〇年代の『経済学批判』体系に結実した**中期マルクスの「恐慌論」不在**をともなった経済理論研究の段階を乗り越え、一八六〇年代の後期マルクスの『資本論』弁証法体系の創造的完成へ向けての直接的な先行作業となり、よってもって、『資本論』第四部としての位置づけを自ら獲得することとなったのである。

このようにして、初期（『経済学・哲学手稿』『賃労働と資本』）→中期（『経済学批判要綱』『経済学批判体系プラン』）→『剰余価値学説史』→後期（『資本―経済学批判』）の順次のマルクス的発展によって、最終的に「資本の絶対的過剰生産」の根本視角が鮮明に描き出されて、それが**マルクス〈恐慌論〉の王座**にどっかと座ったのである。

そのような**恐慌論**は、マルクス『資本論』弁証法体系の心髄であって、歴史的な恐慌現象は資本制生産の高次化的発展にともなう産業循環＝景気変動過程の変貌に応じて当然の形態変化をとげ、さらにはクリーゼの暴力的爆発・解決形態においても、**「世界市場恐慌」**のみならず「世界戦争」の歴史的形態をも析出するにいたったが、そのような全世界的規模における**〈恐慌と戦争と革命〉**の三幅対は、今日の二一世紀の現代資本主義においては、「資金の過剰」「資本（固定資本＝設備）の過剰」「労働の過剰（失業者・労働予備軍・相対的過剰人口・フリーター）」のいわゆる「過剰三兄弟」のバブル経済崩壊後における露呈、イラク戦争の泥沼化による国家財政破産・戦費調達困難・赤字国債乱発・原油高亢進に基づくグローバル資本主義の危機化、それらを総合したドル危機の発現とドル本位変動相場制の近未来的崩壊の可能性の出現、として、今日のわたしたちの眼前に現に展開されているごとくである。

第一〇章　資本家社会における価値増殖運動と周期的恐慌

1　世界史を包括しているラディカルなプロレタリアートの根源性《ラディカリズム》とはどこにあるのか？

資本家社会での価値増殖過程の悪無限的な亢進的開展における、資本の産業循環=景気変動過程に即してのその**局面転換の終局的爆発としての恐慌現象の周期的突発**は、労働力商品化という資本制商品経済社会の基本矛盾の発現として、これを解かなければならない。

支配的通念=俗見から先ずもってわたしたちの頭脳を解放し、わたしたちに刷り込まれている先入見を一掃しておくならば、「労働力商品」化という術語そのものないしは概念の外観は、マルクス『資本論』体系には存在していない。マルクスはそこにおいては、「世界史的存在」である資本制世界に対する「世界史的存在」としてのプロレタリアートないしは賃労働者階級について叙述しているのみである。

そのような、世界史的存在としての「階級」概念から、その特性をさらに一層概念的に理論鍛造して「労働力商品」というきわめて特異な「商品」概念を探り出したのは、宇野弘蔵の不朽の業績であり、その「労働力商品化の無理」から資本制商品経済社会における**「恐慌の必然性」の爆発の不可避性**を探り出したのも、**宇野〈恐慌論〉**の不朽の理論的業績である。

好況局面の最盛期に現出してくる「労賃」の騰貴が、産業循環過程において資本の一般利潤率の傾向的低下を不可避化し、それを補うために急激・大量に出動する信用諸制度の活動によってひきおこされる利子率の高騰と激突するにいたることが、**「恐慌の必然性」の激烈・突発的な発症の直接原因**として確定されたのである。これこそが、過剰生産とそれによる「資本の過多《プルセラ》」を周期的恐慌現象の本質的原因として把える、**マルクス〈恐慌論〉の基本的規定**の核心にほかならない。

周知のように、マルクスは、近代社会における諸階級の存在を発見したのも、諸階級相互間の闘争を発見したたのも、「別にわたしの功績ではない」として、その功績は「ブルジョア歴史家たち」の発見に属する、とした。このことの含意を思うべきである。これは徒らの謙譲の言辞なのではなく、きわめて厳密・厳重な概念的区分の言辞なのである。

かれマルクスが、そのような「階級（Klassen, classes）」と「階級闘争（class struggle）」との概念的発見に関連して、自分自身の新たな発見として自ら推し出したのは、そのような近代社会における階級闘争が歴史的に必然的に導き出してくる、「（1）諸階級の存在は生産の一定の歴史的発展段階とのみ結びついているということ、（2）階級闘争は必然的にプロレタリアート独裁に導くということ、（3）この独裁そのものは、一切の階級の廃止への、階級のない社会への過渡期をなすにすぎないことを、証明したことだ」としたのである。

そこでは、「証明」とはいうものも、事態は過・現社会における階級闘争の必然的発展に深く根差してはいるものの、これからの・人類未踏の過渡期と将来社会＝共産主義にかかわる予見的構想の領域に属する言説であるから、そこで近代世界の造物主《デミュルゴス》としての〈資本〉という唯一主体に対置して、将来社会の主人公として措定されているプロレタリアート＝労働者階級というのも、その潜勢力としての可能的存在性格もふくめて想像力的階級として想定されているのであり、想定とは言っても、それが単なる恣意的・観念的想定でないことは、その「想像力的階級」規定が、自らを階級的自覚を介して世界史の潜勢力から顕在力へと転化＝現前化させる歴史的な構想力の論理を固有・内有しているところに、根源的に求められているのである。

マルクスによって一八四八年の『共産主義宣言』以来、「プロレタリア革命」「プロレタリア世界革命」として設定された、そのような近代世界における革命過程の進展は、かれ自身によって「フランス社会内部の階級戦は、諸国民の相対峙する世界戦争に転化する。その解決、それは世界戦争によってプロレタリアートが、世界市場を支配する国民の先頭に、つまりイギリス国民の先頭に駆り立てられる瞬間に、はじめて始まる。革命は、この国（フランス）で終結するのではなく、組織的に始まるのであるが、それは息の短い革命でない」（『フランスにおける階級闘争』一八五〇年）というような在り方において、具体的に設定されたのである。

資本と賃労働の両極関係における、**周期的恐慌によって十年毎に根底から震撼**させられる資本制社会の世界危機−世界戦争−世界革命、という一連不可分の世界史的過程とその革命を「歴史の機関車」とする歴史の動転過程が全体系的に設定されたのである。

それは、世界史の転覆過程であるとともに、そのような転覆を可能にする主体としてのプロレタリアートの自己形成過程でもあるものにほかならない。「自分自身の解放を成し遂げ、それとともに、現存の社会がそれ自身の経済的要因によって不可抗的にめざしている、あのより高度な形態を創り出すためには、労働者階級は長期の闘争を経過し、環境と人間とをつくりかえる一連の歴史的過程を経過しなければならない」（『フランスにおける内乱』一八七一年）と。

このようなマルクスの叙述には、一八四八年ヨーロッパ・世界革命（フランス二月革命、ドイツ三月革命）から一八七一年パリ・コミューンにいたる、マルクスが共産主義者同盟と万国労働者協会＝第一インターナショナルを率いて自ら関与した、ヨーロッパにおける革命的動乱の全過程が籠められているのであるが、その総括的文言からわたしたちはそこに、初期マルクスの「人間は環境と教育との所産であり、したがって、その環境が変わり教育が変われば人間も変わる、という唯物論的学説は、環境がまさに人間によって変えられるということを、そして教育者自身が教育されなければならないということを、忘れている。だから、この学説は、必然的に、社会を二つの部分にわけることとなり、そのうちの一つが社会の上に超然としているということになる。（たとえば、ロバート・オウエンの場合。）／環境の変化と人間的活動の変化との合致は、ただ変革的実践としてのみ把握し、合理的に理解することができる」（『フォイエルバッハへ』テーゼ第三項）という、終生不変の「環境と人間」とをつくりかえる一連の歴史的過程への革命的信念が木魂《こだま》しているのを聴き取ることができる。

かれマルクスによって、そのような世界史的過程は、客観的＝主体的に歴史を再統合する過程であり、主―客＝心―身二分の〈デカルトの世紀〉としての近代の分裂状態そのものを終わらせる能動的な主体の変革的実践は、まさに主―客の再合致を成し遂げる自己解放として措定されていたのである。それが、かれマルクスにとって、「共産主義者同盟」の素志であった「プロレタリアのアソシアシオンが前進するまで革命を永続させること」（『共産主義者同盟中央委員会の同盟員への呼びかけ』一八五〇年三月）以来の大念願にほかならなかったのである。

最初期マルクスは、『ヘーゲル法哲学批判序説』（一八四三年）において、「ドイツ人の解放は人間の解放である。この解放の頭脳は哲学であり、その心臓はプロレタリアートである。哲学はプロレタリアートの揚棄なしには自己を実現しえず、プロレタリアートは哲学の実現なしには自己を揚棄できない」という有名な立言をおこなった。

ドイツ古典哲学以来の批判《クリティーク》の哲学的作業＝実践によって、「個別的実存を本質において測り、特殊な現実を理念において測る」行為である哲学的批判＝実践を通じて、「哲学なき世界」と「世界なき哲学」との相互揚棄を図る、という、マルクスの「哲学」に対する関係の第一モデル＝「意志としての哲学」から、第二モデルである「哲学とプロレタリアートの歴史的ブロック」へと進むテーゼの開示であるが、これは自己疎外からの解放としての〈疎外革命〉の「観念的補足物」にほかならない。すなわち、「人間性の全き喪失である」がゆえに「人間性の全き再獲得によってしか自分を獲得しえない」という、その歴史的に特殊・特異な境遇に規定されて、他の諸勢力のように自己疎外の中に自己実現の仮象をもつことができないプロレタリアートが、「解放の心臓」である哲学を実現することが期待されたのである。

このようなモデルを介して、マルクスの「哲学」との関係は、第三モデルである「現実的・実証的な学」による哲学の揚棄へと、そして第四モデルの「批判的概念把握」の出自としての哲学へと突き進み、ヘーゲル弁証法の合理的核心の焙《あぶ》り出しによるマルクス的弁証法として、『資本論』弁証法体系へと理論構成的に結実するにいたるのである。

したがって、その出発点におけるマルクスにとって、「哲学的プロレタリアート」の発見が（多くの自称マルクス主義者たちが強調してやまないごとき）問題であるわけのものではけっしてあるまい。「哲学的プロレタリアート」の発見とは、結局のところは「哲学的共産主義」すなわち「真正社会主義」にしか実践的には帰結しえないであろう。いうまでもなく、クルーゲの甘ったるい愛のお説教でしかない「真正社会主義」＝「哲学的共産主義」は、マルクス的共産主義とは似て非なるものでしかないのである。プロレタリアートは、哲学的愛のお説教など全くしないし、全く好まないのである。

そのマルクス的出発点の真の意義として、わたしたちが見届けなければならないことは、近代世界において賃労働者が創出される一つの歴史的条件が「世界史を包括している」ものとして、「資本主義時代を特徴づけるものは、労働力が労働者にとってかれの持っている商品という形態をとっており、したがってかれの労働が賃労働という形態をとっているということである」（『資本論』第一部）という世界史的事情の確認なのであって、そのような賃労働者の歴史的条件が、『ドイッチェ・イデオロギー』で早くも確認されていた、「プロレタリアートはこのようにして、実践的・経験的な実存としての世界史を前提し、このようにして世界史的にのみ実存しうる……。諸個人の世界史的な実存、すなわち、物質的に直接に、世界史と結びついている諸個人の実存」であることを、確認するところにこそあるとしなければならない。

したがって、『ヘーゲル法哲学批判序説』における、あまりにも有名になりすぎた「哲学」と「プロレタリアート」の相互揚棄説を、「哲学的共産主義」へと横滑りさせることなく、世界史を自己変革との不可分の関係性をもって揚棄してゆく「社会的諸個人」の現実的・積極的《ポジティヴ》な〈知〉＝自覚の正道へと就かせるためには、そのようなプロレタリアートの出生そのものが、これまでの世界史の労作の結晶にほかならないことを確認し、そのようなプロレタリアートが将来の過渡期とアソシエーション社会での全実践をふくめて進行させる階級闘争の貫徹が、賃労働者としてのかれら自身の世界史的地位の変革を通して、窮極的には「プロレタリアート」という世界史的身分そのものの変貌＝消滅へといたる根本性格のものであることを確認することが、最も重要なのである。

社会的諸個人が自律的な自己編成をおこない、自己権力によって自治する将来社会＝共産主義（アソシエーション社会）とは、現実的主体社会なのであって、けっしてプロレタリア社会ではない、そうではありえない根本性格を、固有・内有しているものなのである。

最初期マルクスは、『ヘーゲル法哲学批判序説』（一八四三年）において、二重の「ドイツ的惨めさ《ミゼーレ》」の裡に置かれていたドイツ・プロレタリアートの現状に即して、近代の世界史的存在としての「プロレタリアート」についての根源的《ラディカル》な規定をおこなった。すなわち――

「ドイツにとっては、ラディカルな革命が、普遍的・人間的な解放が、空想的な夢なのではなく、むしろ部分的な、単に政治的な革命、家の主柱に手をつけない革命の方が、夢なのである。部分的な、単に政治的な革命は、何に基づいておこなわれるのであるか？　それは、市民社会の一部分が自分を解放して普遍的な支配に到達すること、ある特定の階級がその特殊な地位から普遍的な解放を企てることに基づいている。この階級は、全社会を解放しはするけれども、しかしそれは、全社会がこの階級の地位に着くこと、したがってたとえば金力と教養とを持っていること、あるいはいつでもそれらを持ちうることを前提として、そうするのである」と。

若きマルクスのこの共産主義への出発に当っての確認事項によれば、通念にある部分的な革命すなわち改良こそが夢想なのであって、真に根源的《ラディカル》な革命は、普遍的・人間的な革命としての「プロレタリア革命」として、そのリアリティーを固有しているとされるのである。若きマルクスは、この出発点において問う――それでは、ドイツの解放の積極的な可能性はどこにあるのか？　と。

「解答。それは、ラディカルな鎖につながれた一つの階級の形成のうちにある。市民社会のどんな階級でもないような市民社会の一階級、あらゆる身分の解消であるような一身分、その普遍的苦悩のゆえに普遍的性格をもち、なにか特殊な不正ではなしに不正そのものを蒙っているためにどんな特殊な権利をも要求しない一領域、もはや歴史的な権原ではなくただ人間的な権原だけをよりどころにできる一領域、ドイツの国家制度の帰結に一面的に対立するのではなく、その前提そのものに全面的に対立する一領域、そして結局、社会のあらゆる領域から自分を解放し、それを通じて社会の他のあらゆる領域を解放することなしには、自分を解放することのできない一領域、ひとことでいえば、人間の完全な喪失であり、したがってただ人間の完全な回復によってだけ自分自身をかちとることのできる領域、こういった一つの領域の形成のうちにあるのである。社会のこうした解消を或る特殊な身分として体現したもの、それがプロレタリアートである」(マルクス『ヘーゲル法哲学批判序説』一八四三年)。

2　ドイツ古典哲学の唯一の相続権者としてのドイツ労働者運動

したがって、最初期マルクスの「哲学」と「プロレタリアート」の相互揚棄説から、今日のわたしたちが再確認して探り出すべき積極的側面・要素は、かれマルクスがドイツ古典哲学の批判《クリティーク》の道統を踏まえた(エンゲルスのいわゆる)「ドイツ古典哲学の相続者としてのドイツ労働者運動の伝統」である。

すなわち、エンゲルスは、かれの『ルードウィヒ・フォイエルバッハとドイツ古典哲学の終結』(一八八六年)において、「一八四八年の革命とともに、「教養ある」ドイツは、理論に絶交状をあたえて実践の領土に移っていった」が「ひとりドイツの労働者階級のあいだにだけ、あのドイツの理論的精神は、損なわれないで存続している」として、次のように述べた——「ここではもはや、このドイツの理論的精神は根絶やしにはされていない。ここでは、経歴や利殖やお上からのめぐみぶかい保護に対する打算は、すこしも見出されない。むしろ逆に、なんの顧慮するところもなく、なんら囚われるところもなく科学が進めば進むほど、科学はいよいよますます労働者の利益と志望とに一致するようになる。労働の発展史のうちに、社会の歴史全体を理解する鍵をみとめたあの新しい流派は、はじめからとくに労働者階級に望みをかけていた。そして、あの公式の科学のあいだで受けようとはつとめもせず期待しもしなかった歓迎を、労働者階級のあいだで受けた。ドイツの労働運動は、ドイツ古典哲学の相続者である」（傍点いいだ）。

現実の「ドイツの労働者運動」は、フェルディナント・ラサールの労働組合運動としてよかれあしかれ具現化された社会改良主義の「打算」的運動であり、それもユンケル土地貴族との結託のもとに「お上からのみめぐみぶかい保護」に秘かに頼る実態を有っていたのであるから、エンゲルスのこの「ドイツ古典哲学の唯一の正系相続者」としてのドイツ労働者運動への純粋な期待は、多少ひいきのひき倒しの気味を免れない、とわたしなどは思うが、それにしても、ドイツ古典哲学の右のような特異な性格の弁証法については、ハインリッヒ・ハイネの『ドイツの宗教と哲学と歴史のために』（一八三四年）において、ヴィヴィッドに活写されているところでもある。エンゲルスよりももっと広く、もっと伸びやかに、ドイツ古典哲学のヨーロッパ的由来を、中世キリスト教秩序によって異端視され駆逐されてしまった「マニ教」と「グノーシス派」の叙述からはじめたハイネは、「ドイツでは、革命の原理がもっと民族的な、もっと宗教的な、そしてもっとドイツ的な哲学から導き出され、この哲学の威力によって支配的にならないかぎりは、全般的な革命はけっして起こりえないのである。さて、それはどんな哲学か？」と問題設定をおこなって、ライプニッツ、スピノザの哲学を顕彰し、イマヌエル・カント『純粋理性批判』の革命的意義について論じ、ドイツ古典哲学の批判哲学としての出発点の礎石を置いた――

「レッシングは、一七八一年にブラウンシュヴァイクで、世間から誤解され、憎まれ、罵られて死んだ。その同じ年に、ケーニヒスベルクでイマヌエル・カントの『純粋理性批判』が現われた。この本は、妙な事情で一七八〇年代の終わりに、おくれてようやく世に知られるようになった。この本で、ドイツの思想上の革命がはじまった。このドイツの思想革命は、フランスの政治革命とふしぎなほど似ていて、深くものごとを考える者には当然、フランスの政治革命に劣らないほど重要なことと思われるのである。このふたつの革命は、同じ形相で展開し、きわめて珍しいまでに似ている。ライン河の左岸のフランスと右岸のドイツとで、等しく過去のきずなは断ち切られ、伝統を敬う心は一切合財捨てられることとなった。フランスではそれぞれの権利が正当かどうかが吟味にかけられたが、ドイツではそれぞれの思想が正当かどうか吟味にかけられることになった。フランスではこれまでの社会制度のかなめ石であった王政が倒されたが、ドイツではこれまでの思想支配のかなめ石であった超越神論が倒されたのである。／フランスのルイ一六世のように、ドイツの超越神論が断頭台へ上った……。ホラ、葬送の鐘が鳴る！ひざまずくがいい！　亡びゆく超越神に最期の晩餐を捧げる刻だ」（ハイネ『ドイツ古典哲学の本質』岩波文庫、一九五一年――傍点いいだ）。

かれハインリッヒ・ハイネは、フランスの政治革命がルイ一六世の首をギロチンにかけて刎《は》ねたように、ドイツではカントの『純粋理性批判』にはじまる批判《クリティーク》の思想革命が、超越神論をギロチンにかけてその素っ首を刎ねた、と謂うのである。「ドイツは、カントによって哲学革命の道を進むことになった。哲学は、ドイツ国民全体の問題となった。偉大な思想家たちのりっぱな一群が、まるで魔法で生まれたかのように、とつぜんドイツ全土から立ち現われてきた。もしもいつか、このドイツの哲学革命がフランス大革命と同じように、ティエールやミニュのような歴史家によって叙べられるならば、そのドイツ哲学革命史は、フランス大革命史と同じように珍しい読み物になるだろう。そしてドイツ人は誇りをもって、フランス人は驚きをもって、そのドイツ哲学革命史を読むだろう」。

このようなドイツ古典哲学のもつ革命的伝統の相続者を、エンゲルスはかれの手がけていたドイツ労働者運動に託したが、ハイネによれば、その道統からは、オリュンポスの山上での飲食の楽しみのなかから、鎧を着、兜をかぶり、槍を手にしたひとりの女神、すなわちアテナ女神という「知恵の女神」が躍り出てくる、とされたのである。

今日のわたしたちは、近代ヨーロッパを造出したとされるいわゆる三重革命――すなわち、イギリスの産業革命、フランスの市民政治革命、と優に匹敵するドイツの哲学革命＝意義革命の世界史的意義を再確認し、そのようなドイツ意識革命の学統を継承するドイツ・プロレタリアートの闘争に思いと期待を寄せたマルクス＝エンゲルスの歴史的構想を再確認すれば、それで足りる。

ただし、右の再確認をおこなう場合、エンゲルスの『ルードウィヒ・フォイエルバッハとドイツ古典哲学』の結語が述べているような、近代ドイツではブルジョアジーはドイツ古典哲学の理論を投げ棄ててしまったが、ドイツ・プロレタリアートがそれを拾い上げて自らの労働者運動の意識的発展の糧としている、という断言には、その後の歴史的現実の経過そのものに即して、先にも述べたような一定の相対化と留保が絶対に必要である。

ドイツ労働者運動の主流を占めたフェルディナンド・ラサールのドイツ労働運動は、ラサールがマルクス／エンゲルスの教導を受けた指導者であったにもかかわらず、そのビスマルクの国家と結托した（ビスマルク「鉄血」首相とのラサールの密議事項は、その詳細をともなって今日ではよく知られるところとなっている）かれの「国家補助による生産協同組合」運動の構想に端的にあきらかなように、国家主義と臣民根性の劣悪な合金《アマルガム》を特徴にしており、「理論的なドイツ労働運動」の特色は、ラサール派とアイゼナッハ派の合同によるドイツ社会主義労働者党の形成にはじまるドイツ社会民主主義において、最終的にはいかなる無理論の惨憺たる結末をとげたかは、それを判定する歴史的尺度をチヨッと広くとってみれば、第二インターナショナル全体の第一次世界大戦勃発にさいしての「世界史的裏切り」において（エンゲルス死後の事件ではあるが）あきらかなごとくであり、さらにはまた、一九三〇年代の「非常時」においてドイツ労働運動が、ナチスの経営細胞を媒介にして結局「労働を通じて歓喜へ《ドルヒ・ラボータヤ・ツウ・フロイデ》！」をスローガンとする、ヒトラー・ナチス国家「ハイル・ヒトラー」式礼賛へと体制内化していった最近の実例に徴してみても、あきらかなごとくである。

それらを通してうかがわれるドイツ・プロレタリアートの「理論的」・イデオロギー的特質は、むしろその極国家主義・臣民根性・権威主義的体質の顕著な露呈にほかならない。

さて、ドイツ・プロレタリアートの民族的特性の問題から離れて、再びマルクスによる「世界史的存在」としての近代プロレタリアートの性格規定に戻るならば、マルクスは「国際労働者協会総評議会」でおこなった講演『賃金、価格、利潤』（一八六五年六月二〇、二七日）において、イギリスのオーウェン主義者ウェストンの所論に対する批判（ウェストンの所論は、ドイツ労働者運動の指導者ラサールの唱えていた所論と瓜二つである）という形で、「労働力」についての規定、「労働力の価値」規定をおこなっている。

事態を一般化していうならば、当時のヨーロッパにおける労働者運動の現状（その限界をいかに乗り超えるかという理論的・実践的課題をふくめて）は、イギリスのオーウェン主義者たちの運動についても、フランスのプルードン主義者たちの運動についても、ドイツのラサール主義者たちの運動についても、単なる「労働の対価」としての賃金論という現象的水準では片付かない「労働力商品化」の本質を根源的に解明してゆかなければならない、言うならば『資本論』的体系を必要とする段階に現実にすでに踏みこみはじめていたと看てよいのである。

ただし、右の踏み込み点の確認を、イギリスのオーウェン主義、フランスのプルードン主義、ドイツのラサール主義等々との「労働者運動」「社会主義運動」との全関係性において、マルクス主義の卓越性を強調する場合、それが最初期マルクスが『共産主義宣言』（一八四八年）の出発点においてつとに明確化していた「共産主義者は、他の労働者諸政党に対立する特別の党ではない。かれらは、全プロレタリアートの私富と別個の私富をなにも持っていない」という有理・有節・有用な自己規定を忘失して、わたしたち自身がいわば贔屓の引き倒しに陥って、いうならば〝唯一前衛党〟的な倒錯に走る愚を犯さないように予め自らを戒めておかなければならない。

3　当時の一八四〇年代における〈コミュニズム〉と〈アソシエーション〉の類同性・類推性

むしろ、マルクスの階級闘争学説における将来社会の究極の価値目標を共産主義＝アソシエーション社会として、マルクスの〈共産主義〉概念と〈アソシエーション〉概念との大局的な類同性ないしは類縁性に求めようとしている、わたしたちのような立場性から言うならば、当時のさまざまな社会主義イデオロギーによって領導された労働者運動の歴史的性格は、すくなくとも〈アソシエーション〉との概念的類推性の水準・範囲を著しく共有しているものと、わたしは考える。この概念的・運動的類推性は、当時の一九世紀ヨーロッパの自生的な構想力がもたらした大局的な類推性なのである。

イギリスのロバート・オーウェンが、一八二五年に北米のニューモニーで「協同体《アソシエーション》」建設の実験に着手し、その時期、北米各地においてオーウェン主義者たちによる同様のアソシエーション実験が次々と展開された事実はよく知られているところである。だからこそ、かれオーウェンは、「協同組合の父」と正当に呼ばれているのである。英語では、Co-operation of Community がイギリス社会に流布された運動用語であり、Association はむしろ異例の語彙であったが、それでもロバート・オーウェンのメイン・スローガンは「アソシエーション」であったのである。

アソシエーションの言葉・思想・運動が、一八四〇年代一世を聳動し席捲したのは、イギリスよりはむしろフランスであった。フランスでは、フーリエの『産業的協同社会的新世界』は一八二九年の公刊に属し、かれらフーリエ派の「アソシエーション主義者」は、イギリスにおいて「アソシエーション」といういわば聖なる言葉が、オーウェン一派の「実験」によって台無しにされてしまった、といわば左から批判していたのであるが、フーリエ派やカベ派のアソシエーショニストが協同体建設をめざして北米大陸へと渡るのは、オーウェンの後塵を十年以上拝して以後のこととなる。一八四〇年代のフランスにおける「アトリエ派」を中心とする労働者アソシアシオン運動は、貴重なものであり、イギリスにおいてもオーウェン派の運動の木魂は、やがてウィリアム・モリスらの「職人共同体」の運動理念にひきつがれてゆくのである。

「ゲマインシャフト」や「ゲマインヴェーゼ」の祖国であるドイツにおいては、エンゲルスが「未来のアソツィアツィオーン」と書きつけるのは一八八四年になってのことであるが、ドイツのラディカル派の運動においては、コムニスムス＝運動、それを通じて現前・現象・現出してくる将来の理想社会像＝アソツィアツィオーン、というのが共通了解であろう。

マルクス＝エンゲルスもこうしたドイツ的共通了解の裡に活動していたのである。ゲマインヴェーゼン＝コムニスムス＝アソツィアツィオーン、の三位一体範式と言える。一九世紀初頭におけるドイツ・ジャコバン派とヘーゲル左派的社会主義（ヘス、マルクス、エンゲルス）との中間に位置していた、三月前夜《フォア・メルツ》の急進的民主主義者＝初期社会主義のヴィルヘルム・シュルツは、早くからフーリエやサン・シモンの運動理念をドイツに紹介し、自らも一八三〇年代から一貫して自発的な「アソツィアツィオーン Association＝生産協同組合」の形成を主張した。アソツィアツィオーンを提唱して労働者運動を展開したカール・グリュンが、「実践的にはプルードンのアソツィアツィオーン構想を全面的に受け容れている」と宣言していることも忘れてはならない。

シュルツは、一八四〇年代、同じくドイツにおいて、一八四八年革命中、プルードン型のその自生的なアソツィアツィオーンの運動理念をかかげた点において、一八四〇年代に入るや「財産共有制 Gütergemeinschaft」を主張するカベ、ヴァトリング、ヘス、シャッパーらの「コミュニスト」とむしろ対立したのである。

そのヘスやヴァトリングにしてからが、一八三九年のブランキ、バハベスらの「四季協会」蜂起の潰滅の後には、ドイツとスイスに登場して、「ゲマインシャフト」を強力に唱道したのである。有名なローレンツ・シュタインの『今日のフランスにおける社会主義と共産主義』（一八四二年）においては、フーリエの association が gesellschaftung

と独訳されて紹介されている。

イタリアでは、一八九四年にG・カネパへの手紙（フランス語）のなかで、エンゲルスは「来たるべき社会主義時代の基本理念は assocazióne（イタリア語）となるだろう」と書き送っている。イタリアに当時実在していた「アソシオーネ」運動に対する激励の言葉なのである。

ロシア語では「アソツィアーツィヤ」と呼ばれる連合、組合、協会、団体の運動は、フーリエの影響を受けたゲルツェンやオガリョーフが、「自分たちの社会の理想的な編成はアソツィアーツィヤである」と言ったほどに普及していたのである。ドストイエフスキーが連座した「ペトラシェフスキー団」が発行した『外国語ポケット辞典』（一八四六年）は、「オーウェン主義は、社会機構の新しい形態を提示している。その基礎は、アソツィアーツィヤないし人びとの自発的な個々の共同体への結合である」と解説している。ペトラシェフスキー事件に連座したトーリが編集した『トーリ版机上百科事典』（一八六三～六四年）には、「アソツィアーツィヤ――なんらかの目的を達成するための組合、資本ないし労働の自由な結合体。アソツィアーツィヤの経済的主義は、主として社会主義者たちによって研究されており、また経済学によって現在の困難な状態から脱出するための富裕と高貴という特権との闘争における大衆の最も確実な武器とみなされている」と解説されている。右事典は、「社会主義的アソツィアーツィヤ」の具体例として、フーリエの「ファランステール」を挙げ、「共産主義的アソツィアーツィヤ」の具体例として、ルイ・ブラン、ビュシェの方式を挙げている。

以上、アソシエーション思想が当時の時代の普遍的革命思想として、イギリス、フランス、ドイツ、イタリア、ロシアに活性化した全ヨーロッパ的現象であることを看た。それはむしろ、その後になって流行化する〈社会民主主義《ゾツィアル・デモクラシー》〉と自ら一線を画していた過激思想であったのである。ヨーロッパ全土をゆるがした一八四八年革命以降の一時代における新たな時代思想としてのコミュニズム運動理念は、コミュニズム・アソシエーション・ゲマインシャフトが、古い「財貨共有制」理念に対して一線を画するところから、むしろ始まったとみてよい。『共産主義宣言』を起草したマルクスは、まぎれもなく一個の独創的なアソシエーショニストであった。かれは、旧「義人同盟」の「財貨共有体」主義と闘って『宣言』を獲得したのである。邦訳の「共産主義」「共産党」が、日本人であるわたしたちにとってなじみにくいのは、それがバタくさい輸入学問概念に由るよりは、わたしたちなりに東洋《オリエント》世界の老荘思想も含めた「無所有」の伝統思想によって数千年間に亘って育まれてきたわたしたちのユートピア（無何有郷）思想が、財産共有思想の類縁語になじめないためなのである。

4　アソシエーショニストのマルクスが「労働力商品」の価値＝賃金を発見した

さて、イギリスのオーウェン主義者ウォルトンを批判した「万国労働者協会」講演において、マルクスは、「商品の相対的価値は、それら商品に費やされ、体化され、固定された労働のそれぞれの量または高によって、決定される。同じ労働時間で生産できる諸商品の相互の量に相等しい。言い換えれば、或る商品の価値と他の商品の価値の比は、前者に固定された労働の量と後者に固定された労働の量の比に等しい」と、商品の価値形態による商品価値の量比の労働時間による算出に基づいて、その論述を、特異な単純商品である「労働力」の価値に適用して、「労働力の価値は、労働力を生産し、発展させ、維持し、永続させるに必要な生活必需品の価値によって決定される」と規定し、右のような生活必需品の価値と労働力が資本の生産過程において産出する全価値との差が「剰余価値」であるとして、賃金、価格、利潤の関係として現わされるその剰余価値の生産と分解が、資本制商品経済社会のありのままの全社会的姿容を形成することを結論づけている。きわめて平易でかつ高度の説得力のあるアソシエーショニストとしての所論である。

かれマルクスのそうした「国際労働者協会」講演の結論は、きわめて緊急な実践的課題と関連しながら、きわめて理論的な提起として、次の三点に集約された。すなわち――

（1）賃金率の一般的上昇は、一般的利潤率の低下をひきおこすであろうが、だいたいにおいて商品の価格には影響しないであろう。

（2）資本制的生産の一般的傾向は、賃金の平均水準を高めるものではなくて、低めるものである。

（3）労働組合は、資本の侵害に対する抗争の中心としては、りっぱな働きをする。それは、その力の使用に賢明さを欠くならば、部分的に失敗する。それは、もしただ現存の制度の結果に対するゲリラ戦だけに専念し、それと同時に現存の制度を変えようとしないで、その組織された力を、労働者階級の終局的解放すなわち賃金制度の最終的廃止のためのてことして使わないならば、全般的に失敗する――

右のマルクス講演の結論の（1）（2）は、見られるように、資本制商品経済における賃金率と利潤率との関係について、「理想的平均」としての資本制経済を設定して、静学的に説いており、後の『資本論』段階に接近する後期マルクスにおけるようには、終局的には周期的恐慌の暴力的爆発へといたる資本の産業循環過程の局面転換に即して動学的には説かれていない――そのような動態過程が導入されれば、賃金率も利潤率も（相対的対比関係にあることは同一ながら）好況―**恐慌**―不況の局面転換に応じてあいともに上下動して、したがってまたその上下動が商品価格一般にも影響しないということもありえないのであるが、当時の中期マルクスが、まだそのような〈**恐慌論**〉のマルクス的基本規定を獲得するまでにはいたっていないことの一証左である、と右講演についての評価は言えるであろう。

『資本論』段階にまで到達した後期マルクスの水準における、経済学原理論の基本的完成と、それを理論的基軸とした歴史的社会全般の唯物論的歴史把握との総体にわたる人類的思考のカテゴリー史的意義については、フリードリヒ・エンゲルスが『カール・マルクス』（一八七八年）において、「マルクスの名前を科学史にとどめた幾多の重要な諸発見のうちで、ここではただ二つのものしか挙げることができない」として挙げた、二つの理論的大発見の事例が最も適切である――

その「第一のものは、かれが世界史の全体的理解にもたらした変革である――すなわち、従来の人間の歴史観はすべて、あらゆる歴史的変化の原因は究極するところ人間の変化する観念のうちに求められるべきであり、さらにそのあらゆる歴史的変化のなかでは政治的変化こそが最も重要であって、これこそが全歴史を支配している、という考えをもとにしているが、ではそれらの観念はいったいどこから人間の心にやってくるのか、その最も重要だとされる政治的変化を推進する原因はなんなのか、ということを探ねる者はだれもいなかった。ただ、フランスの歴史家と、部分的にはまたイギリスの歴史家との、近代学派だけが、おのずからつぎのような確信をもつようになった。それは、すくなくとも中世以降というものは、ヨーロッパの歴史の推進力となっているのは、社会的ならびに政治的な支配権をめぐっての、発展してゆく市民階級と封建貴族との闘争である、ということである。

いまマルクスは、そうしたこれまでの全歴史は階級闘争の歴史であること、いろいろの複雑な政治闘争のすべてで問題になっているのは、社会諸階級の社会的ならびに政治的な支配の問題、すなわち、古い階級がその支配を維持しようとし、新興の階級がその支配権を獲得しようとする問題にほかならないことを、証明したのである。だが、これらの階級そのものは、なんによって成立し、また存続しているのか？　マルクスによれば、それは、それぞれの時代に社会が、その生活資料を生産し交換する、そのときどきの物質的な、卑近な諸条件によってである。

こうして、歴史は、はじめてその本当の基礎の上に置かれたのである。人間は、支配権のために争ったり、政治や宗教や哲学などを営むことのできるまえに、先ずもって食い、飲み、住み、衣服を着なければならない、つまり、働かなければならない、という、明白な、しかもにもかかわらずこれまではまったく見落とされている事実――この明々白々な事実は、いまついにその歴史上の正当な権利を認められたのである。

だが、社会主義的見解にとっては、マルクスが発見したこの新しい歴史観はこのうえなく重要であった。それは、すべてこれまでの歴史は階級対立と階級闘争のうちを動いていること、つねに支配する階級と支配される階級、搾取する階級と搾取される階級とがあったし、はげしい労働と楽しみのすくない生活とがつねに大多数の人間の運命であったことを、証明した」と。

エンゲルスがマルクスの第一の発見の功績としたものは、こうしてマルクスの「階級闘争の学説」にほかならないが、この階級闘争学説は先にも述べたようにマルクス自身が明示しているところによれば、そのような階級存在と階級闘争の発展が不可避的に歴史的過渡期である「プロレタリアート独裁」へと導き、またこのプロレタリアート独裁は階級存在自体の廃止へと導かれるということ、言葉を換えていえば、プロレタリアート自体の廃絶＝消滅をその終局的な価値目標としている、というところにあるのである。「想像力階級」でなければ、絶対に言明できない、未来の終局目標から振り返って、〈いま・ここ〉の自分の世界史的位置についての目測である。

現代においては、資本の生産力がインターネット技術革新によってきわめて巨大なものに増大してしまった結果として、人間を支配する者と支配される者、搾取する者と搾取される者とに分ける最後の口実もいまやまったくなってしまっているということ、支配的な大ブルジョアジーはすでにその歴史的使命を果たし終えてしまっており、**商業恐慌**や、とくに最近の大崩壊とすべての国々の産業の不振状態とが如実に証明しているように、大ブルジョアジーには社会の指導に当たる力がもはや無くなってしまっており、逆に社会的生産のこれ以上の発展に対する障害とさえなってしまっているということ、したがって歴史的ヘゲモニーは、その社会的地位全体によってあらゆる階級支配とあらゆる隷属・あらゆる搾取を全体的に廃止しなければ自分自身のことも解放することのできない一階級、すなわちプロレタリアートに移っているということを、示している。こうして、社会のすべての成員が社会の富の生産に参加するだけでなく、その分配と実現にも参加できるような、また全生産の計画的運営によって社会的生産力とその収益とがいちじるしく増大し、その結果、各人のすべての合理的な欲望の御足がたえずますます多く保障されるような状態をつくりだすには、協同社会《アソシエーション》に結合したプロレタリアートが、ブルジョアジーの手に負えなくなった社会的生産力を自らの手に掌握するだけでよろしいということ――これがエンゲルスがマルクス葬送演説で述べたマルクスの第一の大発見である。

エンゲルスによれば、「マルクスの第二の重要な発見は、資本と労働との関係をついに解明したことである」、言い換えれば、今日の社会の内部で、現存の資本制的生産様式の裡で、資本家による労働者の搾取がどのようにおこなわれているかを、証明したことである。古典派経済家が、労働はあらゆる富とあらゆる価値との源泉である、という命題をうちたててからは、「それでは、この命題を、賃金労働者がかれの労働によってつくりだされた価値の総量を受けとらないで、その一部を資本家に引き渡さなければならないという事実と、どうしたら調和させることができるのか?」という、難問が出されることは、避けられなかった。

ブルジョア経済学者たちも社会主義者たちも、この疑問に科学的に根拠のある回答を与えようとして、さんざんに苦労を重ねたが、むだ働きに終わった。そこへついにマルクスがその解答を提出したのである。すなわち、それは、資本の生産過程において賃労働者が産出する「剰余価値」である、というのが科学的に根拠のある唯一の解答である。これが、エンゲルスの謂うマルクスの第二の大発見であった。

「近代の科学的社会主義は、この二つの重要な事実に立脚している。『資本論』の第二部では、資本制的社会制度についての、これらやまたそれにおとらず重要な他の科学的発見が、さらに展開されて、それによって、『資本論』第一部ではまだ触れられていない経済学の諸側面も変革されるであろう」(エンゲルス『カール・マルクス』一八七七年)。

マルクスの『資本論』体系から導かれるかれの〈共産主義〉を、エンゲルス流実証主義に基づいて「科学的社会主義」として表現することが果たして概念的に厳密に正しいかどうかは、大いに疑問の余地があるところであるが、エンゲルスがマルクスの『資本論』弁証法体系の理論的核心を「階級闘争学説」と「剰余価値学説」との二つの大発見に集約・定義したことは、動かしえない正当な評価である。

右のエンゲルスが、一八八三年三月一七日に死せるマルクスを葬ったハイゲート墓地で英語で行った「三月一四日午後二時四十五分に、現存の最大の思想家は考えることをやめた。……ヨーロッパとアメリカの戦闘的プロレタリアートが、この人とともに失ったもの、それはまったく測り知れないものである。この巨人の死によってあけられた空隙は、じきに人びとに感じられるであろう」という有名な「カール・マルクス葬送の辞」において、「ダーウィンが有機界の進化の法則を発見したように、マルクスは人間の歴史の発展法則を発見した」として、マルクスの不朽の業績を宣揚したことは、人のよく知るところである――「マルクスは、今日の資本制的生産様式とそれによって生み出されたブルジョア社会との特殊な運動法則をも発見した。剰余価値の発見によって、この問題に突然光明がうまれた」と。

エンゲルスはこの永訣の辞によって再び、「一生のあいだにこのような発見を二つもすれば十分であろう。このような発見を一つでもすることのできたものは、それだけで幸福である」と強調したが、今回のこのマルクスによる「二つの大発見」は、先の『カール・マルクス』における「二つの大発見」と比定してみれば、考証的に立言しておく価値のある過不足が二つある。

その第一は、前者の近代の資本制的生産様式と市民社会との特殊な位置価の歴史的発見は、それの相対化的位置づけをもふくめた歴史観の問題としては、いわゆる唯物史観のことであって、この唯物史観の発見は、マルクスの「第二ヴァイオリン」の弾き手であることを謙譲に名乗ることを常にしていたエンゲルスの謙抑の辞にもかかわらず、『ドイッチェ・イデオロギー』の共著において、『国民経済学批判大綱』の著者としてイギリス古典経済学をマスターしていた上で若きマルクスに一頭地を抜いて先行していた、若きエンゲルスの不朽の功績に帰せらるべきものである。初期マルクスが当時の経済学研究において、この盟友エンゲルスの唯物史観を「導きの糸」として、その国民経済学的素養にキャッチ・アップすることに努めたことは、かれマルクスが『国民経済学批判大綱』の〈競争論〉の見地を強く押し出して『賃労働と資本』『パリ草稿』（『経済学・哲学手稿』）の経済学研究をうちだしたことによって、知られるごとくである。もちろんのこと、本書でもしばしば関説してきたように、この若きエンゲルスが先行し、主導したいわゆる唯物史観は、マルクス主義の生きた全体系から観れば、いわゆる「唯物史観主義」に骨化してしまって、むしろマルクス的体系の豊かな富を貧寒化させてしまっており、かれマルクスが資本制商品経済社会に対する批判的分析から曳き出した〈経済学原理論〉を理論的ならびに理論方法的な基軸とする、全人類への「唯物論的歴史把握」をむしろ狭め・歪めてしまった嫌いがあるのではないか。

この時点にいたってはじめて、初期時代においては最先進的であった「唯物史観経済学」にその後もすっかり安住してしまったエンゲルスに比べて、中期の『経済学批判要綱《グルントリッセ》』、後期の『資本論』三部体系へと不断の学問的精進をもって経済学批判を決定的に深化させていったマルクスとの逆差・逆転が生じはじめたのである（今日、マルクス『資本論』第二部・第三部の整理・編集・公刊問題における不備・誤謬として全面的に問題化しているエンゲルスの「唯物史観経済学」の原理的限界は、この逆差・逆転が増殖した結果にほかならない）。

このことの確認は、『ドイッチェ・イデオロギー』においてマルクスに先行・主導したエンゲルスの「唯物史観」においてさえ、中期マルクスの『経済学批判要綱《グルントリッセ》』「序言」において「導きの糸《アリアドネー》」として「一般的結論」としてマルクスによって定式化された作業仮説——生産力=生産関係の照応・不一致の矛盾論と、経済的土台=国家的・法的・イデオロギー的上部構造の照応・不一致の矛盾論、として明確化された——の二命題との質的差異をもたらしただけに、重要な確認事項に属することとなったのである。経済学原理論としていわば純化的に完成された『資本論』弁証法体系を理論的・理論方法的基軸として人類史上の諸歴史的社会へのアプローチ方法として理論的・概念的に鍛造されたマルクスの「唯物論的歴史把握」と、エンゲルスが終生居坐りつづけた〈唯物史観的経済学〉という「広義経済学」的一体化との間には、その「導きの糸《アリアドネー》」としての位置価においても看過することのできない質的差異を生じることとなったのである。

以上が、「マルクス葬送の辞」の過不足の一つ目である。その二つ目は、そのようなエンゲルスが、『資本論』体系の核心《ガイスト》としての**〈恐慌論〉**による〈価値法則〉の自証において、「剰余価値法則」とともに、まさにその「剰余価値法則」によって不可避的に惹起される「相対的過剰人口法則」が、「労働力商品化」の基本矛盾を孕みつつ発せられる資本家社会を資本家社会たらしめる二大法則であることを、いぜんとして看過している、ということである。

剰余価値生産の「剰余性」に起因する、資本家社会的人口法則である「相対的剰余人口」（現象的に通俗化して言えば「労働予備軍」）こそが、賃労働者が資本制世界市場に現われる全商品生産物を資本の生産過程において産出しながら、資本の前貸部分によって自らの生活資料を買い戻す賃労働者が可変資本として、特異な単純商品形態――その特異な商品形態においては、価値→価格の転形を必須とする他の全商品とは異なって、価値＝価格という転形を無用・不必要とする「単純商品」的特異性を示す、そのことによってまた他の全商品の価値・価格運動を計量・計測する重心としての役割を果たす――をもって立ち現われ、資本の生産過程において全能の資本が生産しえない唯一の商品であることを示す道理（資本家の側からすれば最大の不条理・不合理）に沿うというか、それに逆らって無理を通す「克服の在り方」の創出というか、資本家社会的解決形態となっているのである。

だからこそ、マルクスによる「相対的過剰人口法則」の発見は、労働力商品化の道理＝無理の根本問題了解との関連において、人類認識史上のカテゴリー的大発見とみなさなければならないのである。その意義は、ただ単に、「人口法則」を超歴史的・汎社会的な、マルサス主義的エピゴーネンによって通念化されている一般性から解き放ってそれを特異性の解明へと解き放ったという意義だけには止まらない、その窮極の解決を**恐慌の暴力的解決**に委ねるというブルジョア社会的法則形態に特定化した、という重要な意義を有つのである。このことをエンゲルスは「剰余価値の発見」にだけ目をくらまされてしまって、終生把握することができなかったのである。

5 「一つの世界史を包含している」プロレタリアートという世界史的存在の出生と形成の態容

さて、マルクス流に言えば、「一つの世界史を包含している」プロレタリアートという「世界史的存在」は、人類世界史の労作の結晶として極めて最近の〈近代〉においてこの世に出生したのであるが、同じくマルクス流に言うならば、商品の交換過程が設定されて、「貨幣所有者は、市場で、独自な一商品――労働能力または労働力を見出す」のであり、その場のその瞬間において、労働能力または労働力を見出した「貨幣所有者」は資本家と成り、労働能力の身体的保持者である労働者は「労働力商品」と化するのである。神変不可思議であるとともに、バラの木にバラの花咲く何事の不思議なけれども云える、擬制化された自然過程に酷似した資本―賃労働の両極弁証法関係としての資本家社会の生成=化生の世界史的出現である。

その生成=化生において躯《みずか》自ら可変資本と化して、資本の前貸部分を供与されて資本家に雇用された労働者は、その賃金をもって資本の生産過程に嵌め込まれて労働能力を発揮し、自らの生活資料を買い戻すことによって、資本―賃労働関係の絶えざる再生産を剰余価値生産として回転させつづけることとなる。

佐武弘章『『資本論』の賃労働分析』（新評論刊、一九七七年）によるならば、「『資本の生産過程論』の主題は、「如何にして資本が剰余価値を生産するか」の分析にあるのではなく、「如何にして資本=資本関係そのものが生産されるか」の分析にある」と。

より正確に概念化して表現するならば、「資本の生産過程論」の理論的主題は、「如何にして資本が剰余価値を生産するか」の解明を介して、「如何にして資本=賃労働関係そのもの、(そしてそれを基礎とする、諸資本の競争論の導入を媒介として)資本=資本関係そのものが生産されるか」の分析にある、としなければなるまいが、それはともかく、佐武弘章教授が喝破しているがごとく、「その主題を「資本が剰余価値を生産する過程」の分析と(のみ――いいだ付加)理解するならば、そこにおける賃労働としては価値生産・価値形成をする労働が抽象的に想定されるだけで充分であろう。通説がこのように理解している「資本の生産過程論」は、論理的・一般的な剰余価値の生産過程として考察され、賃労働の再生産は論外に見失われることになる。しかし、その主題を「資本=資本関係が生産される過程」の分析と理解するならば、資本関係を構成する要因として、資本および賃労働という形態における客体的な富(生産手段と生活手段)と労働力との再生産が正面から分析されねばならぬ。「資本の生産過程論」は、かかる資本関係の再生産および発展を労働力に視点をすえて分析しており、かつそのさい一九世紀中葉のイギリスの現実に根拠をおいて賃労働者モデルを設定している」、「このように理解するならば、「資本の生産過程論」の最も重要な論点は、資本制生産様式の発展にともなう労働形態および労働力の実存形態の変化・発展にある。資本のもとへの手工業の形式的包摂以降、機械制大工業の成立・発展に至る資本制生産様式の発展は、同時に具体的・有用的労働の抽象化、複雑労働・熟練労働から簡単労働・不熟練労働への平均労働力の変化である。それは、人格の物化、個人の肉体的・精神的な諸能力の特殊的な発展の排除でもある。このことは、諸説によりすでに多様に指摘されている。ところが、「資本の生産過程論」は、かかる抽象化・物化された労働力のうちに同時に人間一般の本性(自然)の現実化をみている。かくて、機械制大工業において人間一般の本性(自然)が重要となることを洞察している。とすれば、「資本の生産過程論」は、資本制生産様式のもとでの労働力の実存形態の変化・発展を如何に評価し、そのうちに何を見出そうとしているのであろうか。また、それは賃労働の再生産の諸局面において如何に現われるであろうか」。

この佐武弘章教授が突き出した論点は、マルクス『資本論』第一部の「資本の生産過程」章を貫く論題を理解する上での重要な問題意識である。

佐武弘章教授の考証によるならば、現行版『資本論』において、「労働力商品の独自な性格」を表現するためにspezifisch という用語が使われている箇所は七十箇所、eigentümliche は二十九箇所、に及ぶ——たとえば、「一商品の消費から価値を引き出すためには、貨幣所有者は、流通部面の内部すなわち市場で一商品・それの使用価値そのものが価値の源泉であるという独自《アイゲンテュームリッヘ》な性状を有する、つまりその現実的消費そのものが労働の対象化であり価値創造であるところの一商品を発見しなければならない。そして、貨幣所有者は市場でかかる独自《アイゲンテュームリッヘ》な一商品——労働能力または労働力を見出す」、「労働力というこの独自《アイゲンテュームリッヘ》な商品所有者」「この特殊な besondre 商品たる労働力が労働を提供するかして価値を創造するという独自《アイゲンテュームリッヘ》な価値をもつということは……」等々。

マルクスは、こうした労働力商品の特異・独自な性格を、かれの身体に属する自然諸力の運動である「労働そのもの」のうちにあるとして、「資本の生産過程論」において、「人間にのみ属する形態をとる労働」を想定している。それによれば、人間の自然との関係行為である労働は「人間の自然との質料変換（物質代謝）を……媒介し、規制し、統制する」「自然質料を人間自身の生活のために使用される形態で領有する」合目的的な活動である。こうした人間労働の合目的的性格に対応して、形態変換を受ける自然質料は、労働対象・労働手段として規定されることとなる。「労働過程の簡単な諸契機は、合目的的な活動または労働そのもの、それの対象およびそれの手段である」。このようにして、資本の生産過程において剰余価値を生産する賃労働——抽象的人間労働と具体的・有用労働との統一である労働——を構成する三契機である労働-労働対象-労働手段が、このようにして措定されるのである。

それと同時に、労働力の定在としての身体的人間は、このような労働によって「かれ自身の自然（本性）を変化させ」「かれ自身の自然（本性）のうちに眠っている諸力能を発展させ」「その諸力の働きをかれ自身の統御のもとにおく」。すなわち、労働力の定在としての身体の人間は、労働そのものによって「肉体的および精神的な諸能力の総計」

（人間を他の動物から区別している特性である「言語的意識」活動能力をも含めて）を発展させるのである。

枢要な再確認事項であるので、これまでも何度か強調してきた論点を、繁を煩わずここで改めて再総括しておこう——身体的存在としての人間に付着している労働能力としての労働力商品は、きわめて特異な単純商品として、資本の生産過程では、そこにおいて資本家社会の世界市場に立ち現われてくるすべての商品生産物を生産し、流通面へ提供するにもかかわらず、それ自身としては、そこにおいて全能な近代世界の造物主《デミュルゴス》たる資本が唯一生産することが能わない唯一無二のきわめて特異な商品にほかならない。それは、資本の前貸部分によって資本家に雇用され資本の生産過程において生産的消費されて、自己自身を再生産するばかりでなく、剰余価値をも絶対的・相対的に生産する可変資本としての資本形態をとり、価値＝価格という転形論を介在させない、その意味でもきわめて特異な単純商品である。

「資本の生産過程」によって唯一生産されえないこの単純商品たる労働力人口は、剰余価値法則そのものが産み出す、資本家社会に特有な人口法則である「相対的過剰人口法則」によって自然的・家族的・宗族的繁殖＝増殖を補完・補充されて労働市場へと供給される。しかも、「一九世紀中葉のイギリスの現実に根拠をおいた賃労働者モデル」としてのその具体相において看れば、右のような相対的過剰人口は三層にわたる「労働予備軍」としての歴史的実存形態をもっており、それも信用経済の主導的運動下に**終局的には周期的恐慌の暴力的・突発的激発**へと導かれる資本の産業循環＝景気変動過程の曲折・諸局面転換に即して、好況局面における吸収、**恐慌**・不況局面における排出の増減運動によって、その人口需給を調節されているのである。資本制生産様式における価値増殖過程の社会再生産的律動が、「剰余価値法則」と「相対的過剰人口法則」を二大法則とする価値法則の、全社会的・全機構的貫徹のなかでとりおこなわれている所以である。

初期マルクスの『賃労働と資本』『パリ草稿（いわゆる「経済学・哲学手稿」）』は、「疎外された労働」を鍵概念とする〈疎外論〉として（まだ「労働力商品化」の鍵概念化を経ていないものとして）理論構成されていたが、中期マルクスの『経済学批判要綱』、後期マルクスの『資本論』の弁証法体系化においては、資本の生産過程における労働は、初期マルクスのような「疎外された労働」と「疎外されていない労働」との対立概念としては把握されていないのである。『資本論』体系は、商品‐商品を価値形態化して生産する労働‐資本制生産過程を、使用価値と価値ないしは交換価値、具体的有用労働と抽象的人間労働、労働過程と価値増殖過程との対立＝統一の弁証法において理論把握しており、この具体的有用労働の働く労働過程（それ自体が、資本家社会における特定化された労働・生産過程から抽象された概念である、それはマルクスが別の文脈で言っているように、近代アメリカ資本主義に見られる労働の種類・種別・具体的性格に対する「無関心」という形で現われている「労働一般」の抽象的概念化が、古来からの人間労働の超歴史的な抽象的一般化の基礎となっている、というマルクス特有の弁証法と相即している）人間労働の本来的・一般的規定が与えられているのである。

初期以来、マルクスは、資本制生産様式を「人間社会の前史の最後の段階」と規定し、かつ「真の人間史」を人間主義＝自然主義＝自然主義＝人間主義すなわち人間的定在＝人間の自然的定在であるような社会として概念把握している。

したがって、佐武弘章『『資本論』の賃労働分析』が言うごとく——〈「真の人間史」の「人間」とその「前史」の『人間』とは区別されるべきであり、その「前史」の『人間』は直ちに「真の人間史」の「人間」とはいえない。かかる「前史の最後の段階」において労働力の定在としての人間は徹底して疎外され物化される。しかし、それは「前史」の『人間』の遺産からの解放でもあり、その清算でもある。逆説的に理解すれば、疎外そのものが一の発展であり、『人間』の否定そのものが一の肯定である〉と言えるのである。

したがって、疎外された労働を鍵概念とする疎外‐物化の克服は、その回復ではなく、逆にその疎外・物化の徹底（機械制大工業に物化された近代資本制社会における資本への労働の形式的・実質的包摂の貫徹にみられるごとき）を介しての労働の彼岸への揚棄でなければならない。

このマルクス的洞察こそが、『資本論』体系において労働力の定在としての人間を「一つの物」とする規定に純化されて概念化されたものである。「人間そのものは、労働力の定在として考察すれば、一つの自然対象・たとえ生きた自己意識ある物であるとしても一つの物である」、「資本制生産様式は、それのみが自由な人間社会の物質的基礎を形成しうる社会的労働の無限の生産力の創出のための必然的な通過点である」と。

この〈循環の弁証法〉だけにもはや集約されない〈移行の弁証法〉を作動させる近代市民社会から後近代人間社会への「必然的な通過点」は、マルクス『資本論』弁証法体系第三部において、「資本の理念《イデー》」としての最高・最新の資本形態として位置付けられた株式会社として措定されたのである。その利子生み資本の信用制度の発動をともなった、一般利潤率の傾向的低下と利子率の高騰との矛盾運動の激突こそが、**周期的恐慌の現実化的爆発の直接契機**となって、社会的生産力の新たな高次化的発展の創出のための「必然的な通過点」の発条となるのである。

右のような資本の生産過程での価値増殖運動の展開における「神の第一撃＝初動」ともいうべき「資本関係の表現形態としての労賃」は、現行版『資本論』初版においては、第一部第五章四「労賃という転化形態における労働力価値または価格」→a.「形態転化」→b.「労働の二つの基本形態・時間賃金と個数賃金」として、そして、現行版『資本論』第二版においては、第六篇「労賃」→第一七章「労働力価値または価格の労賃への転化」→第一八章「時間賃金」→第一九章「個数賃金」→第二〇章「労賃の国民的相違」として、順次規定されている。

その第一版・第二版の順次は、第二版第二〇章「労賃の国民的相違」（それはいうまでもなく、労賃の国際価値・価格論の特殊的な主題に属する）の有無を除けば、労働力価値の労賃＝価格への形態転化と、その形態転化の「二つの基本形態」が「時間賃金」→「個数賃金」として設定されている、という基本線においてほぼ対応しており、基本的変更はないと断定することができる。

このような、労働力商品の価値の具体的発現形態である「労賃」の価格現象形態規定は、「資本制生産関係そのものから発生する」ものとして、「この現象形態は、資本制生産様式のあらゆる神秘化の基礎」であるのである。服部文男「マルクス労賃論の成立過程について」によれば、「労賃」という労働力商品の価格現象形態概念は、労働力価値・剰余価値の分析を「隠蔽する形態」となっているだけではなく、資本関係の再生産の分析を確定するための「媒介項」をともなっているのであり、「市民法意識」という資本関係の人格化された次元における概念でもあるものなのである。したがって、マルクス的「労賃論」を、従来の通説のごとく、ただ単に「剰余価値論」との関連においてだけ考察するのでは、体系的了解における「労賃論」の位置付けとしては、全くもって不十分である、ということになる。

6　一九世紀「純粋資本主義」モデルのイギリス・プロレタリアートの現実的実存の多種多様な存在形態

内外の数多くの通俗マルクス主義者たちは、世界史的存在としてのプロレタリアート＝労働者階級の表象を、かれらにとっての「理想像」であるもののように思いなして、直接無媒介に「均質で一元化された純粋プロレタリアート像」に観念的・恣意的に仕立てるのを常としてきているが、実際のプロレタリアート＝労働者階級の実存形態は、マルクスが叙述しているように多種多様に不純なものでしかありえない。「一九世紀中葉のイギリス資本主義社会に見出される賃金労働者モデル」にしても、そのモデル的基準像は、資本家との明示的・黙示的契約に基づいて雇用され、資本家の工場なり企業において正常に規則的に働いている正規の就業労働者なのであって、そのような賃金労働者モデルが、当時のイギリス社会の生民＝住民のなかでは極めて部分的存在にしかすぎなかったことは、あまりにも自明なところである。

一般的に言うならば、そのような、資本制世界においては部分的な資本－賃労働関係に基づく商品生産が、全体化した世界市場の価値範例となって、資本制生産・流通を普遍化しているのであって、であるがゆえに逆に言えば、社会的存在として部分的な「労賃論」によって根本性格を決定される賃金労働者モデルを、過度に一般化してその標準モデルを遍在的に瀰漫《びまん》化することは、許されるべくもないのである。

鈴木和雄『労働力商品の解読』（日本経済評論社刊、一九九九年）によるならば、一九世紀中葉へと向かうイギリス資本主義においても、「労働力の売買」たる本来の雇用法が、請負などのゆるやかな・ルーズな労務取引形態から分化・純化して確立されてくるのは、一八二三年の制定法である「主従法」の展開過程の裡においてであったのであり、まさしく産業資本の生産過程の確立期ないしはそれ以後のことに属するのである。

石田真「イギリス雇用契約法の形成と展開」（『社会科学研究』三二巻四号・六号、一九八一年二月・三月）によるならば、雇用契約を法的に規制することになった「主従法」のなかで、ほぼあらゆる労働供給契約をふくむ広義の雇用契約とは区別された「従属労働」を対象とする雇用契約（狭義の雇用契約）を規制する制定法は、産業資本が確立している一九世紀初葉の「一八二三年法」としてはじめて確立されるにいたったのであり、イギリスにおいて日本の民法で言う「請負」から区別される狭義の厳密な「雇用」は、制定法である「主従法」の展開のなかで形成されたのである。

雇用形式としていうならば、雇主による指揮命令権の取得をふくまない「請負」もふくむような広義の雇用形式と、雇主＝資本家の指揮命令権を法的に保証する狭義の雇用形式とは、実際の雇用の運用・運営上峻別されなければならない必要性が生じていた。この問題は、資本家による労働者の契約的雇用が、ただ単に双方の商品交換者としての対等・平等の権利の法的保証にとどまることなく、資本制生産過程の機構的確立にともなって資本への労働の形式的・

実質的包摂を現実に成り立たせる資本企業サイドの「労務管理装置」の確立とその法制化的バックアップが不可欠であったことをよく示している。

このように、純化された正規の就業労働者の境界領域にさえも、こうした問題が所在することを考えるならば、ましてやマルクスが一九世紀中葉のイギリス資本主義社会に見出した「労働者予備軍」すなわち不正規・未就業・失業の「三実存形態」のごときは、正規・就業労働者の「標準モデル」との対比によってその存在性格を規定されるのであって、けっしてその「標準モデル」の類推や適用を許すような存在姿態を取ってはいないのである。

『資本論』第一部において、資本制商品経済の社会的全運動を価値法則的に規制する「二大法則」の一つとして、「相対的過剰人口」を「剰余価値生産」との関連性で法則として定立したマルクスは、『資本論』第一部・第七篇「資本の蓄積過程」・第二三章「資本制的蓄積の一般的法則」の第三節「相対的過剰人口または産業予備軍の累進的生産」・第四節「相対的過剰人口のさまざまな実存形態。資本制的蓄積の一般的法則」・第五節「資本制的蓄積の一般的法則の例証」として、マルクスが「相対的過剰人口」規定の一九世紀中葉のイギリス資本主義社会に即した現象規定である「産業予備軍」「労働予備軍」の例証として、その三実存形態を軸とする叙述を展開した。その最後の節である第五節は、「a　一八四六～一八六六年のイギリス、b　イギリスの工業労働者階級の薄給層、c　移動民、d　労働者階級中の最高給部分におよぼす恐慌の影響、e　大ブリテンの農業プロレタリアート、f　アイルランド」、の順次において例証の提供を試みている。

資本制的蓄積の一般的法則を、資本の有機的構成の高度化とそれによる相対的過剰人口の法則的形成を基軸としてマルクスが展開した場合、そうした展開力の核心に、正規・就業の工業労働者階級モデルの様態が据わっていることは当然のことであるが、そのような中核的労働者存在の場合においても、資本の産業循環過程の局面転換の展開とそれによる**恐慌現象の爆発**は、「労働者階級中の最高給部分」にも影響を及ぼすのであり、ましてやその「工業労働者階級の薄給層」にはさらに、低賃金・無権利・労働強化・労働時間延長・失業スレスレといった莫大な影響を及ぼさざるをえない。ましていわんや、移動民、大ブリテンの農業プロレタリアート、植民地アイルランドの小作農、に於ておや。

資本制社会における都市への人口の絶え間ない流入は、農村そのものにおける不断の潜在的過剰人口を前提にしているのであり、その人口の排水溝が例外的に広く開かれるときにだけ目に見えるようになる。それゆえ、農村労働者は、賃金の最低限にまで押し下げられ、つねにその片足を「受救貧民的赤貧」の泥沼に突っ込んでいるのだ。

相対的過剰人口の第三のカテゴリーである停滞的過剰人口は、現役労働者中の一部を成しているが、しかしそれらの人口は、まったく不規則な就業のもとにある。こうして、この停滞的過剰人口は、資本にとって、使用可能な労働力の汲めども尽きない貯水池を提供している。かれらの生活状態は、労働者階級の平均的な標準的水準以下に低下し、まさにこのために、かれらは資本の独自的な搾取部門の広大な基礎となる。最大限の労働時間と最小限の賃金がかれらの特徴をなす。その主要な姿態である家内労働者は、大工業および大農業の過剰労働者から絶えず補充され、ことにまた、没落しつつある産業諸部門――そこでは、手工業経営がマニュファクチャー経営的後者が機械経営に屈服する――から絶えず補充される。かれらの範囲は、資本蓄積の大きさと活力とともに「人口過剰化」が進むにつれて拡大する。

最後に、相対的過剰人口の最深の沈澱物は、「受救貧民」の場に住みつく。浮浪人、犯罪者、売春婦、要するに本来のルンペン・プロレタリアートを別にすれば、この社会層は三つの部類からなる。第一は――労働能力ある者。イギリスの受救貧民統計をざっと見ただけでも、その量が恐慌のたびに膨脹し、景気回復のたびに減少することがわかる。第二は――孤児および受救貧民の子ども。かれらは、産業予備軍の志願者であり、たとえば一八六〇年のような大高揚期には、急速かつ大量に現役労働者軍に編入される。第三は――零細者、ルンペン、労働無能力者。これはことに、分業のおかげで転業能力がないために没落する人びと、労働者の標準年齢を越えてしまっている人びと、最後に、危険な機械設備・鉱山作業・化学工場などとともにその数を増す産業の犠牲者、すなわち傷害者、病人、寡婦などである。

これらの受救貧民は、現役労働者軍の廃兵院を形成し、産業予備軍の死重を形成する。受救貧民の生産は相対的過剰人口の生産のうちに含まれ、受救貧民の必然性は相対的過剰人口の必然性のうちに含まれているのであり、受救貧民は、相対的過剰人口とともに、富の資本制的生産および発展の実存条件を成す。受救貧民は、資本制的生産の〝空費〟に属するが、しかし資本は、その空費の大部分を自分の肩から労働者階級および下層中間階級〔小ブルジョアジー〕の肩に転嫁することを心得ている。

社会の富、機能資本、機能資本の増大の範囲と活力、したがってまた、プロレタリアートの絶対的大きさおよびかれらの労働の生産力、これらが大きくなればなるほど、それだけ産業予備軍が大きくなる。使用可能な労働力は、資本の膨脹力の場合と同じ諸要因によって発展させられる。すなわち、産業予備軍の相対的大きさは、富の力能につれて増大する。しかし、この予備軍が、現役の労働者軍と比べて大きくなればなるほど、固定的過剰人口、すなわちかれらの労働者がなくなるのに反比例して貧困が増大していく労働者階層が、それだけ大量となる。最後に、労働者階級中の貧民《ラザロ》層と産業予備軍とが大きくなればなるほど、公認の受救貧民がそれだけ大きくなる。これこそが資本制的蓄積の絶対的・一般的な法則である。他のあらゆる法則と同じく、この法則も、その実現にあたっては多様な事情によって修正されるが、これらの事情の分析はここでの問題ではない。

マルクスがほかならない『資本論』において描出しようと欲した「プロレタリアート」の実態とは、およそこのようなものとしてマルクスによって把えられているのである。だから、これをもってしても、労働者たちに向かって、かれらの数を資本の増殖欲求に適合させよと説教する経済学的知恵の愚かしさが、よくわかる、マルクスは喝破するのである。資本制的な生産と蓄積との機構が、この数を絶えずこの増殖欲求に適合させるのである。この適合の最初の言葉は、相対的過剰人口または産業予備軍の創出であり、その最後の言葉は、現役労働者軍中の絶えず増大する層の貧困と、受給貧民の死重である。

相対的過剰人口または産業予備軍を資本の蓄積の範囲と活力とに絶えず均衡させる法則は、ヘファイストスの楔《くさび》がプロメテウスを岩に縛りつけたよりもいっそう固く、労働者を資本に縛りつける。この法則は、資本の蓄積に照応する貧困の蓄積を条件づける。したがって、一方の極における富の蓄積は、同時に、その対極における、すなわち自分自身の生産物を資本として生産する階級の側における、貧困、労働苦、奴隷状態、無知、野蛮化、および道徳的堕落の蓄積である。

綿花飢饉中の一八六二年に、医師スミスは、ランカシャーとチェシャーにおける窮乏綿業労働者の栄養状態の調査を枢密院から委嘱されたが、かれが得ていた結論は、飢餓病を避けるためには、平均的女子一人の一日の食物は少なくとも三九〇〇グレーンの炭素と一八〇グレーンの窒素とを、また平均的男子一人の一日の食物は少なくとも四三〇〇グレーンの炭素と二〇〇グレーンの窒素とを含有していなければならず、成人男女の週平均では少なくとも二万八六〇〇グレーンの炭素と一三三〇グレーンの窒素とが必要である、というものであった。調査の一般的結果として次のことが分かった――「調査された都市労働者の部類のうち、一つの部類においてだけは、窒素の供給が絶対的最低限度をわずかに超えていたが、二つの部類では窒素含有食物および炭素含有食物の供給が不足しており、また調査された農業家族のうち五分の一以上が炭素含有食物の最低必要供給量以下しかとっておらず、三分の一以上が窒素含有食物の最低必要供給量以下しかとっていなかったのであり、そしてバークシャー、オックスフォドシャーおよびサマシットシャーの三州では、平均して窒素含有食物の供給最低限に達していないのが平均状態であった」。

勤勉このうえない労働者層の飢えの苦しみと、資本制的蓄積にもとづく富者の粗野または上品な浪費的消費との内的連関は、経済的諸法則の知識によってのみ暴露される。住宅事情については事情は異なる。偏見のない観察者ならだれでも認めるように、生産諸手段の集中が大規模になればなるほど、それに応じて労働者は同じ空間にますます堆積されるのであり、それゆえ資本制的蓄積が急速になればなるほど、労働者の住宅状態はますます悲惨なものとなる。富の進展にともなう都市の「改良」——不良建築地区の取りこわし、銀行・問屋などのための豪壮な建物の建築、営業的運輸と豪華儀装馬車のための道路の拡張、鉄道馬車の敷設等々による——は、あきらかに貧民をますます劣悪で密集した巣窟に追い込む。他方では、だれでも知っているように、住宅はその質に反比例して高価であり、貧困という鉱山はかつてのボトン鉱山の場合よりも多くの利潤とわずかな費用とをもって、家屋投機師たちによって開発〔搾取〕《エキスプロイト》される。

一九世紀はじめには、イングランドには、人口十万を数える都市は、ロンドン以外には一つもなかった。人口五万以上の都市は、五つにすぎなかった。現在では、人口五万の都市は二十八ある。この変動の結果は、都市人口の非常な増大だけではなかった。「ぎっしり建て込んだ古くからの小都市は、いまや、その四方ピタリにびっしり建物が建ちならび、どこも新鮮な空気が通らなくなった中心地でもある。もはやこれらの都市は、金持たちには住み心地がよくないので、かれらはこれらの都心を離れて楽しい郊外へ移るであろう。これらの金持の移ったあとの、わりに大きな家に入ってくる者は、各室に一家族ずつでそれもしばしば又借り人をともなっている。こうして、新しい住民たちは、かれら向きに建てられるのではなく、かれらにはまったく適しない家に追い込まれるのであって、その環境は本当に大人には堕落的、子どもには破滅的である」。

さて、わたしたちは、出身は農村であるが、大部分が工業的な仕事に従事している人民層に目を向けてみよう。かれら「移動民」は資本の軽歩兵であり、資本は自分の必要にしたがって、これをときにはこの地に、ときにはあの地へと派兵する。行軍しないときには、かれらは野営する。移動労働は、さまざまな建設、排水作業、煉瓦製造、石灰製造、鉄道敷設などに使用される。かれらは、疾病の移動隊列であって、かれらが設営した付近に、天然痘、チフス、コレラ、猩紅熱などを転入する。

資本制生産および蓄積に本質的に付帯する敵対的性格が、イギリスの農業（牧畜を含む）の進歩とイギリスの農村労働者の退歩とに示されているほど、残忍に実証されているところはどこにもない。経営学者E・G・ウェイクフィールドによれば、「イングランド南部の農民は、奴隷でもなければ自由人でもない。かれらは受救貧民である」と。ロジーズ教授が調査の結果到達した結論によれば、今日のイングランドの農村労働者の状態は、一四世紀後半および一五世紀の農村労働者は言うにおよばず、一七七〇～一七八〇年の時期の農村労働者と比較してもきわめて悪くなっており、「かれは再び農奴となってしまった」、しかも、食事も住まいも以前に劣る農奴となってしまったという。医師スミスの調査の最も注目すべき結果の一つは、イングランドにおける農村労働者が、連合王国の他の諸地方におけるよりもはるかに粗食である、ということであった。

都市への絶え間ない移住、農業借地の集中・耕地の牧場への転化・機械設備などによる農村における絶え間ない「人口過剰化」、および、〝小屋〟の取りこわしによる農村人口の絶え間ない追い立ては、歩調をそろえて進行する。その地域の人間が少なくなればなるほど、そこの「相対的過剰人口」はその分だけより大きくなり、雇用手段にたいする過剰人口の殺到の圧迫はそれだけ大きくなり、そこの居住手段を凌ぐ農村民の絶対的過剰がそれだけ大きくなり、したがって村々では、局地的過剰人口、および、このうえなく悪疫をひきおこしやすい人間の詰め込みが、それだけ大きくなる。散在する小村と市場町とにおける人間群衆の稠密化は、農村の表面での強制的な人間過疎化に照応する。農村労働者たちの数的減少にもかかわらず、しかもかれらの生産物量の増大につれて生じる、不断の農村労働者の「過剰化」は、農村労働者の受救貧民の揺籃《ゆりかご》である。かれらの受救貧民になる可能性が、かれらを追い立てる動因であり、かれらの住宅難――この住宅難がかれらの最後の反抗力をくじき、かれらを地主および借地農場経営者のまったくの奴隷にしてしまい、その結果、労賃の最低限がかれらにたいする自然法則として確定される——の主要な原因である。

他方、農村は、その絶え間ない「相対的過剰人口」にもかかわらず、同時に人口過少である。このことは、都市、鉱山、鉄道工事などへの人間流出が、あまりに急激におこなわれる地点で局地的に見られるばかりでなく、収穫期にも、また春や夏のきわめて周到かつ集約的なイングランドの農業が臨時労働者を必要とする数多くの時期中にも、いたるところで見受けられる。農村労働者は、農耕上の中位の要求に対してはつねにあまりにも多すぎるのであり、例外的または一時的な要求に対してはあまりにも少なすぎるのだ。それゆえ、同じ場所で、労働不足と労働過剰とが同時に起こる、という矛盾にみちた苦情が、公式文書に見出される。一時的または局地的労働不足がひきおこすものは、労賃の騰貴ではなく、農耕への婦人および児童の強制的な引き入れと労働年齢の絶え間ない低下である。婦人および児童の搾取の範囲が大きくなると、そのこと自体がまた、男子農村労働者を過剰化し、その賃金を押し下げる、新たな手段となる。イングランドの東部では、この〝悪循環〟のみごとな成果——いわゆる労働隊制度〔ギャング・システム〕——が盛んにおこなわれている。

イギリス植民地のアイルランドの人口は、一八四一年には八二二万二六六四人に増加したが、一八五一年には六六二万三九八五人に、一八六一年には五八五万三〇九人に減少し、一八六六年には五五〇万人というほぼ一八〇一年の水準にまで減少した。

もし、発展した資本制的生産の国であり、とくに工業国であるイングランドが、アイルランドと同様な人口瀉血を受ければ、失血死をきたすであろう。しかしアイルランドは、目下のところ、広い水路によって仕切られたイングランドの農業地域にすぎないのであって、イングランドに穀物、羊毛、家畜、産業的および軍事的な新兵を供給している。

人口減少は、多くの土地を廃耕地にし、土地生産物をはなはだしく減少させ、また牧畜面積の拡大にもかかわらず、若干の牧畜部門では絶対的減少をひきおこしたのであって、その他の部門で生じた進歩も、絶え間なく中断させられた、ほとんど語るに値しないものであった。それにもかかわらず、人口の減少とともに、地代と借地農業利潤はひきつづき増加した――もっとも借地農業利潤は、地代ほど恒常的に増加はしなかったものの、その理由は容易に理解できる。一方では、借地農場の合併と耕地の牧場への転化とによって、純生産物のより大きな部分が、剰余生産物に転化した。総生産物が減少したとはいえ、その分数部分をなす剰余生産物は増加したのである――それは、最近二十年このかた、とりわけ最近十年このかた、イングランドにおける肉、羊毛などの市場価格が騰貴した結果にほかならない。

他人の労働の合体によって自己を増殖することなしに、生産物自身にとって就業諸手段および生活維持諸手段として役立つ分散した生産諸手段――これが資本でないことは、生産者自身によって消費される生産物が商品でないのと同じことである。人口総数の減少に連れて、農業で充用される生産諸手段の総量も減少したが、農業で充用される資本の総量は増加した。なぜなら、従来の分散した生産諸手段の一部が資本に転化したからである。

農業外に、すなわち工業や商業に投下されたアイルランドの総資本は、最近二十年間に、徐々に、しかも絶えず大きく変動しながら蓄積されていった。それに反して、この総資本の個々の構成部分の集積はますます急速に発展していった。最後に、この総資本は、その絶対的増大がいかにわずかであろうと、人口数の減少に比較すれば相対的には膨脹したのである。

したがって、ここでわたしたちの眼の前で大規模に展開される過程は、正統派経済学にとっては、貧困は絶対的過剰人口から生じるのであって、人口減少によって均衡が回復されるとする、かれらのドグマを実証するのにこれ以上望みえないようなすばらしい過程である。これこそは、マルクス主義者によってあのようにひどく描写された一四世紀なかばのペストとはまったく異なる重要な実験である。一九世紀の生産諸関係とそれに照応する人口諸関係とに対して、一四世紀の尺度をあてがうことが、それ自体、学校教師風に素朴なことであったとすれば、この素朴さがなおそのうえに見逃したことは、次のこと——すなわち、あのペストとそれにともなう大量死亡とのすぐあとに、海峡のこちら側イングランドでは、農村民の解放と致富とが生じたのに、海峡の向こう側フランスでは、より大きな隷属とよりひどい貧困とが生じたということ、である。

　飢饉が一八四六年にアイルランドで百万人以上の人間を、それもまったく貧乏人だけを殺した。一八四五年のジャガイモ不作が翌年から深刻化し、餓死、チフス、コレラ、病死が拡がって、以後十年間に死亡と移民で人口が三分の一に、農村民は半分以下に減少した。反面、そのあいだにも食糧は増産され、地主は肥え太った。アイルランド人は言った——「神様はジャガイモ腐れ病を下され、イギリスの地主様に飢饉を下さる」と。一八五一年から一八七四年までの期間に、移民総数は二三二万五九二二人にのぼった。アメリカ合州国に移住した移民たちは、残留者の旅費として、故郷に毎年それなりの金額を送金している。今年移住する一団は、いずれも次の年、他の一団を呼び寄せる。こうして移住は、アイルランドにとっては、費用いらずで、その輸出集中の最も有利な部門ではなく、出生によって補われるよりも多くの人間を毎年そこから汲み出して、絶対的人口水準を早々低下させる一つの組織的装置に化している。

　残留して過剰人口から解放されたアイルランドの労働者にとって、どのような結果が起こったか？　相対的過剰人口が、今日でも一八四六年以前と同じように大きいこと、労賃が同じように低く、労働の苦しみが増したこと、農村における困窮が再び新たな危機の切迫を告げていること、これがその結果である。その原因は簡単明瞭である。農業における革命が移民と歩調を共にした。相対的過剰人口の生産が、絶対的人口減少よりも急歩調で進んだ。農耕地の牧場への転化が、アイルランドではイングランドよりもいっそう激しく作用せざるをえない。イングランドでは牧畜とともに葉菜栽培が増加しているが、アイルランドではそれが減少している。従来の耕作地の大きな部分が休耕にされたり、恒久的牧草地に転化される一方、これまで利用されなかった荒地や泥炭地の一大部分が牧畜の拡張に役立っている。中小借地農場経営者が、いまなお総数の約十分の八を占めている。かれらは、移民とはまったく異なる程度で、ますます資本制農耕経営の競争によって圧迫され、それゆえ賃労働者階級に絶えず新兵を供給する。

アイルランドの唯一の大工業であるリンネル製織業は、成年男子を必要とすることが比較的少なく、また一般に、一八六一～一八六六年の綿花騰貴以来のその拡張にもかかわらず、人口の中で相対的に取るに足りない一部分しか就業させない。他のどの大工業とも同じく、リンネル製織業も、それによって吸収される人員が絶対的に増加する場合でさえ、それ自身の領域内での絶え間ない動揺によって、絶えず相対的過剰人口を生産する。農民の困窮が、その労働者軍の大部分が農村に散在している巨大なシャツ工場などの台座を成す。わたしたちはここに、再び、過少支払いと過大労働とを「人口過剰化」の組織的手段とする家内労働制度を発見する。最後に、人口減少は、資本制生産の発達した国におけるような破壊的結果を招くことはないとはいえ、国内市場に絶えず挑ねかえらずにはおかない。移住がこの国で作りだす空隙は、地方的労働需要を狭めるばかりではなく、小売商、手工業者、小営業者一般の収入をも収縮させる。

救貧法監督官の報告書においては、就業の不安定および不規則、労働停滞の頻発および長期継続――相対的過剰人口のこれらすべての徴候は、いずれもアイルランドの農業プロレタリアートの苦難として現われる。イングランドの農村プロレタリアートの場合にも同じ現象に出会ったことが想起される。しかし相違は、工業国であるイングランドでは、産業予備軍は農村で補充されるのに、農業国であるアイルランドでは、農業予備軍は、放逐された農村労働者の避難場所である都市で補充される、という点にある。イングランドでは、過剰農業人員は、工場労働者に転化される。アイルランドでは、都市に駆逐された人びとは、都市の賃金を圧迫するとはいえ、同時にまた依然として農村労働者であり、仕事を探しに絶えず農村に連れ戻される。

アイルランドにおける地代の蓄積に歩調をそろえて、アメリカにおけるアイルランド人の蓄積がおこなわれる。羊と牛によって排除されたアイルランド人は、フィーニア党員として、大洋の彼岸で立ち上がる。そして、老いたる海の女王に対して、ますます威嚇的に若き巨大な共和国が聳え立つ。――

以上が、『資本論』第一部・第二三章「資本制的蓄積の一般的法則」の第五節「資本制的蓄積の一般的法則の例証」におけるマルクスの克明なイギリス・プロレタリアートの実態についての活写であるが、およそ、『資本論』で展開されている一般的法則の理論的活写を読みとれない手合いと等しく、こうしたその一般的法則の「例証」としておびただしく挙例された実態的活写を読みとれない手合いは、全くもって「『資本論』読みの『資本論』知らず」なのである。わたしたちは、この『資本論』的叙述における「一般的法則」の理論的展開とおびただしいその理論的定式化へと帰納される個々人の生と死の録《と》った「例証」の実態的展開との緊密不可分な体系的関係性に、深く想いをいたすべきである。

一九世紀中葉の最先進的なイギリス資本制社会における賃労働者モデルに即して、その実存形態を**終局的には周期的恐慌の暴力的突発**へといたる資本の産業循環＝景気変動過程における相対的過剰人口――その現象規定である産業予備軍――の吸収・排出の様態を、マルクスは概略、以上のように叙述した。イギリスの資本の生産過程における核心的地位を占める綿業・鉄工業の主要産業部門を担った正規の就業労働者である賃労働者モデルの純化的抽出は、そのような多種多様なスペクトル分布をもつ労働予備軍＝産業予備軍との全関係性においてはじめて為なされうると、はじめて正当な位置価を占めて評価されうるのである。

7　「資本の原罪」と「資本の現罪」とのグローバルな同時代史的複合

『資本論』体系の端初範疇であるいわゆる冒頭商品として規定された全商品形態物のなかで、唯一、価値＝価格という非転形的商品形態存在としてきわめて特異な単純商品である労働力商品は、定めしそのような単純商品的形態性格を単純・直截に現象化・現前化するかと思いきやけっして左に非ず、資本の生産過程に大工業機械設備の付属品として嵌め込まれて、資本の労務管理機構に従わさせられつつ、「労賃」という物象化された顚倒的・隠蔽的給付物を資本から供与されて、全商品生産に従事する賃労働者としての現象形態をもってはじめて現前化して、資本‐賃労働の「両極」「両項」によって機械制大工場内において遂行される綿生産労働、その綿布の原料である棉花を生産する海の彼方の近代奴隷制モノカルチャー農場、といった工農世界編成の構図という歴史的形象をもって、その綿産業自体がまさに地球大にグローバリゼイション化されるのである。

そこにおいて、近代におけるプロレタリアート＝労働者階級の出生の謂われ＝由来が、「一つの世界史を包含している」ばかりでなく、世界市場を創出・確立するにいたったプロレタリアート＝労働者階級の形成の経過・帰趨そのものが、「一つの世界史を包含している」ことが、歴然と証明されるにいたっているのである。

一九世紀中葉における最先進資本主義国イギリスにおける賃労働者モデルの標準的析出が、このようにして、全地球各地の多種多様な社会編成をともないつつグローバル化するにいたるのである。

その世界史的過程において、資本の生産過程を担う標準化された「賃労働者モデル」を核心として、全スペクトル分布した産業予備軍としての全生民＝住民が、資本制世界を形成する様態が活き活きと描出されるにいたったのである。

『資本‐経済学批判』体系の開巻劈頭において、「資本制的生産様式が支配している諸社会の富は、「商品の巨大な集成」として現われ、個々の商品はその富の要素形態として現われる。それゆえ、わたしたちの研究は、商品の分析から始まる」として、近代市民社会を構成する要素形態＝細胞の巨大な集成としての一個の人体ともいうべき、資本制生産様式が支配している諸社会の理論構成をおこなったマルクスは、冒頭商品の特性である商品形態から始められる商品→貨幣→資本という価値形態的上向を推転させ、貨幣の資本への転化によるG→W→G′という資本運動の「一般的定式」を導出して、絶対的・相対的剰余価値の生産を展開させた後、それらの資本変態の諸運動を全社会的に「資本蓄積の一般的法則」として総括し、そのいわば付録としていわゆる資本の「原始的蓄積」を論じ、「近世植民地」を論じた。

そのような、近代史を遡っての「資本の原罪」への言及は、歴史的時間過程の遡源であるのであって、資本蓄積の一般的法則の共時態《サン・クロニック》的な論理化ではなく、資本家社会の歴史的発達の初源におけるむしろ通時態《ディア・クロニック》的な歴史化の産物であるが、それは同時に、中心《センター》＝ヨーロッパ世界における資本の本来的蓄積過程（搾取）と同時代史的に展開される、周辺《ペリフェリー》＝A・A・LA世界における非本来的・本源的蓄積過程（開発＝収奪）としての「資本の現罪」を意味する。

このようにして、近代資本制世界を一つの歴史的世界たらしめる世界市場の創出・確立・形成は、中枢ヨーロッパ世界でかつて展開された「資本の原罪」と周辺植民地世界で現に展開されている「資本の現罪」との同時代史的複合による「資本制的生産様式の支配する諸社会」の巨大な集成として立ち現われたのである。経済学原理論の最終範疇が**「世界市場と恐慌」**として立てられている所以である。

8　五回の周期的恐慌の経済学原理論的規定を基準とする、恐慌の歴史的変容・変態の人類社会史的意義

「世界市場と恐慌」として叙述される、資本制社会経済における**全般的・激発的・突変的**な恐慌現象の暴力的爆発

の周期性についての、経済学原理論的なマルクスの考察は、いくつかの学問的興趣に富んだ問題点を、わたしたちに突きつけ、かつ感得させる。

資本家社会での商品経済の発展による——マルクス的に言い換えて表現すれば、資本制経済の商品生産・流通的発展に基づく「歴史的抽象」による——価値法則の全社会的・全資本主義期間的な貫徹の自証は——その証明は、資本制商品経済を対象とする認識の問題としては実証であるが、そのような認識対象についての人間的主体の観察・思考・推理としては、対象的実在である資本制商品経済という歴史的存在自体の現実的運動をなぞるものである以外にはない以上、その対象化的実証とは結局のところ、その対象運動過程そのものによる自証にほかならない——、資本の産業循環=景気変動過程に即して、さらに突き詰めていえば、その産業循環過程の不可避的・究極的な局面転換にともなう恐慌現象の困難性を基準としてはじめて得られる、為される以外のものではありえない。

一八二五年恐慌から一八六七年恐慌にいたる、マルクスがたまたま目撃し立ち会うことのできたほぼ十年周期の五回にわたったその周期的恐慌は、先にも論じたごとく、かりにそれがもしかりに一八二五年恐慌なり一八四七年恐慌なりのそれっ切りの恐慌の突発事として唯一回の出来事であったとしたならば、それは歴史的出来事として、歴史(学)的分析の対象としては分析対象となりえたものであろうとも、経済学原理論の領域に本質的に内属する経済法則としての分析対象には原理的に言ってなりえない現象にほかならない、まさに、それを本質的性格を固有していたたぐいの歴史現象でそれはあった、と言える。

そして、その資本家社会に歴史的に特有な経済法則とは——換言するならば、宗教的価値統合を特性とする前近代の諸共同体社会における聖なる贈与・互酬・再分配・結い・無縁・楽市・勧進・寄進・喜捨・慈悲・慈善・お裾分け等々の経済原則(社会原則の経済関係的現れ)と、その共同体社会の外周・外縁に付着している商品経済法則との混合として発現する、社会再生産原則の(そこからの理論的・歴史的類推・比論によるならば、おそらくは後近代に属する、マルクスが共産主義＝アソシエーション社会と命名した将来社会もまた、そのような社会原則の高次実現として想定されるものであろう）特異歴史的な商品経済的発達＝抽象に依拠する近代的形態化の歴史作用力にほかならない。

それは、そのような形象化力として一種の構想力の論理に属する歴史作用力であるが、その近代的な根本性格はなによりも、人間的主体の目的意識的な自然・人間関係＝人間・人間関係の関係行為の構想力の論理ではなくて、没人間主体の、「資本」を世界の造物主《デミウルゴス》としての唯一主体とする、きわめて特異な客観的な、つまり物象的な対象的実在編成として現われるところにこそある。

そこに特異化・特定化されて現われる経済法則の経済法則たる物象化的核心が、価値法則なのであるが、先にも述べたごとく、そのような価値法則の全近代社会的・全近代時代的貫徹の自証の証明法が、**周期的恐慌を基準**として（何度も強調するように、その**周期的恐慌**は、産業資本的蓄積様式を基軸とするイギリス資本主義中心の自由主義的世界編成の時代である一九世紀において、五度の規則性を現出したものにほかならなかった、そのすぐれた観察的学知者であったマルクスは、歴史的偶発としてたまたまその**五度だけ勃発した周期的恐慌のすべて**を観ることができたのである、このような優れた観測者がたまたまその現場に不在であったとしたならば、この**恐慌の法則性**は自証されなかったにちがいないのである）なされるものであり、そのようにしてなされる以外にない以上、そのことは裏から言えば、そうした**周期的恐慌がその周期性を喪失し**、**変容**するにいたるならば、価値法則の自証そのものがその限りでの変容＝修正を蒙らざるをえなくなる、ということである。

現に、マルクスが世界でただ一人その奇現象の到来を感知した**一八六八年恐慌の示した変型**は（それは、これまた何回も特性描写したように、〈パクス・ブリタニカ〉世界秩序の中心資本主義国イギリスに**信用恐慌**をもたらすことなく、ドイツ・東欧・北アメリカへと遠心化しながら消失していった）、**一九世紀産業資本主義型恐慌の周期性**が（世界史における不可逆的現象として）喪失されるにいたり、**恐慌の発現形態**が**歴史的に変容**したことの、最初の、だが決定的に画期的な一証左にほかならなかったと言える。

再び強調しておく必要上繰り返して確認するならば、資本家社会はここに、一九世紀末葉局面にいたって、自らが価値増殖運動をつづける規則的法則性＝価値法則の自証性＝自証力を基本的に喪失するにいたったのである。

その限り、経済学原理論を原理論たらしめている経済法則＝価値法則の自立＝自律性は、一九世紀イギリス資本主義が傾向的に開示した商品経済発達の歴史的抽象力に依拠する「資本主義的純化」傾向から抽出して理論構成された〈純粋資本主義像〉をモデル的基準としてその自立＝自律性を支えられ・保証されていたのであって、そのような「モデル的基準」の基礎過程である産業資本的蓄積様式が、一九世紀末葉の「世界大不況」を介して世界史的推移・変貌を遂げてゆくのにともなって、次第に崩れていったとこれを看なければならない。

そのような、歴史的に特異な近代的状態のなかでも、さらに歴史的な特異な価値法則的経済法則そのものの歴史的変容過程は、経済的土台における価値増殖的運動の自律的展開そのものを変容させていった（その分だけ、国家的上部構造の自律的な経済的土台の自己運動に侵入するにいたった、と謂える）、産業資本的蓄積様式に取って替わって歴史的に出現してきた金融・独占資本主義的蓄積様式の到来と、それを基軸とする新たな資本の世界支配《グローバリゼイション》としても、これを認めることができるし、さらには、国家的・法的・イデオロギー的上部構造による経済的土台への反作用の発現としての、帝国主義的世界編成ないしはさらにその後の現代世界編成における、多かれ少なかれ国民国家＝主権国家の経済的土台の資本主義的展開に対する干渉主義的・介入主義的作用力に、顕著にこの世界史的推移・変質を認めることができる。

そのような歴史的変容は、二〇世紀的現代の開始を、全世界的規模におけるいわゆる〈戦争と革命の時代〉の開幕として、**「恐慌の必然性」**とは別種な、「戦争の必然性」や「革命の必然性」を、マルクス的弁証法の歴史的発展として新たに定式化したことを、今日のすべてのマルクス主義者は了知することとなったと言える。

帝国主義時代におけるレーニンの『帝国主義論』による第一次世界大戦＝帝国主義世界戦争の不可避性、そこにおける世界労働者運動の社会民主主義（第二ヨーロッパ・インターナショナル）と、共産主義（第三インターナショナル＝コミンテルン）の全世界的分裂の不可避性、ソヴエト・ロシア革命の「一段階」的連続革命の必然性（「四月テーゼ」に基づくレーニンとトロツキーの握手によるソヴエト・ロシア共産党の創成的合同）、レーニン『国家と革命』（注意すべきことに、これは未完に終わり、レーニン最晩期におけるスターリン主義との死闘としての「最後の闘争」に問題点を残すこととなった）によるソヴエト党権力の基礎づけ等々は、ことごとく、そのような二〇世紀的現代のマルクス主義者に懸けられた課題の最初の（第一期的な）課題の提示・開展にほかならなかったと言わなければならない。

ソヴエト党国家権力が、レーニン死後のスターリン主義的権力主流派とトロツキー主義的合同反対派との闘争における前者＝党権力独裁者の制覇と後者＝左翼合同反対派の国内的・国際的な敗北・潰滅によって「一国社会主義」的党国家権力として聳立し、それが新たな二〇世紀的現代の〈パクス・アメリカーナ〉世界秩序の重囲ならびに対立とのなかにおいて、いかなる歴史的帰趨を辿ったか、あるいは辿るべく追い詰められていったか、については、今日のわたしたちはすでに痛苦な世界史的経験としてこれを了知しているところである。

すなわち、**一九二九年アメリカ大恐慌の世界的震撼**を受けたソ連邦は、スターリン主義的な上からの強行的な工業化五ヵ年計画と農業の上からの暴力的なコルホーズ化計画とによって、それに対応・対抗・自衛しようとして、死物狂いにスターリン主義党国家社会を型制化し、そのようなスターリン主義体制が「大祖国戦争」としての第二次世界大戦の勝利大国となることを通じて、孕まざるをえないソ連邦の内外の諸矛盾の激成によって、ついに一九九二年の世界史的大転回において、ソ連邦自体とソ連邦共産党自体の全面的土崩瓦解へといたったことを、すでに見届け終わった今日のわたしたちの、マルクス主義的視点から総括として言うならば、二〇世紀的現代を目して「世界資本主義の全般的危機」の時代、「資本主義から社会主義への全世界的移行期の最初の局面」の時代として観じ、把握した基本的な現代史観原型そのものが、全面的に価値失効し消滅するにいたったことは疑うべくもない。

そして、その現代資本主義的対極において、一九二九年アメリカ大恐慌の勃発によって、第一次世界大戦後のポンド・ドル体制の崩壊に見舞われ、一九三一年の大英帝国オタワ会議におけるイギリスの金本位制放棄を承けて、一九世紀以来の国際金本位制の不可逆的な世界史的解体に直面した、アメリカ金融・独占資本基軸の〈パクス・アメリカーナ〉秩序は、どのような歴史的経過を辿ることとなったか？

資本制世界を金融的に総括する世界的・国際的な通貨の枠組を、管理通貨制度としてドル紙幣を章標基軸として創出し、よってもって一九三〇年代の「非常時」を、「世界農業問題」の（植民地モノカルチャー農業の長期慢性的危機を含めた）全世界的構造化と、各宗主国諸列強の「ブロック経済化」ならびに「広域生存圏化」を時代的特性として現出させることとなったのである。

このような植民地農業の全面的崩解化を背景にした各「ブロック経済」の通商・関税・為替戦争的激化が、結局、スターリンのソ連邦の「一国社会主義建設」をも捲き込んだ、米英仏華・ソの「連合国」vsナチス・ドイツ＝ファショ・イタリア＝天皇制軍国主義・日本の「三国同盟」との全世界的激突としての、第二次世界大戦へと帰結するにいたったことは、わたしたちの苛烈な戦時経験に属するホットな歴史である。それに続いてやってきた新時代は、ヒロシマ・ナガサキ・ビキニから始まる〈原子力時代〉の開幕にほかならなかった。

第二次世界大戦における前者＝「連合国」の勝利と後者＝「三国同盟」の完敗の後を承けた、原子力時代開始下の〈戦後世界〉が、国際連合《UN》の世界管理とブレトン・ウッズ体制＝IMF体制によるニューディール的世界経済編成として現出し、その後の、古典的植民地体制の全世界的崩壊（毛沢東思想による中国半植民地革命の勝利とガンジー主義によるインド独立の勝利を最先頭とする植民地体制の最終的清算）、〈米ソ冷戦・東西対決〉、ヴェトナム戦争末期のニクソン新政策《ニュー・ポリシー》（米軍のヴェトナムからの軍事的撤退とドルの金からの切断によるドル本位変動相場制への移行）を経て、今日の

「二一世紀型戦争」の発現としてのブッシュ米大統領のアフガン・イラク戦争の大量破壊にいたったのであるが、現地イラク民衆のレジスタンスによる戦局泥沼化のなかでの、その戦費の重圧による米国家財政の破産・赤字国債の増発・米経常収支の赤字化・ドル危機の深化・国際原油高の亢進として如実に現われてきている〈パクス・アメリカーナ〉そのものの世界史的没落の開始（アメリカ的世界の「終わりの始まり」）こそは、今日のわたしたちが現に目撃しつつあるごとくである。

さて、**恐慌論**を主題とする本書が、一九世紀的近代における最重要な規則的経済現象である**五回にわたる周期的恐慌の発現**を近代社会的経済法則＝価値法則を検証する基準としながらも、近代最初期の重商主義的・重金主義的世界編成の時代における、たとえば**オランダの「チューリップ」恐慌**や**イギリスの「南海泡沫会社」恐慌**のような**非周期的恐慌のいくたの歴史的事例**を考察・検討し、ひいては、一九世紀的近代盛期における**五度の周期的恐慌の一八六八年恐慌以後の周期性の喪失や変容**に着目し、それからの比論的推理によって、後近代の自己組織化社会における**恐慌の消滅と不在**を想定したのも、事態の力と事物の論理そのものの強制に順った一連不可分の論理的・歴史的考察にほかならない。

人類社会史の総体から言うならば、**恐慌の規則性**や**周期性**の無い、それらが欠落している状態の方が、いうまでもなく通常・普通の社会経済状態なのであり、それと対比してみて、**規則的・周期的に恐慌現象が襲来・発現**する近代社会は、人類文明史上初めて、しかも悠久に近い地球史上・人類史において唯一回だけ出現するきわめて特異な社会なのであって、その極度な特異性が発現してくる由来・由縁のものは、商品経済発展の特有な歴史作用力である、労働力商品化を基軸とする商品生産・流通の〈有〉つ歴史的抽象力にほかならない。

その意味では、**恐慌現象の規則性・周期性**をまだ全面的には示さなかった重商主義的・重金主義的世界編成の時代の方が、通例・普通の諸人類社会の社会経済的普遍性にむしろ近い経済現象パターンを示しているのであり、同様にして、すでに恐慌現象の規則性・周期性を示さないように変貌した一八六八年恐慌以後の今日にいたるまでの恐慌現象の変容した今日の世界の方が、その限りではむしろ人類社会史通例の普遍的経済現象パターンに近くいわば戻ってきているのである。

そのように観じてくるならば、マルクス的弁証法における〈循環の弁証法〉と〈移行の弁証法〉との区別と関連のメタ弁証法において――右の両者の弁証法のマルクス的弁証法としての類別を明確化した、梅本克己・宇野弘蔵対談『社会科学と弁証法』（梅本死後の一九七六年に岩波書店より公刊―二〇〇六年にいたってこぶし書房よりいいだもも解説付きで再録）を、わたしは、一九六八年世界反乱期に最高度なマルクス主義的結晶を遂げた、最大の理論的・方法的遺著と目してきているが、その〈循環〉と〈移行〉の両弁証法の大別には、右のような〈恐慌論〉の集大成によって強制される中間的論理の挿入が必要であることが今日的には導かれる。本書は、右宇野・梅本対談に準出席した生証人である本書の著者による、その「中間的論理」の創発的提起にほかならない。

すなわち、恐慌現象の暴力的爆発を通して「永遠に繰り返すかのごとき」資本家社会の高次化・再循環軌道再開の〈循環の弁証法〉と、そのような物象化的自動運動とは区別される、人間的主体の能動的変革運動によって作動する、特異な歴史的社会としての資本家社会の発生・興隆・没落の〈移行の弁証法〉との間に、宇野理論の術語を借りて表現すれば、〈重商主義―自由主義―帝国主義〉といった〈三段階の弁証法〉を挿入して考察する、といったたぐいの挿入問題の新たな必要性である。党革命綱領のレヴェルでいえば、鋭敏なトロツキーが第四インターナショナル創設に当って提示した〈過渡的綱領〉の問題であるが、かれトロツキーがその第四インターナショナルの『過渡的綱領』を帝国主義的資本主義の〈死の苦悶〉として提示したのに比定・対比して形容すれば、今日〈いま・ここ〉のパクス・アメリカーナ世界体制の没落の開始に象徴される、現代資本主義的世界システムとかつてのソ連邦に代表された現代社会主義の〈死の苦悶・悶絶〉を通ずる同時葬死、人類共倒れを、いかに現代マルクス主義が敵中突破するか、という大主題の弁証法の提示である。

右のような根本的な歴史観点と歴史展望から見返してみるならば、二〇世紀的現代における〈恐慌論〉への現代マルクス主義的アプローチの最高峰を劃したと言ってよい〈宇野理論〉の理論的実効においても、その「帝国主義段階論」の導入による現代世界経済の現状分析は、後進的・後発的日本資本主義の分析における、最新型のイギリス紡績機械の株式会社形態による輸入・導入による「綿工業帝国主義」的な鍵《キイ・インダストリー》産業の育成・確立や、いわゆる「近代日本農村の半封建性」として現象した後進的日本農村における相対的過剰人口の滞留や二極分解しない自作・中農層の肥大化現象などに、きわめて有効な分析力を発揮して、コミンテルンの日本共産主義運動の理論的・方法的宿痾と化した講座派vs労農派の〈日本資本主義論争〉の思想的・理論的揚棄の道筋を明確にしたものの、そうした〈宇野理論〉が、結局のところは、スターリン主義化した第三インターナショナルの世界現状分析の枠組である〈全世界的規模における資本主義から社会主義への世界史的移行の初発局面〉としての〈戦争と革命の時代〉という時代規定から、ついに一歩も出れなかったことも、今日のわたしたちにとっては自明の確認でなければならない。今日のわたしたちはむしろ、全球的規模における〈平和と反革命の時代〉の凶々しいリアリティーのなかに生きているのである。

いま、〈恐慌論〉の集大成化との避けがたい関連において、**重商主義的・重金主義的時代における非規則的・非周期的な恐慌現象の歴史的発現**の歴史論理的考察を試みる場合、そこにおける資本の形態が、G→W→G′といったマルクスのいわゆる〈一般的定式〉に属することが直ちに分かる。

このG→W→G′は、その中間項WにP——プロレタリア＝労働力商品による資本の生産過程における全商品生産物の生産〈プロダクション〉——が挿入・充当しうることが含蓄されていることによって、形式上のみならず内容上も実質をもって〈一般的定式〉となっているのであるが、この〈一般的定式〉は先ずもって形式上の〈一般的定式〉としては、近代最初期の重商主義・重金主義的な価値増殖運動展開の基軸である商人資本＝貨幣資本の運動形式にほかならない。この運動形式の中間項Wに労働力商品としてのP（プロレタリアートのプロダクション）が充当されなければ、その定式は、近代最盛期（したがってまた、**恐慌現象の規則性・周期性を歴史的につまり五度だけ発現させた**）の産業資本的蓄積様式を基軸とする自由主義的ないしは自由貿易主義的世界編成にはあてはまらないのである。その意味では、この資本運動の〈一般的定式〉は、ごく初歩の・未熟な特殊的定式にほかならないと言えるし、そのように特徴づけて言わなければならない。

この〈一般的定式〉化の位置価の確認は、類推的・比論的にいわゆる後期資本主義の資本運動の定式化――念のために言い添えれば、資本主義没落・変革後の後近代共同体社会における社会経済運動のより普遍的・より一般的な定式化ではなく――、G→G′という、〈一般的定式〉の中間項のWをすっとばした、資本範疇の最終・最高項の利子生み資本（その初期的原型は「金貸資本＝高利貸資本」であり、それが産業資本の蓄積運動によって信用経済的に高次に再定義された資本範疇が「利子生み資本」運動にほかならない）の資本運動形式、言い換えるならば「それ自身に果実としての利子を産出する」資本運動形式にほかならない。

このような中間的挿入を、マルクス『資本論』弁証法体系に内部的に施すことによってはじめて、**恐慌の暴力的爆発**によって既存の資本価値が強制的に破壊・整理されて、次期の高次な資本の再循環軌道へと復元することも、あるいはまたその恐慌の生産的・生活的激動が引金となってもたらされる資本主義批判・資本主義変革の運動が発現することも、〈循環の弁証法〉の高次化やその〈移行の弁証法〉への転化として、資本家社会の最高次の資本範疇である株式資本形態・利子生み資本運動・信用制度の発動の次元において理論構成的に解明されることとなるのである。

このように看てくるならば、一九世紀イギリス資本主義における農業・食糧問題や外国貿易問題や金流出入問題やをいっさい捨象して抽出された「純粋資本主義像」モデルも、近代世界の出生・形成・爛熟・没落の全歴史過程を通ずる不純との世界的関係性において――言葉を重ねて言うならば、その資本主義的純化と不純化との全世界的関係性においてはじめて立言されうるのであり、そのことは、一九世紀以前の重商主義的・重金主義的世界編成におけるG↓W↓G′の〈一般的定式〉や、二〇世紀以降の帝国主義的世界編成ないしは現代資本主義的世界編成における主導的なG↓G′の自動的な価値増殖運動形式において証明されるだけでなく、すでに触れたようにヴィクトリアン・エイジのイギリス資本主義の地主王政期＝ウィッグ・トーリー両党制度期における（純粋資本主義像仮構のために捨象された）「農業・食糧問題」「外国貿易問題」「金流出入問題」の実在的復元のためにも、きわめて有用・有益であると言わなければならない。

今日、わが伊藤誠教授は、現代資本主義の今日的態容が、かつての重商主義時代の初期資本主義へ逆流しているという一種の歴史論理的観点を提示している。興味ある提示ではあるが、かれは果たしてこの世界史的逆流が〈宇野理論〉さえも根底的破産を遂げてしまったこの今日の時代において、人類共倒れの全般的危機が全球的に差し迫っているなかで、それを救援し克服し解決する〈世界革命綱領〉の観点からして、どれだけ深刻無比な課題を抱えこむにいたっているかについての、現代マルクス主義的な自覚をどれだけ有っているかについては、わたしとしては甚だそれは心許ないと言わざるをえない。現象的類似性を恣意的・思いつき的に列挙するくらいのことでどうにでもなるようなチョロイ時代では今はないのである。

一九世紀の以前・以後の近代世界史全体にわたる総体的考察における**恐慌現象の非規則性・非周期性の発現**についての着目・考究は、このようにして、近代資本制社会の経済的運動法則についての解明にとっても最重要であるばかりでなく、それを通した前・後近代の共同体社会総体の社会原則についての唯物論的歴史把握のアプローチにとっても最重要なものとして、今日の時代の〈世界革命綱領〉の万人による創発の基礎になっていると言える。

人類史の再構想についてのマクロな全考察をともなう、右のようなマルクスの史観の今日的適用・活用の課題は、もちろんのこと、エンゲルス流の〈唯物史観経済学〉の史観とは似て非なるものである。それどころか、マルクスの史観は、きわめて厳格に〈狭義の経済学〉すなわち『資本論』の弁証法体系に自己限定した、資本家社会を対象とした批判的・体系的分析した経済学原理論を原理として、より広く人類史の総体を対象とする唯物論的歴史把握への歴史的・論理的な道筋をつけたものにほかならない。これが「導きの糸《アリアドネ》」としての「一般的結論」と、『資本論』の経済学原理論とのメタ関係としてのマルクス史観である。

　そのようなマルクスの唯物論的歴史把握の立場=方法とは、必要上くりかえし強調して言えば、かれが中期の『経済学批判要綱』の「序説」における「一般的結論」としてまとめた、生産力と生産関係との照応・不一致・対立の矛盾論、経済的土台の自律的運動と国家的・法的・イデオロギー的上部構造の自律的運動との照応・不一致・対立の矛盾論との二つの定式化を基準とする歴史探究のいわゆる「導きの糸《アリアドネ》」にほかならない。このような「導きの糸《アリアドネ》」は、ラビリュントス=迷宮へと分け入ってゆく今日の探究者にとって、近代市民社会の生理学的解剖すなわち経済学原理論の完成へとアプローチしてゆく導きの糸であるとともに、同時にその他面では、そのような近代市民社会を批判的に分析してゆくアプローチの深化の一歩一歩ごとに前近代の悠久に近い人間社会史についての唯物論的歴史把握を進めてゆく導きであるとともに、そのようなものとしてそれはまた、来たるべき後近代の同じく悠久に近い人間の将来社会史についての唯物論的歴史把握に基づく社会の主体的創成の構想力を培ってゆく導きであるものにほかならない。その構想力の軸心には、いかにして、〈農業基礎・工業主導〉の人間的再生産の持続可能な循環型地域自治・分権社会の現代的自己形成によって、アソシエーショナルにしてエコロジカルな実質主体社会をいかに共同構想してゆくか、という緊急・焦眉の主体的大課題が孕まれているのである。

9　周期性は自然諸科学・社会諸科学の法則性を検証する基準である

一九世紀における資本家社会を領した**周期的恐慌**が、商品経済の発展過程を規則化して、資本制商品経済社会を自律させている経済法則の基準を形成したことは、いうまでもないところであって、この近代に特有な周期現象は、人間の社会現象に属するものである。このような社会・経済現象としての周期性を、「周期論」として一般化してとらえてみるならば、自然現象がさまざまな周期現象・周期的現象をまさに自ずから呈しており、それが自然法則の基準となって、自然科学がそこから科学として成立していることを、原理的にこれを確認することができる。

たとえば、わたしたちが見慣れている樹木の「年輪」や海の「珊瑚礁」を視るならば、いずれもその成長の時間過程を自然の定温化基準として用いることができる。

その前者の現象は、樹木が地球温度が高ければより速く成長し、逆に低ければより遅いことによって、樹木に記憶＝記録として刻まれる「周期」である（それは、初歩的確認として重要なことは、実在の「周期」でもあれば、それを自己記録している認識＝表現の「周期」でもあることが注目される。つまり、本書がしばしば強調してきている、古典古代ギリシア的思惟の初源にあるパルメニデスの思惟＝存在の〈存在的＝認識的〉構造を、それは原型的に保存しているのである）。その自然自体の記録＝記憶によれば、たとえば、「グリーンランド」は、一〇世紀にノルマン人が発見してそのように命名された地名であるが、一〇世紀の当時にあっては草や木が生えていて実際に緑《グリーン》にその大地《エルデ》は蔽われており、いくつもの農場さえあったところから「グリーンランド」と名付けられたことが、今日に残存しているそこの緑の樹木の「年輪」から解読されることができるのであるが、グリーンランドの農場は一六世紀までには絶滅したことが、記録文献・口承伝説によって確認される。それ以降は、現在のわたしたちが現に見ているような、雪と氷の世界が其処に現出したのであり、気温は一七世紀にいたって極小に達したという。ヨーロッパではこの時期、アルプスの氷河も前進し、アルプス各地では人家が氷によって次々と押し潰された、と文書記録が伝えている。このような樹木の周期である「年輪」の分析から推定すると、現在から一～二℃ほど気温が高かった「中世温暖期」の比較的高温などを含めて、地球の過去千年間の気温変動には、数百年単位の大きな周期と数十年単位の小さな周期との重層的周期が存在していたことが判明する。

珊瑚という本来は生物であるモノが分泌した殻が、長期間かけて堆積した現存物としての珊瑚礁は、その外囲環境である海の歴史的に変移する水温の違いによって、水を構成する酸素分子の同位体の比率が微妙に異なるので、そのような水を原料の一部として同化して作られる珊瑚の殻が含有している炭酸カルシウムの中の酸素16と酸素18との比を調べることによって（酸素18が多ければ水温がその分低くなる）、珊瑚の殻が作られた時代の水温を推定することができる。この年代推定方法によると、たとえば、ニューカレドニアの珊瑚礁の一七世紀からの分析結果を見るに、その海中・海上の水温は陸上の気温より変動が少なく、変動パターンも相違しており、一九五〇～六〇年頃が水温が一番高いことが判明する。この周期現象は、陸上の気温の変動パターンとは一致しないのである。

ニューカレドニア島の珊瑚礁の酸素18の分析結果として、グリーンランドの氷に穴を穿《うが》って往昔の地表の気温を推定した研究があるが、このような研究は、地表の気温が変化すると、その変動が熱伝導によって地下深くまで伝わるので、穿った氷穴の壁の温度を調べることで往昔の地表の気温を推定することによって科学的に成立しているのである。この科学的研究によれば、一七世紀の気温は現在より一℃ほど低く、一〇世紀は逆に一℃以上高かったことになるが、これは古文書の記録とよく一致している。五千年前から八千年は、地球上の気温はかなり暖かくて、今日より三℃ほど高かったことが判明する。

これは「歴史」として言えば、古代の高度文明が、ナイル河（エジプト文明）、ティグリス・ユーフラテス両河（メソポタミア文明）、黄河（北中国文明）、蜀河（三星堆文明）、長江（南中国文明）、インカ河（南アメリカ文明）として、それぞれの古代世界帝国文明の華を一斉に咲かせた時代であり、この古代を自然史的には、今日では「ピシサーマル期」と呼んでいる。

海底に堆積されている生物の遺骸に含まれている炭酸カルシウムの中の酸素16と酸素18との比を調べると、過去六〇〇万年くらい前までの地球温度が判るが、そのデータからすると、海水温は六〇〇万年前から全体としては傾向的低下を示していることが判明する。特に四〇〇万年前から一〇〇万年前にかけては海水温はかなり直線的に下降している。ここ数百万年単位で見るならば、地球は「寒冷化」していたのである。

こうした大きな傾向とは別に、かつそれに重合して、地球温度は周期的に変動している。ここ六〇〇万年間のデータを解明すると、四万年の周期と二万年の周期がそこにあることが判明する。一〇〇万年以降は、これに加えて一〇万年周期が出現している。

ウルム氷期（最終氷期）は七万年前に始まり一万三千年前に終わっている。このような「氷期」という周期を基準として地球史の時間経過過程を画期してみるならば——一万三千年前〜七万年前の「ウルム氷期」（最終氷期）→「間氷期」→一二三万年前〜二〇万年前の「リス氷期」→二三万年前の「ミンデル氷期」→「間氷期」→三三万年前〜四七万年前の「ギュンツ氷期」（以上の第一・第二・第三「間氷期」の期間は、地球が比較的に暖かかった長期間である）として、自然史的に総括される。

先に述べた海底堆積物の含有している酸素18の分析結果による「極小時期」は、それぞれ、二万年前→一四万年前→二四万年前→三四万年前として、「周期」が検出され、そのそれぞれのこの「極小時期」はウルム氷期→リス氷期→ミンデル氷期→ギュンツ氷期の「最終期」に当たるのである。今日のわたしたちの興味を惹いてやまない巨大恐竜が栄えて地球上の全自然と全生物を制圧していた「中生代白亜紀」の気温は、今よりもはるかに高かったのである。

このようにして、地球が「温暖化」したり「寒冷化」したりするのは、大小さまざまな「周期」をもった地球温度の規則的な変動サイクルにほかならないのである。

付け加えて言い置くならば、一九世紀に定式化されたメンデレーフの〈元素表〉のごときも、自然現象の「周期性」のもう一つの典型例である。その元来の周期の一定の規則性の検出を活用するならば、メンデレーフはかれの元素表の作成においては、まだ未発見＝未記入であった元素についても、それが大略的にいかなる元素的特性をもって、何番目に現われるか、ということを予見することができたのであり、それらの元素は後にかれメンデレーフの予見のごとく発見されて、新たに元素表に記入されたのである。メンデレーフ〈元素表〉は、かれにおいて発見法として機能したのである。

以上のマクロな考察から、わたしたちは、単純に人為現象ではありえない地球環境の「周期」的変動が、けっして人為的ではない（ありえない）地球本来の自立的・自律的な規則的変動（つまり自然史）であることを知ることができるが、そうした地球界・生物界の上における人類の誕生以来の狭義の歴史（人間社会史）の示している歴史的規則（つまり経済法則も含めた歴史法則）が、「階層性の弁証法」に基づいて地球上に共存するにいたった地球環境と人間歴史的社会の混和が、自然現象の場合と同様に大小さまざまな「周期」曲線の重合として世界史的に現出している社会現象の特性であることを知ることができる。

本書『**恐慌論**』が提示した**恐慌の周期**の一般基準と歴史的変容のサイクル波動を、近代資本制商品経済社会の発展傾向に即して解析するとともに、先にも述べたごとく、それを「コンドラチェフ波動」などの「長期波動《ロング・ウェイヴ》」の裡において、それと重ね描き・重ね焼きして理論的考察を進めることも、今日の現代資本主義世界システムが現にすでに呈示している末期資本主義《シュペート・カピタリスムス》的地位を理論的先見をも含めて確定するために不可欠な、そして最高に学問的興味もあり実践的意義もある理論作業であると言える。本書がそのような理論的・実践的作業が創発される契機となれば、著者としての本懐それに過ぎるものはない。

地球史・人類史上一瞬とも言える一九世紀世界に生起したわずか五回の十年前後の規則正しい恐慌現象から、たまたま超人的に優れた現場観測者がその現場に居たおかげで、その周期性の確認から、経済学ひいては社会科学全般の科学的理論の基準を確定することができたのであるが、そのような理論的創発を二〇世紀的現代の「言語論的・記号論的・情報論的ターン」以後にふさわしい形態水準で〈存在的・認識的〉定式化してゆく場合、今日の最大のクリティカルな大問題は、マルクスにとってローマ世界帝国における階級闘争のトコトンの展開が治者・被治者双方の共倒れに終わったという徹底的確認からかれの永続革命としての〈プロレタリア世界革命〉のクリティカルな提起・提示となったわけであるが、かれマルクスにとってそのようなクリティカルな提起・提示が可能とされた実在的根拠は、結局のところにして帝国は「世界帝国」とは言い条、地中海世界を軸にゲルマーニアとブリテン島を「世界」範囲とするたかだかそれだけの世界であったが故に、全球的に、また全人類的にまだまだ打っちゃりの余地と技が残っていると観じられたからにほかならない。『共産主義宣言』の究極の思想は、結局その強靭な思想にある、とわたしはつくづく思う。

それはグリーンランドを緑の大地《エルデ》から氷結・凍死の死地に変貌させてしまった、ギュンツ氷期からウルム氷期へ至る「周期性」が、全球的には人類に生き延びてゆける余地と時差を恵んでくれていたことと、大局的には等しいのである。さて、この〈いま・ここ〉は如何に？　わたしたち現代マルクス主義者は、〈いま・ここ〉に、地球からの脱出（！）のほかにはどこにも逃げ場が一寸の余地もない絶対的境位の裡に〈背水の陣〉を構築しているところに、現代マルクス主義の根本資格を問われているのである。真のグローバル資本主義の全般的危機とはそういう事態の出来《しゅったい》にほかならないのである。

第一一章　後期マルクスの『資本—経済学批判』における恐慌論の通観

『資本―経済学批判』の弁証法体系は、いうまでもなく、その「序文」でマルクス自らがその原理論の最終目的として明示しているごとく、「近代社会の経済的運動法則の解明」を目標としているものであるが、その解明目標はまた、『資本論』第二版「後書」でやはりかれ自らが明示しているように、「資本家社会の矛盾にみちた運動は、実際的なブルジョアにたいして、周期的な景気循環の移り変わりにおいて最も切実に感ぜられている。近代産業は、この循環を経過するものであって、**その頂点が全般的な恐慌**なのである」のであって、近代産業社会の周期的な産業循環過程を通ずる経済的運動法則は、価値法則としてその景気循環の絶頂《ピーク》としての**全般的な恐慌の爆発的発現**によって自証されるのである。この体系上の最終範疇である「**全般的な恐慌**」まで確認し切らない『資本論』読者は、画龍点睛を欠く者でしかありえない。

1　アソシエーショナルでエコロジカルな将来社会においては、〈労働〉はどのように変貌をとげるのか?

このことを『資本論』第一部初版の「序文」において再確認しておくならば、この「経済的諸形態の分析では、顕微鏡も化学試薬も用いるわけにはいかない。抽象力がこの両者に代わらなければならない」という抽象力による経済的諸形態の分析に基づいて、「わたしがこの著作で探究しなければならないものは、資本家的生産様式であり、これに相応する生産諸関係および交易関係である。その典型的な場所は、今日までのところイギリスである」とされているごとく、一九世紀の最先進国イギリス（この唯一国的出来事としての「資本の母国」イギリスは、「今日までのところ」にとどまらず近代的歴史全体を通して永久に「典型的な場所」であるのである。この典型性は、歴史的な唯一性と不可分に内的に結びついている）を「典型的例解の場所」として、共時的《サン・クロニック》な構造論理として、一九世紀イギリスの資本主義的純化傾向（歴史的抽象化）を実在的モデルとしながら、「資本家的生産様式ならびにそれに相応する生産諸関係および交易関係」を抽象的な経済学原理論として経済学批判的に分析・叙述するのである。その「典型的例解の場所」としての一九世紀イギリス資本制社会においては、**「全般的な恐慌」**は、一八二五年から一八六二年にいたるまで、**五度の恐慌現象の爆発として周期的に法則化**したのである。

そのような体系的全文脈・全論脈を最も簡潔に含蓄しながら、第一部・第一篇「商品と貨幣」第一章「商品」と題された『資本論』全四部（『剰余価値学説史』を著者マルクスの指定通り「第四部」と数えることとして）の開巻劈頭、あまりにも有名な二行の冒頭規定が、立ち現われるのである。すなわち――

「資本制的生産様式が支配している諸社会の富は、「商品の巨大な集成」として現われ、個々の商品は、その富の要素形態として現われる。それゆえ、わたしたちの研究は、商品の分析から始まる」。

この冒頭商品論が、ただ単に『資本論』第一章の冒頭でも、第一篇「商品と貨幣」の冒頭でもなく、『資本論』第一部の冒頭でさえもなくて、『資本論』四部体系全体の冒頭であることが、当然のこととして銘記されなければならないが、資本制的生産様式が支配している、すなわち近代世界において「巨大な巨魔的・巨人族的な商品集成」としての諸社会の富の「要素形態」として現われる個々の商品は、世界市場における個々商品そのものの対峙関係において、それぞれに相手商品を「価値鏡」として相互反射し、等価形態と相対的価値形態との二重性を個々商品の固有な内在的特性として内有しており、そのような個々商品の「使用価値」と「交換価値」との価値形態的二重性は、そうした商品生産物を産出した賃労働の「具体的・有用的・使用価値労働」と「一般的・抽象的労働」の労働実体的二重性から発現したものであることが、すでに示されているのである。資本家社会を構成する端緒《アンファング》としての商品の規定において、〈宇野理論〉が強調するごとき、価値形態が先、価値実体は後、という区別ないし差別は、実在上も、認識序列上も、マルクスによっては格別に前後関係的には区別されてはいないのである。

『資本論』体系において、さしあたり、使用価値と価値ないし交換価値との二者闘争物として規定される商品形態=価値形態の実体的起因を、具体的有用労働と抽象的人間労働との「労働の二重性」に求めたマルクスの論理は、資本制商品生産社会における「労働力商品化」に基づく生産的労働の実質的内容と価値形態的形式との双方にわたる「労働の二重性」を解明した、と言ってよいが、そのような〈資本-経済学批判〉の弁証法体系の総体が乗り超えられてゆく歴史的社会の〈移行の弁証法〉の場面設定の領域へと踏み込んでゆくならば、そこでは労働の廃棄=労働からの解放、分業の廃絶=分業からの解放の〈アソシエーション〉の実現が、世界史的に現出するのであるからして、その「労働の二重性」の弁証法自体が、ブルジョア社会の歴史的制限=制限を取っ払われて、〈唯物論的歴史把握〉の対象領域へと深く入り込んで、最初期マルクス=エンゲルスの『ドイッチェ・イデオロギー』が素描していたごとき、「わたしの気のおもむくままに、朝《あした》には狩りをし、午《ひる》すぎには魚をとり、夕《ゆうべ》には家畜を飼い、食後には批判をする」といったユートピア的状況の高次復活が、そこに想定されることとなる。そこまでの長い射程距離をとって、近代資本制社会における「冒頭商品」についてのマルクス的端緒規定を、深く読み込まなければならない。これはけっして深読みではないのである。

そのような『ドイッチェ・イデオロギー』におけるユートピア的生活の素描は、マルクス=エンゲルスがすでにその原書に接して感動していた、シャルル・フーリエの『四運動の理論』、『家庭・農業アソシアツィオン』(『普遍統一論』)、とりわけ一八二九年に公刊された『勤労とアソシアツィオンの新世界 Le Nouveau Monds industriel et sociétaire』

の「労働」論における、「アルモニー（調和）」「シタ・ソシエテール（社会的状態）」「アソシアツィオン（協同）」のユートピア思想を反映して、労働の廃棄・分業の廃絶以後のフーリエ的魅力《アトラクシオン》の存在論的・世界観的意味をたっぷりと表現している。エンゲルス流に「ユートピア」から「科学」へとマルクス主義を「科学的社会主義」化して、今日の「実証主義」好みの近代人のお歯に合うように整える前に、右のような「科学」から「ユートピア」への還流論理を持つことが、マルクスに一貫している「労働への解放」—「労働としての解放」—「労働の解放」—「労働からの解放」—「労働そのものの廃棄」といった労働観の全般的把握の絶対的必要性からも、大事なことだとされなければならない。

右のフーリエ的魅力にみちた将来社会においては、従来の人類文明社会下の「いやな労働 traveil repugnant, industrie repugnate」は終わりを告げ、「調和社会 l'harmonie, l'etat socéetaire」に生きる「アルモニヤン（調和人）」たちが日々に営む「楽しい労働 travail attrayant, industrie attrastive」へと、悦ばしくも転化を遂げているのである。

気のおもむくままに朝には狩りをし夜には批判的批判をおこなう、と比喩的に形容されたその高次調和社会は、機械制大工業における近代市民社会の賃金奴隷的労働を経由した後近代の調和社会における「労働への解放」と「労働としての解放」と「労働からの解放」という三重の複合的解放を懸けている高次調和社会であるからして、午《ひる》には定めし工業的・情報的労働の然るべき改編・変革を施した生産的労働の諸形態をも包含しているにちがいないが、そのような形で労働《トラヴァーユ》は快楽《プレジール》と漸次的に一つになってゆくのである。

『ドイッチェ・イデオロギー』式に言うならば——「共産主義社会においては、画家などというものはなくて、せいぜい、他にもいろいろとする（楽しい）ことどもがあるが、そのなかでも絵を描くこともする人間がいるだけである」。生産としての労働と非生産としての労働とが入りまじり・混淆し・かつ二重化しているその労働の在り方においては、「疎外された労働」は自己揚棄されてすでに終わりを画してしまっているのであって、そのように「労働 travail, industrie」は、生産物労働を脱しているだけでなく、仕事となり、自己制作となり、自己活動となり、遊戯となり、対象化的労働と非対象化的労働とを揚棄した協働性へと達していると言ってよいだろう。その局面では、「生産性」は、すでに生産力発展の基準では無くなってしまっているのである。

今日のジャン・ボードリヤール式に言えば、「経済学批判が実質上終わった」「経済学批判を超える」その自己解放世界においては、西欧形而上学を反射・反映しつづけてきた「生産の鏡《ミロワール》」をぶちこわした、「生産の彼岸、価値の彼岸 lau-del de la valeur ou de la production」が現前化し、そこではエロスとしての労働も「生産的《プロダデュクティヴ》エロース」の域を脱して、生殖的エロスのアナロジーをも越えた、無目的的・無底的性格（そこでは生産的効率性と不可分なものとして合理化的発展をとげてきた合目的性自体も、無化・廃棄されてしまっているのである）を帯びることとなり、「人間の自己産出活動」であり同時に「自己表出活動」でもある、人間・自然＝人間・人間の関係行為は、そのような（もちろんのこと、けっして無意味ではなくて、たっぷりとしてあり余りすぎるほどの歴史的意味＝美的価値を含んだ）無目的的・無底的な自己表現的意味活動となるのである。或る意味ではこれは、龍樹の大乗仏教の〈空〉が観じている、「無の表現」「無からの創造」以外のなにものでもない。ここにまでいたって、ヘロドトス『歴史《ヒストリアイ》』が人類文明史の初源として確認した、ペルシア世界戦争によるオリエント＝東洋とオクシデント＝西洋との再解逅は、はじめて本質的に成就されるにいたるのである。

最初期マルクスの『ドイッチェ・イデオロギー』的表現によるならば、「分業を揚棄する共産主義革命」によって成立するアソシエーション社会においては、「自由に結合した社会的諸個人の全体的計画」によって、「諸個人からは独立に存立しているたぐいの一切のものを不可能ならしめる」「一体となった社会的諸個人」の力に統合された、「生産関係と交通関係の自生性が高度な社会的生産力」が実現されるのである。マルクスの全生涯を通しての価値目標がこれである。

このような自立した自由な社会的諸個人の連合＝アソシエーションは、高度な生産力を現実的土台としており、それが自立した社会的諸個人の自由な連合と自由な自己産出・自己表出活動と調和するものと想定されているのである。わたしたちは、『資本論』弁証法体系における労働力商品の価値の価格的転化（倒錯的・隠蔽的な物象化を蒙った）「労賃」を軸とする、剰余価値生産法則と相対的過剰人口法則を全社会的な価値法則の貫徹の二大法則とする弁証法的体系分析が、そのような「労働」の徹底的な批判的分析を通して、まさに如上のような「労働からの解放」の唯物論的歴史把握の大構想へとつながってゆく（いる）論理構造をこそ、鋭敏・適格に看取しなければならない。

プロレタリアート＝賃金労働者階級は、まさにそのような或る意味では自己批判的である実践を介して、労働者自身としての、プロレタリアート自身としての世界史的身分の廃棄——そのかぎり、自己自身の自己揚棄による消滅——を志向しているのである。近代の階級闘争史上、社会民主主義として、またスターリン主義として立ち現われた俗流マルクス主義者たちの「労働者万歳主義」「労働至上主義」のブルジョア・イデオロギー的自己呪縛からは、似て非なる「楽しき労働」＝「遊戯《スピール》」の人類社会の〈本史〉のマルクス的大構想である。

右のような画期的・根源的意義において、ルイ・アルチュセールが、「認識論的革命」による〈歴史の大陸〉の最初の発見者と目したマルクス——また、ミシェル・アンリが、「存在論的革命」による古典古代ギリシア文明以来のヨーロッパの形而上学の全伝統を転覆させた最初の変革者としてのマルクス、とみなした、かれマルクスの固有する世界史的位置価もまた、ゆるぎなく確定されるのである。そこまで光が届かないいわゆる左翼の光学とは、所詮、せいぜいのところ「労働の自己讃美者＝自己呪縛者」以上・以外のなにものにもなりえないのである。わたしたちは、ナチス経営細胞が勝利的に建設した強制労働収容所の大門に掲げられたスローガンが〈労働を通じて歓喜を《ドゥルヒ・アルバイト・フロイデ》〉であった事実を、健忘症的に忘却すべきではない。

そのような俗流水準のかれら・かのじょらは、いかに革命的ないし超革命的言辞を弄そうが、もしも万が一（！）

にも資本制社会がパンクしてしまって、資本家によって自分たちに賃金が支払われなかったとしたら、自分たちの生活が永久に成り立たなくなると畏怖している、存在としてはたしかにプロレタリアではあるが、自己認識者としてはそれ以上にブルジョア・イデオローグとしての存在＝認識者であって、だからこそかれら・かのじょらは、せいぜいましな場合でも、革命のリップ・サーヴィスに憂さを晴らす賃金奴隷の境涯にありつづけるのである。

2 〈宇野理論〉における「世界市場」「世界貨幣」「世界市場と恐慌」範疇の排除・放逐の問題

右のような資本制世界市場における諸商品の相互対峙・相互反射状況は、絶対的断絶の状況側面の切断線・不連続線を固有しており、そのアポリアを一般的に解決すべく——言い換えるならば、商品所有者同士の商品交換を偶有的・偶会的にではなく、恒常的、必然的に可能ならしめるために——、貴金属貨幣商品＝金貨幣の共同創出へといたる貨幣の必然性が、絶対的必要事として立ち現われてくることとなる。価値形態論としての上向法——商品→貨幣→資本の論理的推転の始まりである。

この上向の起点である〈冒頭商品〉とは、資本制経済＝ブルジョア社会分析のための下向の極限に立ち現われていた存在であって、マルクスの社会有機的・有限的分析法（この場合それは「下向法」である）にとっては、自然的原子の量子や素粒子とは異なって「無限に分割しうる」という性格は有っていないのであって、（つまり、核子の分裂によって核爆弾エネルギーが巨大に生じるといった、$E=SM^2$のような無制約な原理は、そこでは働く余地がないのである）、下向法は無の深渕へと陥没はしない特異点を有っているのである。

であればこそまた、近代社会の経済的運動法則の解明を、その下向によって到達した冒頭商品を起点として、商品→貨幣→資本という論理的上向によって、ありのままの資本制経済＝ブルジョア社会の完全把握として「多様な諸規定の統一」として把握することもまた、可能となるのである。

この〈冒頭商品〉論のたった二行の端初《アンファング》に畳み込まれて含蓄されている、資本家・地主・賃労働者の三大階級より成る三位一体社会としての「近代社会」の特質は、もちろんのこと資本制生産様式を基軸的特質とするが、それは資本制的生産様式へと単一に「純化」されているものではなく（一九世紀の「典型的例解の場所」とされたイギリスでさえもけっしてそうではなかった、そうではないのである——この点でも「純粋資本主義」モデル論者はとんでもない思い違いを冒しているのである）、また資本の理念《イデー》としての株式資本形態が出現する、最高度の上向の極限《ピーク》に立ち現われてくる高度資本主義においても、「世界単一資本主義」はありえないのであって、その近代的に特異な社会構成体の一つの特徴は、本性的にイギリスをはじめとする、搾取に基づく本来的蓄積様式に順う先進資本主義諸国の資本制的生産様式をヘゲモニーとしていまだに資本の原始的蓄積を経験しつつあるが、これから経験しようとしている後進的非資本主義諸社会をも包絡して編成される「諸社会」の富の集成として現われるのであって、収奪に基づく非本来的・本源的蓄積様式に順う周辺世界の前近代的・非資本主義的な諸社会の産出し保持するもろもろの富、さてはまた、先進資本主義諸国の内部においても或いは農村関係、或いはまた家族関係のなかに強固に残存している非資本主義的なもろもろの富は、世界市場へとグローバルにそこここからいわば浮上してきて、「商品の巨大な集成」としての相形《そうぎょう》を呈して現われ、それがいかなる生産関係・社会関係によって産出され保持されているかという「氏素性」がいっさい問われることなく忘失されてしまうという世界的関係性のもとに、商品価格＝世界市場価格をもって等価交換をもって自由・平等・博愛的に売買されるのである。

その恒常的・世界的な売買（交易）を通じて、近代世界に並存している諸社会は「近代社会」として世界編成されて、総体として周期的な産業循環＝景気変動過程を通じて、恐慌の突発的・突変的な爆発をつうじてたえず調節され、そうした危機《クリーゼ》の通過儀礼を通ずる高次化＝螺旋状的発展によって、永遠にくりかえすがごとく自己更新してゆくのである。

　右の経済法則的運動の帰趨は、恐慌論が、俗流マルクス主義の盲信してきた（いる）崩壊論、ましてや資本主義の自動崩壊論などでは原理的に全くありえず、その経済的運動法則（価値法則）が社会有機的・有限的法則として株式会社（利子生み資本と信用機構）を資本の理念《イデー》的極限として、そこから不可避的に生じる「資金の過剰《ブルセラ》」（すなわち「資本過剰」）を媒介にしながら、利潤率低下と利子率高騰の弁証法を直接契機として**信用恐慌・金融恐慌を大爆発**させつつ、資本の商品化として再び冒頭商品へと自己還帰して、有限な弁証法体系としての自己を社会再生産するのである。

　このような『資本論』弁証法体系においては、〈経済学批判プラン大系〉（前半体系＝資本一般・土地所有・賃労働“プラス”後半体系＝国家によるブルジョア経済の総括・国際貿易関係・世界市場と恐慌）における『要綱』プラン的前半体系は、先にも述べたごとく、マルクス『資本論』体系化に当っては「資本一般」の空虚・無内容な制限を廃棄して、土地所有（地代）・賃労働（賃金）についても、原理上必要な絶対規定のかぎりにおいて、「資本競争論」の導入もふくめてこれを内側へ組み入れて説かなければならない（また説くことができる）、そしてさらに『資本論』の体系的論理からいって前半体系から国家論の範疇的出現にほかならない後半体系への論理的移行はこれを説くことができない（また説いてはならない）。

　このような体系的論理を誰よりもよく了知していた宇野弘蔵は、かれ自身の『経済原論』において、そうした論理的機微にきわめて正当な配慮をゆきとどかせたが、同時に、かれ宇野は（私見では）そこからきわめて、不当な最終的ミスへと逸脱してゆき、そこにおいては、したがって「世界市場」は説くことができないから、「世界市場」に不可欠な（そのことは児童でも知っている）不可欠な「世界貨幣」を説いてはならない、という過剰な理論的禁欲に陥ってしまい、マルクスの「貨幣としての貨幣」（その実存形態は、「世界貨幣」として貴金属形態の金貨幣以外のなにものでもありえないのであるが）をかれの経済原論から「世界貨幣」を排除する、という無理を敢えてしたのである。

わたしは、〈宇野理論〉が単純商品としての労働力商品の不可欠的存在を資本制経済にとっての「無理」と唱えたのに和して（！）、この「世界貨幣」排除をもって**宇野「恐慌論」**のそれこそ「無理」としてかねがね唱え来たってきている者である。けだし、宇野博士が終生不滅の理論的尽力を重ねた**マルクス「恐慌論」**の完成による『資本論』弁証法体系の最終的完成は、宇野博士自身によって**「恐慌論は経済学の原理論のいわば結論を成す」**と明言されているにもかかわらず、**恐慌の発現・爆発**が、世界貨幣によって通貨的枠組（具体的に言えば、イギリスを信用基軸とする国際金体位制）とする世界市場の具体的な産業循環＝景気変動過程なしにはありえない以上、画龍点睛を欠くというか、百尺竿頭上一歩を宙に躍り進めることができないというか、右のようなマルクス『資本論』体系においては枢要概念として厳存している「世界市場」ヌキ・「世界貨幣」ヌキ・**「世界市場と恐慌」**ヌキでは、**「恐慌論」**は最終的に仕上げようがないのである。

マルクス「恐慌論」の原理論的完成との次元関係でいうならば、宇野博士が、中期マルクスの〈経済学批判大系プラン〉の最終項目として提示されている**「世界市場と恐慌」**範疇を目して、その直接的前提とされたいわゆる後半体系の「国家によるブルジョア経済の総括」→「国際関係としての国際貿易・世界市場」（この系列は「→」の通時態的《ディア・クロニック》推移）が、いわゆる前半体系の「資本一般」・「土地所有」・「賃労働」（この系列は「・」の共時態的並列《サン・クロニック》）という、いわば経済学原理論的規定からは論理的上向法によっては説きえない」として、それを**恐慌論から排除・放逐**すべきだとする理論的方法を採った（それ自体は正しい）結果として、**恐慌論の原理的完成**において「世界市場」「世界貨幣」範疇概念を全部棚上げする暴挙に逸脱したものと推察される。

そのような宇野博士のマルクス評によるならば、「私自身の考えでは、『資本論』がしばしば**恐慌現象**について極めて重要な示唆を与える規定を展開しながら、それを生かすことができなかったというのは、原理論の展開の前提をなす純粋の資本主義社会の想定が、厳密に守られなかったためではないかと思う」(「恐慌の必然性は如何にして論證さるべきか・結論」『マルクス経済学原理論の研究』岩波書店刊、一九五九年――傍点いいだ)と。つまり、マルクスの『資本論』体系における非原理論的概念である「世界市場」「世界貨幣」範疇の誤れる温存のために、折角のマルクス「恐慌論」の極めて重要な示唆を与える規定の展開が損われてしまった、というのである。

私見では、この強引な論法は、本末顚倒で、しかもヤブニラミである。マルクスの〈経済学批判大系プラン〉の真の問題についても、マルクス『資本論』の「典型的例解の場所」として選定されたイギリス資本主義のモデル視(観)についても、それはヤブニラミの所産である、とわたしは考えるが、その論評は、これまでチョクチョク触れてきたものの、全面的には次章でおこなうこととする。

それはただ単に説かないのではなくて、宇野原理論の方法では説けないのである。宇野博士の原理論体系では、「不純な世界市場」範疇は、したがってまた「世界市場と恐慌」範疇もまた、放逐・排除されざるをえないがゆえに。

「恐慌論」の基本的完成がマルクス『資本論』の経済原理論の最終的仕上げである、と宇野博士とともに理論的に終始確信しつづけてきた者の一人として、わたしは宇野『恐慌論』が宇野の経済学原理論の集大成にほかならない『経済原論』の外枠・別枠・別刷として置かれたままに終わったことを、一大痛恨事としてかねがね痛感している者である。何となれば、宇野『恐慌論』のその宇野『経済原論』からの分離・別枠化が、宇野「経済学原理論」をも未完成のものとして(本人自身の当然の理論的自負は別として)終わらせてしまうこととなったからである。

宇野博士の回顧録である『資本論五十年』(下)(法政大学出版局刊、一九七三年)の第十四章「『経済原論』とその問題点(その二)――序論――」において、インタヴュアーが整理して述べているように、「『経済原論』は『経済政策論』に対して先生の『資本論』研究の成果をなすものといってよいのですが、旧版は上巻が一九五〇年に、下巻は五二年に出ている。後にこの旧版を絶版にして新しく「岩波全書」の一冊として出てる新『原論』(一九六四年)でもだいたい、先生の体系構成は旧版からほとんど変わっていない。この点は重要な点ですが、旧版の序文でこう述べていられる。ちょっと読んでみますと、「たしか昭和十一年であったかと思う。当時東北大学で、経済政策論を講義していたわたしは、その年、原論担当の教授の差し支えから、一年間、経済原論を講義したことがある。細目の点ではともかく、大綱はもちろん、本書と同じ主旨によるほかはなかった」と。宇野「経済原論」が実は戦前の作品であったことは、その先駆性の再確認とともに、その戦前的限界の所在を予測させるものとして、深く注意しなければならないところである。

宇野教授自身が、この弟子による整理的発言を全面的に肯定しているように、一九三六年の東北大学講義として「経済政策論」と同時に公表された「経済原論」は大綱的に言って、一九五〇〜五二年『経済原論』上・下（岩波書店）→一九六四年・新『原論』（岩波全書）と、終生変わることがなかったのであり、本人の理論的自負としては当然、それをもってマルクス『資本論』体系の純化として完成の域に達していたと自任していたのである。

しかしながら、その『経済原論』の最終範疇を「利子論」として、したがって、マルクス『資本論』体系の最終範疇である「**世界市場と恐慌**」ヌキで終わらせられてしまう、その経済学原理論の大綱には、マルクスの理論的方法の一面的純化によって、「世界市場」「世界貨幣」範疇がもちろんのこと出てこないばかりでなく、かんじんかなめの「**恐慌**」の二字も一字といえども出てこない、外枠・別刷で戦後にいたって『**恐慌論**』（一九五三年）が、マルクスの遺志の継承・完成と称して公刊されなければならなかった、公刊せざるをえなかった所以である。

宇野学派の俊英たちが、この簡単にして最重要な問題に、誰一人敢えて触れようとしないのは、それが定めし、宇野「経済原理論」と**宇野「恐慌論」**の双方にわたる〝龍のひげ〟であり、触るべからざる聖なるタブーとなっているからであろう。

3　端緒《アンファング》とは終末部《エクソドス》である——「冒頭商品」規定をめぐって

宇野博士のこの経済学理論上そして理論方法上の最大の弱点は、『経済政策論』（宇野理論の「三段階」を画した重商主義→自由主義→帝国主義のこの経済政策論の機軸は、金融資本を蓄積様式の基軸として展開されることとなった最近時の資本主義である「帝国主義」の経済政策である）を、同時期講義として先行させることになった「経済原論」の原理論・段階論・現状分析という「三段階論」的方法の照り返しによって、経済学原理論としての折角の善点・長所も、この「世界市場と恐慌」という最終範疇ヌキの「利子論」によって静態体系として仕上げられることによって、「冒頭商品」への自己還帰力を喪失してしまって、動態的な弁証法体系として円環化することが叶わなくなってしまったことに起因しているように、わたしには考えられる。

一般的に言って、開きっぱなしの弁証法というものはおよそ成り立たないのであり、その開きっぱなしの垂れ流し「体系」においては、何しろ限定と制限が利かないのであるから、資本制社会の歴史的実在としての根本的な経過的性格（それは人類史上わずか西暦一六世紀に始まり近く二一世紀の近未来において、開きっぱなしにではなく、終わらざるをえない歴史的社会なのである）も確認できなくなってしまうのである。資本の価値増殖運動の産業循環＝景気変動過程による価値法則の論証なしに、およそ経済学原理論などは成り立ちようがないのである。

この理論的・原理的反照力を失ったドグマは、「経済政策」論のもたらした現状分析においても、二〇世紀の現代資本主義世界システムをまさに世界貨幣＝金貨幣ヌキの国際通貨制度と世界農業問題の両極的析出というすばらしい着眼点を創発しながらも、全世界的規模における〈戦争と革命の時代〉とされた二〇世紀的現代の根本的な時代規定においても、ソヴエト連邦の地球上での出現を介してすでに資本主義から社会主義への世界史的移行期へと引き戻し不可能に（資本主義にとってのセイフティー・ポイントを踏み越えてしまって）突入したというドグマに結びついてしまったのである。

これでは、スターリン主義経済学、とりわけスターリン最晩年の「ソ連邦における経済的諸問題」論文に対する、全世界的にも最も先駆的・最も鋭利なマルクス経済学的批判をあきらかにした宇野博士をもってしても、米ソ両大国の世界的冷戦《コールド・ウォー》の一方の「核大国」であったスターリン主義の「一国社会主義体制」に対する全面的・根源的批判、そのいわゆる「社会主義体制」の世界史的没落（一九九一年）の理論的先見は、全く不可能であったのである。

ことほどさように、この理論的・理論方法的弱点・欠陥は、〈宇野理論〉の最終的な命取りになるにいたった「アキレス腱」であると言えよう。

世界貨幣を通貨的枠組とする世界市場の自律的律動過程（産業循環＝景気変動過程）として、**周期的な恐慌の暴力的爆発**を通じながらたえず螺旋状的高次化をとげ、国家的・法的・イデオロギー的上部構造とは分離・二重化した経済的運動法則を価値法則として具現化することによって、諸社会を「商品の巨大な巨魔的・巨人族的な大量集成」（中期の『経済学批判』に由来する術語）として「近代社会」に統合している、きわめて特異な歴史的社会においては、諸商品を律する「価値」はなによりも先ずもって「価値形態」として労働者階級の「賃労働」を形態化して現われるものであって、そのような「価値形態」とは不可視な「超感性的存在」であって、それが可視的になるのは、『資本論』第三部で全面展開される価値の生産価格への転形論を通じての生産価格・費用価格・市場価格としての「価格」現象を呈してからのことであって、簡単に言えば、「世界市場価格」としての一品＝一義性をもって（転形論が明らかにしたように、当然の価格の重心的「価値」からの上下乖離・背反の変動をともないながら）経済的運動するものである以上、マルクス「価値論」の致命的な理論的重要性を熟知するほどの学匠が、「世界市場価格」をヌキにして産業循環と**恐慌**を論じようとしたことは、「無理筋中の無理筋」と評さなければならない。

冒頭二行が含蓄している共時的に並存する諸社会の世界市場価格運動を通ずる「近代社会」への価値法則的統合は、

通時態的《ディア・クロニック》な前近代・後近代の諸社会への〈唯物論的歴史把握〉的アプローチの方法理論的通路ともなっているのである。

以上、『資本論』開巻劈頭二行の〈冒頭商品〉論についてのわたしなりの解読法について、記し終わった。端初《アンファング》とは終末部《エクソドス》でもある、という円環化有限弁証法の論理に、わたしなりに順っての思考作業である。

4 『資本論』体系第三部における「恐慌論」の最終的アプローチによる五つの論点について

『資本論』弁証法体系は、通説にも言うがごとく、第一部・第一篇「貨幣」の「流通手段」の項で、貨幣による商品流通の生産物交換とは異なる「販売と購買の分離」に**最初の抽象的な「恐慌の可能性」**の規定をおこない、次いで「支払手段」の項で**「より発展した可能性」としての「恐慌の可能性」**の規定をおこなっている。その上で、第一部最終篇（第七篇）の「資本の蓄積過程」で展開される「資本家的生産様式に特有な人口法則」を措定し、「能力拡大型投資パターン」と「合理化型投資パターン」の「二つの蓄積方法」の交替を、産業循環の局面転換の基礎に据えた上に、「近代産業の特徴的な生活行程、すなわち、中位の活況、生産の繁忙、**恐慌**、沈滞の各時期が、より小さな諸変動に中断されながら十年ごとの循環をなすという形態は、産業予備軍または過剰人口の不断の形成、或いは多く或いは少ない吸収、および最形成に基づいている。この産業循環の変転する諸時期は、またそれとして過剰人口を補充し、そしてその最も強力な再生産動因となる」と規定し、さらに次いで、**「より発展した恐慌の可能性」**の**発現**にアプローチする、変転する産業循環過程とその**恐慌の爆発の動因としての「恐慌の物質的基礎」**の究明へと前進して行っている。

「資本の回転」の項で固定資本の回転の役割を考察した『資本論』第二部のいわゆる「流通過程論」については、

そこで主題化されている「競争戦」が「**恐慌という破局**」へと帰結するという**恐慌論のアプローチ**を主軸とするかぎり、その第二部の総体を、「第二巻（部）を第一巻（部）への『補足』として、とくに資本の蓄積過程――人口法則――の内容を補足し、**周期的恐慌の物質的基礎**を豊富化する内容とみるべきだと考える」としている大内秀明教授の見解が、独創的な高い見識である。通説では、第一部＝資本の直接的生産過程、第二部＝生産過程の結果としての資本の流通過程とみなし、第三部＝資本制生産の総過程としての第一部・第二部の統一とみなすのであるが、その前者は「実現」論にひきずられた誤まった通説であり、後者は「資本一般」説にひきずられた同じく誤まった通説であるにしかすぎない。大内秀明教授の見識が光っている所以のものである。

『資本論』第三部では、とりわけ第三篇「利潤率の傾向的低下の法則」第十五章「この法則の内的矛盾の展開」が、**恐慌論の発展的論脈**から言って重要である。その第三篇の第十五章第一節は、「直接的搾取の諸条件と、この搾取の実現の諸条件とは、同じではない。その両者は、時間的および場所的にばかりでなく、概念的にも一致しない。一方は、社会の生産力によって制限されているだけであるが、他方は、種々の生産部門間の均衡と、社会の消費力とによって制限されている」という有名な規定を行っている。時間・空間・概念の分離が**恐慌**爆発の現実性の要因とされているのである。

右の分析は、時間と空間の違いを具体的に前提として両者の諸条件の違いを説いているから、その限り、時間と空間を捨象するたぐい経済学原理論では、**恐慌論へのアプローチ**としては全く無力であろう。しかしながら、ここで言われている直接的搾取の諸条件とこの搾取の実現の諸条件との不一致は、基本的には、商品的生産とその商品的実現すなわち商品の購買と販売との分離の言い換えでしかないから、生産力の発展と消費需要の矛盾が傾向的に拡大することが言われているだけであって、それの不一致の拡大がいかに、どのようにして**周期的恐慌**と関係するかについては、理論的に触れていない。理論的に触れることがまだできないのである。だから、ここでの探究の要点は、むしろ

「概念的不一致」の根拠の解明である。

同第二節では、資本の蓄積過程が、資本価値の増殖という資本家的生産の制限された目的と、それを達成・保証するための方法としての生産力の無条件的発展、という二つの矛盾する契機を含んでいる点が強調されて、つぎのように**「恐慌」命題化**されている――「抗争する諸能因の衝突が、**周期的に恐慌において排け口**を求める。**恐慌**は、つねに、現存する諸矛盾の瞬間的な暴力的解決であり、攪乱された均衡を一瞬間回復する暴力的爆発であるにすぎない」と。

見られる通り、ここでも資本蓄積にともなう生産力の発展と生産関係の矛盾とが（この「基本矛盾」は唯物史観的にもつねに見出しうるのである）抽象的に指摘されるにとどまり、それが**「恐慌の必然性」**にアプローチしているとしたり気に言う俗学者たちは昔も今も多々いるが、その実は、この第二節の解明は、けっして**「恐慌の必然」性の具体化のプロセス**の説明とは言えないのである。

こうした第三篇・第十五章の第一節・第二節に対比してみて、第三節「人口の過剰のもとでの資本過剰」においては、労働者人口に対する資本の過剰蓄積としての「資本の絶対的過剰生産」の規定が明らかにされて、資本蓄積論との関連がより明確に産業循環過程に即して検討されている。右のような第十五章の第一節、第二節、第三節にうかがわれる**恐慌の説明のバラツキ**は、初期マルクス以来のマルクスの理論的苦悶が、この最終シーンに近いところでもまだ続いていること、第三部が執筆順序としては第二部より早く、『要綱』につづく古い時期をふくめた長い期間に断片的に執筆されたこと（その諸断片草稿を集約して第三部として編集し公刊したのはエンゲルスであった）等があげられ、マルクスとしての予めの首尾一貫性は、本来望みうべくもなかったのである。

それはともあれ、特別剰余価値を求める個別資本の「価値下落の競争戦の展開」を押さえたマルクスは、ここで第一部第七篇の蓄積論によって基礎づけられた**「恐慌の必然性」**が、資本競争論を通して現実化する契機と過程を、具体的に解明する理論的鍵をようやく手に入れたのである。

右のような競争に媒介された資本の過剰による「撹乱と停滞」が、資本蓄積とともに発展している信用制度によって、いっそう激化されることが提示されている。「**激烈で急激な恐慌**」は、こうして、信用によって媒介されることによってさらに激化・激発するのであって、これが結局、**信用恐慌の爆発**として具体化するにいたるのである。一九世紀においてつねに**ロンドン商業恐慌**として始まり、その終局も必ず**ロンドン商業恐慌**に帰した**周期的恐慌現象**とは、つねに**信用恐慌**として集約されて大爆発を遂げるのである。この点は、第三部・第五篇・第三十〜三十二章の「貨幣資本と現実資本」を中心として考察されている。

それ以前の第五篇・第二十七章における信用の積極的役割の規定——「信用制度が、過剰生産や商業における過剰投機の主要な槓杆として現われるとすれば、それはただ、その性質上弾性的である再生産過程が、ここでは極限まで強行されるからである。……したがって、信用制度を、生産形態の物質的基礎として一定の高度に達するまで作り上げることは、資本家的生産様式の歴史的任務である。同時に、信用は、**この矛盾の暴力的爆発**を、**恐慌**を、したがってまた古い生産様式の解体の諸要素を、促進する」——が、「貨幣資本と現実資本」の第三十章においては、変動する産業循環過程の動態に即して、さらに前進的につぎのごとく、具体的に再規定されている。すなわち——

「再生産過程が、過度の緊張の状態に先立つ繁栄状態に再び達したならば、商業信用は非常に大きな拡張に達し、その場合この拡張は……また、容易な還流と拡大された生産という「健全な」基礎を有つ。この状態にあっては、利子率はその最低限度以上に上がるとはいえ、いぜんとしてなお低い。……他面では、ここで初めて、予備資本なしに、またはおよそ資本というものなしに仕事をする。したがって、もっぱら貨幣信用に頼って操作する騎士《ナイト》たちが、目立って現われてくる。……今や利子はその平均の高さに上がる。そして、**新たな恐慌が襲来**し、信用が突如停止され、諸支払いが停滞し、再生産過程が麻痺し、——前述の例外はあるにせよ——貸付資本のほとんどが絶対的な欠如と並んで、遊休産業資本の過剰が現われるや、利子率は再びその最高限度に達する」と。

先の引例中の「強行的弾力性」という形容矛盾的表現に、注目しなければならない。信用の過剰出動による「弾力性」の強行的引き延ばしが、擬制資本の運動を過度に緊張させ、結局のところ、「遊休産業資本の過剰」として金融逼迫の最終局面において露呈せざるをえなくなり、それが利子率の異常高騰の再始動の引金となるのである。これを要するに、『資本論』第三部のここにいたってようやく、産業循環過程の最終シーンにおける、利子率の循環的変動が論述されるとともに、貨幣資本と現実資本の対立運動が、利潤率低下と利子率高騰の依存と抗争の関係に集約されることが、解明されるにいたっているのである。それとともに、「再生産過程の全関連が信用を基礎としているような生産体制にあっては、信用が突然停止されて現金払いしか通用しなくなれば、一見してあきらかなように、**一つの恐慌**が、支払手段への殺到が、現われざるをえない」として、**信用恐慌の必然性**が解明されるにいたるのである。

このように通観する時、わたしたちは『資本論』全三部を通して、「資本過剰論」を主軸としそれに「消費不況論」をも包摂しながら**「恐慌の必然性」を展開する論理**の骨格《スケルトン》が、支払手段の決済機能の麻痺としての「金融パニック」**「信用恐慌」の可能性と必然性**、資本蓄積過程における「資本過剰」と「労働過程」、**恐慌の物質的基礎としての「固定資本の循環・回転」**、資本の企業間競争を媒介とする「資本の絶対的過剰生産」、信用と資金過剰に基づく利子率上昇を契機とする「金融パニック」の現実化と「資本の過多《プレソラ》」の必然性、が五つの論点として解明されていることが分かる。

こうした、経済学原理論における「資本の過剰」「労働の過剰」「資金の過剰」という「三つの過剰」の連関的な首尾一貫した論理的解明は、その後の今日にまでいたる、景気変動過程と**恐慌的爆発の形態変化**にもかかわらず、まさにそのような形態変化のかたちをとって現に今日の「三つの過剰」時代においても貫徹されて、経済危機の現象化となって現われているのである。

終生、真の弁証法体系の特性である〈開かれた体系性〉（その性格自体が弁証法的矛盾である——古代の「弁証法《ディアレクティケー》」（問答法）の随一の大家が男産婆のソクラテスであったとするならば、近代の「弁証法《ディアレクティーク》」（観念弁証法）の随一の大家は聖なるプロイセン的俗物としてのヘーゲルであったが、終生その「批判哲学」集大成における体系と弁証法的方法との矛盾に悩みぬいたヘーゲルは、ついにその矛盾を克服・解決・揚棄することが叶わぬままに、かれの死とともに直ちにやってきた自らの哲学体系の四分五裂・七花八裂に見舞われざるをえなかったのであり、すでに本書の冒頭において述べたように、三月前夜《フォア・メルツ》にそのようなヘーゲル絶対主義哲学体系の全崩壊に直面した若きマルクスの「青年ヘーゲル派」としての世界観的出立こそが、マルクスの全思想的営為の出発点にほかならなかったのである）を、ひたすら追究して倦むことのなかったマルクスの全思想的営為は、とりわけかれの経済学批判に焦点化した**恐慌論**を大眼目とする「近代社会の経済的運動法則の解明」としての『資本論』体系全四部に結実したのであったが、そのようなマルクス的営為を後年腑分けしたわたしたちの歴史概念的区分によれば、その生涯的営為は、初期マルクスの（『ドイッチェ・イデオロギー』『パリ草稿』『共産主義宣言』『賃労働と資本』を介する）〈疎外論〉から、中・後期マルクスの（『経済学批判』『フランス三部作』『ゴータ綱領批判』『資本論』を介する）〈物象化論〉への自己揚棄的進展として、これを総括することができる。

初期マルクスの〈疎外論〉ないしは〈疎外革命論〉は、先にも縷々述べたように、「本来性の隠語」（アドルノ）に基づいた、どこにも無い無何有《ユートピア》の故郷《ハイマート》＝原郷《ウアマート》に幻想的に自己還帰しようというロマン主義的反動《リアクショネール》ないしは郷愁《ノスタルジア》なのであって、マルクス自身の進展にとっても、連続的敗北の年代記を残して終わった一八四八年革命の惨苦な経験と、それを自己総括する過程での経済学研究への沈潜にもとづく〈労働力商品〉の大発見によるブルジョア社会分析の〈物象化論〉の創生による、初期〈疎外論〉的立場性の克服なしには、その自己進展の画期性はありえなかったのである。

ここでも、その自己揚棄的進展の過程は、それ自体がやはり弁証法的であって、前期の弁証法体系の形態が後期の弁証法体系の高次形態化によってただ単に克服されて棄却されてしまうのではなくて、それが次期の弁証法体系の一般的基礎として保存されて作動しつづけるという注目すべきマルクス的弁証法の特性に基づいていることが看取される。その限り、初期マルクスの〈疎外論〉ないしは〈疎外革命論〉の自己解放的モティーフは、中・後期マルクスの『経済学批判要綱』『資本論』体系に結実した〈物象化論〉ならびに〈プロレタリア世界革命論〉の高次段階においても、脈々として底流に活かされつづけたのである。

したがって、とりわけ現代資本主義が「イデオロギーの終焉」的にわたしたちに〝抑圧的寛容〟のヘゲモニー的強制を加えてきている、高度消費文明に対する異議申立てから発している有志の学問的動向が、社会民主主義ないしはスターリン主義の「経済主義・国家主義」的偏向に抗しながら、初期マルクスの〈疎外革命論〉に偏愛を示すような思想現象もまた、一定の思想的・世界観的根拠をもって生じてくることになるのである。

このような現代における初期マルクスの〈疎外論〉ないしは〈疎外革命論〉の抽象的・空想的な復権・復活に対して、商品・貨幣・資本の物神性から三位一体範式的に編成された物象化社会としての市民社会《ブルジョア》の呪物性《フェティッシュ》の指摘だけを対置して、同じくイデオロギュッシュに抽象的な〈物象化論〉を説くだけでは、それは空中戦のような空談義の堂々めぐり的応酬になるだけであって、真に〈疎外革命論〉のイデオロギー的根拠を奪って、それを自己揚棄的に克服することにはならない。**マルクスの〈恐慌論〉**を最終範疇とする『資本―経済学批判』の弁証法体系の構築自体が、ヘーゲル観念弁証法を再顛倒（すなわち正立）させて、その「合理的核心」を採り出す〈資本論の論理学〉（レーニン）の自己構築として、そのような一般的抽象の水準《レヴェル》ではない〈疎外論〉ないしは〈疎外革命論〉の自己揚棄的進展の自証にほかならなかったのである。

今日においても、実践的に言うならば、このような経済学原理論における**〈恐慌論〉の原理的完成**と、それが歴史的形態変化をとげて発現する形態の批判的分析とを、抜きにしては、現にグローバル資本主義として高度消費文明の頽廃をともないながら巨大・過大生産力的暴走を開始しつつある、ドル危機下の現代資本主義世界システムを批判的に分析しぬいて、これを変革することは絶対にできないのである。ここに〈**恐慌論**〉の基本的完成の今日におけるきわめてアクチュアルな課題があるのだ。

第二次世界大戦後の思想モデル劇場であった現代フランスのモデル演技《パフォーマンス》に徴してみながら、この〈疎外論〉と〈物象化論〉との確執問題をパラフレーズしてみるならば、その最近時というべき思想現場においては、その確執は〈実存的ヒューマニズム〉と〈構造主義〉の抗争として現われていることが、直ちに判明する。すなわち、一方におけるジャン・ポール・サルトルに代表される『嘔吐』『存在と無』『弁証法的理性批判』の実存主義ヒューマニズム――それは、僚友モーリス・メルロ・ポンティとの訣別に象徴されるように、親《プロ》スターリニズムの政治的実践へと帰結した――、他方におけるレヴィ・ストロースの『親族の基本構造』『悲しき熱帯線』『神話学原論』、ルイ・アルチユセールの『資本論を読む』『マルクスの方へ』『再生産』に代表される構造主義――それは、そうした構造化による主体の消滅（フーコー）からいかにして現代的主体の再生が成り立ちうるか、という課題追究において、最晩期の故ミシェル・フーコーもふくめて、こんにち世界社会フォーラムの〈マルチテュード〉の胎動形成をふくめて、トニー・ネグリらの現代マルクス主義者たちの能動的参加をふくらませながら、現在的に進行中である――、この確執のせめぎ合いは、今日の世界危機における真の自己揚棄者の水準と岐路は奈辺にあるか、という考究もふくめて、熱烈進行中である、と言えよう。

その死活的な岐路選択の基礎には、〈**恐慌論**〉を最終範疇とするマルクス『資本–経済学批判』の弁証法体系の「開かれた体系性」の問題が、厳として横たわっているのである。

マルクスにとっては、**恐慌**は、「リカードの場合のように、偶然ではなくて、大規模に一定の時期に起こる内在的諸矛盾の本質的な爆発」（『剰余価値学説史』）なのである。

5　シグモント・フロイトの『精神分析』の方法とカール・マルクスの『資本論』の方法

シグモント・フロイトは、一九二五年の印象的な小論文『否定 Die Verneinung』において、無意識的なもののみごとな発見を証明する「否定《フェルネイヌング》」の作用について、分析を受けている患者が「そんなことを考えたことはありません」とか、「そういうことを考えたことは（一度も考えたことは）ありません」というような言い回しで、分析に反応を示すことほど、無意識的なもののみごとな発見を証明するものはない、とみなしている。逆説的なみごとな臨床的にして理論的な洞察である。

これは一種の自己証明なのであるが、その自己証明は、精神分析に特有な、質問を発する術者とそれに答えるなり自由連想を語るなりしている患者という、二者関係における「二体心理学」などと呼ぶ学者もある二体問題関係項なりに、一種の〈弁証法《ディアレクティーク》〉の場において顕わになる、他者を介しての証明である。けっして自己アイデンティティー探しの堂々めぐりではないのである

右の最小限度の二者による弁証法的問答法《ディアレクティケー》のなかで、患者のサイドの術者のサイドに対する「否定《フェルネイヌング》」は、一見積極的なあれこれの「肯定」的弁明よりも、より豊かで、より含蓄のある潜在的な実質内容を、かれ自身の意識化の心理の表白ないしは精神分析を通して顕わに示しているのである。

フロイトによれば、「『否 定《フェルネイヌング》』についての上のような見解は、分析において無意識の中からいかなる『否《ナイン》』を見つけだすこともできず、自我の側からなされる無意識なものの承認が否定的形式で表現されるという事実に、ぴったりと一致する」（強調傍点いいだ）のである。つまり、そのような否定弁証法の運動は、「否定的形式」をとって無意識とそのなかの自我の構造化のメカニズムを、きわめて積極的に浮かび上がらせるのである。これは厳密にアドルノの〈否定弁証法〉と等価の思惟方式運動である。

〈フロイト精神分析〉にとって、判断作用＝判断命題とはもともと、「快感原則」にしたがって自我への取り入れ、ないしは自我からの排除の合目的的に発展した結果、生じたものであるが、この判断を研究してみてはじめて、人間主体の第一次的な「欲動の戯れ」から知的機能が生まれてくる過程を、洞察する目が開かれるのである。フロイトにとって、この「両極性」は、かれが想定している二つの欲動群の対立性に照応しているのである。この両極性の結合において、結合の代用としての肯定は「エロス」に属し、排除の継承である否定は「タナトス（破壊欲動）」に属しているのである。

この生と死の弁証法において、多くの精神病患者の拒絶癖として示される、何でもかんでも否定し去ろうとする傾向は、リピドー成分の引き上げによる欲動混合の現われと解すべきであろうとされる。しかし、判断機能の作業は、「否定象徴」の提示が思考にたいして、抑圧の諸成果から、ひいては快感原則の強制から、思考が独立へと第一歩を踏みだすこととなったときに、はじめて可能になったのである。

このような「否定象徴」による否定弁証法の「否定《フェルネイヌング》」作用が、無意識の世界の構造をあぶりだすフロイトの精神分析において果たす意義は、決定的に大きい。それはとりわけ、人間精神が意識を隠蔽したり、抑圧したり、歪曲したりして、無意識化する機能を、暴露して明るみに出すために、決定的な作用力となるのである。すなわち、フロイトの『否定』によれば――

「つまり、抑圧されている表象ないし思考内容は、それがされるという条件のもとで、意識の世界の中に入り込んでくることができるわけである。否定は、抑圧されているものを認知する一つの方法であって、本来すでに抑圧の解除を意味しているが、とはいうものの、それはむろん、抑圧されているものの承認ではない。知的機能と情動過程との違いが、ここに見られる。否定の助けによって解明されるのは、抑圧過程の一部だけであって、その表象内容は意識されないのである。以上のことから、抑圧の本質的なものがそのままであるのは、抑圧されているものの一種の知的承認がおこなわれるという結論が出てくる。分析治療を進めてゆくうちに、わたしたちは同一の状況を、きわめて重大で、かつかなり奇怪な形に変えてしまうことが、よくある。否定も克服され、抑圧されているものの完全な知的受容に成功しながら——抑圧過程そのものはいぜんとしてもとのままなのである。

思考内容を肯定したり、否定したりするのが、知的判断機能の使命なのであるから、わたしたちは上記の考察によって、この機能の心理学的起原にまで論を進めたことになる。判断によって何事かを否定するとは、結局、「これが自分の一番抑圧したいものである」ということなのである。否定的判断は、抑圧の知的代償であり、その「否《ナイン》」は抑圧の刻印、たとえば「ドイツ製」と書いた原産地証明書と同じようなものである。否定象徴・「否《ナイン》」によって、思考は抑圧のいろいろな制限から解放され、その作業に欠かすことのできない内容を豊かにしてゆく」（強調傍点いいだ）。

人間心理の無意識・下意識の深層に知的垂鉛を下してゆくフロイト精神分析の方法は、わたしの言う「対立物の闘争的自己同一」として、マルクス的弁証法とまさに等価なのであって、そこにおいて、エロスとタナトスとの、生と死との弁証法は、価値と交換価値との二者の相互鏡像的反射関係を通してまさに立ち現われてくるのである。

精神分析の創発・開拓において、「両立力価」として、方法としての弁証法を駆使したフロイトは、ナルシシズム分析においても、メランコリー分析においても、「双価性 Ambivalenz」といった両価性概念を愛用した。フロイト的「否定」におけるそれが「抑圧の刻印」であり、「抑圧過程の一部」であることは、知的機能・情動過程・表象内容を精神分析してゆくフロイト的弁証法に、いかにも特有なものであるが、その否定弁証法は、本質的に、近代資本制商品経済社会＝市民社会を批判的に分析して、その社会経済的抑圧・権力的抑圧による階級社会の物象化的偏成を暴露するマルクス的弁証法と、同質・同一のものであると言える。フロイトの両価性・双価性の弁証法は、現実的‐想像的‐象徴的世界の三世界に相亘るものであるが、タダモノ弁証法ではけっしてありえないマルクス的弁証法もまた、近代市民社会に特有なフェティシズムに対する批判的分析を介して、右と同じく象徴‐想像‐現実の三界に相亘っているのである。

精神分析において「ディスクール」の彼岸の「パロール」の弁証法的力動において、第一にVerdichtung（圧縮）は、「ランガージュ」における意味の多様性、その相互浸透、その重合以外のなにものでもないものとして、現われる。だからこそ、事物の世界は象徴の世界によって一対一対応的に露われるのでなくて、それぞれの象徴がたくさんの諸事物に対応し、また、それぞれの諸事物がたくさんの象徴に対応する、という現実的‐非現実的全世界と成るのである。

第二に、そこにおけるVerneinung（否定）は、この非‐対応の否定的側面（第一の世界の裏面）を表わすものとなる。第三の、Verdrangung（抑圧）という領域も、「ディスクール」という領域に関連づけることができる。抑圧があるところ、いつでもつねに「ディスクール」の中断がある。精神分析において、患者にしばしば起こる「言葉が浮かばない Le not me manque」現象でうかがわれるのは、抑圧は単なる反復でも否定でもないという真の抑圧の本質である。この浮かばない言葉を浮上させるのが、精神分析の最大の効用にほかならない。この言語意識的明確化の浮上が、即、患者自身の心理的・精神的病患の自己治癒に臨床上つながってゆくのである。

「ランガージュ」の記号によって表現されていることを、諸人が理解するのは、つまるところ、或る光が――それが、記号の表わしているものを再認させてくれる内的真理によってにしろ、或る記号に反復して執拗に関係づけられている対象の現前によってにしろ――記号の外側から諸人へともたらされているということのおかげである。このようにして、真偽判定の視点は逆転して、いわばアウグスティヌス的弁証法の逆転として、真理は記号の外側に、記号とは別のところにある、ということになる。この、真理の問い自体が、弁証法の進展そのものによって呈示されていた、ということによって、わたしたちは真のmagister（師匠である弁証法家アウグスティヌス）の再認へと、真理の内的師匠の再認へと、方向づけられることとなる。

アウグスティヌス的弁証法の逆説は、分析的発見の核心に迫る真理の弁証法の基礎において、わたしたちが現に聞いているパロールに直面する時、わたしたちがパロールが真理であるか否かを知ることはなく、そのパロールに賛成したりしなかったり、そのパロールを拒んだり受け入れたり、あるいは疑ったりということになるのだが、ところが、口に出されたことの意味内容《シニフィカシオン》が位置づけられるのはまさにこの真理に対してなのである、というきわめて逆説的な状況に置かれることに由来していたのである。

右のような聖アウグスティヌスの弁証法的体系性の意味は、今日的な精神分析の弁証法的探求として言えば、その出発の中心点は、転移を双対的・想像的関係として措定することはできず、転移の進展の動因が「パロール」であるということである。主体の基本的ななんらかの関係を、分析のパートナーに幻影的に投影すること、あるいは対象関係とか、転移と逆転移との関係、――そういったものはすべて、「二体心理学」の範囲内にとどまるものであって、事態の解明にはそれだけでは不適切なものであり、「パロール」という第三項の必要はここから生じる。精神分析とはだから、本来、パロールの技法であり、パロールこそが精神分析がその裡で動いている場所にほかならない。

フロイトは、臨床治療でもある精神分析において、治療対象である心理症状の意味の発見についてVerneinung（否定）、Verdichtung（圧縮）、Verdrangung（抑圧）の三大機能を最も重視し、そうした「パロールと真理の創発的弁証法」によって、人間の夢、人間の存在、そして人間の生命体の解析にアプローチしようとした、と言うことができる。

ヘーゲルは「概念とはものの時間である」とした。この命題をおそらくは深く踏まえて、フロイトはいわば「無意識は時間の外に置かれている」という命題を提示した。そうなると、時間の外に置かれている無意識の構造のメカニズムを、言語意識的に言表化しようとする精神分析の全努力において、その「無意識の概念」とは、それが可能であるかどうかという根本問題もふくめて、はたしていかなることとなるのか？　無意識はそれ自体が時間、すなわちものの純粋な時間であり、また無意識は、ものを或る変調のなかで再生産する——その或る変調とは、何でもがそれの物質的支えであるような変調にほかならない——以上、それはいかなる概念化となりうるのか？　精神分析において「反復強迫」が核心問題となるのも、このことから発してきているのである。このようにして、わたしたちは、分析的実践がふくむ時間の問題にまで導かれるのである。

この「導かれる」は、現にヘーゲルが「概念とはものの時間である」と規定したところにまで導かれるのであるが、さらに遠く、古典古代ギリシア哲学のミレトス派自然哲学が人類文明史上はじめて開示した、ヘラクレイトスの弁証法にまで遡らさせられるということでもある。

古代ギリシア哲学史の初源において、パルメニデスの存在＝思惟の「同一性」哲学が問題化した、差異における同一性–概念との関係を特徴づけたこの差異の同一性によって、事物は事物であり、同時にそれは「思惟サレルコトニヨッテ事物ト成ッタ」というfact（事実）の象徴性によって際立たせられていたのである。これがおよそ人類史的思考における哲学《フィロソフィア》の発祥である。わたし流に言えば、存在と認識という原対立物の闘争的自己同一である。

したがって、事物の運動の可能性そのものを全否定したイオニア派のパルメニデス＝ゼノンの「酷薄な形式論理」から脱化して、「万物流転《パンタ・レイ》」の事物運動を救い出したミレトス派のヘラクレイトスは、わたしたちが事物の実在を、世界（川）の流れは二度と同じ状況（流れ）を通ることはない（人間主体がその流れに脚を踏み入れる、という主客連関・連動状況において）絶対的な動きのなかにうちたてるのは、差異における同一性が事物の裡にすでに飽和しているからである。

このヘラクレイトスの古代弁証法から、「概念とは事物の時間である」というヘーゲルの近代弁証法への道は、発展的に直結しているのである。それを承けて、パロールはランガージュの世界という意味論的な世界の構造の裡にそれとしてうちたてられる、というフロイトの現代弁証法が二〇世紀的現代において発展して現われ出たのである。わたしが、前代以来のカール・ハインリッヒ・マルクスの『資本論』体系的弁証法、そして二〇世紀的現代に出現したシグモント・フロイトの無意識世界の弁証法、フェルディナンド・ソシュールの言語世界の弁証法を、現代弁証法の典型として分類している所以のものである。

じっさい、概念が時間である以上、わたしたちは、パロールの行間に多様な意味を探すことによって、段階を踏んでパロールを分析しなければならない。一見果てしないその分析作業の最後に明らかになる最後の語＝最後の意味は、それ自体もまた一つのパロールであるところの時間的形態であり、その特有の時間的形態をとった主体のパロールの最後の意味は、目前の欲望の対象と主体との実存的関係である。

ジャック・ラカン『フロイトの技法論』（一九九一年）における「転移におけるパール」XIX「パロールの創造的機能」によるならば――

「このナルシシズム的な幻影は、この場合、けっして特別な形態をとるわけではありません。それは、欲望の対象と人間との関係を支え、この関係を、わたしたちが原初的快楽とよんでいるものの中に孤立させておくものにほかなりません。このナルシシズム的な関係は、鏡像的なものであり、そこではこの関係は、じっさいに純粋な想像的なこの状況にたいして、パロールを宙ぶらりんの状態の裡に置きます。

この状況は、いかなる現在的なものも、感情的なものも、現実的なものも、有ちません。しかし、この状況がひとたびそのようなものとなると、それによってパロールの意味が変化し、本体のパロールは、わたしがローマでの報告のさいに「空虚なパロール」と呼んだものにすぎなかったこと、そしてそういうものだからいかなる効果をも有っていないことが、主体にとってあきらかになります」（J・ラカン『フロイトの技法論』（下）岩波書店刊、一九九一年）。

このようにして、「時間、それは概念である」という定式が再び見出され、行為が行為として、つまり名前という形で守られたものとして概念化されうるのは、その特定の行為から離れて、ただ行為の時間がそれ自体で捉えられる時だけである、という「名前の弁証法」へと、わたしたちは到りつくのである。

アンゲルス・シレシウス『天使のごとき巡礼者』のなかの二行詩——

人間よ、本質となれ。なぜなら、世界が朽ち果てるとき
偶然は失われ、本質が残るから。

これが、偶然と必然、現象と本質の〈弁証法《ディアレクティケー》〉である。精神分析の最終局面で起こるのはまさにこのこと、世界が朽ち果てる想像的世界の黄昏、消失、言い換えれば「離人化という限界経験」に主体がぶちあたり、立ち会う時に、「偶発的なものが——偶発的なもの、外傷的なもの、歴史の裂け目が——抜け落ちるのはその時である。そして、その時に構成されるようになるものが、存在である」（アンゲルス・シレシウス）という事態が到来してくるのである。

このアンゲルス・シレシウスの著作は、今日、精神分析家必携の書物とされているが、精神分析家は、日々の臨床において、かつての、あるいは未来の、この世の終わり＝歴史の裂け目の弁証法に、一回の治療行為毎に直面しながら、存在＝人格の再生・再統合に死力をつくしていると言える。マルクス的弁証法で言えば、**恐慌**という「歴史の裂け目」が資本という絶対の主人公の顔を覗かせることとなるのである。

バリント『感情の転移について』によれば、想像的弁証法の極限において、感情の転移は「生命のない対象」へと転移され、送り込まれるのであり、主体はその世界崩落において、抜け出すことのできない錯綜へと陥ることとなるのである。精神分析の弁証法の立場性から言えば、精神分析医の治療対象である患者の精神症状の始源的な形成は、抑圧そのものの意味《シニフィカシオン》として、すくなくとも始めは弁証法的過程とみなされていた分析の動きのなかで生ずるわけで

あるが、「まなざしの弁証法」が位置しているこういう平面において、重要なことは、わたしがどこに居るかを他者が見ていることではなくて、わたしがどこへ行くか、もっと正確に言えばわたしがどこに居ないかを、他者は見ているということである。間主観的関係のすべての分析において必要不可欠なものは、そこに在るものでもないし、そこに見られているものでもない。間主観的関係を構造化するもの、それはそこに無いものである。この無意識化されて一見無くなってしまった深層の構造を、言語意識化して表層へと浮かび揚がらせるのが、精神分析の技法にほかならない。

ジャック・ラカンによれば、「先ず第一に、すべての出口、最も好ましい出口が期待できるのは、象徴的弁証法への主体の導入であるということです。そもそも象徴的世界は、この患者のその後の全発達過程において絶えず指令的な引力を行使しています。というのはご存知のように、まさにいわゆる教育的要素がかれの生活に介入し、幸福にも治癒へといたる時期が、後に見られるからです。かれを受身的立場に立たせる父とのライヴァル関係という弁証法は、すべて、或る時期に何のなにがしという教師なる威厳にみちた一人物の介入によって、あるいはすでにその前に宗教的領域の導入によって、すっかり緩和されることになります。したがってフロイトが示していることは、こうなります――主体が自己を表現するのは、主観的なドラマが、広い普遍的な人間的価値を有つ神話へと統合される程度に応じてである、と」（J・ラカン『フロイトの技法論』「心理学の彼岸」XV「抑圧の核」）。

このようにしてフロイトの精神分析の弁証法は、リピドー（性衝動）とタナトス（破壊欲動）との弁証法として、根源的に生と死との弁証法である。

主体は原初において、ただ単に自分自身の像《イマージュ》という媒介のみならず、自分と類似の者の身体（鏡像としての身体）という媒介を介して、自らの欲望を見つけ、再認する。人間存在において、自己の意識としての意識が分離されるのは、まさにこの時点においてである。主体は、その自らの欲望を他者の身体において再認するからこそ、交流ということが起こるのである。主体の欲望が他者の像を通してやってくるからこそ、主体は他者の身体を同化し、自己を身体として再認するのである。

動物が身体そのものから分離した意識を有っているとか、動物の身体性が動物にとって対象しうる要素であるなどということは、認められるようなものではない。人間の身体性は、動物の身体性とは違って、二重の意味で身分規約的《スタチュテール》であり、「不幸な意識」（ヘーゲル）という領域が近代社会において出現してくる以前に、基本的な所与がわたしたちにあるとしたならば、それはわたしたちの意識とわたしたちの身体との区別・分離にほかならない。この意識と身体との区別は、他者が問題たる時の鏡像経験においておこなわれる、突然の役割の交換の裡に果たされる。

人間はその最初の段階では、乗り越えられた制御された欲望へと一気にいたりつくことは、けっしてない。人間がこの他者という像《イマージュ》の裡に再認し定着させるのは、寸断された欲望である、というのが、フロイトの発見の本質的に重要な点であり、そこにおいて鏡像による見掛けの支配が、すくなくとも潜在的に、全体的なものとして人間に与えられる「理想的支配」としての自我こそが、フロイトのいうIdeal-Ichである。

自らを探し求める寸断された欲望としての身体と、自己の理念《イデアル》としての身体とが寸断された身体としての主体の側で、投影しあう。それは、主体が他者を完全な身体とみなしているからである。主体にとっては、寸断された身体というのは、本性上寸断されうるものとしての自らの身体の像《イマージュ》にほかならない。

その二つの身体は、主体は自身を全身像《スタチュ》として見ると同時に、自身をバラバラに切断し、そのバラバラに切断された身体を全身像《スタチュ》へと投影する、そして、この運動は、終わりのない弁証法の裡にある。結局のところ、現実的なものは、もちろんのこと、鏡のこちら側にある。しかし、鏡の向こう側には、他者との鏡像的な弁証法という始源の想像的なものが在るのだ。

この基本的な弁証法がすでに、死の本能という死にかかわる次元を、二重の意味で導入する。第一に、リビドー的に捉えられていることは、それが「永遠の生」というXに従わされているという意味で、個体にとっては決定的に死に関わる意味を有つ。なぜなら、実際には、現実には、人間の〈生〉は永遠ではありえないからである。第二に、これはフロイトの思想においてとりわけ強調されるところであるが、人間において死の本能は、人間のリビドーが初めは想像的段階を経由せざるをえないという、もう一つの意味《シニフィカシオン》を有っている。しかも、この「死の本能」に逆らって、現実の人間はいつも生きているのである。

　動物は交尾している時、死に委ねられているが、動物はそのことを知らない。一方、人間はそのことを知り、そのことを感じている。そのことは、人間こそ自らに死を与えるということにまでいたる。人間は、他者を介して、己れ自身の死を望む。その意味において、愛は自殺の一形態であるとも言える。古代インドであれば、龍樹や世親が、死は生であり生（愛）は死である、と喝破するところ（境位）である。

　フロイトが「局所論的退行」という概念と、かれが「Zeitlich-Entwicklungsgeschichte（時間的-発達史）」と呼んだ退行との間に、想定されるべき関係が示されなければならない。この「時間的-発達史」という用語は、フロイトが時間的関係ということの処理にどれほど手古ずっていたかを、如実に示している。かれに見られるごとく「zeitlice 時間的」と言って、それに続けてハイフンを入れて「-Entwicklungsgeschichte 発達史」と言っている。ところが、ハイフンのない「Entwicklung 発達」と「Geschichte 歴史」という用語の間には、なかなかに解き難い矛盾がある。フロイトは、この三つの用語を結びつけ、わたしたちの前に、その解決を投げ出してしまっている。フロイト弁証法にとって、この歴史的弁証法の問題は未決のままなのである。それを、今日のわたしたちは解かなければならない。もちろんのこと、それができる力がわたしたちにあれば、ということではあるが。すくなくとも、困難な問題のありどころは、歴史と時間と発達との三者の関係性の問題領域であることは明らかなところである。

　ジャック・ラカンは、かれのセミナール『フロイトの技法論』の「開講の辞」において、宣言する――「フロイトの教義は、いっさいの体系の拒絶である。この教義は、動いている思想を発見する、フロイトの思想は絶えず修正を受け容れる思想である、フロイトの思想を、使い古された語に還元するのは誤りである、フロイトの思想においては、すべての概念はそれ固有の生命をもっている。それはまさに弁証法と呼ばれているものである」と。

この開講宣言をなすにあたって、かれラカンの念頭に在ったものは、かならずやマルクスの弁証法であったであろう、とわたしは想定する。ラカンの右のフロイト的弁証法の特性づけは、同時にまたまさに、マルクス的弁証法の特性づけにほかならない。

そして、フロイトが、その「開かれた体系性」としての歴史的弁証法の形容矛盾的な特質を、一種の「ゴルギアスの結び目」として、それを解くことをわたしたちに委ねてしまった根本的問題領域は、マルクス的弁証法によって、近代市民社会を対象化した経済学原理論としての『資本–経済学批判』体系の特殊化された弁証法論理を理論的方法基軸としながら、唯物論的歴史領域として前近代・後近代の諸共同体社会を構造的に照射し、重層的な歴史的弁証法として、「ゴルギアスの結び目」が（アレクサンドル大王式の「一刀両断」によってではなくて）もののみごとに解かれているものと思われる。

そのような重層的機微なくしては、ヘーゲル絶対思弁弁証法体系をその固有した根本矛盾である「革命的弁証法」と「保守的体系性」との両立不可能性によって四分五裂・七花八裂させられた絶対的限界の裡から、それを突き破って世界史的に出現した「青年ヘーゲル派」最左派の出自を有つマルクスの弁証法が、ヘーゲル観念弁証法の顚倒をその「合理的核心」を救い出すことによって再定立せしめた作業によって、「開かれた体系性」を終生にわたって確保しぬくことができた秘奥も、解明することもまたできなかったにちがいない。

フロイトが躊躇して投げ出してしまった時代的–発展–歴史の解き難い論理的連関も、このようなマルクスの重層的弁証法によって解くほかはありえないのである。「時代的発展史」などと形容しても、そのようなフロイト精神分析の弁証法に、〈**恐慌論**〉の活きた弁証法を求めるごときは、自他ともにお門違い、無いものねだりにしかすぎないことは、自明事であろう。その限り、フロイト的弁証法は、精神分析の創発にとっては、最重要に有用であったが、それはその「精神」分野に厳密に限定されて行使され、かつ評価されるべき双価弁証法の一種なのである。

〈精神分析〉において、ジャン・イポリットとジャック・ラカンは、「素材の分析」と「抵抗の分析」という古典的な対置は、象徴の形成物と自我のディスクールとの間に在る領域で、「ディスクールの分析」と「自我の分析」という両項を対置させて古典的な対置に置き換えようという理論的野心を提示することとの関連のなかで、Bejahung（是認）、non-Bejahung（非‐是認）、Verleunung（否認）、denegation（否定）、negation（否定）、deni（否）などの諸術語のもつ微妙な論理的差異を整序・確定して、従来の「心理学」の領域をも越える哲学的含意を有する「精神分析」の切り拓きつつある〈文科学領域〉（とりわけ、広大な「無意識」領域の「構造化」）にふさわしい理論的概念を鍛造しようと試みるなかで（ジャン・イポリット『著作集、哲学思想の諸表徴』一九七一年、ジャック・ラカン『フロイトの技法論』一九九一年）、ヘーゲル弁証法哲学以来のドイツ語の枢要概念であるAufhebung（揚棄）が有つ、「複雑ではあるが有用な意味」を有っていることを強調した。ラカンによれば、「ドイツ語ではこの『揚棄《アウフヘーブング》』という語は、否定し削除すること、しかしまた削除において保持すること、持ちあげることを意味します。これは、昨今、精神分析家たちが注目してきたように、わたしたちが患者との対話においておこなっていることを考察するにあたって、深く考えてみるべき概念の一つです」と。

右のAufhebungというドイツ語概念は、ヘーゲル弁証法の逆倒を再顚倒してその「合理的核心」を採り出して再正立させようと、『資本論』体系の完成を通して専念したマルクスの唯物弁証法においても、最枢要な範疇概念ないしは理念概念にほかならないが、本書における**恐慌論**へのアプローチにおいても、このマルクス的弁証法は、近代市民社会——それは、商品‐貨幣‐資本の物神崇拝を軸におびただしい呪物《フェティシュ》を埋め込まれた厖大な無意識領域をその深層に蔵している――を批判的に分析する経済学批判的分析家が、その無意識領域の構造化のメカニズムを解明して表層へと浮かびあがらせる、首尾一貫した理論作業の貫徹において、決定的に駆使されている方法概念にほかならない。

そのような近代資本制社会に特有なフェティシズムの批判的精神分析において、マルクス死後に抬頭して人間主体の精神・欲望の無意識領域における構造化のメカニズムを「分析家」と「患者」との弁証法的対話を通じておこなった精神分析作業と同質・同様な意義と成果を、近代資本制社会の固有する「三位一体範式」的物象化の全面的解明として果たした、と言ってよいであろう。そのような弁証法《ディアレクティケー》の揚棄《アウフヘーブング》の作用とは、なによりも、フロイト流にいえばVerleunung（否認）、negation（文法論理的な否定）、denegation（法律用語としての異議申立てや拒絶）である「否定性の弁証法」（アドルノ）の能動的産出作用なのである。

ラカンは、「抑圧は無条件に消滅することはなく「Aufhebung 揚棄」という意味で乗り越えられるだけである」と。近代資本制市民社会の批判的精神分析による社会変革・転形において、将来社会の構成へ向けて「抑圧」を消滅させる過渡期の歴史過程においても、右のラカンの言辞と同質・同一のことを確認できるし、確認しなければならない。

支配や抑圧はヘゲモニックに揚棄されなければ無くすことができないのである。

階級社会の抑圧は、「削除において保存し、持ち上げる」という弁証法的「揚棄《アウフヘーブング》」の形態発見においてだけそれを乗り越えて、それを消滅させることがはじめてできるのである。そのような歴史的な揚棄の形態が発見できない、創発できない「抑圧」の除去とは、ただただスターリン主義的な権力主義の除去作業、すなわち新たな「抑圧」へと帰結するだけのこととなる。

第一二章　宇野『恐慌論』による、マルクス『資本論』恐慌理論の難点の指摘

1　マルクス〈恐慌論〉の完成を志向した、宇野〈恐慌論〉の基本的観点はいかなるものであったか？

マルクス『資本―経済学批判』弁証法体系がその最終的真髄カテゴリーとして据えた**マルクス〈恐慌論〉の基本的規定**を、二〇世紀的現代において完成させた**宇野弘蔵**『**恐慌論**』の全面的見地に関説して、宇野教授の「経済学における論証と実証」（『思想』岩波書店刊、一九五六年一月号所載）は、次のごとく周到・綿密に論述している――

「帝国主義時代の出現は、資本主義の歴史的限界を確定的に明確にするものといってよいのであるが、それはまた経済学の原理論をも段階論と区別してその体系化を完成する基礎を与えることになる。原理は、一定の歴史的発展の内に出現した資本主義社会の、しかも経済的過程を商品形態という特殊の形態をもってではあるが自立的な過程として実現する社会の、基本的なる規定として、かかる社会が歴史的に発生し、発展し、没落してゆく過程とは一応別個のものとして、しかしその内に基本的には常に決定的なるものとしてある規定として把握される。例えばマルクスが資本主義の革命的変化を期待した**恐慌現象**も、原理的には資本主義社会の根本的矛盾をなす労働力の商品化を根拠として出現するものとして解明される――と私は考えるのである――が、しかしそれは直ちに資本主義社会を崩壊せしめるものとしてではなく、むしろ反対に資本主義の発展がこの矛盾を根本的にではないが、現実的に解決しつつ行われるものとして明らかにされる。原理としてはかかる過程が、マルクスもいうように永久に繰り返すかの如く説くほかはないのである。またそうしなければ法則的に解明されることにはならない。段階論では、労働力の商品化の条件の発展に規制せられてこの同じ矛盾の発現が、初期には流通過程の表面に偶発性をもってあらわれ、中期には資本の生産過程の内部から一定の周期性をもって必然的に出現し、後期には漸次に不況の慢性化の傾向をあらわしてくる――というように、直ちに原理的に解明される**恐慌現象**そのままがあらわれるものではないが、大体中期の情況が原理的規定に最も近似したものといってよい。段階論の規定は、原理論の法則的解明に対して、タイプ的解明をなすものとなる。それはもはや最も簡単なる概念からの論理的展開をなすのではなく、原理をもって資本主義発展の中心的地位を占める資本主義国ならびにその国際的関係を分析し、その歴史的発展段階を区別する特殊性を明らかにするものとなる。ここではしたがって純粋の資本主義社会の階級関係というのではなく、いわばその中間にある資本主義の世界史的発展段階の一般的規定が与えられる。原理を基準としてその発生、発展、没落の基本的規定を与えようというのであって、歴史的事実からのタイプの検出が主題をなす。それは原理論のような体系的な完結性をもつものではなく、またその研究も経済政策から始まって財政にいたるまで多面にわたり、法律学的・政治学的研究との協同研究をも必要とすることになる。いわゆる国家論もこの段階論で始めて内容のあるものとなるし、国際関係もここで始めて採り上げられる。経済学的研究の窮極の目標をなす現状分析は、この段階論を仲介にしないでは決して科学的には行いえない。多年に亙る我が国の日本資本主義分析の試みは、そのことを明らかに示しているといってよい」。

右において、〈宇野理論〉がほかならない**恐慌現象**の原理的解明を軸心としながら、経済学原理論の純化、経済学原理論―段階論―現状分析の三次元論、重商主義→自由主義→帝国主義の世界史的な段階論を、全体系的に整序しようとしたモティーフを確認することができるであろう。

わたしは、最晩期マルクスが、かれの生命的・生理的限界上止むことをえずして、基本的命題の提示のほかは未完のままに終わらざるをえなかった〈**恐慌論**〉の**基本的志向**を継承して、二〇世紀的現代に入って完成させた**宇野弘蔵『恐慌論』**の不朽というべき理論的業績について、右のような見地を基本的に概略賛成の立場に立って、本書の〈**恐慌論**〉**の更なる一層の全面化と概念的鍛造**につとめてきた。

そのような今日的立場から、右に引例した宇野教授の関説について、その経済学原理論における**周期的恐慌の原理的把握**が、労働力商品化を基軸とする資本家社会編成の根本的矛盾の発現として**恐慌現象**を捉え、それがその根本的矛盾の暴力的・突変的爆発でありながら、同時に、既存資本価値の破壊・清算によって資本家社会的諸矛盾の「現実的な解決」をもおこなって、あたかも資本主義が「永久的に繰り返すかの如く」に高次化を遂げて、次の好況局面へと移行して新たな水準における産業循環=景気変動過程の再軌道へと高次化的に乗る、という見地に、もちろんのこと全面的に賛成しながら、さらにその先の中心問題を追究しているのである。

言葉を足して、そうした把握をさらに全面的に十全なものとするならば、第一に、そのような資本家社会にとっての**周期的恐慌の規則的発生**――それはよく知られているように、**一八二五年恐慌から一八六三年恐慌へ**といたる五回にわたるほぼ十年前後の周期の規則性を呈示したのであるが――の「肯定的」理解は、マルクス的弁証法の弁証法的両義性にしたがえば、その「肯定」的理解そのものの内にその「否定」的理解を含蓄しているのであり、**恐慌現象**が資本家社会の危機を脱しての再活性化・高次化の可能性を意味するとともに、同時に、その危機の爆発局面における資本家社会の根底的動揺・擾乱における大衆の資本主義批判・資本主義変革の能動的行動の発揚の可能性をも呈示している。

第二に、右の弁証法的両義性とも関連して、社会民主主義イデオロギーの根本的欠陥である「待機主義」に基づく、恐慌現象の発現による資本主義の「自動崩壊」論に対して、マルクス主義者が〈**恐慌-革命**〉的連関に基づく変革行動の展開にさいして、「資本主義の物象的危機を主体の行動的好機に転化させる」、「資本主義は倒さなければ倒れない」という能動的態度を採ることを意味しているのである。

如上の宇野「関説」が説いているように、マルクスは、商人資本的蓄積様式を基軸とする「初期」の重商主義期における**オランダの「チューリップ」恐慌**や**イギリスの「南海泡沫《バブル》会社」恐慌**といった「流通過程の表面に偶発性をもってあらわれた」**諸恐慌**についても仔細に分析し、次いで、産業資本的蓄積様式を基軸とする「資本の再生過程の内部から一定の同期性をもって必然的に出現」した「**中期**」の**五回にわたる周期的恐慌**についてはさらに刻明に理論的・実践的にアプローチし、「後期」にはいちはやく**一八六八年恐慌の周期性の喪失をともなった**「**変容**」に着目し、それが一九世紀末葉の「漸次に不況の慢性化の傾向をあらわして」世界大不況へと移行し、よってもって後のレーニン的分析用語をもってすれば「帝国主義」の世界史的編成へと移行・転化してゆく徴候をもつかみとったのである。

わたしは、宇野理論における〈原理論–段階論–現状分析〉といういわゆる〈三段階論〉の経済学方法論を採る者ではなく、右のような資本主義の世界史的移行・転化をも、つねに世界から世界へと自己限定してゆく資本主義の世界編成の再編・転化の諸様相として把握する方法論をとるものであるが、そのような立場から、宇野教授のいう「段階論」による**恐慌現象の**「**変容**」をめぐる解明を了解するならば、そこで言われている、「純粋の資本主義社会の階級関係」というのでもなく、「個々の資本主義的諸国の具体的な階級関係」というのでもなく、「いわばその中間にある資本主義の世界史的発展段階の一般的規定」なるものは、**恐慌現象の歴史的変容**の歴史的把握として「歴史的事実からのタイプの検出」によって主題化されるものである以上、**恐慌現象の**「**タイプ的解明**」としてなされるのほかはないものとみなしてきている。

ドイツの重化学工業が必要とする巨大固定資本を社会的資金の動員によって調達した「株式会社的独占体」のタイプ、全世界の植民地領土を再編したイギリスの「寄生的帝国主義」のタイプ、そして株式証券の売買を原動力とした新興アメリカ合州国の「金融・証券資本主義」のタイプ……といったタイプ的解明である。これは〈宇野理論〉がかならずしも全面的には自覚化し、理論方法化することができないで終わった〈縦の多様化〉と〈横の多様化〉とを包含した重要な方法論的問題である。

このようなタイプ検出を主題とする金融独占資本主義時代の**恐慌現象の分析**における「協同研究」の絶対的必要性

は、ジョン・R・ヒックスの『経済史の理論』が説いたごとき、国家学的・法律学的・政治学的・国際関係論的諸アプローチの協同研究ならびにそれらを綜合した「一般性」探求のための絶対的処理を、絶対必要事としていると言ってよい。

本書は及ばずながら、そのような経済学原理論的解明と経済史的解明との有機的結合に順って、重商主義-自由主義-帝国主義-現代資本主義の全史に亙る恐慌現象の論理的・歴史的解明につとめたのである。それが「原理を基礎としてその発生、発展、没落の基本的規定」を追求した理論作業であることは、言うまでもないところであるが、はたしてそれが「多年に亙る我が国の日本資本主義分析の試み」の一層の深化とどのように関わるのかは、いくたの媒介環なしには特定しえないところであるが、本書がその面でも挙げた理論的貢献は少なからぬものがあるであろう、と自負している。

2 〈宇野理論〉による川合一郎・高木幸二郎の〈再生産表式〉恐慌アプローチ論に対する根底的・撃砕的批判

宇野弘蔵〈**恐慌論**〉のすぐれた構造的理論構成の根本性格を理解するために、かれ宇野が反批判した、川合一郎「**実現論なき恐慌論**」(『思想』岩波書店刊、一九五七年一一月号所載)に対する「**恐慌の必然性**は如何にして論証さるべきか——川合一郎君の疑問に答う」(『思想』岩波書店刊、一九五九年一月号所載)、ならびに高木幸二郎『**恐慌論体系序説**』(大月書店刊、一九五六年)に対する「**恐慌論に関連して**——高木幸二郎氏の所説その他を題材に」(『資本論講座』第七分冊、青木書店、一九六四年)を、具体的に分かりやすい出掛り=出発点として、再考察をはじめたいと思う。

そのいずれも、戦後の一九五〇年代の終わりから六〇年代の初めにかけて展開された〈**恐慌論**〉**論争の一所産**である。今日においてまでも、宇野理論批判論者の論脈において、正否・真贋の理論的決着がかならずしも完全についているとは言い兼ねる、重要な問題点をめぐる論争である。

前者の〈川合・宇野論争〉において、川合一郎教授は、氏自身による、マルクスの〈経済表〉である『資本論』第二部・第三篇が提示した〈再生産表式〉についての理解水準に基づいて、「資本の過剰ということは、資本の階級対立的側面から規定される消費制限をふくむ部門的の不均衡すなわち表式段階でのアンバランスが、資本にとっては売上価格の低落と資本回転率の低下を介して利潤率の低下を惹起し、それによる資本の過剰、蓄積の停止を通じて、これによって、さいしょの再生産表式段階の不均衡とはちがった、そこでは問題にしようのない、より形態的な『一般的な商品過剰』を導く」とした読解の仕方を示した。そして、そのようなマルクスの「再生産表式面にひきおこされた不均衡」について**宇野〈恐慌論〉**がまったく無理解である、と論難したのである。

右に読まれたごとく、川合教授のマルクス〈再生産表式論〉についての理解水準は、冒頭句「資本の過剰」によって一見「資本過剰説」によって正当な恐慌論展開の原基に立脚しているかのごとき外見を一見に示しているにもかかわらず、その「資本の過剰」なるものの実際的内容は「資本の階級対立的側面から規定される（いいだ注——要するに労働大衆の）消費制限をふくむ部門間の不均衡すなわち表式段階でのアンバランス」ということであり、これを要するに、従来も今日も支配的潮流を占めているスターリン主義者流の俗流マルクス主義経済学者たちに特有な、マルクスの〈再生産表式〉の示している部門間不均衡とそれにともなう労働者の消費制限に、**「恐慌の必然性」の論証**を求める、卑俗な俗流的見解の亜種であることが分かる。

だから、それは、そうした「アンバランス」が、資本にとっては、売上価格の低落と資本回転率の低下を介して「利潤率の低下」をひきおこして、よってもって「資本の過剰、蓄積の停止」をもたらして、**「恐慌」の現実化＝突変的・全般的な大爆発**をひきおこす、という全くもって無理筋の論脈である。ただし、この「アンバランス」の暴力的大爆発は、「最初の再生産表式段階の不均衡とはちがった」より進んだ金融逼迫期の段階の不均衡の爆発であるから、『資本論』第二部・第三篇では問題の規定を与えられないで、「より形態的な『一般的な商品過剰』を導いて」、論述されている、としているのである。

そもそもが、フランス絶対主義下の農業経済社会の全循環を表式化したケネーの〈経済表〉を模した、マルクスの〈再生産表式〉は、くりかえし本書でも解説してきているように、『資本論』第一部の後半の「資本蓄積の一般的法則」の総括を承けて、その一般的蓄積法則運動に基づく資本家社会的全循環を「商品資本」の循環を通貫する筋糸として抽象的に全把握して、それを「表式化」したものであって、マルクス自身のそのような目論見そのものにおいて、むしろ歴史的実在としての資本家社会自体の存立可能性＝再生産的存続可能性を現実化する「均衡諸条件」の成立を論述したものであった。

したがって、川合教授その他の代々木宗派亜流のごとく、その表式そのものを資本家社会の存立・存続・安定性そのものを危くする「アンバランス」の論証として、ひいてはそれが、**「恐慌の必然性」へ導く部門間不均衡と大衆消費の制限を剔抉して、「より形態的な『一般的な商品過剰』による恐慌の現実的爆発」**を導くものとして解するごとき読解は、まったく噴飯物のマルクス〈再生産表式〉の本筋についての誤読・誤解以外のなにものでもない。

もちろんのこと、資本制経済の産業循環過程においては、右のようなその全社会的な安定化＝均衡化は当然「絶えざる不均衡化」を通して調達されるのであるが、およそこのような絶えざる「均衡の不均衡化」「不均衡の均衡化」の〝アンバランス〟がなければ、川合一郎教授の独断とは逆に、資本主義は一日といえども存立・存続しえないであろう。さらに逆に言えば、そのような不断にくりかえされている資本制商品経済の「均衡の不均衡」「不均衡の均衡」化運動が「恐慌の必然性」ないしは「恐慌の必然性の基礎」を説いたものであるとみなせば、資本家社会は不断にに**「恐慌」**を呈していることとならざるをえない。これは資本主義の〝万年危機〟論の一種であって、スターリンの無内容・空虚な〈資本主義の全般的危機論〉の一種ないしは一要素にすぎないたぐいの謬論であるにすぎない。そして実際に、右のように主張してやまないスターリン主義亜流の代々木宗派主義のマルクス主義経済学者たちは、一面においては**「恐慌論」**を「崩壊論」ととりちがえて、右翼社会民主主義者流の「待機主義」をとりつづけるとともに、他面においては、資本主義の「万年危機論」を誇張して、たとえばいわゆる火焔瓶時代の「四全協」「五全協」においては「極左盲動主義」者として立ち現われてくるのである。

したがって、このようなバカげきった理論的中傷を大げさに蒙った宇野教授が、川合教授の**宇野〈恐慌論〉は「実現なき恐慌論」**だという批判を目して、「川合君にも資本主義のあらゆる面を表式化して理解しようとする、表式万能主義があるのではないか」と、憫笑して一蹴し去ったのは当然すぎることであった。

宇野教授の反批判は、ここからさらに積極的に開示されて、「なお「資本の過剰」については、マルクスが「資本の絶対的過剰」として仮定的に説いていることが、しばしばあげられるのであるが、これはマルクスでは、資本の有機的構成の高度化を、したがってまた相対的過剰人口の形成を前提とする「利潤率の傾向的低下の法則」から「この法則の内的矛盾の展開」としてこの点が説かれるために、そうなっているものと私は解している。**恐慌**を含む循環過程の問題は、そういう利潤率の一般的運動法則の内部に含まれる、それこそより具体的な展開として、一方では固定資本の存在による有機的構成の高度化の段階的展開と、他方ではこれに対応し、それによって形成されながら、それを基礎づける相対的過剰人口の動員、吸収の問題として、論証されなければならないのである」。その通りではないか。

右の宇野博士による反批判の文言は、**マルクス〈恐慌論〉の基本的規定**に基づく完成の志向性に沿った、全く正しい解義であり、**恐慌現象の「可能性」「物質的基礎」「回転周期」「必然性」**そして最終的・究極的には一般的利潤率の傾向的低下と利子率の高騰との激突によって大爆発のモメントを与えられる**恐慌局面**直接的契機の発現についての、真ッ当な段階的・類次的展開であり、まさにそのようにして「恐慌の必然性はいかにして論証されるべきか」の論証が与えられるのである。

次に、高木幸二郎『恐慌論体系序説』は、やはり、マルクス〈再生産表式〉における「蓄積率の第一部門先行」の意義なるものについて、「資本家は（景気循環の好況期における現実の生産の拡張の態容に即して）増大した利潤率により多く均霑せんとし、あるいは設備の拡張と生産方法の改善によって得られる超過利潤に刺戟せられて、蓄積に向って相競うのである。このことを再生産表式について表現するとき、第一部門の蓄積率が第二部門の蓄積とは関係なく独立に決定されることとなって現われるのである」として、資本家社会における生産が「利潤の追求」を第一義的な「推進動機」とするということの「再生産表式における表現」が「蓄積率の第一部門先行」の意義である、と特筆大書するのである。

そして、そのような重要きわまる意義を、宇野教授のマルクス〈再生産表式〉についての静態的把握はまったく理解していない、として自らの無理解ぶりをさらけ出す漫罵をくりかえすのであるが、このような〈表式〉についての俗流的理解のもう一つの高木的変種は、ただ単に資本家社会存立の「均衡諸条件」の確定にとっての無理解を示しているばかりではなく、スターリンの「一国社会主義」建設においてスターリン主義者亜流がいつも鬼の首を取ったようにかつぎまくった、第一部門の消費手段の生産を後廻しにした、「五ヵ年工業化計画における第一部門＝生産手段の生産の優位性」「農業のコルホーズ化計画におけるトラクター生産・配備の優位性」の強権的主張を、こともあろうに、マルクス〈再生産表式〉の権威に寄生しながら、その幼稚きわまる誤解・誤用に基づいて裏づけようと試みたしろものであった。スターリン主義亜流の理論的頽廃もここに極まったり、といった慨のあるしろものである。

したがってこれまた、宇野教授が「恐慌論に関連して」そのような俗説を、「問題は、高木氏のように、恐慌論に表式を利用しうるように考える人々は、資本主義的生産の無政府性が、価値法則の支配と表裏するようなものであることを、理解しえないという点にある」と理論的にたしなめた上で、以下のごとく高木教授の恣意的な思い違い、ないしは思い込みにすっかり舞い上ってしまっている難点を、こんこんと教え諭している。すなわち――

「高木氏は、資本主義生産における「利潤の追求と致富を推進動機とする蓄積率の独立的決定は、それが消費と関係なく行われるというその基本的性格から、まず第一部門において提示されるということにその型制的表現を見出し、そしてその第二部門に及ぼす影響の検討という形で拡大再生産表式の分析の問題が提示されている」といっているが、表式は、事後的に調節せられる資本主義的規制を「型制的」には表現しえないので、すでに価格の運動を通して調整せられたものとして両部門間の関係を明らかにするのである。したがって第一部門の「蓄積率」が、剰余価値率の二分の一であるか、三分の一であるかに関係なく、それに「随伴」して決定される第二部門の蓄積率をもってするのである。したがって高木氏の考えるように、まず第一部門で「消費と関係なく」行われた蓄積に対して、「第二部門の蓄積は……随伴しうるか否か……」というような「問題」を解明しようというのではなく、いわば正常な蓄積の行われる場合に示される第一部門の蓄積に対する第二部門の蓄積の「随伴」の条件を明らかにすることにある。しかもそれは、高木氏の資本主義経済を否定する計画経済にも通ずる条件である。かくて表式は、無政府的に生産をなす資本主義社会も、価値法則によってあらゆる社会に共通する経済の原則を実現し、それによって一社会をなすものであることを明らかにするのである。そのことはまた表式が、それ自身では解決されるものとして前提しえない、資本主義に特有なる問題が何であるかをも示すものといってよい。もっともそれは、高木氏の考えるような「利潤の追求とその蓄積、到富が生産の推進動機であること、資本主義のもつこの錯倒」という点にあるのではない。たしかにそれは資本主義に特有なる問題であるが、しかしそれならば価値法則自身が解決するものとして、資本主義が成立しているのである。それは一時的にはともかく、結局は価値法則の支配を脱するわけにはゆかない。しかし恐慌もこの価値法則の支配の一つの現われにすぎないものとすれば、その必然性は否定されることになる。無政府的生産の行きすぎがあまりにひどくて、たまたま恐慌のような荒療治を必要とするというにすぎなくなるわけではない。いいかえれば表式は、そういう恐慌ならば、それをも含む価格の運動による価値法則の支配の下に、社会的再生産過程が資本主義の下でも実現されていることを示すことになるわけである。ところが資本主義的生産は、その再生産過程を、労働力という自らは直接には生産することのできないものをも商品化することによって始めて実現しうるのであって、価値法則の支配も、この資本主義に特有なる人口法則によって補足されなければ、確立しえない。しかもこの労働力商品なるものは、いわゆる再生産の表式では、その商品生産物の内にあらわれないのであって、少なくともこの人口法則に関する限りは、表式はこれをその外部に予定することにならざるをえない。いいかえればこの問題は、表式によっては解明しえない。それこそ資本主義に特有なる問題をなすのである」。

以上、高木教授のマルクス〈再生産表式〉についての無理解と思い込みとを、こんこんと理論的に説諭した右の宇野論文のおかげを、第三者である読者のわたしたちが享けることができて、〈宇野理論〉によるマルクス〈再生産表式論〉とマルクス〈**恐慌論**〉との理論的関係、その関係の解明に決定的に役割を果たす〈労働力商品化〉の根本的矛盾の解義について、きわめて有益・有用な理論的示唆を享けることができるのである。ところが、川合一郎、高木幸二郎の両教授は、このような説諭には絶対に納得しない頑迷固陋ぶりをえんえんとつづけるのみなのであった。

戦後の日本のマルクス経済学水準を一挙に引き揚げた論争として万人によって目され、記憶されているのは、久留間鮫造vs宇野弘蔵の〈価値形態・交換過程〉論争であったが、ここでは本書の主題である〈**恐慌論**〉に即して、一九五八年にたたかわされた久留間「マルクスの**恐慌論**の確認のために」(『恐慌論研究』新評論社刊、一九五三年・所収)vs宇野「労働力の価値と価格——労働力商品の特殊性について」(『社会労働研究』一〇号、一九五八年一〇月)を恰好な題材として、宇野弘蔵博士が久留間論文に対する反批判にいわば藉口して、実態としては積極的に自論を展開している〈恐慌論〉についての持説に関する再探査を、第二の手掛り＝出発点として、再考察をさらに進めてゆきたい。その『恐慌論』の「はしがき」において、宇野博士は曰く――

「久留間教授の批評の内で唯一の積極的なるものと考えられる点――それは経済学の原理論で、賃銀が労働力の価値以上に、或いは以下に動く場合を論じてよいか、どうかという点であるが――その点に関しても或る程度本書（『恐慌論』――いいだ）の中で論及しているのであるが、私は問題の性質によっては賃銀ばかりでなく、他の商品についても当然にかかる変動に論及しなければならないものと考えている。『資本論』自身もそうしているのである。もっともこの点については、なお労働力なる商品が、他の商品と異って資本家的に直接生産され得ないという事実のうちに極めて興味ある問題があり、他の商品の価格の変動との相違をも明らかにし得るのではないかと考えている。問題点が明確になったならば別の機会に論じて見たいと思う」。

右の命題を手掛りに、卓越した宇野〈恐慌論〉の問題意識の核心《ガイスト》の在り処を探査すべく、次の論理的歩梯を進めると、マルクスの「貨幣の資本への転化」（『資本論』第一部・第二篇）についての宇野的把握に歩を進めることができる。すなわち、

「マルクスは、「貨幣の資本への転化は、商品交換に内在的な法則の基礎の上で展開すべきである。したがって等価物の交換が出発点である」と述べ、これに〈注〉を付して、次のように言っている。「ここで論ぜられたことによって、読者は、このことが次のことを意味するにすぎないことを理解されよう。すなわち、資本形成は、商品価格が商品価値に等しい場合でも可能でなければならないということである。資本形成は、商品価格の商品価値からの乖離からは、説明され得ない。価格が価値から現実に乖離すれば、人は前者を後者に約元しなければならない。すなわち、この事情を偶然的なるものとして無視し、資本形成の現象を、商品交換の基礎において純粋に目の前に描き、その考察において、本来的の経過に関係のない撹乱的な副次的な事情によって混乱されないようにしなけれ

ばならない。もちろん、この約元がけっして単純なる科学的操作ではないことは、人の知るところである。市場価格の不断の振動、その昂騰と低落は、補足され、相互に相殺され、自らその内的の規範である平均価格に約元されるものである。この規範は、たとえば商人や工業家が、比較的長い期間を包括するすべての企業において、その導きの星とするものである。したがって、比較的長い期間を全体として見れば、商品が実際にその平均価格の以下にも以上にも売られず、平均価格で売られるということを、かれはよく心得ている。利害を超えた思惟ということが、こうして一般にかれの利害であるとすれば、かれは資本形成の問題を、こう提起しなければなるまい。平均価格によって、すなわち究極において商品の価値によって価格が規制される場合に、いかにして資本は成立し得るか、と。わたしは『究極において』という。なぜかというと、平均価格は、アダム・スミスやリカード等が信じているように、直接に商品の価値量と一致するものではないからである」と。

「商品交換の内在的法則」によって「等価物の交換」を出発点とするというのは、それ自身では間違いであるとはいえないが、これに価格と価値との一致を想定することは問題である。元来、共同体と共同体との間に発生する商品交換には、貨幣の出現を通して等価物の交換という形式は当然に与えられるのであるが、それが価値と価格を一致せしめるという実質的規定を与えることは先験的にはできない。

それは、資本家社会として商品経済が生産過程を把握した場合にも、商品交換の形式だけではいえないことであって、資本が、したがってまた労働が、自由に各生産部門を移動しうるものとしなければ想定しえないことである。ここでいわれている「資本形成」は、いうまでもなくマルクスのいわゆる「資本の根本的形態、すなわち資本が近代社会の経済組織を規定する形態」としての資本の形成であって、それは資本による生産過程の把握を前提するものにほかならない。それはまた、剰余価値の獲得が単に商人資本や金貸資本のように個別的に行われるというのではなく、社会的に根拠を与えられるものとして解明されなければならないことを意味するものであるが、それをま

めるものというほかにない。事実、形式としては商人資本も金貸資本も立派に資本であり、それは産業資本にも共通せられるものを有しているのである。

価格の価値からの乖離を偶然的なるものとして無視し、本来的の経過に関係のない撹乱的な副次的な事情によって混乱されないような「純粋」の関係を設定するということが、単に「科学的操作」にとどまるものでないというのは、注目すべき点であるが、これも逆に資本主義の発展が純粋の資本主義社会への傾向を、たとい永久的にではないにしても示してきたという事実にもとづいて、かかる「科学的操作」をもなしうるものとなすべきである。

この点が明確にされないまま単に「商品交換に内在的な法則」を基礎にして与えられるために、後半の平均価格論も、極めて不明確なものとならざるをえないのである。平均価格が、商人や工業家にとって「内的規範」となるにしても、それは資本形態による生産過程の実質的規制をもってしなければ、経済学的に解明されることにはならない。「商品交換に内在的な法則」に解消される恐れさえある」（宇野弘蔵「労働力の価値と価格」『社会労働研究』一〇号、一九五八年一〇月）。

冒頭商品が、一般的商品としての貨幣を共立して交換過程としての市場を確立し、商品→貨幣の上向をおこない、そこからさらに貨幣→資本への上向の第一ステージに乗ると、もはや、「商品交換の内在的な法則」の抽象的一般化の次元に定住できなくなる。「等価物の交換」を出発点とした「商品交換の内在的法則」の領域はもう卒業して、右に見たように、「資本形成」の領域に入る。そこではもはや、資本主義の発展が「純粋の資本主義社会」への傾向を辿って純化し、そのような純化した資本家社会をモデルとして（そのモデル化の歴史的実在としては一九世紀のイギリス産業資本主義の社会）「科学的操作」による経済学原理論の認識の世界へと上向することとなる。

宇野博士式にいえば、「問題は、資本が労働力を商品として購入し、生産過程を自ら行う過程自身を解明する段階で利潤による資本の移動をすでに予想するという点にあるといえるであろう。しかしそれは商品交換自身にかかる予想をなすのは全く根本的に異るものである」という次元領域に、問題は推転するのである。

この次元領域になると、「価格と価値量との量的な不一致の、あるいは価値量からの価格の乖離の可能」を基礎とし、貨幣による価格表示という「廻り道」を通して、価格が価値から離れうるという形態を通しておこなわれる、特殊な仕方が出現してくる。この価値形態自身の中にある「価格と価値量との量的不一致の可能性」は、マルクスによれば、「少しもこの形態の欠陥ではなくて、逆にこれを一つの生産様式の適当な形態にする。こうした生産様式では、法則は無法則性の盲目的に作用する平均法則としてのみ貫かれ得る」こととなるのである。こうして、形態は、価格と価値量との乖離と一致との双方の可能性を有し、実質的には資本がこのような可能性を基礎として、「法則を実現する」ことになるのである。

何でも買えるという貨幣は、右の、価格と価値量との乖離の可能性と同時の一致の可能性を形態的に有するにすぎない。ところが、資本も、労働力商品だけは資本の生産過程において自ら生産することが原理的にできない。労働力商品の供給と需要とは、「万能の」資本といえども、他の商品一般のように資本自身が直接規制することはできないのである。資本も、労働力生産部門には――それは「労働力生産部門」としていわば擬制的に名付けることができるだけであって、その「生産部門」なるものの実態とは、労働者が獲得した賃金による労働者とその家族の「生活資料の買い戻し」の別名にすぎないのである――労働力は資本の生産過程に自由に流出入するわけにはゆかない。

実際、労働力商品の需要・供給は、したがってまたその価値と価格との関係は、特殊な規定を受けて、価値＝価格という（いいかえれば、価値の価格への「転形」を必要ともしなければ、可能ともしない）単純商品として、他のすべての商品（それは当然、価値と価格との乖離・不一致を常態として、価値の価格への「転形」を介して絶えず上・下動する）を規制して、価値法則の形成と運動との重心となり、同時にまた、資本家社会的人口法則である「相対的過剰人口」の形成・流出入による労働力商品の需要・供給の調節を可能にもし必然にもするのである。

こうした次元領域となれば、『資本論』第一部の「価値」規定から第三部の「価格」規定（生産価格・費用価格・市場価格）への転形（これは、ベーム・バウェルクによる、だからマルクス体系は第一部と第三部との矛盾によって根本的に破産したとみなす判断――あらゆる反マルクス的言辞の常套となるにいたった判断の「根拠」とされるにいたった、ワン・パターンともいうべき反マルクス経済学の常套法）という予想を、まさしく商品交換自身による予想とは「全く根本的に異るもの」として、すでに提示するにいたっているのである。

資本はこうして、直接には自らの生産過程において（雇用した労働力商品を使ってあらゆる商品生産物を生産できるし、生産するにもかかわらず）単純商品としての労働力商品の生産だけは本格的になしえないのであるが、その資本蓄積の過程における「相対的過剰人口」の形成によって――この形成・産出自体も、資本の産業循環=景気変動過程における好況-恐慌-不況の局面変化=交替に応じてつねに変動をとげてゆく――、いわば間接的に生産し、かつ自己調節するのである。逆に積極的に言えば、それによって、資本は、労働力商品の供給を、与えられた自然人口の制限から解除する方法を自ら具有することとなるのである。

これが、「剰余価値法則」の大発見とともに、マルクスのいわゆる資本家社会に特有なる「人口法則」の大発見として、資本主義をして歴史的一社会たらしめる根本的基礎を保証するのである。このことはまた、労働者に支給される賃金の上・下動として、「労働力商品の価値」規定に含まれる変動要因である「歴史的・道徳的要素」をも、資本制生産に適応したものに化せしめるのである。もちろんこのことは、具体的には、それぞれに歴史的・文化的・道徳的・慣習的性格を異にする多様な個々の国々における資本主義発展の具体的事情が異るのにしたがって異るのであるが、「国際価値論」によってその多様な具体的差異が調整されることを通じて、一般的には労働力商品にもその商品としての「価値規定」が、他の商品一般と異った単純品としての異った仕方によって資本家社会的に一義的に与えられることとなるのである。

資本蓄積は、原理的には、剰余価値の資本化によっておこなわれるのはむろんのことであるが、その場合、マルクスによれば、単に従来の技術水準・生産方法をそのままにただその拡張としておこなわれるのと、新たな技術革新・生産方法革新をもっておこなわれる拡張とか、質的にも・量的にも区別されるし、区別されなければならない。その前者は、マルクスのいわゆる「資本の有機的構成」に変化のない拡張であり、それは原則として労働者の比例的増加を必要とするのであるが、後者は、生産力の増進に伴う資本の有機的構成の高度化によって、労働者の増加を相対的に減少させることになる。資本制生産の発展は、一般的には、資本の有機的構成のますますの高度化を伴う蓄積をもってなされるのであるが、しかしそれは不断に絶えずそのように進行するというわけにはゆかない。

実際に、資本の有機的構成の高度化は、多かれ少なかれ固定資本部分の改造を伴うのであって、資本家が既成・既存の固定資本部分をもって資本の生産過程を運営することを利益とする限りは、そう簡単に不断に改造・高度化するというわけにはゆかないことは当然すぎることである。資本の増大に伴う利潤の増進が続くかぎりは、資本は従来の固定資本部分を犠牲にしてスクラップ化してまで、設備の更新、技術革新の断行、新たな生産方法の採用を、おこなうものではありえない。

技術の革新と生産方法の改善による生産力の増進も、資本にとっては、それによって失われる固定資本部分とそれによって得られる利潤の増大との、費用対効比にしたがう厳密な合理的計算に則って決定されるのであって、資本の産業循環運動のサイクルからいうならば、技術革新・生産方法改善・設備更新は、一般的には不況局面においてとりわけ激化する諸資本の競争によって強制される傾向をとることとなる。いわゆる生産の「合理化」が、不況期の競争の裡におこなわれるのは、そのためである。また、好況期の利潤の好調な増進は、その時期をできるかぎり利用しようとする資本にとっては、生産方法の改善よりも生産規模の増大に重点になるのは、当然きわまることである。

マルクスの「資本蓄積」論は、こうして、右の二面を有理・有用に区別しながら、資本の有機的構成の変化を伴う蓄積を、資本主義に一般的・勝義的なものとして措定し、生産方法の改善は一般的に不断におこなわれるものとして仮定して推論を進めている。そのロジックは、資本家社会に特有な人口法則＝「相対的過剰人口」の排出・吸収の法則の根拠をあきらかにするのには、非常に役立っているのであるが、相対的過剰人口が不断に形成され累積することになるので、三層にわたる「労働予備軍」の形成をイギリス産業資本主義発展の実態から実証主義的に探り出すこととあいまって、一面ではいわゆる「窮乏化法則」に堕しやすくなり、相対的過剰人口を基礎とする資本蓄積の増進が、理論的にはメリハリが利かなくなって、不断に増進することになってしまって、その必然性を本当には論証しえていない弊を残すこととなっている。

そのようなメリハリの利かない論証方法では、周期的に繰り返される（一九世紀の産業資本主義時代には実際にほぼ十年周期をもって五度繰り返された）を中心とする好況–**恐慌**–不況の産業循環過程は、十全には解明されえなくなる。この欠陥は、**「恐慌の必然性」**の論証にかわって、「資本主義の自動崩壊の必然性」に滑落しかねない理論的欠陥を内蔵することとなる。実際に、社会民主主義の**「恐慌による資本主義の自動崩壊」**論とそれに基づく政治的実践上の「待機主義」は、このような**マルクス〈恐慌論〉の不備**に寄生して増長・瀰漫したのである。

もとより、右のような不備・弱点を残存させながらも、マルクス理論の強い面からすれば、マルクスはかれの大発明である「相対的過剰人口」論において、その形成が資本の産業循環＝景気変動の基礎を成していることを、しばしば指摘し、強調している。たとえば――「しかし、過剰労働者人口なるものが、蓄積の、または資本制的基礎の上での富の発展の必然的産物であるとすれば、この過剰人口はまた逆に、資本制的蓄積の槓杆となる。いな実は、それは資本制的生産様式の一存在条件となる。それは、あたかも資本自身の費用で育成されたかのように、全く絶対的に資本に属するところの、自在に動かしうる産業予備軍を形成する」、「過剰人口がこれを供給する。近代的な産業の特徴的な生活行路、すなわち、中位の活況、緊張した生産、恐慌、沈滞の各時期が、より小さい諸変動によって中断されながら、十年毎に循環をなすという形態は、産業予備軍または過剰人口の不断の形成に、多少の相違はあれ、その吸収と再形成とに基づいている。その産業循環の変転する諸特徴は、またそれとしても過剰人口を補充し、しかもその最も強力的な再生産動因となる」(『資本論』第一部)。

右に覧るように、マルクスは、好況期における生産の拡大、とりわけ最好況期における生産の急激な拡張が、相対的過剰人口を基礎にしておこなわれることを、明確化している。しかし、このような生産の拡大が、産業循環過程自身の内でいかにして準備されるかは、資本の増加を前提として、一方では「生産過程自身の技術的諸条件」の発達と、他方では「産業予備軍または過剰人口の不断の形成……その吸収と再形成」とに基づくものとされるのであるが、「十年毎に循環をなすという形態」の各段階が、それといかに関連し、いかに照応するかはなお不明確な点を残している。この点がさらに明確にならなければ、「近代的な産業の特徴的な生活行路」が、相対的過剰人口の形成を枢軸とする資本家社会的人口法則に基礎づけられる理由も、なお十全には明確にはならない。

これは、マルクスにあっては、全過程が「元来は資本の量的拡大としての現われた資本の蓄積が、資本の構成の不断の質的変化において、その可変的構成部分の犠牲における不変的構成部分の絶えざる増加において、おこなわれる」という、一般的な——具体的に言えば周期的循環の内部に立入ることなく観察されたのべったらな発展規定として把握されているためにほかならない。端的にいえば、それによって「固定資本の存在」が著しく軽く見られているのである。

マルクスは、資本の有機的構成の高度化をもっておこなわれる資本蓄積における「固定資本部分」について、次のように言っている——「正常な蓄積の進行中に形成される追加資本は、殊に新たな発明や発見の、一般に産業上の諸改良の、媒介物として役立つ。しかし、元の資本もいつかは全身的更新の時期に達するのであって、その時には前の皮を脱ぐと共に、より多量の機械装置や原料を動かすのにより少量の労働で足りるような改良された技術的態容をもって再生する」（『資本論』第一部）と。

しかしながら、産業循環の局面変化を媒介にしないで、抽象的・一般的に「元の資本もいつかは全身的更新の時期に達して脱皮する」と言っても、そのような脱皮は起こりえない。「いつかは」というのは定量性を有たないから、科学の理論とはならないのである。資本家にとっては、先にも指摘したように、新しい生産方法の改善を採用する資本は特別利潤を獲得するが、それは同時に、旧い生産方法の廃棄による資本の損失とワン・セットになっているのであって、産業循環の局面交替との関連をぬきにして、旧い生産方法の廃棄による「元の資本の全身的脱皮」が必ず行われるといった保証など実はどこにもないのである。

相対的剰余価値生産における特別利潤＝超過利潤（特別剰余価値）の獲得の根拠を解明するためには、新方法の旧方法に対する競争を、**恐慌―**不況を捨象して考察しなければならないのであるが、資本家社会的人口法則が問題となっているこの局面では、いわゆる過度の設備投資による**恐慌―不況**の影響を考慮して、この問題を究明しなければならないし、旧固定資本の更新の困難をも新方法を採用する諸資本の競争、とりわけ不況期における諸資本の競争を考慮することなしに具体的に規定することができない。マルクスも、相対的剰余価値生産を概念的にあきらかにするに当っては、新方法による資本がその生産物の増加から価格の引下げをなすことを想定して、理論構成しているのである。

もちろん、**恐慌の根拠**、**恐慌の必然性の根拠自体**は、「固定資本の存在」にあるのではない。それは、好況期の資本蓄積が、相対的過剰人口を基礎にしておこなわれながら、自らその基礎を狭くして、一般利潤率の低下の傾向性を顕わにしてゆくところにこそある。労働者人口は、資本蓄積とともには絶対的にも・相対的にもけっして増進しないからである。

資本がもし、好況期の蓄積においても、つねに新方法を採用して相対的過剰人口を新しく形成してゆくことができるとするならば、そういう矛盾はそもそも生じようがないのである。生産力の増進とともに、生産関係をこれに適応して変化させることができ、その進化によって生産力と生産関係が完全に照応することになるからである。

ところが無政府的生産を特質とする資本は、そのような総資本的な計画性は基本的にこれを有つことができないのである。資本制生産のいわゆる無政府性が、そのような根本的制約を諸資本にも課するのである。諸資本は、個々の利害関係に支配され強制されながら、できるかぎり好況期を利用しようとして拡張するのであって、その拡張は当然に与えられた過剰人口を非過剰人口に転化してしまうことになる。そこで、労働賃金は、資本蓄積を無意味にするところまで資本の収益を食いつぶしつつ騰貴せざるをえなくなるのである。

賃金の騰貴が資本蓄積を無意味にしてしまうというのは、それが資本の利潤をすべて食いつくしてしまうというのではない。より大きな資本がより少ない利潤しか得られなくなる、という意味においてである。しかしまた、このような資本と賃労働、資本と資本といった二面の拮抗・競争のなかで、特定の資本の蓄積が無意味になったからといって、資本が蓄積を停止してしまうといった事態も起こりえない。個別的に分裂しつつ競争を展開して当該資本にとっては、右のような労賃の騰貴による利潤の減少は、むしろその蓄積の一層の増進をめざす刺戟とさえなるのである。

このようにして結局、**恐慌の爆発**は、この必然的な利潤率の傾向的低下と利子率の異常高騰との対抗的な矛盾、その矛盾関係の激突によって、はじめて現実化するのである。

〈宇野理論〉に基づく恐慌論においては、このようにして、労働力商品の価値形態は、好況–**恐慌**–不況の産業循環過程の裡に労賃として騰貴し、低落する価格の運動の一般的基準として確立されるものとしなければならないとされる。それは単純に、その生産に社会的に必要とされる労働時間によって決定されるとしたのでは、その特殊性を見失うこととなる。同時に、他の商品一般と異って、労働力商品に加えられる「歴史的・道徳的要素」を、何か非経済的過剰によって付加されるかのごとく誤解されてしまう恐れもある。さらにはまた、基本的には、労働力商品の価値規定自体を固定的《リジッド》に理解し、資本蓄積に伴うその支配力の増進が、労働力商品の価格を不断に価値以下に低落せしめるもののように、誤って考えさせてしまうことにもなる。

資本は、その生産力の増進を具体的に実現する好況期の資本蓄積過程の内においては、労賃の騰貴を通して労働者の生活水準の向上をむしろ許容して、その逆に、不況期の過剰人口の形成は、労賃の下落によって労働者の生活水準の低落を強制する。一般的には、こうした循環＝高低・上下変動運動過程の裡に、労働者の生活水準は全体的平均として「歴史的・道徳的」に決定されることになるのであって、労働力商品の価値規定は、根源的に、この労賃の十年毎の循環を描く周期的運動を度外視しては全く把握することができないのである。もともと、資本による生産物ではない労働力商品は、それ自身の生産に直接労働時間を要しないのであって、そういう特殊の規定をもってしなければ、その商品化をも実現しえないのである。これを、一般商品と同様に考えることはできない。労働力商品の価格＝労賃は、よかれあしかれいわゆる下方硬直性を一般商品よりも強く有っているのである。

もっとも、労働力商品以外の一般商品も、不況期の価格の低落を好況期に新しい生産方法の改善による新たな価値関係をもって回復される。しかしそれは、つねに需要の増加には供給の増加をもって調節しつつ実現されるのであって、この低落・上昇運動を、相対的過剰人口の法則によって調節される労働力商品の場合と同一視することはできない。また実際、しばしば誤解されているように、好況期の生産増加自体が過剰生産となって直接に恐慌を惹起するのではなく、むしろ逆に、労働力商品の特殊性を基軸として労賃騰貴を契機として展開される「資本の過剰」による**恐慌の爆発**、既存資本価値の破壊によるその不況局面への移行において、一般商品の生産過剰と価格の低落とが生ずることになるのである。

「一般商品の価値規定が、原理としては価格の運動を通して調節されつつ貫徹されるものとしてよいのに対して、労働力商品の価値規定では、原理的にも、周期的なる循環運動の過程における価格の運動を特に問題にせざるをえないものがあるのである」（宇野弘蔵「労働力の価値と価格」『社会労働研究』一〇号、一九五八年一〇月）。

以上、つぶさに通観してきたごとく、宇野〈恐慌論〉の核心《ガイスト》は、労働力商品の特殊性に基づく金融逼迫期における一般利潤率の傾向的低下と〈対〉関係にある好況期を通ずる労賃の騰貴、ならびにそれによる恐慌の切迫を突変的・暴力的な大爆発へと導く契機としての、利子生み資本=信用制度の信用拡張運動による利子率の異常高騰と利潤率の傾向的低下の亢進との激突、という弁証法にあるのである。この弁証法をもって、宇野〈恐慌論〉は、マルクス〈恐慌論〉の基本的規定を集大成して、理論的に完成せしめたのである。

3　宇野『恐慌論』が宇野『経済原論』と外枠・別建て・別冊となったのはなぜなのか？

宇野弘蔵博士の終生の学問的念願は、マルクス『資本論』体系が荒削りのままに終わらざるをえなかった〈恐慌論〉という経済学原理論の大眼目ともいうべき最終範疇を、一九世紀のマルクスの遺志を継いで二〇世紀的現代において完成させることにあったが、先にも述べたように、その完成と言ってよい宇野『恐慌論』（一九五三年）は、何度もこれまで触れたところであるが、一種不可思議に奇妙なことに、宇野博士自身の経済学原理論にほかならない『経済原論』上・下（岩波書店刊、一九五二年――『恐慌論』の刊行年次とほぼ同時期的である）の外に別書として出されている。

それと或る意味では整合的に、その前年に出された『経済原論』下巻の「第三篇　分配論」は、第三章「利子」として書き納められているが、そこにはこれまた奇妙なことに、「恐慌」は目次としてさえ無い――同書の先行準備稿ともいうべき『講義プリント「経済原論」』一九三六年度・宇野助教授講述・東北帝国大学法文共済部発行を閲してみても、やはり「第三篇　分配論　第一章　利潤、第二章　地代、第三章　利子」とあるばかりで「恐慌」のキョの字も無い、したがって宇野博士のこの奇妙な総括的見地は、戦前・戦後を一貫しているのである。

この奇妙な事態は、けっして**宇野『恐慌論』**が、マルクスが完成させることのできなかった『資本論』弁証法体系の最終範疇である〈**恐慌論**〉を、二〇世紀において理論的に完成させたことの不滅な意義を、いささかに減却することにはならないのはいうまでもないことであるが、それだけにますますその不可思議性の由って来たる、容易ならず深刻な難問《アポリア》とジレンマが所在・伏在するにちがいないことを、感知させるに足るのである。

いうまでもないことながら、諸社会科学の基礎は経済学であり、経済学の基礎は経済学原理であり、経済学原理論の最終範疇は〈**恐慌論**〉である。

だからこそ、二〇世紀における資本主義の金融資本的蓄積様式を新たな基軸とする帝国主義的世界編成の出現とともにとくにリアリティーをもって露わになってきた、戦争の必然性や革命の必然性とは、質も異なれば発現形態も異なる、**恐慌の必然性**の経済学原理論的本質の究明ならびにその原理的性格が、歴史的形態変化を絶えずとってあらわれる**具体的・具象的な恐慌現象**の現状分析が、社会科学にとっての、ひいてはそのような社会科学的研究の前進によって裏打ちされるべき政治的諸実践にとって、致命的ともいうべき枢要要件に化するのである。

宇野弘蔵博士が理論的に確信するがごとく、「**恐慌の必然性**ならば経済学原理論で論証できるし、また論証しなければならないと考えるのであるが、そうするとそれは如何にして論証されるべきか。この点は、まさに経済学の原理を純化するということと密接不可分の関連をもつのであって、**恐慌論**はいわばその人の経済学の原理の試金石をなすものといってよいのである」(『マルクス経済学原理論の研究』岩波書店刊、一九五九年――傍点いいだ)。

経済学原理論において、**恐慌の絶対的基礎**、**恐慌の可能性**、**より一層の恐慌の可能性**、**恐慌の物質的基礎**、**恐慌の現実化とその発現形態**、を探究することが、試金石となるのである。この枢要事を外《はず》しては、あらゆるラディカル(根底的)な経済学的言辞も、あらゆるラディカル(急進的)な政治的言辞も、その実は閑人の空文句以外のなにものでもありえないのである。

4　宇野〈恐慌論〉の完成志向におけるマルクス〈恐慌論〉の難点《アポリア》の指摘は、どこに集中しているか？

一九世紀に生きたマルクスの『資本論』体系完成への遺志を継いで（言うまでもないことながら、マルクスは**〈恐慌と革命の経済学〉**ならびに**〈恐慌と革命の政治的立場〉**に立脚していた初期以来の恐慌についての重大な関心を終生継続して、『資本論』体系においても全巻にわたって**恐慌の可能性と現実性**に関するそれなりに首尾一貫した体系的輪廓をもつ骨格《スケルトン》的諸断片を記述・追求しているが、『資本論』第二部・第三部の編集・公刊は、エンゲルスがそれらの諸断片を集め編して公刊にこぎつけたものであり、また、『剰余価値学説史』としてのその第四部も、同じくカウツキーが恐慌に関説した諸命題もふくめて編集・公刊にこぎつけたものであり、ことほどさような実情からも分かるように、マルクスとしての「恐慌論」の仕上げと整序・特出は、マルクスの寿命に妨げられてついになされえなかったのである）、二〇世紀を生きる宇野弘蔵は、**『恐慌論』**を公刊するにあたって、先ずもってマルクス『資本論』における**「恐慌理論」の難点**、**「恐慌の必然的根拠の論証」についての疑点**を自らの著作に付した「附録」として理論的に点検するところから、〈恐慌論〉の**総体的整序と完成**を期した。

その出発点において、先ずもって冒頭、マルクスの「経済学批判大系プラン」における後半体系の最終項目としての**「世界市場と恐慌」**範疇を最優先的検討課題として挙げた宇野博士は、マルクス『資本論』は**恐慌論の経済学原理論における「基本的規定」**を蔵しているにもかかわらず、「問題はむしろかかる基本的規定が恐慌論として完成した形に展開されないままで何故終わったかにあるのではないかと考えられるのである。その点において私見を率直に述べて見たいと思う」として、その核心的な問題関心・意識との優先的な直接関連において、プラン大系の**「世界市場と恐慌」**の批判的・否定的検討を開始したのである。注意を促しておけば、宇野博士はこのように、マルクス**〈恐慌論〉が未完に終わった真因**を、わたしのように最晩期マルクスの生命的・肉体的限界に主として帰するのではなく、マルクスによって与えられた**「恐慌」の「基本的規定」が内包しているとみなす理論的・方法的難点・疑点**にある、という立場をその実は採っているのである。簡単に言って、マルクス『資本論』体系における「世界市場」という基本的範疇概念のせいで、マルクスの**『恐慌論』**は未完成に終わらざるをえなかった、と宇野弘蔵博士は言いたいのである。

そのさい、宇野博士は、鈴木鴻一郎教授の「資本論のプランについて」(『思想』一九四八年一二月号)ならびに久留間鮫造教授の「マルクス恐慌論の確認のために」(『恐慌論研究』新評論社刊、一九五三年)の引例・紹介から、かれの論議をはじめた。これはマルクスの「プラン問題」に理論的に肉迫するには、間接的迂路に属する紆余の業と言えるが、わたしが惟うに、それは、**マルクス「世界市場と恐慌」の難点**《アポリア》を周到に批判・滅却してしまうための、一種の〝遠交近攻〟の策である。

このような論攷の策は、先に宇野博士は「恐慌の必然性は如何にして論証さるべきか」(『思想』一九五八年一月号)においても、用いたことがある。そのさいは、論文の副題に「——川合一郎君の疑問に答う——」とあるのを踏まえて、基本的批判のためのダミーとして使われたのは川合一郎**「実現論なき恐慌論」**(『思想』一九五七年一一月号)であった。

この川合一郎教授式の、『資本論』の〈再生産表式論〉における「部門間不均衡」の発生から直接に**マルクス恐慌論の必然性**を説こうとする見地は、一八世紀のジャン・バチスト・セーの「販路の法則」を受け継いだ、言い換えれば、商品交換(売買)における「販売と購買の分離」説から直接に恐慌の必然性を説こうとする〈過少消費〉説として、マルクス主義経済学陣営にも受け継がれて、戦前の〈日本資本主義論争〉をもふくめてマルクス主義経済学戦線の**恐慌論のむしろ主流**を占めていたのであり、川合一郎教授の「**実現論なき恐慌論**」という宇野理論批判も、その主流派的・正統派的謬説を踏襲して、それを〈再生産表式〉から裏付けて一元論的に補強したものにほかならなかった。

古典派経済学に先行する、一九世紀初めのフランス経済学界の王者ジャン・バチスト・セーは、経済学は自分の手で完成の域に達した、と理論的に自負していたから、当然かれには次のごとき揚言があった――「けだし、ダランベールがいみじくもいったように、われわれが或る対象についてはっきり知れば知るほど、われわれは、その対象が生ぜしめた、誤った、または疑わしい見解にかかずらうことが少ないからである。……誤謬は学ぶべきものではなくて、忘れ去らるべきものである（Cours conplet déconomie politique pretique）」と。

そのようなセーの揚言した「販路の法則」は、たとえばマルサスの『経済学原理』にも多大の影響を与えて、かれマルサスが生産の算術級数的増加と消費の幾何級数的増加の不均衡の累進的・累積的拡大という学説の「基本法則・原理」とされたようなことが、たしかにあったが、マルクスが全面的批判を加えたその根本的な経済学的誤謬のゆえに、アダム・スミス、リカードのイギリス古典経済学の抬頭とともにたちまち忘れ去られたのは、マルサスとともに誰よりもセーその人にほかならなかったのである。

にもかかわらず、このセーの「販路の法則」にひかれた通俗マルクス主義経済学者の主流は、『資本論』そのものの読み込み方として、労働者の絶対的窮乏化、労働者大衆の過少消費、生産二部門間の不均衡の発生と拡大、〈再生産表式〉におけるそのような不均衡の発生・成長による表式そのものの崩壊、すなわち再生産機能を構造的に失なってしまった資本制経済とブルジョア社会の崩壊（！）といった、川合教授の宇野批判の論文題名を逆にもじって表現するならば、まさに「**恐慌論なき（恐慌の必然性の論証を欠いた）実現論**」の妄想におちいったのである。

この場合、そもそも『資本論』の第二部・第三篇「社会的総資本の再生産と流通」（この表題はエンゲルスが付けたものであり、マルクス自身の第二草稿ではこの「篇」が「章」立てとされて、表題も「流通過程と再生産過程の現実的諸条件」とされている。この原題名の方が、理論的により厳密である）第二〇章「単純再生産」第二一章「蓄積と拡大再生産」に表わされているマルクス的意味は、二部門（Ⅰ生産手段＝Ⅱ消費手段生産の二部門）三価値（C＝不変資本＋V＝可変資本＋M＝剰余価値）構成として組み上げられる〈再生産表式〉が、まさしくケネーの〈経済表〉を踏まえたマルクスの資本制社会に即した〈経済表〉として、全社会的なブルジョア経済の社会的存立、再生産の基礎条件を成す「部門間均衡条件」を、諸商品の素材的側面をいっさい捨象して、Ⅰ・Ⅱ部門間における商品価値の量的関係だけをあきらかにする方法的限定のもとで、Ⅰ（V＋M）＝ⅡC（同じことだが）ⅡC＝Ⅰ（V＋M）として第一の基本条件を導出・設定し、これらの諸商品の均衡による社会的再生産諸条件を貨幣面から部門間均衡条件と表裏の関係において支えて再生産過程を円滑に進行させるための第二の基本条件として、商品資本の全社会的循環を基軸として数字表式的に構成したものにほかならない。

こうしたブルジョア経済社会が再生産過程的基礎をもつ社会的実在たりうる基本条件＝均衡条件の導出・設定が、〈表式〉として表象される（そのように表象されざるをえない）形式性・抽象性も、そのような量としての商品資本の流通図式として組み立てられている再生産様式の根本からくる論理的必然である。数字化されたその形式的抽象性こそが、俗学者流の支配的通念に反して、マルクス〈再生産表式〉の不朽のメリットなのである。

宇野弘蔵博士が、内外ともに俗流マルクス主義者ならびにマルクス主義経済学者にはびこっているマルクス〈再生産表式〉に直接無媒介に**恐慌論の論理的根拠**を求める弊風に対して、根本的反撃を加えるために、戦前にいちはやく、「貨幣の必然性――ヒルファーディングの貨幣理論再考察――」（『社会科学』一九三〇年六月――戦後に『資本論の研究』に収録）、『資本論体系・中』（改造社刊、一九三一年）、「マルクス再生産論の基本的考察――マルクスの『経済表』――」（『中央公論』一九三二年一一月号所収――戦後、「再生産表式論の基本的考察――マルクスの『経済表』――」と改題して、『資本論の研究』に収録）において、基本的考察を詳細に展開していた――
「マルクスは、価値論においてもその基礎は一般に社会存亡の物質的条件としての労働にこれを求めた」、「『社会的総資本の再生産とその流通』を論究するにあたっても、畢竟この点が把握せられなければならない。再生産の表式は恰もかかる考察にとっての表式なのである」、「『経済表』は、複雑なる商品交換を簡単なる数式にまとめることによって、資本家的形態の底に此の労働の基礎を闡明する。労働価値説が、殊にマルクスによって始めて明確に把握された商品の使用価値や価値との二重性が、資本家的生産過程を説明すべき理論として有する意義もまたここに否定すべからざる証明を与えられるのである」と。

したがってまた、「表式の解体すべき問題の範囲も、つぎのごとく厳密に規定されるのである――「表式は資本主義に特有なる恐慌の説明に屢々用いられたのであるが、それは決して資本主義的生産が資本そのものを制限として有する意味での恐慌の必然性を明らかにするものではない。一般社会的基礎に対して資本主義的生産が如何なる程度迄適応し得るかという意味での恐慌の可能性を示すにすぎなかった」、「表式が拡張再生産の可能性を示すということは、直ちに資本家的生産の無限の発展を語るものでは猶更ない。……資本主義社会では、表式に於けるが如き均衡は寧ろ偶然であって、不均衡が常態であることは云う迄もない。併しそのことは『経済表』の意義を少しも損うものではない。反対に『経済表』自身にかかる不均衡（恐慌の必然性のごとき――いいだ注）を求めることは、そこで証明せらるべき資本主義の特殊性を見失うと同時に、資本主義の固有の矛盾を固有の問題として取り扱う道を塞ぐものである」」。

このような、戦前にいち早く光彩陸離たる宇野教授の「再生産表式の考察」の結論は、今日的意義から言って二点である。すなわち、（1）「『社会的総資本の再生産とその流通』の問題は、根底的には単純再生産の表式分析によって解決せられるものである」。拡張再生産表式では、この単純再生産表式で示される問題が、ただ「拡大されて現われる」のであって、これを別種の問題と関連づけて、特に重視するのは誤りであり、ましてや、それを**恐慌の必然性の根拠**とみなすようなことは、全くの謬説である。（2）『資本論』第二部第三篇の問題を、「マルクスの『経済表』として見る点を特に強調」すべきであって、ここでは考察がすべて「商品資本の循環の形式を以て」なされている点に「重要な意義を有する」ことが、理解されるべきである。

このような戦前の宇野「再生産表式の考察」の今日的意義を、さらにまさしく今日にまで延長して改めて強調しておくとするならば、『資本論』第一部の「資本の生産過程」において価値論（価値形成・増殖過程論）によって規定された「資本の本質」についての考察が、〈再生産表式〉を論じたこの第二部第三編において、資本の流通過程のうちに社会的再生産の一般的均衡条件が完全に充たされうることがあきらかにされることによって、完結せしめられたということである。

言い換えれば、この〈再生産表式〉による一社会としての存立が立証されたようによって、資本制生産様式が価値法則によって規制されるということが、資本と賃労働との基本的関係性を通して完全に論証されたのである。

以上のことを踏まえるならば、マルクス経済学の大眼目である**恐慌論**は、俗流マルクス主義の〈再生産表式〉と恐慌とを直接無媒介に結合させる論法とは逆に正反対に、**恐慌の必然性の根拠ならびに現前化の契機の解明としての恐慌論**は、再生産表式から基本的に排除されることになるのであって、したがって**マルクス「恐慌論」の難点**を除去・解決しようと欲した二〇世紀の〈宇野理論〉の**「恐慌論」の完成企図**にとっても、**恐慌論**をいかなる理論領域・次元で、いかなる論理構成で解くかという点が、さらに一層の深化した解決を要請される課題として上程されることとなったのである。

この課題にこたえて、**恐慌論の完成**をもって経済学原理論を完成せしむべく、『資本論』全四部を基礎にして**マルクス「恐慌論」**の難点を剔抉・解消すべくうち出された独創的二論文が、「資本制社会における**恐慌の必然性**」（『改造』一九三五年二月号）、「貨幣資本と現実的資本」（東北帝大『経済学』7、一九三七年）の二大雄編にほかならない。

右のように再精査して看るならば、エンゲルス命名の「社会的総資本の再生産と流通」という題名の付け替え方自体が、実質内容をもつ「社会的総資本」の産業循環過程にほかならない再生産過程と流通過程であるかのごとき誤解を招くがゆえに、〈再生産表式〉を主題とする章の表題としては不適切なのであって、この表題はぜひともマルクス自身の原題である「流通過程と再生産過程との現実的諸条件」へと復原して戻さなければならない。ブルジョア経済社会の社会的存立を充足させる均衡条件を形式的・抽象的にあきらかにした（このこと自体、ブルジョア社会の〈経済表〉として画期意義があるのである）静態的も静態的、その極限に位置すると言ってよい〈再生産表式〉をもって、直接無媒介に**「恐慌の必然性」の論証**とみなす**「部門間不均衡」恐慌論者**が、内外ともにマルクス主義経済学者主流派に絶たれえない（今もって！）のもまた、そうした誤解・誤読が預って力があるものと思われる。

マルクスは『資本論』第二部第三篇のその第二〇章・第一節において、「社会的再生産の諸条件」を認識されうるものとするために、

$$W' - \begin{cases} G - W \cdots P \cdots W' \\ g - w \end{cases}$$

の「流通図式」を設定するとして、それぞれ強調符つきで再生産表式 Reproduktionschermata の基本性格をあきらかにした。そして同じく、マルクスはこの〈経済表〉の指し示す均衡条件によって表式が成立する場合でも、「商品の販売、商品資本の実現、したがってまた剰余価値の実現は、社会一般の消費欲求によって限界づけられているのではなく、その大多数がつねに貧乏であり、またつねに貧乏であらざるをえないような一社会の消費欲求によって限界づけられている。とはいえ、このことは次の篇ではじめて問題になることである」とした。

〈再生産表式〉に基づく「部門間不均衡」「大衆消費の過少」に**恐慌の必然性へのアプローチ**を〝大発見〟するマル

クス主義経済学者たちは、耳をよく洗ってこのマルクスの提言に耳を澄ましてもらいたい。ブルジョア経済社会を再生産過程に基づいて存立・持続させうる二部門分割・三価値構成の〈表式〉の均衡条件が充足されたとしても、それはけっして**恐慌の可能性**を無化するものではない、とマルクスは周到な注意を予め促しているのである。

さらに進んでマルクスは、〈表式〉を成立させる「再生産の諸条件」の充足による静態的均衡と**恐慌の可能性**との関係を根本的な考究を進めて、つぎのように明確に命題化する――「均衡《バランス》は、ただ、一方的諸購買の価値額と一方的諸販売の価値とが一致するという過程のもとでのみ現存する（いいだ注――この一致性は、例のジャン・バチスト・セーの「販路の法則」にほかならない）。商品生産が資本制的生産の一般的形態であるという事実は、貨幣が資本制生産において単に流通手段としてばかりでなく、貨幣資本としても演ずる役割をすでに含んでいるのであり、また、この生産様式に固有な、正常な転換の一定の諸条件を、したがって再生産――単純な規模でのであれ、拡大された規模でのであれ――の正常な進行の諸条件を生み出すのであるが、これらの諸条件はそれと同じ数の異常な進行の諸条件に、すなわち**恐慌の可能性に急転する**」と（傍点いいだ）。

〈表式〉的均衡条件を充たしたブルジョア経済社会＝資本制生産様式の「正常な進行の諸条件」が、これと同じ数の「異常な進行の諸条件」を産み出し、それがやがて**恐慌の可能性に急転する**、というのが、マルクス的弁証法なのである。**「恐慌の可能性への急転」**ということが、**恐慌の突発的・突変的**（「急転的」）**爆発**とは全く違った事柄であることは、あまりにも明々白々である。つまり、マルクスは、世の多くの俗流マルクス主義者が安易にすがりついている**〈再生産表式〉恐慌論**におけるそのはじめからの「部門間不均衡」という異常な進行の諸条件が、**恐慌の必然性への急転に直結**するという崩壊論とはおよそ正反対の命題を、強調しているのである。

この肝腎要めの論点で、宇野弘蔵博士が「この（『資本論』）第一巻の蓄積論は第二巻の第三篇の「社会的総資本の再生産と流通」に直接的にその前提となるのではないか、この点が十分に理解されえないことになっているために、たとえばこの表式による解明でただちに**恐慌論を展開**するような試みさえ出てくるのではないか」（宇野弘蔵『資本論入門』青木書店刊、一九六八年——傍点いいだ）という指摘は、**〈再生産表式〉恐慌論者**に対する「頂門の一針」ともいうべき適確無比・強力無比な批判であったと言える。

　これを要するに、〈部門間不均衡〉の発生・存在・発展、労働者人口の絶対的窮乏、零落、消費需要の不足・減退（消費者窮乏・不況）は、ブルジョア経済の産業循環＝景気変動過程における（単なる断えざる「均衡の不均衡化」「不均衡の均衡化」のシーソーゲームには止まらない、吸収できない）の**恐慌の必然性の主動因**たりえないのであって、今もってその原理を指摘した宇野博士の「頂門の一針」を理解・感受しえない不感症的俗流マルクス主義者が横行していることは、邦家のためはともかく、マルクス主義史と人類史の前途にとってまことに寒心に耐えないところである。**〈恐慌論なき実現論〉**と**〈再生産表式恐慌論〉**についての批判的再検討は、これくらいでよいだろう。そこには、何の難問《アポリア》も実際上ありはしないのである。

　「川合一郎君の疑問に答う」と副題した「**恐慌の必然性**は如何にして論証されるべきか」論文の「結語」として、宇野博士はつぎのように論定している。むしろ、難問《アポリア》解決にいわば乗じたこの「結語」の理論的内容にこそ、私見では、先程提示しておいた次なる本格的な難問《アポリア》、すなわちマルクス「経済学批判大系プラン」の最終項目「**世界市場と恐慌**」の原理的な是非をめぐる重大な問題構制《プロブレマティーク》につながる新たな問題点が、よかれあしかれ提示されているのである。例の「遠攻近交」の宇野流「秘策」（！）である。先ずもって、その博士の「結語」を看てみよう——

　「川合君の疑問は、結局、私が原理論の展開には必ず想定しなければならないと考えている、純粋の資本主義社会に対する理解の不十分さということに帰着する。マルクスは、例の「経済学批判のプラン」の中で「**世界市場と恐慌**」というように、**恐慌**を世界市場と共に規定する案をも示しているのであるが、それを如何に解すべきかはともかくとして、われわれにとっては、この問題は、世界市場が、**恐慌**とともに原理論的な規定によって解明されるか、否かを明らかにすることによって解決されることである。私自身の考えでは、『資本論』がしばしば**恐慌現象**について極めて重要な示唆を与える規定を展開しながら、それを生かすことができなかったというのは、原理論の展開の前提をなす純粋の資本主義社会の想定が、厳密に守られなかったためではないかと思う。実際上は一九世紀イギリスの私の**いわゆる典型的恐慌現象**も世界市場との関連なしには考えられないということが、この場合には特に大きな影響を及ぼしたのではないであろうか。もちろん資本主義自身が常に外国市場との関連の内に発展してきているのであって、具体的な資本主義の発展となると、世界市場を考慮しないではいられないのであるが、しかし原理論では世界市場を想定することはできない。原理論は、資本家的商品経済が一社会を完全に支配するものとして始めて展開され、論証されるのであって、そこに世界市場は存在しえないのである。純粋の資本主義社会ならば想定しうるのであるが、世界市場といえば多かれ少なかれ歴史的に具体的な規定をもった、いわば不純なものとならざるをえない。**恐慌現象**も世界市場と関連して考察される限り、原理的規定を与えられるものとはならないのである」（傍点いいだ）。

わたしは、マルクスの〈経済学批判大系プラン〉の前半体系から「国家による資本家的商品経済の総括」・「そのような諸主権国家によるブルジョア的世界編成としての国際貿易関係、それが展開される世界市場」・「世界市場と恐慌」といった後半体系への論理的移行が、そこに国民国家＝主権国家が媒介環として設定されている以上、経済学原理論体系としてはありえないことを、宇野博士と共に積極的に賛成する。このことが、中期マルクスからさらに後期マルクスへと『資本論』体系化の理論的思索を深めていったマルクスにとって、一つの重大な難問《アポリア》として自覚されることとなったことは、疑いを容れない。

マルクスにとって、前半体系の端緒範疇である「資本一般」の観念的想定の『要綱《グルントリッセ》』的限界は、第二・第三範疇の「土地所有」「賃労働」を原理論次元にかかわる一般性の限りで『資本論』体系の内部に取り込むことによって、「資本一般」の限界を突破したことと相即的に解決をみたところであるが、資本家的商品経済を総括するものとしての修飾辞的規定を与えたとはいえ、国民国家＝主権国家を原理論的一般資本主義から具体的・歴史的存在であらざるをえない各国資本主義への論理的転化の媒介環として設定することは、経済学原理論の体系的完成のためには恣意的必要からの論理的飛躍としてありえない、認容することはできない、ということは、積極的確認としての理論方法的自覚であったに違いない。

だから、それは後期マルクス自身にとっての難問《アポリア》となったのであるが、そのアポリアの解決方向は、かれマルクスにとって、資本制商品経済の経済的土台の自律的運動、すなわち産業循環＝景気変動過程の動態を通ずる価値増殖過程運動と、国家的・法的・イデオロギー的上部構造の次元に属する政治的国家＝国民国家・主権国家による資本家的商品経済の国家的総括や、租税・財政政策の展開や、国際貿易の展開や、世界市場の形成やを（これらすべての事柄は顕著な「近代的事態」として重要な歴史的事実であり、それを反映した重要な理論的範疇である）、どのようにしてすくなくとも〈唯物論的歴史把握〉としては〈歴史ブロック〉化することができるのか、という問題意識の創発につながっていったのに違いない。

そのために〈下向と上向の科学的方法〉についての『経済学批判』「序説」に定式化された〈一般的結論〉は、『資本論』体系化の分析記述においては、実際上そのような下向法（下限は「商品形態」）、上向法（上限は「利子生み資本」）を駆使して原理論の体系化を進捗させながら、その科学的方法論もふくめて〝導きの糸〟としての〈一般的結論〉については明示的に再説しなかったのである。明示的再説・再提起の必要がなかったのである。

だからと言って、先に述べたごとく、大内秀明教授がそのように迷走してしまったように、『資本論』の抽象方法は〈下向と上向の科学的方法〉ではない、それは「純粋資本主義の方法（方法模写）」に取って替わられたのだ、というようなことには、マルクスに即する場合には絶対にならないし、いま検討中の宇野弘蔵博士の所説のごとく、前半体系と後半体系との媒介環が「国家」という「不純物」の介在不可能として架橋不能として橋が落ちてしまった以上、原理論の最高範疇としての「**恐慌**」と「原理論次元には存在しえない世界市場」との混在のゆえに後半体系の最後尾の範疇とされた「**世界市場と恐慌**」も完全に無化してしまったのであり、前半体系が『資本論』体系にことごとく吸収された以上、マルクスの〈経済学批判大系プラン〉のすべてがその最終範疇たる「**世界市場と恐慌**」をふくめて、『資本論』段階では虚空へと消失してしまったのだ、ということにも必ずしもならないのである。

なぜならば、『資本論』体系化のマルクスの理論方法意識には、下向法の社会有機体的有限の下限である商品形態（価値形態）から出立して、〈後方への旅〉すなわち上向法的論理推転を開始して、その極限的上限である資本の理念《イデー》としての株式資本（利子産み資本と信用機構）による「信用創造」創出にともなう利潤率低下と利子率高騰との矛盾激化による**恐慌の暴力的爆発**と資金の過剰化を介して、資本の商品化によって再び冒頭商品へと自己還帰する円環化体系としての資本家社会＝市民社会の螺旋状的高次化のメカニズムを、マルクスは闡明したのであったのだからして。

〈経済学批判体系プラン大系〉のいわゆる後半体系の第四・第五範疇の「国家」が、経済学原理論的に規定できない（そのことは当然のことである）からと言って、宇野教授がそこから過剰禁欲するごとく、後半体系の最終＝第六範疇の「世界市場」が経済学原理論的に規定できない、というようなことにはならない。この最終範疇は、後半体系の最末尾に位取りしているが、けっして後半体系の最終範疇なのではなくて、〈プラン大系〉全体の最終範疇としてそもそもが措定されていたのである。

実在する世界市場を、それこそ原理論的に模写する「世界市場」範疇概念は、中期マルクスに特有な〈経済学批判プラン大系〉の廃棄にもかかわらず立派に成り立つのであり、まさにそのことが〈**恐慌論**〉の大眼目である〈**世界市場と恐慌**〉の画龍点睛となるのである。**宇野弘蔵**『**恐慌論**』は、**マルクス**〈**恐慌論**〉以上に、この画龍点睛を欠いているのである。だいたいが、『資本論』段階の晩期マルクスの場合にも、ちゃんと残っている〈プラン大系〉の「前半体系」の端緒《アンファング》に据わっている〈資本一般〉は何処に於て在るのか？　何処に於て生成するのか？　何処に於て作動するのか？　それは「世界市場」に於てである。それ以外ではありえない。その資本活動から〈世界恐慌〉という最終範疇も生い立って、『資本論』を体系化させるのである。

宇野「結語」を再精査しているただいま、博士自身が積極的に確認・認容している、大文字の産業革命の以後、**一九世紀イギリスの典型的恐慌現象、すなわち周期的な恐慌現象**（それは最先進のイギリス経済を基軸として、**一八二五年―三六年―四七年―五七年―六六年と、一様に規則的に十年内外の周期をもって恐慌として発現**したのである、そして**一八六八年の恐慌の形態変化**を発端として、世界市場における経済現象は**農業恐慌の長期・慢性化**を淵源として世界大不況へと移行し、資本主義の産業資本基軸の自由主義的世界編成から金融・独占資本基軸の帝国主義的世界編成へと旋転していったのである、その**恐慌現象**の上演された世界舞台は、つねに世界市場であったのである）は、「世界市場との関連なしには考えられない」という根本的事実を、宇野博士は「世界市場」としてまた「世界貨幣」ヌキの経済学原理論ないしは**恐慌論**としてどのようにして原理化できるのか？　その理論作業は、「外部化」による抽象・捨象ならざる排除・排出としてではなく、それらを「内面化」する方法を発見することでなければならない、とわたしには思われるのであるが。

同じく、博士自身が積極的に確認・認容している「資本主義自身が常に外国市場との関連の間に発展してきている」、「具体的な資本主義の発展となると、世界市場を考慮しないではいられない」という資本家的商品経済の根本事実を、宇野博士はいかにして経済学原理論化するのか？　それらの根本事実のすべてを、「原理論」の次元から消去して「段階論」の次元に押しやり、先送りすることによって、その難問《アポリア》は果たして解決しうるのか？　そんな芸当は誰にだってできやしない。

この「結語」の新たな問題提起が、思わず知らず反照的に提示している重要事は、宇野『原理論』においては、「世界市場」も「世界貨幣」も範疇そのものとして無いし、〈純粋資本主義モデル〉としてのイギリス資本主義の重要問題であった「農業問題」も「食糧問題」も「外国貿易問題」も「金の流出入問題」も「小さな政府問題」もいっさい存在しえないのである。歴史的実在として存在しているものを存在しえないとみなすと言うのは、観念論の強弁以外のなにものでもあるまい。〈宇野理論〉にとって、世界資本主義というのは認められるのか、認められないのか――逃げ口上なしではっきり答えてもらいたいものだ。

〈宇野理論〉にとっては、ありのままの資本制的歴史実在である「世界資本主義」はありえないのであり、にもかかわらず理論的モデル設定である「純粋資本主義」は存在しているのである。この倒錯の根拠を、わたしたちははっきりと見定めなければならない。

わたしの平明な理解では、「純粋資本主義」とは宇野博士の頭の中にだけ仮象として有るものであって、それは一九世紀イギリス資本主義の極く局限された条件・状況が無くなってしまえばたちまち雲散霧消せざるをえないのであり、その部分的・条件付きの一九世紀的イギリスにおける存在でさえもが、たとえば一度び「外国市場」が入ってくればたちまち空無化せざるをえないものであるが、それに対比してみて、「世界資本主義」は「世界市場」を実在的基盤として、一九世紀においても二〇世紀においても、いや、一六世紀の「大航海時代」においても、一七世紀の「過渡時代」においても、はたまた、二一世紀の「現代資本主義時代」においても、常にいつも実在しているのである。

資本制世界市場・世界経済の基軸であるイギリス資本主義を「典型的例解の場所」として抽出された〈純粋資本主義モデル像〉は、マックス・ウェーバー式に厳密に定義すれば「理念型《イデアル・ティープス》」概念にほかならない。宇野博士自身は自らの〈純粋な資本主義社会〉なる概念が「理念型《イデアル・ティープス》」ではない、M・ウェーバーの「観念論」とは異質な「方法模写」の徹底唯物論の所産である、と主張するが、M・ウェーバーの「理念型《イデアル・ティープス》」とは、けっして恣意的な観念論的虚構ではなくて、厳密で有用な一定の価値視角から抽出した作業仮説としての「モデル」概念であって、逆に言うと、そのような厳密な作業仮説的自覚をもってそれを「モデル」として用いる場合にだけ「理念型《イデアル・ティープス》」概念は、社会分析的・観念形態分析的有用性を発揮しうるのであり、わたしに言わせれば〈純粋資本主義モデル像〉のごとき「理念型」も、そのような自覚的使用がなされる場合には、宇野学派にとってもしばしばそうであるように、実際的に有用な科学的成果を一定の分野において収めうるのである。それ以上・それ以外の〈純粋資本主義モデル像〉の過大使用・適用は、観念的恣意の妄想のほかのなにものでもないのである。

たとえば、「単純小商品社会」という擬似的な社会範疇がある。歴史上そんな社会は、どこにも、いつにても存在しないのであるから、これを歴史的実在として把握し解釈し使用することは、エンゲルスのようなマルクス主義的「権威者」が価値法則のかれ特異な解釈上たとえそのように設定してみたところで、学問上不毛そのものに終わるほかない。価値法則の解釈上も、エンゲルスの場合が実際にそうなったように、倒錯的な謬論におちいってしまうのである。なぜならば、そのような言語矛盾的「社会」は、地球上どこにおいても、いかなる時期にあっても、実在しえないからである。単純小商品の生産や流通は、前近代《プレ・モダン》ないしは初期近代《アーリー・モダン》の共同体社会ないしは実質社会の周縁に付着した経済的要素・側面として存在しうるにすぎないのである。それは、したがって、経済的社会構成体を構成しうるものではありえない。

しかしそれを「単純商品社会像」ないし「モデル」として、「理念型《イデアル・ティープス》」概念として限定して自覚的に把握して対象分析に使用するならば、一定の学問的成果が得られもするのである。

「純粋資本主義」概念の〝帝国主義〟的拡張使用をおこなう宇野学派が、ことこの問題に関しては、「単純小商品社会」なるものの存在・存立不能をきびしく言い立てて（そのこと自体は完全に正当であり科学的真理なのであるが）、そのくせ自らの「純粋な資本主義社会」なるもの存在・存立への疑いを許さないこの所業とは、いったい何事であるのか？　宇野博士も、資本制社会が「市民社会」であることは認容されるであろうが、「市民社会」概念の近・現代における確定的学問系統的にいえば、「単純小商品社会像」（エンゲルスもまたその像から「価値法則」を取り出したのである！）への「理念型《イデアル・ティープス》」的アプローチから、「市民社会」像・概念を歴史実証的に導出した事例が多いことを、他山の石として省みなければなるまい。たとえば、現代日本での望月清司や平田清明のブリリアントな学問的業績を見られよ！

「純粋な資本主義社会」なるものは、この世のどこにも存在していない架空像なのであって、だからこそ、宇野博士もこの「純粋の資本主義社会」だけについては存在しているとは言えないで、「想定しうる」とするのであるが、「世界市場」については、別様な論法をもってそれが「多かれ少なかれ歴史的に具体的な規定をもった、いわば不純なものとならざるをえない」という故によって、聖なる「原理論」世界から放逐してしまうのである。

そんなバカげたことを強弁上言い出せば、そもそも〈冒頭商品〉にしてからが、なにしろ「諸社会の富」を統括する範疇概念であるからして、厖大な不純物を抱え込んでいる似而非概念として即座に追放してしまわざるをえなくなるではないか！　これでは『資本論』体系自体が第一頁から先へは一歩と雖も進められなくなってしまうのだ。

売り言葉に買い言葉で、極論的な反問を敢えておこなうならば、資本家的商品経済という「原理論」の対象（宇野学派の場合には「モデル」ではなくて）とされる概念存在は、同様に人類史において、「多かれ少なかれ歴史的に具体的な規定をもった、いわば不純なものとならざるをえない」概念存在として、西暦一六世紀以来の世界史に実存しているのではないのか？

問題をそのような抽象的極論へと持って行かないで、イギリス資本主義＝「純粋な資本主義社会」論に戻していうならば、そのようなイギリス資本主義の国内関係の「純化」自体が、まさに「不純な」世界市場との関係、国際金本位制という具体的機構形態をとった世界貨幣との関係のなかではじめて、型制化され存在しえたのであり、その世界的・国際的関係性のなかでイギリス資本主義が、「農業問題」「食糧問題」「資源問題」を、「外国貿易」を通じて、

「金の流出入」を通じて、外化できたればこそ、イギリス資本主義の国内関係の「純化」もまたありえたのである。この論理的関係は、けっして逆には処理できないのだ。

中期から後期へと移行の途次にあったマルクスにとって難問《アポリア》中の難問《アポリア》であった、〈経済学批判大系プラン〉の前半体系から後半体系への論理的移行の不可能性の問題も、前半体系が『資本論』体系に吸収されてしまった後は、後半体系の最後範疇「世界市場と恐慌」は、その『資本論』体系の枢軸ないしは最終範疇として、保存されて内化されて、『資本論』弁証法体系そのものの最終範疇として位置づいたのであって、そうした共時態《サン・クロニック》的構造論理の通時態《ディア・クロニック》的歴史形態への射映は、今日の現代資本主義世界システムによって、グローバル資本主義が諸国民国家を超えて、そしてまたわたしの言う「国民国家の漏電現象」をともないつつ、グローバルな価値増殖活動を国際通貨運動をはじめとする擬制（架空）資本の運動を、現実資本の行っている実態的国際貿易の実に数十倍・数百倍の次元・水準・規模・範囲において狂熱的に展開し、そのような世界のヘゲモニー国家USAが「ドル・核帝国」として「世界帝国」的役割を演じていることを見れば、今日のわたしたちは、マルクス時代よりも直近目撃的にその歴史論理的位相を了解しうるのである。

5　『資本論』第一部・第二三章・第二節末尾における**「恐慌」**「産業循環」「信用制度」「株式会社」「鉄道」等の〈鍵《キイ・ターム》〉術語の一斉ラッシュ

資本の産業循環=景気変動過程における**周期的恐慌現象の暴力的・突変的・全般的爆発**は、マルクス『資本論』全三部体系の要めとして、資本家社会における価値増殖過程の推進を通ずる価値法則の貫徹を実証する、いわば画龍点睛であるにもかかわらず、かんじんな『資本論』体系第一部において、それが言葉としても理論的概念としても、はじめて登場するのは、ようやくその第二三章「資本制的蓄積の一般的法則」の第二節「蓄積とそれにともなう集積（Zentralisation）とその進行中における可変資本部分の相対的減少」（フランス語版『資本論』での節題名では――「蓄積の進行中における資本構の継起的変化、および労働力と交換される資本部の相対的減少」）の末尾にいたってである。

すなわち、その第二三章・第二節末尾においては――

（1）「一つのまったく新たな力である信用制度が形成され、それが、最初は蓄積の控え目な助手としてひそかに忍びこみ、社会の表面に大小の量で散在している貨幣資力を、目に見えない糸で個々の資本家または結合資本家の手にかき集めるが、やがて競争戦における一つの新たな恐るべき武器となって、ついには諸資本集中のための巨大な社会的機構に転化する」。

（2）「集中の最も強力な二つの槓杆《てこ》である競争と信用も発展する」。

（3）「そしてそのことが、集中（Konzentration）を、拡大された規模での再生産を表す別個の表現であるにすぎない集積（Zentralization）から、とくに区別する」。

（4）「或る与えられた社会において、社会的総資本が、ただ一人の資本家なり、ただ一つの資本家社会なりの手に統合されるようにでもなれば、その瞬間にはじめて、この限界に達することになるであろう」。

（5）「既成の、もしくは形成中の多数の資本の融合が、株式会社形成というより円滑なやり方で行われる」。

（6）「蓄積によって若干の個別的資本が大きくなって鉄道を敷設しうるようになるまで待たなければならなかったとすれば、世界にはいまなお鉄道がないことであろう」。

（7）「ところが、集中は、株式会社を介して、たちまちのうちにそれをなしとげた」――という、「集中によって一夜のうちに鍛接《たんせつ》された資本塊は、他の資本塊と同じように――ただヨリ急速に――みずからを再生産し増殖するのであり、それゆえ社会的蓄積の新たな強力な槓杆《てこ》となる」。

以上のように、価値増殖＝資本集中過程が進行してゆく全文脈との不可分な位置に置かれて、「近代的産業の特徴的な生活行動――すなわち、比較的小さな変動によって中断されながら、中位の活況、全力をあげての生産、**恐慌**、および停滞の諸期間からなる、十ヵ年の循環という形態は、産業予備軍＝過剰人口の不断の形成、大なり小なりの吸収、および再形成に立脚する。産業循環の浮き沈みは、それがまた、過剰人口に新兵を補充し、その最も精力的な再生産動因の一つとなる」という基本命題となってはじめて、**「恐慌」概念**が言葉としてお目見得するのである。

右の場合、**十ヵ年の周期的循環となって現われる「恐慌」**も、それをもたらす「産業循環」＝景気変動も、はじめて立ち現われるのはもとよりのこととして、全文脈の各鍵概念用語《キイ・ターム》としての「信用制度」も「株式会社」も「鉄道」も、そのことごとくが、**「恐慌」**や「産業循環」と同じく、『資本論』第一部・第二三章・第二節末尾のこの箇所にいたって、みなはじめてラッシュするように一斉に登場するのである。

したがって、この箇所の全文脈を解読してみるならば、かれマルクスが、一九世紀イギリスの産業資本的蓄積様式における、綿工業を主軸とし鉄工業を副軸とする資本蓄積の一般的法則を通じて、鉄道建設の世界的普及のために巨大な固定資本を要する鉄鋼業の設備新設費用もふくめて、社会的資金を信用制度＝銀行を通じて株式会社形態をもって動員・調達し、その巨大固定資本の設備投資・運営・更新を資本制的生産の「物質的基礎」として――それは同時に、**恐慌の単なる「可能性」の次元**にはとどまらない、**恐慌の「物質的基礎」**として、すでにブレ出した**十ヵ年の周期的恐慌の循環的爆発モメントを形成する**――作用し、そうした資本の有機的構成の高次化・増進が、資本家社会的人口法則である相対的過剰人口の形成（産業循環過程における好況局面と不況局面の交替に応じて吸引・排出される）をともなうことによって、**不可避的な恐慌の「必然性」の現実化を準備する**、というロジックをもって、その全文脈を理論的に構成していることが判明する。

「したがって、近代的産業の全運動形態は、労働者人口の一部の、失業者または半失業者への不断の転化から生じる。経済学の浅薄さは、とりわけ、経済学が産業循環の局面転換期の単なる徴候にすぎない、信用の膨張と収縮とを、この転換期の原因にすることのうちに示されている。天体は、ひとたび或る一定の運動に投げ入れられれば、絶えずその運動を繰り返すのでまったく同じように、社会的生産も、ひとたび膨張と収縮とを交互に行うあの運動に投げ入れられるやいなや、この運動を絶えず繰り返す。結果がこんどはまた原因となるのであり、自分自分の諸条件を絶えず再生産するこの全過程の浮き沈みは、周期性という形態をとる。この形態がひとたび確立されるや、経済学でさえも、相対的な――すなわち、資本の中位の増進欲求との関連で――過剰な人口の生産を、近代的産業の生存条件であると理解する」と。

　これによってこれを看るならば、**一八四七年恐慌の爆発**にひきつづいた一八四八年ヨーロッパ世界革命の勃発に、『共産主義宣言』を行動綱領とする「共産主義者同盟」の党創成をもって馳せ参じて以来のマルクスが、それ以来というもの終生堅持した**〈恐慌－革命〉論的アプローチ**において、かれ自身がたまたまそのすべてを体験・経験した、**前後五度にわたった一九世紀資本制世界の全般的・周期的・激発的な恐慌現象――一八二五年、一八三六年、一八四七年、一八五七年、一八六六年――**の由って以て至った原因を、資本の価値増殖＝産業循環過程における剰余価値生産の生産過剰化と相対的過剰人口による失業者・半失業者の排出（その根底には、「万能」の資本の生産過程が、唯一生産できない単純商品として「労働力商品」化の根本矛盾が横たわっているのである）とによって、産業循環の好況から恐慌への局面転換期が到来し、その金融逼迫期的最終シーンにおいて、「現実資本」と「架空資本」との乖離が極大化して「資本過多《プルセラ》」が現われることに基づく、一般的利潤率の傾向的低下の亢進と利子率の異常高騰の亢進との激突という弁証法から**周期的恐慌が大爆発**するにいたる、といった工合に『資本論』全体系の核心《ガイスト》を把握していたことが分かる。

　このマルクスの「資本過多《プルセラ》」に基づく**〈恐慌論〉**の核心《ガイスト》は、スターリン主義的な俗流マルクス主義者が久しく〝正統派〟と称して唱えてきている、マルクス主義経済学における〈恐慌論〉とは、マルクスの〈再生産表式〉に基づく部門間不均衡と労働者大衆の過少消費が累積して「恐慌の必然性」の現実化に直結するにいたったのだ、という俗論を、マルクス自身の基本的規定によって木ッ葉微塵に打ち砕くものであると言ってよい。

本書の他の箇所でも、すでに詳細な理論的検討を加えたように、マルクスの〈再生産表式〉とは、右のような一切のスターリン主義的・代々木宗派主義的な俗流マルクス主義の主張とは逆に、正反対に、商品資本の循環を赤い一筋の糸として資本の変態《メタモルフォーゼ》を全社会的に抽象的定式化し、資本家社会の全経済循環を成り立たせる均衡諸条件を見出し、よってもって資本家社会再生産の存立・存続可能性を証明した理論的作業にほかならないのである。

このような〈恐慌論〉の基本的規定を『資本論』弁証法体系の完成過程でその画龍点睛への努力としてすでにうちだしていたかれマルクスが、にもかかわらず、先にも述べたごとく、「資本制的蓄積の一般的法則」の「拡大再生産」を論じた節にいたって、ようやくはじめて「産業循環」とそこにおける好況からの転換局面における「恐慌」の爆発について論及したことは、やはり、マルクスの自然的・生理的寿命に制約されてよぎないことであった、〈恐慌論〉の一括的・明示的完成がなされぬままに終わらざるをえなかったことの、一つの顕著な反映にほかならなかった、として、これを捉えるのほかない。

本書でくりかえし強調してきたように、そのようなマルクス〈恐慌論〉の未完の不備・空隙を、二〇世紀的現代にいたって、マルクスの残した基本的規定の志向性をそのまま発展させて完成した労作こそ、宇野弘蔵『恐慌論』（一九六三年）にほかならない。本書は、そのような宇野〈恐慌論〉によるマルクス〈恐慌論〉の補正・完成の志向性を継承しながら、さらにわたしが、宇野〈恐慌論〉のなお抱えていた二つの難点《アポリア》を理論的に明示しながら、その理論的解決方向の模索・試論として展開されたものにほかならない。

翻って追思考してみると、マルクス『資本論』体系は、その第一部の論理的下向の極限である「冒頭商品（商品形態)」論から上向を開始して、「労働の二重性」に由来する使用価値と交換価値ないしは価値との矛盾を原動力としつつ、商品→貨幣→資本と価値形態的上向の推転をおこないながら、そのような価値形態が資本の生産過程において労働力商品を把握し配置するところから、世界市場を創出する全商品生産物を生産する資本の力能を獲得して、絶対的・相対的剰余価値生産をおこなう諸個別資本の競争を展開することを叙述し、それらが社会的総資本としての運動総括に基づいて「資本蓄積の一般的法則」を具現するにいたることを展開したその時点で、満を持していた「産業循環」**「恐慌」**概念を、「信用制度」「株式会社」「鉄道」「鉄鋼業」等々の鍵概念用語《キイ・ターム》との全文脈的連関において、はじめて提示し、よってもって『資本論』体系を体系化する方向性を明示するにいたった、と解義することができる。

そして、エンゲルスが、マルクス死後に自らが発行した現行『資本論』第四版のために、その箇所に補注を施して、「イギリスとアメリカの最近の『トラスト』は、少なくとも一事業部門の大経営全部を統合して実際上の独占をもつ一大株式会社にしようとすることによって、すでにこの目標に向って努力している」と、「カルテル」「トラスト」「シンジケート」等の、マルクス死後の資本主義に現われた、とりわけ鉄鋼業・重化学工業の巨大固定資本を賄う資本の集積と集中に由る「一大株式会社」の形成、すなわち「実際上の独占力をもつ」金融・独占資本の出現をまで、マルクスの世紀を超える先見力が届いていたことを、正当に誇示することができたのである。

マルクス自身、「フランス語版」『資本論』においては、その箇所に次のような挿入文を補注している——「しかし、機械制工業が、国内の全生産に優勢な影響力をおよぼすほどに深く根をおろすようになった時点、機械制工業によって外国貿易が国内商業を追い抜きはじめた時点、世界市場が新世界で、アジアとオーストラリアで、つぎつぎに広大な領域を併合していった時点、最後に、競争場に登場する工業諸国が十分多数となった時点、このような時点以後はじめて、絶えず再生産される循環が始まったのであり、この循環の相次ぐ諸局面は数年間を含み、それはつねに**全般的恐慌**に、一つの循環の終点でもあれば、また新たな循環の出発点でもある**全般的恐慌**に、帰着する。いままでは、この循環の周期の長さは十年か十一年であるが、しかし、この年数を不変なものと見るべき理由はなにもない。反対に、たったいま展開していた資本主義的生産の諸法則からはまた、この年数が可変的であり、循環の周期がしだいに短くなるであろう、と推論せざるをえない」と。

これによってこれを看るならば、すでに一九世紀末葉の**農業恐慌の長期慢性化**を渦源とする「世界大不況期」に入った時期に発刊された「フランス語版」『資本論』の時点においては、すでに**一八六八年恐慌**が、**イギリスの信用恐慌**をもたらさないままドイツ、アメリカ合州国へと遠心的に**恐慌現象**が波及していった異変を、文字通り世界でただひとりいちはやく感知していたマルクスが、その時点で、産業資本的蓄積様式の時代の**周期的恐慌の「周期性」**が崩れるにいたった、と理論的に推断していたことが完全に判明する。これは、まことに驚嘆すべき理論的推論である。

マルクスは、**一八六八年恐慌の変態以降の世界恐慌**は、生産力・生産関係の歴史的変貌にともなって、「十年か十一年」の周期へと可変的になるにちがいないと洞察し、その周期の可変性はさらに「循環の周期がしだいに短くなるであろう」と推論していたことが、判明する。この先見的洞察は、世紀を越えてドンピシャリ的中し、帝国主義時代における**恐慌現象の発現形態の変容**をもののみごとに言い当てることとなったのである。

すなわち、これこそが、一九世紀末の「世界大不況」の到来であり、これを転機として、資本主義の世界編成は、マルクスの死後の二〇世紀初頭に掛けて、産業資本的蓄積様式を基軸とした自由主義的世界編成から、新たな〈マルクスが驚くべき先見力ですでにいちはやく感知し、マルクス死後、第二インターナショナルの指導者として生きたエンゲルスが「カルテル」「トラスト」「シンジケート」として、すばやく摑みとった〉金融・独占資本的蓄積様式を基軸とする帝国主義的世界編成へと、世界史的に移行していったのである。

マルクスは、**恐慌現象の分析**に当っては、その歴史的資料を巨細にわたって検討・研究した上で、〈**恐慌論**〉として理論化すべきことを、しばしば要求した。自らもその要求にしたがって、**歴史上の諸恐慌現象の精査研究**に当った。

そのような厳しい探究が、厖大な歴史的解析として裏にあってはじめて、かれの〈恐慌論〉の基礎規定もうちだすことができたのである。本書が及ばずながら、マルクスの右の遺訓を体して、周期的ではない重商主義的世界編成期におけるオランダの「チューリップ」恐慌やイギリスの「南海泡沫会社」恐慌の事例研究をおこない、同様に周期的ではなくなった帝国主義的世界編成期ならびに管理通貨制度下の現代資本主義的世界編成期における恐慌現象の（今日のドル危機の具体的態容の分析にまでいたる）「歴史的変容」の事例分析に、精力を注いで、それを〈恐慌論〉として集大成的・綜合的に理論構成化しようと努めた所以である。

第一三章　マルクス「資本制社会における恐慌の必然性の論証」についての精査から理論的動源を得た宇野『恐慌論』

1　宇野弘蔵による戦後における「商品所有者の欲望」の問題の提起の意味

今からはもう六十年以前のことになるが、戦後日本のマルクス経済学の〈学〉的水準を一気に世界的水準を摩する域にまで引き揚げる直接的な契機となった「事件」に、宇野弘蔵教授が「交換過程」に商品交換すべく立ち現われる「商品所有者の欲望」の問題を持ち出したことがある。

よかれあしかれ戦時下に達成された〈日本資本主義論争〉の成果――それは、二〇世紀的現代において帝国主義世界戦争の大爆発に直接的な起因を触発されて勃発したソヴエト・ロシア革命へと歴史的に帰結するにいたった、マルクス経済学ならびにマルクス主義の形成史を世界史的に再総括して歴史的考察に付してこれを総覧して覧るならば、第二ヨーロッパ・インターナショナルにおける社会民主主義に主導された〈修正主義論争〉として知られるベルンシュタインvsカウツキーの〈ドイツ資本主義論争〉、そして、自由主義派《リベツ》としてのメンシェヴィキ（マルトフらのいわゆる少数派）vsボリシェヴィキ（レーニンらのいわゆる多数派）らの〈ロシア資本主義の後進的発達の道〉をめぐる論争として、ボリシェヴィキvsメンシェヴィキに主導された〈ロシア資本主義論争〉を、引き継いで為された、理論的・実践的成果――を踏まえて展開された、講座派vs労農派の〈日本資本主義論争〉として在った。

その戦争中の〈日本資本主義論争〉を踏まえてなされた、戦後日本のマルクス経済学再生の端初を文字通りゆるがした、或る種スキャンダラスでさえあった「学問的大事件」が勃発した原点は、おそらくは、宇野教授が一面においては、マルクス『資本論』が「冒頭商品論」の端初《アンファング》によって折角の（宇野教授にとっては）「価値形態」論を先ずもって創出しながら、それに続けて次いで「諸商品の交換過程」（フランス語版では「諸交換について」）を論述している論理的序列に関して、その「交換過程」をすっぱり廃除・廃棄してしまって、マルクス『資本論』体系の上向の端緒をすっきり（宇野教授にとって）と「純化」させてしまいたい、というまさに〈宇野理論〉の具体的形成の端緒である問題意識から発しているとともに、他面では、その「純化」理論作業の開始のためにも「価値形態」論のさらなる上向的展開には無くてはならない「諸商品の所有者の欲望」の問題を捨象してしまうことはできないという了知を、すでに戦後の宇野教授が（おそらくは、戦時中の『帝国主義論』読解の反照による『資本論』の一層の体系的純化の問題意識に領導されて）つとに抱持していたことの現われにほかならなかった。

右の〈交換過程〉の素っ飛ばし廃棄と、〈商品所有者の欲望〉のいきなりの登場という、戦後初発局面における宇野弘蔵教授の二刀流使いは、そのような欲望をもつ〈商品所有者〉はいったいどこの舞台へと登場してくるのか、と問うならば、それが宇野教授自身にとって、アンビヴァレンツな根本性格を始めから抱えこんでいたことが、六十年後の今日からは、少なくともわたしにとってはよく分かる。なぜならば、〈商品所有者〉――それは少なくとも売り手と買い手の二者であって、すでにして弁証法の端緒をそこに有している――が複数登場してくるその場所＝舞台は、〈交換過程〉以外はありえないからである。

マルクスは、その「諸商品の交換過程」ないしは「諸交換について」の章の冒頭において、「諸商品は、自分で市場におもむくこともできず、自分で自分たちを交換することもできない。したがってわたしたちは、商品の保護者、すなわち商品所有者たちを探さなければならない」としていた。その商品所有者たちは〈欲望〉を有っていなければ、けっしてそこへは赴かない。

このもっとも提題はなにしろ、共同体と共同体との間に発生する商品交換の発生史を論ずる過程《プロセス》であるからして、そこでは鬼である「異人《ストレンジャー》」同士が言語的存在、つまり「人間」としての認知をともなって登場してくることを忌避する無言貿易《サイレント・トレード》（沈黙貿易）＝鬼市（闇市）の現場において、発生すべくして発生した問題をめぐってであった。

そこに無言のうちに出会う双方の共同体に特有な労働生産物の所持者が、その交易《トレード》を成功・実現させた上でなければ（多くの場合、その交易《トレード》の実現が失敗した場合には、双方の労働生産物所有者は、生か死かの殺戮闘争に転ずることを現実的によぎなくされたのである）、「諸商品の交換過程」は、歴史的にも論理的にも開始しえないのである。

わたしが推察するに、そのような端初《アンファング》のかかえる微妙な問題の所在についてのマルクスの鋭敏な問題意識が働いたために、「諸商品の交換過程」（『資本論』初版）か「諸交換について」（『資本論』フランス語版）かと迷った末に、マルクスは現行版のその意味では無記的・一般的な「交換過程」という題名表示に落ち着いたものと考えられる。

しかし、いずれにしても、「冒頭商品論」の端初《アンファング》として「貨幣」共立への上向の途に着かなければならない諸商品の所有者たちは「交換過程」へと出向いて、そこで他者の所有している使用価値を異にしている商品と鏡像関係を取り結んで、先行した「価値形態論」で規定された、「相対的価値形態」と「等価形態」との相互に鏡像的に「顚倒」した姿容で現われる、労働の二重性が「使用価値」と「価値（交換価値）」の二重性に外化した発展形態化運動過程のなかで（うえで）、商品交換過程を実現させて、上向化へのその端緒へと入らなければならない。「これらの物を商品として互いに関連させるためには、商品の保護者たちは、その意志をこれらの物に宿す諸人格として互いに関係し合わなければならない」（マルクス）のである。そのようにマルクスは考えたのにちがいない。

こうした、『資本論』弁証法体系のそもそもの端初における、「価値形態論」と「交換過程論」の分離・前後・二重化のマルクス的弁証法の方法論的意義について、戦後日本における〈宇野＝久留間論争〉をそれなりに画した一方の当事者である宇野教授が、真に熟考・理解していたとは、今日のわたしには考えられない。

「諸商品の所有者たちの欲望」の問題（だけを）挿入して「交換過程」論を『資本論』体系の端初から省略・消失させて、「価値形態論」としてだけ端初《アンファング》の論理を純化させた上で、『資本論』全三部の全体系をより純化させて完成させる、といった宇野『経済原論』（それが経済学原理論としての高次な達成をなした面を、もちろんのこと、わたしも高く評価するが）のような（より根本的に言って）チョロイわけにはわたしからすればゆかないのである。その端初の把握のチョロサは、わたしをして言わしめるならば、〈利潤―利子〉論として終局するほかなかった宇野『経済原論』の生命とりとなったのであり、その何よりの現の証拠が、〈宇野理論〉の大成にもかかわらず（まさにその大成の故にこそ）、〈宇野理論〉における『経済原論』と『恐慌論』との最終的な二元論的乖離――別建て・別冊発行――にほかならないのである。あるいは、通説的理解に反するかもしれないが、本書を根本的に、かつ根底的《ラディカル》に提示しているわたしとしてはそう総括している。

わたしに言わせれば、〈宇野理論〉は、マルクスが『資本論』第一部・第一篇「商品と貨幣」において、第一章「商品」の第一節「商品の二つの要因――使用価値と価値（価値の実体、価値の大きさ）」、第二節「商品に表わされる労働の二重性」、第三節「価値形態または交換価値」（その上向最終極の形態「範疇」が「D貨幣形態」である）に次いで続けて、第二章「交換過程」を理論的必然としての絶対性において挿入し、その理論的解明のうえで、第三章「貨幣または商品流通」を解明して、「価値の尺度」→「流通手段」→「貨幣」（その「貨幣としての貨幣」の最終範疇が、宇野『経済原論』が経済学原理論体系から放逐・追放した「世界貨幣」にほかならない。この「世界貨幣」「世界市場」の理論的放逐・廃除が、本書が力説しているごとく宇野『恐慌論』の基本的完成が大失敗に終わる理論的致命傷となったのである）のマルクス的原意・真意を了知・理解した上で提示されているものとはわたしにはとうてい思えない。マルクスが周到にも、その第二章「交換過程」において、次のような論理的注意を書き記しているというのに。すなわち――

「それゆえ、一方は他方の同意のもとにのみ、したがってどちらも両者に共通な一つの意志行為を媒介としてのみ、自分の商品を譲渡することによって他人の商品を自分のもの（いいだ注――つまり「私的所有」）にする。だから、かれらは互いに私的所有者として承認し合わなければならない（いいだ注――ヘーゲル『精神の現象学』の「相互承認論」のマルクス版である）。契約をその形式とするこの法的関係は、法律的に発展していてもいなくても、経済的関係がそこに反映する意志関係である。この法的関係または意志関係の内容は、経済的関係そのものによって与えられている」と。

マルクスは、この項に付注して、「プルードンは、先ず正義、〝永遠の正義〟というかれの理想を、商品生産に照応する法的諸関係から汲み取る」として、近頃またぞろマルクスに対して「プルードン主義の復権」といったアホダラ経を唱える反動的な俗学者流の亜流主張の渕源について、容赦のない理論的批判を与えている。

そして、「諸人格は、ここではただ、互いに商品の代表者としてのみ、それゆえまた商品所有者としてのみ、実存する。わたしたちは、一般に展開が進むにつれて、諸人格の経済的扮装はただ経済的諸関係の人格化にほかならず、諸人格はこの経済的諸関係の担い手として互いに相対《あいたい》するということを見出すであろう」と。

如上のマルクスの提題を、一般の通俗的理解のように、契約社会としての資本制社会の市場における諸商品の等価交換の説明としてだけ受け留めるのでは、『資本論』弁証法体系のかんじんな端初《アンファング》の理解としては不十分である。それでは、折角のマルクスの提起が、一般民主主義の合理主義的啓蒙命題の一種に化けてしまう！ 今日でも〝マルクス主義的〟俗学亜流の徒は、マルクス『資本論』には〝純化した〟関係の記述があるのみであって、その体系からはかんじんな人格《ペルソナ》が消失してしまっている、といったしたり気な〝ヒューマニスティック〟な言明が、アタマもココロも弱い人びとの俚耳に媚びて流行しているが、『資本論』に学ぶ限り事の順逆はその正反対である――資本制商品経済社会が物象化社会として「物化した商品」を近代に特有な最高の呪物《フェティッシュ》としているが故にこそ、活きた諸人格が資本家社会の物神性の完成過程にともなって不可避的に消失せしめられてしまってゆくのである。

そのような厳たる近代化過程の価値法則性の、冒頭「交換過程」における最初の出発点的適用においては、わが室町時代期以降の日本人がよく理論的に心得て言表しえていたごとく、貨幣は「オアシ」として足《アシ》が二本生えているのであって、〈宇野理論〉の端初《アンファング》が、空想的に想定したごとき「商品所有者の欲望」だけでは、なにしろオアシがないのであるから、市場へと赴くこともできなければ、かりにそのアシのないくせに欲望だけが燃えたぎっている幽霊的存在が、宇野教授の脳裡のなかでだけ「商品所有者としての欲望」にせきたてられて市場に登場したとしても、オアシがない以上、自己の労働生産物を商品交換するごとき等価交換的近代現象のごときは、偶然的・偶発的にしか起こり得ず、そのような双方に共通する一つの意志行為を媒介として、経済的関係をその由緒正しい法的関係化をともなって経済法則的に一般的に実現する資本家社会的法則関係性形成のごとき「近代的状態」の〃奇蹟〃は、生じうべくもないのである。

「欲望」範疇もふくめて一般的に言って、わたしたちは、力、原因、実体、一性（一者）、同一性、人格、自由といった諸観念を、もろもろの「カテゴリー範疇」とよぶが、先に紹介したメーヌ・ド・ビランがきわめて先験的に「諸能力」と名付けたこの「第一の諸概念」「反省的・抽象的諸観念」「諸原理」「根源的諸観念」の体系化された論理的世界においては、それらの活動的諸観念は、「超越論的内的経験」として立ち現われてくるのである。メーヌ・ド・ビラン式に言うならば、そのような「主観性の身体」においては、主観が「それ固有の諸能力のいずれをも、知ることなしには行使することができず、（逆に）行使することなしには知ることができない」からこそ、「主観生活カテゴリーを知っている」と言うことが正しくなるのである。

このような、万有の存在（論）的にして認識（論）的な総体性《トタリテート》把握における行為的自己の主観-客観を一体化する在り方は、近代の〈延長《スキエンティア》〉vs〈思惟《コギト》〉、〈身-心〉、〈物質-観念〉のデカルト哲学の二元論的思惟体系を、越えてしまっているのである。

デカルトのそのような二元論的構想体系においては、行為の全体的現象のなかで主観的要素が代表・代弁するのは、（端初《アンファング》として〈宇野理論〉が想定したごとき）単なる欲望でしかなく、この単なる欲望を叶えて実現することのうちには、〈延長〉である身体（物体）と、〈延長〉である身体がその一部位であるところの物質的諸運動とが介入することが、不可欠・必須なものとして含まれているのである。それが、ドイツ観念論の批判《クリティーク》哲学体系化においては、ヘーゲルの

「行為の弁証法」となって現われてくるのである。

そのような、デカルト→ヘーゲルの「神秘的な介入」ではなしに、反対に、メーヌ・ド・ビランの「超越的内在」の立場にたつ、「主観性としての身体」論という超越論的内在を主張しているわたしたちの考え方からすれば、わたしたちは真の「一人称」の行為の哲学、すなわち実は「人間的活動の哲学」へとそれらを揚棄《アウフヘーベン》することができるのである。

もしも、行為への自己《エゴ》の関与が、単に欲望を定式化することだけに限られてしまい、そしてこの欲望に〝非人称的な〟諸過程が、あたかもまるで〝奇蹟〟によってでもあるかのように対応するというのであれば、行為的自己の行為は本当は自己《エゴ》の行為ではないことになってしまうのである。行為的自己の行為は、けっして魔術ではない。「商品所有者の欲望」なるものがオアシもないのに、昼日中から幽霊のようにあてどなくさまよい歩くというのでは、交換過程、すなわち原市場における商品交換なども発生も形成もしようがなく、したがってまた経済法則の規則正しい生成なども生じえようがないのである。

それどころか、欲望を有つ商品所有者二者の交換過程的出会いはむしろ、メーヌ・ド・ビランの存在論的思惟が今日のわたしたちにも教えてくれているように、行為的自己の行為とは努力であり、主観的な緊張であり、外的・外在的な超越的要素に対して「超越論内在」化している「主観的身体」の挑みつづける闘争なのである。そうでなければ、ヘーゲル観念弁証法のように、いくら主観性の「外化」だと弁証法的旋回＝転換を論じ立てて体系化を企図しようとも、そこに実際に現われてくる「精神の現象」は〈疎外〉以外のなにものでもありえないのである。

わたしたちが、行為的自己の努力において遂行する実効的な行為とのあいだで、わたしたちの心理的にして心理主義的な〈生〉のうちに介入してくる現象学的に明証的な区別――このような区別を説明する必要性を、以上のようにたんに哲学的に意識するだけでも、行為的自己の問題、行為の問題についての従来のすべての伝統的な考え方を放棄し、それを超出するのに十分である。右に看てきたごとき、デカルトとヘーゲルの理論は、こうした西洋形而上学に由来する伝統的な考え方の、数多くある見本のうちの近代的な二つの見本にしかすぎないのである。

　宇野弘蔵教授が一撃をもって川合一郎教授の**「恐慌論なき実現論」**に基づいている部門間不均衡からの**過少消費説的恐慌論の理論的迷妄**を撃砕した所論の検討にひきつづいて、宇野弘蔵「『資本論』における**恐慌理論の難点**」（『社会科学研究』三巻三号、一九五二年六月）についての精査において、その冒頭、鈴木鴻一郎教授と久留間鮫造教授のマルクス〈経済学批判大系プラン〉についてのコメントを引例・紹介した〝遠交近攻〟策についての指摘に戻れば、川合一郎教授に対する論難においては**恐慌論上**教授が敵対的陣営に属していたこととの対比において、（久留間教授は戦後の有名な久留間・宇野論争についてみて、そしてまた鈴木鴻一郎教授はその「世界資本主義」的方法が宇野弘蔵教授の「純粋資本主義」的方法と異質であることを、理論的前提としてみても）、共に〈大系プラン〉の批判者であって、その批判点を宇野教授が肯定的・友好的に評価している一点からして、こうした間接的迂路の〝遠交近攻〟策を通じて宇野教授が、いよいよマルクスの**〈世界市場と恐慌〉**範疇の誤りを剔抉しようとして、「敵は本能寺にあり」とばかりに真の「敵」の本陣へと切り込む準備を整えるために、周到な理論的〝統一戦線〟を張っていることが分かるであろう。

　にもかかわらず、この案件についてのわたしの判断は、すでに詳しく述べたように、後期マルクスにおいて（も）〈大系プラン〉最終項目に位置されていた「世界市場と恐慌」範疇の廃棄・排斥は、後期マルクス自身に即してみて、宇野教授の誤りないしは勇み足である、というものである。

　したがってここでは、〈久留間・宇野論争〉における宇野教授の優位点――すなわち、マルクス『資本論』第三部の**あらゆる恐慌の窮極の原因**を、「依然としてつねに大衆の窮乏と消費制限――あたかも社会の絶対的消費能力だけが限界をなすかのように生産諸力を発展させようとする資本制生産の衝動と比較しての消費制限である」という命題の援用だけに由って、**恐慌の必然性**を〈再生産表式〉上の「生産諸部門の不均衡」へと絞り上げる久留間鮫造説に対する宇野弘蔵教授の戦前の論文「貨幣資本と現実的資本」（一九三七年——戦後公刊の『資本論の研究』に所収）以来の「相異る生産諸部門間の不均衡は、勿論、恐慌によってでも調整されなければならぬものともなり得るであろうが、しかしこの不均衡は常に価格の運動を通して調整されつつあるものとして、これが必然的に恐慌によって解決されなければならぬものとはいえない」（『恐慌論』「附録」岩波書店刊、一九五三年——傍点いいだ）という論断によって、とっくに解決され終わっているものとみなして、考察点をその先へと急ぎ進めたい。

2　〈宇野理論〉が指摘する**マルクス〈恐慌論〉**の難問《アポリア》中の難点《アポリア》は奈辺にあるか？

宇野「恐慌論」を完成させたマルクス「難点」精査の積極面、もっと正確に前後関係として言えば、それを完成させる理論的動因として働いた積極面からすれば、宇野「難点」論文が、冒頭の**マルクス「世界市場と恐慌」**に対する論難の次に進めた（必ずしも冒頭の「原理論」から「世界市場」概念・範疇の放逐を定めた所見との理論的関連なしに展開されている）**恐慌**と信用制度との密接な関連にかかわる、『資本論』では、率直にいって、商業資本は勿論、利子付資本も、産業資本の内から発展したというよりは、何か外部から附加されたもののような感を免れない」からはじまる一連の**「マルクス〈恐慌論〉の難点」**指摘の方にある、とわたしは考える。

宇野教授はそこで、いぜんとして「原理論の範囲で**恐慌**を論證しようとする場合、外國貿易を捨象しなければならないということは、原理論として當然のことであるが」と主張しつづけているものの、同時に「商業もまた商業資本によって獨立的に營まれるものとしては、現象を複雑にするだけで問題點を見失わしめることになるので、これもまた——といって外國貿易と異って、後には當然考察されるのであるが、ここではなお——捨象されてなければならない」という一定の留保を、後の行論を進める理論的布石としての必要上講じている。これによってこれを看るならば、この戦後すぐの〈宇野vs久留間論争〉の初発において、実は宇野教授はすでに早くも、「外国貿易」の導入も不純の導入だからダメ、「商業」の導入も不純の導入だからダメ、という「純粋資本主義」論の純粋主義的無理（！）についての不安を心中に感じていたことが、今からではよく分かる。

宇野「マルクス難点」論文の目途からいえば、けだし、「寧ろこの點は、個々の産業資本としては、資本制生産の眞の制限は資本そのものである」という、「この根本的規定を機構的に明らかにし得ないことと關聯して、當然に考察されなければならない。また信用が斯くの如き純粋の形で、現われる限りでは、それは外國資本や商業資本のように、問題を無用に複雑ならしめるものとはいえないのである」からである。**恐慌**が単なる**貨幣恐慌や信用恐慌**としてだけ論じられてはならないのは、**貨幣恐慌や信用恐慌**が再生産過程と遊離しても現われうるからである。

産業資本家同士の間の関係として、「再生産にたずさわる資本家たちがお互いに与えあう信用」は、産業資本家同士の関係の新たな展開であるが、それは商業資本のように「独立の資本」として産業資本の外部に出るものではない。もちろん、こうした資本家たち相互の「貸借関係」は、「貸付資本」として新たな規定を展開するが、それはあたかも、土地の貸借に対して土地を擬制資本と化して「地代」が支払われるように、それには「利子」が支払われることになる。ここでもなお、産業資本家自身が互いに「貸付資本家」となるのであって、その信用の媒介機関として「銀行資本」が独立しても、その点には何の変わりもないのであって、実際にはこのようにしてはじめて、銀行資本の根拠もまたあきらかにされるのである。

言葉を換えて言えば、このようなものとしての銀行資本は、産業資本の間の単なる媒介機構としての「商業資本よりもより単純な」、いわば「商人資本的形成」をもつ資本として、高次化されながら立ち現われてくるのである。

宇野「マルクス難点」論文は言う――

「『資本論』では、この點が已に前にも指摘したように産業資本に對して商業資本が、しかも多分に商人資本的に、いいかえれば産業資本の外部に與えられたものの如くにして説かれているために、貸付資本をかかる純粋の形で説くことが困難になっているのではないかと考えられる。それと同時にそれ自身に利子を生むものとしての資本が、直ちにこの貸付資本と同一視せられ、貸付資本において資本は已に商品化されているかの如くに説かれる」と。

資本はここではなお商品化してはいない点が、前提条件として先に確認されておかなければならない。ここでは、貨幣が、資金としての貨幣が、商品として、したがって一定期間を限って売られるのであって、資本は、この貸付資本によって形成される利子を基礎として、しかも商業資本を媒介にしてそれ自身に利子を生むものとして分化されたとき始めて、いわゆる擬制（架空）資本として商品化し、売買されるのである。

この「資本の商品化」が、『資本論』弁証法体系の最終範疇命題の創出として、冒頭商品への自己還帰を実現して『資本論』体系の円環化的高次化を達成したことは、本書でマルクス的全体系の枢要な臨界点として、再三くりかえして強調・解説してきたごとくである。

「この點は、（マルクスにおいては——いいだ注）商業資本が商人資本的に取扱われているのと同様に、そしてまたそれから當然の結論として、貸付資本もまた金貸資本的に資本家的再生産過程の謂わば外部から與えられたものとして説かれることにならざるを得なかったのではないか、と考えられる。そしてそれがまた産業資本における利潤率の低下と利子率の昂騰との衝突を、**恐慌の勃発の契機**として説くことを阻害したのではないか、と察せられるのである」。

このような、「マルクス難点」についての宇野博士の独創的な考察ならびに推察、そしてまたその「難点」の**恐慌論的処理・解決方向**について、わたしは全面的に同調する。けだし、利潤率低下と利子率高騰の弁証法が、理論的に設定しえなければ、**「恐慌の勃発の直接契機」**、すなわち**恐慌の必然性の現実化の直接契機**を説くことはできないからである。

3　マルクス〈恐慌論〉の難点《アポリア》に対する〈宇野理論〉の「労働力商品化」に基づく解決

このようにして「マルクス難点」論文を卒えた宇野博士は、次いで「二『資本論』における**恐慌**の必然的根據の論證について」に進み出て、博士の持論である「労働力商品化」こそが、右のような**恐慌の必然的発現・爆発**の「**根拠**」となるという大眼目へと、『資本論』再考察を詰めてゆくのである。すなわち――「『資本論』における**恐慌理論**の難點」において自分は「**『資本論』における恐慌理論**が、その論理的展開を商人資本等の謂わば歴史的・具體的要因を導入し、貸付資本を原理論に本来的なる純粋の形で展開しなかったために阻害せられ、極めて理解に困難なる點を有することを論じたのであるが、ここではさらに立入って資本主義社会における**恐慌の必然性の根據**を一般的利潤率の傾向的低下の法則の内的矛盾の展開に求めることにまた難點を有している――のではないかと考えられる――點を明らかにして見たいと思う」（傍点いいだ）と。

右の「内的矛盾の展開」というマルクスを踏襲した概念規定は、より厳密・正確に規定すれば「資本家的生産方法の内的矛盾の展開」ということになるが、それによれば、資本家的商品経済の産業循環＝景気変動過程を通ずるこの資本家的生産方式の内的矛盾の展開によってこそ、マルクスが「資本制生産はそれに内在するこの制限を克服することに絶えず努める」とみなした「資本制生産の真の制限は資本そのものである」という有名な命題も、具体的に生きてくるのである。すなわち「人口の過剰における資本の過剰」というマルクス的命題化として、生きてくるのである。

ここにおいて、労働力商品の特異性に一般的には由来する、資本制生産過程＝価値増殖過程における、技術革新による生産諸力の増進による相対的過剰人口の形成として、「資本過剰説」に主導される**恐慌の必然性の根拠**もまた、あきらかに闡明されることになるのである。

宇野「恐慌論」は、そのような資本の価値増殖の産業循環＝景気変動過程における好況局面後半に不可避的に発生する労働者賃金の高騰に**恐慌進行の一契機**を進んで看取する理論構成をもっているが、そのような論理的展開は、それに対して俗学者が俗物的批判を浴びせているがごとき、**賃金高騰・即・恐慌**といった直結の論理を何ら意味しているものではない。

宇野『恐慌論』によるならば、このような好況局面後半における労働者賃金の不可避的な高騰を一契機とする、**恐慌期の資本の過剰と人口の過剰との連動的関係性**が、俗学者流のいわゆる**「消費過少」恐慌説**や**「生産過剰」恐慌説**のごとき抽象的・形式的な**〈再生産表式〉恐慌説**へと堕さないためにも、言い換えれば、「剰余価値の生産の条件と実現の条件との矛盾」一般に解消してしまって、労働者人口の過剰（労働予備軍的諸形態を表出形態として含めた相対的過剰人口の形成）と「資本の過多《プルセラ》」との連動的関係性を、抽象的・形式的に無化してしまわないためにも、資本制社会において特異的な単純商品である労働力商品に由来する矛盾の累進が、**恐慌の必然性の具現化・爆発**へといたる経緯を追跡してゆくことが、決定的に理論的必要事とされることとなるのである。

「恐慌の必然性」とは、いうまでもなく、その周期性の由って来たる所以についてあきらかにされなければ、現実的な根拠あるものとしては、理論的に獲得されえない。マルクスの「直接的搾取の条件と、この搾取の実現の諸条件とは同じではない」という、その限りでは正しい有名な規定も、その正しい範囲・次元の限定を無制限に越えて無制的に適用し、それをもって直ちに、或いは主導的に**恐慌の必然性の根拠**とみなすわけにはいかないのである。

資本主義発展の全体の過程として観れば、一方で、資本の「設備投資型」と「合理化投資型」の二つのタイプを通ずる有機的構成の高度化による生産力の増進を、他方でまた、そうした発展にかならずともなう相対的過剰人口の形成を人口の自然増殖に加えながら、生産規模のますます大きな拡張をたえず実現してきたものとして、その**内的矛盾の最終的解決としての恐慌へと接近**してゆく、と言える。

そのような全体的な過程において、等価交換を経済原理とする近代ブルジョア社会において、「二重に解放された」

世界史的存在である労働者が、その生活裡に人間の生命として再生産された労働力をも商品として資本家に販売せざるをえない普遍的関係に置かれて「労働力商品化」する一般状況において、労働は交換に供されてはじめて、商品となるものとして、このような「逆転相」を演ずるのである。

この点からいえば、労働力商品は単なる生産物ではないが、きわめて原始的な、すべての生産物が交換によってはじめて商品に転化するようなものと共通した面を有している。発達した資本家的商品経済が、にもかかわらず、こういう原始的関係を単純商品という労働力商品に即して残していることは、とくに注目に値する特異相なのであって、それも畢竟は、資本家社会といえども人間存在の社会生活の一形態にすぎないことを示していると言ってよい。

右のような原始的関係を残存させている特異な商品の把握を、「類概念」的一般化によって把握する「商品」の把握の仕方は、知らず識らずのうちに「商品の生産」をも「類概念」的に一般化することになり、商品（労働力商品）をもってすべての（したがって「類概念」的な）商品を生産する資本家的生産関係の必然的展開を把握することができなくなるのである。

「商品生産」という類概念は、そのような純一般的な「生産関係」が別にあるわけではないのであって——エンゲルス御大をはじめとする俗学者流の〝単純商品社会〟といったフィクションを仮空の土台とするのでなければ——、「商品」規定がそういう生産関係をいっさい捨象された商品すなわち労働力商品を基軸的基礎として展開されるときはじめて、交換価値と使用価値との価値論的矛盾対立が、資本家的生産関係を包摂する商品経済として、最高次の抽象化的形態にまで発展すべくして発展する抽象性において、実体的に把握されるにいたるのである。そのような根源的意味において、労働力商品の特殊性・特異性は、**経済学の恐慌論にまで帰結**する理論構成・展開の端緒《アンファング》を成すのである。

4　マルクスの「労働の抽象性」論と宇野〈恐慌論〉の全巻の終わり

その次元から観るならば、一般に「抽象」というのは、あるものが発展し分化していって、多種多様なものの豊富な総体として存在するようになって、はじめて成立するものなのであって、通説のごとく原始＝原初の粗野なから歴史的に演繹されて導出されるものではありえないのである。たとえば、「労働」の抽象のごときも、資本家的生産様式のもとではじめて発展してきた労働者の自由な移動の可能性によって、人びとが或る種の労働から他の種の労働に自由に移動しうる場合にはじめて生じ、よってもって近代的に抽象化された賃労働は、特定の労働種目に対する（言い換えるならば「具体的有用労働」の差異性に対する）無関心を前提として成立するにいたるのである。だからして、たとえば、現代の最高度な水準におけるアメリカ的労働のごときものが、職業転換の自由も含めていわゆる何でも作れる・何にでもなれる労働者として抽象的「労働」者と成るのである。「一般的抽象労働」範疇概念の成立であるが、そのような労働の一般的・抽象化は、実は最高度の機械制大工業の労働の産物なのである。原始的労働が「生理学的エネルギー」の支出・放出であるからというので「一般的抽象労働」になるわけのものではないのである。

マルクスは『経済学批判』「序説」において、労働は全く簡単な範疇のように見えるが、このような「労働一般」としての労働の表象は、人類社会の「ノアの洪水」的太古から存在するが、にもかかわらず、この簡単性において把握された抽象的な「労働」は、この簡単な抽象物を一般的・普遍的につくり出した諸関係と同様に「近代的な範疇」である、として次のように述べた――

「アダム・スミスが、富をつくりだす労働のあらゆる規定性を放棄して、マニュファクチャー労働でも商業労働でも農業労働でもない、がそのいずれもよい、ただの労働を定立したことは、おどろくべき進歩であった。富を創造する活動（いいだ注――商品生産・変換活動）の抽象的普遍性とともに、いまやわたしたちは、富として規定された対象の普遍性を、生産物一般を、すなわち再び労働一般を、しかし過去の対象化された労働としての労働一般をもつことになった。この移行がいかに困難であり、また大きかったことか」（傍点いいだ）。

つまり、ごく簡単に言って、これが長い労苦に満ちた長期にわたる文明の進歩ということなのである。

「特定の労働にたいする無関心は、諸個人が或る労働から他の労働へとたやすく移動し、特定の労働種目がかれらにとって偶然であり、したがって無関心事であるような社会形態に対応している。労働はここでは、ただ単に範疇においてだけではなく、現実においても、富一般を創造する手段に化しており、特殊性において諸個人と宿命的に癒着するということがなくなっているのである。こうした状態はブルジョア社会の最も近代的な存在形態――アメリカ合州国――において、最大の発展をとげている。だからここではじめて、近代経済学の出発点をなすところの、「労働」「労働一般」、文句のつけようのない労働の範疇の抽象が、実際に真実となるのである。すなわち、近代経済学が劈頭にかかげるところの、そしてあらゆる社会形態に妥当する太古からの関係を表現するところの、この最も簡単な抽象は、それにもかかわらず、この抽象においては、ただただ最近代的な社会の範疇としてのみ、実際上真実にあらわれるのである」（傍点いいだ）。

こうして、最も抽象的な労働力商品の特異性は――それは一般的にあらゆる商品生産物を資本の生産過程において大量生産することによって、社会のすべての富を抽象化して、よってもって最近代的な社会形態を抽象化する――、財物の有用性（効用性）の源泉である有用的・具体的労働に基づく使用価値を、一般化して「抽象」に化してしまう人間の一般的抽象労働に基づく交換価値の主導下に置かれて、ブルジョア社会を抽象的な物象化社会として編成してしまうのである。だから、労働の「抽象」とは、最高度の最近の技術的労働の現象なのであって、原初社会の融通の全く利かない単純労働の謂では全くないのである。そこに太古からの「労働一般」も現出してくることに着目するならば、俗学者が太古からの「労働一般」の抽象性から演繹して近代資本制社会の「労働一般」の抽象性に論及するような、俚耳に入りやすい論法とは全く逆の正反対な性格を、近代の「弁証法的商品」に着目して、そこから逆に「太古からの」抽象的な「労働一般」へと遡源して論及するマルクス的方法が『資本論』体系の成立機性として固有されているのである。

資本制社会における唯一の単純商品として資本によって直接的には生産されえない労働力商品を、資本の有機的構成の高度化による相対的過剰人口の形成によって、資本家社会的に処理される労働力商品の特異性を、資本家的経済社会の基底的枢要事とみなす**宇野『恐慌論』**は、このような「労働力の商品化は、資本主義社会の根本的な基礎をなすものであるが、しかしまた元来商品として生産されたものでもないものが商品化しているのであって、その根本的弱點をなしている。**恐慌現象**が資本主義社会の根本的矛盾の発現として、そしてまた同時にその現実的解決をなすということは、この労働力の商品化にその根拠を有しているのである」と論述している。すなわち、「労働力商品化の無理」が**資本制経済の恐慌の必然性の究極の根拠**である、と再び三たび立論しているのである。

そのような理論的真髄をもつ**宇野『恐慌論』**によれば、資本制生産過程は、労働力商品化によって成立するとともに、その商品生産物は全面的に他人のための使用価値としての商品として生産され、販売されなければならないものとなる。「一社会が商品経済によって支配されるということは、そういう關係を意味しているのである」と。

そして、労働力商品化による全生産物の商品化は、人間が労働=生産過程において実現する自然対人間の関係行為の内にまで商品関係を持ち込むのであって、この過程を通してはじめて、生産物の商品化は全面的かつ必然的なものとなる。人間が自らの労働によって自然から生活資料を獲得し、その生活資料によって再生産される労働力をもって再び自然に働きかけるという、このあらゆる社会に共通な人間生活に絶対的な物質代謝過程を、商品形態を通しておこなうというところに、近代資本制社会の人類史上における社会的な・歴史的な意義がある、とされるのである。資本制商品社会とはその意味で、原始社会的「労働一般」を商品形態=価値形態を通して営む物象化社会としての近代社会に特有な形態化社会である、と言いうる。

　このような根本的観点に立つ**恐慌論**であればこそ、**宇野『恐慌論』**は、その「はしがき」において、『資本論』自体もそうしているように、自分は経済学原理論においても「賃金が労働力の価値以上に、或いは価値以下に動く場合を論じてよいか、どうかという点である」（それは一般に商品の価格がその価値の重心からつねに乖離して以上・以下的に変動することの、労働力商品的一環としての経済現象である）が、「労働力商品が他の商品とは異って資本家的に直接生産され得ないという事実のうちに極めて興味ある問題があり、他の商品の価格の変動との相違をも明らかにし得るのではないか、と考えている」とも記しているのである。これが、「従来、難問中の難問」とされてきた**恐慌論**に対する宇野博士のアプローチの核心点にほかならない。実は何人もそのように指摘しないのであるが、この点にわたしたちは全注意を集中しなければならない。

「『資本論』における**恐慌の必然的根據の論證**について」の結尾において、利潤率関係の考察において、「私は利子率を媒介にして始めて「個々の資本にとって全體の資本としては蓄積の無意味なることを明らかにされる」ものと解している。したがって、「**恐慌**へのアプローチの仕方」も直ちに個々の資本の手における直接的な遊休化としてではなく、信用制度を通しての遊休化として、したがってまた個別的には實現され得ない社會的規制を、自ら形成する遊休資金の貸付資本化によって實現するものと理解している。そこにまた、**恐慌**が一定の時期に――それは個々の資本の遊休資金を社會的に利用しつつ擴大された生産を前提とするわけであるが――勃発する所以を明らかにし得るものと思うのである」と確言するのである。

　宇野博士のその結論的揚言は、『資本論』のマルクスによる命題――「労働の生産力を高め、商品生産物の量を増加させ、諸市場を擴張し、量の上からも、價値の上からも、資本の蓄積を促進し、そして利潤率を低下させた事情、その同じ事情が、相対的過剰人口を産み出したのであり、また絶えずこれを産み出しているのである」――は、それはそれで、「そしてそれは一般的傾向（の記述――いいだ付加）としてはそれでよいのであるが、しかしそれでは、**恐慌**が何故に一定の時期に勃発するか、また何故に周期的にそれが繰り返されるかは解明されないことになる」という、**マルクス「恐慌論」**の難点の剔抉とその基本的解決への秘かな確信の上に立脚しているのである。簡単に言えば、ここで宇野博士は、マルクスのアプローチの仕方では**〈恐慌論〉**の難問《アポリア》は解決できない、と言っているのである。

位置価として、以上再精査を進めてきた**宇野『恐慌論』**全体の最末尾としての位置取りを有つ、要約的・結論的提示において、宇野弘蔵博士は次のようにその論述を終えている――

「要するに資本家的生産方法の発展の一般的傾向としては、利潤率の低落を利潤量の増大によって補う資本の蓄積が行われるとしても、その過程は或るときは已に與えられた資本の構成を基準にして――勿論、それは前周期の構成水準に比較しては高度化したものとして、したがってまた労働手段の單なる更新も已に相對的過剰人口を形成するが、（固定資本の――いいだ付加）新設・擴張は労働人口を益々多く吸引するものとして――生産の擴張を行いつつ好況期を實現し、また或るときは新なる資本の構成を――従来の構成をもってしては最早や資本として充用しきれない過剰の生産手段と生活資料とを有し、それがために生じる生産の停滞によって形成せられた過剰人口の上に、さらに人為的過剰人口を加える新たな生産方法を、個々の資本家に特別の利潤を與えることによって――導入する不況期をなすというように、分化してあらわれるものとして、始めてこの二つの時期を結ぶ恐慌を周期的に必然なるものとする根據も明らかにされるのである。それと同時に資本主義社會における生産力と生産関係との矛盾の発現としての恐慌も、資本主義社會の根本的前提たると同時にその根本的難點をなす労働力の商品化を樞軸として展開される過程であることが明らかにされる。それは直ちに資本主義社會の崩壊を意味するものではないが、しかしその崩壊を含蓄するものとして発現する。**恐慌**をかかるものとして解明することが、原理論の任務といえるのである」。

　最近の**〈恐慌論〉研究の進展**には、かつて宇野弘蔵逝去時に大内秀明教授が説いたごとく（「実現恐慌論の再版＝復活をめぐって」『経済学批判』二号・社会評論社刊、一九七七年四月）、**「実現恐慌論の再版＝復活」**の面を色濃く持っている。そこで論ぜられている**〈恐慌論〉**深化の論点は――先ず第一に、**戸原四郎『恐慌論』**（筑摩書房刊、一九七二年）においては、**恐慌論**を静態論から脱却させるために動態論的に「各論」として論ずる視点である。このような新視角は、**宇野弘蔵『恐慌論』**が、それがまさに経済学原理論の次元・水準・範囲においてその周期性の根拠もふくめて説くという根本的志向に貫かれているにもかかわらず、なぜに、かれ宇野自身のもう一つのライフ・ワークである『経済原理』とは別個・別建て・別冊として著わされなければならないのか、という難点を解決するための一つの試みであったと言える。わたし自身は本書において、**宇野『恐慌論』**が固有しているこの難点《アポリア》についての根本的解明を提示している。わたしとしてはもちろんのこととして、本書がこの難点《アポリア》を解決した、と理論的に自負しているのである。**戸原『恐慌論』**による**宇野『恐慌論』**の難点克服のためのこの動態化論的な試みは、さらに高次な新たな難点として、動態論としての経済学原理論の展開においてそもそもかれ戸原が重点として力をこめて説く「各論」と、かれ戸原が説いていない「総論」の枠組との関係が、明確でない、少なくとも「総論」がそもそも説かれていないのであるから、そのような**「マルクス恐慌論」**は「各論」の寄せ集めとしてのバラバラ事件的合成にならざるをえなくなってしまう。さらに言えば、原理論を「いわば無時間的な静態的世界像」「均衡関係」として、**恐慌論**を「時系列的」「法則の動態面」として区別することは、かえって、そうした動態面がどのように全体的な静態的世界像のなかに面として位置づいているのか？　という反問もふくめて、「原理論」体系内部の各領域（生産論・流通論・分配論）のそれぞれに特有な論理的性格の質的相違を「資本一般」的に抽象化してしまって、「原理論」体系全体を「静態論」に押しこめてしまう点で、新たな根本的無理をかかえこむこととなる。何と言っても、**恐慌**とはすぐれて動態的現象だからである。

大内秀明教授が言うように、むしろ、「原理論」体系は、それ自身の内部に「静態論」（とりわけ「生産論」）と「動態論」（とりわけ「流通論」・「分配論」）とを統一的に含むと考えるべきであり、その点では、**戸原四郎『恐慌論』**は、「静態」と「動態」との関係において、（しかもその「動態」も総論的枠組を欠如する「各論」という関係構成であればなおさらのこと）、「原理論」と**「恐慌論」**の関係を機械的に区別することによって（私見では、宇野理論における『経済原論』と**『恐慌論』**の区別のごときは、そうした機械的区別の最たるものである）、かえって**〈恐慌論〉**の原理論的性質をも不明確なものにしてしまうことにならざるをえない。

戸原『恐慌論』はさらに、これもまた**宇野『恐慌論』**の弱点の補強を志して、好況末期における物価騰貴を積極的にとりあげて考察を加えている。**宇野『恐慌論』**は、労働力商品化の基本矛盾を**恐慌現象の周期的発現の究極的根拠**とみなす立場性に基づいて、労賃の騰貴を積極的にとりあげる一方、物価騰貴を**「恐慌の必然性」**から排除しそれゆえにそうした物価騰貴を偶発的な「投機」現象に属せしめて解消してしまう傾向が強いのである。

その弱点を補強しようとした**戸原『恐慌論』**は、先ずもって第一に、金融逼迫期における労働力不足による生産・供給の伸び悩みと、諸資本の競争を通しての再生産過程から遊離して拡大する需要とのギャップによる物価上昇、次いで第二に、それを固定化させて「投機」へと向かわせる要因としての、「生産部門間の不均衡」の導入による物価上昇、の二段構えとなっている。これは結局のところ、**新版「不均衡説」による恐慌の説明**――少なくともそれを一部分とする説明――なのであって、そのようなものとして、**マルクス〈恐慌論〉の基本志向**である「資本の過多《プルセラ》説」と「不均衡説」との関係が、やはり一層高次な形で再燃的に問題化せざるをえない。結局のところ、この補強は、日本マルクス主義の宿痾である「部門間不均衡」説に立つ〈再生産表式〉**恐慌論**への局理論的屈服とまでは言わないとしても、理論的譲歩となってしまっており、そのような性格としての補説として、逆に**宇野『恐慌論』**の根本的アポリアを逆に拡大させる結果に陥ってしまっている。

大内秀明教授が疑問視しているように、「まず、好況末期にも生産そのものが拡大する以上、資本移動や、価格調整メカニズムが完全にストップするわけではない。さらに、「不均衡」が固定化する商品の存在を原理論の中で特定する論証は不可能である。それゆえ、「不均衡」は、たかだか「可能性」にとどまることになり、したがって、この「不均衡」による物価騰貴を不可欠の媒介として発生する**恐慌そのもの**も、結局は「必然性」においてではなく、せいぜい「可能性」においてしか解明できなくなるのではなかろうか」。しごくもっともな疑問である。

もちろん、**戸原『恐慌論』**の動態論導入の志向は、**宇野『恐慌論』**の難点を「物価騰貴」の二段構えで導入によって除去するところにあり、それも「物価騰貴」だけを**恐慌発現の不可欠の媒介**としているのではなく、その不可欠の媒介の一つとみなしているのであることは、明瞭であるが、そのような**宇野『恐慌論』補強**の志向と試行が、**「恐慌の必然性」を「恐慌の可能性」**へと理論範疇的に退化させてしまうという新たな難点の発生をもたらしているのである。

このことは逆に言うと、**宇野『恐慌論』**が抱えこんでいる難点《アポリア》が、簡単な補強によっては克服することのできない重大問題を固有していることを、逆に浮かび上がらしているとみなければなるまい。本書は、この重大な難点の除去を、あれこれの補強・補正によってではなく、根源的に試みた理論的作業にほかならない。

宇野『経済原論』は、マルクス『資本論』体系からいっさいの旧い挾雑物を整理・排除・清算して、その弁証法体系を首尾一貫したものとして純化し、基本的に完成することを、理論上も方法上も志向しながらも、マルクス『資本論』の基軸範疇《カテゴリー》概念の一つである「世界市場」「世界貨幣」は、本来からすれば近代資本制商品経済における実在物を反映した一箇の重要な範疇《カテゴリー》概念ではあるものの、経済学原理論にはなじまないとかれ宇野がみなしたその限り〝不純〟な没概念であるとして、宇野弘蔵博士自身の畢生苦心の経済学原理論体系である『経済原論』からは、いっさいこれを排除し、体系外へと放逐してしまった。

この問題の根底には、むろんのこと、宇野博士の依拠する「純粋資本主義モデル」の難点が横たわっているのであるが、純化と不純化とのカクテル的ないしはアマルガム的な接合・合成・遇合・混在・混淆によって本質的に成り立っている具体的実在としての世界資本主義においては、外部の不純物を純化して内部化する〈内面化〉方法が枢要であることを、宇野博士が心得ていないという方法論的問題が存しているのである。

そのような宇野『経済原論』が、宇野博士にとってはこれまたマルクスの学問的遺志を基本的に完成させる畢生にわたる経済学的目標である**〈恐慌論〉**の全円的完成にあたって、中期マルクスの〈経済学批判大系プラン〉の最終範疇《カテゴリー》として位置づけられていた**「世界市場恐慌」**の全面的解明に当たっては、「世界市場」概念、さらにはそこに浮上して取引される諸商品の価格を表現する「世界貨幣」概念を、経済学原理論にはなじまない〝不純な〟没概念として欠落させてしまったがゆえに、資本制商品経済社会の産業循環＝景気変動の動態過程を最終的に総括するかんじんかなめの**恐慌現象の周期的・暴力的な大爆発**については、これを『経済原論』の終結部《エクソドス》においては原理的に取り扱うことができなくなっている（すくなくともかれ宇野自身にとっては）ために、『経済原論』とは別建ての別冊として公刊することをいわばよぎなくされるにいたった大失態・大弱点に、右の方法論的難点が直結しているのである。

この〈宇野経済学〉ないしは〈宇野理論〉における〈経済学原理論〉と〈恐慌論〉との分離は、逆にいえば、宇野博士が自らの『経済原論』からは「世界市場」「世界貨幣」概念を放逐・追放しながらも、自らの『恐慌論』の論理的構成に当たっては「世界市場」「世界貨幣」の範疇概念をヌキにしてはこれを理論的に成就することができない――言葉を換えていえば、最晩期マルクスにとって肉体的寿命上未完成に終わらざるをえなかった**〈恐慌論〉の最終的完成**を、『資本論』のアチコチに残されたマルクス自身の〈恐慌〉についての基本的規定と根本的構想に即しながら二〇世紀的現代において完成させることを、自らのマルクス経済学的に最高・最大の目標とした時、宇野博士自らがそのためには「世界市場」「世界貨幣」範疇概念の学問的活用なしにはそれを成就させることができないことをそれなりに自覚していたことを、示していたと言ってよい。この自己了解も成立しないまでに原理論的「純化」を徹底させてしまえば、それは必然的に**恐慌そのもの**を経済学原理論＝『資本論』体系の外側へと追いやり放逐してしまわなければならなくなってしまうのである。

そしてその場合、〈宇野理論〉が残した理論的な最大難点は、右のような『経済原論』の方法と『恐慌論』の方法との区別と関連の根拠、ならび両方法のマルクス経済学的ないしはマルクス主義的「重合」の可能性については、宇野博士自身から何一つ説明も解明もなされなかった、ということである。本書のこの〈**恐慌論**〉は、こうした**宇野『恐慌論』**の、ひいては広く〈宇野理論〉が内在的に抱えこんでいた最高・最大の理論的・方法的難点《アポリア》に対して、真正面から挑もうとしている労作にほかならない。

次に、伊藤誠『**信用と恐慌**』（東京大学出版会刊、一九七三年）は、マルクス〈恐慌論〉の展開が利子生み資本の運動信用制度の発動を解明することによってはじめて基本的になるにいたったという理論的急所を踏まえて、諸資本の競争論と信用論の面においてマルクスの「資本の過多論《ブルセラ》」の補強を試みている好論として、世界的水準から見てもダントツの力作である。

伊藤誠教授は先ずもって、「投機的在庫形成」を周期的恐慌発現への必然的契機と認めつつ、この「投機」を「資本の過剰蓄積にともなう労賃の上昇」（このモメントが宇野『恐慌論』の骨子《ガイスト》である）から、論理必然的に展開しようと試みているが、その展開は三重に理論構成されている。

第一に、**宇野『恐慌論』**の基軸となっている好況末期の労賃騰貴が、資本の有機的構成の異なる諸生産部門に対して特殊な影響を与える点を提起し、それにより商品生産物の生産価格が不均等な騰落を継続的に生じ、それの騰落を利潤獲得モメントとして「投機」が介入・発動するという論理立てである。

第二に、利潤率の傾向的低落による生産の拡大速度の鈍化→「部門間不均衡」の解消傾向の鈍化→労賃騰貴による利潤率の部門間の差異の発生→「投機」の介入・発動、という論理立てである。

最後に第三は、雇用拡大や労賃上昇による生活手段やその関連部門とくに原料への需要の急増→一次産品部門の供給調整の遅れ→需給ギャップの形成→「投機」の介入・発動、という一次産品の特殊性にもとづく論理展開によって、第一、第二の論理をさらに補強しようという論理的企図である。

総じて、右のような伊藤誠教授による好況末期の労賃騰貴のもたらす関係諸領域の変動の分析が、その好況局面が一変・一転して恐慌発現局面における労賃騰貴による利潤率の傾向的低落と利子率の急激な騰貴との激突による周期的**恐慌**の暴力的激発という最終事態の理論的解明の、前段解明の直接展開であることは、疑いないところである。だからこそ、**宇野『恐慌論』**の展開を補強する貴重な理論的役割を果たしているのである。

本書は、この画期的な伊藤誠『**信用と恐慌**』が、マルクス〈**恐慌論**〉の基本的完成への道において持っている画期的意義について、改めて、後行の第二〇章『資本論』第三部における「信用と**恐慌**の理論的解明――とりわけ信用創造の根拠と**恐慌期**における信用引き締めの契機・時期の問題に即して」において、詳細な精査をおこなうこととする。

しかしながら、この投機の介入・発動をめぐる三重の論理展開が、大内秀明教授が鋭く指摘しているように、第一の論理的説明が、利潤率均等化作用の貫徹のもとでの生産価格の動向にかんするものであるのに対して、第二の論理的説明は、利潤率均等化作用が、労賃騰貴による利潤率の部門間売買の発生によって生じる利潤率の差異をねらっての投機の介入・発動であり、この二つが同一次元で同時に成立・発生・発動することなどはありえないとしなければならない。この点は、後行の全面的再考察を俟つまでもなく、ここで批判的に確言しうるところである。

第二の論理的説明についても、好況末期における生産拡大速度の減少という前提自体が非現実的な想定であり、これを前提として「部門間不均衡」を持ち出している点で、**戸原『恐慌論』**の「部門間不均衡」の持ち出しと同様な、新たな難点を再燃させることとならざるをえまい。控え目に言っても、いわゆるスターリン主義的正統派のマルクス主義経済学へのリップ・サーヴィスである。

最後に第三の補強的な論理的説明も、一次産品の使用価値ならびに生産条件の特殊性を「原理論」次元に直接もちこんでいる点で、いわば新型「部門間不均衡」説であり、右の第二の論点への疑問と重合して、すでに歴史的に「変容・変型」した恐慌分析の次元ならばともかく、経済学原理論における**周期的恐慌の「必然性」**を曖昧化してしまうことにならざるをえない。

次に、〈宇野理論〉にとっても難問《アポリア》とされる、金融逼迫期における利子率の急激な高騰の説明を補強すべく、伊藤誠教授がその主要な原因を、「国内流出」による中央銀行の金準備の減少にもとめている論点に対するわたしなりの疑問である。

総じて、一九世紀のイギリス資本主義中心の世界システム化において、**イギリス信用恐慌の発現**の国際的波及効果の過程の最終局面において出来《しゅったい》するイングランド銀行の金準備の国外流出の問題は、**恐慌論**の一つの重大な問題（その国際現象をどのように原理化するかはともかくとして）であって、それを内面化させて、イングランド銀行を中央銀行として各地方・商業銀行の垂直的なネットワーク化として実現されているイギリス信用制度のシティ的現実に即して、その「金流出」問題をイングランド銀行の金準備の**恐慌現象発現の最終局面**における各地方・商業銀行の逼迫救済のための（中央銀行の自己自身の防衛に次ぐ第二の救済任務）国内流出にいわば翻訳した伊藤誠教授の創発の一つの適用である。

しかし、ここでも、前述した**恐慌の「部門間不均衡説」の残存**（この残存は、マルクス・宇野本来の「資本過剰説」を補強するためにかえって逆に残存することとなった副次的要因説なのであるが）、右に述べた「利潤率」の次元からさらに「利子率」の次元にまで拡大したものといえる。すなわち、補強のためにかえって、残存した「部門間不均衡説」の新たな難点《アポリア》を先送り・先送りしたとどのつまり、論者の意図に反して**恐慌の「部門間不均衡」説**が資本制商品経済社会全般にまで全面化・徹底化してしまったというべきであろう。

部門間不均衡のくりのべ・先送りによる利子率の「不均衡」という論理的想定は、資本制商品経済社会全般としては、相対的に高利潤の部門と相対的に低利潤の部門との組み合せ＝混成になってしまうことになり、これでは**恐慌**発現によって決定的な利潤率の傾向的低下と利子率の急激な騰貴との激突そのものが生じようがなくなってしまう。そうすれば、いずれにしても、**低利潤と高利子の激突という恐慌事態**は、偶然的現象でしかなくなってしまい、たとえ**恐慌**が部分的に生じたとしても（厳密に論理的に言えば、この「部分性」そのものが**周期的恐慌の「全面性」**という理論的規程に背反しているのである）、一般的・全面的な「資本の過多《プルセラ》」にはなりえないのである。

したがって、この点では、大内秀明教授がコメントしているように、「伊藤による「不均衡」説の導入のこころみは、みずからの前提においていたはずの**宇野恐慌論の資本過剰論の見地**をあいまいにするばかりでなく、**商品過剰論の宿命であった恐慌現象の激発性や全面性の論証不能**という欠陥さえ回避できなくなるように思われる」。

次に、「商品過剰論」（俗流マルクス主義経済学においては支配的でありつづけている）に基づいて、それなりに高度な経済学的達成を示している業績に、井村喜代子『恐慌・産業循環の理論』（有斐閣刊、一九七三年）がある。

この井村理論の理論構成は、（1）不況の「静止状態」からの回復過程では、先ず新たな生産方法の導入の急速な進展と結合した固定資本更新投資の「群生」、およびこの投資需要にともなう生産拡大の波及、（2）好況局面においては、生産手段生産部門＝Ｉを中心とした市場・生産の「加速度」的・相互促進的拡大に基づく急激な「Ｉ部門の不均等的拡大」、そして「ｆ∧ｇＦ」の展開、（3）好況の終焉については「ｆ∧ｇＦ」の「ｆ∨ｇＦ」への転換、および後者の深化による固定資本の生産部門ＩＦにおける需給関係の悪化とＩＦでの新投資の抑制、（4）恐慌の爆発においては、急増する「余剰生産手段」の吸収にたいするＩ部門投資の不十分化と、それにともなう生産手段の需給関係の悪化および新投資減退との加速度的相互促進悪化、そして膨大な「余剰生産手段」の急速かつ全面的な過剰化と

「全般的過剰生産恐慌」への発展・爆発――以上である。

　右のような、部門間不均衡の発生する現場のI部門の不均等的拡大に立ち入っての**「全般的過剰生産恐慌」**の発現に向っての全面的分析が、資本の再生産構造の基礎分析を志向していることはそれなりによく分かるが、そのような「全面性」にもかかわらず、「商品過剰論」的見地とそれに基づく通有の「部門間不均衡」説の精緻化・全面化によっても、周期的恐慌が「現実資本と架空資本の両運動の乖離」の極大化によって信用恐慌として爆発する必然性を固有するにいたる利子生み資本と信用制度の運動を井村理論はまさに理論的に欠如している結果、**利潤率低下と利子率高騰との激突による恐慌の直接的発現のメカニズム**さえ考察不能・解析不能におちいっていることはあきらかである。このような考察はいかに一見精緻に全面化していっても、所詮は瑣末論説であって、それをもってマルクス『資本論』弁証法体系の核心《ガイスト》である**恐慌論**の本質的解明に根本的に迫ることなどはとうていできないとしなければならない。

　マルクス・宇野〈恐慌論〉の真髄を会得するためには、「資本―経済学批判」を弁証法体系化せしめる範疇的核心が**周期的恐慌現象の解明**にあり、その解明の核心が産業循環過程の隆替を通ずる「資本過剰」の主導性にあり、その副次的派生現象として「商品過剰」や「部門間不均衡」がある、という大綱を踏まえることが、決定的である。この重層的決定の主導性が奈辺にあるかを離れては、マルクスのマルクスたる所以を解することも絶対にできない。

　しかしながら、右の核心事の決定的確認は、だからといって、資本制商品経済社会の宿痾ともいうべき、**恐慌の周期的・全面的激発**に当って、それにともなってこれもまたかならず発生する「商品過剰」や「物価騰貴」や「部門間不均衡の露呈」やらの副次的・派生的現象の存在を、無いものとして分析的考察の埒外におくというようなことを意味するものではないことはいうまでもないところである。「資本の過多《プルセラ》」の暴力的爆発という主脈に即しながら、それらの副次的派生現象をも具体的に解明しなければならない。本書の行論は、そのような総体的立場に立っての**〈恐慌論〉の全面的再検討**である。

以上、宇野『恐慌論』再検討の全巻の終わりである。先に引例した宇野『恐慌論』の最々末尾の「含蓄」発言は、マルクス的にいえば「恐慌の襲来とともに革命の襲来も確実である」という、資本家社会の基本矛盾の暴力的爆発・発現が労働者的主体の資本制社会打倒の革命行動を誘発する、恐慌のもたらす世界的危機をして資本制打倒と新しい社会形態の主体的建設の好機たらしめよ、という主体的選択行動への呼びかけの「含蓄」にほかならないが、そのような含蓄的呼びかけの意味もふくめて、マルクス『資本論』体系の大眼目であった恐慌論の荒削りな達成のもつ難点《アポリア》を指摘しつつ、その難点《アポリア》をマルクス的方法によって処理して恐慌論を体系的に仕上げた宇野『恐慌論』の基本的完成を、いまもってわたしは、二〇世紀最大・最高のマルクス主義的達成として心から祝福するものである。そのことを基本的に再確認しておいた上で、以上〈宇野理論〉の難点について指摘・批判してきたが、さらにこの終結部《エクソドス》でいわば「望蜀」の言として、若干の〈宇野理論〉に対する原理方法的批判・提言を最後に記し置くこととする。

5　労働力商品化はブルジョア社会にとって「無理」か？　商品流通形態の共同体実質社会に対する「外部性・付着性・周縁性」の問題は、社会にとって「非本来的」な偶発事か？

『資本論』弁証法体系の最終範疇が「世界市場と恐慌」である、あるべきだ、というわたしの意見については、すでに本書で何度か詳述し強調したところであるので、もはやくりかえさない。〈宇野理論〉に対する次なるわたしの批判的提言の核心は、第一に、宇野教授の「南無阿弥陀仏」である「労働力商品化の無理」論の問題、第二に、宇野教授がマルクスと共に共有する商品交換・流通形態の人類の実質社会に対する「外部性・付着性・周縁性」の問題である。

「労働力商品化の無理」という偉大な理論家としては珍しい文学的形容を使って、宇野博士が修飾文式に訴えたかったことは、「無理が通れば（或いは無理を通そうとすれば）道理が引っ込んでしまって」恐慌が起き、それとともに資本制社会そのものの革命的打倒の機会が生じる、という喩え話であった、と想われるのであるが、わたしが同様な文学的形容をもって言いたいことは、永遠にくりかえすがごとく資本制社会の存立・存続を螺旋状的高次化において発展させてゆく資本主義の動態的メカニズムにおいては、「無理を通す（或いは自己消化する）道理」が、理念としても、機構としても、整備されている、ということに尽きる。

それが何より証拠には、たしかに資本の生産物ではない人間的身体を持つ労働力商品を、資本の生産過程は内部化し、資本家社会的総生産過程の姿容において相対的過剰人口の形成・累進とそれに基づく産業循環＝景気変動過程における労働者人口の吸収・放出の弁証法を通じて労働力商品を完全に資本家社会的に包摂して「道理」化することによって、この事態が単に修飾文に終わることのない、それどころかまさに**恐慌の必然性を動態づける「道理」**ある作用を演じていることを観れば、よくそこで生起され処理されている事態がのみこめるではないか。

単純商品としての労働力商品の枢要的な特殊性・特異性を、非資本制社会における人類の再生産史にとっては通例的な身体的存在としての人間の「生産」が、「婚姻」「家族」の場における「生殖」としてつねに営まれている事態について、マルクス主義者として当然のことながら〈唯物論的歴史把握〉によっていわば歴史貫通的に把握する宇野博士は、それとの対比において、きわめて異例というべき近代ブルジョア社会における単純商品としての労働力商品の世界史的形成を、いわば不動の所与として労働力商品の特殊性・特異性を外部的要件として絶対化してしまった結果、その異例的「無理」（それに対比してみて、非資本制社会における通例的な「婚姻」「家族」の場――これもまた、労働生産物交換や商品交換と等しく、あるいはまた戦争・征服などと等しく、共同体関係の一形態なのであって、共同体社会関係から人類の歴史的貫通条件として析出されてくるのである）において「生殖」「生産」される身体的存在として自然と関係行為を結ぶ人間は、「道理」ある存在であるとともに、それよりもさらに深く「自然」なのである。その身体的自然に着目するならば、単に、〈唯物論的歴史把握〉的にだけでなく〈実践的唯物論〉的に言って、労働力商品は「不自然」であるとも言えるのであって、重ねてそこから文学的形容を弄すれば、労働力商品の「不自然」は、資本制社会においては資本家社会的人口法則をもってしても「自然化」されえないということにもなってしまうのである。

そのような特異な単純商品である労働力存在は、たしかに本来的に外部的・自然的存在なのであって、資本制商品経済社会の内部の共同体的関係である「家族」において男女両性の自然の生理的生殖によって「生産」されて、この社会に出現してくるのであるが、それも一度《ひとたび》資本家との等価交換による雇用契約関係に入って資本の前貸部分としての賃金によって自分と自分の家族との繁殖費を、生活資料として買い戻す資本-賃労働関係に入れば、それはその両極・両項関係の絶えざる再生産としての関係構造=循環過程に継続的に投げ込まれざるをえず、外部的付着の不自然な「原罪」性を喪失して、資本制社会形態なりの社会的再生産過程の枢要な基礎要件として、完全に内部化されてしまうのである。

そして、近代ブルジョア社会に特有な基準に則れば、たしかに「労働力商品化」は、人間社会にとっては「外部的条件」であり、したがって「無理」な現象として把えられる面を有つのであるが、この人間・男女の「婚姻」「性交」によって生ずる人間存在とは、人類史そのものにとっては「内部的条件」に属するものなのである。

そうした事態の傍証は、同様に資本の生産物ではない、地球的自然の天与の産物である土地が、イギリス的方法による生産手段（土地）と生産者（耕作農民）との歴史的分離過程である「資本の原始的蓄積」過程（これも近代初頭における一回限りの「資本の原罪」である）で、土地私有化という歴史的形態をとって現われ、そのように根源的に外部的要件である土地が私有化商品として貸借・売買されながら、漸次に資本制経済社会へと適応してゆく過程において、絶対地代・差額地代の支払源泉となり、発達した資本制経済社会における一般平均利潤率の確立によって地代の資本還元計算による「擬制（架空）資本」としての資本資格を獲得して、三位一体範式社会の一角の構造的地位を〈資本-

利子、土地–地代、労働–賃金〉として占めるにいたっていることでも、十二分に傍証していることを、わたしたちは確認しうるであろう。

わたしたちが日常的に経験しているような、土地の売買やそれの登記を目して、土地商品化の「無理」が道理を押しのけることによって、資本制社会の根源的危機を招来している、というような言辞を弄することは、絶対にできないことであろう。故宇野博士がその点をどう考えておられたかは、今からでは判りかねるところがあるが、外部的付着の存在条件（性格）としていえば、男女の性交による繁殖として生産される人間存在に比べて、自然史的に宇宙誕生のビックバン的大原古から未来永劫「天の賜物」として人間社会の外部に共在・共存している地球的自然の外部性は、比較もできないほどに深遠なのである。このような「不自然」そのものをも、近代の資本家的商品経済は「地代」範疇によって「道理ある自然」として、永続的に処理し完全に内部化しているのである。

この内部位相の違いを反映して、三位一体範式に基づく物象化社会としての近代市民社会においては、土地は「地代」範疇によって内部処理されて資本制社会に内面化し、労働は「賃金」範疇によって内部処理されて資本制社会に内面化しているまでのことなのである。この双つは、同じ論理的事態であると言いうる。

アドルノの言う「本来性の隠語」において生涯語ったと言ってよい宇野博士は、流通形態による商品交換をも非本来的外部性・付着性・周縁性の現象としてみなす「専門家的隠語＝放言」の通用する世界から、ついに出ることがなかった、というのがわたしの判断である。人は意外に感ずるかも知れないが、宇野博士は、最近物故した「革命的マルクス主義派」の頭目黒田寛一と同じく「経済哲学」者なのであり、「疎外革命論」者なのである！　この判断はもちろん、わたしの価値判断を含む。

私見では、この点ではマルクスも実は同断なのであって、商品交換が「諸共同体の終わるところで、諸共同体が他の諸共同体、あるいは他の諸共同体の諸成員、との接触する点で始まる」という『資本論』命題はあまりにも有名であるが、商品交換の由来をめぐる外来性＝非本来性論者である宇野博士も、商品交換の人類史上における一時性のなによりの証拠として、この点を「それは謂わば社會の内部から出て来るものではなく、社會と社會との接するところに生じ、それが社會の内部に滲透するにしたがって、そういう諸社會を一つのより大きな社會に結合し、一社會を形成していくという性格をもっている。所謂ゲマインシャフト（Gemeinschaft）とゲマインシャフトとがゲゼルシャフト（Gesellschaft）として結合される——それが商品社會である」（『恐慌論』）と強調しながら規定している。

この共同体間関係としての商品交換の発生という歴史的・論理的事実への着目は、宇野『恐慌論』にとっても一つの決定的意味をもっているのである。しかしながら同時に、わたしたちは、このような間からの商品交換の発生は、まさにゲネシスの問題として、諸共同体史上唯一回限りの出来事であることをも、厳格に確認・確定しておかなければなるまい。一六世紀イギリスの「エンクロージャー」という歴史過程における生産手段（土地）と生産者（耕作農民）との歴史的分離もまた「唯一回限りの出来事」なのであって、その限りではそうであってみれば、この文化事象はあるいは文学の題材となるかも知れないが、経済学の分析対象には原理的になりえないものなのである。それが、『資本論』体系に「付録」としてであっても内部化されえているのは、その資本の「原罪」が、その後、規制的に社会再生産行為として続けられている資本の本来的蓄積、つまり、資本の生産過程における資本家による労働者の産出する剰余価値の搾取、という資本の「現罪」によって、完全に隠蔽されて、不可視となって、その楽園喪失の「原罪」が完全に忘却されるに至ったからにほかならない。

そのさい、社会に周縁的に付着する商品経済の歴史的性格を熟知している宇野博士は、「古代、中世の社會でも商品経済は大體そういう役割をもっていたものと解してよいのであるが、それと同時にそこでは本来の古代、中世の社會とはその範囲を同一にしない社會を——しかも本来の社會に代って一社會を形成するというところまではゆかないで、謂わば社會外の社會を形成することに屢々なるのであった」（『恐慌論』岩波書店刊、一九五二年）としている。ゲゼルシャフト（利益社会）として社会全体が完全に商品経済化してしまっている近代市民《ブルジョア》社会とは異って、ゲマインシャフト（共同体）である古代・中世の「本来の」社会は、共同体社会であって、商品経済関係はその共同体社会の周縁に共同体間関係にある他共同体（いわゆるストレンジャー、バルバロイの社会）との膚接周縁において付着させているのである。

このような古代・中世の本来の共同体社会の周縁に付着する商品経済的関係をもって「商品社会」と唱え、「謂わば社会外の社会」とする宇野博士の規定は、博士としては珍しい駄ジャレにも等しい没概念的規定である。

商品交換・商品生産・商品流通が「社会を形成」するのは「資本制商品社会」に限る（歴史的実在上それだけ）のであって、「単純小商品社会」なるドグマを唱える俗学者にはきわめて厳格であった博士に倣って言うならば、「単純小商品社会」なるものがありえない奇想である以上に、前近代の共同体社会に周縁的に付着している「商品社会」なるものは、そこに付着している「商品経済」「商品生産」「商品流通」とは違って、いつになっても、どこにも、過去・現在・未来を通じて地球上に存在しない奇型の空想的産物なのである。

宇野博士が、商品交換は共同体の終わるところから始まるが、商品交換の発展にともなってそういう諸共同体社会がより大きな共同体社会（たとえば「共同体国家」「拡大共同体」「上位共同体社会」や「世界帝国」）に結合し、大きな単位としての事実上の「一社会」を形成してゆくことを認めていることに便乗していえば、共同体間関係の発生と発展は、「鬼市」「沈黙貿易」から始まる商品交換によってばかりでなく、戦争・征服・掠奪や婚姻・掠奪結婚・歌垣（耀歌《かがい》）等々をもふくんで行われることによって、諸共同体社会を一つのより大きな共同体社会へと結合してゆくのであり、一定の生産力段階の到来によって戦争捕虜を奴隷と化したことは、古代以来の「ウクラードとしての奴隷制」ならびに「奴隷制社会としての市民共同体社会」の形成に商品交換以上に預って力があったのであり、同様に女性を貨幣と同じく共同体と共同体とを接着させ流通化させる媒介・循環物としてルール化する「婚姻」や「親族」の法則的拡大は、「宗族」等々の形成に商品交換以上に預って力があったのである。
マルクス／宇野の共同体間商品交換の発生は、商品経済の発生ゲネシス論であるという、厳密な限定に立ってとらえられなければならない。それは唯一回の歴史的出来事の発生なのであって、それだからこそ、東洋では「闇市」「鬼市」として、西洋では「無言貿易」「沈黙貿易」silent trade として行われたのであって、それは共同体間交易とは言っても、その交易の双方の当事者においては、共同体的人間としての共通性・平等性の意識は全く無いのであって、当事者意識に即して言えば、それは当該共同体民とストレンジャーつまり異人＝人非人との物々交換なのであって、だからこそその当事者同士は絶対に対面することなく、闇のなかで鬼が顔を隠して仮面をかぶり、沈黙のうちに事をおこなうのである。

文化人類学的に言えば、その特有なビヘイヴィアの特性は相互忌避にこそあるのである。したがって、マルクス／宇野が、それが通例化・恒常化すれば、『資本論』が規定している意味での「商品交換」と成ると解するのは、全く近代人的な、近代主義的な謬見・謬想であるにしかすぎない。市場は（宇野博士の忌避する「世界市場」も含めて！）経済学の分析対象となるが、鬼市の方は、なにしろ鬼の集まりなのであるからして、「科学」とはならないのである。もちろん、人殺し・ジェノサイドといった大惨劇がたちまち起こったり、「不純異性行為」の結果、たくさん鬼っ子が生まれたりといったスリリングで面白く、有害・有用な事はたくさん生じうるし、実際に生じはしたのではあるが。

『資本論』における「交換過程」の論理を、思い浮かべてみればよい。そこでは商品所有者である両当事者は、等価交換の同権者として、顔を見られる対面交通を望んで、自ら姿を現わすのである。『資本論』の体系的上向によれば、そこで出会う者の一方が貨幣所有者であり、他方が無一文の労働力所有者である場合に、資本‐賃労働関係の原基が成立するまでのことである。これが近代資本制市民社会のゲネシスなのである。鬼っ子が生まれるだけの無言貿易とは、何から何まで逆で大違いなのである。

このような関係性の近代社会の成立は、往昔の共同体間関係の「商品交換」的ゲネシスにおける「闇市」「鬼市」「サイレント・トレード」関係とは、全く似て非なる異質な、非対象的な、ストレンジャー関係では全くもって無いのである。

各共同体の労働生産物の商品交換化に社会発展の道筋を見定めるマルクス／宇野の所見は、経済学説史的に言えば、ケネーら重農主義者《フィジオクラット》の「生産者社会」の視点の道統に立つものであって、アダム・スミスら古典経済学者の「商業社会」の視点の道統を排する見解であるが、私見では、労働・生産が人間社会の根本的存立条件であるように、交通・商業・取引・売買もまた、それに劣らず人間社会の根本的存立条件であるように思われる。

共同体が終わるところから始まるとされる商品交換による共同体間関係の発展と、共同体社会の「国家」と「世界帝国」へといたる、あるいはまた「家族」の「親族」や「宗族」へといたる過程においては、むしろ「商業社会」論の方が「生産社会」論よりも理論的優越点をもつ面があるように、わたしには考えられるが、マルクスや宇野弘蔵に特有なそのような商品交換を人間社会存在にとって「非本来的」「外部的」と位置づけるドグマが、そのようなもろもろの共同体間関係の考察による知見を狭く制約してしまっているのであろう。

商業的性向が人間社会にとって非本来的で、生産的性向が人間社会にとって本来的であるというのは、マルクス／宇野の人柄がマジメ人間でありハタラキ人間であることを証してはいるが、それにしてもそのような偏好は勤労主義的道徳癖の発揚でしかありえないものである。価値形態論を、人間社会にとって非本来的・外部的な流通形態が、社会的実質として本来的・内部的な労働を摑むことによって資本制社会が成立する、とみなす体系化は、近代ブルジョア経済社会の形成において、資本の流通過程における契約的等価交換の一当事者である労働者が、資本家による前貸資本（＝賃金）を伴った雇用契約によって、資本の生産過程に配備されて、生産的労働を行うことによって、労働過程をも把握することによって、一社会を商品経済社会たらしめる、という場合にだけ特殊化されて成立をみるロジックなのであって、そのロジックを人類史全般に逆倒させて適用するがごとき理論化は、わたしをして忌憚なく評させるならば、体系的誤謬以外のなにものでもないのである。それは、そのように観ずるマルクス・宇野弘蔵がその分だけ、ブルジョア・イデオロギーの近代主義的偏見から脱していないことを示しているにしかすぎない。

そのような「無理」に**〈恐慌〉の究極的原因**を見出そうとするような抽象的・原理的な試みは、他の何らかの形而上学的何かではありうるかもしれないが、経済学原理論では絶対にありえないのである。

6　資本の一般的定式〈G→W→G′（G＋ΔG）〉と宇野〈恐慌論〉

マルクスによる〈資本〉の一般的定式は、周知のごとく、〈G―W―G〉とされる。この一般的定式化のなかにすでに表わされている、質的多様性がことごとく無化されて量的対比のみを体現するG（貨幣）と、爾余のすべての諸商品が多種多様な使用価値の質的相違を体現しているW（商品）との絶えざる交換過程が、とりもなおさず価値増殖過程であることを加味して、より詳細に定式化するならば、〈資本〉の一般的定式は〈G→W→G′（G＋ΔG）〉ということとなる。

そのような〈G―W―G〉の一般的定式において絶えざる価値増殖過程の反復を営む、中項として推論式的促進者としてのW（商品）に、労働力商品化を画期的契機とする、「世界史を包括する労働力」という特異な商品（単純商品）がいわばインストラクターとして導入され、資本の生産過程（P）にその労働力商品（W）が嵌めこまれて、一つの歴史的社会（資本制社会）総体の再生産過程が推進されることになるならば、〈資本〉の一般的定式はさらに詳細に、〈G→W｛労働力商品によるP｝→G′（G＋ΔG）〉として表現される。

そして、右のような、資本の生産過程における労働力商品の生産的消費が剰余価値を産出する資本制商品経済社会総体の機構が集約される一般的定式が、具体的に作動する歴史場が、資本制商品経済の全流通運動過程が集約され、近代における資本制生産を支配的へゲモニーとして、「諸社会の富」をその氏素姓を問わずすべて吸引し浮上させて溶解し、「一物一価」の貨幣「世界市場価格」による量的比率へと平準化・抽象化する具体的舞台としての〈世界市場〉であることは、あまりにもあきらかなところである。

〈宇野理論〉における、一九世紀イギリス産業資本主義の純化過程すなわち商品経済発展の歴史的抽象に依拠するとされる〈純粋資本主義モデル〉——それは、現実の一九世紀イギリス産業資本主義が「不純な」その外囲国際環境との間の〈宗主国工業—後進植民地モノカルチャー農業〉の国際的工農編成を、イングランド銀行とロンバート街を基軸とする国際金本位制下の自由貿易決済として平準化・内面化・抽象化している全機構を通じて、先進イギリスが構造化していた「農業問題」「食糧問題」「原料問題」の外化ならびに恐慌勃発時にとくに激化しながら顕在化する「金の流・出入問題」をも、いっさいことごとく捨象することによって「純化」された〈モデル〉として模式化されたことに、改めて再精査の目を向けなければならない。

そのようなマルクス的方法とは反する、〈宇野理論〉における歴史の論理的抽象＝捨象の方法が、近代資本制社会の価値増殖過程＝産業循環過程が現実に作動する世界舞台としての〈世界市場〉概念を、経済学原理論にはなじまない「不純な」概念として「純化された」原理論＝『経済原論』から放逐・排除し、そのような世界市場における「一物一価」的な諸商品の世界市場価格による平準化・抽象化を媒介する「世界貨幣」——それは、マルクスの「貨幣」論規定によるならば、資本の価値尺度機能、流通・支払手段機能に次ぐ「第三規定」として、それらの前段的諸機能を根源的に規制する「貨幣としての貨幣」にほかならないのである——の概念そのものをも、経済学原理論にはなじまない「不純な」概念として、自らの『経済原論』から放逐・排除してしまう結果となったのである。

右の本来のマルクス的方法からの逸脱が、マルクス〈恐慌論〉の『資本論』全体系を弁証法体系たらしめる核心としての、体系そのものの最終範疇＝規定である〈世界市場恐慌〉を、〈恐慌論〉体系から排除してしまう〈宇野理論〉に基づく宇野〈恐慌論〉の致命的誤謬へと帰結したのである。

その何よりの証拠は、最晩期マルクスがその基本規定をうちだしながらも自然的生命に規定されて完成するにいたらなかった〈恐慌論〉の不備を補足・補強して、二〇世紀的現代においてそれを完成させた不朽の理論的功績をもつ宇野〈恐慌論〉が、実際の理論的実現形態としては、「恐慌」のキョの字も一字たりとも出てこない、利潤・利子の分離を最終範疇として円環化された『経済原論』と、「世界市場」「世界貨幣」「世界市場恐慌」概念を意識的にオミットしてこれまた一字一句としても登場させない奇態・異様な『恐慌論』との別建て・別冊刊行として現われたごとくである。本書は〈宇野理論〉のそのような致命的欠陥をのりこえて、マルクス〈恐慌論〉の素志を、この現代において完成させるべく企図されたものにほかならない。

一九世紀の産業資本主義時代において、先進イギリスにおける商業恐慌＝信用恐慌にたえず先駆され、集約されていった五度にわたる周期的恐慌現象において、それはつねに「世界市場恐慌」としての歴史的特質を有っていた。概念語を単純化していえば、「恐慌」とはその当初よりしてつねに「世界恐慌」であったのであり、それは、一国主義的現象概念では包括できないグローバルな資本制的普遍現象にほかならないのである。二一世紀の今日におけるドル本位変動相場制をその根底から震撼しつつあるドル危機のごときも、そのような、歴史的変容をうけた「世界恐慌」現象以外のなにものでもないのである。だからこそ、グローバル資本主義の発展（陽）は、今日すでにその徴候が著しく受感されるようにグローバルなクライシス（陰）に転化しようとしており、それが現代資本主義世界システムの陰転現象に媒介されて、今やわたしたちの誰しもが逃れる余地《ルーム》を残しえない、真の意味での全般的危難へと反転しつつあるのである。だからこそまた、わたしたちのエコロジカルでアソシエーショナルな、〈農業基礎・工業主導〉の持続可能な地域循環型の実質主体社会の現代的形成の尭望も全般的・全球的なものとして構想されることとなるのである。

7　〈宇野理論〉における「貨幣としての貨幣」範疇の理論的放逐についての再考察

〈宇野理論〉が、結局のところは、一九世紀のイギリス資本主義の歴史的現実から歴史的抽象ならびに観念的捨象の二重作業によって導出した〈純粋資本主義モデル〉を模像として経済学化した経済学原理論の特性上、非純化の理論的挟雑物として『経済学原理論』から排除・放逐してしまった「世界市場」カテゴリーとそれを作動させる「世界貨幣」カテゴリーを、マルクス『資本論』体系上に復権させるために、「貨幣としての貨幣」の決定的意義を、『資本論』体系で規定された「貨幣の諸機能」のなかに環節的・連関的に位置づけて再考察してみよう。

マルクス「貨幣」論が提示した、「価値尺度としての貨幣の第一の機能」では、貨幣はただ観念的な貨幣としてだけ作用し、次いで「流通手段としての貨幣の第二の機能」では、貨幣はただ象徴的な貨幣としてだけ作用した。だが、「第三の規定としての貨幣」について論じる場合には、マルクスとともにわれわれは、「その金の（または銀の）肉体のままで」貨幣の現実的実存が問題になる場合の諸形態、そして、他方では貨幣が「唯一の価値姿態または交換価値の唯一の適宜な定在として、単なる使用価値としての爾余のすべての商品に対立」（『資本論』第一部）して現われる場合の諸形態を、考察しなければならなくなる。ここでマルクスによって初期以来系統的に考えられていることは、『ドイッチェ・イデオロギー』における「社会と個々人との両方にたいする一般的交換手段の独立化」ということであって、この一般的交換手段すなわち貨幣の独立化は、即自的にすでに「貨幣の概念」のうちに含まれていたものであるが、しかし他面ではそれは、交換過程がはじめて生み出す、また生み出しうる共同創立作業の産物なのであり、それゆえにまたそれは、貨幣の様々な形態規定の発展のなかで表現されなければならないものなのである。

このような貨幣としての一般的交換手段の独立は、「流通手段」としての貨幣の機能〈第二の機能〉のなかに、すでに一時的には見られたものである。すなわち、「価値の尺度〈第一の機能〉としてただ観念的な金にすぎなかった」貨幣が、販売W―Gによって、そのたびごとに「現実の貨幣に転化」されるのである。それゆえ、商品が貨幣の蛹《さなぎ》に成るということが、「その生涯の独立した一期間」を形成するのであって、「商品は、短期間であれ、長期間であれ、そこにとどまることができる」のである。

しかしながら、われわれが行為W―Gを循環W―G―Wとの関連で考察するかぎり、このように商品が貨幣の蛹《さなぎ》に成るということは、ただ、物質代謝W―Wに役立つだけであり、したがって、それが「独立した一期間」をとどまりうるとしても、結局それは資本の流通においてただ経過的な・瞬間的な性格しかもちえない。堅い価値結晶として、真に長期間独立化した価値として、貨幣がはじめて現われるのは、貨幣がもはや交換過程の単なる媒介者として役立つのではなく、むしろ非流通手段として爾余のすべての諸商品に相対する場合である。これがマルクスが「貨幣としての貨幣」とする「その第三の規定での貨幣」にほかならず、この堅い価値結晶としての「貨幣としての貨幣」の独立化した価値としての析出がなければ、観念的貨幣としての貨幣の価値尺度機能も、象徴的貨幣としての貨幣の流通手段機能も、およその安定的で堅固な基礎をもちえないこととなる。そして、このような「第三の規定での貨幣」＝「貨幣としての貨幣」が、世界市場との不可分の関係において実存化して現われるのが、マルクスによれば「世界貨幣」という現実的定在にほかならないのである。このような「世界貨幣」範疇概念をシカトしてしまっては、〈恐慌論〉など仕上げることができないことはもちろん、本当のところが〈経済原論〉さえ仕上げることはできないのである。〈宇野理論〉と〈宇野経済学〉の原理的大破産である。

『経済学批判』のマルクスによれば、貨幣が「貨幣としての貨幣」として「その第三の規定」で現われる場合にとる姿態は、三つある。すなわち、(1)「蓄蔵貨幣」として、(2)「支払手段」として、(3)「世界鋳貨」または「世界貨幣」として。右の第一の姿態では、貨幣は流通の外部にとどまっているのであり、流通から引き上げられているのである。右の第二の姿態では、それは、流通に入るのではあるが、しかし流通手段としてではなく支払手段としてである。そして、最後に第三の姿態では、それは、「国境に取り囲まれた国内流通を規制」(『経済学批判』)して、国際貿易における一般的等価物として世界市場で作用するのである。

マルクスが『経済学批判』において、貨幣の「第三の規定」を、循環G—W—Gからではなくて、「商品流通の直接的形態W—G—Wから展開する」(『経済学批判』)ように決心したのは、一八五七〜五八年の『資本論』草案における「貨幣としての貨幣」カテゴリーを、本質的に形態G—W—Gの発展として把握する立場からの大転換としての自己脱皮をこそ意味しているのであって、この理論的脱皮によってこそ、「蓄蔵貨幣」→「支払手段」→「世界貨幣」という「第三の規定での貨幣」すなわち「貨幣としての貨幣」のとる三姿態論も、確定的に導かれえたのである。

その第一の姿態の「蓄蔵貨幣」においては、貨幣の独立化は最も端的に現われる。すなわち、「貨幣としての金の独立化は、なによりもまず流通過程または商品の変態が二つに分離した、無関係に並存する後に分裂したことの明白な表現である」(『経済学批判』)。つまり、循環W—G—Wの分裂によって、次のようなことが可能になる。すなわち、商品の貨幣姿態を手に入れるために、商品の売り手が行為W—Gを意識的に孤立化させ、この行為を続いて連続的にG—Wまでは進めない、という保留行為である。このような場合に、貨幣は蓄蔵貨幣に化石化し、商品の売り手は少なくともしばしの間は、貨幣蓄蔵者に転化してしまうのである。

「そうした商品生産過程が自己目的として一つの役割を演ずるのは」、『資本論』第二部に言われているがごとく、「ただ商品生産の未発展な前資本制的な形態においてだけだ」という由来を先ずもって持つ。そこにおいては、「生産物の商品としての性格が発展していなければいないほど、交換価値が生産をその十分な広さと深さとにおいて征服していなければいないほど、ますます貨幣は、使用価値での富の局限された表現様式に対立して、本来の富そのものとして、一般的な富として、現われる」(『資本論』第三部)。それゆえ、「貨幣蓄蔵」が大きな意味をもつのは、先ずもって、ただ使用価値の余剰物が商品に転化されるだけで、「固く閉ざされた欲望範囲が、伝統的な自給自足的な生産様式に対応している」(『資本論』第一部)原始的な社会においてである。このような原始的な社会では、金銀は、余剰分の適宜な定在様式であり、同時に「富が抽象的・社会的な富として固定される最初の形態」である。

しかしどんな使用価値も使用価値として「役に立つのは、消費されることによって、すなわち消滅させられることによって」であり、そうした場合には、この消滅はその交換価値の消滅をも意味する。「これに対して、貨幣の場合には、その実体、その物質性が、富を代表している形態そのものなのである」からして、貨幣が「あらゆる場所で、空間規定から見て、一般的な商品として現われる」とすれば、「時間規定から見てもそうである。貨幣は、いつの時代にも富として保持されるのであって、それが、『虫にも錆にもおかされない』蓄蔵貨幣なのである。商品はすべて一時的な貨幣にすぎないが、貨幣は不滅の商品である」。しかし第二にそれに反して、「使用価値としての商品は或る特殊な欲望を満足させ、素材的な富の一つの特殊な要素を成している」。

こうして、商品生産の未発展な前資本制的な形態の社会における「蓄蔵貨幣」の必然化の由来を求めての歴史的遡及は、観念的想定としていくらでも「原始的な社会」へと遡ってゆき、〝ノアの大洪水〟の以前にまでおそらくは遡ってゆくことが観念的想定として可能なのであるが、そこにたとえばミダス王が居て、かれが手に触れたものがことごとく金に化けるような事態を観念的に設定するとしたならば、そのような「不滅の商品」である金貨幣によってのみから成り立っている一社会が、それに君臨するミダス王自体にとっても、素材的な富の一つの特殊な要素を成して、社会諸成員の生活を営む上での或る特殊な欲望を満足させる「使用価値としての商品」がすべて消失してしまっているのであるからして、その超原始的な社会においては、社会の再生産そのものが不可能となり、ミダス王自体の個人的再生産そのものも不可能となることは、当然のことでなければならない。

右のような「蓄蔵貨幣」の由来の探求の遡及は、そのようなミダス王的バカ噺に堕して終わらざるをえないのである。その本性からみて「無制限な」貨幣蓄蔵の衝動すなわち致富欲の貨幣的固定化は、マルクス的に謂えば「貨幣崇拝の禁欲、自制、自己犠牲――節約と倹約、現世的な、一時的なそして束の間の享楽の蔑視――を、すなわち永久的蓄蔵貨幣への欲望をもっており、このことから、イギリスのピューリタニズムまたはオランダのプロテスタンティズムの貨殖との関連が生じるのである」（『経済学批判要綱』）が、このような無制限な貨幣蓄蔵への衝動は、先のミダス王伝説に見たごとく、実際上は、社会的再生産の観点から言っても、個人的再生産の観点から言っても、無制限のものではありえない。

そして、マックス・ウェーバー流に言えば、〈プロテスタンティズムの倫理と資本主義の精神〉が問題の核心となる発展水準の近代社会での「蓄蔵貨幣」の考察ということになれば、それはもはや、「貨幣のための貨幣の蓄積は、生産のための生産の未開な形態、すなわち社会的労働の生産諸力が伝来の欲望の限界を越えて進む発展の未開な形態である」（『経済学批判要綱』）のような「未開」現象ではもはやありえないことは、明々白々である、と言わなければならない。

『要綱《グルントリッセ》』が言うように、「かれらの経済的発展が一定の段階に達すると直ちに、貨幣は必然的にその第三の規定で現われるのであり、そして貨幣が、この規定で成熟すればするほど、かれらの共同体の没落として現われるのである」のであって、この「第三の規定の貨幣」すなわち「貨幣としての貨幣」=「世界貨幣」が現出する発展・成熟段階ともなれば、「貨幣蓄蔵」は実際上、未開の、前資本制的な形態の、原始的な社会を強化するのではなくて、そうした原始的な状態の分解と、そうした状態に適合していた前近代共同体の没落とへと、近代社会を駆り立てることとなり、そうした高次化された商品経済社会水準においては、マルクスが『要綱』においてくりかえし強調しているように、

「蓄蔵貨幣の形態」は、「ブルジョア社会ではますます消滅して」、ついには「流通の過程そのものから生じ、本来はただ流通の休止点にすぎない」別な諸形態の貨幣蓄蔵に席を譲ることとなるのである。

そのような高次化したブルジョア社会に即しての考察をさらに進めるとするならば、資本の産業循環を通じての価値増殖過程において、「流通の過程そのものから生じ、本来はただ流通の休止点」にすぎない「貨幣蓄蔵」は、たまたまの偶然事ではなくて、むしろそのような資本の流通過程に必然的な「休止点」である以上、『資本論』第一部が述べるごとく、「支払手段としての貨幣の発展は、債務額の支払期限のための貨幣蓄積を必要にする。独立な致富形態としての貨幣蓄蔵は、ブルジョア社会の進歩につれて消滅するが、反対に、支払手段の準備金という形態では貨幣蓄蔵は、この進歩につれて増大するのである」。

この資本の流通過程から一定の必然性をもって一時的に引き上げられる支払手段の準備金である「蓄蔵貨幣」の進歩的増大は、総体としての資本の流通過程＝価値増殖過程の「不均衡の均衡」的発展にとっては、不可欠の循環要因となるのである。「資本制的生産の基礎の上では、貨幣蓄蔵そのものはけっして目的ではなく、むしろ流通の停滞の結果であるか――というのは、通常よりも大きい貨幣量が蓄蔵貨幣形態となるのだから――、または回転のために必要になる積み立ての結果であるかであり、あるいはまた、最後に、蓄蔵貨幣は、ただ、一時的に潜在的な形態にあってやがて生産資本として機能すべき貨幣資本の形成でしかないのである」（『資本論』第二部）。

このように資本の流通・回転過程＝価値増殖運動過程の不可欠の一要因・一契機である「蓄蔵貨幣」は、その主要な機能的規定としては、やがて生産資本＝産業資本として、資本の産業循環過程の潮の干満にしたがって再び流通過程に投入されて機能すべき、目下のところ「ただ、一時的に潜在的な形態」にある貨幣資本の形成でしかないのであるが、それが「蓄蔵貨幣」であるかぎり、厳密にはその一時的定在の形態に在るかぎりは、「貨幣としての貨幣」の一姿容ではあるものの、資本としては全く機能していないのであるからして、マルクスの力説にもかかわらずそれは全く「貨幣資本の形成」ではないのである。再投入・再活性化のチャンスに恵まれなかった「蓄蔵貨幣」の事例に、いわゆる「埋蔵金」「甕に入れられたままの蓄蔵貨幣」として、近世以来しばしばの出土発見例にみられるごとくである。

それよりも、資本制商品経済の体系上重要な問題は、結局は貨幣蓄蔵化が生じる（当事者の致富衝動以上に社会的に重要な）契機が過剰資本としての資金（過剰流動性）の不可避的発生・形成にある以上、この資本としての機能を少なくとも一時的に喪失した「蓄蔵貨幣」の存在は、**恐慌の周期的爆発**との関係において重大な必然的意義を帯びることとなっているのである。これを要するに「資本の過多《プルセラ》」に由る資金の過剰という**恐慌現象**の最高・最大の問題は、「第一規定」の「蓄蔵貨幣」の一種の形態以外の何物でもないのである。

恐慌の周期的爆発への接近過程において、「信用制度の発展につれて、資本制的生産は、このような、富とその運動との金属による制限を、物的であると同時に幻想的でもある制度を、絶えず廃棄しようと努める」（『資本論』第三部）以上、金融逼迫期における現実資本と架空（擬制）資本の乖離の極大化による、利潤率の傾向的低下の極限化と利子率の高騰の極限化との衝突は、ついに「**恐慌の必然性**」が「**恐慌の現実性**」へと転化して大爆発するにいたる、直接の発火点となるのである。

「一般的な支払手段としての貨幣の発展は、より高度な、媒介された、自分自身に還流させられる、それ自身がすでに社会的な統制を受けた流通と同じテンポで進行する。この流通にあっては、貨幣が単純な金属流通の基礎のうえでもっている排他的な重要性、たとえば本来の貨幣蓄蔵においてもっている排他的な重要性は廃棄されている」（『経済学批判』――傍点いいだ）。それにもかかわらず、**信用恐慌の爆発**によって、「突然の信用震撼によって諸支払の相殺の流れが中断されると、貨幣が俄かに現実の一般的な支払手段として必要とされるのであり、そして、富がその全範囲にわたって一度は商品として、もう一度は貨幣として二重に存在するために、この両方の存在様式の一致することが要求される。**恐慌**のこのような時点では貨幣が排他的な富として現われるが、この富は、重金主義などにおけるように、いっさいの現実の素材的富の単に心に描かれた減価のために排他的な富として想像されるのではなく、それらの明確な減価のために排他的な富として表明されるのである。諸商品の世界に対立して、価値はただ貨幣としてのその適宜な排他的形態でのみ存在するのである」。

「貨幣がこのように**恐慌**中に必要とされるのは、価値尺度としてではない。というのは、価値尺度としては、その肉体の現存などはどうでもよいことだからである。また、鋳貨としてでもない。というのは、貨幣は支払の場合には鋳貨として現われるわけではないからである。そうではなくて、独立した交換価値、物的に現存する一般的等価物、抽象的な富の物質化として現われるのであり、要するに、本来の貨幣蓄蔵の対象であるまさにその形態において、貨幣として、現われるのである。一般的支払手段としての貨幣の発展が内包している矛盾というのは、交換価値が貨幣としてその存在様式にはかかわりのない諸形態を受け取っているから、他面では貨幣としてのその存在様式が、まさに決定的で唯一の適宜な存在様式として定立されている、ということである」(『経済学批判要綱』——傍点いいだ)。

このようにして、**「世界市場恐慌」**は「世界貨幣」との不可分の関係において周期的・暴力的に爆発するのであり、本論の最初の提題である〈宇野理論〉に基づく〈**恐慌論**〉は、「貨幣としての貨幣」=「世界貨幣」のカテゴリーを放逐した上での論立てであるから、そのような「世界貨幣」カテゴリーを欠く宇野『**恐慌論**』は、〈**恐慌論**〉として真に大成しえなかったのも当然のことである。

マルクスは、次のように強調している。——すなわち、国際的交換・貿易制度のなかで貨幣に与えられた役割は、「貨幣一般、一般的等価物——それだからまた、蓄蔵貨幣でもあり支払手段でもあることの規定に、さらにつけくわわる貨幣の新たな規定ではない」(『経済学批判要綱』)。いかにも、「貨幣は、国内流通部面から外に出る時には、価格の度量標準や鋳貨や補助貨や価値章票といった、国内流通部面でできあがる局地的な形態を再び脱ぎ捨てて、貴金属の元来の地金形態に逆もどりする」（『資本論』第一部）が、それは世界市場でわたしたちにはすでに分かっている諸機能とは区別された特殊な諸機能を新たに受け取るのではない。むしろ貨幣は、「世界貨幣としては、その自然発生的な最初の形態を取り戻し、再び、すでに最初の交換取引で役割を演ずるのとまったく同じ形態で現われるのである」（『経済学批判』）。

そして、国内流通と世界市場のどちらの場合にも、「貨幣は、いつでも蓄蔵貨幣としての形態で、その金属質の肉体で存在しなければならないのである。そして、この形態では、貨幣は、ただ価値の形態であるだけではなく、この貨幣を自分の貨幣形態とする価値にそれ自身等しいのである」（『資本論』第三部）。さらに最後に、貨幣は、「世界市場では富の絶対的・社会的物質化として機能するのであり、この場合には、購買でも支払でもなく、一国から他国への富の移転がおこなわれ、そして商品形態でのこの移転は、商品市場の景気変動や所期の目的そのものによって排除されているのである（たとえば、援助金や、戦争遂行とか銀行の正貨兌換再開とかのための借入金などの場合）」（『資本論』第一部）。

このようにして、世界市場への貨幣の登場、すなわち世界貨幣の出現を現実に特徴づけるものは、貨幣概念の一般性に対応する現象の普遍性である。なぜなら、世界市場ではじめて貨幣は、「概念から見てだけではなく、存在様式から見ても一般的な商品となり、どこででも富としてのその性格を受けとる商品そのものとして、普遍的な商品として、定立されている」（『経済学批判要綱』）からである。そこではじめて「貨幣は、その現物形態が同時に抽象的人間労働の直接に社会的な実現形態である商品として、十分な範囲にわたって機能するのである」（『資本論』第一部）。このような意味で、マルクスの言った「その第三の規定における貨幣」は、世界貨幣においてはじめて「一般的な世界市場商品」として実現されるのである。

「ただ外国貿易だけが、市場の世界市場への発展だけが、貨幣を世界貨幣に発展させ、抽象的労働を社会的労働に発展させるのである。抽象的な富、価値、貨幣——したがってまた抽象的労働は、具体的労働がいろいろな労働様式の世界市場を包括する総体に発展するのと同じ度合いで発展する。資本制的生産は、価値に、すなわち生産物に含まれている労働の社会的労働としての発展に基づいている。しかし、これはただ、外国貿易と世界市場という基礎のうえでのみのことである。だから、これは、資本制的生産の前提でもあるし、その結果でもある」(『剰余価値学説史』)。

だからこそ、最晩期のマルクスは、『資本論』第三部において、くりかえしくりかえし次のように強調したのである——すなわち、「現実の貨幣、この言葉のすぐれた意味での貨幣は、ただ世界市場貨幣としてのみ、一般的な世界市場でのみ、存在するのである」と。このような世界市場貨幣のカテゴリーを欠如して、『資本論』弁証法体系を理解することなどは絶対にできないことなのである。

しばしばくりかえし強調してきたように、ヘーゲルの絶対観念論の思弁弁証法体系においては、革命的弁証法(方法)と保守的体系性とは、根本的な矛盾・撞着を来たし、ためにヘーゲル死後にヘーゲル体系は四分五裂・七花八裂して全面崩壊するにいたった。それは完全に不可分な体系であったがゆえに、崩壊が体系全体の全面的な崩壊となったのである。その全面・完全崩壊から、ヘーゲル学派分裂の最左派の「青年ヘーゲル派」から、マルクス、エンゲルス、ヘスらの共産主義的立場性が現われ出たことは、周知のごとくであるが、このようなマルクス的弁証法の革命的方法性によるヘーゲル絶対体系＝「閉じられた体系」の全面崩壊は、マルクスの唯物弁証法にとっても一つの理論的負荷を課することとなった。

マルクス的弁証法の展開によって既存の全体的体系性がたえず毀損されざるをえない以上、いかにしてマルクス的体系性が保全されうるか、という問題の負荷である。この問題は、もっと積極的に言表すれば、マルクス的唯物弁証法によってこそ、その「開かれた体系」性が可能になり保証されうるのか?という方法的論証の問題である。これはまさしく、マルクス主義なるものの核心に横たわっている方法的論証の問題であるのである。〈宇野理論〉〈宇野経済学〉のごとく、「世界市場貨幣」の範疇概念を欠落させて、『恐慌論』や『経済原論』を説くと言うがごときマジックを、現代では〝ヴァーチャル・マジック〟と形容するのである！

第一四章　価値法則の自証としての恐慌論の根本問題

近代市民《ブルジョア》社会の経済的運動法則を体系的に解明したマルクス『資本《ダス・カピタール》—経済学批判』の弁証法体系は、マルクス的方法による下向極限である冒頭商品（形態）から後方への論理の旅を開始し、商品→貨幣→貨幣、貨幣の資本への転化として、資本の価値増殖運動過程を展開しはじめ、その資本の産業循環=景気変動過程を、利子生み資本—株式資本—信用制度—信用創造の最高次的上向へと推し進め、そうした上向極限における**全般的・周期的・激発的な〈恐慌〉ないしは〈世界市場恐慌〉の暴力的爆発を最終規定**として、「資本（資金）の商品化」によって再び「冒頭商品」へと価値形態的に自己還帰することによって、自らの円環化体系を完成し、よってもって価値法則の貫徹による特異な歴史的社会である近代市民《ブルジョア》社会の歴史的存立・存続を自証した、と言える。『資本論』体系とは、まさに「恐慌」を**最終範疇**とする、そのような近代社会の経済的運動法則の体系的叙述・即・体系的批判にほかならない。

1　マルクス主義を「開かれた体系」たらしめた実践的唯物論—唯物論的歴史把握—経済学原理論の全地球的・全宇宙的体系の要め石としての〈恐慌論〉の位置価

右のような、存在論的にして認識論的な資本家的商品経済社会=近代《モダン》社会の体系的把握によって、前近代《プレ・モダン》・後近代《ポスト・モダン》の非資本制的諸共同体社会についての唯物論的歴史把握も、その「導きの糸（アリアドネの糸）」とされた『経済学批判』「序説」に描出されたいわゆる「一般的結論」に方法的に基づいて、経済的土台の運動と国家的・法的・イデオロギー的上部構造の運動との分離・二重化によって、その歴史把握の基礎を与えられるとともに、他面ではまた、右に見た『資本論』の体系的叙述・即・体系的批判の成果によって、一種の作業仮説としての〈唯物論的歴史把握〉の科学的真理性が立証されるという、相互往還・相互保証関係が成立をみることとなり、よってもってここに、〈実践的唯物論〉というマルクスの世界観的基礎に立脚する、自然と人間との間の歴史貫通的な物質代謝過程を「労働」という関係行為によって媒介して成り立たせる全関係が、実践的唯物論―唯物論的歴史把握―経済学原理論として、全宇宙的・全地球的に定立されたこととなる。

このようなマルクス主義をマルクス主義たらしめた全体系的見地から反照してみて、『資本論』の弁証法体系における**「恐慌の可能性」→「恐慌の物質的基礎」→「恐慌の必然性」→「恐慌の現実性」**の**全論証**が、最終的に、『資本論』体系における〈資本〉の形態規定の上向極限において〈利子生み資本―信用制度―株式資本（株式会社）〉が措定されることによって、**「恐慌の必然性」**は経済学原理論における**周期的恐慌の最終シーン**において資本の利潤率の傾向的低下の亢進と利子率の異常高騰の亢進との激突によって、不可避的に**恐慌が暴力的爆発**するにいたる、という論証の位置価が、ただ単に価値法則の全社会的貫徹の論証として『資本論』を終結させるにとどまらず、マルクス主義をマルクス主義たらしめた実践的唯物論―唯物論的歴史把握―経済学原理論の全宇宙的・全地球的体系の全体の決定的に枢要な位置を占めていることが、深く了解されるであろう。

マルクス『資本―経済学批判』における**〈恐慌論〉の基本的規定**――それが**恐慌**の基本的規定命題を与えながらも荒削りなままに終わらざるをえなかった不備を、二〇世紀的現代にいたって基本的に完成させた宇野『経済原論』**『恐慌論』**を踏まえつつ、そこになお残るいくつかの重要な問題点＝難点《アポリア》を独創的に解明していった今日的業績として、あくまでも私見の範囲にすぎないが、日高普・岩田弘・村上和光三教授の一連不可分の労作がある。

日高普教授の『経済原論』（有斐閣刊）・『資本蓄積と景気循環』（法政大学出版局刊）・『商業資本の理論』（時潮社

刊）・『地代論研究』（時潮社刊）、岩田弘教授の『（鈴木鴻一郎編）経済学原理論』（東京大学出版会刊）・『マルクス経済学』（盛田書店刊）、『世界資本主義Ⅰ』（批評社刊）、『現代社会主義と世界資本主義』（批評社刊）、村上教授の『価値法則論体系の研究』（多賀出版刊）・『信用創造の理論』（金沢大学経済学部研究叢書9）・『景気循環論の構成』（御茶の水書房刊）が、これまたあくまでも乏しいわたしの知見の範囲ではあるが、右のような世界的にも超一流な現代マルクス経済学的業績である。

多少私情を記させてもらうならば、本書を故宇野弘蔵師とともに捧げさせていただいた最近物故された故日高普教授は、高校在学時代以降すでに六十年間に及ぶわたしの敬愛する学兄であり、岩田弘教授は、一九六八年反乱期にそれぞれに自らの新左翼党派（「マルクス主義前衛党」と「共産主義労働者党」）の指導者として共に敢闘した仲間であり、村上和光教授は「クライシス」「フォーラム」「コム未来」を通じてわたしと協働してきている同志である。

本書のこの節において、わたしは、右の三教授の景気循環論＝**恐慌論**の到達点を踏まえて、若干のわたしなりの所見を記しおくこととする。その場合、わたしとしては、六八年世界反乱の遺した最高の世界的なマルクス主義的達成として、共にわたしの終生忘れ難い恩師であった宇野弘蔵・梅本克己両師の『社会科学と弁証法』（岩波書店刊、一九七六年——後に、こぶし書房刊、二〇〇六年、いいだもも「解題」）において白熱的に討論された、身体的存在である人間の労働力商品化の「無理」の問題をめぐる丁々発止から、〈循環の弁証法〉と〈移行の弁証法〉の区別と連関に及んだ高度の問題提起を踏まえて、若干の問題点の解明を今すこし進めたいものと念じている。

「資本制社会の矛盾に満ちた運動は、実際的なブルジョアには、近代産業が通過する周期的循環の局面転換のなかで最も痛切に感ぜられるのであって、この局面転換の頂点こそが——**全般的恐慌**なのである」とされた、『資本論』体系における**恐慌論の論理的階梯の展開**は、先ずもって、貨幣による商品流通が「購買」と「販売」とをそれぞれに独立させ分離させることから「恐慌の可能性」が生じるところから開始される。本書でわたしは、『資本論』第一部の冒頭命題における、価値形態と交換過程との前後関係に現われた時差・位差に、マルクスが明示的に指摘した商品売買における「購買」と「販売」との分離に基づく**「恐慌の抽象的可能性」**にさらに先行する、「労働力商品化」に即した**「恐慌のさらに原初的で純抽象的な可能性」**が現われている旨を、提示しておいた。これは、多少の理論方法的自負心を含めて言えば、戦後日本マルクス主義再生の原点であった〈宇野弘蔵vs久留間鮫造〉論争からわたし自身が学んだ成果であって、わたし以前には内外に亘って何人も指摘できなかった**〈恐慌論〉**の端緒《アンファング》の問題である。

そして、「この独立が一定の点まで進展すると、統一は強力的に**一つの恐慌**によって貫かれる。商品に内在している対立というようなこの内在的矛盾は、商品変態の対立の中に、その発展した運動形態を保存している。したがって、これらの形態は、**恐慌の可能性**を、だがまたその可能性のみを、含んでいる。この可能性の現実性への発展は、単純な商品流通の立場からは、まだ少しも存在していない諸関係の全範囲を、必要とするのである。」（『資本論』第一部）。

この**いわば第一次の「恐慌の可能性」の起動**は、貨幣の流通手段機能を原動力とするが、この進展が資本制的生産の「内在的矛盾」の発展として辿られてゆき、商品変態の対立が発展の運動形態を次々に創出しつつ、自らを揚棄してゆくその全運動が、適時・適切にその価値運動形態を発見してゆきながら、上向的に進行してゆくこと、そしてそうした**恐慌の「可能性」の「現実性」への発展**にとっては、「単純な商品流通」の立場にはもはやとどまらない、最上向極限の利子生み資本―株式資本―信用機構が創出される資本制的生産諸関係の「全範囲」の確立と確定が絶対的必要とされることが、予め明示されている。

さて次に、この**恐慌の「抽象的可能性」**がもう一歩進んで、**恐慌が「貨幣恐慌」として爆発するための「機構的条件」の確定**にまで進むためには、貨幣の支払手段機能との関係が解明されなければならない。「この機構が比較的一般的に撹乱されるとともに、それがどんなところから発生しようとも、貨幣は突然かつ無媒介に、計算貨幣という観念的にのみ存した態容から、硬貨へと転換する。ほんのいま先までブルジョアは、好景気に酔い痴れて得々として貨幣などは空虚な幻想にすぎないとうそぶいていた。商品こそ貨幣だ、と。ところが、いまや貨幣こそ商品となったのである。いまや全世界市場に、その告知が響き渡る。世界市場の心は、ひたすら唯一の富である貨幣を求め叫ぶ。**恐慌**においては、商品とその価値態容である貨幣との間の対立が、絶対的矛盾にまで高められる」(『資本論』第一部)。諸手法の連鎖とそれらの決済の「人工的体制」こそが、**貨幣恐慌としての爆発の機構的条件**なのである。

こうしていよいよ、『資本論』第一部の恐慌論の経済学原理論的展開は、そうした恐慌の作動する全機構的条件の場である第七篇「資本の蓄積過程」へと移行してゆき、そこにおいて資本蓄積に対応した「過剰人口」の形成・吸収・再形成運動としての資本家的社会に特有な人口法則すなわち「相対的過剰人口」が規定され、この運動機構に立脚してこそ資本の景気循環運動が進行してゆくという動態的メカニズムが明確化されるのである。

この第二三章「資本蓄積論」第一節においては、「資本の構成が同等不変であれば、労働力に対する需要は資本蓄積につれて増加する」とされて、「資本構成不変」の蓄積パターンが先ず提示され、次いで第二節において、「資本蓄積とそれにともなう資本集積との進行中における可変資本部分の相対的減少」という「資本構成高度化」の蓄積パターンが設定されてゆく。この資本蓄積パターンの二類型の転換・移行が、産業循環=景気変動過程の局面転換・移行と必然的に連関して進行するのである。

したがって、資本の産業循環=景気変動過程におけるこの「資本の蓄積過程」の位置は、構成不変蓄積パターンと構成高度化蓄積パターンとは、「限界」－「解決」という関係性をもって周期的に交替していく二つの資本蓄積様式なのであって、したがってまた、その周期的交替を構造変動的基盤として、労働人口の「吸収」－「反撥」が周期的にくりかえされてゆくことになる。この「資本蓄積様式－労働人口」という相互動態的論理系は、『資本論』体系における景気循環論の実体構造的次元における枢軸とみることができる。

宇野弘蔵『経済学方法論』によれば、「景気循環と人口法則とは資本の有機的構成の高度を決定する固定資本の更新を媒介にして、内面的な相互決定関係にある」のであるが、この相互決定関係において中枢に位置しているのは、「人口法則」であり、より端的に言えば「労働力商品の価値規定」である。したがって、エンゲルスのマルクスによる資本主義批判の不滅の功績を「剰余価値生産の法則」にだけ見る見解は、片手落ちであるばかりでなく、「相対的過剰人口の法則」の優勢的主動性を全く見ていない偏極的見解なのである。相対的過剰人口の特有の法則的運動として現われる資本家社会特有の人口法則とは、労働力商品の価値規定の貫徹する独自・独特な形態とみてよいであろう。

「近代産業の特徴的な生活行程、すなわち、中位の活況、生産の繁忙、**恐慌**、沈滞の各時期が、より小さい諸変動に中断されながら、十年ごとの循環を成すという形態は、産業予備軍または過剰人口の不断の形成、あるいは多くあるいは少ない吸収、および再形成に基づいている。この産業循環の転変する諸時期は、またそれとして過剰人口を補充し、そしてその最も強力な再生産動因となる」（『資本論』第一部）。

以上のごとく、「資本の生産過程」を論じた『資本論』第一部の範囲・次元では、貨幣論における「**恐慌の発現形式**」論ならびに「資本蓄積論」における「蓄積様式」タイプによる「**恐慌の基礎づけ**」論が、確認できる。次いで考察は、「資本の流通過程」を論じた『資本論』第二部へと移行する。

『資本論』第二部・第八章では、第二節「固定資本」論が、景気循環論＝**恐慌論**の観点からすれば、核心的主題である。けだし、「国定資本の回転の特殊性」に即さなければ、「**恐慌の可能性**」が「**恐慌の必然性**」「**現実性**」へと転化してゆく産業循環＝恐慌発現上の「物質的基礎」が明らかにならないばかりでなく、その旋転がなければ、第三節での「過少消費説」や「部門間不均衡説」やへの批判もふくめた深い検討も可能ではないからである。

「**恐慌**は、支払能力のある消費、または支払能力ある消費者の不定から生じる、と言うのは、ただの同義反覆にすぎない。恐慌はいつだって、労賃が一般的に上昇して、労働者階級が年生産物中の消費向け部分に、おけるヨリ大きな分け前を現実に受け取る時期、まさにこの時、準備されるのである、と。こうした時期は——これら健全にして「単純な」（！）常識の騎士の観点からすれば――逆に、恐慌を遠ざけてしまうはずのものであろう。こうして、資本制的生産は、かの労働者階級の相対的繁栄を、ただ一時的にのみ、しかもつねに**恐慌の前触れ**としてのみ許す、善意または悪意よりは完全に独立した諸条件を含むかのように見える」（『資本論』第二部）。

ここで、「部門間不均衡」が**恐慌発生**と結びつけられて論述されており、これは一面では、すでに「過少消費説」批判に先行されているとはいえ、先に『剰余価値学説史』で原型が形成された「部門間不均衡」説の『資本論』体系への継承であるとともに、他面では、『資本論』における「実現論的商品過程」論の代表的地位を占めるものとなっているが、同時に、第二部におけるその位置価の解明は、『剰余価値学説史』でもすでに「部門間不均衡」よりも主軸として前面化してきていた「資本過多説」の主流化が、『資本論』体系の第三部への進展においても、〈再生産表式〉に基づく俗流解釈の**「部門間不均衡」恐慌説**を抑えて、**「資本の過多《プルセラ》」に基づく恐慌説**が、**マルクス的恐慌論の特質**として確立されてゆく課題をもあわせて提起している、と言える。

それは『資本論』体系における抽象的・形式的な〈再生産表式〉に基づく「実現論的商品過剰論・生産過剰論」の克服・揚棄過程への進展にほかならない。

このようにして、「資本制的生産の総過程の姿容」を叙述した『資本論』第三部・第一五章の、（a）第三節における「直接的搾取の諸条件と搾取の実現の諸条件との矛盾」、（b）「資本の絶対的過剰生産論」、（c）「信用機構と恐慌の関係といった**「恐慌の必然性」「現実性」「現実的・暴力的発現の直接契機」**の最終的検討へと、論理的上向は最終シーンへと向けて、究極してゆかざるをえない。

（a）の領域・次元について先ず見れば、マルクスは次のように説明する――

「直接的搾取の実現の諸条件とは、同じではない。この両者は、時間的ならびに場所的にのみではなく、概念的にも一致しない。一方は、社会の生産力によって制限されているだけであるが、他方は、種々の生産部門間の均衡と、社会の消費力とによって制限されている。しかし、この社会の消費力は、絶対的生産力によって規定されているのでもなければ、絶対的消費力によって規定されているのでもない。そうではなく、社会の大衆の消費を、多かれ少なかれ狭隘な限界の内部でのみ変動しうる最小限に帰着させる、敵対的分配関係を基礎とする消費力によって、規定されている。それはさらに、蓄積衝動によって、すなわち、資本の拡大と拡大された規模における剰余価値の生産とへの衝動によって、制限されている。それは、資本制的生産にとっての法則である」(『資本論』第三部)。

ここでは一見、「過少消費性、不均衡的色彩」が濃いことはあきらかなところであるが、マルクスがここで**「恐慌の必然性」**や**「現実性」の問題**を上程しているわけではない。つまり、かれマルクスはここで、「生産力が発展すればするほど、消費諸関係が依って立つ狭隘な基礎とますます矛盾するようになる」という視点から、「搾取と実現の諸条件の相違・不一致・不整合」を指摘しているのであって、それが「資本制的生産にとっての法則」から由来する点を強調するが、それが**「周期的恐慌」**とどのように関連するかに関説しているわけではない。その両者は、主題が異なるのである。

だから逆に言えば、ここでは「資本制的生産にとっての法則」の含むべき基本的特徴が概説されているだけであって、むしろ、そうした「搾取と実現の諸条件の相違・不一致・不整合」が、**「恐慌の必然性」「現実性」**と「資本の内的諸矛盾」と内的な関係に置かれている関係性の問題は、ここでは主題とされていないのである。

もしそうではなくて、数多くの俗流マルクス主義経済学者の**〈再生産表式論〉的「部門間不一致」「過少消費」説的恐慌論**のように、この「搾取と実現の相違・不一致・不整合」を強引に無媒介に結合して**「恐慌の原因」**に仕立ててしまえば、この「相違」がここで資本制的生産の法則であるとされている以上、その両者の結合を原因とする**恐慌**は、周期的なものではなくて、不断に発生しつづける**「万年」恐慌論**とならざるをえなくなる。

元来、社会の生産と消費の範囲・水準が資本の生産力の増進、資本の有機的構成の不断の変化にともなって、「資本の増大と拡大された転換における剰余価値の生産とへの衝動によって」動態的に推進されつづけてゆくものである以上、「絶対的生産力」とか「絶対的消費力」とかは、実在としても、概念としても、それこそ絶対的にありえないのである。

したがって、『資本論』第三部・第一五章は、右の（a）の検討を前提として、いよいよ（b）の「資本の絶対的過剰生産」論へと入ることとなる。そこでは先ず第二節で、「**恐慌**は、つねに、現存する諸矛盾の瞬間的な暴力的解決であり、撹乱された均衡を一瞬間回復する暴力的爆発であるにすぎない」として、**恐慌の意義**が前提的に押さえられたうえで、第三節において、**恐慌の発生論理**が資本蓄積との内的連関に即してヨリ機構的に解明されてゆき、労働人口に対する資本の過剰蓄積現象が、「資本の絶対的過剰生産」として設定され、それを基盤とした「利潤率の急激な低下」と「競争」との像を通じての**恐慌の勃発の必然性**が、明らかにされるのである。

「資本制的生産の目的のための追加資本がゼロに等しくなれば、そこには資本の絶対的過剰生産が存在するであろう。しかし、資本制的生産の目的は、資本の価値増殖である。したがって、増大した資本が、その増大以前に比して同じであるにすぎないかまたはより少なくさえもある剰余価値を生産する場合には、そこには資本の絶対的過剰生産が現われるであろう。すなわち、増大した資本C′＋△Cは、資本Cが△Cになるとその増大以前に生産したよりも多くの利潤を生産せず、または、それよりも少ない利潤をさえ生産するであろう。いずれの場合にも、一般的利潤率における甚だしくかつ突然の低下が生ずるであろうが、しかし今度の低下の原因である資本組成の変動は、生産力の発展によるものではなく、可変資本の貨幣価値における増大（賃金の上昇による）と、これに対応する必要労働に対する剰余労働の比率における減少とによるものであろう」（『資本論』第三部）。

ここでは、資本蓄積の拡大・増大に起因する相対的過剰人口の吸収による賃金の上昇にともなう「利潤率の急激な低下」が**恐慌**につながるものとして、設定されている。資本投資拡大→過剰人口吸収→賃金上昇→利潤率低下→**恐慌**

という論脈のなかに、**「資本過剰論」的見地に立脚した「恐慌」規定**が明確化されているのである。

右の命題における「追加資本がゼロに等しくなる」という仮定は、静態的な作業仮説的な想定ではなく、**恐慌の暴力的爆発**による動態的規定として、現実化・実在化されている。資本制的生産の目的が資本の価値増殖である以上、右のような事態の発生は、資本の価値増殖運動の終焉ないしは中断であって、そのような価値運動過程の終焉ないしは中断は、資本が資本でなくなってしまうことを意味している。そのような「資本の絶対的過剰」に基づく**周期的恐慌の暴力的・突発的爆発**が、資本制社会の再生産的存立・存続そのものを根底的に問う意味は、まさに歴史的・論理的意味としてそのようにして生じるのである。

恐慌の爆発によって、「利潤の分配」ではなく「損失の分配」が個別資本の「競争戦」として激化しながら強制されてゆくなかで、既存の資本価値の破壊という形で「資本の絶対的過剰生産」は解決され整理されて、**恐慌局面**は次の高次の不況局面へと移行するのである。

この高次水準における景気循環の起点となる不況期を導出する動因は、**恐慌期**における個別資本の激烈きわまる「競争戦」の延長においてしぼりだされてくる固定資本の更新の新たな投資とその利得をめぐる競争のなかでの「特別剰余価値」の創出にほかならない。

この起点からの新たな水準における固定資本の回転を動因として、相対的過剰人口の再びなる創出過程の開始を意味する「新たな機械や新たな改良された作業方法、新たな組み合わせ」の採用がおこなわれるのである。

こうして、『資本論』第三部・第一五章・第二節（b）「資本の絶対的過剰生産」論の規定した**「恐慌」規定**においては、資本制的生産の投資活動が「利潤率の急激な低落」という形で制限にいたるプロセスとメカニズムが、まさに「個別資本の競争過程」を通して具体化する姿容が現実的に解明されているのである。

以上を前提にして、（c）**「信用機構と恐慌」**は、右のような資本過剰による「混乱と停滞」が不可避的に「信用」

に媒介されて利子生み資本・様式資本と信用制度の活動を拡大させ、「信用創造の展開」にまでいたることによって、資本の利潤率のつのりゆく傾向的低下と信用創造の供与によって加速された利子率の異常高騰との大衝突によって、ついに**激烈・激越きわまる周期性恐慌の暴力的大爆発**が起こることが、解明されるのである。『資本論』第三部・第五篇・第三〇〜三二章「貨幣資本と現実資本」の三つの章で扱われている主題である。

「信用制度が、過剰生産や商業における過剰投機の主要な梃子として現われるとすれば、それはただ、その性質上弾力的である再生産過程が、ここでは極限まで強行されるからである。したがって、信用制度は、生産諸力の物質的発展や世界市場の形成とを促進するのであるが、これらのものを、新たな生産形態の物質的基礎として、一定の高度に達するまで作り上げることは、資本制的生産様式の歴史的任務である。同時に、信用は、この矛盾の暴力的爆発を、すなわち**恐慌**を、したがってまた古い生産様式の解体の諸要素を、促進する」(『資本論』第三部・第五篇・第三〇章「貨幣資本と現実資本」)。

世界市場の場裡での再生産循環活動と国際貿易活動における、貨幣資本＝擬制（架空）資本と現実資本＝生産資本との両活動の乖離の極限化の時点でとりわけ発動される、信用制度の媒介活動と信用創造の活潑な展開活動が、資本制的生産における「生産の絶対的過剰生産」を現実的にさらに押し進める機構であり、この「信用」活動によって極点にまで亢進させられた過剰投機＝過剰投資こそが、**恐慌を現実化・発現**させるとすれば、同時に信用こそが**恐慌**を**「必然化」「現実化」させるその現実的メカニズム**にほかならないことも明白である。この信用と景気循環＝**恐慌**との内的相互関係を「利子率変動」に焦点を合わせて、マルクスは次のように解く——

「再生産過程が、過度の緊張の状態に再び達したならば、商業信用は非常に大きな拡張に達し、その場合この拡張はまた、容易な還流と拡大された生産という「健全な」基礎をもつ。この状態にあっては、利子率はその最低限度以上には上がるとはいえ、いぜんとしてなお低い。他面では、ここで初めて予備資本なしに、またはおよそ資本というものなしに一仕事する、したがってもっぱら貨幣信用に頼って操作にしたがう騎士たちが、目に立つように現われてくる。いまや利子はその平均の高さにはね上がる。そして、**新たな恐慌が襲来**し、信用が突然停止され、諸支払いが停滞し、再生産過程が麻痺し、貸付資本のほとんど絶対的な欠如とならんで遊休産業資本の過剰が現われるやいなや、利子率は再びその最高限度に達する」（『資本論』第三部）。

すなわち、貨幣資本と現実資本との対立関係の運動過程を基礎にしつつ、その関心が「利潤率―利子率」間の相互依存―対立関係へと反射していく構造の論理化のなかで、**恐慌発生の現実的メカニズム**がより一層体系化されたのであるが、そのなかでとりわけ利子率の周期的変動プロセスが明確になったことによって、**恐慌**が資本の「景気循環過程」の特殊な一局面であるというマルクス的「景気循環」視点も一段と鮮明になり、そのような『資本論』体系の最終範疇＝終結規定としての**恐慌の形が「信用恐慌」である**ということも明確化された、と言ってよい。

「再生産過程の全関連が信用を基礎としているような生産体制では、急に信用が停止されて現金払いしか通用しなくなれば、明らかに、**一つの恐慌**が、すなわち支払手段への殺到が、起こらざるをえない」（『資本論』第三部）と。

このようにして、『資本論』第一部・第二部・第三部の全弁証法体系が、**「恐慌の形成＝形態論」・「恐慌の内実＝実体論」・「恐慌の現実＝機構論」**という三ブロック構成を成して、全巻完結へといたるのである。

この三ブロック構成を不可分的に推進せしめる『資本論』体系的原動力は、「競争と信用」にほかならないのであって、この見地こそが**「恐慌」規定**をより体系的に「景気循環論」として総合化する見地であるのである。一つには、そうした諸資本の「競争行動」の物質的基礎をなす「固定資本の回転上の特質」（『資本論』第二部）こそが、景気循環過程における「周期性」の実体的基礎を成すものであったし、もう一つには、「信用機構」における「利子率の周期的変動」（『資本論』第三部）こそが、景気循環過程における「周期性」を現実化した動因にほかならなかった。

このようにしてみれば、「資本過多論」を主軸とする**恐慌論の体系的展開の動源**が「資本の絶対的過剰生産論」であり、そこにおいてこそ「競争」論や「信用」論との論理的接合も明確に可能であったかぎり、『資本論』体系における マルクス的弁証法の核心が、この「資本の絶対的過剰生産論」(「資本の過多《プルセラ》」説)にあることは疑いを容れない。

右のような**「信用恐慌」「貨幣恐慌」**を必然化させる好況局面末期における「利子率高騰」は、マルクス的把握によれば、(1)「支払手段を求めての殺到」による資金需要の急騰に対応する「利子率高騰」、(2)「労賃上昇が貨幣資本に対する需要を増大させる」ことに基づく「労賃上昇による利子率高騰」、(3)「市場への商品の供給を人為的に妨げようとする試み」による「貸付資本に対する需要増加」に起因した「投機による利子率高騰」として、叙述されている。

このようにして、信用に媒介・規制された資本蓄積運動が、具体的に利子率の循環的・周期的動態に集約されて把握されることによって、「資本の絶対的過剰生産」を動因とする資本蓄積の**現実過程が恐慌の爆発へ**と導かれることによって、体系的に自己完結して、既存の資本価値の破壊を通して「資本(資金)の商品化」として再び「冒頭商品」へと自己還帰してゆく円環化体系性を自証することが、より具体的に解明されるにいたった。

2 マルクス〈恐慌論〉の核心としての「資本の過多《プルセラ》」説の意義

最後に、以上のような「資本の絶対的過剰生産」規定と「利子率高騰」規定との関連において、なお残存する問題を、総括的に考察しておくとするならば——

第一。マルクスの「資本の絶対的過剰生産論」においては、資本蓄積拡大→労働力吸収→労賃上昇→利潤率低下という重要な論理展開がみられるが、この論脈の基礎=根拠には、好況局面の資本蓄積様式が「資本の有機的構成が不変である蓄積」を主調とせざるをえない根拠の明確化が不可欠なこととなるが、『資本論』体系でのその点の解明はかならずしも十分とは言えない。

『資本論』の蓄積論では、資本の有機的構成の「構成不変」の場合と、「構成高度化」の場合と、一方では、二つの蓄積様式パターンの相互・交替的把握の視点が正しく提起されていながらも、他方では、資本の有機的構成の「構成高度化蓄積」こそが資本制的生産に「固有のもの」だとする傾向がいぜんとして強いのであって、この点の未整理が、「資本の絶対的過剰生産論」をさらに明確に仕上げてゆく上での制約として、残存している。

第二。**恐慌局面**における諸資本の競争の激化にともなう「資本の絶対的過剰生産」をめぐる「損失の分配」について、マルクスは一方では、「旧資本の遊休は、いかなる事情のもとでも生ぜざるをえない」、「資本の遊休化は、階級としては避けられない」として、結局、**恐慌発生以前**において「資本蓄積の鈍化→資本の遊休化」が実現せざるをえないとするが、総資本の一部がこのようにいわば積極的に事前に「遊休化」してしまえば、利潤率の急落の原因を成していた、労働力需要の増加→賃金上昇という契機が、そのかぎりではその分だけ弱まる以上、資本による過剰投資の「自己抑制」を通して、**恐慌の勃発の急迫性**は弱まり、そのかぎりではその分だけ事態は平準化されてしまい、爆発力を弱めてしまうことになる。

資本の産業循環過程においていわば不断に発生せざるをえない遊休資本の「一般性」という見地から言えば、そのような遊休資本の社会的動員の機構として「信用機構」が展開されるということが、一面では必ず在る。問題は、このような一般的メカニズムの進行の確認で、そのような信用機構の「信用創造」にまでいたる展開が、その産業循環過程における「**恐慌の必然性**」の**傾向的爆発**へと急進化するメカニズムを、いかに解明し、説明するかにある。

『資本論』が、個別諸資本の競争の観点から正当に強調している、右の「損失の分配」視点からすれば、個別資本としては過激化する競争の強制のもとで蓄積を自己抑制する手段をもちえない以上、むしろ逆に、他の個別資本を排除・駆逐してでも自己の蓄積を拡大しようとする以外にはないのであって、そうであるからこそ、諸個別資本のこのような盲目的・暴走的な競争行動が不可避的に激化せざるをえない帰結として、「資本の絶対的生産」の**恐慌としての勃発**も明確にされるわけ（はず）でなければならない。

もちろん、「資本の遊休化は、階級としては避けられない」――それは、マルクスの曖昧さがまだ残っている**恐慌発生以前**の事前においてではなくて、**恐慌発生局面**においてこそ急落的に避けられなくなるのであるが――、その場合でも、全資本が遊休化してしまうような事態が起きえないのは、当然なことであり、むしろそのような個別諸資本の遊休・消滅と存続・活動の淘汰が、諸資本の競争を一層激化させる引き金となるのであり、また、そのような価値増殖過程からの旧資本の一部の遊休・脱落が、資本の全産業循環＝景気変動過程において、「均衡の不均衡」「不均衡の均衡」運動式に不断に進行する過程とは異なる別種の変異過程での経済現象であることも、明らかでなければならない。

総じて言うならば、『資本論』弁証法体系において、**全般的・周期的・激発的な恐慌の暴力的爆発**を、経済学原理論として基本的に解明した**マルクス〈恐慌論〉**においても、「資本の絶対的過剰生産」と「二つの資本蓄積パターン」との内的関連、「資本の絶対的過剰生産」をめぐる「損失の分配」という競争の展開、**恐慌の必然性**における不可欠の条件をなしている「好況局面末期の利子率高騰」については、いぜんとして未解決の諸論点を残しているとみなければならない。

このような**マルクス〈恐慌論〉**がなお残存させている理論的不明確さは、やはり、中期マルクスの〈プラン大系〉以来の「資本一般」説的見地の克服の不完全性の残存が災いして、『資本論』体系における「競争論」の原理的位置づけの不徹底性・未整理性がまだ残存している結果として、**「恐慌爆発における諸資本の競争」**の役割に関して、まだ一定の未決課題が残されているからだ、と把えるべきであろう。

第三。右のような**恐慌爆発**における「競争論」の不十分性は、**恐慌**を最終的に**「信用恐慌」「貨幣恐慌」**という形をとって必然化させる契機である、好況局面末期における「利子率高騰」の解明・説明にさいしても、資本蓄積の「遊休化」による「資本の過多《プルセラ》」の自動的解消ないしは緩和という論理的過程に制約されて、「利子率高騰による資本過剰蓄積の抑止」という決定的作用への考察が弱い、という弱点を生んでいる。

「支払手段欠乏」・「労賃上昇」・「投機発生」という『資本論』の「利子率高騰」原因論は、利子率水準決定における「資金需要」側面の指摘としては重要でもあり有用でもあったが、しかし、利子率水準はいうまでもなく「資金需要」と「資金供給」との両面の需給バランスによって決定されるものである以上、『資本論』第三部にあっては、好況局面末期の資本蓄積における固有な動向との関連に実態的に即して、この局面での「資金供給の減退」が説得的に内的に分析・叙述されているとはかならずしも言えない。したがって、全体としては、『資本論』の「資本の絶対的過剰生産」論では、**「恐慌の必然性」「現実性」**において不可欠の条件をなす「好況局面末期の利子率高騰」は、なお全面的解明には成功にいたっていない。

右のように「信用需給動向」を景気循環過程に沿って総括してみると、現実の景気循環過程に対応してこそ、信用需給動向はその周期的・循環的運動をはじめて展開しうるということ、そしてこの景気循環過程こそが信用需給動向を現実的・動態的に貫徹させてゆくその現実的メカニズムにほかならないことが、判明する。

3　マルクス「資本の絶対的過剰生産」論の全体的問題

村上和光『景気循環論の構成』第一章「景気循環論の形成――『資本論』体系の景気循環論」の「おわりに」は、「全体の総括として『資本論』「資本の絶対的過剰生産」論の全体的問題点を整理しておかなければならない」として、次のごとく論述している――

「つづめて言えば、その総括的問題点とは、結局、一方における、資本蓄積の拡大→労賃上昇による「利潤率の低下」と、他方における、その「利潤率低下」を急性的恐慌にまで現実化させる「利子率騰貴」との内的相互関連が弱いこと、に集約可能である。そしてこのような問題点の背景には、『資本論』第三巻に関わる以下のような体系的制約が存在する点が注目されねばならない。すなわち、この第三巻が、個別資本の資本蓄積運動が利潤率および利子率を基準としつつ競争過程と信用機構に媒介されて一つの有機的な運動過程を形成していく論理体系としては的確に構築されなかったという「制約」、これである。要するに、『資本論』第三巻における「現実的運動機構論」としての未整備にこそ、『資本論』景気循環論「未完成」の、その最大の原因があるというべきであろう」（村上和光『景気循環論の構成』御茶の水書房刊、二〇〇二年）。

まことに首肯するに足る卓見であるが、右のマルクス『資本論』体系における（これはもちろんのこと「第三部」だけということには局限されえない、「第三部」の『資本論』体系における終結規定としての位置価のゆえに）「現実的運動機構論」としての「未整備」、『資本論』景気循環論の「未完成」は、私見としてさらに強調・強勢していうならば、ほかならない「利潤率および利子率を基準としつつ競争過程と信用機構に媒介されて一つの有機的な運動過程を形成していく論理体系」たるマルクス「経済学原理論」の全体構成に関わるだけに、次の具体的諸点の「未整備」「未完成」として、さらに突き詰めて解明されなければならない。すなわち――

第一。利潤率と利子率との分化・連動・対抗が、資本の上向極限における最高範疇〈利子生み資本〉創出における利潤・企業者利得・利子への分化の直接産物であるだけに、再生産的基礎をまだ有つ「利潤」範疇と、再生産的基礎をもはや有たなくなった「利子」範疇との分化――「現実資本」と「貨幣資本」、「生産資本」と「擬制（架空）資本」との分化・乖離に由来する――に、まだ究明されていない不明確さが残存していることが、改めて確認されなければならない。

第二。その両者のうち、前者の「利潤率低下」が、「労賃上昇」という現象において「労働力商品化」(労・資関係)の基本矛盾から発しているのに対して、「利子率高騰」が「資本相互」(資本家間関係)の競争的矛盾から発していることとの、「内的相互関連」が、まだ原理論の根源的深みから解かれていない弱点が残存していることが、確認される必要がある。

第三。そのような弱点がからんで、『資本論』弁証法体系の諸矛盾の最終的爆発とそれと通ずる最終的調整・処理・解決過程において、なお、「資本(資金)の商品化」による「冒頭商品」への円環化的自己還帰の復元力についての弁証法論理——それは(「端緒への復帰」ヘーゲル)、宇野・梅本対論の哲学的術語でいえば「循環の弁証法」(これは、レーニンのいわゆる『資本論の弁証法論理学』である)と「移行の弁証法」(これは、ヘーゲル—マルクス流の唯物論的歴史把握における歴史的移行の弁証法である。恐慌的危機《クリーゼ》を介する将来社会への移行としてみれば、それは革命の弁証法である)——との間のメタ弁証法論理が、まだ形成されていないことに起因している、と言わなければならない。

『資本論』弁証法体系の終結規定的核心は、**恐慌の暴力的爆発・調整**による資本制社会に貫徹する価値法則の自証にあると言ってよいが、そのように価値法則の論理構造を押さえてみるならば、価値法則の貫徹・包括範囲を単に「商品と商品との関係」を規制することだけに局限できないことも、直ちに明らかである。この「価値法則」の「範囲」の定義は、商品相互関係の法則的規制を基軸としつつも、さらに資本制生産・再生産および分配関係を「利子・利子率」範疇にいたるまで同時に規制する、一つの体系的な「体制法則」であると把えてさしつかえない。

その包括的定義性から汲み上げられている論理系は、先ず第一に、商品と商品との価値関係が一定の客観的基準によって規制されていくためには、単純商品として価値＝価格の根本性格をもつ労働力商品を諸商品の価値決定の重心としつつ、それを資本の全運動形態を通して成立させるための不可欠の枠組＝形態を成す「商品—貨幣—資本」という「流通形態」諸規定が前提になるとともに、他方で、その価値関係が現実的に貫徹していくための特有な機構としての「分配関係」諸規定が必要となる、ということが出てくる。

したがって、逆照していえば、商品相互間の価値関係を支配する法則としてさしあたり基軸的に定義される価値法則は、その初発的定義自体を充足させるためにも、「流通形態」諸規定と「分配形態」諸規定をもその価値法則の構造的環節として包括・接合させてゆかざるをえないのである。そうであれば、資本制的生産・再生産の総体的過程と仕組み自体も、客観的基準をもったそのような価値関係によって内容的に規制・支配されるのは、当然至極のことなってくる。

と言いつつも、そもそも、資本制的生産は、超歴史的・歴史貫通的な、そのかぎり、唯物論的歴史把握の領域に属する諸共同体社会の生産・再生産・分配の関係を、まさに商品形態・貨幣形態・資本形態＝価値形態によって包摂して全面的に実現している特異な歴史的社会である以上、その包摂形式である商品関係が、労働力商品の価値＝価格を基軸として一定の価値関係に基づいて、しかもその労働力商品の生産的消費による全労働生産物の商品生産化を通して、世界市場を一物一価の世界市場価格によって形成するところまで論理的上向が進めば、資本制的生産・再生産システムそれ自身が客観的法則性＝価値法則によって規制・支配されつつ展開することにならざるをえないことは、自明であるからである。

これを要するに、商品価値関係の規制法則として先ずもってとらえられた価値法則が、資本の産業循環＝景気変動過程を展開するなかで、最終的には**全般的・周期的・激発的な恐慌の暴力的爆発・調整**を通じて、資本制的生産における「生産・再生産・分配」の全関係をも規制していることが明らかとなる。価値法則の定義の範囲としては、このような全社会的次元にまで拡張して把握されなければならないのである。

マルクスが論定した「**恐慌の可能性**」が「利潤論」の次元で、「**恐慌の必然性**」なり「**恐慌の現実性**」なりに**転化**してゆくためには、諸資本の競争の内実である個別諸企業（中軸的には諸「株式会社」）による投資活動の相互作用として、これを動態的に捉える視点が肝要となるが、これを基礎にしながら投資による利潤の決定というかたちで論定してゆくためには、二〇世紀の後半、一九三〇年代＝「非常時」の時代に当たって、旧来の金本位制度に替わる管理通貨制度が、一面で投資行動決定の財政・金融政策的操作ないしは誘導の可能性に積極的に依拠して、ケインズ経済学によるいわゆる「ケインズ革命」が提示した「完全雇用」調達へと向けた「有効需要理論」を組み込みうる経済原理論の仕組みと、それに基づく現状分析理論が明確にされる必要がある。ケインズ経済学の**マルクス経済学の〈恐慌論〉**による現代的搾取を解明する課題である。

これによって、個別諸企業＝株式会社の投資競争が、信用に媒介されつつ、社会的な剰余価値生産の実体的制約を越えて、資本の過剰蓄積を必然化して、**全般的・周期的・激発的な恐慌の暴力的爆発**へといたる具体的様相に、さらにいっそう具体的に迫ることができるようになる。

このような、**信用と恐慌との密接な関係性**において、**周期的な恐慌現象発現の最終シーン**におけるパニックの増幅には、信用制度に内包された各個別資本間の情報の偏在が有力な作用を演ずることは、今日からではとくに注目に値する。マルクスには、「意識論」も「表現論」も「象徴論」も呪物崇拝性《フェティシズム》の問題もふくめて、きわめて有用にそれらの機能・様相についての理論的着眼あるが（むしろそれが、資本制的生産に対するマルクスの存在論的＝認識論的総把握の特性を成している）、時代的制約上「情報論」はそこには欠如しているから、マルクスの『資本論体系』＝経済学原理論にとっても、「情報」がはたしてそれにとって外部的なものなのか内部的なものなのかについても、現在まで別にとりたてて一義的な決着が与えられているわけではない。「情報論的転回《リンギスティック・ターン》」をもって何よりも認識論上の現代的特質を規定づけられる二〇世紀的現代以降を生きているわたしたちとしては、一般的に言っても、このような「情報」を、資本制社会の原理論的世界の内部の問題として理論的に内在化させつつ、原理論ひいては信用論を構成し、よってもってマルクス的恐慌論の深化にも活学・活用すべきであろう。このことの必要性は、今日のごとく「ＩＴ革命」が嵐のように進行している現代資本主義世界システムに即した、**恐慌現象**の今日的解明のためにはとりわけ重要度を増してきている。

総じて言うならば、本書が主要主題としてきた〈景気循環論〉は、経済学原理論のなかでも、「冒頭商品」からの上向法的論理展開においてそれまで個別的に展開されてきた諸領域を、有機的に結びあわせ総合する形で展開する総括形態であるという特異な性格をもっていた。この理論構成上の特異性のために、そこでは、資本蓄積の緩急と信用の膨脹・収縮とが相互に影響し合い、そのなかで技術革新が諸資本の競争に促されて特定個別資本が特別剰余価値を先行的に獲得し、それが平準化されてゆくという過程をとって、断続的に進展し、資本の投資行動の技術的基盤にそれが転化され、それによって資本蓄積の技術的構成と資本蓄積の有機的構成の変動を連動させてゆくこととなった。

そのような具体的な景気循環過程の進展は、さらに資本主義の「外部の世界」ないしは非市場的諸要素とも作用し合う形で、複雑な動態的変容が生み出されてゆく側面を、その経済学原理論的世界につねにはじめから抱えこむ特異な理論構成をもつこととなっている。その容れものが「価値形態」なのであり、この価値形態によって、本質的な「価値」と現象的な「価格」とが後者の不断の上下動を含み込みながら、特定の重心を有ちながら或る一定の範囲内で統計計測的に処理され、依って以て『資本論』第一部と第三部との体系的連関が図られるのである。

右の技術革新の断続的推進の観点から景気循環をとらえかえして把握するならば、新技術の普及する過程で、技術革新が社会的再生産に及ぼす影響が一般化されるなかで、従前・従来の旧技術の道徳的磨滅・陳腐化によって、それとは性格を大きく異にする新技術が資本の生産過程に設備更新的に導入される場合には、それがひきおこす社会的再生産の構造変化にともなって、社会的再生産の規模が縮少される資本競争的可能性が現われてくる。このような考察は、**恐慌過程全般**中の考察にとって有用であるばかりでなく、**周期的恐慌形態の変型**にともなって生じる現代の「長期不況（持続的不況）」の背後に、技術革新が進展しつつある実体経済の停滞（スタグネーション）が持続する状態の解明にも大いに資することになる。

現代資本制経済における、ハイパー・インフレーションと経済停滞（スタグネーション）が共存するといった、ケインズ経済学の実効性の喪失を現実化したスタグフレーションという特異な経済現象を、わたしたちはかつての第一次・第二次オイル・ショックの時期に経験したが、今日、デフレ・スパイラル局面からようやくにして脱した資本制経済が、「インフレ・ターゲット政策」へと転じたその後の近未来においてかならず現われてくるであろう経済的困難は、必ずやスタグフレーションとして再来してくるであろう。これは、**現代恐慌論**にとっての近未来における試金石である。

このようにして**〈恐慌論〉**の基本的実践の見地から経済学原理論を再構成してみるならば、「資本の理念《イデー》」とされる株式資本形態が、原理論的次元では機能意志をもつα型資本同士の結合や機能意志をもたないβ型資本の結合を、説くことが困難であるために、やや長期の貸付資本とその流動化機構を説くにとどまらざるをえず、具体的な株式会社や株式市場の定義化については、「投資家層」を想定できるいわば中間理論の次元にリザーヴする要素・領域が多くかつ大きいとしなければならないが、このような株式会社の原理論外設定の必要領域があるにもかかわらず、逆に、現代ブルジョア経済、なかんずく「グローバル資本主義」が現出している株式会社現象《ゲシュタルト》――Ｍ＆Ａにおける株価動向、株式プレミアム、配当の利子化、ＰＥＲの意味などに関しても、これらの多様な姿容をとる現実の株式資本の動態のうちに現われる「理念《イデー》」としての、あるいは「形態《フォルム》」としての株式資本の原理の現実的・具体的な作用、を、わたしたちは積極的に確認し究明することができるであろう。

4 「循環の弁証法」と「移行の弁証法」とのメタ弁証法における〈恐慌論〉の番い目的位置

先にも述べたように、今日のグローバル資本主義が呈している、「万物の商品化」という同質的な表層を実現しているこの世界資本主義化が、絶えざる分極化と多元化を孕んで相対化の時代の脱中心性を歴史的特質としている事態から、原理的世界を逆照してみるならば、すでに帝国主義段階をも〈戦争と革命の時代〉（それは一九九一年の社会主義世界体制の世界史的没落とともにすでに終焉した）に経過し終えた今日のグローバル資本主義世界を総把握するためには、かつての一九世紀イギリスの「純粋の資本主義像」のモデル化を基軸とした資本主義の「純化」＝「不純」という二分法を超える、「原理論における複層性の認識」（小幡道昭）が求められていることは、疑いのないところである。

このようなポスト「パクス・ブリタニカ」ばかりでなく、ポスト・帝国主義でもあるグローバル資本主義にとっての現代世界史認識は、第一に、資本主義の帝国主義段階を特徴づける部分性・限定性は、イギリスのアジアにおける代理人の役割を担った極東の天皇制日本が帝国主義日本と化したことによって最終的に終止符を打ったのであり、第二に、地球上に両体制が共在・共存した米ソ「冷戦」が終焉したことによって、資本主義の地球上における第二の部分性・限定性も、一九九一年の社会主義世界体制の崩壊とともに最終的に終止符を打ち、「単一の世界市場」を資本制的定在とする今日のグローバル資本主義へと移行したのである。多（超）国籍企業とドル・核帝国を世界基軸とする現代資本主義システムのグローバルな世界史的出現である。逆に言えば、この現代世界史的移行が、思考的遡源による「原理論における複層性の認識」を可能にしたのである。

このような原理論的複層性（単元性でもなく、一円性でもなく、抽象性でもない）の視角から、論理的往復運動によって見返してみるならば、『資本論』弁証法体系における第一・第二部すなわち「資本制的生産における資本の生産過程論と資本の流通過程論」と第三部すなわち「資本の総生産過程の姿容」との間には、原理論としても、その抽象レヴェルの点で有意・有用な差がある、あるいはまた、恐慌の終結規定による「資本の商品化」によって「冒頭商品」の端初へと自己還帰する円環化弁証法においても、その体系化が資本制的生産の螺旋《スパイラル》状式な高次化をもたらしつつなされるものであって、原理論の始めと終わりではあきらかに異なる抽象レヴェルが規定される、という積極的確認が生じてくるのである。

これは、全世界を一元的に掩う純粋・完全な市場的要因だけで構成された〈純粋な資本主義モデル像〉を基礎に、現実には多様に存在しているさまざまな非市場的要因を識別し類型化することによって、言い換えれば、商品・貨幣・資本の価値形態化作用によってそれらの非市場的・外部的諸要因をことごとく内面化して抽象的に構成された原理論的方法を批判的にとらえかえしてみることにほかならない。方法論の方法論的反省である。

このような原理論における複層性の認識によってはじめて、一九世紀イギリス産業資本主義の現実的要因である「農業問題」も「食糧問題」も「外交貿易」も「金の流出入」もいっさい捨象して構成された「純粋な資本主義像」によっては視えること自体がありえなかった、近代社会の複層的世界像も視えてくるようになったのであり、また、わたしが一九六七年世界反乱の最高のマルクス理論的達成とみなしている宇野弘蔵・梅本克己対論の『社会科学と弁証法』における主題であった〈循環の弁証法〉と〈移行の弁証法〉とのメタ弁証法的関係性もまた、視えてくるようになったのである。

「純粋」像から「複層」像への豊富化的反転は、「ゲマインシャフト」としての前近代社会に特有であった「共同体的観点」を導入することによって、もっぱら「ゲゼルシャフト」に依拠して構築された原理論を拡張しようとする方法的努力をもたらしているが、これはもともと、共同体と共同体との間で発生したとされる古来からの商品交換が、近来での「労働力商品化」の変容化に媒介されて全面化したのが、資本制社会の解明原理である「経済学原理論」である以上、まさに「コペルニクス転回の転回」として、理論の「転回」軸自体を転換・拡張して、共同体から市場への、共同体社会から市場社会（市民社会）への歴史的・論理的連続性‐不連続性の理論的解明をもたらすものといえる。このようにして、贈与・互酬・無縁・楽市・再分配・結い・勧進・慈悲・慈善・喜捨・お裾分け等の経済原則を「社会原則」として慣習化・制度化することによって成立している人類史上の諸共同体社会と、全面的商品化の経済法則＝価値法則に依拠した経済学原理論との関係性もまた、明確化されうるのである。

価値・労働・再生産の次元領域は、人間社会にとって歴史貫通的な価値・労働・再生産を価値形態によってくるんで成立する近代資本制社会において、その経済的運動法則を恐慌論へといたる体系として解明する「経済学原理論」をしてまさに原理論たらしめる「岩盤的領域」を対象としている。そのような岩盤的対象の記述は、『資本論』がそのようにしているように、まずもって人間社会にとって歴史貫通的な「労働・生産過程」の考察からはじめられなければならないが、近代社会の産業資本における労働と生産の特異性に対する考察基準としてのあらゆる社会に共通な社会的生産論において、すでにそこにおける労働過程の労働と生産過程の労働とには本源的な相違があるのであって、資本制経済にあっては、賃労働は産業資本のもとで工場制機械工業を技術的・設備的基礎として部分化・単純化・平均化することによって、商品を大量生産するためのものとして、近代的に大きな変型を蒙りながら実存しているのである。

『資本論』体系におけるそのような資本蓄積の法則は、マルクスの〈経済表〉《タブロー・エコノミーク》である〈再生産表式〉によって、商品資本の循環運動の形式化・数学化に基づいて抽象的に総括されるが、このような〈表式〉を現実の「需要供給が作用するための基礎」としてとらえるならば、〈再生産表式〉は物量（使用価値量）の補塡・充足関係を明示する投入と産出の体系として再構成されなければならない。そのような〈再生産表式〉では、産出からの投入の物量（使用価値量）補塡・充用の必然性によって、労働時間によって計測される商品価値規定の展開が内蔵されていることは一目瞭然であり、それによって価値法則が資本の再生産過程に貫徹していることが明確に把握できるようになる。このような価値法則の全社会的貫徹は、価値の生産価格への転形、世界市場価値の一物一価法則に従う世界市場価格への転化をともないつつ、最終的には**恐慌の暴力的爆発**によって動態的に自証されるのである。

右のような、価値と価格とのズレを積極的に含みこむ容器としての価値形態、それによって展開される生産価格による価値とのズレの絶えざる均衡化は、資本制社会の原理論の基礎を形成している「岩盤」の上に、そのなかで変位する地層的変動領域を対象とする「貨幣と信用」の諸活動によって可能となるのである。

『資本論』体系の記述上では、商品から生成した貨幣の支払手段機能・流通手段機能・決済機能・世界貨幣機能の諸機能を解明する「貨幣論」と、商業信用とそこから発展する銀行信用の構造と機構を解明する「信用論」とは、論理環が構成上遠く隔たってはいるが、資本制経済における「貨幣」の全体像は、右の遠く隔たっている両者を総合することによってしか明確にすることはできない。

こうした貨幣・信用論の原理像を、「決済」概念を軸として統一的な把握を試みるならば、「決済費用の節約」という最終的な節約《エコノミー》原理に基づいて、貨幣諸機能の展開も、また信用そのものや、さらに商業信用から銀行信用への展開も、統一的に理論化することができよう。このような節約《エコノミー》原理からのアプローチは、なぜ原理論において「金本位制」が前払いとされなければならないのか？　というそもそも問題を解明するばかりでなく、「電子決済」などの現代的貨幣現象にも原理的な基礎を見出してゆくことともなる。

右のようにして統一的に把握された「商業資本論」と「商業信用論」の境界面に着目するならば、従来の商業信用論の考察ではあまり重視されてこなかった信用機構外における商品売買の在り方の変容、すなわち「非現物の商品化」こそが、商業信用で行われている資金融通、すなわち「非現金の貨幣化」の原理論的前提を成していることが明示されることとなる。商業信用と銀行資本の有機的関連は、現代資本主義の自己編成の高みにおいては、そこまでの問題系列を内包しているのである。このような境界面の接着と変容を媒介するものとして、「商業資本」の果たす役割もまた明らかとされるのである。

利子生み資本と信用機構を「資本」範疇の上向の極限とする『資本論』体系においては、「株式資本」と等しく「中央銀行」規定を原理論的に設定・規定しなければならないが、そのような原理的な市場機構として「中央銀行」を説こうとする場合、銀行間の組織化が論じられなければならない。この銀行間組織には、発券の集中ではなく、特定の銀行の債務が他の銀行の支払準備を形成する関係の生成を軸として、二類型——特定の銀行が多くの他の銀行の決済準備を集中する「銀行の銀行」へと転化してゆく垂直的な組織化と、非営利の共同機関の創出によってなされてゆく水平的な組織化との二類型——が析出され、この二類型の代替性と相互補完性という観点から、単一の金本位制の下における各国の金融システムの多様性も原理論的に捉えることができる。

総じて言うならば、信用論は、商業信用→銀行信用として経済学原理論的に説かれるのであるが、信用経済全体の金融活動としては、いわゆる商業銀行＝コマーシャル・バンクのネットワークだけによってこれを構成することはできない——「最後の貸し手」機能を独占している、そして貨幣の鋳造権・発行権を独占して、世界貨幣を国民国家の政治的権能をバックにして営んでいる「中央銀行」を国家独占的頂点とする信用諸制度のネットワーク構成を規定しなければならない。

今日の世界経済における顕著な事態としての金利の自由化、金融の証券化にみられる金融革新・金融革命の進展は、現代社会の全面的変貌を促す金融経済的原動力となっているものであるが、新金融商品の登場、異質な金融・信用機関の提携・合併、グラス・スティーガル法廃止の動き、金融市場と証券市場の垣根の撤廃ないしは低下、中央銀行と中央政府が一体化しての金融・財政ミックス政策の展開等々の進展として、金融サーヴィス業の境界がますます不明確なものとされて、金融機関の同質化が急激に進行している。現下日本における最大の政治的・経済的争点である小泉「構造改革」自民党内閣下の郵政民営化のごときも、全面的な行政改革・金融自由化の恰好の口火をなすものとして、如上のようなグローバル資本主義の金融自由化の動きの典型的な日本的現われとしてこれを把えなければならない。

今日の金融機関の同質化は、NOW勘定（譲渡可能払戻国債）、MMMF（短期金融資産投資信託）、CMA（現金管理勘定）等々の金融商品の登場を促し、金融機関の競争の激化・再編をもたらしているだけでなく、本来、投資勘定であったものに決済性を付与することから、決済メカニズムの変容、「貨幣・銀行」概念の変質をもたらしてきている。ニューヨーク連邦準備銀行総裁（当時）であったE・ジェラルド・コリガンの『銀行とは何か？ Are Banks Special ?』（一九八二年）は、一九七〇年以降の右に述べたような金融市場の変貌のなかで、改めて「銀行とは何か？」の問題を提起して、金融サーヴィス業の境界がますます不明確化しているにもかかわらず、商業銀行は以下の三つの本質的機能を果たす点において、他の金融機関とは異なる特殊《スペシャル》なものである、という位置づけを試みた。すなわち——

（1）銀行《バンクス》は、額面通り要求払いで支払われ、第三者に容易に譲渡される取引決済勘定（transanction account）を提供する。

（2）銀行《バンクス》は、取引決済預金を発行・創造することから、あらゆる他の金融機関ならびに非金融公社のための流動性提供の第一の源泉である。

（3）銀行《バンクス》は、金融政策のトランス・ミッション・ベルトである。

これら相互依存的・相互協同的な三つの本質的機能が、垂直的・水平的に全国ネットワーク化された金融制度の中核的存在たらしめているのであって、とりわけ、商業銀行が提供する取引決済勘定のリクイディティー、モビリティー、アクセプタビリティーは、今日の経済・金融制度の円滑な運動と安定にとって不可欠なものである。

現代世界のヘゲモニー国家USAの金融中枢であるニューヨーク連邦準備銀行総裁を当時つとめていた世界金融業

務の最高・最大の実務家による、この、商業銀行をスペシャルなものたらしめている鍵が取引決済勘定を提供し、取引決済預金を創造することにある、という指摘は、『資本論』に則った今日の貨幣・信用・金融理論を理論的に構築する上できわめて重要な着眼点である。

取引決済勘定の提供とは、銀行の債務=信用が支払手段としての貨幣の機能的代替物として「絶対的貨幣機能」を果たしている、ということの謂にほかならない。銀行は支払決済システムを内蔵しているのである。そして、そのことを根拠にして取引決済預金を創造し、流動性提供の源泉となるのである。銀行制度のみが中央組織たる「中央銀行」を経済原理論的に析出せざるをえなかったのも、こうした銀行がもつ支払決済システムが経済・金融制度の安定にとって最も重要な基盤となっているからである。銀行が今日でも、金融政策のトランス・ミッション・ベルトとなるうるのは、まさしくこうした「中央銀行」生成の結果である。

5　信用・中央銀行活動と産業循環=恐慌との関係

楊枝嗣朗教授は『イギリス信用貨幣史研究』（九州大学出版会刊、一九八二年）、訳書『ドル本位制と変動相場制』（関西書店刊、一九八二年）、『貨幣・信用・中央銀行――支払決済システムの成立――』（同文館刊、一九八八年）において、一九世紀来のイギリス信用貨幣の歴史と、現代におけるドル本位制と変動相場制の歴史の訳述とに、周到に依拠しながら、現金ではなくて債務=信用が貸付けられる銀行信用の形態的特質や、債務=信用が貸付けられた利子生み資本化するという論点は、なぜに銀行は取引決済勘定を提供しうるのか、別言するならば、なぜに銀行は支払決済システムを内蔵しているのか、を明らかにすることによって解明されうる、という観点から、銀行信用を預金銀行論として展開すべきである、と問題提起し、このような問題視角は、同時に「中央銀行」成立の原理論的・現実論的必然性をも説きうることになる、と主張している。

右のような問題視角は、一九五〇年代後半のマルクス経済学における金融論をめぐる一大論争であった〈不換銀行券論争〉の中心点——不換銀行券は信用貨幣なのか、それとも、不換国家紙幣なのか、という論点——とも深くかかわっている。銀行券がたとえ兌換を停止しようとも、その信用貨幣としての本質になんらの変更がないのは、けっして不換銀行券が国家に対する支払手段となりうるからでも、銀行券の数量調節において貸付-回収という関係が第一次的な意義をもちそれに比べて借入-返済（兌換）が第二次的手段にすぎないからでもない。それはひとえに、兌換制下であろうと、不換制下であろうと、債務によって債務を決済するという現代資本主義経済社会自らの中に形成された社会的強制=信用の絶対的貨幣機能こそが、銀行債務の信用貨幣としての本質を規定しているからである。

商業銀行を特殊なものとして他の金融機関から決定的に区別している「要求払いで額面通り支払われ、第三者に容易に譲渡される債務を創造する能力」は、債権・債務の錯綜・集中から生み出されたこの信用の貨幣化という社会規範に立脚しているのであって、中央銀行券のもつ「法貨」規定も、信用の貨幣化という資本制経済社会が生み出した「経済的諸関係の範型の国家権力による規範化」であるにしかすぎない。このことは、兌換制・不換制の区別はないのである。

不換銀行券を不換国家紙幣とみる通説的な支配的見解は、銀行の本質的機能を、遊休貨幣資本の集中・融通媒介にあるとして、銀行券の信用貨幣性や流通の根拠をその金兌換に求めた。したがってその立場からすれば、兌換制から不換制への管理通貨の移行は、銀行券の信用貨幣性の否定、自律的流通根拠の喪失として捉えられて、その流通根拠を国家の通用強制力に求めることとなったのである。銀行券と国家紙幣は支配的見解では、このようにして同一視されることとなり、商業銀行とその他の金融機関との区別は消え去った。このような理論的基礎の上に管理通貨制度論の展開する通説を批判・克服するために、楊枝嗣朗『貨幣・信用・中央銀行』の理論的基調は、支払決済システムの成立を鍵概念《キイ・コンセプト》として提示されたのである。

恐慌論の観点から言うならば、自動復元力をすでに喪失した現代資本主義世界システムは、その再生産再開を起動する要因を、不換中央銀行券の発行、公信用（国債）の発行、財政スペンディングに求め、いわば経済外的に与えられた各国的過剰購買力の創出によって、その実現条件の打開を図り、緩やかなインフレーションをともないながら**恐慌の発生を回避、先延ばしつつ経済成長を追求する**ことを志向している。金融市場においては、外生的に創出された過剰貨幣資本＝過剰流動性の圧力によって、利子生み資本は、銀行信用の新展開であるターム・ローン、消費者信用、レンタル、リス等の新たな自らの運動領域を開拓し、新たな金融媒介機構をも生む。他方、企業段階では、国家の財政スペンディング政策で保障される独占高利潤の獲得、国債価格支持のための低金利政策→証券価格の上昇→配当性向の低下→株式の時価増発→企業内部留保の増大→自己金融現象が、発生する。

戦後におけるきわめて特徴的な現代資本主義的現象であった高原状の経済的高度成長の持続的確保は、この国家機構の創出する過剰流動性を基礎にした民間信用の拡張に基づいている。この動態的経済成長は、貨幣・金融・国家政策の経済生産に対するイニシアティヴの主張である。

いわゆる管理通貨制度論者によれば、一九三〇年代に金本位制に取って替わった管理通貨制度は、金融・独占資本の蓄積の限界を、兌換制から不換制への転換によって打開するものと位置づけられる。金融・独占資本の資本蓄積の限界――独占価格、過剰生産、生産制限、大衆消費力の減退・狭隘化、最終実現の矛盾の激化→兌換制から不換制への転化→外部貨幣である不換中央銀行通貨の供給・公信用＝国債の発行、財政スペンディング政策の励行→有効需要の創出、最終実現制約要因の排除→金融資本の蓄積限界の打開等々が、主張される。

不換制の再生産的意義が実現条件の揚棄に求められるため、いまや仮象にすぎなくなった信用＝債務でもって、信用制度の全運動が維持されており、中央銀行の信用制度としての実質は骨抜きとなった。こうして、管理通貨制度は、その根幹において信用制度が否定されている体制となる。『資本論』体系において、再生産過程から上向法的に展開された上限の信用制度の体系的創出は、いまや不換制への移行によって再生産＝蓄積機構と断絶してしまい、上向体系とのかかわりを失ってしまい、信用体系の転倒を生んでいる。こうした理論の根底に、独占段階における長期停滞論的・崩壊論的資本主義観が在ることはあきらかである。

一九七一年のニクソン「新政策《ニュー・ポリシー》」以来、ドル本位変動相場制の通貨形態＝枠組をとっている国際管理通貨制度が、**今日の恐慌の現象形態であるドル危機と国債危機の多発**をともないつつ、イラク戦争の泥沼化・国家財政の破産・原油高・ドル危機とからみあいながら、近未来的に世界史的崩壊に見舞われようとしている現在、**現代恐慌論の発展**は従来以上に急務となっていると言える。

いわゆる管理通貨体制論者による体系の顚倒は、貨幣・信用論の出発点においてすでに認められる。個別資本視角に立つ遊休貨幣資本の融通媒介論である信用論にあっては、商業信用→銀行信用という信用制度の生成・発展が、遊休貨幣資本の存在から説かれ、さらに、信用制度の発展と構造変化（資本信用→株式会社→擬制資本→証券市場）は、蓄蔵貨幣の第二形態の集積にともなう過剰資金体制の圧力によって、利子生み資本が新たな運動領域を開拓することから生み出された、と理論構成される。

これは、貨幣・貨幣資本の存在が、信用・信用制度を生み出し発展させるという論理である。産業資本への利子生み資本の従属性を否定し、商品・生産にではなく、貨幣にイニシアティヴを与える。このような形で、価値形態論が全体系的顚倒させられるのである。

こうして、信用と現金との対立が、準備金の融通媒介によって打破されたとみる今日的発想は、兌換の停止によって準備金からの信用の解放→実現問題の揚棄→信用制度としての実質の放棄、という認識を生む。

右の「体系の顚倒」は、さまざまな領域で見られる――

（1）『経済学批判』の磨損鋳貨流通に関する叙述に依拠して、貨幣の価値尺度機能をその流通手段・支払手段から説くこと。
（2）価値尺度としての貨幣の、流通手段としての貨幣の論理的・歴史的先行性を否定すること。
（3）国家権力・支配力の大小からなされる周辺部貨幣史の分析。
（4）「利子生み資本」範疇を、産業資本運動の確立、平均利潤の成立から説くのではなくて、貨幣資本の所有と機能の分離の発生を前提にしなければならない、と主張すること。
（5）支払手段としての機能的代替物たる銀行券発行業務の集中を、一般的等価の一元性を根拠にして説くこと。
等々。

これらの主張は、根本的には、価値形態論における相対的価値形態にある商品が「能動的役割を演じ」、等価形態にある商品が「受動的役割を演ずる」という経済学原理論基本的な論点を、忘却したものである。イニシアティヴが商品にあるのか、貨幣にあるのか、という単純な基軸的論理が、いつの間にか消え去ってしまって、「価値形態論で展開軸となっているのは等価形態である」と考えられてくるのである。

利子生み資本が産業資本の運動から分化したその副次的・派生的形態であるという認識は、そうした理論体系からは脱落してしまう。こうした支配的な今日の貨幣・信用論は、不換銀行券の信用貨幣性の深い意義を考察することなく、貨幣流通の諸法則の支配を否定してしまうことで、ついには「信用制度の否定」論にまでゆきつき、価値論・貨幣論の心髄を放棄してしまうこととなっている。

架空資本＝擬制資本の運動が、現実資本の運動実態から著しく乖離して、後者の世界市場運動の百倍もの架空資本運動を日々に前者が演じている今日において、信用論次元において猖獗を極めている、イデオロギー的に顚倒している、信用論の隠蔽的物象化作用には、とくに留意する必要がある。

楊枝嗣朗『貨幣・信用・中央銀行』は、現代の貨幣信用理論は、貨幣流通の諸法則の支配に正当な視座を据え直して構築されなければならない、としている。価値尺度としての貨幣の論理的・歴史的先行性、貨幣諸機能の区別、その代替物の発生の論理、信用論における個別資本視角の克服、支払決済システムの生成と確立、「国民的信用」と「国家信用」との連関、等々。

『資本論』には、「価値尺度として機能し、したがってまた自分自身で、また代理者によって、流通手段として機能する商品は、貨幣である」という重要な命題がある。『資本論』初版ではpersönlichとされていたのが、二版と現行版でleiblichと誤植訂正となっているのに依拠すれば、右の命題となる。フランス語版『資本論』にいたっては、その第三章第三節「貨幣（La monnaie eu l'argent）」において価値尺度と流通手段との機能を果たす商品が貨幣である、という叙述そのものが削除されて、以下のように変更されている――「これまでわたしたちは、貴金属を、価値尺度と流通手段という二重の姿態のもとで考察してきた。貴金属は、観念的な貨幣として第一の機能を果たし、第二の機能では象徴によって代表されることができる。だが、貴金属がその金属体のままで、商品の実在の等価物すなわち貨幣商品として現われなければならない機能が存在する」と。注目すべきマルクス的進化である。

中期マルクスの『経済学批判』の第二章三「貨幣」においては、こう規定されていた――「金、つまり価値尺度として、また流通手段として役立つ特殊な商品は、社会のそれ以上の助けがなくても貨幣と成る。だから、或る商品は、まず、価値尺度と流通手段の統一として貨幣に成るのであり、言い換えれば、価値尺度と流通手段との統一が貨幣なのである」（傍点いいだ）と。

観られたごとく、中期の『経済学批判』と後期の『資本論』との「貨幣」規定には、論理的相違がある。わたしたちは、後者のフランス語『資本論』第三章・第三節の「貨幣《ラ・モナリー》」の規定に立脚して、貨幣論を信用論にいたるまで首尾一貫して展開しなければならない。

中期マルクスは『経済学批判』における「交換過程論」の展開において、諸商品の等置と不等置との関係、その一方の解決が他方の解決を前提とするという、諸商品の使用価値と交換価値との実現の矛盾が展開し、解決される場を、「諸商品の交換過程」である、と設定した。これはその原理的根柢において、かつて戦後日本のマルクス経済学の水準を世界的に一挙に引き上げた〈宇野vs久留間論争〉の核心に関わっていた問題であり、言い換えるならば、『資本論』第一部の冒頭における「価値形態」と「交換過程」との前後関係をもふくむ関係性の総体をいかに立論するのか？　という問題である。

『経済学批判』の貨幣形成論の発端にある商品は、このように、その特定の使用価値からの脱却によって、「社会的に有用な労働であるという素材的条件をみたしている」商品である。このように、交換過程での商品の矛盾の解決を前提にしていることは、後期マルクスの『資本論』における貨幣形成論とは著しい相違をもっていたのである。『資本論』では、第一篇・第一章・第一〜二節で「価値の実体」を見出して後、第三節の「価値形態論」において、なぜ商品の価値が労働実体の労働時間で直接に表現することができないのか、という労働貨幣批判を内に秘めながら、価値表現のメカニズム、価値表現、価値形態、商品→貨幣→資本的発展を論じている。

『資本論』における「交換過程論」は、「価値尺度としての貨幣の生成」を論じて、初版とそれ以降で「価値形態論」において、「形態Ⅳ」が消え去り「貨幣形態」が導入されるという、興味深い相違がうかがわれるが、それはそれとしてしばらく措くとして、基本的に、「或る特定の商品に対象化されている個人的労働時間」の「対象化された一般的労働時間」への転化・移行という問題の中で、「価値形態論」が導入され、価値尺度としての貨幣の生成が説かれるのと同時に、つづいて流通手段としての貨幣の生成が告げられていることに、わたしたちは深い注目を払うべきである。

「使用価値としての実現」と「価値としての実現」との悪循環が論じられているという通説で言われる、『資本論』

「交換過程論」における貨幣結晶生成の論理をめぐって、フランス語版『資本論』該当項においては、「この持ち手変更が、商品交換を成すのであって、この商品交換が商品を価値として互いに関係させ、商品を価値として実現する。したがって、商品は使用価値として実現されうる以前に価値として現われて（se manifestent）いなければならない」と、改善的に明確化されて変更されていることに注目しなければならない。このフランス語版の叙述に順うならば、そこでは「使用価値としての実現」と「価値としての実現」との悪循環が論じられているのではなくて、というよりはむしろ、商品の使用価値としての実現の前に、その商品の価値が表現されていなければならない、と積極的に論述されているのであって、交換過程における諸商品の価値表現の必然性、諸商品が価値として関係することの必要性が、そこにおいて理論的に強調されて語られているのである。

　こうして、マルクスは曰う――「わが商品所有者たちは当惑してファウストのように考える。太初《はじめ》に行為ありき、と。こうしてかれらは考えるよりも先にすでに行動していたのである。商品の本性の諸法則が、商品所有者たちの自然本能において自らを実証したのだ」と。この余りにも有名な命題は、右のように解義されなければならない。「このようにして、この商品の自然的形態が、社会的に妥当な等価形態となる。一般的な等価たることが、社会的過程によって、その排除された商品の独自的・社会的な機能となる。こうして、その商品は――貨幣となる」（傍点いいだ）。

　「交換の歴史的な拡大ならびに深化は、商品の本性のうちに眠っている使用価値と価値との対立を発展させる。交易のためにこの対立を外的に表示しようとする欲求は、商品価値の自立的形態を追求するのであって、商品と貨幣との商品の二重化によってこうした形態が究極的に達成されるまでは、止まりも休みもしない。こうして、労働生産物の諸商品への転形がおこなわれるのと同じ度合で、商品の貨幣への転形がおこなわれるのである」（『資本論』第一部「交換過程論」（傍点いいだ））。

「貨幣結晶」は、労働生産物が「実際に商品に転化される交換過程」の産物であり、「商品の本性のうちに眠っている使用価値と価値の対立」を、「交易のために外的に表示しようとする欲求」から、価値尺度としての貨幣が生成することが、ここで語られているのである。『資本論』の「交換過程における貨幣生成」論は、価値尺度としての貨幣の生成に尽きるのである。

「さて、「金銀は生れながらに貨幣ではないが、貨幣は生れながらに金銀である」ということは、金銀の自然諸属性が貨幣の諸機能と適合していることを示す。だがわたしたちは、今までのところでは、貨幣は商品価値の現象形態として、あるいは諸商品の価値の大きさが社会的に表現される材料として、役立つという、貨幣の一つの機能しか知らない」。

『資本論』第一部・第三章・第一節の末尾のパラグラフには、「金は、それがすでに交換過程で貨幣商品として徘徊している（フランス語『資本論』では、il se trowve déjà sur la marché＝「すでに貨幣商品として市場に在る」）が故にのみ、観念的な価値尺度として機能するのである」と。そして、「他面では、諸商品の価格規定は、交換過程のなかにある一商品・金をすでに貨幣としているのである」と。

この端緒的規定の確認において、わたしたちは、今日の国際通貨論における金為替説や金廃貨論が立脚している貨幣・信用論に対する批判・疑問に加えて、中央銀行の成立を貨幣＝一般的等価の一元性から導かれる発券集中・発券独占から説いて中央銀行券を流通手段としての貨幣代替物とする通俗的見解に対する批判から、さらに下向して中央銀行論や国際通貨論の構築を、マルクス貨幣論の基礎から再構築することができるのである。

一九七〇年代以降にくりひろげられた不換銀行券＝不換国家紙幣説の展開は、信用理論の問題として「銀行券論争」を回避し、理論的に兌換停止下の銀行券の本質へのアプローチをいっさい不問に付したままに展開されたことから、事態の推移とともにしだいに理論的混乱におちいり、学説そのものが崩壊してしまった。その事態の終末を踏まえた生川栄治『信用理論の体系』（有斐閣刊、一九八五年）は、「金融資本とは、企業・銀行・証券の三段階における資本運動を体系化したところに成立する概念であり、融合・癒着の関係もまたこの三段階を通ずる資本蓄積運動のなかに生まれてくるものとしなければならない」という問題意識から、「金融資本としての個々の骨格を体系的に統一しているものが、金融過程としての広い意味での信用制度にほかならない」と信用制度論を説いた『イギリス金融資本の成立』（有斐閣刊、一九五六年）の業績を踏まえて、「信用理論の大勢は、銀行券論争にみられる流通局限性、ないしはその方向性を許した銀行信用への限定性ということによって、株式会社をその体系から切断して、金融資本への展望を自己閉鎖するもととなっていた」（傍点いいだ）とした。傾聴すべき見解である。

そうした立場から、生川栄治『信用理論の体系』は、川合一郎の『管理通貨と金融資本』（有斐閣刊、一九七四年）が展開した、「信用制度の体系を、「流通時間なき流通」にたいする資本の志向と、「資本の所有制限」打開への衝動との二つの基盤のうえに展開された二つの柱として整理したうえで上向し、その頂点を中央銀行と金融資本としてとらえ、そこから下方にむかっての管理通貨と金融資本というコントロール・支配の働きかけの体系として把握し」、「信用制度の体系を、一方では広義の流通費用の節約のためにうまれた商業信用の展開と、他方では、資本の所有制限の打開のためにうまれた資本信用および株式会社の展開という二つの側面をもつものとしてとらえる。そして前者は商業信用―銀行信用―中央銀行信用と上向したのち、こんどは俯瞰して経済過程を統制するものとして管理通貨制の基礎となり、後者は資本信用―銀行資本―株式会社と上向して金融資本に達し、ここから下向して経済過程をコントロールしようとするものとしてとらえる。管理通貨と金融資本というのはいわゆる「組織された資本主義」の二つの側面である」という二つの柱、二つの志向、二つの側面を弁別する川合一郎式の「信用制度の体系における二つの領域・原則の分割論」について、原理的再検討を試みた。

生川栄治が体系化した「信用理論」によるならば、そのような川合一郎の「管理通貨と金融資本」的な信用制度規定は、「信用創造論と信用媒介論との二元的隔絶であり、そのもとでの銀行信用の範疇化の消滅ということ」（傍点いいだ）に帰するとして、川合信用理論体系を「解体的二元論」として根本的に批判し、如上の二系列の一元化を企図して、いわば「一元論的三段階説」ともいうべき信用制度の体系の構築を図った。

「信用制度とは何かという問題は、結論的にいえば、近代的利子生み資本の運動によって展開される債権・債務の関係が、社会的に制度化され体系化されたもの、という意味に理解する。具体的なその内容は、商業信用・銀行信用ならびに擬制資本をふくむ運動によって形成される債権・債務の関係の体系化されたものという意味である」（傍点いいだ――生川栄治『信用理論の体系』）。

右の、上向展開の連鎖関係とみなされる商業信用→銀行信用→擬制資本にいたる一貫した体系は、銀行信用（交互計算信用）を「土台的な意味での下部構造をなし、証券発行業務（擬制資本）はこれに対する上部構造の関係に位置する」、すなわち川合一郎「信用理論」の二系列のうちの第一系列（商業信用→銀行信用）を信用制度の下部構造として組み直し、第二系列の資本信用→銀行信用→擬制資本（株式会社）を、第一系列の「増築部分」「上部構造」として組み直して、「証券市場は銀行信用を介して資本の再生産に組み入れられるという、三重層の構造」を描いたのが、生川栄治「信用理論」における「一元論的三段階論」である。

そして、右の「三重層の構造」をつなぐものが、企業段階から銀行段階に集約された蓄蔵貨幣の第一形態ならびに第二形態である、という論理的関連になっている。このような生川栄治の「金属準備の再生産的関連を明らかにする視点」からの信用理論の体系の骨格は、ローゼンベルグ、飯田繁、宇野弘蔵等の諸氏の遊休貨幣資本＝準備金の利子生み資本化の体系＝遊休貨幣資本の「たらいまわしの体系」にほかならない。この「一元的三段階論」は、商業信用→銀行業・銀行信用→金融市場（短期貨幣市場＝手形割引市場と資本市場＝証券・株式市場）への上向体系（第一系列と第二系列の統合、一元化）が、蓄蔵貨幣の第一形態、第二形態すなわち、貸付可能な貨幣資本＝信用・銀行制度の準備金を軸点として、構想されている。以て、深町郁彌の「そこでわたくしにとっての課題は、それぞれの系譜の上向展開における川合理論の特質をはっきりさせるとともに、この二つの系譜の「架橋」による信用制度の全体像把握を浮かびあがらせることである」（『川合一郎著作集』第六巻・有斐閣刊、一九八二年・所収「解説」）という二系譜「架橋」の試みと同工異曲の構想であることが分かる。この二つの「架橋」構想の原理論的優越性はあきらかであるとしなければならない。

個別資本の資本節約要求という個別資本視角に貫かれた、遊休貨幣資本の「たらい回し」論は、次いで個別銀行の資本負担の「たらい回し」先としての手形割引市場・コール市場を設定し、さらに「金融市場での個々の銀行の現金準備を自身の手許に集中保有して、現金準備の共同による節約効果を高めるとともに、この集約された現金準備（金属準備）をもって、最後の信用に対する保証とする中央銀行へと、資本負担は上向・転化される」と理論構成される。こうして、商業銀行と同様、中央銀行もその成立の根拠は、金属準備の集中にある、とされるのである。

企業レヴェル、企業→商業銀行、商業銀行間、さらに商業銀行→中央銀行へと上向する資本拘束＝資本負担＝資本リスクの転嫁体系の展開によって、資本の再生産・蓄積過程における実現・資本還流による制約は、いまや、中央銀行での金属準備と信用の対立（すなわち、現金と信用の対立）となって現わされる。「中央銀行の金準備が信用制度の軸点」（生川栄治）とされる所以である。

商業信用→銀行信用→コール・手形割引市場→中央銀行という系列の中に、資本信用・擬制資本・株式会社→金融資本の系列が包摂され、生川栄治の「一元論的三段階論」が目論見んだ川合一郎「信用理論」の「解体的二元論」の一元化がここに成就するのである。

独占段階において生産力の独占的発展にともない、（ドイツ鉄鋼業における独占資本の株式会社的形式に典型的に見られたように）、固定資本が巨大化してくると、「資本所有の量的制限」の打開をめざして独占段階における信用の必然性が前面へと押し出され、銀行信用における段階的範疇としての「資本信用」の機構化が焦眉の急となる。銀行信用の前進形態としての普遍貸付→「固定資本での資本拘束の増大という圧力」から、再びその資本拘束の負担転嫁をはかるものとして、「銀行信用→証券擬制資本へと上向転嫁する体系」が展開されてくる。こうして、銀行信用は、信用制度の下部構造とされ、銀行が引き受けた資本負担が上向転嫁される証券市場・擬制資本が、その上部構造となる。そしてこの場合、上部構造である「擬制資本を債権・債務の作業に組み入れるものは、公信用としての国債である」、とされる。

「信用制度の第三段階を構成する」とされる擬制資本が、このように、公信用のものとしての国債によって先導される、という事態の意味は、二重の意味で重要である。すなわち、それは先ず第一に、「国家の債務関係の存在」を示し、そしてその関係を債権・利子の関係に復元評価し、こうして、国債は「二重の規定性によって生みだされた擬制資本」として存在するにいたるという意味と、第二に、商業信用・銀行信用・擬制資本という信用制度の「一元三段階」的序列において、国債が「債務の社会的性格」「債務形態についての社会的信頼度」「その債務形態の支払履行についての確実性（債務保証の確定性）」という点で、国債の方が、商業信用における商業手形、銀行信用における銀行券等々よりも優っているという意味である。「それは、企業レヴェル、銀行レヴェルに対比した場合、債務保証、支払能力の上級概念をなすものであり、そうした社会的性格の上級展開として、公信用は信用形態の第三段階をなす」（傍点いいだ――生川栄治『信用理論の体系』）。

今日のアクチュアルな資本制経済の現状分析においては、たとえば安保同盟関係にあるアメリカ経済においても日本経済においても、赤字国債の増発は、政治・経済上の第一級の問題となっているのであって、その理論的構築は、緊急な時務となっていると言える。とりわけ今日の日本経済におけるがごとく、デフレ・スパイラルからの脱却にともない、日本銀行当局と自民党政府支配層とが共同歩調をとって、日銀の「量的緩和政策」の解除によってインフレ・ターゲット政策へと根本的に転舵した今日的状況においては、そのハイパー・インフレーションの亢進への転化と赤字国債の大増発による金利上昇にともなう国債制度そのものの全面崩壊、といった近未来的な蓋然性は、二一世紀の現代日本資本主義にとっての、第一級の政治的・経済的大問題となってゆくであろう。

ここに、信用制度論の「一元論的三段階論」の展開は、「金属準備の再生産的関連を明らかにする視点」に基づいて、準備金の「たらい回し」論、資本拘束・負担の「たらい回し」論、資本リスクの転嫁体系論という「一元論的三段階論」として、果たされているのである。信用と現金の対立、中央銀行の金属準備と資本の再生産・実現との対立・矛盾が、「中央銀行の金属準備とその再生産的関連」の中味であった。この原理的再検討が、近未来の金融・財政政策の展開にとって持つ批判的意義は大きい。

宇野弘蔵博士は、マルクス「利子論」の構成が、『資本論』第三部・第四篇・第一九章から第五篇への連結に深くかかわっている、と理論的に洞察し、『資本論』第三部・第五篇・第二一章で設定された「貨幣資本家」と「機能資本家」という資本家的範疇の分裂に基づいて展開されたマルクス「利子論」の方法、ならびに銀行信用の生成を「貨幣取扱業」の発展として説く方法に対して、鋭利な批判を向けた——そもそも貨幣取扱業務は、「貸付資本を仲介する銀行資本の、いわば付随的な業務として、それに吸収されるもの」にすぎず、「本来の貨幣取引資本として考察されるべき銀行資本の規定には、この『資本論』における「貨幣取引資本」の規定は、何等本質的な関連を有するものとはならない」、「貸付資本の展開は、「貨幣取扱業の特殊の機能として発展する」面からなさるべきではなかった」と。そして、「問題は、第四篇からの連絡と共に、第五篇で行われた抽象の方法自身に、なお考慮すべき余地があるのではないかということに帰着する」と。

この点での宇野博士の積極的意見は、資本の回転運動によって生み出される遊休貨幣が「信用制度の基礎の一つをなさねばならない」という規定と、「商業信用が信用制度の基礎である」という規定との、『資本論』第三部・第五篇における両規定を、遊休資金の存在＝商業信用の基礎→商業信用＝信用制度の基礎と組み替えて、商業信用→銀行信用という基本的展開を示したところにあった。

さて、ページ数でわずか八ページにみたない『資本論』第三部・第四篇・第一九章「貨幣取扱資本」においてマルクスは、次のように説いた――「産業資本および商品取扱資本の流通過程において、貨幣が遂行する純技術的運動は、この運動・そしてこの運動だけを・それ独自の操作としておこなう一つの特殊的資本の機能にまで自立すれば、この資本を貨幣取扱資本に転形させる。産業資本の一部分を、詳しくいえば商品取扱資本の一部分を、たえず貨幣形態で・貨幣資本一般として・存在するばかりではなく、右の技術的機能中にある貨幣資本として存在するであろう。いまや、総資本の一定部分は分離して、貨幣資本――といっても、産業＝および商業資本家の全階級のために、右の操作をおこなうことだけをその資本的機能とする貨幣資本――の形態で自立化する」と（『資本論』第三部・第四篇・第一九章「貨幣取扱資本」――傍点いいだ）。

「貨幣制度一般は、本質的には、相異なる諸共同体間の生産物交換において発展する」のであるからして、歴史的には国際的交易において必要とされる「両替業と地金取扱業とは、貨幣取扱業の最も本源的な形態であって、貨幣の二重の――国内鋳貨としての、および世界貨幣としての――機能から発生する」。いまひとつ、マルクスが貨幣取扱業をこうして、先資本制生産様式においてすら、両替業と地金取扱業としての久しい由来をもつ、「貸付および借入の機能ならびに信用取扱」とが結合した存在と認識しながら、貨幣取扱資本を自立的資本として措定したことに、わたしたちは目敏く留意しなければならない。つまり、「たとえ初期のものであっても」信用業務と結合した貨幣取扱業が、第一九章では「純粋な形態」で「すなわち信用業から分離（d. h. getrenent vom Kreditwesen）」貨幣取扱資本として考察されているのである。

その諸操作が「貨幣そのもののさまざまな規定性から、ならびに貨幣の諸機能から生じる」ものであるこの貨幣取扱業が、「たとえ初期のものであっても」信用業と結合して存在しており、歴史的にはその「純粋な形態」での存在がほとんど見られないにもかかわらず、貨幣取扱資本が産業資本の副次的・派生的形態として自立的資本化された、理論的抽象の意味もまたそこに深くあるのである。

以上の理論構成からもあきらかなように、マルクス「貨幣取扱資本論」の特質を、銀行信用論との関連をふまえて述べるならば、以下のように整理されるであろう――

（1）貨幣取扱資本は、産業資本の副次的・派生的形態である自立的資本として措定されるが、「貨幣そのもののさまざまな規定性から、ならびに貨幣の諸機能から生じる」それらの操作それ自体は、資本としての操作ではない。

（2）貨幣取扱業は、先資本制生産様式においても歴史的に存在し、その最も本源的な形態として、両替業と地金取扱業があげられる。

（3）貨幣取扱業は、「たとえ初期のものであっても」、信用取扱業務と結合して存在しており、歴史的にはそれだけでは純粋に自立した形態では存在しないのであるが、この第一九章では「信用業から分離」されて考察を加えられている。

（4）『資本論』第三部・第五篇・第二一～二四章での「利子生み資本」範疇の確立を経て、第二五章で「貨幣取扱業と結びついて、信用業の他の側面、すなわち利子生み資本または貨幣資本の管理が、貨幣取扱業者たちの特殊な機能として発展する」と、銀行業の生成が語られる。

貨幣取扱業と銀行業との関連について、マルクスは、「金庫業者の制度は、おそらくいつでも、ネーデルランドの商人都市でのようには、その本源的・自立的な性格を純粋には保持していない」ように、「たとえ初期のものであっても」貨幣取扱業と信用業との結合が常態であった歴史的事実を想起するならば、この両者の関連・結合の必然性が語られなければならない。

まさにこのことこそが、マルクス「貨幣取扱資本論」をめぐる論争の中心点であり、この中心点の理論的解明がマルクス「信用論」そのものの展開の鍵である、とわたしには思われる。

次に論題を進めれば、マルクスは『資本論』第二部の各処において、資本の循環過程で析出される遊休貨幣資本の存在が「信用制度の基礎のひとつ」である、とくりかえし語っている。これは〈宇野理論〉の創製である〈資金〉概念の発祥であり、その「資金」概念は『資本論』体系においては、最終的には『資本論』第三部の終結部《エクソドス》における**過剰資金の恐慌的処理**による「資本（資金）の商品化」として、「冒頭商品」という体系的端緒へと『資本論』弁証法体系が円環化的自己還帰を果たす構造的論理の鍵概念を成していると言える。第二部のマルクス意見の典型例をその挙例として紹介しておく——

「大工業および資本制的生産の発展に必然的に並行する信用業の発展につれて、この貨幣は、蓄蔵貨幣としてではなく、資本として、とはいえ、その所有者の手ではなく、その利用者たる他の資本家の手で、機能する」。

「このような単なる回転運動の機構によって遊離される資本は（いいだ注——固定資本の継起的還流による貨幣資本、および各労働過程で可変資本に必要な貨幣資本と相並んで）、信用制度が発展すれば重要な役割を演じなければならないのと同時に、また信用制度の基礎の一つをなさなければならない」。

「潜勢的貨幣資本として積み立てられつつあるこの剰余価値を、利潤ならびに収入のために使用されうるものたらしめようとする欲求は、信用制度ならびに「有価証券」においてその努力の目標を見出す」。

この信用貨幣の「絶対的貨幣機能」＝信用の貨幣化（→支払決済システムの生成）こそが、「利子生み資本」範疇の成立を前提として、信用の貸付＝信用創造（→信用の利子生み資本化）を、すなわち、貨幣取扱業の銀行業への転化を不可避とするのである。

このようにして、「貨幣取扱資本」範疇へと結晶する貨幣取扱業を見ないかぎり、商業貨幣とは異なる信用の貨幣化を把握することはできず、また、信用の貨幣化を見ないかぎりは、債務の貸付である銀行信用の形態的特質がたとえ強調されはするとしても、信用の利子生み資本化＝擬制的貸付資本の形成という銀行信用の「内容的特質」はこれを把握することはできない。銀行信用論は、要求払い預金＝決済性預金を軸に預金銀行論として展開されなければならない。まさに、生川栄治『信用理論の体系』が、先駆的に体系化して説いたごとくなのである。

今日のグローバル資本主義において嵐のように進行している「金融革新」「金融革命」「金融自由化」「金融ビッグバン」等々の進行は、銀行の本質的機能がそもそも奈辺にあるか、という以上の問題を、アクチュアルに鮮明に提起していると言える。この問題の経済学原理論としての構成を、支払決済システムの生成→信用の利子生み資本化という銀行信用論として再構築することは、理論的閉塞状況におちいっている金融資本論の再構築によって現下のグローバル資本主義の「金融革新」「金融革命」「金融自由化」「金融ビッグバン」の普遍化状況に理論的照明を与える点でも、大きな理論的意義をもつ、ものとわたしには考えられる。

6　「国家に総括されたブルジョア経済」の最上限における信用・中央銀行の活動と恐慌現象との関係

最後に、「国家に総括されたブルジョア経済」の次元における経済・国家・法の関係性の総体について、『資本論』体系の上向極限に位置する「信用論」の観点からの再考察に移る。

そのはじめに、断るまでもないことながら、先ず以て、中期マルクスの『経済学批判要綱』の〈経済学批判プラン大系〉におけるいわゆる前半体系（資本一般・土地所有・賃労働）といわゆる後半体系（「国家に総括されたブルジョア経済」―国際貿易・国際関係―世界市場と恐慌）との機械的合成による大系プランが、その前半体系から後半体系への「国家に総括されたブルジョア経済」を媒介環とする論理的移行が不可能であることを自覚させられるにいたった後期マルクスによって放棄されて、資本家社会の経済的運動法則が価値法則を基幹とする『資本論』弁証法体系へと全帰結されて、資本の産業循環=景気変動過程として展開される価値増殖運動が、「世界市場と恐慌」を最終範疇とする律動によって円環化的に高次化する資本家社会の全構造的論理の基本的完成以来というもの、経済的土台と国家的・法的・イデオロギー的上部構造との照応・対立運動において、ブルジョア経済の価値法則的自律運動と、その上部構造としての「国家・法」の自己実状的運動とは分離・二重化過程として峻別して論じられることになったことが、前提的に先ずもって確認されておかれなければならない。

今日のグローバル資本主義の世界編成において見られるように、ブルジョア社会経済の編成は、単一世界市場のグローバルな展開に直接開顕しているのであって、その内に「国民国家的総括」の衰退現象や漏電現象が起きていることからも知られるように、ブルジョア経済はもともと、格別にその「国家による総括」形態だけを唯一不可欠に要求しているようなものではない。だから、本節末尾におけるこの経済・国家・法の全関連の考察は、そのような限局された次元・部面・範囲における考察にすぎない性質のものである。

近代市民社会における近代的所有権の対立・矛盾・相克に由来する資本家的社会における国家生成の根拠は、近代社会における経済・国家・法の連関を措定する始点である。等価交換としての商品交換を基盤とする資本制経済社会は、原理的に暴力をいっさい否定した基本的に私的自由・自治の市民社会、すなわち「自由、人権、ベンタム」のベンタム的世界であって、それではいかなる理由から、近代社会は社会から疎遠された上層に暴力・強制装置を具備した政治的権力装置としての国家（国民国家=主権国家）を析出しなければならないのか？　言い換えれば、いかなる理由から近代の社会規範は、ただ単に行為規範たるにとどまらず、「国家意思を通過して」（エンゲルス『フォイエルバッハ論』）、法規範として固定化され制度化され強制化されなければならないのか？

経済的土台の価値法則的運動過程において、労働力商品化による「労働者の売買」が身体的存在である労働者の

「人格《ペルソナ》」から切断されて抽象的になされなければならない必然性、ならびに、そのような資本の前貸し部分によって購入された労働力商品の生産的消費過程にほかならない資本の生産過程における、雇主としての資本家と被雇主としての労働者の関係、そこでの労働規律・規範が、けっして実質的対等の権利主体者間の関係を現わすものではありえない、搾取関係を秘めた支配・従属関係の一面をもたざるをえないが故に、その土台自体において、近代的所有権の規定する「自由の意識」は対立的モメントを内包しているのである。これが「ジョン・ロック的世界」である。

　こうした規範意識の階級的分裂の様態を媒介として、資本の一般的定式に見られる商人・商業社会的人間関係をモデル抽象して形成された形式的な社会規範（一種の「虚偽的共同利害」の規範）は、近代的所有権の矛盾・相克の亢進、恐慌、戦争等々の危機状況に際して崩壊してしまう可能性と必然性に直面するにいたる。市民社会の運動法則のノーマルな展開自体が、社会規範の侵害をもたらし、賃労働と資本の関係の危機を生みだすこととなる。このようにして、近代市民社会は、社会規範の侵害→近代所有権の破壊→商品所有者の人格、精神の自由の侵害に対して、社会規範＝内生的に形成された社会的強制を、暴力・強制装置をもって固定化し維持しようとするのである。ここに近代資本制社会における政治的国家生成の根拠がある。近代資本制とは、資本の国際性・自由性と国民国家＝主権国家の国家性・強制性との〈絶対矛盾的自己同一〉体系なのである。

　ところで一面、市民社会とは本性上、形式的社会規範の上ではいっさいの暴力と強制を許容しない、権利・義務関係の貫徹する私的自治のベンタム型社会であった。そこで、市民社会は、国家＝権力機構を市民社会の外に疎外して、共同利害の維持、国民的共同性の確保という名目によって、市民の「合意」という擬制を創出して、社会規範を「国家意思を通過した」法規範として固定化・制度化するのである。ヘーゲル哲学における「市民社会のプロイセン国家への全吸収」を原型とした、いわゆる三権分立の法治国家としてのブルジョア国家＝市民国家の生成・成立である。たとえば、明治維新後の天皇制国家の国民国家的・三権分立的・法治国家の形成のごときも、そのようなプロイセン・ドイツのシュタイン（斯因）博士が伊藤博文元老に伝授した右のような三権分立的な「神権国家」として後発的に形成されたのである。

一般的に近代における国家・法の生成を、右のようにとらえるならば、近代社会における経済と国家との連関の基本的な形式と内容も、自らあきらかである。法規範が、社会規範＝自主的な「合意」に基づく社会的サンクションの国家次元での再生産・固定化であることから、国家権力の意思発動の基準・内実・形態は、国家生成の根拠に規定され、市民社会に形成される経済的・社会的関係から与えられているのである。

藤田勇『法と経済の一般理論』（日本評論社刊、一九七四年）の論述によれば――「経済的諸関係の範型の国家による法規範化とは、一つの客観的に制約された過程を示すものであって、国家権力の主観的選択にかかることではない。一定の物質的＝経済的関係はその客観的属性からして、一定の論理構造をもつ法規範に表現される可能性をもつ。国家権力は、当該社会における再生産の基本的法則にその意思内容を規定されつつ、この可能性を現実性に転化するモメントとなる。したがって、経済的諸関係の範型の国家権力による規範化という現象は、なによりもまず、経済的諸関係が国家意思（支配階級の意思）を通過して法規範に表現される客観的プロセスとしてみなければならない」。

「信用および信用制度と、論理的な私的所有の矛盾を、個別諸資本相互の間の共同行為によって揚棄してゆく形態としつつ措定するという視角」（深町郁彌）に立って、中央銀行（これは信用制度の頂点的一種ではあるが、同時に紛れもなく国家機構の一部に属しているのである）を信用制度論の原理論的延長線上に位置づけ、どのような資本運動から導くのか？　また、そのような視角と、統一的発券銀行であり「最後の貸手」「銀行の銀行」という位置づけを固有する中央銀行の機能は、いかなる関係に立つのか？　こうした国家をはらんでいる問題それ自体がすでに、単なる個別資本的視角を峻拒している。信用の貨幣化（支払決済システムの生成）という社会規範の形成が、「国民的信用」「国家信用」の上に展開されるものである以上、この問題領域は、資本所有の私的性格を踏まえつつもすでに早くも個別資本のレヴェルを超える「公共的」問題領域にほかならなかった。

信用制度の全国的規模での組織化・連動の進展によって、機能資本の諸取引、手形割引市場、証券市場、外国為替市場での取引の圧倒的部分が、商業（普通）銀行の当座勘定を媒介にして遂行されるようになってくる（→支払決済システムの生成）と、恐慌期やそこをもふくめたこれら金融市場での信用の動揺・震撼は、支払決済システムの動揺・不安定化をもたらさざるをえないことから、この事態において中央銀行は、金融市場の動揺・逼迫に対処するために、信用関係の国民国家的凝集点である中央銀行制度に対して、信用関係を通して支払決済手段（中央銀行預け金勘定での預金創造）を供給し、金融市場の多様な信用関係に入るのである。中央銀行の金融を、手形割引の金融政策を手形割引市場の手形関係の関係からのみ考えてはならない。「国民的信用」「国家的保証」を不可欠の基盤とする中央銀行は、こうして国家・法との関連において「銀行の銀行」となるのである。全国的信用・銀行ネットワークの組織化・連動の最頂点に位置している中央銀行（日本の場合で言えば「日本銀行」）はそのようなものとして、国家・法の後光を有つ「銀行の銀行」なのである。

以上のごとく、金本位制下の中央銀行生成の必然性、中央銀行の機能規程・行動様式を、国家・法との不可避的関連において全面的にとらえるならば、経済学原理論の規定の範囲・次元外に在る、金本位制度崩壊以後の管理通貨制度においても、そこにおける貨幣流通法則の支配の確保と健在性そのものが、ほかならず各主権国家の国家・法の下に握り占められた通貨制度によってのみ保証されていることが、判明するであろう。ドル本位制とよばれる各国管理通貨制度の国際的連関の通貨枠組の下にある今日のグローバル資本主義の動態は、このようにして、経済学原理論の「信用論」とその歴史的変態の信用論的分析によってこそはじめて明確となるのである。

7　カルテル形成との関連による金融資本主義時代における恐慌の歴史的変容

宇野弘蔵の論文「マルクス経済学とその発展」(『社会科学の根本問題』青木書店刊、一九六六年・所収)は、マルクス『資本論』体系の原理論的考察が、イギリスを「例解の場」とするその原理論的展開が、一九世紀中葉のイギリスの現実・現状に引きつけられすぎている欠陥が、特に著しく第一部の「資本蓄積」論における「窮乏化法則」と、第三部の「総過程の姿容《ゲシュタルト》」論における「利子生み資本」とに現われている、と指摘している。前者において、マルクスが初めてあきらかにした資本家的人口法則としての「相対的過剰人口」の形成が、一九世紀中葉のイギリスにおけるその典型的存在形態としての三種類のいわゆる「産業予備軍」の現状分析によって蔽われ、その記述によって「資本家的蓄積の一般的法則」が展開されるということになった。

後者にあっては、産業資本家に「資本」を提供する「貨幣資本家」の概念化によって「利子」を解明するために、『資本論』体系のそれまでの論理的展開では、そしてまたこれにつづく「地代論」でも、とうてい想定されえない、資本をもたない「機能資本家」なるものを想定することになったのであって、その結果、「利子生み資本は、純粋の資本主義社会においてではなく、現実の資本主義社会によって説かれたのであった。いずれも恐慌現象の理論的解明を阻害する重要な要因といわざるをえないのである」(宇野弘蔵「マルクス経済学とその発展」)。

「資本主義は、その一定の発展段階では、マルクスのいうように、理論的に想定される純粋の資本主義社会にますます近似する傾向をもつものであるということは、何人にも否定しえない事実である。そしてそれがまた、一七世紀以来の経済学の研究の理論上の目標とせられた体系化を可能ならしめる基礎をなしたのであった。しかしまた、一九世紀末以来のいわゆる帝国主義の段階では、旧来の残存物を残しながらも資本主義の発展を見ることになり、必ずしも理論的に想定される純粋の資本主義社会への傾向を強化するとはいえなくなったということも決して否定することはできない。むしろそれは、資本主義が人類の一定の歴史的発展段階に現われ、その一定の発展段階では他の社会に転化せざるをえないという歴史的性格を示すものといってよいのであった」（前掲論文・『社会科学の根本問題』所収）。

原理論は、ただ発展期＝一九世紀中葉のイギリス資本主義の純粋化の傾向を客観的な基礎として、その体系化を完成しうるにすぎないのである。したがって、各発展段階の特殊性は、原理を基準とする歴史的過程の分析によって解明されはするが、原理そのものの内に自ら体系的に展開されるものではないのである。こうした「価値法則の論理構造」についての最後の考察点は、その体制法則的な性格、絶対的・相対的剰余価値生産の法則や利潤率均等化法則や資本家社会的人口法則と結合しつつ展開される価値法則の性格、資本制的生産に特有な形態・根拠・基礎・機構に媒介されて展開されることによって、諸共同体社会の「経済原則」＝「社会原則」からの一般的規制が、資本家社会的特質として一定の「経済法則」として客観化されて、そこに内部化されている各経済自体にとっては「外部的強制」として競争を通じて現われる、という根本性格、についての理論的洞察が得られるのである。

このような「運動法則」としての価値法則は、資本制的生産の動態的過程において、それに固有な形態・機構に媒介された変動過程のなかで、一定の「ブレ」と客観的基準によってたえず誘導されるその「復元」「修復」という「回り道」を通して、あくまでも動態的に貫徹していくものであり、しかも、その終局的には、**全般的・周期的・激発的な恐慌の爆発を通じるその価値法則の全社会的貫徹**は、一方では、既存資本価値の破壊や遊休資本の資金化による「資本（資金）の商品化」によって「冒頭商品」へと端緒への復帰をとげて円環化的自己還帰をとげるとともに、他方では、非資本制社会としての過去・未来の諸共同体社会の唯物論的歴史把握のアプローチと近代市民《ブルジョア》社会の打倒・変革・転形へのアプローチを可能とするのである。

一八六八年ヨーロッパ恐慌の変型以後の、資本主義世界編成の自由主義的編成から帝国主義的編成への世界史的転化を介在させつつ、今日の世界経済における産業循環=景気変動過程の変型のさまざまな展開について付言するならば、大不況期にせよ、高度成長期にせよ、バブル崩壊期にせよ、その景気循環の浮沈の変動が、**一九世紀の古典的な周期的恐慌現象の「周期性の崩れ」**を表出していることは、疑いを容れない。

ルドルフ・ヒルファーディングの『金融資本論』の第四篇**「金融資本と恐慌」**は、**恐慌現象の一般的規定をマルクス〈恐慌論〉**に則って与えた上で、金融資本主義時代における**「恐慌の性格の変化」**を、カルテル形成との関連において論述している。

宇野弘蔵博士の「経済学における原理論と段階論」(『思想』一九六〇年七月号)でのヒルファーディング批判によるならば、ヒルファーディングのように「資本主義社会の再生産は「これらの均衡が保たれる場合においてのみ、撹乱されることなしに進行しうる」」とみなすことは、資本制社会を資本制社会たらしめる無政府的生産と経済形態によるその均衡調整との関係性の資本家的社会の特殊性の意義を曖昧にするにすぎない。なぜならば、マルクスが「この生産様式では、規律はもっぱら無規律的の盲目的に作用する平均法則として貫かれうるのである」としている以上、資本家的社会を資本の産業循環=景気変動過程を通ずる価値増殖運動の世界たらしめるその特殊性の意義は、ヒルファーディング的理解によっては、「万年均衡論」的に「理想的平均法則」が不断に具現・調達されることにならざるをえないのであって、それがかりに破れて、ヒルファーディングが言うがごとき「均衡が破られれば、単純再生産においても恐慌が生じうる」ということにならざるをえなくなる。これは**「万年恐慌論」**である。**「万年恐慌論」**も「万年均衡論」も、**恐慌のダイナミズム**を捉ええない裏表の平板な資本家社会の理想的平均状態における「法則」観の所産にすぎないのである。ヒルファーディングの場合、かれが力をこめて指摘する資本制的生産の盲目的な「無政府性」が資本家的社会の価値増殖運動における「無法則」の現われなのか、それとも「無法則性」の現われなのかが、かれ自身において明瞭ではなく、その概念的弁別がなされていないところにその最大の理論的欠陥がある。言うまでもなく、資本制社会では、その無政府的生産にもかかわらず、価格や利潤や利子変動を媒介にして、生産部門間の均衡が不断に調整・維持されるのであって、その意味で、「生産の盲目的な無政府性」が**恐慌を必然的**にひきおこし、もたらすとは言えないのである。

右のヒルファーディング『金融資本論』批判は、〈宇野理論〉の特色がみごとに出ている卓見である。

以上のごとく、ヒルファーディングの『金融資本論』が「万年均衡」と「**万年恐慌**」の裏合わせ的平板な、律動なき絶対的静態図として描出されるのも、宇野博士式に言うならば、「**恐慌政策**を商品経済の一般的規定としての無政府的生産に解消してしまうこと」に由来しているのである。

このヒルファーディングの理論的欠陥は、じつは数多くの俗流的な「**マルクス主義的恐慌論**」において横行をほしいままにしてきている「最も根本的欠陥をなすものといってよい。これでは、マルクスによって、ヒルファーディングもいうように「天才的な着想」をもって行われた再生産の表式的解明もその意義を損われることになるものといわざるをえないであろう」。なんとなれば、宇野博士がみごとにさらに敷衍しているごとく、「表式的解明は、むしろ資本主義社会も無政府的な生産をもってしながらも、あらゆる社会に共通なる経済の原則を実現しうるものとして、一社会をなすことを明らかにするものであって、これを**恐慌論**に援用することは消極的な逆用にほかならない」のである。

ヒルファーディングの右のような**恐慌の必然性の由来**を求めて〈再生産表式〉の抽象的形式性への逃げこみを図るのは、或る意味ではエンゲルス流の「唯物史観的経済学」＝「広義経済学」への逃げ込みであるであろう。資本家的生産様式の根本矛盾を「社会的生産と資本主義的取得との間の矛盾」（『空想から科学への社会主義の発展』）に純抽象的・超一般的に求める見地は、「**恐慌**においては、社会的生産と資本主義的取得との矛盾が強力に爆発する。商品流通は一時破壊され、流通手段である貨幣は流通の障害物となり、商品生産と商品流通とのいっさいの法則は、逆立ちする。経済的衝突は、その頂点に達したのである。生産様式は交換様式に反逆し、生産様式を乗り越えて成長した生産力は生産関係に反逆する」と**恐慌**を規定した。

これは、生産力と生産関係の矛盾の弁証法に基づく**恐慌の唯物史観的直接規定**なのであって、これで一切の事がすむのであれば、マルクス的弁証法による**恐慌論の原理論的完成の探究**などは一切無用・不用なのである。つまり、**エンゲルス的・ヒルファーディング的抽象性の恐慌論**で事がすむのであれば、『資本論』体系は無用・不用の有閑事となってしまうのである。

マルクスの〈経済表《タブロー・エコノミーク》〉である〈再生産表式〉は、基本的に聖なる贈与・互酬・結い・無縁・再配分・勧進・寄進・慈悲・慈善・喜捨・お裾分け等々の経済原則（社会原則）をも包摂しながら、あらゆる諸共同体社会に共通な社会原則を、資本制社会が商品資本の経済形態をもって充足しうることをこそ証明しているのであり、であれば、このマルクス〈再生産表式〉によってこそ、ヒルファーディングが多くの俗流マルクス主義経済学者＝マルクス主義者と共に、〈再生産表式〉の示す「部門間不均衡」や「過少消費」に**恐慌への傾向性**を検出しようとする志向とは正反対に、〈再生産表式〉こそがヒルファーディングお好みの「資本制社会の再生産が撹乱されることなしに進行している均衡の保全」を調達する形式性にほかならなかった、と言うべきである。

宇野博士は、「そればかりではない。さらに重要な問題点がある」と、さらに批判の歩を進める。**マルクスの「恐慌の必然性」の論証の大眼目**は、すでに何度も確認・強調したごとく、「資本の過多《プルセラ》」説にあるが、一面では**再生産表式恐慌説**に傾いているヒルファーディングも、他面では、この**マルクス「恐慌論」**を踏襲して、**「恐慌時の過剰生産**は、単なる商品過剰ではなく、資本の過剰生産である」としているのであるが、この折角の「資本の過剰生産」も、ヒルファーディングの「資本の価値増殖条件がその実現条件と矛盾する」というそれ自体正しい命題の不明瞭な抽象的過剰適用によって、またまた、かれの一面での**「再生産表式恐慌説」の基礎**へと舞い戻ってしまうのである。

〈再生産表式〉の「部門間不均衡」や「過少消費」に**「恐慌の必然性」**を観る俗流マルクス主義の通説の**基礎**は、まさに例のマルクスの「直接的搾取の諸条件とその実現の諸条件とは同一ではない」という命題に直接無媒介に依拠するところから発しているのである。宇野博士が指摘するごとく、「マルクスによって明らかにされた「資本の過剰」は、資本の蓄積が資本の価値増殖の増進を伴わないことを意味するものであって、「資本の価値増殖条件がその実現条件と矛盾する」というような、不明瞭な規定ではない」のである。ここがポイントである。

ヒルファーディングは『金融資本論』において、**恐慌**を惹き起こすような「これらの均衡の攪乱は、この生産の特殊な規制における攪乱によって、説明されねばならない。この攪乱は周期的であるから、価格法則における攪乱もまた周期的に出現するものとして論証されなければならない」と述べている。そして、「周期的に出現する」価格攪乱の原因をなすものとして種々なる要因を考察しているのであるが、その内に労働力商品の価格と利子率の変動とについて言及している叙述は、宇野博士に言わせるならば、「(再生産)表式にあらわれる「均衡条件」がいかなる関係にあるものと考えてのことであるか、疑問とせざるをえない」。ここにおいては、「周期的に出現する」「価格形成における攪乱」の問題として、労働力商品と他の諸商品とが区別されないでいるのである。これは負の意味においてきわめて特徴的なのであって、「マルクス主義経済学者と自負する諸君が、今日にいたるまで労働力商品の特殊性を、特に**恐慌の問題**で明確にしていないということは、実に不思議なことといわざるをえないのであるが、ヒルファーディングも同様である」(『経済学における原理論と段階論』)。

先に詳説したことであるが、**宇野〈恐慌論〉の核心**は、**マルクス〈恐慌論〉**を基本的に踏襲して、労働力商品化の矛盾の発現を根幹に据えて**「恐慌の必然性」**を論証しているところの〈宇野理論〉ならではの、俗流マルクス主義者たちの**「恐慌論」**に対する頂門の一針ともいうべき批判の理論的鉄槌である。

とまれかくまれ、金融資本時代における**恐慌の変型**にアプローチするさいに、**恐慌の「原理論的規定」**を与えるべきであるとともにそこに「段階論的問題」を持ち込んで恐慌の諸要因を羅列的に曖昧にしてしまったヒルファーディングは、第四篇「金融資本と恐慌」の目標をなす最終章「恐慌の性格における変化」において、段階論的に解明すべき「恐慌の性格における変化」を結局「カルテルと恐慌」との関係に絞ることによって一面化してしまっている。「恐慌の性格における変化」も、そこでは資本の対労働者関係の下に把握されないので、「「カルテルは、恐慌の重荷を非カルテル化産業に転嫁する限りでは恐慌の作用を変形する」(「カルテルと恐慌」)という程度の結論しか展開しえないのである」(宇野弘蔵)。

わたしたちは、エンゲルス、ヒルファーディングが共に超一流のマルクス主義経済学者であることを知ってきている。であればこそ、〈恐慌論〉の把握は、マルクス『資本論』体系了解の核心事《ガイスト》に属するのである。通俗・俗流マルクス主義を照らし出す照魔鏡は、まさに〈恐慌論〉の了解の仕方にある、と心しなければならない。

8 金融逼迫局面から恐慌爆発へ、そして台風一過して不況局面へといたるメカニズム

以上縷説してきた、「資本の過多《プルセラ》」を主導因とするマルクス〈恐慌論〉をめぐる諸点を、ここで必要な理論的補足をふくめてまとめて整序しておこう。

好況局面の末期における信用制度の活動波及化の過剰な拡大によって、好況末期においてすでに中央銀行の準備金はしだいに減退・枯渇の危険にさらされるようになる。そうなれば、最後には中央銀行は自己傘下の各銀行の救済のための出動よりも、何よりも自己防衛・自己救済を第一義的とせざるをえなくなり、割引率を一挙に引き上げにかかるとともに、新規の割り引き要素についてはこれを拒絶せざるをえなくなる。ここに信用創造は、好況最末期において早くも限界に達し、傘下の各市中銀行もそれに追随することをよぎなくされる。

このようにして、各資本家が銀行信用を受けられなくなれば、銀行信用を歴史的にも論理的にも前提とする商業信用の全連鎖は、その本性上自らの基礎を失い、ここにたちまち支払い不能の連鎖が全社会的に生じることとなる。そうなれば、貨幣市場では手形や銀行券の支払いのための資金を求めての死に物狂いの競争的パニックが広がり、ここに**信用恐慌が爆発**する。そこでは、支払い不能ないしは支払い困難におちいった各資本家や各銀行は、ついには倒産をよぎなくされるにいたる。

支払手段がもはやいかなる高金利を払っても入手できなくなると、各資本家は自らの倒産を回避すべく、自己在庫商品を投げ売りしてでも少しでもその資金を獲得しようとする。好況末期に投機的介入の主役をつとめてきた商業資本の場合、信用に対する依存度が特に高いから、こうした行動に出る傾向がとくに著しくなる。こうした諸資本の商品投げ売りを契機にして、信用の過剰出動に依拠していた投機活動が一挙に崩壊するとともに、それまではほぼ一貫して上昇をつづけてきた好況期の物価は暴落へと転じる。

ここに、投機に深くかかわってきた資本家のほとんどは倒産に見舞われ、**商業恐慌が発生**する。産業資本の再生産構造の生産過剰を下地にしてはいるが、**恐慌の全面的爆発**は、外形としては先ずもって**信用恐慌の爆発**、次いで**商業恐慌の爆発**として表面化し、**世界恐慌の全面的深化・波及**へと事態をを導いてゆくのである。

商業恐慌の発生は、資本の過剰蓄積を一挙に顕在化させる。**恐慌直前の金融逼迫期**に急騰していた貨幣賃金率は、今や物価の一転した急落によって、どの資本家にとっても耐え難いコストの上昇となる。この費用価格の暴騰によって、実質賃金率はさらに急上昇し、一般利潤率はさらに急落する。

この利潤率の急落は、他方で急騰した利子率が利潤に食い込むことによって、**恐慌の直接的爆発要因**であった高利子率と低利潤率との激突の構図を、一層ひどいものとする。

支払い不能に追い込まれる資本家は、波及拡大的にさらに増加し、社会的生産を営んでいる資本の再生産構造自体が深く捉えられて、根底から撹乱されるようになる。

こうして、資本蓄積は停止され、企業倒産の連鎖と大量の失業・賃金引き下げが生じる。価値破壊の対象である過剰資本の破壊・整理・清算が進む、**信用恐慌**・**商業恐慌**につづいてやってくる資本の再生産過程自体の中断・歪曲・不正常化としての**産業恐慌の発現**である。

このような**恐慌の発現**・**爆発**・**波及**によって、資本の再生産過程の根底から、それまでの経済拡大過程は一変・一転して経済縮小過程へと転ずる。しかし、その進行はもちろんのことどこまでも、つまり社会的生産ゼロの地点まで縮小しつづけてゆくわけのものではありえず、やがて一転の均衡点の谷底が到来して、低落した景気循環もそこで下げ止まる。

景気変動の下げ止まりが必然化する要因は、つぎのような経過をたどる。先ず、**恐慌が進展**・**波及**・**深化**してゆく過程で、債務の自己破産的支払いを迫られていた資本家は、実際に支払ったり、破産で支払わず仕舞いになるにせよ、資本家間の債権・債務関係は、手仕舞いの連鎖関係のなかでいつか整理が一頓服する時期、言い換えれば**恐慌の疾風怒濤の嵐**が凪ぐ時期がやってくる。

その時点で、支払い手段需要の殺到も一段落し、ここに先ずもって**信用恐慌**が終息する。

そうなれば、支払い手段を入手するために背に腹をかえられずおこなっていた商品の投げ売りも終わりを告げ、したがって物価低落もそこで底入れする。

貨幣賃金率低下が生じ、生産手段価格も下落する。これを要するに、不況の底入れによる産業循環＝景気変動の局面転換は、**恐慌の勃発**・**進展過程**と丁度逆の順序を追って、回復過程をたどるのである。

こうして、**商業恐慌も終焉**し、最終的には**産業恐慌も終息**をとげ、**恐慌によって中断され撹乱され萎縮させられていた産業資本の活動**が、再び資本蓄積運動過程を再開し進展させる条件を与えられる。

また、貨幣賃金率が生産手段価格の逓落によって、産金部分のコストが低下し、一般利潤率が上昇してくるから、産金部門の金生産も再開されるにいたる。これも、不況期の再生産軌道の再開を支える要因の顕著な目に見え易い一つの要因になる。

さらに、この過程が進んで、**恐慌の終息**に伴って、信用制度の混乱も一応の終止符が打たれて、回復基調が整備されれば、投資の減退によって、この間《かん》遊休化していた各種の蓄積資金・基金が、再び各銀行に預金となって還流してくる。また、前述の産金部門で再開された新産金の一部を、中央銀行が買い入れる。中央銀行を最頂点とする銀行ネットワークのピラミッドの本格的再建の第一歩である。

こうして、中央銀行の支払準備金は再び潤沢となり、銀行ネットワークのピラミッドが回転しはじめれば、資金需給が緩和されて、利子率は低下する。

これで直ちに産業循環=景気変動の局面転換が好況局面への交替となって開始されるわけではないものの、一定期間の再生産過程の停滞の持続を通じて、景気局面の回復の条件がしだいに整備・整調されてくる。

不況の底入れ過程において、一定期間の再生産過程の停滞が持続されざるをえないのは、恐慌が台風一過して立ち去った後の、生産手段価格、貨幣賃金率、利子率の一斉低下にもかかわらず、恐慌局面で噴出した激しいパニックの後であるから、一般にその心理的後遺症として企業・事業に対する世間的信認が失われているために、投資需要の大幅減少が或る期間持続し、そのため総雇用者数に占める生産手段部門雇用者数の比率は大きく低下し、消費手段部門雇用者数の比率は逆に上昇傾向に転ずるから、好況期とは丁度逆に実質賃金率は上昇し、利潤は暫らくは減少せざるを得ないからである。

恐慌現象は、**信用恐慌および商業恐慌として**架空資本的であり、**産業恐慌として**現実資本的であり、そのようなものとして実態的現象であるが、同時に資本家をはじめ人間主体の行動麻痺をふくめて心理的現象であるからには、そのような心理的・イデオロギー的・幻滅的後遺症を一定期間伴うことは避けられない。

その結果、好況期に大規模に行われた固定資本投資は、その記憶をもふくめて必然的に過剰な生産能力を形成することとなる。しかも、この特異な過渡の一定期間には、一定の固定資本当たりの生産量が実際的・実態的に減少するから、単位商品生産物当りの固定費が費用コストとして増加せざるをえない。そこで、一般利潤率はさらに圧迫を蒙り、過剰資本は**恐慌による既存資本価値の破壊・清算**にもかかわらず容易には解消されないのである。

不況期の再生産過程の停滞は、こうした経済当事者たちの主体的心理・意識をも織り込んだ「過剰資本の存在」にその根本原因がある。不況期には、こうした過剰資本のいわば残留が、さらに物的・価値的かつ心理的に完全に破壊され整理され一掃されるまでつづくのである。

しかしながら、不況期の諸資本の生き残り、あるいは回復の先取りをかけた、或る意味では好況期よりも一層熾烈な競争過程を通じて、やがて他に先駆けて償却資金を回収し終えた資本家の中から、新生産方法をとり入れ生産設備をも更新し、「特別剰余価値」を動力源として上昇する資本家が現われる。

諸資本の競争条件のなかで、この固定資本更新による特別剰余価値の取得は、決定的な優位を保証する競争条件の先取り的取得である。そこで、その他の多くの資本家たちも、かれ自身としては、あるいはまだ固定資本の償却が完了せず物理的にはたとえ旧手段の信用が可能な場合でも、熾烈な諸資本の競争上、その「道徳的」更新をおこなわなければならなくなる。

特別剰余価値が資本家に対して新生産方法の採用を競争強制的に促す一方で、強まる価格引き下げ圧力はかれらに、破産か、それとも生産コストの切り下げか、の二者択一を迫ることになる。こうしたいわゆる不況末期の特徴を形成する「固定資本の一般的更新」がおこなわれ、そのでこぼこの社会的普及過程での平均化によって、特別剰余価値の特権的取得が普遍的に平準化され、社会一般として一層高次の生産力水準における産業循環軌道が作動しはじめることとなる。これが、新しい産業循環＝景気変動が作動する新たな軌道の設定である。

この不況期からの回復の条件の準備が充足されるならば、それによって実質賃金率は切り下げられ、一般利潤率も回復するため、本格的な産業循環＝景気変動の局面転換としての好況局面が開始されるのである。（以上、馬渡尚憲編『経済学の現在』昭和堂刊、二〇〇二年を、ぜひ参看されたい）。

『資本論』体系に展開された**マルクス〈恐慌論〉**は、幾度か述べてきたように、『資本論』第一部・第七篇・第二三章、第三部・第三篇・第一五章、同第五篇等々に散在してバラバラに示されており、それらは**マルクスにおける〈恐慌論〉の基本的規定**を示すものではあるものの、その相互関連はマルクスによって必ずしも体系的連関をつけられておらず、総じて『資本論』体系においては、その**弁証法的体系総括としての〈恐慌論〉**は、それがマルクス本人の理論的自覚においても『資本論』体系の核心《ガイスト》であるにもかかわらず、かれマルクスの生理的限界への逢着によって、周知のごとく完成されるにいたっていない。だからこそ、二〇世紀的現代に入ってマルクスの基本的遺志の志向性を継いだ**宇野弘蔵『恐慌論』**があり、今日また二一世紀の明日の展望へと入って、この**『恐慌論――マルクス的弁証法の経済学批判的な検証の場』**の著述があるのである。

未完成のトルソとでもいうべき**マルクス〈恐慌論〉**においては、マルクス自身が当初は（かれの〈再生産表式〉をその根拠として引例するのは、何度も強調してきたごとく、全くの誤解・誤読として誤導の産物でしかないが）労働者大衆の過少消費や生産部門間の不均衡による商品過剰を、恐慌の一つの原因として挙例していた。

しかし、そうした諸要因は、資本制社会下では多かれ少なかれ常に不断に存在しているのであるからして、それらを**恐慌の主原因**として捉えるのでは、資本制商品経済は**「万年恐慌」**になってしまうこととなる。それではかんじんな**恐慌の周期性**を説明できないのであるから、厳密な意味では全く**「恐慌の可能性」論としての「恐慌の必然性」論**としても成り立ちえない。恐慌の周期性が経済学原理論において解明されなければ、およそ市民社会の経済的運動法則そのものの法則的基準の据わり様自体がありえないこととなる。

このような**マルクス当初の〈恐慌論〉**は、資本制商品経済においては、商品の単なる需給不均衡ならば、価値形態によって柔軟性を与えられている価格機構の作動によって、その不均衡を調節しうることを、軽視した結果にほかならない。このメカニズムのことが分からなければ、それは資本主義のことが（或る意味ではその強靱さが）全く分からないと言っても、けっして過言ではない。

もちろん、かれマルクスは、そのメカニズムの機構的了解を、後期になればなるほど理論的自覚として深化させていったのであり、だからこそ最終的には「資本の過多《プルセラ》」をもって**周期的恐慌の主原因**と確定する基本的規定に到達しえたのである。しかしながら、そうした基本的到達点から反省しての諸叙述の整序と精錬の時間をもはや持ちえなかったマルクスは、『資本論』体系のそちこちに古い規定も新しい規定もそのままに雑居的に書きつけた草稿のまま、『資本論』全三部体系の基本的叙述をそのままの形で後代のわたしたちの読解へと委ねざるをえなかったのである。だからこそ、**マルクス〈恐慌論〉**は故宇野弘蔵をふくめた後代のわたしたちによって、マルクスの基本的規定の線に沿って理論的に完成されなければならないのである。

かれマルクスはまた、『資本論』第一部・第七篇・第二三章の叙述において、資本の有機的構成の高度化による利潤率低下を、一面的に**恐慌の原因**に挙げた。しかし、本書でも幾度か強調してきたように、資本家にとってひきつづき利潤獲得の源泉として機能しているかぎりの既存の固定資本の存在を考えれば、資本の有機的構成に新生産方法の新規採用による変化のない蓄積形態も、二つの蓄積形態の混和と交替の一形態として無視することは、絶対にできない。学知的にできないのではなくて、当事者である資本家自体の選択ビヘイヴィアとして、そんなことはできないのである。

また、たとえ資本の有機的構成が高度化した場合でさえも、剰余価値率や資本の回転数が増加するならば、必ずしも一般利潤率が不可避的な意味で低下傾向をたどりつづけるとは言えない。

さらに、新生産方法の更新がもたらす生産力の上昇で、資本の技術的構成がたとえ高度化的変化をするとしても、不変資本＝固定資本の価値も同時に低下するような場合には、資本の有機的構成は必ずしも高度化しないのである。

このようにして、資本構成の高度化から一義的に**恐慌の原因**を説くことには、いくたの基本的な疑義が残らざるをえないのである。

第三点として、それ自体は**周期的恐慌の爆発の要因**の説明として妥当であり、とりわけ「労働力商品化の無理」に**恐慌の究極的原因**を見定めようとした〈宇野理論〉が第一義的に重視しているところであるが、マルクスは恐慌切迫期において労働力不足から賃金が急上昇し、その逆に利潤率が急激に低下する「資本の絶対的過剰生産」から**恐慌**が起こるとも説明していた。しかし、信用制度の発動を主導的に織りこむ**最終期マルクスの恐慌原因論**における「資本過剰」論は、かならずしも「資本の絶対的過剰生産」論ではないのである。

しかも、『資本論』第三部・第三篇・第一五章でのマルクス所説のごとく、資本過剰の発生を「極端な前提のもとで」（たとえ「仮説」設定のためであるとしても）専一的に説いたり、『資本論』第一部・第七篇・第二三章でのマルクス所説のごとく、「賃金が上昇し剰余価値率が低下すれば、資本蓄積は衰える」と専一的に説いたりすることはできない。そのような状況が一時期産み出す諸資本の競争条件の激化のもとでは、資本蓄積衝動が高まることの方が、一定時期をとるならば、むしろ通例なのである。

さらに言うならば、**有力な恐慌の基本的規定**を提示している『資本論』第三部・第五篇においても、「**信用は恐慌の激化要因である**」と説明したかと思うと、その逆に、「**全ての恐慌がただ信用恐慌や貨幣恐慌としてのみ現われる**」と説明しているような事態は、それらを全体として整序の体系化して、信用恐慌―商業恐慌―貨幣恐慌―産業恐慌として、実在的全連関とその発現序次を整理・整頓、総括・編成するならば、その真義を闡明することは可能かと思われるが、少なくとも現行版『資本論』における今のままの叙述では、そのように読解してみよと言う方が無理難題を読者にふっかけていることになるであろう。

一部では「ノーベル賞級業績」と言われているように、マルクス『資本論』の核心《ガイスト》である**恐慌論**を、マルクスの基本的規定を継承して整備し、論理的な首尾一貫性と理論的深化を図ったのが、二〇世紀的現代に入っての〈宇野理論〉の**『恐慌論』**にほかならない。

宇野『恐慌論』のなによりの特徴は、資本主義の存立にとって不可欠な「労働力商品」は、資本自身では生産できない特異な単純商品であって、自然的人口法則に従って生殖されて生れ出る人間存在を、資本家社会特有の人口法則である「相対的過剰人口法則」をもって資本制的商品経済に包摂したものである、という根底的把握に基づいて——（1）資本蓄積に対する固定資本＝不変資本の制約を明確に規定し、資本の有機的構成の変化のない蓄積とそれが高度化する蓄積の二つの蓄積様式は、基本的に産業循環過程にしたがって時期的に交替して現われるとした。これによって、資本過剰は、好況局面における資本の有機的構成不変の蓄積様式の帰結として、周期的に生ずることが明確になったのである。（2）完全競争下の資本家は、一般利潤率が低下してきても、自ら資本蓄積を停止することができないままに、利潤率の低下を利潤総量の増大で補おうとして、むしろ資本蓄積を可能なかぎり或る一定時期増進することを、明確化した。（3）信用制度の発動は、**単なる恐慌の激化要因**ではなく、**恐慌の現実的発現**にとっての不可欠な契機であるとした。**恐慌爆発の直接の引き金**である一般利潤率の傾向的低下の極大化と信用の過剰発動（その発動は制動が利かず不可避的に過剰化せざるをえない）による利子率の急激な低下との激突が、そのメカニズムである。

以上のような、マルクスの遺業・遺志を首尾一貫して完成させた**宇野『恐慌論』**の**創発**は、不朽の理論的業績である。そのことを前提にした上で、**宇野『恐慌論』**の**論理**については、なお、**恐慌爆発の最終シーン**における低利潤率と高利子率の激突をめぐる、好況末期における利潤率低下と利子率急騰の論証をめぐっては、種々の疑義と批判がおこなわれてきている。

好況末期における利潤率低下についての宇野「論証」をめぐっては、宇野博士による右の第一の批判は、きわめて妥当な批判であると思われるが、宇野博士による好況末期における利潤率低下の論証は、好況期の物価上昇の事実を事実上ネグレクトして、貨幣賃金率の上昇だけから利潤率の低下を結論している、という正当な批判を招く弱点を有っている。

そもそも、好況の末期においては、貨幣賃金率が上昇するばかりでなく、労働力不足による供給制約が発生し、また投機活動も活潑化する結果、当然のこととして物価も大幅な上昇を示すのである。そして、この物価上昇は、貨幣賃金率の上昇と並んで真に資本過剰の表現の一つであるから、宇野「論証」のようにそれをネグレクトして「捨象」してすますわけにはいかないのである。いくら「労働力商品化の無理」に藉口するとはいえ、好況末期局面における貨幣賃金率の上昇だけを専一的に取り出し、物価上昇の方はネグレクトして恣意的に捨象するというわけには参らないのである。

この問題の解義をめぐっては、爾余の全商品に対する労働力商品の質的相違を強調しても、貨幣賃金率の上昇が物価上昇よりも常に必ず高いとは言えない、ということに問題点は尽きると言ってよい。また、先にも述べたごとく、好況末期局面における総雇用者数に占める生産手段部門雇用者数の比率低下に比して、消費手段部門雇用者数の比率上昇は、一般利潤率の低下をもたらすのである。

好況末期における利子率急騰についての宇野「論証」をめぐっては、**宇野『恐慌論』**は、利子率の急騰を好況末期における資金需要の増大と、利潤率低下による新たな資金供給の減少から説いたが、銀行の信用創造の限界を明らかにしなければ、利子率の急騰の論証にはならず、その説明の仕方では「緩やかな上昇」しか説けない、という批判も正当である。しかもその信用創造の限界は、まさに**恐慌の急変突発的な爆発**によってしか具体的には確定しえないのである。

それでも、信用創造の限界を先見として具体的に(?)確定する必要を痛感する論者たちは、あるいは、資金の返済還流の遅滞から、その限界を説こうと試みたり、あるいはまた、中央銀行からの金準備の流出によってその限界を説こうと試みたりしているが、それは一般的傾向性としての説明としては傾聴すべきところを含んでいるが、いずれにしても、産業循環過程における信用創造の限界の日付けを一義的・具体的に(それも予測的に)確定することはできないものと思われる。それはいわば原理的にできないのである。

それらの諸説は、中央銀行からの金準備の流出をめぐって、さらに精緻に、貿易差額決済のための金流出、生産手段需要としての金流出、信用インフレーションによる銀行券の減価から生じる金流出、中央銀行券が流通できない圏域との差額決済のための金流出、賃金支払いのための金流出等々として、多岐にわたってきているが、一九世紀イギリスにおける**周期的恐慌の金決済**の必要からくる、イングランド銀行の金準備の国際的・国内的流出の問題は、国際的波及による金の現送による決済や、それを原理論化するための「内面化」トリックによるイギリス一国内の各圏域にわたる金の流出入による決済といった理論構成のヴァリアントであって、そこから主題化のそもそもの課題である**恐慌爆発を画する「信用創造の限界」**の**具体的確定**のために啓発しうる理論的効果は、ほとんど期待できないものと、わたしには思われる。

以上をもって、**宇野『恐慌論』**がなおかかえている難題《アポリア》の概説を終わる。その難題の包括的解決の理論的志向について言えば、本書はまさに全体としてその問題の解明を試みているのである。

第一五章　最高・最新・最尖端の「利子生み資本」範疇と先資本主義時代の「商人資本」「高利貸資本」範疇との照応関係

先に、「貨幣取扱資本」との関連における「信用制度 Kredituesen の二側面」の分岐と総合について述べたごとく、信用制度は一面では、「信用での取引 Handel in Kredit」に媒介された、発展した貨幣制度という側面をもっており、この側面は、単純商品流通内部の支払手段としての貨幣機能から発展する商業信用を基礎とする。これに対して、「貨幣取扱業という土台の上で」発展する「信用制度の他方の側面」は、貨幣資本または利子生み資本の管理という側面であり、マルクス『資本論』においては、この側面が、社会的に集積された「階級の即自的共同資本（貸付可能貨幣資本）」の運動として把握される信用制度の基体を成している。

因みに、『資本論』のマルクス草稿を精査した大谷禎之介「『信用と架空資本』（『資本論』第三部・第二五章）の草稿について」（一九八三年）は、マルクス元稿に依拠して、上記の発展した貨幣制度としての信用制度の第一の側面を、「信用制度 Kreditwesen の信用システム Kreddsystem としての側面」として捉えている。以て、マルクスが信用制度の二側面の分岐と総合について、その第一側面が基礎であり、そのシステム的基礎の上に信用制度の総合像が獲得される、と考えていたことがうかがわれる。

そのさい、「利潤率の均等化」等々の諸契機は、産業資本にとってたしかに「必然的に信用制度が形成される」重要契機ではあるが、信用制度の総体、すなわち社会的に集積された貸付可能貨幣資本の運動機構は、けっしてこれらの各契機に基づいて自生的に形成されるわけのものではないのである。

なぜならば、生成史的に言って、信用制度の創造主体である産業主体が資本制的蓄積過程に入るには、「結果としての蓄積ではなく、その出発たる蓄積を想定する他ない」のと同様に、信用制度が産業資本の再生産＝蓄積においてさまざまな役割を演ずるためには、またそれを演じうるためには、産業資本確立の先ずもって以前から存在する「古風な形態」の利子生み資本である「高利貸資本」を、「資本制的生産様式の条件および要求に従属させる過程」――「高利に対する反作用」として現われる信用制度の創造過程が、前提とされていなければならないからである。

古くから「高利貸資本」という形態では存在してきている「利子生み資本」を、「資本制的生産様式の条件および要求に従属させる」という場合の、その「条件および要求」とは、利子生み資本の果実たる「利子」を、現実資本の生みだす平均利潤の一分肢形態として――しかもできるだけ小さな分肢として――コントロールすることに他ならない。

1　『資本論』第三部・第五篇が突き出した「信用制度に関する比類なく困難な二問題」とは何か?

こうしたコントロールは、一方での「生産者や商人が準備金として保有する貨幣資本」と、他方での「貨幣資本家たちの預金」が信用制度の下で社会的規模で集積され、「一つの貨幣力」にまとめられることによってはじめて可能となるが、この信用制度《クレディット・ヴェーゼン》がいかにして形成されるかの究明は、『資本論』第三部・第五篇・第二七章の課題には属していないのである。

ここで確認しておく必要があることは、「資本制的生産における信用の役割」如何？という第二七章の問題は、信用制度の存在を予め前提とすることなしには提起しえない問題であり、信用制度が創造される根拠と、すでに創造された信用制度が産業資本に対して果たす役割とは、理論的に厳密に区別されなければならないということである。信用制度《グレディット・ヴェーゼン》が創造される究極的根拠は、第五篇の最後の第三六章「先資本主義なるもの」の主題に属するのである。

この問題の理論的復元力は、「信用。架空資本」論の検討主題の端緒を成す第二八章（草稿「第五章・第五節」のI）における、トゥック、ウィルソンらイギリス銀行学派の「通貨と資本」論にまで遡及するのである。そこにおいて、かれらの「通貨と資本」の区別における、単純商品流通次元での「鋳貨としての流通手段」ならびに「貨幣」、「資本の流通過程」次元での「貨幣資本 Geldkapital」、「資本制的生産の総過程の姿容」次元での「利子生み資本（moneyod capital）」、といった経済学的諸範疇間の「諸区別を弁えることなく、ミソもクソも一緒にしてしまう混同」について、次のごとく批判している。すなわち――「トゥック、ウィルソンその他がやっている通貨と資本との間の区別（そして、この区別をするさいかれらは、鋳貨としての流通手段と貨幣と貨幣資本と利子生み資本（moneyed capital）との間の諸区別（Unterschied zwischen Cireulationsmittel als Münze, Geld, Geldcapital, u Zinstragendem Capital〔moneyed capital in engleschen Sinn〕別をごたまぜにしている）は、つぎのことに帰着する」と。

マルクスが、イギリス銀行学派の「通貨と資本」概念の無概念的混同を批判して、その誤りの根源を帰着させた二点とは、第一には、「収入の貨幣形態と産業資本の貨幣形態」との区別の混同であり、第二には、「購買手段としての貨幣と支払手段としての貨幣」との区別の混同である。

『資本論』第三部・第五篇の右の第二八・二九章の展開を承けた第三〇～三二章「貨幣資本と現実資本」では、右のごとく銀行学派によって混同された「鋳貨としての流通手段」、「貨幣」、「紙幣資本 Geldkapital」ならびに「利子生み資本（moneyed capital）」相互の信用制度の下での諸区別と諸関連が、全面的に問われ解明されることにより、第三三章「信用。架空資本」の本論の基本的な二問題が、「信用制度に関する比類なく困難な問題」として、次のように立て直されるにいたる。すなわち――

（1）「信用制度による利子生み資本への影響」という第一の問題は、貸付可能貨幣資本の蓄積と現実資本の蓄積との関係如何の問題として、そして、（2）信用制度の下で「利子生み資本がとる形態」如何という第二の問題は、貸付可能貨幣資本の蓄積と貨幣量との関係如何として、それぞれ立て直されるにいたるのである。これによって、「信用制度に関する比類なく困難」は、マルクスによって信用理論的に突破されたのである。

その二つの各々の問題とその解決について、マルクスは、社会的再生産過程と信用制度との総体を一つの視野に収めつつ、貨幣資本蓄積の現実資本蓄積からの必然的自立化と、蓄積された貨幣資本の現実の貨幣存在からの必然的な「架空化」を、第三二章終結部において、次のように結論づけるにいたる――

「貸付資本が存在する形態は、現実貨幣（金属貨幣）の形態だけと仮定してさえも、この貨幣の一大部分は、つねに必然的に、価値章標と全く同様に、単に架空なもの（bloß fiktiv）、すなわち価値に対する名義（Titel auf der Wert）にすぎない。貨幣が資本の循環の中で機能するかぎり、貨幣はなるほど或る期間だけ貨幣資本（Geldkapital）を形成する。だがそれ（貨幣）は、貸付可能貨幣資本には転形しないで、生産資本の諸要素と交換されるか、さもなければ収入の実現にさいして流通手段として支払われるのであり、したがって、その所有者のために貸付資本に転形することはできない。だが、それ（貨幣）が貸付資本に転形して、同じ貨幣がくりかえし貸付資本を表示するかぎりでは、あきらかにそれ（貸付資本）は、ある点でのみ金属貨幣として存在するのであって、その他のすべての点では資本に対する請求権の形態でのみ存在する。これらの請求権の蓄積は、前提にしたがえば、現実的蓄積から、すなわち、商品資本などの価値の貨幣への転化から生じる」。

みごとな概念的弁別・区分である。右の第三四章を承けて、第三五章「貴金属と為替相場」の考察対象は、価格の度量標準を異にした二国間通貨の交換比率たる為替相場をバロメーターとする「貨幣金属の国際運動」である。それはすなわち、「為替相場の休みない動揺」に媒介されつつ「さまざまな国民的流通部面の間をたえず往復する」世界貨幣としての貴金属の運動であり、すでに『資本論』第一部・第三章において、遠いはじめに論じられている世界貨幣としての金（貴金属）の機能についての規定である。ついでながら再強調しておくならば、このように枢要なカテゴリーである「世界貨幣」範疇を、〈宇野理論〉はそれは経済学原理論にはなじまない「不純な」存在として、原理外へと廃除・放逐してしまったのである。この難点《アポリア》は、〈宇野理論〉の核心に横たわっている〈純粋資本主義モデル像〉というドグマに由る「捨象的」理論作業の結果である。

それ自体としては単純商品流通上の範疇である「世界貨幣」の運動が、第一部「貨幣」章の最終範疇として論ぜられただけに止まらず、なぜ「利子生み資本」に関する『資本論』第三部・第五篇の理論的考察の末尾に位置づけられているのかは、それ自体が理論的にきわめて興味深い問題である。この場合でも、『資本論』弁証法体系の体系性の威力は、遺憾なく堅持され発揮されていると言える。

『資本論』第一部・第一篇「商品と貨幣」次元に本来は属している「世界貨幣」の世界市場価格運動が、第三部・第五篇「利子と企業者利得への利潤の分裂。利子生み資本」の次元に再び出現するのである。（『資本論』体系のなかでもこの部・篇・章は、その整理・編集・発刊に最もてこずったエンゲルスが証言しているように、「全くただ一つの、しかし、非常に脱漏の多い最初の原稿」であり、「最も込み入った対象を扱っていながら」「出来上った草稿は一つもなく、仕上げの輪廓を埋めるべき図式《シェーマ》すらない」」、編集上「主たる困難をもたらした箇所」「最も困難な」篇にほかならなかった。大谷禎之介の原マルクス元稿に即した考証によれば、この問題を検討している第二八・第二九・第三〇章の各章の冒頭に付された〔Ⅰ〕〔Ⅱ〕〔Ⅲ〕の記号以外には、エンゲルスが勝手につけた『資本論』体系の内部編成にかかわる「見出し」「標識」のたぐいはいっさい存在していないのである）。

マルクスが「貨幣生成の謎」を追尾した価値形態論のハイライトにおいて、「貨幣としての貨幣」の定在としての「世界貨幣」の世界市場価格運動を措定したことは、あまりにも有名なところである。にもかかわらず、たとえば

〈宇野理論〉は今も再強調したごとく、「世界市場」概念は経済学原理論にはなじまない「不純物」であるというゆえをもって、資本制経済の「理想的平均」を叙述する『経済原論』から、「世界貨幣」概念を放逐し、それにしたがってまた、「世界市場」概念をも放逐してしまった。宇野弘蔵『経済原論』は、しかるが故に、「流通論」→「生産論」→「分配論」というトリアーデに整序したかれの『経済原論』の最終範疇を「利子論」として、経済学原理論体系を完全にいわゆる〈純粋資本主義社会〉論をモデルとした静態論として終えてしまうことになったのである。これが、**宇野『恐慌論』**を、宇野『経済原論』から完全にはみ出さしてしまった理論方法的根源である。

本書でわたしが何度か強調したように、〈宇野理論〉はそのために、かれがマルクスの『資本論』体系完結の最大眼目とみなした**〈恐慌論〉の完成**を、マルクスの遺嘱を自ら二〇世紀的現代において引き継ぐものとして不朽の業績を達成したと言ってよい経済学原理論の終結部としての**宇野『恐慌論』**において、にもかかわらず、それを自らの『経済原論』の内に収めることができないままに、『経済原論』と**『恐慌論』**の別刷・別建発行ということにならざるをえないこととなった。わたしのつねに慨嘆してきた、〈宇野理論〉の終生の痛恨事の発生である！　けだし、宇野博士の『経済原論』では、「世界市場」範疇も「世界貨幣」範疇もなく、したがって、マルクスにとって〈経済学批判プラン大系〉以来の最終範疇である**「世界市場と恐慌」**を説くことがついにできなかったのである。

いま再検討を加えている主題にひきつけて言えば、宇野博士が、マルクス「貨幣論」を踏襲した貨幣論は、その価値尺度機能–流通手段機能–支払手段機能の関連を正確に整序しながら、マルクス以上に価値尺度機能の優越的ヘゲモニーを特出した卓越した貨幣論であったにもかかわらず、かれの『経済原論』は、その折角の成果を活かしきることができず、実質的・具体的内容としては、「世界貨幣」の定在として表現される〈貨幣としての貨幣〉機能を説くことがついに叶わなかったのである。

思うに、宇野弘蔵博士は、中期マルクスの〈経済学批判プラン大系〉が、いわゆる前半体系からいわゆる後半体系への論理的推転が、本来「上部構造」概念である「国家としてのブルジョア経済の総括」を必須の媒介環とせざるをえなかった以上、不可能であることを、後期すなわち『資本論』段階への理論的深化の過程で知悉するにいたったがゆえに、そしてまた、その論理的移行の不可能性のゆえに、後期マルクスによる『資本論』体系が中期『要綱《グルントリッセ》』の〈経済学批判プラン大系〉のすべてを内面化して全包摂してしまっていることをやはり知悉しているがゆえに、逆に、しかもマルクスの最終的処理方法とは違って、〈プラン大系〉の最終・終結範疇概念である**「世界市場と恐慌」概念そのもの**を経済学原理論体系から放逐・追放してしまうことになってしまったのである。

　マルクス『資本論』弁証法体系の場合には、これまで看てきたように、体系「端初《アンファング》」の第一部・第一篇の「商品と貨幣」の次元に属する「世界貨幣」の世界市場価格運動と、体系「終末《ダス・エンデ》」の第三部・第五篇の「利子生み資本と信用」次元に属する「貴金属と為替相場」の「さまざまな国民的流通部面の間を不断に往復する世界貨幣としての貴金属の運動」とが、首尾呼応して円環的に全体系的に位置づけられているのである。そこが、マルクス「貨幣論」と宇野「貨幣論」とが決定的に違っているポイントにほかならない。〈宇野経済学〉はそのような円環化体系には総体としてなっていない。

　マルクスが『資本論』第三部・第五篇における第三〇〜三二章「貨幣資本と現実資本」での「仮定」として、「貸付資本が存在する形態は、現実貨幣——金または銀、すなわち、その質利が価値尺度として役立つ商品——形態だけでも、貨幣資本の一大部分は、単に架空なものに転化する」というのが、「利子生み資本」の定在形態に関する「貨幣資本と現実資本」章の枢要な仮定にほかならない。このような仮定は、「この著述のどこにおいても簡単化のために、金を貨幣商品とする」という前提に完全に照応して、基本的に『資本論』全三部体系において貫かれているのである。

　ということは、この「簡単化」が、マルクスにあっては、「金を貨幣商品とする前提」、言い換えるならば「貨幣としての貨幣」の機能を果たす「世界貨幣」の理論的定在によって行われている、ということにほかならないのである。したがって、〈宇野理論〉におけるように、「世界貨幣」概念を経済学原理論からいっさい放逐してしまうならば、「貨幣資本と現実資本」の乖離という、**〈恐慌論〉にとって決定的となる経済現象**についても、本質的にはこれを説けないことになってしまわざるをえない。〈宇野理論〉が冒した致命的誤認・失敗である。

　そして、この簡単化された「仮定」から論題をもう一歩前進させるならば、「平均利潤」の一部を「利子」として取得する「利子生み資本」が、信用制度の下での「利子生み資本」としてはじめて生成・存在するという関係にある以上、「資本の物神的姿態の完成」を示す第五篇の考察は、信用制度の下での利子生み資本に固有な問題の理論的究明に必要な限りで「信用制度《クレディット・ヴェーゼン》」のみならず、「それが自分自身のために創り出す信用貨幣のような諸用具の分析」をも有機的に含まざるをえないのである。このことの理論的確認は、きわめて重要なことである。

　エンゲルスが『資本論』第三部の整理・編集に当ってその取扱いに最も難渋した、マルクス自身が「混乱」と題していた「雑録」から取られた第三三〜三四章には、その実は、次のような論脈（この論脈を汲み取ることができなかったかれエンゲルスは、マルクス草稿を単なる雑録的「混乱」の表明とみなしてこれを軽視してしまったのである）で事態が論理的に述べられているのである。すなわち――第三三章「信用制度下の流通手段」は、大別すると、三項目にこれを整理することができる。（1）流通手段の節約手段としての信用の役割、（2）信用制度下の流通手段の貨幣量を支配する法則、（3）流通手段の利子率との関係。ここで、支払手段機能をふくむ広義の流通手段としての銀行券が「利子率」との関係において問題として上程されるのは、「流通手段と貸付可能資本蓄積との量的関係」の一種の応用問題にほかならない。このような利子生み資本的法則の応用が必要となるのは、ひとえに、右の流通手段の量と利子率（貸付資本の需給）との関係において、信用制度が創り出す「信用貨幣のような諸用具」にかかわる特別な焦点問題が、貨幣逼迫期には生じるからである。

編者のエンゲルスが、右のマルクス草稿の「混乱」に一番難渋してすっかりてこずってしまった根底には、このように「混乱」と題してマルクスが描出した貨幣逼迫期における「混乱」の恐慌論的意味をかれ老エンゲルスが全く理解できなかったということがあったにちがいない。そこでは、マルクスには観られたごとく何ら「混乱」はないのであって、「混乱」しているのは「信用制度下の流通手段」の貨幣逼迫期における実在的混乱であり、さらには老エンゲルスの「理論的混乱」があっただけなのである。

すなわち、資本の利潤率の低下と利子率の高騰との衝突を激発症要因として暴力的に爆発する恐慌現象は、この「信用貨幣のような諸用具」にかかわる貨幣逼迫期が強要する問題なしには、全般的・周期的・激発的な恐慌として爆発しえないのである。ここが肝心なところである。

発達した信用制度の下では、そのような信用経済の発展は、一面では、産業循環=景気変動過程を円滑に均衡化する作用を演ずるためのものであるから、一般的には、「流通する銀行券の量は（いいだ注――金貨幣と同様に）、交易上の必要に照応する」のであり、あらゆる過剰な銀行券は、直ちに発券銀行に還流する関係にあり、しかも「物価と利子とは、何らの必然的相関関連をもたないのである」からして、「流通手段の絶対量は、利子率には影響しない」。しかしながら、貨幣・金融逼迫期には、事情は全く異なってくる。「流通手段の絶対量は、逼迫期にのみ、利子率に影響する」。

この一般的影響の逼迫期における具体的様相は、「このような場合には、潤沢な流通手段に対する需要は、ただ信用欠如（貨幣の流通速度が同じ貨幣片が絶えず貸付資本に転形される速度の低下を別とすれば）のために生じた貨幣蓄蔵手段に対する需要を表わしているだけである。たとえば、一八四七年（いいだ注――一八四八年ヨーロッパ世界革命の引き金となったイギリス商業恐慌の勃発）にはそうであったのであって、この年には、銀行法の停止は、通貨（Zirklation）の膨脹を引き起こしはしなかったが、それでも、退蔵されていた銀行券を再び明るみに引っ張り出して流通に投げ入れるには、それで十分だったのである」。

金融・通貨逼迫期における貸付資本に対する飢餓症状的な需要の亢進は、「信用欠如（Kreditlosigkeit）のために生じた貨幣蓄蔵に対する需要」、すなわち、支払手段として機能する貨幣を緊急に確保しなければならないために生じた需要の増大であるからして、単なる架空な価値請求権として蓄積される擬制的な貨幣資本が、このような増大する貸付需要に全く対応できないことは、あきらかなところである。ほかならない金融・貨幣逼迫期において疑わしくなるのは、「信用貨幣の（現実）貨幣への転換可能性、すなわち、信用貨幣の現実の金との同一性」なのであって、まさに、銀行券等々の信用諸手段の信用それ自体が疑われる状況の到来であるのだからである。

言い換えれば、ここにおいて、本論でその体系的首尾呼応性についてこれまで何度も注目を促してきたように、『資本論』第一部の貨幣分析の端初において、すでに「鋳貨としての流通手段」とは区別された「貨幣」ないしは「貨幣としての貨幣」＝金貨幣の機能が、『資本論』第三部の「信用。架空資本」論の展開の末尾において、体系上首尾呼応的に、貨幣資本の架空的蓄積の擬制資本論的限界を画することとなる究極的契機として、改めて問われることとなっているのである。このような問答法の急所として、「金融逼迫期における銀行券の退蔵について注意すべきなのは、最も根源的な社会状態のもとで不安定期（unruhige Zeiten）に生じるような、貴金属をもってする貨幣退蔵がくりかえされる」ことが、第三五章「貴金属と為替相場」のまさに冒頭の指摘にほかならないのである。このような「貨幣としての貨幣」＝金貨幣＝世界貨幣を、自らの『経済原論』から永久追放処分に付してしまった〈宇野理論〉に、理論的未来が無くなってしまったのは、むしろ理の当然と言わなければならない。

このようにして、「信用。架空資本」論の全論脈のなかで、最終章である第三五章「貴金属と為替相場」を、「信用」＝「架空（擬制）資本」の限界に関する章として位置づけることができるのである。そうした位置づけの全論脈的課題は、「国民的金属蓄蔵（Metallschatz）」を代表することによって「全信用制度の軸点」としての意義を担う中央銀行の金属準備が、「再生産過程の全連関が信用に立脚するような生産制度」の下での「富の運動」に対して、「金属的制限」が世界貨幣的規制として作用せざるをえない点の解明が、「貴金属と為替相場」章の主題である、と言える。

「商品取引と私的交換に立脚する」資本制的生産は、「現実には社会的生産として統制を何ら受けていない」。このような事情が明確に現われるのは、「全信用制度の軸点」として中央銀行に集中された金属準備が、国内外に流出する「外観的繁栄（sheinbare Prosperität）」の景気循環局面においてである。すなわち、（1）「国際的諸支払の準備金」、（2）「国内的金属流通のための準備金」、（3）「預金のため、そして銀行券兌換のための準備金」、という三重の使命・課題を担っている中央銀行の金属準備は、投機的商品需要にともなう物価急騰、および貸付資本需要増にともなう利子率高騰が出現する景気循環上の特定段階＝「外観的繁栄期」において、「その持ち前の機能をもはや果たしえないような最低限度にまで縮小されることによって、ごくわずかの金流れが、全有機体をビリビリさせる神経過敏を生み出す」のである。

このような**恐慌爆発直前のビリビリした特異な景気循環局面**においては――「銀行の信用が震撼されないかぎり、その銀行は、信用貨幣を増加することによって、パニックを緩和することができる」が、しかしながら、貨幣が「地方的諸形態を脱ぎ捨てて、貴金属の元の地金形態（いいだ注――つまり「世界貨幣」）に逆戻りする」ことをよぎなくされる「世界市場」の様態においては、「国民的金属蓄蔵」・中央銀行金属準備を基礎とする信用貨幣は、世界貨幣としての金の機能に取って替わることはできない。このようにして、生産のための生産・蓄積のための蓄積を推進動機として、自らの胎内に信用制度を「内在的形態」として包含する資本制的生産様式は、「この金属的制限――物的であると同時に幻想的な制限――を絶えず揚棄しようと努めるが、絶えず再びこの制限に頭をぶつけざるをえない」。ここでマルクスは、主として預金の形態をとる貸付可能貨幣資本――「利生み資本」そのもの――の架空化の限度を、言い換えるならば、近代の利子生み資本の根本的存立条件である信用制度が、事態の本性上けっしてそこから離脱することができない「岩盤」を確認しているのである。

右のような世界貨幣としての金の機能についての経済学原理論的な厳密な把握が、今日のグローバル資本主義の世界市場の国際通貨的枠組を成している管理通貨制度をめぐる問題としても派生してきている、とりわけ、一九六八年のヴェトナム戦争終結期のニクソン新政策《ニュー・ポリシー》による「金の二重価格制」の導入、さらには、一九七一年の「金・ドル交換停止」の以降の、名実ともに不換通貨となったドルが、いぜんとして外貨準備の過半を占め、国際決済手段として広く世界普遍的に広く受け容れられて「基軸通貨」的役割を果たしているのはなぜか、という問題をめぐって内外でたたかわされた「不換ドルの流通根拠」論争についても、真の原則的解決の道を提供するにちがいない。

利子生み資本と信用制度の関係性を追究してきた『資本論』第三部・第五篇における理論展開が、「信用。架空資本」論の最末尾を構成する第三五章における「利子生み資本＝貨幣資本の架空化の限度、したがってまた信用制度の限度」を、確定したのにひきつづく、第三六章「先資本主義的なるもの」は、いよいよ『資本論』弁証法体系の首尾結構に照応して、先資本主義的な「高利貸資本」についての考察にいわば遡及してゆくのである。

「歴史的に資本の近代的基本形態以前に現われる高利貸資本は、資本の近代的基本形態の極限において、基本的・全面的に現われる利子生み資本の一種の古い原初的形態にほかならないが、「資本の近代的基本形態」すなわち産業資本が創り出し、またそれに依拠している機械制大工業に先行する「労働諸条件に対する生産者の直接的な所有または占有、およびこれに照応する個別化された小生産を本質的前提」とする資本形態である」。マルクスは『資本論』第三部の別の箇所では、資本制的生産様式以前の時代において「高利貸資本」が実存する特徴的な形態について、上述の「労働諸条件を所有する小生産者への貨幣貸付による高利」とともに、「消費的豪族、本質的には土地所有者への貨幣貸付による高利」を挙げており、この挙例は、領主的土地所有者を基軸とする前近代の封建社会にはより適合的であるが、論理的にはこの後者の形態は前者の派生形態として把えられるべきであろう。

このような本質的前提に立脚している「高利貸資本」を特徴づけるものは、第一に自らの生産様式を持たずに搾取様式のみをもつ資本形態であること、第二に、その搾取の水準は、小生産者に課せられる一定期限付の貨幣納付――土地賃料、貢納、租税等々の必要から、小生産者たちの最も必要な生活手段を越える全超過分にまで及ぶということ、この二点である。このような借り手側の事情の他に、貸し手側の「高利貸資本」による右のような全超過分の取得を可能にする条件は何なのかといえば、他でもないその条件こそが、高利貸資本家による「貨幣市場」と「貴金属そのものの独占」にほかならないのである。

さて、そのようにして先資本主義的形態の反対の先端資本主義形態である産業資本による信用制度の創造とは、「一方では、いっさいの死蔵された貨幣準備を貨幣市場に投じることによって、高利からその独占を奪い取り、他方では、信用貨幣の創造によって貴金属そのものの独占を制限すること」に帰着する。この信用制度の機能は、古い時代の高利貸資本の最大限利潤の獲得を可能にした「貨幣市場」と「貴金属そのものの独占」を、逆に制限し、剝奪する経済行為にほかならない。このような経済行為の拡大によって、ちょうど先資本主義時代からの「商人資本」が資本の近代的基本形態の一種である「商業資本」に包摂されて近代的に再定義されて順応をとげたように、「高利貸資本」もまた「利子生み資本」の従属的一環として近代的に再定義されて順応をとげるのである。

このように看てくるならば、「信用制度の発展は、高利に対する反作用として生じる」というマルクス的規定に集約された第三六章が、『資本論』第三部・第五篇において持っている経済理論的意義は、貨幣市場および貴金属の独占を基本条件として「全剰余価値を取得する」高利貸資本形態から、信用制度の存在を基本条件として「剰余価値の一部をなすに過ぎない」利子を生みだす近代的利子生み資本形態への、「利子生み資本」の範疇転化を論理的・歴史的に跡づけていることにある、と言えよう。ここに、剰余価値の一分肢たる限りでの利子を生むものとしての近代的「利子生み資本」範疇（第二一章）と「信用制度創造の根拠」（第三六章）との関係が、利子生み資本の範疇転化の問題として明確化されるのである。

第五篇の批判的分析対象である近代的「利子生み資本」とその存立条件である「信用制度」との表裏一体の関係を、発生史的にあきらかにした点にこそ、第三六章のもつ決定的意義があるのである。そして、この意味で、第三六章の第五篇に占める意義は、さらに大きく比喩的《アナロガス》に視角拡張してこれを視るならば、『資本論』第一部「資本の生産過程」第七篇「資本蓄積」第二四章「いわゆる本源的蓄積」に照応し、第三部・第五篇における「原蓄規定」（藤塚知義）を成すものとして、これを捉えることができる。『資本論』の論理の体系的完成である。

山本孝則『現代信用論の基本問題――信用理論体系と国際通貨＝金融危機の新段階』（日本経済評論社刊、一九九一年）の雄勁一貫した論脈に学んで、わたしなりにここまでトレースしてきたが、経済理論的にきわめて傑出している右著作によれば――「だが、「本源的蓄積」論（『資本論』第一部・第二四章）が、単に産業資本の生成 Genesis を論じているのではないのと同様に、第三六章の意義も、信用制度創造の根拠を、「高利資本」からの近代的「利子生み資本」への範疇転化の問題として明らかにしていることだけではない。というのも、範疇転化のこのような考察には、生産様式の変遷として把握された世界史において、利子生み資本の諸形態が果たす役割に関する考察が含まれているからである」（傍点いいだ）。

〈即ち、先資本主義的な孤立化された小生産を本質的前提とする高利資本のもとでは、高利形態での貨幣収奪により貨幣財産は集中されるが、その前提に従って「生産手段は分散」されたままである。従って、「高利資本は、所有諸形態を破壊し、解体することによってのみ、あらゆる生産様式において革命的に作用するに過ぎない。これに対して、利子生み資本と資本家「階級の即自的な共同的資本」として組織的・機構的に運動させる信用制度は、「一面では、資本主義的生産様式の内在的形態であり、他面では、資本主義的生産様式をその最高及び最終可能的な形態に発展させる推進力」として作用する。なぜならば、信用制度は、「社会の処分されうる資本及び潜在的な……資本の一切」を機能資本家に委ねることにより、「この資本の貸し手も充用者も、その所有者または生産者ではない」という、資本主義的生産様式の枠内で「資本の私的性格を止揚する」関係を創りだしているからである。

この点に、産業資本の創りだした信用制度の世界史的意義を観ることができよう。そして、信用制度のこのような世界史的意義は同時に、そのもとで運動する近代的「利子生み資本」が世界史において演ずる経済的役割にほかならず、既存の生産様式を破壊することによってのみ歴史の発展開に関与する、高利資本の演ずる役割との決定的な違いがここに存していることもまた、明らかであろう〉(『現代信用論の基本問題』・第三章「第三部・第五篇の主題と構造」(圏点山本原文、傍点いいだ))。

山本孝則教授が唱えるごとく、信用制度の創出・生成《ゲネシス》の世界史的意義を捉えることが、『資本論』体系の体系性、したがってまた、**周期的恐慌の有つ体系的意義**を摑みとるためにも、決定的に重要である。右に言われている、資本主義的生産様式の枠内で「資本の私的性格を揚棄する」関係を創りだしている、産業資本の創りだした「信用制度の世界史的意義」という規定は、マルクス『資本論』弁証法体系の別の箇所での命題によれば、かれが「資本制的生産の最高の発展」と目し、「資本の理念《イデー》」とみなした〈株式会社〉についての規定、すなわち――「株式会社は、資本制的生産様式そのものの内部における資本制的生産様式の揚棄であり、したがって自己自身を揚棄する矛盾であり、それは明らかに一つの新たな生産形態への過渡点として表示される」(『資本論』第三部・第五篇)という有名な規定の言い替えにほかならない。そこにおいてマルクスはさらに言う――「資本制的株式企業も、協同組合工場と同様に、資本制的生産様式から結合生産様式への過渡形態として見るべきものである」、「株式会社は、資本家社会体制自体の基礎の上における資本制的私的産業の揚棄であり、それが拡大されて新たな生産部面を捉えるのと同じ範囲で、私的生産を滅ぼす」(『資本論』第三部・第五篇)。

山本孝則「第三部第五篇の主題と構造」の第六節「むすびに」は、次のような優れた総括をおこなっている。すなわち――

「上記四論点に絞りつつ検討してきた第五篇の理論構成把握の要諦は、なによりもまず、近代的利子生み資本を信用制度下の利子生み資本として捉えることにある。即ち、産業資本の派生的形態としての利子生み資本とは、その果実たる利子を平均利潤の一分肢形態として範疇的に特定する機構として、産業資本により創造される信用制度のもとで存在することの確認、ここに、近代的利子生み資本の範疇規定――そこから直接派生する諸関係に関する諸規定を含む――（第二一～二四章）、「信用。架空資本」論（第二五～三五章）、信用制度創造の根拠論（第三六章）、として総括されうる第五篇の「輪郭」を構成する最も基本的な「シェーマ」を求めることができる。この意味で、第二一章における資本主義的生産の基礎上での利子生み資本範疇規定と、第三六章の内容を凝縮した「信用制度の発展は高利に対する反作用として生ずる」という周知の規定との対応関係の把握こそが、第五篇の理論構成を総体として解き明かす鍵である。従って、信用制度は近代的利子生み資本を範疇的に確立する機構として産業資本によって創造されるという関係を明らかにしている第三六章「先資本主義的なるもの」が、第五篇の不可欠な独自的構成部分として位置づけられるならば、その限りにおいて、第五篇の理論展開は、第三五章「貴金属と為替相場」をもって終わる、と言えよう」と。

歴史的にも、論理的にも、ブルジョア経済の上向上限の最突端の「利子生み資本」範疇が、先資本主義における「高利貸資本」範疇を想起してそれを招き寄せるという〝怪異〟現象は、考察が経済学原理論の領域からさらに唯物論的歴史把握の領域に問題次元が突入してしまっていることを意味しているが、それが資本主義以前の経済政策の単なるノスタルジックな比喩的絵解きに終わらないのは、そのような〈唯物論的歴史把握〉が、『資本論』第三部・第五篇の経済学原理論の完成を意味する基本的な原理論的規定を潜って再定義されているからにほかならない。

2　マルクス「信用論体系」をめぐる理論的三潮流の一元的解決・揚棄の方向は？

『資本論』第三部・第五篇全体の理論構成に関する、わが国における戦後の論議の諸潮流は、（1）三宅義夫『マルクス信用論体系』（日本評論社刊、一九七〇年）に代表される、第五篇は、「資本の物神的姿態の完成」を主題とした第二一～二四章の「利子生み資本論」と、「信用の本質の究明」を主題とした第二五章以下の「信用制度論」という、互いに相異なった二つの課題に分離されるという見解、（2）飯田繁『利子つき資本の理論』（日本評論新社刊、一九五四年）に代表される、第二一～二四章の「利子つき資本―信用」の「本質論」と、第二五章以下の「利子つき資本―信用」の「現象論」という関係であるという見解、（3）深町郁彌『所有と信用』（日本評論社刊、一九七一年）に代表される、マルクス『経済学批判要綱《グルントリッセ》』における「信用の基本規定」についての独自な解釈に依拠しつつ、「商業信用」から「銀行信用」を経て「金融市場」にいたる「信用諸形態」の「上向作業」として、第五節の再構成を試みる「新しい信用論」の見解の三つに、三大別される。

そのいずれもが、難渋をきわめたと自らが述べているエンゲルス編集・整理の解釈として、第二一～二四章の「利子生み資本」論と、第二五～三六章の「信用制度」論とに第五篇を二分した上でその関係性を探る、という点においては、主題構成が一致していると、形式上は一応言うことができる。また、その消極的反面に論及するならば、そうした「利子生み資本」論と「信用制度」論との関係性を積極的に踏まえた上で、マルクスが『資本論』弁証法体系の完成における資本の最終範疇として措定した「株式会社（株式資本形態）」＝「資本の理念《イデー》」との関係についての論議・探究を回避してしまって、自らの「株式会社」論を語らないという点でも、奇妙なことながら形式上の一致が見られる。

私見では、右の三潮流のなかで、経済学原理論として最も透徹した境位にまで理論的探究を深めているのは、『物価の理論的研究』（伊藤書店刊、一九四九年）、『利子つき資本の理論――マルクス信用理論の研究』（日本評論新社刊、一九五四年）、『利子つき資本――信用理論研究序説』（有斐閣刊、一九五九年）、『兌換銀行券と不換銀行券――現代銀行券の研究Ⅱ』（千倉書房刊、一九六三年）、『マルクス紙幣理論の体系――現代インフレーションの基礎理論〈序説〉』（日本評論社刊、一九七〇年）、『商品と貨幣と資本』（ミネルヴァ書房刊、一九八一年）、『マルクス貨幣理論の研究』（新評論刊、一九八二年）、『信用の理論的研究』（藤原書店刊、二〇〇一年）と、諸業績を積み挙げてきた飯田繁教授のマルクス経済学見地である。右の三大別で言えば、（2）の理論潮流である。

飯田繁教授は、商業信用は「貨幣理論」の分野に属し、銀行信用は「資本理論」の分野に属し、前者から後者が導出されるとはいえ、「信用」という言葉の抽象的共通性によって無造作に一括することはできない、という首尾一貫した立場を生涯にわたって終始堅持した。そして、その理論構成的・方法的区分によるならば、「利子生み資本」（飯田繁教授の用語では「利子つき資本」）は「資本理論」分野の最も後の部分に属しており、資本機能に対立する資本所有に属するので、「貨幣理論」の分野から「利子生み資本」の理論は展開することはできないとした。わたしから見てきわめて妥当な見地である。

このような立場に立つ飯田繁教授の具体的諸問題へのアプローチにおいては、抽象的な段階＝「本質論」から具体的な段階＝「運動論」へ、そしてその両者の関係を「変動論」の中で解く、という方法が採られた。右に述べた、『資本論』第三部・第五篇の理論構成にさいして、第二一～二四章の「利子生み資本＝信用」を「本質論」とみなし、第二五章以下の「利子生み資本‐信用」を「現象論」とみなす〈本質‐現象〉弁証法的な方法論も、そのような立場・方法の適用である。

他にも、たとえば**古典的・周期的恐慌が変型をとげた現代資本主義経済**における管理通貨制度下の顕著な資本価値運動の特徴である「インフレーション」は、流通必要全量を越えて不換制通貨がブルジョア経済の再生産構造の外部から国家の手によって強制的に投入することによって発生する物価水準の上昇についても、この現代経済現象は「貨幣論」分野に属するものであるが、貨幣の本質が何であるかが分からなければ、その機能も運動も正しく把握できないとされた。その意味で本質の把握に精力を注ぎ、同時にその現象化する形態や運動へ展開するという方法が取られていることは、研究対象から規定される飯田繁「信用論」の方法的立場であった。

飯田繁教授の『利子つき資本の理論――マルクス信用論の研究』によるならば、貨幣は商品流通の中で発生し運動するのに対して、金融は資本の生産過程・流通過程につづく資本運動の「総過程の姿容《ゲシュタルト》」論すなわち『資本論』第三部の終末部《エクソドス》ではじめて研究される。金融は資本の理論であり、資本の中でも「機能」としての資本ではなく「所有」としての資本の中に、機能資本家と所有資本家との分離に基づいて、はじめて示されるものである。だから、貨幣の問題から直接には金融の問題は解明されえない。

利子生み資本は、独特な商品であっても、資本の理論の中でその位置を占める資本形態の一種なのであって、流通過程にある「貨幣資本」も「利子生み資本」も同じく貨幣形態をとってあり、貨幣という姿においては区別はないが、その本質は根本的に異なる。それを解く場合とりわけて、貨幣の本質究明である価値形態論のあとにはじめて貨幣の発生の必然性と交換過程論を解くという立場を、飯田繁教授は論文「貨幣の必然性」(『経済学雑誌』第一九巻・第四～五号、一九四八年)以来、一貫して取ってきた。これは戦後の〈宇野弘蔵vs久留間鮫造論争〉を踏まえてみての、わたしからすればきわめて正しい方法論である。

商業信用は、商品流通の中で発生し、商品流通の拡大や資本循環の確実な還流に依存する。それは、支払手段としての貨幣の機能に基づいて発生する。この「購買」と「販売」の時間的分離はいうまでもなく、マルクスが**「恐慌の可能性」**の第一歩をそこに見出した、いわゆる「生命懸け《ソルト・モルターレ》」の問題である。

商品の譲渡とその価格の実現とが時間的に分離される諸関係のもとで発生する。商品で貸付けられ、貨幣で返済されるのも、商品売買という性格によって根本的に規定されている。貨幣で返済されるから貨幣で前貸しされているのではないし、商品の自由処分権が買い手に委ねられるからといっても、等価を受取っていない限り商品の所有は譲り渡すことはない。商業信用は、そうした商品流通の中に地位を占め、貨幣理論の中で説かれるべき性格を関存している。

これに対して、銀行信用は、利子生み資本の把握を前提とする。それは、資本としての使用価値を手離して、一定期間後に利子をつけて返済されるからである。両者の区別を明確にした上で、商業信用から銀行信用への推転、商業信用と銀行信用のまざりあいを、具体的な関係のなかで分析するのが、飯田繁教授の方法・立場である。

『資本論』第三部・第五篇「利子と企業者利得の分裂。利子生み資本」の前半の第二一～二四章までの四章の地位と意義についての教授の見解は、すでに右に見たごとくであるが、教授の基本的見解は、第四章のそれは資本の所有＝平均利潤の分配である、という立場に立脚している。また、このマルクスの第四章の叙述は、「利子生み資本」に関する「資本関係が最高の物神形態に到達することを一貫して展開している」点でよくまとまっている、と評価することができるが、それは第二五章以降の、叙述内容も叙述形式も断層的に変化してくる諸章の理論的基礎を成しているとともに、マルクス「信用理論」の骨格をも構成しているのである。

銀行信用・利子生み資本の具体的形態である擬制（架空）資本、貨幣資本量と現実資本の蓄積や現実の貨幣量との関係を理解するためには、第四章の本質的理解が重要である、というのが教授の変わらざる立場である。この不変の立場の堅持が、この場合とりわけ重要である。ともに貨幣的表現表層においては区別がつけ難いのであるからして、学問に特有な概念的区分の明確性と厳密性が、とりわけ重要となるのである。

「利子生み資本と利子」の分析においては、利子つき資本の「所有としての資本、独特な商品」としての基本的性格と、「譲渡の意義、前貸されるのは商品か貨幣か」の独特な運動、「独特な商品」の使用価値とその価格＝利子が、分析された。その中で、利子と企業者利得との差異（質・量とも）に現われてくる現象の統一性としての「利潤一般」を明らかにした後、これらの統一性の必然的形態としての利子と企業者利得のそれぞれの成立原因、さらに両者の関係がとりあげられる。例の「本質論」から「現象論」への方法の巧妙で精緻な適用であり、そのために、利子発生の原因と利子取得の原因とが峻別されたのである。

「利子率変動論」の分析においては、『資本論』第三部・第五篇の中のどの章を取っても、利子率が登場してくるが、それらの利子率の取扱いは、直接的、間接的、そして断片的であって、さまざまな視角から現象論的にとりあげているにすぎない、と飯田教授は批判を加えている。エンゲルスがマルクス死後の解読・編集に最も手古ずった、例のマルクス元稿の未整理と断片性に由来する問題である。したがって、利子率変動に関する理論が、マルクス的志向に基づいて統一的かつ一般的な理解を得るためには、マルクスの諸叙述を集め、それらの材料を一定の基準に基づいて体系化して、本質論として再構成しなければならないのである。

利子率は、貸付けられうる貨幣資本（「独特な商品」）の需要と供給とによって決定されるのであるから、自然利子率（客観的利子率）は存在しえないし、商品や現存する貨幣量に対する需給関係の変動によって定まるのでもない。利子率変動の決定要因を明らかにした後で、貸付けられうる貨幣資本の供給について、次いで、その需要の形成要因について、巨細な研究が必要であり、そのような周到で細密な研究を前提にしてはじめて、景気循環の各段階において、両者の関係、すなわち貸付資本に対する需給関係が実際にどのように変化するのかが、論じられなければならない。

飯田繁教授は、ルドルフ・ヒルファーディング『金融資本論』の信用理論を詳細に批判的に検討をおこなった。教授によれば、レーニンが『帝国主義論』を完成する契機の一つとなったヒルファーディング『金融資本論』の大きな特徴の一つは、商品交換から貨幣の本質を解き、貨幣から信用や株式会社を論じ、金融資本の成立を解く、という方法的序列にあった。貨幣は交換から、信用は流通の中の作用から、株式会社は創業者利得から、それぞれ本質規定を与えるという方法に基づいて、ヒルファーディングは最新の資本主義の分析を試みたのである。ヒルファーディングのこうした「金融資本論」には、「利子生み資本」範疇が欠落しているのが致命的欠陥とされる。本書でも何度か触れた、ヒルファーディング理論の欠陥の由って来たる所以のものである。

信用の作用の面から看るならば、流通信用は貨幣自体の節約であり、資本信用というのは遊休貨幣資本の機能資本への転化にある、というのがかれヒルファーディングの「信用理論」の基本規定であった。だが、資本信用によって遊休貨幣資本が貸付資本に転化されるのではなく、資本制的生産のもとでは、遊休貨幣資本は可能的に資本であり、信用によって機能資本が形成されるのではない。ところが、ヒルファーディング「信用理論」にあっては、遊休貨幣資本の発生こそが信用の重要な構成要素とされ、資本信用によって遊休貨幣資本が機能資本に転化できる、と短絡的に見ているのである。信用によって遊休貨幣資本の機能資本への転化がおこなわれると見たヒルファーディングの「信用理論」には、「利子生み資本」「利子率変動」という鍵概念が本質的に欠如しており、そのような鍵概念《キイ・コンセプト》が入り込みうる余地が『金融資本論』の構造的論理には、存在していないのである。

飯田繁教授の遺著『信用の理論的研究』（藤原書店刊、二〇〇一年）の「序文」にはこうある——

「信用といういっぱんにいわれているものは、二つのちがう研究分野を内包する。貨幣論分野と資本論分野との二つを。商業信用は貨幣論分野に、銀行信用は資本論分野に、それぞれの本質・運動を包蔵している。商業信用と銀行信用とがまったくちがう二つの信用だ、とされるわけは、両者の果たす役割がたがいに相関連しながらも、両者はもともと大きくちがう貨幣論段階と資本論（しかも、最高物神・利子つき資本論）段階との差異・格差からそれぞれ生じるのだからである。それなのに、両者の違いがとかく粗雑にあつかわれがちだ。

そこで、信用のなかに包括される二つの相異なる商業信用と銀行信用を正確に理解するためには、両者をべつべつに引きはなして、それぞれの原点である、貨幣理論と資本理論との本質・運動上の段階的相違を正しく見きわめることに、まず重心がおかれなければならない。信用の理論的研究のためには貨幣の理論的研究が先行すべきだ、という正しい方法を提起・実践しながら、惜しくもその貨幣理論の弱さから信用理論の正しさがひきだせなかった、といわれるルドルフ・ヒルファーディング（〝流通信用と資本信用〞論者）は、いまや、われわれにとって容易に得がたい〝反面教師〞であるわけだ。

商業信用の本質・運動が貨幣論（非資本論）段階にあり、それとは違い、銀行信用の本質・運動が資本論（非貨幣論）段階にある、とはいっても、商業信用は資本主義社会に先立つ単純な商品社会に固有なもの・過去のものだ、それに対して、銀行信用だけが現代的なものだ、などと曲解されてはならない。

近代資本主義社会で商業信用と銀行信用とが共存し、相関連し・まざり合っている。この事実は、商業信用の〝貨幣性〞（〝非資本性〞）を、そしてまた銀行信用の〝資本性〞（〝非貨幣性〞）を、それぞれけっして変えはしない。資本主義社会のなかで現におこなわれる商業信用の〝貨幣性〞（〝非資本性〞）が強調されるわけは、商業信用が、価値生産・増殖しない価値形態転換の場・〝現実の流通過程〞（そこでは、商品資本・貨幣資本はたんなる商品・たんなる貨幣として機能する）での事象だからである。これに対して、銀行信用は、価値増殖（利子取得）の場・〝独特な流通過程〞での現象である。

こうした両信用の相異なる本質と運動をそれぞれ正しく把握するためには、くりかえすが、貨幣論と資本論との対照・差異を、まずあらかじめ誤まりなく取得しておくことが必須要件となる」（飯田繁『信用の理論的研究』）。この「信用論」の碩学の最後の言葉に、後輩のわたしが敢えて不遜の評言を加えるとするならば――

このような正しい発想的基盤をもつ「貨幣論」と「資本論」との区分・峻別が、あまりに静態論的・固定的な形而上学的対置に骨化し頽落しないためには、『資本論』弁証法体系の**全般的・周期的・激発的な恐慌の暴力的爆発**によって終焉し、また自己更新の機と場を与えられる資本の産業循環=景気変動過程に、その貨幣運動と資本運動を投げ込むに如《し》くはない。「現実の流動過程」において「増殖しない価値形態転換の場」が発生するのは、「**恐慌の必然性**」**が「現実性」へと爆発的に転化する場**にほかならない。飯田繁「信用論」は、その最後の仕上げである〈**恐慌論**〉を**仕上げていない憾み**を残しているのである。本書は、その仕上げをこそ最大の主題としているのであるからして、「飯田繁理論」についてのその点の理論的補強は、きわめて重要なものとならざるをえないこととなる。

利潤率の低下と利子率の高騰が需給関係の変化に基づいて激突を開始し、**恐慌発現の発条が弾《はじ》かれた場**においては、まさに「商品資本・貨幣資本は単なる商品・単なる貨幣として機能」し、言い換えれば「貨幣」の範疇にも「資本」の範疇にも峻別的に納まり切らない逼迫状況を呈している筈なのであり、そこにおいては、「独特な流通過程」における価値増殖（利子取得）そのものが利子取得の機会・契機・場を失ってしまい、価値増殖そのものが不可能となっているに違いないのである。そこにおいては、「近代資本主義社会で共存し・相関連し・まざり合っている商業信用と銀行信用」の両信用の運動そのものが金融・信用逼迫期に置かれることによって、そうした両信用活動のデット・ヒートの絶頂化そのものが、利潤率の低下と利子率の高騰との激突をまねく決定的引金となって作用し、『資本論』弁証法体系の総体を震撼させ、かつ自己更新させるのである。この生のなかの死、死のなかの生において、貨幣性と資本性の形而上学的隔離もまた溶解・融合せざるをえないのである。その弁証法的理法の機微を解くことこそが、近代社会の経済的運動法則を**恐慌論**を基軸として解明するマルクス経済学の最大・最高・最良の大眼目でなければならない。ここでは、「飯田繁理論」の最大の長所であった、貨幣論次元の商業信用と資本論次元の銀行信用との峻別の論理が、**恐慌論**ヌキに静態的に絶対的峻別として働いたがゆえに、**恐慌期**に全事態が突入するや、逆に最大の短所として働いてしまうこととなった逆説を特出させて強調したのである。

『資本論』第三部・第五篇についての解釈・解義・理解に集中されたと言ってよい、戦後日本における三宅義夫、飯田繁、深町郁彌の三氏のそれぞれの業績に代表される、マルクス「信用論」をめぐる三潮流の諸見解の水準・範囲が、現行『資本論』の公刊印刷を典拠としていた限り、原マルクスの元稿の克明・周到な直接精査に基づいた大谷禎之介の「『信用と架空資本』(『資本論』第三部・第二五章)の草稿について」上・中・下(『経済志林』五一巻二~四号、一九八三年一〇月・一二月、一九八四年三月)「『経済学批判』体系プランと信用論」(『講座・資本論体系』第六巻、有斐閣、一九八四年・所収)「『「貨幣」篇への補足』について――ひとつの読み方」(『マルクス経済学レキシコンの栞』一四号、大月書店、一九八五年九月)の諸論文が発表、公刊された現在においては、もはや総じて相対化されることになった事態は、当然の今日的確認を要することと言えるだろう。

錯雑をきわめた遺稿諸断片のまま、エンゲルスの整理・編集に委ねられた『資本論』第三部・第五篇をめぐる今後の研究は、いずれにしても現行版『資本論』第三部のかかえこんでいる「マルクス・エンゲルス問題」の原マルクスそのものの精査に基づいた、新しいMEGAの刊行と解読を待ちつつ、新たにさらに深く展開される以外にはありえないものである。

第一六章　信用制度と株式会社の高次展開の極限における会社資本＝社会的資本《ゲゼルシャフト・カピタール》の世界史的出現

わたしははばかりながら一個の自生的なマルクス主義者として、「信用論」においても、マルクスがすでにすべてを理論的に解決しているとか、すべての今日の金融自由化や金融危機の進展をめぐる信用現象を先見しているなどとは、考えている者では毛頭ないが、それにしてもたとえば、三宅義夫『マルクス・エンゲルスイギリス恐慌史論』上・下（大月書店刊、一九七四年）が篤実・詳細に追尾しているように、マルクスの「独立な貨幣恐慌」についての指摘を丹念に検討・蒐集・整理している先駆的業績などに学ぶべきことは、まだまだ多々あるとしなければなるまい。

右書によれば、**一八六八年恐慌**がヨーロッパにおけるその**古典的・周期的恐慌の変型と乖離**において、それが「金融的性格」を帯びている点に着目したマルクスは、全般的な生産・**商業恐慌**の特殊な局面としての貨幣恐慌とは異なり、それとは独立に発生し、ただその反作用としてだけ生産と商業に影響を及ぼす**特異な貨幣恐慌がありうる**とした。マルクスによれば、この**独立した貨幣恐慌の中心**は、貨幣資本の金融逼迫期における特異な運動であり、したがってこの**六八年恐慌**が直接に作用する領域は銀行、取引所、金融、である。このことの確認は、決定的に重要である。

そもそも**一八六八年恐慌**のメカニズムは、先行した棉花飢饉によって在来の投資家からロンドン金融市場の中心地へと追いやられて滞積した多額の資本が、折柄の鉄鋼業の鉄船建造のような新産業で信用利用を当てにした投機的な事業拡張に集中的に投じられた結果、Overend Gurney & Co 商店の経済破綻・破産を招いたことによって惹起されたのである。

この事態を注視したマルクスが理論的に洞察したように、一九世紀の周期的恐慌の発生過程においても、多くのいわゆる金融脆弱化のプロセスがそうであるように、大量の資本の集中・固定化と、その資本の金融のために生じる金融資産形成（負債形成）への急激な資産選択のシフトとが、互いに深くからみあって進行したのであり、それが金融危機へと結びつく重要な契機になったのである。そのような事態の進行を、マルクスは、大量の資本が金融市場を通して投機的な事業拡張に集中して過大・過多に流れ込むメカニズムとして、把握したのである。

マルクス『資本論』第三部――「信用制度が、過剰生産や商業での過度な投機の主要な槓桿として現われるとすれば、それはただ、その性質上、弾力的な再生産過程が、ここでは極限まで強行されるからにすぎない。そして、これが強行されるのは、社会的資本の大きな部分が、その所有者ではない人びとによって充用されるからである。すなわち、これらの人びとは、所有者自身が機能するかぎり、自分の私的資本の限界を小心に考慮する所有者たちとはまったく違ったやり方で、仕事に熱中するからである。それによってあきらかになるのは、ただ次のことだけである。すなわち、資本制的生産の対立的な性格に基づいておこなわれる資本の価値増殖は、現実の自由な発展を或る程度までしか許さず、したがって実際には生産の内在的な束縛と制限とを成しているのであって、この制限は絶えず信用制度によって破られるということである。それゆえ、信用制度は、生産力の物質的発展と世界市場の形成とを促進するのであるが、これらのものを新たな生産形態の物質的基礎として或る程度の高さに達するまでつくりあげるということは、資本制的生産様式の歴史的任務なのである。それと同時に、信用は、この矛盾の暴力的爆発、**恐慌**を促進し、したがってまた、古い生産様式の解体の諸要素の発展を促進するのである」。

1　貨幣資本と現実資本の運動の乖離の増大――擬制資本の「架空性」「幻想性」「投機性」とりわけ株式擬制資本の発展

『資本論』第三部・第五篇「利子生み資本論」の、なかんずく「貨幣資本と現実資本」の両資本運動の分離と乖離を中軸に組み立てられたマルクス〈恐慌論〉は、恐慌勃発の過程や景気循環の動態において、正当にも「信用」が重要な役を演じると考えていた。曰く――

「資本制的生産の対立的な性格に基づいておこなわれる資本の価値増殖は、現実の自由な発展をある点までしか許さず、したがって実際には生産の内在的な束縛と制限をなしているのであって、この制限はたえず信用制度によって破られる」。

「信用制度が、過剰生産や商業での投機の主要な槓杆として現われるとするならば、それはただ、その性質上弾力的な再生産過程がここではその極限まで強行されるからである。そして、これがこのように強行されるのは、社会的資本の大きな部分が、その所有者ではない人びとによって充用されるからである。すなわち、これらの人びとは、所有者自身が機能するかぎり、自分の私的資本の限界を小心翼々として考えながらやるのとはまったく違ったやり方で、儲け仕事に熱中するからである」。

資本の断えざる価値増殖運動の限界は、むろんのこと、信用ではなく「資本制的生産の対立的な性格」にあるのと同時に、「信用」は他人の資金の利用を可能にするがゆえに、リスクの大きな現実資本の投資が計画され実行され、その結果、限度を越えた現実資本の拡張蓄積が強行されるのである。ここから生じてくる「現実資本」と「架空・擬制資本」との価値増殖運動の展開の乖離についての理論的解明をぬきにしては、マルクス〈恐慌論〉の真髄はありうべくもない。

マルクスは、現実資本とは区別される信用独自の展開、すなわち擬制（架空）資本の展開について論じている。その場合、注目される論点は、信用の「架空」性・「幻想」性と、現実資本から疎隔・乖離した信用の維持・膨脹である。そもそもを言えば、エンゲルス整理・編集の現行版『資本論』第三部・第五篇・第二五章以下の「信用制度《クレディテー・ヴェーゼン》論」に当たる部分は、マルクスの原草稿では、その全体に〈信用。架空資本〉という題名が付されていた。このことからも端的に意志表示されているように、擬制（架空）資本の運動の「架空」性・「幻想」性は、マルクスの信用論全体を貫く基本概念・基本規定とされているのである。しかも、その「利子生み資本」の「架空」性・「幻想」性とは、もちろんのこと、その擬制資本運動が必然的にまとっている意識上の「架空」性・「幻想」性のイデオロギー的暴露にとどまるものではなく、そうした「架空」「幻想」的な実在的運動を、景気循環局面における**恐慌以前期・恐慌逼迫期・恐慌爆発期**の諸相・諸局面における「信用」の動向に、具体的に即して把えられているものであった。

そのようなマルクス的把握によれば、資本市場で売買される株式の売買価格は、収益を利子率で割る「資本換算・還元」によって決定されるものである以上、株式の「価値額は、それを権利名義とする現実資本の価値運動とは全く無関係に増減する」のである。それゆえに、そうした株式に投資される資本の「価値は純粋に幻想的である」とされるのである。また、株式などの価格決定の基礎となる収益は、その実は現在すでに一義的に確定したそれではなく、あくまでも将来の予想収益――「予想され、前もって架空に計算された収入」である以上、株式などの「証券の市場価値は或る程度まで投機的」なのである。

こうして、株式証券など資本市場で売買取引される擬制（架空）資本の「架空」性・「幻想」性・「投機」性は、二重の意味でそうなのであって、その実在の根拠をもつ「幻想」「架空」「投機」性は、その実在の運動自体が熱狂的となるまさに景気循環の恐慌期において、極大化するにいたるのである。マルクスにとっては、銀行についても、その割引によって信用を供与する手形についても、次のように現実資本の運動から乖離した信用の拡大・膨脹が問題だとされるのである――

「一部はただの融通手形のやりくちによって、また一部はただ手形作りを目的とする商品取引によって、全過程がきわめて複雑にされるのであって、外見上はまだ非常に堅実な取引と順調な還流とが静かにつづいているように見えても、その実はもうずっと前から、還流はただ詐欺にひっかけられた金貸業者とか同じく詐欺にかかった生産者とかの犠牲によっておこなわれているのだということにもなる」、「繁栄期には、小売商人は卸売商品に、卸売商品は製造業者に、製造業者は原料輸入業者に、というように、それぞれに確実に支払をおこなう。急速で確実な還流というこの外観は、その現実性が過ぎ去ってしまってからもまだ長いあいだ、ひとたび動き出した信用によって維持される。なぜなら、信用還流が現実の還流の代わりをつとめるからである」。

商業手形の発行による信用関係は、手形が生産の原材料などの実際の取得のために用いられ、かつ生産された商品の価値に円滑に実現される限りは、生産を通した価値の移転・形成という実体的な根拠を確実に有している。個別資本に関する限り、つねに価値が実現されない危険はつきものとしてあることはあるが、好況中期のように社会的再生産や資本の価値増殖が順調におこなわれている局面では、信用関係は社会的実体に裏付けられて安定している。しかしながら、資本蓄積に内在的な限界が潜んでいる以上、手形を用いた信用も、早晩は、実体的裏付を欠くにいたる場合に遭遇せざるをえなくなる。その時、信用の授受は、それによって直ちには停止されるのではなく、実体的裏付けをすでに欠くにいたったことを隠蔽しつつ、ギリギリまで現実資本の運動から乖離したかたちのままでなおも維持・拡大されつづける。これが信用制度の発動の起因である。

このようにして、手形債務の決済は、「現実還流」によってではなく、「信用還流」によって、つまり支払の手段を得ることを目的とする信用の獲得によって、「幻想」的・「架空」的・「投機」的に先延べされながら逐次維持されるようになる。これは、事態全体の帰趨から振り返ってみるならば、他人瞞着であり自己欺瞞であるイデオロギー的幻想過程であるが、その時の現場を担っている当事者たちの経済行為選択の動機としては、それなりの「自己確信」に基づいたもの、それなりの「相互信頼」に基づいた自他心理的実態を有する過程の展開にほかならない。

マルクスは、『資本論』第三部・第五篇の全考察を通して、以上のように、現実資本から乖離して過剰運動するという特性を「信用」が有つことを強調するのであるが、こうした信用の特性は、いかにそのコントロールを利かそうとも、信用の過大な膨脹や不良化を不可避的に生み出し、その結果、信用を利用する産業資本などの現実の業務内容にも重大な影響を与えることとなる。

たとえばマルクスは、一八四四～四七年の好況期における「鉄道ブーム」が事業一般に及ぼした影響として、企業が集中した資金の投資先を求めて「営業資本の一部」を鉄道株に投資することで、究極的には「自分の事業を飢えさせる」ようになったり、そのなかでの事業継続のために「銀行から過大な資金を借り入れ」ざるをえなくなったりしたことを、挙げている。また、そうやって生ずる信用の膨脹・不良化が、信用制度の中核をなす銀行自体の経営内容をも脆弱にさせることについても、「銀行業者資本の最大の部分は、純粋に架空なものであって、債権（手形）や国庫証券（過去の資本を表示しているもの）や株式（将来の予想収益に対する支払＝国証券）から成っている」ことを鋭く指摘している。

たとえばその一つの否定的結果が、**一八四七年イギリス商業恐慌の勃発**であったが、その当時においてこのような**四七年商業恐慌の周期的爆発**がひきおこした一八四八年ヨーロッパ世界革命の勃発に勇躍参加した若きマルクスが、そのような「鉄道ブーム」崩落との密接な関連において、**イギリス商業恐慌が激烈に突発**したことの因果性の理解はその当座は必ずしも持ってはいなかったのである。このことの了知は、「ミネルヴァの梟」よろしく後追いながら、四八年革命敗北後の〈反動の時代〉におけるマルクスの自己批判的総括の反省によってこそむしろ事後的に獲得されたものである。経済法則の認識とは、いつも、そうした蓋然的な根本性格をもっているものであり、これがかりに近代社会における**恐慌**や革命が唯一回きりの出来事であるならば、これは個性記述的な文学にしかならないのであるが、都合五回だけであったとしても、ほぼ十年毎の周期をもって規則的にくりかえされる経済法則的な歴史的事実である以上、この遅ればせの総括的認識によって、いわゆる「前車の覆轍」をもって「後車の戒め」とすることもまたできるのである。

『資本論』第三部・第五篇に看られるように、そのようなマルクス〈恐慌論〉の信用論的展開の論述が、当時のイギリス銀行学派・通貨学派との論戦に一章を割いていることも、学説史的閑談としてではなく、恐慌の原因となる好況期の景気過熱は、銀行券過剰発行による通貨量増大によってはじまる、と主張したイギリス銀行学派・通貨学派の論理との死活的論争に発しているのである。かれらが問題としたのは、一見実務家風に手堅くは見えたものの、これを要するに通貨の量の調節であって、その量的操作は、たしかにかれらの中枢的なお役柄ではあったものの、銀行券の発行が与信と結びついて債権・債務関係を生み出すといった信用に固有な特質や、この特質や経済全体が景気変動に与える影響といった重大事には、経済学原理論的な分析能力を、かれら両学派・両政派は当然のこととはいえ何ら持ちえなかったのである。

これに対してマルクスは、信用に固有な特質に着目し、信用制度自身の内在的な展開として、過剰蓄積、信用の劣化、擬制資本価値の幻想的高騰等々が生じることを強調したのであった。イギリス銀行学派、通貨学派、および現代のグローバル資本主義時代においてその糟粕を嘗めている「マネタリスト」の分析方法を、通俗的な「通貨量アプローチ」と呼ぶとすれば、それと原理的・根源的に対立するマルクスのそれは、まさしく「信用論的アプローチ」という命名に値するものであったのである。

現実資本から乖離した信用の不可避的な膨脹・拡大は、現実資本の蓄積が行き詰まるなかで、それを救済すべくくりのべ・先送りしたあげく最後的限界に達し、その限界を越境した水準で古典的周期恐慌の全般的・激発的・暴力的爆発が必至のものとなる。このような資本の産業循環=景気変動過程は、一九世紀中葉のイギリスでは、銀行の支払停止や手形不渡りの連鎖的拡大・波及を含む作用システム総体の深刻な動揺をともなう恐慌現象の襲来という形をとって現われたのであるが、マルクスは、このような恐慌において信用の需給状況が、商品売買など実体経済に大きな影響を及ぼしていることを重視して強調する。こうした歴史的過程の具体的分析において、マルクスが用意していた論理の基本的な構造は、たとえば次のような叙述から読み取れるごとくである。すなわち――「信用が収縮するかまたは止まってしまう逼迫期には、にわかに貨幣が、唯一の支払手段、価値の真の定在として、絶対的に諸商品に対立するようになる。そこで、商品の一般的な減価が現われ、商品を貨幣に転換させることが困難になり、実に不可能にさえなる」と。世界貨幣＝金貨幣の急迫的出番の到来である。

2　「信用の収縮ないし途絶」―「唯一の支払手段としての貨幣」―「商品の一般的減価」

清水敦「信用・貨幣制度の原理と現代の金融危機」（『金融システムの変容と危機』御茶の水書房刊、二〇〇四年）は、右のマルクスの命題について、その叙述のポイントについて、三つの要点を、要約的に指摘している。その第一は、「信用の収縮ないし途絶」という点である。資本制的決済における商品売買は、その実態上は、その現場での即時現金決済ではなくて、買い手の将来の貨幣支払約束に基づいて振出され授受される手形や、銀行の支払約束を現わす銀行券や預金通貨に、言い換えれば、信用貨幣や信用貨幣の基礎にある信用関係によって支えられているのである。このような信用関係は、商品貨幣のように貨幣機能を果たす商品自体の価値を基礎としているものでも、また政府紙幣のように国家の権力を背景にしているものでもなく、個々の産業資本や銀行の支払約束に基づいているものにすぎない。したがって、この支払い約束が履行されなかったり、その実行可能性が疑われる事態が、個々の偶発的ケースを超えて社会的に相当程度の規模で起れば、信用関係はその根底から動揺し、「信用の収縮ないし途絶」が現実化して生じることとなる。

こうして「再生産過程の膨脹に攪乱が生じれば、またはただ、その正常な緊張に攪乱が生じただけでも、それとともに信用の欠乏もまた現われる。商品を信用で手に入れることは、いっそう困難になる。しかし、ここに、現金払いへの要求や信用売りへの警戒は、産業循環のなかの、破局のあとにやってくる段階にとって、特徴である」という事態が生じる。しかも、こうした「信用の収縮・途絶」は、単に信用売買の阻害にはとどまらない。銀行による与信制限も、その事態への対応策としておこなわれるのであって、マルクスも、たとえば一八四七／四八年の『商業の不況』に関する議会報告書の一節を、『資本論』において肯定的に引用して、「ビルブローカーや銀行による与信制限」に注目している。

　マルクスの叙述の第二のポイントは、銀行の与信制限までもともなうそうした信用の収縮・途絶・停止の結果、「貨幣が唯一の支払手段、価値の真の定在として、絶対的に諸商品に対立する」ということである。『資本論』第一部・第三章「貨幣または商品流通」のなかの「支払手段」論において曰く――「支払手段としての貨幣の機能は、媒介されない矛盾を含んでいる。諸支払が相殺されるかぎり、貨幣は、ただ観念的に計算貨幣または価値尺度として機能するだけである。現実の支払がなされなければならないかぎりでは、貨幣は、流通手段として、すなわち物質代謝のただ瞬間的な媒介的な形態として現われるのではなく、社会的労働の個別的な化身、交換価値の独立的な定在、絶対的商品として、現われるのである。この矛盾は、**生産・商業恐慌の中で貨幣恐慌と呼ばれている瞬間に爆発**する。**貨幣恐慌**が起きるのは、ただ、諸支払の連鎖と諸支払の決済の人工的な組織とが十分に発達している場合だけのことである。この組織の比較的一般的な撹乱が起きれば、それがどこから生じようとも、貨幣は、突然、媒介なしに、計算貨幣というただ単に観念的な姿から硬い貨幣に一変する」、「ブルジョアは、繁栄に酔い痴れ開化を自負して、貨幣などは空虚な妄想だと、断言していた。商品こそは貨幣だ、と。それが、いまや世界市場には、ただ、貨幣だけが商品だ！　という声が響き渡る。鹿が清水を求めて鳴くように、かれの魂は貨幣を、この唯一の富を、求めて叫ぶ。**恐慌**の時には、商品とその価値姿態すなわち貨幣との対立は、絶対的な矛盾にまで高められる」。**恐慌時**に重金主義が突如として復活する特徴についての、マルクスの有名な提起である。

恐慌期に信用が収縮・途絶・停止すると、支払手段としての貨幣が絶対的に必要とされることが強調されているわけであるが、その場合、求められるのが「支払手段」だということには、二つの含意があると考えられる。その第一は、求められるのは「物質代謝」ないしは財同士の交換を媒介する「流通手段」ではなく、「支払手段」だということである。したがって、ここで決済上必要なのは、「支払手段」だと強調することは、信用および信用関係にともなって生じる債権・債務に固有な問題を取り出して、それを明確に位置づけるということを意味している。

そこでの第二の含意は、求められているのが、「唯一の支払手段、価値の真の定在」である貨幣だということである。商品とは異なる貨幣の形態規定性、すなわち貨幣が一般的な直接交換可能性をもつ唯一の一般的等価物であるということは、『資本論』第一部において冒頭、マルクスが「価値形態」論を踏まえて強調してやまない論点であるが、貨幣が一般的等価物であることを受けて債権・債務も貨幣債権・債務の形態をとり、貨幣だけが最終的な「支払手段」となりうるとされる。したがって、債務者にとっては、こうした貨幣を取得できるかいなかが、決定的に重要になるのである。

マルクスは、信用の「架空」性・「幻想」性を強調し、好況期において株式価格の投機的高騰や融通手形の増大などの形をとる信用膨脹に着目していたが、この「架空」性・「幻想」性・「投機」性は、現実資本の価値との乖離を単に一般的・抽象的に問題にしているのではなく、「唯一の支払手段」としての貨幣の取得可能性と関わっている。投機的に高騰した株式などの擬制（架空）資本の価格は、**恐慌期**に大幅に下落するし、「信用還流」を支えに現実資本から乖離して維持・拡張されていた手形信用の限界も、**恐慌の爆発**によって露呈するが、その結果、株式や手形などの貨幣への転換は困難となり、それらを処分して支払手段を取得するという道が狭められる。「架空」性・「幻想」性は、「唯一の支払手段」である貨幣への転換可能性の「幻想」性として、具体的に現われるのである。

清水敦教授が指摘する第三のポイントは、「商品の一般的な減価が現われ、商品を貨幣に転換させることが困難になり、実に不可能にさえなる」という点、すなわち商品の販売困難ないしは需給関係への影響である。信用の普及的利用を前提にして商品流通がおこなわれる資本制経済では、信用収縮は社会的購買力を減退させ、したがって現実に発動しうる社会的需要の減少をもたらす。さらに、支払手段を確保することの必要性が増大することも、商品の販売困難の原因となる。

すなわち、**恐慌期における信用相殺の減少**は、債務を負っている多数の資本家たちに債務決済のために、貨幣を支払手段として支出することをよぎなくさせるし、また、よぎなくされる。また、信用の減退・停止や商品販売の困難は、将来の貨幣取得の可能性を低め、挟めて、今後支払期日を迎える債務の支払手段をあらかじめ確保するために、貨幣が蓄蔵されることにもなる。このようにして、「商品の一般的な減価が現われ、商品を貨幣に転換させることが困難になり、最後には実に不可能にさえなる」という事態は、このようにして生じるのである。

このことは、信用と結びついた貨幣システムには、商品に対する需要を減退させる、というメカニズムがあり、**恐慌期**にはそれが実際に作動する、と言い換えることができる。こうした捉え方は、『資本論』第一部で示されている商品流通についての基本的認識が、『資本論』第三部・第五篇で示されている「利子生み資本」の運動についての基本的認識とも、整合的に貫徹していることを物語っている。

3　好況局面における信用の「架空」「幻想」「投機」的拡張と、**恐慌局面**におけるその反転による信用の急性的な「収縮」「途絶」「停止」

『資本論』第一部＝「資本の生産過程」において展開された〈商品流通論〉は、商品流通を財と財との交換一般に還元せずに、「全過程を商品形態の面」から考察しなければならないとして、商品から貨幣への形態交換は、「商品の命がけの飛躍《ソルト・モルターレ》」であると指摘し、このような商品流通の形態規定の特質に即して、販売と購買が必然的につねに等値されて一致するという古くからの有名な「セー法則」を、根底から批判した――

「買い手は商品をもっており、売り手は貨幣を、すなわち、再び市場に現われるのが早かろうと晩かろうと、流通可能な形態を保持している一商品を、もっている。別のだれかが買わなければ、だれも売ることはできない。しかし、だれも、自分が売ったからといって、すぐに買わなければならないということはない。流通は生産物交換の時間的・場所的・個人的制約を破るのであるが、それは、まさに、生産物交換のうちに存する。自分の労働生産物を交換のために引き渡すことと、それとひきかえに、他人の労働生産物を受け取ることとの直接的同一性を、流通が売りと買いとの対立に分裂させるということによってである」。

ここでマルクスによって言われている、自分の労働生産を他人の労働生産物と生産物交換するという経済行為は、先・前・非資本主義の諸共同体社会の、したがってまた〈唯物論的歴史把握〉領域に属している経済行為であって、そのような労働生産物の社会的交換が、「商品流通」という特異歴史的な近代の形態的限定を受けることによって、労働生産物の交換における「直接的同一性」を打ち破って、商品生産物の売り（販売）と買い（購買）との対立的分裂を発生させることによって、「セー法則」は根底から否定されてしまう事態が発生するのである。

逆に言えば、古典派経済学の一大ドグマであった、売り（販売）＝買い（購買）というセーの幸福な（！）「直接的同一性」は、〈唯物論的歴史把握〉領域に属する法則性を、セーがほかならない近代の資本制経済の商品流通の経済法則性に二重写しにしたところから生じたのである。ここで当然の確認をしておくならば、売り（販売）と買い（購買）とが分裂したことによってはじめて、商品流通という商品労働生産物同士の交換が可能となったのであって、その商品流通の成立根拠とは逆に、そのことによって労働生産物の交換の「直接的同一性」が破られて、労働生産物同士の交換が不可能となったわけではないのである。

このことの初歩的確認は、マルクスの『資本論』弁証法体系が、セーの商品の販売＝購買というドグマ＝「法則」を打ち破って、逆に商品の販売と購買の時間的・場所的・個人的な分離に、最初の第一次的な「**恐慌の形式的可能性**」を確認して、→「**恐慌の物質的基礎**」→「**恐慌の必然性**」→「**恐慌の現実性**」への〈後方への旅〉を経由する『資本論』弁証法体系を、自生的・自証的に完成させるにいたる出発点の確認として、決定的に重要である。

W（商品）‐G（貨幣）‐W′（商品）という形態をとる商品流通は、物物交換のW‐W′とは異なって、「売り」W‐Gと「買い」G‐W′との対立を本質的に含み、その両者が量的にも乖離する可能性を孕んでいるというのが、マルクスの「商品流通観」の基本である。同時にこれが、**マルクス〈恐慌論〉の体系的出発点**なのである。

さらに、『資本論』体系の起点である「商品流通論」の基本的規定の論理的推転によって、価値尺度や流通手段とは違った機能を果たす貨幣の存在形態が、すなわち商品流通を媒介しない「貨幣蓄蔵」や「支払手段機能」などの貨幣が、積極的に規定され、流通手段と蓄蔵貨幣などとの間の貨幣の機能的存在形態の転換にともなって、G‐Wの大きさ（量）が変化し、商品交換の需給関係が変動することが、これによって明確化した。

資本制経済的律動の産業循環＝景気変動過程における、最終的には**恐慌の全般的・暴力的爆発**へといたる動態の経済法則的確認である。「貨幣はもはや過程を媒介しない。貨幣は、交換価値の絶対的定在または一般的商品として、過程を独立に閉じる。売り手が商品を（売って）貨幣に転化させたのは、貨幣によって或る欲望を満足させるためであり、貨幣蓄蔵者がそうしたのは、商品を貨幣形態で保存するためであり、債務を負った買い手がそうしたのは、支払ができるようになるためだった」。

これは、W‐Gによって取得された貨幣が、蓄蔵貨幣や支払手段という存在形態＝機能形態をとりうること、そしてその場合には、それに継続するW‐Gがおこなわれず、供給と需要の乖離が生じることを論述したのである。このように、マルクスは商品流通を「売りと買いとの対立」を含むものとして弁証法的に捉え、かつての対立が商品流通を主導する貨幣の機能的定在の変更によって生じる、と捉えていた。この乖離の発生が、マルクスによって**「恐慌の形式的可能性」**の一番最初の現われと規定されたのである。

商品流通は、このような意味で、需給乖離のメカニズムを内包するものとして、マルクスによって理解されていた。**恐慌期**における信用の収縮・途絶・停止の結果、貨幣を支払手段として支出する絶対的必要が亢進し、それによって商品の購買に動員・出動される貨幣が減少して、商品の販売が困難になるということは、まさに、貨幣の機能的定在の変化が、商品需給に変動的影響を与える事態の典型のひとつである。

そして、信用利用の困難ないしは不能が見込まれるにいたった金融逼迫状況のもとで、自らの債務の決済に支払手段が必要となる場合に備えて、貨幣を準備金として蓄蔵される結果、商品の購買はそれに充てられる貨幣が絶対的に減少して、商品の需給乖離が生じるということも、如上のようなマルクスの基本的な「商品流通・貨幣」理解に立てば、容易にこれを理解し、かつはまた推論することができる。

また、商業信用や銀行信用によって創出されていた追加の購買力が、信用の収縮・途絶・停止によって減退し、商品の販売困難が生じ、加重されるにいたる、という事態の発生も、信用を利用しておこなわれる商品流通に特有な「売り（販売）と買い（購買）との対立」としてこれを視ることができる。このようにして「売り」（販売）と「買い」（購買）の対立として第一次的に措定された**抽象的**な**「恐慌の可能性」**は、信用を介して第二次的により具体的な**「恐慌の可能性」**へと進展し、**「恐慌の必然性」「現実性」**へと逐次接近してゆくのである。

以上の『資本論』の体系的叙述・即・体系的批判の検討から、貨幣・信用が景気循環や経済全体の動向に及ぼす影響を分析するに当って、マルクスが、貨幣の機能転換をも包摂した〈信用論的アプローチ〉を採っていたことが、判る。通俗的な「貨幣量アプローチ」をとっていたイギリス銀行学派や通貨学派と、マルクスの**「信用論的アプローチ」**の立場をとった**論争**の**死活的**意義が、ここで全面的に活きてくるのである。

好況期における信用の膨張と信用の「架空」性・「幻想」性・「投機」性の顕在化、そしてこうした展開を前提として**恐慌期における急性的な信用の収縮・途絶・停止**、さらに、信用利用が困難になるなかで、膨張した債務を決済するための支払手段の必要増大、このような貨幣の機能転換や信用収縮の結果生じる商品需要の減退や販売困難——マルクスが、一九世紀中葉のイギリス経済のリアルな事例に即して析出した経済学原理の基本的メカニズムは、このようなものであった。

　このようにして『資本論』体系を、**「世界市場と恐慌」を最終・最高範疇＝終結規定**として完成させたマルクスは、**恐慌爆発の最終シーン**における利潤率の低下と利子率の高騰の激突についても、その利子率の異常高騰の亢進が、けっして現実資本投資のための資金需要によるものではなくて、信用収縮のもとで債務を決済するための支払手段を取得するための借入需要増大によるものであることを、口を極めて度々強調しているのである。

　本来的に言って、資本制社会の「資本の生産過程」において、いかなる意味でも資本の生産物たりえない、身体的存在としての労働力を、商品化することによってはじめて、全面的な商品生産社会たらしめている「労働力商品化」の矛盾をあくまでも主軸に据えて、**マルクス〈恐慌論〉の基本的規定を完成させた宇野弘蔵『恐慌論』**は、労働者人口に対する資本の過剰蓄積による利潤率低下という現実資本の蓄積の絶対的限界を、**恐慌発現の根本的原因**として強調しつつ、同時に、「**恐慌の勃発の原因そのものは**、『信用』を除外したのでは見失われてしまう」とした。

　信用（Kredit）は、現実資本の蓄積が限界に達した時、この限界を何とかくりのべ、先送りしようとして、過剰信用活動を拡張した結果、全矛盾を**恐慌として発現させる**にいたり、**恐慌現象の大爆発**を通じて既存の資本価値を暴力的に破壊して処理し、現実資本の蓄積に規制を加え、資本の産業循環＝景気変動過程を自己更新的に高次化しつつ再開させる不可欠の要因として、位置づけられている。しかも、〈宇野理論〉は、上にも述べたごとく、ブルジョア経済における信用制度の原理を、産業資本間の信用関係を基礎とする形で、理論的に展開した上で、**恐慌勃発の不可欠**

の促進契機として信用を論じている。

恐慌の勃発の原因を理解する上で「信用を除外できない」と宇野博士が正当に指摘した時、その基本となっているのは、いうまでもなく、**恐慌の最終シーン**における「利潤率と利子率の衝突」という論点である。こうして**宇野〈恐慌論〉**は、労働者人口に対する資本の過剰という資本蓄積の限界は、「利子率の昂騰による、資本蓄積に対する資本家社会的規制としての**恐慌**を通して始めて現実化される」と立論する。このように、**恐慌の根本原因**を労働力人口に対する資本の過剰による利潤率の低落に求めた〈宇野理論〉は、資本自らが生産できないという労働力の特殊性ないし無理に基づいて、**恐慌の必然性**は解明しうるものと基本的に了解していた。

この〈宇野理論〉に独特な、労働力商品の資本家社会にとっての「無理」という問題については、本書ですでに別の箇所で詳論を加えたごとく、わたしにとってはそれこそが無理筋の議論展開のように思われる。

〈宇野理論〉は、労働力商品は資本の生産過程においていかなる意味でも生産することができない以上、それを資本制経済に内在させて処理するための価値論的力能は、資本家社会的に特殊なブルジョア的人口法則に基づいて、資本蓄積にともなう「相対的過剰人口」の排出・吸収の景気循環を通ずる処理によってそれを確保するものとみなした。この論理はもちろん正当なものであり、労働者は資本の前貸部分である労賃を支給されて自らの再生産を営むための生活資料を買い戻すメカニズムを通じて、資本の生産過程に内在化されて資本-賃労働関係＝社会的再生産関係そのものをも再生産しつづけてゆくのである。この資本制社会が具備している賃労働の内在化機能に即して、わたしは資本制商品経済社会は労働力商品化という「無理」をブルジョア的価値観として「道理」たらしめる、と断定するのである。

そのさい、自然的生産（生殖、繁殖、給養、養育）によって自らの身体的存在を再生産してゆく労働力的人間存在は、〈宇野理論〉にとっては資本制社会にとって本来的に外部的なものとされて把握されているのであり、だからそのような事態は無理だと〈宇野理論〉は言うわけである。したがって、**宇野〈恐慌論〉**にとっても、**恐慌とはその無理の発現**であると捉えられていると理解しても、けっして宇野博士の**恐慌論の基本規定**の趣意を矮小化したことにはならないとは思うが、そのような独特な理論構成が、はたして〈経済学原理〉上の理論たりうるのか？　むしろそれは何らかの〈唯物論的歴史把握〉的な理論構成になるのではないか？　本書ではこの問題をすでに、〈宇野理論〉が固有に内在させている難点《アポリア》の問題として再検討を加えた。

右のことを言い換えるならば、〈宇野理論〉にとって、労働者人口＝プロレタリア的存在とは、近代市民社会にとっては外部的なものとして非本来的存在である、ということになる。その一方では、〈宇野理論〉は、資本制経済社会の根幹を「流通形態」として押さえて、歴史貫通的な実質社会にとって非本来的なその価値形態の流通過程的運動が、「労働力商品化」が資本制社会の労働実体として「資本の生産過程」を捉えて剰余価値生産を絶対的・相対的におこなうことを通じて、資本制社会という一個特異な歴史的社会が全円的形態を取って世界史上に現出するとした。

この場合、いったい、そのどちらが非本来的として認定されているのか？

〈宇野理論〉は結局、この哲学的問題――それはたしかに難問《アポリア》と称してもおかしくはないではあろうが――を、それこそ純化することに、経済学的考究を通じては成功を収めないままに、終生終わった、とわたしには考えられる。博士御自慢の経済学原理論の方法の「哲学的」真髄は、一九世紀中葉のイギリス経済社会の純化傾向に依拠して「純粋な資本制社会」像をモデル化する「模写」の方法とされたが、そのような実在社会の歴史的抽象自体について捨象・抽象作業をおこなうその方法自体を模写しているのだ、という博士自ら命名した「徹底的唯物論」の所産とみなされているが、このような唯物論もこのわたしから観れば結局のところは、マルクスの〈実践的唯物論〉の立場性とは異なる、レーニン流の「反映論」の一種高級な一変種であるにすぎず、いかにそれが高等落語的に高級であろうとも、基本的に言ってそれがタダモノ論に属することには何の変わりもない。

しかしながら、このような二元論的分裂を架橋できないままに生涯を終わった点では、宇野弘蔵のみならずカール・マルクスもまた実は、基本的には同断であったのであって、かれマルクスは、一方では、商品交換は共同体と共同体との間で発生した、したがって商品交換とは人間の共同体社会にとっては外部的・周縁的なものであって、そのような共同体間関係が当該共同体に内部反射することによって、その共同体内部に商品経済が発生・進展しはじめ、よってもって身分社会（≒階級社会）が形成され、文字文明と国家が世界史的に現出した、と説いたのである。

だが、その他方では、かれマルクスは、同時に、そのような人類史「前史」の共同体社会に対比してみて、共同体間関係としての商品交換からはじまる商品経済の単純商品流通的普及・拡大の発展の極における資本制商品経済社会の生成・発展は、本来の人間社会史にとっては外来的・外部的・経過的なものであり、それは一個の歴史的社会としてのプロレタリア世界革命によって転覆・解体・変革・転形せしめられて、本来の共同体社会の高次再建である〈共産主義《コムニスムス》〉として人類社会史の「本史」の世界史的扉を拓く、とされた。

この場合でも、どちらが非本来的として設定されているのか？　わたしから言わせるならば、K・マルクスもまた、わが宇野弘蔵と同じく、「悩める魂」として二つの魂の持ち主である。

共同体間関係としての商品交換が、当該共同体に内部反射して、商品経済の内部自生的発展と階級国家の発生へといたる、という「反射」史観は、今日の文化人類学・政治人類学の水準からいうならば、その発生史の神話の初源からして、「共同体間関係」と言っても、その共同体と共同体との関係行為は、当然のこととしてお互いに平等・自立した社会と社会との対等な関係ではありえないのであって、商品交換だけに限定してみても、すでに述べたごとく鬼市、闇市、沈黙交易、無言貿易として始まるその交換形態は、そこにおいて両共同体が「鏡像」関係に置かれており、自己と他者の異他交通として言うならば、自己は「人間」、他者は「鬼」「魔物」「悪魔」「あの世の者」「非人間」としてお互いにそれこそ反射・反映された非対称的なイメージ像関係にあるのであって、したがって共同体と共同体の間は、「魔の領域」「絶対無の空隙」「死の場所」であって、それをつなぐことは、「死の跳躍《ソルト・モルターレ》」以外のなにものでもなかったのである。

その決死的跳躍を敢行するためには、共同体の尽きる涯に現われる共同体の成員は、誰もが仮面《マスク》を被って、「闇」の中に立ち現われるのであるが、そのこの世の涯では、あちら側もまたこの世の涯と思ってやってくるのであるから、やはりかれらもまた仮面《マスク》を被って、「闇」の中に立ち現われてくるのである！　さて、そこで何が起きるか？

わたしがかねがね説くように、共同体間関係は共同体間交通《フェアケーレ》として、マルクスや宇野が一面化しているような商品交換関係だけではない。少なくともそれよりも先行して、優越して、戦争・征服・略奪・捕虜化の暴力関係と、女性を貴重財＝稀少財と同じく廻すことによって、婚姻・家族を成立させて共同体間交通を歌垣《かがい》（擢歌）として成立させ、性交・生殖・繁殖・給養・養育・教育にいそしむ共同体の〈生〉の再生産を懸けた、婚姻・家族・親族・宗族関係の形成拡大をもたらすことに深く注目しなければならない。

共同体間関係としては、少なくともこの二つの人類史的形態だけは、これを逸することはできない。もちろん、その他にも、通話、翻訳、物真似《ミミック》を介する文化的関係行為なども重要なものとしてあるが。戦争・征服の暴力的関係は、やはり社会関係であるのだからして、わたしの言う「社会原則」の規準にしたがって、それなりに構造化されているのであって、その征服的関係行為は、一定の生産力が進歩した水準においては、非人間である他共同体の「捕虜」を、腹と脳の足しに食べてしまわないで、「奴隷」として共同体内部に飼って使うことをいつの頃か覚えたのである。おそらくは、「家畜」の飼養が慣習形成的ヒントとなったのであろう。

このようにして、人間はみな、食人類から非食人類へと進化をとげて、採集・狩猟経済から農耕・牧畜経済へと分化していったのであり、その進歩過程で「奴隷」の取扱い法も制度化して「奴隷制社会」という偉大な人類史的発明もおこなわれるにいたったのである。そうなれば、人類文明史は、古代の奴隷制社会時代へと大前進を遂げてゆき、古典古代ギリシア文明が家父長制的奴隷制社会として地中海世界に花開き、依ってもって〈理性《ヌース》優位〉の西洋型社会の源流となって、今日の西洋中心主義的世界編成にまでいたるのである。

　このような人間社会の世界史的進化過程は、部族間の戦争＝暴力過程をもしだいに儀礼化・スポーツ化・娯楽化して、平和的競争関係へと転化・馴化していったのであり、後の或る時期には、合戦といえば、お互いにその部隊の先頭に立った巫女が、自分の前をまくりあげて、相手に見せつけようという見せ物合戦に転化したのである。一種の秘部の睨めっこであるが、この場合にはえりぬきの部落の娘が下の目をもって睨めっこするのである。睨めっこ、睨めっこ、負けるが勝ちよ、アップップ……！

　このような戦争＝暴力関係の平和的・儀礼的馴化過程が進むなかで、その一種としての商品交換関係も、初期の闇市での闇討ち関係から次第に平和的に馴化していって商品交換関係に化けたものと思われる。とうてい、K・マルクスやK・ウノが想定したような、近代商品交換関係のモデルから想起・想定したような、近代主義的な〝牧歌〟的関係などでは元来ありえなかったのである。

　女性を「たらいまわし」する婚姻関係も、闇市とタイアップした歌垣（擢歌）その他の全世界的風習にみられるごときものであって、歌合戦をもって部族と部族、女と男との関係性をとりむすぶ生産物交換、生殖交接の関係性の形成は、文化の発祥であるばかりでなく、商品価格の値踏みにとってもその偉大な創発的事象であったのである。今日でも活潑な集団的商取引は、歌合戦的符牒発声をもって賑々しくとりおこなわれているのである。疑う方は魚河岸に行かれて、その歌合戦的符牒が早朝から飛びかう盛況を実見・実感されよ。

　以上、人類史発展の原動力である共同体間関係について、補足的に再び一言した。どこまでも世界から世界へと自己限定してゆく未来志向のマルクスの人類史の再構想の立場からするならば、その歴史に主体的に臨む実践的基準は、大過去のキリスト教神話に言う「エデンの園」へと遡源して、人類の始祖とされるアダムとイヴの〝原罪〟からの一路転落史として人類史を構想し、それからの救済史をひとえに〈枢軸《アクシス》の時代〉以降の唯一神の啓示に非主体的に委ねてしまうような「本来性の隠語」（アドルノ）で物語られるようなものではありえないことは、明々白々である。人類史上「最後の階級社会」であるこの現在の資本制社会の全体的な、そして全体主義的な在り方を、根底から変革するプロレタリア世界革命の歴史的切断力をもって、人類史の「前史」を終わらせ、よってもって未来の〈共産主義《コムニスムス》〉へと人類史の大道を歩んでゆくことによって、人類史の「本史」の世界史的扉を拓こうと志向しているマルクスの人類史の再構想の基準は、その大未来にこそ置かれているのであって、そのようなヴィジョンから照らし返してみて、過去ならびに大過去の人間社会の歴史をも再総括する自覚的立場に立つのである。本来性はそこにおいては、〈いま・ここ〉の未来志向の価値観の裡にこそ在るのである。

4　利子生み資本と株式会社との論理的関係性——「資本の二重化」「資本の商品化」へ

先に、『資本論』第三部・第五篇の「利子生み資本」範疇についての解釈学を競う研究者たちのほとんどすべてが、そのような「利子生み資本」と「株式会社」との関連についての言及をことごとく回避している難点について、指摘した。

「利子生み資本」は、資本制経済の最高・最新・最尖端の範疇的規定として、先資本主義時代の「商人資本」「高利貸資本」範疇の再想起による現前化までひきおこしつつ、それらの古い資本規定を産業資本の範疇的運動の基礎の上に再定義する高水準の「資本」範疇の創出であったが、「株式会社」範疇もまた、マルクスの言う「資本の理念《イデー》」として、『資本論』体系の終結部《エクソドス》を締めくくる最高・最新の社会的範疇としての資本形態として、アダム・スミス『諸国民の富』以来の運河会社や給水事業において展開されたウクラードとしての「株式会社」活動の想起と同じく、それらの産業資本活動を踏まえての再定義をもよびおこしたこととの比較・対照の不可欠な必要が、そこに抜きさしならず上程されていたにほかならなかったのである。その通過儀礼的転換点を通じて、「株式会社」はウクラード範疇概念から会社＝社会（アソシエーション）範疇概念へと転化・変貌したのである。

この難点を回避してしまうことは、理論においては絶対に許されることではない。

価値法則に順って自主的・自律的運動を経済的土台として展開する、資本の産業循環＝景気変動過程に即して言うならば、そのような景気循環運動の実在的展開が、**全般的・激発的な周期性恐慌の暴力的爆発**を通じて、既存の資本価値の暴力的破壊・整理をおこない、過剰化した「資本（資金）の商品化」の終末《エクソドス》を介して、再び「冒頭商品」の端初《アンファング》に自己還帰を果たす円環化弁証法体系の動態に即して、その「利子生み資本」と「株式会社」の理論的連関は図られうることとなると観てよいが、そのような観点の発見法的核心は、その関連が「信用《クレジット》」の介入によってもたらされるという点にある。

このような資本制商品経済社会の最高次の形態化運動領域の開示・開展は、したがってまた、商業信用‐銀行信用‐資本信用といった信用制度の出動の展開系列との関連、利子生み資本‐信用制度‐株式会社といった展開系列との関連の問題を、解くことにほかならない。独占の社会関係を理論的前提とする「株式会社」範疇の社会的全面化は、資本集中現象と信用制度の介助的出動との関連の経済学的解明をぬきにしては、これを解くことはできない。そして、信用制度から株式会社を導出するためには、諸資本の競争といった個別資本の観点に止まることによってはなしえないのはもちろんのこと、擬制（架空）資本一般の観点に止まることによってもできないことは、自明のことでなければならない。

資本蓄積における資本集中現象という資本の再生産構造の拡大の基底に立脚したうえで、信用制度の普及によるその介助出動が「株式会社」資本形態の体制的一般化にとっての必須の基礎なのであって、常識的表象に訴えて言うならば、株式への出資、つまり株式証券の商品購買的取得が「金融的出資（投資）」化していることが、その「資本の動化」の現実的な発動要因となっているのである。

その限り、資本集中が株式会社生成の基礎過程であると言えるが、とはいえ、資本集中から直ちに無媒介に株式会社の社会的生成を説くことはできないのであって、資本集中は、株式会社出現にとっての前提的基礎であるにすぎないのであって、資本集中によって生まれた特定の種類の大資本（とりわけ、巨大固定資本を必須とする鉄鋼業・重化学工業部門における）が株式会社に形態化するためには、信用制度の媒介が必要不可欠なのである。ここではもはや、「資本一般」の見地や「理想的平均」における資本運動の見地やは何らの役も果たしえないのであって、諸資本の競争が様々な資本の分化による高次化をもたらすのであり、そこにおいて自由競争が独占をもたらし、事態は寡占間競争の次元へと高次化を遂げるのである。

〈宇野理論〉によれば、「資本の再生産過程は、すでに述べてきたように、多かれ少なかれ遊休貨幣資本を常にともなうものである。先ず、第一には、商品資本W′の生産資本W…Pへの転化の過程における一時的存在として、第二には、固定資本の償却資金として、第三には、蓄積資金として、そして最後に、価格の変動等に対する準備金としての貨幣資本として」（宇野弘蔵『経済原論』）株式資本形態は、この世に「資本の理念《イデー》」として最高位の「資本」資格を有って立ち現われてくるのである。これは「立ち現われ一元論」の典型例である。

ここで宇野博士が駆使している「資金」概念とは、倉敷商人の息子としてのかれが創発した新資本概念であって、それはマルクスが一言以て規定することができなかった（かれマルクスは、『資本論』においても、この新資本概念をドイツ語では表現することができないままに、moneyed capitalという最先進イギリス資本主義が創製した英語を以て表現したのである）、遊休状態にある過剰資本、言い換えるならば、資本の価値増殖過程から一時的に引き上げられて「蓄蔵貨幣」に化石化した潜在的可動態にある産業資本の範疇概念化にほかならないが、そのような「株式会社」生成の財貨的基礎となる「資金」とは、具体的には個別企業における減価償却積立金、価格変動準備金、内部利益留保金のごときものであろう。

　諸資本の自由競争の一般的・平均的権利性に適おうが適うまいが、余っている金を遊ばしておくような資本家は、まさにその苛烈な競争条件に強制的に規制されてこの世にはありえないのであって、ここに独占や株式会社も生成へ向けて動態づくのである。このような資本の動態的新展開のなかで、本来、経済学原理論の埒外である「支配・従属」の強制的関係の問題が、ブルジョア経済の実在的運動の中枢に発現してくるのである。「支配・従属」の強制概念が経済界に出動してくるようになれば、歴史的資本主義《ヒストリカル・キャピタリズム》の「歴史的ブロック」として、政治と経済をミックスした帝国主義的世界編成が世界史的に出現してくるのももはや間近いのである。

　この動態的過程は、『資本論』第三部・第五篇が上程した「利子生み資本」活動による「利潤の利子と企業利潤への分割」に由来するものとして、「株式会社制度」の制度的確立を導き出す動因である。この「資本の動化」によって、「資金」と概念化された実在的運動に始点を求めることのできる株式会社は、一定額の出資金に対して配当請求権を記載した株券を手交することによって成立・出現してくるのであるが、その新たな「資本」範疇の出現は、全社会的動向・事態としてこれを言うならば、一九世紀末葉の**長期・慢性化した農業恐慌を渦源**とした「世界大不況」を介して、その世紀末危機のただなかから、金融・独占資本を新たな蓄積様式とする帝国主義的世界編成が、旧来の〈パクス・ブリタニカ〉に具現されていた、産業資本を正統的な蓄積様式とする自由主義的世界編成に取って替わった、新たな歴史的動態に即応した大事件にほかならない。

　その歴史的帰結が、二〇世紀的現代の初頭を劃した第一次世界大戦＝帝国主義世界戦争の暴力的爆発であり、同じくその副産物としてのソヴエト・ロシア革命の暴力革命的爆発であったことは、世人のよく知るところである。これを歴史的旋回軸として、二〇世紀的現代は、全世界的規模における〈戦争と革命の時代〉として時代規定されることとなったのである。この時代は、わたしたちがすでに経験した一九九一年におけるスターリン主義体系としての「一国社会主義」世界体制の土崩瓦解にいたるまで続くこととなった。このスターリン主義体系の寿命は一世紀足らずであったので、今日にいたるもはたして「一国社会主義」世界体制が歴史的実在社会としての社会的資格を具備していたかどうか、の判定＝審判も微妙なところがあるのである。何にせよ、スターリン主義体系＝体制が「歴史のエピソード」にすぎなかったことは、もはや何人にとっても疑いを容れない。

したがって、もともと、利子生み資本‐信用制度‐株式会社の関連の問題は、物騒きわまる、手を触れれば火を発するたぐいの白熱的問題であることが、忘却されてはならない。そうした白熱的問題の端的な一つとして言うならば、一九世紀から二〇世紀への資本主義の世界史的転態・移行の基軸概念となった〈金融・独占資本〉という一概念のごときも、すでにして、レーニンの『帝国主義論』やヒルファーディングの『金融資本論』がそのように概念化したように、とりわけ、ドイツにおける鉄鋼業の発達が鉄道建設の世界的普及を介して株式会社形態によって「独占」化したことをモデルとして理論構成された、その産業的発達において特定の大企業に発生した固定資本の巨大化を処理するための資本集中（独占資本化）が、銀行資本の発券独占業務に媒介されて（金融資本化）「株式会社」として資本形成されたという、〈金融・独占資本〉的特徴の歴史的・論理的生成過程のすべてを包含して定義化されてくるのである。

右のような、大資本による中小資本の整理・淘汰・駆逐による資本集中の手段としての「株式会社」の自由競争的規定に基づくならば、「一般論としては、株式会社制度が導入されるのは、資本主義発展の結果、投下資本量が増大し、ことに重工業において巨額の固定投資が必要になり、この資本を個々の企業の蓄積の範囲内でまかなうことがしだいに困難となるという事情のもとで、必要な資金を調達するためであるといえよう」（武田隆夫『帝国主義論』上・岩波書店刊）。

資金調達と支配・従属という二機能が併記されているこの命題の「導入」は、外からの不純資金の導入という株式会社発生譚の「外生説」が含意されることとなり、「導出」といえば、諸資本の自由競争が独占を不可避的に導き出す、という「内生（自生）説」を含意することになる。いずれにせよ、**恐慌**を資本運動動態の最終規定とする機能資本と所有資本、架空（擬制）資本と現実資本への「資本の二重化」「資本の商品化」によってもたらされた、新たな二〇世紀的事態の概念的反映＝表現である。

資本を流動化する社会関係が機構的にも成立・型制化され、そのための社会機構が確立していてはじめて資本の動員という機能による株式会社は、全社会的に全面開花するのであり、「資本の動化論なき動員論」は、具体的な社会機構の問題としては、「流通市場ぬきの発行市場論」という架空の神話次元にとどまらざるをえない。株式擬制資本の流通市場が確立されてはじめて、証券の転売・売買可能性があることによって、擬制的な回収が可能となって「資本の動化」をもたらすのである。

その意味においては、株式擬制資本（それは単なる擬制資本一般ではなく、株式会社として特出された擬制資本である）は、流通において生まれ、証券取引業者は証券流通のみを資本的前提とするのであるから、ここにおいてすでに範疇成立がなされるのであるが、単数代表としての個別資本に即したこの前提が、株式擬制資本の流通として社会体制的に普及し汎通的に成立してくるためには、全社会的に資本間収奪によって実在的社会関係が変化し、その内部効果として個別企業にも支配・従属株主の構造が生じてくることが、必須の前提となるのである。

このようにして、資本による資本の収奪によって「独占」を生み出す資本集中現象を社会関係的基礎過程として、個別株式会社企業における株主の二層分化と株主一般の形式的平等性との併存が構造化されるのは、こうした株式会社制度が全体制的に定着した特定の歴史段階（それも近代資本主義の発展における特定の歴史段階）に特有な社会関係の凝縮的表現にほかならない。そのような最新の資本主義発展の理論的定在であるものとして付言しておくならば、先資本主義《プレ》ないしは早期資本主義《アーリィ》時代におけるウクラードとしての「株式会社」範疇（アダム・スミス『諸国民の富』における運河会社や給水事業会社、カール・マルクス『資本論』における鉄道会社や株式銀行のごとき）古い範例をも想起的によびおこしながら、それらを再定義する凝縮的表現なのである。

5　規則的収入を一般利子率で割る資本還元―擬制（架空）資本の成立

宇野学派においてもいわゆる「世界資本主義」派（鈴木鴻一郎・岩田弘）は、宇野弘蔵博士による株式会社が他人資本（貸付資本）の集合体であって、その鉄鋼業・重工業における固定資本の巨大化を賄なう資金調達をおこなう「株式会社」という規定を、「純粋資本主義」論的な一面的規定にすぎないとして、「株式会社制度が貨幣を社会的に寄せ集めさせて資本化する資本家社会的な機構である」とする宇野博士の所論を「通俗的な観念」であると批判して、それに対して、「産業資本の社会的貨幣資本への擬制を形態的な基礎としておこなわれる」ところの株式会社とは、「社会的貨幣資本の形態をもってする、すでに生産過程に投下されている産業会社の現実資本の集中・合併」の機構である、という自論を対置している。その具体的内容は、したがって、株式交換やその相互保有や証券転売を通じての「企業合併」である。「資本集中」の動因にそれこそ理論的注意を集中させた、すぐれた現実的運動の動的な「資本」範疇化である、と言える。

「利子生み資本」という擬制（架空）資本範疇が確立した社会は、由来・由緒を問わず一般的にあらゆる規則的収入はみななんらかの利子生み資本の果実すなわち「利子」であるとみなして、それを商品価格的に実証する「量」的根拠を、その規則的収入を一般利子率で割る計算過程によって「資本還元」したものを「擬制（架空）資本」と呼称するのである。このような量的な計算過程が成立することによって、株式擬制資本市場における擬制（架空）資本的利回りも、これを貨幣市場における利子率とをたえず比較・計測・考察しながら、株式擬制資本市場すなわち証券市場と貨幣市場との両市場の間をたえず流出入する貨幣市場の存在によって、その実在運動的基礎を与えられるのである。

いずれにしても、このような擬制（架空）資本運動は、先にも述べた『資本論』第三部・第五篇が上程した「利子生み資本」の利子生み運動の「架空」性・「幻想」性・「投機」性の次元・範囲にあることは、疑いを容れないところである。このような「擬制（架空）資本」の価値増殖運動が、「現実資本」の価値増殖運動と併存・競合する結果、両資本の運動の乖離とその極大化への傾向性が発生し、その両資本の乖離の処理が、「信用制度」の出動の起因となり、結局のところ、利潤率の傾向的低下と利子率の高騰との衝突をもたらし、それが**恐慌勃発の直接的契機**となるのである。

鈴木芳徳教授の好著『信用制度と株式会社』（新評論刊、一九七四年）は、「次の二点にとくに注目しておきたい」として論述している――「第一に、両形態（いいだ注――「資本市場を介して貨幣市場の社会的資金から供給される投資資金」獲得の形態と、「共同出資的な払込み」による投資資金獲得の形態）を貫いて資本集中が進行することが、根本的に重要である。それが、資本間収奪を内容とするものであるから、社会関係を変容させ、ここに株式会社制度が問題となる。その意味では、株式会社論の基礎は、「資金調達」や「企業の集中合併・整理統合」のごときにではなく、資本集中に求められなければならない。証券市場における売買可能性も、こうした収奪過程を軸として生じてくる。第二に、「企業の集中合併・整理統合」は、資本集中がおしすすめられてゆく際の、ひとつの形態にすぎない。資本集中はこれとは別に、爆破された弱小企業資本が貨幣資本形態に一度復帰し、再び株式に投資されてゆくことによっても、おしすすめられる。こうした二形態は、相互前提的に相促して進行する」。けだし卓見である。

株式会社の由来を国際史的・世界史的に遡るならば、イギリス資本主義においても、東インド会社の設立・発足は、すでに一七世紀にこれを遡ることができる。一九世紀の産業資本主義段階においても、株式会社がすでに活躍していたことは、「南海泡沫会社」の椿事においても、これを検証しうるがごとくである。しかしながら、株式会社制度が社会的に体制化し一般化したのは、信用=銀行制度の成立よりもかなり遅れて、本格的には二〇世紀に入ってからのことであり、それが金融・独占資本主義段階の到来と相表裏してのことである。株式会社なるものは、諸資本の自由競争が生み出した独占として、自分自身への対立物であり、いわば「鬼っ子」にほかならない。

岩田弘教授の所説によれば、「産業資本の株式資本化の意義は、貨幣資本を社会的に寄せ集めてそれを貨幣資本形態を保持したまま産業資本に転化するという点にあるというよりも、むしろ、生産過程にすでに固定されている現実の産業資本を、株式証券の擬制資本化を通じて、社会的貨幣資本の形態に擬制し、さらに、そうした擬制的貨幣資本としての株式証券の相互保有を通じて、産業資本を金融的に統合するという点にある、とされねばならぬだろう」（岩田弘『マルクス経済学』下・盛田書店刊）。先にも述べたように、株式会社活動の動態に即した卓見である。

このような規定は、従来の「資金調達機構」としてだけ理解する風潮のあった「株式会社論」の通説を、より根底的に、「資本集中」の観点からとらえなおしたという点で、したがってまた、これまでともすれば個別資本的経営学的視角からする企業形態論の一環として理解されてきた「株式会社」の問題を、社会経済体制的・歴史段階的な問題次元に高次化させ、後期資本主義の一つの構造問題として俎上に載せたという点で、大きな理論的功績をもっていたと言わなければなるまい。

マルクスが「信用制度は、資本制的個人企業の資本制的株式会社への漸次的転化のための主要な基礎をなす」（『資本論』第三部）とした卓れた命題に立脚しながら、その転化が、銀行資本の介入、銀行の交互計算業務や株式発起業務やに具体化される介入の意義を強調したルドルフ・ヒルファーディングの『金融資本論』は、右のような社会経済体制の歴史段階的な「株式会社」の把握を基本的に完成させたと言ってよい。ヒルファーディング理論の有つさまざまな欠陥・不備にもかかわらず、マルクス『資本論』体系に立脚しながら、二〇世紀の「金融資本」についての「株式会社」を形態的軸心とする包括的定義を与えたヒルファーディングの理論的功績は、永世不朽である。

このような資本の独占化過程を通じて進行する資本集中とは、資本蓄積の高次な一様式であり、資本規模を増大させて大規模資本を成立せしめ、かつ資本の有機的構成を高めて、生産力の増進に与するものにほかならなかった。すなわち、一般的にとらえられた、ないしは本来の資本集中運動がその歴史的帰結してもたらすものは、大規模資本＝巨大資本であり、より高い有機的構成をもつ資本である。事実、特別剰余価値の創出と獲得をめざしての諸資本の競争が、とりわけて恐慌期に亢進して、特定重工業産業部門の固定資本の巨大化と資本の集中を生み、「株式会社」という新しい独占的企業形態を成立せしめるというのが、一九世紀後半から二〇世紀にかけての株式資本形態普及の一般的経過の特性であった。

そこでの競争は、「弱者が滅ぼされて、その部面における資本の過剰が取り除かれるというような、強者と弱者との闘争ではなく、容易に決着のつきかねない、全士に対して一様な犠牲を負わせる、同等者同士の闘争である。これらの諸企業は、すべてそうした戦闘に耐えぬくべく努めなければならない。そうしなければ、各個の企業に含まれている巨大資本がことごとく減価させられてしまうであろうから。こうして、資本破壊によるこの部面の負荷軽減は、きわめて困難にされているのである」（ルドルフ・ヒルファーディング『金融資本論』岩波文庫刊）。

この強者・弱者の自然淘汰という諸資本の新たな自由競争の出現自体が、一九世紀中葉のイギリス産業資本主義基軸の自由競争主義的世界編成の形式的平等性がすでに高次に揚棄された、新たな自由競争、すなわち寡占間競争の次元の出来《しゅったい》である。

6　信用制度と株式会社、株式擬制資本

資本集中において現われる「資本」が、機能と所有の二契機の統一としての資本であり、いわゆる「自己資本」であることはいうまでもないところだが、資本集中とは同時にまた、「他人資本」の収奪を意味する「支配と結合」の内在的法則である。

資本制生産の純化みずからが、不純化の条件をつくりだし、みずからの変容をもたらすのであって、自己資本が他人資本を収奪しながら株式会社形態での「独占」資本への自己変容をもたらすのである。独占の発生において基軸となる資本の集中とは、「資本主義に一般に見られるべき資本集中において考えられるような、強い資本による弱小資本の完全な吸収とはちがって、あくまでも、集中される諸資本がそれぞれ或る程度の自立性を残して、統合し合併することでなければならない」(富森虔児「帝国主義研究における若干の問題点」『経済学研究』二〇巻三号、一九七〇年一一月)。

利子生み資本が、株式会社制度にとっての前提として位置づけられることとなるが、それは、機能論的レヴェルにおいては、具体的に、利子率が資本還元のさいの換算基準を成すという点に現われる。すなわち、先にも述べたごとく、株式会社は、利子生み資本の論理を内面に取りこむことで資本を二重化し、株式擬制資本の独自の運動を可能ならしめているのであるが、そのことは、資本還元の計算過程で株価算定のための商品価格の尺度基準が一般利子率として客観的に与えられることにおいて、機能的に示されているのである。

利子生み資本の諸関係が成立している資本制社会の段階・局面においては、何らか得られる一定の規則的収入は、そのことごとくが「資本の利子」と擬制されて、その利子を果実として生む源泉＝元本としての資本が、「擬制資本＝架空資本」として逆算によって得られるのであって、その計算過程を「資本還元(資本化)」と呼ぶのである。

現代認識論として言うならば、このマルクス的思考過程は、くりかえしての計測操作による対象的実在のチューリング・マシーン的定義の方法である。

企業合併による巨大会社成立にさいして、企業へゲモニーの争奪戦に敗退した群小株主は、従属株主としてかれらの保有する株式は単なる利潤分配請求権としての意義しか有たないものとなり、企業の経営・運営からかれらは排除されてしまうのである。こうして、群小従属株主は、第一次利潤分配には参加できず、単なる配当取得者に転ぜざるをえない。かれらにあっては、本来ならば出資証券・持分証券であった筈の株式が、利潤証券としての取引の対象となり、かれらみずからが単なる配当取得者としての資格において、株式証券市場に立ち現われて、自らの保有する株式証券を転々売買するようになるのである。

信用制度が発達した資本制経済の局面においては、貨幣資本は、その直接の所有者からではなく、信用制度のもとにいったん集中されてから、社会の需要者に配分・提供されるようになる。むろん、排出された「退役」資本は、あくまで「リスク・キャピタル」の性格を保持するものではあるが、直接に独立の資本として積極的に機能することのできない地位にあるから、信用制度の坩堝《るつぼ》のなかに投入され、それらのことによって信用制度もまた新たな発展・拡大をとげることになるのである。利子生み資本の運動の場を掌握するものとしての信用＝銀行制度の有つ経済的意義は、きわめて重大なものがある、と言わなければならない。

鈴木芳徳『信用制度と株式会社』は、次の二点に注意を促している——

「第一に、信用制度を介しての貨幣資本の流入を欠いては、現実機能資本と区別されたものとしての株式擬制資本は生じえない。この擬制化の過程は、一方では、資本が利つき貸付資本の論理を内面にとりこむ過程であると同時に、他面では、資本に固有の「資本‐利子」なる規定性の現実化・普遍化の過程でもある。そしてこの擬制化が生ずるためには、利つき貸付資本なり利子率なりが、たんなる観念として前提されるだけでは不十分なのであって、株式証券を相手に引渡し、代りに自らは現身の貨幣に転形するという現実の取引行為が必要とされる。つまり、求められるのは、貨幣が現実に株式証券に買い向かうことであって、そのことによって株価は額面と異なる金額にまでずらされ、証券に商品性が与えられるのである。この擬制化の過程において、一般市場利子率と株式擬制資本利回りとの比較考量が試みられ、観念のうえでの資本還元に現実性が与えられる。すなわち、具体的な貨幣流入を前提としてのみ利子率は換算基準としての意味をもちうる。ここに株式擬制資本市場が貨幣市場の一分化市場として成立する。そして、株式擬制資本市場における株式利回りと貨幣市場における利子率とをたえず比較考量しつつ、両市場の間を貨幣資本家が流入出する交流機構が成立する。貨幣資本がその運用市場としていずれかの市場を選択するメカニズムが成立して、はじめて資本還元は体制的に機構化される。

第二に、株式の側から見ると、株式証券の市場開拓としての意味をもつ。株式という特殊な「商品」は、発行市場において「生産・販売」され、流通市場において「流通・転売」されるのであり、「商品」として実現されることによってその「商品生産」の私的性格が社会的なものに転化される。しかし、株式市場は、既成の秩序としては、すなわち既存の流通機構としては存在しない。したがって、株式証券の運動が自主的に証券市場を形成するのではない。ここでは、信用制度は、株式という特殊な「商品」の市場条件を熟知掌握するものとして登場し、証券のための市場を切り開き、証券に商品性を賦与する。証券市場なる特有の市場への道が切り開かれることで、はじめて株式証券は商品性をえ、現実機能資本とは区別された株式擬制資本独自の運動が可能となり、資本の二重化が生ずる」。

右の解説は、株式会社とその発券する株式証券の売買取引の場＝機構としての株式擬制資本市場をみごとに解説して余すところがない。

資本集中の経済過程において、再生産の軌道の外へと爆破・排出された資本片が、信用＝銀行制度のもとへと再集結してくる径路において、「諸資本の集中のための巨大な社会的機構」として「集中の槓杆」として働く信用制度の意義は、絶大に大きい。

こうして、資本信用の出現を前提として、資本集中という現象もまた高次に展開するようになる。元来、資本集中とは、所有と機能の統一としての資本＝「自己資本」を念頭においての「資本」概念なのであるが、この高次化の段階では、貸付資本＝借受資本の導入もまた、現実的な資本集中を意味するものとなる。「合本（株式発行）も信用（借入れ）もともに広義の集中の途である」（川合一郎「信用制度と株式会社」『経営研究』一〇九号、一九七〇年九月）、「資本の集中という既存資本の結合は、機能資本家の結合というかたちでも、また機能資本家と無機能資本家とが出資あるいは信用契約によって結ばれるという条件でも、達成されることができる。資本の集中の半分は会社形態ででも、また信用関係によってでも達成されうる」（川合一郎「信用制度と株式会社」『国民経済雑誌』一一八巻五号、一九六八年一一月）。

鈴木芳徳『信用制度と株式会社』の手際のよい整理によるならば——

「第一に、株式会社が個別分散的に存在する状況の説明のためならばともかく、社会的規模で体制を支配するにいたっている株式会社制度を説明するためには、社会総体的見地から株式会社制度の生成が解明されねばならない。その場合、基本的な分析視角としては、資本制生産そのものがその社会関係を変化させてゆき、自らが自らの胎内に株式会社化の要件を作り出してゆくことが注目されねばならない。第二に、やや具体的に見ると、直接的な企業資本の合併と信用制度との資金交流という二面のうちいずれを欠いても株式会社制度の体制的一般化は生じようがない。直接的な企業資本の合併は、それまでの歴史において展開されてきた合本形式としての株式会社の諸特質をふまえて、これを全社会的規模に展開する方向を有し、信用制度との資金交流がその社会的規模での定着を決定的なものにする。第三に、信用制度の役割については次のように要約できよう。株式会社制度の成立は、体制的に社会的な規模のものとして観察する限り、それは資本制生産の変容過程そのものの中から説かるべきであり、そのためには資本集中という概念が基底に据えられるべきであるが、同時に、信用制度が不可欠の環をなすものであることが忘れられてはならない。とはいえ、信用制度それ自体としては、株式会社制度の成立を説きうる十分条件であるわけではなく、信用制度それ自身のうちには、株式会社制度を体制的に一般化する自律性や必然性はない」。

「以上の整理から、銀行制度と株式会社制度の機能上の特質を次のように対比することが許されよう。株式会社制度は、それがいかに発達したところで銀行制度にとって代わることはできない。株式会社制度が、銀行制度のもつ諸機能を吸収しつくせるものではない。銀行制度の一面が貨幣取引に由来し、いまや貨幣取引が貸付取引というかたちで営まれているのに対し、株式会社制度は、金融化された出資、つまり出資的金融取引に由来する。両者が相互に重複する機能部分があるとはいえ、その出自の根源までさかのぼるならば区別は明瞭である。株式会社制度は、いかに発達しても貨幣供給機構たりうるものではない。また、資本形成機構として両者に共通する性格があるとはいえ、銀行制度の場合には、既存貨幣の管理から遊離貨幣を生ぜしめる働きをもつのに対し、株式会社制度の場合には既存貨幣の効率的利用というにとどまり、遊離貨幣を形成する機能は有しない。このような銀行制度と株式会社制度の機能上の弁別をふまえて、両者の機能上の結合が問題になる」。

「利子生み資本 Zinstragendes Kapital」は、くりかえし強調するように、「株式会社制度」にとって初発的で自生的な前提である。擬制資本一般について一般的に言うかぎりでは、その教科書的定式にいう「規制的に反復して生み出される定期的な所得」というその所得の母体・出所は、何であろうとかまいはしない。それこそ広く解釈すれば、アダム・ミュラーが言うごとく「労働」や、はたまたケアリの言うごとき「土地」のようなものまでが、この範疇概念に含みえられるであろう。そこまで広く解するならば、「擬制資本＝架空資本」とは、まさにその名のごとく、本来は資本ではないものの資本化、「非資本」の資本化を意味することになる。したがって、それはまた、中枢《センター》の先進ヨーロッパ資本主義諸国が、周辺《ペリフェリー》の非資本主義的領域へ侵入・蚕食・併合してゆく歴史的動態を解読しうる鍵《キイ》ともなるのである。

今日のグローバル資本主義の実状を注意深く観察するならば、鈴木芳徳『信用制度と株式会社』が概念区分している、銀行を当事者主体とする金融市場と、証券会社を当事者主体とする証券市場との相互乗り入れ、癒着・逼合が進捗している金融自由化があり、それとともにまた、トヨタのごとき巨大株式会社＝大企業に見られるように、自社自体で銀行的自己金融業務を拡大している事例が、顕著な現代資本主義的特徴であることを、注視しなければならないことも言うまでもないところである。

通常、わたしたちの念頭にある証券形態をとっている擬制資本、すなわち株式擬制資本だけに限ってみてさえ、国債・社債・株式のごときものが存在している。これら擬制（架空）資本一般のなかで、株式擬制資本とはいかなる特質を有する擬制資本であるかについて、先ずは成立したものの外見上の特質をして追求してみよう。それは、公社債のごとき確定利つき債券との比較考量によって、最も明らかになる。なぜなら、こうした確定利つき債券こそが、川合一郎教授が言うごとく「擬制資本の最も単純かつ明白な」（『株式価格形成の理論』）、したがって最も一般的な場合の事例だからである。

（1）公社債の場合には、はじめから契約条項によって当該企業の「経営権」の問題は、予め排除されてしまっている。社債についていえば、社債権およびその権益を保護すべき受託会社は、特殊な事情――たとえば、元利の支払が停滞したり、担保物件に仮疵が生じるなど――が発生しない限り、企業の経営に干渉することはできない。その意味で、公社債は貸借取引に基づいて発行される限定された証券であり、貸借取引としての信用を一体化した証券である。したがって当然、その返済が絶対に必要とされる。それの最終的担保者であり、最終的執行者である国家もまたここでは定義上存在して出現している。それは、原則的に確定利子であって、当該企業にとってみれば、それが固定費として組み込まれる。このようにして、公社債に関して成立する擬制資本価格＝公社債価格なるものは、あくまでも確定利子請求権の価格なのである。

（2）これに対比してみて、株式は、出資取引に由来する。法律的に厳密にいえば、株式会社に対する株主の地位を示すのが株式（share, stock, Aktie, action）であり、株式を表章する有価証券が株券（share-certificate, stock-certificate, Aktenbief, titre d'action）である。株券は、会社に対する株主の出資高を証明する出資証券であり、したがって原則として返済（償還）ということがなく、その代わりに、利益配当請求権、残余財産分配請求権、議決権、新株引受権などが、法律的に保証されているのである。

出資取引に、由来する以上、株主に配当されるのはあくまでも利潤の分割部分であり、原則として企業の挙げた利益に応じて配当がなされるので、利益が少ないときあるいは年間利益の欠損が生じたとき、配当を行わなくても（無配当）何ら法律上の債務不履行とはならない。株主総会において利益配分が「無配当」である旨が正規に決議されれば、それで足りるのである。したがって、株式について成立する株式擬制資本価格＝株式価格なるものは、その実体内容として株主の配当請求権の価格なのであって、そのゆえに「危険割増」のごときが問題にもなるのである。あくまでも、利潤分割配請求権の利子生み資本への仮構である。だから、株式擬制資本は擬制資本＝架空資本なのである。「空《から》資本」であるのだ。

公社債、株主のどちらも、資本の証券化（securitization of capital, Effektifizierung des Kapitals）という独特の過程を含んでおり、これは、『近代資本主義』（一九〇二年）・『高度資本主義』（一九二八年）を著わしたヴェルナー・ゾンバルトのいわゆる「証券原理 Effektenprinzip」の応用にほかならないが、右の外見上の対比だけからも、証券市場において扱われる株式擬制資本なるものが、擬制資本一般についての一般的規定をもっては律しえない、尽くしえない、より深い信用・金融問題を包蔵・内蔵する存在であることは、容易に推測できよう。

擬制資本そのものは、けっして株式に限られるわけでないことは、言うまでもないところであるが、しかしその擬制資本化によって現代資本主義に向けての資本主義の歴史的発展を担い、これに根拠を与えたのは、この独特な擬制資本たる株式擬制資本を措いては他にはない。この「株式擬制資本」の特質を一言にしていうならば、教科書的定式にもいうところの「規制的に反覆して生み出される定期的な所得」なるものを生み出す母体が資本そのものであるというに尽きる。すなわち、株式擬制資本は、擬制資本一般の定式化の枠内にあるものであり、そのようなものとして利子生み資本の一形態であり、したがってまた信用形態の一種であるのである。

総じて、今日の現代資本主義的な資本蓄積様式を観察・分析するに当って、株式商品の買い付け操作による会社の合併・吸収であるいわゆるM&Aや、国債の発行、とりわけ赤字国債の増発と擬制資本＝株式資本の運動との関係は、第一義的な分析課題となっている、と言ってよい。

株式擬制資本論の出発点に据えられる資本は、（1）所有と機能との二契機としての資本＝「自己資本」であり、利潤を汲み出しつつこれを収取する資本である。これに対して、（2）利子生み資本という概念で普通に語られていることの内容は、これを要するに、利子つき貸付資本、簡単に言って貸付資本（Leihkatital）のことである。利子を生むという果実の特質に着目して「利子生み資本」と呼ぶまでのことであって、それがもっている「貸付」という貨幣譲渡上の特殊な株式に着目するならば、それは「貸付資本」と呼んで一向にさしつかえない。歴史的・社会的背景から一般的にいえば、近代的信用＝銀行制度の展開を観念しての概念用語として「利子生み資本」と呼称しているのである。

ここでは、貨幣の利潤を生みうるという可能的・潜在的・伏能的属性は、貨幣の追加的使用価値とみなされ、この特異ないわば仮想・架空・虚構の使用価値を前提として「利子《レント》」という一種独特の商品価値が現われて、そこでは、利潤を生みうるという可能的属性は、利子を生むという規定性の担い手としての地位にとどまるのである。これが

『資本論』第三部・第五篇における「利子生み資本――利潤と利子との分裂」の具体的内容なのである。資本の産業循環=景気変動過程における**周期的恐慌の全般的・激発的・暴力的爆発**が、ここに分裂した利潤率の低下と利子率の高騰との激突によってひきおこされる決定的事態については、本書でこれまでくりかえししばしば強調したごとくである。

右の展開から知りうるように、株式会社制度ないしは株式擬制資本を論ずるに当って、その出発点に据えられるべき資本は、その単純な形態からすれば、(1)利潤を汲み出しつつもこれを収取する「自己資本」にほかならないが、しかしそれは同時に、より展開されたより複雑な高次の形態規定性のもとにある、(2)「資本―利子」なる果実規定を受けたものとしての「利子生み資本」でもあるということになる。しかしながら、この「資本―利子」なる資本物神の最高の形式は、その客観的根拠の実在にもかかわらず、そのものとしては現実化されえない、また社会的に普遍化されえない「呪物崇拝《フェティシズム》」観念であるにすぎない。

『資本論』の終結規定である〈三位一体範式〉において、「土地―地代、労働―賃労働」とともにトリアーデを成しつつその一体範式化を領導する〈資本―利子〉範疇がこれである。その現実化と普遍化は、擬制化を介してのみおこなわれうるのであり、高木幸二郎『**恐慌論体系序説**』が説くごとく、「株式資本が三位一体の形式における〈資本―利子〉がもつ物神化の最も普遍的近代的展開である」のである。「資本所有と資本機能を制度的に分離する株式会社制度こそ、こうした(「資本―利子」という)倒錯的形態に現実的基礎を与えるものとなる」(竹村脩一「利子つき資本と信用制度」――傍点いいだ)というようなアプローチの視角も、その深層的考察点にかかわるのである。

「呪物崇拝」的観念である「資本―利子」が、普遍的・汎通的な現実の存在となるための基礎過程で「資本の擬制」はあるのである。一般的市場利子率で除する資本還元の計算過程においてこそ、(3)貸付資本としての利子生み資本が一定の役割を演ずるのであるが、その資本還元による擬制化を実現することではじめて、(4)資本に固有の

「資本─利子」なる最高・最終の「資本」規定性は、外的に自立して定式化・普遍化されて、物象化社会の「三位一体範式」のヘゲモニー範疇となるのである。いわゆる「資本の物化 Versachlichung」の転倒的完成である。

元来、資本制社会においては、人間が発展させる生産力が、商品形態・貨幣形態・資本形態として疎外され、社会的に「物」に固有の力と化するとともに、「非人格化 impersonification, Entpersönlichung」された人間＝労働者は、それらの物の人格化としてのみ現われることになるのであるが、この株式擬制資本という形態での資本の「物化」「対象化」「客観化」「商品化」は、その極限的発展の態容と見ることができる。そこでの人格化はつまるところ、「株主」ということになる。

「資本─利子」という果実観念においては、自らを増殖する価値、あるいはより多くの貨幣を生む貨幣という「資本の本性」が、観念的倒錯の世界においてではなく、なんらの潤色もなく剝き出しに「自然」（果実）として表現され、資本とは自己自身によって自己を増殖する自動機構であるという表象が、G→G′の資本運動の形で確立されるだけでなく、現実に普遍化されることになるのである。

そこでは、G→G′のそれ自身に利子を生むものとしての資本変態運動が、資本運動の「一般的定式」と化するのである。資本家は、本来、物化した資本の人格化としてのみ資本家なのであるが、そのことが、この最高次に展開された次元では、物化された資本を表章する株式証券を介して示されてくるのである。

鈴木芳徳労作の第三章「利子つき資本と株式会社」の「むすび」によれば──「株式擬制資本なるものの成立を、利子つき資本とのかかわりについて見るかぎり、その過程は、①「資本─利子」なる物神性的観念の現実的普遍的展開であるとともに、②資本還元による擬制化であるということ、この二面の位置関係が整序されないかぎり、株式擬制資本についての十全な理解はおぼつかないであろうということである。／株式擬制資本が利子つき資本の一形態であり、株券が利子つき資本の投下対象であり、したがって株券は利子つき証券の一つであり、ここにおいて信用形態の一発展が認められ、つまりは擬制資本の一種が生じているにちがいはない。しかし、そうした一般的規定は、上記の②の視角、すなわち資本還元による擬制化という視角を不当に重視し、擬制資本についての一般的規定の枠に株式擬制資本なるものを無理におしこめようとする傾きをもつ。株式擬制資本が、そうした、擬制資本についての一般的規定をもってしてはおしはかることのできぬ問題を内包するものであることはすでに明らかである。①の視点が示すように、資本そのものが、そのより展開された次元においては「資本-利子」としての規定を受けるものであり、この素地がなければ、資本還元なり擬制なりは生じようがなく、株式擬制資本なるものが資本そのものの一発展態容を示すものであることが看過されてはならぬと思うのである。少なくとも、貸付資本との関連での資本還元というだけの、株式擬制資本についての理解のみでは、株式擬制資本についての、したがってまた株式会社制度についての包括的理解は不可能というに近いであろう」(『信用制度と株式会社』新評論刊、一九七四年)。

R・ヒルファーディングの『金融資本論』が創発した「創業利得 Gründungagewinn」=「創業者利得 Gründergewinn」(ヒルファーディングは、場合によっては「発行利得 Enisseonsgewinn」とも呼んでいる)は、あきらかに株式会社制度の随伴物であり、株式擬制資本との密接な関連において定義される特別利得概念である。創業利得は第一に、個人企業のもとでは生ずることがなく、株式会社制度のもとでのみ生じうる。第二に、社債に関しては生ずることがなく、株式についてのみ生ずる。言い換えれば、創業利得とは「独占」の初発概念であり、その「独占」が株式擬制資本形態をもった時はじめて現われる信用経済概念である。

株式擬制資本は、(1)所有と機能の両機能が一体した資本の二重化によって生じた資本形態であり、資本に由来するいわば「影」であるが、(2)他方ではそれは、貸付資本という光の照射によって生じた「影」であるからして、貸付資本をも生成の基礎としている。したがって、外側から貸付資本の論理を外部注入することによって株式擬制資本が生じる、という一部マルクス主義経済学者たちの通俗的解釈は、右の資本二重化の光と影を全面化して把ええない一面的見解であるにすぎないものである。

株式擬制資本にそれが開化顕現してゆく素地が、はじめから、その所有と機能の資本の両機能が一体化している資本そのもののなかに潜在し伏能していることが、同時に指摘されなければならないのである。言い換えれば、資本そのもの＝自己資本が、それ自身として、利子を生むものとして規定されることが必要である。この「資本―利子」という規定を外在化させ、独自化させてゆく過程の動因が、「諸資本間競争」にほかならない。株式擬制資本は、信用制度の介助を俟ってはじめて生じるものであるが、信用制度が他と切り離されたかたちで、全く独力で株式擬制資本を作り出すものではないことも、同時に確認されなければならない。それはつねに、資本の再生産構造というヘソの緒をもっているのであって、それはちょうど**信用恐慌・貨幣恐慌・商業恐慌として表層的に現われる恐慌現象がその基礎に過剰生産恐慌**という再生産構造的基盤を有って発生してくるのと同じことである。

（二）株式擬制資本が生じる場合に、その出発点に据えられるべき資本は、（1）利潤を汲み出してこれを自己自身に収取する、所有と機能の二契機の一体化した資本にほかならないが、それは同時に、（2）「資本―利子」なる規定性のもとにある利子生み資本である。こうした二重の規定を受けた資本が、株式擬制資本を生じさせる出発点に据えられなければならない。

先にも述べたごとく、この「資本―利子」という規定性の形式は、そのものとしては現実化されえない、または普遍化されえない「呪物崇拝」的観念であって、その現実化・普遍化は、擬制化（空《から》資本化）を介してのみおこなわれうる。果実観念的なものとしての「資本―利子」が、普遍的・汎通的な現実の存在となるためには、擬制が不可欠である。したがって、株式擬制資本の成立過程は、一方では、利潤を生みつつある資本の、資本還元による擬制化過程、つまりは利子つき貸付資本になぞらえる過程であるとともに、他方では、「資本―利子」なる規定性の外的な自立化・現実化・普遍化としての意味をもつ。株式擬制資本の成立は、こうした二重の過程によって媒介されるのである。

本書は次章=第一七章において、『資本論』体系の終結部《エクソドス》である第三部の最後において、「地代」——それは「規則的定期収入」を果実として生み出すものを一般的市場利子率によって割る「資本還元」に基づいて、土地の商品価格を割り出し、「土地」を擬制資本の最初の典型として割り出し、その「例解」的挿入をもって、『資本論』の体系的完成の最終範疇である〈三位一体範式〉を導出する直接の準備として位置づけた体系的意義を明確にしたが、ここでそれとの類似《アナロジー》において言えば、「株式」とは擬制資本のさらなる発展態容として、さらに直接に「資本—利子」の物神性をもって〈三位一体範式〉を「例解」すべく挿入されたものとして、その位置価を解することができるであろう。株券がもたらす「創業利得」とは、土地がもたらす「地代」のごときものであり、『資本論』体系的見地からすれば、それはいずれも、価値論的には「特別剰余価値」、価格論的には「超過利潤」に、その源泉を有つのである。

このようにして「創業利得 Gründungsgewissen」とは、第一に、企業者利得に由来し、しかも企業者利得そのものではない、という特異な性格をもっている。それは、株式会社制度のもとにおける企業者利得の一つの発現形態であるにすぎない。株式会社企業が年々資本の生産過程から汲み出す企業者利得と、分配局面におけるその表現としての創業者利得とは、概念として厳密に区別されなければならない。第二に、創業利得は、実際には「継承」取得から「原始」取得者に貨幣が授与（献呈）されることによってはじめて「発行利得」として生じる。

この過程を全社会的に見るならば、信用制度との資金交流とともに、貨幣市場の利子率と株式利回りの比較考量を通じて、一定の差を残しつつも平準化してゆく過程にほかならない。以上、二つの特質の関連は、「資本還元された企業者利得が、従属株主からの貢税（継承取得者の献呈）として現象する」ということに尽きる。このように押さえてはじめて、創業利得の特異な性格が把握されうるのである。

この概念の創発者であったルドルフ・ヒルファーディングの「創業利得」発生論の鍵は、株式の水増し発行（waterring）である——「この株式価格において第二の資本が存在するように見えるようになると、この擬制「資本」が「株式資本」としてあげられる」、その株式資本の算定方式は「企業利潤が、個々の株式所有者にかれの投じた資本に対する利子をもたらすような配当を、株式資本に対して分配して足りるようにする」と。

後藤泰二『株式会社の経済理論』（ミネルヴァ書房刊）の理論的構成は、「株式会社の資本—自己資本の結合」→「株式の売買可能性」→「資本の集中と支配」→「自己資本の他人資本化」という緊密な体系的構成をもつ）が痛烈に批判するごとく、ヒルファーディング理論における「株式会社の資本は、その創立のはじめから擬制資本であるということがわかる。機能資本額は、擬制資本額に一致するように水増しして記帳され、株式はその額面総額が擬制資本額に等しくなるように株数を増大して発行される。したがって、株式の額面総額は、機能資本額に等しいのではない。擬制資本額に等しいのである」。ヒルファーディングの場合、「配当は、擬制資本に対して規定されているのであって、機能資本に対して規定されているのではない」、「資本還元率こそは、分配率すなわち配当率である」、「配当はもともと利回りを意味するものであったのである」と。ヒルファーディング理論における「創業利得」発生論は、水増しの「水芸」的ハット・トリックでしかないのである。

ヒルファーディングが自分の頭の内だけで想定しているようなケース、すなわちかれ自身の言葉で言うならば、「擬制資本額に一致するまで株数を増大させるというケースは、株式の額面価値を維持するかぎり、けっして詐欺ではなく、これから詐欺を可能にするものにすぎない」、「額面以下に下れば、株式資本の水増しと言われる」（傍点いいだ）というケースは、絶対にありえないとは言えないものの、〈擬制資本（＝「株式資本」、＝額面総額）マイナス現実機能資本＝創業利得〉という定式化に帰着させることのできるかれヒルファーディングの信用論的思考が、理論の名に値しない「水芸」的ハット・トリックであることは、疑いを容れない。だから、「資本の動員。擬制資本」と題された『金融資本論』第二篇は、「株式擬制資本」そのものの定義をすることができないでいるのである。すなわち、配当の利子化の最も単純で最も特殊的な偶発的ケース——資本還元すると株価が額面を上まわるケース——を普遍的・恒常的な前提的所与としてしまっているために、『金融資本論』第二篇は、株式擬制資本成立の意味や位置づけを欠き、したがってまた創業利得成立の意味する位置づけをも欠いてしまっているのである。

これを要するに、ヒルファーディングは、折角、自らがその概念の創発者であるにもかかわらず、「創業利得」が本来的にもっている二面性をキチッと示すことに成功していない。先にも述べたごとく、「創業利得」は、一方では、企業者利得に由来しつつも、他方では、それは企業者利得そのものではなく、従属株主の献呈分であるという、二重の性格をもつものであるが、かんじんな株式擬制資本をキチンと説いていない（それを説くことができない）ヒルファーディング「信用理論」では、この二面性を（馬場克三『株式会社金融論』が指摘する「二重の構造」「二重の過程」「二つの過程」の二面性・二重性の問題）として整序して、信用体系的に首尾一貫して説くことが不可能になっているのである。かれヒルファーディングの「創業利得論」にふくまれている如上の欠点は、『金融資本論』の展開した株式擬制資本論の欠陥の集中的表現である、と言わねばならない。

7　信用制度は〈会社資本《ゲゼルシャフト・カピタール》〉に社会性を付与して社会的資本《ゲゼルシャフト・カピタール》たらしめる

先に集中的に「利子生み資本」をめぐって検討した『資本論』第三部・第五篇において、マルクスは「株式会社のもとでは、資本が、私的資本 Privatkapital と対立した社会的資本 Gessellschaftkapital の形態をもえられる」という命題をうちだしている。この「社会的資本《ゲゼルシャフト・カピタール》」は、株式会社における資本の重要な「貸付資本」的形態の特質であり、資本の所有と機能の分離と一体化のための原理的基点を成すものであり、資本の集中にともなう支配の論理の貫徹形態として形成されるものである。「株式会社」とは、マルクス的に規定するならば、「社会的資本」なのである。

株式会社の会社資本（Gesellschaftskapital）は、一方では、個々の析出の拠出した資本に由来しながらも、同時に、他方では、それとは質的に区別された社会的資本（Gesllschaftskapital）としての規定を与えられることになる。会社資本＝社会的資本《ゲゼルシャフト・カピタール》。このいわば〈私・個＝公・社会〉の等号（＝）を媒介・結合する範疇的鍵は、株式会社であり、なかんずく株式擬制資本である。

馬場克三教授の両著は次のごとく言う――「株式会社資本に転化されうる貨幣資本の社会的なプールがつくりあげられることを通して、社会的資本の形成が可能になるということにほかならない。しかも、それは、単なる可能性のみを意味するのではない。それはもっとも現実的な過程として現われている。けだし、株券の譲渡自由ということは、一方では、出資者がAからB、BからCへと交代しても、そのことが一旦出資された株式会社の資本そのものには何らの直接的な影響を与えるものではない、という事実を含んでいるとともに、他方では、株式会社の資本が、そのように自由に転々交代する出資者たちの総体的な資本によって具体的に支えられている、ということを意味することになるからである」（『株式会社金融論』森山書店刊――傍点いいだ）、「かくして、株式会社の資本は一旦成立すると、いわば社会的なプールによって支えられるような形となる。株式会社資本が社会的資本の性格を有つ、と言われるのは、そのゆえである」（『経営経済学』税務経理協会刊――傍点いいだ）。

右のような社会的資本としての株式資本＝会社資本の自立化は、証券流通の社会的汎通化を踏まえており、この証券流通は、信用制度を媒介としないで出てくることはできない。であるからして、社会的資本としての会社資本の自立化は、信用制度を媒介として位置づける「株式会社論」においてのみ、理論的に展開できるのである。信用制度を欠如すれば、株式会社＝会社資本それ自体が登場できないのである。信用制度は、そのような会社資本《ゲゼルシャフト・カピタール》に社会性を付与して社会的資本《ゲゼルシャフト・カピタール》たらしめる前提的媒介物としての役割を果たしているのである。

こうしてみると、資本の所有と機能の分離、会社資本の自立化を原点とする、「株式会社」における会社資本の自立化を前提にして、株式会社の内部構造が解明され、またその内部構造の解明に基づいて株式会社の高次展開――会社資本それ自体が所有主体となることによって生じる「半集産的蓄積（semi-collectivised accumulation）」（ジョン・ストレーチ）、「自己資本」→「自己金融 Sebstsfinanzierung」、株式プレミアムと資本剰余金の帰属、機関所有、自らは所有せざる専門経営者の支配集団（機能資本家集団）化、経営者支配（バーナムの謂う「経営者革命」）、所有の社会化に対する支配の社会化等々。まさに、社会的資本としての理論的把握が、株式会社制度の全機構を包括的に捉える鍵なのである。

　このような原理的次元での株式会社を通じる支配と社会化の高次展開は、（1）多国籍＝超国籍企業における国境と普遍的資本の関係につらなること、（2）国際通貨制度の資金の国際的フローとしてみると、企業外資金の株式発行による社会的利用、自己金融による企業内留保資金の利用、企業内留保資金の企業合併、金融資産運用、通貨投機による外部運用の三階層を経て調達されている、と言える。多国籍＝超国籍企業における為替リスクの管理、世界的資金ポジションの管理、国際的資金フローの管理、日・欧の過剰流動性の米国への還流による資金の国際フローの全体的調達、ドル危機のなかでの基軸通貨としてのドルの維持が、今日においてはとりわけ注目されなければならない。

　それに対する信用制度の世界的展開は、兌換制→管理通貨制→金・ドル交換停止後の不換制、という歴史的経過を経て、ドル本位変動相場制の国際通貨的枠組を形成するとともに、過剰流通性のなかでのドル危機の多発となって現われている。このような、多国籍＝超国籍の投資・投機活動と金価値の変容にともなう金交換停止のドル本位変動相場制との相互関係は、グローバル資本主義として全世界的に高次展開された「信用制度と株式会社」の高次展開の今日的問題にほかならない。

　右の「信用制度と株式会社」の原点に立ち戻って観るならば、第一に、個別諸資本の現実的運動において、はじめて資本家社会の矛盾の現実的展開が可能となる。個別資本を、資本の産業循環＝景気変動過程が展開される現実的運動の場において捉え、競争と信用との関連において把握することがあってはじめて、株式会社への転化も現実のものとなる。とはいえ、その限りの次元では、個別資本はまだ総資本ないしは資本制社会に包摂される一存在であって、諸資本の競争はまた総資本ないし資本制的生産の総過程の姿容《ゲシュタルト》の一片を示すにすぎない。個別資本から株式会社を捉えるという理論作業は、一方では、「資本-利子」という規定性の外的表出と客観的定着とを、「利子生み資本」の物神的性格の全社会的汎通化を個別資本の視点から捉え返そうとすることであると同時に、他方では、資本集中と信用制度介与の高次化過程を、逆に個別資本の観点から捉え返そうとするものであった。

先に引例したごとく、後藤泰二『株式会社の経済理論』(ミネルヴァ書房刊)は、株式会社論を個別資本論として展開しながら、それを「他人資本の自己資本化」ではなくて、その正反対に、「自己資本の他人資本化」として捉えなければならない、という透徹した見地から、その高次化的展開を体系的に理論構成している。その方法的分析によって、株式会社の企業形態的特質とその支配機構の特性が顕著にあきらかにされた、と言ってよい。

このような透徹した理論作業は、株式会社論の史的展開の長い理論的蓄積からいうならば、アダム・スミス(運河会社や給水施設)やカール・マルクス(鉄道会社、株式会社)における「株式会社論」の真髄を、ヒルファーディング『金融資本論』を媒介にしながら、今日の金融・独占資本主義時代における「株式会社論」に活学・活用したもの、と言ってよい。

8　鉄道網・鉄道建設・鉄道会社・鉄道独占の近代的発展史

大航海時代以降の商人資本の世界的活動を基軸とする重商主義時代から産業資本的蓄積様式を基軸とする自由主義時代への移行期を生きたアダム・スミスの在世期に発生した、イギリスの南海泡沫「株式会社」**恐慌**の問題は、オランダの「**チューリップ恐慌**」の問題とともに、世人によく知られているところである。G・H・エヴァンスが一九三六年に世に問うた『イギリスの企業金融　一七七五〜一八五〇年』によれば、当時、「株式ブローカーは、まだ、資金調達について予想されるような大きな役割を果たしていない。単に、〈株式取引所の連中〉は、南海泡沫の時期に資金調達機能をあまりに乱用しすぎていて、初期の運河や鉄のために資本を社会的に集める仕事には向いていなかった」としている。それが、若きマルクスが「青年ヘーゲル派」として生きはじめた一八四五年の頃ともなると、その年にまきおこった「鉄道ブーム」は、すでに早くも、株式取引の歴史における最大の投機の波の一つに化していたのであった。

当時の或る著者は、「南海泡沫事件以来、一八四五年の大鉄道熱がはじまった時ほど、投機の風潮が全国のいたるところ、ほぼ上から下まで全階層を通じてむんむんしていたことは無かった。それは、大英帝国の果てから果てまで、鉄道の計画が地図を埋めつくしていた」と述べている。「どの通りにも、どの町にも、鉄道株の所有者がいた」、「鉄道投機が上流ならびに中産階級に浸透した程度といったら、ほとんど信じがたいほどであった」、「それまでは株式投資などとんと知らなかった中産階級の連中は、かれらのわずかの貯蓄をはたいて、鉄道証券に投資するために急いだ」と。

こうして、鉄道株が投資証券に仲間入りすることになる。「一八四三年には、鉄道株は価格が下落していたとはいえ、コンソル公債と同じ程度割がよい、とされていた。鉄道証券は、余剰資本の恰好の投資対象をなしていた。用心ぶかい人びとが、その安全性を確信して投資した」、「鉄道株式は、一八四三年頃、標準的な投資対象として、運河に取って代わった」、「一八四四年までには、鉄道は〈安全と利益〉という名声をかちえていた」と。あきらかに、世は、運河会社全盛のアダム・スミスの時代から、鉄道会社全盛のカール・マルクスの時代へと変わったのである。

後年、R・ヒルファーディングは、『金融資本論』において、「株式会社」を、新しいカルテル、トラスト、シンディケートとの関連において論述しながら、「マルクスの念頭には、当時の鉄道会社があった」とわざわざ記すところがあった。若きマルクスは『共産主義宣言』をひっさげて、〈恐慌-革命〉の連関を確信して、**一八四七年の「イギリス商業恐慌」の襲来**とともに全ヨーロッパを震撼させた一八四八年のヨーロッパ世界革命（イギリスのチャーティスト運動、フランス二月革命、ドイツ三月革命）の疾風怒濤《シュトルム・ウント・ドランク》に勇躍して飛び込んだが、その時点では、そのような経済情勢についてはかれとても知らなかったのであるが、革命敗北後の〈反動の時代〉のボナパルティズム治下で「市民社会の解剖学」たる経済学研究に没頭していた頃にはすでに、**一八四七年のイギリス商業恐慌の発現の真因**が、一八四三年来の「大鉄道熱」「株式投機熱（The Stock Mania）」の突然の崩壊であることを、遅まきながら完全に突きとめていた。

イギリスの証券取引所の発足年次を閲してみるならば、この時期の大鉄道熱の休況上昇とそれがたちまち反転して悪感に急変するというあわただしい交替の時代に集中して、リヴァプール、マンチェスター（一八三六年）、エディンバラ、リーズ、シェフィールド、グラスゴー（一八四四年）、バーミンガム、ブリストル（一八四五年）に、地方証券取引所が創設されたことを知ることができる。

ジャーヴィス『現代企業の発展』によれば、「『盲目資本』――産業への直接参加というよりは、有利な投資口を追い求めていた人びとの資本――が鉄道建設に流れ込んだ。この資本の大部分は、抬頭しつつあった中産階級が出資したものであったが、かれらは、低利のコンソル公債や抵当金融よりももっと割りのいい投資口を、探し求めていたのである」、「鉄道投資家のきわめて重要なグループが、ランカシャーおよびヨークシャー、北東沿岸地域、バーミンガム、ブリストルに居り、かつたくさんの鉄道株式が、ロンドンのみならず、各地方の証券取引所でも、活発に取り引きされていたことは確かである」と。P・リプリー『投資の短い歴史』（一九三四年）によれば、「一八四四年までには、ブローカーとジョッバーとは、もはや同一人物ではなかった。かれらの異なった機能が、世間で明瞭に認識されるようになっていたのである」、つまり「ブローカーは、証券を公衆と売買する者であり、ジョッバーは、ブローカーの間の仲介者である」と。

こうした鉄道株を漁る全国いたるところの中産階級諸グループと、それを仲介するブローカーとが、しきりと盛り上げた「盲目資本」の大鉄道熱が、嵐のようにイギリス全土を席捲した。「一八三六年ないしは一八四五年のような投機の時期には、会社が新聞に広告するだけで、株式応募者は殺到した」、「資本は容易に――時にはあまりにも容易に――動員された。或る鉄道業界誌に一つの広告をのせれば、それでブームの時には金融市場の機構に依頼する必要もなく、十分あふれんばかりの応募者をつのることができた」と。

それが突如として瓦落《がら》をひきおこし、**一八四七年の「イギリス商業恐慌」となって暴力的に爆発**したのである。何度も強調しておけば、これが『共産主義宣言』が発せられた一八四八年ヨーロッパ世界革命勃発の直接的機縁である。

L・H・ジェンクスによれば、「鉄道建設が進行し、小さな幾つもの線が、ロンドンを終点とする大鉄道網に合同されてゆくのに連れて、金融は共通の中心地へと移った。イギリス資本市場はここに統一を達成し、全国的な拡がりをかち得たのである。産業と金融のあいだの懸隔《ガルフ》は、これによって架橋《スパン》されたのである。そして、一世代にわたる頑強な独立ののち、地方――その最たるものはランカシャー――は、ロンドンに屈服したのである」、「早くも一八四八年には、イングランド銀行理事会は、鉄道債務資本《デベンジャー》を買うことに同意し、一八五〇年以降これらの株式はますます商業銀行の投資証券に用いられるようになった」。

古典派経済学のアダム・スミスから、経済学批判のカール・マルクスへの、経済学原理論の理論展開は、公共事業の国家からの分離と、それの資本自体によって営まれる事業の領域への移行とは、現実の共同団体がどの程度にまで資本の形態で構成されるようになってきていたかを、具体的に指示している。エンゲルスの『反《アンチ》デューリング』が命題化したように、こうした株式会社企業は「初めから巨大なものであって、たとえば鉄道のように、株式会社形態以外のいかなる資本家的利用の形態をも排除している」。マルクスは、こうした運河、給水、鉄道その他の特殊な業種資本にかかわらせてのいわば一つのウクラードとしての「株式会社論」とともに、全社会体制的な株式会社論、それも将来社会への「過渡点」としての「株式会社論」への熾烈な理論的興味が早くからあった。両者ともに、個別資本と社会的資本《ゲゼルシャフト・カピタール》との株式会社・信用制度を媒介にする関連をもっており、その高次展開の傾向を、マルクスは、株式資本形態＝「資本の理念《イデー》」として、ヘーゲル哲学張りに経済理論化しようとした。旧東独のマルクス主義者フレッド・エルスナーは、ルドルフ・ヒルファーディングの『金融資本論』に「序文」を付して、「本書で最もすぐれた部分は、資本の動員と擬制資本とについての節であり、わけても株式会社の分析である」としたが、たしかに『金融資本論』の白眉は、第二篇「資本の動員、擬制資本」第七章「株式会社」にあった。それが一面孕んでいた理論的弱点・欠陥については、とりわけ、かれの創業利得「水ぶくれ」論に即して、先に検討を加えたごとくである。

中期マルクスは『経済学批判要綱《グルントリッセ》』において、アダム・スミスの「公共施設（public institution）」や「公共事業（public works）」の経済学的考察をひきついで、とりわけ「公共事業（travaux publics）」としての「交通・運転機関」についての経済学的考察をおこなった。このようなマルクス的考察は、スミス『諸国民の富』式にいえば、「主権者または国家の経費について」としての対象への接近であり、『資本論』段階のマルクスのように運転業資本を「一面では独立の一生産部門をなし、したがって一つの特殊な生産資本投下部面をなす」と規定した経済学原理論的なアプローチと、共同体国家における「公共事業」へのアプローチとの間に、どのような整合性をもたすかは、難問を孕んでいるが、とにかく『要綱《グルントリッセ》』の考察は、「交通道路」の問題について、かならずしも資本制社会の商品流通のインフラストラクチャーとしてただ単に商品経済的に取扱うのではなくて、前・先資本主義時代の「交通道路」「灌漑用水」の問題として、それを共同体国家との本源的な公的関係性において把握しようとして、次のように考察している。エンゲルスの言うがごとき、巨大な事業を特殊的に営む「株式会社」という資本形態ではないのである。すなわち——

「交通道路は、本源的には共同団体《ゲマインシャフト》の所有するところであり、後には長いあいだ政府の所有になっていて、生産からのまったくの控除をなし、国《ランド》の共同的な剰余生産物から差し引かれるが、国《ランド》の富の源泉をなすものではなく、言い換えるならば道路の生産費用を償うことはない」。

「本源的アジア的な、自給自足的な共同団体《ゲマインヴェーゼン》においては、一方では、道路に対する必要が少しもない。他方では、道路の不足は、共同団体を固陋に孤立させて、したがって共同団体《ゲマインヴェーゼン》の不変の存続（インドのように）の本質的な一契機をなしている。賦役による、またはその他の形態としては、租税による道路建設は、剰余労働または国《ランド》の剰余生産物の一部分を道路に強制的に転形することである」。

「労働によって現実に領有するところの共同体諸条件、すなわち、アジアの諸民族の場合にきわめて重要であった用水路（Wasserleitung）・交通手段等は、この場合には上位の統一体、すなわち小さな諸共同体の上に浮かぶ専制政府の事業として現われる。この場合、本来の都市は、上記の諸村落と並んで、対外貿易に特別に有力な地点や、または国家の首長とその大家たちが、かれらの所得（Revnue＝剰余生産物）を労働と交換し、この所得を労働元本(labour-fund）として支出しているところにだけ形成されるのである」。

「道路の価値が増殖されないと、仮定してみよう。しかし、道路は建設される。というのは、それは必要な使用価値であるから。すると、事態はどうなるのか？　道路は造られなければならないし、その費用は支払われなければならない――その生産費用が道路と交換されなければならない限りにおいては。道路は、ただ、労働、労働手段、原料等の一定の消費によってのみ実在するにいたったものである。その生産が、賦役によっておこなわれようと、租税によっておこなわれようと、同じことである。だが道路が造られるのはただ、それが諸共同体にとって必要な使用価値であり、共同体がそれをぜひとも必要とするからにすぎない。もちろんこれは、ほかならない一つの剰余労働であって、各個人は、それを賦役形態であろうと、租税を媒介とする形態であろうと、個人の生存に必要な労働を越えておこなわなければならないのである」。

「けれども、その労働が、共同体ならびにその共同体の成員である各個人にとって必要であるかぎりでは、それはかれが果たした剰余労働ではなくて、かれの必要労働の一部である」。

「すなわち、かれが共同体の成員として自己を再生産し、またそれとともに、それ自体がかれの生産的活動の一般的条件《アルゲマイネ・ベディングンク》である共同団体《ゲマインヴェーゼン》を再生産するために必要である、その労働の一部である。かりに労働時間が直接的生産で全部消費されるとするならば（あるいは間接的に表現すると、このきまった目的のために超過税を徴収することが不可能であるとするならば）、道路はかならずや建設されないままであろう」。

観られたように、この共同体の再生産・自己維持のために不可欠な「公共事業」「公共施設」としての交通運転機関や灌漑治水施設の建設は、ゲゼルシャフトの問題としてではなく、ゲマインヴェーゼンの問題として立てられており、そのゲマインヴェーゼン（共同団体）の各種の歴史的形態は、賦役制貢納社会、ヨーロッパ奴隷制・農奴制社会であり、そこにおいては国《ランド》ないしは国家《シュタート》——上位共同体としてのアジア的専制国家もふくめて——の徴集する租税の一部が、公共土木事業の経費に当てられ、そうした諸共同体の社会的再生産にとって不可欠な労働は、社会的な生産的消費の一部であって、それに当たる各個人に還元・分解してみるならば、それはけっして「剰余労働」ではなくて、「かれの必要労働の一部分」であるが、いずれにしても、それらの必要・剰余の労働生産物は、近代社会における社会的必要労働や剰余価値労働ではないのであって、したがってそれは、価値形態をとっていない。したがってまた、これらの考察対象が、経済学原理論の世界にではなくて、前近代史に対する唯物論的歴史把握の世界に属することは、あまりにも明瞭である。だからこそ、上部構造的国家が、専制国家にせよ、貢納制国家にせよ、賦役制国家にせよ、上から顔をのぞかせてもそこには何の不思議もないのである。しかし、その経済的土台は、価値形態を取らない労働・生産過程である。

したがって、『要綱』《グルントリッセ》のこれら経済的行為・生産的消費の構造図は二分され、直接的生産過程と一般的条件とを区別して配置し、それにともなって「必要労働」概念を二重化することによって「一般的条件」《アルゲマイネ・ベディングンク》の経済的意義を求め、当該共同体社会の経済構造の内部に位置づけ、それら全体の共同体社会的関係を、商品交換の経済活動と贈与・互酬・再分配・寄進・勧進・喜捨の経済活動との適正な社会原則的結合の形態創出に求めている。このような全体的布置は、より近代社会に近づけてゆけば、アダム・スミスが『諸国民の富』第五篇・第一章で、経済学原理論の「前半体系」の経済法則性と、租税・不生産的消費・財政を結節・媒介環とする「後半体系」の社会原則性との結合を示した、社会体系的構成を形成する構図の再現である。

労働=流通過程が大規模で、労働=流通時間もまた長大な、道路・運河・航海・外国貿易などのような特定な種類の生産領域においては、すでに中世ヨーロッパや初期資本主義《アーリー・キャピタリズム》のもとでも、個々人の手に私的・資本家的に所有され集積されていないような資本の共同的最小限を必要としている。こうした場合の原初的解決・設営形態は、共同体や国家の費用による経営、国家的・公共的補助金の交付、そして私的合資組合 private copartnery や規約組合 regulated company、そして株式会社 joint company であった。

右の最後の資本形態、独占権を授与された大特権商事会社形態こそ、近代的株式会社の先駆者である。The trading era（貿易時代）に属する一七六九年のアベ・モルレットの調査によれば、一七世紀以降に全ヨーロッパで設立・破産された株式会社の数は十五に上った。とりわけイギリスでは、一六九〇年~一七二〇年に株式会社制度の顕著な発展がみられ、一六八八~九五年に設立された株式会社の数は百二十に上り、その発展のクライマックスは「南海泡沫会社」《ザ・サウス・シー・カンパニー》であった。それは有名な「南海泡沫会社」バブル恐慌の引金となった株式会社であって、**一九一九~二〇年の金融恐慌とそれにともなう泡沫会社法**によって、この形態の株式会社時代は終止符を打たれた。

しかるに、一七三五年におけるワイアットのローラー精紡機の発明とともに開始された産業革命による機械制大工業の創出、ならびにそれに照応する世界市場の創出が要請した、生産過程の一般的諸条件である運輸＝交通機関の革新――それは、マニュファクチャー時代から伝来の自然路・ターンバイク・駄馬道・馬車道・河川・橋梁・舟運・トロッコ道等々に対する「運転・交通革命」である――は、資本の高度集積・信用制度の発展を媒介として、株式会社形態による運河・鉄道の形成によってはじめて実現をみるようになったのである。

マルクスはつとに、イギリス最初の運河の開通――それは、一七五八年、その名もブリッジウォーター公爵による一〇マイルの運河として開通された――を皮切りとする株式会社運河の発展に、いちはやく着目して、「株式会社」範疇を『諸国民の富』においてうちだしたアダム・スミスの学統を継承して、近代盛期の株式会社に先行する運河・公共道路・鉄道等の株式会社による設置・運営に留目していたが、一七七〇年にははじめて一〇〇マイルの大運河 The Leeds and Liverpool Canal が完成したのである。A・D・ゲイヤー、W・W・ロストウ、A・J・シュワルツの『イギリス経済の成長と下部構造形成――一七九〇～一八五三年』（一九五三年）によるならば、一七九〇年代の運河熱が亢ずるなかで、一七九一～一八〇四年には八十一箇の運河法が成立して、一七六〇～一八三〇年の〈運河時代〉が株式会社形態をとって現出した。

これを承け、これに次いで、イギリス最初の鉄道が、一八〇一年、九・五マイルの The Grand Surrey Iron Railway として開通し、最初の蒸気運転の The Stockton and Darlington Railway 三七マイルが、一八二一年認可、一八二五年開通し、以上、「私的道路・運河の補足手段」としての二線の鉄道建設は、さらに本格的な株式会社制鉄道 The Liverpool and Manchester Railway として、一八二八年に開通・建設され、一八二五～四六年の〈鉄道革命〉を現出し、一八四〇年代はまさに「鉄道ブーム」期の花盛りであった。

この他、ワット蒸気機関の発明を海洋航海上に応用した汽船は、一八一七年の英蘭間の航行として、開始された。一八三六年には、ステフェンリン父子による世界最長距離トンネルも完成し、同じく最初の近代的船渠《ドック》である St.

Katharine Dockも竣工し、一八三五年のモールスの電信の発明を加えて、〈交通革命〉が一九世紀前半には達成されるにいたったのである。

こうして、機械制大工業の時代に照応する運輸・交通手段の近代化と、それらの経営の株式会社形態の貫徹として、近代株式会社運動の「第一期」が同時的に確立することとなった。この時すでに、株式銀行制度が一八三〇年代の創業熱によって、陸続と創成されたばかりでなく、諸工業の株式会社化の開始もまた、イギリス法制史上はじめて一般株式企業に法定的地位を授与した「株式会社登録・規制一八四四年法」の制定によって、その法制的根拠を獲得するにいたったのである。

以上、機械制大工業の自立化、工場制度の普及、新たな国際分業と世界市場の形成、資本の産業循環=景気変動過程の成立、資本制生産様式の体系的完成は、「株式会社」範疇を不可欠な一環として成立をみたことは疑いを容れないところである。これを基礎として、一八四六～六六年の資本蓄積法則の全面展開と自由貿易の「至福千年王国」の到来は、B・C・ハントのいわゆる「世界中を股にかけた十字軍」であるクレディ・モビリエ的金融会社 the finance company の簇生を頂点として、イギリス会社法の「マグナ・カルタ（大憲章）」ともいうべき一八六二年「総括法」制定に当って、「タイムズ」紙が謳いあげた「現代の商業の歴史はすなわち株式会社の歴史である」という、近代株式会社の第二期=黄金時代が現出したのである。

いまや、資本のアキレス腱を解決した株式会社的解決の諸形態、すなわち、租税、公信用、強制力、独占により多く依拠する重商主義的=マニュファクチャー時代的な諸形態、蓄積、私的信用、競争により多く立脚する自由主義・機械制大工業時代的な諸形態、高度集中、独占、国家干渉、社会的生産により多く準拠する諸形態の、対抗・発展・交替・連繫を通じて、近代株式会社の歴史が高次化しながら進展すると同時に、この過程を通じて、近代的資本の価値増殖運動史の重要な側面が顕現するのである。

株式会社の運動形態によって、資本ははじめて、近代市民社会の内部を自己に適合した軌道の上に乗せることができたのである。そして、資本はついに、この自己の最高度の所産を武器として、諸資本の競争・拮抗・錯綜の綜合体である一大体系的有機的な全一把握を可能としたのである。

このような、歴史的=体系的展開の槓杆となると同時に自らをも形成・発展過程の流れのなかにたえず投入しないではやまない、株式会社形態の運動は、それ自体より広大な運動体系の一つの中心として、他のもろもろの運動系列と交錯をかさねつつ、自己にとっての外的・内的諸要求の解決者、外的・内的運動諸法則の創造として、立ち現われるのである。このような由来をもつ「株式会社」が、近代資本主義発展史の最頂点において、「資本の理念《イデー》」としての「株式資本形態」運動へと最高範疇化するにいたったのである。

経済学原理論の弁証法体系における「株式会社」範疇とそれ以前の経済的諸範疇との相互滲透関係は、右に看たごときものであるが、この総過程をやや分断的に、〈分業→生産力→株式会社→分業—生産力〉、そして〈蓄積→株式→蓄積〉〈競争→株式会社→競争〉〈信用→株式会社→信用〉〈集中→株式会社→集中〉として、再帰的に分解・綜合して考察するならば、一七一五年のジャコバイト反乱鎮圧において悪路で難渋した支配経験から学んだ、ウエイド将軍指揮下の軍隊をもってする画期的な道路建設活動を手始めとして、メットカルフの天才的な道路建設（一七六五～八〇年）以後の道路建設時代 the age of road-building にいたる難問に挑んだ、労働過程の改善、分業・協業の発展、土木技師《シヴィル・エンジニア》・監督《サア・ベイア》・請負人《コントラクター》の抬頭によって、交通手段・一般的労働手段・生産労働力はきわめて早いテンポと広い範囲で増進していった。運河への株式会社制の適用は、このような趨勢を背景としたことは、いうまでもないところである。

しかも、T・S・アシュトンの有名な『イギリス産業一七五〇～一九五三年』（一九五三年）が紹介しているように、当時の運河株式会社が、この進展過程にさらに一段と拍車を掛けた実態については、一七七七年の The Grand Trunk

Canal に関して述べられているところを読むならば、よく判明する通りである、すなわち――「この企業では、陸軍の大戦闘を除けば、いまだかつて、一つの計画でこれだけ多くの人間を使用したことはない、と思われるような、大集団の人間を、統一的に指揮しなければならなかった」と。

右の考察は、一八世紀後半～一九世紀前半に抬頭した、なかんずく運河・鉄道に集中された株式会社形態に限局された。したがってその他の、バック、トンネル、銀行、鉱山等々の株式会社形態についての考察は、そこではまだ焦点外とされてきた。それらの発達や、交通手段の発達が、次第に、一般的・社会的な分業および生産力の要求に奉仕して、株式会社形態で営まれるようになったことは、いうまでもないところである。

W・ホフマンの『イギリス産業一七〇〇～一九五〇年』（一九五五年）の叙述によるならば――「産業の発展は、運輸＝交通手段の急速な拡張に依存する。たとえ産業の立地条件に何らの変化がなくても、増大した産出物は、はるかに効率の高い運輸＝交通機関の体系を要求するであろう。事実は、最近二百年間のイギリス産業の立地条件には重大な変化があったのである。そればかりか、原料産地の数の現実的な増大および消費を消費センターの総数の増加が、運輸＝交通手段を改良する用意を導き出さずにはおかない。社会的・地理的およびその他もろもろの要因が、新・旧の消費センターや原料生産地の場所を一ヵ所に集約させることを不可能にした。したがって、原料供給地の場所の変化と新たな販売センターの興隆は、製造業の場所の変化がなくても、運輸＝交通手段の改良を必然化したであろう。これらの原料と市場の方へ製造業活動が吸引されてゆくにしたがって、〝新たな〟製造地方と旧来の市場ならびに原料生産地との間の輸送量の増大が、必然化する。人口の地域的配置の根本的な変化、原料生産センターの場所の変化、特殊な産業の産出物を色ずける地方的要素の存在――これらの諸事情はすべて、もしも製造業が急速に増大するならば、運輸＝交通の拡張率は、産業生産物の拡張よりも大きい、という想念を正当化するものである」。

ジョン・フィリップスの『内陸水運の一般史』（一七九三年）によるならば、一七七七年着工の Erewash Canal

Company の発起理由は、「水運の欠如によって、所有者ならびに公衆の双方にとって、ムダに放置されている石炭を、トレント河に運び出すために、ヒーノル、ラングレー等の付近に居住している田紳たち・大炭鉱所有者たちによってこのエレウォッシュ・運河会社設立が提案された」とある。

したがって、交通手段への株式会社の適用は、〝生産のための生産〟〝蓄積のための蓄積〟という資本主義のモットーの貫徹の産物にほかならない。デイヴィッド・リカード曰く――「外国貿易の拡張によって、または機械の改良によって、労働者の食物および必需品を、低減された価格をもって市場にもたらすことができるならば、利潤は騰貴するであろう。外国貿易に関して言われた以上のことは、国内商業にも等しく適用される。道路・運河の開通・開鑿、または貨物の運搬上における労働短縮の手段」と。

ウオースレィとマンチェスターとの間のブリッジウォーター公爵による最初の運河開通は、マンチェスターにおける石炭の価格を実に半減させたのである。近代工業の条件である蒸気力と機械とは、燃料とりわけ石炭があるところなら、どこでもつくり出すことができる。実際、J・H・クラップハムの『近代イギリスの経済史』（一九五〇年）が喝破しているように――「事柄の最初から、石炭輸送が運河運動の支配的要因であった」。こうして、蓄積の一般的法則に基づいて、工業・農業上の生産方法の近代化的革新は、交通＝運輸機関の革命を必然化したのである。

「鉄道時代」を知らないアダム・スミスは、にもかかわらず、「諸国民の富」増大の至上命令である交通手段の改善について、次のように言明したことがあった――「水運によって、陸運よりもより広い市場が各種の諸産業に対して開かれるから、あらゆる種類の諸産業が自然に分化し、改善されはじめるのは、海岸または航行しうべき河川の岸に沿ってである。もしも、ロンドン―エディンバラの両地の間に、陸運以外の何らの交通の便がなかったとしたならば、この両地の間に現存しているような商業は、そのわずかに一部分をしか営むことができず、したがってまた、この両地が現存する互いの産業に対して与えているような援助は、ほんのわずかしか与えられなかったであろう。世界の遠隔地域間には、ロンドン—カルカッタ間の陸運の費用のごときは、いかなる貨物がそれを負担しえようぞ?」(A・スミス『諸国民の富』)。

株式会社は、巨大な社会的生産力の生成、生産手段の節約・発明などによって、蓄積ファンドを激増させるとともに、増資・合併などの追加貨幣資本を獲得する幾多の方法の案出によって、資本循環・資本蓄積の障碍を克服する可能性を豊富にもっている。したがって、たとえば次のように言われるように、株式会社はそれ自体が尨大な蓄積機構となる——「鉄道敷設にさいしては、最初から全構造は、蜂の巣で支配的な『無限拡張の可能性』という原理に依拠せざるをえない。すべて、あまりに牢固としてはじめから均斉的な構造のものは困りものなのであって、それは拡張のさいにはとりこわされなければならない」(W・B・アダムス『道とその肉体的・道徳的諸結果』一八六二年)。資本集中によって、一夜で鎔接された諸資本の塊は、より急速な再生産過程を通じて、巨大な社会的蓄積の新たな有力な槓杆となるのである。

マニュファクチャー時代の競争一般も、生産費引下げと資本喪失として資本集中をもたらす。機械制大工業時代の競争一般はさらに、大工業、マニュファクチャー、手工業、家内労働の相互競争を通じて、右の過程をさらに巨大に促進し激化させる。

株式会社制度の成立を促した特殊的競争の諸形態は、(1)自然道路・ターンパイクロード・馬車道・客車道・河船路・橋梁等々に対する運河の競争上の利点、時間の規則性、木材・石材・石炭・石灰等々の輸送の便宜、潮流の皆無、直線コース、必要箇所への開通、運賃の低廉、労働の空間的活動範囲の拡大、ターンパイクよりも低廉な建設費・維持費、輸送の迅速さ、(2)今度は、運河等に対する鉄道の競争上の利点がある。

一八二五年以前に作られた鉄道は、実際上すべて私的道路か運河を補完する支線にすぎなかったが、一八二六年のリバプール—マンチェスター鉄道の開通によってはじめて、鉄道が運河の独占的地位と競争するにいたった。同鉄道着工の趣意書に曰く――（1）運河よりも三十三マイル短い、（2）運河では三十六日かかるのに、鉄道では四〜五日、（3）毎日運転、（4）運賃は運河の三分の一、と。

一八四〇年までは、鉄道の運河に対する競争力はまだ弱く、運河の財務状態がこの競争によってかえって好転する場合もあり、また、乗合馬車・乗合自動車が挑んだ鉄道との競争、およびそのための、一八三四年の有名な道路教授テルフォードを顧問としロンドン―ホリヘッド道を完全にバス道路にするための道路会社設立にみられるような道路改良の努力もまた、めざましいものがあったが、大勢は逐次、リバプール―マンチェスター鉄道開通後は、鉄道に決定的に傾き、リバプール―マンチェスター鉄道の運賃が一トン当り一五シリングが一〇シリングに、マンチェスター―ハル鉄道開通後はそれがさらに半額に下がることによって、その趨勢は決定的となった。この競争において、自然条件に恵まれた部分の運河はかえって活況を呈し、運河輸送総量は一八三九〜四五年には鉄道の輸送総量を二倍も上まわるほどであったが、一八四五〜七年に、延べ九百四十八マイルにおよぶ運河が、鉄道会社に買収あるいは借上げされてしまい、バーミンガムでは、運河合同体がロンドン―ノース・ウェスタン鉄道の従属《インデペンダント》下に入るに及んで、鉄道業優位の大勢はもはや覆らないものとなった。

（3）個人銀行に対する株式銀行の競争は、まず一八二二年にT・ジョプリンならびに政府による株式銀行所提案、同案に対する地方銀行家・議会内部の田紳勢力の反対運動の一時的奏効を経ながらも、**一八二六年恐慌**が世論をして株式会社設立の方向に決定的に向かわせたことによって、大勢は決するにいたり、一八二六年に「株式銀行制」が立法化され、ここに「個人銀行時代」は終焉をとげるにいたった。それ以後も、個人銀行の抵抗は執拗に続けられたが、一八三三年にいたって、株式銀行数が三十二行、一八三八年には株式銀行の支店総数が個人銀行の数を上まわるにいたって、この銀行間競争も、大勢が決することとなった。

それ以後は、寡頭独占化の進展をめぐる株式会社内部の競争へと移行する。特定の支出を収益勘定あるいは資本勘定から支出するか否かをめぐって、配当額の人為的決定をおこなう、資本家・マネージャーと一般大衆株主との競争は、鉄道業の場合でもたえざる論争の源泉であった。管理=監督顧問の一般大衆株主からの「詐取」も、八つも九つもの相異なる会社の管理にこれらの管理=監督顧問が関与することによって、この「詐取」は急速に普遍化した。また、資産参加権・利潤参加権・配当支払条件・原契約改定をめぐる資本家・マネージャーvs一般大衆株主の競争も激化したが、当然、その闘争は大株主である独占資本家の勝利に帰した。独占資本家は、株式発行にさいしても大半の株式を独占し、零細株を高率のプレミアムで市場公開することによって、どしどし吸収していった。

このような株式会社制の寡頭独占化が亢進するなかで、株式会社形態が市民社会一般にもたらす競争の発展形態も、自由競争イデオロギーの一般的貫徹、証券取引所・投機的株式会社の結成による株式投機の一般的増大、とりわけ「鉄道熱」によって狂熱化した鉄道投機、運転=交通機関の変貌・改善にともなう流通時間・回転時間の短縮、市場の拡張、諸資本の競争の激化、旧生産中心地の衰微および新生産中心地域の興隆等々。また、機械制大工業時代に照応する国内分業の確立は、工業地方と農業地方とへの分化、前者の工業地方の後者の農業地方に対する工業的独占の優位化、さらに資本—労働の可動性を増大させることによる競争の普遍化、一般的利潤率の確立、固定資本の巨大化にともなう資本移転の困難性から生じる一般的利潤率の傾向的低下が、株式会社資本主義の発展によって、全社会化して普及するにいたった。

ハロルド・ポリンスの『一九世紀の前半期における鉄道市場の分け前』(一九五四年)によれば、資本市場の成立に際して、製造工業が貨幣資本の調達に資本市場機構を二〇世紀初頭にいたるまでほとんど利用しなかったという事実は、イギリス経済史上「ありふれたことの一つ」であるが、「公開会社」だけは常にその例外をなしていた。ポリンスは、一八二五〜二六年の「試験期」を過ぎた一八三〇年代のブーム期以降は、資本市場における株式の消化はめざましく好調で、たとえばグラスゴウ・ペイスリイ・キルマルノットとアイル鉄道会社の場合、「その募集公告は良好に受け容れられたため、所要資本以上の株式申込がスコットランドだけで得られた」とされており、新グレヴェセンド鉄道会社の場合には、三万株の募集に対して八万株の申込が、スコットランド・グレート・ノース鉄道会社の場合には、三倍以上の申込が殺到した、とされる。

証券取引所と鉄道株式との結合が、一八三三年頃から進展しはじめ、一八四五～四六年には、それによって国債証券取引所の首座から追い落とされた。運河時代における銀行の役割についていえば、プレスネルによれば、「諸銀行はあきらかに鉄道時代以前に公益事業の発起に活躍した。かれらはしばしば最大株主の部類に属していたとはいえ、自己の資本を大量に供給した場合は稀れであり、かれらが提供したのは短期の援助であり、しかもそれも他の資金源泉が利用できないか、または不適当のときに限られていたようである。だが、そうしたかれらも、経営には深くタッチしていたのであって、「初期の運河・鉄道の資本調達にさいして、諸銀行の演じた役割は積極的というよりも消極的というべきであった」という、エヴンスの標準的叙述は、運河に関しては若干の修正が必要である。諸銀行は自己の貨幣を大量に貸付けることこそはしなかったけれども、顧客にたいして運河への貸付を推奨したことは事実であった」。

次に確認できることは、初期の株式鉄道事業に対する銀行の態度は、概して冷淡に推移したらしい。しかし、一九世紀史への主要な貢献として鉄道の促進をしたとされる、ロンバート街の著名な個人銀行グリン銀行のジョージ・グリンは、すでに一八二〇年代の早くから鉄道株式企業に関心をいだきはじめ、一八二三～二六年の泡沫的な鉄道会社の重役となったほか、一八三三年に「鉄道設置法」が国会を通過したばかりの当時、最大のロンドン―バーミンガム鉄道のロンドン重役会に名を連ね、同時にグリン銀行は同鉄道の取引銀行に指定された。

しかも、一八二六～三三年における株式銀行制度の基礎の確立と、一八三五年以降の鉄道と証券取引所との結合の進展の二大事実こそ、「鉄道の詐取の摘発、あるいはマンチェスター―リバプール鉄道が一パーセントの純利潤も支払っていないこと、さらにバーミンガム、ブリストル、サウザムン、ウィンザーその他の鉄道は、現在も将来も泡沫的投機にすぎないことを立証するための事実と論議」というがごときパンフレットが、一八三四年に重版されるほどの激烈な反抗の真ッ最中に、あいつぐ鉄道企業の新規=追加貨幣資本の要求に応えて、一八三六〜三七年に三十九件もの鉄道設置法案を成立させ、「鉄道はたちまち流行となり、狂瀾怒濤と化した。イギリスの地図は、鉄の道路でぬりつぶされてしまった」（グラハム）というような状態を、確定的にもたらしたのである。

このようにして特に、株式銀行制度による預金利子支払の開始は、いずれもそれだけでは貨幣資本として作用しえない小額の諸貨幣を全社会的に動員して、一つの貨幣勢力として大量に結合することを、はじめて可能ならしめたものであり、これは資本集中を促進する一つの槓杆としての信用の機能として、銀行制度の特殊的信用を果たし、かくして株式証券は、利子生み資本の一形態として、担保前貸において商業信用=銀行信用を拡大してゆく一つの契機となったのである。

株式会社の形成それ自体が、多数の個別諸資本の吸引・融合という意味において、併呑 fusion、合同 amalgamation と並んで、資本集中の一つの形態であるが、とりわけ、一九世紀における最も代表的な鉄道の一つであるザ・グレート・ウェスタン・レールウェイの事例——この鉄道のうちヨーク市に関する部分はザ・コーポレーション・オヴ・ヨークの一重役（後に「鉄道王《ザ・レールウェイ・キング》」とよばれるようになったが、一八三七年当時にはヨーク市長をつとめていた）をテコにして、そのほとんどがニューヨーク市の事業として遂行された——は、注目に値する。これは、地方自治体の土台の上で、資本集中が促進された一形態の事例である。

9　鉄道網と株式会社は、資本集中運動の拡大を増進する

さて、このようにして、株式会社が資本集中運動の拡大を増進する過程はどうであったかというと——

（1）初期における一八三四年の最初の合同立法によるウィガン付近の零細鉄道会社の集中、一八三五年のザ・グランド・ジャンクション・レールウェイがヴァリントンとニュータウンの計マイルを吸収、一八三六年にザ・グレート・ノース・オヴ・イングランド・レールウェイが同鉄道法に基づいてザ・ストックトン＆ダーリントン鉄道の一支線を買収、一八四〇年のザ・グランド・ジャンクション・レールウェイのザ・チェスター＆クルウィー間二十三マイルの吸収、一八四四年のザ・バーミンガム＆ダービー・ジャンクション・レールウェイ、ザ・ミッドランド・カウンテーズ、ザ・ノース・ミッドランドが、広軌のザ・ロンドン＆ヨークの新たな侵入という外的危険に直面して、両者の競争を揚棄しての統合、一八四五年のザ・バーミンガム＆グロウチュターの併呑、一八四六年のザ・グラウチュター＆ブリストルの併呑が大進展した。

（2）一八四五年の「当時最も辣腕な鉄道外交家」の名をとったキャプテン・マーク・ヒュイシュにひきいられてザ・グランド・ジャンクション・レールウェイによるザ・リヴァプール＆マンチェスターの併呑、一八四六年のザ・ロンドン＆バーミンガム、ザ・マンチェスター＆バーミンガム、ザ・グランド・ジャンクションの三社の合同による全長実に三百七十九マイルに及ぶ一大鉄道網の形成――ここにグリンとヒュイシュの二大「鉄道」間の競争は前者グリンの勝利に帰し、その軍門に下ったヒュイシュはグリン会長の下で総管理人《マネージャー》に就任した。

H・エリスの『イギリス鉄道史』（一九五四年）の総括によれば――「L・N・W・R（グリンの鉄道会社）は各方面に野心を伸ばしていた。ノース・ウェスト方面では、他社のいかなる事業計画も――背後にザ・グレート・ウェスタンの存在があろうとなかろうと――いっさい拒否した。ミッドランドでも、自社の現在の、あるいは潜在的な鉄道営業に他社が参入してくることを――競争相手のザ・ミッドランド・レールウェイが後援していようと、独立であろうと――すべて否認した。ザ・グレート・ノザン・レールウェイをも承認しなかった。ところが、L・N・W・Rは、合同《アマルガメーション》には反対でなかった。というのは、合同《アマルガメーション》後の組織では、自分が優越的なメンバーになれると、踏んでいたからである。だから、グリンは精力的に果敢に競争運輸の獲得に向かって突き進んだ」。

このような鉄道業における資本集中運動の発端は、同時に、「スチュアート期的独占体制」とは区別される、「自由貿易＝発展的競争」時代の例外現象である「初期的独占結合」、あるいは「近代的独占」の先例・先駆者の代表ともいうべき北部イングランドの「石炭独占」「販売制限」の、鉄道業を起因とする資本制限・カルテル内外の競争激化による崩壊を告知しているのである。

総じて言って、競争が独占を生み、独占が競争を昂進させるという資本主義の経済法則の、株式会社的運動形態を媒介とする自己揚棄的実現の一つの歴史過程であり、自由競争資本主義ないし産業革命高揚下の資本集中という主題における、不可欠・重要な媒介環としての「株式会社」範疇の位置を照明する一つの論理過程である。

しかしながら、この時期においてさえ、資本集中運動はこの域にとどまらない。一八四四年には早くも、グラッドストーン政府による流産したとはいえ鉄道国有法案の提起に見られるような国家独占への志向が早発し、一八三七年以来ロンドン＆バーミンガム鉄道の会長に就任したG・C・グリンは、すでに一八三八年開通のL・B・鉄道開通の趣意書にも、「この大国民鉄道《ジス・グレート・ナショナル・ライン》」というスローガンを使用し、「鉄道は、資本家的競争の単なる産物であるよりも、むしろ国家的でなければならない」としていた。そのようなグリンは、一八四四年にグラッドストーン政府の「鉄道国有法案」の提起に接するや、「もしそれが新しい出発点となるのならば、わたしは、国営制度 a state system を支持したい」と述べ、ノース・ミッドランド各地方を首都ロンドンと繋ぐ全国線として、ザ・ノース・ウェスタンを育成しようという構想を燃やしたのである。

また、一八五一年には、L・N・W・Rとザ・グレート・ノースタン・レールウェイとの苛烈な競争の一つの妥協形態である、運賃プール協定の調停のためにイギリス政府商務省が介入し、一八五二〜五三年には「独占資本鉄道」に神経を尖らした中央政府の下で、下院委員会はミッドランドとノース・ウェスタン、グレート・ノザンとアムベルゲイトとの二つの鉄道会社合同の延期を勧告するにいたった。まさに、株式会社は特定の局面・特定の部面で「独占」を生み出し、したがってそれは「国家の干渉」を排し、「国家独占」へと接近するのである。このような最新型の資本集中運動の抬頭について、たとえば有名な経済学者ジョン・スチュアート・ミルは、「競争者の寡少なるところ、つねに競争の申出が協定される。新手の競争候補者が現われるやいなや、かれを死滅させてしまうための廉売競技がはじまるが、その地位が確立しおわればまた協定が成立する」と述べるところがあった。

もとより、このような資本集中過程は均等的発展をつづけるものではない。イギリス独占の「過渡期」現象は、レヴィによれば一八八〇～一九〇〇年に集中する。しかし、たとえば製紙業単一部門全体の工場の総数は、すでに一八四一～四三年を転機として、減少傾向に転じはじめたのである。やがてまもなくこの傾向は、全産業に普遍化される。資本集中現象の不均等的発展の激化の開始である。マルクス『資本論』第三部の叙述によるならば――「本章で研究する諸現象は、それらを十分に展開するためには、信用制度と世界市場――これは総じて、資本制的生産様式の基礎と生命圏を成す――における競争とを前提とする。だが、資本制的生産のこうした具体的諸形態は、資本の一般的本性を把握したあとにのみ、包括的に叙述されうる。のみならず、これらの具体的諸形態の叙述は、わたしたちの著作の計画外にあるのであって、その続きでも書かれる場合に属する」（傍点いいだ）と。本書の〈恐慌論〉は、全般的にその資本制的生産の具体的諸形態の「続き」を心して叙述しているのである。

10　公共事業の拡大を通ずる株式会社の社会資本的発展

『要綱《グルントリッセ》』において、共同団体《ゲマインヴェーゼン》による公共事業の推進を並存して、「交換価値の上にうちたてられた生産と分業が登場した後でも、道路建設が個人の私的事業（Privatgeschäft von Einzelnen）にならないのは、なぜであるか?」と設問し、

「個別資本（das einzelne Kapital）がそれを引受けるためには、いかなる条件が必要であるかが検討されなければならない。個別資本がそれを引き受けるためには、すなわち、直接的生産過程の外に横たわるこの作業の諸条件をつくりだすためには、——その労働が価値増殖するのでなければならない」とした。

では、資本家が、社会再生産に不可欠なインフラストラクチャーを用意するために出動するための諸条件とは、何か？「資本家が、道路建設をかれの費用によって事業として営むためには、種々な諸条件が必要であるが、それらの諸条件はすべて、資本に基づく生産様式が、すでにきわめて高度な段階に発展しているということと一致している」、「道路、運河のような生産の一般的諸条件のすべては、共同団体《ゲマインヴェーゼン》そのものを代表する政府にかわって、資本がこれを引受けるようになるためには、資本のうえにうちたてられた生産の最も高度な発展を想定している」。

右のような資本家社会における生産様式が、すでにきわめて高度な発展を成し就げているという想定は、それがなければ、資本制生産様式がそれ以上高度に発展できないし、その高度な生産力の発展がなければ、そのような巨大な公共工事は技術的にも・資金的にも遂行しえない、といった相互制約・相互促進条件を成しているのである。

このような近代市民社会の存立・回転にかかわる社会的再生産総体の見地から看るならば、ちょうど、特定の重化学工業部門における株式会社形態によって処理するほかない「固定資本の巨大化」現象が現われるように、公共的インフラストラクチャー構造にもより一層大規模の資本を要する生産・建設規模巨大化傾向の進展の問題が発生する。『資本論』段階のマルクスの叙述で言えば——「生産規模の巨大な拡張。および個別資本にとっては不可能だった諸企業が、株式会社の創出によって可能となり、また、蓄積によって若干の個別資本が鉄道を敷設しうるまでに増大しうるのを得なければならなかったとすれば、世界にはまだ鉄道はないであろう。しかるに集中は、株式会社によってたちまちこれを成し遂げてしまった」ということになる。『要綱《グルントリッセ》』で言われていた、「社会的生産過程の一般的条件《アルゲマイネ・ベディングンク》が社会的所得の控除からではなくて、資本としての資本 Kapital als Kapital からつくりだされているときには、資本は最も高度に発展しているのである」という命題は、『資本論《ダス・カピタール》』では、「資本としての資本」「資本そのもの」が利子生み資本と信用制度によって資本運動的に媒介される「株式会社」の出現によって現実化するのである。

　要するに、社会的生産のための一般的条件が、諸共同体社会の国家・政府・共同体によって建設され維持されているような、比較的に生産力が未発展な段階においてはともかくとして、歴史的にすでにそうした段階から脱皮して、資本制商品経済の発展と資本の蓄積の進展とともに、交通・運転・灌漑手段のような「一般的条件」が整備される必要性と可能性がともに高まり成熟した時、株式会社制度が擬制資本として用いられることとなるのである。

　「公共事業（travaux publics）の国家からの分離と、それの資本自体によって営まれる事業の領域への移行とは、現実の共同団体《ゲマインヴェーゼン》がどの程度まで資本の形態で構成されるようになってきているかを指示している」、「そして、資本が株式会社の形態をとらない限りでは、資本はつねに自己の価値増殖の特殊的諸条件だけを求め、共同的な諸条件は、これを国家的なものとして全体の国に押しやる」と。

　マルクスは、高度な社会的生産の一般的条件＝共同の条件は、個別資本を越えて社会的資本である株式会社形態が導入されて資本の世界に導かれ、資本の手で営まれることとなる、と言っているのであり、そのような条件がなければ、資本はつねに、個別の自己増殖の特殊的条件だけを、共同的な諸条件は資本形態ではなくて国家形態の手でという分裂が必然化して、生産力増進は低度に止まらざるをえなくなる、と注意を促しているのである。

　「株式会社は、資本制的生産様式そのものの内部における資本制的生産様式の揚棄であり、したがって自己自身を揚棄する矛盾であって、それはあきらかに一つの新たな生産形態への単なる過渡点として表示される」（『資本論』第三部）と。この「過渡点」において、人類社会史の「前史」は「本史」へと渡るのである。

11　「株式会社は、資本制体制自体の基礎の上における資本制的私的産業の揚棄である」（『資本論』）

「株式会社」ないしは「有限責任会社」の制度においては、株主の責任が有限であるならば、債権者を保護する何らかの手段が制度として講じられなければ、その「会社」は、資金を他者から借り受けることができなくなるから、債権者に与えられるべき保護の一つは、資本金から配当を支払ってはならないという公的義務を「会社」に課しているということになり、その「会社」には配当できる利潤の額をはっきりと量的に確定する必要が生まれてくる。

たとえば、西暦八世紀から一一世紀にかけての東のローマ帝国であった「ビザンツ帝国」の復興・活況は、ボスポラス海峡を通る貿易路において容易に課税を取り立てることができた、という一事にすべての基礎を置いてきたのである。そうした配当金支払い確定のための会社の利潤額の確定は、もともとこのような課税以外の目的のためにおこなわれたものであるが、それがひとたび確定されてしまうと、実際に課税できるようになるのであり、配当されるものは課税の対象となり、配当利潤のうち、実際に配当されない剰余部分の対象になる。しかしながら、このような水準に経済が計算可能な状態に達するためには、もちろんのこと商品経済発展の時間がかかるのであって、したがって比較的に最近の一九世紀の産業資本主義時代の中葉までに、このような高い発展段階には、イギリスをはじめとしてどこの国においても、実際には到達していなかったのである。

このような分析から、「株式会社」もしくは「有限責任会社」の機能の発達と、「商業利潤に対する国家政府の課題を可能にさせたもの」との関連の問題を呈示したのが、ジョン・R・ヒックスが自ら「ノーベル賞級以上の作品」と自負していた『経済史の理論』（一九六九年）であった。かれヒックスは、「株式会社」と「商業利潤への課税」とのこの関連が達成されたことをもって、経済史発展の「中期の局面」が何か別のものに道を譲りつつあるということの「一つの重要な徴候」とみなしているのである。このヒックスの「中期の局面」とは、もはや中世の封建制には属さないが、まだ近代の資本制にも属さない、中期・中間の過渡的局面の設定を意味しており、したがって経済的社会構成体としては特定化して記述することができない。強いて記述すれば、それは両者の総合・混合体制ということになろうが、その混合の度合は歴史的傾向性としては、後者の市場経済的要素がしだいに前者の非市場経済的要素を凌いで先歴史的趨勢にあるものとして規定しうるであろう。

経済史的事実としていうならば、契約による地代で生活を営んでいる地主とか、同じく契約による給料収入で生活している官僚とかいった、たやすく査定のできる所得の人びとが登場する、発達した「中期の局面」が到来するまでは、「所得税」が課税・徴税の軌道に乗ることはほとんど不可能事に属する。初期の所得税の場合には、これらの定期収入のある地主とか官僚が、ジェントルマン資本主義の市民的主人公として、主要な所得税の見込みうる納入者であったのであり、その一方、商業利潤は、ごく最近までのフランスの場合に見られるように、なおその大部分は課税の対象から洩れていたのである。

このように各人の所得を捕捉して所得税を実効的に課することは、すでに相当程度な水準に達していた国家・中央政府にとってもなかなかに困難な事に属していたのであって、所得税を施行できない時には、富の指標として「財産」の査定を用いたので、租税徴集としては「財産税」に拠る必要があったのである。実際、このことは必要上、すくなくとも古代ローマ帝国以来、各国でしばしば行なわれてきていたことであった。現代の経済学者たちは、「財産税」もしくは「資本税」の方が税法として「所得税」よりもすぐれているとみなす傾向があるが、実際に、財産税もしくは資本税は査定上・徴集上で、所得税よりも理論的な視点から見てより有利さを持っているのである。

しかしながら、効果的な財産税が実効的な租税として実際に機能するためには、その財産が正確に査定・評価されなければならないのであって、財産の総評価額はただ単に算術的な加減乗除の法則にしたがって確定されるようなものではなく、実際に課税されるのは容易に評価される形をとっている財産だけなのであって、理論的理想は別として、実際に存在している財産税は、常にそのような理想的理論の想定の水準には合致しないのが普通なのである。だから、わたしたちの日常生活経験でそうであるように（また、税への能動的対応としては誰しもそうしているように）税務署に捕捉されがたい形で財産を保有するならば、財産税を免れることができるのである。しかも、財産を評価することがかくも実際的に困難なのであるからして、その上これを実施するのは税務署にとっても費用がかさむことなので、財産評価はそんなにひんぱんには繰り返されえない。したがって、納税者としては、自分の財産の活きた現在額についてではなくて、過程の評価額のタテマエに対して実際の税を支払うことになる。

右のことは、もしインフレーションが進行すれば――また、現代資本主義の実態にあっては、このようなマイルド・インフレーションの進行が常態となっているのであるが――その課税の基礎となっているものが、日々刻々と「侵食されている」ことを意味するだけにはとどまらず、それはおよそ何らかの変化やきっかけがあればたちまち必ず侵食されてしまうのである。それらの変化やきっかけの発生は、一方では、財産の価値を増加させたり（その結果、当然支払うべきもので支払を免れる財産が合法的に存在するようになる）、他方では、財産の価値を減少させたりする（その結果、税金を支払うことができなくなり、その税額は免除されなければならないことになる）。このようにして、税の歴史には、全く有効に機能しなかった財産税の事例が、数多く見受けられるのである。

ジョン・R・ヒックスによれば、このように、いくつかに純粋に課税上のリアルな理由によって、長期にわたって平均してみても、「中期の局面」の政府が必要とする税収入を徴収・確保することは、きわめて困難なことであった。「課税の基礎」となるべきものは、捕捉困難で狭少であるし、徴収事業は効率が悪いし、徴集の非効率も預かって税の負担額は、「税負担の公平原則」の謳い文句にもかかわらず、現実には、査定しやすい納税者には税負担が課せられ、そうでない納税者には税負担が実際上は課せられない、という不公平きわまるものとなるのである。そして、このようにして、税制度が公平さを欠いていることが、国家の収入をきわめて非弾力的なものにした理由であり、このことは、国家の治政上実際はきわめて重大でしかも処理・対応困難な難問を形成しているのである。

それでも、税が不変のままにとどまっているかぎり、その不公平さはおそらくまだ人びとにとって耐えうる受忍度の限度内のものにとどまっていた。しかし、何らかの変化が一度あれば、その不公平はいつでも、受忍限度を越えたものとしてはっきりと顕われてくる。というのは、前市場経済から本来生じている収入制度の起源が、再現前してあぶり出されてくるのである。国家の収入制度は、その経済の支配者の権利、しかも慣習的な権利に深く根差しており、支配者が税率を上げたり、新しい税を納税者に課して、もっと多くの租税を手に入れようとすれば、支配者が自分の収奪権利を拡張することになるのである。したがってそのような支配者は、民衆の目からすれば、不当な暴政に訴える「正当な君主」ではない「暴君」として映るのである。このようにして「租税の問題」は、国家経済上の由々しき大問題に転化するのである。このような徴税をめぐる重大事態の発生は、理論的な事柄ではなく、いかにアクチュアルな現実的重大事態であるかは、たとえば歴史上の「ワット・タイラーの乱」や「ハムデン事件」や「ボストン茶会《ティー・パーティー》事件」を想起するならば、一目瞭然のことである。

ヒックスに言わせれば、「しかし、問題は、長期的傾向として、政府の支出が増大する、という点にはとどまらない。その支出増加は、連続的でもなく、漸進的でもなかった。支出の増加は、急激に、しかも突如として、起こってくるものなのである。そうなれば、非常事態が生じるのは避けがたい。戦争はその最も重大なものであったが、かならずしもそれは唯一のものではなかった。『王』はこの『臨時的』な支出増大を、いったいどのようにして工面したであろうか?」（傍点いいだ）。

それに対する確かな解答は借入を国家・政府がするということである。それ以外にはいかなる方策もありえない。「王」はどのようにして借入をおこなったのか?　このような、非常事態がつづくかぎりは行なわれる、また行なわれなければならない借入は、当然その借入れ期限がやってくれば、貸主に対して返済しなければならない。では、いったい、「王」はどのようにしてかれの借入を貸主に返済することができたのか？

非常事態が過ぎ去っても、「王」の租税収入は依然として単に通常経費をまかなうにすぎないままなのであるからして、依然として今度はその返済に充当すべき新たな資金の借入先を探し求めなければならないであろう。貸し手、とりわけ潜在的な貸し手にとっては、この事実は十分に分かり切っていたはずの事柄である。「国家」に対する無担保貸付は、信用の無い・乏しい個人に対する無担保貸付と同様なものであり、おそらくよほど高利でもないかぎり、このようなきわめて危険・不安定な貸付が、自発的におこなわれるということはなかったにちがいない。

ここで、国家の強制力の発動がいかなる名目をつけようともリアルな最終要因として出てくるのであるが、「中期の局面」の国家は概して、汎通的な信用力をもっていなかった。このことは、少くとも部分的には、国家の税収入が弾力性を欠いていたことに由来することであって、そのために借入の返済期限が来ても借入金額を返済することが困難ないしは不可能となったのである。その返済期限がやってきたとき、返済不履行を「正当化」することは、国家の「正当性」にとっては、きわめて容易なこと・安易なことであったのであって、それらの貸し手は貨幣を貸したのだと言うが、かれらは貨幣を現に貸すことによって、その貨幣額を現に持っていることを自己暴露しているではないか、それならば、返済期限が来ても、「王」やその陪臣たちが、その貨幣は本来であるならば租税＝財産税として無条件に納められて然るべき貨幣であった、と言い張るのは、国家の側の理屈としてはきわめて容易なことであったのである。

貸借の証書はたしかにあることはあるであろう、しかし、借り手である「王」が強固に返済期限が来ても返済を拒否すれば、いかにして貸し手たる者にそれを強制的に返済させることができるのか？　その強制力は国家として借り手たる「王」の側に一方的にあるのであって、貸し手たる私人の側には全く無いのである。借り手である「王」＝「国家」に対して、返済してもらう証書上の権利を請求して争訴するために、「主権者自身の法廷」を用いることは困難であり、また法機構上それは当然に不可能なことでもあった。このようにして、強制力を固有している「主権国家」に対して、貨幣を貸付けることは、一般に私人に対して貸付けるよりも質を絶して危険が大きかったのである。

　しかしながら、わたしたちがすでに見てきたように、私人に対して貸付ける場合と同じように、このジレンマから抜け出す方法はある。もし無担保の借入が困難か、きわめて巨額の費用が掛かるとすれば、担保付きの借入についてはどうであろう。ここで、まさにここにおいてこそ、担保による借入について、二種類の区別をおこなうことが重要になる。

　その際に発動される「制裁措置」について言えば、たとえば古代ギリシア・ローマの時代には、債務者を奴隷として売ることができるという制裁があった。この制裁措置が実際上きわめて広く講ぜられたことは、歴史的諸事例に徹してみてあきらかなところである。利子に対する障壁が中世キリスト教秩序には存在していたのに、なぜ古代ギリシア・ローマ時代には存在しなかったのか、という理由の主たるものは、おそらくこのような制裁措置を古代ギリシア・ローマ時代には利用できたことにある。この道が、中世ヨーロッパ・キリスト教世界によって閉ざされてしまうと、簡単な解決法はなくなってしまった。債務不履行の廉で投獄することは、きわめて一般的に行なわれたものであるが、事態の解決法としてはきわめてまずい解決法である。なぜかといえば、いったい誰が入牢中の囚人＝債務者を扶養していくのか、どうしてそのために「国家」が金を支出しなければならないのか、どうして債権者の方がそのための金を出さなければならないのか、という誰しもが答えに窮する難問が持ち上がるからである。

　したがって、このような制裁のやり方は、貸した貨幣の現実の返済には実際には少しも役立つことがない。投獄という制裁がたとえ利用できたとしても、法廷がこれを最後の手段とみなして、それ以外の場合には使おうとしなかったことは、十分にうなずけることである。法廷は、この問題にはかかわらない方が得策である、とみなしたのである。

　ではどうするか？　どうすべきか？　貸し手あるいは貸付能力を持っている者にとっては、奴隷として売り払うという古代的制裁措置、投獄という中世的制裁措置に取って代わるべき近代的方法の道が開かれている。すなわち、貸付に対する担保の要求である。

借入についての担保に二種類の区別をつける問題に戻れば、抵当によって借入金を借り受ける場合、その場合には担保はいぜんとして借受人の手元に残っているのだが、貸し手の方はそのような抵当担保にはあまり気乗りがしなかったと言ってよい。なぜなら、もし債務者が返済期限が来ても債務を履行しないならば、請求権を行使するためになお法廷に頼る必要がその場合には生じるからである。しかしこのことは、無担保貸付の場合に比べてみて、かならずしも容易なことだとは言えない。

今一つの場合については、債権者の立場はそれとは若干違っている。というのは、もし債権者が担保を自分の手に収めているならば、かれはいっそう強い立場にいることになるからである。したがって、質物を担保として質屋を利用する借受けが、金貸資本の資本形態のケースとして可能であった、と言えるのである。借り手が、私人であっても、国家であってもそれはそうなのであって、「中期の局面」の政府――つまり具体的には一九世紀の産業資本主義時代の「安上りの政府」が、しばしば頼みとしなければならなかったのは、ほかならないこの「質屋」であったのである。このかぎり、一九世紀イギリスの地主制ジェントルマン国家とは同時にまた、「質屋」国家と呼ばれて然るべき、典型的な国家存在であったと言える。これが、ヒックスのいう「中期の局面」での近代的事態の到来・形成である。

以上、〈唯物論的歴史把握〉の領域に属する先・前資本主義時代と、資本制社会が商品経済のもつ歴史的抽象によってイギリス中心に最も純化をとげた産業資本主義時代と、「国定資本の巨大化」を処理する株式会社による資本集中と資本独占が「支配・法制・従属の要素」をともないつつ現出してくる金融独占資本主義時代の、三時代の人類文明史に亙って、(1)運河・道路・鉄道・灌漑・水運をめぐる特発的な株式会社の生成とその機能、(2)国家・共同団体による公共施設・公共事業の建設と個別資本によるその調達との共存・併存、(3)近代的株式会社と信用経済の形成による巨大固定資本と巨大公共事業の充当・自己更新、の三相にわたり、マルクス的考察を『要綱』『資本論』に基づいて全体的に大観してきた。

その論理的整合性を一元化することは至難であるが、その論理的方向性は看られたごとく、最新の（3）の要素の増大的進展による株式会社の活動によって資本制社会の社会的再生産の整合性へと向かっていることを確認することができた。「貨幣としての貨幣」である国際金本位制が崩壊した後の、今日の国際通貨管理体制下のグローバル資本主義においては、「資本としての資本」である株式会社企業が多国籍＝超国範企業へとドル本位変動相場制のもとで世界的展開をとげることによって、（1）（2）（3）の諸課題を、資本家社会的に処理し解決する方向へとドル危機＝世界危機の徴候を孕みつつも前進しつづけてきているのである。

マルクス『資本論』は、第二部の「資本蓄積の一般的法則」を論述した章の「付論」として、「いわゆる資本の原始的蓄積」と「近世植民地論」とを歴史展開し、「資本蓄積の一般的法則」の論理展開の原理論的基礎の上に、ヨーロッパ中世封建制＝農奴制の新大陸からの世界貨幣（金・銀）の旧大陸への収奪的輸入がもたらした「価格革命」によって中世的諸関係の自己解体をよぎなくされつつ、先進オランダ・イギリスの羊毛織物工業の抬頭を渦心として、封建体制の廃墟化（たとえば「三十年戦争」によるヨーロッパ、なかんずくドイツの文字通りの廃墟化・荒蕪化を見られよ）の上に、「イギリス的方法」（第一次・第二次エンクロージャー）による生産手段たる土地（自然）と生産者（人間＝耕作農民）の歴史的分離過程が進行し、トマス・モアが痛嘆したごとく「羊が人間を喰う」過程として原初的な資本―賃労働関係の析出が世界史的におこなわれたことを、いわゆる資本の原始的蓄積として歴史記述的に理論化した。

そのイギリスを「典型的例解の場」として進行した近代化過程は、その後の世界史のヨーロッパ工業宗主国―A・A・LAモノカルチャー農業植民地のグローバルな形成過程において、工業宗主国ヨーロッパ世界の本来的蓄積（搾取）と全世界的に結合する（たとえばランカシャー綿工業とエジプト・インド・USA南部《ディープサウス》の近代奴隷制的ないしは隷農制的棉花栽培農園《ファーム》との結合を見られよ）と周辺植民地世界の非本来的な原始的蓄積（収奪）との世界一円的関係の歴史的追跡を、「近世植民地論」としてマルクスはウェークフィールド理論を検討することによって同じく歴史記述的に理論化した。

モーリス・ドップ『資本主義発展の研究』の提起によるならば、「もしも、富の移転ということだけが、資本の原始的蓄積の過程の意味であるならば、産業を発足させるための資力を新しい階級の手に渡すためには、旧階級と新階級との間を金融的に媒介するものとして、信用制度が十分に発達するならば、それでよいではないか。いったいなぜ、産業資本主義のための一つの前提条件として、信用制度の発達よりもいっそう複雑きわまる歴史的過程を、ましてや社会革命などというものを、探し求める必要があるのであろうか？　／もしも、このような挑戦に対して応答するとするならば、単なる富の移転以上の或るものが必要である、というのでなければならない。すなわち、産業資本主義が全面的に繁栄するためには、ブルジョア階級の手へ富にたいする権利名儀が移るだけでなく、はるかにより少数の人びとの手へ富の所有が現実に集中することが必要だという理由がかならずなくてはならないのだ」。卓見である。

諸資本の産業資本主義時代的な自由競争が、信用制度の介助を介して資本集中を押し進めながら、支配・強制・従属の要素をともなう「独占化」を世界史的に出現させ、資本家と賃労働者との闘争を激化させるばかりではなく、資本間の競争によってごく少数の大資本家が大多数の中小資本家を（株式企業における機能資本家の専制と大多数の従属株主の貢納をともなって）収奪し・滅亡させ・資本併呑してしまう過程を、『資本論』「資本蓄積の一般的法則」の「付論」である「いわゆる資本の原始的蓄積」節はブリリアントに提示した。そこにおいて、初源のイギリス的方法による、生産手段と生産者との歴史的分離過程の分析から類比的《アナロガス》に、やはり末期のイギリス的方法による、ごく少数の大資本家（金融寡頭制の資本貴族）の大多数の中小資本家の収奪・併呑を歴史予想記述して、「収奪者が収奪される」「資本制社会の葬送の鐘が鳴る！」という有名な命題がマルクスによって提示されたのである。

その際のマルクス的美文にうかがわれる、ヘーゲル張りの「否定の否定」の似而非弁証法や、経済的収奪と政治的収奪とが片や非本来的蓄積の収奪と片や無産者大衆の革命的行動による大資本家の富・権力の収奪として全く異質であること等に、必要以上に余りにこだわることはない。その章節におけるマルクス的弁証法が光彩陸離たるのは、なによりもかによりも、薄っぺらな一枚のハムのように五世紀にわたる近代社会の世界的形成史を首尾呼応よろしくサンドウィッチにしてパクッと食ってみせたマルクスの芸当が、体系的一貫性にみちみちていることである。

早期近代《アーリー・モダン》の叙述と晩期近代《シュペート・モダン》の叙述が経済学原理論の記述からはみ出るべくしてはみ出ざるをえない〈唯物論的歴史把握〉の領域として、プロレタリアートの主体的な革命行動への誘いであることは、自明のことでなければならない。だからこそ、今一度再引用すれば――「資本制的株式企業も、協同組合工場と同様に、資本制的生産様式から結合生産様式への過渡形態として見られるべきもの」であり、「株式会社は、資本制体制自体の基礎の上における資本制的私的産業の揚棄」であり、「株式会社は、資本制的生産様式そのものの内部における資本制的生産様式の揚棄であり、したがって自己自身を揚棄する矛盾であって、それはあきらかに一つの新たな生産形態への単なる過渡点として表示される」のである。この過渡点を渡って主体的に獲得される「一つの新たな生産形態」とは、人類社会史の「前史」を終わらせ「本史」への世界史的扉を推し開く〈共産主義《コムニスムス》〉＝〈アソシエーション社会〉でなくて何でありうるであろうか！

ブルジョアジーをしてプロレタリア世界革命の雄叫びの前に再び、三たび戦慄せしめよ！

第一七章　地代論の『資本論』体系的位置価

1　土地売買についての初期マルクスの道徳的告発から土地所有の経済学的研究へ

「青年ヘーゲル派」に属した初期時代のマルクス、ルーゲ、エンゲルスが活躍した『独仏年誌 "Deutsch-Französische Jahrbücher"』（一八四四年）に所載された、若きマルクスの主要論文は、「ヘーゲル法哲学の批判」であり、若きエンゲルスの主要論文は、「国民経済学批判大綱」であった。

つまり、当時のマルクスは、まだ法学者であったのであり、エンゲルスは経済学者であったわけで、あきらかにこと経済学研究においては、最先進経済国イギリスの地の利を得ていたエンゲルスの方に、一日の長があり、この若きエンゲルスの若きマルクスに対する理論上の先行的・先導的役割は、両名の共同原稿であった『ドイッチェ・イデオロギー』におけるいわゆる唯物史観の創成においても、これを看取しうるのである。「第二ヴァイオリン」と謙譲の美徳をもって自伝した後年のエンゲルスは、一八八六年の『反《アンチ》デューリング』においても、近代社会における「唯物史観」と「剰余価値学説」との理論的発見の功績を「第一ヴァイオリン」たるマルクスに帰して、「この二つの偉大な発見、すなわち唯物史観と、剰余価値を手段とする資本制的生産の秘密の暴露……これらの発見によって社会主義は科学になった」と公言したが、その実は二つのうちの一つ、しかも首位に立つ「唯物史観」は、エンゲルス自身の発見になるものであったと言わなければならない。

若きマルクスがいかに、この経済学研究上の立ち遅れを取り戻し、キャッチ・アップしようと勉励これつとめたかは、かれの厖大な『経済学ノート（いわゆる「ブリュッセル期ノート」）』（一八四四〜四七年）に顕著なごとくであるが、このマルクス最初の『経済学ノート』を閲してみるならば、そこにジェームズ・ミル、アダム・スミス、デイヴィッド・リカード、マカロック、セー、ピエール・ジョセフ・プルードン、プヴォー、デステュット・ド・トラシーらの古典派経済学者の巨匠たちの「経済学原理論」的な諸著作からの抜き書きと並んで、僚友である若きエンゲルスの『国民経済学批判大綱“Unrise zu einer Kritik der Nationalökonomie”』からの克明な抜き書きがなされていることが判る。

そのエンゲルスの著作の題名の「国民経済学《ナツィオナール・エコノミー》」とは、『国民経済学批判要綱』のなかでかれがまた「自由主義経済学」と呼んでいるように、これを要するに、アダム・スミス（かれをエンゲルスは「経済学上のマルティン・ルッター」と呼んだ）をはじめとする（後の定着呼称でいう）〈古典派経済学《クラシックス》〉のことであるが、『国民経済学批判大綱』における若きエンゲルスのかれら「国民経済学」＝「自由主義経済学」に対する批判の水準は、「私的所有の正当性を疑ってみようとは夢にも思わなかった」かれらの経済学の基礎的諸範疇――「価値」「地代」「利潤」「賃金」等々――を片っ端から全面的に検討にさらして、かれ自らの「土地と人類との生産力」ならびに「科学の進歩」の見地からそれを片っ端から総批判して、「私的所有」廃棄の歴史的必然性をはじめて理論的に立証しよう、と試みた労作であった。

その際、若きエンゲルスは、私的所有関係から生じる不道徳性（Unstitlichkeit）ならびに私的所有の諸範疇・諸法則を展開する自由主義経済学それ自身の不道徳性（偽善的性格）を告発した。すなわち、その道徳的告発によるならば、アダム・スミスらの讃美する私的所有の最初の結果たる商業＝「売買」では、両当事者の利害は、必然的に絶対的な対立、敵対的な衝突の性質を帯び、それは、一方では、「相互不信」、他方では、「不信の正当化、不道徳な目的を達するために不道徳な手段を用いる」結果を生むのであり、つまり、商業とは「合法的な詐欺」以外のなにものでもないのである。

とりわけ、「われわれの第一の生存条件である土地の売買は、自分の身を売るという不道徳にだけ一歩を譲る不道徳」なのであって、こうした不道徳も、結局は、「私的所有」が、生産において結合されるべき土地、労働、資本といった生産諸要素を、私的所有関係を通じて引き裂いてしまったことに起因しているとみなされたのである。私的所有によって分割されてしまった生産諸要素の間の敵対的闘争、すなわち、「競争」こそ、人類社会に発生している不道徳性のまさに完成態であって、それは私的所有が自己を展開する様式と不可分であり、したがって私的所有の「揚棄《アウフヘーベン》」なしには排除されえない、とされたのである。

『国民経済学批判大綱』のエンゲルスによれば、「自由主義経済」が従来の経済学の「純経験的な、単に即物的な研究方法を捨てて、いっそう科学的な性格をとるようになればなるほど」、経済学にかつてふくまれていた不道徳性を否定しようとする試みによって「偽善性」もまたそこにもちこまれて、その結果むしろ、その不道徳性は最高度に高められてしまうのである。このようにして若きエンゲルスは、かつて「一種の天真爛漫なカソリック的率直さをもっていて、商業の不道徳な本質をすこしも隠そうとしなかった」重商主義に対して、重商主義批判を行った「経済学上のルッターであるアダム・スミス」の登場を転機として、「カソリック的な率直さに替わって、プロテスタント的な偽善が現われた」のだとみなしている。

これを要するに、『国民経済学批判大綱』は、「広義経済学」を唱えた後年にいたるまで、エンゲルスに特有なものとなった唯物史観経済学の最初の産物であり、所有論的経済学として、先進的なイギリス国民経済学を「私的所有」批判にかける道徳的告発の社会主義的主張にほかならなかった。マルクスは、最後期の『資本論』段階においてさえも、自らが若き日に経済学的啓発を享けた『国民経済学批判大綱』と『イギリスにおける労働者階級の生活』に対する推重の念を表明しつづけたが、エンゲルス自身は後年においては、「あれは歴史的文書としての価値しか有っていない」と正当に（！）自己評価していた。たとえば、一八八七年四月一三日づけのヴィルヘルム・リープクネヒトあての手紙において曰く――「『独仏年誌』のわたしの昔の論説を、『フォルイスシュタート（「民族国家」）』に転載するのは、絶対にまずい。あのしろものはすっかりなくなってしまっており、また正しくないことがいっぱいあり、みんなを混乱させるばかりになるだろう。それに、あれはまだ、へーゲルべったりの書き方で、これも絶対にもう不適当だ。あれは、歴史的文書としての価値しかないのだ」と。

そのような『国民経済学批判大綱』を、僚友の若きマルクスが『経済学ノート』において、アダム・スミスの『諸国民の富』やリカードの『経済学と租税の原理』やプルードンの『貧困の哲学』等々と同列に並べて抜き書きした時、マルクスが意識しなかった効果として、かれら「国民経済学派」の自由主義イデオロギーに対置・対比しての「国民経済学批判」の社会主義イデオロギーのイデオロギッシュな優劣についての判定ということがあるいはあったかもしれない。唯物史観的な社会主義イデオロギーは、すでに労働価値説に立脚している科学的な古典派経済学が無意識にかかえこんでいる自由主義的イデオロギーから、経済学研究者を思想的に解放する利点がまぎれもなく確かにあるものの、それは『経済学ノート』の厖大な抜萃によって科学的理論としての経済学研究を進めようとしていたマルクスの——結局は『経済学批判』『資本論』へと理論的に深化しつづけてゆくこととなった——志向性とはかなり異質なものであることだけは、今日から見て間違いないところである。

やがて、いわゆる『経済学・哲学手稿 “Ökonomisch-philosophische Manuskripte aus dew Jahre 1844”』の「パリ草稿」（一八四四年——まことに、それは年次的には『国民経済学批判大綱』とまさに踵を接しているのだ）を著わしたマルクスが、エンゲルスの『国民経済学批判大綱』から最も学んだのは、「私的所有が存立しているかぎり、結局、いっさいが競争に帰着する」という競争論であった。エンゲルス『大綱』の価値論は、わたしたちが理解するにいたっている「商品価値論」や「労働価値説」と同じような理論的内容・性格をもっていない、通俗的・道徳的な「価値論」であるにしかすぎない。

ただエンゲルスは、競争に立脚する商品経済＝資本主義経済の基本性格を暴露し、古典派経済学の「労働価値説」批判を通じて、社会主義的・道徳主義的イデオロギーによる「私的所有」批判を展開し、近代社会の「不道徳性」の由って来たる根源を告発し、さらに社会的生産が私的所有の競争に委ねられているかぎり、「競争の動揺とその恐慌への傾向」は不可避であることを直観的に強調し、私的所有の廃絶後における「社会主義経済」の展望をうちだしたところに、革命学説としての先駆的功績があったと言える。その弁証法は「私的所有の法則」なるものも「私的所有廃絶」の展望をもつことによってはじめて科学的に認識しうるというものであった、と言えるであろう。そのような先駆的な弁証法的展望が、直続したマルクスの『経済学・哲学手稿＝一八四四年パリ草稿』に、包括的な影響を与えたことは、これを疑うべくもない。

一八四八年の「共産主義者同盟」の創設綱領である有名な『共産主義宣言』には、すでに次のような定式化が見られる、すなわち――「共産主義の特徴は、所有一般を廃止することではなくて、ブルジョア的所有を廃止することである。／しかし、近代のブルジョア的な私的所有は、階級対立に基づく、一部の人間による他の人間の搾取に基づく、生産物の生産と取得の最後の、そして最も完全な表現である。この意味で共産主義者は、自分の理論を、私的所有の廃止、という一語にまとめることができる」と。

ここでは、マルクスはすでに、エンゲルス『大綱』が鍵《キイ》概念としている「私的所有」と、近代社会における「ブルジョア的私的所有」とを識別しており、かつはまた、その「ブルジョア的・私的所有」を階級社会史一般を規定づける「生産物の生産と取得」様式の「最後の、そして最も完全な表現である」ものとして位置づけており、したがってまた、「共産主義《コムニスムス》」の理論的定在を再び一般的な・階級社会史貫通的な（つまりエンゲルス『大綱』的な）「私的所有の廃止」という一語に集約するという、概念的思考の往還運動をおこなっている。

この「私的所有の廃止」という所有論的経済学用語に集約された一種のスローガンが、近代市民社会《ブルジョア》を「最終の階級社会」として規定し、したがってまた、それを転覆し変革する「プロレタリア世界革命」が人類社会史の「前史」を終わらせ、「共産主義《コムニスムス》」という「本史」への扉を開く――主体論として言えば、「プロレタリアート」の解放こそが「全人類」の解放である、という原理的構造になる――という人類史再構想の唯物論的歴史把握との関連性において、『宣言』の発した単なる「ブルジョアジーとプロレタリアート」との二極対立に還元された抽象的規定よりはさらに豊かな理論的内実をもった経済学的規定として定立するにいたるまでには、マルクスによって一八四四年に開始された『抜粋ノート』『パリ草稿』にはじまる第一次経済学研究への沈潜・没入が必要であったのである。

その経済学研究の開始を画して、『パリ草稿』の第一「草稿」のなかで、エンゲルス『大綱』ではかならずしも明確には提起されていなかった見地――すなわち、私的所有の資本家社会的形態が、この旧封建的・前近代的形態と対比され、前者による後者の解体という資本主義発展の歴史法則を「市民社会の解剖学」としての経済学（批判）によって把握する、という見地――がうちだされてくることに、わたしたちは接するのである。その次元・水準にだけ即して限局して言うならば、エンゲルス『大綱』の結尾は、競争論的視角を鋭く活用しながらも、私的所有一般に由来する近代社会の不道徳性《ウンジットリヒカイト》を告発する唯物史観経済学的・所有論経済学的なイデオロギッシュな道徳主義的・社会主義的主張の域を出なかったと言えるのである、すなわち――「ここでわたしにとって重要なことは、競争が道徳の分野にも拡大していることを立証し、私的所有が人間をどれほど深く退化させたかを示すことだけである」と。

いずれにしても、若きマルクスにしろ、若きエンゲルスにしろ、いつまでも「私的所有は盗みである」というテーゼに止まっているようでは、プルードンの『貧困の哲学』を、『哲学の貧困』として全面的に顚倒させて批判する域には進みえないのである。

マルクス／エンゲルス問題とでもいうべき、両者の共同性と異質性の問題は、かれらの初期の共同著作である、バウアー＝フォイエルバッハ＝スティルナーに対する批判である『ドイッチェ・イデオロギー』や、バウアー兄弟に対する批判である『聖家族』から、かれらの最後期の『資本論』第一部の刊行や第二部・第三部のエンゲルス整理・編集の刊行にいたるまで一連の問題系列をもっているが、このマルクス／エンゲルス「持分」問題は、『経済学・哲学手稿＝一八四四年パリ草稿』においても、実は重要な問題を秘めている。ニコライ・エ・ラーピンの論稿「マルクス『経済学・哲学手稿』における所得の三源泉の対比的分析」（一九六九年）によるならば――「『パリ草稿』（一八四四年）の形成過程において、第一『草稿』の書き上げまでの第一段階は（1）エンゲルス『大綱』、プルードン『貧困の哲学』らの経済学的諸著作との最初の出会い、（2）セー、スカルベイ、スミスの経済学書からの抜粋（第一〜第三『抜粋ノート』）、（3）所得の三源泉の分析（第一『草稿』前段）、（4）「疎外された労働」（第一草稿後段）、そして第二段階は、リカード、ジェームズ・ミル、マカロック、プレヴォー、デステュット・ド・トラシーの経済学著書からの抜粋（第四・第五『抜粋ノート』）ならびにエンゲルス『大綱』の要約（第五『抜粋ノート』）を経て、第二・第三『草稿』まで、に区分される。

したがって、右のラーピンの推定のごとく、マルクスはこの『パリ草稿』〔この草稿は、一九三二年にいたってマルクス＝エンゲルス『歴史的批判的全集』第一部・第三巻としてはじめて発表・公刊されたさい、編者によって『一八四四年の経済学・哲学手稿』という表題がつけられた。現行ディーツ版のマルクス＝エンゲルス『著作集』補巻第一分冊（一九六八年）においても、この表題は、右編集者による第一『草稿』（「疎外された労働」）といった中間の諸表題とともに、そのまま踏襲されている〕。

わたしとしては、総表題は、『パリ草稿』全体が、実は「経済学・哲学」ばかりでなく、むしろより主要に、「共産主義論」を内包しているために、これまで『パリ草稿』として当時のソ連邦の研究者たちによって表題化されてきているが、「経済学・哲学・共産主義手稿」として然るべきものであり、本節ではそれではあまりに繁煩にわたるので総表題として適宜に『パリ草稿』と『経済学・哲学手稿』の両者を併用し、中間の諸表題は「疎外された労働」以下編者の付けた表題を踏襲することとする。そこにおいては、エンゲルスの『国民経済学批判大綱』が、マルクスの二度にわたる読み込みを反映して（もちろんのこと、『独仏年誌』の主筆としてマルクスは、一八四四年一月にエンゲルスの『大綱』原稿を受け取ったさい、それを精読しており、今回は一八四四年三月以降の両度という意味である）、『大綱』要約の抜粋が、二度にわたりおこなわれている。

第一のエンゲルスとの出会いにおいて、マルクスは先にも述べたごとく、『大綱』の競争論的展開に着眼し、そこから強い影響を受けながら、『パリ草稿』の第一『草稿』を書き上げているが、その折りには、『大綱』にみられる経済学の基礎的諸範疇――ヘーゲル張りの「価値」「地代」「利潤」「賃金」など――の検討の側面については、特殊経済学的内容を十分に理解することは、おそらくまだ無理であったであろうだけでなく、意識的な関心と取り組みそのものが欠けているのだが、この問題領域にかれマルクスが開眼したのは、『パリ草稿』を書き上げる際の両度の『大綱』「取り組み」段階になってからである。

マルクスの厖大な『経済学ノート』において、『大綱』の要約そのものが、最初の三冊のノートではなくて、後のノートのなかに見出せる理由も、以上の経緯によるものであろう。ラーピンの考証的解明によれば、マルクスによる『大綱』との「両度にわたる取り組み」は、一八四四年におけるマルクスの経済学研究の先に述べた二つの主要段階の存在にからみあっており、第一段階・第二段階のそれぞれにおける問題関心の違い、そして経済学研究の深化の度合いの違いを、反映していると言える。

かれラーピンによれば、先にも述べたように、マルクスの『大綱』との最初の出会いにおいては、国民経済学研究のキャリアを生かしてイギリス経済学の諸範疇のいっさいを自由に使いこなして書かれたエンゲルスの『大綱』の特殊経済学的内容を、マルクスがはじめから十全に理解することはおそらくはまだ無理だったのであり、「エンゲルス論文との最初の出会いの際にはマルクスは、当時かれ自身が最も関心を寄せていた問題、すなわち、労働と資本との関係の問題、資本家社会の基本法則としての普遍的競争の問題に、とりわけ着目したのであった。まさしく、この種の問題領域では、エンゲルスの『大綱』がマルクスの『パリ草稿』の「所得の三源泉」の断片におよぼした影響が、はっきりと読みとれる」と。

それにつづく第二段階については、かれラーピンは、つぎのような判断を提示している――すなわち、マルクスの短い『大綱』ノートが抜き書きされる段階においては、マルクスは「価値はなにによって決まるか――有用性によってか（スミス、セー）、それとも、生産費によってか（リカード、ミル）、という問題をめぐる、スミス学派とリカード学派との論争を追尾した箇所で、エンゲルスの採っている立場にまっすぐ焦点をしぼっている。マルクスは、マカロック、プレヴォー、リカード、ミルらの著作を第四・第五『ノート』で要約している時、言い換えれば、先述した経済学研究の第二段階に着手した時に、はじめてこの問題領域に目を開かれたのであった。『大綱』の要約そのものが、最初の三冊のノートではなく、このノートのなかに見い出せることも、以上の経緯によるのである。

ラーピン論文を追尾した山中隆次再文献考証論文「『経済学・哲学草稿』と『抜粋ノート』との関連――ラーピン論文によせて」（『思想』一九七一年一一月号、岩波書店刊）によれば――

五冊のマルクス『抜粋ノート』の第五ノートのなかで、

「マカロック『講義』からの抜粋が終わっているオリジナルP・9の裏に、問題の〈エンゲルス論文抜粋〉が、そのページ全体にわたって書き込まれている。表題が「独仏年誌のエンゲルス」となっていることはともかくとして、ここでの最大の問題点は、〈エンゲルス論文抜粋〉が、MEGA編集者により説明されているような、「紙片に（Auf losem Blatt）」書かれて第五『ノート』に「挿入された（eingefügt）もの」でなく、はじめから、この第五『ノート』のマカロック『講義』からの抜粋P・9の裏に直接書き込まれていることである。しかも、はっきりと糸による仮綴じの跡もそこには残されているのである。

このことは、〔当時の――いいだ〕MEGA編集者の誤った説明と『抜粋ノート』冒頭への配列の仕方から、〈エンゲルス論文抜粋〉が第五『ノート』より以前の、この時代のマルクス経済学研究のかなり初期に書かれたものと一般に与えていた印象ないし誤解を一掃するほどに、重大な事実であると思える。問題の〈エンゲルス論文抜粋〉は、以上のようなラーピンの調査結果からすれば、どんなに早くとも、第五『ノート』のマカロック『講義』からの抜粋の以降に書かれたものであり、さらには次のトラシーからの抜粋がマルクスのページ付けでP・10（第五『ノート』の七枚目）からはじまっていることから見て、マルクスは問題のページを白紙のまま残してトラシーからの抜粋を書き、そのあとに〈エンゲルス論文抜粋〉を書いたものとも推定できる。ともかく、こうして、一方では、〈エンゲルス論文抜粋〉が、何の疑いもなく第五『ノート』と同じ同時に書かれたものであることが明確化されるのである。他方では、しかし、それ以前のマルクス『抜粋ノート』に、たとえば、セー、スミスからの抜粋にも、エンゲルス論文からの影響の跡を見ることができる。こうして、はじめに紹介したラーピンの、マルクスのエンゲルス論文にたいする「二度にわたる取り組み」説も、きわめて根拠のある推定として浮かびあがってくるのである」。

なお、戦後日本では、三浦和男訳『経済学・哲学手稿』（青木文庫、一九六二年）が定評ある訳書として流布されてきた関係上、今日にいたっても、同邦訳著への三浦和男「地代草稿」注記にみられる「この手稿における『地代』の章は、全体をつうじてとくに失敗が大きかった章である。スミスやセーの書きぬきをとおして、地代を決定する要因をさぐりだそうと努力するが、個々の法則性がつかめても、それらを統一的に体系化することができない。要するに、マルクスがこの手稿においてすでにかんがえていた範囲での資本主義的生産関係のうちに、かれは地代を定位できないし、それに明確な規定をあたえることができないのである」といった誤った説明を加えている。三浦和男訳者はさらに、マルクスがこの『地代』章草稿で「地代」規定に失敗してしまったが故に、地代を「労働疎外」の結果としてとらえようとする場合でも、産業利潤とは区別された地代の「固有性」を摘出するのに失敗してしまっている、という注記も施している。同氏によれば、「地代をも、国民経済学の概念たる疎外された労働の結果としてとらえようとする段になると、それの特殊な規定性が自覚できないから、かれは地代を他の産業の利潤と同一の平面においてしまい、とどのつまりそれの固有性を消滅させてしまうことをよぎなくされるのである。にもかかわらず、マルクスが地代をも自覚的徹底性をもって、物的外皮をまとっていとなまれる人間活動の特殊な所産として概念的に把握しようとした点に、この手稿におけるマルクスの功績は存しているのである」と。

『パリ草稿』はそもそも、第一『草稿』の前段部分を、どのページもマルクスによって二本の縦線で三欄に区切られて、そのおのおのの欄にはあらかじめ表題として「労賃」「資本の利潤」「地代」という表題がつけられ、同時平行的にその空白のページにマルクスが研究成果を抜き書きもふくめて書き込んでゆく、というきわめて特異な草稿形成となっている。したがって本当であれば、邦訳の刊行もそのような全ページ三欄=編集・印刷でなければ、マルクスの思考径路は十分には跡付けられ、了解されることは難しいのである。戦後定評のあるものとして罷り通ってきた三浦和男訳は、訳者のスターリン主義的素養が手伝った多くの重要な誤りがまつわりついているのである。

ラーピンは、この平行する三欄を逐次書き埋めているマルクスの作業過程を、三つの主要階梯に区分し、そしてその第一階梯を、「労賃」欄の前半（『草稿』一～七ページ）─「資本の利潤」欄の前半（『草稿』一～七ページ）─「地代」欄のはじめの部分（『草稿』一～六ページ）まで、としている。このうち第一階梯の執筆作業の特徴として、「労賃」断片は──わたしたちは、現行テキストにしたがって、普通はここから読みはじめるのであるが──むしろ他の「利潤」「地代」の二断片の後で書かれたものであって、マルクスは先ず「資本の利潤」について第二欄の書き込みをはじめ、それと平行して、土地所有の起源の問題にはじまる「地代」草稿を書き出していったのであり、しかもこの「地代」草稿はまもなく、他の二欄との執筆作業上の直接的平行関連を失なって、むしろ独自の展開をとげてゆくのである。ラーピン式に言えば──「マルクスは、対比的分析の第一階梯で、資本の利潤の問題について叙述を進めながら、最初は平行して地代にかんする一連の抜粋を、（第三欄に）作っていったのである。とはいえ、この階梯ですでに、第三欄においてもマルクス自身の応答が見出せるのであって、いくらも進まないうちに早くもマルクスは、地代の階級的本質にかんする基本的な結論を引き出しているのである。この時点以後、「地代」問題の叙述は「利潤」

断片との直接の関連を失なってしまい、独自のプランにしたがって展開されていく」と。

したがって、ラーピン「表題」流に言えば、「所得の三源泉の対比的分析」は、はるか後年の『資本論』体系・最終章の「三位一体範式」の原型にほかならないのであるが、この〈資本―利潤（利子）、土地―地代、労働―労賃〉という三源泉の対比的分析において、訳者三浦和男の「地代論は大失敗」という評価にもかかわらず、地代論は平行的対比において、実際には、抜きん出た出来栄えを示しているのであり、とりわけ独自にふくらんで突出的前進の成果をかちとっているのである。三浦訳者が『経済学・哲学手稿』においては、マルクスは「地代を他の産業の利潤と同一の平面においてしまい、とどのつまりそれの固有性を消滅させてしまう」とした貶価は、それこそ〈三位一体範式〉による「収入《インカム》」範疇による一体化融合の結果、「諸階級」も「市民」へと汎通化して、所得＝インカムの源泉もすべて隠蔽され、よってもって物象化社会としての近代市民社会が現出することを、全く理解できない代々木派式俗流マルクス・レーニン主義のひが眼の産物にしかすぎないのであって、『パリ草稿』地代論が、『哲学の貧困』の地代論をさらに一歩前進させた積極的成果に、全く無知・無理解なのである。

もとより、このマルクス「地代」草稿の、理論的前進は、初期における経過的・相対的前進なのであって、『資本論』体系の〈三位一体範式〉がその直前の〈地代〉論の「例解」的挿入によってはじめて可能となったごとき精錬された「地代」論の理論的位置価をまだ獲得していないことは、当然すぎるところであるが、いきなりセーならびにスミスからの抜粋ではじまる「地代」欄＝第三欄が、土地所有の起源についてのセー『経済学概論』の「地主たちの権利はその起源を略ながら得ている」という命題を書き入れ、次いでスミス『諸国民の富』からの抜粋によって、「地主が自ら種子を蒔かなかったところで収穫することを好み、大地の自然の生産物にたいしてさえ地代を要求する」といった文章を書き入れ、さらに『諸国民の富』第一篇・第一一章「土地の地代について」から、地代が地主の所得を構成しないはずの土地所有の利子までをのみこむだけでなく、地主が本来改良不可能な土地に対してさえも地代を要求するという文章が紹介され、次いで、沿革の「おかひじき」の例をあげたスミスの説明を引用して、第二篇・第五章「資本のさまざまな用途について」からの引用で、地代が自然力の所産であること、すなわち土地生産物は土地の自然的・人為的豊度に応じて相違するのだが、地代は人間の所産とみなされる部分を差し引いたあとに残る自然の所産部分であり、地代は一つの「独占価格」である、とするスミスからの引用で締めくくられている全体の流れを、三浦和男の代々木派的・スターリン主義的読み取りとは区別して、よくその総体的真意を読み取らなければ飛んでもないことになってしまわざるをえない。

以上、『パリ草稿』の独自なふくらみと突出を見せる第三欄「地代」論は、スミス『諸国民の富』に依拠しながら、土地生産物のうち「自然の所産 the work of nature」を「人間の所産 the work of man」から区別して、土地所有の要求する地代が「人間の所産」と言い得るとすれば「資本の所産」部分を超過する残りの一切の部分を吸収するものであり、このようにして土地の使用に対して支払われる価格としての地代は一つの「独占価格」であり、それは地主によって土地に加えられた改良に比例することなく、借地農業者が損をしないで支払いうる額に比例するものである、というところまで、踏み込んでマルクスは説き及んでいるのである。この成果は、けっして三浦和男のように貶価できるものではありえない。しかも、そのような「地代」形式が、三位一体式に総体としては、「蓄蔵された労働」としての資本（Kapital ist anfgespeicherte Arbeit）として「労働としての生産物にたいする支配権力（Ragierungsgewalt）である」というマルクス自身のドイツ語の言葉で言表されているような、資本《ダス・カピタール》との関係において地代が定位されているのである。三浦和男の評価を逆にもじって言えば、「資本制的生産関係のうちにかれマルクスは地代を定位できた」のである。

エンゲルス『大綱』の競争論的視角をとりいれた、マルクスのP・J・プルードン『経済的諸矛盾の体系、または貧困の哲学』（一八四六年）に対する体系的批判書である『哲学の貧困』（一八四六年）においては、プルードンの「地代は労働生産物のうち生産費を越える剰余部分を吸収することによって、農業上の利己主義《エゴイズム》を打破して、土地生産物の平等な配分を実現する正義の手段となる」とする平等主義的・道徳主義的見地を、容赦なく嘲弄的に批判してマルクスが、「プルードンの摂理にかなった、寓意的で、神秘的な言葉づかいから、リカード学説を解放しなければならない。そうすれば、「地代は、リカードの意見では、そのブルジョア的姿態における土地所有である。すなわち、ブルジョア的生産の諸条件に従属した封建的所有である」という、「地代」考察のための唯一の正しい観点が出てくる」と正当にみなしていることがよく判る。

マルクスは『哲学の貧困』第二章・第四節「土地所有または地代」において、「地代」範疇は資本制的生産様式の全体としての経済的諸関係のなかでしか成立しえないものであるとして、「地代として、土地所有は動産化され、一つの商業手形となる」というところまで説き及んでいる。このような、資本制的生産様式の一範疇として「地代」規定をとらえる見地は、『パリ草稿』における「資本の利潤」―「労賃」―「地代」の三欄並記・平行・一体の範疇運動の叙述と、そこにおける第三欄＝「地代」の独自な突出的記述が先行してなかったとしたならば、『哲学の貧困』「地代」章の前進的成功もまたありえなかったであったろうと思われる。「地代は歴史の運動のなかに牧歌を投げ込む原動力となっている」という記述は、こうした透徹した総体的見地に達したマルクスによる、最も鋭いプルードン的「牧歌」趣味に対する批判であると言わなければならない。

それにしても、わたしがいかにも惜しいと思うのは、『哲学の貧困』第二章「経済学の形而上学」において、プルードンの「経済的諸矛盾の体系」を構成する弁証法的運動において、矛盾する二つの面の共存と闘争を、良い面を保存して悪い面を除去するという〝良いとこ取り〟の弁証法（日本語で言えば「採長補短」である）を嘲笑して、「経済的諸範疇をば次々と一つずつとりだしてきては、あとで取りだすものを、まえに取りだしたものの解毒剤とすることによって、プルードン氏は、この矛盾と矛盾にたいする解毒剤（いいだ注――わたしに言わせれば、「緩下剤」である、ピーピーの思想的下痢が必至である！）との混合物をもって、全二巻の矛盾の書を作成できるのである」としたマルクスが、プルードンの経済的諸範疇をプルードン自身の「分業」→「機械」→「競争」→「独占」の順列にしたがってこれを逐一木っ葉微塵に粉砕したあげく、「租税」「貿易差額」「信用」とつづく後半諸範疇を「まじめに取り上げるに価しない」として、その批判的検討を省略してしまったところである。これは、後半部分でもやり上げてしまった方が、後世の読者のためにもよかった。

現に、今日のマルクス批判の風潮に便乗した、プルードン「再評価」の片棒を担いでいる連中は、右のマルクスのプルードン批判における「後半」部分の省略につけこんでいるのであるが、この後半部分がプルードンのバカげ切った部分であることには、今日も何の変わりもありえないのである。

2　初期「疎外革命論」における土地私有の位置づけ

私見では、このプルードンの後半範疇体系は、後年の『経済学批判要綱』段階におけるマルクスの〈経済学批判体系プラン大系〉における前半体系（資本一般—土地所有—賃労働）につづく後半体系（国家によるブルジョア経済の総括・租税・不生産的階級・外国貿易・国際関係、世界市場と恐慌）の第四・第五パートに該当する。この第四・五環を媒介にする前半体系から後半体系への論理的移行の不可能性が、中期マルクスの「プラン大系論」の最大の難問《アポリア》であり、中期マルクスが後期マルクスの『資本論』体系へと越えてゆく最大の難所であったことを思い合わせるならば、かれがプルードン批判の体系的対置・対質において、後半体系の検討を省略せずに「下稽古」を積んでいれば、随分と「プラン大系問題」の処理は楽になったであろう、と惜しまれるのである。

さて、ここでまた少し戻って、一八四四年の『パリ草稿』の再検討をさらに進めることとする。ニコライ・エ・ラーピンに言わせれば、「『資本論』をカール・マルクスの経済学説の頂点とすれば、『一八四四年の経済学・哲学草稿』は、この頂点にいたるマルクスの歩みの真の出発点である。そして、最後の成果は、最初マルクスの念頭に浮かんだものとはまったく違ったものとなったにしても、行動は、歴史的にはまさしくここ、一八四四年に開始されているのである。それゆえ、この最初の出発点がどのようなものであったかを、一度考察しておくことは、興味のあることである」ということになる。きわめて如実にそうなるのである。

一九三二年の『草稿』の編者によって『経済学・哲学手稿』と表題されたその経済学研究に即して言うならば、マルクスとエンゲルスは、一八四四年のこの当時、「国民経済学（Nationalökonomie）批判」的研究に没頭していたが、マルクスは、『手稿』の第三『草稿』（「私的所有と労働」）の項で、つぎのように記している。抜粋ではなく自分の「ナツィオナール・オエコノミー」的ドイツ語でもって――「私的所有の主体的本質、対自的《フュア・ジッヒ》に存在する活動としての私的所有、主体《ブズジロクト》としての、人格《パルソーン》としての私的所有は、労働である。したがって、労働をその原理として認識した――アダム・スミス――国民経済学《ナツィオナール・エコノミー》が、はじめて私有財産を人間の外にある単なる一状態とは思わなくなったということは、おのずから明らかなところである。だから、富の主体的本質を――私的所有の内部で――発見したところの、この開明的な国民経済学《ナツィオナール・エコノミー》にとっては、私有財産を人間に対する単に対象的な存在としてしか認めない重金主義および重商主義の一派は、物神崇拝者、カトリック教徒にみえる。それゆえエンゲルスは、正当にもアダム・スミスを、国民経済学上のルターと名づけた」と。マルクスの『抜粋ノート』で言えば、「近代の国民経済学《ナツィオナール・エコノミー》の貨幣体制、つまり、重金主義に対する敵対」ということになる。

先にも述べたように、このNationalökomomieはエンゲルス『大綱』の別な呼び方ではdie liberale ökomomieであって、いうまでもなく両人の後の定義的命名では、イギリス「古典派経済学《クラシックス》」のことである。すなわち、開明的な自由主義イデオロギーによって染めぬかれている経済学であって、前代のいわゆる「大航海時代」以来の商人資本を世界的蓄積基軸とする重金主義的世界編成に敵対する経済学であって、すでに産業資本をイギリス的蓄積基軸とする労働価値説（「投下労働説」的形態ではあるが）を学問的立脚点としている自由主義経済学である。

『パリ草稿』第三「草稿」（「私的所有と共産主義」）では、有名な次の定式化的立言が見られる――「この共産主義は、完成した自然主義（Naturalismus）として＝人間主義（Humanismus）であり、完成した人間主義として＝自然主義である。それは、人間と自然とのあいだの、また人間と人間とのあいだの、抗争の真実の解決であり、現実的存在と本質との、対象化と自己確認との、自由と必然との、個と類とのあいだの争いの真の解決である。それは解かれたる歴史の謎であり、自分をこの解決として自覚している」と。また、「共産主義は否定の否定としての肯定であり、それゆえに人間的な解放と回復との、すぐ次にくる歴史的発展にとって必然的な、現実的契機である。共産主義はすぐ次に来る未来の必然的なすがたであり、力動的な原理（das energisch Prinzip）であるが、しかし共産主義《コムニスムス》は、そのようなものとしては、人間的発展の到達目標――人間的な社会のすがたではない」と。この完成した自然主義《ナトゥーラリスムス》＝人間主義《フマニスムス》としての力動的原理《ダス・エネルギッシェ・プリンツィープ》である共産主義《コムニスムス》という初期マルクスの啓示は、世界内存在としての実存的自己の自覚に基づく、存在論的＝認識論的な深遠な洞察命題であるが、要するに、根本的に疎外論そして疎外革命論に立脚した革命運動論の理論的定在である。

第三「草稿」（「私的所有と共産主義」）は次のように言う、すなわち――「全革命運動がその経験的基礎をも理論的基礎をも、私的所有の運動のなかに、まさに経済の運動のなかに、見出すということ、このことの必然性はたやすく洞察される。／物質的な、直接に感性的なこの私的所有は、疎外された人間的生活の物質的・感性的表現である。私的所有の運動――生産と消費――は、従来のすべての生産の運動についての、すなわち、人間の現実化あるいは現実性の運動についての感性的な表示である。宗教、家族、国家、法律、道徳、科学、芸術等々は、生産の特殊な在り方にすぎず、生産の一般的法則に服する。私的所有の積極的揚棄は、人間的生活の獲得として、それゆえにあらゆる疎外の積極的揚棄であり（let daher die positive Aufhebung aller Entfremdung)、したがって人間が宗教、家族、国家等々からその人間的な、すなわち社会的な現存へと還帰することである。宗教的疎外それ自体は、ただ人間の内面の意識の領域でだけ生ずるが、しかし経済的疎外は現実的生活の疎外である――だからそれの揚棄は〔意識と現実との〕両側面を含んでいる」と。

ここには、マルクス独自の存在論的＝認識論的見地に基づく、「経済の運動」としての「私的所有の運動」の土台と、その土台の「生産」の「特殊な在り分」にすぎない（つまり、土台の運動を「反映」し「表現」する特異な）、「生産の一般的法則」によって規定される国家的・法的・イデオロギー的上部構造の分離・二重化についての、理論的発見の天才的萌芽（つまり、中期マルクスの『経済学批判』「序言」においてはじめて定式化された、いわゆる「導きの糸」としての「一般的結論」――生産諸力と生産諸関係の矛盾的統一である経済的土台と国家的・法的・イデオロギー的上部構造の分離・二重化「規定」の天才的な萌芽としての）規定がうかがわれるが、見られたようにその〈歴史的ブロック〉の全運動は、人間の内面意識領域での宗教的疎外の積極的揚棄《ポジティーヴェ・アウフヘーブング》、現実的生活領域での経済的疎外の積極的揚棄《ポジティーヴェ・アウフヘーブング》も、これを要するに疎外された人間的生活の物質的・感性的表現である「私的所有」の運動を変革する主体性の全革命運動によって、「人間的・社会的現存《ダーザイン》の実質へと自己還帰」を獲得しようという「すべての疎外《アッレル・エントフレムドゥング》」の「積極的揚棄《ポジティーヴェ・アウフヘーブング》」のヘーゲル哲学張りの「否定の否定としての肯定」の運動なのであって、これを要するに、疎外革命論の希望的信念の表白である。

『パリ草稿』の第一「草稿」（「疎外された労働」）は、周知のように、その「疎外された労働」を鍵概念《キイ・コンセプト》とする「人間疎外論」を、四項の概念連鎖として展開している。すなわち――

（1）「労働者が自分の労働の生産物に対して、ひとつの疎遠な対象に対するようにふるまうという規定」――労働の生産物がほかならないそれを生産した労働者にとって、ひとつの「疎遠な対象」となって生きた生産的労働に対立するということの規定は、労働の実現すなわち労働の対象化であるが、この労働の実現が近代疎外社会においては労働者の「現実性剝奪」として、対象化が「対象の喪失」および「対象への隷属」として、「対象の獲得」が「外化」として現われるという事態である。労働生産物における労働者の「外化」は、労働生産物が労働にとって「疎遠な存在」になるという意味だけではなく、むしろ「かれが対象に付与した生命が、かれに対して敵対的に、そして疎遠に対立するという意味をもっているのである」。

（2）この労働疎外は、生産の行為そのものの内部にも現われてくる。労働生産物が「外化」であるとすれば、生産そのものは「活動的外化」でなければならず、前者はただ後者すなわち労働の活動そのものにおける疎外＝外化の要約されたものにすぎない。「労働は労働者にとって外的であり、すなわち労働の本質に属さず、それゆえにかれはかれの労働において自分を肯定せずにかえて否定する」。これは、「事物の疎外（die Entfremdung der Sashe）」という第一の規定に対しては、まさに「自己疎外（die Selbstentfremdung）」である。

（3）人間はひとつの類的存在（Gattungswesen）である。とりわけ、類的生活としての人間の生産活動は、人間が自己の類的存在を実証し実現する自己活動であり、それ自身が類的生活である。したがって、労働の対象は、人間の類的生活の対象化されたものである。それゆえに、「疎外された労働は、人間からかれの生産の対象を剝奪することによって、人間からかれの類的生活を、かれの現実的な類的対象性を剝奪する。／同様に、疎外された労働は、自己活動を、自由なる活動を、手段にまで引き下げることによって、人間の類的生活を、かれの肉体的生存の手段にしてしまうのである。

（4）以上の諸規定から、第四として、人間の人間からの疎外が全面的に規定されることとなる。「一般に、人間がかれの類的存在から疎外されているという命題は、或る人間が、他の人間が、またこれらの各人が人間的本質から疎外されているということを、意味している」。

以上、覧たごとく、『パリ草稿』の疎外論とそれに基づく疎外革命論は、事物《ザッヘ》の疎外《エントフレムドゥング》としての「疎外された労働」の規定から始まり、自己疎外《ゼムプステント・エントフレムドゥング》の第二規定へと進み、次いで類的存在《ガットゥングスヴェーゼン》としての人間の疎外の第三規定へと進展し、最終に「人間の人間からの疎外」「各人の人間的本質からの疎外」として、全面規定されるにいたっているのである。

3　「階層の弁証法」としての自然（土地）と人間（労働）との関係行為

一九三二年にいたってはじめて発表・公刊された、この『パリ草稿』の疎外論・疎外革命論が、とりわけ当時の西欧マルクス主義に与えた思想的・理念的影響は巨大なものがあった。なぜなら、当時の西欧の全革命運動は、その渦心であるドイツのレーテ革命運動が「合理化」運動の嵐のような進展のなかで、労働者のレーテ的団結形態を解体されて、すでに挫折を蒙ってワイマール共和国へと国憲的に転移し、そのワイマール・デモクラシーもまた、USA（モルガン財閥）の外資導入による敗戦帝国主義国ドイツの職場の「合理化」運動を基盤にした国民経済復興→その資本蓄積の連合国フランス・イギリスへの「賠償」支払い→その賠償金を獲得した連合国フランス・ドイツの大戦中に借款していた「戦費」のUSAへの返済、といったいわゆるメリー・ゴー・ラウンド構造の回転によって、ドイツ新資本主義の再建・発展が後戻り不能に現実化した情況下に置かれていたからである。

しかも、そのようなメリー・ゴー・ラウンド式世界経済循環が、その起動力であるUSAを新たな世界基軸とする戦後世界編成が孕まざるをえなかった固有な矛盾が、一九二九年アメリカ大恐慌の勃発以来露呈化し、一九三一年のイギリス連邦のオタワ会議によって再建金本位制（ポンド・ドル体制）が世界史的崩壊をとげ、現代資本主義を枠付ける通貨システムがアメリカ・ドルを基軸とする管理通貨体制として国際的に形成され、世界経済の「ブロック化」

と「世界農業問題」の析出が一九三〇年代＝「非常時」の基調となったなかでは、社会民主主義的マルクス了解である経済主義ではないマルクスの原像が、革命志向者の一群によって求められるのは必然・必至のことであった。その三〇年代的志向に、『パリ草稿』の〈疎外革命論〉の出現は、まさにうってつけであったのである。

　はたせるかな、その「非常時」のなかで、西ヨーロッパの渦心ではワイマール・デモクラシーが根底的危機に陥り、その渦中からヒトラーのナチス・ドイツが権力制覇し、広域生存圏へ向けての積極的な権力攻勢＝対外膨脹政策へと転ずるなかで、西欧マルクス主義左翼は、その破局的な行き詰まりのなかで、マルクス主義の蘇生を求めて、一九三二年来の初期マルクス時代の『パリ草稿』の疎外革命論の復権に、いっそう強烈に心惹かれたのである。

　この西欧マルクス主義の心情もふくめた疎外革命論への傾倒が、第二次世界大戦後の〈パクス・アメリカーナ〉の本格的形成期においても、アメリカニズムによる全面的な人間疎外に帰結しつつあった「高度消費文明化」と「管理社会化」の亢進のなかで、それに対する異議申立てとしての六八年世界反乱が惹起されるなかで、USAのヘルベルト・マルクーゼを先頭とする初期マルクスの〈疎外革命論〉の再々復権として、華々しく賑々しく再登場したことは、わたしたちの記憶にまだ新たなごとくである。本書の大主題は、「労働疎外論から恐慌論へ」の志向を辿っているごとく、そのような「本来性の隠語」（アドルノ）に基づくどこにも・いつにしても在りもしない「エデンの園」と「無何有郷」への復古的回帰に疎外社会からの解放を夢想する〈疎外革命論〉に対して、マルクス主義のマルクス主義たる後期マルクスの『資本《ダス・カピタール》―経済学批判』のマルクス的弁証法体系をこそ復権して、疎外論的水準から物象化論的水準への自己克服を、資本制的生産・再生産の物象化の経済原理的核心である**恐慌論**の基本的完全によって図ろうとするものにほかならない。

　世界的現在からすれば、百五十万年前とも二百万年前ともいわれるはるかの大過去の時代に、この地球上にホモ・サピエンスないしはホモ・ファーベルとしての集団＝群れ的な営みを開始しはじめた人類は、自然と相渉る関係行為としての労働過程を通じて自らを社会的に再生産しながら、同時に人間自身としての自己をも変化させ自己形成していったのであるが、そのような歴史過程を通じて、エンゲルスが言うがごとく、「労働は人間生活全体の第一の基礎条件であり、しかも或る意味では、労働が人間そのものを創造したのだ、としなければならないほどに、基本的な条件なのである」(『自然の弁証法』)。宇宙史＝地球史の上で人間が社会的存在として誕生して以来の歴史は、先行的に生まれた自然の進化の所産としての人間社会が、「階層の弁証法」にしたがって、人間社会にとって外在的に存在する自然と、労働という関係行為を通じて人間‐自然関係と人間‐人間関係を同時・二重的に形成しつつ、人間社会史を再生産して存続しつづけてきた歴史であった、と言える。

そのような人間社会史の分化・発展過程において、植物・果実の採集経済、獣・魚の狩猟・漁撈経済を営んでいた人類が、イラン・西アジアを発源地とする農耕・牧畜文明の新たな世界史的段階へと入り、「定住革命」によって家族・地域の定着文明生活を恒常的に営むようになったのは、およそ七千年以前の頃とされる。(いいだもも『主体の世界遍歴《ユリシーズ》』藤原書店刊、二〇〇五年、を参看されたい)。ユルゲン・クチンスキーの『労働の歴史――棍棒からオートメーションへ』(法政大学出版局刊、一九七〇年)によれば、動物を狩猟して打ち倒す道具である棍棒、大地に穴を穿って種子を蒔く道具である棍棒を用いる現生人類が、実際の農耕・牧畜文明に画期的に踏み越んだ時は、犂が発明された時に始まった、とされている。犂の発明のためには、家畜牛と棒の発明が先ずもってなければならなかった。その犂をもって人類は土地を耕して、社会再生産の物質的基礎を獲得したのである。ここに、人間生活全体の第一の基礎条件であるとされる労働とともに、労働そのものの展開される第一の基礎条件としての自然存在の問題が土地問題として現われるのである。

その農耕・牧畜革命以来、土地は、生産的労働によって自らの生存と社会の存続をかちとらなければならない人間にとって、根源的な食料倉庫であり、また、かれの労働手段の根源的な武器庫でもあり、とりわけいわゆる「定住革命」の定着地となった。さらにまた、土地の豊度、あるいは、ペティが「土地は富の創造の父である」と言ったごとく、農業労働の自然発生的生産性は、物質的財貨の再生産一般を可能にする根本的条件を成している。したがって、土地への意識的な働きかけとしての農業労働は、社会的分業の全編成のなかでも特別の本論的・基礎的意義をもっている。

マルクスは『資本論』第三部・「地代」篇の「緒論」(第三部・第六篇・第三七章)において、農業労働の自然発生的生産性がすべての剰余生産物を産出する価値労働の基礎をなしていることを、つぎのように指摘している――「剰余労働一般の自然発生的な基礎、すなわち、それがなければ剰余労働が可能でないという自然条件は、労働日全体を呑みこんでしまわない労働時間の充用によって、自然が(人間に)必要な生活手段を――土地の植物的または動物的生産物においてであろうと漁業などにおいてであろうと――供給してくれるということである。農業労働のこの自然発生的な生産性は、すべての剰余労働の基礎である」。

ここに、土地に対して、もっと正確に言えば土地所有者に対して「地代」が支払われる、支払われなければならない究極の社会経済生活的根拠があるのであるが、こうして土地所有者に対して支払われるなんらかの歴史的形態の「地代」の根拠は、いずれも「剰余価値」であり、本源的地代形態においては原則としてそれに一致し、資本家社会的地代形態においてはそれの特殊な一成分である。したがってここに、農業労働の自然発生的生産性が剰余労働一般の基礎であるという関係のために、地代が土地の豊度に直接的に起因して発生するかのような外観――地代が剰余労働一般の自然発生的基礎から説明できるような外観――が生じてくるのである。

いうまでもなく、剰余労働一般の主観的・客観的諸条件は、「利潤」とか「地代」とかいう剰余価値の特定の転化としての歴史的形態とはまったく無関係である。したがってまた、資本制的生産様式に対応する「地代」もまた、剰余価値一般の一般的存在条件から説明できるものではない。マルクスの『資本論』「地代」篇・第三七章の「緒論」

によれば、「地代」分析を不明瞭にする俗流経済学の主要な誤りは、三点から由来する、すなわち——（1）「社会的生産過程のさまざまな発展段階に対応するさまざまな地代形態の混同、（2）地代を剰余価値一般の一般的存在条件から説明する誤り、（3）商品＝資本制的生産の基礎上ではすべての生産部門に共通なことが農業生産部門の特性であると考えられがちに生じる誤り、である。だから、マルクスの経済学原理論は、そのような外観が成立する根拠自体を経済学批判的に解明し、資本家社会的外観の世界に慣習的に安住しそれに囚われている俗流経済学的見地を批判し、除去するという任務をあわせもたなければならないのである。

右のこれは、『資本論』体系の最終規定である「三位一体範式」の直接の前段を成すマルクス「地代論」の「例解」があわせもたなければならないイデオロギー暴露の課題であるが、いうまでもなく、資本家社会的経済諸関係の歴史的性格が経済学原理論によって解明され、それと同時にまた、「労賃」「利潤・利子」「地代」諸形態と「剰余価値」との内的関連について正しい経済学批判的認識に到達したとはしても、先に見たような外観そのものが——その外観に囚われた間違った観念は批判的に除去されうるとしても——直ちに自動的に雲散霧消してしまうわけではない。そのような外観そのものをもってありのままの〈三位一体範式〉的物象化社会として現象するのが、まさに近代市民社会《ブルジョア》の本質だからである。その認識はただ、そのような近代市民社会《ブルジョア》をその物象的表象のすべてもろとも打倒し変革しなければならない、という行動への誘いを喚発するだけである。

ブルジョア的・私的所有の一形態としての土地の資本家社会的私的所有に対して支払われる「地代」が、たとえばその社会に先行する封建社会＝農奴制社会の「地代」とは、質を異にすることは言うまでもないところである。資本家社会の〈三位一体範式〉の完成との関係性において、ブルジョア経済の利子率の一義的確定を計算根拠として「地代」を資本還元して、本来的には自然である土地の「擬制（架空）資本」として、商品価格（売買価格）が一義的に確定される、という関係性の焦点を成す「地代」は、およそ歴史上の諸共同体社会において現れた現物地代・生産物地代その他の幾多の「地代」形態範疇とは、全く異質なものなのである。
そのことを根源的に明らかにしたのが、『資本論』体系を体系として完結せしめたマルクス「地代論」の最大・最高の功績にほかならない。その意味で、近代資本制社会における「地代」をふくめた経済的諸範疇の共時的関係を解き詰めてゆくマルクスの構造的論理は、マルクスの独自特異な方法に順って、「地代」の歴史性の突き留めもふくめてつねに特定の歴史的分析なのである。

生産手段を以て遂行される、自然との本源的な関係行為である人間労働において、必要不可欠な生産手段所有の社会的関係のこれまた必要不可欠の重要な一環を構成する土地所有の歴史的形態は、人類社会史上、生産手段所有形態の社会的基本性格の相違に対応して、社会的共同所有の原始的・本源的形態、次いで私的土地所有の諸形態を歴史的に経過してきており、その歴史的諸経験から将来のその在り方を推量してみるならば、さらに原始的共有の高次復活形態としての社会主義的な集団的・公共的土地所有の、都合三段階に大きく区分される。その第二次段階ともいうべき同じく生産手段に対する私的所有においても、それが労働する人間当事者による所有なのか、労働しない人間による所有なのかによって、その所有の基本性格は根本的に相違するのであるからして、したがって自立小農民による小土地所有は、他人労働搾取のための土地所有（土地を単一王権所有する貢納制的、奴隷所有者的、封建領主・農奴隷属者的、および近代ブルジョア土地所有、一般に支配する階級による土地所有）とは、厳密に区別されなければならない。

もとより、右の両者のいずれの型も、土地という生産手段に対する私的所有の関係にはいずれにせよ違いはないし、土地に対する特定諸個人による排他的・独占的所有として成り立っている点についても違いはない。土地所有は、このような生産手段に対する私的所有の関係として見るならば、マルクスが『資本論』第三部のなかで規定しているように、「特定の人びとがその私的意志の排他的領域として、地球の一定諸部分をすべての他人を排除して自由にするという、特定の人びとの独占を前提とする」のである。

このことを近代社会においてはじめて明確化したのが、ジャン・ジャック・ルソーの『人間不平等の起源』論における、「土地のテリトリーを取り囲んで〈自分の土地〉だと宣言したことが、あらゆる〈私有〉の起源である」とした画期的な定式化にほかならない。そして、土地所有の私的所有形態は、このような独占を前提とするものである以上、商品経済に適応したブルジョア的・私的土地所有をも含めて、それが国家的・法的・イデオロギー的上部構造上における物理力能的・精神力能的「権力作用」が関与するものである以上、商品経済行為だけには純化することのできない根本的性格を具有するものとしてこれを把えなければならない。端的に言ってそれは、〈唯物論的歴史把握〉の領域における対象事象なのである。

そして、歴史上のさまざまな私的土地所有諸形態のなかでも、資本家社会において〈資本〉の全般的支配力の下に置かれたブルジョア的・私的土地所有と、それが地主にもたらす絶対地代・差額地代Ⅰ・差額地代Ⅱの「地代」は、きわめて特異な経済形態に属するものである、と言える。それは、土地所有にとって歴史上唯一無二の「純経済的に規定された形態」を与えられるのである。

4　資本主義による農業部面支配と近代的土地所有の成立

資本主義による農業部面支配は、今日特に著しいように、農業そのもの・土地そのものの荒廃に帰結しているが、それらの破滅的結果もふくめて資本蓄積・拡大再生産活動の必然的帰結である。この近代の歴史的過程の出発点は、「農民からの土地収奪」を全過程の基礎とするところのいわゆる資本の原始的蓄積にほかならない。マルクス『資本論』第一部・第二四章における規定によるならば――「本源的蓄積の歴史のなかで歴史的に画期的なものといえば、形成されつつある資本家階級のために槓杆として役立つような変革はすべてそうなのであるが、なかでも画期的なのは、人間の大群が突然、暴力的にその生活維持手段から引き離されて、無保護なプロレタリアとして労働市場に投げ出される瞬間である。農村の生産者すなわち農民からの土地収奪は、この全過程の基礎を成している」と。

資本関係の創出は、労働する人間によるかれの労働実現の客観的条件──労働対象と労働手段──の所有(占有)の関係を破壊し、生産者を生産手段の非所有者(無一物のプロレタリア、無産者)として、労働市場に投げ込むという人類史上の苛烈きわまる一画期を必要とする。この、生産者と生産手段との暴力的な歴史的分離過程を通じて、労働条件としての土地もまた土地所有から分離せしめられ、旧農業形態の一つの特徴をなしているところの、土地所有に付属する伝来の付属物──政治的・社会的装飾物や混合物──のいっさいもまた剝奪されて、ここに土地所有は純経済的に規定された形態を与えられるのである。(小川浩八郎『経済学と地代理論』青木書店刊、一九七九年、を参看されたい)。

『資本論』第三部「地代」篇には、次のごとく述べられている──「この(資本制的)生産様式は、一方では、土地所有を支配・隷属関係から完全に解放し、他方では、労働条件としての土地を、土地所有および土地所有者──かれにとっては、土地はもはやかれの土地所有独占によって産業資本家たる借地農業者から徴募する一定の貨幣租税以外のなにものも表わさない──から全く分離するのであって、この切り離しの程度は、土地所有者がかれの土地所有はスコットランドにあるというのにコンスタンティノープルでかれの全生涯を送り暮らすことができるほどなのである。こうして、土地所有は、以前にそれに付着していたすべての政治的・社会的な飾りものや混ざりものを捨て去ることによって、この純粋に経済的な形態を受け取るのである」(傍点いいだ)と。

近代的土地所有が、資本主義による旧農業生産諸形態の解体の所産であるとすれば、こうした近代的土地所有の一般的成立は、必然的に、資本制的生産様式が生産のあらゆる部面、社会のあらゆる分野を完全に征服し終えることを意味してくるであろう。すなわちそれは、産業の農業部面が工業部面と同じく資本制的生産様式の支配下に置かれ、利潤追求動機に規定された資本蓄積の全体機構に包摂されることによって、資本制的生産様式が生み出す経済的諸矛盾と社会的対立とを市民社会の全面にゆきわたせることを意味する。

『資本論』第一部・第一三章「大工業と農業」節には、つぎのように述べられている――「農業の部面では、大工業は、古い社会の堡塁である「農民」を滅ぼして賃金労働者をそれに替えるかぎりで、最も革命的に作用する。こうして、農村の社会的変革要求と社会的諸対立は、都市のそれらと同等なものとなる。旧習に泥《なず》みきった不合理きわまる経営に代わって、科学の意識的な技術的応用が現われる。農業や製造工業の幼稚で未発達な姿にからみついてそれらを結びつけていた原始的な家族紐帯を引き裂いてしまうことは、資本制生産様式によって完成される」。

近代的土地所有の成立とは、農業の資本家社会的に合理化された生産様式の成立にほかならず、それはそれで資本の運動法則である価値法則の全生産部門貫徹として、これは機械制大工業の成立にいたって必要な技術的・労働組織的要具を具備してはじめて歴史的にも論理的にも可能とされるのである。『資本論』地代篇を再引用すれば――「資本制的生産様式が農業をわがものにしたという前提は、この生産様式が生産とブルジョア社会とのあらゆる部面を支配しているということ、したがってまた、この生産様式の諸条件、すなわち諸資本の自由な競争、或る生産場面から別の生産場面への資本の移動の可能性、平均利潤の均等な高さなどが完全に成熟して存在していることを含むのである」。

5　リカード「地代論」の克服はいかにして、いつなされたか？

一八五一年一月七日付けのマルクスのエンゲルス宛手紙は、「地代とは土地生産物の生産費と価格との差額にほかならない」と主張するリカード差額地代論の諸命題を批判して、リカード法則からのマルクス的「劣等化」理論の排除に成功したことを告げるものであった。その結論に曰く――「やはり主要な問題は、地代の法則を農業一般の生産性の進歩と矛盾しないように調整するということである。ただこれによってのみ、一方では歴史上の諸事実を説明することができ、他方では単に人間だけでなく土地にも及ぶマルサス的劣等化理論が排除されることになる」と。

マルクスにおける「地代論」の経済学的研究の形成・前進・深化の長い過程は、初期マルクス時代のエンゲルスの『国民経済学批判大綱』（一八四四年）、マルクス・エンゲルス共著の『ドイッチェ・イデオロギー』（一八四四年）、マルクスの『パリ草稿』（一八四四年）、同じく『哲学の貧困』（一八四六年）、『共産主義宣言』（一八四八年）、『賃労働と資本』（一八四八年）等々、いずれも農業生産力視点から遂行された、イギリス古典経済学の「地代」範疇の批判的考察であったが、この手紙の枢要点である農業生産力発展視点は、後年の『資本論』第三部「地代」篇の差額地代第二形態論に見られる、農業における資本蓄積運動で土地所有との関わりにかんする動態理論構築を可能にするとともに、さらにはまた、土地所有が事実上存在しない状態をもう一つの前提としているリカード地代理論を根底から克服するための、つぎに予定される大仕事――すなわち生産価格論の定立と土地の豊度にかかわりのない地代＝絶対地代の解明――に立ち向かわせるのを可能にした、一般的・理論的・方法的基礎を成す出発点を劃したものと考えられる。

これはマルクス自身の自覚においても、同一八五一年二月三日づけのエンゲルス宛手紙において「僕の新しい地代論」と言われたのであり、それを前祝いしたエンゲルスの一八五一年一月二九日づけの手紙でも「地代についての君の新説」とよばれたものであった。この、農業生産力発展の可能性を積極的に肯定し、差額地代論をマルサス流の「収穫逓減法則」から解放するリカード批判は、すでに早く『哲学の貧困』（一八四六年）のプルードン批判の継承発展にほかならなかった。『哲学の貧困』においてわたしたちはすでに早く、「歴史がなしとげるのは、ただ、既成の諸土地評価台帳を全く変更、転覆してしまうことだけなのである」、「豊度というものは、人びとが考えるほど自然的な性質ではない。すなわち、それは、現存の社会的関係に密接に結びついている」、土地資本は「他のすべての生産用具と全く同様に増加しうる」といった諸命題を読むことができる。

こうした立場をさらに理論的に精錬して、一八五一年一月七日づけのエンゲルス宛手紙において、マルクスは、マルサス『人口論』に現実的基盤を提供していた「収穫逓減法則」の前提に立脚しているリカード「地代論」に対して批判を加え、リカードの誤まったドグマティックな前提から「差額地代定式」を解放することに成功を収めたのである。

イギリスの農業部面における歴史的事実に照らしてみても、一八一五年以降というもの、穀物価格は従来の九〇シリングから五〇シリングまで下落し、穀物法が廃止された一八四六年直前にはさらにそれ以下に穀物価格は下落したが、にもかかわらず、その間、地代は間断なく上昇してきていた。マルサス流「劣等化理論」に基づくドグマティックなリカード式の「地代法則」は、この農業進歩と穀物価格低下にもかかわらず生じている地代上昇、という単純な歴史的事実を説明できなかったのである。

以上の検討から、当時のマルクスが引き出した結論は、次の三点であった――

(1) 土地生産物価格が低下しても、地代の増大は可能である。だが、「それにもかかわらず、リカードの法則はやはり正しい」。

(2) 社会の発展、とりわけ生産力の発展につれて、一般に土地豊度は増大するのであり、したがって、右の「リカードの法則」は、土地豊度の低下を条件とするものではなく、ただ単に個々の地所の豊度の差または同一土地に投下される資本による収穫高の差を前提とするだけでよい。

(3) 土地の改良が一般的であればあるほど、改良はますます多くの土地種類に及ぶであろうから、一国全体の地代総額は、穀物価格が一般的に低下しても増大することはありうる。

こうして、マルクスは、例のエンゲルス宛手紙を、つぎのようにしめくくっている――

(1)「地代論における眼目は、さまざまに違う生産費のさまざまな成果について価格が平均化されることによって地代が生み出されるということ、しかしこのような市場価格の法則はブルジョア的競争の法則にほかならない」。

(2)ブルジョア的生産が廃止されたあとでは、もはやブルジョア的体制のもとでのように最優等地が最劣等地と同じに高い生産物を供給するようなことはなくなるにせよ、リカードの前提にしたがうかぎり、同等分量の労働で生産される土地生産物分量が漸減するという困難が解決されてしまうわけではない。だが、「この懸念は前述のことによって無くなるのではないだろうか」。

リカードの命題は「まったく正しい」と、マルクスは言った上で、「地代は、つねに、二つの等量の資本および労働を充用することによって得られる生産物のあいだの差額」であるというリカードの「差額地代」命題を、「同じ面積の土地で」と付け加えるべきであったと補正を施したうえで、超過利潤は、つねに、等量の資本および労働の充用がそれぞれ生み出す土地生産物のあいだの差額として生産されるのであって、この超過利潤は、等量の諸資本が同等面積の相異なる諸地所に用いられて「不等な諸結果」を生む場合には、「地代」に転化するのである、と説明したのである。

右のリカード命題に補正を加えた上での説明に依拠して、マルクスは五点の要約確認をおこなう――

(1)差額地代の形成過程がたとえどの方向への進行であったにせよ、結果としてできあがったものとしては、比較対照の順序は「下降進行」として現われる。

(2)最劣等地の生産価格は、つねに、市場規制的である。

(3)差額地代は、所与の耕作段階にとって所与の土地種類の自然的豊度の相違から生じる。

(4)差額地代は、耕作の下降、上昇、両者交錯のいずれの進行によっても生ずる。

(5)最後に、差額地代の形成様式のいかんによって、それは土地生産物価格が不変、上昇、低下のいずれの場合でも形成されうる。

以上の五点考察をまとめて、マルクスはさらに次のように総括している――

「これによって、ウェストやマルサスやリカードではまだ一般的に見られる差額地代論の第一の間違った前提、すなわち、差額地代は必然的にますます劣等な土地への進行、または絶えず低下していく農業豊度を前提するということは無くなる（いいだ注――マルサス流の「収穫逓減の絶対的法則」すなわち「劣等化理論」が無くなるのである）。差額地代は、すでに見たように、ますます優等な土地に進んでゆく場合にも生じうる。それは、農業のいっそうの進歩と結びついていることもありうる。差額地代の条件は、ただ土地種類の不等性だけである。生産性の発展が考察に入るかぎりでは、差額地代は、総耕作地の絶対的豊度の上昇が、この不等性を解消させないで、この不等性を甚だしくするか、あるいは元のままにしておくか、またはただ不等性を減らすにすぎない、ということを前提にするのである」。

後年の『資本論』第三部「地代」篇によれば、この「差額地代」規定は理論的精錬を加えられて、次のような簡潔な命題に、定式化されるであろう、すなわち――「差額地代規定は、資本制的生産様式の基礎の上で競争の媒介によって実現される市場価格による規定である」と。

このようなマルクスの「リカード地代論」の克服による「新しい地代論」の創生は、エンゲルスからの手紙によって裏付けられる――「僕には、これまでどうしても納得できなかったのは、リカードがかれの簡単な命題のなかで、地代をさまざまな土地種類の生産性の差として定立し、この命題の証明にさいして、（1）しだいにより劣等な土地種類が引き入れられていくということ以外の契機をいっさい認めず、（2）農業の進歩を全く無視し、（3）より劣等な土地種類が引き入れられることを最後にはほとんど全く無視して、そのかわりに、次々に一定の耕地に投ぜられていく資本は収益の増加に寄与することがだんだん少なくなっていくという主張を、たえず（かれリカードが）

くりかえしているということだ。証明されるべき命題はあきらかだったが、証明にさいしてあげられた根拠は、この命題そのものには無関係なものだったということだ。そして、君も憶えていることと思うが、僕はすでに『独仏年誌』（いいだ注――エンゲルス『国民経済学批判大綱』）のなかで、科学的な農業の進歩を根拠として収穫漸減説に反対した――もちろんきわめて粗雑でまだ委曲を尽くしていないものではあったが。いまや君は、この問題に決着をつけたのだ」。

ここで決着がつけられたのは、農業の持続的悪化、収穫逓減の法則、といった「リカード地代論」の誤まったドグマ的前提であり、そのような「リカード理論」につきまとっているイギリス農業進歩の可能性と現実性を認めない一種の工業家的「開明」思想であり、マルサス的な「劣等化理論」である。マルクスは後年、さらに理論的巨歩を進めて、「絶対地代」の理論的解明に決着をつけた時、同じく僚友のエンゲルスに宛てた手紙において、「いまやついに地代の問題も片づいた。僕はずっと以前からリカードの理論の十分な正しさについては疑念をもっていたのだが、ついにそのごまかしも発見した」と完全な凱歌を奏するのだが、それは一八六二年六月のことである。その間、十年にわたる不撓不屈のマルクスの経済学研究が、この完全な凱歌を可能ならしめたのである。一八六二年六月一八日づけのエンゲルス宛のマルクスの有名な手紙には、「僕が理論的に証明しなければならない唯一のことは、価値法則を侵害しないでの絶対地代の可能性だ」とある。

そのマルクスによる「地代論」の完全な体系的完成は、再び三度強調するならば、一般利潤率による地代の逆割算による「擬制（架空）資本」としての土地（いうまでもなく「土地」は自然であって、「資本」の生産物ではない、だから「擬制《フィクティヴ》」なのである）の商品価格（売買価格）の一物一価的な一義的確定を可能にして、由って以て「利子論」の展開の次にこのような「地代論」を置き、『資本論』第三部へのその「例解」的挿入によって、次の〈三位一体範式（資本―利子、土地―地代、労働―賃金）〉への論理的推転を直接的に可能にした時、『資本論』体系ははじめて弁証法体系たりえたのである。

因みに、このマルクス的地代論の完成に当っては、「リカード地代理論」の克服への研究史的序列をそのまま反映して、『資本論』第三部「地代」篇は、差額地代第一形態→差額地代第二形態→絶対地代→鉱山地代等の独占地代、という論理階梯順次をとっている。マルクス的弁証法においては通例の場合、たとえば『資本論』第一部の「資本の生産過程」がそうであるが、「絶対的剰余価値の生産」が先に来て、「相対的剰余価値の生産」がそれを承けて後に来る構成法をとっている。「差額地代」→「絶対地代」という構成法とは逆向きである。マルクス的弁証法においては、「絶対」的規定は、当該概念の初源の発生史に基づいて、その概念の基礎をあきらかにし、そこから次の新しいより豊かな「相対」の概念的創発へと進み、しかもその「絶対」→「相対」の概念化運動は交替ではなく、後期の「相対」が前期の「絶対」を代表するのでもなく、前期の「絶対」規定が後期の「相対」規定の基礎としてそのまま深層構造に存続しており、「絶対」が「相対」と合体するという弁証法となっている。このマルクス的弁証法の独特な一般的性格は、今日のわたしたちは格別に注目を払うべき必要がある。

「地代論」が、そのようなマルクス的弁証法の通例の運動系数とは逆向きになっていることは、きわめて興味あるところであるが、それは、単純にマルクスの「地代論」研究史の序次を反映したからではなく、そのような研究史過程の必然的な序列にも関連して、より根源的な土地＝自然に由来する「地代」の外観的倒錯性に深く根差しているものであろう、とわたしには思われる。

中期マルクスは『経済学批判要綱』「序説」（一八五七年八〜九月執筆）において、生産諸力と生産諸関係、経済的土台と上部構造、下向法と上向法といった一連のきわめて重要な関係性についてのマルクス的弁証法との関連において、次のように述べるところがあった――「地代は、資本なしには理解することはできない。しかし、資本のほうは、地代がなくても十分理解することができる。資本はブルジョア社会をいっさい支配する経済力である。それは出発点となり、また終点とならなければならず、そして土地所有に先立って展開されなければならない。両者が別々に考察されたのちに、両者の相互関係が考察されなければならない」と。『要綱《グルントリッセ》』の「資本に関する章」でも、その冒頭において、「価値」と「資本」との歴史的関係の問題とのかかわりにおいて、「資本」と「土地所有」との関係の問題が取り扱われており、そこではこう論定されている――「近代的土地所有（das moderne Grundeigentum）は、資本の前提なしには全く理解されえない。というのは、この前提なしにはそれ（「近代的土地所有」）は存在しえないからである。そしてそれは、歴史的にはじっさい、土地所有のそれ以前の歴史的姿態の、資本によって生ぜしめられ自己に適合したものとして措定された形態として現われる」と。

初期マルクスの農業生産力の進歩と諸資本の競争と超過利潤としての地代の源泉への着目に由来するマルクス的地代論の出発は、このような『要綱《グルントリッセ》』段階の中期マルクスの透徹した全ブルジョア社会的把握を経過して、後期マルクスの『資本論』体系に或る種の要めの媒介環に位置づいた地代論として完成させられたのである。その『資本論』体系にあっては、中期マルクスが言った「資本（利潤）」と「土地所有（地代）」との相互関係は、「利子論」の後に来る経済学原理論の体系における「例解」的挿入としての〈地代論〉と、それに直続する〈三位一体範式〉との位置関係として、後期マルクスの『資本論』体系化によってものみごとに関係づけられることとなったのである。

6　リカード経済学体系の〈恐慌論〉とマルクス経済学批判体系の〈恐慌論〉との類・対比

リカード経済学とマルクス経済学との学統的関連から、かれらの経済学の核心を成している**恐慌論**の特徴を、予め考察しておくと――

ディヴィッド・リカードの『経済学および課税の原理』（一八一七年）で展開されている**恐慌論**は、マルクスの謂ういわゆる「資本の絶対的過剰」の原型に則っている。かれの利潤論によれば、土地生産力の収穫逓減法則に基づく実質賃金の騰貴によって利潤率の傾向的低下が起きるとされるが、他方ではまた、資本の蓄積が労働人口の数より急速に進み過ぎた場合には、労働の対価である労賃が騰貴して利潤率が低落して、資本の蓄積が停滞する、とも説いている。そのいずれにしても、労賃の騰貴による資本の利潤率の傾向的低下に、**本来の恐慌現象の発現**につながる理論的展望が求められているのである。

当時の、綿工業を中心にイギリスの大文字の産業革命 The Industrial Revolution が本格的に進展し、機械制大工業の整備による資本の生産過程の機械化を通して、機械装置のなかに労働者が組み込まれて、資本制的社会関係が確立していった時代的背景――とりわけ具体的には、一七九八年のイングランド銀行の正貨支払停止につづく一八〇八年以降の地金価格の騰貴、銀行券流通の増加、一般物価の高騰、為替相場の下落等があいついだ通貨問題の顕在化に由来する「地金論争」、さらにはまた、一八三〇年代のコブデン、ブライトに領導された反穀物法同盟の結成による穀物法廃止をめぐる「穀物法論争」に直面した、国会議員としてのリカードの活動のなかで、友人マルクスと論争を重ねるなかで、かれリカードは、穀物価格と労賃との関係、さらに利潤・地代・資本蓄積の相互関連の解明へと進んでゆき、利潤率の傾向的低下による資本の絶対的過剰の理論的確認へといたっていったのである。

その場合、いわゆる地主王政の段階にまだあった先進国イギリスの特異な政治関係のなかでのリカードの経済的・社会的認識は、穀物政策をめぐって土地所有vs産業資本の対立がつづいているなかで、資本–賃労働の対立関係がまだ土地所有–産業資本の対立関係の背後にあって、まだ表面化するまでにいたらなかった時期に拘束されたなかでの、理論的着眼であったと言える。

リカードの利潤率の傾向的低下についての理論的確認は、蓄積動機である利潤の減退によって資本蓄積が停滞すれば、労働需要減退→賃金低下→労働人口減少→穀物需要減少→穀物価格の下落→という逆の順序で穀物価格の下落へと導かれることによって、資本の蓄積が零になることはありえないであろうということを、暗黙の前提として立てられていた、と言ってよい。したがって、こうしたリカードの利潤率低下傾向論は、土地生産力ならびに労働人口の増減にかんする「自然法」的理解を基盤にしていたとはいえ、地主・資本家・労働者の三大階級は分化した本格的な資本制社会に即した、価値の賃金・利潤・地代への「分配」という諸経済範疇の対抗的な変動関係を、資本蓄積論の観点から説き明かそうとした性格を獲得していた。

そしてその場合、土地所有vs産業資本を主として前面化した「階級対立」としてとらえていたかれリカードは、賃金と利潤とをアダム・スミス以来の価値分解論に基づいて、たがいに「相反関係」にあるものとして把えながらも、生産の増大にともなう資本の蓄積の増進によって労働の需要が増加する、という当時の成長期のイギリス経済の状況に基づきながら、資本と労働は（とりわけ、穀物法に固執する地主王制下の土地所有者の古い利害関係に対して）むしろ利害を共有する面がある、と考えていたのである。

したがってそういうリカードは、当時の過渡的恐慌についても、「貿易路の突然の変化」（『原理』第一九章）による一時的・部分的供給過剰であると解しており、イギリス社会における一般的供給過剰はありえないとしていた。だからかれリカードは、供給はそれ自身にそれに見合った需要を生みだすというういわゆる「セーの販路説」の立場をとっており、したがって、一般に言って、リカードの恐慌論は、セーの「販路説」に大局する「部分的供給過剰論」として評価されてきたのである。

ただし、そのように大局的に確認する場合、かれリカードのいう「部分的供給過剰」の性格が、需給変動の過程で発生する性質のものであって、一般的には資本の利潤率均等化機構のうちに吸収されうるものとして理解されるものであり、その点でセーの主観的な効用価値説に基づく「販路説」とは立脚点が根本的に違っている面があり、学説史的には、古典派経済学が発見した労働価値説に立脚している根本性格のものであることをしっかりと弁別しておかなければならない。

そのような、リカード経済学の理論的大筋を成している資本蓄積制限に関する論理構造の固有していた根本的制約は、先にみたごとく、穀物価格騰貴に基づく労賃上昇によって資本の蓄積が制約されるという体系的論理構造にあるとみてよい。

右の**リカード経済学の恐慌論**と類・対比してみての、**マルクス経済学の恐慌論の根本的特質**は？　この問いかけにたいする答え《レスポンス》は、本書全体の課題であるのだが、いま**リカード恐慌論との類・対比の局面・次元**に限って述べておくならば——

カール・マルクスの『資本―経済学批判』全三部（第一部、一八六七年）を「一個の芸術作品」たらしめている弁証法的体系性の最深の根拠が、資本制商品経済社会を**全面的に・周期的に・激発震撼させた「周期的恐慌」現象の発現**、それによる資本制社会の高次化された新たな産業循環軌道を再設定してブルジョア社会を自己更新し、同時に、資本制社会を全面的に変革する主体の能動性を解発《リリース》する歴史的機会をも提供する**「恐慌の根本的特質」**にあることは、言うまでもないところである。

その場合、**マルクス〈恐慌論〉**は、先にみたごとき**リカード〈恐慌論〉**の「資本の絶対的過剰説」を受け継いで展開・深化されるが、その絶対性の水準・範囲たるや、マルクスの経済学批判にとっては、資本制社会の全面的な高次化的自己更新ならびにそれとぴったりと相表裏する資本制社会の全面的変革の核心《ガイスト》であるものとして把えられているだけに、リカードの場合におけるような「部分的・一時的」性格のものには当然止まりえないこととなる。

学説史的立場としては、その間《かん》に等しく類似して労働価値説の立場性に立つとはいっても、アダム・スミス＝リカード以来の古典派経済学と、それを批判的に継承・深化させたマルクスの経済学批判とのあいだの断絶面が鋭く介在しているのであり、それは、リカード経済学の時代的特色との対比においていえば、土地所有者vs産業資本家の対立の前面化によってそれまでは後景化させられていた資本家vs賃労働者の真の階級対立が、いよいよ前面化=全面化してきた所産として、これを把えることができるし、そのようなものとしてその階級的性格を把えなければならない。

労働力商品化による歴史貫通的な労働過程の特殊歴史形態化である「資本の生産過程」化を鍵《キイ》回転装置とする資本制商品経済社会に特有な、自律した価値増殖運動を展示する経済構造の内的機構の解明は、「経済学原理論」として展示されるのであるが、そこにおいては、資本が自らは直接には生産することのできない労働力商品を資本の前貸しによる可変資本として雇用し、「資本の生産過程」に嵌め込むことに基づいて、絶対的・相対的剰余価値の生産源たらしめることと不可分に関連する「資本家社会に特有な人口法則」すなわち「相対的過剰人口法則」によって、自然生産（生殖）物件である労働力を特異な「単純商品」として恒常的に確保し、よってもって自己の自立化・自律化の歴史的根拠を自然との関係行為である労働過程の最深部において獲得するのである。

それと同時に、資本制商品経済社会は、その日常的な資本家による経営運営・支配によって、労働力商品化によってひきおこされる自らの生産方法の内的矛盾の発現を、産業循環=景気変動過程、とりわけそのとどのつまりとしての**恐慌の周期的激発**を通じて現実的に解決し、常に新たな高次の景気循環過程を展開することとなる。このような、両義性にみちみちた資本制社会の基本的矛盾の絶えざる危機的《クリティカル》な現実的解決機構が、**恐慌**にほかならないのである。マルクス『資本論』弁証法体系において、その理論的核心が**恐慌論**たらざるをえない所以のものである。

この後代の「市民社会自体の反省」である経済学の自己告白の観点から見返してみるならば、古典派経済学の最良の代表者であったリカードですら、すでにみたように、セーの「販路説」に牽引され、マルサスの「人口論」から示唆を受けて、労働力商品の根本的問題性を資本制的生産関係にとって外部的である「自然的人口法則論」に超歴史的に解消してしまい、労働力商品の需給運動（資本家社会的人口法則である「相対的過剰人口」の産業循環過程における局面変化・交替に即しての吸収と排出の自動調節）が、資本の蓄積運動にたいして持つ固有の根本的関係を、解明することができなかったのであり、**マルクスの「恐慌論」**の根本的真義は、まさにそのことを解明しようとしたところにこそあったのである。

そして、**マルクスの〈恐慌論〉の基本的追究・完成**は、自律的な価値増殖運動を絶えず展示する資本の蓄積運動が、剰余価値生産と不可分な相対的過剰人口の法則化によって、労働力商品が相対的過剰人口（現象的にいえば「労働予備軍」）の吸収・排出・形成として不断に再生産され確保されるなかで、資本の有機的構成の不変なままの蓄積形態と、それの（生産力改良・上昇に伴う）資本の有機的構成の高度化による高次の蓄積形態との交替過程として進展することを、あきらかにして、**恐慌現象の周期的・全面的激発の根拠**を暴く原理的解明の基礎を確定したのである。

マルクス『資本論』体系は、かれの生理的寿命の限界に制限されて、かれ自身にとっても後のわたしたちにとっても痛恨な事として、『資本論』弁証法体系の体系性の核心である〈恐慌論〉をついに仕上げることができないままに終わったが、その完成の基本的方向性はマルクス『資本論』によって与えられているのであり、本書のごときも、マルクス、そして**宇野弘蔵のそうした〈恐慌論〉の基本的規定を継承しさらに発展・深化**させるものとして、著述されているのである。

そのような根本的視点から、**マルクス〈恐慌論〉**がさらなる理論的彫琢にまで到らなかった（生理的に到れなかった――しかしすべてをそこにだけ解消させることのできない）難点《アポリア》について、ここで、何点か先取り的に提示しておくとするならば――

かれマルクスは、資本の生産過程における「固定資本」の存在を（それは、資本制生産の最新の「カルテル・トラスト・シンジケート」の発展とともに「巨大固定資本」の問題として、鉄鋼業・重化学工業が必須化するそれを賄うための資金の社会的動員の機構、そのための産業資本の金融資本化を導く「株式会社」の現代的形成（初期資本主義時代の運河・水運・鉄道の建設にともなった「株式会社」の成長転化による高次化としての）、巨大固定資本の価値破壊・清算の困難性に由来する**恐慌現象の周期性の喪失をともなう「変容・変型」の問題**、という形で、現代資本主義にとってますますぬきさしならないその全問題性を開示することとなる）、資本蓄積論の考察から（つまり資本制社会の一般法則論の前段としての考察から）排除しているため、資本の有機的構成が、資本構成の不変のままの蓄積形態とその高度化をともなう蓄積形態との区分・交替過程としての分析を十二分に全面化できなくなって、それを「不断に」高度化するものとして一面化し、この理論的空隙から、「相対的過剰人口の累進的生産」を基礎として一面的ないわゆる「窮乏化法則」を、資本制社会の「歴史的傾向」として強調する誤まりのごときも生じたのである。

このいわゆる「窮乏化法則」は、世にあるほとんどの俗流マルクス主義者・マルクス主義経済学者たちが、マルクスの〈経済表〉である〈再生産表式〉に依拠すると称して、マルクスにとって本来資本制経済社会を成り立たせる「均衡条件」を商品資本の社会的循環運動によって確定した（いわゆる「C＝v＋m」表式）抽象的形式化を、逆に「部門間不均衡による恐慌への動因」として捉えて、**マルクス〈恐慌論〉の核心《ガイスト》**が「資本の絶対的過剰説」にあることを全く理解できないままに、あるいは大衆的消費力の減衰に、あるいは部門間不均衡の激化に**「恐慌の必然性」**の根拠を求める場合に必ずよりどころとする恣意的・空想的な「法則的」よりどころとして、溺れる者が摑む「一本のワラ」として機能しつづけてきているのである。**マルクス〈恐慌論〉の正解**を志向するほどの者は、溺れる者はもしも助かろうとするならばゆめゆめ「一本のワラ」＝「窮乏化法則」・「再生産方式の誤用」にすがりついてはならないことを、スターリン主義下の全ての自称「マルクス・レーニン主義者」の全面的土崩瓦解の教訓に学んで、予めの理論方法的に覚悟しておかなければならない。

原マルクスも、こうした難点《アポリア》を根強く残しているため、その分だけ、**周期的恐慌現象の根本原因**である、**恐慌最直前の金融逼迫期における賃金騰貴**による利潤率の急激な低下がひきおこす「資本の過剰」を、当初においては労働者人口に対する過剰蓄積として一面化してとらえ、かつその「資本の過剰《プルセラ》」を労働力商品化を基軸としている資本制商品経済社会の本質的矛盾の展開として解明することを十分におこなうことができなかったのである。

資本の過剰《プルセラ》を根本原因とする**恐慌**が、商品生産物の販売と購買の分離を**恐慌発現の「形式性」**として確認するところからはじめて「資本の生産過程」にその「物質的基礎」（十年周期の周期性の「物質的基礎」もふくめて）を解明し**「恐慌の必然性」**が、現実に不可避性をもって周期的・全面的に激発することをあきらかにするためには、その大爆発にいたる最終シーンにおける、労賃騰貴によって急激に低下する利潤率が逆に高騰する利子率との激突によって全社会的規制を蒙る関係を、説かなければならない。しかしながら、マルクスは、『資本論』第二部における資本の流通期間の問題を、産業資本の産業循環運動のなかで銀行資本が独自の利子生み資本として自立化する関係のなかに全面的に明確に位置づけておらず、したがって産業資本と銀行資本との関係を、「現実資本と架空資本との両運動の乖離」のなかで、利潤率と利子率との関係を、経済学原理論として十分に解明しているとは言えない。

以上の原理論的難点《アポリア》が、けっきょく、『資本論』体系による**マルクス〈恐慌論〉の基本的規定**にもかかわらず、**〈恐慌論〉の完成**が宇野弘蔵はじめ後代のわたしたちに委ねられた所以のものである。そして、『資本論』弁証法体系の目的が、かれマルクス自身の「序言」において「近代市民社会の経済的運動法則を明示する」という核心点に置かれていたことを改めて省みるならば、**マルクス〈恐慌論〉の基本的志向性**を今日に継承・発展・深化させて、**〈恐慌論〉を首尾一貫して完成**させることは、いぜんとして「経済学批判」の究極的目標として厳在しつづけているのである。

7　マルクス理論体系化の鍵となったリカード「地代論」の克服

このような枢要な位置価をもつマルクス的〈地代論〉が、先にも述べた「土地所有」と或る種のその資本家社会的表題ともいうべき「地代」との特異な存在論的=認識論的関係性において、根源的な外観上の倒錯性をもつそれが、

『資本論』体系における鍵概念《キイ・コンセプト》ともいうべき「社会的価値 sozialer Wert」のなかで唯一、「或る虚像の社会的価値」として解析されていることに、わたしたちは当然の深い理論的関心と注目を払わなければならない。

右の「或る虚偽の社会的価値 ein falscher sozialer Wert」の概念は、『資本論』第一部・第一〇章「相対的剰余価値の概念」において、「特別剰余価値 Extramehrwert」の発生を説明するさいに「商品の現実の価値は、その個別的価値ではなく、その社会的価値である（Der wirkliche Wert einer Ware ist ... nicht ihr endevidueller, sendern ihr gesellschatlicher Wert.）」と言明された「社会的価値《ゲゼルシャフトリッヘル・ヴェルト》」概念は、『資本論』体系全体の深層構造では深い関連のある術語ではあるが、前述の「社会的価値《ゾツィアレル・ヴェルト》」とはさしあたり同一のものではない。諸資本の競争、とりわけ資本の産業循環＝景気変動過程での不況局面における諸資本の競争の激化のなかで、技術革新ないしは労働組織の革新で発生する「特別剰余価値」は、「社会的価値《ゲゼルシャフトリッヘル》」との関連において発生し利潤率均等化の作用を受けるなかで、その技術革新なり労働組織の革新なりが普及化をとげることによって消滅してゆくのであるが、それは「虚偽の社会的価値《ファルシェル・ゾツィアレル・ヴェルト》」ではなくて、「現実の価値《ヴィルクリッヘ・ヴェルト》」である。これに対比してみて、「地代」論で問題とされているのは、「或る虚偽の社会的価値《アイン・ファルシェル・ゾツィアレル・ヴェルト》」である。

かつて、綿谷赳夫は、「農産物は、その市場価値＝社会的価値 gesellschaftlicher Wert（＝最劣等地における平均価値）通りに交換されておりながら、しかも市場価値通りの交換そのものが農業部門にたいする「社会的労働の比例的配分」を超えた比率での交換となる。この超過分に見合うだけの社会的労働が、農業部門内部では、投下されていないのである。それは、社会的労働投下の裏付けをもたない価値だという意味で、虚偽の『社会的価値』sozialer Wertである。農産物の市場価値は、それ自身のうちに、かような虚偽の『社会的価値』を含んでいる」（「資本主義成立における農民層分解の古典的意義」『農業総合研究』第八巻・第四号、一九五四年）と論じた。

この綿谷赳夫見解に対して、井上周八は、「同じく社会的価値と訳されながら、虚偽の社会的価値という場合にこのみ sozialという語が用いられているのは何故かという点、および falscher は Wert にかかるのではなく sozialer Wert という言葉にかかっている点には、特に重要な意義を見出さなくてはならない。というのは、ここにも農産物の価値はsozialer Wertとしてみるときはfalschであるが、しかし価値としてはWert＝gesellschaftlicher Wert＝Marktwertであるというマルクスの理解が示されているからである」と論評した（『地代の理論――戦後論争点の批判的考察』理論社刊、一九六三年）。

井上周八の別書『農業経済学の基礎理論』（東明社刊、一九六八年）によるならば――「falschに対する唯一の正しい理解は、土地的条件の存在しない一般的生産物の社会的価値は文字通り全社会的な自由な競争のもとで、いっさいの社会的生産力（有償・無償の自然力も含めて）の自由な充用のもとでの個別的価値から成立した社会的価値であるのに反し、土地生産物の市場価値は土地的条件存在の結果、それに起因する生産力を自由に利用し、全社会的に一般化することができないという事情のもとで成立した価値であるがゆえに、一般的生産物の価値が「社会的《ソチアール》」であるのに対し、農産物の価値は「社会的価値《ソチアール・ヴェルト》」としてはfalschである、という理解である」と論述されている。

なお、岩城博司は、差額地代に転化すべき「超過利潤」を「特別剰余価値」として把握されるにあたり、その実体が農業部門の労働者から搾出された不払労働によって規定されるだけでなく、「よりいっそう重要なことは、ここではさらに土地所有関係が介入してきているのであって、資本の分析にとって画龍点睛たるべきこの社会関係こそ、その社会的実体にほかならないということである」（「市場価値の法則と「虚偽の社会的価値」」福島大学『商学論集』第三八巻・第三号、一九七〇年）としている。

さて、〈地代論〉の歴史的・論理的意義を、初期→中期→後期へといたるマルクスの全学問的閲歴に照らして確定しようとする本論も、ここで終結部《エクソドス》へとようやく到達した。マルクス的弁証法をもって自証した『資本論』体系の第三部「地代」篇におけるマルクスの鋭意苦心の結晶である体系的学説の枢要点を、差額・絶対地代論の範囲・次元・水準に即して、最終的にここでおさらいしておくこととする。（以下、引用文の傍点はいいだ）。

「地代のこの両形態（いいだ注——差額地代第一・第二形態と絶対地代形態）は、唯一の正常な形態である。この両形態のほかには、地代はただ本来の独占価格に基づいていることがありうるだけであって、この独占価格は、商品の生産価格によって規定されるのでもなく価値によって規定されるのでもなく、買い手の欲望と支払能力によって規定されているのであって、その考察は、市場価格の現実の運動を研究する競争論に属するものである」。

「総資本によって生産される剰余価値の配分におけるこのような平均化を競争によって実現し、この平均化のありとあらゆる障害を克服してゆくということは、資本の不断の傾向である。それゆえ、いかなる事情のもとでも、商品の価値と生産価格との相違から生じるのではなく、むしろ一般的な市場規制的な生産価格とそれとは違う個別的な生産価格との相違から生じる超過利潤、ただこのような超過利潤だけを許容することが、諸資本の傾向なのである。したがってまた、この超過利潤は、二つの違った生産部面のあいだに生じるのではなく、各生産部面のなかで生じるのであり、したがってさまざまな部面の一般的生産価格、すなわち一般的利潤率には影響を及ぼすことなく、むしろ価値の生産価格への転化と一般的利潤率とを前提とするのである。しかし、もしこれとは反対のことが起きて、資本がある外的な力にぶつかり、この力を資本が部分的にしか克服できないか、あるいはまた全く克服できないで、この力が特殊な生産部面での資本の投下を制限して、ただ、前述のような剰余価値の平均利潤への一般的な平均化を、全部的または部分的に排除するような条件のもとでしか、この資本の投下を許さないならば、あきらかにこのような生産部面では商品の生産価格を越える商品価値の超過分によって超過利潤が生まれ、この超越利潤は地代に転化させられて、地代として利潤に対して独立化されることができるであろう。ところが、資本が土地に投下されるような場合には、このような外的な力および制限として、土地所有が資本に、あるいはまた土地所有者が資本家に、相対するのである」。

「さまざまな生産部面での剰余価値の平均利潤への平均化が、人為的または自然的な独占、またことに土地所有の独占という障害にぶつかって、そのために、独占の作用を受ける商品の生産価格をも価値をも越えるような独占価格が可能になるとしても、商品の価値によって与えられている限界がそれによって解消されるようなことにはならないであろう。或る商品の独占価格は、ただ、他の商品生産者たちの利潤の一部分を、独占価格をもつ商品に移すだけであろう。間接にはさまざま生産部面のあいだでの剰余価値の分配に局処的な撹乱が生じることもあるであろうが、この撹乱もこの剰余価値そのものの限界を変えはしないであろう」（『資本論』第三部）。

本来マルクスによって『資本論』体系にはめこむべく執筆された草稿『直接的生産過程の諸結果 'Resultate des unmittelbaren Produktionsprozesses'』（一八六三年八月〜六四年八月のあいだに執筆）は、おそらくは経済原理論としての「理想的平均」の叙述にはなじまないというマルクス自身の判断に基づいて、その主要な理論内容が『資本論』第三部の最終篇「諸収入とそれらの源泉」に取り込まれただけで、全体として『資本論』には挿入されないで終わってしまったが、その独立論文「直接的生産過程の諸結果」には、次のごとき文字が見られる——

「資本制的生産過程の基礎の上では、生産手段の形態で存在する資本の使用価値と、これらの生産手段すなわち一定の社会的生産関係である資本としてのこれらの物の規定とが、分離しがたく融合しているのであって、それはちょうど、この生産様式のなかではそれに囚われている人びとにとっては生産物がそれ自体として商品とみなされるようなものである。これは、経済学の呪物崇拝《フェティシズム》の一つの基礎をなすものである」。

「労働過程の最も重要な要因は、労働者自身であり、そして古代の生産過程ではこの労働者は奴隷である。それだからといって、労働者は生まれながらに奴隷であるということにはならない。それと同様に、紡錘や棉花も、それらが今日では賃労働者によって労働過程で消費されるからといって、生まれながらに資本であるということにはならないのである。この倒錯は、わたしたちがありあわせの経済学手引書を開いてその第一ページを読めば、たちどころにすぐ目のなかにとびこんでくる。すなわち、そこには、生産過程の諸要素は、それらの最も一般的な形態に還元すれば、土地と資本と労働である、と書いてあるのである。これとおなじように、次のように言うこともできるであろう。生産過程の諸要素は、土地所有、ナイフ、鋏、紡錘、棉花、穀物等々、簡単にいえば労働材料と労働手段と、そして——賃労働である、と」。

マルクスは、一八六二年一〇月〜一一月執筆の手稿ノート第十五冊のなかで、手稿「収入とその諸源泉、俗流経済学」にかんする『エピソード』を書いており、その全文は今日では『剰余価値学説史』（『資本論』第四部）の第三分冊に「補録」として収められている。その手稿「補録」の『エピソード Episode』に曰く——

「収入の形態と収入の諸源泉とは、資本制的生産の諸関係を最も呪物的な形態で表わしている。それらの、表面に現われている通りの定在は、隠された関連および媒介的諸中間項から分離されている。こうして土地は地代の源泉となり、資本は利潤の源泉となり、労働は労賃の源泉となる。現実の転倒がそれによって自分を表わす歪められた形態は、もちろんこの生産様式の代弁者たちの観念のなかに再生産されて現われる。これこそは空想を欠いている仮構様式であり、俗物の宗教である。俗流経済学者たちは、実際に資本制的生産の担い手たちの観念や動機などを翻訳しているのであるが、この担い手たちは資本制的生産に囚われていて、かれらの観念や動機にはただ資本制的生産の表面的な外観が反射しているだけなのである。俗流経済学者たちは、それらを一つの教義的な言葉に翻訳するのであるが、しかし支配的な層の、資本家たちの立場から、したがって率直に客観的にではなく、弁護論的に翻訳するのである」。

「これによって、土地-地代は資本-利子に転化させられており、これはこれでまた諸商品の使用価値に対する支払いに、したがってまた使用価値-交換価値という関係に、幻想化されるのである」。

「地代は、たしかに元来、利潤のうちの農業者が地主に支払う部分として現われる。だが、土地そのものが商品の価値の（商品の剰余価値の）この部分の源泉として現われるのであり、地主はただ法的人格としての土地を代表するだけのようにも見えるのである。／もし地代が前貸資本に対して計算されるならばまだしも、利潤から、したがってまた剰余価値から、分離されたその一部分としての地代の源泉を想い起こさせる糸口がある。ところが、地代は一定量の土地について支払われる。地代は、土地の価値として資本還元される」。

「これだけの平方メートルの土地はこれこれしかじかの地代をもたらす。この表現では、剰余価値の一部分——地代——が、一つの特殊な自然要素に対する関係のなかで、人間労働とは無関係に、示されるのであるが、そこではただ単に剰余価値の本性が完全に消し去られてしまっているだけではなく、価値そのものの本性がそこでは消し去られてしまっているのであるから——というのは、いまや利潤そのものが、ちょうど地代が土地のおかげであるように、一つの特殊な物的な生産要素としての資本のおかげで生じたものとして現われる。土地は天然に存在していて地代をもたらす。資本は諸生産物から成っていて、この諸生産物は利潤をもたらす。一方の生産されたものである使用価値は利潤をもたらし、他方の生産されたものではない使用価値は地代をもたらすということは、ただただ、物が価値を創造するということを表わす二つの違った定式にすぎないのであって、これが理解できるものであるか、できないものであるかは、どちらにしても同じことなのである」。

「土地—地代、資本—利潤（利子）、労働—労賃という三位一体では、最後の項がまだしも最も合理的であるように見えるかもしれない。少なくともそこでは、労賃が出てくる源泉が言い表わされている。だが、むしろこの最後の形式こそは、最も非合理な形式なのであって、他の二つの形式の基礎なのである。賃金がここでは、労働の独自な生産物、労働の唯一の生産物として現われるので（それは賃金労働者にとっては、実際に労働の唯一の生産物ではある）、価値の他の諸部分——地代、利潤（利子）——も同様に、必然的に他の独自な諸源泉から流出するものとして現われるのである。そして、生産物価値のうち労賃に分解する部分が、労働の独自なる生産物として把握されるのとまったく同様に、この価値のうち地代と利潤とに分解する諸部分は、それぞれあたかも土地の所産ならびに資本の所産として、把握されなければならないのである」。

「地代の、すなわち土地所有の源泉としての土地、または自然は、十分に呪物的《フェティッシュ》である。しかし、使用価値と交換価値との愉快な混同によって普遍の観念にはまだ自然そのものの生産力という逃げ場が残っているのであって、これがなんらかの呪文によって地主において人格化されるのである」（エピソード：「収入とその諸源泉。俗流経済学」（—強調○点は原文、強調傍点はいいだ））。

小川浩八郎の好著『経済学と地代理論』（青木書店刊、一九七九年）は、マルクス経済学における地代論の枢要的意義について、つぎのように書き納めている。篤学の士の達見として、味読に値する、首肯するに足る所論である。すなわち——

「いっさいの出発点は、賃労働と労働一般との同一視である。つまり、人間労働からそのいっさいの歴史的性格と社会的規定性がはぎとられたものとしての労働一般なるものが基礎なのであって、そこから出発して三つの明らかに不合理で不可能な組合わせが成立してくるのである。「賃労働としての労働から出発してそのために労働一般と賃労働との一致が自明のように見えるとすれば、資本も独占された土地も労働一般に対立して労働条件の自然的形態として現われざるをえない」（『資本論』）のだから、資本および土地は、「これらの労働条件が一般に現実の労働過程でとる姿と、つまり労働過程のどんな歴史的に規定された社会的形態にもかかわりなしに、じつにそのどんな社会形態にもかかわりなしに、これらの労働条件がとる姿と一致するのである。……一定の歴史時代に属する姿が、生産過程一般での生産された生産手段および土地の定在および機能と一致するのである。かの生産手段は、そのもの自体として、その本性によって、資本である。……土地もまた、そのもの自体として、その本性によって、ある数の土地所有者によって独占された土地である」（『資本論』）。つまり両者とも単なる物として利潤（利子）や地代の固有の源泉となるのである。／以上の引用からも理解できるように、「労働—労賃」定式こそ他の二定式の基礎なのである」。

イギリス的方法による生産手段（土地）と生産者（耕作農民）の歴史的分離過程であるいわゆる資本の原始的蓄積過程は、ヨーロッパ封建制＝農奴制社会の土地所有の価格革命による全般的廃墟化の裡で、イギリス封建制社会を点綴する先進的な土地のフリーホールド（自由保有）の先行性に依拠した、資本‐賃労働関係の初発的形成以来、「近代的土地所有」と累進的に発展させてゆき、アンダーソンやリカードに見られるごとき「土地所有は存在しない」という仮構的想定の上に地代論的抽象を経済学原理論的に可能にしたのだが、クロンウェルの清教徒革命《ピューリタン・レヴォリューション》、ジェームズ二世の名誉革命《グローリアス・レヴォリューション》の以降のイギリス近代化も、その政治的上部構造においては、いわゆる地主王政として、ホーリー党対トーリイ党の陛下の支配的与党と陛下の忠誠なる野党との二大政党的対置のなかで、〈リブ《自由》ーラブ《労働》同盟〉としてのイギリス自由主義的国家・社会編成を実現してきたのであって、資本に先行して本来的には資本によっては生み出し得ない土地所有が資本制的生産様式に適合的なものに変えられる過程は、先進イギリスにおいてさえも現実には比較的に長期にわたる歴史的過程を経過しなければならなかったのであって、農業部面に投下された資本の保障が先ずもって慣習的に、次いで法制的・制度的に独立し、さらに大土地所有さえもが自由に一義的に確定された土地商品価格によって自由に処分され貸借され売買しうるようになるのは、やっと一九世紀末になってからのことであって、より具体的に言うならば、借地農業者が土地改良投資をあまりおこなわなくなってしまった「農業大不況期」に、かれらが農業に投下した資本の保障＝いわゆる「テナント・ライト」補償の制度化がおこなわれるようになってから、地代が低下・暴落し、土地に対する買い手が減少・激減した同じ時期に、土地所有の自由売買（すなわち「継承的不動産権設定法」の改正）が実現し、地主の海外投資や公社債投資等々が増大するようになった時期に属していた事柄であったのである。

そのような意味において、土地所有が法律的諸関係も含めて資本制的生産様式に照応するようになる歴史的過程は、先進イギリスにおいてもことほどさように単純ではなかったのであり、フランス市民大革命に先駆したイギリス市民革命（清教徒革命と名誉革命による地主王政の確立）からはじまり、イギリス産業革命ならびにその有機的一環をなす農業革命の以後、とくに穀物価格の下落にもかかわらず農業生産力の高度化の結果、農産物価格は低下しても土地所有の地代は騰貴しつづけてリカード地代論をドグマティズムに化せしめた「ハイ・ファーミング」＝高度集約農業時代の自由主義的ヴィクトリアン時代《エイジ》を経過して、自由党vs保守党に替わる保守党vs労働党という新しい対立的な二大政党時代へと上部構造的配置も変動を来たした一九世紀末になってやっと、地主-借地農関係が近代的契約関係に完全に成る時代が制度的に確立したのであって、その時代ともなれば、資本主義の世界的時代はもはや、すでに金融・独占資本を資本蓄積様式の基軸とする帝国主義的世界編成へと転移をとげる寸前となっていたのである。

『資本論』の「差額地代論」の基本節を成す第四三章「生産価格が上昇する場合」については、マルクスの原稿では表題のみであって、マルクス死後の『資本論』第三部の整理・編集・公刊に当っては、エンゲルスによって補足作成されなければならなかったが、エンゲルスはこうした「地代」章の補充完成の作業において、マルクスの「地代」章の「無理な数量関係」を補正しながら、「大土地所有者階級がたえず再び立ち直るというのは、土地に投ぜられた他人の資本が、そこから資本家が引き出す利潤とはまったく不釣り合いに、この階級に地代を運んでくれるおかげである」と総括し、次いで、この同じ法則が、大土地所有者の生命力を逆に失わせてゆくことになる歴史的帰趨について、世界市場形成によるヨーロッパ諸国の耕作されている土地種類の一部が競争能力を喪失するにいたるという事実を指摘して、次のように述べた――「ヨーロッパでは、土地の一部分は穀物耕作では決定的に競争圏外に脱落し、地代はどこでも下落し、わたしたちの第二の場合の変例2、すなわち土地価格が下落し追加投資の生産性が下がるという場合が、ヨーロッパの常例となり、こうして、スコットランドからイタリアまでの、また南フランスから東プロイセンまでの、地主の悲嘆とはなったのである」と。

逆証していうならば、マルクスはその「地代論」において、数量関係の挙例には踏み込めないままに終わったものの、例によって例のごとく用意周到な全面的目配りによって、基本例第二ならびに第三・変例2を、経済学原理論の一般的原理として考察し、そのような原理を基準として、その後の、あるいは諸契機の具体的な土地所有と農業の変化の実態に即した法則的適用が可能になる「理想的平均」の標準装置を用意していたのである。このことの歴史理論解析上の意義は、以下に見るごとく大きい。

8　現代資本主義における「世界農業問題」の死重を現代社会主義は果たして解決しうるか？

このような歴史的変化が一九世紀末以来の「世界大不況期」においてもたらした事態についての歴史的考察ともなれば、長期慢性化したヨーロッパ農業衰退の特異性が、マルクスが提起しエンゲルスが補完した「基本例第二・変例2」の経済学原理の具体時代的適用として活用されることによって解明され、そのような**長期・慢性化した農業恐慌**が**古典的・周期的恐慌の変型**としての世界的大不況の動因となり、二〇世紀の新たなヘゲモニー国家としてのUSAが、世界一の工業国であると同時に世界一の農業国として世界一の土地農産物転出能力をもっていることとの関係、ならびに国際金本位制に基づく〈パクス・ブリタニカ〉的世界編成が宗主国工業–植民地モノカルチャー農業の国際工農関係性の世界的構造化に由来するA・A・LA世界の植民地モノカルチャー農業が提供する土地農産物との関係、の問題もふくめて、一九世紀末の末期自由主義的世界編成が二〇世紀の帝国主義的世界編成へと世界史的推転をとげてゆく歴史的過程の法則理論的把握もまた可能となったのである。

そのような経済学的アプローチが、ヒルファーディングの『金融資本論』、ローザ・ルクセンブルクの『資本蓄積論』、レーニンの『帝国主義論』、ブハーリンの『世界経済と帝国主義』、グラムシの『獄中ノート（フォーディズムとアメリカニズム〉』であったことも、人びとのすでによく知っているごとくである。

このような経済学と農業・地代理論との関係性の歴史的・論理的推移は、二〇世紀の現代資本主義の新たな発展がもたらした〈パクス・アメリカーナ〉世界体制の形成過程における、**一九二九年アメリカ大恐慌**の勃発と三一年イギリス連邦のオタワ会議による再建金本位制の没落の以後のいわゆる「一九三〇年代危機」＝「非常時」の世界史的時代においては、世界経済の両極における「国際管理通貨体制」と「世界農業問題」の同時代的・同時析出となって、わたしたちの理論的考察の進展をよびおこしたことは、二〇世紀の根本経験として、二一世紀へと向かいつつある今日のわたしたちにとっての記憶に新たなところである。

「所謂**農業恐慌**は、元来は資本主義的生産方法に必然的なる**恐慌現象と同じ根拠**に基くものではない」と、宇野弘蔵博士は言う。「後者は、資本主義自身の内部的な矛盾、労働力の商品化による矛盾を基礎とするものであるのに対して、前者、即ち**農業恐慌**は資本主義的生産方法が農業を資本主義的に処理し得ないという外部的な原因に基づくものである。勿論『資本論』のような原理論では、農業もまた完全に資本主義的に経営されるものとして、資本家的原理を明らかにする方法を採らざるを得ないのであるが、実際上は決して資本主義に農業問題を解決し得る力はなかったのである」(「世界経済論の方法と目標」『社会科学の根本問題』青木書店刊、一九六六年・所収)と。これは右の移転についての深い理論的洞察なのである。

二〇世紀初頭に爆発した第一次世界大戦＝帝国主義世界戦争の以後の現代世界においては、右の前者の資本主義に必然的な、経済学原理論の規定対象となる**一般的恐慌現象**と、特殊的な、**原理論的恐慌論**ではない具体的分析視角を必要とする**農業恐慌**とは、歴史的に漸次に接近し、融合するにいたって、世界資本主義のいわゆる「構造問題」として、資本主義の矛盾の総合的表現を呈するにいたった。

先に見たごとく、一九三〇年代危機の「非常時」の時代において、ブロック経済化のもとで一極における国際管理通貨体制と、他極における世界農業問題との両極的析出は、まさに世界資本主義経済において農業問題のかかえる根本的矛盾が解決しえないことの自己告白にほかならなかった。そして実際的にも、この世界農業問題の構造化は、ヒトラー・ドイツが自国のナチス経済化に系列下のモノカルチャー農業植民地を「広域生存圏《レーベンス・ラウム》」として抱合したごとき、また、天皇制日本の大日本帝国が満州事変以降、「満蒙支」の「大東亜共栄圏」を樹立しようと企図したごとき、諸革新にも如実に看取されるところであり、しかも、そうした暴力的侵略戦争の発動・推進によってしても、そのような広域生存圏を形成しての資本主義生き残りの企図は、結局のところは画餅に帰せざるをえなかったのである。ここに、資本主義にとっての「外部的な関係」としての農業問題の解決の不可能性が、実証されたのである。

　この問題は、第二次世界大戦以後の今日の時代においても、解決困難なままに、あるいは「南北問題」として、また「南南問題」として、あるいは「環境問題」「生態系危機問題」として、いわゆるエコロジカル・クライシスの焦点問題となりつづけながら、現在の世界的危機の一極を形成しているのである。

　そうした基本的困難に起因した、現代世界の全世界的規模における〈戦争と革命の時代〉において、資本主義に全面的に対抗するものとして抬頭した〈社会主義〉は、一方では、資本主義の内的矛盾をなす「失業問題」として構造問題化した階級対立を、他方では、その外的矛盾をなす「農業問題」の構造的問題化を、解決しうる歴史的力能を有するものとして想定されて、新しい社会を構想し建設し担当しうるものとして、労農大衆ならびに被抑圧民族大衆の世望を一身に担いながら抬頭した新生事物であったものにほかならない。しかしながら、第一次世界大戦以後のソヴエト・ロシア「社会主義」権力も、その党権力による上からの革命である強制的な農業集団化政策の強行によっても、また、第二次世界体制後の民族独立の人民中国「社会主義」権力も、その党権力による政・社合一の「人民公社」の全国的普遍化によっても、それらのどちらをも農村における夥しい餓死者を招いたその農業・農民・土地革命政策の強行が示した厳たる歴史的事実は、社会主義もまた「農業問題」を解決しえないことを如実に示したのである。一九九一年を劇的転回点としたスターリン主義の、またその一変種としての毛沢東主義の「社会主義」の世界史的没落も、根源的にそのことに由来している、と言ってよい。

したがって今日の現代世界における「世界農業問題」の解決は、資本主義にとっても社会主義にとってもいぜんとして最も根源的に困難な課題として現在においても基本的に問われつづけているのであり、しかも、いかなる個々の国々の一国主義的解決方法によっては絶対に解決することのできない、まさに「世界経済論の方法の目標」の問題として問われつづけているのである。

今日のグローバリズム時代において、「第三世界」の問題とか「エコロジー」の問題として、世界危機の渦心において問われている問題は、この問題の今日的現われにほかならないのである。これこそ、わたしたちの深く心を致さなければならない枢要点である。

第一八章　マルクスの「信用制度論」「信用創造論」の体系的位置価

次に、論題を、『資本論』第三部・第五篇・第三〇〜三三章の検討において、マルクスが自ら「比類なく困難な問題」とした問題の理論的解決の試行ともかかわらせながら、「貨幣資本と現実資本」の乖離の問題へと、移行させたい。

マルクス『資本論』第三部――「信用制度やそれが自分のために作りだす諸用具（信用貨幣など）の詳細な分析は、われわれのここでの計画の範囲には入らない。ここでは、ただ、資本制的生産様式一般の特徴づけのために必要な僅かばかりの点を、はっきりさせておくだけでよい」。同じく、第三部・第二二章「利潤の分割、利子率、利子率の『自然的な』率」によれば――「この章の対象も、およそ後の諸章で取り扱われるすべての信用現象も、ここでその細目にわたって研究することはできない。貸し手と借り手との間の競争やその結果としての貨幣市場の諸変動は、われわれのここでの考察範囲には入らない。産業循環の進行中に利子率が通る循環は、その叙述のために産業循環そのものの叙述を前提するのであるが、この産業循環の叙述も、同じくここで与えるわけにはいかない。同じことは、世界市場での利子率の大なり小なりの近似的な均等化についても、言える。わたしたちがここでしようとしているのは、ただ、利子生み資本の独立的姿と利潤にたいする利子の独立化とを展開する、ということだけである」。

『資本論』第三部・第一篇・第六章・第二節「資本の増価と減価。資本の遊離と拘束」においては――「わたしたちがこの章で研究する諸現象は、その十分な展開のためには、信用制度と世界市場での競争を前提とする。

……しかし、これらの資本制生産のいっそう具体的な諸形態を包括的に叙述することは、資本の一般的性質を把握してからはじめてできることである。しかも、このような諸形態の叙述は、この著作のプラン外のことであって、もしも続巻ができればそれに属することである」と。

1　銀行学派のエコノミストJ・ウィルソンによる「流動資本の固定化説」のマルクス的信用理論への影響

利子率の変動は、信用制度の構造や金融制度の動向を最も端的に示す指標である。一九世紀中葉のイギリスにおいて、**周期的恐慌の原因探究**において、流動資本の固定化説は一般的に広まっていた。**代表的な恐慌学説**の有力な一つであった「流動資本の固定化」説を主導したのは、英誌『エコノミスト』を創刊したジェームズ・ウィルソンであった。一八五〇年代のマルクスは、実は、このウィルソン理論に強く影響された**恐慌観**をもっていたのである。

たとえば中期マルクスは、『経済学批判要綱』の「資本にかんする章・ノートⅦ」における「固定資本と社会の生産諸力の発展」について述べる際、「一国の再生産の均衡のとれた発展にとって、固定資本の生産と流動資本の生産との割合、とりわけ「相対的過剰人口」と「剰余生産」とが重要である」と指摘して、つぎのように論述した――「だから、鉄道、運河、水道、電信等々をつくるためには、直接的生産過程で直接に活動する機能装置をつくるよりも多くの〔剰余人口と剰余生産がなければならない〕。ここから――われわれはのちにこの点に立ち返るであろう――、流動資本の固定資本への転化が或るときは少な過ぎ、或る時は多過ぎるという不均衡 Mitzverhältnitz からの不動の動揺と痙攣とが――近代産業の不断の過剰生産と過少生産の形で――生じるのである。」（『資本論草稿集』②）。

マルクス祖述者はあまり言いたがらないところなのだが、この草稿の主張が、当時の『エコノミスト』主筆であったウィルソンの「流動資本の固定化説」の受け売りであることは、歴然としている。考証の労をとってみれば、当時のマルクスの諸論文「フランスのクレディ・モビリェ」「ヨーロッパの貨幣恐慌の原因」「フランスの経済恐慌」等々は、ことごとく基本的に、ウィルソンの『エコノミスト』的見地に立って書かれていたことが判明する。

J・ウィルソンは、**恐慌期の金融市場の逼迫**を分析するさい、三つの問題を提示した。すなわち――その第一は、資本とは何か？　という根本問題であるが、資本を一般的に蓄積された労働（＝諸商品）として把握するかれウィルソンは、余剰労働の対象化が資本蓄積の契機であるとみなした。第二の問題提起は、流動資本と固定資本との区別である。固定資本の所有者は、たとえそれを自分で使用するとしても、自分で自分にたいして貸し付け、自分で自分に賃貸料を支払うと観念して、製品価格にその賃貸料を算入する。このようにして、「自己資本利子」の範疇が成立するのである。マルクスが後年、このウィルソンの「流動資本」と「固定資本」の概念的弁別を、さらに理論的に鍛造して「可変資本」と「不変資本」の概念的区別に到達し、よってもって、「資本の有機的構成」ならびに「剰余価値生産」の概念的整備の鍵《キイ》概念を入手したことは、知る人ぞ知るところである。同時代の一人のすぐれたエコノミストの受け売りから、経済学原理論上の重要な概念装置を鍛造したことこそが、マルクスの学問的膂力の程をよく示しているのである。

金融市場逼迫の原因究明のために、ウィルソンが提起していた第三の問題は、貨幣と資本の区別であった。その弁別は、流動資本と浮動資本の把握、ならびに「信用の基礎としての資本」と貨幣との区別、に由来する。当時の通貨論争において、銀行学派による貨幣と資本との区別の意義は、通貨学派批判の理論的武装として鍛え上げられたが、ウィルソンは銀行学派に属する俊英なエコノミストの一人として、トゥックやフラートンと同様に、貨幣と資本との区別に立脚していたのである。

ウィルソンは、金融市場逼迫へといたる過程においては、流動資本の固定化によって再生産の均衡が崩れたことに、金融逼迫小恐慌が発生する根本原因がある、としたのである。さらに、**一八四七年一〇月の商業恐慌**（言うまでもなく、一八四八年ヨーロッパ世界革命の引金となったイギリス商業恐慌である）にいたる過程において、イギリス帝国の治外においても浮動資本の固定化が進展したことにかれは注目した。すなわち、イギリス領東インドの農業経営者たちが固定資本投資のために巨額の資金を必要として、自らの土地や農場を担保として手形を振り出したことによって、商社の資産に占める固定的証券の比重が増大するとともに、ロンドン金融市場における貸付可能な貨幣資本に対する需要が増大したのである。

浮動資本の固定化の大々的進行は、金融市場の状態と動向に決定的な影響を及ぼし、金融市場における貸付可能な貨幣資本にたいする需要を急拡大させ、この需給の不均衡が極限化する金融逼迫期には、輸出入の不均衡による金の対外流出、また国内退蔵・賃金支払増大のための金の対内流出によって、イングランド銀行金準備の収縮が決定的に生じたのである。その論理と状況は、すでに前項の第一論題において解明したごとくである。

以上のような状況を説明するウィルソンの「流動資本の固定化説」は、再生産=資本蓄積と金融市場との関連を問う重層的視角に立脚している。一八五〇年代の経済学研究の深化において、この『エコノミスト』ウィルソン説に強く影響されたマルクスは、『資本論』段階においても、この重層的視角に立つ理論をさらに理論的に精錬して構築しようとして、「貨幣資本と現実資本」論を展開したのである。

この「貨幣資本と現実資本」の乖離論において、「流動資本の固定化説」を組みこんだマルクスの理論展開は、やがてまもなくマルクス的信用論に組み込まれた「貨幣資本と現実資本」分析の重要な骨格を形成することとなったのである。だから本章でわたしは、ジェームズ・ウィルソンの「流動資本の固定化説」のマルクスへの影響を、重要視してかなり詳しく紹介しているのである。

こうしてかれマルクスは、「貸付可能な貨幣資本」という分析装置を基本に据えて、金融市場の逼迫を「貨幣資本と現実資本」の乖離から解明することに成功したのであり、もしもこの理論的成功にJ・ウィルソンの助けがなかったとしたならば、マルクスの『資本論』弁証法体系の総締めの括りである**恐慌論の基本的完成はありえなかった**であろう。それほどに、当時の銀行学派と通貨学派との抗争に関わる銀行学派の驍将ウィルソンからのマルクスへの理論的影響の問題は、重要なのである。その概念装置的核心は、「可変資本」と「不変資本」の区別、「貸付可能な貨幣資本」という分析装置による「貨幣資本と現実資本との乖離」の説明である。

諸資本の自由競争が展開される産業資本主義の運動においては、規則的な産業循環、したがってまた、**周期的な恐慌**が発現し、信用制度の下でぶあつく堆積した貨幣資本のほかに、現実資本（生産資本、商品資本）もまた膨脹・収縮の景気変動過程をくりかえした。そして、このような産業循環過程が、発達した信用制度の下になされたことは、現実資本蓄積と貨幣資本蓄積との流動資本の固定化に由来する乖離を極大化させて、**恐慌をもたらし、その全般的・周期的・激発的な暴力的破壊・収縮**を経験せざるをえなくさせた。

これに対する『資本論』のマルクスは、ウィルソンの経済理論的着眼点を、いちはやく自家薬籠中のものとして、利子生み資本運動の具体的分析に基づく信用理論を具備して、経済学説史上初めて信用制度の構造と貨幣資本蓄積と現実資本蓄積の動態に関する総合的分析を呈示しえたのである。もしもこのことがなければ、当時、マルクスが直面していた「無類に困難な」難点《アポリア》のブレーク・スルーは、おそらくはできなかったであろう。

したがって、本章が集中的に主題化しているように、**恐慌論の完成**による『資本論』の体系化は、エンゲルスにはよく読み取られなかった『資本論』第三部・第五篇の再整備・再構成によってこれを行なわなければならないのである。マルクス的信用理論の全体も、「貨幣資本と現実資本」論の位置価を基軸として、理論的に再構成されることによってはじめて、理論的一貫性をもってこれを仕上げることができるのである。

『資本論』第三部・第五篇・第三〇章におけるマルクスが自ら言う理論的アプローチにおける「無類に困難な問題」とは、次の諸点に集約される――

「信用制度に関して、これからわれわれが近づいてゆく無類に困難な問題は、次のような問題である。

①　第一に、本来の貨幣資本の蓄積。これは、どの程度まで現実の資本蓄積の、すなわち、拡大された規模での再生産の指標であるのか、またどの程度までそうでないのか？　②　いわゆる資本の過多、いつでもただ利子生み資本すなわち貨幣資本だけに用いられるこの表現は、ただ、産業上の過剰生産の特殊な表現の仕方でしかないのか、それとも、それとは別に一つの特別な現象を成しているのか？　③　貨幣資本のこの過多、この過剰供給は、停滞している貨幣量（地金、金貨幣、銀行券）の現存と一致しており、したがって、この現実の貨幣の過剰は、あの貸付資本の過多の表現であり、現象形態であるのか？

④　そして、第二に、貨幣逼迫すなわち貸付資本の欠乏は、どの程度まで現実資本（商品資本と生産資本）の欠乏を表わしているのか？　⑤それは、他方、どの程度まで貨幣そのものの欠乏、流動手段の欠乏と一致するのか？」（『資本論』第三部・第五篇）。

いずれも、決定的・徹底的な理論的解決を必要とする難点《アポリア》である。ウィルソンの着眼点を機敏にとりこむことによって、マルクスはこの難点《アポリア》のブレーク・スルーに成功を収めたのである。ウィルソンの方はエコノミストとして、このような難点《アポリア》の事柄の深層における所在について、自らは知る由もなかったのである。深層の無意識を意識構造化して表層へと浮上させる理論のもつ精神分析的作用は、まことに不思議なほどに霊妙な力能をもっているものである。

以上、信用制度下の貨幣資本と現実資本の乖離の極限的進行が、貸付資本の欠乏として**資本過多《プルセラ》という恐慌の必然性の現実化を発現**させるという重層的理論把握のなかで、一方、他方、それとも、あるいは……といったEntbeder Oder（あれかこれか）の？（クウェスチョン・マーク）によって言い現われている難題《アポリア》の所在を、『資本論草稿』によって再確認しておく。すなわち——

「いまわれわれが近づいていく信用の歴史全体についての比類なく困難な問題は、以上のようなものである。第一：本来の貨幣資本の蓄積。これは、現実的な資本蓄積すなわち拡大された規模での再生産の規模をどの程度まであらわし、またどの程度まであらわさないのか？　いわゆる資本の過多（いつでも貨幣資本 monied capital について用いられる表現）は、ただ特別な現象なのであろうか、あるいは過剰生産をあらわす特殊な仕方にすぎないのであろうか？　貨幣資本 monied capital の過剰供給は、停滞している貨幣量（鋳貨、地金、銀行券）とどの程度まで一致し、したがってこの貨幣資本の過剰供給は、より増大した貨幣量をあらわすのであろうか？

他方：貨幣逼迫のさいに、それ（貨幣逼迫）は、どの程度まで現実資本の不足をあらわすのであろうか？　それ（貨幣逼迫）は、貨幣の欠乏、たとえば支払手段の欠乏と一致するのであろうか？」（『資本論草稿』Ⅱ）

覧られたごとく、前者＝現行版の「信用制度 Creditsystem」、後者＝草稿では「信用の歴史 Creditgeschiclate」は、前者の「第二に Zweitens」は後者では「他方で Andererseits」に、前者の「流通手段 means of circulation」は後者の「支払手段 means of payment」になっている。いずれにしても、**恐慌を暴力的・突発的に爆発させる**ことになる、一方における現実的生産・再生産を司っている現実資本蓄積の過多と、他方における貸付可能な貨幣資本の絶対的欠乏との矛盾が、設問がわざと Entbeder Oder（あれかこれか）式に立てられているにもかかわらず、その答がどちらか一方を切り捨てて他方を揚げるやり方によっては解決しえないことは、あきらかすぎるところである。

マルクスの疑問文的設問は、わたしなりに理論的に整理してみれば、次の二つの根本問題に集約されうる。すなわち——

（1）貨幣資本蓄積は、現実資本蓄積と、どのような関係に在るのか？

（2）貨幣資本蓄積は、貨幣量と、どのような関係に在るのか？

右のいずれの疑問文もが、主語を「貨幣資本蓄積」として立てられているこの問題を、利子生み資本範疇の信用制度拡大運動のなかで同時統一的に解いてゆかなければならない。まさに問題集約によって、問題点はただこの一点に絞られたのである。

マルクスは、「銀行業者が与える信用は、いろいろな形態で与えられることができる。たとえば、銀行手形（bankersills）、銀行信用（bankerscredits）、小切手（cheques）等、そして最後には銀行券（banknoten）の形態で与えられる」と述べた命題に徴してみて、銀行による貸付が信用状態でなされることをよく承知していた、と見てよい。このような信用状態で貸付けられる貸付可能な貨幣は、本来、資本の再生産過程におけるさまざまな遊休資本化から必然的に形成されてくる「蓄蔵貨幣」を源としているのであり、これらのさまざまな形態をとっている蓄積貨幣は銀行業の下で社会的に動員・統合されて「貸付可能な貨幣資本」となる。そして、不況→好況→好況末期→恐慌という資本の産業循環=景気変動過程の各局面における「貸付可能な貨幣資本」の蓄積は、特定の好況全盛期の局面を除けば、現実資本の蓄積とは一致せず、むしろその限り、両者はほぼ恒常的に対抗的・背反的関係にあるのである。

この両者の一致・不一致の状況変化・転換を、産業循環論は客観的になぞったものにすぎないが、問題の核心は、なぜそのような乖離・不一致・対抗が発生するのか？　である。この問いにたいする解答は、産業循環論的考察だけでは不十分である。そこで『資本論』第三部・第五篇のマルクスは、両資本の形成源泉の再吟味という方法をとって、両資本の両関係を検証した――

（1）「貸付資本（moneyed capital あるいは monied capital）への貨幣の単なる転化」。

（2）「貨幣資本に転化させられる貨幣への資本または収入の転化」。

別々の由来をもつ貨幣資本蓄積と現実資本蓄積とは、全く異なる別々の契機によって規定されるものである。それを統一的に包含・連動規定する力は、信用制度のもつ形態的同一性の形式にある。これがこの問題の解答であり、解法である。すぐれた問題の上向的揚棄である。

次なる問題は、貨幣量の変化と貸付可能な貨幣資本の蓄積との関係である。貸付可能な貨幣資本の蓄積が、総貨幣量、流通貨幣量のいずれの変化とも異なる独自の要因によって自律的に規定されることは、あきらかである。貸付可能な貨幣資本の蓄積を貨幣量から区別しなければならない最大の理由は、このような貸付可能な貨幣資本の独自性である。このことから、貸付可能な貨幣資本の需給状態を表わす利子率が貨幣量によって影響されると考えるのが（通貨学派の支配的影響力のもとで、いわゆる「貨幣通量説」が通俗的な支配的見解になっているにもかかわらず）完全な誤りであることは、あきらかである。

マルクスにとって、この貸付可能な貨幣資本の運動の自立的独自性の証明は、貸付可能な貨幣資本を基礎にして、銀行信用が自律的に拡大・拡張し、貨幣資本蓄積の多層的展開を信用制度の下で押し進めてゆくメカニズムとその実態の解明に委ねられることとなる。マルクスは、フローとしての貸付可能な貨幣資本の形態が、預金債務＝「貸付けられた資本」の形態であることを突き止め、貨幣量との違いと同時に、その架空性・幻想性・投機性を、経済学批判的に暴露した。たとえ現実の貨幣形態で貸付けがおこなわれるとしても、預金・貸付けの反復過程では、架空の貨幣資本＝「貸付けられた資本」が形成されるのである。これが、次なる問題とされた「貨幣量の変化と貸付可能な貨幣資本蓄積との関係」の解明である。

右のような銀行信用の自律的拡大・拡張には、当然のその物的保証として、その支持装置としての担保形態の転化と物的担保制度から人的担保制度への担保制度の分化が、具体的に押し進められることとなる。この制度的推進のなかで、担保が「架空化」することが、たとえば今日においても、現代の信用制度の最大の問題となっているところなのである。

固定資本の巨大化を背景とする「蓄蔵貨幣」の急激な増大によって、銀行信用に対する貸付け需要も多様な部面に広汎に増大しているにもかかわらず、銀行信用の浸透・拡張が限界的領域に足踏みしたのは、物的担保に限界があったからであるが、その限界をブレイク・スルーした人的担保制度への分化は、「収益力」担保概念の生成をともなって大きく進展したにもかかわらず、自立化した「収益力」担保のいわゆる「くり抜き」が生じてくる。この「収益力」担保の「くり抜き」は、「担保の架空化」という仕組みに支えられた銀行信用が、ただ単に貨幣資本蓄積の現実資本蓄積からの乖離という一般性だけでなく、その二つの資本蓄積の乖離が不均衡を増幅して極限化してゆく力——不安定化の力である——として、資本制経済体制内に決定的な不安定要因として組み込まれたことを意味してゆくこととなる。

それは、銀行信用の自律的拡張→貨幣資本の創出が、現実資本蓄積に先行して高リスク部面や架空な金融取引部面へと拡大浸透してゆくという一般的傾向の具体的発現である。その意味で、金融独占資本的蓄積様式における、貨幣資本と現実資本の「乖離的」蓄積態様の特質は、「収益力」担保の自立化とその「くり抜き」による銀行信用拡張の累積的進展に支えられて、不可避的に二つの資本蓄積の乖離・不均衡・抗争が醸成されてゆく点にある。**恐慌論の最終的仕上げ**が、この「くり抜き」問題をクリアしなければならないことはあきらかである。

2　証券発行による「収益力」担保の最終的行方は？

右の担保論視角による考察は、現下の現代資本主義世界システムの具体的様相においては、証券市場を中心とする独占期の信用制度と、その下での特に擬制資本拡大によって特徴づけられる貨幣資本蓄積と現実資本蓄積の態様に即して、具体化させられなければならない。巨大化した固定資本のための資金調達は、銀行信用によってだけではなく、証券発行によって実現されなければならないのだが、そこに、証券の発行・流通の場としての証券市場の組み込みと擬制株式資本化の必然性が発生してくるのである。

証券発行においては、当然のこととして、証券の保有者に元本と利子の支払が保証されなければならないが、それを保証するのが担保であり、この担保は信用経済の拡大・拡張に連れて、物的担保から人的担保へ、さらには「収益力」担保へと形態転化をとげ、それに即応して証券発行においても、優先株、普通株、社債の資金調達手段の序次で、担保の形態変化が進行するのである。

総じて、独占段階における信用制度の自立化的拡張の目立った特徴は、物的担保から人的担保へ、それも「収益力」担保への「担保の架空化」が進展してゆくことである。キャッシュ・フロー・ベースの銀行信用供与、さらには証券発行が、その具体的展開形態である。これは独占段階においてはじめて制度の内に組み込まれる新しい信用装置なのであり、今日の管理通貨制度下の信用制度においても、強力に作用する貨幣資本蓄積の乖離装置である。

「収益力」担保と言っても、「収益」がすでに実現された既成の・既存の収益であって、その収益を一般市場利子率で割って資本還元すれば、その場合にはたとえそれが擬制であるにしても、当該元本＝資本の商品価格が一義的に定まって、擬制資本としてそれなりの実在性を獲得するにいたるが、そうは言っても、「収益力」とは一般的に収益を獲得しうる可能性にすぎないのであって、その実態は未来の収益なのであって、そのいわば潜勢力《ポテンツ》としての収益は、架空性・幻想性・投機性、そして錯誤・失敗の可能性、損切りを、たえず孕んでいるのであって、したがってまた、「収益力」担保なるものも本来的に「架空化」しているものなのである。だから、担保割れ・担保流れのごとき経済現象は、現代資本主義の日々を生き・営んでいるわたしたちにとっても、日常茶飯事的な生活現象である。わたしたちは毎日、このように架空化した信用経済によって生かされ、また殺されて、いるのである。

現代資本主義の管理通貨制への移行と、そのような管理通貨を手中に握りしめた国家による公的信用制度の拡大という現状況の下で、不況克服策としての財政スペンディング政策による有効需要喚起のための国債市場の拡大が追求され、さらには、金融諸機関による市場性資金への依存度上昇とその結果としての短期金融市場の拡大が起こる。この経済現象は国際問題として、現下、ドル本位変動相場制下のグローバル経済の第一級の政治・経済・金融問題と化している。

　このようにして、管理通貨制度の段階に入って、国債市場が金融市場に組み込まれ、国家と市民経済のミックスの下で、商業銀行の長期貸付部面への積極的進出が進んでゆくなかで、一九六一年の譲渡性預金（Certificate of Deposit = CD）の導入を契機として、短期金融市場が急拡大する局面が出現することとなった。以後、ユーロ・ダラー取り入れ、条件付債券売買（Repirchase Agreement = RPp）、フェデラル・ファンズ（Federal Funds = FF）、コマーシャル・ペーパー（Comercial Paper = CP）と、その手段は多様化し、かつその調達量は急速に拡大していった。**今日の恐慌論**が留目すべきかんどころである。

　一九二九年アメリカ大恐慌の発生、それを契機とする三〇年代危機の恒常化にたいして、破壊され荒廃した現実資本蓄積を再生させるという課題を最重点に担った管理通貨制度下の最大の経済的特徴は、兌換を永久停止せざるをえなくなった中央銀行を主軸とする公的信用制度の重みが格段に増大した点にあるが、このような公的信用制度は、中央銀行を国家的頂点とする民間銀行ピラミッド体制のなかで、私的信用制度の拡大の機能を側面から支える公的金融機関の活動という意義を有っている。

　連鎖による裁量的貨幣供給、国債発行による財政スペンディング、銀行制度による信用創造、公的金融機関による私的信用制度の強化・補完といった機能を果たす公的信用制度は、現実資本蓄積の回復と維持・向上にたいして強力な支持効果を有していた。今日、日本銀行の五年越しの「量的緩和政策の解除」の時期が二〇〇六年三月に到来する、と確定的にアナウンスメントしている日銀福井総裁の、異例中の異例ともいうべき最近の説話を、味読されるがよい。その意味において、公的信用制度は管理通貨制度段階における資本蓄積の新たな領域を開拓した基盤であったが、同時に、そうした現実資本蓄積の支持は高リスク分野の蓄積の刺戟と効果によってはじめて可能になった点を留意しなければならない。ここから、公的信用制度が現実資本蓄積の外延的拡大を支持・促進させることによって、資本蓄積の構造的不均衡を醸成していくという側面が、不可避的に生れてくるのである。

信用創造の拡大は、その公的信用制度の活動の顕著な現われであるが、公的信用制度による資本主義経済運営の防御措置は当然、信用創造の過多を惹起する必然性をもっているのであって、このことは、貸し手側における信用膨張、借り手側における負債形成をもたらす。**全般的信用恐慌の暴力的爆発**でなければ絶対に解決しえない、貸し手側の信用膨張と借り手側の負債形成の拡大傾向がこうして累積的に続いていくのである。

その結果は、現実資本蓄積の拡大から乖離した貨幣資本蓄積の一方的な絶対的拡大の極限化であり、この極限的傾向はさしあたりは、表面的には「好況」「繁栄」として顕現するのであるが、その内部の深層においては、頻発する危機の発現のなかで部分的にしか解消されない不均衡がますます累積・累乗されて巨大化・構造化してゆくのである。その最終的清算はまたしても、**全般的信用恐慌の爆発**にほかならない。今日のそのような爆発への傾向性の発現が、ドル本位変動制の存立そのものを脅かすドル危機の頻発として進行していることは、本書が強調してやまないところである。

MBS、ABSいずれにも共通して進行している今日の「金融の証券化」とは、まさに右の構造的不均衡の**全般的信用恐慌の爆発への傾向性**を、何とか高リスクの長期性資産の流動化によって当面回避しようというところから拡大しているのである。この金融の証券化のためには、原債権を証券化するための受け皿としての「導管体」がどうしても必要となるが、貸付のオリジネーターは先ず、この「導管体」に原債権を売却し、それをオフ・バランス化したうえで、買い取った資産をもとに証券を発する。そのさい、売却される対象となる担保資産とそこから生じるキャッシュ・フローの保守と管理、したがって元利返済の集金返済遅延金の回収に責任をもつサーヴィサーが介在し、それはオリジネーター自身か、そのダミー的関連会社かがつとめる。

この「導管体」は、今日では会社形態をとることが多く、とりわけ、オリジネーターまたは発行証券の引受者である投資銀行が資産の売却・担保証券の発行目的のために創立する「特別目的会社 Limited Purpose Cerperation = LPC」、PEMC、PEIT、グフンター・トラスト、オーナー・トラスト等々がその会社形態をとった「導管体」である。

証券発行の法的主体であるこの「導管体」は、発行証券を直接投資家に売るのではなくて、投資銀行による引受を通じて広範な一般投資家への転売がなされる。投資銀行による仲介は、公券と私券で行われるが、公券の場合には引受と転売、私券の場合には仲介とプレースメントによって、投資家との連続でなされるのである。今日の現代資本主義の新たな発展として、わたしたちの批判的分析を早急に要するところである。

このような証券化のプロセスを物的に保証するのが担保であり、この担保そのものの自立化現象が進むが、先程も述べたごとく、その担保形態のシフトは最終的に「収益力」担保へと進むが、すでに強調しておいたように、実際には「くり抜き」を蒙るそのような「保証」は、全くの将来の収益を神頼みした架空・幻想・投機性のしろものであり、そのなかには濃厚に錯誤・失敗・損切りの可能性が含まれているのである。この点で、ヒルファーディング以来の、金融資本の新たな安定化装置の発達によって、変容が生じた金融資本と介入主義国家との関係性の再編によって、**恐慌**の縮退とそれによる資本制社会経済の「安定化」が達せられるにいたるという見解は、事実に照らしても完全な誤りである。

証券化は、長期貸付債権の流動化によって、構造的不均衡の**全般的信用恐慌としての爆発**を当面回避することに成功を収めるが、もとよりそれは本質的・根本的に言えば、あくまでも当面的・一時的回避にすぎないのであって、**信用恐慌の必然性**の規定力である構造的不均衡自体が消滅してしまったわけではけっしてない。むしろ比較的に長期的な観点からすれば、信用創造の拡張による当面の回避策がとられたことによって、構造の不均衡は信用制度の内部深く温存されたままになった。このことは、**全般的信用恐慌の発現の可能性**を低めるどころか、当面のくりのべの鎬《しのぎ》を削ることによって、潜在力としては逆に高めることに作用しているとみてよい。実際、一九七〇年代以降においても、人も知るごとく、金融危機は、その震度と頻度を高めながら、処々転々として部分的激震をくりかえしてきているのである。

この危機の発現に対しては、その**全般的信用恐慌への発展**を阻止すべく、公的信用制度による介入がさらに拡大されて行われる。この「いたちごっこ」めいた介入は、中央銀行による「最後の貸し手」機能の発動、預金保険や整理信託会社（Resolution Trust Cerperation＝RTC）による問題銀行の処理、銀行国による救済融資などがその代表的形態であるが、いずれにせよこれは、公的機関による市場原理の枠外からの問題への対処である。

今日のグローバル資本主義では、USAの国家的財政破産のなかで、実質的には基軸通貨の唯一的地位からすでに滑り落ちてしまったドルが、覇権通貨としていわゆるビナイン・ネグレクトのドルの垂れ流しをはてしなく続けて世界経済の構造的不均衡を激成させるなかで、連合準備銀行が先へ、先へとくりのべつづけている「最後の貸し手」機能が、果たしていつ・どのような形で最終決済を迫られるにいたるかが、万人の最大の関心事として注視されているのである。

3　貨幣資本と現実資本の蓄積運動の乖離の現代的様相

川波洋一『貨幣資本と現実資本』（有斐閣刊、一九九五年）は、その好著の「結び」において、つぎのような総括的命題化を試みている。すなわち——

1　資本制経済における「貨幣資本と現実資本」

「管理通貨制度下においては、このような基軸的関係の外部に、現実資本蓄積の広大な裾野が形成される。中小企業、農業および家計部門における投資および耐久消費財購入がそれである。耐久消費財購入は、投資主体から見れば、莫大な資本と信用に対する需要を喚起する。比較的高リスクの部面における投資と信用供与を支えたのは、公的信用制度による保証であった。その効果は、住宅資本形成において顕著にあらわれた。貨幣と信用の弾力的供給に支えられた国債発行→財政支出と公的保証による民間信用の吸引は、いずれも広大な領域における投資の刺戟→現実資本蓄積の拡大効果を持つ。この二つの形態での公的信用の供与は、管理通貨制度特有の拡大効果を持つ。この二つの形態での公的信用の供与は、管理通貨制度特有の高蓄積を支えた基本要因であった。

だが、こうして実現された高蓄積も、一九六〇年代半ばに限界に達する。利潤率の趨勢的低下がその証左であった。その基本要因は、過剰生産の構造的進行であった。この時点から、管理通貨制度下における貨幣資本蓄積と現実資本蓄積の特徴が顕在化してくる。私的信用制度の自律的信用拡張能力と公的信用制度の支持のうえに、信用拡張が進行することにより、金融機関における資産と負債の構造的不均衡が進展する。これに対しては、公的保証の支持による長期貸付債権の証券化という方法で、不均衡の解消が図られた。それは、証券形態における大量の貨幣的財産=貨幣資本を金融市場に追加的に累積させた。その結果は、短期金融市場に加えて、長期資本市場のさらなる拡大である。しかも、証券化は信用恐慌の要因である構造的不均衡の解消効果を持つ。それに加えて、「最後の貸し手」機能の発動が、構造的不均衡の全般的信用恐慌への発展を食い止める。公的保証による証券化の推進や「最後の貸し手」機能の発動といった形態での公的信用制度の介入によって、貨幣資本蓄積を収縮させない構造が出来上がる。現実資本蓄積は停滞し、あるいは停滞しているからこそ公的信用制度の支持が入ることによって、貨幣資本蓄積は収縮しない。この点に、管理通貨制度下における貨幣資本蓄積の最大の特徴がある」。

2　貨幣資本蓄積と現実資本蓄積の不均衡

「大恐慌によって徹底的に破壊された現実資本蓄積を蘇生させるために、資本主義的信用制度は構造的に改編されなければならなかった。その基本的内容は、私的信用制度に公的信用制度を組み込んだ管理通貨制度の構築であった。管理通貨制度の構成要件は、中央銀行による兌換停止と弾力的貨幣供給、国債発行にもとづく財政スペンディング、さらには公的金融機関による融資・保証、信用制度の安定性維持といった機能から成っていた。公的信用制度の比重が格段に増した目的は、資本制経済を深化・長期化した不況から脱却させ、強力な現実資本蓄積の支持機構を構築する点にあった。これによって、管理通貨制度移行後の資本制経済は、新たな蓄積軌道に乗り、長期にわたる成長を実現した。それを可能にしたのは、企業による固定資本投資以外の領域に、広大な現実資本蓄積の裾野を切り開いた公的信用制度の効率的機能であった。

だが、公的信用制度による現実資本蓄積の刺激は、成長の実現という正の効果を持っていた反面、不均衡・不安定性の増幅という負の効果をも持っていた。公的信用制度の支持をえて開拓された現実資本蓄積の新領域は、リスクと背中合わせであった。逆に言えば、公的信用制度の介入によってリスクの軽減措置がとられることによって現実資本蓄積の裾野拡大が可能になったとも言うことができる。だが、公的信用の介在によってリスクが他に転嫁されることはあっても、消失することはない。広大な領域への現実資本蓄積の展開は、同時に企業および金融機関次元における大量のリスクの内蔵化を推進した。企業次元においては、長期的高蓄積の帰結としての過剰生産と生産性低下によって、利潤率の低下→自己金融の阻害→財務構造の悪化が構造的・段階的に進行していった。同時に高蓄積の過程では、銀行信用の多面的部面への浸透によって、資産の長期化・高リスク化が構造的に進展した。他方で、市場性資金依存度の上昇は、負債の短期化・コスト変動激化という結果をもたらした。同様の傾向は金融機関全体に広がり、信用制度次元におけるバランス・シートの不均衡が構造化した。管理通貨制度の下で頻発した金融危機の構造的要因はこの不均衡であった。とくに不均衡構造は、利潤率の低下→現実資本蓄積の停滞が顕在化する時点から顕著になる。その意味で、構造的不均衡は、貨幣資本蓄積と現実資本蓄積の不均衡の派生形態なのである」。

このようにして、構造的不均衡の深化が高めてゆく、信用制度の動揺→信用恐慌発生の危機度の上昇を解消すべく、管理通貨制度の機能の二つの形態が発揮されるのである。

その一つは、公的信用の介入による**信用恐慌の回避**であるが、一九七〇年代以降、モーゲイジ貸付債権の証券化という方法によるオフバランス化による構造的不均衡の解消が図られる。七〇年代以降のモーゲイジ関連の公的金融機関の機構改革と公的信用の供与の仕組みのうえに、モーゲイジ債権以外の貸付債権の証券化が進行した。こうして、長期貸付が本来孕んでいたリスクは、いまや金融市場の価格変動リスクに形を変えており、国際金融市場へと展開の場を広げてゆくデリバティヴ（金融派生商品）市場の盛行をみるにいたった。

次は、管理通貨制度のもつ「最後の貸し手」機能による当面の危機回避であるが、これが「モラル・ハザード」を醸成して次々と問題化を発症させた。「最後の貸し手」機能が、中央銀行や国家財政の介入といった大々的な形態へと発展していったのは、信用制度危機の震度の強化を物語っている。

「その結果、管理通貨制度の下では、少なくとも**一九二九〜三三年のような大恐慌**は、長期間にわたって発生しなかった。その代わりにあらわれたのは、**全般的信用恐慌にまで至らない部分的・金融的危機の頻発**であった。この現象は、公的信用制度の介入と深まりゆく構造的不均衡・金融危機との相互作用の帰結にほかならない。

構造的不均衡の**全般的信用恐慌への発展**は、たしかに公的信用制度の介入によって当面のところ回避された。だが、このことは、管理通貨制度が資本制経済とその下での利子生み資本の運動を管理しうる手立てを手に入れたことをけっして意味しているわけではない。むしろ、公的信用制度によって構造的不均衡の温存とリスクの内在化がさらに進展しつつあることこそが重要である。現代における「最後の貸し手」機能の発動とその強化は、現代の資本主義が、制度改革・国家財政の出動という大がかりな装置をもってしなければ運営できない危機的状況にあることを物語っている。その意味で、管理通貨制度下の現代資本主義では、全般的信用恐慌の危険度が以前にもまして高まっていることを認識しなければならない。

だが、その一方で、現代の高度に組織化された資本主義がいまにも瓦解してしまうという安易な危機論にももちろんのこと与すべきではない。なぜなら、管理通貨制度下の資本主義は、全般的信用恐慌を回避し、リスクを転嫁する仕組みを営々として構築するという「しぶとさ」を持っているからである。安易な危機論に与することは、資本制経済および信用制度の強靱な「しぶとさ」を見失なってしまうことになる。資本制経済と信用制度の下での利子生み資本の運動によって必然的に発生してきた構造的不均衡と、その全般的信用恐慌への転化を阻止しようとする管理通貨制度の機能との相克の中に、まさに現代資本主義の最もダイナミックな動きが現われている。これこそ、まさに資本制経済における貨幣資本蓄積と現実資本蓄積の不均衡の現代的形態である。」

4　H・P・マクロード「銀行は、貨幣を貸し・借りする店舗ではなく、信用の製造所である」

現代の汎通的に拡張した現代資本主義の信用活動を全面的に把握するためには、その諸活動の先導的中枢を占めている「信用創造」の機能を、先ずもって解明しなければならないが、この「信用創造」について、経済学説史上最初に明確な形で提起したのは、スコットランドの経済学者H・D・マクロードの"The Theory and Practice of Banking" 一九〇二年（『銀行の理論と実践』）である。かれマクロードは言う――「銀行および銀行家の本質的な、他と区別さるべき特質は、要求払の信用を創造し、発行することである。そしてこの信用たるや、流通に投ぜられ、貨幣のすべての機能を果たすものと期待される。したがって銀行家は貨幣を貸し・借りする店舗ではなく、信用の製造所なのである」と。

読まれたごとく、マクロードは、銀行《バンキング》の本質的特質を「要求払の信用を創造し、発行すること」と明確に規定したのである。かれは「銀行用語では預金と発券は同一物である」とも規定しているのであるから、かれは預金設定による貸出をその信用創造の中心に据えていたことになる。これに対して、イギリスの代表的銀行であるウェストミンスター銀行の頭取W・リーフは、「銀行は預かった以上には貸し出せないし、支払準備を考慮するとさらにそれ以下」になると反論したが、この意見は旧来の預金以内の貸出しが銀行のなしうる最上限の業務といういわば手堅い銀行実務家代表の守旧的な意見であったと言ってよい。それに対して、マクロードは「銀行は、貨幣を貸し・借りする店舗ではなく、信用の製造所なのである」と言い切ったのである。

その後、J・A・シュムペーターが『経済発展の理論』（岩波文庫刊、一九七七年）において、マクロードによる銀行の信用創造機能の規定を、さらに大胆に展開してみせた――「信用とは、本質的には企業者に譲渡する目的でなされる購買力創造であって、かれに対して単に既存の購買力――すなわち、既存の生産物に関する証明書――を譲渡することではない。原則として購買力の創造は、封鎖的でない〔すなわち資本主義的な〕経済において経済発展が遂行される方法を特徴づけるものである」と。

「信用」＝「購買力」という規定は、すでにマクロードにおいて見られたことであるが、シュムペーターにおいてはその信用手段の「貨幣性」が強調されているのであり、かつ、かれにおいては、マクロードの「一銀行の見地」を越えて、マクロードがその問題次元まで拡張しなかったブルジョア国家の演ずる信用機能までふくめた資本制経済の開放的な経済発展との関連性において、銀行の「信用創造」の果たす役割がそこにおいて客観的に論じられているのである。

この新たな「購買力の創造」は、二〇世紀の独占資本的蓄積様式のブルジョア経済にとっては、ことのほか「長期の国家資本向けの貸出し」的意義が与えられたのであって、ヒルファーディング『金融資本論』が展開した「資本信用」の場合と等しく、シュムペーター『経済発展の理論』が展開した「購買力の創造」も、当時のオーストリアやドイツの経済事情に深く起因しているのである。

そうしたなかで、マクロード、シュムペーター、そしてヒルファーディングらの議論を踏まえて、L・アルバート・ハーンの“Volkswirtschaftliche Theorie des Bankkredits”一九二〇年（『銀行信用の国民経済的理論』実業之日本社刊）が、「信用創造論」を現代的に確立したと言ってよい。かれハーンの「信用創造論」は、銀行の授信業務が受信業務に先行すること、資本形成を節約の結果ではなく信用供与の結果として明確化したこと、それも当時のドイツにおける兌換停止状況の影響の下に「信用創造」は銀行の授信業務の範囲として「無制限」であると主張したところに、大きな特徴がある――「資本は、財産および労働を迂回生産に入らしめ、これらを一定期間そこにとどめておく抽象的な力であり、この力は、原則として銀行貸方残高への設定方式で移転させる信用の分配で与えられる購買力によって、具体化される」と。

これらの「信用創造学説」は、C・A・フィリップスの“Bank Credit”（一九二〇年）によって受け止められ、爾後、近代経済学のなかに完全に定着させられることとなる。ここに、ウィクセルを経て初期のハイエク／ケインズ以後の「貨幣的経済理論」にひきつがれる、近代経済学の主流的な「信用創造説」が完全に確立されるにいたったのである。

右のマクロードよりもさらに早く、マルクスが銀行の「信用創造」を把えていたことは、次のような『資本論』における所論に見られるごとくである、すなわち――「ここで、どのようにして銀行が、信用と資本とを創造するかがわかる。すなわち、（1）自分の銀行券を発行することによって。（2）二一日までの有効期限をもっているが、振出しと同時に現金で支払ってもらえるロンドンあての手形を振出すことによって。（3）すでに割引されている手形で払出をすることによって。このような手形の信用能力は、まず第一に、また主として、少なくともその地方にとっては、この銀行の裏書きによって創り出されるのである」（『資本論』第三部――傍点いいだ）。

『資本論』第三部ではさらにダメ押し的に曰く――これはマルクスによる「信用創造」の本質的定義にほかならない。すなわち――「イングランド銀行がその地下室に在る金属準備によって保証されていない銀行券を発行する限りでは、この銀行は、価値章標を創造するのであって、この章標は単に流動手段を形成するだけではなく、この銀行にとっては、この無準備銀行券の名目額だけの追加の――架空のだとはいえ――資本を形成するのである」、「高利に対するこの激しい攻撃、利子生み資本を産業資本に従属させようとするこの要求は、資本制的生産のこれらの条件を近代的銀行制度において創り出す有機的創造物の先駆でしかないのであって、この銀行制度は、一方では、すべての死蔵されている貨幣準備を集めて、それを貨幣市場に投ずることによって、高利貸資本からその独占を奪い去り、他方では、信用貨幣の創造によって、貴金属そのものの独占を制限するのである」（『資本論』第三部――傍点いいだ）。

5　「信用創造機能」の原理と機構

戦後日本において、右のようなマルクスの「信用創造」論を、金融・銀行機構の具体的発展過程に即して展開したのは、わが尊敬すべき学兄である山口重克教授にほかならない。すなわち、〈山口理論〉に曰く――「近代的銀行信用にあっては、預金は、原理的にはかならずしも積極的な意義をもっていないのであって、むしろ、本来的には銀行は、預金の額にかかわりなく、さしあたり、紙と印刷費しか要しない自己宛の債務証書を、自己の資金として創出し、そこに或る価格をつけて、できるだけ多量に販売して、利潤を追求しようとしている。いわば購買力を追加的・先取的に創出し、将来の社会的な資金形成そのものを媒介するのである」、「銀行は、産業資本や商業資本における将来の貨幣還流を先取りして、現在の購買手段や準備手段や支払手段などの貨幣機能を創出し、それを一定の価格で販売しているのであり、預金業務は、このような信用業務を補強する役割を果たしているにすぎないのである」（山口重克

『経済原論講義』東京大学出版会刊、一九八五年）。

その骨子は、近代的銀行信用では、資本の将来の貨幣還流を先取りして現在の貨幣の購買手段・準備手段・支払手段などの機能を創出するのが、「信用創造」である、という点にある。そのさい、商業信用そのものを信用創造の場として、銀行信用は、むしろこの商業信用に裏打ちされる関係にある。

「信用創造は、商業信用とまったく別個の、本質的に異なる契機をなすわけでもない。将来の資金形成の先取りによる現在の購買力の創出関係を、資本主義的再生産にとって内的な関係にある機構の問題として、原理的に展開することは、もちろん十分に可能であるばかりでなく、むしろ商業信用から出発するならば、そのような側面を信用の本質的な内容として規定することの方が、自然な展開である、とさえ言いうるのである」（山口重克『金融機構の理論』東京大学出版会、一九八四年）。

以上のように、〈山口理論〉は、「中央の銀行」を頂点とした諸銀行間の関係でも、その「中央の銀行」が自己宛の債務証書を発行して購買力化している点、したがってまた、「将来の資金形成を先取りすることによる現在の資金創出」をおこなっている点に注目して、「信用創造論」の徹底化をはかっているのであり、このいわば重層的な信用機構の機構的展開のなかで、「中央の銀行」もまた債務の購買力化を行なっていることを、信用創造の本質内容と見ることは、「中央の銀行」の銀行券と金準備とを直結させていたピール条例や同条例を前提として理論構成されてきた従来の信用理論の改変を迫るものである。というのは、山口教授の力説する「中央の銀行」の預金設定や発券は、論理的には、将来における資金形成を予定した手形債権に対応しているのであって、けっして現在における現実の金準備に対応しているものではないからである。このような原理論的把握が、現に見られる個々の銀行の銀行券の発行停止や中央銀行の兌換停止という制度、すなわち管理通貨制度の下での信用経済の現状分析に、重要な理論的道具立てを提供していることはあきらかなところである。

〈山口理論〉は、信用創造の論理展開の動力を、個々の資本の利益最大化ないしは利潤率の極大化に着目して徹底して体系化したのであるが、その銀行間組織に関する論点は、（1）発券を独占した「中央銀行」は、市場の論理だけでは説けない、（2）個々の銀行の「貨幣取扱費用の節約」という動機が展開動力として、各銀行間で資金の重層的な預託機構が形成される、（3）「中央の銀行」はただ単に銀行間取引の決済手段を提供するだけではなくて、信用創造を行なう機関である、というにある。

以上のように、〈山口理論〉での銀行組織論は、元来は商業信用に発する個々の銀行の利潤率最大化という動機とビヘイヴィアを、論理の推進力として明示的に取り出したうえで展開されており、その結果として、一行による発券の独占ないし他行の発券放棄という先験的な想定を予め排除できている。とはいえ、銀行間の取引（交換尻の決済や信用取り）では、貨幣取扱費用の節約をおこなうために、取引をおこなう二つの銀行が信用力のより高い上位の銀行に準備量を預託するという行動がおこり、こうして諸銀行間で「中央の銀行」にまでいたる準備金の重層的な預託機構が形成されることになる。さらに、これらの重層的な預託機構は同時に、上位銀行を基軸とした信用創造の機構として整序された。それは、或る意味では、現在の中央銀行を頂点とした銀行組織の現状にきわめて近似的な「ピラミッド型の預託機構」（山口重克）のモデル化ともいうことができる。

マルクス「信用創造」論を踏まえた、戦後日本におけるもう一つの理論的新機軸は、前にもその論脈を追尾・検討したことのある楊枝嗣郎『イギリス信用貨幣史』（九州大学出版会刊、一九八二年）『貨幣・信用・中央銀行』（同文館刊、一九八八年）にうかがわれる〈楊枝理論〉である。

楊枝教授は、『資本論』の「国民がその富の全体をもってイングランド銀行に立っている」ということの内容を、**恐慌期における激甚な競争戦**にたたきこまれた諸資本の「共同意思」「共同行動」に求める。「「国民的信用」を考えるうえで注目すべき事実は、イングランド、ウェイルズ、スコットランド、合衆国において、貨幣恐慌に見舞われた経済社会が、自ら創り上げた支払決済システムの全面崩壊を回避し、支払決済システム→信用制度を維持せんとする共同意思、共同行動を自生的に生み出したことである」、「「国民的信用」とは市民社会の非常事態である恐慌下において、支払決済システム→信用制度を支えんとする諸資本の自然発生的な共同意思、その共同の規範意識に支えられ、「市民社会自らの中にある社会的強制」を伴う共同行為ととらえられないであろうか」（楊枝嗣郎『貨幣・信用・中央銀行』）と。

このような〈楊枝理論〉では、もう一方の「国家信用」のほうは、「「国民的信用」の、国家レヴェルでの再生産、法規範化」とされる。すなわち、「地方的・国民的な信用制度の組織化、連動機構の成立を前提に、恐慌下の対内的・対外的金流出に見舞われた諸資本は、叙上の共同意思、共同行動を組織し、それが市民社会の共同利害として国家意思にまで高められ、「国家信用」となり、改めて国家の側から信用制度に一般的に強制されるのである」（楊枝嗣郎『貨幣・信用・中央銀行』）。

〈楊枝理論〉の基本的内容は、要するに、**恐慌下の諸資本の共同行動**としての銀行券や証券の発行・保証行為、すなわち「信用創造」機能を、「国民的信用」の内容とし、国家の法規範はこの「国民的信用」に規定され、「国家信用」として国家の側から信用制度に一般的に強制されるにいたるとするものであるが、そのようなものとして〈楊枝理論〉は、〈山口理論〉が経済学原理論的に資本の産業循環過程の理想的平均における静態に即して原理化した「信用創造」論を、その産業循環過程が周期的に**恐慌の暴力的爆発をもたらす動態**に即して補完したものと言える。

恐慌期においては、もちろんマルクスが指摘するように、「第一の流通は収縮し、物価は下がり、労賃も下がる。就業労働者の数は制限され、取引の量は減少する。これに反して、第二の流通では、信用の減退に連れて、貨幣融通にたいする要求が増大する」（『資本論』第三部）のであり、だからこそ、そうした非常事態に対する資本制社会的対処として、「中央の銀行」の「信用創造」とそれを裏打ちする「国家信用」の発動が不可避的に要請されることとなるのである。

こうして、マルクスが展開したように、社会的な信用取引の増大または減少、言い換えれば、信用創造のマクロ的な動態については、理想的平均での静態として原理化して叙述するよりも、究極的に、実体的な資本蓄積に規定される景気循環の各局面に即して動態的に考察することが好適な方法となろう。

恐慌論では、その爆発へといたる最終シーンにおける利潤率と利子率の対立的運動が主要テーマとなるが、それを信用貨幣の膨脹と収縮の運動の側面から考察することは、景気循環の局面転換を明らかにする上で重要な契機の解明となり、すでに先に詳述した**恐慌論**の論争点の一つである「金流出入」と信用制限の関連についても、理論的示唆を与えられる。

信用機構の形成は、あくまで個別資本の活動から規定されるのであり、その信用の手段としての信用貨幣も個々に信用力が異なっていているものとして説かれなければならないし、「資本家社会化」の具体的表現である「中央銀行」を頂点とした債権・債務の決済機構という高度に組織されたものとして、これを説かなければならない。このような信用機構では、当然、個々の信用主体ごとに信用貨幣が生成し、また消滅することが想定されているのであるが、その生成・消滅はもちろんのこと、まったく相互に無関係に個々の信用主体がそうした運動を起こしているというわけのものではないことは、ちょうど、物理学現象における諸分子の個々にバラバラな運動とその総体としての物質運動のビヘイヴィアが「ブラウン運動」の整合性の観を呈するのと、同じことである。個別資本による蓄積運動が個々の信用によって促進されながらも、その全体の「ブラウン運動」化として、社会的再生産によって価値論的に規制され、それは具体的に景気循環の運動として現われるのである。この社会的再生産と信用の関係を、言い換えるならば、貨幣資本と現実資本との乖離的運動関係を、商業信用から個々の銀行信用へ、そして個々の銀行信用から中央銀行へといたる上位銀行信用へと展開されてゆく資本家社会的な信用機構が、信用貨幣の創造にみられる将来的予想とその不確定な結果という時間軸のなかでどのように動態化するか、という根本視角から、マルクス的「信用理論」は理論構成されるのである。

すでに検討したごとく、いわゆるマルクス主義経済学者のなかでの支配的だった通俗的見解のなかに、『資本論』第二部・第三篇の「再生産表式」（マルクスのいわゆる経済表《タブロー・エコノミーク》）の誤解・誤読に基づいて、マルクスが基本的に資本家社会が商品資本の循環を赤い糸としながら均衡条件を充足して歴史的社会として存立・存続してゆく基礎を解明した〈表式〉を目して、逆に、それが部門間不均衡を内蔵しているがゆえにそれから由来する大衆購買力の過少消費ともからんで**「恐慌の必然性」**が与えられる、という俗説が、マルクス本来の「資本の過多《プルセラ》」に**「恐慌の必然性」**の真因を確認するという理論的見解に対置・対質されて、これまで根深く主張されてきたし、多くのスターリン主義的左翼のなかでその俗見は現在でも根強く主張されている。

『資本論』自体にも、マルクスの古典派経済学的残滓と結びついて、いわゆる「商品過剰説」ないしは**「実現恐慌」**と、「資本過剰説」という対立する**「恐慌の根拠」**論が並存している。たとえば、『資本論』第三部・第三篇・第一五章の読解においても、生産力の増大と大衆消費の制限が矛盾であるとする見解と、労働者人口に対する資本の過剰によって利潤率の急激な低下が起こるとする見解が、和解させがたく並存し、交錯している。信用論の理論的構築の視点においても、マルクス自身は、それを「景気循環」の局面転換の問題として論じようとする視点と、それとはさしあたり無関係に、「一般的・長期的傾向」として信用制度について明らかにしようとする視点が、錯綜していると言ってよい。「貨幣資本と現実資本」の関係の理論化についても、景気循環の局面における両資本の対立的運動について描出する叙述と、一般的・長期的に貨幣資本が現実資本から乖離して信用制度が形成されると、説く叙述とが、未整理のままに並存させられている。

〈恐慌論〉の彫琢的完成におけるこの関係の理論的整理は、一方的切り捨てによってはできない問題構制《プロブレマティーク》を成しているが、マルクス「信用理論」の基本的完成の方向は、信用と景気循環の関連を明確にすることを基礎として、それを承けて一般的・長期的な傾向性を明らかにする、という方法をとらなければならないことは、明瞭である。

6　景気循環と信用貨幣の膨脹と収縮の運動の問題点

マルクスは、如上の景気循環の各局面における信用の動向を、「利子率の運動」として正しく総括している。すなわち、景気循環の始めである好況前期には、最低限度よりは高いがなお低い利子率と低い利潤率とが対応し、**景気循環の終わりの恐慌期**には、最高限度の利子率と急落した利潤とが逆対応する。こうして、「利子率に表わされる貸付資本の運動は、概して、産業資本の運動とは反対の方向に進む」（マルクス）のであり、その資本の動向を利子率と利潤率は対立的運動をするというのであるから、「貨幣資本と現実資本」の乖離運動の理論的分析は、マルクス「信用理論」にとってばかりでなく、それを介して『資本論』弁証法体系全体にとっても決定的意味をもつこととなるのである。

景気循環における好況局面から**恐慌局面への局面転換**は、商業信用における手形取引とそさに基づく銀行信用における預金設定や発券の状況と、その結果としての貨幣還流を基軸として、説くことができる。利子率水準の変動は、銀行信用を中心にした資金の需給状態を示すものとして重要な指標ではあるが、それだけでは景気循環の局面転換を明確にできるものではなく、利子率とともに、信用量が重要な要因となることは、利子率がいかに高騰しても借入需要はその局面では小さくならないことでも知れる。

利子率は、結果的な返済によって形成される将来予想つまり信用度の状態によって規定される、信用の条件の一つとして理解されなければならない。こうして信用の状態が全体として変化することが明確化されるだけでなく、個別資本のこの局面における激烈な競争関係を反映して、個々に異なる信用関係が取り結ばれていることに、理論的に留意する必要がある。先に詳述した金融逼迫期における国際的・国内的な「金の流出入」の問題も、この問題の考察に関係があるのである。国際関係も、現実資本の動揺に起因する信用関係の破綻を原因として、説明できるのである。

信用貨幣を信用貨幣たらしめている信用力は、その実質的・究極的な根拠である債権回収の困難化、すなわち、貨幣還流の停滞による銀行経営の悪化とともに不可避的に低下することとなる。銀行は、債権の回収が滞ることによって、信用を制限するのか、それとも、貸出を継続するのか、というきびしい二者択一に直面する。この選択を通じて、**恐慌へと局面転換**させる最後の要因は、利子率の高騰だけでなく、右の貸出の制限、そして限界的には兌換の増加という現象の出来《しゅったい》である。

こうした最終局面において、「中央銀行」が「最後の貸し手」によって資金を供給しうるかどうかというのは、「**恐慌の必然性**」**そのものの論証**にとっても重要な問題である。マルクスが言うには、「最後に、**恐慌時**には手形流通がまったくダメになる。だれもが現金支払しか受け取ろうとしないので、だれも支払約束を使うことができなくなる。ただ銀行券だけが、少なくとも今日までのところイングランドでは、流通能力を保持している。そのわけは、国民がその富の全体をもって、イングランド銀行の背後に立っているからである」(『資本論』第三部)。

〈楊枝理論〉が指摘している、非常事態における「国民的信用」の動揺の行方やいかに、という問題である。中央銀行の「最後の貸し手」機能について、最後にかかっているのはこの「国民的信用」の保持いかん?の問題である。結論的にいえば、中央銀行の「最後の貸し手」機能については、上部構造的国家を捨象しても、資本の経済的土台における自律的な価値増殖運動の展開を基盤として、市場論理的にその根拠を規定できる。それとともに、逆に「最後の貸し手」が万能ではないということもあきらかになるのである。原理論において、**恐慌に相当する時期**、すなわち、銀行の債権が不良債権化してしまって、将来へ向けた信用創造が「国民的信用」上すでに困難になっている時期、中央銀行は貸出を制限して、パニックを生み出す――これも、かなり激しいものから、時間をかけて比較的軽微なパニックが発生するものまで、幅があるが――新たな不良債権や厖大な長期国債に対して貸出を増加させるか、したがって銀行券を追加供給するか、という幅が生まれるのである。後者を、中央銀行と国家が選択した場合には、好況期のインフレーションとは異質な「ハイパー・インフレーション」となる可能性を有っており、この「ハイパー・インフレーション」が発現するようなことになれば、それはそれで、資本家社会の存立・存続根拠そのものに関わる政治的・経済的激動を産み出すこととなるであろう。

竹内晴夫教授の好著『信用と貨幣　貨幣存立の根拠を問う』（御茶の水書房刊、一九九七年）は、マルクスが『資本論』第三部・第五篇の第二五章以下の「信用論」の展開において、景気循環と信用との関係について未整理のままに残した問題点との理論・方法論的関連において、**宇野弘蔵〈恐慌論〉の特徴**を三点整理しながら、**信用恐慌論の根底的解明**を進めている。

（1）〈宇野理論〉は、労働力商品の世界史上における特殊性・特異性を明確化して、**恐慌の究極の根拠**を、通俗マルクス主義の「実現問題」ではなく、資本の労働力に対する過剰蓄積に正当に求めた。

（2）右のような資本蓄積論での**恐慌の究極的根拠の規定**に基づいて、〈宇野理論〉は、利潤論での諸資本の競争と貸付資本論（利子生み資本論）での信用の運動とによって、**恐慌の必然性が現実化**することを、明確にした。

（3）**恐慌**を、資本制社会の自動崩壊や資本制打倒の革命と直接に結びつけずに、『資本論』の円環化弁証法体系に即して、それを景気循環の一局面として、明らかにした。

竹内晴夫教授の如上の手際のよい総括の結論は、「こうして、宇野によって、**恐慌論**が原理論のなかでいわば中心的なあるいは究極のテーマとしての位置を与えられて、体系化されたといってよい。このような大枠の点で、**宇野恐慌論の意義**は揺るがないと思われるが、**恐慌論体系**のそれぞれの論点に目を配っていくと、その論証に問題が残されていることが、宇野以降の論争のなかでしだいに明らかにされてきた」と。「たとえば、蓄積の二交替がそのまま好況と恐慌ないし不況の二局面に対応するのかどうか、好況末期の物価騰貴のなかで賃金騰貴と利潤率低下を論証できるかどうか、また投機的物価騰貴を考察すべきかどうか、利潤率低下がどのように利子率騰貴につながっていくのかなど、景気の局面展開に関わる論点ばかりでなく、体系構成の問題として蓄積論と総過程論ないし競争論の関係なども問題にされてきたのである。さらに、資本過剰説のもとで、商品過剰説的な論点との接合（労賃騰貴に端を発した部門間不均衡や実現問題の発生など）もはかられてきたといってよい」（竹内晴夫『信用と貨幣』第四章「景気循環と信用貨幣の運動（膨脹と収縮）」）。如上の三点ともが、きわめて重要な論点の指摘である。マルクス経済学者が営為解明しなければならない課題は、まだ多く残されているのである。

いずれも理論的な探究と構成を要する重要な論点であり、しかもその論点解明は、竹内教授が指示しているように「景気循環と信用貨幣の膨脹と収縮の運動」の視点から理論的に明確化されなければならない。〈宇野理論〉においては、「信用創造」の限度を劃することになる――それは、現実の資本の産業循環の過程における恐慌への局面転換として暴力的・突発的にあきらかにされるのであるが――「利潤率と利子率との衝突」について、資本蓄積の増進にともなって労働力人口がますます吸収されてゆく過程は、賃金を騰貴させ利潤率を傾向的に低下させていくが、個別資本としてはそのことによって蓄積を停止させるのではなく、むしろさらに激しい蓄積競争の展開を倍加させて、できるかぎり利潤の絶対量の増加をもって補おうとする。この増進過程で、産業資本は資金の需要をますます強めていくのであるが、利潤率の傾向的低下によって資金の供給もますます末すぼまりに減少していくのであって、ここに資金需給の逼迫から利子率が高騰してゆき、貸付資本によって産業資本が規制を受ける上限が到来するのである。

好況末期から恐慌にかけての信用貨幣の動向は、右に見たような局面において、上位銀行券とその預金貨幣の流通性は、一定の限度内では――貨幣還流が予想・予期できる優良債権がまだ残っている限りでは――維持されるものとみなされるが、個々の銀行預金や銀行券の流通性は、すでにその信用力の実質的根拠を大幅に喪ってしまっていることによりかなりの程度低下しているものとみられる。そして、それらの基底にある資本家間で流通する手形は、ごく少数の有力な資本の手形に限定されて、一般的には手形取引が逼迫して成立しなくなる。貨幣のうち金貨幣は、「貨幣としての貨幣」＝「世界貨幣」として貨幣取扱コストが相対的に高いが、この**恐慌への局面転換期**には購買力の保持について相対的に最も信頼性が高く、したがって金貨幣に対する重金主義的需要は極端に増加する。その他方では、信用貨幣の中では信用力が相対的に高いものだけが流通するのである。この構造的不均衡から、**周期的恐慌が全般的・暴力的・激発的に爆発**するにいたることは必至となる。

以上、景気循環を基底にした信用貨幣の独自な運動の理論的解明によって、市場論理的な意味での「信用貨幣論」は原理的に完結をみたのであるが、それに基づいた竹内晴夫教授の問題視角と主要論点は、次の二点に絞られる

―

（1）貨幣を創造する舞台となる信用関係の基本的内容をどのように捉えるか？　信用貨幣（手形、預金、銀行券）の発行は、個々の経済諸主体の間の信用関係のなかでおこなわれるから、信用貨幣の発行における重要事は、与信者が受信者の将来の支払能力を信用することである。この信用関係が成立すると、その関係が空想性・幻想性・投機性、ひいてはまた錯誤・失敗・損切りの可能性を孕んでいるにもかかわらず、受信者に購買力が与えられ、同時に社会的に見ればここに追加的な購買力が形成されることになる。つまり、これが「信用創造」といわれる現象の具象的で本質的な内容である。

このようにして創造された信用貨幣は、個別的な信用によって成り立っているが、そこには、個別性とともに、将来の支払を予想し予期するという時間的要因が入っている。存在論的＝認識論的提起としては、潜勢力としての未成の存在についての予想的・予期的、その限り根本的には希望的・願望的な認識に、それは立脚しているのであり、そ

うした主観的予想が実現するかどうかは、その期限が将来の日に来てみないと分からないという、根源的に「不可知論」的な不確実性を固有に内包しているのである。

同じことを別の言葉で言い換えれば、信用関係が将来についての事前の予想によって現在成立することによって、信用貨幣が創造されて現に貨幣としての通用役割を果たすのであるが、それが結果的に有効なものであったかどうか、現実的なものであったかどうか、言い換えれば、期限がやってきた時果たして銀行支配人によって現実に返済されるかどうかは、本質的に不確定なのである。信用貨幣の創造には、このような投機的要因が本来的に含まれているのであり、したがってその貨幣はまさに信用貨幣なのであるが、この結果的な返済が次期の予想を形成することによって、現実的・実在的な貨幣資本蓄積と現実資本蓄積との全運動を不確実・不安定なままに急速回転させるのである。

この際、商業信用の場合には、このことが割合明瞭に直接に示されるが、銀行信用の場合には、設定される預金にしても銀行券にしても、要求払いないしは一覧払いなので、時間的要因が入っていないような観を呈している。しかしながら、そうした銀行貨幣＝信用貨幣の創造の場合にも、その引渡しと同時に受け取られるべき手形債権との対応関連が将来的担保をともなって組み込まれていることに、注目を払わなければならない。つまり、ここでもくりかえし強調すれば、将来の返済を予想・予期して銀行貨幣＝信用貨幣は創造されているのであり、それが将来の期限の到来において単なる負債となるか、それとも有効な投資となるかは、結果的に債権が回収される段にならないと分からないのである。こうした信用関係のなかで、与信者は、個々の受信者の返済に対して異なる予想＝信用度を形成して、貸借関係を取り結ぶのである。

（2）信用貨幣は、個別的に生成されるだけでなく、社会的に生成されている。信用機構は、〈山口理論〉が明らかにしたように中央銀行を上部構造に国家に接着した最高階として自己編成された重層的ないしは階層的な機構であって、そうした重層的・階層的機構のなかではじめて、信用貨幣は創造されているのである。その最も重要な点は、先ず銀行貨幣＝信用貨幣の生成が、基底に商業信用を基礎にしていることである。銀行貨幣＝信用貨幣は、自己宛債務を購買力に転化した存在であるが、この債務は時間的過程において手形債権との釣り合い関係にある。つまり、銀行債務の貨幣性を実質的に支えているのは、手形債権の流動性の問題、言い換えれば、将来の期限の到来時にその手形債権が順調に貨幣に現実化して回収されるかどうか、である。

「中央銀行券」は本来的に、きわめて「貨幣性」の高く大なるものであり、したがって、それは金貨幣＝世界貨幣と同じく為替相場を介して、「現金」であるものとして、通例は取扱われているのであるが、しかし、その流通の実質的・究極的な根拠は、金商品にあるのでもなく、またさりとて国家権力にあるのでもない。銀行間組織の一つの頂点として、そこでいわば爪先立ちしながら創造される預金またはそれに裏打ちされた銀行券が、大きな現実的な購買力をもって通用しているのである。ただそれだけという言い方をすれば、銀行券流通の究極的な根拠は、実際にただそれだけのことなのである。哲学的に言えば、それは「無底」の出来事であり、「無からの創造」に属するのである。

個々の銀行が創造する預金の貨幣性が購買力の根拠となっているのであるが、その根拠は、究極的には集積される手形債権の回収に依存しているのであって、中央銀行の預金または銀行券の貨幣性は、さらに、商業手形のうちの優良なもの、すなわち再割引手形と銀行手形の集積とその将来の期限時における回収にまったく依存しているのである。銀行の支払準備（金準備）が、銀行貨幣＝信用貨幣を支えているというよりは、逆に、銀行債務に対する支払準備を、その背後で債権の集積の現実と将来における回収の可能性が支えているのである。

最後に問題になるのは、こうした重層的・階層的な信用貨幣の集合が、マクロ的にどのように運動するか？である。中央銀行が創造する銀行券や預金、個々の銀行が創造する預金の流通性は、信用機構自体で決まるのではなく、究極的には、資本蓄積の動向の如何によって規制される。それによって唯一的に決定されるのではないが、「規制」されることは疑いないところである。

結論的に言えば、資本の産業循環＝景気変動過程に即して、好況期には、商業信用における手形や銀行貨幣と引き換えに受け取られる手形が順調に回収されて回転するので、将来の拡張を予想して、信用貨幣の発行はますます膨張する傾向にあるといえる。潜在的には、その表面の内部的深層における不安定な「回収」実現可能性問題の潜在化である。

7　景気循環過程と信用貨幣の膨張・収縮運動の描出する概観図

商品経済の需給関係の読みにしぼられてくる、経済的範疇の人格化である人間による経済の意識的観測・操作、情報論的転回は、きわめて狭い表層的次元にしかその実効性は及ばないのであって、哲学的あるいは精神分析的に言えば、人間社会の経済領域は最もその自己意識性＝自己言及性が高いとされる資本制商品経済において、その実は厖大な深層的無意識によって律動しているのである。必要な付け加えをここで記しておけば、その無意識的律動は、俗説的通念のごとく盲目的・恣意的なものではまったくなく、その正反対に、レヴィ・ストロースの構造主義が喝破しているように、深層のその無意識は完全に「構造化」されており、きわめて厳格に法則的に律動しているのである。わたしがしばしばマルクス『資本論』弁証法体系を目して、資本制商品経済社会についての精神分析であるとみなしている所以のものである。

好況期の場合、信用機構のより上位の信用貨幣は、下位にたいする債権の集積と現実化している回収に依存して、安定的な流通性を確保されている。これに対比すれば、好況末期の場合には、資本の労働力に対する過剰によって、個々の資本が一般に傾向的に利潤率を低下させるために、個々の銀行は手形債権の回収がしだいに困難となってゆく。不良債権の発現が増加の傾向をたどってゆくのである。これらを貸付対象とする上位銀行もまた、優良債権の量を減少させてゆき、貸付の量と質に制限を加えざるをえなくなり、その上位化の頂点に位置する中央銀行が、自らが独占的手中にしている銀行貨幣の信用貨幣の発券・発行をいかに加減するかの操作のきびしい選択を問われることとなる。

資本蓄積の破綻ないしは停滞は、将来の支払＝回収に対する信用度が一般的に低下してきているため、信用取引の減少を生み、したがっていちじるしく信用貨幣の量を収縮・激減させる。それに代わって、金貨幣＝世界貨幣こそが「貨幣としての貨幣」となって重金主義的に出現し、国際的・国内的に中央銀行からの「金流出入」を惹起する。以上が、景気循環と信用貨幣の「膨脹と収縮」運動の描出する理論的概要である。

現実の歴史的考察に戻れば、一九世紀中葉にイギリスで制度化されたピール条例は、産業資本的蓄積様式に立脚する自由主義的資本主義体制の経済的な「大憲章《マグナ・カルタ》」にほかならないが、その実態的内容は、金の保証なしに中央銀行が発券できる額を一四〇〇ポンドまでとし、それ以上の発行は、すべて金準備の存在を銀行に義務づけたうえで、この内容を忠実・厳格に実行するために、イングランド銀行を発行部と銀行部に分割したり、私営銀行の発券を禁止または厳しく制限したものである。

当時の経済論争の最大の主題である〈通貨論争〉において、マルクスが相対的に加担したジェームズ・ウィルソンらの「銀行学派」に対して、支配的に対抗した「通貨学派」のエコノミストたちは、現実のイングランド銀行を頂点とする貨幣高が、ヒューム、リカードの純粋な金属流通における物価変動―正貨移動のメカニズム――金流入→物価上昇→転出減退・転入増加→支払差額の逆納→金流出――すなわち、〈パクス・ブリタニカ〉世界体制に即して言えば、イギリス・ヨーロッパ宗主国工業―植民地モノカルチャー農業といった国際的工農編成がもたらす多角的貿易決済システムを、国際金本位制という制度が、そのメカニズムを実現する条件を十分整えていないために**周期的恐慌**が起こったのだ、と考えた。かれら通貨学派によれば、このような金流出入のメカニズムが十分に機能するためには――つまり、**恐慌の暴力的爆発を回避**するためには――、銀行券を金準備量の増減に応じて調節すべきである、ということで、ピール条例の制定と制度化を推進したわけである。マルクスが『資本論』第三部・第五篇の「信用論」を展開するに当って、一見迂遠な、当時の銀行学派vs通貨学派の抗争の理論的再精査と総括から、「貨幣資本と現実資本」の乖離の問題の理論的究明にとりかかった所以である。

二〇世紀的現代における資本制経済が、**一九二九年アメリカ大恐慌**とそれに基づく一九三一年イギリス連邦オタワ会議における再建金本位制の放棄以降、国際通貨システムは「管理通貨制」へと移行して現代資本主義世界システムが世界史的に形成されてきたのであるが、国際金本位制と国際管理通貨制とでは、通貨としていうまでもなく「兌換制」と「不換制」という大きな質的違いが生じていることを再確認しなければならない。

不換制の管理通貨制度のもとで、中央銀行は国家と結托・癒着して、金利政策、公開市場操作、支払準備率操作などの金融政策を用いて、機動的に貨幣市場の調節を行なうことになる。この国家的・中央銀行的調節・操作の経済学が、ケインズ経済学にほかならないが、「ケインズ革命」がUSAのルーズヴェルト政権の「ニューディール政策」——財政スペンディング政策とミックスした金融政策——を全世界的に普及させた、第二次世界大戦以後の米ホワイトとともに英ケインズが関与し推進したブレトン・ウッズ協定体制下のドル体制が、戦後世界資本主義の高度経済政策の高原状的持続をもたらしたことは、わたしたちの経験として生々しく記憶されているごとくである。

総じて言って、このようなケインズ経済学のバンドワゴン効果は、二〇世紀的現代における総力戦国家=戦争国家を看る場合でも、平和国家=福祉国家を看る場合でも、絶対に逸してはならない総合的基本観点である。むろんのこと、ヴェトナム戦争期に惹起された一九七一年のニクソン新政策《ニュー・ポリシー》(ヴェトナムからの米軍の撤退とドルの金からの切断との連動)以降の今日にまでつづいているいわゆるドル本位変動相場制の世界経済編成では、歴史的な質的差異(その指標として、ケインズ経済学の完全失効が挙げられる)があるが、同時に、そのような現代世界資本主義システムがドル危機の頻発をイラク戦争とドル・核帝国の国家的財政破産の露呈の裡でくりかえしながら、最終的にドル本位変動相場制の世界史的崩壊へと歴史の巨歩を進めつつあるものと判断される（少なくともこのわたしにとっては）今日においても、右に見たような不換制下の管理通貨制によって現代経済が世界編成されていることには何の変わりもないのである。

貸出に対する返済のヴァーチャルな関係を実態的根拠として、貨幣が信用貨幣として不確実な将来の拡大にたいする予想によってたえず、架空資本として創造されている機構は、証券市場などの新たに創出された金融市場の機構的確立とその広がりとともに巨大な変容をとげて複雑化しながら、高度資本主義として存続している。そのような時間的構造と銀行・商業信用の階層的・重層的構造化のもとで、今日の信用貨幣もまた運動しているのである。

8　リカードの遺言としての「イングランド銀行の廃止」

古典派経済学の宗祖デイヴィッド・リカードの死の六ヵ月後の一八二四年二月になって緊急に出版された「国立銀行設立議案書」は、リカードの政治的・経済的遺言とも称すべききわめて大胆な「イングランド銀行の廃止」という提案であるが、これはわたしに言わせればリカードの「白鳥の歌」である。そこにおけるリカードの問題意識は、「経済的でしかも安定的な通貨」を発行するという論旨であり、そのような「経営的な通貨」とは、国際金本位制を支えている基軸通貨である金貨に代わって、印刷さえすれば創造できる紙製の安価きわまる紙券を発行するということである。一九世紀イギリスに特有の「安価な政府《チープ・ガヴァマント》」に代表される、イギリスならびに資本主義制度全体を支える「安価な紙券《チープ・カレンシー》」の創造提案であるが、ことほどさように、最晩期のリカードの資本制経済の将来に対する危機感はリアルな切実性をもって深かったと言うことができる。このことを人は見逃すべきではない。しかし、そのためにはリカード経済学には欠如していた「信用論」「信用創造論」の理論的構成がなされなければならない。そして、その理論的構成は、まさにリカード古典派経済学の対蹠点から、マルクス『資本論』体系が担うこととなったのである。マルクス経済学のこの位置価をも、人は見逃すべきではない。

現代の黎明期に、『インドの通貨と金融論』を一九一三年にいち早く発行したジョン・メナード・ケインズの「貨幣論」は、植民地インドでのエコノミスト官僚としての若きかれ自身の経験に助けられて、イギリス中心の国際金本位制の一見揺るぎない多角的決済システムの安定的有用性の外見のなかで、その周辺世界に属していた、金本位制ではないインドの事実上の一国管理通貨の「貨幣論」的意義ならびにその意義の普遍性に着目した先駆的労作であった。

結局、この前期ケインズの着眼点が、**一九二九年のアメリカ大恐慌の勃発**をエポックとするUSA中心の第一次世界大戦後の資本主義経済の世界編成への変貌において、経験理論的へゲモニーとなる「ケインズ革命」を産むことになるのである。ケインズの『一般理論』の要めを成す「流動性 Liquidity 選好論」は、前期ケインズの『インドの通貨と金融論』の直続的発展なのであって、利子を「流動性」を手離す報酬とみなし——「利子率は特定期間流動性を手離すことに対する報酬である」（ケインズ『貨幣改革論』一九二三年——邦訳・東洋経済新報社刊）——その利子率は貨幣（現金残高）の需給関係によって決定される、と考えた。そこで、ケインズが構想した「組織された市場」とは、実態的には「証券市場」のことであるが、マルクス的概念でいえば「利子生み資本」の運動あるいは売買取引の場の機構化である証券市場が発達すれば、投機的動機のための貨幣保有の機会が多くなる、というのが、全ケインズ経済学の根本的な動力源的着眼点にほかならない。

ケインズは、貨幣商品が市場利子率をコントロールできなくなる局面を、仮想的に考察しており、それは今日ではいわゆる〈流動性の罠〉とよばれる状態であるが、自らの財政・金融政策による市場利子率のコントロール能力を過信したケインズは、利子率が或る水準まで低下したとき投機的動機に基づく流動性選好が絶対的優位になり、すべてが貨幣保有へと向かうことが想定されるそうした場合の現実性については、「この極限的な整合は、将来実際に重要になるかもしれないが、現在までのところでは、わたくしはその例を知らない」（『貨幣改革論』）として、それ以上の考察を放棄して終わった。ここで保留された問題に、その後の現実の現代資本主義の発展は、抜き差しならず直面させられることになったのである。

現代資本主義の動態は、やがてまもなく、この〈流動性の罠〉を現代のケインズ的経済の最大の「ジレンマ問題」として露出・上程させ、ケインズ死後のケインジアンたち自体が、この〈流動性の罠〉を最重要視して、政策上も金融政策よりも財政政策の有効性をもっぱら強調・主張する方向へと転舵したのである。貨幣の需給関係は、その実はケインズのように相互に切り離して考えることはできず、信用関係のなかで密接に関連するものとして考察するにほかないのであって、それらの貨幣生成の条件は、いぜんとして資本の景気循環過程によって決まってくるのである。

今日の資本制経済の現状分析において主流を占めるM・フリードマン（"Rale of Monetary Policy" 1968）（『貨幣政策の役割』）らのいわゆる「マネタリスト」の中心的命題は、竹内晴夫教授の手際のよい整理によれば、次のような一連の命題に集約される――

（a）貨幣量の増加率と名目所得の成長率との間には、整合的な関係が存在する。

（b）貨幣量の増加が所得に影響を及ぼすまでには、一定の時間を要し、その効果が及ぶのに要する時間自体が可変的であるため、この関係は肉眼の近視では、それほどはっきりとは分からない。

（c）平均して貨幣量の増加率の変化は、約六ないし九ヵ月後の名目所得の成長率の変化をもたらす。これは、各々個別的場合には成立しない一つの平均である。

（d）名目所得の成長率の変化は典型的には、はじめは産出量に体現されて、物価変動にはほとんど現われない。

（e）平均して物価変動への効果は、所得と産出量への効果にさらに約六ないし九ヵ月遅れて生じる。そのため、貨幣の増加率の変化と物価上昇率の変化との間の全体としての遅れは、ほぼ十二～十八ヵ月となる。

（f）短期――それは具体的には五年あるいは十年という場合もあろうが――では、貨幣量の変化は、はじめは主として産出量の変化に影響を及ぼす。他方、数十年にもわたって、貨幣量の増加率は、主として物価変動に影響を及ぼす。

（g）以上述べてきた諸命題から導出されるのは、貨幣量が産出するよりもいっそう急速に増加することによってのみそれが生じうるという意味において、インフレーションは、つねにかつどこにおいても、貨幣多大現象である。

（h）簡潔な仕方で説明するのが最も難しい事柄の一つは、貨幣量の変化が所得に影響を及ぼす道筋である。一般に、はじめの効果は所得に及ぶものではなく、既存の資産・債券・株式・住宅、およびその他の物的資本の諸価格に対する効果である。しかし、或る人の支出は他の人の受け取りである。すべての人びとが、同時にその保有するすべての現金量を変化させることはできない。貨幣当局のみがそのようなことをなしうるにすぎない。

（i）このメカニズムの一つの重要な特徴は、貨幣量の増加の変化が、はじめは或る方向へ、しかし後には、それと反対の方向に、利子率を変化させるような効果を有つことである。

以上のマネタリストの中心的命題の叙述の中から、わたしがここで疑義的論点をあげるとすれば、先ず第一に、貨幣量の増加率と名目所得の成長率との関係、および名目所得の成長率の変化と物価変動の整合的な関係が存在することが、主張されていることである。ここからは、貨幣数量の増減がそれに比例的な物価変動をもたらすという古典的な「貨幣数量説」と同じ結論が導き出される。第二の論点として、貨幣量の増加が所得に影響を及ぼすのに時間を要し、また名目所得の増加が物価に影響を及ぼすようになるまで、さらに一定の時間を要するようになることが指摘されている点である。いわゆるタイム・ラグが存在することを指摘することによって、貨幣増加率の上昇の影響が長期の過程に及ぶものであることが想定されている。というのは、貨幣の供給というのは、つねに実は貨幣の貸付であり、一定期間の後に返済されてくるという時間的構造をもっているからである。貸付による資金供給が有効であったかどうかは――これが、信用貨幣の不安定性、ひいては恐慌の必然性を決する最重要問題であるが――一定期間後にはじめて判明する。したがって、有効でない貸付の結果として、貨幣還流のない銀行券の供給がもたらすインフレーションは、一定期間後に現われるのである。フリードマンは、この貸付・返済の機構については全く考察していないので、つねに一定量以上の資金供給がインフレーションにつながるかのように一面的に考えて、どこまでも「我田引水」の論議を展開している。最後の（i）でフリードマンは結論的に、貨幣量の増加ははじめは産出量に影響を与えるが、長期的には物価上昇を招来するとしている。その真偽は別として、この結論はありきたりの「貨幣数量説」の主張とまったく瓜二つのものである。仮想的命題にしかすぎない。信用経済においては、時間過程が決定的に重要なのであって、それはフリードマンらが安易に夢想しているようには、短縮もできなければ、省略もできず、ましてや無視するわけにはゆかないのである。

フリードマンの仮説にとって、金融政策の有効な基準となるのは、利子率ではなくて、通貨総量であるとされるとともに、通貨当局は、政策の急激な変更を避けて、適度のマイルドなインフレーションないしはデフレーションを生み出すような、マネー・サプライの固定的な成長率三ないし五％をもたらすようにすべきである、と結論されている。戦後資本制経済の現実的推移に照らして看るならば、このようなフリードマン＝マネタリストの主張は、経済的高度成長が持続的に維持されていた高原状期においては妥当したものの、その妥当性は高度成長期の終焉の到来とともにすっかり失われてしまったのである。

9　ヒックスの『貨幣の市場理論』が提起している世界経済史的問題の紹介をもって、〈恐慌論〉に即したマルクス的弁証法論理についての全精査を終わる

この検討の最後に、わたしが最も理論的興味をいだいている、J・R・ヒックスの“Critical Essays in Monetary Theory（1967）”（邦訳『貨幣理論』東洋経済新報社刊、一九七二年）“A Maket Theory of Money（1989）”（邦訳『貨幣と市場経済』東洋経済新報社刊、一九九五年）について一言して終わることにしよう。

ヒックス最晩年のこの労作は、邦訳書では『貨幣と市場経済』と題名化されているが、ヒックスの遺作の意図が、それまでのかれの貨幣理論において、「取引費用」の重要性の問題にいち早く着目しつつも、個々の経済主体の行動の動機ないしリスクの問題に着目していたところから、個々の経済主体における取引費用の節約の問題を発展させ、資産選択的な活動の分析をいっそう深めるとともに、商業信用や銀行信用機構にも注目し、『貨幣の市場理論』においてはさらに百尺竿頭一歩を進めて、「債務の貨幣化」がおこなわれていることにさらに注目し、難問中の難問である「信頼」ないしは「信用」の問題の内部に深く立ち入り、不確実性や信用度といった問題を取り扱って、現代貨幣の根本性格を明確にしようと意図したのであるから、やはり原題名通り『貨幣の市場理論』として邦題する方が望ましい。

『貨幣の市場理論』はこう論述する――「手形の市場価値が異なる主要な理由は、信頼性の相違である」、「わたしは、利子を導入するためにこの余計に複雑な方法を選んだ。さまざまな意味で、金融的取引はつねに貸付であると言いたくなる。したがって、最も単純な形の貸付契約――或る一定の将来の日に利子を含めて返済の約束を見返りとして現在貨幣（現ナマ）が手渡されること――が、わたしたちが出発するべき要素である」（『貨幣の市場理論』）。こうした「手形の貨幣性」ないしは「貨幣の手形性」は、銀行貨幣＝信用貨幣を根本的に考察するうえでの基本的視点とな

る。後代のわたしたちは、マルクス「信用理論」を基本的に完成し、さらに発展させるために、ヒックスのこの「最後の言葉」に十二分に学ぶべきである。

債務が創造されて流通するという信用機構ないしは決済機構については、与信者と授信者との「信頼」という原則と、「貨幣取扱費用の節約」という二つの要因が、同時にその発展の動力となるというのが、ヒックス『貨幣の市場理論』が提示したきわめて重要な論点である。

ヒックスは、『貨幣の市場理論』第一一章「古い景気循環」において、「ソーントン教訓」として、**恐慌期**における中央銀行の役割に論及している。すなわち――「第一の必要性は、**恐慌**が生じたときに、銀行機構の中心（ソーントンまたはミルの場合には、イングランド銀行）がそれ自体の安全を確保することである。その目的のために、資金を自己に引き寄せて、金準備を補充するために高い利子率を維持しなければならない。しかしながら、それがおこなわれるときに、銀行機構の中心それ自体から銀行機構の残りの他の部分へ、さらに外部へと安全を拡張する目的をもって、他の方針に断乎として移行すべきである。これら二つは同じ問題に属する」と。

こうして、**恐慌期の中央銀行**は、同じ一つの問題に属する二つの課題をかかえこむこととなる。その一つは、云うまでもなく、ヒックスが言うように、「銀行機構の中心がそれ自体の安全を確保すること」である。中央銀行も企業としての自己の活動を日々おこなっているのであり、その限り自らの銀行経営の安全と成長のために行動することは、当然のことである。これに対比してみて、もう一つの課題は、中央銀行の重層的・階層的系列下にある「他の銀行」を救済することである。現実の重層的・階層的構造の不可分性・連関性からいうならば、「他の銀行」の救済に「中央銀行」が課題を果たしえないならば、第一の必要性とされた中央銀行自身の安全性の確保もまた期しがたいのである。ヒックスは、中央銀行の非常事態における機能としては、とりわけこの第二の課題の遂行機能を強調している――「ソーントン教訓の本質的な点は、**恐慌**が相当の程度の**恐慌**であったときに、**恐慌の後**に、金融機構、そして残りの経済が金融機構に依存する限り、残りの経済も健康に戻るように保護される必要があるということである」と。マルクス「信用理論」を概念的に一層精錬して、よってもって『資本論』体系の核心《ガイスト》であるマルクス〈恐慌論〉の基本規定・基本問題を彫琢・完成させようとしているわたしたちにとって、学ぶべき碩学ヒックスの論点である。わたしにとっての問題は、ヒックスが提示した、「中央銀行」の自己救済とそれが統括している「他の銀行」の救済との二大課題が、好況局面でなく金融逼迫局面において両立可能でありつづけることが果たしてできるか？　という問題である。私見では、**恐慌の暴力的爆発**がその両立が不可能であることを、最後的に告知するのである。

ヒックスは、**一九二九〜三三年の大恐慌**に際してとったUSA連邦準備銀行の態度は、「ソーントン教訓の第一の部分にだけ執着して、第二の部分を忘れた」ものであると批判している。ヒックスによれば、当時の連邦準備銀行の経験不足・理論不備の総裁たちは、「中央銀行家としての行動の仕方を学んでいなかった」ために、再建金本位制の崩壊から管理通貨制度への移行・転換にさいして、幾度もの失敗・蹉跌をよぎなくされ、現代世界経済の操舵に難航してしまい、ブロック経済下の為替戦争から第二次世界大戦の爆発へと突入することになったのである。この教訓は、第二の「ソーントン教訓」として、最晩期のかれヒックスにとっては、歴史的にして論理的な最大の教訓であったのである。

さて、いよいよ次に論題を、先に述べた「株式会社論」といま再検討した「信用理論」との関係性の問題次元・領域に移行させたい。『資本論』体系の上向してゆく資本形態の最高範疇である〈利子生み資本〉の運動に媒介されて、「貸付資本としての貨幣市場」を介して株式会社の活動と信用制度の活動とは不可分の関連にあるが、その関連についての理論的解明が、本章の終結部《エクソドス》となる。

「株式会社」とか「信用制度」とかの最上級の社会的諸形態は、実態的存在としては、バラバラの自立性の並存ではなくて、「社会のすべての要素を自己に服属させる」というマルクス的意味において、資本制経済の有機的統合システムの諸契機を内的に重層化して構成している。しかもそれは、一定の社会的生産の形態を媒介することにおいて、資本制的生産としての意味を有つ諸契機として統合されている。

「株式会社」とは、生きた有機的システムにおける存在形態発生として、絶えず不断に自己措定しているシステム自身の自己形態であることによって、ただ単なる機能的定在としての株式会社を、一定の生産システムにおいて、対象的に不断に措定している現在であることによって、その独占資本主義の形態範疇としての理解を、歴史的形態発生に対する有機的システムの形態発生の現実性によって、企業形態発生史論的問題設定をすでに批判しているのである。

マルクスの立脚点からは、現代的所有論議の限界が洞見できるのに対して、現代の通俗的な議論のサイドからでは、理論的・方法的な意味ではマルクスの立脚点の限界が逆に視えない。生産という現実的に発生連関に即したマルクスによる社会システムの直接的批判が、いぜんとして現代所有理論の最前線である。

社会形態そのものとして「株式会社」は、『経済学批判要綱』「序説」に指摘されているように、商業資本や貨幣資本、あるいはまた土地所有などと同様に、自立した資本のシステムに先行する諸社会の諸段階に登場する社会形態であり、近代におけるそれは資本家結合の形態、会社形態の一つである。「わたしたちがここで問題にするのは、すでに生成しきって、それ自身の基礎のうえで運動しつつあるブルジョア社会なのである」（『経済学批判要綱』）。

会社形態そのものとしては、歴史的諸条件に依存しながらも、合名会社、合資会社、株式会社という区別だけの以前は、無数の多様な中間形態があった。というよりもむしろ、ここでは実存している諸形態の方が、自立的な本態なのであって、実はそれらは何ら「中間」ではないのだ。合名会社、合資会社、株式会社というような、典型的形態の歴史的発展系列を見出そうとするまなざしの方が、現代的な関心に由来する遡及の観念的産物なのであって、歴史的諸形態に対してはかえってそれらは外的である。会社諸形態は本来、歴史的に多様であり、それ自体が歴史的に多様な私的所有の諸形態であるのである。

「株式会社」は最高度にまで発展した資本家的私有所有の最新形態であるから、根源的には資本のシステムにおける私的所有の一般的限界のもとにある。資本のシステムにおける私的所有は、一般的に、(1)「人格のシステム」―(2)「物象のシステム」―(3)「労働のシステム」の三つの存在相の統一であって、「株式会社」といえどもその例に洩れるものではけっしてないのである。

「株式会社」にあっては、資本のシステム一般の(1)「人格のシステム」―(2)「物象のシステム」―(3)「労働のシステム」の三相統合は、独占段階の規定を受けて、(1)「私的所有者の結合としての株式会社」―(2)「資本としての株式会社」―(3)「社会的生産としての株式会社」の三相的統合として、三項連絡が媒介する能動性に即して(1)「所有的能動性」―(2)「物象的能動性」―(3)「労働的能動性」と、また、その資本システムを制約する現代的条件に即して、(1)「社会的承認」―(2)「価値増殖の自立性」―(3)「社会的生産として、再規定される。

資本は、生産を価値増殖運動という自己形態に包摂することによって、社会システムとしての自立化の根拠を自ら獲得する一方で、生産そのものを「資本自身の限界」としている。生産それ自身が、どうしても流通過程の流通時間を要するという制約、ならびに生産における労働者の技術的な自立性にたいする制約について、資本は自身に固有の生産様式である機械制大工業を措定することによって解決しようとする。それ自身すでに直接的な社会的生産の形態である資本は、さらに機械制大工業の物的装置を具備し、かつ諸資本・諸企業の競争に強制されて、これに不断の技術革新衝動を内在させることによって、資本の価値増殖的拡大衝動を資本家個人の私的所有の領域と衝突させるにいたる。産業資本的蓄積様式から、金融独占資本的蓄積様式への移行・転換の開始である。わたしたちは、たとえばレーニンの『帝国主義論』を解読するような場合、資本主義のそのような世界史的段階の移行・転換において、このような機械制大工業を具備した「資本の生産過程」の内部・深部が蔵している起動力から、そのような世界史的な段階転移が生じていることを、忘却してはなるまい。「株式会社」の生成の秘密も、実にそこから由来しているのである。

この内的矛盾を資本のシステムの限界内で媒介するのが、一つは利子生み資本の自己形態化であり、一つは会社形態の自己形態化、すなわち「株式会社」の創発である。会社形態とは私的所有者の結合であるが、資本の自己形態になることによって、直ちに、物象的・自立的な価値増殖運動の形態という制約と、私的所有の形態という制約（「社会的承認」の制約」）とを受け取ることとなる。

会社形態において、この二つの制約を安定的に媒介しているのが「株式会社」である。すなわち、資本のシステム形態としての私的所有の抽象的・外面的本性に基づいて、私的個有者個人の諸契機（意思形成者、社会的に承認された公的人格、意思行為者、所有行為を資料的に担う資料的個人、私的領域を画する個別的所有主体）のそれぞれを分離・自立化させて、社団という一個の社会的に構成された私的所有者の諸契機（株主総会、法的人格、業務執行機関管理人、個別的統一体としての株式会社）として外面的に媒介しているのであるが、この構成は、私的所有者において、資本の物象的能動性と私的所有者の社会的能動性という、直接的に対立した能動性が、機能実態的に場面転回（Umschlagen）しながら、双方を実現させているのである。

所有の社会的承認のシステム相では、株式会社の実体は、株主総会における現実的な諸株主諸個人であり、一箇の統一体としての社団である。物象のシステム相では、株式会社の実体は、資本の価値増殖運動であり、管理人が直接にその価値増殖運動を媒介するので、諸株主は単なる偶有的形態存在であるにしかすぎない。

「それ自体として社会的生産様式に立脚し、生産手段および労働力の社会的集積を前提にしている資本が、ここでは直接に、私的資本に対する社会的資本（公社資本）（直接に結合した諸個人の資本）の形態をとっており、資本の諸企業が私的企業に対立する社会的企業〔会社企業〕としてあらわれる」（『資本論』第三部）。

すでに先に述べたごとく、会社資本＝社会的資本なのである。株式会社形態の歴史的発生を確認するための尺度とするために、合名会社や合資会社との形態的比較から導出された歴史分析の出発点としての大塚久雄教授が摘出した著名な四指標――（1）会社員の有限責任制、（2）会社機関の存在、（3）譲渡自由な等額株式制、（4）確定資本金性と永続性は、よく再査定してみるならば、四点とも実は歴史的出発点ではなく、理論的にその必然性を媒介するべき株式会社現象の四指標であって、この大塚久雄的四指標は歴史的比較対照の結果ではなくて、その実は論理的導出ではないかと疑われる。この四指標は、「所有と機能の分離」という、むしろ独占的段階における「利子生み資本」範疇の成立の特異な最新現象から析出される概念なのである。多くの大塚理論に対する疑義が、見逃してきている重要な「独占資本主義」的、「利子生み資本」的、「株式会社」的な視点である。

マルクスの歴史的諸形態（Formen）は、右の大塚理論のごとき論理の歴史化＝歴史的類推の思考観念的所産では全くないから、『経済学批判』「序説」の五段階的記述にもかかわらず、理論的には、未分化な形態と分化し媒介された範疇的・典型的形態との両極を、内面的尺度としながら、さまざまな「中間」形態を、スペクトル分布として限定し内包しているのである。たとえば、生産関係の物象化を尺度にとった『経済学批判要綱』の「三段階論」や、『資本論』物神性論の諸形態論、また、資本制的生産における「労働と所有の分離」を尺度にとった『経済学批判要綱』の「諸形態」論と『資本論』「資本の蓄積法則」付論としてのいわゆる「原始的蓄積」論、そしてさらに、「二つの非常に違う種類の私的所有」を尺度にとった『資本論』の「資本制的蓄積の歴史的傾向論」と資本のシステム内の「諸形態」についても、同様である。

資本の形態として措定された範疇的諸形態である労働者、資本家、商業資本、産業資本、利子生み資本、および土地所有などは分化した諸形態であり、これを尺度として未分化なものの並存を承認している。資本制的生産の基礎の上で、「労働者が自分の生産手段を扱っている」場合、「そのほかにも土地所有者や農業の諸形態が存在したとか今でも存在するとかいったことが指摘されたところで、それはわたしたちにとってはまったく問題にもならない反駁であるにしかすぎない」（『資本論』第三部）。このような分化した諸形態を、社会的資本＝会社資本として一元的に統合し、「利子」範疇に基づく一般的利潤率・利子率に特定化したのが、信用制度の運動を媒介にした「利子生み資本」と「株式会社」の一元的統合力なのである。そして、このような信用制度の運動には、むろんのこと「信用創造」が含まれているのである。

神田敏英『価値と生産価格　労働価値説の新たな概念と定式』（御茶の水書房刊、二〇〇二年）によれば――

「我々の転化論と生産価格式は、マルクス体系の「修正」として位置付けると、資本論体系を見直すことができる。『資本論』第三巻は第一・二巻生産過程と流通過程分析の単なる一般的反省に依る総括ではなく、「総過程」分析として新しい次元に入ると宣言し、剰余価値の利潤の転化と利潤の平均利潤への転化という連続・一体の両転化論が提起される。そこに、新しい次元の内容が基本的に含まれるはずである。生産価格と平均利潤率は、諸部門の資本構成の相違と等量の資本に対する等しい利潤を前提する。従って、マルクスが明言するように「〈費用価格の同一性を基礎とする〉競争によって平均利潤が形成される」から諸部門資本の競争が必然的に前提される。第一・二巻では、資本一般が分析された、即ち資本は個別＝一般としてその本性と運動が分析された。ここで、資本の資本に対する相違が初めて問題とされるので、新しい論理次元である。しかしそうすると、マルクスが「経済学批判体系」の草稿で繰り返し指摘した「資本一般」と競争との峻別はどうなるのかという問題が生ずる。資本間の相違が入れば明らかに資本一般の外に出る。生産価格・平均利潤率は「資本一般」の外なのか、それとも「草稿」の構想（いわゆる経済学批判体系：プラン問題）は『資本論』では事実上少なくとも部分的に放棄されたと見るべきなのか（全面的に放棄されたと見る人はいないだろうが――いいだ注、すでに先に明確に述べたように、わたし自身は〈経済学批判体系プラン大系〉は『資本論』にその前半体系三項目（資本一般・土地所有・賃労働）と後半体系第六項目（世界市場と恐慌）が吸収されて、その結果〈プラン大系〉自体としては全面的に放棄されたと見る）。今一つは、平均利潤は剰余価値の資本間配分だから、分配の問題が固有に入るという事である。『資本論』第三部で、分配は、利子と企業者利得からさらに地代と展開され、それに伴なって諸階級も提起される。とはいえ、それら総ては利潤と平均利潤概念成立を元にするものであり、利潤はまた既に付加価値が労賃と剰余価値に分配されている事を前提する。即ち『資本論』において最も重要な本質的な分配は、労賃と剰余価値であり、それは既に第一部で確定されたことであり、第三部ではただ新たな装いと量的ずれを受け取るだけのことである。それに比べれば、第三部における諸収入の成立と分配は、派生的現象と言える。また、社会の基本的階級である賃銀労働者と資本家は、収入形態を以ってではなく、その生産と生産手段に対するかかわり＝生産関係を以って本質的に規定されるのである。次元を劃するのは利潤・平均利潤そのものであり、それが本質的に分配にかかわるから分配が形態的役割を演ずるのである。」この規定的な形態的役割は、さらに「利子生み資本」「利子」の範疇概念へまで上向するのである。

神田敏英教授の価値の生産価格への転化〈転形〉を凝らした『資本論』全三部体系の基本的範疇の再定義には、聴くべき点が多いが、同時に、わたしにとっては、根本的異議・疑念もまた多い——たとえば、本人自らも言うがごとく『資本論』第三部は「本質的に分配にかかわるから分配が規定的役割を演」じているのだから、第三部を「分配論」と規定することは、神田敏英教授のそれを「不適切」とみなす〈宇野経済学批判〉にもかかわらず、きわめて適切そのものである、第一部で確定された剰余価値が生産価格へと転形されて、第三部の「諸収入の成立と分配」へと移行するのであるから、〈三位一体範式〉として規定された〈資本―利子、土地―地代、労働―賃金〉が基本的規定であって、それに比べれば第一部の規定は「派生的」ないしは「本源的」規定と言える。『資本論』弁証法体系の最終的次元を真に劃したのは、利潤・平均利潤という次元を画した範疇をもう一次元劃した「利子生み資本」と「利子」範疇にほかならない。だからこそ、**恐慌現象**はまさに利潤率の傾向的低下と利子率の高騰との激突から生じるのである。「利潤・平均利潤そのもの」の傾向的低下がいかに生じようと、その運動傾向と激突する利子と利子率の主導的運動が生じないならば、それは資本制商品経済の動態に対しては何らの作用も演ずることはできない等々——以上が、神田敏英説に対するわたしの根本的疑義である。

「株式会社」の存在を前提として、『資本論』第一部において価値形態の展開に直続して交換過程によって規定された私的所有者による商品交換の外面的本性も反省すれば、「株式会社」形態とは、ここではすぐれて、私的所有原理を媒介する構成された私的所有者の定着形態である。「商品が商品と貨幣という両規定のうちで二重化し、交替することが、流通の主要な内容である」(『経済学批判』原初稿)。そして、所有の形態性と質料的担い手との法的な疎遠性から、すでにここで、「所有と機能の分離」の形態的可能性があきらかにされている。ここにすでに、資本主義の「独占段階」への高次化移行への最初の「形式的可能性」が概念的に規定されているのである。

「所有と機能の分離」とは、本質的には、商品生産における所有関係と生産関係との疎遠な分離に由来するものである。先ず、株式会社の対価的・法的妥当性の質料的実体は、商品所有者たちの団体すなわち社団であるから、諸個人から独立したるその社団の団的行為は、所有ならぬその質料的担い手=管理人が媒介して、団体の行為として、すなわちこれの法的人格の行為として妥当する。次に、会社財産に対する対自《フュア・ジッヒ》的な団体的所有については、商品所有者の主観的行為に対して、客観的に対象物である諸商品の方が行為主体であり、交換の媒介行為は、客観的生産関係の媒介連関にあっては、所有対象である会社財産の法的行為として妥当している。だから、同一の管理人ないしはその指揮下の賃金使用人の質料的変換行為は、法的・主観的にのみ団体的所有者の行為であり、客観的な物象的生産連関=生産関係においては、所有対象である会社財産の自己の交換行為なのである。

以上から、「所有と機能の分離」は、形態的に、「株式会社」の特殊化の原理を現わすものとして、範疇的意義における「株式会社」形態の指標と言いうる。総じて言って、「株式会社」の特殊化の原理的普遍性こそが、「所有と機能の分離」のすぐれて実在的現存なのであって、その逆に形態的同一性を辿って辿りうる「私的所有」一般に普遍性があるのではない。総じて言って、マルクス的弁証法にあっては、通例的な「形式的普遍性」は、真の「原理的普遍性」ではないのであって、一見その逆に、ヘーゲル『大論理学』のロジックに順って、特殊化されたものだけが「具体的普遍性」としての原理となるのである。

「私的所有」一般は抽象的・形式的たらざるをえない純一般的規定なのであって、それを「具体的普遍性」たらしめたものこそが独占的段階において「利子生み資本」範疇によって規定された資本形態の理念《イデー》としての「株式資本形態」なのである。論理的把握の前後関係は右のごときものであって、それは歴史的序列に藉口して逆転しうるものではありえない。形態的同一性にひっくるめて「私的所有」一般の根拠に戻ることは、疎外革命論の一種にしかすぎないのであって、現実の資本制経済の批判的把握に当ってはそれは退行的・逆行的な論理的愚行となるのである。

初期『共産主義宣言』時代にあって、エンゲルスの『共産主義の原理』が「私的所有」一般の打倒をかれ特有の「唯物史観経済学」の見地からプロレタリア世界同時革命の大眼目とみなし、それにとってかわったマルクスの『共産主義宣言』が、エンゲルス『国民経済学批判要綱』の競争論的視角を摂取しつつも、また「ブルジョアジーとプロレタリアート」という二大階級分極史観に制約されつつも、エンゲルスの「私的所有」一般に対置・対質して、プロレタリア世界革命の打倒対象が「資本家的・私的所有」という特殊化的原理であることを明確にし、同時にそれを前・非共同体社会と近代市民社会を通貫・通有して歴史把握するならば「私的所有廃絶」に集約しうる、と調和的に一体化したことの理論方法的意義を、わたしたちは深く再洞察しなければならない。

マルクスの前者の「資本家的・私有所有」に一見狭く限局したプロレタリア世界革命の相手どる対象性格の確定の方向性にこそ、以後の中期の『経済学批判』への理論的沈潜における「労働力商品化」の大発見へと帰結し、その世界史的な「労働力商品化」が近代社会の出生の唯一回的出来事に依って人類史の労働・生産過程を把えて「資本の生産過程」に内面化した時、きわめて特異・特殊な近代市民社会《ブルジョア》が確立した、というマルクスの『資本論』への道もまた可能となったのである。

資本のシステムは、「株式会社」形態のゲネシスにあきらかなように、自己の前提を再生産過程によって絶えず不断に再措定する有機的システムとして現われることによって、不断のシステム的形態発生として自分自身を現わし、「資本の生成・形成の歴史」の神話化から区別された「資本の現在の歴史」を自己内に体現することとなる。資本の「原罪」による堕落史として近代を観ずる〈疎外論〉的見地から、それからの資本の「現罪」に全面的に抗する〈物象化〉論・**〈恐慌〉論的見地**へのマルクス経済学の飛躍・移行・転換である。その資本制生産の極点における「過渡的」存在として、「株式会社形態」の世界史的出現・定在が位置づけられるのである。くりかえし言えば、その「私的所有」一般への退行が問題解決となるようなたぐいの問題ではけっしてないのである。

『資本論』第一部の「資本蓄積の一般的法則」への付論である「いわゆる原始的蓄積」章のそのまた最終付論である「収奪者が収奪される」「資本家的独占社会の葬送の鐘が鳴る！」という、首尾呼応した『資本論』弁証法体系の円環化の閉じ方において自証されたことから、右の確認は、そうした人間社会の「前史」そのものを終わらせて、人間社会史の「本史」への扉を推し開くプロレタリア革命についてのまなざしの問題である、と言えるだろう。

「人格の自由のシステム」としての資本のシステムの現わす歴史のまなざしこそが、社会システムに形成された対自的《フュア・ジッヒ》意識にとってのまなざしであり、ここで資本のシステム自身が自己批判（**恐慌がその自己告白**である）して、人類史を総括する自身の歴史的意義を、自身の社会的意識として物語るのである。実に、商品交換において交換過程で偶然に相対した商品所有者のあいだの社会関係、すなわち私的所有者としての、自由な人格として「交換過程論」冒頭で叙べられた等価交換に依拠して取り結ぶ相互承認関係こそが、人類史の産出した最初の対自的社会関係である。それが価値形態化する以外には歴史舞台に登場できなかったこともまた、人類史の総体の論理的必然であり、それこそが主体的存在としての身体的人間の自由への出発の道への生きた契機なのである。それが反映して、慣習的無意識への埋没のなかで意識上も覚醒が生じるのである。そこに〈近代〉が開幕する。

労働する社会的諸個人は、意識の自立化に先行して、社会的生産有機体すなわち実質社会の偶有的諸分肢として、慣習的・宗教的・有機的実体社会の成員として、実体的世界である共同体社会に埋没しながら、無自覚的・無意識的に、ただ実践的にのみ労働世界と生活世界のなかで自己形成してきた。商品交換に立脚する資本家的・私的所有の世界にいたってはじめて、社会的生産実体を物象的に人格的社会関係から脱落させて人間関係を抽象化させてしまう反面において、自己の原子的存在そのものを社会形成の実体単位とする抽象的な法人格としてではあるが、はじめて一般的に、自覚的な社会形成主体になったのである。先に述べた、慣習的・無意識的深層への埋没からの主体的意識性の覚醒の契機が、ここに与えられるのである。

物象化社会の総完成としての近代市民社会を批判的対象化して全面把握するために、『資本論』の精神分析が必要不可欠である所以のものである。この精神分析を享けなければ、万人が〈精神分裂患者〉として現われざるをえない近代資本制社会においては、その病症からの治癒もまた絶対にありえないのである。人類の文明開化の絶頂によって、資本の意識剝奪作用による驚くべき万人の蒙昧化、すなわち、「日常生活の宗教」としての呪物崇拝《フェティシズム》が全社会的に普遍化する所以のものである。この観点から逆照するならば、「資本の生産過程」における労働者の日々の生産行為は、即、呪物崇拝の宗教的儀式を執り行なう毎日にほかならないのである。

蓄積過程に現象した資本のシステムは、私的所有の措定と私的所有の否定とを、今や同時に自由に社会形成しうべき人格《ペルソナ》でありうる私的所有者の意識に対して現わすのである。「人格のシステム」としての資本のシステムの現わすこの歴史へのまなざしは、「資本家的蓄積の歴史的傾向」のものである。ここでの人類史評価の尺度の歴史的前後を成す両極(生産手段＝土地からの生産者＝耕作農民の歴史的分離と前者からの後者の駆逐の前極と、大資本家が中小資本家を収奪して併呑する後極)は、社会的実体としての私的所有と私的所有の自己否定としての私的所有、すなわち自己労働に基づく私的所有の領有法則と資本家的私的所有の取得法則への転変を現わすものである。資本の歴史的形成は、「自己労働に基づく個人的領有の第一の否定」（『資本論』第一部・「いわゆる原始的蓄積」章）の転変過程として、個人的で分散的な生産手段に基づく生産様式から社会的に集積された生産様式への転化の過程として、現出するのである。

今日でも、問題はいぜんとして生産＝取得様式の問題である。『資本論』第一部・「いわゆる原始的蓄積」章の最末尾提起によれば〈個人的所有の再建〉問題である――「この否定は、私的所有を再建するわけではないが、しかし、資本主義時代の成果――すなわち、協業と、土地の共有ならびに労働そのものによって生産された生産手段の共有――を基礎とする個人的所有（個々人的所有）を再建する」と。ここにおいて知られる根本的語彙は、「資本主義時代」すなわち資本家の労働者に対する搾取の近代的諸成果を承け継いだうえでの、そのことごとくが前・非共同体社会の唯物論的歴史把握の次元・領域に属する「協業」「土地の共有」「労働そのものによって生産された生産手段の共有」（それらすべては、看られるごとく近代的範疇のものではない）であり、それらを「基礎」として個々人的所有は将来社会において「再建」されるのである。マルクスの場合、ヘーゲル哲学張りの「否定の否定」とは、それ以外・それ以上の意味は何ら扱っていない。それは観念的思弁弁証法遊戯の産物なのではなくして、世界史の実在的運動の全総括なのである。

有井行夫教授の名著『株式会社の正当性と所有理論』（青木書店刊、一九九一年）は、「転回する資本のシステムと株式会社」について、鋭利・秀抜にも、次のように論定している――

「蓄積過程に現象した資本のシステムは、資本のシステムの、矛盾としての存立原理を顕示している。人格、物象、労働という三つの存在相への分離は、ここで生きた矛盾としてあらわれ、また分離されたそれぞれの存在相において、私的人格は階級的人格に、交換規定的な物象的能動性は蓄積運動の物象的悪無限性に、想定された私的労働は他人の労働としての自己労働、非人格的労働、疎外された労働、自己矛盾的労働に不断に転回している。今や範疇的意義における株式会社は、現象した資本のシステムの存立原理に浸透された形態である。

株式会社は、その個別性そのものに資本のシステムの承認する社会関係を内包している。個別資本の労働過程においては、労働者の相互関係は、人格的関係、社会的関係でなく、資本家と労働者の関係も、資本家と彼に属する物の関係にすぎなかった。資本の社会システム的恒常性の現象において、社会システムに規制されたまなざしの私的観点から社会的観点への転回にそくして、労働過程内の必然的な社会関係が無媒介に現象してきたのである。ところが、株式会社は、その個別性において、「私的資本に対立する社会的資本（直接に結合した諸個人の資本）の形態」（『資本論』MEW. Bd. 25, S. 452）である。私的あり方（商品の孤立化原理）と社会的あり方（資本の結合生産原理）との分裂にもとづく資本のシステムの転回構造は、今や、社会システムにたいするまなざしの転回によらずとも、個別資本内に形態化されてあらわれる。株式会社は、分離された人格的結合であり、分離された資本の自己増殖運動であり、分離された対立的労働組織である。私的所有の外面性の原理にもとづく形態的可能性であった「分離」が、ここでは相互反発としていきいきと現実化している」。

「株式会社」を「過渡点」「通過点」として社会移行・転換が進行するという歴史的傾向論について言えば、「株式会社」の意義は本来、個別資本の転回構造を形態化していることにこそあった。「株式資本形態」を導出する「利子生み資本」範疇にあっては、すでにその形態化は最高度の水準に達しているのである。

「株式会社では、機能は資本所有から、したがってまた労働は、生産手段および剰余労働の所有からまったく分離されている。資本制的生産の最高の発展によるこのような結果こそは、資本が生産者たちの所有に、とはいっても、もはや相互に孤立化された（vereinzelt）生産者たちの私的所有としての所有ではなく、連合した（assojieert）生産者たちとしてのかれらの所有に、直接的な社会所有としての所有に、再転化するための必然的な通過点である」（『資本論』第三部）。

これが、「株式会社」を目して社会的移行・転換の「必然的な通過点」とみなすマルクスの厳密な定義付けである。以上の把握は、資本のシステムとは言い条、直接的生産過程の契機として現象したそれであって、「利子生み資本」の場面に即しては多分にまだ抽象的であるように見える。「梨の実を結ぶことが梨の木の属性」であるように、価値を産む物になった「利子生み資本」の場面、ここでの私的所有は、これまでの論理の領域外のもののように一見みえるが、しかし実はそうではない。労働を包摂した有機的システムとして、絶対的・相対的剰余価値の生産によって労働を資本に形成的・実質的に包摂し終わったシステムとして、その自立性を体系的に完結した『資本論』第一部における、資本のシステムの存在性格そのものこそが、第三部の私的所有形態の存在性格の必要にして十分な限定なのである。『資本論』の冒頭商品から始まる上向法による「ありのままの資本制社会」の論理的再構成は、その上向極限である〈利子生み資本〉〈株式会社〉の創成に到って、その必要にして十分な〈形態〉の限定を産み出したのである。

以上をもって、『資本論』第三部・第五篇において規定された「貨幣資本と現実資本」の運動の乖離の極大化として、利潤率の傾向的低下と利子率の高騰との激突によって**全般的・激発的・暴力的な周期的恐慌の爆発**によって、価値法則を自証しながら、そこにおける既存資本価値の破壊・整理・自然淘汰を通ずる過剰化した「資本（資金）の商品」化の終結規定によって、再び冒頭商品の端初へと自己還帰して円環化弁証法体系を自己完結するマルクス的論理の全解明を終わる。

第一九章 『資本論』第三部における信用と恐慌の理論的解明

——とりわけ、信用創造の根拠と恐慌期における信用引締めの契機・時期の問題に即して

1　伊藤誠『信用と恐慌』の根本的な問題提起

わたしが、カール・マルクス『資本論』を宇野弘蔵『恐慌論』の経済学原理論としての〈恐慌論〉完成への理論的遺志を継いで、本書の大冊をものするにあたって、最も深い理論的示唆を蒙りつづけてきたのは、マルクス経済学的同志である親友伊藤誠の『信用と恐慌』（東大社会科学研究叢書44、東京大学出版会刊、一九七三年）である。久しぶりに書庫から取り出して再読してみると、その扉には、発刊とともに贈られて望読した読後感が、二つ朱筆で記されていた。なつかしさのあまり、今回それを自己引例しておきたい――

「いわゆる領有法則の転回の心髄は、労働力商品の価値が、二重に自由なプロレタリアートの形成期における生活水準を歴史的前提としつつも、資本家社会的人口法則によって、景気循環を通じて、資本制生産過程に内的に基礎を成すものとして決定されるにいたる、ということである」。

「労働力商品化の「無理」「困難」を、資本家社会的人口法則によって景気循環を通ずる労働者人口の収縮・膨脹によって、螺旋状上昇的に「解決」してゆく、という〈宇野理論〉にとっての「困難」は、労働力商品化を生産基軸として全社会を商品社会的に編成した「純粋資本主義」なるものにおいて、「首切られた」プロレタリアートがどこで生存しつづけているのか、ということであり、「増募された」プロレタリアートが、どこから供給されるのか、ということである」。

一九七三年当時のわたしが、〈宇野理論〉に学びながら、労働力商品化を理論的基軸として周期的恐慌現象を経済学原理論として全面的に解明しようとする宇野『恐慌論』の核心を、資本家社会的人口法則に則る景気循環過程における労働者人口の収縮と膨脹の螺旋状上昇によって、労働力商品化が固有する内的な「無理」「困難」を〝解決〟してゆく、という〈宇野理論〉がなお抱えている「困難」を、失業中のプロレタリアートがいったいどこで生存しつづけているのか、ならびに**恐慌局面の不況局面への転換**の「底入れ」画期がいかにして到来して、そこで「増募」されて資本制的再生産軌道に投入されて高次化した資本制商品経済的高揚を担ってゆくプロレタリアートが、いったいどこから供給されることができるのか、という問題の解明に自らの理論的関心を集中していたことが、われながらよく分かる。そのいずれが、プロレタリアートの生存と供給の問題であるか。わたしは終生この二つの問題から離れることができない。

そのような古くして新しいとも云える、マルクス経済学関心を誘発したとおぼしき伊藤誠の『**信用と恐慌**』が、『資本論』弁証法体系における「資本制生産の総過程の姿容《ゲシュタルト》」として総括した第三部の最終範疇——「範疇《カテゴリー》」の経済学方法的な意義については、本書でアリストテレスの〈十範疇表〉とカントの〈十二範疇表〉を総括的に再検討した叙述を参看されたい——である〈利子生み資本〉創出にともなう〈信用〉現象から**恐慌現象の最終的爆発**にいたる直接的契機のメカニズムを、具体的に解明すべく体系化した意図を明示した伊藤誠〈序論　課題と方法——宇野教授の**恐慌論**によせて——〉からの引用的紹介を、長文ながら敢えて先ずもっておこなっておきたい。けだし、宇野教授の**恐慌論**に学んだ本書の「課題と方法」も、宇野学派の逸材中の逸材である伊藤誠教授の「課題と方法」に全く一致しているからである。これはけっして、たまたまの偶然的・偶有的な理論的・理論方法的一致ではありえない。——

「資本主義経済は、その世界史的展開の全過程をつうじ、くりかえし**恐慌現象**を生じてきた。**恐慌**は資本の蓄積にともなう景気の循環において、好況と不況を媒介する局面にあらわれる鋭い経済的危機にほかならない。現象的には、信用取引の崩壊およびこれと関連する商品販売の一般的困難、それらにともなう再生産の収縮と資本の破壊、労働者の大量失業といった事態をふくみうる。元来、資本主義は、商品経済にもとづく資本の価値増殖を基本的動機とし、資本の運動のもとに自律的に再生産を編成し拡大する歴史社会としてあらわれる。したがって、その経済過程が、資本の蓄積をつうじ、資本の破壊をともなう恐慌現象をくりかえさざるをえないのは、歴史社会としてのその発展の原理に内的矛盾がふくまれていることを示唆する。

これにたいし、資本主義にさきだつ古代や中世の歴史過程にはこれに似た経済現象をもとめることは困難であり、また社会主義社会にも恐慌現象はみられないといわれる。そのかぎりで、恐慌は、資本主義の特殊な歴史性をその内的矛盾とともに明白にする経済事象であると考えられる。（中略）

そうとすれば、資本主義経済における恐慌の必然性を、その根拠と発現の機構にわたり、原理的により確実にあきらかにしておくことは、今日においてもけっして軽視されてよい課題ではない。現代資本主義の体系的考察をすすめるうえにおいても、またその前提となる資本主義の世界史的発展についての段階論的解明を深化せしめるうえにおいても、不可欠な研究基準を明確にするいみをもつのである。

マルクスの『資本論』は、この点でも貴重な研究の素材を提供している。すなわち、『資本論』は、資本主義経済の運動法則を体系的に解明してゆくなかで、恐慌の原理的規定についても周到な分析をすすめている。とくに、蓄積論と利潤論に示される資本の過剰蓄積の規定をふまえ、利子論における「貨幣資本と現実資本」の諸章を中心に、信用制度をつうずる産業循環の過程に考察をすすめ、かくて、恐慌の必然性の根拠とその発現の機構をあきらかにしようとしていることは注目に値する。しかも、すぐあとでみてゆくように、信用と恐慌の原理的規定の抽象の基礎は、マルクスの考察の基礎とした自由主義段階に、もとめられるべきであると思われるので、『資本論』の諸規定は、その後の歴史過程にてらし、恐慌の原理をあきらかにしようとするさいの典拠として今日むしろ重要性を増してきているとさえ考えられる。

とはいえ、『資本論』の恐慌論は、その前提をなす信用論とともに、かならずしも十分に完成されているとはいいがたい。本書は、そこにのこされている問題の諸点を、とくに『資本論』の形成過程におけるその由来とあわせて確定し、それをつうじて、マルクスに特有な恐慌論を、マルクスがめざしたと思われる方向に完成しようとする作業をすすめようとするものである。恐慌がなぜ生ずるのかを理論的に十分あきらかにしえぬまま、その発生が現実的に回避されているとしても、それによって、恐慌に示される資本主義の内的矛盾とその展開が科学的に根本から除去されたとはいいがたい。それと同様に、マルクスの恐慌論における問題の諸点も、それらがどうして生じたのかを体系的にあきらかにしなければ、その解決の方向を正確に確定しえないのではないかと思われる。『資本論』の信用と恐慌の理論の形成過程を跡づけてみることは、そうしたいみで重要な検討課題となる。むろん、そうした検討は、『資本論』自身における信用と恐慌の理論的規定の展開をめぐる方法的な問題点の解決の試みを前提し、またそこにたちもどってさらに整理をすすめようとするものでなければならない。

さいわい、戦後わが国では宇野弘蔵教授による研究をつうじ、『資本論』の信用と恐慌の理論における方法的な問題点とその解決の方針について、すでに基本的な論点がかなり明確にされてきていると考えられる。そこで、本書では、そうした宇野教授による研究を前提に、その成果をさらに徹底する作業をすすめたいと思う。それによって、『資本論』とともにそれにもとづく宇野教授の恐慌論の方法と展開にかんしても、なおのこされている未整理な点に考察がくわえられてゆくことになろう。いずれにせよ、宇野教授の恐慌論は、本書の作業の出発点をなすものであるから、あらかじめその方法と展開の特徴とそこにのこされている問題点を、基本的な論点につき確認しておくことが、本書の最初の課題とされてよい。

宇野教授のこのテーマに関する研究は、著書『恐慌論』(一九五三年、岩波書店)にもっともよくとりまとめて示されている。この『恐慌論』は、まず「序論」で恐慌現象の原理的規定を与えるさいにあきらかにしておくべき方法を検討し、ついで、「好況」「恐慌」「不況」の三章で、景気循環の一局面としてあらわれる恐慌の必然性をあきらかにする構成をとっている。これにつづく「景気循環の回転期間」「資本主義社会における恐慌の必然性」の二章は、附録におさめられている『資本論』の恐慌論の問題点を考察した二論文とあわせて、まえの三章の展開を補足する位置にあるとみてよい。ここではまず、その「序論」に示されている恐慌論の抽象の基礎と方法についての考察を、ややたちいって検討することからはじめ、ついで、その展開上の問題点を、恐慌論の前提となる教授の『経済原論』の「分配論」ないしそのうちの信用論の理論構成とあわせて、検討してゆくことにしよう」。

宇野弘蔵の〈労働力商品化と恐慌論〉は、カール・マルクスの〈『資本論』と恐慌論〉についての最良・最高の内在的な理解と批判であり、伊藤誠の〈信用と恐慌論〉は、宇野弘蔵の〈労働力商品化と恐慌論〉についての最良・最高の内在な理解と批判の著作である。このように、恐慌、とりわけ信用恐慌を、資本制商品経済社会の批判的分析の要め石に据えている根本点こそが、わたしにとって同じく最重要でさまざまに学ぶことの大きかった経済学的同志でありながら、『マルクス理論の基本構造』を著わした降旗節雄教授と断然違っているところである。

先に本書で、戦後日本におけるマルクス経済学の水準を一気に引きあげる結果となった〈宇野・久留間論争〉を紹介したが、その「価値形態論」と「交換過程論」の関係性の問題をめぐって天下を二分したと云ってよい論争の当事者について、伊藤誠教授の「序論　課題と方法」は、論争の具体的内容には立ち入ることなく、さりげなく〈注12〉において、「この問題の取扱い（いいだ注――「世界の工場」イギリス産業資本の純化傾向から抽象された「純粋の資本主義社会」を想定する抽象の方法についての取扱い）が明確にされないと、恐慌の必然性は、『資本論』のような理論体系内ではあきらかにされえないことであり、世界市場を具体的にとりあげてはじめて論じうることとみなされかねない。ことにわが国では、久留間鮫造教授の『恐慌論研究』（大月書店刊、一九四九年、増補版一九六九年）に代表されるように、一八五〇年代末における『資本論』の準備草稿執筆当時のマルクスのプランが、資本、賃労働、土地所有、国家、外国貿易、世界市場といった構成を示し、その最後の項が「世界市場と恐慌」となっていることがあるのを重視し、しかも『資本論』はこうしたプランの最初の「資本」の項、ないしさらにその一部に当る「資本一般」の部分を拡充したものにとどまると考え、したがって『資本論』の体系内に「固有の恐慌論」を求めえないのはとうぜんであるとする解釈がかなり有力に行われてきているので、この問題の取扱いがとくに重要となる」としているが、この久留間鮫造教授の〈恐慌論〉の特性を「反面教師」とする伊藤誠教授の〝注意〟は、その〈注12〉が付されている主題の箇所が、イギリス資本主義の工業的発展がことに海外の農業諸国との貿易取引や貿易金額が現実の恐慌の発生過程でかならず重要な役割を果たしており、かつはまた、「世界の工場」としてのイギリス産業資本が成長すればするほどそうした海外農業諸国との経済関係は増大する傾向にあった、と伊藤誠教授が論じて、（宇野弘蔵教授の「この問題の取扱い」に反して）そのような「純粋資本主義社会」を想定する抽象の方法では処理しえない問題であることを明確にして、その観点から、宇野『恐慌論』の「序論」の二「恐慌論と外国貿易」がわざわざ「経済学の原理論で外国貿易が捨象されなければならない」のはなぜか？　を論じていることの非現実性をあきらかにしようとしているのであるからして、それは久留間教授の所説の不備以上にその実は師である宇野教授の所説の不備を突いていると言ってよい。言うならば、顧みて他を言うたぐいの批判的所説であるが、このような理論的批判の在り方こそが、真に宇野弘蔵博士の師恩に酬いる道である、とわたしは考える者である。

そのダミーとして使われた久留間教授の〈恐慌論〉も、なるほど、「資本一般」の部分を拡充したものにとどまると考える『資本論』についての了解からいささかも出ていないとはいえ、そのような『資本論』了解の範囲内において久留間教授にとってマルクスが〈経済学批判プラン大系〉を破棄した上での「世界市場と恐慌」の最終範疇の『資本論』的活かし方が、マルクスの〈『資本論』と恐慌論〉であったことは明白であり、この点では久留間『恐慌論』は宇野教授の『経済原論』ならびに『恐慌論』と何ら違いはないのである。

伊藤誠『信用と恐慌』の「序論　課題と方法」は、当該のその〈注13〉において、マルクス『資本論』第二部中の「産業資本の流通過程を特色づけるものは、諸商品の出所の多方面的性格であり、世界市場としての市場の存在である」（強調傍点いいだ――観られるごとく、マルクスのこのような真ッ当そのものの歴史的・論理的観点は、すでに『資本論』全体系の冒頭における僅か二行の叙述において、提起されきっていた基本命題である）という命題に依拠して、「だから、外国貿易を原理的考察から捨象する場合、周辺的諸生産の資本主義化の傾向によるのでは不十分であり、むしろそれらの諸生産の生産物も、産業資本に対しては、「すでに商品資本の形態であらわれる」関係が重視されるべきである」と積極的に主張していること、言い換えると、黙示的にせよ宇野弘蔵『**恐慌論**』の「経済学原理論では外国貿易が捨象されなければならない」という命題を真正面から完全に否定し、そのような方法論では「**世界市場と恐慌**」論を理論構成することは不可能である旨を主張しているのである。

先にも何度か述べてきた通り、これを可能にする道は、〈世界資本主義論〉的方法による〈内面化〉の論理以外にはないのであって、こればかりは何としても〈宇野理論〉特有の〈純粋資本主義論〉的方法の基柢による〈イギリス純粋資本主義のモデル〉によってそれこそ絶対に導出不可能なのである。

このような、宇野教授のイギリス＝〈純粋資本主義モデル像〉に依拠する資本主義観＝像の観念論的不備は、イギリス国内に存続している「農業的小経営」との関係についても、伊藤誠教授によれば「自由主義段階にいたるイギリス資本主義の純化傾向を延長して捨象されるものとして」おり、「資本主義的生産の農業的諸生産にたいする取引関係を、国外と国内とに区分し、両者に異なる抽象の方法を想定していることになる」のである。

宇野教授の〈純粋資本主義モデル〉的方法を採らずに、「内面化」方法を拡充して採る伊藤誠教授のそのような宇野方法論批判のごとく、外国貿易なり、**恐慌の激発時**にとくに際立ってくる金の国外への移出入の激増なり、農業・食糧・工業原料の国外からの輸入なり、農産物の買付け輸入なり、を捨象する（ことのできる）根拠をあきらかにすることなく、経済学原理論を理論構成する宇野式『経済原論』は、恣意的な方法論にすぎないのであって、そのような恣意的方法論によっては、『経済原論』から別建て・別扱い・別冊にされた宇野式『**恐慌論**』もまた、真に理論構成を完成させることはできないというのが、本書の基本的立場にほかならないのである。

伊藤誠「序論」のさりげない〈注19〉が小さく補説として指摘しているように、「そうした（いいだ注――宇野弘蔵式の）理論構成上の問題が、一方で『資本論』における『要綱《グルントリッセ》』の「資本一般」の方法の残滓につうずるものであり、他方でイギリス社会における歴史的傾向の方向を延長し、あらかじめ純粋の資本主義社会を想定し、そこにみられる三階級の経済関係を解明しようとする原理論の抽象方法に照応するものではないかという問題点」（傍点いいだ）が、宇野『経済原論』『**恐慌論**』のいわば急所の難点《アポリア》として残ることとなる、と師への婉曲の礼譲を以てながら厳正に指摘されているのである。まさにその通りである。

そのような〈宇野理論〉の抱えこんでいる難点《アポリア》は、『資本論』弁証法体系の上向的極限の展開である「信用論」においても尾を引く、というよりはむしろ満開するのであって、伊藤誠『**信用と恐慌**』によれば――「かくて、宇野教授の信用論の展開においては、産業資本を同質の社会的総合体のように取扱い、使用価値的異質性をともなう諸資本の競争を媒介する信用機構の組織性の特質ないし限界に十分な考慮がおよぼされえない傾向があり、そのことから種々の問題点がのこされているのではないかと考えられる。信用論を前提に展開される**恐慌論**においても、同様に、産業資本が同質の社会的総合体のように取扱われ、それによって景気局面の推移を媒介する諸資本の競争と信用の機能の変化にたちいった理論的解明がおよぼされえないこととなり、種々の問題点が体系的にのこされているのではなかろうか。もういちど『**恐慌論**』にたちもどり、そうした問題の所在を、さしあたりおもに好況から**恐慌**への景気局面の推移にそくして確かめておこう」。わたしに言わせれば、この資本の産業循環＝景気変動過程における局面推移の具体的な解明と確かめの必要は、**恐慌**から不況への景気局面の推移に則しても――より一層重要な確かめとして――なされなければならないのである。

わたしは、本書の〈**恐慌論**〉の理論構成上そうであるように、伊藤誠〈**信用と恐慌**〉論的アプローチによる宇野弘蔵〈労働力商品化と恐慌〉論的アプローチに対する本質的にラディカルな批判《クリティーク》を、全面的に支持し共鳴する。それは、〈宇野理論〉の方法論批判として或る種の方法論主義であることはまちがいないところであるが、その方法論主義は現象学者であるフリンカ流に云えば、「方法は独立して存在するものではなく、方法は問題によって要請され強要されるものなのであり、哲学を駆りたてる問題は、方法によって理解されるのではなく、むしろその逆に問題によって初めてその方法の意味が規定される」ものとして、恐慌という問題状況の解明によって初めてその方法の意味が規定されるたぐいの〈課題と方法〉視角である。「現象学という表現は、第一義的には方法概念で表わす」（マルティン・ハイデガー『存在と時間』）であるとすれば、わたしのような恐慌現象を主題とする現象学マルクス主義は、恐慌というブルジョアジーをもふくめたそれに直面せざるをえない事象の突変的激発にさらされた当事者にとっての〈事象そのものへ Zu den Sachen selbst〉の探究として、「心理学主義その他の主観的先入見《ドクサ》からの解放」と「新たな客観主義への転向」を宣言する探究にほかなるまい。

古典古代ギリシア語の「メタ・ホドス」を語源とするドイツ語の「メトード」とは、もともと、「何々へいたる道」というほどの意味をもつ現実的方法である。〈恐慌論〉とは、資本制商品経済社会に特有な経済事象《ザッヘ》へと至る道なのであって、そこで問われている Sache は物象化社会として形成される資本制社会に特有な〈物神性〉の最大・最高次元での発露にほかならないのである。わたしに言わせれば、恐慌という事態《ザッヘ》は、近代における一種の呪物《フェティッシュ》以外のなにものでもないのである。

したがってわたしは、伊藤誠『信用と恐慌』の「課題と方法」視角が提示している〈宇野理論〉の方法論に対する本質的にラディカルな批判に対して、本書において全面的な連帯の意を公然と表明する。その場合、わたしにとっては、宇野『恐慌論』がなお残している理論的難点《アポリア》と限界の乗り超えの課題が、両者にとって共有の問題であるばかりではなく、経済学原理論としての『資本論』円環化体系を理論的基軸とする唯物論的歴史把握—実践的唯物論をも全包括するマルクス主義の〈開かれた体系〉の総体が、問題なのである。

それゆえ、本書は、以下要点要約をおこなう伊藤誠『**信用と恐慌**』が提示しているブリリアントな基本的な諸規定＝諸命題のことごとくを〈**恐慌論**〉として首尾一貫した理論構成に集大成することを通じて、〈開かれた体系〉としてのマルクスの〈総体性《トタリテート》の弁証法〉の全パラダイムの脱構築《ディスコンストラクション》＝再編成を提示したいものと念じているのである。

そのような批判的視角から翻って観じてみるならば、労働力商品の価値規定と産業循環から〈**恐慌論**〉を理論的に再構成しようとした〈宇野理論〉のパラダイムの有っていた積極的意義もまた、自ずからあきらかに成る、とわたしは確信する。すなわち――

宇野教授は、「**恐慌論の課題**」（『マルクス経済学の諸問題』岩波書店刊、一九六九年・所収）に、かれ自身によって明示されたごとく、〈**恐慌論**〉を通じて、第一に、「資本主義的生産方法に内的なる矛盾と、その矛盾を動力として発展する、この方法に特有なる循環過程とを明かにすることを、その課題とする」のであり、第二に、「労働力商品の価値の実質的内容を規定するものとして、価値法則のいわば裏打ちをなすのである」としている。このような宇野〈**恐慌論**〉のパラダイムは、労働力商品化の「無理」「困難」が、**恐慌現象の全面的・周期的・暴力的激発**となって帰結し、その**恐慌の爆発**によって裏打ちされる価値法則の自証が、労働力商品の価値の実質的内容を規定する、といった有意味・有用な循環論理として言い表わされるのである。これが単なる〝堂々めぐり〟に終わらないのは、それが資本制社会という歴史的社会を過剰資本破壊をつうじて高次化する原動力を固有していることが自証されるからである（文化人類学式にいえば、**恐慌の激発**という「通過儀礼」をつうじて近代市民社会は蘇生し再賦活するのである）。

その内的部分に慣習化されて道徳的・文化的価値をも含んで社会的に決定される「労働力商品の価値」の実質的内容を成す必要生活手段の平均範囲・レヴェルは、宇野〈**恐慌論**〉のパラダイムによれば、マルクスのように「自然的・歴史的産物として、資本の運動にたいして外的な与件としてみなされるべきではなく、まさに資本の価値法則の律動としての産業循環をつうじて資本の再生産過程の内に決定されるものと経済学原理論的にみなされるべきである。それによってはじめて、労働の生産物ではない（そうではありえない、だからこそ、ブルジョア的宇宙の造物主《デミユルゴス》として近代の唯一主体である資本の生産物でもありえない）労働力商品についての価値の法則的規制の特異な根拠＝必然があきらかにされ、価値法則が資本の運動である産業循環過程をとおして、労働力商品の排出入とその価値＝価格の「単純商品」的一義性決定についても、徹底的な必然性を表示することにもなるのである。「資本主義社会では、この『歴史的の、または道徳的の要素』自身も、資本の価値増殖過程の内に決定されるのである」（宇野弘蔵「労働力商品の価値と価格――労働力商品の特殊性について」『マルクス経済学原理論の研究』岩波書店刊、一九五九年・所収）。「労働力商品の価値」規定をめぐる、一定のマルクス批判をふくめたこの提起は、きわめて正当なものである。

宇野『（新）経済原論』が云うように、「実際また資本は、その蓄積による発展に伴って、生活水準が多かれ少なかれ向上することを基礎条件として要求するような労働力を必要とするのであって、それは屢々いわれるように資本主義の発展と共に益々低下するものとはいえない」のであって、俗流マルクス主義者たちやマルクス主義経済学者たちが旨として奉じているような労働者の「絶対的貧困化」のドグマにもかかわらず、資本主義の発展自体が、資本の有機的構成を高度化させる生産力の発展と生産方法の改善をとおして、生活様式の変化・高次化をもたらし、必要生活手段の平均範囲・レヴェルをさらに高水準において規定する要因となって働き、かくして、マルクスの云う「自然的条件」の規制よりも、「文化的・歴史的条件＝要因」のほうが重要なものとなる傾向性を、労働力商品は本来的に帯同することとなるのである。

伊藤誠教授『信用と恐慌』第四章「産業循環と価値法則」によれば――

「もともと、宇野教授において、経済学の原理論は、全体としてみればあきらかに、資本が、土地の私的所有と労働力商品とを、いわゆる原始的蓄積の一対の産物として前提し、これを自己の運動のうちに包摂し発展する論理をあきらかにしてゆく体系となっている。資本は、その基礎をなす商品流通とともに、社会的生産にとってほんらい外来的な流通形態として形成されるものであり、労働力商品をその内部から産み出すものとはいえない。世界史的に特定の時期と場所に準備された無産の自由な労働者階級を与えられた前提としてはじめて、社会的生産の主体として登場しえたのであった。その発展の過程においても、資本は、労働力商品の使用にもとづき、あらゆる生産物を商品として自由に生産しうるものとなりながら、その基本をなす労働力商品だけは、その維持再生産を、外在的な労働者の消費生活に委ね、直接これを支配しえない位置におかれる。宇野教授の恐慌論は、そうした労働力商品の外在性、あるいは逆に社会的生産にたいする資本の外来性を、資本の運動の論理にそくして明確にするものであったと考えられる。／そうとすれば、労働力の価値の実質的内容をなす生活手段の平均範囲が、そのときどきの資本の再生産にとって、先行の歴史的文化的産物として外的に前提される関係をみとめることは、原理論全体の構成方法に反するとはいえないであろう。むしろ、労働力商品の価値規定において、資本の運動にたいする労働力商品の外在性を明確にすることとなりうる」。

最晩期に近い宇野弘蔵の岩波新書版の『資本論の経済学』（一九六九年）によるならば、たとえば、「生産価格」のごときも、価値の直接の展開形態としてではなく、価値とは区別されるその転化した形態とみなされ、その成立とともに「価格の運動は直接に価値形態によって規制せられるものとはいえなくなる」（新『原論』）と考えられる。それとともに、生産価格を基準とする諸資本の利潤率均等化の運動も、価値法則とは区別され、価値法則、人口法則とならぶ「資本主義社会の三大法則」の一つとして示されることになる。したがって、利潤論に基づく地代論、利子論の展開においても、市場価格の変動をつうずる諸資本の競争をとおして、価値法則の現実的な規制が具体的にあきらかにされてゆく関係は、理論的にいわば純化的析出において採り出すことが難しくなっている。そのことは私見では、『資本論』の一面にもちこされている『要綱《グルントリッセ》』の「資本一般」の方法的制約が、宇野教授による経済学原理論＝『経済原論』の展開の一面にも承けつがれ、問題をなお残していることを意味するといえる。

したがってまた、利子論において、利潤率と利子率の対立的な運動のうちに産業循環を解明する場合にも、商品生産物については、市場価格の変動をつうじ価値法則の現実的貫徹の姿が示される側面に理論的展開が及ぼされえていない。労働力商品について、産業循環における価格の変動がその価値の特殊な規制をあきらかにすることが重視されるのと、対照的な取扱いがここではなされるわけである。そうであるかぎり、産業循環をつうずる労働力商品の特殊な価値規定の展開が、商品生産物についての価値法則の支配を内容的にどのような意味で展開せしめ、裏打ちすることになるのか、〈宇野理論〉が理論的に十分に明確にしえないのも、むしろ当然至極のこととなるであろう。

以上、〈**恐慌論**〉の体系完成的展開をつうじて浮かび上がってきた〈宇野理論〉のパラダイムの積極・消極、正・否の両面についての原理的再検討を終わる。以下、わたしが啓発される伊藤誠『**信用と恐慌**』の基本的な諸規定・諸命題の列挙的要約へと移行し、よってもってそれらを〈**恐慌論**〉へと首尾一貫して体系的に完成せしめる理論作業の共有する基礎・前提に資したい。いうまでもなく、その作業を通してさらに**恐慌論の深化**を図ってゆきたいのである。

2　伊藤誠『信用と恐慌』による各論の問題点提示

〈**恐慌**論の形成〉

◇『要綱《グルントリッセ》』の**過少消費説的恐慌論**は、資本による再生産の自律的進行を強調する古典経済学の体系に、外面的に対立するものにすぎない。マルクスのさきの説明においても、生産が基準となるべき「比率をのりこえ」「労働者以外の需要は消滅し」崩壊する関係は、価値法則にもとづく資本の自律的運動の発展の内部から必然的なものとして示されているとはいえない。むしろ価値法則に反して全般的過剰生産を生ぜしめる制限が問題とされているといえよう。ここでの**恐慌論**が、崩壊論とつよい親近性をもって論じられているのも、そのためではないか、と考えられる。

◇マルクスの**恐慌論の形成**については、大内力編『資本論講座7、恐慌・資本論以後』（一九六四年、青木書店）第一篇Iの第二章でも簡潔なスケッチが与えられているが、そこでは、『学説史』やとくに『要綱《グルントリッセ》』のマルクスの「資本一般」の方法が、「資本主義の歴史的生成、発展、さらに消滅までをも展開しようとする方法的見地」をつよくふんでいるため、**恐慌論**を崩壊論とむすびつける傾向が生じていたとみなされている。たしかに、とくに『要綱』では、恐慌論と崩壊論が未分離に考察されているが、それは**恐慌論自身の理論的未熟**を示すものとも考えられる。と同時に、それは、『共産党宣言』にみられるように、唯物史観と**商品過剰論としての恐慌論**をむすびつけることにより、ブルジョワ的生産関係が近代的生産諸力の発展の障害に転化し「そして、生産諸力がこの障害を突破するとき、それはブルジョワ社会を混乱におとしいれ、ブルジョワ的所有の存立をあやうくする」という事態を示すものとして**恐慌**をあげる観点を継承しようとするものとも考えられる。いずれにせよ、**恐慌の必然性**と資本主義的生産の崩壊の必然性とを直結することは、**恐慌が周期的にくりかえされる経済学現象**であり、価値法則の貫徹機構の一環を形成するものであることを不明確にする取扱いである、といわなければならない。とはいえ、そうした取扱いが、競争や信用を除外した『要綱』の「資本一般」の理論構成の必然的帰結であり、また方法的に、『資本論』にくらべ『要綱』の「資本一般」の体系が歴史的傾向法則に力点をおくものにならざるをえなかったことを示すものといえるかどうかには、なお検討の余地があるのではなかろうか。

〈利子附資本論の発展〉

◇産業資本の運動自体が、商品として売買される関係は、貨幣市場を前提に、株式資本としての資本の商品化が資本市場において達成されるところに与えられるものとみなさなければならない。貨幣の商品化と資本の商品化を同じこととして一挙に規定しようとすることは、信用制度をつうずる貨幣の商品化の原理も、株式資本としての商品化の原理も、ともに不明確にする形式的抽象といえるのではなかろうか。

〈信用制度論の展開〉

◇そのことはまた、『資本論』においても、マルクスが一面で、古典経済学の価値論の手法を踏襲し、等労働量による諸商品の交換関係を価値法則として全展開に前提し、したがって、『資本論』第三部において、利潤率をめぐる諸資本の競争を説くさいにも、これをたんに価値の生産価格への「転化」を媒介し、価値法則を外的に「偏倚」せしめる要因として叙述するという方法を残していることにつうずるものがある、と考えられる。いいかえると、ともに古典派経済学の体系構成の方法に由来するものとして、実体的な価値規定を絶対的に前提する価値論の方法と、「資本一般」の体系内における剰余価値の分化論とが結びつき、『資本論』第三部の展開をなお制約しているところがみられるのであって、この同じ制約から、利潤論と利子論の展開関係においても、利潤率をめぐる諸資本の競争をつうじ、価値法則の現実的態容をあきらかにしていくという課題が、充分展開されずに終っている面があるのではないか、と思われる。第五篇の冒頭において、マルクスが、いまや利潤の平均率は「完成した姿」であらわれるといっているのも、こうした面を示すものであり、その意味において、『資本論』の利子論で、「貨幣資本家」の貸付が私的に前提され完成されたものとして前提されていることとは、やはり、同じ根源に発し、密接な関連をもつ問題点だったとみてよいであろう。

◇しかし、『剰余価値学説史』においてもそうであったように、こうした説明も、たんに利子率と利潤率の性格の相違を外面的に対比して示すにとどまり、利潤率の「不等性」が利子関係を介して均等化される面には、充分理論展開が及ぼされていない、といわなければならない。かくて、『資本論』における信用制度論は、「資本一般」の体系に由来する抽象的な利子附資本論の方法から二重に解放されなければならないのであって、一方で「貨幣資本家」の貸付を重視する観点から解き放たれると同時に、他方で産業資本を均質の社会的統合体とみなす観点からも解き放されなければならない。ことに後者の点では、利潤論と利子論の展開関係において、固定資本に制約され、使用価値的異質性をともなう個別的資本の、利潤率の均質化をめぐる競争の媒介機構として、信用制度が形成される必然性が明確にされるとともに、そうした個別的資本の私的信用取引にもとづく商業資本と銀行信用の特殊な組織性とその限界に、理論的整理がすすめられる必要がある、と考えられる。

◇一般的利潤率がたえず「消えかかるまぼろしのようなものとしてあらわれ」、明確な水準を現実にはとらええないのに対し、一般利子率は明白にその時々に確定された水準として貨幣市場に示されるのであって、貨幣市場は、たえず異なる利潤率をあげる現実の諸資本にたいし、純粋に自己増殖的な価値としての資本の資本としての同質性を、利子附資本の形成において、外的に代表する機構となるといえよう。

◇そうした関係は、総じて、使用価値的異質性をともなう個別的諸資本の私的信用関係をとおして、信用制度が形成されることに由来するのであって、それらの関係をあきらかにすることはまた、国際関係と同様の形態をもって国内経済を組織する資本主義的生産の特殊な無政府的組織性を、信用制度について原理的に明確にする意味をもつであろう。マルクスが中央銀行の考察にさいし、国際関係と国内関係とをまったく分離する方向において扱い、前者について金貨幣による決済と準備の必要を強調しながら、後者について中央銀行券の流通によりその必要がなくなるように述べていたのは、そうした意味で疑問がある、といわなければならない。それは、理論的にはすでにみてきたように、抽象的な利子附資本源とともに、国内の産業資本を均質の社会的統合体として扱う観点が前提されているため、商業信用とそれにもとづく銀行信用の無政府的な組織性とその限界が、明確にされえない傾向があった、ことに対応する問題点のひとつでもある、と考えられる。

〈**恐慌**〉

◇その意味では、**恐慌の発端**にあらわれる商業資本の投機とその崩壊は、産業資本自身における内的困難を流通部面において増幅して示すものにほかならない。

◇このように、**恐慌期**に商品と貨幣の対立が「絶対的矛盾にまで高められる」必然性は、原理的には資本の過剰蓄積にもとづく信用崩壊の過程で、産業資本とその分化姿態たる貸付可能な貨幣資本の対立が絶対的となる関係のうちに与えられる。またそのような関係のうちに与えられる以外にない。

◇このような信用の収縮と利子率の上昇の過程は、**恐慌の襲来**のたんなる結果ではなく、資本の過剰蓄積にもとづく困難を深化し**急性的な恐慌**を必然的に生ぜしめる重要な展開契機をなすものである。商品市場の崩壊と全般的な販売困難も、信用の収縮崩壊と相互媒介的な事象としてあらわれる。と同時に、資本主義的生産は「再生産の全関連が信用の上に立っている」だけに、信用の収縮崩壊は全部門にわたる生産の撹乱と収縮を不可避とするものとなる。

◇こうして、貸付資本の絶対的不足を介し、「遊休産業資本の過剰」と労働人口の過剰とが並存する状況が生み出される。元来、労働力商品の購入使用にもとづき自己増殖を行なう資本が、その生産力の増大をつうじ、みずからの生産関係のかかる破壊に至らざるをえないことは——のちにみるようにその破壊が一時的で限度のある性質をもつにせよ——、歴史過程としての資本の生産力と生産関係に、本来的矛盾が存在することを、明白に示す事態にほかならない。

◇過剰に蓄積された資本が、たんに過剰となった部分の遊休化により部分的に困難を回避しえず、**恐慌による激烈な価値破壊**を受けざるをえないのは、諸資本の競争と信用を介し困難が深化され、価格変動と投機の激化に示されるような不均衡な発展が生じ、したがって利潤率の低落にその不均等の増大がともない、それをつうじて信用の全面的な逼迫崩壊があらわれるためにほかならない。それゆえ、**恐慌の必然性**は、産業資本の過剰蓄積の困難が貸付資本の不足に転化されてゆき、利潤率の低落と利子率の上昇との対立的運動をつうじ、信用崩壊が生ずる機構をふくめて——したがって原理論の展開構成においては利子論に至ってはじめて——あきらかにされるものと考えなければばならない。

◇ところで、**恐慌の発生深化**を必然的に媒介する信用崩壊の過程に、さらにたちいってみると、商業信用と銀行信用をつうじ、かならずしも一様な信用関係の破壊が進展するわけではない。それは、全体としての利潤率と利子率の対立的運動が、その内部に使用価値的異質性をともなう諸資本間の発展の不均等をふくみ、それに媒介されて進展することに対応する。信用崩壊が不均等な破壊作用を及ぼすことにより、**恐慌期の資本の価値破壊**を特殊な均等性を与えられる。と同時に、そこに、資本の価値破壊と信用崩壊の限度が示されることになり、それによって**恐慌から不況**へ産業循環局面が転換する必然性もあきらかになるのではないか、と考えられる。

〈不況〉

◇しかし、そうした過程をとおして、固定資本の廃棄更新が社会的におしすすめられることによって、不況期の整理は終わり、利潤率の全般的な回復と、したがってまた新たな好況への転換がもたらされる。

◇資本と賃労働の間の生産関係も、新たな生産力水準に対応するものに訂正される。すなわち、新たな生産方法の普及にともない、労働力商品の価値も切下げられ、剰余価値率が増大し、それによって資本蓄積の基礎が拡大される。と同時に、それにともない資本の有機的構成が高度化され、一定量の資本によりわずかの労働力を吸収するにすぎないものとなり、したがって資本は、**恐慌期に発生した過剰人口**にさらに相対的過剰人口を加え、労働人口の自然増加率に制約されることなく、以前の好況期を上廻る資本蓄積を達成すべき基礎条件を確得するに至るのである。**恐慌**を経て、むしろ労働人口が相対的に過剰となっている不況期をつうじ、さらに相対的過剰人口を形成するような資本構成の高度化がもとめられ実現されてゆくことは、資本による生産方法の発展の特殊な歴史性ないし顚倒性をよく示すところである、といえよう。

◇だが、労働者大衆の消費制限や部内間の不均衡は、資本主義的生産にとっては不断に存在することであるだけに、これを根拠とする商品過剰論は、**恐慌がなぜ周期的に発生するのか**をあきらかにすることに困難を示さざるをえない。また、逆にいえば、労働者大衆の消費制限や部門間の不均衡から全般的過剰生産が生ずることを、抽象的に主張するかぎり、資本主義生産にとって、**恐慌**がたえず生ずることにもなりかねない。しかしそれでは、好況の周期的再現に示されるように、資本が、産業循環をつうじて、価値法則にもとづき再生産を調整して発展する側面は無視されることになる。

〈産業循環と価値法則〉

◇そうしてみると、**周期的恐慌**とそれに続く不況期の整理は、好況の末期に資本の過剰蓄積とともにあらわれる労働市場と商品市場における価格の特殊な変動と価値からの乖離を、資本自身の価値破壊と生産力の更新により再調整する必然的な媒介機構をなしているといえる。すなわち、周期的産業循環に特有な全面的好況は、**急性的恐慌**とそれに続く不況期における徹底した整理を、不可欠の前提として再現する。

◇したがってまた、産業循環の諸局面の意義とその推移の必然性は、労働力の商品化にもとづく資本主義的生産の内在的な制約が、資本の過剰蓄積をつうじ**急性的恐慌に発現する論理**を軸として、資本蓄積にともなう労働力商品の価値法則の特殊な展開とそれにもとづく商品生産物の価値と価格の必然的な変動関係とをあわせてあきらかにすることにより、はじめて理論的に十分確定されることになる。それとともに、価値法則が、価格関係の変動とそれをつうずる資本の運動を介し、社会的労働配分を規制してゆく原理も、そうした産業循環の諸局面の推移の解明をとおして、はじめて生産力の展開に応ずる具体的な貫徹の機構を理論的に明確にされることになる。

◇こうして、価値法則と産業循環あるいはこれを解明する**価値論と恐慌論**は、それぞれ前者を基礎としながら、右にみてきたような意味において、相互補完的な展開関係にあるものと理解しなければならない。この点を確定することは、**『資本論』に特有な価値論と恐慌論の展開**をいっそう体系的に明確にし、経済学の原理論として『資本論』

の理論体系を整備、完成するうえで不可欠なことである。と同時に、そのことは、原理論を基準としてすすめられる資本主義の世界史的発展の段階論的考察、さらにひいてはその現状の分析にとっても、体系上重要な研究の焦点のひとつの所在をあらためて明確にする意義をもつと思われる。

以上、伊藤誠教授の『**信用と恐慌**』における鋭い指摘と問題提起は、〈宇野理論〉に対するすぐれた内在的批判の一頂点を示している。

3　「資本論の経済学」の三大法則の間の関係性

晩期宇野弘蔵の著述である岩波新書版『資本論の経済学』によるならば、〈宇野理論〉は、詮じ詰めたところ、資本制商品経済社会の経済原則を、絶対的・相対的剰余価値生産の法則、相対的過剰人口形成の法則、利潤率均等化の法則の「三大法則」として定立していたことが判る。もちろん、エンゲルスもマルクスについて提起できなかった（かれエンゲルスの場合には、始めの「絶対的・相対的剰余価値生産の法則」だけが、マルクスの創発した「法則」とみなされている）この「三大法則」観に全面的・積極的に同意し、賛成する。

〈労働力商品化〉を、近代市民社会が成仏する「南無阿弥陀仏」として観じていた〈宇野理論〉は、経済学原理論をトコトン純化させた「資本の論理学」（レーニン）として、資本制商品経済社会の共時的な論理的連関構造としての首尾一貫した理論構成を何よりのパラダイム的特徴として具有している、と言ってよいが、そのような通時態的歴史の共時態的構造化による「資本の論理学」体系化は、その始源《アルケー》においてやはり、唯一回の世界史的出来事としてのマルクス流にいうならば〈資本の原罪〉を有っており、資本‐賃労働関係の絶えざる再生産の基盤としての絶対的・相対的剰余価値の法則性は――いいかえるならば、資本家が支給する前貸資本による可変資本としての賃金労働者が資本の生産過程に配属・配備されて嵌めこまれることに由来する剰余価値の生産の経済法則化は、マルクス『資本論』を「資本論」たらしめる鍵概念《キイ・コンセプト》としてのExploitationが、近代市民社会に君臨する造物主《デミウルゴス》＝一神教的唯一主体である資本による人間の搾取であるとともに自然の開発でもある両義性に深く依拠しながら、日々の資本―賃労働関係の再生産＝再演によって、資本制社会そのものの誕生＝出生の「原罪」的秘密を絶えず隠蔽し、絶えず浄化して、人間自身の歴史的記憶からも忘失せしめる根源的なイデオロギー作用を演じている、と言ってよいであろう。このような作用自体が、資本に対する物神崇拝の最も鋭い一環を成していると言える。

商品―貨幣―資本の呪物《フェティッシュ》崇拝の全社会的完成による物象化社会としての近代市民社会とは、『資本論』弁証法体系の終結部《エクソドス》が〈資本―利子、土地―地代、労働―賃金〉の三位一体範式にもとづいて、「地代」範疇の「例解的導入」による〈架空資本＝擬制資本〉の発生・顕現をも導出しながら、三大階級が「収入《インカム》」範疇の普遍化によって汎通される市民関係として溶解されてしまうたぐいの「諸階級」論として体系的完結をみる、といった物象化社会体系論として際立つこととなっている。

労働力商品化による全商品（労働力商品という「単純商品」自体を唯一の例外としながら）の生産とそのような一物一価の世界商品が世界市場へと流通する（そこにおいては労働生産物の社会的出生の由来は問われない。かくして、近代資本制生産様式は、ブルジョア的生産様式を支配的・ヘゲモニー的生産様式とする諸共同体生産様式の異質的統合体として顕現することになる）――言いかえるならば、二者闘争物の下向極限としての「冒頭商品」からの上向的な論理的構成による商品―貨幣―資本、価値形態論と交換過程論の複合による貨幣生成の道、貨幣の資本への転化、労働過程の「資本の生産過程」化、資本の生産過程における労働力商品化に基づく絶対的・相対的剰余価値の生産（以上、『資本論』第一部「資本の生産過程」）、次いで、「資本の流通過程」（『資本論』第二部）における貨幣資本、生産資本への分化・変態の全交錯による資本の循環過程、古典派経済学が範疇化した「固定資本と流通資本」（マルクスの創発的な概念再鍛造によれば「生産資本と可変資本」）の回転、それによって動態的に可能となった「社会的総資本の再生産と流通」のマルクスの経済表《タブロー・エコノミーク》である「再生産表式」化、商品資本の全社会的総循環による社会的総資本の全運動（再生産と流通）の抽象的形式化による単純再生産・拡大再生産の表式化（以上、『資本論』第二部）、そして最終的に『資本論』第三部＝「資本制的生産の総過程の諸姿容《ゲシュタルト》」の極限的上向への移行、「資本の理念《イデー》」的最終範疇化である「利子生み資本―株式会社―信用制度の自己創出・自己編成、現実資本と架空（擬制）資本との両価値増殖運動の乖離、**恐慌の必然性**の現出、現実資本と擬制資本の両運動の乖離の亢進とそれを隠蔽・解消しようとする信用制度の出動による信用創造の普遍化的亢進、それによる資本の一般的利潤率の傾向的低下と利子率の高騰の亢進、資本の再生産構造の外部からの信用創造による価値増殖運動の延命的下支えによる利潤率の傾向的低下の亢進と利子率の暴騰の亢進との矛盾的激突、突発的・暴力的な**周期的恐慌の全面的爆発**（以上、『資本論』第三部）……という〈有限の弁証法〉にして〈総体性の弁証法〉であるマルクス的弁証法の**周期的恐慌の大爆発**による全面的検証という、自己言及による存在論的＝認識論的な資本制社会の円環化的体系の首尾一貫・首尾呼応（自らの尾をくわえるウロボロス的宇宙蛇のイメージ）した資本制商品経済社会の絶えざる高次化による再生産・再演である。

そのような資本制階級社会の再生産・再演の動力源が、〈宇野理論〉の曰う「南無阿弥陀仏」としての労働力商品化そのものであることは、あまりにも明らかなところである。グローバルな資本制世界市場にありとあらゆる全商品生産物をその社会的出生の謂われをいっさい問うことなく等価交換的に・一物一価的にもたらすきわめて特異な価値＝価格の本質即現象構造を固有している単純商品である労働力商品が、資本制世界において唯一つ資本の生産過程における生産物ではない「例外的」商品として、ブルジョア的宇宙の造物主《デミュルゴス》＝唯一主体である資本の生産物では原理的にありえない身体的・生命的存在としての人間主体であって、そのような主体的存在としての人間の「製作」は男性＝女性の婚姻による自然生物的生殖＝繁殖によるのほかないことは、自ずからあきらかなところである。したがって、自然的生殖の「法則」に順うほかにない労働人口を、歴史的・世界史的に特殊な資本家社会に特異・特有なブルジョア的人口法則として概念装置的に創発したマルクスの理論方法的識見が、改めて再考察を加えてみればみるほど驚嘆すべき概念的創発であったことは、改めて確認せざるをえないところである。

宇野『原論』が、資本制社会の価値法則に終極的には総括される三大法則（剰余価値生産の法則、相対的過剰人口の法則、利潤率均等化の法則）中の二大法則としてかかげる剰余価値生産の法則と相対的過剰人口の法則との間には、むろんのこと、不可分の関連が論理的にも実在的にもある。すなわち、技術革新による生産力増進にともなう相対的剰余価値生産の増殖が、資本の有機的構成を高度化させ、そのような構成高度化が労働者人口の過剰化を生み出し、相対的過剰人口法則が発動・発現するにいたるのである。

その両法則の不可分的な相互媒介的進展は、言い換えるならば、マルクスが創発的に確認した資本家社会に歴史的に特有なブルジョア的人口法則が、自然的生殖・増殖に基づきながらも、けっして資本家社会的人口法則としての一般性（抽象性）に平均されるものではなく、剰余価値生産による資本の有機的構成の高度化を動力源とする動態的な産業循環＝景気循環の局面交替（それは、周知のごとく、好況―恐慌―不況―高揚の四局面の推移・交替としてくりかえし法則的に再演される）に対応・即応して、労働者人口の排出入として一定の起伏曲線をもって現象化しているのであって、マルクス自身にとって資本家社会的人口法則は、そのような産業循環＝景気変動過程の四局面推移＝交替＝転換が最終的に周期的恐慌の全面的突発の暴力的爆発による既存資本価値の破壊として〝解決〟され、次のより高次な再生産軌道に導かれることは、本書がすでにくりかえし説いてきたごとくである。このダイナミズムにこそ、マルクス「相対的過剰人口」論の真髄がみられるのである。

マルクスは、『資本論』体系に資本制商品経済社会を一個の体系たらしめる資本家社会的人口法則を具体化せしめる「相対的過剰人口」を総括的に論ずる場合に、上記のごとき産業循環の諸局面をつうじて動態的にあらわれる過剰人口と、それに対比してみていわば構造的な類別として示される種々の過剰人口とを、区別して別のものとして取扱い、その後者の諸形態における「産業予備軍」が、資本主義の発展とともに増大する傾向を示そうと努力しているふしがうかがわれるが、それはマルクスの理論化的意図において、資本家社会的人口法則を相対的過剰人口の形成の面に偏してあきらかにしようとしている理論構成法に起因している、とこれを推測することができる。産業循環=景気変動過程をつうじて形成される過剰人口も、具体的現実としては、交互に、あるいはハーフタイマーとして雇用されるような「流動的」形態なり、農村や都市の小経営等に「潜在的」ないしは「停滞的」形態で吸収されて、劣悪な条件のもとに生活をつづけ、それらの流動的・潜在的・停滞的諸形態から、また好況・高揚局面への資本の産業循環=景気変動過程の転移に随伴する資本の雇用増大の衝動の発露にともなって吸収されてゆくことになるのである。

このような、相対的過剰人口による自然生殖・増殖をその基礎にもつ労働者人口に対する資本家社会的処理の在り方の特性を、極端化して表現するならば、そのような処理の在り方は、失業による人口増減処理を主力とするのみならず、労働者の餓死や自殺や一家心中による縮減措置さえもを、その一部分として内包して進行するのである。そしてこのような極端現象までも、日常生活の「三面記事」的要素として含んでいることは、人間主体においてではなく、工場の機械設備の更新として現象する資本の有機的構成の高度化においても、産業循環=景気変動の好況・高揚局面におけるその高度化の亢進と、**恐慌**・不況局面での既存資本価値の破壊にともなうその既存機械設備の温存・使用延長（剰余価値生産論としては、労働日の延長による「絶対的剰余価値生産」がそれに該当・対応する）として、それは客観的に現われるのである。そこにうかがわれる資本の生産過程の基柢における人間主体の労働力商品的配備と生産対象としての機械設備・工業原料配備の不可分一体性から観るならば、機械設備の温存・使用延長は、社会的「三面記事」としての身体的・生命的存在の餓死・自殺・心中といった悲劇的事態と、対応・即応していると言えるのである。
経済学原理論における商品経済形態をつうずる資本による社会的生産を自立的・自律的に再生産してゆく機構の抽象化は、そのような原理的特性そのものに基づいて、複合的に「非資本家社会的諸生産」によるものをも含む資本制生産様式のヘゲモニー支配によって成立している異種異質的社会統合体としてのブルジョア社会においては、「流動的」「潜在的」「停滞的」諸形態による過剰人口までも、理論的・原理論的に規定しうるものではないのである。宇野「三次元論」的にいうならば、過剰人口のすべてにわたる現実的・具体的な存在形態は、経済学原理論における「相対的過剰人口法則」を基準としながらも、〈宇野理論〉における類別としていうならば、いわゆる「段階論」や「現状分析論」の対象領域に属する研究・分析題目なのである。

このような経済学原理論的な観点から観るならば、失業中ないしは半失業中の相対的過剰人口が、あるいは恐慌期におけるように突発的・急性的に、あるいはまた不況期におけるように慢性的にあらわれるというように、産業循環=景気変動の局面推移=変換によってそれに刻印される全局面的に周期的反復をくりかえす本来的な諸形態を別とすれば、それはおよそ三つの具体的形態において確認しうる——（1）「近代産業の中心」において排出入（吸収と反撥）をくりかえして現象化する「流動的」過剰人口、（2）農村ないしは都市の前期的小経営において、資本主義化がさらに進行するのにしたがって形成され、都市プロレタリアートに転化ないしは転落すべく、「有利な事情の到来・現出を待ち構えている」「潜在的」過剰人口、（3）家内手工業や工場手工業の初期型マニュファクチャーにおいて、長時間労働と飢餓的低賃金のもとにある「停滞的」過剰人口。さらにこれら三つの形態に加えて、マルクスが一九世紀イギリス資本主義に現在化している姿を発掘して理論範疇化した「相対的過剰人口＝労働予備軍の最下層・最底辺層の沈殿物」としての各種「受救貧民」の底辺領域がある。

このような区分・分類において、産業循環=景気変動の四局面の推移=転換をつうじて動態的にあらわれる相対的過剰人口と、いわば資本制社会構造上の類別として停滞静態的にあらわれる種々雑多な「相対的過剰人口」とは、具体現実的には別々に概念分割できる存在ではなくて、何れも同一の人格《ペルソナ》としてこの社会の表層なり底辺なり、中心なり周辺なりに実存するものである以上、前者の本来的な相対的過剰人口も現実には後者の社会構造の類別のいずれかの形態をとって外見的にはあらわれ、その後者もまた社会全体の産業循環＝景気変動過程の外に実存するものではない以上、それらもまた資本の産業循環＝景気変動過程で好況・高揚化する資本制的生産の局面に吸収・反撥される動態的運動を示して現象するものと考えられる。マルクスの場合、一九世紀イギリス資本主義に「典型的例解の場」を求めた労働予備軍の分析視野を別にしても、右の両者を別のものとして概念分割を実在分割として別々のものとして取り扱い、後者の「流動的」「潜在的」「停滞的」諸形態（つまり、マルクスにとっては不正規の諸形態）において実存・現出する産業予備軍が、産業資本的蓄積様式の進展とともに増大する傾向にあることを示そうと理論的に腐心した趣きがあることが、看取される。

これは、マルクス『資本論』の二大法則の随一である「相対的過剰人口」の理論的範疇と、一九世紀イギリス資本主義に実在した「労働予備軍」との等置・同一視による不明確さ・不十分さが残存した根因である、と考えられる。わたしたちは、剰余価値生産法則と相対的過剰人口法則の「二大法則」の不可分的関連において、右のようなマルクス『資本論』体系がなお残存させている挾雑物を一切取り払って、経済学原理論的に純化させる理論的必要がこうした面ではいぜんとしてある。

とりわけ、スターリン主義化して久しい近・現代日本の「相対的過剰人口」理解においては、資本制社会における労働者人口の「絶対的貧困化」の傾向的法則（！）の例証として、一九世紀イギリス資本主義の歴史的特例である「労働予備軍」の存在を重ね焼きする観方が、牢固とした〝正統派〟的主流で久しくありつづけてきただけに、このことには特に留意する理論的・理論方法的必要性があるとしなければならない。

出生、死亡および移動等々の人口動態を規定する、労働者階級の幾多の実存形態をふくむ資本家社会の総人口の動態は、「相対的過剰人口法則」に端的なごとく、右に看てきたように、資本の産業循環=景気変動過程の四局面推移=変換として現出する価値法則に基づく資本の蓄積運動によって根本的に規定されている。資本制生産は、その資本制生産によっては原理的に生産しえない所与としての総人口・労働者人口の動態に媒介された可変資本としての賃金の曲線が示す賃金率の動態に「対応的に」、基本的には資本蓄積そのものを停止させることによって、次いで資本の有機的構成を高度化させることによって、資本家社会独自の労働力需給調節機構を有ち、それを基盤として、資本は労働者階級に対する「専制支配」としての全機構的把握=包摂を完成しているのである。

いわゆる〈資本による労働の実質的包摂〉の完成であり、マルクスの一九世紀におけるこの理論概念的な設定と予測は、世界資本主義発展の具体的歴史過程としては、二〇世紀的現代における「科学的管理法」による自動車産業の大量生産方式を基軸とするいわゆる〈デトロイト方式〉において実現をみるにいたった機構である。

経済学原理論における資本の有機的構成の高度化と相対的過剰人口の排出入機構を基軸とするこの全機構の解明は、経済学原理論の提示する原理=法則を基準としながらも、具体的現実の具象的分析としては、第一に、篠笥定爾「資本蓄積と相対的過剰人口」（青木書店刊、講座〈資本論の研究〉第三巻『資本論の分析』（2）、一九八二年）がいうごとく、「資本の有機的構成の高度化なる現象は、生産力の発展だけをもってしては説けない現象であり、賃銀率の上昇に対応的な、労働節約・資本節約的な新鋭技術の導入という生産関係視点を合わせもたなければ説きえないものである」（上記の事情は、より理念概念的に厳密に表現するとすれば――「賃金率の上昇に対応的な労働節約的・資本節約的な最新鋭技術の導入」という生産方法視点を合わせもたなければ「生産力の発展だけをもってしては」説ききれない現象である、とすべきであろう）、第二に、佐藤金三郎「産業予備軍理論の形成」（『経済学雑誌』第四一巻一号、一九五九年七月号）の曰うごとく――「新鋭機械の採用による失業」である「構造的失業」の「長期的傾向・構造的変化」ならびに「恐慌による大量失業」である「景気変動的失業」の「短期的傾向・循環的変動」との重合的整理・総括として解明されるべきであろう。

F・オッペンハイマーは、マルクスの「資本制的蓄積の一般的法則」理解にたいして、相対的過剰人口＝「現役労働者から就業労働者を差し引いた数」の「増加」（つまり、「失業者・半失業者」の増加）を論述の基軸に据えて、自らその「論証」の不可能性を説くことによって「一般的法則」の成立不能を結論づけた。すでに本書において、マルクスの「相対的過剰人口」の法則を、絶対的・相対的な「剰余価値生産」の法則との不可分な関係において論証したごとく、たしかに資本の産業循環＝景気変動過程の四局面推移・変換の動態に即して吸引と反撥の法則的反復運動をくりかえすマルクス『資本論』体系を弁証法体系たらしめる「一般的法則」は、経済学原理論的基本法則規定を原理的基準として「流動的」「潜在的」「停滞的」過剰人口をも包摂しうるように全社会的現象としてこれを説かなければならない以上、原理論的基準に直結的に等置・包摂する形でこれを説くことができないわけのものであって、その範囲・水準においてはたしかに「一般的法則」の成立としては全包摂することはできないのであるが、それは積極的にそのような理論的取り扱いができないということなのであり、オッペンハイマーが誇張的に力説するごとき、マルクス『資本論』体系における「一般的法則」の「論証」不可能性に帰結すべきような事柄のものでは本来ありえない。

オッペンハイマーの批判を正面から受けとめて反批判を行った、トロコンスキーによる資本の有機的構成の高度化を随伴する資本の蓄積過程は、総資本増大による労働者吸引の過程であるとともに、「より高度な有機的構成をもった資本制的生産諸形態による遅れた資本制的および前資本制的生産諸形態の置き換え」「農民および手工業者のプロレタリア化」が進行する過程である、とオッペンハイマー所説に対する批判をトロコンスキーが全面的に提示した所以である。本書がすでに明確にしたように、このような前資本制的ないしは後進資本制的社会における前期的な生産諸形態における資本制的生産の進展にともなって「農民および手工業者のプロレタリア化」が進行することによって、

「相対的過剰人口」の増加の吸引と反撥の弁証法の「論証」は十二分に可能なのであるのである。逆に云えば、資本制社会における資本の蓄積過程を、前資本制的・非資本制的そして後進資本制的諸関係を全包摂・全包含した蓄積過程を積極的に想定することによって、小生産者の分解・流入によるプロレタリア増加率が就業労働者の増加率を凌駕する交差点＝転換点に、右のような「論証」可能の理論的根拠が見出されるのである。

4　「信用創造」の根拠はどこから来るのか？

さて次に、信用と**恐慌**の視角からの**周期的恐慌の必然性とその直接的発現**（**爆発**）**契機**へのアプローチの終結部《エクソドス》へと移行するとすれば、その利潤率の傾向的低下の亢進を利子率の異常高騰の亢進との矛盾の弁証法的激突をもたらす動源としての、信用制度による信用創造の増大による、利潤率と利子率との矛盾の両極化亢進の隠蔽と糊塗の最終的破産による**恐慌の大爆発**の機構《メカニズム》の核心についての理論範疇的把握をいかに設定・想定するかが、そのポイントとなる。

商業信用と銀行信用との複合によって形成される信用経済において、中央銀行を機構的頂点とする銀行資本の垂直的な全国システム化は、商業信用における各個別産業資本の振り出す手形を、自らの支払対象としての不換銀行券によって割り引くことをつうじて、産業資本全体の一般的利潤率を増進する機能を果たす。銀行資本のこうした機能＝「割り引き」機能こそが、それ自体が、産業資本の将来の貨幣獲得の見込みを現在の架空の貨幣（それは架空資本形成の基盤となる）先取りする信用創造の機能にほかならない。

マルクス『資本論』は、この信用創造機能の現実化の解明にさいして、「金属準備によって保証されていない銀行券を発行するかぎりでは、この銀行は価値章標を創造する」（『資本論』第三部――傍点いいだ）としていた。これは、銀行の金準備に基づく銀行券発行分は、現在の貨幣としての支払準備金を引き当てとして発行されるのに対して、無準備発行分は、支払準備金に基づかずに発行され、それゆえにこそ、マルクスのいう「価値章標の創造」となるのである。しかしそれであるのなら、銀行券の無準備発行分、すなわち「信用創造」は、何に基づいて発行されるのであろうか。言い換えれば、ここでの問題は、銀行券はそもそもが銀行の「債務証券」であるにもかかわらず、何を根拠に産業資本によって信頼されて、かつは全資本制社会によって信頼されて、資本の流通過程において大手を振って流通することができるのであろうか？　という銀行券債務による「信用創造の根拠」の問題である。

麓健一「いわゆる『信用創造』」（『講座　信用論体系』Ⅱ、日本評論社刊・所収）は、「銀行が『信用そのもの』を取引することによって、無準備の銀行債務を造出し、しかもこの無準備の銀行債務を貨幣に転化することなくして、そのままの形態で絶対的に貨幣として機能するとき、銀行は『信用』を『創造』した、というのである」と。また、大内力「信用創造の理論」（東京大学出版会刊、『経済学論集』、一九七八年・所収）は、「銀行は預金として集中した正貨を兌換＝発行準備金としつつ、銀行券の発行をおこなう」、「信用創造というのは、原理論的にいえば、この準備金を超えて発行された銀行券によって与えられる信用部分、いいかえれば無準備で発行される銀行券によってつくり出される信用をさすわけである。このようにして「造出」され、「つくり出される」信用は、とりもなおさず銀行による「信用創造」にほかならない」と。

諸資本の競争に基づく**信用と恐慌の原理的規定**を、利子生み資本―株式会社―信用制度に立脚する信用経済の上向極限的な展開として提示した『資本論』第三部は、これを一般化して評価するならば、現行『資本論』体系のうちでは著しく完成度が低く、〈**恐慌論**〉としての集約をされえなかったことを核心として、さまざまな理論的問題点をその中に残していた。現行版第三部は、現在鋭意進行中の新《ノイエ》メガのマルクス原稿・原本の公刊がなされるならば、エンゲルスによる整理・編集の粗漏・不備・変性・捏造の側面が除去されることは疑いないところであるが、それ以上に疑いないところとして、右に指摘したような『資本論』第三部の総体としての理論的問題がやはり残るであろうことは、現時点での理論的推測としてまちがいないところとしなければならない。

とりわけ、諸資本の競争と信用の形態《フォルム》と機構《メカニズム》をどのように取り扱うかは、**周期的恐慌の全面的・突変的・暴力的大爆発へと帰結**してゆく（それはそれで、過剰資金（資本）の冒頭商品への自己還帰による『資本論』全三部の円環化体系化の完成による資本制社会の高次化、という全事態の自証をともなっている）『資本論』第三部における剰余価値の分配形態および資本の分化形態（なかんずく、資本の利潤と利子との分化、利潤率と利子率の両極的発現）と、それらの形態運動的展開をつうずる価値法則の現実的貫徹機構（それは資本の産業循環＝景気変動過程の四局面推移の最終レーンにおける**周期的恐慌の全面的爆発**にあって貫徹されるにいたる）の理論的解明にとって、重要な一連の基本問題をなしている、と言ってよい。

さらに一般的にふりかえってみると、『経済学批判要綱《グルントリッセ》』（一八五七〜五八年）において、いわゆる中期マルクスは、その主著たるべき『経済学批判』体系化のプランを、前半体系（Ⅰ資本―Ⅱ土地所有―Ⅲ賃労働）―後半体系（Ⅳ国家に総括されたブルジョア経済―Ⅴ外国貿易―Ⅵ**世界市場と恐慌**）の六部編成として、さらにその「Ⅰ資本」の内部を「資本一般、競争、信用、株式資本」とする、〈経済学批判体系プラン大系〉を包括していた。このような『要綱《グルントリッセ》』の理論構成と対比していえば、『資本論』は第三部においてあきらかに、諸資本の形態と機構をなす生産価格、商業資本、利子生み資本、株式会社、信用制度の上向極限にまでいたる体系的な全考察を進める理論構成となっている。

土地の地代をめぐる資本還元による架空資本＝擬制資本の創出の「例解的挿入」、それに直続する〈資本‐利子、土地‐地代、労働‐賃金〉の三位一体範式による物象化社会としての市民社会の完成、利子・地代・賃金の諸形態の〈収入《インカム》〉としての同一化に基づく「最後の階級社会」＝資本制社会における三階級の「市民」主体範疇への溶解……といった原理論的考察を、これらとあわせてみるならば、『資本論』弁証法体系は、マルクスのかつての〈経済学批判体系プラン大系〉における「前半体系」三部に予定されていた資本制経済の〈資本‐土地所有‐賃労働〉の内部編成の全体を「資本一般」中心概念の廃棄もふくめて、資本に支配された商品経済過程の原理として全面的に発展・転化・完成しつつあったとみなすことができる。その全体系的な最終的自証が、くりかえして確認するならば、**周期的恐慌の全面的・暴力的な突変**にほかならないのである。

右のような総体的視点をとるならば、ことに、『資本論』体系を近代社会の経済的運動法則を対象とする経済学原理論として位置づけ、純化・整備・構成しようとする観点において、諸資本の競争と信用の形態と機構の取り扱いになお残されている理論的不備・欠落を、それが旧来の「資本一般」の枠組に照らして『資本論』の範囲・水準外の問題として放置・温存しておくままにしておくわけにはゆかないことは、当然至極なことである。『資本論』弁証法体系の完成は、マルクス死後に遺された問題として、**〈恐慌論〉の基本的完成を軸心**として『資本論』全体系の純化・整備・完成の課題として、〈宇野理論〉の創発もふくめた後代のわたしたちに残されているのである。

〈宇野理論〉の形成を動軸とする近・現代日本における『資本論』研究の高次化は、基本的に右のような観点に立って、「資本一般」の旧来の狭い枠組に跼蹐することを鋭意に批判しながら、資本制商品経済の諸形態に基づく資本の価値法則を通ずる、有機的で動態的な運動の原理的根拠・機構を全面的に解明しようとする志向において進められてきた。

資本の流通期間ないし流通資本と流通費用が、諸資本の競争と信用の原理的な形態と機構の自己創出のなかで、どのように処理されることになるか、という問題をはじめとして、第三部の総タイトルである「資本制的生産の総過程の諸姿容《ゲシュタルト》」が、その上向的形態分化とそれらの綜合・総過程化として進展させられなければならない。いま主題としている、資本の産業循環＝景気変動過程における四局面の推移＝変換＝交替を通じる信用創造の増大によって隠蔽・糊塗・延命・〝解決〟されながら、そのゆえにこそ金融逼迫期の最終シーンにおける資本の利潤率の傾向的低下の亢進と利子率の異常高騰の亢進の絶体矛盾的激突による**恐慌の全面的・暴力的大爆発**の全動態《ダイナミズム》・全機構《メカニズム》の理論的解明が、

『資本論』を一個の弁証法体系たらしめる最枢要の批判的分析課題となるのである。

そのような根源的位置づけからまた、銀行券債務による「信用創造の根拠」を明確化するわたしたちの当面の重要課題の理論的解決に立ち戻ってみるならば、その根拠としては、おしなべて言って、自己資本、預金、返済還流の三つが考えられる。

そのさい、従来わたしは久しく、預金を不換銀行券債務支払いの根拠とする考え方、すなわち、産業資本の運動過程において不可避的・必然的に発生する「遊休貨幣」(先に「貨幣論」において再考察を加えた、〈貨幣としての貨幣〉の三幅対を成す「蓄蔵貨幣ないしは貨幣蓄蔵—支払手段—世界貨幣」のうち、蓄蔵貨幣ないしは貨幣蓄積の問題である)を預金として集中した銀行が、それを支払準備として不換銀行券を発行する、というわが親友日高普『銀行資本の理論』(東京大学出版会刊、一九六八年)の考え方をとってきていた。それに曰く——「銀行資本は、個々の産業資本の遊休資金を預金として集中し、それを支払準備として銀行券を発行し、商業手形に代置することによって、銀行信用を展開するのである」、「銀行資本による資金の供給には、預金という産業資本による資金の供給の制約があるのであって、預金残高が、再生産過程に制約されるということが、体制には預金残高に制約されるという廻り道をとおってあらわれるのである」と。これを要するに、右のような預金説の考え方では、銀行は、商業信用において振り出された手形を、銀行券で割り引くことによって、商業信用の限界を自己克服し、不換銀行券の兌換請求に対しては、預金からなる兌換準備金によって支払とするわけである。そして、銀行券の預金残高は、預金残高の動向によって制約されるのである。この場合、銀行の業務内容の中核的定義が銀行の商業手形を取り扱うさいの「割り引き」業務に集中されていることは、明らかなところである。

しかしながら、右に述べたように、久しく預金説の立場に立ちつづけてきたわたしにとっても、今日現在ではそれがそのままの旧来の形では維持できなくなってきていることは、わたし自身にとっても明々白々になってきたところがある。けだし、銀行が預金を準備に不換銀行券を発行することによって、銀行資本は平均ないしはそれ以上の超過利潤を獲得することが果たしてできるのであろうか、という疑点が改めて生じているからである。

　そもそも論からして、預金―現金貸付の場合と同様に、産業資本はいったいぜんたい、どのような根拠に基づいて銀行を信頼し預金することができるのか、ということが改めて問われているのであって、このいわば哲学的問いは、単純自明な事柄のように一見見えるにもかかわらず、その実はそもそも「信用《クレジット》」とは産業資本ならびに全社会からの「信頼《クレディビリティー》」類縁語というよりは同義語ではないか、ということがそこにおいて根底的に問われているのであり、この問いに応答することなしには「信用」定義についてのさらなる理論的前進もありえないことは、明瞭なのである。

　産業資本にとって、たとえ預金によって利子を得たいという要請ないしは願望があっても、自分の貨幣を預託しうる根拠をよその銀行に見出すことができなければ、よその銀行に自分の貨幣を預託することは当事者の経済的行為の選択としては不可能なのである。この問題について、すくなくともこれまでの「預金―銀行券貸付説」は、わたしをふくめて十分には答えていないのである。それは、この預金説が、機能模索的方法によっているからではないか、と想われる。この説を方法論的に詮議すれば、銀行は一方の手で預金を集中し、他方の手で預金を支払準備として銀行券を貸し付ける、という現に行われている銀行機能がそっくりそのまま模写されているにすぎないのである。

　右のような機能模写的方法によるかぎり、当該産業資本ないし預金者個々人が、自分の貨幣を銀行に預金することのできる根拠は何かという問題は、現象学的方法として言うと「判断中止」のエポケーに付されたままでいるのであり、ましていわんやそこにおいては、預金と発券の理論的先後関係を一義的に確定しようとする発想そのものが存在していないのである。「預金―発券説」は、本質的・根本的にこのような欠点をもっているのである。

　この「預金―銀行券貸付説」には、機能模写的方法に由来する理論的欠点のほかに、預金や発券は相互に理論的に前提しあっているという、その理論的前後関係が問い詰められていない永久に堂々めぐりの循環論法の欠点が、指摘されなければならないであろう。小野英祐「預金の必然性」（東京大学出版会刊『経済学論集』、一九七八年・所収）の鋭利な、大内力「預金説」に対する批判によれば――「預金は銀行券発行を根拠に蒐集されるが、この預金蒐集の根拠となる銀行券発行は、預金蒐集を根拠として行われるということになる。われわれには、これは論理の堂々巡りとしか見えない」と。いかにももっともな批判意見である。

それに加えて、銀行は預金を支払準備として銀行券を貸し付ける場合は、かりに預金を集中しえたとしても、銀行券を受けとる産業資本は他人の貨幣をその支払準備として信頼することが果たしてできるのだろうか、という問題もある。いつ引き出されるかもしれない預金を支払準備とする銀行券は、債務を支払の根拠とした債務なのであって、産業資本はこのような債務証書としての銀行券を信頼して銀行券を受けとることは先ずもってできないにちがいない。

こうして今日のわたしたちは、「預金―銀行券貸付説」をすくなくともこれまでの形をくりかえすだけではこれを全面的に承認することはできなくなっている。不換銀行券の流通の根拠は、預金にではなく、自己資本か、返済還流かに求められる以外にない。また、そうした他人の貨幣に基づかない銀行券による与信を銀行が行っていることを根拠にしてはじめて、他人の貨幣は銀行に預託されうるものとなるのである。つまり、先後関係からすれば、発券貸付業務は預金業務から独立して規定されることがあきらかにされた後ではじめて、預金業務もまた展開できる、と考えられるわけである。このような、「個々の資本の遊休貨幣資本が銀行の信用を基礎にして、預金として銀行に集中される」ということに、根拠もふくめた現状確認を信用論史上はじめて明らかしたのは、山口重克「商業信用と銀行信用」（鈴木鴻一郎編『信用論研究』法政大学出版局刊、一九六一年）、同「金融の原理的機構」（『現代金融の理論』時潮社刊、一九七一年・所収）である。

山口重克教授は、円滑な還流がおこなわれた「返済」に基づく銀行券貸付の関係を信用論史上はじめて明らかにして曰く――「商業手形が将来の貨幣の還流（返済）を根拠に商業貨幣として流通するように、銀行の立場からすればそれを割り引いた銀行券も将来の貨幣の還流（返済）をいわば先取りして発行されたのである」、「銀行券の保存する債権の一定の利潤をもたらす円滑な返済還流が銀行に与えられる信用の根拠をなしているのである」と。

このようにして、信用制度による信用創造の根拠やいかに、という問題をめぐる諸説は、一種の消極法的「引き算」もふくめて、残るところ、不換銀行券による信用創造は銀行の保有する債権が円滑に返済されることを産業資本が銀行を債務支払の根拠として信頼することを基礎にして実現されることとなった、という「返済還流説」に帰結して、決着したのである。

マルクス『資本論』第三部では、銀行資本は「自分に預金された現金貨幣を前貸しする」という貨幣貸付の仲介業務と銀行券によって「信用章標」を「創造」するという信用創造業務を行なう、とされていた。しかし、前者は預金と現金貸付の間の理論関係を確定しえない、という難点《アポリア》を抱えているために、理論的に基本規定することが困難であった。その再考察にさいして、形式として考えられる手形割引、直接貸付、商品担保貸付については、手形割引こそが、債権の安全性の点で銀行によって基本とされる与信の形式であるとされた。そのような形式による銀行信用における信用創造は、商業信用におけ産業資本の信用創造力の限界を揚棄しつつ、産業資本の将来の貨幣還流の期待を現在の架空の貨幣によって先取りすることによって、その利潤率を増進させて自らの機能を果たすのであった。

また、銀行券は何を根拠にしてその債務支払を信頼されるのかという問題については、そうした信用創造の根拠は預金債務にあるのでもなく、また私的な銀行の自己資本にあるのでもなく、銀行の保有債権への円滑な返済還流にあることを、山口重克学説は明らかにした。これは実にみごとな問題解決法の提示であって、わたしはこの論文を一読して、早速自らの久しい、わが友日高普に学んで以来の「預金・発券説」を最終的に清算するにいたったのである。

そして、こうした返済還流に基づく発券に対して、自己資本としての銀行の支払準備金は貨幣の返済還流と銀行券の兌換還流の時間的ずれをつなぐ準備としては前者の遅れを、また、不渡り準備としては錯誤貸付の発生を銀行券の兌換還流による流出を通じて銀行の利潤率の傾向的低下に結集させ、その機能を通じて過剰な信用創造を抑制するのである。こうした構造の先後的形成によって銀行資本は、「信用創造業者」として、資本家社会での商品生産における全社会的な資本配分の調整に役立つこととなり、こうして利潤率均等化法則の貫徹に役立つと考えられるのである。このようにして、晩期〈宇野理論〉の『資本論の経済学』が最終的に提示した価値法則に集大成される資本家社会を貫徹する「三大法則」――剰余価値生産の法則、相対的過剰人口の法則、利潤率均等化の法則――の確立が、経済学原理論として弁証法的に自証されるにいたったのである。

右に再考察を加えた信用制度すなわち、中央銀行を垂直的頂点として国内編成された――今日のグローバル資本主義にあっては、多国籍・超国籍銀行企業化した銀行資本＝金融システムは、国内編成だけには収約しえない直接的な国際編成をとげる信用制度事例を生み出してきているのは、もちろんのことである――全国的な銀行ネットワーク・システムの信用創造の根拠をあきらかにした上に立って、資本の産業循環＝景気変動過程における信用の機能を中心にして、その好況局面における再生産の拡大と信用の機能、そこでの労賃上昇期における信用制度の変容→恐慌局面における信用恐慌の勃発と急性の再生産の収縮、信用崩壊、既存資本価値破壊の拡大とその限界→不況局面への転機、再生産の停滞、新鋭機械設備の導入による固定資本の更新と再生産の回復→経済的高揚の到来……の全面的再検討に、最終的に移行したい。

宇野『恐慌論』においては、山口重克教授の曰う「恐慌の全面性、周期性、激発性の三面」の全相が、蓄積論、利潤論、利子論、信用論の上向法による論理的上向極限化の主体的関連のうちに、利子生み資本―株式会社―信用制度のフル活動として統一的に展開されることが志向されていた。

先ず、その蓄積論において、資本構成不変の蓄積と資本構成高度化をともなう蓄積とが交替関係にあるものとして把握され、その交替に基づいて資本家社会に特有な人口法則が定立され、それと同時に、このブルジョア的人口法則による労働者人口の排出入が、好況—**恐慌**—不況の循環過程の根本に存在し、それによって失業者・半失業者の吸引と反撥の排出入に具象化される雇用の需給関係が現象化する。

このような資本蓄積論の統一的整備にともなって、資本家社会における価値＝価格の自価構造を有つ唯一の単純商品である労働力商品と、増進してゆく資本蓄積との不均衡が、周期的に発現してゆく必然性が与えられることになり、従来の自称マルクス主義者・マルクス主義経済学者たちによる俗流的・亜流的な部門間不均衡説、過少消費説などの多かれ少なかれ「絶対的貧困化法則」なる俗説と内的に不可分に結合していた「**商品過剰説的恐慌論**」では解明することが不可能であった**周期的恐慌の「必然的根拠」**もまた、「資本の過多《プルセラ》」を基軸として、ゆるぎなく確立されることとなった。

さらに「利潤論」では、資本-賃労働間の絶えざる再生産に伴う不均衡の絶えざる亢進・激化が、個別資本間の利潤率をめぐる競争を媒介して具体化してゆくメカニズムがあきらかにされてゆき、好況期における労働力不足化に基づく賃金の騰貴が利潤率の急落をもたらし、「資本の過剰」（宇野弘蔵）として**周期的恐慌の「根本的原因」**として突き留められるとともに、こうした**恐慌爆発への道**が開始される事態に対して、「個々の資本としてはむしろ反対に利潤率の低落を有らゆる手段によって補おうとする」（宇野弘蔵）資本の対応も生ずることとなった。

このような好況の崩落期における個別資本間の競争の激化の過程は、信用制度の信用活動の出動によって極度に拡張されるとともに、「資本の過剰」も信用制度の「信用創造」機能活動を通じて「資本の蓄積に対する社会的規制」（宇野弘蔵）によって現実的に暴露されざるをえず、その意味で、利潤率の傾向的低下と利子率の高騰との衝突の亢進が「**恐慌の勃発の原因**」となるのである。

かくて、マルクス『資本論』体系における**〈恐慌論〉の基本的規定**を全面的に継承し鍛造した宇野『**恐慌論**』の基本的完成（一九五三年）によって、蓄積論、利潤論、信用論の全関連のうちに、利子生み資本-株式会社-信用制度の全形態運動の統合のうえに、「資本過剰説的恐慌論」の全面的整備が進み山口重克教授の曰う恐慌現象の「全面性、周期性、激発性の三面」の全相が統一的に解明されることとなった。

その過程進展の最終シーンに発生する「利潤率と利子率の衝突」において検証される恐慌の勃発の直接的契機についても、資本の過剰のもとでの諸資本の蓄積競争の進展につれて、「利潤率の減退にともなって資金の形成は減少するのに反して、その需要が益々増加する」と宇野『恐慌論』では説かれているが、果たしてそのような過程進展においていかなる機構を介して「必ず支払不能におちいるものが生ずる」ことになるのか、かならずしも明確にはされていなかった。

この限定=自己限定がさらにもっと詰められないと、かんじんかなめの周期的恐慌の突変的爆発の契機と時期が一義的に推測・確定しえないことになる。金融逼迫期における利子率の急性的な異常高騰の亢進といえども、利子率が一時・一挙的ではなく、漸次的・段階的に上昇してゆく過程を現実的には取る以上、信用に依存する投資がまだ自覚的に抑制してゆくようなことになれば、その政策的達成のいかんによっては恐慌の全面的・周期的激発をみないままに不況へと移行するような論理的選択の可能性もまた、残されるわけである。そのような恐慌の大爆発の原因究明をまだ詰め切らない理論的空隙を残している宇野『恐慌論』の不備は、恐慌における既存資本価値の破壊が拡大・普及してゆくなかで、つまり恐慌現象の拡大・普及のなかで、どこで・いつそれが止まるのか、という局面の「底打ち」転換の契機と時期の推測・確定がかならずしも定まらない、という理論的欠陥にも通じてくる。

さらにいうならば、資本の産業循環=景気循環過程における四局面の推移・交替・変換の集中的焦点であり、基本的原動力である恐慌期そのものの位置づけについても、宇野『恐慌論』においてはやや意外にも、「所謂景気の循環過程において好況と不況を結ぶもの」という、いかなる初学者も打ち出しうる純抽象的な一般的位置付けが与えられているものの、「恐慌勃発の原因」とされている信用引締めの契機がかならずしも明確には説かれていない理論的欠陥に対応して、**恐慌終熄の機構**、**契機**、**時期**が不明であるために、**恐慌**が底を打って反転して不況局面へと移行する境界も明らかにされず、そのために「**恐慌後**の不況期における停滞」の内容と**恐慌期の再生産の急収縮の内容**との間に、明確な区別が与えられていない憾みがある。

それとともに、「資本はかくて生産方法の改善をも**恐慌**によって強制せられて始めて行いうる」と指摘されているように、「不況期における停滞」とそのような命題との理論的関連が考慮されることなく、資本の有機的構成の高度化をともなう蓄積様式の転換が、直接無媒介に指示される面を残しており、その循環過程が資本蓄積の一般的な二様式の交替関係に解消されてしまっている側面も残されているのである。

5 好況→**恐慌**→不況の局面転換の時期と契機との区切りの計測の問題

このようにして宇野『**恐慌論**』においては、資本の産業循環=景気変動過程における四局面推移=変換に即した形では、周到・綿密な理論的考察が加えられていないいくつかの問題点を残しており、そのかぎり、**恐慌到来の全面的・周期的・激発的性格**の理論的解明も、不十分な限界を有つものであったと考えられる。利潤率と利子率との矛盾・対抗・激発運動に集約される、現実資本と擬制資本との両価値増殖運動の間の乖離の増大・亢進の運動過程における、信用制度の発動による現実資本の再生産構造での資本蓄積に対する媒介、加速化、規制の内在を中軸として、〈**恐慌論**〉が本書にみられるがごとき理論的再構成の彫琢・鍛造を不可避な必要事とする所以である。

資本の産業循環=景気変動過程における好況局面から**恐慌局面**への決定的転換の枢要的契機をあきらかにするために、好況末期における「資本の絶対的過剰生産」と信用制度=銀行の果たす「最後の貸し手」機能の問題の理論的考察を付加するとするならば、マルクスが『資本論』第三部で論述しているように、好況末期の第I局面において信用制度の変容をみるならば、中央銀行を垂直的頂点とする上位銀行の供与する与信の拡張に基づいて上昇する利子率水準の高騰が漸次的・段階的なものにとどまるのであれば、全体としての資本蓄積は受信授与に依存する傾向を強めながらも、いっそう進展してゆき、労働力の枯渇傾向もそれにつれて漸次的に強化されてゆき、その極ついには労働力の追加的流動化が不可能な局面に踏み込むことになり、「労働者人口が増大しすぎて、この人口が供給する絶対的労働時間も延長できないし、相対的剰余労働時間も拡張できない」ような時機＝局面が到来する。これこそ「資本の絶対的過剰生産」が顕在化する局面の到来である。

このような資本制社会の潜在的な根本矛盾の顕勢化＝現前化は、本質的・根本的に**「商品過剰説的恐慌論」**ではない「資本のプルセラ」論に基づくマルクス本来の**「資本過多説的恐慌論」**の本質顕現《エピファーニ》の問題として決定的に重要であるが、従来の数多のスターリン主義に基づく自称・亜流のマルクス主義者たちが、マルクスの経済表《タブロー・エコノミーク》である『資本論』第二部・第三篇の「社会的総資本の再生産と流通」と標題された〈再生産表式〉が、商品資本の社会的総循環によって全社会的再生産構造を成り立たせる「均衡諸条件」の数学的定式化として、抽象的・形式的に表式されたマルクス的〈経済表〉であることを把握することができないままに、それを社会経済的内容における「社会的総資本の再生産と流通」であると粗忽に勘違いしてしまったのである。

そのような名実ともに具備した社会的総資本過程は、いうまでもなく、「資本制的生産の総過程の諸姿容《ゲシュタルト》」と標題化された、『資本論』第三部へと論理的上向しなければありえない。第三部のそうした上向的極限の次元・範囲においては、まさに利子生み資本―株式会社―信用制度のヘゲモニー運動をもとに社会的に全統括されて、現実資本と擬制（架空）資本との両価値増殖運動の乖離の発生とその乖離の増大化の亢進を、隠蔽・糊塗しつつ延命させ〝解決〟しようとする信用制度＝銀行システムの信用創造活動の発揚によって、利潤率の傾向的低下の亢進と利子率の急性的暴騰の矛盾・衝突が極大化するなかで、**周期的恐慌が全面的・暴力的に大爆発**をとげるにいたるのである。

そのような資本制商品経済を円環的体系化を必然化する「資本の絶対的過剰生産」の顕在化こそが、マルクスの本来の「**資本過多説的恐慌論**」の直接的準備として、決定的に重要な理論的意義を有つのである。従来の数多のスターリン主義に意識的・無意識的に立脚してきた「マルクス・レーニン主義者」たちは、マルクスの〈再生産表式〉が均衡諸条件を明示した抽象的・形式的表式を、こともあろうに総資本過程の内実的な二部門不均衡やそれによる労働者大衆の消費力の不足を表わしたものと致命的誤読してしまった結果、かれら本来のドグマである資本の生産力の増進にともなう労働者人口の不可避的な〈絶対的貧困〉の増大・深化の一路的進行という似而非両極化「弁証法」にイデオロギッシュに依存しつつ、〈再生産表式〉そのものを（マルクスの自覚的理論構成とは正反対に）マルクスの商品の販売と購買の分離＝乖離に由来する純抽象的な「**恐慌の可能性**」の確認から資本論第二部において第三篇〈再生産表式〉の直前に位置する「資本の回転」による「**恐慌の物質的基礎**」の確認を経由しての、「**恐慌の必然性**」の論証へといたる**恐慌のいわば**「**形式的必然性**」の具象化とみなすにいたった。

「**商品過剰説的恐慌論**」がそのスターリン主義的全帰結であるが、そのような**商品過剰論的恐慌論**の一番の泣き所は、或る意味では絶えず常住不断に商品の市場における販売過程における「命懸けの飛躍《モルト・モルターレ》」の困難性に制約されて過多・過剰現象を呈するものである以上（その具体的表象が「在庫商品」の増大・堆積であり、その基礎に由来する「蓄蔵貨幣ないしは貨幣蓄蔵」の発生・構造化である）、周期的・規則的と言ってもいったいいつ・どこで**恐慌が突変・突発的に爆発**するか、という理論的予測・確定が全く不確定となってしまうところにある。

かれらスターリン主義者が、理論的にはかならず不確定戦略にしたがっており、その右派が常に、いつ・どこで恐慌と革命が勃発・突発するか分からないと、それを分かろうと当然努力するマルクス主義者を「主意主義者」として貶価して、自己の隊列から放逐してしまう社会民主主義者の糟粕を嘗める宗派主義一団へと待機主義化してしまい、その左派が常に、「万年危機論」を唱えていつ・どこでも危機が爆発する・爆発していると称して、突撃主義的な宗派主義的一団としての極左盲動主義者として立ち現われてくる、ということになるのである。「資本の絶対的過剰生産」に再生産構造への内在から依拠している本来の真のマルクス主義者だけが、その正しいマルクス的理論に導かれて**恐慌と革命の勃発の契機と時機**を大凡《おおよそ》推測・計測・確定しうるのである。

右に見た好況末期の第I局面では、いわゆる自発的失業者層の吸収もそろそろ限界に達しつつあって、絶対的剰余価値生産の延長線上の強化である労働時間の延長・労働強度の強化も不可能になってくるために、利潤率高位の部門における市場価格上昇に示されている需要超過に対しても、その供給の追加は専ら他の産業部門ないしは他の企業資本からの労働者の「引き抜き」による調達によって充当にとりかかることになり、そうした供給調達・調整にはどうしても遅滞が随伴することになり、そのため一部の商品の市場価格は前局面までとは様相が異なって、持続的に騰貴してゆくこととなる。

こうした再生産過程における需給調整の遅滞に起因する特有の市場価格上昇を社会的前提として、市場価格上昇をみこしての、信用を利用した投機的在庫形成が好況末期に特に活発化する傾向が与えられ、供給側に制限が生じている事態に基づく継続的・持続的な物価騰貴と投機的買付けによる物価騰貴とが重合して、これらの商品の上昇は特異局面的に加速化してゆくのである。それとともに、すでに前局面において漸次的上昇をみせていた賃金率も、需給関係変動による労働力の枯渇状況の慢性化・深刻化のもとでなお生産過程の拡大動機をもつ諸資本間の競争における労働者の「調達合戦」過程で急騰してゆくことになり、それはすでに顕在していた一般的利潤率の低落をいっそう激しいものとするにいたる。以上のような見方こそが、資本主義の批判的分析の「南無阿弥陀仏」である労働力商品の価格上下運動の**恐慌の暴力的・突発的・全面的発現**による調整・解消・解決として具体化する〈**恐慌論**〉の骨子なのである。

こうして、労働力枯渇にともなって、一方では、投機的価格上昇をみる諸産業部門で利潤率のいっそうの上昇と利潤率の増勢が生じ、他方では、利潤率低位部門では困難がいっそう加速されて深刻化し、総じて高位・低位の利潤率の不均衡は激化することになってゆく。このような好況末期第Ⅱ局面の到来とともに、その実は、**商品過剰説的恐慌論者**が万年お題目のように唱えつづけている両部門間の不均衡と大衆消費力の減退もはじめてアクチュアルな妥当性を、たまゆらの間ではあるが獲得することとなるのである。

この「資本の絶対的過剰生産」に基づく諸資本間の利潤率不均等の激化過程が、すでに前局面で上位銀行の与信への依存を強める傾向にあった信用制度に反映されて、その依存傾向がますます増幅されるにいたるのである。

このような好況末期第Ⅱ局面の到来によって、「最後の貸し手」である中央銀行は、垂直システム化している信用制度＝銀行ネットワークの最頂点にあって金属準備に依拠して不換銀行券の過剰発行による「信用創造」に当っているものとして、金準備流出をよぎなくされ、そのことが好況末期における全面的な「信用引締め」の契機として働くのである。

このような産業循環＝景気変動過程の四局面転換における好況末期からいよいよ**恐慌勃発への接近**を介する、ついに信用恐慌の勃発と再生産の急収縮によって、**周期的恐慌現象の全面的・暴力的激発**が必至となる〈**恐慌期**〉の様相・態容について、シャープな浦園宜憲の好論文「産業循環——その過程における信用の機能を中心に——」（山口重克・侘美光彦・伊藤誠編『競争と信用』有斐閣刊、一九七九年・所収）を引例・準拠しておこう——

「好況末期最終局面における上位銀行の与信継続によって、資本過剰下特有の競争が加速され、それにともなって金準備水準のいっそうの低落がすすむのはいうまでもない。こうして、支払準備比率の漸次的低下の過程では再割引率を段階的に引き上げながらも与信増加を継続してきた上位銀行も、ついには金準備防衛の手段として与信増加の抑制を図るため、「選択的規制」（杉浦克己）に転ぜざるをえなくなる。その際に、与信の絶対量が全体として削減されるわけではないが、最割引適格手形の期間の短縮が行なわれ、手形の振出人、裏書人、第一次割引銀行の信用力がより厳密に調査され、「従来の多件での個々的な需要充足の不可能」（藤川昌弘）が生じよう。／この上位銀行の信用引締めにともなって下位の諸銀行の間には、新条件に見合う手形を保有しつつ支払準備の調整が比較的容易なる銀行と、逆に適格な手形の持ち合わせがなく、支払準備の調整が困難化する銀行とが分化する傾向をもってくる」。

「好況末期の最終的局面において、上位銀行を「最後の貸し手」として与信量の拡張を図った信用制度は、この時点を境に収縮を決定的なものにするわけである」。

「このような**全面的、激発的な信用恐慌、商業恐慌、産業恐慌の勃発**に至る過程で、好況末期の労賃支払総額の増加ならびに上位銀行を介する決済不能な疎遠圏域との決済関係の不均衡に起因する金流出と、下位銀行の「信認の動揺」に起因する金流出とが、推転する関係で生じている。そうした二形態の上位銀行からの金流出は、前者の一定期間の流出が、上位銀行の「選択的規制」を招き、その「規制」の信用制度の立体的機構への浸透の結果生じた新たな流出が「与信の絶対的削減」の直接の原因となり、「最後の貸し手」たる上位銀行与信の持続から抑制へ、抑制から収縮への決定的な契機となっている。したがって、信用引締めの契機をなすこれら二形態の金流出のそれぞれの原因と両者の連関を解明することなしには、**恐慌の激発的、全面的性格**の十分なる説明も付与できないと考えられる」（傍点いいだ）。

右に看られる、「**恐慌の全面性、周期性、激発性の三面**」（山口重克）の統一的な全相把握にとって、信用制度＝銀行システムの垂直的な主体的機構のメカニズム的全面発動において、「最後の貸し手」である不換銀行券の発券業務「信用創造」に専一的に当たる中央銀行の与信の持続から抑制への、抑制から収縮への「決定的契機」が「信用引締め」であることは、本書で一貫して強調してきている**恐慌局面**への好況末期局面からの転換＝転移の時機・契機の一義的・決定的な予測・計測・推定・確定、同様にして**恐慌が底入れ**して不況期的停滞へ、さらには不況期から経済的商機への再発展への転機=転換の時機・契機の一義的・決定的な予測・計測・推定・確定にとって決定的であり、そのような中央銀行の「選択的規制」を引き金とする「信用引締め」が、発券銀行である中央銀行から二形態の金流出に由来するものであることが判る。

この金流出問題について本書の〈恐慌論〉は、これまでもしばしば関説してきているが、〈パクス・ブリタニカ〉の多角的国際貿易決済の自動的調整を司った国際金本位制における金現送の具体的決済行為の実例を見ても、それが「内面化の論理」によって経済学原理論として論理的斉合をはかるべき、イングランド銀行――一般化していえば各国民国家の銀行ネットワーク・システム=垂直的主体的機構――からの国際的・国内的な流出の両面をもっていることが判る。

この問題は、〈恐慌論〉の完成にとっても枢要な理論的意義をもっているが、わたしの知るかぎり、この国際・国内両面の恐慌局面での金流出の意義についての鋭利な解明の理論的功績は、藤川昌弘「信用と恐慌」「金準備の意義」（『資本論を学ぶ』V、有斐閣刊、一九七七年・所収）に帰せられる。藤川昌弘の両好論文は曰う――「中央銀行」の金準備の対外流出と対内流出の意義が、それぞれ前者が「恐慌への推転の契機」の指標と後者が「パニックの形をとった恐慌の頂点の到来」の指標として区別され（当然その概念的区別の上に内外連関させられなければならないであろう）、その両指標の関連が「金流出は恐慌の先行原因であるとともに、その累積的な進行のうちに恐慌の過程そのものをなすものとして、資本主義的生産の軸点たる中央銀行の、そのまた軸点たる金準備の意義の明示する」とされる。

内外の、「両流出の区別と関連」のうちに恐慌過程の局面維持のモメントを採る方法は、従来の諸学説が金流出を急性的信用収縮の契機としてだけ把握する傾向をもっているのに対して、産業循環=景気変動過程の転変する一局面――しかも全四局の決定的規定力を及ぼす枢要な一局面――としての恐慌期の全面的把握において有効なものである。資本制商品経済社会のグローバルな自己編成の最終範疇が〈世界市場と恐慌〉であると言っても、それは「資本一般」

の全球化のごときのべったらに一様・平板なものではありえないのであって、世界市場そのものが多種多様な諸共同体社会の産業資本的蓄積様式をヘゲモニーとする異種・異質の社会的統括体である以上、**世界市場恐慌**もまた多様性の否定的統一としてしか現出しえないのである。

最後に、何度かその時期と契機の確定の重要性を強調してきたところであるが、**恐慌局面末期**における信用の全面的崩壊と既存過剰な資本価値の破壊・除去・清算の限度＝底入れは、どのようにして確定しうるのか？　信用の全面的崩壊にともなう「パニック」の局面では、商業信用と銀行信用の急収縮によって諸資本の劣位におかれた資本の連鎖倒産と、商品市場の困難に由来する「命懸けの飛躍《サルト・モルターレ》」に失敗してしまった、大量な在庫商品の堆積とは、相互媒介的に深刻化して作用してゆき、その否定的な波及効果によって社会的再生産過程は累積的に縮少・退化してゆく傾向をもっている。

しかしながら、そうした既存の資本価値の破壊・除去・清掃の過程は、同時に、この**恐慌末期の局面**を越えて存続・継続してゆく優位の諸資本を自然淘汰による「強い種」として全機構的に生み出すことによって、**恐慌から不況**へ産業循環局面が転移・転位・転換する必然性が、全社会のダイナミックな再生産構造として与えられることを意味する。無政府的な資本価値破壊の過程でも、すべての資本が一挙的・全面的に倒産ないし支払不能におちいるわけではなく、ましてやすべての資本価値が破壊・破棄されてしまうわけではむろんのことないのである。

その**恐慌局面末期の整理過程**で、諸資本の置かれた個別的・特殊な諸条件の不均等を前定として、この局面に特有な支払準備強化の競争が一定期間継続してゆくことになり、そのため、支払準備の強化を比較的容易な資本と比較的困難な資本とに分化してゆく傾向が生じてくる。産業資本内の諸資本のこのような競争の激化は、それに与信を供与する中央銀行を最頂点とする垂直的主体機構としての銀行ネットワーク・システムによる**恐慌突入直前の金融逼迫期**とは丁度逆の方向係数をもった「選択的規制」の強化・増大を招来するのである。

そのようにして、好況末期にかけて生じた金流出の要因もほぼ消失し、かつ残存する下位銀行にも支払準備強化の可能な銀行が多くなり、さらに**下位銀行の恐慌期における「信認の動揺」**に基づく上位銀行の金流出も終熄する局面に立ちいれば、中央銀行を最頂点とする上位銀行の「与信の絶対的削減」の姿勢は早晩転換され、なおしばらくは高割引率を温存して下位に課しながらも、上位銀行は与信緩和されてゆくこととなる。

こうした、中央銀行はじめ上位銀行による支払準備防衛のための諸手段の最終的な成就を前提とする与信緩和によって、**恐慌期に特有な商品価格の全面的崩落と企業支払不能の連鎖の否定的相互媒介過程**を支配していた諸資本相互の深刻きわまる「一般的不信」も漸次解消されてゆくこととなる。それは、すでに諸資本や下位諸銀行の間での支払準備強化の競争を通じて析出されていた残存諸資本の存在を、与信体系の頂点として確信することをも意味している。この時点を転機として、下位諸銀行は必要に応じて中央銀行はじめ上位諸銀行に依存してその支払準備の調整・調節を図ることが可能となり、同時に、産業資本、商業資本も相互の「一般的不信」を解消させて、商業信用取引を流動的・積極的に再び取り結び、信用需給の必要に応じて銀行信用に依存することが可能となる。このようにして信用制度の全体としての流動性が回復し、残存諸資本のもとで曲がりなりにも再生産構造が再開されれば、ここに**恐慌期は終結**し、商品経済事態は不況期へと移行するのである。

このような局面に特有な、過剰資本の残存を前提にした諸資本間の競争が、或る一定期間継続してゆくうちに、経験としての時間限度の計測・推定が可能となり、既存の固定資本を前提とする生産方法改善に遅れをとる劣等条件の諸資本を中心として低立の市場価格のもとで損失が累積し、マルクス『資本論』第三部式にいえば「大なり小なりの範囲での資本の遊休または破滅」が漸次生じてくるのは、いうまでもないところである。その結果、滞貨圧力は、これら諸資本が有していた商品資本と生産資本の過剰の範囲で整理されてゆくこととなる。その整理過程で、市場価格の低位はかならずしもそのことごとくが解消してしまうわけではないが、比較的優位な条件を保有ないし形成している諸資本は、費用価格の削減・節約によって或る程度の耐久力を示し、漸次、利潤の獲得も容易になってゆき、そのような優位資本が、諸資本の競争上享受する利潤率の上昇も、利潤量の増大も、現実化するのである。

このようにして**恐慌期から持ち越されている過剰資本**は、この局面のこの諸資本間の（マルクス式に言えば）「敵対しあう兄弟の闘争」を通じた「損失の分配」の過程における、劣等・劣位な生産諸条件を中心とする諸資本の倒産ないしは生産停止によって、その淘汰・整理の端緒を与えられるのである。

こうして、**恐慌期**をくぐりぬけた残存諸資本の一部の倒産あるいは生産の停止を事後処理としてなおともないながらも、過剰資本の整理が進展し、「低迷期」にあった商品市場価格も多少とも改善の萌しを示す局面にいたれば、前局面では将来の資本価値回収の不確実性のために抑制されていた、あるいは自己抑制していた固定資本の更新投資を再開することのできる外的条件が整備され、すでに好況期間未償却資金形成をすすめていた資本において、新規な生産方法を体化した固定資本投資が新たな設備投資・更新として順次実現されることになる。その際に、この局面では、市場価格水準がなお低位にとどまり、既存固定資本のもたらす利潤は不十分な場合が多いため、更新投資にともない、好況期とは対照的に既存固定資本の廃棄も行なわれてゆくのである。このようにして、**恐慌期の底入れ**のみならず、不況期の底入れも到来するのである。こうなれば、新たな高次の再生産軌道に載った経済の高揚も、もはや間近いのである。

恐慌終熄のこのような局面では、諸銀行をふくむ連鎖倒産の進展の過程における、諸資本の支払準備の競争的強化を残存諸資本の前提条件としながら、**信用恐慌の過程**での下位諸銀行の「信認の動揺」に基づく金流出にも耐えることのできた上位諸銀行が、一転して与信緩和の姿勢を構ずることが、資本の再生産構造の再開のための直接の契機となり、不況への転換を準備することになる。

こうして、**恐慌期**は、資本の産業循環=景気変動過程が推転してゆく一局面として、不況期とは確然と区別された明確なる位置を占めることとなるのである。恐慌現象は、資本制商品社会においてくりかえし周期的に発生し、信用恐慌として全面的・激発的なものとなる。その必然性が、好況―恐慌―不況―経済的高次化―好況の四局面推移の諸契機の解明とあわせて、本書の体系的叙述によって明らかになったものと、わたしは理論的に確信する。

第二〇章　〈山口理論〉は〈宇野理論〉を超えたか？

1〈山口理論〉における「類型論」的方法

本書を読まれて御納得いただけたこととわたしは確信するが、〈宇野理論〉の理論的核心を成す〈三段階論〉を採らないわたしの資本制商品経済社会の世界史的発展についての了解は、ブルジョア世界市場を歴史実在的枠組とする、終始一貫あくまでも世界から世界へとグローバルに発展しつづけゆく資本家社会の遷移についての、具体的表象で自己表出されている世界編成論を、その把握方法としている。

宇野学派でのそのような方法論領域でいうならば、わたしとしてはマルクス本来の上向・下向の方法に忠実に順っているものと思っている、わたしのそうした経済学原理論の方法は、むしろ〈山口理論〉における「類型論」的方法のほうにより近い。

山口重克教授が、最新の『類型論の諸問題』（御茶の水書房刊、二〇〇六年四月）において、理論方法的にうちだした構想を、〈宇野理論〉と対応・対比的に〈山口理論〉と命名するのは（わたしが先駆的にそう命名する唯一人であると思う）、いかがかと思われる向きが、とくに宇野学派《シューレ》の内部にもおありかとも思わないでもないが、〈宇野理論〉の核心である〈三段階論〉を実際上斥けて、経済学原理論の全構成を、純粋な原理論と不純な類型論の二分法によって構成する山口教授の理論方法的見解は、全体系的なものであって、宇野経済学が〈宇野理論〉によるマルクス経済学の再構成であるのだとすれば、山口教授によるこの最新のマルクス経済の再構成もまた〈山口理論〉と呼ばれて然るべきものである。〈宇野理論〉の場合には、何と言っても、純粋と不純との二元論などは、混合のゴッタ煮として厳しく斥けられているのであって、この点で、純粋と不純との二元論に立脚して、その混合・混淆によって悪酔いてきめん（！）な混合酒《カクテル》を醸しようとしている〈山口理論〉は、やはり宇野学派における異端なのである。

右のような〈山口理論〉の構成法の場合、〈宇野理論〉における「段階論」と「現状分析」の二つの領域は、原理論を基準として重層的に対象分析する下位概念体系として位置づけられる領域として、〈類型論〉として一括されるのである。

この体系的一括は、当然、〈宇野理論〉を組み替えているのであるから、宇野博士が「段階論」「現状分析」として経済学的分析の対象化した諸領域をすべて包んだ上で、それが「類型論」として一括される理論的な有用性を示さなければならない。

このような、〈山口理論〉に基づく「類型論」は、この問題諸領域の系列化を、次のように理論方法構成しておこなっている――

「現実の市場経済における人間行動なり市場機構なりは、純粋の経済人のそれでもなければ、完全に自由競争的なという意味での純粋の市場関係だけから成る機構でもない。いろいろな多様な要因から成る複合的・混合的な、その意味での不純な人間行動ないし市場機構なのである。このような現実の存在を、純粋なそれらとそれらを不純化する諸要因・諸条件という二契機に二分化して認識し、現実を両者の合成によるものと認識しようというのが、私が宇野弘蔵のいわゆる三段階論から学んだ市場経済の認識方法である。宇野にならって純粋な市場経済がそれだけで存立しうる論理を原理論として構成するが、それを不純化する要因・条件の方は外的条件と呼び、それを一定の方法で原理論に投入して原理論を再構成したものを類型論と呼んで、原理論と現状分析論とを架構する中間理論としたいと考えているわけである」（山口重克『類型論の諸問題』御茶の水書房刊、二〇〇六年四月――傍点いいだ）。

〈山口理論〉を〈山口理論〉として、かれの師である宇野弘蔵博士の〈宇野理論〉から区別するこの「中間理論」としての「類型論」的方法とは、その理論的・方法的弁別の原則的端緒のところで特質づけるならば、これを要するに、〈純粋資本主義モデル像〉を理論モデル化した「経済的原理論」の領域からははみ出してしまう歴史的実在としての資本制商品経済社会の具体的・具象的な諸要因・諸条件、すなわち不純な歴史的諸要因・諸条件を、「外的条件」として、そのいっさいを「ブラック・ボックス」へととりあえずぶちこんでしまう、いわば現象学的判断中止《エポケー》の方法にほかならない。

この「外的条件」の「ブラック・ボックス」化によって、〈宇野理論〉による〈三段階論〉のドグマがどうしてもかかえこまざるをえない難点《アポリア》を、いわば一挙に噴出・露呈させたのである。すなわち——

たとえば、（A）〈宇野理論〉が、一九世紀中葉におけるイギリス資本主義の発展が、商品経済的純化に基づいて提示していた資本主義の純化傾向から抽出した〈純粋資本主義モデル像〉とは、いうまでもなく〈宇野理論〉における経済学原理論の原理的基準をそのまま表示した「モデル像」であったが、それはまた、一九世紀中葉のヴィクトリアン・エイジにおけるイギリス資本主義の「現状分析」像ではないのか、またそのように歴史実在的抽象化の傾向を示していたイギリス資本主義の「現状分析」的モデルを基軸として、〈パクス・ブリタニカ〉として世界編成された自由主義的ないしは自由貿易帝国主義的世界秩序は、産業資本的蓄積様式を基軸とする「自由主義段階」の歴史的特性を具現したものとして、〈段階論〉の基準として、その自由主義時代（段階）を、それ以前の商人資本的蓄積様式を基軸とする「大航海の時代」的、あるいはまた「キリスト教的福音の世界宣布」的グローバリゼイションによる、資本主義の〈重商主義ないしは重金主義〉「段階」、それ以後のゲマインシャフトなりゲマインヴェーゼンの共同体を高次復活させる経済的社会構成体として想定されている共産主義時代のアソシエーション生産様式＝アソシエーション社会と、区別するその指標は、〈段階論〉のまさに基軸に属する鍵概念《キイ・コンセプト》ではないのか？

（B）資本主義の世界史的発展における、右の、重商主義→自由主義→帝国主義、という三段階は一系的な発展系列とされるが、商人資本基軸の「重商主義段階」や、産業資本基軸の「自由主義段階」は、確かに単一のヘゲモニー国家（たとえば、「重商主義段階」におけるフェリーペ二世のイスパニア、「自由主義段階」におけるヴィクトリア女王のイギリス）を基軸とする一系・一元的な世界編成を具現したが、〈宇野理論〉がそうした〈段階論〉の最終的・究極的目標とした、金融・独占資本基軸の帝国主義時代（段階）の世界資本主義、すなわち資本主義の二〇世紀的現代は、宇野博士自身によっても「三相」の具象的様相をもって世界史段階的に現われ、「寄生的帝国主義的」なイギリス、「独占体帝国主義的」なドイツ、「証券資本主義的」なアメリカ合州国、という三極構造として、歴史構造としては単一のヘゲモニー国家によって世界編成された一系・一極的構造を有していないではないか？　まさにこの多極構造化した二〇世紀帝国主義の現実こそが、経済的土台の一系的な価値法則的運動からいわばはみ出して、上部構造上の不純きわまる軍国主義的国家現象を抬頭させ、地球領土の経済団体的分割・再分割衝動のみならず、それと並行して、それと絡みあって、それと結合して帝国主義諸列強の政治団体的分割・再分割衝動を、極限にまで亢進させることによって、既成マルクス主義すなわち社会民主主義の第二インターナショナリズムの世界史的な大崩壊をもたらすことに基づいて、まさに帝国主義世界戦争＝第一次世界大戦の勃発は、不可避となったのではないのか？

（C）〈宇野理論〉においては、世界戦争となって爆発したその上部構造的衝突が、レーニン主義＝第三インターナショナリズムによる、帝国主義世界戦争のグローバル危機を突破する一九一七年のソヴエト・ロシア革命の能動性をひきだし、「帝国主義戦争を内乱へ」「全権力をソヴエトへ」というレーニン＝トロツキーのボリシェヴィズム革命をもたらし、二〇世紀という時代は、全世界史的規模において〈戦争と革命の時代〉に突入した、と世界観念・時代確定化されたが、〈宇野理論〉においては、それ以後が（つまり、純然たる資本主義時代ではすでにない、その一九一七年以降の時代こそが）「現状分析」の対象として設定されたのではないか？　純粋な市場経済世界でないのはむろんのこと、いかなる複合的・混和的な、純粋・不純を雑多に体現した資本主義世界でさえもなくなってしまった、全世界史的規模において、全地球的規模において、複合的・混和的に共存し・絡み合い・交錯し・抗争する〈戦争と革命の時代〉としてのこの二〇世紀的現代において、〈宇野理論〉における「現状分析」論の一国資本主義分析が、そもいかなる原理、基準、指標において成り立ちうるのか？――およそこのような、きわめて重要な難題《アポリア》を、〈山口理論〉が資本主義を囲繞する一切の「外部条件」を、不純物とみなしてさしあたり現象学的還元の判断中止《エポケー》として「ブラック・ボックス」へと（いわばミソもクソもいっしょにして）叩きこんでしまって、それらの一切合財を、シェリング哲学のいわゆる「暗闇の牛」としてブラック・ボックス化してしまえる理論的・方法的利点（！）を具備しているために、少なくともとりあえずは回避できる〈理論〉的長所（！）を持っていることは、あきらかである。

さらに付加して言えば、この「原理論と現状分析論とを架構する中間理論」としての「類型論」の方法が、歴史実存的な資本主義像の探究、とりわけ多様化・分化している現代資本主義の探究にとって、〈宇野理論〉における「段階論」的一系化・単一化（いわば「縦の多数」の否定）と、「現状分析」的多様化・分化（いわば「横の多様化」の肯定）とを、弁証法的合成化しえない難点《アポリア》を、「類型論」的方法による資本主義発展の「縦の多様化」と「横の多様化」との現実的発展を共に充足できる優越的長所・利点を具有していることも、明らかなところである。このようにして、〈山口理論〉がその自覚的抱負として、〈宇野理論〉よりもさらに包括的な、さらに普遍的な資本主義的〈時空《タイム・スペース》〉を包括しようとする巨大な志向をもって創発されたことは、明らかであるとしなければなるまい。

この縦・横の多様化を、一元的・一系的な原理論的資本主義そのものの固有する歴史的特質として捉えなければならない理論的・方法的必要性は、宇野学派《シューレ》の俊秀たちの内部でも、加藤栄一「現代資本主義の歴史的位相」（東京大学『社会科学研究』四一巻・一号、一九八九年・所収）、同じく「福祉国家と資本主義」（工藤章編『二〇世紀資本主義』Ⅱ、一九九五年）の要因論、ならびに柴垣和夫「現代資本主義の段階」（『武蔵大学論集』第四七巻・第三～第四号、二〇〇〇年・所収）の要因論のごとき、注目すべき諸業績として、〈宇野理論〉に内在せざるをえない不備・難点を直撃していた。

2　加藤栄一・柴垣和夫は「ブラック・ボックス」から何を取り出したか？

その〈宇野理論〉のドグマでは十分に説明・解明することができない歴史的資本主義《ヒストリカル・キャピタリズム》の諸要因とは、きわめて具体的につぎのようなものであった。

すなわち、先ず、右の加藤栄一学説においては——

（1）生産Xの水準と質を規定する産業構造。

（2）企業形態と市場の在り方を規定する産業組織。

（3）資本—賃労働関係の再生産機構ならびに中間階級の存在形態を規定する階級関係。

（4）普通選挙権に基づく市民の参政権の範囲、中央政府と地方自治との関係、を規定する統治機構。

（5）資本制商品経済や資本家社会に対するブルジョア国民国家の関係、価値中立的ブルジョア国家と介入主義的ブルジョア国家とへの分化、〈小さな政府〉と〈大きな政府〉とへの分化。

（6）世界システムの在り方——国際経済関係、世界市場の政治的・軍事的支配体制。

（7）支配的な社会理念、とりわけ、対抗分化としての社会主義に対する支配的なブルジョア社会理念の関係。

右のような七要因は、別な系列的観点から組み替えるならば、これを三つの系に整理し直すことができよう——

Ⅰ　経済過程（純粋資本主義化傾向——→組織資本主義化傾向）

（1）産業構造——綿工業と石炭を中心とした直線的産業関連——→鉄鋼と石油を基礎にした重化学工業の多軸的産業連関。

（2）産業組織——個人企業ないしはパートナーシップを経済行動主体とする自由競争——→株式会社とそれを基礎としたビッグ・ビジネスを経済行動主体とする、寡占的支配による市場の組織化、業界諸団体の形成。

（3）労使（資）関係——個別契約に基づく自立的な資本—賃労働関係の形成。中心産業の主要工程の単純労働化による資本の労働支配体制の確立。旧中間層の分解傾向——→国家の労働政策に枠づけされた団体主義的労使関係の展開。一般的労働組合と使用者団体の形成。労働者と資本家の両極的団体組織化。中心的諸産業の生産工程の複雑化に対応するための「科学的労働管理」（テーラー・システム）ないしフォード・システムによる資本の最新型労働者支配体制の再編成。新中間層の大量形成と一部旧中間層の温存政策。

Ⅱ　国家システム（自由主義国家——→福祉国家）

（4）統治機構——制限選挙制による有産階級の独裁（名望家支配）。有産階級による地方自治の維持——→男女普通選挙法による大農民主主義《マス・デモクラシー》。コーポラティズム。ナショナリズム・ミニマム実現のための行財政の中央集権化、財政調整制度の展開。

（5）国家の役割——経済に対する中立的国家志向、市場の枠組、条件整備のための行政機構の確立。官僚制度の整備。相対的な意味における「小さな政府《チープ・ガヴァメント》」の実現←→管理通貨。フィスカル・ポリシー。統制および行政指導。公企業などを通じての景気変動の調節。経済成長。経済構造の誘導←→福祉国家化による生活の社会化←→資源配分と所得分配に対する裁量的および非裁量的介入←→「大きな政府」の出現。

（6）社会理念——古典派《クラシック》経済学に代表される経済的自由主義。社会主義のマルクス主義化＝理念化——→社会主義の多様化＝現実化＝修正主義化←→資本主義の自己刷新としての福祉国家理念の定着とその制度化←→ケインズ経済学に代表される介入主義的経済思想の普及。厚生経済学的施策の実施。

Ⅲ　世界システム（パクス・ブリタニカ——→パクス・アメリカーナ）

（7）世界システム——工業国イギリスを中心とする、多角的自由貿易による「安上がりな」一元的世界市場支配。イギリス宗主国工業—A・A・LAモノカルチャー農業の労農国際分業の組織化——→農工両面で「世界一」の生産力を有するUSAを中心にした、社会主義に対抗しつつ、資源支配と市場組織化を図る「高くつく」二元対抗的な世界市場支配。

つづいて、「現代資本主義の三段階の内の〈成長段階〉から〈再編段階〉への世界史的な変容の要点」を解説した柴垣和夫学説のポイントは、次のごときものである――

（1）世界秩序と国際関係――

① 東西対立と冷戦から市場経済主導のグローバリゼイションへ。

② パクス・アメリカーナから米・日・EUへの基軸の三極化と、リジョナライゼイションへ。

③ 東アジアの工業化による「南北問題」の再編成と「南南問題」の発生。

（2）生産力と金融資本の生産・経営システム――

① 資源エネルギー多消費型・重厚長大型重化学工業でのフォード・システムによる大量生産システムから、新素材・マイクロエレクトロニクス・バイオ技術による軽薄短小の知識集約型産業を基軸とした多品種少量生産システムへ。

② アメリカ型経営者資本主義から日本起源のハイブリッド型社会主義へ。

③ コーポラティズム型の形成。対立と妥協型労使関係から、労使一体型と対決型労使関係への分岐へ。

（3）国家・社会の在り方――

① 福祉国家から市場主導型国家（プライパタイゼイション）へ。

② 集権型国家から分権型国家へ。

③ 中間層肥大型社会から階級分化拡大型社会へ。

（4）社会経済思想・政策――

① ケインズ主義から新自由主義へ。
② 結果平等主義から、機会平等主義へ。
③ 旧ソ連邦型社会主義思想（スターリン主義）から環境・人権重視型の新社会主義思想へ。

いまさら言うまでもなく、「昭和」の初頭以来の現代日本におけるマルクス経済学の全発展を、〈日本資本主義論争〉として体現したと称して可である、宇野弘蔵博士の創製（成）した〈宇野理論〉とは、原理論―段階論―現状分析論の〈三次元論〉と、重商主義段階→自由主義段階→帝国主義段階という資本主義の世界史的発展の〈三段階論〉とを、具備した体系的理論として、グローバルな歴史的資本主義《ヒストリカル・キャピタリズム》の通時態的《ディア・クロニック》な時間的発展過程も、共時態的《サン・クロニック》な空間的構造化過程をも、十全に包含した普遍的理論にほかならなかった。少なくとも、その雄大な理論の創始者の志向と自負において、そのような体系的・普遍的根本性格を標榜する理論にほかならなかったのである。

しかしながら、そのようなものとして形成された宇野学派《シューレ》の愛弟子である加藤栄一・柴垣和夫両教授によって、〈宇野理論〉によっては未解明と断ずるほかない、グローバルな歴史的資本主義《ヒストリカル・キャピタリズム》の発展に関する広汎にして重要な問題点の指摘が、右の要約紹介にすでに読者諸賢が看られたごとく、資本家的商品経済社会＝世界の産業構造、産業組織、階級関係（労資関係）、統治機構、国家関係、国際関係、世界システム、支配的社会理論の全般に亘って全面的・全相的に提示されているのを看るならば、〈宇野理論〉の空隙だらけの粗漏・不備については、だれしも唖然とせざるをえないにちがいない。宇野学派の俊才たち自身による〈宇野理論〉の独創性・画期性の根幹にかかわる〈脱神話化〉と謂うのほかない。右に看られるような難点《アポリア》のすべてを、〈宇野理論〉は一切合財、〈山口理論〉のいわゆる「ブラック・ボックス」のなかに投入したまま、そのボックスの蓋をただパタンと閉めてしまっているだけだ、と評して可なりなのである。

一九八九～九五年のデイトを有つ加藤栄一学説に比較して、二〇〇〇年のデイトをもつ柴垣和夫学説は、その要約紹介に即してすでに看られたごとく、そこに有する五年間の時差を活かして、より最新な現代資本主義的解明に基づいて、すでに現代資本主義の「福祉国家」的組織化（再編）の時代に駐まることなく（いうまでもなく、「ポスト・フォーディズムの時代」として定式化される今日の現代資本主義の発展の時代は）「大量生産・消費・廃棄」のシステムとして、管理通貨制度に依拠した財政スペンディング政策による資本主義の「福祉国家」的再編・均衡・安定の時代「的分析」に駐まることが、もはや許されなくなっているのである――これが、「ドイツ福祉国家」資本主義のモデル化を基準として形成された加藤栄一学説と、すでにそのような解明水準には駐まりえなくなった柴垣和夫学説とを分っている一線の学説史的意味にほかない――が、「市場経済主導のグローバライゼイション」、「南南問題の発生」、「新素材・マイクロエレクトロニクス・バイオ技術による軽薄短小の多品種少量システム」、「現代日本起源のハイブリッド型会社主義」、「市場主導型国家（プライパタイゼイション）」、といった現代資本主義システムの対象的分析へとその理論主題を移行させている所以のものである。

　しかしながら、このような西暦紀元二〇〇〇年における、「後期資本主義《シュペート・カピタリスムス》」（エルネスト・マンデル）の今日的な発展ないしは変質の後追い的追尾（キャッチ・アップ）は、二〇〇〇年がすでに一九八九～九一年の世界史的過程、すなわち「北京天安門事件」の発生から「ベルリンの壁」崩壊の発生へといたる、スターリン主義体系の全面的崩壊、ソ連邦共産党専制下の東欧圏・蒙古圏を普遍性強制によって包括した「ワルシャワ条約機構・コメコン体制」の全般的崩壊、つまるところ、スターリン主義の支配した「一国社会主義」世界体制の土崩瓦解として、すでにして「東西対立」ならびに米ソ・東西「冷戦《コールド・ウォー》」、「中央集権型社会主義国家システム」を戦後の一時代に属する過去的遺物として、歴史の屑箱へと放りこんでしまったことを、思い合わせてみるならば、今日の二〇〇六年のドル・核帝国による「二一世紀型戦争」の大量テロル的発動であるアフガン・イラク戦争の長期泥沼化と、戦債・赤字国債の乱発を媒介とするドル危機の瀕発という**「二一世紀型恐慌」**の発現のそれへの重合・合流傾向を直視するならば、近未来における

「ドル本位変動相場制」の現代世界史的崩壊とそれに基づく「パクス・アメリカーナ」世界秩序の全般的危機の発現が、いわば指呼の間《かん》にあるこの二〇〇六年の今に、真にキャッチ・アップするためには、柴垣和夫学説的アプローチの水準・速度をもってしても、とうてい及び難いこととしなければなるまい。これを要すに、すでにとっくにポスト・フォーディズム（ポスト福祉国家）でありポスト・スターリニズム（ポスト一国社会主義）の時代に突入してしまっている、今日の現代日本において、わたしたちが直面させられている資本制的社会現象が、すでに「福祉国家」的状況から滑落・変質して、いわゆる「不平等社会」「格差社会」であることもまた、明白すぎるところであるであろう。

そのかぎり、〈脱神話化〉されてきている〈宇野理論〉の総体にわたる本書のごとき根源的《ラディカル》な理論的再検討は、何人といえどもこれを回避しえないのであって、いま・ここで検討中の〈山口理論〉の創発のごときも、その原理的再検討の一証左にほかならないものと看なければならない。

3　内部純化された原理論と不純な外部化された類型論と

資本主義の批判的分析における「経済学原理論」的解明が当然有している「原理論」的限界を、「類型論」的方法によって逐次突破してゆくという、〈山口理論〉が体系化している「中間理論」と「原理論」との関係性全体の構築法は、さしあたり、純粋な「原理論」には泥《なじ》まない不純な歴史的資本主義《ヒストリカル・キャピタリズム》の諸現実を「外部条件」として、その一切をとりあえず現象学的還元の判断中止《エポケー》によって「ブラック・ボックス」へと放り込んでしまって、さしあたりそれらの「外部条件」的不純物が、純然たる市場経済システムとして完全に「内部条件」されて構造的論理として理論構成化されている〈原理論〉的領域へと滲出してこないように、防遏《ぼうあつ》装置を設けることによって、そうした〈二分法〉によってとりあえずそのいわば遮断装置的機能を活用するといった形で、〈宇野理論〉が有たざるをえなかった難題《アポリア》を「ブラック・ボックス」へと「外部条件」のすべてを投げ入れてしまうという処理の仕方で、いわば回避することのできる原則的機能を発揮させて、一先ずその腑分けを成り立たせたのであったが、これで一応或る次元・或る範囲において〈宇野理論〉特有の〈純粋資本主義〉は自己充足的に保全されたものの、そこからいわばはみ出してしまった厖大・雑多な不純物をとりあえずすべてぶちこんでしまった〈山口理論〉的「ブラック・ボックス」は、先にも柴垣和夫学説に即して看たように、異常にふくれ上がってパンク寸前になっているのである。その後の不可欠な理論作業としては、いつまでもその「ブラック・ボックス」の蓋を開けないでいることはできないことは、言うまでもないところであるとしなければならない。そこから発している多種多様な歴史的現実のメタンガスは、いっさいの理論を爆砕してしまって、虚空へとその夥しい理論的断片を撒き散らしかねない境位にまで、すでに立ち到っているのである。

とりわけ、その「ブラック・ボックス」の中には、不純な「外部条件」として――わたしに言わせれば、宇宙的自然と人間社会との「階層性の弁証法」に基づいたこの地球上での共存・重層・混和によって、根源的に成り立っている人類文明史にとっては、その不純な「外部条件」として〈山口理論〉によって規定されている歴史的実在こそが、それをまさに歴史的実在たらしめている全面的な「内部条件」にほかならないのであるが、それはさしあたり措いておくとしても――、人間と自然との全面的関係性―資本家的商品経済社会＝自然は、いうまでもなくこの関係性を、人間の労働力の商品化と自然（土地）の私有・商品化とによって、価値法則的に自己運動編成することによって、この社会的再生産の存立・存続を経済法則化して可能にしている、きわめて特異な歴史的実在として、顕著な人類文明史的意義を有するにいたっているのであるが（このように表現するわたしは、もとより近代資本制社会の人類文明史的意義については、それが人類文明史上「画期的」な実在概念として積極的に捉えており、けっしてエンゲルス流に劣悪な生産力水準下にせいぜいのところ「飢餓の平等」を実現するにしかすぎない原初の身分制社会を、〈原始共産制〉としてわたしたちの将来社会としての〈高次共産主義〉の原初的モデルとして認識ないしは美化するごとき退嬰史観（堕落史観）を一切とらないのである）、右の人間と自然という〈資本〉にとっての制約を、歴史的資本主義《ヒストリカル・キャピタリズム》の具体的な発展過程に即して可動的・相対的たらしめる生産力の具体的な水準、またさらには、純粋な市場経済化による資本主義の「原理論」的把握においては、消去される（少なくとも、「安上がりの政府《チープ・ガヴァメント》」＝一九世紀中葉イギリス資本主義型「自由主義」国家としてミニマム化・消極化される）国家の問題、等々の人間社会の再生産的存続・発展にとって決定的に重要な諸問題の一切を「外部条件」として「ブラック・ボックス」の中にごちゃまぜにして、とりあえず突っ込んでいるのであるから、その重要度の価値序列にしたがって（この取り出し方の優劣・遅速順序の公共的・一義的確定には、やはり、当該社会・当該時代におけるわたしたち人間の価値観＝社会原則観が選択原理として不可欠であろう、と思われる）、逐次「ブラック・ボックス」から取り出して経済理論的解明を施してゆかなければなるまい。

この「ブラック・ボックス」からの重要事項の取り出しとその「暗闇の中」の相貌の明示化に当って、資本家社会的諸範疇の発生史的分析を得意とする〈山口理論〉は、なかんずく金融資本の発生史（それはいうまでもなくマルクス『資本論』体系に準拠して、二〇世紀資本主義の歴史的現実の体系的解明に取り組んだ、ヒルファーディング『金融資本論』とレーニン『帝国主義論』の大主題にほかならない）に即した金融機構の現代的解明（それは、金融資本がその理念・機構・制度のすべてをもって現代資本主義国家・社会編成上ヘゲモニックな機能を果たしているものである以上、必然的に現代資本主義的解析たらざるをえない）において、瞠目すべき学問的成果を挙げている。

しかしながら、右に看てきた、資本主義「原理論」の方法とそれを補完する資本主義「類型論」の方法との全関係から照らし返してみるならば、「ブラック・ボックス」から逐次採り出されてくる諸重要問題の経済理論的解明にとっては、その規模と速度について、右だけの効果では、現代世界史の理論的解明としては日暮れてて途遠しの観を抱かざるをえないものがある。

その重要な二、三を挙例するならば――

（A）経済人《ホモ・エコノミクス》的行動原則からだけでは把握が困難な事態である国家の行動を、「原理論」では扱えない不純現象として「ブラック・ボックス」にとりあえず入れてあるのを、どのような手段で採り出してきて、どのような方法で解析するのか？　これは歴史的資本主義の現実においては、そこで働き生活する万人にとっては、きわめて重要な問題にならざるをえない。

（B）とりわけ、不況期に激化せざるをえない失業者の行動は、当然、通例の経済人的行動原則の埒を越えて激化せざるをえない。このすでに「三面記事」的に賑やかに登場してきている、社会的不安の発生源とそれに対する秩序防衛のための国家の出動を、「類型論」の方法からどう位置づけ、どう処理するのか？

（C）今日のエコロジカル・クライシスとして、人類社会存続の臨界域の問題にまで深刻化していると言ってよい「資源ないし自然の制限性・有限性」の問題にしても、悪無限的な価値増殖運動を絶対的衝動にしたがって増進しつづけている現代資本主義の「暴走」がそれを惹き起こしていることは、今日のわたしたちにとっての常識に化していると言ってよいが、その難点《アポリア》の解決は極く短期をとるならば、第一次産品としての原料や食料の資本主義にとってのネック化の難点は、あくまでも商品経済の形態による代替資料の追加供給ないしは代替供給によって解決しうるし、現にバイオ・新素材の代替能力的急発展の現状を見ただけでもそのことはむしろ現代資本主義の新機軸の最大の問題であると言っていいが、長期の問題として観て、今日の人類文明史が直面させられざるをえなくなっているエコロジカル・クライシスが、資本主義の「ブラック・ボックス」にいつまで入れたままでいられるのか？

（D）産業資本不断の利潤率増進運動を補足し促進する機構として、産業資本・銀行資本・証券資本が形態運動する市場機構の考察において、これら四つの「資本」範疇の兼業はこれを排除して、そのそれぞれを分離して考察することが、「類型論」的方法として採られているのであって、右のような兼業ないし多角経営は、現代資本主義においては実際にごく普遍的に行われているものであって、それらは「規模の経済」による利潤極大化を追求しているビヘイヴィアである以上は、経済人的行動原則に反するものではないのであるが、これら諸資本の兼業は「原理論」では取り扱わず、「類型論」以降の問題とされているのであるが、これを「ブラック・ボックス」からいかに採り出して、いかに「類型論」的解析を施してゆくのか？

（E）資本主義の「理念」としての「株式会社」範疇の問題であるが、宇野弘蔵博士自身をもふくめて「株式会社」資本範疇を経済学原理論の範疇に属さしめないわたしに言わせれば不当きわまる学説が、マルクス経済学界においてもむしろ主流を占めており、したがって経済原理論の完成の見地から看ても、その立場からは、「株式会社」範疇が導出されないで資本制経済の全体系を説かなければならないのであるから、いわゆる画龍点睛を欠く憾みが大いにあるのであるが、「株式」という資本証券を購入することによる投資行動も、「株式」の発行によって会社創設ないし運転の資金を調達しようとする経済行動も、いずれも経済人的行動原則から十分に説明できるものである限りにおいて、「株式会社」はマルクスがそうみなしていたように、少なくとも資本主義の「理念《イデー》」としては、経済学原理論の範囲内のもの、むしろ最高度の範囲・次元に属する「資本」範疇であるとわたしなどは理論方法的に確信しているのであるが、その「株式会社」の理念と機構化を、「類型論」的方法の核心主題として、いかように解くのか？　等々。

以上のような、歴史的資本主義の解明においても、その一環としての今日のわたしたち自身による現代資本主義の批判的解析においても、きわめて重要な諸懸案を解くためには、少なくともその理論的・方法的志向性の問題としても、〈山口理論〉もそのドグマを〈宇野理論〉と共にしている、資本主義の純粋化（内部化）と不純化（外部化）との峻別という形式論理的二分法そのものを根源的に切開して、自らの理論体系化から放逐してしまう必要が絶対にある。

〈宇野理論〉も〈山口理論〉も、（重大な理論方法的差異を有ちながらも、にもかかわらず）、共通の理論核心的前提としている〈純粋資本主義モデル像〉の無条件的仮定は、折角「ブラック・ボックス」から採り出した諸重要案件の経済理論的解明を大きく制約してしまっているのである。

資本主義とは、わたし流に言わせていただければ、西田哲学でいわゆる〈絶対矛盾的自己同一〉として、資本の「国際性」と国民国家の「国家性」との自己同一的揚棄《アウフヘーベン》の存在として歴史実在化しているものであって、その「内部条件的」純粋化と「外部条件的」不純化との峻別のごとき形式論理的二分法のごときは、現に〈宇野理論〉におけるマルクス『資本論』体系の論理的純化と『帝国主義論』の外部的不純の論理化が、いわゆる論理的純化の「逆転」という没論理に陥って難破してしまい、資本家社会＝ゲゼルシャフトを支配する経済法則と、非資本家社会＝諸共同体社会を支配する社会原則（その多くは、前近代の諸共同体社会においてはことごとく宗教的価値統合によって自己表現されている）――それを経済的特質としてわたし流に範疇化させれば、贈与、互酬、再分配、結い、無縁・慈善、慈悲、寄進、勧進、喜捨、お裾分け等々、となる――全社会的関係性に当たっての、近代資本制社会を解析する経済学原理論と、その『資本論』体系的原理を理論的基軸とする前・非資本制社会の諸共同体社会の領域を解明する唯物論的歴史把握との、異次元的連関の設定を、根本的に見誤る（ミスする）原因ともなったドグマにほかならない。

4 〈山口理論〉と〈宇野理論〉における「純化」と「不純」との形式論理的二分法の共有

〈山口理論〉は、「経済学の対象は、厳密には時々刻々変化する一回限りの歴史的事実である。経済学は、そのような現実の資本主義を認識するにあたり、資本主義を貫通する一般的原理を純粋資本主義論として構成し、それにたいして特殊・個別的要因が作用したものとして現実を再構成するという方法をとっているといってよいだろう。いいかえると、繰り返すものと繰り返さないものとの合成物として、一回限りの現実を認識するという方法をとるわけであるが、資本主義である以上その規制力をつねに作動させていると考えられる原理的な一般的要因にたいして追加的に作用して、一般的原理に変容を与える特殊・個的には、大別して二種類のものがあると考えられる」として、その二種類の諸要因の大別を、「その一つは、例えば数十年といったかなりの長期間にわたってある一定の関係なり構造なりが比較的安定的・持続的に作動すると考えられる要因となり、もう一つは、比較的短期に消失したり変化したりすると考えられる極めて個性的な要因である。そして現実の資本主義の一回限りの特殊・個別性を直接規定しているのが後者の要因であるとすれば、現実を合成物として認識するためには、現実論と原理論の中間にさらに前者のような要因によって構成される分析基準ないし理論が必要とされることになる」としている。

したがって、〈山口理論〉における「外的諸条件の構造化と類型論の方法」の先決的重要性をもつ課題は、「類型論」を構成する際にその核とすべき基本的要因として、「人間と自然に関するもの」と「生産力の具体的な水準」と「人間・自然の包摂を基本的条件とする資本に対する国家のかかわり方」の三点へとしぼって、人間も自然も生産力も国家も市場経済それ自体にとっては「内生的な構成要因」ではないという意味で、内生的な構成要因である資本にとっては「外的条件」であり、資本の利潤追求にとっての「補足要因」になると同時に「制約要因」にもなるという役割を果たすものとして、「類型」を規定する基本的要因になるとみなしつつ、それらの「外的諸条件」を「ブラック・ボックス」に放りこんで、然る後にそれらを逐次「ブラック・ボックス」から採り出して、逐次「類型論」の方法によって「構造化」する、という理論作業的手続きをとるのである。

〈山口理論〉による以上のような理論作業的手続きは、「理論」の理論たる要件は、一つは、それが資本制社会の現実から帰納したものであること、言い換えれば、現実そのものではなく、抽象的なものであること、二つには、繰り返す要因を説明しているものであること、言い換えれば、或る期間持続する現象であることが説明されていること、としている。そして、原理論と現実論とをつなぐ媒辞としての「中間理論」＝「類型論」の方法は、とりあえず右の二点を充足していれば、理論である最低限・最小限の要件を具えているのではないか、としている。

このような、〈山口理論〉の「理論」としての自覚的規定は、〈純粋資本主義論〉といった（わたしにとってはすこぶる耳触りな）〈山口理論〉が〈宇野理論〉と相変らず共有しつづけているドグマへの異和感を除けば、大概《おおむね》平明で妥当な自己確認であり、そのようなものとして、たとえば系列的タテ関係を設定している〈段階論〉における、「帝国主義」段階論におけるイギリス—ドイツ—ＵＳＡの「三相」確認と、他の世界史段階における特質として一般化されているヘゲモニー国家的一極・単元によるヘゲモニックな〈重商主義段階〉〈自由主義段階〉との異同の全連関性が明確とされていないこと、さらにはまた、そのこととの不可分な理論方法的関係性において、〈宇野理論〉がタテの一系列的理解によっては解明されがたい、少なくとも「一般論」における、とりわけては「現状分析」における〈ヨコの多様性〉の類型化をどのように設定するか、設定しうるかが、全く不明確である、といった一連の理論方法的難点も、〈山口理論〉はこれを首尾よく回避し、解消されることができることとなる。

これは、先に述べた金融資本の発生史論的了解に基づく金融機構論の具体的確立のメリットとともに、正統・正当にマルクスの下向・上向法を経済学原理論の理論方法として堅持している〈山口理論〉の獲得している大きなメリットであるが、右の資本制経済現象の「繰り返し＝反復、持続」現象と「一時的・経過的一回限り」現象との混和・合成による理解（つまりは、「原理論」と「類型論」との累重・混和化による資本制的現実の合成化理解）のそのまた根拠の解明は、持続・反覆現象は「習性」に由来するものであり、「一回限り」現象は「個性」に由来するものであるという、間違いではないにしても、新カント派主義的な二元論として超一般化された、茫漠たる説明以上には少しも出ていない憾みがある。

この弊というか限界は、〈山口理論〉が資本制経済現象の法則性すなわち規則性の根拠を、本書が終始一貫力説・強調しているような、資本家社会における資本の生産循環＝景気変動における恐慌現象の周期的爆発の規則性に求め・そこから基礎づけていない弊風によるものとわたしには思われる。単純なことのようだが、本書が再三強調してきているように、**恐慌の周期性こそが価値法則に集約される資本制的経済法則の基準**なのである。

この点では、その包括性において〈宇野理論〉の不備をも越えて無限包擁的である〈山口理論〉は、**激発的な恐慌**をともなう周期的な景気循環の発生を説明するのに、資本が利潤率の極大化のために生産過程を包摂することにともなって直面する労働人口の制約と、固定資本の巨大化の制約という独占資本的条件と金融機構による信用創造がそれらの条件に制約されるという（もちろんのこと、以上の諸条件の追加はそれ自体として正しく、かつ指摘する必要のある一つの重要事項なのではあるが）、そのようなものとしてだけ「追加条件の特殊化」が考えられているだけであって、「私は**「激発的な恐慌云々」**を説明することを原理論の定言的な「行き先」の一つと考えているわけではない」といった、全く以て経済学原理論であるマルクス『資本論』体系の弁証法体系たる「最終範疇」理解としては締まらない・龍頭蛇尾的見解に駐まってしまっているのである。

このような終末《エクソドス》における締まりのなさが、初発《アンファング》による〈純粋資本主義モデル像〉という資本主義像の観念（論）的ドグマと結びつくとき、〈山口理論〉の体系論理の総体もまた、その土台からガラガラと崩れ去って、現状分析にとって有用な理論方法的活力を失なってしまわざるをえないこととなるのである。

第二一章　ケネーとマルクスの〈経済表〉、A・スミスの〈v＋mのドグマ〉、『経済学批判要綱』のマルクス体系的意義

1　マルクスによるフランソワ・ケネーの〈経済表《タブロー・エコノミーク》〉の発見とマルクスの〈再生産表式〉の創発

現行版『マルクス=エンゲルス全集』30『書簡集1860〜1864』の所載によれば、マルクスは一九六三年七月六日ロンドンのデイトをもつ、「在マンチェスター」エンゲルス宛の書簡において、フランソワ・ケネーの〈経済表《タブロー・エコノミク》〉を同封し、「もしきみがこの暑さのなかでもできるなら、いくらか念入りに見てくれたまえ。そして、なにか疑念があったら知らせてくれたまえ。これは、総再生産過程を包括している」と、かれエンゲルスの意見を求めている。この手紙は、「ケネーの表をその（「部類Ⅱ」の総生産物の表）の下に書いておいた。これは、この次の手紙で簡単に説明しよう」と結ばれているが、この付加説明を予告した手紙は、今日まで残念ながらまだ発見されていない。

この一八六三年七月六日付の、ケネー〈経済表〉を同封したエンゲルス宛の書簡では、A・スミス、D・リカードの古典派経済学との関連において、ケネーが独創的に試みた「資本の総再生産過程の包括」の意義について、次のような説明がマルクスによってなされている――「きみも知るように、アダム・スミスは「自然価格」または「必要価格」を、賃金と利潤（利子）と地代とから構成している――したがって、全体を収入に解消させている。この不合理は、リカードにも伝えられている。と言っても、リカードは、地代をたんに偶然的なものとして、カタログから除いてはいるのだが。ほとんどすべての経済学者が、これをスミスから受け継いでいる。そして、これに反対する経済学者たちはまた、それはそれで大きな別の不合理に陥ってしまっている」と。

右のような、A・スミスのいわゆる分解主義的な労働価値説の構成を承け継いでいる、古典派経済学の「不合理」に対置して、ケネー〈経済表〉による資本の総再生産過程の包括の定式化が、それを再発見したマルクスによって高く評価されているのである。わたしたちは、そのケネー評価を承け継ぐことによってはじめて、マルクス自身の『資本論』第二部・第三篇におけるマルクス的〈再生産表式〉の有つ、『資本論』体系構成上の画期的意義についてもこれを了解することができるようになる。

アダム・スミス自身も、社会にとっての総生産物を年々消費されるものとしての単なる収入に解消させてしまうことの「不合理」についてはかれなりに感じていたと覚しく、スミスは、他方で、各個の生産部門については、価格を原料や機械などの資本と労賃・利潤（利子）・地代の収入とに分別しているのであるが、そのように総生産過程と各個の諸生産部門との関係を綜合的に構成すると、今度は、資本制商品経済社会が毎年新しく資本なしで総生産過程を始めなければならない、という最大の「不合理」に突き当ってしまって、経済学原理論としては、結局のところ体系的破産に陥ってしまわざるをえないことになったのである。

A・スミス以来の古典派経済学による資本の総再生産過程の包括の定式化のその「不合理」を、根本的に除去し克服しようとしているマルクスの志向は、周知のように、『資本論』第二部・第三篇「社会的総資本の再生産と流通」（『資本論』第二部は、マルクスの八つの草稿からエンゲルスによって整理・編集されたのであるが、その第二草稿では、第二部・第三篇の題名は「流通過程と再生産過程との現実的諸条件」と題されている）で提示された、ケネーの業績を踏まえたマルクス自身の〈経済表〉であるいわゆる〈再生産表式〉として総括されて結実をみた。マルクスの右エンゲルス宛書簡での所信表明によれば、「ところで、ぼくの表について言えば、これはぼくの本（いいだ注――つまり当時書き進めつつあった『資本論』）の最後の諸章のうちの一章のなかに（いいだ注――現実の結実としては、『資本論』第二部・第三篇）総括として載せるものだが」ということになる。

このような、ケネー〈経済表〉を踏まえたマルクスの〈再生産表式〉の包括的定式化が、『資本論』第二部＝「資本の流通過程」草稿の首部の位置価を占めたとはいえ、それが『資本論』体系の「総生産過程」の総括としての位置価を有っており、資本の「流通過程と再生産過程との現実的諸条件」に亙るものであることは、あきらかである。

『資本論』第二部・第三篇・第一八章「緒論」の第一節「研究の対象」は、冒頭、「資本の直接的生産過程は、資本の労働過程および価値増殖過程であって、商品生産物を結果とし、剰余価値の生産を規定的動機とする過程である。／資本の再生産過程は、この直接的生産過程を包括するとともに、さらに、本来の流通過程の両局面、すなわち、周期的な過程として――一定の期間をもってつねに新たに反覆された過程として――資本の回転を形成する総循環をも、包括する」と。

このようにして、マルクスの〈再生産表式〉に包括された定式の『資本論』体系に占める理論的位置価は、「資本の直接的生産過程」を取り扱った『資本論』第一部における資本の労働過程および価値増殖過程ならびに剰余価値生産を規定的動機とする過程の解明を受け継ぎながら、一定の期間をもってつねに新たに反覆される周期的過程としての本来の流通過程の両局面、すなわち「資本の回転」を形成する資本の三形式の「総循環」を包括的に解明することをうかがう媒介環としての位置価を有っていたことが分かる。

右「研究の対象」は曰く――「(『資本論』)第一部では、資本制的生産過程が個別的過程として、さらにまた再生産過程として分析された――すなわち、剰余価値の生産と資本そのものの生産とが分析された。資本が流通部面の内部でなしとげる形態転換ならびに素材転換は、想定されはしたが、そこでは詳しく立ち入ることはなかった。したがって、資本家は、一方では生産物をその価値通りに販売し、他方では過程を新たに開始するかまたは連続して進めるための物的生産諸手段を流通部面の内部で見出すものと想定された。わたしたちが第一部で詳論しなければならなかった流通部面内部の唯一の行為は、資本制的生産の根本条件としての労働力の売買であった。／この第二部の第一篇では、資本がその循環中にとるさまざまな形態と、この循環そのもののさまざまな形態とが考察された。第一部で考察された労働時間に、いまや流通時間がつけくわわる。／第二篇では、〔資本の〕循環が周期的循環として、すなわち〔資本の〕回転として考察された。一方では、資本の相異なる構成部分（固定資本ならびに流動資本）が相異なる時間に、相異なる仕方によって、〔資本の〕諸形態の循環をいかに遂行するかが、あきらかにされた。他方では、労働時間と流通時間との長さの相違を条件づける諸事情が研究された。循環期間およびその構成諸部分の比率の相違が、生産過程そのものの規模と剰余価値の年率とにおよぼす影響が、あきらかにされた。実際、第一篇では、資本がその循環中につねに身につけては脱ぎ捨てる継起的諸形態が、主として考察されたとすれば、第二篇では、諸形態のこの流れと継起との内部で、どのようにして与えられた大きさの一つの資本が、その規模は変わるにしてもともかく同時に、生産資本、貨幣資本、ならびに商品資本、という異なる形態に分かれ、その結果、これらの諸形態が互いに入れ替わるだけではなく、総本価値の異なる部分がつねにこれらの異なる状態で並立として存在し機能するか、が考察された」。

このようにして、『資本論』第二部・第三篇「社会的総資本の再生産と流通」の「緒論」第一節「研究の対象」は、ケネー〈経済表〉を踏まえたマルクスの〈再生産表式〉を媒介環として、生産資本・貨幣資本・商品資本という異なる三形態に分かれた諸資本形態の並存・継起の「総資本価値」の総運動過程が周期的循環・回転として遂行される様態が、商品資本の全社会的循環を一筋の赤い糸として縫合されて全面的に解明され、「いまや、社会的総資本の構成部分としての個別諸資本の流通過程（この過程は、その総体において再生産過程の形態をなす）が、したがってこの社会的総資本の流通過程が、考察されなければならない」と、宣言されるにいたったのである。こうして、『資本論』第二部の主題は、「社会的総資本の流通過程」の全面的・包括的解明として設定されることとなったのである。

マルクスのエンゲルス宛書簡の一八六三年七月六日というデイトのあるあたりの期間は、現在では中期マルクスの『経済学批判（一八六一～一八六三年草稿）』全六冊として公刊されるにいたっている厖大な草稿の著述に、マルクスが従っていた真ッ最中の時期に当たり、以てケネー〈経済表〉の包括定式化に着目したマルクスの理論的な関心と志向が、資本蓄積の一般的法則の解明を踏まえて、その社会的総生産過程の定式化をいかに設定するか、という主題に集

ケネーによる経済表　『経済学批判』II

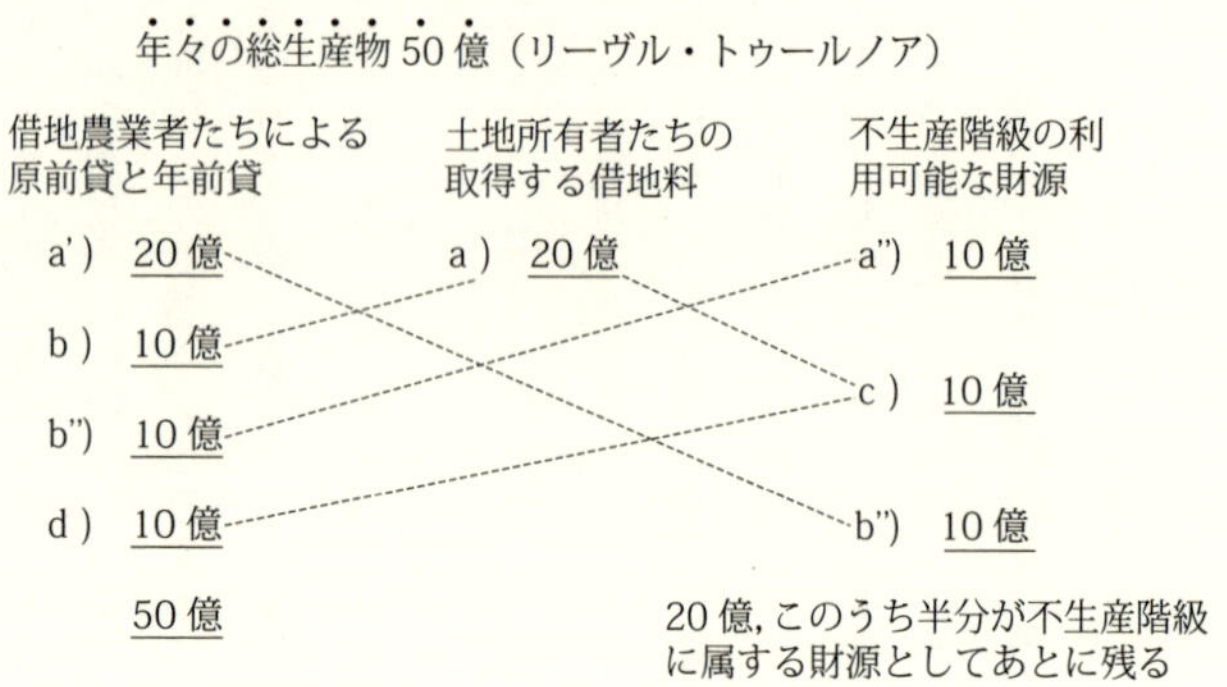

中されていた、と理論的に推測することができる。

マルクス『資本論』第二部・第三篇の場合、その表題《タイトル》は、第二草稿においては「流通過程と再生産過程の現実的諸条件 reale Bedingungen」とされていた。エンゲルス命名の現行版『資本論』第二部・第三篇のタイトルとは異なっているのである。より詳しく、マルクス「草稿」を点検してみるならば、第一稿ではそれは「流通と再生産 Circulation und Reproduktion」とされ、第二草稿では如上の「realen Bedingungen der Cirkulation und Reproduktionspogesses」とされ、第八草稿では略号で「ch III) b.II」とされている。第二草稿と第三草稿のタイトルの何らかの合成が最適とされていたものと思われる。

右エンゲルス宛書簡に同封されている〈ドクトル・ケネーの経済表〉は、次のごとくであり、これは、それ以来頻出することになるケネー〈経済表〉の紹介の嚆矢である。

以来、厖大な『経済学批判（一八六一〜一八六三年草稿）』において、中期マルクスはしばしば、ケネー〈経済表〉関係のコラン『経済学』（一八五七年）、ケネー「人間論」（『百科全書』のため書かれたが、公表されなかった）、F・ケネー『経済表の分析』（一七六六年）、『主要経済学者叢書　第二巻』（一八四六年）、『借地農論』（一八四六年）等々を参看し、何回かにわたって「ケネーに立ち戻ってみよう」と、考察をケネー〈経済表〉から再出発させている。

コルベール主義を支配的イデオロギーとして社会編成された、フランス絶

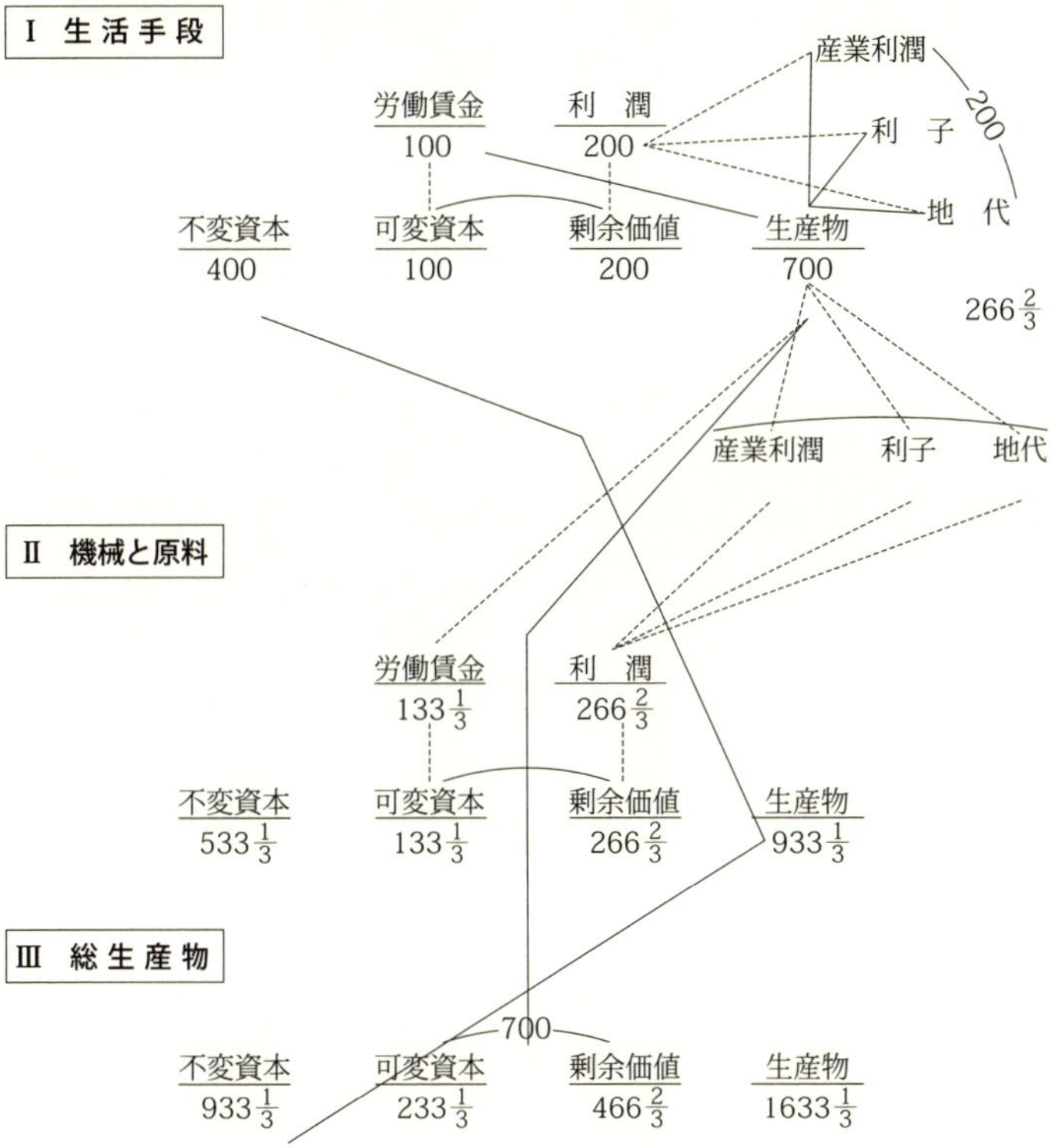

ドクトル・ケネーの経済表

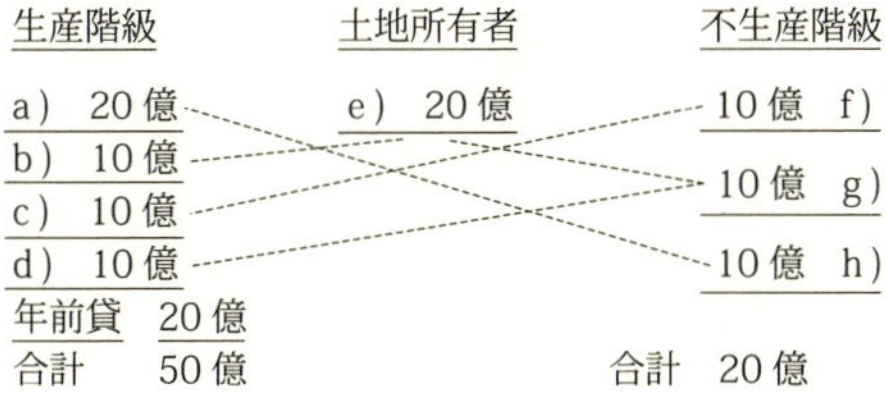

対主義王制下の農業社会に依拠していた、初期資本主義商品経済の全社会的循環を表式化したケネーの時代にあって、そもそも、「エコノミスト（経済学者）」と言えば、ケネー以下の「重農学派」の総称であったのであり、一九世紀の中頃までにはこのようにもはや特定の経済学説の固有の性格を示すのにはふさわしくないほどまでにきわめて一般化した「エコノミスト」という名称から、自分たちの学説の特異性を命名しようと欲したフランソワ・ケネー、サミュエル・デュポン・ド・ヌムール等が、かれらの社会的かつ経済的な固有の諸見解を言い表わすために、〈重農学派《フィジオクラート》〉という名称を特定化して自ら名乗ることとなったのである。そのような重農学派《フィジオクラート》の社会的・経済的・イデオロギー的特性に着目した中期マルクスは、たとえばつぎのようなケネーら重農主義者の諸見解に注目を促している。それは、マルクスの認定によれば、A・スミス、D・リカードらの古典派経済学に先駆した〈エコノミスト〉の経済学説なのである。――

　ケネー自身の場合、『経済表の分析』では、国民は、三階級の市民から成っている。「生産階級（農業労働者）、土地所有者階級、および不生産階級（農業上の労務や労働以外のそれらに従事するすべての市民。）」。

　テュルゴーも、ケネーや他のケネー追随者と同じく、やはり農業内部での資本制的生産を望んでいる。だから、テュルゴーは言う。「土地を賃貸する……この最後の方法（近代的借地制度に立脚する大農業）は、あらゆる方法のうちで最も有利なものである。といっても、これは、その国がすでに富裕であることを前提とする」。

　エコノミストの全体系の諸矛盾。なかんずくケネーは絶対王政の支持者であった。「権力（l'aiterite）はただ一つであるべきこと。……統治における勢力対抗の制度は、強者間の不和と弱者の抑圧とを承認させるだけの不幸な見解である」（F・ケネー『一般的単準則』）。

　「かれケネーは、賃労働者階級の節約が資本を増加させる力をもつことを、決定的に否定する。そして、このための理由としてかれケネーがあげているのは、この階級的節約をするどのような手段ももたないはずだ、ということである。

ケネーの理解からすれば、借地農業者は資本家である。

第一に、ケネーの前提によれば、S（製造業者）とF（借地農業者）とのあいだの流通が始まる瞬間には、一〇億の貨幣がSの手にあり、また一〇億の貨幣がFの手にある、ということである。

第一に。ケネーによって指摘されているのと同じ場合。Sが一〇億の貨幣をもってFから一〇億の商品を買う。Fは、こうしてSから受け取った一〇億の貨幣をもって、Sから一〇億分の商品を買う。最後にSが、こうして取り戻した一〇億の貨幣をもってFから一〇億の商品を買う。したがってFの手元には、かれにとっての資本を表わす一〇億の貨幣が残る。

ケネーは、またケネーにならっているかれの学派である重農学派《フィジオクラート》は、過去の労働が生きた労働過程に要素として入り込むさいに、それがもっている、このような増大していく重み（Wucht）を、きわめて正しく、開発の富（Richesses d'exploitation）と呼んでいる。この開発の富が、価値および使用価値から見たそれの規模が、生きた労働が出発する前提となる過去の労働が、大きくなればなるほど、生きた労働が自己の成果として再生産する開発の富が、それだけ増大し、ますます豊富になっていく対象的諸条件のもとで生きた労働が労働過程を新たに開始することができる規模の拡張がそれだけ容易になっていく。資本の蓄積は、生産が更新されうる規模の拡大に帰着し、諸条件の豊富さの、対象的富の豊富さの、生産の非有機的な身体として役立つすでに生産された生産諸力と生産手段の豊富さの増大に帰着する」等々。――

このような、エコノミスト＝フィジオクラット＝フランソワ・ケネーの〈経済表〉《タブロー・エコノミーク》の内有した意味についての、一歩一歩ごとの理論的追尾を通して、マルクスは、『資本論』体系第二部の資本蓄積の一般的法則を商品資本の全社会的循環を数学的に抽象化した〈再生産表式〉として総括することを媒介環として、それを、『資本論』体系第三部の

ケネーによる経済表　『経済学批判』Ⅱ

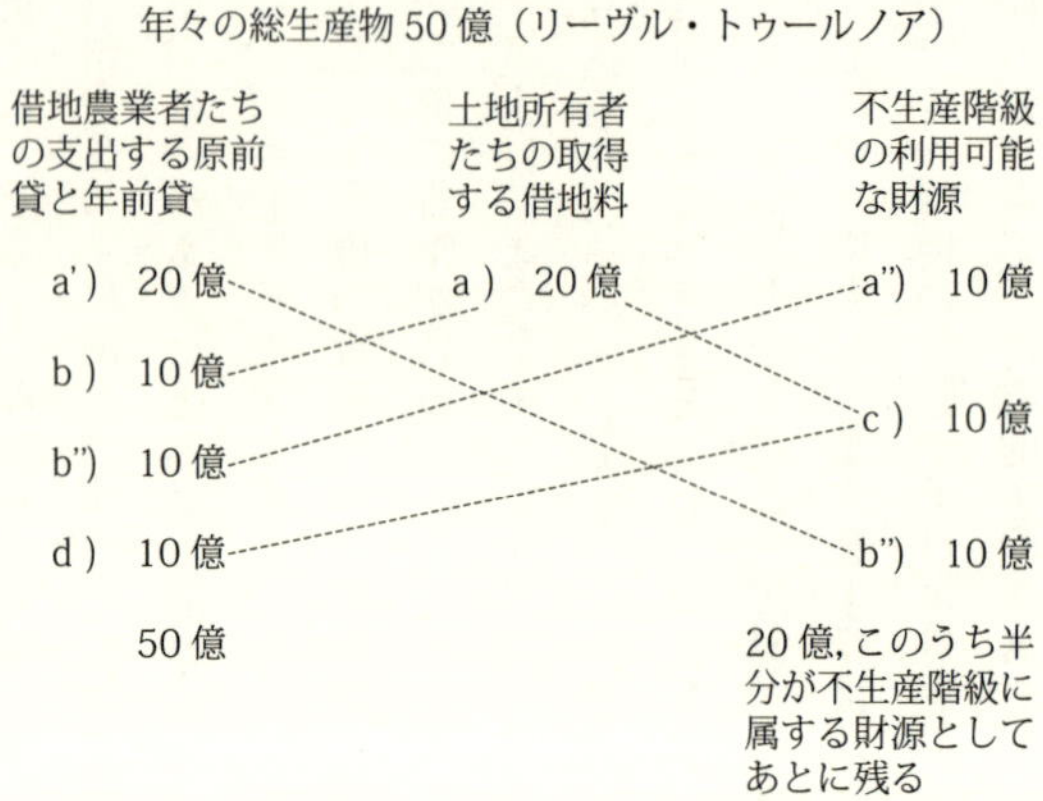

「資本制的生産の総過程の諸姿容《ゲシュタルト》」へとまとめあげてゆく理論的・方法的管制高地を略取することに成功したのである。

『経済学批判（一八六一～一八六三年草稿）』Ⅱにおいて、再び三度「ケネーに帰ろう」と宣言したかれマルクスに、次のようなA・スミスからの決定的な引例が見られる所以である。すなわち――「A・スミスは、いくらかの皮肉をこめて、ミラボウ侯の誇張した文章を引用している。「世界はじまって以来、三つの偉大な発明があった。……その第一は、文字の発明であり、……第二は、貨幣の発明（！）である。……第三は、右の二つのものの結果であり、かつその完成である経済表である」」（ガルニエ版、第三巻、第四篇第九章）。

この、A・スミスも多少辟易した気味のあるミラボウ侯の誇張したF・ケネーの〈経済表〉の有つ人類文明史上における画期的意義――それは看られたごとく、人類史を文明史たらしめた文字の発明、貨幣の発明とともに人類文明史上の「三大発明」の一つとされたのであり、しかも、その第三の〈経済表〉の発明は、第一・第二の文字・貨幣の発明の総結果であり、かつその完成であるものとして、位置づけられたのである。そうしたミラボウ侯的誇張を割り引いたとしても、かれマルクスが、ケネーの〈経済表《タブロー・エコノミーク》〉の有つ人類文明史上の独創的・画期的意義を基本的に共有していたことは、言うまでもないところである。

再生産過程の表〔Tabelle〕　『経済学批判』VI
（貨幣流通は表示せず，再生産規模は不変とする.）

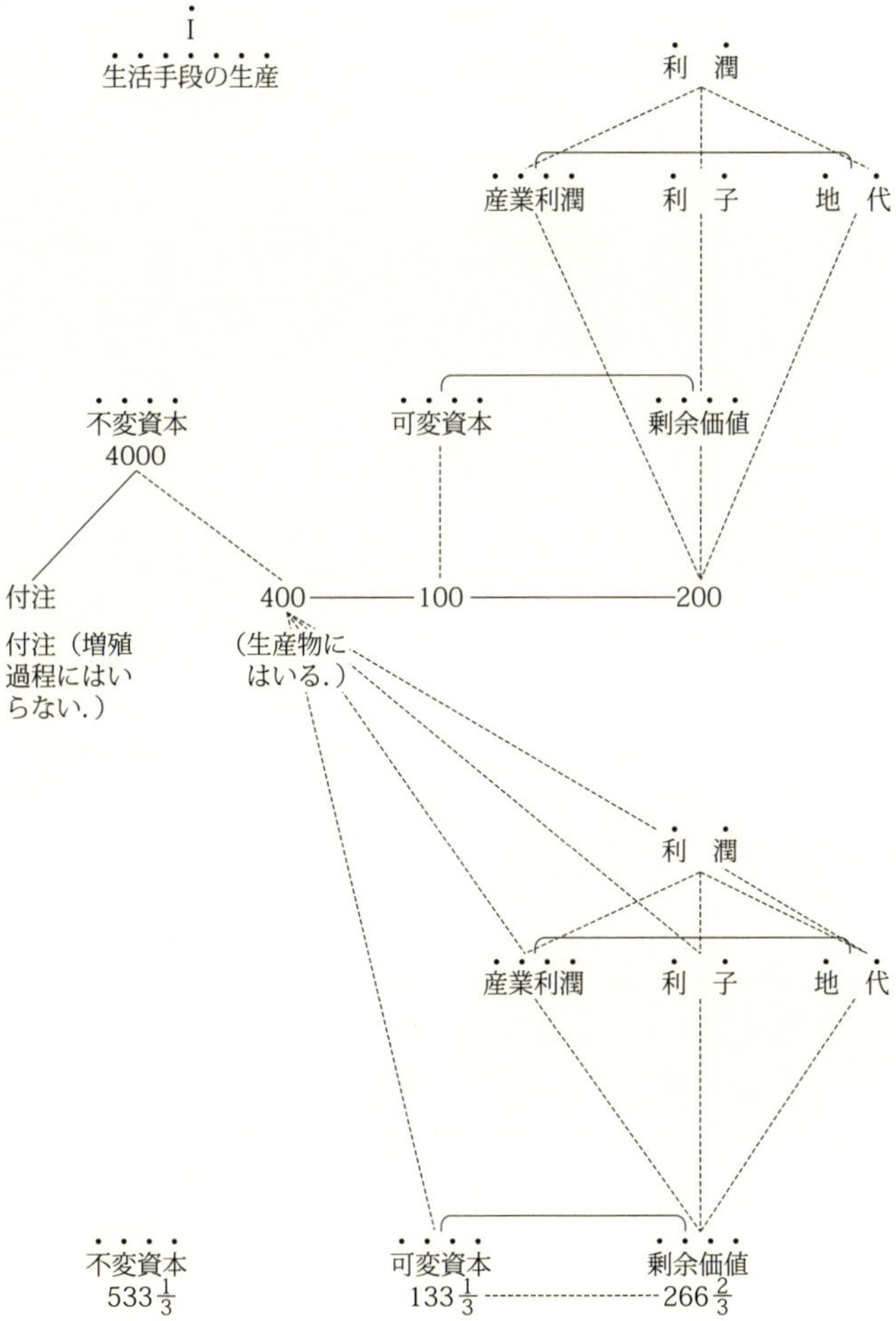

Ⅰ）生活手段

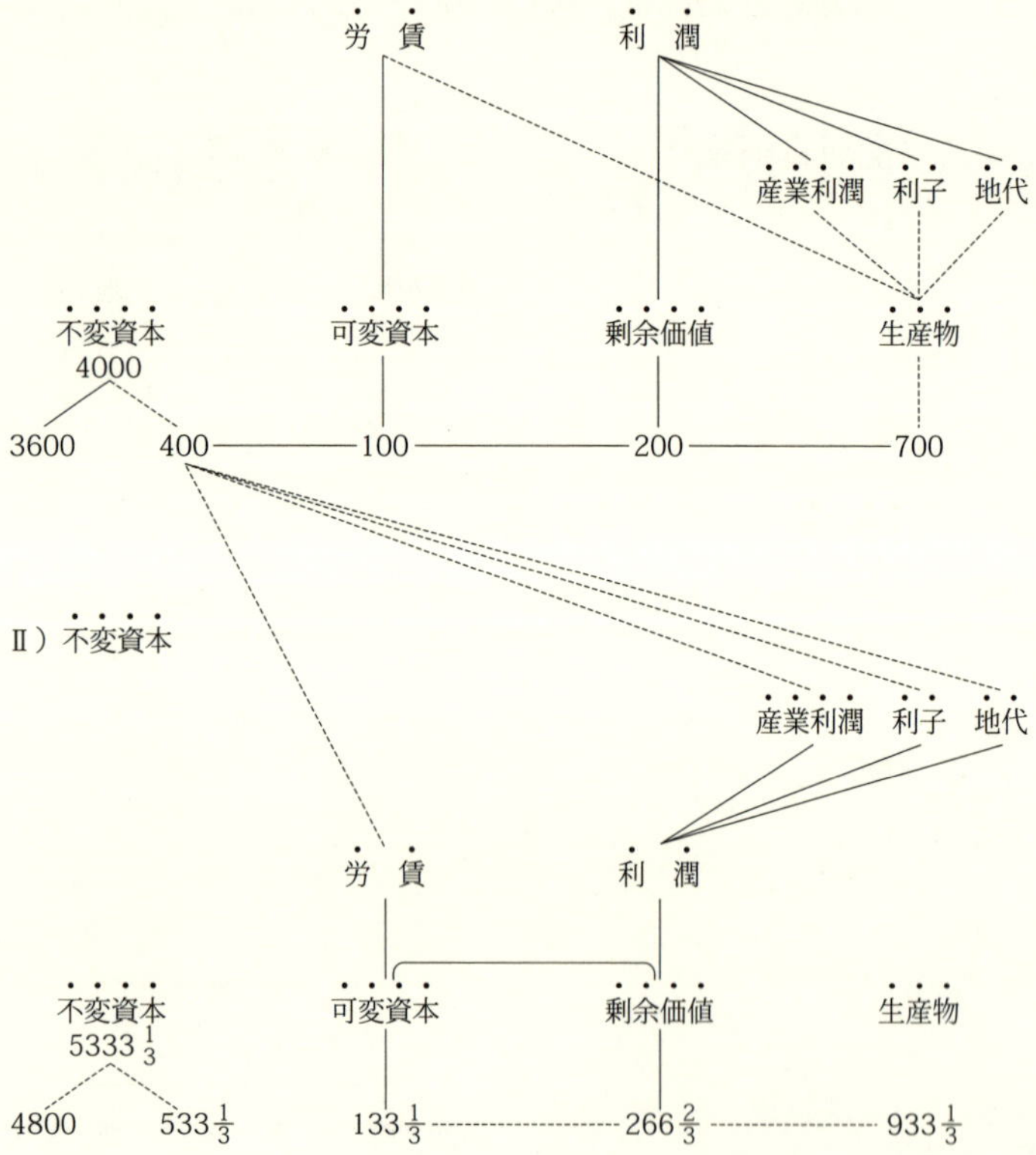

労　賃
利　潤
産業利潤
利子
地代
不変資本
4000
可変資本
剰余価値
生産物
3600
400
100
200
700
Ⅱ）不変資本
産業利潤
利子
地代
労　賃
利　潤
不変資本
5333 1/3
可変資本
剰余価値
生産物
4800
533 1/3
133 1/3
266 2/3
933 1/3

だから全体をまとめれば——

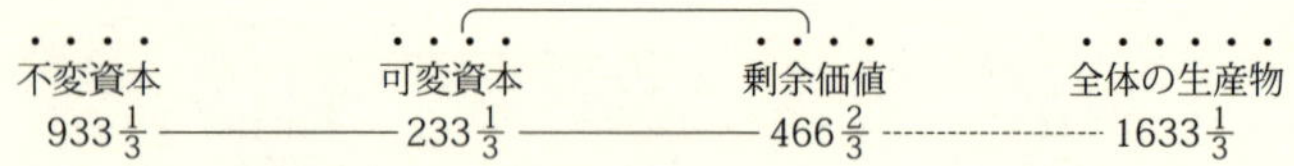

不変資本
可変資本
剰余価値
全体の生産物
933 1/3
233 1/3
466 2/3
1633 1/3

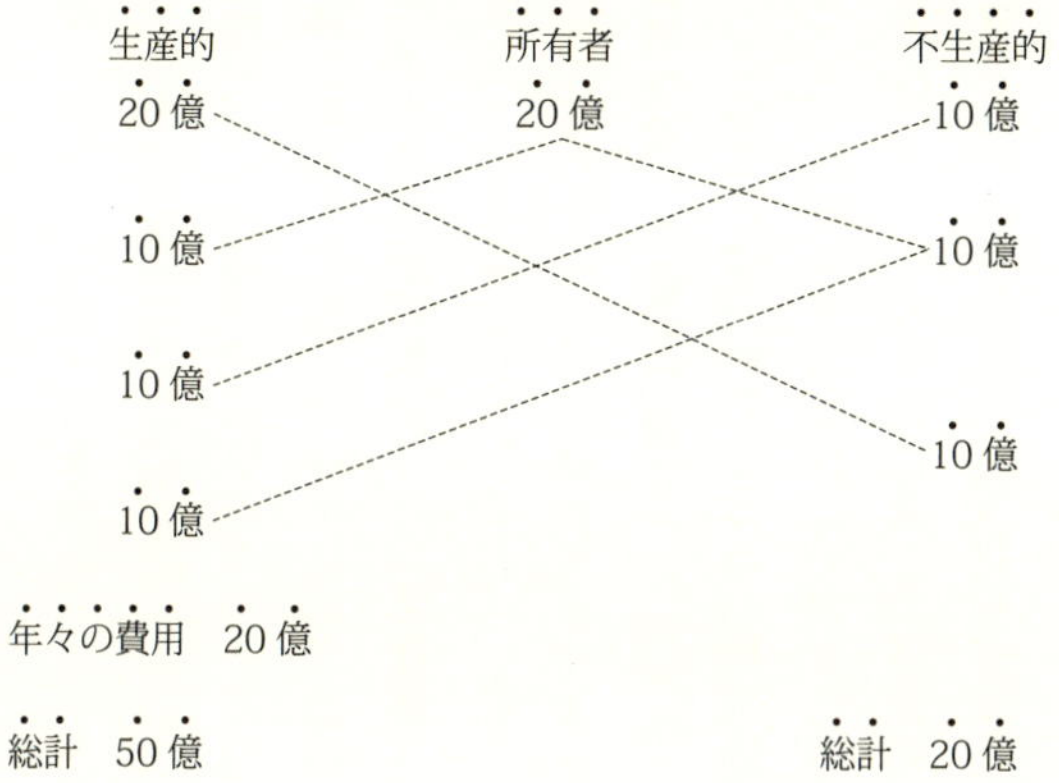
生産的
所有者
不生産的
20億
20億
10億
10億
10億
10億
10億
10億
10億
年々の費用　20億
総計　50億
総計　20億

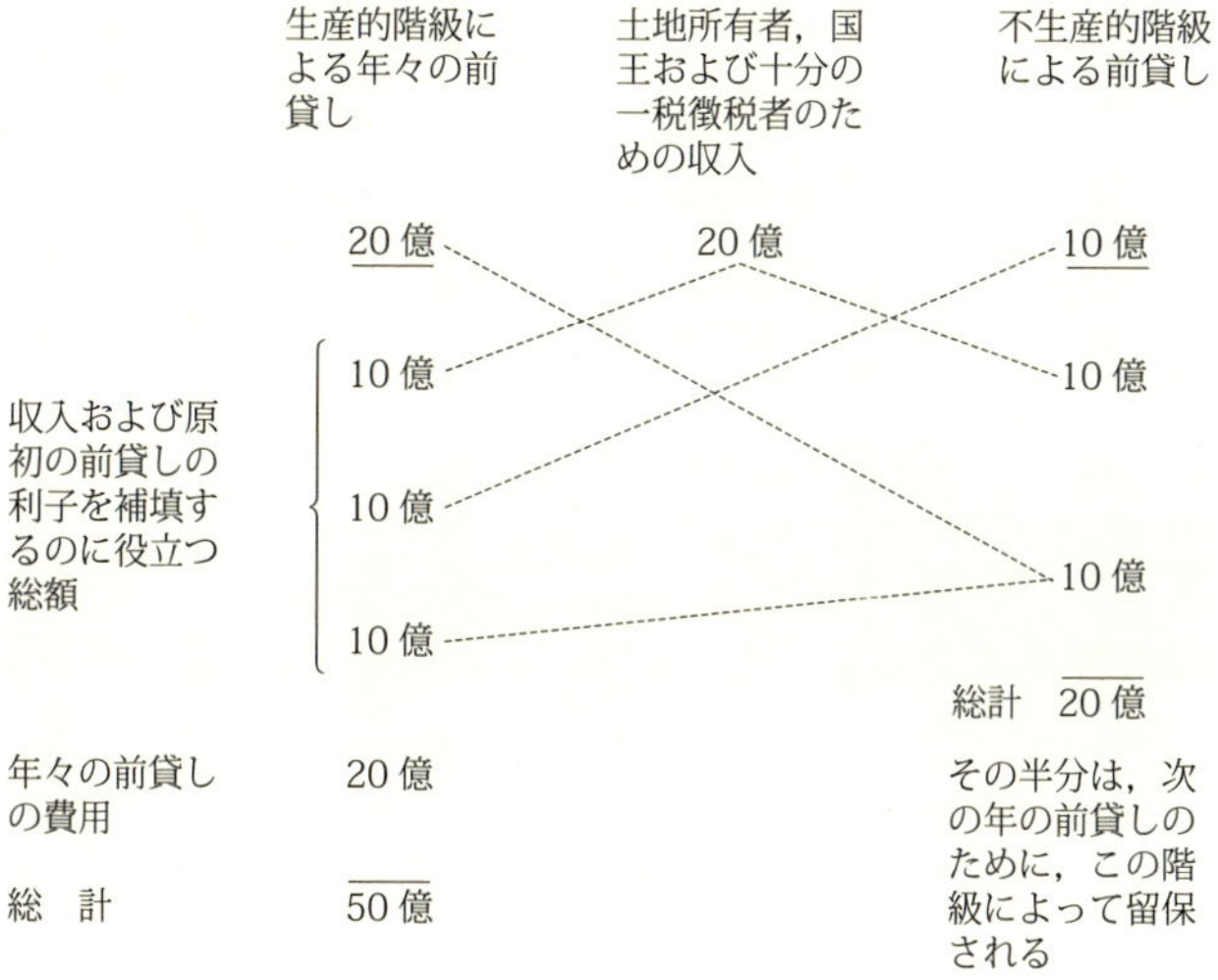
生産的階級による年々の前貸し
土地所有者，国王および十分の一税徴税者のための収入
不生産的階級による前貸し
20億
20億
10億
10億
10億
収入および原初の前貸しの利子を補填するのに役立つ総額
10億
10億
10億
10億
総計　20億
年々の前貸しの費用
20億
総　計
50億
その半分は，次の年の前貸しのために，この階級によって留保される

マルクス『資本論』体系を、弁証法体系化させた理論的・方法的位置価をもつ〈再生産表式〉の理論方法的動源となったケネー〈経済表〉——それは、ケネー自身において〈略表〉もふくめてさまざまなヴァリアントをもっていた——の準拠引例は、エンゲルス宛書簡に同封された初出以外には、『経済学批判』時代において四種見られる。これが、マルクスの〈再生産表式〉が準拠したケネー〈経済表〉の原型である。

なお、『経済学批判要綱《グルントリッセ》』の中期マルクス時代における経済学諸範疇の彫琢・深化とともに生じた一種の奇現象である、この時期におけるマルクスの**〈恐慌論〉**の不在の後を承けて、後期マルクスの『資本論』段階における**〈恐慌論〉**の基本的規定の経済学原理論的な打ち出しへの前段的過渡となった、『剰余価値学説史』における資本制的生産の再生産構造に根差した**〈恐慌論〉**への接近にさいして、第二章「重農学派《フィジオクラート》」、第三章「A・スミス」、第六章「余論。ケネーによる経済表《タブロー・エコノミーク》」として、精力的・包括的に理論的解明の巨歩を進めたマルクスは、本書ですでに詳述したごとく、このケネー〈経済表〉《タブロー・エコノミーク》をバネとして、A・スミスの〈v+mのドグマ〉の全面的な批判的再検討をおこなって、**〈恐慌論〉の基本的規定**への橋頭堡を確保することができた。

このことは、同じくその『剰余価値学説史』の後半において、ロートベルトゥスの「新しい地代論」への着目を通じて、リカードの地代論のドグマを克服して、『資本論』弁証法体系の第三部における架空（擬制）資本の「例解的挿入」としての「地代論」の理論的位置価を鮮明にし、よってもって『資本論』弁証法体系の終結部《エクソドス》である〈三位一体範式〉の物象化的定式化を完成させる橋頭堡を手にしたことと合わせて、マルクス自身がそのように命名して位置付けていた『資本論』第四部としての位置価をもつ『剰余価値説史』の画期性を示すものにほかならなかった。

そこの「第六章＝余論」において、マルクスは、シュマルツ『経済学』のアンリ・ジョフロアによるドイツ語からのフランス語訳第一巻（一八二六年）にあるケネー〈経済表〉《タブロー・エコノミーク》の表示を利用して、次のごとく〈ケネーによる経済表〉《タブロー・エコノミーク》の提示をおこなっている。その事例から推察されうるように、マルクスはこの時点にあっては、F・ケネー本人やそ

総再生産過程の経済表〔Tableau économique〕

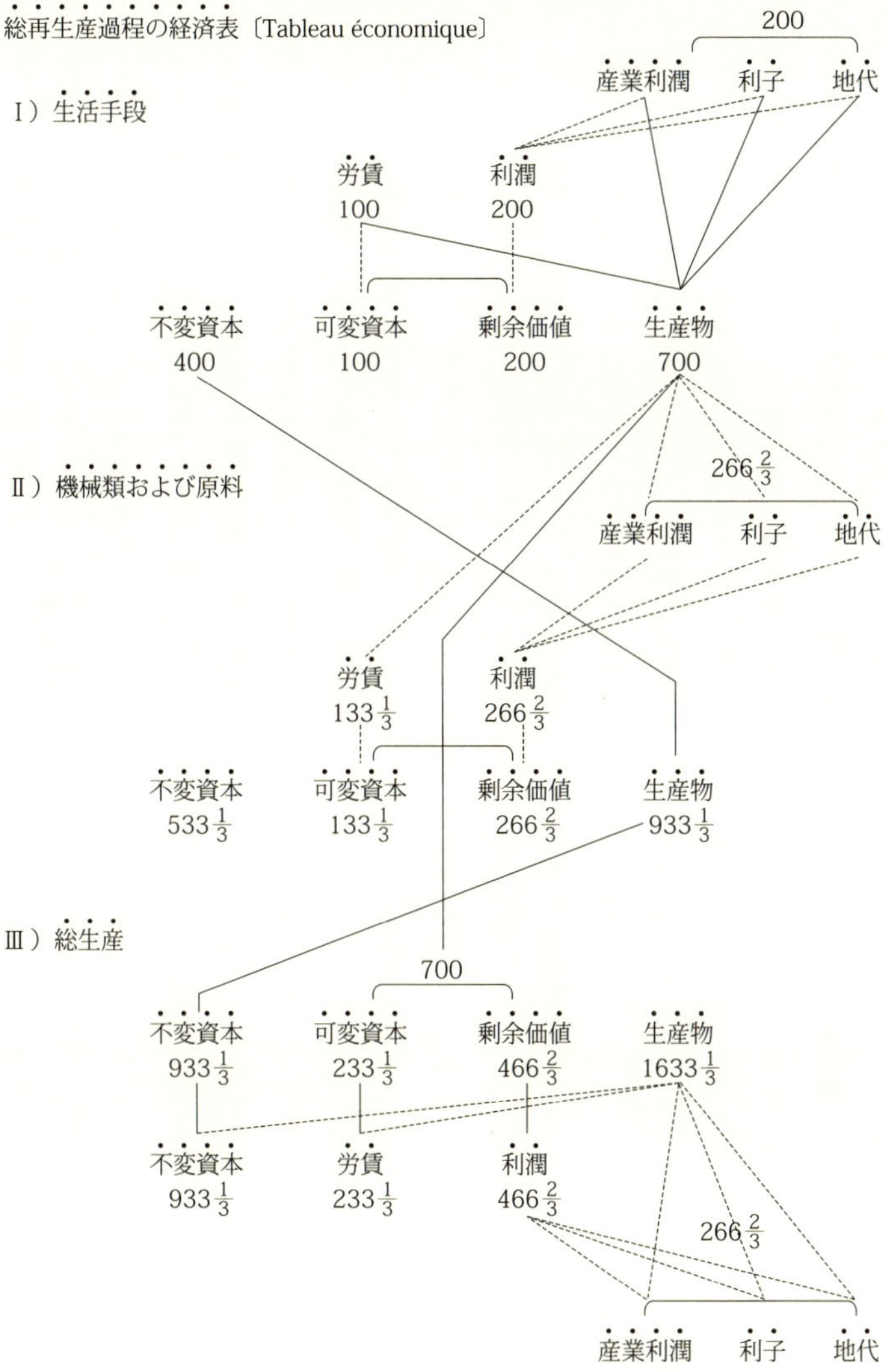

の追随者であったフィジオクラートの著書類を、自分の手もとには持ち合わせていなかったのである。例のマルクスからのエンゲルス宛の書簡に同封されていたケネー〈経済表《タブロー・エコノミーク》〉をはじめ、『経済学批判』所載のものとしてすでに総括的に紹介した四種の〈ドクトル・ケネー経済表《タブロー・エコノミーク》〉は、ケネーがかれ自身の『経済表《タブロー・エコノミーク》の分析』のなかで与えている形から引例されていることは、いうまでもないところである。

アダム・スミスの〈v＋mのドグマ〉を、フランソワ・ケネーの〈経済表《タブロー・エコノミーク》〉をバネにして吹き飛ばし、よってもって**〈恐慌論〉**の基本的規定を概念化しようと志向した『資本論』への体系的移行直前期におけるマルクスの「重農学派《フィジオクラート》」解析は、剴切でブリリアントなものである。かれは先ず、「剰余価値の源泉に関する研究の、流通部面から直接的生産部門への移転。剰余価値の唯一の形態としての地代」と題して、「ブルジョア的な視野のなかでの資本の分析は、主として重農学派《フィジオクラート》によってなされたものである。この功績こそは、かれらを近代経済学の本来の父となすものである」として、ケネーをはじめとする重農学派《フィジオクラート》による資本分析の功績を、「近代経済学の本来の父」として激賞する。A・スミス、D・リカードは、してみるならば、近代経済学のいわば仮親なのである。

ケネーらかれら重農学派《フィジオクラート》は、第一に、資本が労働過程中に存在し分解されているところの、いろいろな対象的成分の分析をおこなった。この分析のほかに、資本が労働過程の内部でそうしたもので成り立っているところの諸要素について、かれら重農学派《フィジオクラート》は、資本が流通においてとる諸形態（固定資本と流動資本、といっても重農学派の場合にはまだそれらは、それぞれ「原前貸し」、「年前貸し」といった他の農業経済・生産的用語を以て呼ばれている）を規定し、また一般に、資本の流通過程と再生産過程の関連を規定している。かれケネーにとっては、A・スミスの「流動資本」概念は、農業生産に対する固定的な投資としての農業労働維持のための年々なされる、また年々なされなければならない支出にほかならなかったのである。

マルクスは曰う――「これら二つの主要な点において、A・スミスは重農学派《フィジオクラート》の遺産を相続した。この点についてのかれスミスの功績は、抽象的な諸範疇を確定したこと、重農学派《フィジオクラート》によって分析された諸区別により確固とした洗礼名を与えたということ、これだけにとどまる」と。

マルクスはさらに、「重農主義《フィジオクラシー》の体系における諸矛盾。その封建的外皮でブルジョア的本質。剰余価値の解明における二面性」と題して、重農主義《フィジオクラシー》は、事実上、資本制的生産を分析し、資本がそのもとで生産され、そのもとで生産するところの諸条件を、生産の永久的自然法則として説明している「最初の体系」であるが、他方では、それはむしろ、封建制度の、土地所有支配の、ブルジョア的再生産として現われ、資本がその内部ではじめて自立的に発展するところの工業部面は、むしろ「不生産的」労働部門として、農業の単なる付属物として現われる。以上のことから、「重農主義《フィジオクラシー》の体系における諸矛盾」が生じる。これはすなわち、「その封建的外皮とブルジョア的本質」との二面性の矛盾である。

これは、フランス絶対王制《アブソリューティズム》下の農業資本主義の発展の有つ実在的諸矛盾から発している。「この外観は、ドクトル・ケネーの貴顕的追随者たち、たとえば気まぐれな家父長的老ミラボウ侯を欺むくこととなった。重農主義《フィジオクラシー》体系のその他の人びと、とりわけテュルゴーの場合には、この外観はもはや完全に消え去ってしまい、重農主義《フィジオクラシー》体系は、封建社会の枠のなかに浸透してゆく新しい資本制社会として現われる。したがってこれは、封建制度から脱け出しつつある時期のブルジョア社会に照応している。それゆえ、（重農学派《フィジオクラシー》の）出発点は、主として農業のおこなわれている国フランスであり、主として工業・商業ならびに海運のおこなわれている国イギリスではない」。

「ケネーにおける社会の三階級。テュルゴーによる重農主義《フィジオクラシー》理論のいっそうの発展。資本制的諸関係のより深い分析の諸要素」。ケネー自身の場合には、先にも述べたように、『経済表の分析《タブロー・エコノミーク》』のなかで叙述されているように、国民は三階級の市民――すなわち、「生産階級」（農業労働者）、「土地所有者階級」、および「不生産階級」（「農業上の労務や労働以外のそれらに従事しているすべての市民」）――から成り立っている。

第六章「余論」にかかげられた〈ケネーによる経済表《タブロー・エコノミーク》〉が図示しているごとく、「借地農業者と土地所有者とのあいだの流通。再生産がおこなわれない借地農業者への貨幣の還流」は、貨幣のその出発点への還流が、貨幣の商品への、および商品の貨幣への、形態的転化――単純な流通過程または単なる商品交換に現われるそれ――を表現するだけでなく、同時に、同じ生産者の例での商品の不断の再生産をも表現する。交換価値（貨幣）は諸商品に、消費に入って行って使用価値として消費されるけれども、再生産的または産業的な消費にそれは入って行くのであって、したがって最初の価値を再び創り出し、したがってまた、生産者が自分の生活維持のためにのみ労働するという場合には、同じ貨幣額をもって再び現われるのである。こうした不断の価値増殖過程として、〈G―W―G′〉という資本の一般的運動定式において資本制社会的自己自身を維持することができるのである。

先程も引例したミラボウ侯の誇張した言い方のなかに籠められた、ケネー経済表《タブロー・エコノミーク》の「経済学の歴史における意義」は、マルクスによるならば、「実際には、こうした試みは、資本の生産過程全体を再生産過程として説明し、流通を単にこの再生産過程の形態として、貨幣流通を資本の流通の一契機としてだけ説くと同時に、この再生産過程のうちに、収入の源泉、資本と収入とのあいだの交換、再生産的消費と最終的消費との関係、を含ませ、また、資本の流通のうちに消費者と生産者とのあいだの（実際には資本と収入とのあいだの）流通を含ませ、最後に、生産的労働の二大区分すなわち総生産と製造業とのあいだの流通を、この再生産過程の契機として説明し、そしてこれらすべてのことを、事実上つねに六つの出発点または復帰点を結ぶ五本の線だけから成る一つの〈表〉で、――経済学の幼年期である一二世紀の第二の三分の期において――説明しようとする試みであったのであり、――こうした試みは、実に天才的な、疑いもなく最も天才的な着想であったし、それ以来、経済学がそのおかげをこうむってきたものであった」（傍点いいだ）と。

さて、『反《アンチ》デューリング論』（一八七七～七八年）のフリードリヒ・エンゲルスは、オイゲン・デューリングに対する全面的批判の必要上も、デューリングが展示していた哲学・経済学・社会主義論の三相・三領域にわたる全面的な「百科全書的概観」を叙述することになり、デューリングとの全面的対抗の必要上、その三つの構成部分、すなわち、「弁証法的・史的唯物論」、「広義・狭義の経済学」、「科学的社会主義学説」を勢い全面展開することとなったが、その際、その「序」において、「経済表《タブロー・エコノミーク》は、すべての近代経済学にとってスフィンクスの謎であった」、「周知のごとく、重農学派《フィジオクラート》は、ケネーの経済学という謎を残したが、今までの経済学上の批評家や歴史家も、これにはほとほと手を焼いてきた」（傍点いいだ）と記すところがあった。先に本論の冒頭で引例したマルクスのエンゲルス宛書簡のなかで、ケネーの〈経済表《タブロー・エコノミーク》〉に対するかれの所見を、マルクスから求められたエンゲルスが、いかなる返書をしたためたかは、その返事自体が紛失されてしまった今日からではもはや知られえないが、わたしによる確実な推測として言うならば、それは、エンゲルスにとっては「謎」であるケネー〈経済表《タブロー・エコノミーク》〉は、何人もほとほと手を焼いてきた謎である（！）といったたぐいの所見であったにちがいない。このように解するほかなかったかれエンゲルスは、然るが故にマルクスにはかばかしい返書を書けなかったのに違いない。

『反《アンチ》デューリング』の全般にわたってマルクスは目を通して完全に確認していた、とエンゲルスは誇らかに叙べているが、こと少なくとも、ケネー〈経済表《タブロー・エコノミーク》〉という重要問題については、マルクスは、それまでの経済学上の謎を解いた「天才的な着想」と絶讃していたのである。これをもってしても、マルクスが『反《アンチ》デューリング』の弁証法的・史的唯物論、広狭両義の経済学、科学的社会主義学説のすべてにわたって完全に同意していた、というエンゲルスの強調は、きわめて疑わしいものがある。

ケネー〈経済表《タブロー・エコノミーク》〉との関係において問題を「経済学」に絞って言うならば、経済学をマルクス『資本論』体系のような「狭義の経済学」の他に、それを包括する（つまり上位範疇としての）「広義の経済学」が存するという、近代資本制商品経済社会にも、前近代・後近代の共同体社会にも、超歴史的・超一般的に通貫・通用する「経済学」が存するというエンゲルスの見識は、マルクスの『資本論』弁証法体系とは全く異質なかれエンゲルスの最初期の労作である『国民経済学批判大綱』以来の独特な〈唯物史観経済学〉の産物以外のなにものでもないことは、少くともわたしにとっては明瞭なところである。それは、俗流・亜流の似而非「マルクス経済学」なのである。そのような〈唯物史観経済学〉を包括するエンゲルスにとって、ケネー〈経済表《タブロー・エコノミーク》〉のごときは——ひいてはマルクス〈再生産表式〉のごときは、チンプンカンプンの「スフィンクスの謎」であったことは、むしろ当然のことであったと言えるだろう。

その経済学上の「スフィンクスの謎」を、ケネー〈経済表《タブロー・エコノミーク》〉に準拠して解きに解いた、解き切ったと言ってよい〈マルクス経済学〉は、資本制社会の再生産構造に即して、アダム・スミスの「v＋mのドグマ」を論破・克服して、〈再生産表式〉の抽象的社会経済表式化を媒介環として、資本の直接的生産過程（『資本論』第一部）と資本の流通過程（『資本論』第二部）とを第三部『資本制的総生産過程の諸姿容《ゲシュタルト》』へとまとめあげて、〈三位一体範式〉に由る物象化社会としての資本制社会の上向的解析をやりおおせ、その総括基軸を、資本の産業循環＝景気変動過程の最終的弁証法としての**周期的恐慌の暴力的大激発**とに求めた「資本の論理学」の概念体系的鍛造・錬磨にほかならなかったのである。

そして、そのような体系的完成の媒介環として位置価を有つこととなったマルクスの〈再生産表式〉は、本書でしばしば強調してきたところで行論の必要上ここでも再確認しておくならば、エンゲルス〈広義経済学〉の似而非マルクス経済学的道統（！）を、スターリン主義時代を通じて今日にまでひきつづいている俗流マルクス主義者・亜流マルクス主義経済学者たちは、ケネー〈経済表《タブロー・エコノミーク》〉を模して資本制社会の存立・存続の均衡諸条件を商品資本の全社会経済的循環運動に即して抽象定式化したマルクス〈再生産表式〉を目して、こともあろうにそれが、マルクスの意図・志向とはまるきり逆に、生産手段・消費手段の二部門分割に由来する、部門的不均衡の増大・激化の不可避的必然性、それに伴う大衆消費の絶対的貧困化の不可避的必然のゆえに、資本制社会の存立・存続の均衡諸条件の破壊へと帰結し、〈恐慌の必然性〉を招き寄せるとみなしてきたし、今でもしばしばそうした、戦前の山田盛太郎学説以来の陋説を恬《てん》として一向に改めようとしていないのである。マルクスの偉大な創発であった〈再生産様式〉の核心が、そのような俗学者的誤謬とは、本来的に縁もゆかりもないことが、改めて再確認されなければならない。このことの確認をぬきにして、エンゲルス主義的・スターリン主義的歪曲に抗しての〈マルクス恐慌論〉の弁証法的復権はありえないのである。

2　「狭義の経済学」と「広義の経済学」——マルクスにおける〈自由と必然〉の弁証法

フランスの重農主義者《フィジオクラート》フランソワ・ケネーの体系的思考の根底にあるのは、フィジオクラシー＝「自然の支配」の名の通り、〈自然法思想〉であった。フランス絶対主義《アブソリューティズム》下の農耕文明社会におけるその体系的思考においては、人間社会の秩序がその造物主《デミュルゴス》である神が造った自然＝宇宙に由来するものであり、神の摂理にかなった自然の秩序の実現こそが、あらゆる社会現象を規定する根本法であり、社会の実定法もそれにしたがわなくてはならない、という理念が、すべてを領していた。それは、古典古代ギリシア文明における〈オイコス〉＝「神の摂理」「天の配剤」の近代的再現として、自然法思想の領導下でのエコノミーとエコロジーの両義を、近代農業社会の発展に即しながら帯びていたものと言ってよい。

そのようなフィジオクラシーの理念に照らして、当時におけるイギリスの農業革命やフランス北部へのその導入による早期近代《アーリー・モダン》の経済的現実を模写したものが、農民を基本的生産者とし、その耕作農民の農業労働こそが唯一の生産的労働、剰余生産物を産出する労働であるという把握のもとで、いわゆるアンシャン・レジーム期の「封建的外観」のもとで胎生・形成されつつあった農業社会という限定下での資本制的再生産の全社会的条件を、全円的に解明した構図が、ケネーの〈経済表《タブロー・エコノミーク》〉にほかならなかったのである。

そのようなケネーの〈経済表《タブロー・エコノミーク》〉を、資本制社会の円環的構造に関する人類史上最初の理論的把握である、と高く評価したマルクスは、自らも『資本論』第二部・第三篇において、それを模して近代の工業化社会に即して、経済学批判的に概念精錬した〈再生産表式〉を規定し、よってもって「資本蓄積の一般的法則」を商品資本の全社会的循環を一本の赤い糸としながら全社会的に総括し、資本制商品生産社会が歴史的社会として均衡条件を充足しながら社会的に存立し存続する基礎を有することを、明確化することができたのである。

戦前の日本において、フランソワ・ケネーの『経済表《タブロー・エコノミーク》』の意義を認めたマルクスが、それを目して「経済学の萌芽ないしは小児期」とみなし、一八世紀の最初の三分の一期に「経済学が成立した」と評価したことに、目を留めて、適確に紹介したのは、三木清の『社会科学概論』であった。

しかもそのさい、かれ三木清は、当時としては稀有ともいうべき剴切に広くして深い視野から、マルクスがそれに触発されて自らの近代市民社会の全社会的構造を「経済表《タブロー・エコノミーク》」化したいわゆる〈再生産表式論〉を、『資本論』第二部・第三篇において提示・展開し、よってもって、『資本論』第一部の〈資本蓄積の一般的法則を承けて、資本家社会を社会的に存立・存続させる再生産の均衡諸条件を明確化し、『資本論』第三部の〈資本制的生産の総過程の姿容《ゲシュタルト》〉の三位一体範式的編成へとつなげていった体系的位置価の位置付けを、広汎な全経済学的・全唯物論的歴史把握の上に展示してみせた。すなわち——

（1）右のような、マルクスのケネー「経済表《タブロー・エコノミーク》」による経済学成立という評価に基づいて、「その限り、経済学は、歴史的に発生した歴史的な社会科学である」ことが証明されるということ。したがって、「マルクス主義に於て普遍的経済学と云ふとき、かかる経済学即ち資本家的生産方法の発生と発展とに伴うて成立した経済学を指してゐる。マルクスが『資本論』の中で展開したのはこれである」こと。「かやうな経済学が、資本主義社会とその運命を共にするであらうことは想像するに難くはない」と。

（2）ところが、右のようなマルクス『資本論』に即した「狭義の経済学」の了解・把握に対して、マルクス主義者の中ではエンゲルス以来「広義の経済学」ともいうべきものが広く流布されて考えられているということ。『反《アンチ》デューリング論』（一八七七年）において提示されたフリードリヒ・エンゲルスの所論である――「最も広義における経済学とは、人間社会に於て物質的生活資料の生産及び交換を支配する諸法則の学である」と。すなわち、エンゲルスの「最広義の経済学」とは、歴史貫通的な人間社会一般における物質的生活資料の生産・交換を支配するきわめて抽象的な一般的法則の学にほかならない。「経済学、即ち種々異る諸々の人間社会がそのもとで生産し、交換し、またこれに応じてそれぞれ生産物を分配し来たった、その条件や形態の学としての経済学、かやうな広い意味に於ける経済学は、今後に於て初めて打ち建てらるべきものである」（エンゲルス『反デューリング論』――傍点いいだ）。

三木清による右のエンゲルス所論紹介によれば、「生産や分配という現象は、単に資本主義社会に限られず将来社会に於ても存在する。そしてそれが存在する限り、生産や分配に関する知識、その知識の体系としての経済学は存在し得るであらう。かくの如く考へるならば、経済的範疇の中には価値とか利潤とかの如き特に歴史的な範疇、換言すれば資本主義社会の終焉と共に終焉すべきものと、生産とか分配とかの如き一般的な範疇、換言すれば、資本主義社会以後と雖も存在すべきものとが、区別されるであらう。尤も後者とても、その現実性に於ては資本家的生産といふやうにそれぞれ規定されてゐるのではあるけれども、然しなほかかる規定を越えて一般化され得るに反して、前者は、資本主義社会以後にまで及ぼすことが出来ないのである」（傍点いいだ）と解説されている。この、エンゲルス所論についての三木清の解釈・解説は、もちろんのこと正確で正しいものであるが、そのようなエンゲルス自身の所説についてのマルクス経済学的成否の価値判断ということになれば、私見では、そのようなエンゲルスの「広義経済学」「最広義経済学」の学説は、マルクスの『資本―経済学批判』体系とは異質な学説であり、エンゲルス特有の〈唯物史観的経済学〉の考え方・見方に由るものでしかないことが先ずもって確認されなければなるまい。

（3）三木清によれば、このような、近代資本家社会の時代と、前近代の共同体社会の時代ならびに後近代の双方にわたる（したがって、人類社会史において歴史貫通的な、そのかぎり超歴史的な）「経済原則」を一般的法則として扱う〈唯物史観経済学〉の一般化は、「かやうにしてここでも相対的に云つてより歴史的な範疇とより一般的な範疇との区別が認められるであらう」と、認識論的問題について周到な指摘をおこなっている。社会分析上の経済的範疇についての、歴史的・特定化的範疇（近代資本制社会に即していえば「経済学」そのものが、その体系的叙述が同時に体系的批判となっているマルクス的構造論理を、それは固有している）と、エンゲルス『反《アンチ》デューリング論』流定式化とは、マルクスの『資本論』体系の近代社会に内在する批判的分析の特殊化的・歴史的範疇と、一般的・超歴史的範疇との区別を理論方法的に解析する必要性と必然性を不可避的たらしめる問題である。

その肝要点についての三木清の構想力豊かな提示によれば、この範疇的区別は、マックス・ウェーバー〈理解社会学〉的方法における、「歴史的理想型と社会学的理想型とを区別しようとした理由も、これと同様の関係からであったとも見られることが出来るであらう」と。その〈理念型《イデアル・ティープス》〉形成上の区別でいえば、マルクスの『資本論』弁証法体系、すなわち、〈狭義の経済学〉は、近代市民《ブルジョア》社会を対象とする「歴史的理念型」体系であり、エンゲルスの『反《アンチ》デューリング』的〈広義の経済学〉は、人間社会一般を対象化してそこから抽出される「社会学的理念型」体系の構成として、区別されることとなる。

三木清は、そのハイデルベルク大学留学時代、リッケルトの哲学ゼミナールに日本人学生としてはじめて参加し、のみならずそのゼミナールの主導的メンバーの一人として、“Die Logik der individullen Kausalität”（「個別的因果律の論理」）と題する報告をおこなった。この報告は、リッケルトの「個別因果律の問題」において、ドイツ観念論哲学＝「批判哲学」の最近における最高または最後の問題の困難が奈辺にあるか、を指摘したものである。

このリッケルト「哲学ゼミナール」の討論にはまた、もう一人の鋭利な日本人留学生左右田喜一郎が参加して、白熱的批判を展開したことによって、リッケルト本人に深い印象をあたえ、羽仁五郎「三木清がドイツ文で書した論文四篇について」（一九四九・二・二）と題する回想記によるならば、その討論に触発されて、「フクシンスキイが、リッケルトの個別因果律の問題には、マクス・ウェベルのイデアル・ティップスの方法によって解決されるものがあるのではないか、と討論し、リッケルト自身が、理知主義でもなく、不合理主義でもなく、個別因果律の問題を認識論的に解決しようとしたかれ自身の意図を弁護して、その日の演習は終ったが、その帰途、ネカア河畔を、ぼくは一人のドイツ人学生と討論をつづけた」と意味深い憶い出を陳べている。

三木清のこれらのドイツ文で書いた論文四篇を、今日のわたしたちが読むことができるのは、羽仁五郎が日本に帰ってから、天皇制帝国主義のために迫害され、二度逮捕され、しばしば家宅捜索をうけて、原稿類も押収・没収されるなかで、かれ羽仁五郎が身をもって、「これらの、いまは変色し古びたタイプライターの原稿と一枚の新聞紙とが、さまざまの苦しいたたかいの汗と血とをにじませて、いま、ぼくの手から諸君の手にわたされるのである」と陳べた経緯の賜物なのである。

よってもって、ブハーリンの『転形期の経済学』とそれに対するレーニンの『評注』に触発された、三木清の経済学原理論と唯物論的歴史把握との理論的・方法的関係性についての思索が、リッケルトの「個別的因果律」の学問的吟味の現代的な世界と日本における普遍的問題構制の根源的検討から発していることを、知ることができる。

（4）三木清の指摘によれば、ニコライ・ブハーリンの『転形期の経済学』は、「資本家的商品生産を基礎とする社会の終焉は同時にまた経済学の終焉を意味する」としているが、この断定はマルクスの〈狭義の経済学〉＝『資本論』体系の考え方を踏まえていることとなる。すなわち、「経済的範疇の歴史的消滅的性質に就いてのマルクスの見解は、この主張に裏書するであらうか。たしかにさういふところがある。社会経済が市場及び競争といふ盲目的努力によって左右されることなく、意識的に実施される計画に従つて統制されるやうになれば、価値、価格、利潤等の諸範疇は現実に於て消滅するに至るであらう。従つて価値論を基礎とするやうな経済学に終始しなければならない」（傍点いいだ）。このような三木清の所論は、マルクスの経済学批判の方法についての適確無比な理解を示している、と言うべきである。

三木清の学問的見通しによれば、近代資本制社会が変革され克服された将来社会においては、経済学は死滅するのである。まさに、凡百の俗流・亜流の自称マルクス主義経済学者の低水準の識見を凌いでいる三木清の高い見識である。もちろん、そこにおいても、宗教的価値統合された前近代の諸共同体社会における経済——わたし流に言えば、贈与・互酬・再分配・結い・無縁・勧進・寄進・慈善・慈悲・喜捨、お裾分け等々のごとき聖なる社会的経済相互行為——の高次復活の社会的形態は、定めし存在することであろうが、そこでは、当該社会を意識性をもって統制する社会経済は、経済原則を社会原則の有機的構成要素として包括する形態をもって立ち現われてくることであろうと思われる。

（5）ところが、ウリヤアノフ・レーニンは、右のブハーリンの命題に評注して「間違ひだ」と書き入れたことに、三木清は目敏くも気付いており、「かれレーニンは『純粋な共産主義社会に於てさへも』経済学は存在するもののやうに考へた。更に続けてかれは、ブハーリンが「国民経済学とは商品経済を研究するものである」と記してゐるのに対して、「単にそれだけではない」と批判した。我々はこれらの場合、経済学といはれるものの二つの意味を考へなければならない」と。この「経済学といはれるものの二つの意味」は、エンゲルスの〈狭義の経済学〉と〈広義の経済学〉の区別に由来する「二つの意味」とは次元・範囲を異にする、別の、近代資本制社会におけるのと、後近代の「純粋な共産主義社会」におけるのとの「価値法則」の適用範囲という「二つの意味」の次元・範囲の問題の提起なのである。

マルクスの「経済表《タブロー・エコノミーク》」＝〈再生産表式〉の三木清的着目にはじまる、右に述べた四つの論点は、見られたごとく、マルクス、エンゲルス、ブハーリン、レーニンの四巨頭の「経済学」概念の核心にわたり、前近代—近代—後近代の全人間社会の経済にわたる、きわめて広汎できわめて深遠な経済的諸問題を扱っている。本書の〈恐慌論〉も、右の四論点についての**マルクス〈恐慌論〉的アプローチによる解答**もふくめて、全面的・基本的に提示・展開されているのである。

三木清の博大な、現代思想としてのマルクス主義についての識見が、単に博捜いたらざるものであるにとどまらず、その深層世界へと落とす垂鉛が深渕の虚無の底にまで届く態の射程距離を有していることは、これまで何人も意に留めていないのをわたしはすこぶる遺憾とする者であるが、それはそれとしてともかく、右に引例したブハーリンの『転形期の経済学』の命題が、いかなる弁証法的方法論に由っているかを解説した、三木清の「弁証法に於ける自由と必然」（一九二九年九月）において、その深い理解力を窺い知ることができる。すなわち——

「現象学は自由なる精神の謂はば「前史」（Vorgeschichte）である。ところでブハーリンはその『転形期の経済学』の冒頭に於て云つてゐる。「生産が無秩序であり同じく生産物の分取も無秩序である社会に於てのみ、社会的生活の法則性は個人または共同体の意志とは無関係な『原素的自然法則』の姿を取つて現はれる。即ちそれは『家屋が人の頭上に倒れかかる時の重力の法則』と同一の『盲目的』必然をもつてはたらく法則である。マルクスは率先して商品生産のこの特殊性を挙げ、彼の商品拝物教論に於て理論経済学に対するすばらしい社会学的手引きを与へて、理論経済学をば歴史的に局限された学科として樹立した。事実、組織されたる社会的経済を観察するときは、経済学の一切の基礎的『問題』、即ち価値、価格、利潤等の問題はすべて消えてしまふ。その場合に於ては『人と人との関係』が『物と物との関係』となつて現はれることなく、社会的経済は、市場及び競争といふ盲目的勢力によつて左右されずに、意識的に実施されるところの計画によつて左右されるのである。従つてこの場合は、一面に於て記述のある体系と、他面に於て規範の体系とが存立し得る。が、かかる社会の中には市場そのものが存在しないのだから、従つて市場の『盲目的法則』を研究する学の存在する余地はない。かういふ具合に、資本家的商品生産を基礎とする社会の終焉は、同時にまた経済学の終焉を意味することになる」」。

すばらしい哲学者三木清の全面的な経済学的識見である。

ここで、三木清が、ブハーリンの『転形期の経済学』を劃している冒頭規定をきわめて正しく引例しながら解説している、「資本家的商品生産を基礎とする社会」に対する批判的分析の弁証法体系として本来提示された『資本論』という「理論経済学」が、「歴史的に局限された学科」＝言い換えれば「狭義の経済学」として在り、したがって、かれの翻訳語に謂う「商品拝物教論」、すなわち取りも直さずフェティシズムに汎通的に貫徹された一つの物象化社会である近代市民社会が将来的に変革された場合には、「経済学の一切の基礎的『問題』、即ち価値、価格、利潤等の問題はすべて消えてしまふ」とされるのである。これが、原マルクスに即した、ブハーリン『転形期の経済学』の冒頭命題についての三木清の正確な理解を示していることは（少なくともわたしにとっては）疑いの余地がない。

そのことを踏まえて、かれ三木清は、そのようなマルクス経済学についての了解が、マルクスのいわゆる「自由の王国」の到来にともなう、〈弁証法における自由と必然〉という哲学の根本問題の了解の根底にかかわることの指摘へと、垂鉛をさらに深く深層構造領域の測定のために降下させている、すなわち――「人と人との関係が物と物との関係に於て疎外されてあることなき、マルクスのいはゆる「自由の王国」の到来と共にいはゆる経済学は閉ぢられる。「自由の王国は」、と彼は云ふ。「実際、強要と外的合目的性とによって規定されてゐる諸労働が止むところに於て初めて始まる、従つてそれは物の本性上本来の物質的生産の領邦の彼方に横はつてゐる」。経済学はかかる自由の王国に到るまでの「歴史過程」の叙述であり、『資本論』はそれの最も重要なる一齣であるであらう。恰もヘーゲルの経済学は「自由の王国」に到るまでの「自然必然性の王国」（Reich des Naturnotwen-digkeit）の発展の叙述である」。雄渾にして正確な、哲学者三木清によるマルクス的弁証法の了解である。

右の「長き道程」とは、別言するならば、マルクスのいわゆる人類社会の「前史」から「本史」へと主体的に推転してゆく〈過渡期〉の「長き過程」の謂であり、経済学は——三木清の「狭義の経済学」としての『資本論』＝「理論経済学」の正しい把握を考慮に入れれば、その表現は、マルクス『資本論』の経済学原理論を根底的基礎として含みながらもより広く唯物論的歴史把握一般として言われるべきであろうが——、その道程の進展を経ての世界史の大転換においては、人間社会史の「前史」としての「強要と外的合目的性とによって規定されている諸労働」がすべて揚棄されて、人類文明史における（1）労働への解放、（2）労働としての解放、（3）労働からの解放、としての労働の三相の全問題は解決されて、人間社会の永久の存立・存続条件としての最小限の労働の必然性は最後の最後まで残渣しながらも、それはミニマムにまで歴史的に漸減してゆくのであり、そうした社会的・物質的基盤の上に〈自由の王国〉が将来社会＝アソシエーション社会（共産主義）として満開するのである。

このように全体的に定位する三木清の〈弁証法における自由と必然〉についての哲学方法的考察に基づいて、先に述べたような四つの論点についての**〈恐慌論〉の原理論的完成**に基づく解明もはじめてなされうるものとしなければならないのである。

「自由なるものと自然的なるものとのこのやうな区別は、弁証法に於ける自由と必然の問題の包括的な論究にとつては、決して見逃すべからざる事柄であるであらう。人類の「前史」たるいはゆる「自然必然性の王国」の研究は、それがまさに自然必然性の領域の研究であるが故に、マルクスの云ふやうに「自然史的に」研究されなければならない。マルクスもまた明らかに現代の見地からして歴史を把握した。ヘーゲルとの相違は、この人が現代をもつて終結的なものと考へ、従つてそこに弁証法的綜合の完成を見たに反して、マルクスは現代をば過渡的なものと見、それ故にここにむしろ弁証法的矛盾の完成を考へたところにある。しかしこのことについては、私は既に種々なる機会に論及しておいた。ヘーゲルはかれの観念論哲学と共にもはや「自由なる知識」の世界は到来してゐるとし、マルクスはこれに反して、かれの経済学によって人類の前史の終末が解剖されたと考へる」。

実践的唯物論の見地に立ちつづけながら反照してみるならば、『資本論』体系に具現されたマルクス経済学の総体は、唯物論的歴史把握による人間社会史の解析の領域においては、まさしく「人類の前史」における「自然必然性の王国」についての「自然史的」研究以外のなにものでもないものとして、自己限定されるのである。〈いま・ここ〉の現代の見地からして、人類社会の全歴史を把握するマルクスは、しかるがゆえに、現代＝過渡期の主体的変革＝転形の進展を介して、「人類の前史の終末」が劃され、「自由なる」世界としてのアソシエーショナルにしてエコロジカルな「自由の王国」すなわち共産主義が到来するとみなし、そのような人類史の再構想をもって、三木清のいわゆる〈構想力の論理〉による歴史解釈を示しえたのである。

そのような「自然史」をもひきつぐ人間歴史の全発展においては、通念が外的対立として二極背反的に解義するがごとき「自然必然性の領域」＝「強要と外的合目的性」の偶然の領域、それに外的に対立するに「人間的自由の領域」＝全的自由の領域、といった外観もまた、それこそまさに弁証法的に反転して、出来事の偶然性の多発による歴史の必然性としての意味の形成による、自由即必然、必然即自由、一即多、多即一の、真の絶対無の弁証法が、すべての媒介的契機を尽くしながら有の世界の真相として顕現するのである。

3　ケネー〈経済表〉とマルクス〈再生産表式〉の全社会分析的意義についてのマルクス主義的認識の確定

ローザ・ルクセンブルク『資本蓄積論』（一九一三年）は、その開巻劈頭の「第一篇　再生産の問題」「第一章　研究の対象」において、「社会的総資本の再生産の問題を提起したことは、理論的国民経済学に関するマルクスの不朽の功績である」と特筆大書した。そして、すぐつづけて、「注意すべきことには、わたしたちは、国民経済学の歴史において、この問題を正確に叙述しようとする試みをただ二つしか見ない、——すなわち、その入口では、重農学派《フィジオクラート》の父ケネーにおいて、その出口では、カール・マルクスにおいて」と規定した。ケネーに即しても、マルクスに即しても、高度な、みごとなローザの見識である。

　このブルジョア社会を一つの歴史的社会としてのブルジョア社会たらしめる社会的再生産の総体的総括者として、ケネーとマルクスの両名を挙名したかのじょローザの特出規定は、歴史的に見て正しい。「経済表《タブロー・エコノミーク》」についての後代のマルクス主義的了解は、このローザの立言から始まったのである。かのじょは曰う——「その間、この問題は、ブルジョア経済学を悩ますことはやめはしなかったが、ブルジョア経済学はこの問題を意識したことがなく、またこの問題を、それと類似し交錯する付随的な諸問題から切り離した純粋な形態では解決することはもちろんのこと提起することさえできなかった。だが、この問題は基本的意義をもつものであるから、人は、特定の程度まで、これらの試みによって科学的経済学一般の運動を辿ることができる」と。その通りである。

　本書の本章はここで、かのじょローザ・ルクセンブルクが、この冒頭の命題を提示した箇所で、「総資本の再生産の問題はどこにあるか?」と設問して展開した文言を、この問題をめぐる第一の重要な提起として、しばらく引例することとしよう——

　「再生産は、文字通りには単に再度の生産であり、生産過程の反復・更新であって、再生産の概念が、生産という普通の概念と本来的に区別されるのはどの点かということ、および、ここに一つの新しいこれまで見慣れない言葉が必要とされなければならないのはなぜか、ということは、一見したところでは見極められないかも知れない。だがまさに、生産過程の反復すなわち絶えざる不断の繰り返しのうちにこそ、一つの重要な契機が横たわっているのである。さしあたり、生産の規則的な反復は、規則的な消費の一般的な前提にして基礎であり、したがってまた、人類社会――その歴史的形態のいかんを問わず――の文化的実存の前提条件である。こうした意味では、再生産の概念は、一つの文化史的契機を含む。もし一定の前提条件――先行の生産期間の所産としての道具・原料・労働力――がなかったとしたならば、生産は繰り返されず再生産は行われえない。だが、文化発展の最も原始的な段階では、外的自然支配の初期にあっては、生産再開のこの可能性はなおつねに、多かれ少なかれ偶然に依存する。主として狩猟または漁撈が社会実存の基礎をなすかぎりでは、生産反復の規則正しさは、しばしば一般的飢餓の期間にあって中断される。いくたの原始的部族にあっては、原則的に繰り返される過程としての再生産の必要は、すでにきわめて古くから、一つの伝統的な・かつ社会的に束縛された表現を、宗教的性格の一定の儀式に見出した。たとえば、スペンサーおよびギルレンの基礎的研究によれば、オーストラリア黒人のトーテム崇拝は、つまるところ、動物的および植物的食物の調達ならびに保存のために、考えおよばない古い時代から社会的諸集団が規則的に反復した特定の処置の伝統が、宗教的儀式に固定化したものにほかならない。ところが、糧食目的のための耕作・家畜馴養・および牧畜こそ、はじめて再生産の特徴たる消費ならびに生産の規則的循環を可能にする。だからそのかぎりでは、再生産そのものの概念は、単なる反復にはとどまらないもののように見える。それはすでに、社会による外的自然の特定高度の支配を、あるいは、経済学的に表現すれば、特定高度の労働生産性を、含む」。

右にローザ・ルクセンブルクが冒頭で特筆大書している、前者のケネー〈経済表〉《タブロー・エコノミーク》は、フランス絶対主義《アブソリューティズム》王制下のまだ主要には農業社会における社会的再生産過程の総括的図表であり、後者のマルクス〈再生産表式〉は、すでに世界市場恐慌の「暴風雨」の手荒い洗礼を受けた資本制工業社会の「自己批判期」における、資本制市民社会下の社会的再生産過程の総括的表式にほかならない。

そこでは、貨幣流通が〈表〉や〈表式〉を構成する経済的な諸範疇や諸要因を論理連続的に綴り合わせてゆきながら、自らの出発点へと還流する運動形態をすでに完全に示しており、よってもって社会的再生産の総括図式として自己完結した自律的な社会的再生産過程の独自な体系的表現を数字的抽象形式によって自己表出しているのである。そして、こうした〈経済表〉《タブロー・エコノミーク》としての社会の自己総括は、当然、文化的実存としての人間社会の再生産的反復をその技術・儀礼・伝統ともども全社会的表象として含意しているのである。

そして、ローザによって言われたごとく、この〈再生産表式〉＝ブルジョア社会の〈経済表〉《タブロー・エコノミーク》においても、マルクスは、かれ特有の弁証法的思考に順って、先ずもって、その対立物の統一の形式が最も単純・直截に現われる、歴史的には古い時代からの原初的で単純な再生産方式の規定から出発して、次いで基礎的定式化の上に一つの社会の拡大再生産の規定へと、その論理的考察を進めていっているのである。

ローザ・ルクセンブルクが、右に引例した文章のつづきを、さらに引例してみよう――

「他面、生産過程そのものは、どの社会的発展段階でも、二つの、たとえ互いに密接に結びつけられていても相異なる契機の――技術的条件と社会的条件との、すなわち自然にたいする人間の一定の関係状態と人間相互間の諸関係との――統一である。再生産も同様に、この両者に依存する。再生産がどの程度に人間の労働技術上の諸条件に束縛されており、特定高度の労働生産性の所産にほかならないかは、いま示唆したごとくである。ところが、これに劣らず規定的なのは、そのときどきの社会的生産形態である。原始的な共産制的農業共同体では、再生産ならびに経済生活の全計画は、労働する者の全体とその民主的機関とによって規定される。（いいだ注――このローザの、マルクス／エンゲルスの原始共産制への美化を踏襲した「牧歌的」規定にもかかわらず、そうした原始的な共産制的狩猟・農業・漁撈共同体の社会的生産における全体的生存ギリギリの再生産の実態は、最低限度の生態諸条件と生活的必要によって規定されていたものと思われる）。労働再開の決心、労働の組織、必要な前提条件――原料、道具、労働力――のための配慮、最後に再生産の規模および区分の規定、すべてこれらは、共同体の境界内における全員の計画的共同活動の所産である。奴隷経済では、あるいは荘園では、再生産は人格的支配関係に基づいて強制され、かつ詳細にわたって規制されるのであって、この場合に再生産の規模を制限するものは、そのときどきに中央支配者が自由にしうる他人の労働力の多少である。資本制的生産が行われる社会では、再生産はまったく独自の姿をとるのであって、このことは、特定の顕著な諸契機を一見しただけで分かる。歴史上知られた他のいかなる社会でも、再生産は前提条件――現存する生産手段と労働力――が、これを許すかぎりでのみ規則的に行われる。ただ、人口減少、したがって労働力および現存生産手段の大量的破滅をきたす破壊的な戦争とか大疫病のような外的な諸作用だけは、従来の文化生活の広大な全領域にわたって、再生産が長期間あるいは短期間、まったく行われないか一部しか行われない、というような状態をひきおこすのがつねである。同様な現象は、部分的には生産の計画が専制的に規定される場合にも生ずることがある。古代エジプトにおいて或る王の意志により数千の農夫が数十年間ピラミッドの建設に縛りつけられたときにも、近代エジプトにおいてイスマエル・パシャがスエズ運河開鑿のために二万の農夫を賦役奴隷として徴発したときにも、秦朝の創設者始皇帝が西暦紀元前二百年の昔、四十万の人間を飢餓と困憊とのために死にいたらしめ、全一世代の人間を駆り立てて中国北疆に『万里の長城』を竣工させたときにも、これらすべての場合に生じた結果は、厖大な耕地が荒らされ、規則的な経済生活が長期間にわたって中断された、という事態であった。だが、再生産のこうした中断は、すべてこのような場合には、再生産計画全体が支配関係によって一方的に規定されたということのうちに、一目瞭然たるすべての原因があったのである」。

ローザがここで指摘・規定している、ファラオの古代エジプトあるいは始皇帝の古代中国で例解された、歴史貫通的な人間社会を存立・存続させる社会的再生産の条件付けを踏まえた上で、ケネーの〈経済表〉を介してマルクスの〈再生産表式〉が全社会的分析対象としているブルジョア社会的再生産を条件付けている構造の解析へと移行してゆこう。ローザ・ルクセンブルク『資本蓄積論』は、次のように続けている――

「資本制的生産が行われる社会では、これと趣きを異にする。特定の時期には、再生産開始に必要ないっさいの物質的生産手段ならびに労働力が現存し、他方では社会の消費欲望が充たされずにいるにもかかわらず、再生産が一部はまったく中断され、一部は縮少されてのみ行われる、という有様である。だがこの場合には、経済計画への専制的干渉が再生産過程の困難を生ぜしめているのではない。再生産の開始は、この場合にはむしろ、すべての技術的条件のほかに、なお純社会的な条件にも依存しているのであって、生産されるものは、実現（貨幣と交換）される、しかもただ一般に実現されるばかりでなく、その国なみの一定の高さの利潤をともなって実現される見込みの確かな生産物だけである。だからこの場合には、利潤が、最終目的および規定的契機として、生産ばかりでなく再生産をも支配する。すなわち、そのときどきの労働過程と生産物分配との方法および対象を支配するばかりでなく、一労働時間が終了したのち、どんな規模で・またどんな方向で労働過程が絶えず新たに開始されるかという問題をも、支配する。「生産が資本制的形態を有するならば、再生産もそうである」（マルクス『資本論』第一部）」（ローザ・ルクセンブルク『資本蓄積論　帝国主義の経済学的説明のために』）。

右のような資本制的再生産の全社会的再生産の総括図式＝表式を提示した、重農主義《フィジオクラシー》のフランソワ・ケネーと経済学批判のカール・マルクスとの間には、アダム・スミスを開祖とするイギリス古典派経済学の資本制的再生産構造に関する全業績が横たわっている。その全過程を規制していた、マルクス評にいわゆる〈アダム・スミスのドグマ〉について、先ずもって検討しておきたい。

スミス『諸国民の富』は、その資本制生産の再生産様式をめぐる全社会的考察にもかかわらず、なぜケネーやマルクスのような〈経済表《タブロー・エコノミーク》〉に、その総体を表式化することができなかったのか？　抽象的形式化することができなかったのか？　ここに根本問題が秘められている。

『資本蓄積論』のローザが、マルクスに依拠して強調しているように、かれスミスは、資本制経済での社会的再生産過程で不可欠の重要な要素である資本価値部分cを見落としてしまったのである。なぜスミスともあろう「古典派経済学の開祖」が、このようなことを見落としてしまったのか？　その所以は、スミスが年々の生産物価格〈c＋v＋m〉を、年々の価値生産物〈v＋m〉と混同してしまったことに由来するのである。マルクスの批評に言われているこの〈アダム・スミスのv＋mのドグマ〉のゆえに、スミスは、資本制経済の社会的再生産の総括的把握を果たすことができなかったのである。これがA・スミスに〈経済表〉《タブロー・エコノミーク》が無かった理由である。

A・スミスが創始したと言ってよい古典派経済学は、「自由放任」原理による「至福一千年王国」が到来することを「神の手」の導きとして確信しつづけていたがゆえに、前期のケネーや後期のマルクスのような、透徹した、資本制社会の相対化としての経済学的「自己認識」＝「自己批判」の必要性を、感覚的にも概念的にも感じなかったと言ってよい。したがって、古典派経済学の再生産論は、ローザが特筆大書するケネーとマルクスの両高峰の間の二百年の期間に亙って、再生産論史上きわめてネガティヴな位置づけをしか従来与えられてこなかったと言ってよい。それで正しいのである。

このような再生産論の理論史に在って、スミスの〈v＋mのドグマ〉のなかに、まさにポジティヴな理論的・方法的要素として、前代＝絶対主義王制時代のケネーの〈経済表〉《タブロー・エコノミーク》を資本制的生産・再生産の本格的な発展の歴史に即して解体させて、経済学原理論の諸範疇・諸要因・諸要素を理論的に明確化したA・スミス的作業の理論意義を取り出したのが、宮川彰『再生産論の基礎構造　理論発展史的接近』（八朔社刊、一九九三年）である。

ネガ・ポジ弁証法から言うならば、先ずもって、従来のマルクス経済学に在っては、マルクスの〈スミスのv＋mのドグマ〉への鋭いネガティヴな批判の故に、逆に看過されてしまってきた、再生産論史におけるそのスミス的ドグマが歴史理論にもっていたポジティヴな側面を掘り起こして看る方法が、発見法としても正しい。

ケネーは、資本の運動形態としては、絶対主義王制下の農業社会において年々支払われて労働に従事する農業労働者を、封建領主と同様に事実上「役畜」同様にみなしたのであって、したがって「年前払い」の賃金は役畜に与える「飼料」と同一の範疇に属するものとされていたのである。そのような「年前払い」が、剰余価値形成のモメントをなんら含んでいないにもかかわらず、その規定は、ケネーにあっては、かれの「剰余価値」把握と何ら矛盾するものではない。

　なぜならば、かれケネーは、そのような農業労働者が産み出す剰余生産物を、農業に独自な「自然の賜物」という、高い自然な労働生産性に依拠した素材的観点から、把えていたからである。つまり、農業における自然の有機的成長＝自然の自己増殖過程としての農産物の年間増大という素材的物量関係の増進は、ケネーにとっての「剰余生産物」把握のための適宜な回り道を用意してくれたのであって、したがって、ケネーにおける「価値」範疇の欠如、したがってまた言うも更なりの「労働力価値」概念の欠如も、さらにはまた「剰余」創出のモメントを欠如した「年前払」規定も、こうした農業の自然的増殖過程という「素材的明瞭さ」にすっかりカヴァーされて、かれケネーの「純生産物」（＝本質的に表現するならば「剰余価値」）の時代認識に背馳するものではまったくなかったのである。

　ただし、「労働力価値」概念ということでは、ひとりケネーばかりでなく、A・スミス、リカード以下の全古典派経済学者のすべてが、かれらの投下労働に基づく労働価値説にもかかわらず、その枢要概念を欠落させたままであったのであって、したがって「剰余価値学説史」的に考察すれば、その「労働力商品」概念の理論的把握・定式化のためには、実に中期マルクスの『経済学批判要綱』を俟たなければならなかったのである。再三、一見平凡化されてしまっていることを特出すれば、「労働力商品」範疇概念の発見は、マルクスの第一等の創発なのである。したがって、ケネーはその「自然法理念」に順って、如上の枢要な理論的規定の欠如にもかかわらず、かれの農業社会の全社会的〈経済表《タブロー・エコノミーク》〉化を達成することができたのである。

　ケネーの高弟であったチュルゴーは、師ケネーの〈経済表《タブロー・エコノミーク》〉の意義を、「諸資本の前貸しと還流は、人体の血液循環に類似した貨幣流通をかたちづくる」（『富の形成と分配の考察』）と、みごとに定式化した。かれチュルゴーの人体とのアナロジーは、師ケネーの農業社会と自然体とのアナロジーによく適っている。

ケネーの「年前払い」ないしは「原前払い」の（わたしたちの経済学用語に置き直して言えば）不変資本部分cは、年農業労働の新しい成果である農業生産物として、それと同時に、同一の自然形態（種子→農作物→果実→種子）として循環・増殖原理化されている（L_2）資本価値の担い手として現われ、それは貨幣循環によって媒介されて、出発点に還流する〈経済表〉を成して運動描出されていた。それは、それ自身の成長・成熟運動によって果実＝「利潤」をもたらす農業経済の存在物なのである。

マルクスが晩年の『資本論』準備草稿において、「ケネーは、農業が剰余価値を生産する人間労働の唯一の投下部面であり、資本制的立場から見れば真に生産的な投下場面であるとするかれの視野の狭さのおかげで、かえってことの要点を突いている。経済的再生産過程は、その特殊な社会的性格がどうであろうと、この領域（農業）ではつねに自然的再生産過程とからみあう。自然的再生産過程の手にとるように明らかな諸条件は、経済的再生産過程の諸条件を明るみに出し、流通の妖術によって惹き起されるにすぎない思想的混乱を防いでくれる」（傍点いいだ）としている所以である。このマルクスのケネー了解は、マルクス的弁証法の特性の一つである、事物把握の物象化的顚倒が、それなりのブルジョア社会的根拠をかならず有していることの洞察につながる、好個の一事例であると言える。

エンゲルスの『反《アンチ》デューリング』第二篇「経済学」のなかの、マルクス執筆の持分となる「『批判的歴史』から」において、マルクスは、つぎのようにケネーの〈経済表《タブロー・エコノミーク》〉という謎を解明している――すなわち、「よく知られているように、重農学派は、ケネーの〈経済表〉という一つの謎をわたしたちに残しており、これは、これまでの経済家や批評家や歴史家には、どうにも歯が立たないしろものであった。この表は、一国の富全体の生産と流通とについての重農学派の考えを、一目瞭然と示すはずのものであったのに、後世の経済学界にとっては、かなりにはっきりしないまま、今日にいたっている」と。なぜ、古典派経済学のお歴々もふくめた従前の学者たちがこの〈経済表〉《タブロー・エコノミーク》という謎が解けなかったか、そしてまた、あのエンゲルスともあろう巨匠がなぜ、ケネーの経済表《タブロー・エコノミーク》のことを、僚友マルクスの絶讃にもかかわらず、「経済学の一つの謎」としか考えなかったのかが、先ずもって先決的にあきらかにされなければならなかったのである。

ケネー〈経済表〉《タブロー・エコノミーク》の第一版は一七五八年刊、第二版・第三版は一七五九年刊であったが、いずれも刊行部数希少であったために、マルクスの時代にはすでに刊本が失われてしまっていて、それらを観ること自体が、マルクスもふくめて大方の人びとにとってできなくなってしまっていた。したがって、マルクスが取り扱っているのは、ケネー自身の著作『経済表の分析』《タブロー・エコノミーク》にのっている「範式」である。原表を所載した右の三つの版についていえば、第一版の草稿と第二版の校正刷が、一八九四年に、第三版の原稿が実に今日の第二次世界大戦後にいたって発見されたのである。

ケネー『経済表の分析』《タブロー・エコノミーク》は、一七六六年にはじめて重農学派《フィジオクラート》の雑誌『農業・商業・工芸・財政雑誌』（一七六五～一七八三年発行）に発表された。マルクスは、この労作を、ウジューヌ・デール編の『重農学派《フィジオクラート》……』第一部、パリ、一八四六年、五七～六六ページ所収のテキストによって利用しているのである。

エンゲルス『反《アンチ》デューリング』に収められているマルクス「『批判的歴史』から」は、「デューリング氏のお許しをいただいて言っておけば、ケネーの経済表《タブロー・エコノミーク》の『分析』には、あとのほうにさまざまな種類の生産物が「自然対象」として出ており、はじめの表そのものには、それらの貨幣価値が出ている。それどころか、のちに、ケネーは、かれの助手ボドー神父に命じて、直接に経済表そのもののなかにも、自然対象をこれらの貨幣価値とならべて記入させたのである」と論述している。

ボドー神父の労作『経済表の説明』《タブロー・エコノミーク》は、一七六七年にはじめて重農学派《フィジオクラート》の雑誌『エフェメドリ・デュ・ントワイアン・ウ・クロニク・ド・レスプリ・ナショーナル』（『市民あるいは国民精神の記録』）に公表されたものである。

ともあれ、デューリング大先生は、ケネーの〈経済表《タブロー・エコノミーク》〉が「自然対象」と「貨幣価値」をそのように並置していることなどは、とんと御存知ないのである。だから、マルクスが嘲弄しているように、ケネーの〈経済表《タブロー・エコノミーク》〉は、デューリング先生にとっては、「円の求積法」、すなわち或る円と等面積の正方形を作図すること、つまり幾何学で解決不能の問題に化してしまうのである。

「よく知られているように、重農学派《フィジオクラート》においては、社会は次の三つの階級に分かれる。（1）生産階級、すなわち実際に農業に従事する階級、つまり借地農業者と農業労働者。かれらが生産的とよばれるのは、かれらの労働がある剰余、すなわち地代を残すからである。（2）この剰余を取得する階級。これには、土地所有者とそれに依存する随従者たち、すなわち王侯、一般に国家から俸給を受けている官吏、最後にまた、十分の一税の取得者という特殊な資格における教会がふくまれる。簡単にするために、以下では、右の第一の階級を単に「借地農業者」とよび、第二の階級を「地主」とよぶことにする。（3）商工業階級、または不生産（不毛の）階級。不生産的というのは、重農学派《フィジオクラート》の見解によれば、かれらは、生産階級から供給された原料にたいして、同じ生産階級から供給された生活手段のかたちでかれらが消費するのと同じだけの価値しかつけくわえないからである。さて、ケネーの経済表《タブロー・エコノミーク》は、一国（実際にはフランス）の年々の総生産物がどういうふうにこれら三つの階級のあいだを流通し、そして年々の再生産に役立つかを、一目瞭然と示すことを目的としている。……経済表《タブロー・エコノミーク》の出発点は、その国——ここではフランス——の総収穫、すなわち土地からの年々の総生産物または「総再生産物」であって、だからこそまた、これが表のまっさきに出てくるのである」。

「以上に見てきたように、この経済表《タブロー・エコノミーク》は、年々の再生産過程がどのようにして流通によって媒介されるかについての、簡単であると同時に当時としては天才的な叙述であって、この純生産物が国民経済の循環のなかでどうなるかについて、きわめて正確に答えている」。これを要するに、A・スミスとD・リカードの古典派経済学の二百年間をその実は薄っぺらな一枚のハムのように挟んで、ホンモノの近代経済学史は、フランソワ・ケネーの〈経済表《タブロー・エコノミーク》〉とカール・マルクスの〈再生産表式〉との二枚のたっぷりしたパンの間として成り立っているのである。ローザ・ルクセンブルク『資本蓄積論』が喝破している通りである。

4　〈v＋m〉の〈アダム・スミスのドグマ〉は、なぜ発生したか？

さて、ここで、先のローザ・ルクセンブルクの指摘にしたがって、「利潤」の生産・再生産を社会的生産の唯一・至上の全目的としている資本制商品経済社会の〈経済表《タブロー・エコノミーク》〉の問題解析へと移行してゆこう。『諸国民の富』のA・スミスは、近代的な富を産み出す活動から、すべての諸規定を捨象して、労働一般に還元している。『諸国民の富』「序論」の冒頭に曰く――

「あらゆる国民の年々の労働は、その国民が年々に消費するいっさいの生活必需品および便益品を、本源的に供給する元本であって、この必需品および便益品は、つねにその労働の直接の生産物か、またはその生産物で他の国民から購買されたものかの、いずれかである」と。

これは、投下労働説に基づくA・スミスの労働価値説の基本をなすコンセプトであり、同時に、それに基づくスミスの再生産論＝分配論の基本的な枠組をかたちづくる概念である。価値ならびに剰余価値の源泉は、こうして、無規定・無差別の同等・同価な労働、すなわち労働一般である。この基本的見地に順って、A・スミスは、資本制的商品のすべての構成要素であるc（不変資本）、v（可変資本）、m（剰余価値）を、すべて導出してゆかなければならない。

そこで当面する先ず第一の問題は、剰余価値またはv＋mの構成部分の問題である。剰余価値の形態・取得を、前代のケネーのごとく農業社会の「自然の賜物」の助けを俟つことなく、工業社会の労働そのものに即して、つまり蓄積された労働＝資本による剰余労働形成の機構として、A・スミスとしてはこれを解明しなければならない。これを解きうる鍵は、労働力に投下される資本部分は、労働者によって付加させた価値のうち、それ自身の前貸し分すなわち賃金を控除した後に、雇主＝資本家・地主に「利潤」「地代」をのこすという認識、言い換えるならば、事実上の剰余価値の把握の問題である。実は、この把握は、マルクスの創見をもってはじめてなされうるのである。

その際、この資本の循環運動は、前貸し分の賃金収入による置き替えによって、媒介されている。流通部面においては、労働者に前貸し分＝賃金として支払われる資本部分は、はじめ資本家の手中で資本として機能し、次いでそのあと労働者の手中で生活手段の消費として費消されて賃金収入として機能する。また、生活手段は、その生産者の手中では資本として機能したあと、その買い手である労働者の手中では、生活的消費（自己自身の再生産）に宛てられる収入として機能する。この媒介関係＝機能が、A・スミスの「ドグマ」では中ヌキで素っ飛んでしまうのである。

しかも、こうした商品機能（形態）の不断の変換運動は、現実的な商品の素材の持ち手の場所変換運動に於てある根拠を「資本の生産過程」に持っている。一言でいうと、社会的立場でみると、賃金ないし収入は、資本として現われ、また、資本は収入として現われるのである。

そうであるならば、賃金＝可変資本は、いったい、収入からやってくるのか、それとも、資本に由来するのか？ あるいは、だれがどのようにして、「資本の生産過程」において資本家の収入として（生産的消費であるにはせよ）消費されて無くなってしまうところの資本を、補填することができるのだろうか？ これらの疑問は、個別的観点であれ、社会的観点であれ、前代の「純生産物」だけを「収入」とみなし、事実上の「剰余価値」とみなすケネーの〈経済表《タブロー・エコノミーク》〉体系にとっては、もとより解くことのできない無縁・無理の問題であった。これは、近代的資本‐賃労働関係に基づいてこそはじめて提起され提示されうる問題である。これこそが、A・スミスの社会的再生産構造の把握と深く結びついた、第一の問題にほかならない。

第二の問題は、不変資本cの再生産ならびにその価値量規定という問題である。如上の第一と同じ基本的枠組のもとで、スミスは、資本部分cの定在とその価値量計測を、資本制的観点にふさわしい仕方で論述しなければならない。前代の重農主義者《フィジオクラート》ケネーの場合のように、「自然の再生産過程」の助力に頼ることなしに、スミス自身が設定した労働一般の基礎のうえで、言い換えると、単なる労働一般的・生理的支出そのものを通じて、資本部分cの出生根拠を筋道だてて解明する、という課題である。これは、誰にしても導出不能の問題であろう。

しかし、スミスは、かれの古典派経済学立場の制約によって、商品を生産している労働の二重性をつかむことができる、新しい生産物のなかで旧い生産手段価値cがどのようにして維持されるのかという関係を、経済学的に理解することができなかった。それゆえにまた、その価値量も規定できなかったのである。もちろんのこと、その不能はスミスの頭が悪かったためではなくて、飛び切り頭が良かったA・スミスでさえも、そのイデオロギー的制約、すなわち古典派経済学の依ってもって立っていた立場性のゆえに、この関係を摑みとることができなかったのである。

それでA・スミスは、不変資本価値cもまた、かつて生産労働者が対象化されたものであり、したがって〈v＋m〉から成り立っているというように、「分解手法」によって遡及して読み替える考え方を持つにいたった。そのさい、スミスは、cを分解するのに、v＋mをもってするのではなくて、文字通りには通俗的に「賃金」、「利潤」、「地代」という収入諸形態でこれをおこなった。ここから、資本制社会の年々の生産物の交換価値は、賃金、利潤、地代に分解するという、マルクスのいわゆる〈スミスのドグマ〉が出てくる。言いかえるならば、スミスの〈v＋mのドグマ〉は、スミス個人のたまたまの理論的誤謬の産物なのではなくて、古典派経済学に必然的な、特有の必然的誤謬であるのである。だからこそまたそれは、マルクスによる体系的な理論的検討に値したドグマであったのである。

「固定資本」について見ると（スミス経済学の場合、マルクスが創発した「不変資本」「可変資本」という資本区分概念は持っていなかったから、それらは「固定資本」「流通資本」として把握されていた）、固定資本に「分解手法」が適用される限り、その部分は、資本一般として、つまり固定資本も流動資本も区別なく、過去に蓄積された労働として、処置されるほかありえない。要するに本来的に超歴史的なスミス経済学には、「労働一般」と「資本一般」の一般的両概念しか無いのである。

そのためかれスミスにとっては、「固定資本」規定は、特殊な特定規定を必要とするわけではなく、この問題は単に第二義的な意義しかもたない。固定資本に関するこのようなかれにとっての第二義的な取扱い、ひいては、総じて資本を諸収入つまり付加価値＝付加労働に分解してしまう思考様式を支える歴史的背景には、スミスの時代の「発達したマニファクチャー的生産様式」における手工業的な技術的基盤が横たわっている。やがて到来した機械制大工業の時代の「機械による機械の生産」（cの自己補塡）が、〈A・スミスのドグマ〉の不合理性を白日のもとにさらすにいたるまで、手作業すなわちいわゆる素手労働 unassisted labour（v＋m）の技術的基盤が、〈A・スミスのドグマ〉の存立根拠を提供しつづけたのである。歴史的性格を有つ概念的・理論的誤謬の批判的摘発を、ただ単にその観念的根源に求めるだけでなく、つねにその社会的・産業的・物質的根源に求めてゆくマルクスの批判方法の卓越性が、この〈A・スミスのドグマ〉批判に典型的に活かされているのである。

宮川彰教授のすぐれた、資本制経済における再生産論の基礎構造への理論発展史的接近によれば――

「こうして「分解手法」という理論装置をまって、労働価値説にもとづく商品価値規定があたえられるとともに、ここにはじめて、個々の商品分析と、「社会の総生産物」についての概念的把握との結合が可能になり、これらの基礎上に、「資本」と「収入」との分配と補塡の運動が展開されることができるようになった。というのも、それは商品価値分析であると同時に、スミスの字義どおりには、資本が「賃金」・「利潤」・「地代」という諸収入、つまり分配範疇で「分解」されており、再生産論、分配論テーゼとなっているからである。いいかえると、資本ならびに収入諸形態の社会的再生産の問題が、商品分析のうちにあわせて提起されるといってよかろう。国民経済の成立と商品生産の一般化、封建的土地所有から近代的な資本主義的土地所有への転換、すなわち地代の剰余労働一般への還元、資本主義的生産様式および生産諸関係の広がり、そして近代社会の三大階級とその経済的存立条件つまり賃金・利潤・地代の成立、これらがスミス〈ドグマ〉の成立の前提である。それゆえ〈ドグマ〉は、スミス＝古典派再生産論の総括テーゼにほかならない」（『再生産論の基礎構造』八朔社刊）。

A・スミスにおける〈ドグマ〉の成立は、ケネー学説を農業にもとづく偏狭で粗野な教説として批判し、「経済表」の範疇体系を解体させうるに十分な、真に近代ブルジョア的な意義をもった歩みであったことが、これをもってよくわかることとなる。マルクスの最重要の課題は、このような意味をもつ〈ドグマ〉、すなわち、徹頭徹尾、近代的な諸範疇で諸テーゼを固めたスミス「再生産論」にたいして、全面的な根底的批判を下すことであった。これが、マルクスの〈経済表《タブロー・エコノミーク》〉である〈再生産表式〉のモティーフである。

マルクス「再生産論」の形成において対抗軸をなしたのは、上述のようなスミスの〈ドグマ〉である。マルクスは、早くも「一八五七～一八五八年草稿」（『経済学批判要綱』）で、D・リカードの主張にみとめられる〈ドグマ〉命題の合理的一側面をむしろ擁護する立場からこの問題にかかわりをもちはじめた。そして、「一八六一～一八六三年草稿」（『剰余価値学説史』）では、〈ドグマ〉の本格的な批判的検討に着手し、流通を媒介にした「不変資本の再生産」の課題（のちの『資本論』第二部第三篇の再生産論）について、従前からの留保点を残しつつも大きく着眼点を理論面において創発的に前進させた。その後の『資本論』第二部準備草稿で試みられた度重なる改稿と、なかんずく最後の第八草稿における「書き直し」の主要な論点もまた、残された右の留保点の解明であり、ドグマの終局的批判にかかわるものとなっている。宮川彰教授が論断するごとく、「文字どおり、スミスの〈ドグマ〉の批判的克服が、マルクス再生産論成立史をつらぬく赤い糸をなしているのである」。

以上わたしたちは、マルクスの再生産論の生成史が、ケネーの〈経済表《タブロー・エコノミーク》〉→A・スミスの〈v＋mのドグマ〉→マルクスの〈再生産表式〉、として、一筋の赤い糸によって貫かれていることを知ることができる。

スミスの〈ドグマ〉を批判する課題の第一は、社会的資本の再生産過程を分置する「分解手法」論に対する批判、第二には、取引をめぐる機能・形態規定上の混同と一面的な貨幣流通認識を脱却したスミス的範疇批判を全面展開し、文字通り資本の再生産と流通が前面に出てイニシアティヴを発揮する運動論理を描き出すということである。くりかえし強調すれば、これが取りも直さず、マルクス〈再生産表式〉のモティーフなのである。

右の第一の課題に対しては、マルクスは、「一八六一～一八六三年草稿」（『剰余価値学説史』）において、生産手段生産部門のなかの自己補塡取引をふくむ社会の三つの流れの交換を明らかにし、この交換を貨幣流通で媒介させることによって、ケネー〈経済表《タブロー・エコノミーク》〉を模したマルクス自身の〈再生産表式〉を創案し（「一八六一～一八六三年草稿」ノート第二十二冊）、スミス〈ドグマ〉に対置しようという理論的構想にいたった。

これは、史上はじめて支払労働を基軸とする労働価値説に立脚しての社会の「不変資本の再生産」の理論的把握に到達することができたという点で、再生産論成立史のうえで、疑いもなく画期をなす大前進であった。だが、そこでのアプローチの仕方では、貨幣はまだ、ただ単なる流通手段の機能としてだけ登場し、「貨幣ヴェール論」的取扱い（実物／貨幣の二分法）にとどまらざるをえなかった。この困難な課題への取り組みが、マルクスのその後の『資本論』第二部草稿の度重なる改稿作業を牽引するモティーフをかたちづくっている。この問題解決の理論的基準として、一般的流通と独自の資本循環との関連を明確にする資本循環論の総仕上げが不可欠となり、これがまた再生産論の古典経済派的枠組を最終的に払拭するための理論的前提となるのである。その総仕上げとは、〈再生産表式論〉にほかならない。

したがって、抽象的形式論（だから〈表式〉論なのである）である〈再生産表式〉論が、『資本論』体系を弁証法体系として大成させた上で持っていた理論的・方法的意義は、巨大なものがあるのである。

一般的流通と独自な資本循環との関連の解明による資本循環論は、さらに景気循環論に転化しなければならない。資本の価値増殖過程が、資本の産業循環＝景気変動過程にかかわる資本制社会的現実に即しながら。——これがマルクスの再生産論の核心である。

あたかも一つ一つの商品が、近代社会の富の要素形態《エレメンタル・フォルム》であるように、個別資本の諸変態《メタモルフォーズ》とその循環、つまり資本の単位運動は、社会的総資本の再生産過程を構成する基本要素である。それは、資本が自己増殖的な自律的価値であること、あるいは差異を通じて自己同一化する運動性のものであること、を表明する基本的形態であり、再生産論におけるすべての理論的枠組（二部門分割、三価値構成、資本流通図式＝再生産表式、亜部門ないし特殊グループ分割等々）の基礎に前提されるべき運動の具体的形態である。

こうしたマルクス的見地の方法的・理論的重要性は、次の点にある——すなわち、資本循環論の基礎づけを俟ってはじめて、個別的な資本や収入の諸運動を、社会の総流通＝総生産過程に首尾一貫して関連づけることが可能となり、個別的な商品・資本分析と社会的総資本分析との有機的結合が保証されるということである。言葉を換えて言うならば、そのような総体的総括視点の提示によってはじめて、社会の総体運動において実現されえないような個別資本はその存在根拠を失ってしまって淘汰され、また、個別資本の循環＝再生産の確保を阻害するような部門概括ないし社会的統合は無意味と化することとなる。

こうしたマルクス的見地は、一方における「ただ個別資本の観点しかもたない、セー、マカロック流の俗流的見解」（ローザ・ルクセンブルク）、他方における「資本制的生産様式の社会も全体としてみれば、この独自な歴史的・経済的性格を失なうかのように事態をみる、ブルジョア経済学の真似をしたプルードンのやり方」（マルクス）の再現を許さない、マルクス的再生産論の批判基準を構成するのである。今もって、事柄の実質や、セー、マカロック的俗見やプルードン的俗見をくりかえしている自称マルクス主義経済学の現状から見返してみて、以上のことの今日的再確認の意義はきわめて重要なことであると言える。

Ａ・スミスの〈ｖ＋ｍ〉のドグマを、スミスの「分解手法」連関の諸規定を、年総生産物の相互取引の総体にまで具体化することによって、〈スミスのドグマ〉の論理そのものに立脚する一個の社会的再生産の体系的モデルを作りあげたのが、Ｊ・Ｋ・ロートベルトゥスの『国家経済のドイツの講壇社会主義者の現状認識のために』一八四二年（邦訳・世界古典文庫版）であった。爾来、マルクスにとっては、社会的再生産の全面的総括の見地からの対スミスと対ロートベルトゥスの二正面作戦が必要不可欠となってきた。

そのロートベルトゥス的限界を決定的に超克したのが、中期マルクスの『経済学批判』であった。一八五七年、史上初の世界恐慌の渦中においてマルクスは、既存のブルジョア秩序・ブルジョア経済学の包括的批判を、Ａ・スミスとＪ・ロートベルトゥスの〈ドグマ〉の理論的克服に的をしぼって企図して、「経済学批判」体系の構想に着手したのであった。世界市場恐慌についての総括を結びとして、そこから「交換価値に立脚する生産様式の解体」を展望したのである。

ローザ・ルクセンブルク『資本蓄積論』の第一篇「再生産の問題」は、叙べる——

「それゆえに、このような純歴史的＝社会的な契機によって、資本制的社会の再生産過程の全体は、一つの特有な、きわめて錯雑した問題となる。資本制的再生産過程の外面的特徴がすでに、それの独自な歴史的特有性を示している。資本制的再生産過程は、生産ばかりでなく、流通（交換過程）をも包含するものであり、この両者の統一なのである。

何よりもまず、資本制的生産は何らの計画的規制もない無数の私的生産者の生産であり、交換がかれらのあいだの唯一の社会的関連である。再生産はこの場合には、社会的欲望を規定する標準としては、つねに先行の労働期間の経験を見出すにすぎない。だが、こうした（先行の労働期間の）経験は、個々の生産者たちの私的経験であって、これらの私的経験は包括的・社会的には表現されない。さらにそれは、社会の欲望に関する実証的かつ直接的な経験ではけっしてなく、支払能力のある需要に較べて、生産された生産物の分量が過剰であるか、過少であるかを、その時々の物価の動きによって判断させる、間接的かつ消極的な経験である。だが再生産は、過去の生産期間についてのこうした経験を利用して、個々の私的生産者によって繰り返して行われる。だから、その次の期間にはやはりまたしても、過剰や過少が生じうるのであり、しかもその場合に個々の生産部門は勝手に活動するのであって、ある部門では過剰に生産されるのに他の部門では過少に生産されることがありうる。しかし、個々の生産部門はほとんどすべて相互に技術的に依存しあっているから、二、三の大きな指導的部門が過剰または過少な生産をすれば、その他のたいていの部門でも同じ現象が現われる。こうしたわけで、社会の需要に比べて、生産物が、時々かわるがわる一般的な過剰をきたし、また一般的な欠乏をきたすのである。このことから見ても、資本制社会における再生産は一つの独自な、他のすべての歴史的生産諸形態とは異なる姿態をとる、ということになる。第一に、各生産部門は、特定の限界内で独立の運動をするので、時々再生産が長かれ短かれ中断される。第二に、個々の部門における再生産と社会的欲望との背離は、積り重なって周期的に一般的な不一致を生じ、その結果、再生産の一般的中断が起こる。こうして資本制的再生産はまったく独自な姿を呈する。他のいかなる経済形態のもとでも、再生産は――外部的な暴力的干渉を度外視すれば――絶えまない均等な循環として進行するが、これに反して資本制的再生産は、――シスモンディの有名な表現を借りれば――個々の螺旋状の連続的系列、すなわち、最初は小さく旋回するが、だんだんと大きくなり、ついにはとても大きくなり、そこで萎縮を生ずるのであって、その次の螺旋はまた小さい旋回からはじまり、同じ姿を経てついに中断が生じるような、個々の螺旋状の連続的系列としてのみ叙述されうるのである。

再生産の極度の拡張と部分的中断にいたるまでのその萎縮との周期的交替、すなわち不景気・好景気および恐慌の周期的循環とよばれるものは、資本制的再生産の最も目立つ独自性である」。
このローザの指摘は、今もって生きている、と言わなければならない。マルクスの「一八五七〜五八年草稿」（『経済学批判要綱』）では、〈プラン大系〉の前半体系第一項の「資本一般」の項目の課題と視座を、次のように据えている――「生産一般に内在して制限があるのではなくて、資本のうえにうちたてられた生産的制限がある」。そこで、この資本は、一方で絶対的・相対的剰余価値生産のあくなき追求と、他方でその剰余価値としての実現（貨幣化）との関係のなかで、「みずから特有の制限を措定するとともに、他方ではいかなる制限をも乗り超えてゆく生きた矛盾、発展した資本の基本矛盾」を含むことになる、と。

こうした生きた基本矛盾が、「資本の流通過程」（『経済学批判要綱』Ⅲ第二篇）で現われる姿は、次の二つに集約される形をとる――その一つは、相並存する諸資本は「或る固定した比例関係」に立たなければならないという交換上に現われる制限であり、この関係の内的必然性は、交換のさいの「相互の無関心な外観を暴力的に終わらせるとこの恐慌の形で現われる」。その第二は、相継起する資本の変態・循環行程で「流通時間」が価値増殖の「抑止・制限として現われる」ということである。

ここでこの二つの問題点の資本にとっての解決・克服策として、「流通時間のゼロ化」「マイナスのマイナス」が資本の渇望の的《まと》となるが、ここで実際上は、固定資本が回転期間の単位としての「総期間」を措定し、この間の「生産の連続性」を「資本にとっての外的必然性」「外的強制条件」たらしめることで、「疑う余地なく資本の総再生産局面と関連する」こととなる。この総再生産局面の総期間は、**周期的恐慌の爆発で区切られる**ものとして「たぶん十年」と、マルクスによって想定された。**恐慌の周期性が生じてくる生産的基礎**である。この次元で、経済学原理論における商品の販売と購売の分離に由来する「**恐慌の可能性**」の問題は、「**恐慌の物質的基礎**」の問題としての解明を受けて、次いで「**恐慌の必然性**」問題の解明へとつながる一つの踏石を置くこととなるのである。

以上の二点はいずれも、いま述べたように恐慌の初発契機である「恐慌の可能性」と、その周期的な矛盾累積の「物質的基礎」とにそれぞれに結びついて、「恐慌の必然性」へと発展する一連の論脈を成すものとして、後の『資本論』第二部・第三篇の「再生産論」と、同じく第一・第二篇の「資本循環・回転論」との主題に、それぞれ連繫してゆくものである。ここにひとまず、中期の「経済学批判」構想に照らしてみての「資本の流通過程」論の、後期の『資本論』第二部へと展開してゆく問題認識の確立が成された、と観ることができるのである。

5　〈再生産表式〉論の形式的・抽象的社会性から資本循環＝景気循環に即した実質的社会性の批判的内容分析へ

このような理論的深化の過程は、一八六一～六三年の全二十三冊から成る「経済学批判」草稿（『剰余価値学説史』）のうち、とりわけ第十冊での「余論。ケネーによる経済表《タブロー・エコノミーク》」ならびに第十七・十八冊の「エピソード。資本制的再生産における貨幣還流運動」の分析過程として、反映されることとなる。この中期『要綱』段階における「ケネー論」と「エピソード」との関連指摘に、わたしたちは留目しておかなければならない。

『経済学批判』第二章「貨幣または単純流通」第二節「流通手段」の冒頭の第一段階では、販売と購買とへの商品変態の分裂（これは言うまでもなく、最初の「恐慌の可能性」の初発規定をもたらす）を基礎として、「購買手段」としての貨幣の新たな規定が「流通手段」に加上されて与えられ、つづいて第二段階において今度はその「購買手段」機能が、内容的にその性格規定と固有な運動形態とにわたって詳述される。

それは、商品の形態転換運動（Form = weschsel-bewegung）を外面的に映し出すところの、同一貨幣片（dessebe Geldstück）の感覚的な位置転換運動（sinnliche Stellen wechsebewegung）であり、絶えず出発点から遠去かりながら、あるいは長い期間短い流通曲線を描く運動をもって、商品変態《メタモルフォーズ》の長短の連鎖を表現する。第三段階は、如上に与えられた購買手段の本源的運動形態に対する補足的・留保的注釈であって、ここでマルクスは、商品流通の更新による貨幣循環の恒常的な生起に、読者の注意を周到にうながしている。

第四段階では、先の第二段階の内容を踏まえつつさらに進んで、恒常的流通のなかに於て見る場合には、貨幣の購買段階機能が新たないっそう具体的に進んだ機能姿態を受け取ること、すなわち、全運動が貨幣から出発するような外観（sheinen）ならびに商品の形態運動が貨幣独自の運動として現われるかのような現象（erscheinen）を呈するにいたることが、明らかにされる。こうして、貨幣通流（Geldumlauf, currency）が規定される。

第五段階は、以上の全考察を反省＝反照規定に集約して、流通内部の貨幣独特の機能が、貨幣通流という一つの無窮運動にあることが確認される。次段以降では、こうした無窮の貨幣通流運動によってもたらされる新たな形態規定性が、追究されてゆくこととなるのである。

すなわち、第五段階では、まずその新たな運動形態をめぐって、貨幣通流がかぎりなく分化・分裂した運動であることから、それが、表象に思い浮かべられる恒常的貨幣還流現象とはさしあたり無関係であることが指摘されるのであるが、その間の問題点は先送りされる。そして最後に「最も重要な経済法則の一つ」である通流する貨幣の量、つまり「流通に必要な」貨幣量を決める問題の考察に、第七段階から最後の十三段階までが充当されるのである。

これを、マルクス自らの「経済表《タブロー・エコノミーク》」すなわち「再生産表式」と、「ドクトル・ケネーの経済表《タブロー・エコノミーク》」との照合関係として、マルクスのエンゲルスあて一八六三年七月六日付の手紙に徴して照応させてみるならば、マルクス「経済表《タブロー・エコノミーク》」もなお、次のような基本的論点を含んでいることが、マルクス自身の理論的自覚として表明されていることが判明する。

すなわち――

（1）範疇転化把握の未克服の隠蔽、古典派経済学的な資本・収入転化把握の未克服という点である。貨幣流通による媒介は、可変資本と賃金とを切り離しかつ結びつけたのであるが、とはいえこの事情は、資本・収入転化認識を完全に脱却できたことをけっして意味しない。感性的な貨幣片の通流つまり持ち手の場所変換運動には、視覚的な線運動による表現がふさわしいが、この通流＝線軌道の表現は、範疇転化認識には適合的でさえある。なぜならば、物財・物象の場所変換で絡みあう諸規定を物財・物象をめぐる諸規定の交替として逆立ちさせ、むしろその運動を、物財・物象そのものにそなわる範疇の「転化」と見誤り・取り違える認識パターンが生じてくるからである。こうして、相互に絡みあいながら進行する資本や収入の諸規定の独自の循環＝形態変換の過程は、マルクス「経済表《タブロー・エコノミーク》」＝〈再生産表式論〉の通流＝線表現では、その後景に押しやられてしまい、あるいはそれによって覆い隠されることとなるのである。

(2)「総再生産過程を包括する」表示方法における、総再生産過程の二重表示の問題である。マルクス「経済表《タブロー・エコノミーク》」(「再生産表式」)では、生産範疇と流通範疇(商品資本としての「労働生産物」)とが二重に表示され、これらを貨幣通流が結んで、それぞれの出発点に還流せしめられている。

それぞれの「部類」の「労働生産物」が、部類ごとに、また社会全体として総括され、「全社会の不変資本」が「部類Ⅱ　総生産物」において一目瞭然となっているが、この「部類Ⅱ」ならびに商品資本とは区別されるものとしての「生産資本」の掲出は、資本循環論の整備と依拠すべき流通図の確定とともに、当然消滅すべきものである。

(3)貨幣還流による総過程循環の表示では、〈経済表《タブロー・エコノミーク》〉の諸範疇を結びつける貨幣流通運動は、あたかも貨幣資本の前貸し・回収であるかのように、生産・流通の総過程を一循環する形で復帰させられている。同一貨幣片の貨幣通流が描く還流が、それとは本来異質な、自己増殖的価値の貨幣形態への復帰である貨幣資本形態＝形態循環としての貨幣還流から、かならずしも明確に区別されてはいない。

以上が、『剰余価値学説史』の認識を貨幣流通の媒介によって一歩具体化したマルクス〈経済表《タブロー・エコノミーク》〉の取引運動をめぐる固有の制約である。

「一八六一～一八六三年草稿」のノート第十七・十八冊に所収された、〈経済表《タブロー・エコノミーク》（再生産表式）〉の成立数ヵ月前に執筆された「エピソード。資本制的再生産における貨幣の還流運動」は、〈経済表〉へと結実してゆく実質的な理論内容ならびにその表現形式を規定する論述を展開させており、〈経済表《タブロー・エコノミーク》〉構想の成立にとって直接の契機を成している。

『資本蓄積論』のローザ・ルクセンブルクは、その第三章「スミスの分析の批判」において、「わたしたちは、スミスによる分析が到達した結果を概括しよう。それは、次の諸点に表わされる」と述べている。すなわち――

「（1）社会の固定資本なるものがあり、これは少しも社会の純収入には入らない。この固定資本をなすものは、「有用な機械および道具を維持するのに必要な原料」と「この原料を望ましい姿態に転化するために必要な労働の生産物」とである。スミスは、この固定資本の生産を、特殊な種類のものとして明らかに直接的生活手段の生産に対立させることによって、事実上は固定資本を、マルクスが不変資本と名付けたもの、すなわち、労働力とは反対にいっさいの物象的生産手段から成る資本部分に、転化させている。

（2）社会の流動資本なるものがある。だが、これから「固定」（「不変」と言うべきだ）資本部分を除外すれば、あとには生活手段の範疇だけが残るのであるが、これは社会にとっては、何らの資本にもならないで純収入すなわち消費元本となるものである。

（3）個々人の資本および純収入は、社会にとっては「固定」（「不変」と言うべきだ）資本にほかならないものも、個々人にとっては資本ではなく、収入すなわち消費元本でありうる。――固定資本のうち、労働者の賃金と資本家の利潤とを表示する価値部分にとっては、そうである。逆に、個々人の流動資本は、ことにそれが生活手段を表示するかぎり、社会にとっては、資本ではなく、収入でありうる。

（4）年々生産される社会的総生産物は、その価値一般のうちに微塵の資本もふくむものではなく、労賃、資本利潤、および地代という三種の収入にすっかり分解する。――

ここにあげられた（スミスの）思想断片から、社会的総資本の年々の再生産の像とその機構とを編成しようとする者は、やがてその仕事に絶望するに違いない。それにもかかわらず、結局どのようにして、社会的資本が年々絶えず更新され、すべての人の消費が収入によって保証されて、同時に、個々人がかれらの資本および収入を保持するかということ――こうしたことは、その解決にはまだ前途遼遠であるように思われる。だが、初めてマルクスがこの問題にいかに多くの光明を投じたかということを測り知るためには、（スミスの）いっさいの思想混乱といくたの矛盾した観点とを、思い浮かべてみることが必要である」。

宮川彰教授は、先にも述べたごとく、右のようなA・スミスの〈ドグマ〉を、前代のケネーの〈経済表《タブロー・エコノミーク》〉を成熟した資本制社会の経済的諸範疇に即して「解体」するために提起されたポジティヴな意義に着眼して分析したが、後代のマルクスの〈経済表〉との関係でこれを捉えれば、当然、ローザが右に説くがごとく、そのネガティヴな否定的側面がクローズ・アップされるのほかはない。もちろん、宮川彰教授の全見解は、ケネーの〈経済表《タブロー・エコノミーク》〉→それを解体するA・スミスのドグマ→それを解体するマルクスの〈経済表《タブロー・エコノミーク》〉→マルクスの「再生産論」の完成、という全構想・全構図を以て組み立てられている以上、そのスミス的見地に対する最終的評価は、ローザのそれと変わりはないものと思われる。ともあれ、ローザはつづける――

「わたしたちは、アダム・スミスの最後のドグマから手をつけるが、これは、古典派経済学における再生産問題を失敗させるのにそれだけで十分だったしろものである。社会の総生産物は、その価値においてすっかり賃金・利潤および地代へと分解してしまわなければならないという、スミスの奇々怪々な表象の根柢は、まさに、価値論におけるかれの科学的な理解のうちに横たわっている。（ローザの見地からすれば）労働はすべての価値の源泉である。あらゆる商品は、価値として考察すれば、労働の生産物であってそれ以上のものではない。だが、遂行されたあらゆる労働は、賃労働としては、――人間的労働を資本制的賃労働と同一視することは、まさにスミスにおける古典的な盲点である――投下された労賃に対する塡補であると同時に、資本家のための利潤および土地所有者のための地代としては、不払労働から生じる超過分である。個々の商品について言えることは、商品総体についても言えなければならない。社会によって年々生産される商品総量は、価値量としては、労働の――しかも支払労働ならびに不払労働の――生産物にほかならず、したがって、やはりすっかり賃金・利潤・ならびに地代に、分裂してしまう。もちろん、各々の労働にさいしては、なお原料・用具などが問題となる。だが、この原料および用具は、やはり労働の――しかも、これまた、部分的には支払労働の、部分的には不払労働の――生産物以外の何ものであろうか？　わたしたちは、いくら後戻りしても、どれだけ堂々廻りしても、総商品の価値あるいは価格のなかには、単に人間的な労働でないものは、何も見出さないであろう。だが、あらゆる労働は、賃金を塡補する一つの部分と、資本家および土地所有者の手に入る他の部分とに分裂する。賃金と利潤以外には何もない。――だが実は、資本が、個々人の資本と社会の資本とがあるのだ。では、どうやってこの甚だしい矛盾から逃れることができるか？　事実、ここにきわめて難しい理論的難問が横たわっているのだということは、マルクス自身が、たとえばかれの『剰余価値学説史』第一巻に観ることができるように、真先に前進して出口を見出したことをぬきにして、どれだけ長い間資料のなかでの研究に沈潜したかという事実一つを見れば分かる。しかしながら、かれマルクスは、その解決を立派に、しかもかれの価値論を基礎として、なしとげたのだ」。

この〈スミスのドグマ〉に集約された、「古典派経済学の盲点」に対するローザ・ルクセンブルクの明察は、経済学原理論の概念的精錬を基礎として、唯物論的歴史把握の領域をも照明するのである。すなわち、曰く――

「ここで問題なのは、資本制的生産のもとでのみ起こるような事象ではなく、社会の歴史的形態とは無関係な、人間的労働の一般的基礎である。自分で作った労働用具を以てする作業は、人間社会の根本的な文化史的特徴である。各々新たな労働に先行して、これに作業の基礎を用意する過去の労働という概念は、人間と自然との文化史に結びつき、すなわち人間社会の絡みあった奮闘的労働の連続的連鎖――これは、社会な人間生成の黎明期にはじまり、全文化人類の没落とともにのみ終結しうるものである――を、表現する。だからわたしたちは、あらゆる人間労働を、それ自身がすでに以前の労働の生産物たる労働手段に先行するものと考えなければならない。したがって、あらゆる新生産物のなかには、これに最後の姿態を与えた新労働ばかりではなく、これに材料・労働用具などを提供した過去の労働も含まれている。価値生産すなわち商品生産――資本制的商品生産を含む――においては、この現象は揚棄されるのではなくて、独自的表現を得るにすぎない。すなわちこの現象は、商品を生産する労働の二重性において表現されるのであって、商品を生産する労働は、一方では、何らかの種類の有用的・具体的な労働として、有用的な対象すなわち使用価値を創造し、他方では、抽象的な・一般的な・社会的に必要な・労働として、価値を創造する。その第一の属性においては、商品を生産する労働は、利用された生産手段に含まれている過去の労働を新生産物の移譲するという、人間の労働がつねに為してきたことを為しているのであって、ただ見るところは、この過去の労働もいまや価値として――旧価値として――現象するというだけである。その第二の属性においては、商品を生産する労働は新価値を創造するのであるが、この新価値は、資本制的には支払労働と不払労働とに、すなわちv＋mに分裂する。だから、あらゆる商品の価値は、労働が、社会的に必要な労働たる属性においては、その単なる支出によりその継続によって創造する新価値を含むと同様に、有用的・具体的労働たる属性においては、生産手段から商品に移譲する旧価格をも含まなければならない。

スミスがこの区別をなしえなかったのは、かれが価値創造的労働の二重性を区別しなかったからであり、そしてマルクスは、ある箇所で（『資本論』第二部）、スミスの価値論のこの根本的な誤謬のうちにこそ、生産された全価値分量が残らずv＋mに分解するという、かれの珍奇なドグマの本来の最も深い源泉を認めなければならない、と言っている。商品を生産する労働は、具体的・有用的な労働であり、また同時に抽象的な・社会的に必要な・労働であるという、この両面を区別しなかったことは、事実上、スミスの価値論ばかりでなく、全古典経済学派の価値論の最も顕著な特徴の一つである」。

こうして、マルクス〈経済表《タブロー・エコノミーク》〉は、資本解消という〈ドグマ〉のばかげた古典派経済学的帰結に対して、「不変資本の再生産・補塡」を対置・対質することによって、古典派ブルジョア的再生産論＝「三位一体説」的収入《インカム》論に対する批判的図式を提供した。この限りで一先ずは、経済学批判体系における『資本論』的総括の構想の志向性が可能となったと言える。

とはいえ、この構想の試図は、中期マルクスにおいては、資本流通過程論なかんずく資本循環論の未熟によってその限界を画され、貨幣流通認識の制約による資本運動の掣肘をよぎなくされており、取引運動把握の上でスミス／ロートベルトゥス以来の〈ドグマ〉を十二分には払拭しきれず、その表現形式の点でケネー〈経済表《タブロー・エコノミーク》〉の模倣にとどまるなど、独特の中期から後期への過渡性の課題を残すものとなっている。

この理論的限界・弱点を決定的に打破して、マルクス〈経済表《タブロー・エコノミーク》〉＝〈再生産表式〉の揚棄をうながす諸契機を準備したのは、次の段階の資本循環論の前進的成立をふくむ『資本論』全三部体系の第一稿の完成である。

如上の一八六五年末の『資本論』全三部体系の第一稿完成を俟って、『資本論』弁証法体系の節別構成の「梗概」は確定されるにいたったが、一八六四〜六九年の第二部「資本流通過程論」の第一稿、なかんずく資本循環論のはじめての本格的展開によって、マルクス〈経済表〉構想は、抜本的な練り直しを迫られたのであって、次の諸点が〈経済表《タブロー・エコノミーク》〉構想の揚棄を促す諸契機をかたちづくった——

(1)〈表〉形式の棄却。貨幣資本循環の定立によって、資本循環としての貨幣還流と形式的還流すなわち単に買い手が改めて売り手に転換することで生じる貨幣循環とが、識別可能となり、商品資本の総流通W′—G′—W〔…P…W′〕

として展開する貨幣還流が後者であることを、明らかにする。マルクスは言う――「資本の流通は、貨幣の還流として、現われるけれども、逆に貨幣の還流のことごとくが、つねに、資本の流通それ自体を現わしているわけではない」と。また、「ここで考察される資本家間の貨幣流通および商品流通は、実際には単純な流通である」と。

右のごとく、それは貨幣通流と同類の「単純な流通」の範疇に属するものである。他方、資本の循環にとっては、貨幣形態での復帰＝還流は本質的・必然的であるに相違ないが、とはいえ、その還流が同一貨幣片の通流運動で媒介されるかどうかは、どうでもよい偶然的なことでしかありえない。ところが、その非本質的な貨幣通流運動にイニシアティヴを付与したのが、〈表〉の線構成にほかならない。こうした形式は、資本運動に対する貨幣流通の転倒的掣肘を物語るものである。〈表〉形式の棄却は、この限界打破のため必然化される。

（2）〈表〉課題の実質的先取り。貨幣資本循環の成立は、貨幣の自己増殖運動G―W―G′を明らかにし、「資本家はいかにして流通に投じるよりも多くの貨幣を引き出すのか?」という古典派経済学のかかえていた難問《アポリア》の解明のための視座を提供する。こうして、この問題解決を、主要論点の一つに後期マルクスの研鑽は予定して組み込んでいた、と考えられる。一八六三年一月の『資本論』第三部・第一〇章「資本制的生産の総過程における貨幣還流運動」は、そうした主題の一つを実質的に先取りしたわけである。そこで、このプランと呼応した〈経済表〉による『資本論』「総括」の意図は、抽象的形式性の水準にどこまでも踏みとどまらざるをえない〈経済表〉＝〈再生産表式〉による表式化では、その実質内容的解析とはなりえない以上、もはや維持困難なものとなったのである。

（3）商品資本循環の成立。第二部・第三篇「再生産論」の拠るべき資本流通図式として、生産資本循環および商品資本循環が明らかにされ、総再生産過程把握の分析対象は、事実上その「W′の原生産の実現諸条件」に収斂せしめられる。とすれば、総再生産過程把握の意図をもった〈経済表〉の構想は、第二部・第三篇において商品資本循環としてみた総資本の流通＝再生産を全体的に考察することによって、実質的には果たされ、それで十二分に代置されることになる。

ケネー評価では、マルクスは第一稿ならびに第二稿において、まだ、流通図式Ⅱ（＝生産資本循環）と図式Ⅲ（＝商品資本循環）との双方が、ケネーの〈経済表〉の分析の基礎にあるとみなしていた。しかし、第一稿の第三章「再生産論」の実質的叙述では、商品資本が分析されている。また第二稿では、「再生産論」の分析図式としての商品資本循環が、はっきり打ち出されている。これにともなって、『資本論』体系の最後の諸章での〈表〉による「総括」はもはやその意義を失い、また、「第Ⅲ部類　総再生産」も無用に帰することとなった。

こうして、『資本論』全三部の第一稿における資本流通過程論の進展によって、一八六三年半ばにおけるマルクス〈経済表《タブロー・エコノミーク》〉の当初の構想・構成の再編・訂正・棄却の方向が不可避となり、〈表〉形式の棄却と、先ずはそれに替わる〈再生産表式〉的説明への転化が推し進められた。その際、第一稿の第二部では、A（生活手段）部門：400C＋100V＋100M、B（生産手段）部門：800C＋200V＋200M、と表式化しうる均衡条件の記述にとどまっていて、〈再生産表式〉そのものはまだ掲出されるにいたっていない。第一稿の第三部末尾ではじめて、上記のA・B両部門はそれぞれ、「Klasse（部類）I」「Klasse（部類）II」に置き換えられた、上掲と同じ数値配置をもつ〈表式〉――第二稿まで継続される型のいわゆる〈原表式〉が登場する。

再生産過程の表現方法の深化として、〈表〉から〈再生産表式〉への転化をめぐる従来の論議は、拡大再生産の究明の進展や産業循環論の新たな課題設定などにその契機・論拠が求められてきたが、根本的には、第二部第一稿の公刊とそれをテキストとする読解の進展によって、そこでの三章構成の資本流通過程論の本格的展開、〈表〉の不在とそれに替わる〈再生産表式〉的説明、そして〈原形式〉の型の登場、拡大再生産実例の未着手、といった諸事実が、資料的に明らかとなったのである。そこで、〈表〉と完成〈表式〉とを架構する、第一稿から第二稿の時期にかけての〈原表式〉形式段階が、「再生産論」形式史上クローズ・アップされたのである。

6　マルクス「再生産論」の発展における『資本論』第二部準備草稿の執筆順次について

マルクスの『資本論』第二部の準備草稿の序次については、宮川彰教授の作成した第一草稿から第八草稿までの行き届いた集約がある――

草稿類	執筆順推定時期	草稿頁数	内容と現行版での採用度
第一草稿	一八六五年前半	一五一頁	不使用　第二部の包括的叙述
第三草稿	一八六五年央～一八六七年三月末	七三頁	不使用　第一篇資本循環論の引用
第四草稿	一八六七年六月～一八六八年末	六一頁	使用　資本循環・回転論
第二草稿	一八六八年末～一八七〇年前半	二一一頁	三分の一使用　完成度の高い全体
第五草稿	一八七七年四月以降	五五頁	ほぼ全部使用　資本循環論
第六草稿	一八七七年一〇月～一八七八年七月	一七頁	ほぼ全部使用　資本循環論
第七草稿	一八七八年七月二月	七頁	ほぼ全部使用　資本循環論
第八草稿	一八七九年秋～一八八〇年初	七〇頁	四分の三使用　第三篇再生産論

この序次によってこれを看るならば、マルクスによる『資本論』第二部の改稿作業には、明らかに二つのピークがある。その第一は、一八七〇年執筆の第二草稿である。後の改訂のためにこれが「基礎にならなければならない」とマルクス自身が記している。その第二は、一八七七年以降の諸改稿、とりわけて一八八〇年執筆の最終第八草稿にいたるものである。この第二のピークの改稿作業について、『資本論』第三部の編・発行者エンゲルスは「編者序文」で次のように記している――「第三篇、社会的資本の再生産と流通は、かれマルクスにはどうしても書き直しが必要

であると思われた。というのは、第二草稿では再生産が、先ず以て、それを媒介する貨幣流通を顧慮することなしに取り扱われ、次にもう一度、これを顧慮して取り扱われていたからである。このようなことは、取り除かれ、また、この篇全体が一般に著者の拡大された視野に照応されるように書き直されるべきであった。こうして出来上ったのが第八草稿である」と。

　エンゲルスが注意をうながしている、マルクスの第八草稿における「拡大された視野」の具体的内容は何なのか？注目すべきことは、第八草稿すなわち第三篇「再生産論」の「書き直し」に先立って、第一篇「資本循環論」、しかもその主章である第一章に集中した第五草稿から第七草稿にかけての改稿がなされているという点である。それゆえ、マルクスはかれの「再生産論」を、一八七〇年第二草稿のあと十年近くを経て――資本循環論の仕上げのあと――第八草稿で最後の仕上げとしての改稿にとりかかったことになる。この問題はそれほどに重要で、かつ理論作業的に手間のとれるものだったのである。わたしたちは、ゆめゆめこのことを軽視してはならない。

　なかんずく、「拡大再生産論」に関しては、「一八六一～六三年経済学批判草稿」（『剰余価値学説史』）における画期的考察のあと、一八六五年第一草稿と一八七〇年第二草稿の二度にわたる改稿を試みようとしながら中断しつつ、実に二十年近くの空白を経て、ようやく最後の一八八〇年初の第八草稿において着手しているのである。そしてこの時、マルクスにとっては、従来の久しい理論的桎梏が解き放たれたと覚しく、一気呵成に現行のその基本的な完成にまでこぎつけた、と推測される。この乗り越え点は、「資本循環論」の仕上げを契機とした〈スミス・ドグマ〉の最終的克服と、それによるマルクス独自の第三篇「再生産論」の確立、にほかならない。

　右の〈スミス・ドグマ〉の最終的克服と「再生産論」の確立について詳述すれば、第一に、一八七〇年代後半の第五草稿から第七草稿へといたる『資本論』第二部「資本循環論」のひきつづく改稿作業は、マルクス独自の「資本循環過程」がその「流通」局面で「一般的商品流通」と絡みあいながら、その一部分となって「動因」をなす、という第二草稿で明確にされた相互関連に彫琢を加える作業であった。資本の循環は、或る流通段階たとえば取引W対Gにおいて、商品と貨幣量の持ち手変換W↔Gとそれに担われた形態変換W—G（その対極でのG—W）という一般的商品流通の基礎のうえで、対極におけるたとえば独自の収入規定での形態変換運動が発展して、利子生み資本と株式会社の活動を補完し拡大することとなる。

『綱要《グルントリッセ》』においては、資本流通の基本を形態転化過程においてとらえたうえで、さらに広くその規定条件に目を配る時、「流通は空間と時間とにおいて進行する」というマルクスの凝縮的表現にもあきらかなように、流通の空間的契機と時間的契機とが、二つながら浮上してくる。『要綱』は記す——「この流通時間中、資本はその価値を増加することができない。なぜならば、このような流通経過は、生産時間ではなく、資本が生産労働を領有しない時間だからである。したがってこの流通時間は、資本によって創造された価値をけっして増加することができないのであって、むしろ価値を産出しない時間を措定するだけである」。ここから、先にも述べたように、資本にとって「流通時間なき流通」「流通時間イコール零《ゼロ》の措定」、といった極端に不合理なまでの極端に合理的な運動形態創出への資本の飽くなき探求が開始されるのである。

資本流通は、空間と時間の二契機のうちに形態を不断に転換してゆく。その時間的契機＝流通時間にいま一歩立ち入るとき、それはただ単に「可能的な価値増殖時間の否定」であるにとどまらず、さらに攻撃的に「現実に措定された（wirklich gesetzt）価値増殖時間の否定」であり、現在あるいは未来の価値創造への制限であるばかりでなく、過去に創造された価値からの出費（失費）であり、また可能的労働時間からの控除であるにとどまらず、対象化＝現実化された労働時間からの控除である。「流通時間は、可能的生産時間からの控除としてあるばかりでなく、また流通の現実の費用でもあって、すでに現実に産出された諸価値が流通に支出しなければならない」。これを要するに、流通時間そのものは、資本にとっては、価値の損失、出費、費用、控除、無用な支出というマイナス意味を固有しているのである。
『要綱《グルントリッセ》』は、「利潤」とは「剰余価値」が形態転化(転形)したものであって、この転形とともにいまや資本もまた「果実をもたらす資本」、すなわち「利子生み資本」として現われる、とした。このように「いまや資本は生産と流通との統一として措定」されるのであるが、この各部分の統一がただ単に各部分の合計以上のものである場合にのみ、言い換えれば「新しい何ものか」としての「利子」を生み出す限りにおいてのみ、真に新しい現実的規定性を獲得することは明らかである。

「資本制的生産過程は全体として考察すれば、生産過程と流通過程との統一であることが、明らかとなった。この第Ⅰ部で問題にするのは、この統一について一般的な反省を試みることではありえない。問題はむしろ、全体として考察された資本の運動過程から生ずる具体的な諸形態を発見し、叙述することである」と。

ここに言われている、資本の現実的な運動過程から生じる具体的なさらに新しい諸形態の資本による発見・創出こそが、「果実をもたらすものとしての資本 Das Kapital als Frucht bringend」としての「利子生み資本」の運動形態であり、「株式会社」の運動形態であり、「信用制度」の運動形態であり、「信用創造」の運動形態にほかならない。

マルクスは、『要綱』執筆中に、僚友エンゲルスに「これまであったような利潤に関する学説は全部ひっくりかえしてしまった」と書き送っているが、この手紙のデート=一八五八年一月一六日頃から推量して、この宣言は第三篇「再生産論」を含む〈ノートⅦ〉に先行していることが分かる。G―Wと前提しあい、条件づけあい、絡みながら、独自の資本の規定で形態変換W―Gを遂行する、資本・収入という形態規定の自律的循環の運動が、その単なる担い手にすぎない商品・貨幣流通から解き放たれて、前面に押し出されてくる。これが、マルクス「再生産論」にとっての「資本循環論」の仕上げの持つ第一の意義である。

その第二の意義は、資本と収入との相互のあいだの位置づけの確定である。両者の絡みあいのなかで収入《インカム》運動の位置は、能動的・並導的な資本運動にたいして、受動的・従属的な、そしてにもかかわらず総再生産過程を究極的に制約してゆく関係として与えられ、ここに、再生産過程における資本–賃労働の取引関係ならびに収入運動の地位の確定をみるにいたる。

こうした相互関係の確定的認識の高みは、あらゆる意味でかつての古典派経済学的な〈ドグマ〉的枠組への依存とは相容れない質のものである。一八七九～八〇年執筆の第八草稿はこうして、新たな「視野の拡大」（エンゲルスの『資本論』第二部への「編者序文」の言葉）を獲得し、マルクス独自の再生産論の確立をもたらしたのである。

第三篇「再生産論」の主題は、「年生産物のさまざまな成分のあいだの取引 Umsatz すなわちそれらの流通」の態様を解明すること、つまり「同時に資本の再生産を、しかも不変資本・可変資本、固定資本・流動資本、貨幣資本、商品資本、といったさまざまな規定性での資本の回復を、ふくんでいなければならない流通」の具体的態様の解明にある。一八六八年末～一八七〇年前半執筆の第二草稿までのように、単なる再生産の「実体的諸条件」ではなく、もっと言えば、形態運動とは別のものの、再生産のための生産物素材の具体的な比例条件を明らかにすることにとどまるのではない、価値と素材の両視点を入れた「社会的総資本の再生産と流通」（エンゲルス命名の現行版『資本論』第二部・第三篇表題）がはじめて正面に据わることになる。

第八草稿の第二部第三篇では、従来の「三形態変換」にしたがった考察パターンは後景へと退き、ただその三流れの枠だけが読者の「理解を用意にするための支点」として、編者エンゲルスによって不用に挿入されているにすぎない。ここにおいて、いわゆる「貨幣ヴェール」扱いの古典派経済学的な「二分法接近法」の残滓が全面的に斥けられて、資本の運動によって必然化される貨幣の諸機能・諸形態が組み込まれるのである。ここに、『剰余価値学説史』の当初、「蓄積基金」を固定資本の「減価償却基金」のなかに求めようとした理論的混同も、最終的に解決されるにいたったのである。

7　マルクス「再生産論」の発展における「新たな拡大された観点」とは何か？

資本循環論の確立は、資本流通にたいする商品流通、したがってまた、これに担われる収入運動の受動的・従属的地位を先に確認したごとく明らかにした。こうした収入《インカム》によって実現される消費手段の生産部門は、〈v＋m〉の〈スミス・ドグマ〉の枠組として第二草稿まで踏襲されてきた、転倒的な表式第一部門配置に替わって、それ本来の地位である表式第二部門へと正しく転置される。また、このような資本の循環＝再生産の運動の復位は、拡大再生産の場合に蓄積率決定の優先性が生産手段生産部門＝第一部門に付与されなければならないという、理論的にばかりでなく実践政策的にも有用な根拠を示すことになった。

けだし、収入《インカム》（蓄積の場合には追加的収入）は、それが第一部門のであれ第二部門のであれ、剰余価値からの転化された新資本の投下の結果として措定されることとならざるをえないのであり、しかも、その支出が生産手段（追加的生産手段）を実現＝制約するのは、個人的消費を媒介とする間接的な仕方でしかないことが明確となるのである。消費手段部門は法則として優先位には就くことができないのである。資本循環論による再生産論の基礎づけは、こうして、資本循環運動ならびにそれに対する収入の受動的・従属的地位を明らかにし、再生産論における古典派経済学的枠組の残滓を一掃したのである。この、第八草稿での表式の第一部門・第二部門の配置の逆転を、従来の再生産論成立史理解の通説のように「拡大再生産究明」の進展や「生産手段部門の蓄積率の優先性」から説明するのは当を得ていないのである。生産手段部門の消費手段部門への優先というドグマは、本来的に労働者の消費増加を伴わない生産手段部門の先行的・優先的発展をひたすら志向したスターリンの「工業化五カ年計画」の開始の必要から生まれたドグマ以外の何物でもないのである。

右に示されるような、「新たな拡大された観点」に立脚してはじめて、マルクス独自の再生産論の基本構造は確立するにいたった。古典派的・スミス的〈ドグマ〉のあらゆる残滓を一掃し、単純再生産のもとでの「固定資本の補塡」および「貨幣材料の再生産」の新たな理論的究明と表式展開に基づく拡大再生産の基本的解決を得ることによって、マルクス「再生産論」は完成をみるにいたったのである。

まさに死の直前の第八草稿にいたるまで改稿に改稿を重ねて、マルクスが苦心営為のうえ到達した如上の「再生産論」形成史の巨歩は、古典派のブルジョア的再生産論＝〈スミス・ドグマ〉に対する仮借なき徹底的批判の末のその終局的超克を証明するものであった。そしてあわせて、そのようなマルクス「再生産論」の解釈・解義についても、わが国で戦前から戦後へと圧倒的影響を発揮した山田盛太郎『再生産過程表式分析序論』（改造社刊、一九四八年）を主軸とする、群盲象を撫でるがごとき紛議にも、終止符を打たしめたのである。今もってその終止符のマルクス理論的意義を了解するにいたっていない群盲的マルクス主義経済学者のたぐいなどは、およそ学問の分野においてはもはや問題外のそのまた外の噴飯物でしかありえない。

『資本論』第二部・第三篇のマルクスの〈再生産表式論〉に抽象的に定式化された「再生産論」は、従来久しく、日本においても世界においても、**「恐慌論」**との不可分な関連性において問題として論じられてきた。これは、よかれあしかれ、ツガン・バラノフスキー以来のマルクス主義的伝統（！）である。近代日本においては、山田盛太郎理論以来、この〈再生産表式論〉に定式化された「再生産論」は、**「部門間不均衡」による恐慌への接近**という誤った論脈で把握されてきたが、そのような論脈は「資本過剰《プルセラ》」を主眼とする**マルクス〈恐慌論〉**の理解においては、厳に斥けられなければならないが、さりとてそのことが「再生産表式論」の誤読による「部門間不均衡」「過少消費」等々の**恐慌派生現象**の存在そのものの否認につながるものでは全然なく、またそうなってはならないことは、すでに何度か強調してきたごとくである。では、**世界市場恐慌を最終範疇とする恐慌論**と、資本の生産過程の批判的分析からその根拠の発現を説いてゆく「再生産論」とのつながりを、いかに設定し、いかに理解するか？

マルクスは周知のごとく、資本制商品経済社会の価値増殖運動における**周期的恐慌発生の最初の「可能性の形式」**を、商品流通W—G—Wが販売W—Gと購買G—W′とに分裂することのうちに求めた。商品流通がW—Gで中断するということは、それが一方的な販売であり、商品の「実現」が「生命がけの飛躍《ソルターレ・モルターレ》」になっていることを意味する。

この一方的な販売においては、貨幣が商品流通から引き上げられて蓄蔵されるということであり、この現に資本としては機能することを止めている蓄蔵貨幣は、〈宇野理論〉用語でいえば「資金」として存在することによって、再び価値増殖過程再開の起点に投ぜられるべく現在は待機中なのであり、ここに、**恐慌の可能性**が社会的総資本の総生産物の流通においては、その実体的な基礎を得るのである。これが、**「恐慌の可能性」の形式的確認に次ぐ「恐慌の物質的基礎」**の確認であるが、この実質的基礎は、資本の循環過程と回転の分析によって、一方的な販売による貨幣蓄蔵が資本の絶えざる価値増殖過程そのものにとって必然的なものであることを証明するのである。このように、価値法則貫徹過程において経過的に必然的なものとして立ち現われる「資金」は、結局のところ、**恐慌の周期的爆発**による資本制商品経済の一層の高次元による再均衡軌道設定に基づいて、「過剰資金」の「資本の商品化」による「冒頭商品」への還帰として『資本論』の弁証法的体系性を自証することとなるのである。〈宇野理論〉が創発したきわめて有用・重要な範疇概念で〈資金〉概念はある。

西洋語体系のなかで育ったマルクスが想到できなかった〈資金〉という経済学用語（マルクスはその「蓄蔵貨幣」のことを苦心して moneyed capital という新造英語として表現した）を創発した〈宇野理論〉の倉敷商人としての経験から編み出されたすばらしい用語に接して、若き日のわたしは大いに開眼したことであったが、その後、文化人類学的知見にいろいろ接するようになってから、きわめて早くからメソポタミア、バビロニア、アッシリアの古オリエント世界からして、ラテン語の caput（頭《かしら》）に集約されるにいたった「元金、資本金」という概念が歴史上普遍的に在ったことを知るにいたった。資本主義の最も簡単な根本的定義は、クルス・H・ゴードンが言うように、「配当金または利息のために資本を投資することを奨励する経済制度」であるとすれば、それを頭《かしら》づけるcaput＝qaqqadという中近東由来の普遍語は、ゴードンがハムラビ法典のアッシリア文字転写本の検討に即して述べているように――

「理解を助けるためにこの法律を意訳すると、次のようになる――「もし金貸しが、ある商人に利息なしで金《かね》を貸すならば（ゴードン注――この箇所の意味を伝えるために、「金《かね》」という語を用いるのは正当である。しかしながら、貨幣は紀元前七世紀のリディアにいたるまで発明されなかった。紀元前一七〇〇年頃のハムラピは、銀の重量と質によって決定された価値をもつ「銀」のことを話しているのである）、しかもその商人の仕事が損失に陥る場合には、その商人は元金だけを返済する必要がある。なぜなら、分配すべき利益がゼロであるから」」。

この法律で興味深い点は、qaqqad-という語が、利益、配当金、規定利率等のために投資された「元金、資本金」という意味をもっていることである。qaqqad-は、文字通りには「頭」という意味である。

配当金とか利息のために資本金を投資するという制度は、メソポタミアから海外在住のバビロニアおよびアッシリアの商人たちを経て広がってゆき、そのことにより、それは西洋の資本主義用語のうちに痕跡をとどめている。西方セム語、コプト語、ギリシア語等では「資本金」を意味する語は「頭という意味をもつ語から派生している。ラテン語もまた、同じ用語法を反映している。というのは、caputという語は、「頭」だけではなく「元金、資本金」をも意味するからである。じつに、英語の'capital'と'capitalism'は、ラテン語のcaputから派生しているのである」（C・H・ゴードン『古代文字の謎――オリエント諸語の解読』現代教養文庫、一九七九年）。

まこと、人類文明史についての西洋中心主義的偏向・偏見をもたらした最終的引金としてのラテン語caput（頭《かしら》）に由来する経過的な歴史的社会であるcapitalismを、歴史的に相対化するためには、マルクスにとってそうであったように、近代資本制社会を対象化分析する経済学原理論を「アリアドネの糸」とする人類文明史上の諸共同体社会についての唯物論的歴史把握の領域に深く遡って、オリエント諸語で歴史化してきた古代社会の謎の字解き・絵解きにいそしまなければならないのである。くわしくは、わたしの人類文明史についての片々たる大冊子『主体の世界遍歴《ユリシーズ》』（藤原書店刊）をひもとかれんことを。

さて、ここに、たとえば、恐慌論との関連において再生産論を研究した代表的業績に高木幸二郎『恐慌論体系序説』（大月書店刊、一九五六年）がある。高木教授はその考察を、「再生産表式の理論的根拠」を先ずもって「社会的生産の二部門への分割」の根拠を解明することから、はじめている。それによれば、「再生産表式の構造の二大契機は、一方における社会的生産物の価値表現c＋v＋mであり、他方における社会的生産の二大部門――生産手段生産と消費手段生産――への分割である。そしてそれは、再生産過程の考察の二大契機たる「価値補塡」と「素材補塡」とに照応するものである。これはいうまでもなく、商品資本の循環の型式W′…W′における商品資本W′の内容規定から来るものに外ならない」（第四章一）と。

この論脈を逆に返して言えば、高木教授は、マルクスの〈経済表《タブロー・エコノミーク》〉である「再生産表式」における抽象的形式化による「均衡条件」を全社会的に充足せしめる商品資本の循環の全運動形式の実質的内容付けを、〈再生産表式〉において「価値補塡」と「素材補塡」とを充足させる、c＋v＋mの社会的生産の二大部門であるⅠ生産手段生産とⅡ消費手段生産への分割の具体的内容性に求めている、ということである。

右のような一見何の奇なところのないように見える「再生産表式による恐慌の検出」は、かれ自らが言う通り、そのマルクス的表式の「単純再生産」設定においては、「剰余価値はすべて資本家によって個人的に消費されるという仮定の非現実性に基づいている（いいだ注――より正確には、「非現実的仮定に基づいている」と表現すべきであろう、なぜならば、マルクスの表式における「単純再生産」の設定は、分析のために必要不可欠な抽象化（捨象操作）の産物なのであって、その「仮定」設定そのものは何ら「非現実性」のものではないからである）。このような仮定の上に立てられた単純再生産の理論的構想においては、当然にも剰余価値の資本化による再生産過程の拡大に伴なって始めて現われる攪乱の可能性、したがってまた**恐慌の問題**は排除される。……これに反して拡大再生産は直接に**恐慌**と関連する」としている。

この高木教授の提起は、いうならば、マルクス〈再生産表式〉における「単純再生産」の仮説設定では「**恐慌の問題**」は排除される、とワン・クッションを置いた上で、「拡大再生産」の仮説設定（これもまた「仮説」設定なことには何の変わりもない）によって再生産構造が直接に**恐慌**と関連する、と一変・一転せしめられているのである。一種のハット・トリックである。そうであってみれば、拡大再生産の仮説設定の実証づけ作業によって、「当然にも剰余価値の資本化による再生産の拡大」にともなってはじめて現われる「攪乱の可能性」が、いかなる諸条件の加算によって「直接に**恐慌**と関連する」にいたるかが、仮説実証上、理論作業されて解決されなければならない。もちろんのこと、高木教授のそのような問題点解決のための理論作業はなんら為されてはいないのである。それは何人であろうと為されえないのである。

この点では、伊藤武『マルクス再生産論研究　均衡論批判』（大月書店刊、二〇〇一年）が、正しく指摘しているように、「そのための諸条件とは、第一には、拡大再生産が可能となるための追加生産手段と追加労働力の存在であり、第二には、拡大再生産の物質的前提が存在するならば、剰余価値の貨幣化による蓄積基金の形成である。マルクスが拡大再生産分野において追求したのはこの問題であったのである」（傍点いいだ）。

マルクス自身の理論的な自覚と明言においてもその通りなのであるが、かんじんかなめなこの条件付けについて、高木幸二郎『**恐慌論体系序説**』は、「体系」としても「序説」としても、文字通り何一つ言及・論及するところがないのである。かれ自身の「仮定の非現実性」のために、それに言及・論及することができないのである。

伊藤武教授が正しく結論づけているように――「およそ、貨幣がなければ、交換は生産物の直接交換となって販売と購買の分離もなく、ましてや恐慌の可能性もなくなるのである。資本流通においては貨幣資本の一存在形態としての貨幣蓄蔵が必然的におこなわれる。社会的総資本の総生産物の流通においては、とりわけ拡大再生産の分析においては、貨幣蓄蔵として現れる蓄積基金が部門内転換、部門間転換を通じてどのようにして形成されるのかが分析されなければならないのである。この点を無視した再生産論は、結局は、貨幣を単なる流通手段としてのみ見る古典派流の見地に逆戻りしているのである」。その通りである。

高木幸二郎『恐慌論体系序説』には、はなはだ遺憾なことに、羊頭狗肉というか、龍頭蛇尾というか、そのような「分析」が一向にないのである。生産物の直接交換ということになれば、それは商品交換そのものがない共同体と共同体との間の（沈黙貿易・無言貿易のそのまた以前である）物物交換の原初世界なのであるから、そこでは「販売と購買の分離」もなく、ましてや「恐慌の（必然性どころか）可能性」もないのは、自明なることである。物物交換のおこなわれている原初社会においては、当然なこととして、恐慌などは発生する筈がないのである。したがって、高木教授的見地では、古典派経済学の見地への逆戻りをはるかに越えて、ホッテントット＝奥ニューギニアの自然部族の「融即の論理」への超逆戻り以外のなにものでもない。これでは、問題の解決ではなく、問題そのものの解消である。高木幸二郎教授にとって、幸か不幸か、どこにも、はじめから問題などはないのである。

宮川彰教授は、「マルクスは、かれの『本の最後の諸章のうちの一章』において再生産論を展開するために『経済表《タブロー・エコノミーク》』を作成したのではない」と、早くから論定していたが、この論定は実証的にも・資料的にも・理論的にも、正しかったのである。「それゆえ、マルクスの『経済表《タブロー・エコノミーク》』の構想を、『資本論』第二部第三篇再生産論へ発展・転化していくものであるとか、『資本論』の体系の未成立の頃の再生産論の構想であるとか、と考えることはできない」、「つまり、再生産論の形成過程を、「不変資本の再生産の研究→『経済表《タブロー・エコノミーク》』→表式という発展コース」でとらえることは、「二つの『転化』――不変資本の再生産の研究の『経済表《タブロー・エコノミーク》』への『転化』と、『経済表《タブロー・エコノミーク》』の表式への『転化』――が説明されねばならなくな」り、二重の無理を強いられることとなる。そこで、「表」を表式の「起点」からはずして、再生産論の成立系譜を、不変資本の再生産の研究→表式へといわば短絡化し、もって「表」から表式への「転化」問題の枠組そのものを取りはずして問題「解決」＝解消を提起するのである」（宮川彰『再生産論の基礎構造　理論発展史的接近』八朔社刊、一九九三年）。まことに首肯すべき、傾聴すべき正論である。

「そこで以上の論争の回顧から、さしあたり次の二点をわれわれの視点としてすえる。

第一、マルクス「経済表《タブロー・エコノミーク》」と再生産論（『資本論』第二部・第三篇）とのあいだの『資本論』体系（編別構成ないし理論課題）のうえでの差異・関連を明確にすること。この点は、従来の諸見解が、程度や観点のちがいこそあれ、おしなべて山田盛太郎理論の枠組に依拠しつつ「経済表《タブロー・エコノミーク》」を表式成立の「起点」に据えていわばバイパス通過してきたために、みすごされがちであり、事実霞んでしまっていたものである。もっとも、うえの枠組に依拠したからといって、その看過が不可避であるわけではなく、その閑却をよぎなくさせた主たる理由は、やはり資料的制約であったであろう。いずれにせよ、「転化」問題を議論するうえでそれは回避できない論点であり、基礎作業である。

第二、「経済表《タブロー・エコノミーク》」をめぐる先行・後続の再生産論の展開との関連において、〈表〉の当初構想が（いいだ注――マルクスにおいて）変更ないし断念されるにいたった理由をあきらかにすること。これによって〈表〉の表式への転化プロセスに実質的な照明をあてうることになろう。同時に、この課題にこたえることは、松尾（純）の指弾する研究史上の盲点をカバーし空白をうずめるといった意義をもつだけでない。われわれはここでは、「経済表《タブロー・エコノミーク》」からの脱化を、〈表〉棄却と、ひとまずは未完のいわば〈原表式〉によるそれの置き替えとして、しかもこれを、単純再生産の取引過程把握そのものの深化の必然的所産として、課題設定する。したがって、この視点は、これまでの通説が〈経済表《タブロー・エコノミーク》〉をもって実質的な単純再生産過程把握の完成とみなし、それゆえまた、〈表〉から表式への発展のうちに、ただたんに表現技術上の改善と蓄積問題解決の契機しかみいだしてこなかった点についても、再検討をせまり、一石を投じることになるであろう。〈表〉ないし〈原表式〉なる表現の仕方にあらわれたところの取引運動把握そのものの限界と、そしてそれに規定された〈表〉および〈原表式〉の過渡性とをつきとめて、完成表式への発展のなかにそれらを位置づけることが肝要である」。

もう一度だけ、さらに古い卓見を引例すれば、ローザ・ルクセンブルク『資本蓄積論』第一篇「再生産の問題」は、先に引例した部分につづけて論述する――

「だが、景気の周期的交替および恐慌は、なるほど再生産の本質的契機ではあるが、資本制的再生産それ自体の問題――すなわちこの本来的問題――を表わすものではない、ということを最初から確定しておくことは、きわめて重要である。**周期的な景気交替と恐慌**とは、資本制的経済様式のもとでの運動の独自的形態ではあるが、運動そのものではない。資本制的再生産の問題を純粋な姿態で叙述するためには、わたしたちはむしろ、まさにかの**周期的な景気交替および恐慌**を度外視しなければならない。このことは、いかに奇妙なことに見えようとも、研究のまったく合理的な一方法、いな、研究を科学的に進めうる唯一の方法である。……俗流経済学的な見解は、価値問題をつねに、需要供給の変動を論ずることによって解決しようとする。スミスからマルクスにいたる古典派経済学は、事態を逆にとらえて次のように説明した――需要供給の相互関係の変動は、価格の価値からの背離を説明しうるだけで、価値そのものを説明しうるものではない、と。商品の価値が何であるかを見つけ出すためには、わたしたちは、需要と供給とは均衡を保つという、すなわち商品の価格と価値とは一致するという、前提のもとで問題を把えなければならない。だから、科学的な価値問題の考察は、まさに需要供給の作用が停止するところで始まる。これとまったく同じことが、資本家社会的総資本の再生産の問題についても言える。景気の周期的交替と恐慌との結果として、資本制的再生産は、原則としては社会の支払能力ある総欲望を中心として変動するが、ある時はこれ以上に増大し、またある時はこれ以下に減少してほとんどまったく中断されるにいたる。だが、より長い期間、すなわち景気交替の一循環全体をとってみれば、**好景気と恐慌**、すなわち再生産の極度の緊張とその沈滞および中断とは、互いに均衡を保つのであって、全循環の平均をとれば、特定の中位的大きさの再生産となる。この平均は、理論的な想像であるばかりではなく、一つの現実的な客観的な事実でもある。けだし、景気のはげしい浮沈にもかかわらず、**恐慌**にもかかわらず、社会は欲望にどうにか充たされ、再生産は曲りなりにも進行し、生産諸力はますます発展するからである。では、もしわたしたちが**恐慌と景気交替**とを度外視して考察すれば、どんなことになるか？――ここに本来的問題が始まるのであって、再生産問題を**恐慌の周期性**を論ずることによって解決しようという試みは、つまるところ、価値問題を需要供給の変動によって解決しようとする試みとまったく同様に、俗流経済学的である。それにもかかわらず、わたしたちが後に見るであろうように、国民経済学は、再生産の問題をなかば意識的に提起するか、少なくとも感知したかと思うや、もうこの問題をすぐ**恐慌問題に転化**し、かくしてまたその解決から遠去かってしまう、という傾向をいつも示している。以上、わたしたちが資本制的再生産と言う場合には、それはつねに、一循環中での景気交替の中位的状態による、かの平均を意味する」（第一章　研究の対象）。

マルクス的「再生産論」と**マルクス的「恐慌論」**との関係性の設定は、『資本論』弁証法体系の全体系性を組み立てる要めなのである。マルクスは、一八六一～六三年草稿を通して積み重ねられてきた再生産諸研究の一つの総括として、まず『エピソード』で「資本制的再生産における貨幣の還流運動」の解明がなされ、これを承けて、ノート第十八冊末尾の『資本論』第三部プラン草案において「最後の諸章」とりわけ第一〇章「資本制的生産の総過程における貨幣の還流運動」が構想され、そしてまさにこの構想の最初の具体化として、マルクス〈経済表〉が草稿終結部分において作成された、と推量することができる。このような体系的意味を、わたしたちは再考・三思すべきである。

ノート第十八冊プラン草案での独立の章立て、ならびに一八六三年七月日付手紙のなかでの、マルクスの意図表明にもかかわらず、〈経済表〉《タブロー・エコノミーク》による『資本論』「総括」の企図は、マルクス自身によって最後には断念された。〈経済表〉作成の直後、マルクスは「経済学を印刷のため清書する」（そして最後のブラッシュ・アップをかける）作業を、はやくも開始し、「一八六三年の八月には、たぶん七月末には『本論』創造のあたらしい段階に進んでいる」と、ヴィゴツキー等の「一八六三年～一八六七年におけるマルクスの『資本論』執筆の時期区分について」（『世界経済と国際関係』第五六集、一九八二年春季号）は述べている。こうして、『資本論』全三部の第一稿は、一八六三年末に書き上げられた。が、すでにこのとき、第三部末諸章から「第一〇章・貨幣の還流運動」の章は取り除かれ、〈経済表《タブロー・エコノミーク》〉に替わって初めて「原表式」（完成「表式」への過渡的形態である）を用いた記述が現われるのである。

　他方、この第一稿第三部の執筆を中断して書かれた第一稿・第二部（一八六四年後半～一八六五年末）には、「貨幣の還流運動」に関する章としての第三部第七章へのマルクスの「参照指示」がくりかえし出てくる。ところが、その言及も第一稿第二部・第三章・第一節のなかの或る時点で、それまでのプランの延長としてみるならば、本来なら第三部・第七章への参照指示があって然るべきところに、同部第六章への指示が与えられ、爾後「貨幣の還流運動」の章への論及にあらわれなくなっている。そうした資料解読からの宮川彰教授の推断は、第一稿第二部・第三章・第一節「再生産論」の執筆途上において、貨幣還流運動に関して理論上、編別構成上の取扱いに或る一定の転回が生じ、ノート第十八冊の第三部プラン（一八六二年一二月～六五年執筆）第十章ないしは第一稿（一八六四～六五年執筆）第三部・第七章、およびそこでの〈経済表《タブロー・エコノミーク》〉による「総括」の企図は最終的に断念されるにいたった、と推断している。聴くべき興味深い論断である。この〈表〉の成立から脱化の過程を貫く基軸的問題は、とりもなおさず、再生産過程把握における貨幣媒介運動の位置づけの問題である。

　『エピソード』は、一八六一～一八六三年草稿ノート第十五冊から継続された主題「商業資本。貨幣取扱い業に従属する資本」の仕上げの論述中に挿入されているもので、「商業資本の特殊な諸問題の一つの包括的かつ詳細な分析」（『マルクス資本論草稿集』⑧）である。そこで言われている「特殊問題」とは、商業資本（運動形態G—W—G′、増殖的な貨幣の還流運動）が、「再生産過程のあいだに生じる貨幣流通との関連において演じる役割のことにほかならない」。

この研究において、先の一八六一～一八六三年草稿（『剰余価値学説史』）の手稿ノート第十冊中の「余論。ケネーによる経済表《タブロー・エコノミーク》」のなかで、「あとで考察すべき未解決問題」として残されていた課題が、そこへ引き取られて、かつ解決される。すなわち、「資本家はかれが流通に投入したよりも多くの貨幣をそこから引き出すという問題」である。しかもその懸案問題の解決は、社会的総資本の単純再生産過程における貨幣流通＝還流という枠組のなかで、剰余価値の貨幣化の解明を通して解決されるにいたったのである。

マルクスの理論的自覚にとって、この問題は、「面倒な問題は全部、その増大した価値の現実の貨幣表現である通貨が、いったいどこから出てくるのかが、だれにもわからない、ということから生じてくる」として、「比類ない難問」と自覚されていた難問《アポリア》中の難問であったのである。それが「再生産論」の確立によって完全に解かれ、それが完全に解かれたことによって、〈マルクス恐慌論〉の基本的命題もまた「再生産論」との密接不可分な関係性において完成されてゆくこととなったのである。

8　『エピソード』における貨幣流通の導入、とりわけ収入《インカム》諸分般の運動形態の確定

右の点、『エピソード』が、貨幣流通の導入と、とりわけそれで媒介される収入《インカム》諸分肢の運動形態とを、明快に示した点で、『剰余価値学説史』の再生産論研究をさらに越える新たな視野に立ったことは、明らかなところである。第一に、具体的な収入諸分肢である「地代、利子、利潤」が、その源泉である「剰余価値」から明示的に区別され、かつ貨幣流通で結びつけられたことである。ここまで来れば、あとは「利子生み資本」範疇の確立によって利潤と利子の分裂の価値論＝価格的根拠が明白にされさえすれば、〈資本‐利子、土地‐地代、労働‐賃金〉という『資本論』弁証法体系の総締めを成す〈三位一体範式〉の定式化には、あとわずか一歩だけということになる。

第二に、もう一つの収入《インカム》である「賃金」もまた独立化され、それの支払い元本である「可変資本」との一定の区別と運動連関におかれたことであり、このことによって前項と相俟って、〈三位一体範式〉に「労働‐賃金」を組み込みうることとなったのである。

第三に、部類《クラッセ》Ⅱの剰余価値・可変資本の部分と、部類《クラッセ》Ⅰの不変資本部分とのあいだの取引に生じる、通貨の「回り道」還流が、明らかにされたことである。

こうして、『剰余価値学説史』で解明ずみの三型態変換を貨幣流通が媒介するという限りで、一つの運動形態が見出されたわけである。

一面的・固定的な仕方ではあれ、貨幣の「流通手段」機能に付着するこうした形態諸規定の確定は、提起されている難問《アポリア》の解決のための要件を提示している。つまりは、貨幣をめぐる形態諸規定をこのような仕方で固執することが、一方で、スミス／トゥックの誤った〈ドグマ〉に対する批判において、また他方で、「トゥック反対者」による剰余価値の貨幣化問題に対する回答として、マルクスの一刀両断の批判点を浮き彫りにさせたのである。

ここに、ケネー〈経済表《タブロー・エコノミーク》〉になぞらえてきたマルクス〈経済表《タブロー・エコノミーク》〉の創出と、「表による」『資本論』「総括」の構想が成立したのであるが、貨幣通流＝還流による総再生産過程の媒介運動が、一面で、古典派経済学の再生産論・信用論・収入論に対するマルクスの「新たな拡大された視野」に基づく総括的批判の可能性を切り拓いたとすれば、他面でそれは、その理論内容に最もふさわしい〈表〉形式――〈経済表《タブロー・エコノミーク》〉の「表を棄却」、「原表式」を完成させて「再生産表式」へと発展させるという〈表〉形成・生成過程の完遂をもたらしたのである。

この意味で、『エピソード』の理論的到達点は、マルクス〈経済表《タブロー・エコノミーク》〉構想の成立にとって直接の主要契機をなしたのであって、「表」の実質的な理論内容だけでなく、その適切な表現形式もまた決定的にもたらすことになったと言える。ここでは、『エピソード』の貨幣流通把握を、マルクス〈経済表《タブロー・エコノミーク》〉とのかかわりでどのように位置づけ契機化するか、ということが重要である。〈表〉の内容と形式を直接にもたらした、あるいは直接に支える諸契機・諸条件が明確化してはじめて、〈表〉を直接解体させるそれらの位置づけと意義もまたあきらかになしうるのである。〈表〉の〈再生産表式〉への転化問題をめぐる従来の議論が、「二重の転化」の経緯の点において理論的説得性を欠いていたのは、一つには資料的制約のせいであるが、それ以上に概念的・理論的・方法的にもう一歩踏みこむ思惟力が弱かった故である、と言わなければならない。

ローザ・ルクセンブルク『資本蓄積論』第一篇「再生産の問題」は、先に引例した箇所にさらにつづけて論述する――

「資本制的総生産は、無数の絶えず増減する私的生産者たちによっておこなわれるのであるが、かれらは、価格変動にしたがう以外には何らの社会的統制も受けずに、商品交換をする以外には何らの社会的関連もなしに、互いに独立して生産する。このような無数の無関連な運動から、どうやって事実上の総生産が生じるのか？　問題がこのように提起されるならば、――しかも、この問題が直接に提出される最初の一般的形態はこれであるが、――この場合の私的生産者たちは単なる商品生産者ではなく資本制的商品生産者であるということ、ならびに、社会の総生産は消費欲望それ自体を充足するための生産ではなく、単なる商品生産でもなくて、資本制的商品生産であるということ、こうしたことは（私的生産者の立場からは）看過されてしまうことになるであろう。わたしたちは、このことが問題にいかなる変化を生じるか、よく見てみよう。

商品ばかりでなく資本をも生産する生産者は、何よりも先ず剰余価値を産出しなければならない。剰余価値は資本制的生産者の窮極目的であり、推進的動機である。生産された商品は、資本家に対して、それが実現された後に、かれのいっさいの投資ばかりでなく、その上になお、かれの方での何らの投資も要しない純粋の超過分たる或る価値量をもたらさなければならない。このような剰余価値生産の見地からすれば、資本家によって投下された資本は、かれに意識されることもなく、また、かれが自分自身および世人を胡麻かす固定資本と流動資本とに関するおしゃべりに反して、次の二つの部分に分かれる。すなわちその一は、生産手段——作業場、原料および補助材料、用具——に対するかれの投資を表示する部分であり、その二は、労賃に支出される部分である。マルクスは、前者、すなわち労働過程での使用によってその価値量をそのまま生産物に移譲する部分を、不変資本部分と名づけ、後者、すなわち不払の賃労働の部分を取得することによって価値増殖・剰余価値の生産を生じる部分を、可変資本部分と名づける。この見地からすれば、資本制的に生産された各商品の価値構成は、通常、c＋v＋mなる範式で表わされる。ここでcは、投下された不変資本価値、すなわち使用された死んだ生産手段から商品に移譲された価値部分を表わし、vは、投下された可変資本価値、すなわち賃金に支出された資本部分を意味し、最後にmは、剰余価値、すなわち賃労働の不払部分から生じる価値増殖分を代表する。この三つの価値部分はすべて、生産された商品の——それが、木綿織物であろうと、バレーの演出であろうと、鋳鉄のパイプであろうと、自由主義新聞であろうと、その一つ一つの見本の、ならびに、一単位としてみた全商品分量の——具体的姿態のうちに一緒に含まれている。だが商品の生産は、資本制的生産者にとっては目的ではなく、ただ剰余価値を取得する手段であるにしかすぎない。だが剰余価値は、商品姿態中に含まれているかぎりは、資本家にとっては使用されえないものである。それは生産された後に、実現されて、それの純粋な価値形態、すなわち貨幣に転態されなければならない。この転態がおこなわれ、剰余価値が貨幣形態で資本家の手に取得されるためには、かれの総投下資本もまた商品形態を脱ぎすてて貨幣形態でかれの手に復帰しなければならない。そうなったとき、すなわち、総商品分量がその価値に応じて貨幣と引換えられたとき、はじめて生産の目的が達せられたのである。そこで範式c＋v＋mは、前には商品の価値構成を表わしたのとまったく同様に、いまや商品販売によって得られた貨幣の量的構成を表わすものとなる。すなわち、その一部分cは使用された生産手段への資本家の投資を、もう一つの部分vは労賃へのかれの投資を、資本家に償却し、最後の部分mは期待された超過分、すなわち現金での資本家の『純利得』をなす。しかしながら資本が、あらゆる資本制的生産の出発点を表わす本源的姿態から、死んだ生産手段（原料・用具）ならびに生きた生産手段（労働力）に転形し、これから生きた労働過程を経て商品に転形し、そして最後に商品から交換過程を経、再び貨幣・しかも最初の段階におけるよりもより多くの貨幣に転形するということ、――資本のこうした回転は、剰余価値の生産および取得に必要なばかりではない。資本制的生産の目的および推進的動機は、任意分量の、一度だけ取得する剰余価値それ自体ではなく、絶えず増大するますます大きな分量の無制限な剰余価値である。だがこの目的は、つねに資本制的生産という同じ魔法によって――すなわち、商品生産過程における不払賃労働の取得およびこうして生産された商品の実現によって――のみ達せられうる。こうして、絶えず更新される生産、すなわち規則的な現象としての再生産は、資本制社会においては、他のいかなる生産形態のもとでも見られない全く新しい動機を受けとる」（第一章「研究の対象」）。

右のような、一つの循環中での景気交替の中位的状態という「理想的平均」を採ったローザの一般的考察の意義を、百パーセント正当なものとして確認しておいた上で、最後に、そのような景気交替の一つの循環が最後に到達せざるをえない**恐慌現象**についてのローザの考察を紹介して、この項を終わることとする。この点でも、ローザ・ルクセンブルクは、俗流マルクス主義経済学者、マルクス主義者の間において、一きわ異彩を放っている。**直接無媒介的な恐慌による資本制社会の崩壊**について語りたがる俗流マルクス主義者があるのと同じ数だけ、「理想的平均」における資本の産業循環過程の静態《スタティックス》に藉口して、何とか**恐慌の暴力的爆発**を回避しようとする俗流マルクス主義者もまた、おびただしく居るのである。

もともとローザは、『資本蓄積論』の研究にアプローチする立場から、先にも見たごとく**恐慌の問題**を捨象して「蓄積論」を取り上げる――「**景気の交替および恐慌**は、なるほど再生産の本質的、資本制的再生産それ自体の問題を表わすものではない」と。もちろんのこと、**恐慌**を「再生産の本質的契機」として把握していることによって、資本制社会の世界包括が、産業循環=景気変動の自律的展開において**全般的・周期的・激発的な世界市場恐慌の暴力的爆発**が、資本制的再生産そのものの自己更新の不可欠な（通過儀礼的な）モメントであることを、熟知しぬいている。ローザ自身の**恐慌論の問題点**はむしろ、その先の方に、すなわち、一種の「永久帝国主義論」の立場に立っているかのじょの『資本蓄積論』が、**恐慌**へと押しやられる資本主義中枢部の諸矛盾が、周辺世界の非・先資本主義領域への軍国主義的膨脹を必至化して、帝国主義戦争をもたらす、という、二〇世紀初頭においては一定の現実性をもちえていたが、その理論的一般化が不可能であるようなローザ的理論構成にあったし、あると言えよう。これが異彩を放った、俗流マルクス主義の間に在って、群鶏を抜く一鶴であったローザ・ルクセンブルクをして、『資本蓄積論』の「理想的平均状態」での静態《スタティックス》の考察から一転して、西欧中枢世界が周辺世界への暴力的な価値実現を求める動態《ダイナミクス》としての帝国主義戦争の突発的不可避性へと一面化した理論構成へと走らせた動因であった、と考えられる。しかしながら、或る意味では、資本主義とはローザが想定したごときそのようにチョロイものではないのである！　ベルリンにおけるスパルタクスの乱の最中に非業の死をよぎなくされた瞬間に、あるいはかのじょローザはしたたかにそのことを思い知ったかもしれない。噫！

以上をもって、この項の再考察を終わる。

9　中期マルクスの『経済学批判要綱《グルントリッセ》』における複眼的視角

さて、本章ですでに、ケネーの〈経済表《タブロー・エコノミーク》〉→A・スミスの〈v＋mのドグマ〉によるケネー〈経済表〉の解体→マルクスによるA・スミス以下のイギリス古典派経済学に対する批判→マルクスによるケネーの〈経済表《タブロー・エコノミーク》〉の復位と、マルクスによる〈再生産表式〉としての〈経済表《タブロー・エコノミーク》〉の表式化、という論脈の「再生産論」の精査を終えた文脈に沿って、これからそのような中期マルクスを追思惟するために、『経済学批判要綱』の再考察に論題を移行させる。

『経済学批判』第一分冊はマルクスによって刊行されたが、それを含む『経済学批判要綱』は、中期マルクスの「七冊のノート」として知られる厖大な草稿群である。それが『要綱《グルントリッセ》』として世に知られるようになったのが、マルクス自身がエンゲルスやラサールあての手紙のなかで、何度かGrundrisseないしはGrundzüge（要綱）と呼んでいたことに因んで、その草稿群を一九五三年になってから「ディーツ版」として編集・刊行したソ連邦・東ドイツの編集者集団が『Grundrisse der Kritik der politischen Ökonomie 経済学批判要綱』として命名して出版した為である。それを執筆中のマルクスは、それらの手紙のなかで、「ぼくは経済学の研究のとりまとめで毎晩気違いのように仕事をしている。大洪水（déluge）がやってくるまでに、すくなくとも要綱（Grundrisse）だけでもはっきりさせるためだ」とか、「現在の恐慌《クリーゼ》はぼくを駆り立てて、今年こそはぼくの経済学の要綱（Grundzüge）の仕上げに没頭させる」とか、口走っている。マルクス終生の〈恐慌と革命の経済学〉からの発言であるが、中期マルクスにおいてそれはかえって狂熱的待望の心理状況であったことに、留意しておく必要がある。

日本における「経済学批判要綱《グルントリッセ》」の最高・最良の第一人者は、労作『『経済学批判要綱』の研究』（新評論刊、一九八二年）以来の内田弘教授である。内田「要綱」研究の核心《ガイスト》は、〈資本の文明開化作用と自由時間論〉への着眼にある。『要綱《グルントリッセ》』マルクス自身の表現によれば、「資本の単純な概念のうちには、即自的に、その文明開化をおこなう傾向などが含まれていなければならない」、「剰余労働すなわち自由に使える時間をつくりだすことが、資本の法則である」という立場性への鋭い着眼点である。

マルクスに言わせれば、「木綿の時代を生み出すことは、その可能性と世界市場と巨大な生産力をそなえた一九世紀の仕事だ」ということになるが、綿工業国として「ブルジョア的宇宙の造物主《デミュルゴス》」と自他ともに呼ばれた最先進イギリス資本主義に即していうならば、その文明開化の最初の徴候的絶頂は、早くも一八五一年五月一日にロンドンはハイドパークに建てられた水晶宮《クリスタル・パレス》における第一回産業大博覧会において打ち揚げ花火の炸裂とともにこの世の華として花開いたと言ってよい。「一八四八年以来の工業の繁栄は、一八五一年の産業大博覧会によっていっそう強められるであろう。この博覧会の開催はまだヨーロッパ大陸全体が革命を夢みていた一八四九年に、すでにイギリスのブルジョアジーによって、まったく驚くべき冷静さで発表されていた。この博覧会は、現代大工業がいたるところで集中された力をもって、民族的境界をとりのぞき、生産や社会関係やそれぞれの民族の性格における地方的特殊性をますます消し去っていることの適切な証明である」(マルクス)。

このような文明開化の世界主義的普遍性を誇示した万国博覧会の企画が、ヨーロッパ大陸全体が一九四八年革命の残夢に酔っていた時期に、最先進資本主義国イギリスの新興ブルジョアジーによって計画されていたことに、今日のわたしたちは歴史遡及的に深い注意を払うべきである。

フランス二月革命(オルレアン王政の打倒によるラファイエット共和政の実現、労働者大臣二名の入閣と国立作業場ならびに労資調停のリュクサンブール委員会の創設)、ドイツ三月革命(ベルリン、プロイセン等々の諸邦国における王権の崩壊、ウィーン=メッテルニヒ神聖王制秩序の瓦解、「単一不可分のドイツ共和国」をめざしたフランクフルト国民議会の創設)は先行・先駆した「パンとフォーク」の大憲章《チャーター》をかかげて第三次の大蜂起に突入したチャーティスト運動を、ウェリントン将軍の非常戒厳令下に粉砕し、チャーティストの植民地アイルランドのフィニィア運動との初めての連帯同盟運動をも寸断・四散させたイギリスのブルジョアジーは、早くもその翌くる一八四九年には、右に見た水晶宮《クリスタル・パレス》において万国博覧会を開催しようという歴史的・文化的構想力を発揮していたのである。

してみるならば、四八年革命の敗北の年代記の以後にやってきたボナパルティズムのもとにあった〈反動の時代〉のどこよりも集中的・尖端的な時代象徴は、当時のヴィクトリア女王とその夫アルバート公を頂点とするイギリス支配勢力のイニシアティヴのもとにあったのである。開会日にはヨーロッパの革命派が暴動をおこすのではないかとの不安をよそに、アルバート公の立案になる産業大博覧会は、（いかにもマルクスらによる万国労働者協会（第一インターナショナル）の発想は、この万国博覧会を契機としてあったものの）、朝野をあげての熱狂的な歓迎をもって開会され、同年一〇月の閉会までに出品者一万三九三九人、入場者六〇〇〇万人、収益一六万五〇〇〇ポンドという、何人も予想しえなかったブルジョア文明的大成果を収めたのである。一八四八年ヨーロッパ世界革命敗北以後のブルジョア的栄光の自己誇示である。

中期マルクスがものした〈ノートⅢ〉には、七ページになる「バスティアとケアリ」にかんする草稿があり、考証によればこの稿は、〈ノートM〉の「序説」に先立って、一八五七年七月に執筆されたとされる。アメリカ人ケアリは、「巨大な新しい世界」であるUSAにおいては、生産諸力と生産諸関係とが調和的に発展しているために、そこでの生産諸関係は「社会的な生産と交通の永久な正常関係とみなされる」と。

ところが、そのようなケアリによれば、フランス人バスティアが羨望視している、産業大博覧会を催して一見世界一の繁栄を眩示するイギリスの産業資本主義は、世界市場のいたるところでこの経済的調和を破壊している、と批判する——「一国内部で、家父長的生産が工業的生産と交代する場合、この発展がともなう解体過程を、その積極的側面だけから把握するならば、いかにも調和的である。しかし、イギリス大工業が、他国の家父長的または小市民的、さらにまたはその他の低い段階にある諸外国の国民的生産の形態を解体するのであれば、それは不調和となる。一国内部での資本の集積と、その集積の解体的作用についてかれバスティアが見たものは、その積極的側面だけであった。しかし、集積されたイギリス資本の独占と、それが他の諸国民の民族的小資本にたいして及ぼす解体的作用は不調和なのである」と。内の平和的安定は外の暴力的征服と裏表の関係にある、という例の考察方式の嚆矢である。

これに対するマルクスの判定は、例の「複眼的思考」によって、最先進イギリスがインドをはじめ諸外国の世界に及ぼしている「文明開化作用」の二面性把握に通じている。曰く――「ケアリは、かれの考究の利益的価値は、これをまったく問わないとして、雄大なアメリカの関係を抽象的形態で、しかも古い世界と対比して表現したという功績を有つ」と。

マルクスに言わせれば、ケアリは、「雄大なアメリカの関係」、すなわち、「古い世界」＝旧大陸の西ヨーロッパ世界が過去に展開したいわゆる原始的蓄積が、いままさにケアリの眼前で「新しい世界」＝新大陸の北米合州国で展開されていること、しかも、原蓄過程をほぼ完了した西ヨーロッパ、特にイギリスの資本がアメリカに侵入してきて、その本来的・資本家的蓄積のために、アメリカの家父長的・小市民的生産を解体し、現に原蓄過程を進行させている。ケアリは、アメリカの工業ブルジョアジーの利益を代表して、かれらが国内でおこなっている原蓄過程を「調和」であると主張し、イギリス資本による原蓄過程を「不調和」であると批判しているが、このケアリの「調和」vs「不調和」論は、西ヨーロッパの過去の非本来的・原始的な蓄積（「原罪」）と現在の本来的蓄積（「現罪」）との関係を一連照射する視座が設定されなければならない。言い換えれば、西ヨーロッパの過去と現在とが、旧世界の大西洋の彼方の新世界では並存し、前者から後者への歴史的移行が目下進行中なのである、として捉えられなければならない。マルクスが『資本論』におけるいわゆる「原始的蓄積」章につづいて論じた、ウェイクフィールド「アメリカ論」への批判である「近世植民地」章を参看されよ。

いずれにしても、ロンドン〈水晶宮《クリスタル・パレス》〉における産業大博覧会の開催によって、革命後ヨーロッパ世界における〈反動の時代〉における工業的・商業的大繁栄の口火を切った、最先進資本主義国の〈パクス・ブリタニカ〉世界秩序の形成へといたる〈偉大な文明開化作用〉は、亜大陸インドや新大陸アメリカや「暗黒大陸」アフリカの世界包括を孕んで現実に進行しつつあったのであり、マルクスのような「複眼的思考」による、その全世界的把握が、新しい歴史的視座の設定として、決定的に重要となることは、その後の（マルクス死後の）世界へゲモニーの、大西洋を渡ってイギリスからアメリカへの世紀的移行が実現されたことによって、如実に示された、と言ってよい。

右の水晶宮的繁栄の産業中軸が、ランカシャーの綿工業であってみれば、この「木綿の時代」は、それ自体が「文明開化の勢力 influence of civilization」ということが言われた「イギリス女王の王冠の宝石」植民地インドとの関係性と、奴隷制棉農園《コットン・ファーム》を南部《ディープ・サウス》に擁した新大陸の北米合州国との関係性を、世界包括していたものであった。ヴィクトリア朝時代のイギリスの文明的繁栄は、戴冠したヴィクトリア女王の額に輝く最大・最高価のダイヤモンドである東インド会社の植民地インドにおける、インド亜大陸の土地が真白になるほど弊死した旧木綿工の骸骨で埋まった、と文字通り言われたインドの植民地奴隷と、「イギリス工業の決定的な部門は、アメリカ合州国の南部の諸州における奴隷の存在に依存している」と言われた、棉栽培農園に働く黒人奴隷という脚台の上に花開いた、市民文明的栄華にほかならなかったのである。そこから、新しい歴史的個体が生成《ゲネシス》しつつあった。

それに着目したマルクスは、『経済学批判要綱』体系において、ヘーゲル『大論理学』の三部（Buch）に模して、主観（人間・労働者）が「自由の外化」としての客観（市民社会・国民国家）にいかにして迫ってゆくか、その経済学批判の体系の分節化・環節化を『経済学批判』「序説」で透見しながら、『要綱』《グルントリッセ》の「貨幣章」「資本章」の結節点をそれぞれ、ヘーゲル『大論理学』の第一部《ブッフ》「存在論」、第二部《ブッフ》「本質論」に類比させながら、「資本一般」の概念的生成《ゲネシス》を跡づけてゆく方法的構想を建てたのである。

その際マルクスは、ヘーゲル『大論理学』の客観的論理学（存在論・本質論）が主観的論理学（概念論）へと進んでゆくように、資本一般の概念的成熟を追いながら、資本制的生産様式の単なる担い手に、原子《アトム》として解体された社会的諸個人＝人間《フマニテート》が、疎外された客体から、疎外された労働の自己回復を軸心として、自覚的な人間主体に反省的・復活的に生成してゆく必然性をあきらかにしてゆこう、と目論んだのである。

ヘーゲルの場合には、〈主体〉と〈実体〉とは結局同一の存在であるが、マルクスの場合には、一般的実体は分業労働であり、社会的・企業内的分業の資本制的発展によって一面化・単能化された労働者が、疎外された労働からの自己回復を軸としてそれを結合する結合労働の形態発生が、〈主体〉となって〈実体〉を労働生産力として発展させ、その極限で階級闘争を成就させることによって自ら消滅してゆくもの、という壮大無比な歴史的展望において、その「自由時間」と「必要労働時間」との弁証法は立てられたのである。

このような、中期マルクスの『要綱《グルントリッセ》』体系は、存在論としての「貨幣章」を承けて「資本章」で本質論を、一般性→特殊化→個別性のトリアーデで三度くりかえしつつ、資本の一般性が概念的に成熟してゆくのを摑んだ頂点で、本質論末尾の必然性の領域から自由の領域への移行と重ね合わせて、将来社会の新しい制度の主人公となる社会的諸個人が享受する自由時間を構想したのである。後年、『資本論』弁証法体系で裏打ちされた、マルクス『ゴータ綱領批判』における「必然性の領域」から「自由の領域」へと飛躍的に移行してゆく、ブルジョア的母斑をまだまとっている「低次の共産主義」から、それ自身の基礎の上に立脚する「高次の共産主義」の窮極への前進、という歴史行程論の原型は、右のような『綱要《グルントリッセ》』における客体（客観）と主体（主観）、必然と自由、実体と主体の弁証法運動に定立されたものにほかならない。

『綱要 Grundrisse』「序説 Einlectung」は、第一節冒頭で規定する——「ここでの対象はさしあたって物質的生産(die materialcstischer Production）である。社会のなかで生産している諸個人——したがって諸個人の社会的に規定された生産が、いうまでもなく、その出発点である」。その出発点において早くもすでに、経済的土台としての物質的生産が、生産諸力と生産関係の弁証法的対立・重合として現われ、価値増殖運動を自律的につづけながら諸個人の社会的に規定された生産を編成するその土台の運動の上に、社会的意識を固有する諸個人のやはり自己完結的な国家的・法制的・イデオロギー的上部構造の運動が、経済的土台の運動を反映し表現しつつ展開される、という「序説」が規定する唯物論的歴史把握の「導きの糸（アリアドネの糸）」としての「一般的結論」のすべてがすでに含蓄されているのである。そしてこのような物質的生産の基礎の上に組み立てられた生産諸力と生産諸関係、経済的土台と国家的・法制的・イデオロギー的上部構造の弁証法が、「唯物論」と「観念論」というマルクスの〈実践的唯物論〉に基礎づけられていることは、改めて言うまでもないところである。

マルクスはこのような出発点的立論において、絶えずヘーゲル哲学体系の弁証法に立ち帰った。すなわち、初期の『一八四四年パリ草稿』（いわゆる『経済学・哲学手稿』）→中期の『経済学批判要綱』→中期から後期への移行期の「二十三冊のノート」に凝集された『資本論』草稿→後期・晩期の『資本論』……の論脈と同じく、その学問知《ヴィッセンシャフト》の転回点で、かれマルクスはその都度、〈ヘーゲル弁証法〉に立ち戻り、その「合理的核心」を『資本論』への経済学批判的精錬のなかで摑み出そうとしたのである。

マルクスがこのように、ヘーゲルを読み込み、ヘーゲルから学んだのは、かれヘーゲルが近代のリアルな場である市民社会における支配層と賤民《パリア》への「市民」の分裂衝動、国内矛盾からの排出としての植民地への膨脹衝動を、無化すべく「プロテスタントのプロシア国家」のなかに統一・昇華しようとしたその社会的・政治的構想から、それを逆倒させて、マルクス的共産主義への昇華として再編成しようとするところにこそあったと言えよう。

ヘーゲルのそうした国民国家への昇華による市民社会の全矛盾の解決構想は、いわゆる「二重の悲惨さ《ミゼーレ》」に置かれたビスマルキスムスのドイツの現状《クオータス・クオ》においては、マルクスが見抜き告発したように、プロテスタント的プロイセンにおける国王下の官僚制《ビューロクラシー》と国家団体《コルポラツィオーン》との連合戦線権力以外のなにものでもなかった。マルクスの「共産主義論」とは、誤解を恐れずに敢えて言うならば、ヘーゲルのそうしたプロイセン的国民国家論のプロレタリア権力下の市民社会論としての転倒的置換にほかならなかったのである。そのためにマルクスは、一八四〇年代の〈経済学ノート〉、一八五〇年代はじめの〈二十四冊のロンドン・ノート〉に凝集された経済学という素材《マテリア》に内在した経済学批判的研究によって、新しい学問知《エピステメー》と形態《フォルム》を獲得し、その力によって、ヘーゲル哲学体系の分離と結合の論理学をその合理的核心において生き返らせて、活用することが必ずやできるのであろう、と考えたのである。

次に、〈ゲマインヴェーゼン〉の歴史的変遷についての、『綱要』「貨幣章」「資本章」の二次にわたって見られる人類史のいわゆる三形態進化論の検討へと移る。「序説」に曰く——

「わたしたちが、歴史を遠く遡れば遡るほど、ますます個人は、それゆえ生産する個人は、自立していないものとして、一つのいっそう大きい全体に属する存在として現われる——初めはまだまったく自然的な仕方で家族のなかに、そして部族にまで拡大された家族のなかに、後には諸部族の対立を融合から生じるさまざまな形態の共同態《ゲマインヴェーゼン》のなかに現われる。一八世紀になって初めて、つまり「市民社会」において初めて、さまざまな形態の関連は、個々人（Einzelne）の私的目的のための単なる手段《ミムニール》として、外的必然性として個々人に対立するようになる。しかしこのような立場、すなわち個別化された個々人（vereinzelte Einzelne）の立場を創り出す時代こそ、まさにこれまでのうちで最も発達した社会的な（この立場からすれば、一般的なallgemein）諸関係の時代なのである」。

右のすぐれた〈ゲマインヴェーゼン論〉は、今日の文化人類学的知見の水準から言うならば、家族と部族との歴史的順列は、はじめに家族ありきではなくて、はじめに部族ありきと、人類初期の群レ生活もふくめて再規定されなければならないし、諸部族の対立と融合に織り込まれた歴史の曙光期においては、大地母神なり大海女神なりが領した母権制＝女権制の一時代があり、それが古代貢納制の王権時代の或る時期にエンゲルスのいわゆる「女性の世界史的敗北」を介して、男権制・家父長制の「ファロクラシー」の時代へと転移したことが、世界史的に強調されて然るべきであるが、一般的に共同態《ゲマインヴェーゼン》と呼ばれる共同体社会史においても、その長期にわたって久しい時代には、実質社会の周辺部・周縁部における商品経済と商品生産が付着し発展していったことはもちろんのこととして、実質社会の根幹部の経済は、贈与・互酬・再配分・寄進・勧進・喜捨の多分に宗教的な聖なる社会原則に基づいた経済的再生産構造を編成・保持していたことを、分節化して説明すべきものと思われる。また、名著『マルクスの歴史理論』において望月清司教授は、Gemeinvesenを「共存体」、Gemeinschaftを「共同体」、Gemeindeを「共住体」と訳し分けている。マルクスにおいても、このような望月的概念弁別＝区分が使い分けられることが、ゲマインヴェーゼン＝「共同態論」概念の多分に無ん内容で空虚な一般性から脱するために望ましい。

マルクスは別な箇所――いわゆる『資本制生産に先行する諸形態《フォルメン》』では正しく、「部族」を「本源的共同体結集体」の始源＝典型として据えている。この点では、マルクス没後の最後期エンゲルスの労作『家族、国家、私有財産の起源』の「家族」＝社会起源説とは異なっているのである。マルクスはまた、「所有とは、ある部族（ゲマインヴェーゼン）に帰属することであり、そしてこのゲマインヴェーゼンの、土地、それとの非有機的関係である大地に対する関係行為を媒介としての、個人の土地に対する関係行為である」という有理・有用な規定を、『諸形態《フォルメン》』においておこなっている。これらのマルクス的利点こそが、百パーセント活かされて活学・活用されなければならない。エンゲルス流の『家族、国家、私有財産の起源』などを何百回引用したところで、学問的前進や成果はこれを望み得べくもないのだ。

それはともかくとして、それらをも包み込み・織り込んだ社会的・企業内的分業が、貨幣関係を通して進むのにつれて、個々人の労働も専門化し特殊化し、その拡大深化に応じて、個々人の労働生産的同士が、最初は共同体間商品交換から始まって、それが共同体社会の内部へと反射して共同体社会そのものが商品生産・流通の発達によって解体されてゆくのにともなって、個々人の労働生産物同士が交換される質も量も増大する。こうした多様化・特殊化・専門化が進むにつれて、有用的使用価値の質がそれぞれに違う労働生産物（その質の違いがなければ、商品交換そのものが発生しえない）に共通するもの、すなわち価値を体現する諸商品の一般的等価物である貨幣が、そのなかから共同作業によって析出・定立されてくるのである。

個々人の労働は、このようにして一八世紀の「市民社会《ブルジョア》」において初めて、具体的に特殊な質（効用、使用価値）

を持ち、社会的な場、つまり市場に出して通用するとき、社会的・一般的な価値が認められる。したがって、個人（Einzelne）は特殊（Besondere）と一般（Allgemeine）とに分別される（ruteilen）のであり、このようにしてマルクスの社会的・経済的分析には、徹頭徹尾、ヘーゲル弁証法哲学体系の「判断論《ウルタイル》」が活かされているのである。

『要綱』の「貨幣章」では、貨幣の価値尺度機能が存在論の質に、流通手段機能が量に、蓄蔵貨幣機能が度量に、それぞれ結びつけられている。「資本章」では、貨幣としての貨幣＝世界貨幣と資本としての貨幣を較べるときに、本質論のはじめの同一性と区別性が使われる。

さらに詳しく言えば、「貨幣章」から「資本章」への移行における、言い換えれば、「貨幣の資本への転化」における、貨幣としての貨幣が「蓄蔵貨幣」として自己解体の矛盾に陥り、自分を生んだ根拠＝金生産ないしは地金に戻るという論理は、ヘーゲル「本質論」のはじめの同一性→区別→対立→矛盾→根拠という弁証法にならっているのである。

「資本の生産過程」に入ると、先ず「労働過程論」は形相と質料に、「価値増殖過程論」は形式と内容に重ねられている。「剰余価値論」からの転回としての「再生産論」は、本質論の最後の現実性と絶対的関係（相関）の論理が援用されている。資本の概念的生成、あるいは資本の一般的概念の弁証法である。

このあと、いままで価値増殖の単なる手段としてきた生産を逆に、目的として進める過程を観る「資本回転論」では、資本価値が特殊な使用価値へ分化して、質料変換（物質代謝）がおこなわれるのを覧るが、この資本の特殊化でも、ヘーゲル「本質論」が、転化論→剰余価値論→価値論→資本循環論をふくむ資本の一般的生成と同じく、くりかえし援用されている。すでに詳論したごとく、武市健人の『ヘーゲル論理学の世界』が、逐一、その『大論理学』の概念構成を『マルクス「資本論」の世界』に重合させることができた所以である。

さらに「資本回転論」まで『資本論』第二部で、資本の上向を跡づけてきて、資本のすべての契機が一様に利潤をもたらすものとして現われてくる『資本論』第三部の論理的理由が明らかになり、資本は一般と特殊の統一物＝個別となる。この資本の個別性でも、ヘーゲル弁証法のトリアーデが援用されているのである。中期マルクスの『経済学批判綱要』「序説」の全体が、ヘーゲル『大論理学』の第三部「概念論」を導きの糸としている、と言ってけっして過言ではない。

『要綱《グルントリッセ》』は「貨幣章」の冒頭で、アルフレッド・ダリモンの『銀行の改革について』を批判的に検討しているが、当時、アメリカ合州国の穀価下落から始まった**一八五七年の恐慌**で、銀行が次々と倒産し、預金者の市民たちが現金を求めて殺到したまさにその時に、銀行は支払を停止した。アルフレッド・ダリモンは、そのような状況を批判して、その不当な経済権力を剝ぎ取り、その替わりに、人びとが実際に働いた労働時間をそのまま記した「労働時間貨幣」を発行すればよい、と主張した。この提案自体は、なにもダリモンの独創とは言えず、古くはジョン・プレイも、『貧困の哲学』のプルードンも、同様の提案を行っていた。マルクスが、プルードン批判の『哲学の貧困』で述べたように、この問題の本質的性格は、商品の生産と交換の現行制度が存在する限り、必然的に商品から貨幣が発生し、貨幣は資本に転化する、といった歴史的・論理的不可避性が貫徹するというところにこそある。そうであるのに、ジョン・プレイやプルードンやダリモンのように、その発生と転化の現実的原因を理論的に解剖することなく、商品生産・交換の必然的結果にすぎない貨幣や資本を廃止せよ、いや、「労働時間貨幣」で置き替えよ、と万能薬的に提言するのは全くもってナンセンスであるというのが、あくまでも資本家社会批判に徹し切ったマルクスの批判なのである。

マルクスは反問する――「真の問題はこうだ――ブルジョア的な交換制度そのものが、一つの独自な交換手段を必要とするのではないか？　その制度が、すべての価値にたいする一つの特殊な等価物を必然的に創り出すのではないか？」と。「国家が協定 convention によって発生するのではないのと同様に、貨幣も協定によって発生するのではない。貨幣は、交換から（aus）、交換のなかで（in）、自然発生的に発生するのであり、交換の産物である」と。

「したがって、生産物の交換価値の形での規定は、交換価値が生産物から分離され、解き放たれた一つの存在を受けとることを必然的にともなってくる。諸商品それ自体から解き放たれ、自ら一商品と並んで存在する交換価値は――貨幣である」。

「この第三者（貨幣）は、いわば労働時間そのもの（労働時間一般）を代表しており、労働時間の整除分を表わすいわば一片の紙または革を代表している。（かような象徴は一般的承認 die allgemeine Anerkenning）を前提している。それは、一つの社会的象徴たりうるにすぎず。実際には、それは一つの社会的関係を表現しているにすぎない」（『経済学批判要綱』）。

このように、ヘーゲル弁証法を駆使した弁証法家マルクスは、『要綱』執筆中にラサールあての手紙（一八五七年一二月二七日付）で、「ぼくは古代の指導者のうちへラクレイトスよりも好きなのはアリストテレスだけだ」と書き送っている。また、近代日本では西田幾多郎も、「マルクスは偉大な研究者に還ってゆく。それはアリストテレスである」としている。これらはいずれも、アリストテレス『形而上学《メタ・タ・フュジカ》』における弁証法的要素に着目しているのである。『要綱《グルントリッセ》』においても、アリストテレス『形而上学《メタ・タ・フュジカ》』の「四原因論」の論理的・概念的影響はすこぶる大きい。

マルクスは、『要綱』「資本章」を通して、次のように「時間の経済《エコノミー》（節約）」という主題を提示する。マルクス経済学とは時間のエコノミー論だ、と言っても大過ない。それは、資本制経済だけにはとどまらない、歴史貫通的・超歴史的な規定である。すなわち――

「共同的生産が前提されている場合でも、時間規定は相変らず本質的なものでありつづける。社会が小麦や家畜などを生産するのに、わずかな時間しかかからなくなれば、それだけ社会は物質的生産や精神的生産など、ほかの生産にあてがうより多くの時間を獲得する。個々の人間の場合のように、社会が全面的に発展し・享受し・活動するかどうかは、時間の節約（Zeiterskarung）にかかっている。時間の経済（Oekonomie der Zect)、すべての経済は結局のところそこに帰着する」（『経済学批判要綱』）。

マルクスは、もちろんのこと、資本制商品経済社会の生理的解剖に則っての立言ではあるが、労働時間《ツァイト》の経済＝節約《エコノミー》は、単に社会的生産が資本家的・私的生産手段の下でおこなわれているブルジョア的商品交換制度にとってだけではなく、過去のもろもろの共同体社会や将来の高次な共同体社会のごとく「共同的生産」がおこなわれている場合でも、相変らず本質的なものでありつづける、と考えている。将来の共産主義《コムニスムス》＝アソシエーション社会という人類史の大局的な「第三段階」も、静止的な骨化・石化した体制ではなくて、絶えず豊かに多種多様に前進しつづけてゆく社会体制であるとすれば、必要労働時間の短縮こそが、そこにおいても、社会発展の根本条件である。その意味で、「時間の経済」は、人類社会史を貫く超テーマである。この点で、とりわけ『要綱』「資本章」の展開している相対的剰余価値生産論と資本回転＝蓄積論は、マルクス理論にとっても決定的な理論的旋回軸であった。

したがって、『要綱』「貨幣章」「資本章」の論理は、冒頭商品の使用価値・交換価値の二要因→労働の二重性→商品としての労働生産物の貨幣への転化→貨幣の資本への転化→資本の社会的全面化、を全社会的基準にしておこなわれた人類社会史の大局的な三段階論（人格的関係→非人格的関係→高次の人格的関係の復活）→その歴史的・論理的移行の原動力としての「時間の経済」論、ということになる。

「流通とは、諸価格の措定であり、諸商品がそこで諸価格に転化される運動であり、すなわち、諸価格としての諸商品の実現である。（1）商品が交換価値として実現されるための尺度（Maalz）または要素《エレメント》としての規定、および、（2）交換手段・流通用具としての規定。上記の貨幣の二つの規定は、まったく異なった方向に作用する。貨幣は、観念的に個々人の頭のなかだけでなく、社会の（直接には購買と販売の過程にある当事者たちの）表象のうちで、すでに貨幣に転化されている商品だけを流通させる」。

「（1）（貨幣流通という）運動の形態そのもの、運動が描く線（その概念）、（2）流通する貨幣の量、（3）貨幣がその運動を成しとげる、すなわち流通する速さの程度」（『経済学批判要綱』）。

右のようにして生成し形成された資本は、「生産力の体系」だけではないばかりか、それに照応した人間・人間関係としての生産諸関係を生み出すばかりでもなくて、ヘーゲル「市民社会」論式にいえば「欲望の体系」をも創り出す――

「社会自体から生まれる新しい欲望の発見、創造、意志。社会的人間のあらゆる性質の陶冶と、できるだけ豊かな欲望をもつものとしてそのような人間の生産。なぜなら、豊かな性質と豊かな関連に恵まれた人間は――できる限り総体的で普遍的な社会的生産物としての人間の生産は――（というのは、多面的に享受するためには、人間は享受する能力がなければならず、したがって高度に文化的に啓蒙されていなければならないから）――やはり資本のうえにうちたてられた生産のひとつの条件だからである」（『経済学批判要綱』）。

このような、生産と消費の多面化豊富化が絶えず循環して、「生産力の体系」と「欲望の体系」が、万物商品化の商品生産・流通の世界市場的普及を通して顕著に進む。グローバル資本主義に立脚する今日の高度消費文明社会の到来は、よかれあしかれ、そのような社会が生み出した一つの文明的典型である。生産力の体系―商業社会―欲望の体系という、ブルジョア経済の三位一体の成熟であり、爛熟である。

こうした現情況からますますその理解が容易になる諸素材に恵まれた今日から、『要綱』の資本循環=回転論を見返して見るならば、『要綱』「資本章」に入ってからの理論的進展、すなわち、転化論→剰余価値論→実現過程論→転回論が、再び資本の質料転換（物質代謝）のなかで再定義されてゆくことがひときわ注目される。先ず第一に、「一般性」規定のところでは、資本の転化論と転回論とがみごとに統一されて、賃労働者の支配しうる使用価値=生産手段が、年々ほとんど同じ水準なのに比べて、資本家の支配できる生産物が年々増えてゆく、というように、剰余価値の塊りとして増えてゆく資本を、使用価値の面から捉え直すのである。使用価値視角からの、交換価値万能で形式的に組織化された物象化社会に対する、逆照射・逆点検である。

第二に、「特殊化」規定に入ると、剰余価値論で、資本が不変資本と可変資本に区分されたのを承けて、固定不変資本と流動不変資本と可変（流動資本）に分けられる。

第三に、「個別性」規定に入って、あの実現過程論では、主として剰余価値の領有と資本への転化＝再生産がフォローされたのに対して、その実現過程の論理が、使用価値の再生産＝資本の物質代謝過程にいかに貫かれているかが、検証される。これを要するに、第二・第三の論点も、第一の〈使用価値視角〉を承けて、物象化社会として実現されている人間社会の質料転換（物質代謝）過程機軸についての、マルクスによる全面的な逆照射・逆検証である。

このようにして、「時間の経済《エコノミー》」を基柢にした『要綱《グルントリッセ》』マルクスは、まさに、ヘーゲル論理学のトリアーデ範疇体系である「一般性」→「特殊性」→「個別性」の論理的全連関を以て、物象化社会として総体化された近代資本制市民社会の全貌を描出することに、卓効を収めたのである。

次に、『要綱』の資本循環＝回転論の特色は、貨幣資本循環で摑んできた転化論→剰余価値論→実現過程論→転回論の弁証法論理を、生産資本循環＝回転で再定義しようとするマルクスの意図が、アダム・スミスの『諸国民の富』第二編での資本回転＝再生産論が資本の形態変換の論理と質料変換の論理とがごっちゃにされた上で、後者の面をポジティヴに押し出しているのを、理論的に全面的に理解した上でその根底から批判することにある。すなわち、転化論から転回論までのこれまでの歩みでは、資本の形態変換が主題にされていたが、今度はそこで純粋に摑んだ増殖する価値としての資本の本性《ネーチャー》が、資本の質料転換（物質代謝）にいかに媒介され、貫通されているかを確かめるのである。こういう二段構えの方法に基づいて、マルクスは今や、「資本一般」把握の第二段階の理論的作業に突入して、スミス「回転論」の本格的な批判を行っているのである。

さらに次いで、中期マルクスは、剰余価値論における労働時間＝必要労働時間プラス剰余労働時間、という時間区分を承けて、資本の循環＝回転時間を、右にも並べたように、一般性→特殊化→個別性のトリアーデに合わせて総体的・綜合的に再定義してゆく。これは、『要綱』「貨幣章」の〈時間の経済《エコノミー》〉論に発した『要綱』「時間論」の継続的展開・発展にほかならず、この歩みは、資本回転論からひきついだ利潤論における「自由時間」論で総括されることとなる。

『要綱《グルントリッセ》』マルクスは、歴史的には、重商主義段階から産業革命を経て機械制大工業段階へ移行して、産業資本が自分の足で立った生産力で世界市場を創出してゆくようになるのに対応して、貨幣資本循環からさらに旋回して、生産資本循環の視点に立って、先ずもって第一に、生産資本循環＝時間短縮論とでもいうべき〈ポジ・ネガ〉論を展開するのである。「労働時間（＝生産時間）が価値を生む活動として現われるならば、資本のこの流通時間は、価値喪失の時間として現われる。流通時間は、何ら積極的な価値創造的な要素ではない。流通時間が0《ゼロ》に等しくなるとすれば、価値創造は最高になろう」と。

そこで、資本は、流通時間を少しでも短くしようとして、流通軌道に横たわっている外的な障害を取り除いて、円滑な価値増殖運動が進行してゆく諸機構・諸手段を、次々に創り出してゆくのである。

（1）「交換の物的諸条件――交通手段と運転手段」
（2）「市場の創造」
（3）「信用のいっさいの諸形態」

（1）からは、早い時期から、道路、水利、鉄道、輸送等々に充当する資本の社会的動員を組織する「株式会社」が登場し発展をとげてゆく。（2）からは、「世界市場」が「世界貨幣」の普遍的媒介のもとに創造されて現実化する。（3）からは、信用制度の信用創造をふくむいっさいの最高次の経済的諸形態が探究されてゆくこととなるのである。

こうして、『要綱』のなかに、『資本論』よりも前にマルクスが「先取してある部分」としての「利潤論」を求め、たとえば、剰余価値と利潤との内的関連を外的＝形態的区別についての叙述、利潤率の均等化についての論述、生産価格についての論定、回転と利潤率との関係についての指摘、そして資本の構成比率や変化と利潤率の低下についての叙述、さらには「利子生み資本」範疇についての規定等々の諸部分が、かきあつめられて系統化されて整序されてゆこうと苦心されてゆく。このようなマルクス「利潤論」の『要綱』的再構成の理論作業は、それ自体としてもけっして無意味なことではないが、さしもの編集者老エンゲルスをして「非常に脱漏の多い最初の草稿」と慨嘆せしめた中期の『要綱』草稿であるだけに、次のことだけは、『要綱』に即して確認しておく必要がある。すなわち、右に述べた「先取り部分」のほとんどすべてに、マルクスが必ず「この問題は競争の節に属する」と言い添えていることである。マルクスは、この留保条項の理論的決済を、後期の『資本論』の展開で基本的には果たしてゆくのである。

資本とは、いうまでもなく資本―賃労働関係であり、それは経済的土台における関係性であるが、同時に、上部構造上の「私的所有」の関係性でもある、ということは、その資本が支配する社会を、資本と賃労働が実有する社会として、資本家的・私的所有の支配する社会として物象化的に構造化しているということである。マルクス的弁証法による存在論＝認識論的なトータルな全面把握が、ここで最大限に発揮されるのである。ここでは、労働力という生産要素と資本という生産要素とが、「自由かつ平等に」交通・交換しあう社会が実現する。交通＝交換する生産要素は、「商品」である。

単純商品である労働力商品と複合商品である商品としての資本は、〈三位一体範式〉に「平等」にその対価としての「賃金」と「利子」を受け取り、その超過部分から地主に対しては「地代」を支払い、定期的・規則的収入《インカム》であるその地代を完成されたブルジョア社会の一般的市場利子率で以て除する「資本還元」によって土地＝自然を「擬制資本」化して、商品としての土地＝自然の市場価格を、全社会的に一義的に確定して包含することとなる。

このような「果実生み資本」としてはじめて資本は、そこから「資本一般」が出発した賃労働と「平等な」関係となりうるのである。そして、賃労働が、その所有する労働力をいつでも「自由に」自己処分することによって「賃金という果実」を獲得しているとすれば、資本もまたいつでも「果実を生むもの」としての自由を、かの「利子生み資本」範疇において「可能的労働指図法」として措定するのである。

　このようにして、自らが所有する労働力を商品として提供する賃労働と対等・平等・自由な関係が、「果実をもたらす資本」として、「利潤をもたらす資本」という機能資本と、「利子をもたらす資本」という所有されかつ商品として流通する所有資本とに分裂して、その運動は「利潤（＝果実）の利潤と利子とへの分裂」として完成するのである。これが、資本制生産の総過程の諸姿容《ゲシュタルト》としての『資本論』第三部の主題《テーマ》である。

　この分裂的完成化の運動は、「貨幣資本と現実資本」との乖離をもたらし、信用制度・信用創造の出動によってかえって促進され高速増大化したその乖離は、やがて利潤率の傾向的低下と利子率の高騰との激突をもたらすことによって、**全般的・周期的・激発的な世界市場恐慌の暴力的大爆発**を惹起し、よって以て資本制経済社会の自己破壊的にして自己更新的な螺旋状式高次化をもたらし、ブルジョア社会の最終範疇《デル・エンデ》としての過剰化した「資本（資金）の商品化」は、端初範疇《アンファング》の「冒頭商品」への自己還帰をもたらして、ここに、『資本』の弁証法体系は、その円環化を成就するであろう。

　およそ以上のような、資本の支配する社会の歴史的自己認識としての『資本―経済学批判』――その一般的・抽象的な自己獲得の体系化としての『要綱』。そこでの「資本一般」プランの一応の帰結としての――個有の利潤論でも利子論でもなく、その抽象的統一であり一般分析である――「果実をもたらすもの」としての資本の論理の概略、これこそが、中期マルクスの理論的結晶である『要綱』のきわめて重要な出発点、ないしはきわめて重要な折り返し点である。その最終的な到達点はいうまでもなく、最後期マルクスの『資本―経済学批判』の弁証法体系の基本的完成である。

このような全論脈を通じて、中期マルクスは、「労働日短縮」が可処分自由時間を増大させて資本制商品生産社会を労働者解放に向けて転形させる基礎条件的第一歩であり、そこから開始される社会転形の「低次共産主義」から「高次共産主義」へと社会進展する過程で、人間社会の存立・存続に絶対的必要事である「必要労働時間」をミニマム化し（ゼロ化はできない、それは空想でしかない）、「自由時間」のそれとの抗争・増殖こそが、その社会進展の度合を測る指標《メルクマール》である、という雄大な歴史観を指し示したのである。

10　マルクス『資本家的生産に先行する諸形態《フォルメン》』の持つ世界史解析的意義

一冊の書物は、一冊の書物として、つねにそれぞれに特有な運命を有つ。或る場合には、「呪われた書物」の運命としても。マルクスの主著『資本論』にしてからが、或る種の「呪われた書物」として、数奇ともいうべき転変の歴史的運命をたどったのである。

二〇世紀に入っておそらくは億単位の稀有のベスト・セラーとなった『資本論』――その普及ぶりは尤《ゆう》に『聖書《バイブル》』のそれに匹敵するとされるが――、マルクスの生前にはその第一部だけが、それもわずか一千部公刊されたきりで、それすらもほとんど買われることがなく終わっていたのである。ここに中期マルクスの主著としてとりあげている『経済学批判要綱《グルントリッセ》』にしても、『経済学批判』と題する第一分冊がわずかに公刊されたきりで、その厖大な「七冊のノート」が、ソ連邦・東独の編集者の手によって一九五三年に「ディーツ版」として全一冊本として刊行されてはじめて、わたしたちの研究の目に触れるようになったのである。

いうまでもなく、その公刊は、初期マルクスの「一八四四年パリ草稿」がいわゆる『経済学・哲学手稿』として一、九三二年に旧MEGA版としてはじめて公刊されたのと同じく、二〇世紀における第一次世界大戦＝帝国主義世界戦争の随伴物としてのソヴエト・ロシア革命によるソヴエト権力を発信源とする、『資本論』をはじめとするマルクス主義の全世界普及にともなう副産物であった、と言ってよかろう。

ということは、若きマルクスが自らが創設に関与した共産主義者同盟をひきいて、一八四八年ヨーロッパ世界革命に参加して以来、〈恐慌と革命の経済学〉でありつづけたマルクス経済学ならびにそれに立脚する実践的イデオロギーとしてのマルクス主義が、革命イデオロギーの演ずる機能としては、全世界的規模における〈戦争と革命の時代〉と規定された二〇世紀的現代において、今日の目から反省的に見返してみるならば、「マルクス主義」から「レーニン主義」へ、レーニン死後はボリシェヴィキならびにコミンテルンにおける左翼反対派との激越な党内権力闘争を経て「マルクス・レーニン主義」すなわち「スターリン主義」へと変転してゆき、ついには一九九一年の「スターリン主義体制」の全世界的崩壊にいたったという全現代史的運命の経過のなかに、『要綱《グルントリッセ》』をふくめたマルクスの著作の「呪われた」運命が幾変転にさらされた、ということを意味している。

いま、行論の必要上、『要綱《グルントリッセ》』の全冊刊行とともに最も普及し、最も理論的関心と研究をよんだいわゆる『資本家的生産に先行する諸形態《フォルメン》』草稿について触れるならば、その研究史のそもそもの出発点において、一九三九年版『要綱《グルントリッセ》』をソ連邦以外の地で閲読する機会を得たごく少数の一人が、『資本論成立史』（法政大学出版局刊）の著者ロマン・ロスドルスキーであった。かれR・ロスドルスキーは、一九四八年にニューヨークのジョス・ブッティンガー図書館で如上の一九三九年版『要綱《グルントリッセ》』に接する機会に恵まれていたのであるが、その当時この『要綱』は「西の世界には三部か四部しかなかった」と言われる。そうした情況のなかで『要綱《グルントリッセ》』とりわけそのなかの『諸形態《フォルメン》』が知られるようになったのは、当然さらに遅れてのことであった。『要綱』ドイツ語版は、すでに一九三九年と一九四一年に、本巻と補巻から成る二冊本としてモスクワで公刊されていたのであるが、その本巻の刊行に先立って『諸形態《フォルメン》』だけが、一〇月革命史研究誌『プロレタリア革命』一九三九年三月号にロシア語で発表され、翌一九四〇年に単行小冊子として刊行された。言うならば『諸形態』は、その先行ぶりからも分かるように、スターリン主義教義体系の守護神であったロシア・ソヴエト権力の、とりたてての鍾愛を一身に集めていたのである。

　右のロシア語版原本を基にして、戦後いちはやくわが国にも『諸形態《フォルメン》』は、『歴史学研究』第一二九号（一九四七年九月号）に、岡本三郎・飯田貫一訳として公刊された。『要綱《グルントリッセ》』ドイツ語版は、日本が事実上の鎖国状態にあった戦時中はもちろんのこと、戦後も、一九五三年の東ドイツ・ディーツ版による写真複製公刊まで、先程述べたように「三部か四部しか」を除いて、モスクワを一歩も出なかったものと思われる。全世界はその「呪われた書」の存在すらも知らなかったのである。

　ともあれ、戦後日本における右のロシア語版からの重訳『諸形態《フォルメン》』が、日本のマルクス主義（実質はスターリン主義）学界に与えた思想的・理論的刺戟は、きわめて大きかった。その最初の『諸形態《フォルメン》』紹介の反響が、「アジア的生産様式論の具体化のために」と副題された日本古代史家藤間生大の有名な論文「政治的社会成立についての序論」（『歴史学研究』一三三～一三四号）の発表以来、日本の古代史研究者たちの好箇の研究・討論の主題《テーマ》とされ、とりわけ、スターリン主義治下での東西にわたる年来のテーマであった「アジア的生産様式」論争の解決のための原マルクスに基づく決定的な新資料として受け止められた。服部之総ほか四氏の共著『アジア的生産様式論』（白揚社刊、一九四九年）の「まえがき」によるならば、その書物は「はじめ八雲書店の依頼により一九四七年に出版を予定し執筆したもので、当時すでに版組みも完了していたのであったが、八雲書店の倒産による出版事情の急変のために一頓挫したものの、その白揚社版としてのいわば再刊であったことが分かる。「呪われた書」は、その公表においても、運命的変転を免れえないのである。

　このエピソードは、当時「破天荒」と受感されたマルクスの新草稿『諸形態《フォルメン》』が、戦後日本にロシア語版からの重訳によって紹介されたのが、一九四七年九月であったことを思い合わせてみるならば、戦後日本の古代史家たちがそれをたちまち思想的・理論的に消化して（おそらくは生煮えの生消化ではあったであろうが！）、たちまちにその浩瀚な合著論文集を書き上げ、その年のうちに早くも出版しようとした勢いをうかがい知ることができる。わたし自身も当時、藤間生大や石母田正らの俊秀を戦時下に育てあげた渡部義通同志の膝下にあった活動家の一人であったからして、とりわけそのアメリカ占領下の〈戦後民主主義〉の支配的風潮の下にあってそれとつるんでいたと言ってよい〈スターリン主義〉的左翼の狂熱的順応ぶりの素早さを回顧して、一種瞠目すべき感を今もって禁じえない。八・一五「解放」直後における、それなりの日本社会科学の鬱勃たる自由への解放エネルギーが、歴史学領域でも広くその一片鱗を示したものと解されるであろう。

当時のかれら俊英たちの驚嘆すべきこの学問的健啖ぶりは、かれらが重訳として与えられた『諸形態《フォルメン》』のなかの、経験上わたしたちに親《ちか》しい、そして「大東亜共栄圏」を呼号した天皇制日本の戦時下に執拗につきまとわれ悩まされぬいた「アジア的共同体」の部分にのみ関心を集中させたというものでは必ずしもない。すくなくとも、日本古代史（それは古代天皇制史である）の批判的研究に携わった津田左右吉・渡部義通以来の日本古代研究者たちをはじめとする歴史家たちのあいだには、重訳『諸形態《フォルメン》』の発表以前に、すでに或る種の基本了解の共有化が進んでおり、その基本的見地が、モスクワからの『諸形態』発表とともに、マルクスそのものの権威付けを与えられた、という事情が、微妙・強力に作用した、と今日から看て然るべきである。

「アジア的生産様式」論について言えば、すでに一九三一年のスターリンの「鶴の一声」による言論封殺的な「アジア的生産様式」論争の中止命令、そしてそれに基づく思想的空白なまでのスターリンの『ソ同盟党史』の一環としての『弁証法的唯物論と史的唯物論』の一九三八年の勅錠以来、粗雑きわまるスターリンの万世一系的な「世界史の五段階発展説」（原始共産制→古代奴隷制→中世封建制→近代資本制→ポスト近代「スターリン主義＝社会主義」体制）は、独立した「アジア的生産様式」の実在ないしはマルクス的構想を認めてしまえば、その「隅《すみ》の首石《おやいし》」からスターリン主義の〈ディアマート体系〉そのものが土崩瓦解してしまうのであり、したがって、せいぜいのところ、スターリン御一人の勅令によって、その実在とマルクス的構想を「古代奴隷制の東洋的変種」「東洋的専制王国」論として切り縮め、押し込める以外にはなかったのである。これをもってこれを看るならば、戦時下に伏在された鬱勃たる日本歴史学者たちの共通了解は、大筋はスターリン主義教義体系の呪縛の下にありながらも、このような「アジア的生産様式」論争のスターリン的禁圧・抑圧に対するそれを根本的に疑う異議申し立ての一形態であった、と言い得る。原マルクスの新原稿の発見・紹介は、果たせるかな、自分たちのそのような疑問と研鑽の正しさの戦後的証明確認である、と受け留められたのである。今日のわたしたちは、このような戦後的初心を忘却してしまってはなるまい。

したがって、そのような日本歴史学者の敏感な反応もふくめて、ソ連邦・東独をふくめた内外の「アジア的生産様式論」に対する原マルクスの新原稿『諸形態《フォルメン》』ドイツ語版・ロシア語版・各国翻訳版の果たした役割は、戦後もつづいたスターリン主義教義体系の呪縛にもかかわらず、大筋は逆転・逆行不可能な勢いとなって、たとえばわが師の一人である布村一夫博士の「アジア的生産様式の清算」（『歴史学研究』一四一号、一九四九年九月刊）といった形で、決定的に趨勢化されており、そこに残されている絞られた問題点は、「古典古代の共同体」および「ゲルマン的共同体」についての『諸形態《フォルメン》』の原マルクス的見解を、マルクス主義の「世界史の基本法則」のなかにいかに齟齬なく織りこみ、包みこむか、という次元・領域に絞られた、といってよい。本書で先に、「ゲルマン形態」について詳述した所以のものである。

スターリンによる「アジア的生産様式論の清算」が、日本でも宣言されたその同じ一九四九年に、開催された歴史学研究会の大会の三基調報告が、まさに『世界史の基本法則』の総称題名をもって刊行されて以来、原マルクスにおける古代奴隷制ならびに中世農奴制の全歴史的把握に、ようやく理論家たちの関心がこのようにして移りゆく気配がほの見えたのもつかのま、翌一九五〇年の日本共産党に対する「コミンフォルム批判」、そしてまたもやスターリンの「民族問題」論文であると言ってよい「言語学におけるマルクス主義について」（『前衛』一九五〇年八月号）の発表に接して、わが学界は事大主義的に迎合しつつ、右往左往的に混乱せざるをえない思想状況へと立ち到った。

基本的に言えば、それは、マルクス主義の権威の傾向的沈下と、一九九一年のスターリン主義教義体系の最終的な土崩瓦解へと一路傾斜してゆく時代の転落趨勢の顕現の開始であったが、そうなるともはや情況は、『諸形態《フォルメン》』研究どころではないということであり、わが国においても望月清司『マルクス歴史理論の研究』、平田清明『経済学と歴史認識』のような世界的にも独創的高水準の労作の孤高的卓絶の出現を除いては、わが歴史学界の専門化・タコツボ化した領分の内部では、ほぼ五年間というものその折角の問題は、全く片隅に放置され放しという没理論的事態となったのである。

『コメンタール『経済学批判要綱』』上・下（日本評論社刊、一九七四年）に所収された森田桐郎・山田鋭夫の下巻第七章論文「『資本家的生産に先行する諸形態』研究」によるならば、右の「ほぼ五年間」とは、（1）一九五五年が日本共産党が「火焰ビン時代」として知られる朝鮮戦争下での「極左冒険主義戦術」の行使を自己批判して、戦後日本資本主義の「平和と民主主義」体制への順応を選択した年であり、戦後の「民族英雄時代」主義的ロマンに色濃く染められた「国民的歴史学」への急右旋回が、歴史学研究の学問的な内的必然性に発するものではなくて、スターリン主義特有の「文化の政治への従属」に起因したことを、確実な証拠をもって物語りうる状況が新たに生まれたこと（当然これはその反面では、スターリン主義批判の萌芽的顕在化の開始を意味する）、（2）同じ一九五五年に大塚久雄の名著『共同体の基礎理論』（岩波書店刊）が公刊されて、望月清司、平田清明、中村吉治、布村一夫氏らのすぐれた諸業績と相俟って、マルクス『諸形態《フォルメン》』の理論的摂取に基づく、「三つの共同体」観が統一的な理論体系の中に収められるにいたったこと、（3）翌くる一九五六年二月のソ連邦共産党第二〇回大会においてフルシチョフ、ミコヤンらによる「スターリン批判」が衝撃的に提起されたことによって生じた、戦後思想上の一画期を成す「五年間」であった、と言い得るのである。

右の結果、従来の「アジア的生産様式」論者イコール「トロツキスト」という、スターリンの拡めた荒唐無稽・無根拠の政治的タブー・デマゴギーが打破されることで、本主題に即していえば、「アジア的共同体」研究のために『諸形態《フォルメン》』を再読する作業にいたる道を再開したし、また日本の古代史研究者たちをスターリンの「奴隷革命説」――古代社会は世界史的に奴隷の革命で中世封建社会に移行したという珍説――から解放し、それによっても『諸形態《フォルメン》』研究深化の気運をたかめた。また、翌くる一九五七年の「歴史学研究の大会」（共通テーマ「戦後歴史学の方法的反省」）における塩沢君夫報告「アジア的生産様式の理論と日本の古代国家」を皮切りとして、国際的な「アジア的生産様式」論の再検討の深化と日本における古代国家研究の進展との結合を、前進させることになった。塩沢君夫報告の提起は、『諸形態《フォルメン》』よりもむしろ『資本論』およびそれ以後の「ヴェーラ・ザスーリッチへの手紙」等々のマルクスの歴史把握を研究の基準とせよ、という先駆的意義を有つきわめて特異なものであったが、この報告が『諸形態』についての歴史学的研究の再開を促す契機をなしたことは、疑いを容れないところである。本書で、晩期マルクスのザスーリッチ宛「回答《アンサー》」の枢要的意義について、特筆大書した所以のものである。

右の一九五〇年から五五年までのほぼ五年間の研究空白期にも、実は伏在的に『諸形態』研究史上に大きな画期があったのであり、それは、一九五二年に東ドイツ・ディーツ社からはじめて『諸形態《フォルメン》』のマルクス原執筆に順うドイツ語原型が小冊子として公刊され、次いで翌五三年には『要綱』全文の復刻版が、やはりディーツ社から公刊されたことである。

何と言っても、日本での邦訳もふくめてロシア語からの重訳では、それはちょうど『資本論《ダス・カピタル》』を英訳で読むようなもので、マルクスの言わんとした大意を摑むことはできたとしても、厳密な学問上の概念的理解ということになると、問題が数多く生じざるをえない。たとえば、『諸形態《フォルメン》』において駆使されている最も重要な鍵概念の一つである「ゲマインヴェーゼン」にしても、「共同団体」「共同生活組織」「共同態」「共同体」等々の邦訳の内容的意味をもつが（そのために、わが望月清司は、先にも紹介したごとく、「ゲマインヴェーゼン」を「共存体」、「ゲマインシャフト」を「共同体」、「ゲマインデ」を「共住体」と訳し分ける苦心の翻訳法を提示したのである）、これが当初にあっては、「集団《コレクティヴ》」と記されていた。一般的な場合には、「集団《コレクティヴ》」といった茫漠たる社会学的用語で通用させることはできるとしても、スターリンの悪名高い農業集団化政策ではあるまいし、『要綱《グルントリッセ》』の中期マルクスの深化した社会＝歴史認識をすでに会得しえたわたしたちの水準においては、そのような通俗社会学的語彙体系によっては、もはや精密・厳密にマルクスの本意・真意をとらえられないことは、すくなくても研究当事者にとっては明瞭至極なことであった。

　マルクス執筆の原ドイツ語にキチンと直接に当たることは、そうした問題意識の初歩的前提なのであるが、日本の多くの研究者が、いぜんとして岡本三郎・飯田貫一両氏のロシア語版からの重訳、ないしは『マルクス＝エンゲルス選集』邦訳に依存していた一方で、大塚久雄『共同体《ゲマインヴェーゼン》の基礎理論』が、その基礎概念の「ゲマインヴェーゼン」を、邦訳名はともあれ、マルクス原義の「ゲマインデ」ならびに「ゲマインシャフト」との明確な概念的区分において再構成しているのは、かつはまた、望月清司が、ゲマインヴェーゼン＝「共存体」、ゲマインシャフト＝「共同体」、ゲマインデ＝「共住体」と精緻に訳し分ける事態にまで到達したのは、ドイツ語版に直接に当った真価の有効性を、如実に示していたのであった。

　しかしながら、一九五二年に東ドイツで公刊された小冊子叢書版の『諸形態《フォルメン》』と、一九五三年版『要綱《グルントリッセ》』の中の『諸形態』とは、考証上言うならば、実は同じものではなかったのであり、それが大同小異上の差異にとどまらない深刻・重要な意義を内有していたことを、わたしたちは、一九六六年における平田清明論文（『経済学と歴史認識』岩波書店刊、一九七一年・所収）の鋭利な指摘によって、はじめて気付かせられたのである。この啓発は、あいともに季刊『クライシス』の同人でもあったわが親友平田清明からわたしが享けた最高の啓発であった。

一九五二年の小冊子叢書版は——やがては、『諸形態《フォルメン》』と原マルクスに関係なく、ソ連邦・東ドイツ編者並みに表記すること自体にすでに問題があることが、判明してくる——、最後の一パラグラフを、驚くべきことにマルクスに無断で（死者に鞭打っての所業であるから当然のことであるが！）削除してしまっていたのである。その削除を、平田清明『経済学と歴史意識』によって起こせば、すなわち——

「わたしたちは、第二循環の終わりになってようやく、資本の本性《ネーチャー》がどのような形で現われ出てくるかを観てきた。いまやわたしたちが考察しなければならないことは、資本の循環それ自体、すなわち資本の通流である。本源的には流通の彼岸《かなた》に生産があり、生産の彼岸《かなた》に流通があるように見えた。資本の循環——資本の流通として措定された流通——は、二つの契機を包括する。その二つの契機においては、生産は流通の終点および起点として、またその逆として現われる。いまや流通の自主性は単なる一仮象に引き下げられる。生産の彼岸性もまったく同様である」。実に理論上重大な無断削除ではないか！

右の中期マルクスの『要綱』的視角の核心を表現している一パラグラフを削除した（それは当然、けっして無意識のケアレス・ミスティークなのではなく、スターリンによるきわめて意識的な削除によるマルクス『要綱』の全体的意味の歪曲ないしは隠蔽にほかならない）官製マルクス主義的学匪たちにとっては、資本制的生産を円環化的に流通の終点および起点に結びつける上でのマルクスの「資本の循環」や「資本の通流」についての媒介的意義を全く理解していないのであるが、この一パラグラフの削除の反動的意味はそれにとどまるものではない。

このスターリン主義の御用官僚が作成した官製小冊子の『諸形態』の範囲内では、どんなに綿密に調査しようともかんじんな「第二循環の終わり」も「初まり」も出てこない、暗示すらされていないのであって、『要綱』全体の一部分としてマルクスの「第二循環の終わり」パラグラフを収容して邦訳された『諸形態』の訳本を、平田清明のごとく鋭敏な感性と構想力をもって味読するならば、そのとき『諸形態《フォルメン》』は、自己完結的分離・独立したものではなくて、専門歴史学御愛用の「共同体論」という狭小な囲い地であるものでもなくて、中期マルクスの経済学的思索を結晶・昇華させた『要綱』「資本章」・資本蓄積節・原蓄論の不可欠な一環としてはじめて蘇ってくるのである。

この不可欠な一環としての『諸形態《フォルメン》』の把握は、後期マルクスの『資本論』弁証法体系の総体的把握における「資本蓄積の一般的法則」に付せられた「いわゆる原始的蓄積」項の位置づけの理解――すなわち、一六世紀イギリスにおける第一次・第二次エンクロージャーによる生産手段（土地）と生産者（耕作農民）との歴史的分離、その分離過程を通ずる資本家‐賃労働者の初発的な二極形成からはじめて、独占段階に入った後期《シュペート》資本主義における「収奪者の収奪」「資本家的私有社会の葬送の鐘が鳴る！」にいたる、マクロ歴史的な把握の了解にとっても、決定的であると言わなければならない。本書が、原マルクスの「諸形態《フォルメン》」に即して、巨細に論定した所以のものである。

右のことをわたしたちに気付かせてくれた、一九六六年のわが友平田清明による「マルクスにおける経済学と歴史認識」や連作論文の意味は、先ず以て第一に、マルクスの歴史認識を、かれの経済学批判的な資本主義＝市民社会認識そのもののなかに見出せ、という提言であった。そして人も知るごとく、そのような平田清明理論では、物象化社会としての資本制近代社会は、絶えず常に「市民社会」から転成・転態して発生・形成されているのである。第二に、『諸形態《フォルメン》』を、マルクスが『要綱《グルントリッセ》』のほかならない資本蓄積の「原蓄論」に位置づけた問題意識に、深く内在しなければならないことを、深く意味していた。

それは、この「原資本論《ウア・カピタール》」（杉原四郎）における『諸形態《フォルメン》』の挿入・展開が、なぜ後期マルクスの『資本論』体系において、「いわゆる原始的蓄積」章とさしかえるにいたったのか、という根本問題の解明作業でもある。そして、この理論作業は、当然の順序として、中期マルクスの『要綱《グルントリッセ》』総体への内在、少なくとも『要綱』「資本章」の理論構造と『要綱』独自の諸範疇への内在を、研究作業者自身に迫ることになる。そしてまた、この「資本章」の理論構造の理解のためには、否応なく最小限度、『要綱』「貨幣章」の根源的理解が必要となるのである。

望月清司教授をして、早くも一九六五年の時点で、「一九六五年までの研究史総体を一挙に『前史』として措定し去ったもの」（『マルクス歴史理論の研究』岩波書店刊、一九七三年、に所収の論文）と評価せしめた平田清明『経済学と歴史認識』（岩波書店刊、一九七一年）の画期性は、『諸形態』の属する論理次元が蓄積過程の展開としての循環＝回転過程であることを」確認したところにこそあった。画期的な平田清明理論は、『諸形態《フォルメン》』を「循環＝蓄積論的視座からする本源的所有諸形態の分析」としてめざましく規定したのであった。これは、『要綱《グルントリッセ》』段階の中期マルクスの歴史＝経済理論に最も深く内在した、世界独創的なマルクス解釈であった、と言ってよい。わたしたちの研究はすべて、このわがなつかしき友平田清明の啓発によって理論的前進をとげていったのである。

資本の循環過程としての蓄積過程、平田清明式に簡略化して言えば「循環＝蓄積過程」の考察において、マルクスは、本源的な非剰余資本が「領有法則転回」を契機として、まさに「第二循環の終わり」に剰余資本としての資本の本性《ネーチャー》をあらわにすることを、理論的に追尾しつつ、同時に、この本来的蓄積が、世界市場創造傾向と結びついて、周辺世界の後進民族地帯で強行されている非本来的な原始的蓄積として、言い換えるならば、もろもろの共同体社会を粉砕する暴力過程としての自己を露出することを明らかにしたのである。またその他方では、「回転＝蓄積過程」の局面ではどうなのか？　資本はその無限の営利・致富衝動からして、回転時間、とくに「価値喪失時間」である流通時間を可及的にゼロにしてしまいたい、という根本的衝動を固有している。この衝動こそが、いわゆる文明開化を不断に前進・高昇せしめてゆく原動力にほかならない。そこで資本は、資本回転が緩慢な農業――にもかかわらず、イギリス＝ヨーロッパ基軸の宗主国工業にとっては、不可欠な棉花や羊毛など工業原料供給部門としての農業――を自国内で調達することをやめ、「農業・農民問題」の国外への外化によって、周辺世界の後進地帯である原初的共同体世界を強行的に、宗主国工業資本の回転＝蓄積軌道にひきずりこむのである。このメカニズムを解明することが、〈農業基礎・工業主導〉の持続可能な循環型社会を自己形成してゆく基柢となるのである。

資本のこのような「文明開化」作用は、すでに自国内の前近代の共同体世界の解体過程では余すところなく発揮され、その暴力的解体効果はもはや実験ずみなのである。このように、全球的な資本制世界市場の完成過程を通じて、資本の「原罪」と「現罪」、先進ヨーロッパ世界の本来的蓄積（搾取）と後進A・A・LA世界の非本来的・原始的蓄積（収奪）国際金本位制の世界的枠組の下における国際工・農世界編成（ヨーロッパ宗主国工業と植民地モノカルチャー農業との国際編成）に基づく、多角貿易決済システムとしての〈パクス・ブリタニカ〉世界像の形成、といった資本の「文明開化作用」の世界的滲透が、一円的に理論把握されるにいたったのである。

わが平田清明理論においては、このような世界史的実態を踏まえて、原始的蓄積を論理的に説きつくす「循環」視角、それに歴史的時空《タイム・スペース》の具体相を賦与して歴史相たらしめているのが「回転」視角によって解明されること、そしてこの循環と回転が、「蓄積論」的視座に統一・統合されるとき、その視座は、前市民社会的所有論形態にやがて収斂されて、究極的には、『諸形態』前半における「共同体」研究、同じく後半の「原蓄先行過程」節の所有範疇分析、として結実させられているのである。「資本循環・回転」論という純粋な理論的領域のただなかに、「本源的共同所有」という純然たる歴史学的対象を据え置いた構造の発見にこそ、わが平田清明理論の画期性の所以のものがあった、と言わなければならない。

山田鋭夫教授の「要約」は、次のように論述する――「二重カッコの『諸形態《フォルメン》』という表記が或る人びとをして小冊子叢書版ドイツ語本や青木文庫を思い起させたとすると、それらの読者による「第二循環の終わり」問題の不作為的なネグレクトを黙認したことになろうし、このパラグラフを収めた国民文庫を指しているととられても、「所有喪失」節の切り捨てを暗黙に了解したことになろう。さりとて一重カッコでは、右の二つの問題開示的な構成部分はおろか、〈諸形態〉をもっぱら共同体の三形態論としてしか読まない傾向を、文献的視点からも補強する作用を果たしてしまうことになる。／どうすればよいのか。簡単である。……われわれの『諸形態』を編集すればよいのである。／ではいかにしてか。しめくくりは前記の「所有喪失」節をもってしよう。これには異論の余地はないはずである。問題は「先行諸形態」節に先行する論述のどこからはじめるか、にかかる。基本的な基準が「第二循環の終わり」によって与えられているとすれば、望みうべくんば「第一循環のはじめ」から含めるべきであるけれども、草稿特有の非常に屈折している、十分に刈りこまれた『資本論』を読んだものには時に冗長とさえ映る展開のゆえに、分量的にややバランスを失する。その点を考慮して言えば、少なくとも「先行諸形態」節直前の一節、マルクス自身によって「資本の本源的蓄積（現実的蓄積）――ひとたび歴史的に発展した資本はその存在諸条件そのものを創造する。うんぬん」と題された一節を視野におさめることで、われわれの『諸形態』を新たに構想すべきであろう」（『コメンタール「経済学批判要綱」』下・第七章一「いわゆる『諸形態』の総体的把握」日本評論社刊、一九七四年に所収）。

以上が、山田鋭夫教授提案の『諸形態《フォルメン》』の原編集というか、再編集というか、「われわれの『諸形態』」の編集構想であり、わたしたちはぜひともこの想像的編集に依拠して『諸形態』を解読しなければならない。けだし卓見的提案である。

11　将来社会における社会の構成員による自然と社会的連関の普遍的領有についてのマルクス的構想

中期マルクスは、いわゆる『資本家的生産に先行する諸形態』の「先行諸形態」節の第一句の冒頭で、次のように述べた――

「自由な労働と、この自由な労働と貨幣との交換は、賃労働の前提であり、また、資本の歴史的諸条件のひとつであるが、そうだとすれば、自由な労働をそれが実現されている客観的な諸条件から――労働手段と労働材料から――分離することが、もうひとつの前提である。／したがって、なによりもまず、労働者をかれの天然の仕事場から分離すること――それゆえ小規模な自由土地所有を解体すること、および東洋的コムーネ（die orientalische Kommune）を基礎とするゲマインシャフト的土地所有を解体することである。／この二つのいずれの形態にあっても、労働者は自己の所有としてのかれの客観的諸条件と関係している。これこそが、労働とその物質的諸前提との自然的統一である。だから労働者は、その労働とは独立にひとつの対象的存在をもっているわけである。個人は、かれの現実性の諸条件の所有者として、主人として自分自身に関係している。個人は同様にして、他人にたいしても関係している」。

かれマルクスが、右のような適確な問題意識を、『資本論』体系において、「資本の一般的蓄積法則」をあますところなく理論的に解明した末尾に置いた「資本の原始的蓄積」節において、一六世紀のイギリス的方法（第一次・第二次エンクロージャー）による土地（自然）と人間的労働（耕作）との歴史的分離過程、それによる資本-賃労働の初発的な両極形成としてあきらかにしたこと、そしてまた、そのような「資本の原罪」を資本制発展の最後期における大資本による中小資本の集中・合併・収奪によるそのような資本家社会そのものの「葬送の鐘が鳴る」という有名な命題で全歴史的に総括する視角を示したことを、わたしたちは十二分に確認することができる。

こうした「自由な労働」の具現態として、しかも、原始的蓄積の対象として想い浮かべられたのが、（1）小規模な自由土地所有と、（2）東洋的共同体を基礎とするゲマインシャフト的土地所有、この二つがマルクスによって挙げられている。das kleine freie Grendeigentum（「小規模な自由土地所有」）は、通例「自由な小土地所有」として訳されて流通しているが、マルクスはそう表現した場合、「ヨーマン」「ヨーマンリー」とよばれた近世イギリスの自営農民層のうち、最も典型的な「自由保有農《フリー・ホールダー》」の土地所有（英語ではhold《ホールド》は「オウナーシップ＝所有」に等しい）を想い浮かべていたものと思われる。第二の「東洋的共同体《コムーネ》（Kommune）を基礎とする共同体《ゲマインシャフト》（Gemeinschaft）」（望月清司訳案でも「共同体」）についても一言しておけば、共同を表わす「実体」概念は、通例「ゲマインデ Gemeinde」（望月清司訳案では「共住体」）であるが、マルクスによってローマ人の「コミューン（Commune）」とゲルマン人の「コミュニティー（Community）」とかの英語的表現も出てくるように（当然のことながら、マルクスにあっても、それらの術語は歴史的・社会的に通用していた日常語として、与えられているのであって、マルクス的範疇は、それらの普通世間語を概念的に精錬することによって獲得されたものであって、けっしてそれらの日常語を離れたもの、それから超越したものではありえない）、マルクスはまたノートを採った時の原語をそのままかれのドイツ語文にまぜる癖もあるし、東洋的共同体の「コムーネ」に「共同体《ゲマインシャフト》」以上の特別の含意があるとは考えられない。

一八五三年のマルクス宛の手紙でエンゲルスも、この「コムーネ」のチャンポン英語を用いている。マルクスによって、「東洋的《オリエンターリッシュ》」という形容詞がしばしば「本源的」の意味をもっていたことは、たとえば「メキシコにおける東洋的土地所有」といった用語例にも見られるごとくである。メキシコが南米に在って東洋には属していないことは、小学生にも分かる地理的常識であって、これらの用語はマルクスにとって、「アジア的」云々といった規定と同様、「地球」的区分ではなく、理念型としての「範疇」的区分なのである。マルクス的概念体系における「アジア的」「東洋的」「インド的」「ゲルマン的」「アフリカ的」等々の形容詞は、その由来としての地名渕義を持ってはいるものの、一種の普遍化的歴史概念なのであって、基本的には特定の地名を限定的に意味してはいないことに、注意を払うべきである。

資本家的生産に先行する「諸形態《フォルメン》」の初源は、「アジア的形態」として右のような普遍化的意味で措定されているが、そうした「共同体的土地所有」の初源としての「アジア的形態」のそのまた以前に先行して、遊牧民的な共同的土地所有があったことは、匈奴をはじめとするユーラシア大陸の遊牧諸部族と、それとの間に「万里の長城」を境界としての永久的抗争を演じた中央集権的・官僚的な中華農耕文明王朝の消息に、久しく接してきている極東のわたしたちにとっては、自明事に等しいことであって、マルクスも「アジア的形態」に筆を準めながら、そのようなウルトラ先行形態に気づいていたことが、かれが『諸形態《フォルメン》』において「最初の前提」として、遊牧生活を営んでいる「自然生的な部族ゲマインシャフト」の基本的特徴に、簡単ながら触れていることからも十分察せられるところがある――「この部族ゲマインシャフト（いいだ注――まさに訳せば「集団」である）は、この自然成長的共同団体は、土地《ボーデン》のゲマインシャフト的な（一時的な）領有と利用の結果としてでなく、それらの前提として現われる」と。

マルクスは、このギリギリの「最初の前提」論において、大地《エルデ》そのものが象徴している「自然」総体、これに対する近代的な「市民法」的所有観念を超えた「領有」の在り方を表現しているのであって、この集団＝共同団体《ゲマインシャフト》の血縁的＝人格的在り方を、重ね重ねて、家族、部族にまで拡大された家族、あるいは家族間の結婚ないし諸部族の結合による「宗族」等々の拡大された共同団体へと、概念的に押し拡げようとしているのである。

右のように、遊牧生活《ヒルテンヴェーゼン》を営む群居団体《ヘルデンヴェーゼン》において術語の厳密で初源的な意味での「本源的共同団体《ゲマインヴェーゼン》」を想定し、やがてそれがイラン・西アジアを発祥地とする「農業革命」「農牧革命」「定住革命」による定着農耕・牧畜（この「牧畜」は個人的農耕家族に付着した家畜の馴養であって、もはや遊牧生活を営む群居団体の「遊牧」ではない）への移行過程において、風土的条件、諸部族間の和戦条件、隣接する諸部族の共同体間関係、それらの諸関係の歴史的諸変化、等々の諸条件によって、変形をとげた「三つの共同体的所有形態」が生れたものと考えられる。

モンスーン地帯で「四季」歳時記的な農耕生活を営んできたわたしたちが熟知している、その第一の「風土的諸条件」にしたがって、熱帯か温帯か、乾燥地帯か湿潤地帯か、冬雨型か夏雨型か、等々によって、そこに栽培される穀物の種類の特定化を基礎として、さまざまな栽培文化《カルチャー》の型が形成されたのは、中尾佐助博士の『栽培と植物の起源』にみごとに窺えるように、日本人のよく知るごとくである。それらの諸変型は、その当初において類型的分岐のコースを執らざるをえない面があり、たとえば、『諸形態《フォルメン》』の論理に忠実に順うかぎり、ゲルマン人が個人的所有以前にローマ的所有を経験したというごとき事例も、風土的条件の変化からしか想定しえないのである。

如上の「三つの共同体的所有形態」が果たして、継起的か、類型化か、については、（1）『諸形態』への一系・一点内在型、（2）『諸形態』をふくむマルクスの歴史研究の多様な深化を追尾する型、（3）エンゲルス『家族、国家、私有財産の起源』の唯物史観的把握をも包摂して「マルクス主義体系」の整合を図る型、（4）『諸形態』を参照しつつ自身の共同体論を独自に提起する型、等々の諸タイプを認めることができるが、これらはいずれにせよ、あれか、これか、の二者択一の問題ではなくて、あくまでも歴史的諸事実に厳格に基づいた上での、問題視角によるアプローチ、理想型化《イデアル・ティープス》の視角による通時態《ディア・クロニック》かつ共時態《サン・クロニック》の継起的・類型的諸相の照明と解すべきであろう。

中期マルクスのいわゆる『経済学批判要綱《グルントリッセ》』は、初期マルクスの『一八四四年パリ草稿』（いわゆる『経済学・哲学手稿』）における「自然主義＝人間主義」「人間主義＝自然主義」といった、類的存在としての人間が「労働の自己疎外」を軸心として「人間としての全面的な価値喪失」に陥っている、とした〈疎外論〉的見地を色濃く受け継ぎながら、人間と自然との関係、なかんずく「労働」というその両者の間の関係行為を媒介環として、「人間的労働による人間の産出」としての「いわゆる世界史の全体」の考察を深めているのである。

いわゆる『経済学・哲学手稿』は言う——「自然、すなわち、それ自体が人間の肉体でない限りでの自然は、人間の非有機的身体である。人間が自然によって生きるということは、即、自然は人間が死なないためにはそれとの不断の（交渉）過程のなかにとどまらなければならないところの、人間の身体であるということである。人間の肉体的および精神的生活が、自然と連関しているということは、自然が自然自身と連関していること以外のなにごとをも意味していない。というのは、人間は自然の一部だからである」と。大局的に言って、マルクス理論は、その当初からしてきわめて明確至極である。

『要綱』段階に入った中期マルクスは、この初期の「自然主義＝人間主義」「人間主義＝自然主義」の立場性を、人間と自然との Stoffwechsel「素材転換」＝「物質代謝」という概念で「生産的労働」論のなかに位置づけて、再構成したと看ることができる。このより進化した見地が、後期マルクスの『資本論』弁証法体系において「労働・生産過程論」として開花するにいたるのである。

『要綱』「資本章」の「資本に組み入れられた労働過程」論で、マルクスは「これまでに得られた結果」の簡単な総括を与え、単純流通における商品・貨幣と比較して、「資本の生産過程」が形態と実体との統一である、と規定している。すなわち――「単純流通では、商品および貨幣の実体それ自体は、形態規定にとってはどうでもよいことであった。商品はその実体にかんする限りでは、消費（欲望）の対象として経済的関係の外部にあった。貨幣もまた、……対自的に固定されれば、死んだ物質性のうちに消え去り、貨幣ではなくなってしまう。商品と貨幣とは交換価値の二つの表現であって、一般的交換価値ならびに特殊的交換価値としてしか違っていなかった。……ところがいまや生産過程では、形態としての資本それ自体が、実体としての自分自身から区別されている。資本は、同時にこの二つの規定であり、また同時にこの二つの規定相互間の関連である」と。まことにみごとと言うほかない統一規定である。

右で「形態としての資本」といわれているのは、いうまでもなく、資本の形態規定、言い換えれば、資本を資本たらしめる経済的関係形態であり、他方、「実体としての資本」は、先にも触れたことがあるように、資本の物質的・素材的実体、つまり人間生活に有用な使用価値としての使用価値のことである。このように、形態化された資本の経済的関係の過程に入り込む使用価値の消費、別言すれば、「資本に組み入れられた労働過程」は、どのように展開されるのであろうか？　マルクスは曰う――

「しかし――、資本はたかだか即自的にだけ（形態と実体との）この関連として現われたにすぎない。この関連はまだ措定されていない。言い換えるならばそれは、二つの契機の一つである素材的契機の規定のもとで、それ自体せいぜい措定されているにすぎない。この素材的契機は、それ自体において質料 Materie（原素材および用具）と形態 Form（労働）として区別されているが、また両者間の関連としては、すなわち現実的過程としては、それ自体またもや単に素材的関連――資本としてのその形態関連から区別された資本の実体的内容をなす、二つの素材的要素の関連――にすぎない。もし資本を、それが本来的に労働とは区別されて現われる面から考察すれば、資本は過程のなかで単に受動的定在、単に対象的定在にすぎず、そこでは、資本を資本たらしめる形態規定――したがって対自的に存在している社会的関係――は、完全に消滅してしまっている」。

労働がいまや現実的に自己を実証し自己を措定するということは、『要綱』マルクスによれば、なによりも先ず「その物質的定在論諸契機にたいする自然に即した（naturgemelze）関連に置かれる」ことにほかならないのであって、対象＝質料と素材的・自然的関連としてのみ、したがってそれ自体一つの素材的契機としてだけ現われることによってのみ、労働は自己を実証し自己を措定することができるのである。だから要するに――

「一方では、資本が存立しているとの対象性が加工、すなわち労働によって消費されなければならないが、他方では、単なる形態としての労働の単なる実体性が揚棄され、資本の材料に対象化されなければならない。その実体的内容からみての資本の労働にたいする関連、対象化された労働の生きた労働にたいする関連は、一般的労働の自己の対象性、その素材にたいする関連でしかありえない」。

後期マルクスの『ゴータ綱領批判』は、かれの『資本論』体系の完成に裏打ちされた、体系化された将来社会論＝共産主義論であるが、ドイツ社会民主党の『ゴータ綱領』の「労働はすべての富とすべての文化の源泉である」という綱領的命題を根源からの批判の対象としている。俗流的な「労働主義」的立場こそが、社会民主主義の綱領的立場なのであって、マルクス自身は断然「労働主義者」ではないのである。曰く――

「労働はすべての富の源泉ではない。自然もまた、労働と同じ程度に、使用価値の源泉であり（そして物質的富は、たしかにそうした使用価値から成り立っているのだ！）、しかも労働それ自体は一つの自然力（Naturkraft）、すなわち人間労働力の発現でしかない。前記の文句（いいだ注――ドイツ社会民主党の『ゴータ綱領』の〝労働主義的〟命題）は、あらゆる初等教科書のなかに見受けられるが、それは、労働がそれに必要な対象と手段とをもっておこなわれる、と仮定するかぎりで正しいものにしかすぎない。しかし、社会主義的綱領ともあろうものは、それのみがその言葉をはじめて意味あるものとする当の条件について何ひとつ語らないような、ブルジョア的な言い廻しをしてはならない。人間があらゆる労働手段と労働対象との第一の源泉である自然にたいして、はじめから所有者として関係し、この自然を自分に属する物として取り扱うかぎりにおいてのみ、人間の労働は、使用価値の源泉となり、したがってまた富の源泉となる。ブルジョアが、労働には超自然的な創造力がそなわっているかのような作り事を言うのは、はなはだもっともなことである。なぜなら、どのような社会状態と文化状態のもとでも、自分の労働力以外に何の財産も持たない人間が、対象的諸条件の所有者となっている他の人間たちの奴隷とならなければならないのは、まさに労働の自然制約性の結果だからである。かれは、この他の人間たちの許可があるときにだけ労働することができ、したがってかれらの許可があるときにだけ生存することができるのである」。十全にみごとである！最晩期マルクスのこの見地は、あきらかに最初期マルクスの「自然主義＝歴史主義」「歴史主義＝自然主義」の見地の、「労働力商品化」の大発見を媒介にした高次の再現である。あたかも、いわゆる『経済学・哲学手稿』が、「労働を唯一の本質として」宣言するアダム・スミス以来の古典派「国民経済学」にたいして、それがいかに「人間、すなわち人間の自立性、自己活動性等々を承認するという見せかけのもとに出発する」としても、結局のところは「さらに発展してゆくにあたって、こうした偽善を脱ぎ捨て、その完全なシニシズムを剝き出しにせざるをえなくなる」こと、言い換えれば、「人間を承認するような外見のもとで、むしろただひたすら人間の否認を徹底的に遂行するにすぎない」ことを、感性的・直観的ではあるが、すでに余すところなく明らかにしていたように、最晩期の『ゴータ綱領批判』でのマルクスは、すべての富を人間労働に還元するドイツ社会民主主義の『ゴータ綱領草案』が、一見いかにも「社会主義」的に、「労働者主義」的に、また「人間主義」的に見えようとも、自然との関係を問うことのない限り、なおそれが「ブルジョア的言い廻し」にほかならない、と断言するのである。

要するにそれは、人間と自然との素材転換＝物質代謝としての「労働過程論」を、そしてそこにおける「主体‐客体」のデカルト的身心二元論を越えて独自な規定性を、ドイツ社会民主主義型の『綱領』では、ブルジョア社会の総体的分析・批判の裡に組み込むことができないことによって、「資本‐賃労働」関係の成立の資本制商品社会にとっての必然性を立証することができなくなるところが、その資本制成立の最大の秘密を隠蔽せざるをえないということなのである。このような社会民主主義的通念に反して、マルクスは、「労働の自然制約性」の歴史貫通的な認識によって、資本‐賃労働関係の歴史的種差を、労働の主体としての人間の、客体的労働諸条件にたいする関係行為（Verhalten）、したがってまたそれらの人間的富の「第一の源泉」としての自然との関係行為を基軸として、展開しているのである。

そのことは、先の引用文のなかでも、かれがブルジョア社会を、「人間があらゆる労働手段と労働対象との第一の源泉たる自然にたいして、はじめから所有として関係し（sich verhält）、この自然を自分に属する存在として取り扱う」ような社会、つまり、将来の共産主義＝アソシエーション社会と比較しているところからも、明瞭なところである。労働・生産過程の在り方の根源的改変を介する、労働の主体‐客体の右のような本源的＝自然的統一こそが、あらゆる点でブルジョア社会における労働の主体‐客体関係の顚倒性の対極に、世界史的に位置づけられるものにほかならないのである。

「それ以前の歴史時代にかれを一定の限局された人間集団の一員にしていた自然の紐帯（Naturbande）その他から解放されて現われる」近代的状態は、マルクスにとっては、ただただ労働者がこうした「自然の紐帯」によって媒介され保障されていた客体的諸条件との直接的関連をすでに失ない尽くして、「単に労働する個人として、こういう抽象で現われる」労働一般・生産一般の事柄《ザッヘ》の歴史的出現以外のなにものをも意味しない。すなわち、いわゆる「二重に自由な」主体=非主体として、あらゆる客体=対象との関連から切り離された、「自由」になった純粋に主体的な世界史的定在として。見られるようにマルクスは、資本家的・私的所有下のブルジョア社会における労働主体を、なお「本源的所有」とは正反対な、主体的にも客体的にも「自然の紐帯」から完全に切り離された「自由な」個人、まさに「二重に自由な」個人=ロビンソン・クルーソーとして、歴史的に位置づけているのである。

人類社会史の初源に現われた「本源的所有」としての主体-客体の関係行為《エアハルトゥング》は、ここでは逆に、労働と所有との分離として、つまり「他人の所有としての客体的諸条件にたいする関係行為、すなわち一言で言えば、資本としての客体的諸条件にたいする関係行為」として現われるほかはない。「自己の労働の生産物が、労働者にたいして他人の所有(fremdes Eigentum)として現われること、逆に言えば、他人の労働が資本の所有として現われること」――このようにして近代社会における資本-賃労働関係は、「本源的所有」における労働の主体-客体の本源的=自然的統一の完全な解体として、したがってまた、人間と自然との完全な分離として、歴史的に位置づけられているのである。このような基本的規定が、マルクスによる『資本論』弁証法体系の規定であり、それに基づくかれの「共産主義的」綱領的視角であることを、わたしたちは再確認しておく必要がある。

ブルジョア社会における労働の主体-客体を媒介する「いっさいの諸関係」は、歴史的発展そのもの、なかんずく近代社会の歴史的発展そのものによって、もはや「自然によって規定されたものではなく、社会によって措定されたものとして」――簡単にいえば、商品=貨幣=資本関係として――現われる。だが同時に、その事態の普遍化によって、人間と自然との全関係は、かつての「血と大地」という自然の紐帯によって制約されていた狭い限界を打ち破るであろう。まさにその意味で、近代社会における資本による人間と自然との分離の進行を、マルクスは「資本の偉大な文明開化作用 the great civilization influence of capital」と命名したのである。いかに「ブルジョア経済学においては、人間内奥の完全な創出は、それを完全に空《から》にすることとして現われ、この普遍的対象化は絶体的疎外として現われる」とはいえ、まさにそのような〈ネガ・ポジ弁証法〉の反転を介してはじめて、将来社会における「社会の構成員による自然と社会的連関の普遍的領有」もまた現実的に可能となって、実現されるにいたるとされたのである。

マルクスにおいては、最初期の『一八四四年パリ草稿』から最後期の『資本―経済学批判』にいたるまで、人間自体も自然の一部であり、それゆえに人間の「類」としての普遍性もただ全自然を自己の非有機的身体とすることによって現われるとされているのであり、しかもそのこと自体が、再び自然の自己媒介・自己反省以外のなにごとをも意味しないとして把握されているのである。社会の全円的な円環化体系の基礎はまさにここにある。

このような、近代資本制社会の対象化的分析によって獲得された経済学原理論を理論方法的基軸として共同体社会史としての全人類史を、唯物論的歴史把握する人間―自然関係の全面的把握は、「疎外革命論」的段階の初期マルクスの単なる思想的エピソードではないのであって、人間と自然とが根源的に同一であり、地球上に階層的存在として人間社会と共存・共生している自然との関係行為としての人間労働は、先行的・外部的存在としての自然との人間の実践的関連として現われるほかない、というのが、マルクス思想の根幹なのである。一言でいえば、いかに逆説的に聞えようとも、『要綱』に覧られるように、マルクスこそは、ブルジョア社会の歴史的・経過的・一時的性格を「いっさいの生産力の帰着点である自然にたいする一定の（顚倒され・歪曲された）関係性」に求めた、と言うべきなのである。

12　マルクス〈再生産表式論〉の『資本論』全三部において有つ体系的意義

わたしの経済学的学知水準によれば、マルクスの『資本論』第二部・第三篇が、先行した「資本蓄積の一般的法則」

を承けて、資本家社会の経済循環法則を商品資本の循環を一条の赤い筋糸として抽象的に定式化した〈再生産表式〉についての、最高の理解を示しえたのは、わたしの高校生時代からの親友である日高普博士の『再生産表式論』（有斐閣刊、一九八一年）ならびに『全訂経済原論』（時潮社、一九七四年）の「再生産表式論」の項である。

かれにとって、『再生産表式論』は、『地代論研究』『商業信用と銀行信用』『銀行資本の理論』『商業資本の理論』『資本の流通過程』につづく六冊目の労作であるから、その表式論は、地代・信用・銀行資本論にいたるまですでに経済学原理論の蘊奥《うんのう》と蘊蓄《うんちく》を究め尽くした筆者による研鑽の書なのであって、なかなかになまなかな水準の作品ではない。マルクス『資本論』における「表式論導入」について、「経済学原理の対象とする純粋資本主義社会にしても、拡張再生産しているのが常態であり、単純再生産などということは実際にはありえないことだと考えられる。それにもかかわらず、原理論の表式論でまず単純再生産表式をやるのは、表式の構造をヨリ単純なかたちで説くためにほかならない」と、問題の核心点を提示して、マルクス「表式」における「拡張再生産表式への移行の検討」に、日高普教授はズバリ考察に入ってゆく。

マルクス〈再生産表式論〉における「単純再生産表式」から「拡大再生産表式」への移行ないしは併存は、私見では、マルクス的弁証法の特性である、最初の（始源の）概念的規定がそれを基礎として、次に導出されるより高次の概念規定においては、つねに先行・始源「規定」としてその役割を果たし終えて消えてしまうのではなくて、その逆に後行の高次な概念規定の恒常的な基礎としてあくまでも保存されてゆく、という顕著な弁証法的特徴を現わしているものと思われるが、それはともかく、日高普博士は、右のような「基礎」的考察が、宇野弘蔵『経済原論』におけるマルクス〈再生産表式論〉の把握における「単純再生産表式論から拡張再生産への移行にすこしも生かされず、そうした考えとは到底共存できないような『小細工』が弄されている」として、マルクスもろとも「単純再生産表式」と「拡大再生産表式」との共存・併存のロジックそのものを串射しにして根本的に批判し去るのである。〈宇野理論〉

もふくめて爾余のより凡百な諸論は、「「単純再生産並びに拡張再生産」というように両者を併記しているにすぎないのである。まるで、純粋資本主義社会には単純再生産と拡張再生産の二つの場合があって、両方やれば全部を蔽うことができるという考えであるかのような書き方である」と。

先に述べたマルクス的弁証法の含蓄によるならば、右の両者は共存・併存の関係にあるのではないばかりか、後行の命題が「全体」となって先行の命題をその「部分」として包括・包摂するというような関係にもあるのではなくて、あたかも後者の全体的一般性が前者を自らの一般性を構成する一要素として包括・包摂・含蓄しているのである。だから、日高普博士の宇野弘蔵所論批判（言うまでもなく、日高普博士は宇野弘蔵博士の最高の門弟である）にある、「このような拡張再生産表式にたいする単純再生産表式の、ヨリ抽象的なヨリ基礎的な位置づけを、全書『原論』における表式論では片鱗もみることができない。「単純再生産並に拡張再生産」といった口調なのだ」という全面的な批判は、まったくもって今以て全面的に正しい。

ただし、宇野弘蔵博士は、『経済原論』上巻第二篇「生産論」、第二章「資本の流通過程」三「剰余価値の流通」において、拡張再生産論の末尾の辺りで、「ただW′—G′の過程は、先に第一篇で商品の流通について述べたように、商品にとってはいわゆる命がけの飛躍を意味するものである。それが果して一定の価格をもって販売し得るか否かは、個々の資本にとっては極めて重大な問題である。いい換えれば、個々の資本家にとっては、W′はG′に実現されさえすればよい、貨幣さえ得れば自己の必要とする生活資料をも、生産手段をも、労働力をも、必要に応じて購入し得るということになっている。しかしこれがいかにして購入し得るかは、（いいだ付加——まだ）問題となっていない」という総体的な洞見を披瀝しており、右のような個々の資本家が「命がけの飛躍《ソルト・モルターレ》」を実現する商品販売の現実化の機構を保証する、全社会的な資本家的社会存続・安定の均衡諸条件を充足する解を、マルクスの〈経済表《タブロー・エコノミーク》〉は商品資本の循環による全経済循環の抽象的な定式化に求めたのである。だから、宇野『経済原論』は、これをもって「表式論」

への導入とし、「マルクスは、この社会的関連を社会的総資本の生産物を基点とする再生産過程として、簡単なる数字をもって表示したのであった。いわゆる再生産の表式がそれである」と正しく指摘したのである。

日高普博士の「再生産表式論への導入」についての基本的了解も、「資本の再生産過程」というものが、資本の生産過程と資本の流通過程の統一であるかぎり、個別資本の姿態変換運動の一循環でしかないという基本的確認にある。けれども、もし、それだけのことであれば、資本の再生産過程を明らかにするために、再生産表式の展開もこの独立の第三篇をも何も格別に必要としないであろう。マルクスもまた、そのために第三篇をもうけたのでないことは明らかである。かれマルクスは先ず、個別資本の循環と同じものとしての資本の再生産過程を個別資本的に説明し、ついでこうのべる――「とはいえ、個々の資本はただ社会的総資本の独立化された、いわば個別的生命を与えられた一断片でしかないのであって、ちょうど個々の資本家がただ資本家階級の一つの個別的要素でしかないのと同様である。社会的資本の運動はそれの独立化された断片である運動の総体、つまり個別資本の回転の総体からなっている」。この最後の「回転の総体」というのを「運動の総体」にした方がよいのではないかと思われるが、そうした細部の表現を別にすれば、ここにのべられていることは正しい」と断定しているのであるから、右に先に紹介した宇野弘蔵『経済原論』の総体的問題意識に日高学説に否やがありえよう筈はありえない。その限り、両者の総体的な問題意識と問題視角は全く同一なのである。

毛利明子『資本論の転化理論』（法政大学出版局刊、一九七六年）は、『資本論』第二部・第三篇としてのマルクス〈再生産表式論〉の位置取りについて、「マルクスが第二部の第一篇で資本循環の三形式を分類し、第一形式と第二形式のみが回転を考察する形式であるとして、第二篇で回転をとりあげ、第三形式から再生産表式論を展開する方法をも宇野弘蔵氏は評価されている。とするなら、再生産表式論は資本の流通運動の三つの形式のうちの一つを構成するのであるから、当然これは流通過程論に含めるものであり、回転論と表式論とを分離する宇野氏の方法の方が、妥当性を欠いていると考えられるのである」と評しているのは、きわめて鋭い。

このような、かのじょ毛利明子教授の位置づけは、「いわゆる『転形問題』論争の中心的な争点は、「費用価格の生産価格化」によっても再生産表式の均衡条件は維持できるかという点におかれ、そこで論争は、価格表式による再生産の均衡条件を満足させる数学式の追求へと集中していった。それはマルクスがこの問題で強調した総価値＝総価格、総剰余価値＝総利潤の命題が、費用価格の生産価格化によって成立しえないものとなると論者たちがみるからである」という問題意識へとつながってゆくのである。

ただ、宇野『原論』の立場は、そのような総体的な問題意識に立脚しているがゆえに、言い換えれば、「価値法則」との密接不可分な関連において、マルクスの〈再生産表式論〉を「価値法則の絶対的基礎」の明示化として捉えようという問題意識があった。そこから、先に日高普教授がその難点を指摘した宇野流の「表式論の導入」の位置づけも出てきたわけである。

これに対して、日高普教授は、第四篇「価値法則との関連において」（『再生産表式論』）のなかで、「価値法則の論証は、原理論の全体でなされるとすべきなのではあるまいか。原理論の第一歩は、価値法則の論証の第一歩なのであり、原理論の完成は、価値法則の論証の完成にほかならないであろう。価値法則の論証に関係のないような部分は、原理論のどこにも存在しないはずである」と、経済学原理論の立場から、まさに原理的な反論を、宇野『経済原論』の所説に対して呈したのである。

このようにして、マルクス〈再生産表式論〉の『資本論』第二部・第三篇としての導入の意義と位置づけは、ただ単に諸個別資本の全社会的循環への組み入れの域にとどまらず、それをも通しての『資本論』体系の第三部への上向完成における意義と位置づけの問題、言い換えれば、『資本論』弁証法体系の総体を通ずる「価値法則」の論証の問題として、せり上げさせられたのである。

そして、その限り、日高普教授の宇野弘蔵所説に対する批判が基本的に正しかったことは明白である。ここに、わたしが「その限り」という限定詞を付したのは、では、再生産表式をも介して資本家社会的商品経済の〈恐慌〉の必然性の暴力的爆発による『資本論』三部体系の円環的完成は、いかなる論理的筋道をとるべきかは、日高普の右の『再生産表式論』末尾の宇野所説批判では展開されないままに終わっているからである。本書は、そこになお残された続篇課題の完全解決のつもりである。

第二二章　マルクス『資本論』体系における資本蓄積と景気循環との関係性をめぐって

1　日高普『資本蓄積と景気循環』の問題提示

本書は先に、マルクスの〈経済表《タブロー・エコノミーク》〉である「再生産表式論」のマルクス体系的位置価を再吟味するにあたって、日高普博士の『再生産表式論』（有斐閣刊、一九八一年）を引照して、そのマルクス、宇野弘蔵の〈再生産表式論〉の所説を摩する問題意識の高水準に即しながら、その体系的位置価の再測定をおこなった。その労作は、日高普教授の画期的な『地代論研究』（時潮社刊、一九六二年）の発表以来、六冊目の経済学原理論に属する考究であったが、それからさらに六年経った一九八七年に、かれ日高普博士は、かれの師宇野弘蔵以来の問題意識――「資本主義経済の基礎となるものは、労働力商品である。だから資本主義経済の存立のためには、資本は労働者人口を調節する仕組みをもたなくてはならない。資本の生産物であり資本が自由にその量を増減できる一般商品とちがって、労働者人口はどのようにして調節されるのであろうか。それが経済原論では二段に分けて解明される。ヨリ抽象的には資本蓄積論、ヨリ具体的には景気循環論の主題がそれだ」という見地から、かれの四半世紀にわたる経済学原理論の展開の総締めともいうべき雄篇『資本蓄積と景気循環』（法政大学出版局刊、一九八七年）を世に問うにいたった。

宇野弘蔵・大内力両師の理論的薫陶を享けた日高普博士は、マルクス『資本論』における資本の有機的構成の不変と高度化という資本蓄積の二様式という「二分法」についての疑念をつのらせるなかで、『資本論』の全体系的読み直しに六年間とりくみ、その結果、『『資本論』の徹底的な批判的研究』として『資本蓄積と景気循環』を世に問うにいたったのである。

マルクス経済学者の尤の尤たるものであるかれ日高普博士は、高校生時代からの生涯にわたるわたしの親友であるが、わたしは、マルクス『資本論』体系の総体的な問題構制と位置価について、この『資本蓄積と景気循環』ほど、マルクスの理論的問題意識に白熱的な肉迫戦を演じた「徹底的な批判的研究」に接したことがない。「資本蓄積」についてのその再検討――蓄積でなしにその「第一の条件」、構成不変と構成高度化との関係、産業予備軍の概念と人口法則、いわゆる窮乏化法則、等々――、「景気循環」についてのその再検討――景気循環の一局面としての**恐慌**、**『恐慌論』**は『原論』と相似形、商業資本は「捨象」しないで、銀行券論と不況末期の問題、不況期の構成高度化論のふしぎ、更新の不況末期集中説への反論、等々――にわたって、その経済理論的主題は、本書でもこれまで巨細に理論的解明を加えてきているところであるが、『経済学原理論』と「相似形」でなければならない**マルクス『恐慌論』の再構成的完成**を志向し大主題とする本書の終結に当って（**周期的恐慌**とはまさに、「資本蓄積」と「景気循環」の一局面、それもクリティカルな焦点的「一局面」にほかならない）、日高普『資本蓄積と景気循環』における、わたし流に言えば〈マルクスvsマルクス〉の問題構制、問題意識の水準、とりわけて、資本の有機的構成の不変と高度化との二つの型の関係、「産業予備軍」の概念批判（いわゆる窮乏化法則への傾向性をふくむ）、「相対的過剰人口法則」との関係、「捨象」することのできない「商業資本」の分化と自立化、不況末期において特に顕著に発動される信用制度の発動（銀行券発増による信用の創造の過剰化）、**恐慌一過後の不況期**における設備投資更新の問題に、諸主題を一点集中させながら、**マルクス・宇野〈恐慌論〉の再構成的完成**を志向する本書の大主題の理論的解明を期したいと念ずる。

『資本蓄積と景気循環』のマルクス理論再検討は、『資本論』第一部の終わりの方で、「労賃の国民的相違」章で終わっている第六篇「労賃」から、第七篇「資本の蓄積過程」への移行は、第六篇終章の「労賃の国民的相違」と第七篇首章の「単純再生産」とは、論理的に全くつながっていないし、またマルクス自身それを論理的につなげようともしていない、という問題意識の提示から、議論を展開しはじめる。そもそもを言えば、「資本の蓄積過程論」を展開するために、なぜ「単純再生産」という序論が必要なのかも分からない、と。

マルクスにとって「資本の蓄積」とは、ふつう考えられているように、「利潤の一部を加えて資本に再転化させることが資本の蓄積である」とは考えられていない。「それを条件としておこなわれる何かだ」とマルクスはいわば逆に考えている。しかし、かりにマルクスの言うように、「利潤の一部を加えて資本に再転化させることがそのまま資本の蓄積ではない」としても、そのようにして利潤の一部を資本に再転化させることが資本の蓄積にとって「第一の条件」であることは、それこそ否定しがたい変わらざる条件である。社会的総資本を考えるにせよ、個別資本を考えるにもせよ、資本の蓄積と拡大再生産とは同じことなのだ、とふつう捉えられるにもかかわらず、それをマルクスは「切断」したのである。それはなぜなのか?

資本の蓄積とは、社会的には、拡大再生産にともなう労資の階級関係の社会的再生産のことである。利潤の一部の資本への再転化、つまり、追加投資は、拡大再生産となるから、この追加投資による拡大再生産を「一つの条件」として、拡大再生産にともなう階級関係の再生産がなされ、それがマルクスの謂う「資本の蓄積」にほかならない――こう考えることで、資本蓄積の「第一の条件」をめぐる第一の謎が解ける。

その謎解きによって、「第二の謎」の方も簡単に解けることとなる――マルクスは拡大再生産にともなう階級関係の再生産を論ずるのに、「序論」ともいうべき首章「単純再生産」で、拡大再生産にともなう規定をさしあたり外して、階級関係の再生産を一般的・抽象的な形で扱おうとしたのだが、それが拡大再生産という限定をもたない再生産の形であるために、かれマルクスはその序章を「単純再生産」と題したのだ、というのがその謎解きである。マルクスがミス・リーディングを招きやすい、このような「単純再生産」の仮説的設定を、論理的移行環として設定したのは、マルクスの一面に根強くある「生産物はその生産者のものであるべきだ」という非歴史的な道徳感(定言命令!)があまりにも生まのまま現われたためであろう。

右で確認された追加投資のためには、資本家は追加労働力を買い入れなければならないが、この絶対不可欠的必要は、労働者階級を労賃に依存する階級として不断に再生産し、この階級に資本家から支払われる(この階級が資本家から取得する）労賃は、たんに階級の維持だけでなく、その増殖をも十分に保証しなければならないからして、追加労働力の買い入れは容易にすぐ間に合うような仕組みに、資本制的生産そのものが具備されているのである。かくして、「単純再生産」の増殖なき循環は一変して、シスモンディが言うがごとく、累進的に増大する規模での、すなわち拡大再生産の「一つの螺旋へと転化する」のである。

労賃を「労働の対価」とみなす、それなりに顚倒的映像の根拠のある物象化的範疇の仮現性を透視して、労働力商品の価値としての労賃の本質を本質直視するならば、労働力に対して労賃が支払われている以上、その労働力は立派に資本家によって支払われているのであって、流通形態としては「等価同士の交換」であるこの貨幣所有者（資本家）と労働力商品所有者（労働者）との価値交換において、俗流左翼がつねに義憤して止まないような「不払労働」などというものは、どこにも入りこんでくる余地などはないのである。マルクス的用語においては、「不払労働」とは「剰余労働」の別名以外のなにものでもない。

物象化論のタームで言い現わすならば、資本家と労働者との間の交換という資本制社会を存立・存続させる基本的関係は、ただ流通過程に属する「形式」＝「形態」になるのである。マルクスの独創的発見による「価値形態」の作用である。「いまや所有は、資本家の側では他人の不払労働またはその生産物を取得する権利として現われ、労働者の側では自分の生産物を取得することの不可能性として現われる。所有と労働との分離は、外観上両者の同一性から出発した法則の必然的な帰結なのである」（『資本論』第一部）。

したがって、『資本論』第一部・第七篇への移行にともなう、第七篇首章の第二一章では、マルクス理論的核心においては、「階級関係の再生産」が、したがってまた、「単純再生産」では解けないその「階級関係の再生産」が、「拡大再生産」に基礎づけられていることが、第二二章において説かれている、と理論的に整理することができる。

この二つの謎を解いた理論的準備を経てはじめて、「拡大再生産に基礎づけられた階級関係の再生産」が、第二三章「資本制的蓄積の一般的法則」において、本格的に説かれ（解かれ）うることになるのである。

右のような概念的精錬過程から第二三章の主題を読み解いてゆくならば、その中心問題は、「拡大再生産にともなって階級関係も拡大するものなのかどうか」という問題となる。

拡大再生産によって総生産物が増大してゆくのであるからして、就業労働力ないしは可変資本も、当然、必要上増大する、と簡便化して言い切れるものでは必ずしもない。拡大再生産には、それこそまさに、単純再生産とは異なって、「生産性上昇」という資本にとって絶対的必要性のある要因が入りこむからである。

五節から成る第二三章の理論構成は、（1）「資本構成の不変な場合の蓄積にともなう労働力需要の増大」→（2）「蓄積とそれにともなう集積との進行途上での可変資本部分の相対的減少」→（3）「相対的過剰人口または産業予備軍の累進的生産」→（4）「相対的過剰人口の種々の存在形態　資本制的蓄積の一般的法則」→（5）「資本制的蓄積の一般的法則の例解」、という厳密な順次的な進行序列と成っている。

覧られたごとく、この第一部・第七篇・第二三章にいたって、資本蓄積の一般的法則と相対的過剰人口法則の不可分の関係が突き出されて、『資本論』弁証法体系は早くも第一番目の大山場を迎えることとなるのであるが、その大山場の理論的核心は、資本蓄積と相対的過剰人口の法則的展開による、産業循環過程における労働力の吸収と排出の動態の究明にこそある。マルクスは、資本の「技術的構成」を、初源的価値基軸とする「資本の価値構成」という静態的範疇から、「その変化を反映するかぎりでの資本の有機的構成」として動態的に規定し直すことによって、右の労働力の吸収と排出という二つの形態の関係の解明に、アプローチしてゆくのである。

この関係の在り方について、日高普教授は、「横の比較と縦の比較」というメタ比較論の比喩をもって説明する――「原論という分野でこの二つの比較がおこなわれるばあいをみるならば、横に資本の構成を比較するのは生産価格の成立を明らかにする利潤論であり、縦にそれを比較するのは構成の変化の不変が問題になるばあい、つまり蓄積が説かれるばあいであり、資本蓄積論である」と。すこぶる独創的に明快な比喩法である。

したがって、第二三章を成立させる比較は、この場合、「縦の比較」に属するとされるのであるが、このような縦（資本蓄積論）と横（利潤論）の弁別がきわめて有用であることは、労働力の吸収と排出の二形態の関係、したがってまた資本の技術的構成と有機的構成の二形態の関係を弁別するのに役立つことで、すぐに判明する。

『資本論』第三部の取扱う「利潤論」に適用される横の比較論を、かりにこの今の場合にも適用できるのであれば、価値構成・価格構成上資本の「技術的構成」は無視して用を足すことができるが、他方、その変化を扱う、したがってまたその変化を反映するかぎりでの資本の有機的構成を取扱う段になると、縦の比較になるから、事柄はそうは単純にはいかなくなる。縦横十文字の比較が必要となるのである。

すなわち、資本の技術的構成が不変のままであるのに、賃金が上昇したとすると、資本の価値構成は当然低下する、その逆に、賃金が低下したとすると資本の価値構成もまた当然逆に上昇する、こういう変化は横の比較をうけつけない。なぜならば、同時期においては、資本と労働者のそれぞれ相互の競争を通じて、賃金も剰余価値率も「均一化」する傾向的法則性がそこに働くからである。ところが、動態になると、その様相が変わり、縦の比較における資本の技術的構成の変化こそが重要となる。

日高普教授がそこで注意を促すのは、――「それなら「技術的構成によって規定されたその変化を反映するかぎり」でといった不恰好な規定は要らず、技術的構成だけで十分ではないのか。数量的に捉えられないという点では「有機的構成」も同じであり、変化か不変かさえ捉えられればよいのだから。さらにこれによって生産手段の価格変動や賃金の変動を無視することができるのである」という点である。きわめて興味ある独創的指摘である。

逆に言えば、この事態の論理的発生によって、折角のマルクスが動態化的に用意した、「資本の有機的構成」の範疇《カテゴリー》が、労働力の吸収と排出の二形態の交替関係への理論的アプローチにとって、無効となってしまう懼れが出てくるのである。

第二三章の主題追究の一つの重要なポイントとして、マルクスが「資本構成の不変な場合の蓄積にともなう労働力需要の増大」を追究したかったのだとしたならば、その問題を第一部のこの段階では、「信用関係」を捨象して資本蓄積の限界の解除を説かなければならない以上、マルクスが第二三章第一節で「構成不変」という前提をおいて、そこでは「労働力吸収」を導き、第二節以下で「構成高度化」を措定して、そこでは「労働力排出」を導こうとしているのであってみれば、マルクスのここでの躓きは、構成不変という第一部的前提をおいたままで、「循環的な因果系列を求めたことにあったかもしれない」という日高教授の指摘が、的中している公算は大きい。

言い換えれば、第一節と第二節以下の総体が、資本の有機的構成の不変と高度化とが組み合わされて、両者の交替のうちに資本蓄積の「一循環」がはじめて描けることになるのにもかかわらず、こういう考え方を、マルクスはとらずに「構成不変一本槍で一循環を描いてしまったのである」。

第二三章第二節の具体的内容は、その前半は「生産性上昇」であり、その後半は「資本集中論」である。前半部分はしたがって、新たな生産方法の資本家的採用による「生産性上昇」が資本の有機的構成の高度化をよびおこすということであり、それを踏まえて第二節の結語は、追加投資が新技術を利用するが、古い資本も競争条件に規定されてその先例を追いかけることによって技術改善が及び、「そのことから必然的に起きてくる労働需要の絶対的減少」が結論されているのである。それまでも、可変資本が減少もしうるし増大もしうる、という蓋然論的言い方が、ここで打って変わって、まさしく追加投資による「労働需要の絶対的減少」命題が一義的に確定されるにいたっているのである。

では、第二節後半部分の「資本集中論」の方は、どうであろうか？　マルクスはここで、「蓄積および集積とは区別される本来の集中」について語っている。この「本来的集中」が本格的に語られるということになれば、それは『資本論』弁証法体系の位置価として、後の重化学工業にともなう固定資本の巨大化（巨大集積）を賄なうための株式会社形態による社会的資金の動員、そのための産業資本と銀行資本の癒着による金融資本の成立、その新たな資本下に進行する諸企業の淘汰と併合による資本の集中、ひいては資本主義の自由主義的世界編成から帝国主義的世界編成への世界史的転化にまで関連してくる、大問題中の大問題が、すでにこの第一部・第七篇・第二三章の「資本制的生産の蓄積の一般的法則」のなかで説かれていることになってしまう。そのようなことは、理論方法上ありうる筈のものではない。なぜならば、右に述べたような本来的な資本集中運動は、利子生み資本-株式会社-信用制度の最高・最新の活動なしにはありえない最高度の資本家社会特有の経済現象だからである。

そうした史眼によって、第二三章第二節後半のマルクスの所説をよく読み込むならば、そこで例解されている経済現象のことごとくが、競争に負けて倒産した企業が投げ売りに出した工場建物や機械などの生産手段、在庫商品などを買い叩いて安く入手した生き残り・焼け肥りの他企業の操業拡張状態の叙述であるにしかすぎないことが視えてくる。そうやって拡張する生き残り企業が、倒産した企業から買い入れたものが、旧資本であることはまちがいないが、それは買い入れとともに「存在し機能している資本」であるはずのものではありえず、かれが操業拡張用に入手したものは、現に機能している資本ではなくて、その意味ではただの中古の生産手段であるにしかすぎない。すなわち、厳密な概念用語ではこれは、「資本集中」ではなくて、倒産と「蓄積および集積」の重合にしかすぎない。これが、ここでマルクスが述べた「蓄積および集積とは区別された本来の集中」の具体的な内容であり、意味である。

企業合併において、「すでに存在し資本の配分の変化」は、「資本」範疇上最高・最新の「株式会社制度」を前提にしてはじめて可能となるのである。第二三章第二節後半部分において、マルクスが「資本集中」と擬似概念を不用意に提示してしまったばっかりに、連想ゲーム的に「株式会社」の問題を関説せざるをえなくなったのは、このことから生じた一種の錯簡以上のものではない。経済学原理論においては、「資本の集中」は「銀行による貸付け」と同様に説けるものではないし、また説くに及ばない事柄なのである。だから、この箇所は、マルクスの連想ゲーム的な筆の走りと言うのほかはない。

個別資本にとっての資本の蓄積様式には、「増設的蓄積」と「更新的蓄積」との二様式があり、そのどちらかに追加投資はかならず入っているが、マルクスはこの二様式の歴史的前後関係もふくめた論理的構成を、「増設的蓄積」を入り口（序論）、「更新的蓄積」を出口（結論）といった感じで序列・整序させようとしているように思われる。ここでのマルクスのこうした捉え方は、「増設的蓄積」と「更新的蓄積」の二つの蓄積様式の弁別的総体化による循環理論は、循環をくりかえしながら破局に向かうという理論構成をとっており、経済学原理論上で必要とされている、当面の主題に密着させていえば、資本蓄積の二つの型の弁別の核心にかかわる次元・領域を、よかれあしかれ、はみ出ている感を否めない。その点を、日高普教授は、マルクス所説の「崩壊論的側面」として正しくコメントしている。すなわち——

「つまり『資本論』全体を貫く二つの側面、原論的な側面と生成発展崩壊論的な側面とが、ここでもひしめきあい、きしみあっているのである。いやここでもというのは少しちがう。第七篇はマルクスとしては、否定の否定というようなむりをしてまで「資本主義的私有の最後を告げる鐘」を鳴らせたかったところ、つまり資本主義の崩壊を論証したかったところである。そこにおいてさえ、つまり崩壊論的側面が最も強くあらわれたところにおいてさえ、原論的側面、つまり二つの型の交代による循環という側面が、打ち消しようもなく存在する点は評価すべきことかもしれない」と。そうやたらに最後の鐘を鳴らし続けるのは不可なのである。

第二三章第二節の叙述を、以上のように理論範疇的に整理し純化してみるならば、ここにおけるマルクスの不滅の理論的功績は、資本の有機的構成の高度化する資本蓄積のうちに、労働力を吸収するものと排出するものとの「二つの型」を摘出したところにこそある。そこに、マルクスの理論的貢献を限定することこそが、そのマルクス的所見を真に活かすこととなる。大略的に理論範疇的整頓をおこなうならば、資本の蓄積法則には資本の有機的構成の「不変」の蓄積と、それが「高度化」する蓄積との二つの型があり、後者の高度化する蓄積には、さらに「増設的蓄積」と「更新的蓄積」の二つの型の分化がある、ということになろう。この「二つの型」の統一的識別と、その「二つの型」のそのまた「分化」の統一的識別が、きわめて重要である。

2　マルクスの「相対的過剰人口法則」ならびに「産業予備軍」概念の理論的再検討

さて次の主題は、如上「二つの型による分化」的把握に基づく資本蓄積法則と不可分に関連している、マルクスの「相対的過剰人口法則」論と、そのいわば一九世紀中葉イギリス資本主義社会を例解の場とする現象的適用としての三層にわたる「産業予備軍」の概念――それは一面では、通俗的な、いわゆる「窮乏化法則」への傾斜へとつながっている――の理論的再検討である――

「過剰労働者人口が蓄積の、いいかえれば資本制的基礎の上での富の発展の必然的な生産物だとすれば、逆にまたこの過剰人口は、資本制的蓄積の梃子《てこ》に、じつに資本制的生産様式の一つの存在条件になるのである」（『資本論』第一部）。

右の後半命題を読むならば、マルクスが資本制的生産の産物としての相対的過剰人口が「逆に資本制的蓄積の梃子《てこ》」に機能して、「じつに資本制的生産様式の一つの存在条件」として決定的に役立っている、と把握していることがよく分かる。鋭くして周到なマルクス的指摘である。

かりにもしも、「産業予備軍」的概念がそのようにいつも滑りやすいように一方的に産業予備軍＝過剰人口の過剰化傾向が亢進するだけだとするならば、せっかく排出された過剰人口は、資本制商品経済社会の循環的発展にとっては無意味な存在に化してしまい、「資本制的生産様式の一つの存在条件になる」というようなことも無くなってしまう。

たとえ労働者人口の排出と吸収とが交替しておこなわれるとしても、排出の方が大きければ、さしひきして過剰化した人口はもはや消滅しても、資本制商品経済にとっては何ら困る事態ではなく、したがってこの場合でも、過剰人口の存在が資本制生産様式がそのものに不可欠な「一つの存在条件」になどなるはずがない。過剰人口が役に立って資本制的生産様式の一つの存在条件になるということは、言い換えれば、排出された労働者人口がいつまでも過剰化された状態のままではいない、必然不可避的に労働者人口の排出と吸収が交替して循環されるということを、示しているのである。

「過剰」というものは、言葉の厳密な定義上かならず「相対的過剰」ということであるが、それに対して「労働予備軍」の概念はまるでちがって、今は利用されていないが、必要な場合が到来すれば、いつでも直ちに生産に投入して利用できる、という動態的概念である。マルクスは、「資本の変転する増殖欲のためにいつでも搾取できる人間材料を、現実の人口増大の制限とはかかわりなしにつくりだすのである」と叙述して、「突発的な資本の膨脹力によって大量の労働力需要が生じた」時に、これが役立てられるとしているのである。

この命題を承けて、**マルクスの〈恐慌論〉の核心となる産業循環＝景気循環の全過程**をおさえたマルクスの有名な命題が続くのである――「近代産業の技術的な生産過程、つまり、中位の活況、生産の繁忙、**恐慌**、沈滞の各時期が、小さい変動に中断されながら十年毎の循環となっている形は、産業予備軍または過剰人口の不断の形成、その大なり小なりの吸収、さらにその再形成に基づいている」と。

これをもってこれを看るならば、マルクスは産業循環＝景気変動を念頭に置きながら、労働力の排出と吸収の交替的循環を提示しているのである。『資本論』第三部に、「資本制的生産にとっては、人口の自然増が供給する利用可能な労働力の量だけではけっして十分ではない。この生産はその自由な営みのためには、この自然的限度に制限されない産業予備軍を欠くことができないのである」という、鋭利な命題がある所以のものである。

　景気循環過程に即した産業予備軍＝相対的過剰人口の排出と吸収の交替的循環によって、資本の自由な価値増殖過程の不断な増進は、人口の自然増の「自然的限度」の限界を突破して保障されるのである。

　この論理的脈絡の抱えている一つの難点《アポリア》は、「景気循環」が経済学原理論的に展開できるのは、『資本論』体系でいえば第三部で「利子」を説き「利子生み資本」を導き「信用」を定義した後の次元・範囲に属するという問題である。

　この後の領域・水準を、『資本論』第一部の「資本蓄積」の次元で説いている今の時点では、説ける範囲は、これまで述べてきたように、資本の蓄積は通例、資本の有機的構成を高度化させ、その変化を反映して増設的蓄積と更新的蓄積の二つの型を生じさせ、前者の増設的蓄積様式のパターンの場合には、労働力は吸収され、後者の更新的蓄積様式のパターンの場合には、労働力を排出することが多い、という範囲内にとどまる。その範囲は理論的省察をとどめておかなければならない。

　『資本論』体系の第三部での「信用論」から展開される労働力の吸収と排出の理論的確定によってはじめて、「景気循環論」が成り立つのであって、この前後関係は、歴史的にも論理的にも逆転させることはできないからして、さしあたり第一部の「資本蓄積論」の次元・範囲の現在段階では、「総資本的な吸収局面と排出局面の交替」は説けないのであって、さしあたりその交替は、競争論を媒介にした各個別資本の挙動として説く以外にはなく、諸資本の競争を媒介にしたそれら各個別資本の挙動の全社会的関連の集約は、〈再生産表式〉による商品資本の社会的循環運動を一筋の赤い糸として抽象的形式において説くのに止まらざるをえないのである。逆に言えば、純抽象的・形式的なマルクス〈再生産表式〉の決定的意義はまさにそこに在るのである。

したがって、そうした第一部での資本蓄積論の次元・範囲では、「総資本的な」労働力の吸収と排出は説くことができず、ただ多くの個別資本の吸収と排出の転換しか説くことができないとすれば、厳密に言えば、果たして過剰人口を「労働予備軍」と規定できるであろうか?、という当然の疑問が、一定の理論的根拠をもって生じてこざるをえない。排出された労働者人口は、ここではとりあえず、「過剰人口」であるとともに、「産業予備軍」として規定されているのである。

『資本論』第三部にいたって、信用制度の出動を基にして景気循環論が説(解)かれるようになれば、労働者人口が総資本的・全体社会的に或る一定の時期に排出され、別の一定の時期に吸収される規則的な法則性が、完全に定立されることとなる。それ以前の第一部の現在の段階では、そこまで全体系的に説(解)くことは不可能であるが、さしあたり、排出された労働者人口は資本が必要になったらいつでも自由に利用できるものとして存在する、と抽象大略において規定するのである。そのことは、この次元・この範囲でも説(解)くことができるし、個別資本的な労働力の排出と吸収の輻輳増設的蓄積と更新的蓄積のパターン分化を論証するためには、ぜひともそのように積極的に言わなければならないのである。しかし、それはくりかえし言えば、第三部での全社会的論理の代替にはなりえない。

このように見直してから、ふりかえって反照してみるならば、「相対的過剰人口法則」論が一九世紀中葉イギリス資本制社会の現実的実態に適用されたのが、現象論としての「労働予備軍」の概念である、というわたしをふくめた通説は、その別の面として『資本論』体系第一部の「資本蓄積法則」論の次元・範囲においては、抽象的・本質的な「相対的過剰人口」という概念範疇にはとどまらない、より動態的な把握である「産業予備軍」の概念範疇が、この「資本蓄積論」の次元において確立されて説かれなければならない論理的な必要性と必然性がマルクスにとって在った所以のものが、判明するのである。この点は、これまでの「相対的過剰人口」と「労働予備軍」との関係は如何に、という問題領域に論及してきた研究者たちのことごとくが、思い及ばなかった、言い及ばなかったいわば立体的な枢要点である。

では、そうした現段階で説（解）ける範囲次元においては、大元の「相対的過剰人口法則」の方はどうなるのか？資本家社会に特有な「相対的過剰人口法則」による労働者人口の排出と吸収による調節は、超体制的・歴史貫通的な人口調節を対象にしているのではなくて、逆に一見、人口そのものの自然法則的動きに見えるものが、その実は資本による雇用力つまり可変資本の動きの表現にほかならないということの理解が、決定的に重要なのである。

ところが、ここでも「資本蓄積論」の第一部次元での制約性が問題なのであるが、右の考察の出発点となる総体としての、つまり、全社会的な可変資本の増大と減少の交替の規則的運動そのものが、後の「信用論」によって媒介・開示される景気循環論をぬきにしては、総可変資本の全体的な増大と減少の交替は論証しえないのである。

であるとするならば、現存のこの段階で、労働者人口の不足と過剰との交替を結論することはできないではないか。それが結論できないとすると、この段階時点に即するかぎり、資本家社会的人口法則とはいったい何であろうか？

この現段階ではまだ、労働者人口の不足と過剰とが、特定の時期の交替によってくっきりと交替するとは言うことができない。この現段階でただ言えるのは、資本制的蓄積には労働力を吸収するものと排出するものの二つのパターンがあるということだけであり、その二つの交替も特定の時期に集中的に交替するとはまだ論証できないのであるが、この現段階ではこの二つがパターンとしてあるということの確認だけでも理論的確認上はきわめて重要な意義を有つのである。

もしもそのどちらが一つしかないということになれば、資本の蓄積の結果、直ちに一路、資本主義は破局におちいるとするほかなくなってしまうからである。二つの場合といっても、資本にとっての困難は、いうまでもなく労働力の不足の場合なのであって、過剰な場合なのではないのであるが、この不足の場合に、特定化はまだ理論上はされにくいが、一般的に資本が対応できるということが確認されることが、重要なのである。

第三部における「信用論」の発動による「景気循環論」を先取りしていえば、右の事情は、労働力を吸収する特定の時期・局面と労働力を排出する特定の時期・局面との全社会的交替として現われる。さらにそれは、増設的蓄積が主におこなわれて労働力が吸収される好況期と、更新的蓄積が主におこなわれて労働力が排出される不況期との交替として、産業循環=景気変動過程を特定化するものとして表現される。もちろん、右の景気循環過程において、労働力が特に大量に排出されるのは、**周期的恐慌の暴力的爆発**によってであって、けっして不況期の更新的蓄積による緩やかな暫時的排出によってではないことはよく心得ておかなければならない。

だがしかし、総体としての全社会と全過程の考察視点からいうならば、景気循環過程において実際に労働力の大量排出が**恐慌**によっておこなわれて、かならずしも不況期の更新的蓄積によってそれ程にはおこなわれなかったとしても、それは現にそれなりの役割を果たしている不況期の更新的蓄積が労働力排出において大きな役割を果たしていないということにはならないのである。

右のように、総体として資本蓄積過程を景気循環過程と関連させて循環的に理解しようというマルクスの考え方は、第三部の「信用論」にいたる以前においては、多少奇妙なことに、第一部第七篇のどの部分よりも、第四篇「相対的剰余価値の生産」の最終章である第一三章「機械と大工業」のうちの第七節に、その節の題名が「機械経営の発展にともなう労働者の排出と吸収　**綿業恐慌**」とされた箇所で、如実にはっきりとした形で叙述されている。けだし、資本制的生産の主導産業として機械制大工業の形態をとっている綿業の産業循環過程に即して、しかもその**綿業の恐慌の爆発過程**に即して、個別資本的考察の段階としてもいわば全工業の「単数代表」としての**綿工業の恐慌現象**を例解の場面とすることによって、資本蓄積過程と景気循環過程との不可分な全面的・循環的関係が、いわば最大に近似的に叙述されることとなっているのである。

マルクスにとって「工場労働者の運動は、イギリスの綿工業の運動をざっと概観することで最も明らかにされる」

のであってみれば、「綿業恐慌」現象に着目して「機械経営の発展にともなう労働者の排出と吸収」を論ずることによって、資本蓄積と景気循環との「運動」的関係性は「ざっと概観」されたこととなったものと思われる。

資本の蓄積は、マルクスの言うごとく、「景気循環の干潮期と満潮期とのなかでしか実現されない」ことは疑いをいれないが、そのことの確認は、なにも、理論の展開序列のなかで「景気循環」を先に説（解）かなければ「資本蓄積」は説（解）けない、ということをかならずしも意味しない。それは、「綿業恐慌」の先行的挙例でも明らかなごとくである。しかしまた、この先行的な「綿業恐慌による労働者の排出と吸収」のマルクス的提起にいきなり出会って、面喰らわない程のマルクス経済学者は、およそ研究者たるの感度において欠落があるのである。くりかえし言えば、この綿業恐慌の挙例は、後から『資本論』第三部で説（解）かれる「景気循環論」によって再定義し直されなければならないのである。

総体的弁証法の見地からすれば、「形態」は「実体」を蔽ってしか存在できないにもかかわらず、「形態論」が「実体論」の後に展開されることには少しもならないことは、現に『資本論』体系の総体が、商品形態論・価値形態論を先に説（解）いて、「労働の二重性」に基づく商品生産の実体論・価値実体論を後から説（解）くという、厳密な方法的理論構成をとっていることからも、明々白々なところである。それとおなじ伝《でん》で、「資本蓄積論」は、もっと抽象的景気循環論なしに先に説（解）くことができるし、またそのように説（解）かなければなるまい。この点の確認が、この問題究明では決定的に重要な点なのである。

そして、そのような形態→実体、抽象→具体の前後関係の設定による説き方（解き方）が、後の「信用論」が出動するにいたった『資本論』体系完結の最終段階から反照してみると、そのことが実に景気循環のなかで実現していたこと、語義をさらに強めていえば、景気循環のなかでしか実現されえないことが、逆証されたことになるのである。

このような叙述を承けてマルクスは、第二三章・第三節の結尾を、就業労働者総数、総可変資本、一般的な労働需要が、それ自身として増大するか減少するかという量的加減規定について一切ふれることなしに、「資本制的生産の機構は、資本の絶対的増大にともなってそれに対応する一般的な労働需要の増大が生ずることがないようになっているのである」と、相対的対応の論理によって資本家社会に特有な「相対的過剰人口法則論」をみごとにピシャッと締め括ることができたのである。それの第三節の結論を前提的に承けて、第四節「相対的過剰人口の種々の存在形態資本制的蓄積の一般的法則」が定式化されるにいたるのである。

右の第四節の前半は、「流動的、潜在的、停滞的形態」での過剰人口の具体的な存在形態の叙述であって、言ってみるならば「労働予備軍」の三相的実態規定に類似した現象規定である。これに比して、後半は「資本制的蓄積の一般的法則」であって、これは取りも直さず第二三章全体の題名にほかならない。

この「絶対的な一般的法則」に依拠して、マルクスは一気に、「それは資本の蓄積に対応する貧困の蓄積を必然にする。だから一方の極での富の蓄積は、同時に反対の極での、つまり自分の生産物を資本として生産する階級の側の貧困、労働者、奴隷状態、無知、粗暴、道徳的堕落の蓄積なのである」という有名な断定的命題＝結論へといたる。このいわば両極的対置を静態的に成立させる実在的根拠が、一九世紀中葉のイギリス資本制社会の現状として存在していたことは疑いを容れない。

しかしながら、このような「一般的法則」の絶対化は、右のようなイギリス資本制の実在的根拠が変化・変貌してゆくならば（成長のプラス進行にせよ、堕落のマイナス進行にせよ）当然、変容されて、その絶対的一般性を失なってゆかなければならないし、その場合、いわゆる「窮乏化法則」のようには一路転落的に進行してゆきはしないことは明瞭であり、その限り一路窮乏化論が「絶対的な一般的法則」の名のもとに強調され誇張されるようなことになれば、この命題はその分だけ社会科学的一般性を代弁できないものとなり、「道徳的感情の心理的産物」に近づいていってしまうことにならざるをえない。

そのような一方的・一面的論脈を、経済学原理論の次元・領域の理論的拘束を離れて展開していった帰結が、第七篇「資本の蓄積過程」の中心ともいうべき第二三章が「資本制的蓄積の一般的法則の例解」として終った後を承けた第二四章が「いわゆる原始的蓄積」、つづく第二五章が「近代植民理論」として付録的に展開され、叙述が「経済学原理論」の領域から「唯物論的歴史把握」の領域へと越境し、いわゆる「資本の原始的蓄積」という資本時代の初源とそれに対応した「資本の葬送の鐘が鳴る」という資本時代の終焉の叙述に、よかれあしかれ、筆を伸ばしてその全考察は終わるのである。この理論的越境は、唯物論的歴史把握の領域の問題としては、有意・有用な展開であるが、経済学原理論からはみ出していることとなる。

すくなくとも、そうした第二四章・第二五章の叙述が、「資本の蓄積過程」のシメには納まりきれるたぐいの命題提起ではなくて、『資本論』全三部体系がすべて完了した後での「前書」付録か「後書」付録かに属すべき、唯物論的歴史把握の領域に入る大総括的位置価をもっていることは、明瞭なところであるとわたしには思われる。

『資本論』弁証法体系の円環体系的完結をめざしたマルクスは、もちろんのこと、産業循環=景気変動論の体系的位置づけを重要視し、とりわけその景気循環過程の一循環の終焉を画する**〈恐慌〉論を体系環**として最重視したことは、いうまでもないところである。本書もまた、そのようなマルクスの理論方法的アクセントに忠実に、その基本的完成を期して論述を進行させているのである。

『資本論』第二版（一八七三年）の「後記」の結尾に曰く――「資本制社会の矛盾にみちた運動は、実際的なブルジョアには、近代産業が通過する周期的循環の局面転換のなかで、最も痛切に感ぜられるのであって、この局面転換の頂点こそが**全般的恐慌**なのである。この**全般的恐慌**は、まだ前段階にあるとはいえ再び進行しつつあり、その舞台の全面性によっても、その作用の強さによっても、新しい神聖プロイセン・ドイツ帝国の成り上がり者たちの頭にさえ弁証法を叩き込むであろう」と。

一八七三年という歴史的時点における、新たな神聖プロイセン・ドイツ帝国＝カイゼルトゥムが目前にしていた全般的恐慌の再来の前段階という、特有な現状認識を織りこみながら、この「後記」を記したマルクスが、一般的に、近代産業が通過する恐慌の爆発を頂点とした周期的循環の局面転換を経験する資本制社会の矛盾にみちた運動を総括的に強調し、そのような周期的循環の局面転換の頂点における恐慌の全般的・突変的・暴力的大爆発が、ブルジョアジーや成り上がり者たちもふくめて近代市民社会の万人の頭にマルクス的意味における「弁証法」を叩き込む、という存在＝認識論をとっていたことが判る。この点の確認は、本書の大主題の究明にとっても決定的に重要である。

したがって、この一事をもってしても、資本制商品経済社会における「経済的運動法則」の経済学原理論を解明しようとしていたマルクスにとって、景気循環論の解明は決定的枢要事であり、その頂点としての恐慌論の解明はその枢要中の枢要事であったことはあきらかである。

マルクスはまた言う――「抗争するさまざまな諸要因の諸衝突は、周期的に恐慌にそのはけ口を求める。恐慌はつねに、既存の諸矛盾の一般的な暴力的な解決でしかなく、撹乱された均衡を一瞬間回復する暴力的な爆発でしかない」と。かれはこの命題の表白において、資本制商品経済におけるさまざまな諸要因の矛盾衝突の表現が恐慌である、とただ言っているだけではない――「周期的に恐慌にそのはけ口を求める」と言われているのは、くりかえしくりかえし（言い換えるならば、資本制社会自体の再生産の高次化的発展のために永続的に）「はけ口が求められる」、求められなければならない、と言明しているのである。

さらに言い換えれば、そのような根源的意味において、周期的恐慌の全般的・暴力的爆発を頂点とする景気循環こそが、資本制商品経済社会の生成・存立・存続・発展の決定的な「一つの存在条件」とされているのである。

そして、資本家社会は、そのくりかえしくりかえし恐慌的「解決」を経ては、さらに高次化した歴史的水準において新たな諸矛盾の諸衝突を堆積させ、さらなる恐慌の暴力的大爆発をひきおこす――つまり、資本家社会はその根底的意味において、自己自身の根源において解決にならない解決をまさに周期的にくりかえしているのである。**周期的恐慌**を一時的・経過的頂点とする資本の産業循環＝景気循環こそが、その自己証明にほかならない。価値法則が歴史的社会である資本家社会の自証である、とわたしが定式化している所以のものである。

右のような、規則的な景気循環過程の頂点的一局面として**恐慌が周期的・暴力的に爆発**をくりかえすことを基本的に規定したマルクスは、『資本論』においてその景気循環過程を、「近代産業がそのなかで運動する回転循環は、平静状態、活気増大、繁栄、過剰生産、破局、停滞、平静状態という循環」と表現している。この全回転・循環において、とりわけ資本の再生産構造における「過剰生産」が**恐慌という「破局」へと全般化**し、不況期の「停滞」へと転じてゆく自己破壊・自己更新過程において、利子生み資本－株式会社－信用制度の高次な活動の過剰にまでいたる全面展開が介在していることは、言うまでもないところである。

したがって、ただ単に**周期的恐慌が一時的（恐慌の大爆発自体は、つねに「一時的」なものである）**に起こるだけでなく、資本家社会の全般的再生産を駆動させてゆく産業循環＝景気変動の一局面として、くりかえし**恐慌が絶対的必然性**において起きることは、経済学原理論の核心として、それが原理的に説明・解明されなければならないことを示していると言ってよい。

偶然ではなく必然にそれが起きるからには、それは資本制社会自体の原理そのものの不可避的展開から出てくるということにほかならないからである。資本制原理によって**恐慌現象**が根拠づけられるとともに、景気循環もまた根拠づけられているのである。かくして、**恐慌**は景気循環の頂点的一局面を成すものとして、経済学原理論の核心にどっかと位置取ることとなったのである。マルクスの『資本論』全体系の円環化的弁証法の核心中の核心が、**〈恐慌論〉**である、とわたしがみなして強調これつとめる所以である。

ただ、マルクスの現行版『資本論』は、かれ自身の生理的・生命的限界によって残念ながら中断をよぎなくされて、右のようなマルクス〈恐慌論〉の体系的で基本的な規定＝志向を完成させることができないままに「未完成のトルソー」として終わらざるをえず、その体系的完成は宇野弘蔵をはじめとする後代のわたしたちに委ねられたのである。本書が必要とされるのも、根本的には、そうしたマルクス主義の根本的経緯から発すべくして発せられているのである。

3　「利子生み資本」局面でのマルクス〈恐慌論〉の基本的規定の形成

その後代の完成のための試図に役立つ『資本論』のマルクスの基本的規定は、これまでしばしば検討してきたごとく、とりわけ、第一部・第七篇の「資本の蓄積過程」、第二部・第三篇の「社会的総資本の再生産と流通」、第三部・第三篇の「利潤率の傾向的低下の法則」ならびに第五篇の「利子と企業者利得とへの利潤の分割　利子生み資本」において、与えられている。その『資本論』総体にわたって散在させられているマルクス的〈恐慌論〉の基本的規定を、かれマルクス自身は体系化する暇《いとま》に恵まれないままに終わったのである。

右のうちの一つの重要な再確認点として、『資本論』体系、第一部・第七篇の有名な基本的命題――「近代産業の特徴的な生存過程、つまり、中位の活況、生産の繁忙、恐慌、沈滞の各時期が、小さな変動に中断されながら十年毎の循環となっている形は、産業予備軍または過剰人口の不断の形成、その大なり小なりの吸収、さらにその再形成に基づいている。この景気循環の有為転変は、またそれ自身が過剰人口を補充するのであって、過剰人口の最も精力的な再生産動因の一つになるのである」（傍点いいだ）――を再引照して、検討を加えてみることとする。

この右の、景気循環と労働力需給の変動との二つの関係を、疑問の余地なく明確化した命題において、かれマルクスは、景気循環は労働力需給の変動を生み出す、とも、景気循環は労働力需給の変動をともなう、とも、直結的・近結的には語っていない。「基づいている」と語っているのである。

日高普教授はこの点について、「景気循環を理解するためには、まず労働力需給をあつかう資本蓄積論の理解が不可欠であることを主張しているのであろう」と、『資本蓄積と景気循環』第二部「景気循環」A「検討」3「注目すべき「にもとづく」関係」において解義している。けだし、正解である。「か」だの「あろう」は、広沢虎造の浪花節の『森の石松』の文句で言えば「人を疑ぐる」文句とされているからして、理論的唸りにおける正解としては、「である」、とハッキリとこれを言い切っておいた方がよい。すなわち——景気循環を理解するためには、まず労働力需給をあつかう資本蓄積論の理解が不可欠であることを、マルクスは主張しているのである。

景気循環を明確化し**恐慌**を明確化するために最も枢要な事は、労働力需給の変動要因に注目を集中しなければならない以上、マルクスは右命題において、疑問の余地なく、「景気循環を理解するためには、まず労働力需給をあつかう資本蓄積論の理解が不可欠であることを主張しているのである」。そしてこのマルクスの主張は、一点の疑問の曇りもなく全面的に正しいのである。

本書がここまでの論議において、くりかえしその前後関係の布置の解明の問題もふくめて提起してきた、『資本論』体系における先行の「資本蓄積論」と後行の「景気循環論」との弁証法的体系性の成立にとって、不可欠な密接不可分な有機的関係性は、まさにここにおいて決せられるのである。この自己の根拠を明らかにすることによってその因果系列の原因を明らかにする論理関係において、景気循環は労働力需給の変動「に基づく」のである。この原因と結果という同一次元での時間的前後関係を含んだ上での「論理的な根拠」開示の手掛りの提示は、マルクスが後代のわたしたちに残した不朽の理論的・方法的な功績である、と言ってもけっして過言ではない。

資本主義史上の**「恐慌」現象**は、たとえば農業生産上の「凶作」現象などとは違って、歴史貫通的ではない、そのような超歴史的現象ではありえない。特殊歴史的な経過的社会に特有な、しかも最重要に特有な経済現象にほかならない。**恐慌**をその頂点的一局面として内容的深奥において蔵している景気循環こそが、資本主義を資本主義たらしめている原型的メカニズムの決定的表現であり、そこに**恐慌の根拠**があることは疑いないところである。

根拠とは違ってその原因ということになると、歴史の垂鉛を垂らす垂直的関係ではなくて時間的前後関係ということになるから、景気循環過程における恐慌の一つ前の循環局面から探り出す以外にはない。よく言われるように、**恐慌が周期的**であるのであれば、全景気循環過程の本性に則って、こちらの方は余りよく言われてはいないことであるが、好況もまた周期的なのであって、**恐慌一過後に**不況局面を経て周期的に必ず到来するこの好況に、前後関係を尊重していえば、**次なる恐慌**の「準備」の論理的仔細を探り出すということになる。事柄の前後関係そのものが、くりかえし再生産されて、前のものが後になり、後のものが前になることによって、その前後関係の引照・照応的解明が可能になり、ひいては景気循環の総体的構造の逐次解明が出来上がることとなるのである。マルクスは、このように**恐慌の根拠と原因**と考えることによって、わたしたちに**〈恐慌論〉**の再構成的完成のための「導きの糸《アリアドネ》」を与えてくれているのである。

本書も、そのアリアドネの糸に導かれて「迷宮《ラリビントリ》」としての資本制商品経済社会へと分け入り、「資本制的生産の真の制限は、資本そのものである」とマルクスが言う、根拠即限界という弁証法に基づいて**〈恐慌論〉の再構成的完成**を志向しているのである。

『資本論』全三部体系は、その最終の第三部にいたり、信用制度の発動過程を批判的に分析することによって、景気循環論を先行した資本蓄積論を含んだ理論体系として構築し、第三〇章において、「景気循環の発端では低い利子率と産業資本の収縮とが同時に現われ、循環の終わりには高い利子率と産業資本の過剰豊富とが同時に現われる。「好転」にともなう低い利子率は、商業信用がまだ自分の足で立っているので僅かな程度でしか銀行信用を必要としないことを現わしている」と、全景気循環の始終を「産業資本」の運動曲線と「利子率」の運動曲線との相即の上に、

「商業信用」と「銀行信用」の関係についても明確化し、その現象分析をひきついで、「この景気循環は、ひとたび最初の衝撃が与えられてからは同じ循環が周期的に再生産されざるをえないようになっている」と規定したのである。

このマルクス的文意は、前の一循環と次の一循環とが（周期的なものではあっても）同一的形似のものであるということを言っているのではなく、また「最初の衝撃」があった以上は循環の周期的再生産そのものが無くなってしまうと言っているのでもなく、このような始終をもつ全景気循環過程の一循環が恐慌によって区切られながら絶えず周期的に高次化的にくりかえされることをこそ、再確認しているのである。

現行版『資本論』の第三部・第五篇・第二五章では、エンゲルスの挿入によって、恐慌直前での投機熱の増大と金流出、割引率上昇について叙述されている箇所があるが、マルクス自身は第二九章において、「ピール条例」について批判的解説を試みた際に、「いま金流出が生じてそのために貴金属保有額が六〇〇万（いいだ注――額標示がないが当然「六〇〇万ポンド」という意であろう、以下同じ）、銀行部の準備金は八〇〇万から二〇〇万に減るであろうし、その結果、同額の銀行券の廃棄が必要になる。一方では、イングランド銀行はその利子率を大幅に引き上げるであろう。他方では、イングランド銀行に預金している銀行やその他の預金者は、そこにあるかれら自身の債権についての準備金が非常に減少していることを知るにいたるであろう。一八五七年には、ロンドンの四大銀行は……自分たちの預金を引き揚げるといっておどかした。もしそれがやられたならば、（イングランド銀行）銀行部は破産したことであろう」と、叙述するところがあった。以上で、最前の第二五章におけるエンゲルスの挿入文の大略を、マルクスはさらに精錬に裏付けていると、わたしたち読者は読み取ることができるであろう。

このように「ピール条例」を批判したマルクスは、もちろんのこと、ピール条例がなくてもやはり恐慌現象が必至に起こるであろうことを、知悉していた。ともかく、一八五七年のこうした恐慌直前の事態逼迫のなかで、マルクスは、その金融逼迫が必然的に恐慌として全般的・暴力的に爆発せざるをえない要因の一つとして、それも重要な一つとして「金流出」を挙げていることが判る。金流出とは何か？　「典型的例解の場」としてのイギリスの場合の「金流出」とは、イングランド銀行から国外への金の流れであり、金は具体的に「現送」決済として、国境を渡って他国へと渡って行ったのであって、それにともなって、**恐慌**もまた、国際的に他国へと波及したのである。**世界市場恐慌発現のメカニズム**である。

かりに、イングランド銀行からの金流出が、国外へ国境を渡ることなく、国内へ流出したとしても、〈パクス・ブリタニカ〉世界秩序を統べているイギリス資本主義の中央銀行であるイングランド銀行の支配下から漏出しているという事態発生の、決定的重要性には何の変わりもない。〈**恐慌論**〉の完成上も、このようにして、経済学原理論としては、その原理的処理が困難で厄介な国民国家的関係としての国際関係をカッコに入れておいた上でも、「金流出」のいわば内面化的擬制処理による論理が重要となるのである。

後代のわたしたちによる**マルクス〈恐慌論〉の基本的完成**のために示唆深い提示は、日高普教授の『資本論』体系におけるマルクスの基本的規定命題の「並べかえ」の提起である——今日では原マルクスに即していっそう明瞭になってきている、現行版『資本論』の執筆順序は、第三部・第三篇が一番古くて、その次がやはり第三部・第五篇、それからしばらく間をおいて第一部・第七篇となり、最後が第二部・第三篇、ということになる。この序列を原マルクスに即して「並べかえて」みるならば、その順次におけるマルクスの考究の進捗・変化の形跡は、如実にあきらかになり、その進化にはまことに瞠目すべきものがあると言ってよい。本書の歴史的再検討においても、そのことはしばしば解説し、強調してきたごとくである。

実際の執筆年次でいえば最も古かった第三部・第三篇においては、マルクスは**恐慌**が資本制的生産にとって必然的であるという理論的認識はすでに確固として持っていたものの、それがどうしてどのように必然的なのかということに関しては、**景気循環の一局面としての恐慌**という論理的把握がまだなかったために、「利潤率の傾向的低下の法則」

（この傾向的法則性の認識は正しい、念のため）に短絡的・直結的に結びつけるばかりで、**恐慌がはたして周期的にくりかえすものなのか、それとも傾向的変化の産物にとどまるものなのか**、という重要な認識的弁別にもまだ十分に達してはいなかったのである。

この実際の低次性についての手痛い自分自身の理論的自覚から、マルクスは執筆順次からすれば最古の執筆である『資本論』第三部・第三篇の論理的構造の反省の上に、新しい方法として**恐慌**を歴史的事実に即して景気循環の中で論理的に把握するという見地の確立へと向かったのである。こうして次なる第三部・第五篇が生まれたのであって、この進化は、マルクス『資本論』体系化にとって決定的意義を獲得するものであった、と言える。これは、きわめて重要な今日的確認点である。

そのような考察の新たな基本方向が、その後の紆余曲折の理論的苦闘を経ながら、先程、再検討的確認を行なった、景気循環がいったい何に「基づいているのか」という根拠を、労働力商品の需給関係の変動に「基づいている」という理論的洞見にいたったのである。**マルクス〈恐慌論〉**の不朽の洞見である。

この洞見によれば、さらに次なる第一部・第四篇の「資本制的生産の全体は、労働者が自分の労働力を商品として売ることを基礎にしている」という、一見「冒頭商品論」的な（その意味で抽象的・一般的な）把握にいたることができるとともに、**恐慌の原因**を窮乏化法則の絶対的支配下にある労働者大衆の窮乏に由来する「過少消費」にあるという俗説を批判して、「まさに労賃が一段と上がって、労働者階級が実際に受け取る年間生産物中の消費部分の分け前がより大きくなるその時期こそは、いつでもつねに**恐慌**を準備するのだ」と断言することができたのである。

この命題が、一見「冒頭商品論」的把握にみえる前半の抽象的・一般的把握をきわめて具体的に、後半の労働力商品価格の高騰による恐慌現象の爆発要因の堆積準備へと結びつけることとなったのである。この全考察の基礎には、或る商品の需給関係の変動「に基づいて」景気循環が作動する根拠が得られるという確認にまさに基づいて、その需給関係の変動にある商品が〈恐慌論〉の核心に即してみた場合に、なぜ〈労働力商品〉という特定の商品である必要性・必然性があるのか、という深遠な理論的洞察が横たわっているのである。

爾余の多くの（というよりはほとんどすべての）諸商品の価格上昇は（つまり物価上昇である）利潤率上昇につながって生産増大に導くであろうし、それと反対の需給曲線が作動する場合には、物価低下は利潤率低下につながって生産減少につながるであろう。資本制的商品経済は全体としては、そのような商品の価格上昇―利潤率上昇―生産増大の不可避的法則性に基づいて、その間の上下変動関係によって成立する社会的再生産の自動調節をおこなっているのである。だからこそ自由な資本家社会なのである。ところが、労働力商品は、なるほど商品の一つではあるが、きわめて特異な唯一の単純商品として、言うまでもなく本来が資本の生産物ではないのである。だれしもが自らの経験上熟知しているように、男女双対の交通=結合である生殖の産物（これも生産物の一種）なのである。

だから、労働力商品の価格（それはその商品自体としては価値=価格の特異・唯一の形態をとっている）は、もちろんのこと上下波動を不断にくりかえしてはいるものの、その動きは、それを生産する資本の利潤率の動きには全くつながらない不動性・重心性を固有しているのである。これは、経済学原理論の原理的核心であるとともに、それを基軸としながら人間社会史総体の唯物論的歴史把握の根拠ともなっている、言うならば、マルクス主義をマルクス主義たらしめている究極的な世界観的根拠と言うべきものなのである。

マルクスはこのような世界観的根拠に基づいた近代資本制商品経済社会を対象化する理論的基準を、『資本論』第一部・第七篇（再確認しておけば、原マルクスによると、その実際の執筆年次は最終擱筆時の第二部・第三篇草稿に近い頃であった）**「恐慌」**の究極的根拠を「労働力商品化」に求めるという一大発見によって、『資本論』体系化の決定的鍵を入手したのである。再三引照すれば、かれマルクスは、そこにおいて曰く――

「近代産業の特徴的な生存過程、つまり、中位の活況、生産の繁忙、**恐慌**、沈滞の各時期が、小さな変動によって中断されながら十年毎の循環となっている形は、産業予備軍または過剰人口の不断の形成、その大なり小なりの吸収、さらにその再形成に基づいている」と。

ここまで、景気循環の根拠を正しく理論的に分析・洞察してしまえば、あとは「中位の活況、生産の繁忙、**恐慌、**沈滞の各時期」の性質と局面移行の必然性を、産業循環＝景気変動の各局面交替・移行に即して、労働力需給の変動を信用機関の発動との関係を介在させながら、それを主軸として全体系的に論理的に・かつ具体的に展開しさえすれば、それを以て万事足りるのである。マルクス自身の遺志ともいうべき**〈恐慌論〉の基本的完成**に向けての基本的志向は、そこに看取され推測されるごとくであるのである。

本書は、そのマルクス的遺志を踏まえて、二〇世紀的現代において経済学原理論としての**『恐慌論』**（一九五三年）を概念精錬的に仕上げた宇野弘蔵博士の偉業をこれまた継承しようとした、**マルクス・宇野〈恐慌論〉の再構成的完成**を志向した理論的作業にほかならない。

『資本論』体系に混在・混入・残存している、マルクスにとってもすでに陳腐化していた「絶対的窮乏化論」の古い痕跡をすべて清掃したのが、宇野弘蔵『経済原論』にほかならないが、その第二篇第三章における『資本論』第一部「資本の再生産と蓄積」が『資本論』第三部の「資本家的蓄積の現実的過程」へと移行してゆく〈資本蓄積論〉の意義規定は、きわめてブリリアントな光彩を放っている。すなわち――

「かくて剰余価値の資本への転化による資本の蓄積は、労働の生産力と同様に、謂わばそれ自身では制限されることなく増進せられ得るのであるが、しかしこのことは、前にも述べたように、労働力自身が直接に資本の生産物として生産せられ得ないという点で、極めて重要な制限を受けるのである。……資本はかかる労働人口を自ら調節する機構を有することによって始めて独立の社会を形成する原理をなすということが出来る」と。

経済学原理論において、資本が労働人口を自ら調節する機構の成立・存立の論証が不可欠となるのは、このためである。宇野『原論』は、第三章・第二節の「資本蓄積論」の論理的展開を始めるに当たって、まさにその直前にこのような形で「資本蓄積論」の第一義的課題を明白にしたのである。

資本蓄積論の第一義的任務は、拡大再生産にともなう階級関係の再生産をあきらかにすることを通じて、資本制商品経済社会が労働者人口を自ら調節する機構を持っていることを論証すべきものである、という宇野『原論』の問題意識は、マルクス『資本論』体系における古き挾雑物である「絶対的窮乏化論」を払拭しきることによって、くっきりと浮き彫りにされたのである。

「絶対的窮乏化論」と「労働人口を自ら調節する機構」論とは、循環論と破局・終末論としてはいかにしても結びつくことのできない両項である。このことを、『資本論』がなお持っていた錯雑性から論理的に純化したのが、宇野『経済原論』の一大功績にほかならない。

宇野『経済原論』の第三章・第二節は、「資本家的蓄積の現実的過程」と題されているが、宇野自身が「資本主義の一般的な歴史的発展段階における特殊的形態からも抽象された資本の蓄積過程」と言表されているごとく、特別的形態に具体化された「資本家的蓄積」の歴史的形態といえども、それはいずれにせよ一般的・抽象的次元での、言い換えれば経済学原理論上の規定なのであって、その限り「現実的過程」と称するのはナンセンスなことでしかありえない。にもかかわらず、宇野『原論』がここで敢えて「資本家的蓄積の現実的過程」と題名化したのは、おそらく「資本蓄積論」の前段である〈再生産表式論〉の抽象性に対比するための「現実性」の表示なのであり、それはそれで、〈再生産表式論〉の後半においてより具体化される〈拡大再生産表式論〉が、抽象的な単純再生産の〈再生産表式論〉においては伏せられていた「労働力商品供給」の問題が、伏せられなくなったところから「資本蓄積論」が始まることの意義を曖昧化してしまうことになる。宇野『原論』のその限りでは、安易な〈再生産表式論〉を、マルクスとは異なって、〈資本蓄積論〉の後に措く、という理論構成的布置が、このような別な新たな理論的空隙・無内容を招来してしまったものと思われる。

だから、宇野『経済原論』が「資本蓄積論」を述べるべき節を「資本家的蓄積の現実的過程」と題したことが、不適切であることを再強調しておかなければならないのである。宇野弘蔵博士の意図としてはおそらく、労働力商品供給の問題を捨象すべくして捨象したマルクス的〈再生産表式論〉の段階に比べれば、「現実的過程」であるというところにあるのであろうと、推測されるが、たとえそうであるとしても、資本蓄積論は、後の『資本論』第三部の「利子論」で全面展開可能となる筈の景気循環論の段階に比べれば、いずれにしても「抽象的」なのであって、題名だけ力んでみても、平板におきかえても、少しも「現実的《ヴィルクリッヒカイト》」にはならないのである。ごく無内容的に一般化して言ってみても、より抽象的なものから、より具体的なものへと上向法によって展開される経済学原理論の論理においては、いつ・いかなる項目間の場合においても、それ以前の項目は以後の項目に比べればいつでも「現実的」であり、それ以後の項目は以前の項目に比べれば「抽象的」である、ということだけのことであるにしかすぎない。

問題を真に現実化・具体化するためには、本書でもしばしば指摘し論議してきたごとく、労働力商品の需給関係の変動を説（解）くべく、先ずもって「資本の有機的構成」の概念を説（解）いておいた上で、資本構成の不変の場合と高度化の場合との分化を説（解）き、宇野『経済原論』的に言うならば、「理論的にいってもあたかも資本の蓄積の内面的要因として単純再生産の考察を前提としたのと同様に、資本の構成に変化のない場合におこなわれる資本の蓄積の労働者に対する資本に特有な関係を前提として、始めてその変化のある場合（いいだ注——有機的構成の「高度化」の場合）に生ずる特有な現象も理解し得るのである」。

このように至当な総括的観点から視た場合、宇野『経済原論』が次いで、構成不変と構成高度化の関係をその前後関係の設定によって具体的に説（解）こうとして、労働力人口の不足と過剰の関係の解決について、後で資本の有機的構成の不変から「労働力不足」を説（解）き、資本の有機的構成高度化の見地から労働力過剰を説（解）いているのは、労働力過剰を理解するためにはその一要因である労働力不足の理解を前提しなければならない、という背理に逆に陥ってしまうこととなる。労働力の過剰と不足とが同じ次元上での交替であるとしたならば、資本の有機的構成の不変と高度化も同じ次元上での交替である筈のものであるから、宇野のこの所説は、完全な背理以外のなにものでもないのだ。

資本の有機的構成の高度化と不変との交替を、それが同一次元における交替であるのにもかかわらず、宇野所説は、より具体的なものとより抽象的なものとの交替と勘違いしてしまっているのである。不変の場合がより抽象的、高度化の場合がより具体的であることは間違いないことだが、この両者は、それぞれに交替の一つとして論理上、同権的に立派に生かされているのである。

宇野『経済原論』における理論的構成の例の「資本家的蓄積の現実的過程」は、A「資本の構成に変化なくして行われる資本の蓄積」→B「資本の構成の変化を伴う資本の蓄積」（いいだ注——資本の有機的構成の「高度化」による「変化」と、上下変動を含めて最大公約数的にわざわざ一般化してみても、資本の有機的構成の変化とは一義的な方向系数をもっておこなわれるもので、不変の場合から変化する場合への移行は、実際には「高度化」的変化としてしかありえないのである、だからこそ、それが資本蓄積の一般法則的理解の基礎になりうるのである）→C「資本家的蓄積の一般法則」へと上向させられてゆく。

その一般的法則の当然の基礎的前提は、資本制的生産の「無政府性」とは、「単なる無政府性ではなくて」、「周期的な景気の循環をもって行われることになる」ところに存している、という一般的前提である。

宇野『経済原論』における「資本蓄積論」の説き方（解き方）が、マルクス『資本論』における「資本蓄積論」の説き方（解き方）との異同を精査してみた場合の最大の違いは、『資本論』体系に混在・残存している〈絶対的窮乏化〉論のドグマから、宇野『経済原論』が意識的浄化作業を通じて完全に解放されているところにある。

その上で、にもかかわらず、宇野『原論』になお残されている疑問は、先に述べた縦と横への資本蓄積拡大の弁別の必要との関連でいえば、宇野所説が第一に、「横への」資本蓄積の拡大を構成不変の蓄積として設定しながら、「増設的蓄積」がどうして「構成不変」なのかについては、少しも解明していない点であり（だから、資本蓄積の二つの型として「増設的」と「更新的」とが折角弁別されながらも、その一つを「構成不変」と無理に一方的に想定してしまうことに陥ってしまったのである）、第二に、『資本論』体系の序列上まだ論証されていない景気循環論を、あたかもすでに論証済みのように前提した結果、「増設的」と「更新的」という資本蓄積の二つの型が景気循環過程とどのように関係して規定されるのか、ということが明確化されないで、多くの資本がみんな一斉にそろって（そのような斉合説は、「諸資本論の競争」を媒介せざるをえない〈資本の無政府性〉の根本視角からすると、この場合かえって全くの恣意性をこそ意味する）一つの型の資本蓄積を集中しておこなうとされたのである（だから、先に述べた「構成不変」という不自然で無理な想定での一元化が行われることとなる）。

このような、かならずしも些細な瑕疵《かし》と軽視して看過するわけにはいかない二つの弱点をかかえながらも、宇野『経済原論』は総体としては、資本蓄積論への正しい確実なアプローチに成功し、経済学原理論を体系化するための理論的土台を構築したものと、これを高く評価することができる。

そこになお残っていた理論的空隙としての、宇野「資本蓄積論」が、後につまり「信用論」の導入段階において論証されるべき景気循環論を先取りして与件＝前提としてはじめて成立している、のではないか、という難点《アポリア》を、理論的に「内面化」論理によって解消しようとした種類の「世界資本主義論」的な経済学原理論が、資本蓄積論は宇野『経済原論』と同じく「再生産過程」の内において、後の「利子論」のうちに位置価をもつ全般的な「景気循環論」とは独立に説（解）きながらも、宇野『経済原論』におけるように景気循環を資本蓄積規定で先取りして与件＝前提とすることなく、資本蓄積論の裡に景気循環過程をより抽象的に論理化できる範囲で包括的に内面化しようとしたのが、鈴木鴻一郎『経済学原理論』上・下（東京大学出版会刊、一九六〇〜一九六二年）における「資本蓄積論」である。いわゆる岩田弘理論における「資本蓄積論」の先駆的展開である。

これらの理論的苦心の焦点は、先にも述べた、『資本論』体系において先行する資本蓄積論と後行する利子論に属する景気循環論との関係性の処理の問題であり、その根底には、資本蓄積論を独自に自立した「生産論」で取り扱うのが元来無理なのではないか、という問題が横たわっているとみて間違いない。この疑問に理論的根拠を与えたのが、佗美光彦「『生産論』の構造——資本蓄積論との関連を中心に」（日高普ら編『マルクス経済学　理論と実証』東京大学出版会刊・所収）である。

これは重大な問題提起を行った好論であり、これからのこの難点《アポリア》の理論的解決方向は、従来の自己呪縛的な視角とは全く異なる、この新しい理論方法的な視角からなされてゆくにちがいない。問題の所在点を再確認しておけば、マルクスの「相対的過剰人口法則」を論証すべき資本蓄積論は、『資本論』弁証法体系全体のなかでいったんどこに位置価を固有しているのか？　という根本問題の提示である。

その理論的解決方向は、佗美論文提示以来の新たな方法的視角に基づくものにせよ、いずれにしても、資本蓄積論が景気循環論と一体化されて説かれなければならないという大枠のなかで解決を図られなければならないが、「一体化」とは言っても、総体としての景気循環論に比して資本蓄積論とはその「部分」であるのであって、社会科学上の部分—総体関係が「部分」の加算的集計としての「総和」という巨視的物理学上の関係とは異なる解式を要することは言うまでもないところであろう。

この問題の究極の焦点は、やはり、総体的な景気循環論を総体ならしめる焦点的結合力は周期的恐慌である、ということに帰着するであろうが、この集約的帰着点においても、その焦点的結合力としての恐慌は、総体的な景気循環過程との関係では、頂点であるにせよ、焦点であるにせよ、集約力であるにせよ、いぜんとして形式論理上は総体としての産業循環=景気変動の一部分=一局面としての位置価からは出ることはできないのである。全体と部分との論理的関係性の問題であり、それも、ヘゲモニー的・先導的部分と全体との論理的関係性の問題である。

このメタ関係性を、侘美光彦論文が提示した「生産論の方法」が資本の労働力に対する基本的関係を明らかにするものだという根本的観点から、いかにして説（解）いてゆくか、である。

それを説（解）きうる舞台が、いずれにしても『資本論』第三部の「資本制的生産の総過程の諸姿容《ゲシュタルト》」の舞台である、その舞台上でなければならない、という一事だけはこれを揺るがし難い。そこにおいて最後に残っている難所《アポリア》は、景気循環論は資本蓄積論の後に説かれるはずのものであり、またそのように説くことができるのであるが、景気循環論自体は資本蓄積論に先立ってその前に説（解）くことは許されないし、またそれはできない、というところにこそある。

今その問題点の理論的解決に当たって、わたしとしてここで確言しうることは、資本蓄積論は景気循環論と独立のものとして先行するものではあるが、後行の景気循環論が展開できる（語気を強めていえば、資本蓄積論の土台の下ごしらえができてはじめて、それ景気循環論が展開しうることとなる）基礎であり、したがって後で景気循環論が展開されて、そこで**恐慌の周期的・全般的爆発**へといたる資本制商品経済社会の全価値法則的運動から反照されて、それらの機構環節のそれぞれが再定義される場合、資本蓄積論は、景気循環論の全面展開のすべてを容れうるものとして予め設定・形成されなければならない、ということである。

先行の資本蓄積論の解明において後行の景気循環論が包含されて内面化されるように論理構成した、鈴木鴻一郎『経済学原理論』における、資本蓄積論構成の方法的・理論的苦心の在所も、そこの理論方法的苦心に由来しているのである。

日高普教授の巧みな比喩によれば、宇野理論においては、「『**恐慌論**』は『原論』と相似形」のものとして提示された。にもかかわらず、宇野理論の生涯を懸けた理論的集大成において、**宇野『恐慌論』**が単に相似形にとどまらず『経済原論』すなわち『経済学原理論』の弁証法的体系性を成り立たせる核心《ガイスト》としての集約的位置価をもちながら、にもかかわらず、別個・別建・別冊に公刊されたことはなぜなのか？——これが〈宇野理論〉の最後・最大の難題《アポリア》である。何にしても、「相似」と「二元」とはお互いに相容れない概念なのである。今は亡き宇野弘蔵に捧げられている本書の最大の趣旨は、その難題《アポリア》の理論的解決・解消にある。

『資本論』体系の第二部・第三篇に位置づけられている、マルクスの〈経済表《タブロー・エコノミーク》〉としての〈再生産表式〉は、念を押すまでもなく、『資本論』の弁証法体系がまだ価値論のタームで展開されている次元・範囲において、商品資本の全社会的循環を全体の資本制経済を一箇のものとして縫合する一筋の赤い糸として開示された、資本制商品経済社会の存立・存続を可能ならしめ現実化している合理的根拠としての均衡条件を、〈表式〉つまり抽象的形式化によって叙述したものである以上、すくなくともそのようなマルクスの〈再生産表式〉の根本性格を議論の余地なく明解した宇野弘蔵の経済学原理論的解析（「商業資本と商業利潤」『マルクス経済学の研究』上・岩波書店刊、一九五三年・所収）以来というものは、現代日本においても本来であるならば、そのような根本性格をもつマルクスの〈再生産表式〉を、こともあろうに**マルクス〈恐慌論〉における「恐慌の必然性」**を説（解）いたものとして解釈・解説するごときことは、マルクス解釈学としてとうてい成り立ちうる筈の事柄ではなかったし、ない、と確固として言わなければならない。

根本的原理から言って、**マルクス〈恐慌論〉**は、『資本論』体系上、利子生み資本–株式会社形態–信用制度の価値増殖運動が展開される第三部を俟ってはじめて、それも第二部とは次元を異にする生産価格・費用価格の価格論のタームで、産業循環＝景気変動論の諸局面展開・転換に即して説（解）かれることになるのであるからして、それが価値論タームで先行的に叙述されている〈再生産表式〉によって予告・予示される、ないしは開示・証明されているというごとき解釈学は、厳密な上にも厳密なマルクス的論理から顧みて、途方もない与汰ないしは妄想に駆られた意味不明言辞であるにしかすぎない。

　にもかかわらず、支那事変（十五年戦争）・大東亜戦争（第二次世界大戦）の戦前・戦中の日本マルクス主義においては、〈日本資本主義論争〉以来のコミンテルン〝正統派〟を自称・自負した〈講座派〉理論のマルクス主義的伝統に基づいて、野呂栄太郎とともに〈講座派〉の代表的論客と自他ともに目されていた山田盛太郎による「再生産論」の理論的仕上げである『再生産過程表式分析序論』（改造社刊、一九三一年、戦後版、一九四八年）に基づく解釈・解説が圧倒的影響力をもつこととなった。この題名に言われている「再生産過程表式」とは、断るまでもなく『資本論』第二部・第三篇におけるマルクス〈再生産表式〉のことであり、これについての山田盛太郎の「分析序論」は、かれ自らがかれの（そして、野呂栄太郎『日本資本主義発達史』とともに〈講座派〉全体を代表する古典的名著とされてきた）代表作である『日本資本主義分析』（岩波書店刊、一九三四年）の「序言」において述べているように、先の『再生産過程表式分析序論』は『日本資本主義分析』に不可分の連繫を有する、「再生産論の日本資本主義への具体化の問題」にとっていわばその基礎としての理論的・方法的位置価を有するものと自らされていたのである。すなわち——

　「本書は、日本資本主義の基礎の分析を企図する。その基礎分析によって、日本資本主義の基礎構造＝対抗・展望を示すことは、本書の主たる課題とする所である。本書は、これを、日本資本主義における再生産過程把握の問題として、謂わば再生産論の日本資本主義への具体化の問題として、果たすことを期している。この意味において、本書は、さきの『再生産過程表式分析序論』に連繫を有するものとなる」と。

　山田盛太郎の古典的代表作『日本資本主義分析』は、自ら言うように、（近代日本における）「産業資本確立を規定することに、ひとつの重要なる力点がおかれている」のであるが、そのひとつの重要な点は、「総じて、産業資本の確立は、一般的には、生産手段生産部門と消費資料生産部門との総括に表現せられる社会的総資本の、それ自体の本格的な意味での再生産軌道への定置によって示され、特殊的には、衣料生産の量的および質的な発展を前提とする所の、労働手段生産の見透しの確立によって示される」とされるのである。

読まれたように、ここでは、近代日本の産業資本の確立としての再生産軌道への定置が、『資本論』第二部・第三篇のマルクス〈再生産表式〉における生産手段生産部門と消費資料生産部門との二分割の演繹的適用によって直接に・短絡的に定置され、その「特殊的」化として、「衣料生産」すなわち後発的・後進的日本資本主義の（最新のイギリス綿業機械設備の株式会社形態による輸入である「大阪紡績」の設立から開始される、いわゆる「絹・綿業帝国主義」としての日本資本主義の発祥の御縁起をもつ）確立・発展史として描出されている。そこでは、後発・後進日本資本主義の「殖産興業」的発展を反映して、論理は資本主義＝帝国主義となっているのである。言い換えれば、これは、原理・即・段階、一般・即・特殊の没論理方法である。

それこそ一般的に言えば、後発的・後進的日本資本主義における産業資本確立の歴史的過程を規定するにさいしては、主たる重要な力点は、当然のこととして、「大阪紡績」設立以来の「旋回基軸」を成す「衣料生産の量的および質的な発展を前提条件とする所の」現実的な発展史の具体的分析に置かれなければならない。そのことによってはじめて、かれ山田盛太郎が「日本資本主義の軍事的半農奴制的な特殊構成」とみなす、日本資本主義の歴史的・構造的特性のもつ、かれ流に表現すれば、「けだし、軍事機構＝キイ産業の強靱な統一性を旋回軸とする所の、また、半封農制的零細耕作農民および半隷奴的賃金労働者を労役土壌とする所の、生産旋回、再生産軌道への定置。一般的危機の諸規定」が、具体的に規定されるのである。具体的な理論的・歴史的分析の方法は、その逆にはなりえない。

商品資本の社会的循環による資本制商品経済社会のまさに一般的な存立「均衡」条件を、抽象的形式性＝表式性において確定した、マルクス〈再生産表式〉が、いかなる意味においても、またいかなる方途・手続をもってしても、けっして、「軍事機構」すなわち軍事的天皇制や、「半隷農的零細耕作農民」すなわち寄生地主制農業下の小作農民、半隷奴的賃金労働者、すなわち「インド以下的」とまでに誇称された日本の低賃金労働者等々の具体的規定を演繹できないことは、あまりにも自明のことである。

したがって、『日本資本主義分析』における山田盛太郎のそのような規定は、かれ自身がその「序言」で揚言しているような、マルクス〈再生産表式〉の一般性の具体化と称する演繹的適用によってではなくて、その方法論化は明示されていないが、かれなりの具体的歴史分析を「ひとつの重要なる力点」として遂行されたところから把握された、日本資本主義の「特殊構成」に由来する理論的業績であることは、よかれあしかれあきらかなところである。

そして、そのような山田盛太郎『日本資本主義分析』の理論的業績が、野呂栄太郎『日本資本主義発達史』の分析視角がすぐれてそうであったような、いわゆる「資本主義の全般的危機」の諸規定が全世界的に現出した帝国主義時代における資本主義の一般的変貌のなかで、それに根本的に規定されながら後発的・後進的日本資本主義の確立・発展史の特異性――山田盛太郎式に言えば「半封建的農業生産関係と天皇制国家機構の上に立脚する日本資本主義の特殊構成」――に基づくものであることは、明瞭なところである、としなければならない。

そうであってみればますます、『再生産過程表式分析序論』は『日本資本主義分析』とは――より一般化して言うならば、そもそもマルクス的〈再生産表式〉は、マルクス的再生産論に基づく『資本論』を一個の円環化弁証法体系化たらしめる**マルクス〈恐慌論〉**の「**必然性**」とは――何の関係もないのである。にもかかわらず、多かれ少なかれスターリン主義の思想的・理論的洗脳を蒙っている〈講座派〉→〈代々木派〉の亜流マルクス主義者たちが、今もって、マルクス〈再生産表式〉と**マルクス〈恐慌論〉**との密接不可分な「連繫」を強調したがって止まないのは、いったいなぜなのか？

その答えは、如上の今日からの回顧総括的視点から再考してみるならば、逆に、日本資本主義の「一般的危機」の発現の現実性を何とか解明し実証したいという至上視された理論的願望が、日本産業資本の確立の分析に（もっと正確に言えば、分析の替わりに）、マルクスの〈再生産表式〉の演繹的適用を使いたい、それに役立つためには、マルクスの〈再生産表式〉は**「恐慌の必然性」**（二〇世紀世界資本主義の現に陥っている「全般的危機」を視よ！）を開示したものとして解釈されなければならない、という理論的・実践的必要（！）から発していることが判る。

　だから、戦前・戦中・戦後を通して、何と今日においてさえも、凡百の亜流マルクス主義者たちが飽きることなく、マルクス〈再生産表式〉の二部門分割・三価値構成が、資本主義一般の部門間不均衡、それによる労働者大衆の大衆的消費の跛行・不足を産んで、**「恐慌の必然性」**を形成、ないしはそれに最接近する、と論証（！）することにこれつとめている所以である。

　もちろんのこと、マルクスの〈再生産表式論〉には、**「恐慌」**の「キョ」の一字も出てきはしない。当り前すぎることである。かつて、宇野弘蔵が、『資本論』第二部・第三篇は、「単に社会的再生産に一般的に共通なる基礎関係を、資本主義的特殊形態による数式として表現したものに過ぎない。……『経済表《タブロー・エコノミーク》』は、複雑なる商品交換を単なる数式にまとめることによって、資本家的形態の底にこの労働の基礎を闡明する。労働価値説が……商品の使用価値と価値との二重性が、資本家的生産過程を説明すべき理論としての有する意義もまたここに否定すべからざる証明を与えられるのである」（宇野「再生産表式論の基本的考察」『中央公論』一九三二年一一月号）と、また、宇野理論には終生根本的に否定的であった見田石介も（にもかかわらず）、「表式はどこまでも資本主義的生産の矛盾の一側面、すなわち生産と消費のあいだ、第一部門と第二部門のあいだの均衡を保持しようとする傾向を表現したものとみる」（見田「マルクスの方法のヘーゲル主義化」『季刊　科学と思想』二号、一九七一年一〇月）と、それぞれにきわめて正当に喝破しているように、**『資本論』**体系における次元と範囲を、マルクス的論理に即して読解するかぎり、その〈再生産表式〉を何とか**〈恐慌論〉**に直結させようとする山田盛太郎「理論」以来の〈代々木派〉の亜流マルクス主義者たちの解釈学は、無理筋の最たるものなわけである。

　だから、「資本主義の内的構成の基本的矛盾は、生産の社会性と領有の私的性との対立である。この矛盾は現象的にはブルジョアジーとプロレタリアートとの対立を生み、また生産の無政府性と生産の社会化とを生ずる。この矛盾を、社会的再生産において、生産と消費の矛盾とし、また生産の各部門間の不均衡として示したのが、再生産表式論である」（守屋典郎『日本マルクス主義の歴史と反省』（合同出版刊、一九八〇年）という極論まで言いつのって止まない、それこそ理論的にも完敗した「日本マルクス主義の歴史」から何一つ「反省」していない、「マルクス主義」論者も、それが唯一無二の「聖典」的論拠としているかんじんかなめのマルクス〈再生産表式論〉には「恐慌」の「キョ」の一字も見出すことはできないという厳然たる事実に困り果てて、〈再生産表式〉が隠示的に現わしているのは〈恐慌の必然性〉ではなくて「恐慌の必然性の基礎規定」なのである、と苦しまぎれの逃げを打つのである。

だがこのように、「恐慌の可能性」から「恐慌の必然性」への転化・転機どころか、その「基礎規定」とまで逆に（かれらの思惑からも離れて）ゴジラ化されてしまうと、それこそ、「生産の社会性と領有の私的性との対立」といったエンゲルス式「基本的矛盾論」に立つにせよ、あるいはまた「生産の無政府性と生産の社会化との矛盾」という今日の不破哲三式「基本的矛盾論」に立つにせよ、およそ〈再生産表式論〉が「この矛盾を社会的再生産において、生産と消費の矛盾とし、また生産の各部門間の不均衡として示した」と強弁してやまない自称「マルクス主義者」たちにとって、理論的空隙がどんどんさかのぼってついには、〈再生産表式〉の基底に厳然としてある「商品の使用価値と価値との二重性が、資本家的生産過程を説明すべき理論として有する意義（いいだ注――すなわち「マルクス的意義」）でさえもが、根本的に否定されてしまうことにならざるをえなくなってしまう。これが亜流マルクス主義者たちが、その強弁の言いつのりによる難点の先送りによって、一難去ってまた一難、として遭遇せざるをえない重積された、とどのつまりの一大難点となるのである。講座派以来の〈日本マルクス主義〉の大破産の価値論的・理論的根拠である。

4　マルクス〈恐慌論〉から反照してみた「可能」「現実的存在」「必然性」（カント）、「自由」「必然性」「有限性」（ヘーゲル）の哲学概念

見田石介『資本論の方法』（弘文堂刊、一九六三年）における、「『資本論』第二部・第三篇は資本の流通過程だけの一般的な総括である」という所説は正しいのであって、それを無視する「マルクスの方法のヘーゲル主義化」のもたらす難点は、右に述べたように——これをマルクス的弁証法の方法論として置き直すならば、見田石介が指摘しているごとく、『資本論』第二部における論理の上向によって第一篇→第二篇→第三篇へと進む弁証法的動力が、「孤立的にとられた個別的なものが一般的なものであり、一般的ということは、このように個別的という意味をもっている」という論理的性格が、全く無視され、蹂躙されてしまうところにある。

そもそも、ドイツ「批判哲学」体系の学統・道統からするならば、右の「可能性」と「必然性」と「現実性」とのカテゴリー的関係性の問題としては、カント『純粋理性批判』（一七八七年）の「悟性」のカテゴリー表が第四個目として「様想」をかかげ、それを「可能」（Möglichkeit）、「現実的存在」（Dasein）、「必然性」（Notwendigkeit）として三分構成し、「必然性は、存在の可能ということによって与えられる実在的存在（Existenz）にほかならない」と規定して以来、ヘーゲル『法の哲学』において、「現実的であるものは、それ自身のうちにおいて必然的である」と言い納めている伝統をすでに有している。そこにおいて、ヘーゲル的概念として言われている「必然性」（Notwendigkeit）とは、ある事物が他のものへと揚棄されるべき「有限性」として、否定的連関において示される必然性であり、いわば「歴史的必然性」、あるいは「相対的必然性」と名づけられて然るべき必然性である。このような概念的伝統を離れて、パンじゅう的没概念をいくら提示してみても、何一つ論理は前進しえないのである。

山田盛太郎『再生産過程表式分析序論』はこの論理的移行問題についても、『資本論』第二部・第三篇までのマル

クスの「恐慌の可能性」の第一型→第二型の形態規定を補完する（と称する）「第三型」なるものを提起して、次のごとく強弁に強弁を重ねている――

「『資本論』第三部において、「全体的に考えた資本の運動過程から生ずる具体的諸形態」「社会の表面に於いて相異る諸資本相互間の行動や、競争や、生産当事者自身の通例の意識などの上に現れて来る形態」に一歩一歩近づいて行く際、特に第三篇「利潤率の傾向的低下の法則」第一五章「この法則の内部的諸矛盾の展開」において、「**恐慌**」「崩壊」「革命」の必然性が分析せられ、第五篇「利子及び企業利得への利潤の分割、利子附資本」第二十七章「資本家的生産に於ける信用の役割」及び第三十、三十一、三十二章「貨幣資本および現実的資本」において、**恐慌の一層具体的な諸形態**が分析されている。但し、茲で**恐慌**は「**真の恐慌**」との或る連繫を以て示されるにとどまり、未だ尚お「**真の恐慌**」そのものとしては示していない。蓋し「**真の恐慌**」は、「資本家的生産の真の運動、即ち競争および信用からのみ説明せられ得る」ところであるに拘らず、「競争の現実的運動」及び「信用制度とこの制度がそれ自身の為の創出した諸道具（信用貨幣等）との立ち入った分析」は「吾々の計画の圏外」に属するのであるから」（山田盛太郎『再生産過程表式分析序論』）。

ここで、かれ山田盛太郎がマルクスに成り替わって、しかもそのマルクス的意義をマルクスに成り替わって提示している「第三型」なるものが、「**真の恐慌**」それ自体とは区別される「**恐慌の……**（何らかかの）**の形態**」としてはたしてそれが「**恐慌の可能性の形態**」の第三型であるのか、それとも「**恐慌の必然性**」（ただしまだ「**真の恐慌**」とは区**別される**）**の一形態**であるのかは、あいかわらず分明でないところがあるが（真の概念でないものはつねに、そのような曖昧模糊たる未分化を呈示せざるをえない）、それにしても右の山田盛太郎『分析序論』からの引例文によって看れば、かれが『資本論』第二部・第三篇の〈再生産表式〉を論じている場合に、第三部の諸資本の競争、利潤率の傾向的低下の法則、利子および企業利得への利潤の分割、利子生み資本の創生、貨幣資本と現実資本の分離、信用制度の発動によってはじめて**「真の恐慌」の周期的・暴力的大爆発**が解明されることを、十二分に、しかも高度な理解において心得ていたことが判明する。

だからこそ、その認識と第二部・第三篇の次元・範囲での〈再生産表式〉の『分析序論』とのギャップを、何とか埋めようとして、「第三型」のようなパンじゅう的没概念の提示に山田盛太郎教授は憂き身をやつしたのである。そして、『資本論』第三部においてこそ**「恐慌の一層具体的な諸形態が分析される」**ことはその通りなのであることが、その理論的先取りが走り過ぎて**「『恐慌』『崩壊』『革命』の必然性が分析される」**というような確認になると、当然、この問題をもっと正確・厳密に理解する山本二三丸教授のような反論――山田盛太郎の「第三の型にかんする叙述」のなかに出てくる、「特に第三篇「利潤率の傾向的低下の法則」第十五章「この法則の内部的諸矛盾の展開」において、**「恐慌」**「崩壊」「革命」の必然性が分析される」という言辞については、『資本論』第三部においても**「恐慌の必然性」**はともかく殊に「崩壊の必然性」や「革命の必然性」は全く述べられていない、と強力な反論が提示されることとなる。山本二三丸によれば、『資本論』体系においてその「崩壊の必然性」「革命の必然性」が付論的・参照的に述べられているのは、むしろ第一部・第七篇・第二十四章・第七節「資本制蓄積の歴史的傾向」においてなのである。すなわち、資本家社会葬送の鐘が鳴る、『資本論』の血湧き肉躍るオマケの箇所である！

山田盛太郎『再生産過程表式分析序論』におけるパンじゅう的没概念である「第三型」なるものの提起（これには、宇高基輪、南克己、富塚良三、林直道、矢吹満男等々の多くの「マルクス主義経済学者」諸教授からのありがたい同調がある！）に対する、この山本二三丸教授からの『資本論』体系の総見地からの反論は、資本主義「崩壊の必然性」「革命の必然性」が『資本論』第一部・第七篇の「資本制蓄積の歴史的傾向」に属するという体系的位置価の認定において正しいとともに、それらとは区別される『資本論』体系の本来の眼目である。**「恐慌の必然性」**は、「第三巻・第三篇・第十五章において『恐慌』の必然性**が分析されているということは、われわれにも容易に理解されるところである」（山本二三丸『**恐慌論研究**』青木書店刊、一九五〇年、同増補版、一九六五年）という体系的位置の確定もまた、共に正しいことが改めて再確認されなければならない。これに反して、山田盛太郎『再生産過程表式分析序論』のごとく、いくら「**真の恐慌**」「**真の恐慌**」と連呼してみたところで、〈**恐慌論**〉のマルクス的解明は、一歩たりとも前進しえないのである。

5　再生産表式と商業資本との関係性の問題

さて、以上総括的に整理したごとく、そもそもが資本制商品・貨幣経済社会の存立・存続の「均衡条件」の価値論レヴェルにおける静態的充足を抽象的形式＝表式として明らかにしたマルクス〈再生産表式〉を、あろうことかあるまいことか、「**恐慌の必然性**」ないしは「**恐慌の必然性の基礎**」として把握して、〈再生産表式〉の二部門分割から「二部門間不均衡」、それに由る「大衆消費の不均衡（不足）」といった「**恐慌**」の**動態的要因**をひき出し、それでも埋まらない空隙には「第三型」なるパンじゅう没概念をマルクスを僭称して放り込んでくる俗流・亜流「マルクス主義者」たちのスターリン主義的歪曲の把握をいっさい払拭してしまった上で、『資本論』第二部の価値論レヴェルにおける〈再生産表式〉論と、『資本論』第三部の価格論レヴェルにおける、そして信用論が介在するレヴェルにおける「資本制的生産の総過程の諸姿容《ゲシュタルト》」との関係性についての、なお残されたマルクス的問題点についての、立ち入った考察へと移行する。

その問題点は、マルクス〈再生産表式〉論の体系的意義については卓抜な理解を示し、かつはまたマルクスの理論体系的遺志を受け継いで〈**恐慌論**〉を二〇世紀的現代において完成した〈宇野理論〉においても、かれと森下二次也との「商業資本」をめぐる論争（森下二次也『現代商業経済論――序説＝商業資本の基礎理論』（有斐閣刊、一九六〇年）・同『商業経済論の体系と展開』（千倉書房刊、一九九三年）vs宇野弘蔵「商業資本と商業利潤」『マルクス経済学の研究』（上）（岩波書店刊、一九五三年）・同『マルクス経済学原理論の研究』（岩波書店刊、一九五九年）所収の諸論争文を参看されたい」にうかがわれるような問題点、それも〈恐慌論〉の全面的理解にとってかなり重要な問題点が、なお残されている、とわたしには思われるからである。

わたしたちのマルクス〈再生産表式〉論は、不毛・低級・無用な従来の「日本マルクス主義経済学的探究」のレヴェルから遠く脱して、わたしたちの今後の理論的前進にとって必要不可欠なこの問題点の設定と解決へと向かわなければならない。

宇野vs森下の論争の問題水準と範囲の確定を踏まえて――それは当然、問題点の解決なのではない、未だ理論的解決にいたっていない問題点だからこそ、それは現在もなお残されている問題となっているのである――、それをマルクス〈再生産表式論〉と商業資本の問題として、整理・整序したのが、最新・最近の谷野勝明・関東学院大学教授の両論文である〔「『貨幣の還流運動』論と商業資本」（『経済』二〇〇五年一一月号）・「再生産（表式）論と商業資本」（『経済』二〇〇六年一月～二月号）〕。

そこで新たに考察に付されているのは、マルクス『経済学批判・一八六一～六三年草稿』の「エピソード。資本制的生産の総過程における貨幣の還流運動」で提起されていた諸問題として、考察対象を「商業資本」のうちの「商品取引資本」に限定し、なおかつその商品取引資本の「卸売業と小売業とへの分化の問題」を捨象した上での、〈再生産表式〉論と商業資本とのマルクス的関連を考察することである。

『経済学批判』草稿「エピソード」における「運動全体における商業資本」でマルクスが提示しているように、商業資本を、「部類Ⅲ」として設定して、生産手段生産部門・消費手段生産部門と同一次元で表示しうるのか、ということが先ずもって問題となる。すでに検討したごとき、わが山田盛太郎『再生産表式論分析序説』において「恐慌の第三型」なるものが提示されたことと類似している問題についての真の概念化の問題設定である。

その問題考察は、商業資本は商品取引資本としては、商品の購入に投ぜられる資本部分である商品買取資本と、流通費のうち不変資本の形態で前貸しされた部分である売買操作資本などとから成るので、その二側面から検討を加えることとなる。そうすると――

第一は、再生産表式の方法的基準を成している循環形態と、商業資本の運動形態とは、相違しているという点が、先ずもって確認される。前者の社会的循環形態は、当然、商品資本の循環形態（W′……W′）であって、その循環形態はさらに具体化して表示すれば――

$$W'\left\{\begin{matrix}W-\\W-\end{matrix}\right\}-G'\left\{\begin{matrix}G-W<^{A}_{Pm}\cdots P\cdots W'\\g-W\end{matrix}\right.$$

これに対して、商業資本の運動形態は、G—W—G′である。

『資本論』第三部の叙述によるならば――「商人によって前貸しされる貨幣資本は、購買と販売だけに用いられ、それゆえけっして商品資本および貨幣資本の形態以外の形態すなわち生産資本の形態を採らず、つねに資本の流通部面に囲い込まれたままである」（傍点いいだ）。商人によって前貸しされた貨幣資本の運動は、『資本論』第二部の資本制的生産の流通過程の次元・範囲に在るのである。そして、それに比べてみて、商業資本の運動形態のなかには、「P＝生産資本」は含まれておらず、「商業資本は価値も剰余価値も創造しない」。

したがって、生産を含むW′……W′の商品資本の社会的循環形態の中に、産業資本の全運動から分化・析出されてくる資本であるとはいえ、産業資本との明確な区別なしに商業資本を並列させることはできないのである。

次に第二に、右の商業資本の運動形態G—W—G′の媒介項Wも、「前貸しされる貨幣資本」Gも、再生産表式そのものの中には表示できない。

『資本論』第三部の叙述にある通り、「商人にとってG—W—Gとして現われるもの（いいだ注——つまり商業資本の運動形態）は、つねにW—Gすなわち商品資本の貨幣資本への転化である」。この転化こそが〈再生産表式〉における商品資本の社会的循環が、抽象的形式としての数字として総括的表式において表示されうる根拠となっているのである。

だから、「商人資本のW—Gが、はじめて機能しつつある商品資本の最終的なW—Gである」。G—W—Gは、同じ商品資本の二つのW—G′その二つの順次の販売でしかなく、この二つの販売は、この商品資本の最後の終極的な販売を媒介するにすぎない。〈再生産表式〉における商品資本の社会的循環は、この最後の終極的なW—Gの実現によって、表式化されるのである。したがって、「商品のG—W—Gは、二人の生産者の間でのW—Gのための媒介過程を表わしているだけ」なのである。

そして、「商人資本のG—Wは、産業家の手から流通代理人たちの手への商品資本の移行にすぎず」、これに対して商業資本のGW—Gは、産業資本が生産した商品資本であるという区別がある。「商品取引資本は、それが商品資本の形態で存在する限りとして存在している間は……産業資本のうち、まだ市場にあり、そして変態の過程を通りつつある、現に商品資本として存在し機能している部分にほかならない」（傍点いいだ）。

その商品資本の循環運動は、〈再生産表式〉においては、出発点としてのW′として表示されているのであるからして、それを生産手段生産Ⅰ部門、消費手段生産Ⅱ部門と並べて表示すれば、それは二重表示にならざるをえない。その限り、『経済学批判』草稿「エピソード」の謂う「部類Ⅲ」は成立しないのである。

このように、商業資本のGは、産業資本の貨幣・準備金が集中され自立化し、それが「恒常的に購買手段として」流通するものである。したがって、その商品資本の運動循環形態は、〈再生産表式〉の出発点と終結点とに現われる

W′とは区別され、このGもまた再生産表式そのものの中には表示されることはなく、循環運動中に消失してしまうのである。

最後に第三は、商業資本を〈再生産表式〉と関連させる場合であっても、商業資本の部分は、カテゴリーとして『資本論』第三部の次元・範囲に属する資本部分であるから、「生産価格」次元で表示しなければならず、第二部・第三篇に属する〈再生産表式〉におけるように価値次元で表示されることはできない。

その商業資本のもたらす商業利潤は、資本の生産過程において創出された総剰余価値の一部を、商業資本が資本流通の一部分の節約を通じて、一般利潤率の形成にプラス要因として参加することによって分与されたものであるので、生産価格次元で論じられるほかない一般的利潤率の問題を捨象してそれを規定することは、原理的・方法的にできないのである。したがって、『資本論』第二部・第三篇の価値論次元の〈再生産表式〉の中に、直接に第三部「生産価格論」次元に属する商業利潤・商業資本を追加・付加することはできない。

以上の三点の再考察の結論として、商業資本は、再生産表式上に、産業資本による総生産物・総剰余価値との区別をしないで、同一価値論レヴェルの一部門として、それを設定することも表示することもできない、ことが判明する。『経済学批判』一八六一～六三年草稿の「エピソード」の中で展開されている「貨幣還流運動」論のように、「商業資本と貨幣資本」を「部類Ⅲ」として、部類Ⅰ・Ⅱと同格・同一次元の部類として自立させて設することはできないのである。そうであってみれば、わが山田盛太郎の〈再生産表式〉論のごとく「第三型」を設定するのが全く無理筋のパンじゅう的没概念であったことが、然るべき根拠のある理の当然であったのである。してみるならば、かれら山田盛太郎をはじめとする現代日本の俗流マルクス主義経済学者たちが「第三型」なるものの設定を合理化する根拠を、マルクス〈再生産表式〉に懸命に求めながらも、幸にして（！）マルクス『経済学批判』草稿の「エピソード」に気が付くことなく、そこに自らの無理筋の弁護論を求めえなかったことは、理論的に徒らに問題を紛糾させないためにはもっけの不幸中の幸いであった（!）と言えるであろう。**〈恐慌論〉**のニア・ミス的な最接近の念慮もふくめて、「再生産表式論の具体化」の問題を最も積極的に、かつ高次のレヴェルで提起した井村喜代子『『資本論』と日本資本主義分析』（『思想』一九六七年五月号）の場合でも、右のマルクス『経済学批判』的論拠を考証上も知りえなかったために、商業資本部門を無理やり「第三型」概念にマルクス〈再生産表式〉に押し込んだ場合にも、「商業部門」は事実上、第一生産手段生産部門、第二消費手段生産部門以外の「一部門」として、何やらその概念的正体も皆目不明なまま、「本来的商業、金融業をもふくめた広義のサービス部門」と現代資本主義的表象に訴えながら、「従属的部門」とされる「サービス業関係の新部門」を、従属的・副次的ながらも独立の「一部門として設定」して、これをもって「再生産表式論の具体化」への重要な寄与と自慰したのである。

こうした場合でも、そもそも商業資本は、すでに述べたごとく、再生産過程における「機能資本」であるという点で「利子生み資本」とは概念的に区別されるべき資本であるのだからして、「商業部門」を従属的にせよ、副次的にせよ、「広義サービス部門」として独立化させて一括すること自体が、『資本論』体系の見地からすれば理論的・方法的誤謬に属するのである。それにまた、そのような無理筋的構想は、「商業部門」を含む「サービス部門」の「一部門」としての設定によって、〈再生産表式〉論上、表式に固有な「価値」次元の問題と、後行する『資本論』第三部「資本制的生産における総過程の諸姿容《ゲシュタルト》」にいたってはじめて問題となる（利子生み資本‐株式会社形態‐信用制度の創成とともに、それゆえにまた〈恐慌論〉の基本的完成問題とともに）「生産価格」次元の問題とを混在させてしまうことによって、無用・不必要・有害な理論的・方法的混在をもたらすこととなるのである。

井村喜代子教授ばかりでなく、〈代々木正統派〉的な数多くの日本マルクス主義経済学者たちが久しく陥ってきている理論的悪弊である。何しろ、一九九一年のスターリン主義体系の「全般的危機」後、もう十五年も経っているのであるから、こうした理論不感症的に全く無反省な理論的ビヘイヴィアには驚き入るほかない。

さて、再考察上、如上の確認をすっかり終えた上で、他方、まだこの考察局面では残されている問題として、商業資本用の設備・資材・消耗品については、そうした「商人が消耗する不変資本」「物的な取引諸費用」の「生産は、一定の産業資本家たちの特有の業務またはすくなくともその一部分」(『資本論』第三部)――言葉を換えて言えば、資本の生産過程において産業資本家たちが収受する総剰余価値生産に貢献する一部分なのであるからして、ここからの生産部門は〈再生産表式〉上に設定されなければならない、ということが残っている。この残された必要性は、「流通過程で消費される諸流通手段や商業労働者の生活資料の生産のためにも、生産的労働の一部分を割かなければならず」、その「流通費用は素材的にはまさに生産物の一部分である」ということを明示するためにはどうしても必要となるのである。商業資本は、それらの設備・資材・消耗品の購買者として、本来ならば〈再生産表式〉上に表示されることが必要となるのである。

さらに、商業資本によって商品買取資本や商品売買操作資本として、右の設備・資材・消耗品の購買もふくめての諸商品の購買に投下される貨幣も売買費用も、流通過程が商業資本に担われて代行されなければ、商業資本自身が費用を投じて担わなければならない性格のものであるから、そこから分化の絶対的必要が生じてくる「商業資本」の問題として、それを最も基本的で単純・鮮明な形で把握するためには、〈再生産表式〉上はまずもって「生産価格」問題が捨象しうる次元で処理することが必要となる。

そのためには、「商人資本は、流通過程で機能する産業資本の一部分の自立化した形態以外のものでは絶対にないのだから」、そのように叙述しているマルクスが曰うがごとく、「商人資本に関するすべての問題は、先ずもって、商人資本に特高な諸現象はまだ自立しては現われないで、まだ産業資本に直接に関連してその分枝として現われるような形態で」考察するという方法を採ることが、必要でもあり、有効でもある。そして回顧的にその論争次元を総括してみるならば、かつての宇野弘蔵vs森下二次也の論争は、この方法を採ることの是非、さらに立ち入って言うならばそれが是とされる方法の特有の形態の選択をめぐってなされたのであり、そこでの最大の争点は「産業資本の場合の流通費用の資本化」をめぐってであったのである。

社会的な資本集計量を取り扱う、商品資本の社会的総循環過程を取り扱う〈再生産表式〉論では、個別諸資本間での流通費用の相違はもはや問題外と看ることができるので、本論では、宇野vs森下の旧論争にこだわることなく、〈再生産表式〉と、流通過程で機能する産業資本の一部分としての商業資本の運動、ないしはその分化・代行が未分化状態での産業資本自身が直接に担う「商業的業務部分」との関連に残されている問題点を絞って、さらに積極的に理論的考察の歩を進めることとする。

『資本論』第二部・第一篇・第四章「循環過程の三つの図式」のなかで、資本の「三循環の統一」を説（解）いている叙述において、マルクスは、「資本のすべての部分が循環過程を順次に通過し、同時に循環過程の相異なる諸段階にある、生産の連続性を条件づけるのは、資本の分割による貨幣資本・生産資本・商品資本という資本の諸部分の並立」が、資本制的生産の連続性を保証する、としている。

総じていえば、諸資本の変態《メタモルフォーゼ》を通ずる循環による資本制生産の連続性の保持であるが、この資本循環において変態をとげてゆく資本諸形態の時間的な「継起」ならびに空間的な「並立」の運動形態を看れば、マルクスが言うように、「社会的総資本にとって、その流動部分について見れば、資本の遊離が通例であり、年に何度か回転する社会的流動資本の非常に大きな部分は、年々の回転循環の間に、周期的に遊離資本の形態を採る」のである。

この通例的に遊離された資本のかなりな部分はつねに貨幣の形態を採る以上、ここに資本の中断なき総再生産、回転過程を保証する遊離資本の実在は蓄蔵資金となって当面さしあたり資本の再生産軌道の外へ逸出するところから、資本制生産の連続性を保持するのに不可欠な必要としての「準備金」がその蓄蔵資金の具体的形態として出てくることとなる。たとえば、資本の回転期間を構成する労働期間と流通期間とが三対一の割合だとすれば、資本制生産の連続性を保持するために必要な「準備金」は、投下総資本の1/4として割り出されてくる。この「準備金」については、現行版『資本論』第二部・第三篇・第一八章・第二節「貨幣資本の役割」において、マルクスによって掘り返されているが、第三篇第二一章の「再生産表式」の上では表示されていない。

『資本論』第三部・第四篇にいたれば、「産業資本の商人的諸操作」や「産業資本家自身の事務所」については、次のように記述されている。

「産業資本の商人的諸操作は、商品資本の姿態で現存する生産物を売るためにも、また、その代金を再び生産諸手段に転化したり、全体についての計算をしたりするためにも行なわれなければならない。価格計算、簿記、出納、通信は、すべてこれに属する。生産規模が発展すればするほど……価値および剰余価値を実現するための労働およびその他の流通費がますます増大する。このため、本来の（産業資本家自身の――いいだ追加）事務所を形成する商業的賃労働者たちの使用が必要となる。かれらのための支出は、労賃の形態でなされるとはいえ、生産的労働の購入に支出される可変資本とは区別される。それは、直接には剰余価値を増加させることなしに、産業資本家の支出、すなわち前貸しされるべき資本の総量を増加させる。剰余価値をそれが増加させないというのは、それはすでに創造されてしまっている価値の実現のためにだけ使用される労働に対して支払われる支出だからである。この種の他の支出は、どれでもそうである」。

このように、マルクスによって、「産業資本の商人的諸操作」や「産業資本家自身の事務所」に関連して、産業資本が創造した価値の「実現」のために必要な「流通費用」部分の包括的位置付けが、問題とされているのである。マルクス『資本論』第二部式にいえば、「空費の補塡は、前貸資本からではなく、剰余生産物または剰余価値からなされるのであり、空費はそこからの控除である」のである。

以上のように、流通費に投じられる資本が、諸商品の売買によって消耗され、その補塡は剰余生産物からなされるということからすれば、そしてまた、マルクスが、「流通用具としての金銀の年々の生産において支出される労働力と社会的生産手段」について、それらの「総額は、資本制的生産様式の空費の一つの重い費目をなしている。それは、これに相当する額の可能的な追加生産手段および消費手段を社会的利用から奪い去る」とし、貨幣材料の再生産を『資本論』第二部・第三篇において〈再生産表式〉の一環として展開していることを考え合せるならば、「物的な取引諸費用」についても、それの生産部門を想定して、それらを含んだ総生産物の価値補塡と素材補塡の関連があきらかにされなければならない。その考察は、商業資本がまだ産業資本から分化し自立化していない段階なので、『資本論』第三部ではじめて展開される「生産価格」が関連してこない形において、「価値」レヴェルでの〈再生産表式〉の具体化として為されることとなる。

谷野勝明「再生産（表式）論と商業資本」では、右の〈再生産表式〉の具体化をなすべき、不変資本C―可変資本V―剰余価値Mの基本規定に加えて、諸商品の「売買において消耗」される「物的な取引諸費用」＝「流通用具」をZ、「人的な流通費用」＝産業資本家が雇用する「商業的賃労働者」の「商業賃銀」をbで表わし、さらに、剰余価値のうち消費支出されることなく、「流通用具」の補塡負担に充てられるべき部分をMZで表わし、資本家の個人消費に充当する部分をMβとする。

そのようにすれば、〈再生産表式〉上の、各個商品の・各部門の年々の総生産物の・総資本による総生産物の価値構成であるC＋V＋Mは、「C＋V＋Mβ＋Mb＋MZ」として表示される。

以上の点から、「流通用具」は、売買用設備・資材・消耗品と貨幣とに、そして「流通用具」の生産部門は、売買用設備・資材・消耗品の生産部門と貨幣材料の生産部門とに細分化・具体化される、と把握すべきである。そこで、谷野勝明教授は、生産手段生産部門Ⅰ、本来的消費手段生産部門Ⅱに加えて、諸商品の「売買において消耗される物的な取引諸費用＝流通用具」の生産部門をⅡZとし、売買用設備・資材・消耗品の生産部門をⅡz、貨幣材料の生産部門をⅡgとして、〈再生産表式〉上に表示することとする。

以上のすべての表示規定は、谷野教授による〈再生産表式〉の具体化・細分化のための概念的・表現的加上の有用な工夫である。

「産業資本の商人的諸操作」「産業資本家自身の事務所」に関するマルクスからの先述の引用は、「生産規模が発展すればするほど、価値および剰余価値を実現するための労働およびその他の流通費が増大する」とされていた。この「生産規模が拡大されるのに比例して、産業資本の流通のために恒常的に行なわれなければならない商業的諸操作が増加する」という状態を、〈再生産表式〉に反映するためには、〈表式〉を「単純再生産」から「拡大再生産」へと改作してゆかなければならない。

そこで、『経済学批判』草稿「エピソード。貨幣の還流運動」における「商人資本の蓄積」に関連した問題点として、「労賃の支払に投下される貨幣は増大する」以上、蓄積に伴って流通貨幣量も増加してゆくのだから、その増加される貨幣を調達しなければならないという、「追加的貨幣の供給」の問題が生じてくる。以上、資本の蓄積過程に伴い、蓄積による追加資本の投下に伴って商品生産量が増加し、その流通のために必要とされる追加的貨幣の供給が行われる態様である。

さてここで、産業資本の単純再生産と商業資本における「商業資本と再生産表式の基礎範疇」に関説して言えば、商業部門と商業資本用設備・資材生産部門については、第一に、商業資本は商業部門としては、産業資本から分化・自立化したものとして区別した上で、〈再生産表式〉と関連させることが必要となる。第二に、商業資本用設備・資材・消耗品生産部門については、これを消費手段生産部門Ⅱの「特殊部類」として設定する必要がある。第三に、商業部門Hおよび商業資本用設備・資材・消耗品生産部門Ⅱhの規模・大きさについては、産業資本が商人的操作を行なう場合の流通に関連する費用よりも少ないものとなる。

商業資本の販売価格・価格構成については、商人は、諸商品の販売によって「売買に直接に投下された資本を、販売価格の一部として回収」し、その部分は商人による「購買価格を補填する」。「流通費のうち不変資本の形態で前貸しされる部分」も、「つねに商品の価格から補填されなければならない」。さらに、商人は「商人によって労賃に投下された部分の払戻しを受け取り」、販売価格は「労賃を支払う商人の可変資本を補填する」。そして、商人は商業資本のうち商品の購入に投ぜられる資本部分・「流通費のうち不変資本の形態で前貸しされる可変資本」に対する利潤を受け取る。したがって、商業資本による諸商品の販売価格については、現行版『資本論』第三部のように、「諸商品の売買に直接に投下される資本をB、この機能に消耗される不変資本（物的な取引諸費用）をK、商人が投下される可変資本をb」とすれば、「販売価格はB＋K＋b＋（B＋Kに対する利潤）＋（bに対する利潤）となる」。

『経済学批判』草稿「エピソード。貨幣の還流運動」では、商業資本の運動を含む貨幣の還流運動に関する基本法則を把握するために、まず同一規模での繰り返しの場合の商業資本の運動が考察されていた。それと同様に、商業資本の運動と再生産過程との関連の基本法則を把握するために、ここでも、産業資本と商業資本の運動の同一規模での繰り返しとして、総商品資本の価値補填・素材補填運動を把握しなければならない。

一八六一〜六三年草稿の「エピソード。貨幣の還流運動」で論述されていた、消費手段生産部門Ⅱの労働者が関係する部分の貨幣の流れは、次のようになる――部門Ⅱの資本家は賃金として貨幣を労働者に支払い、その労働者はその賃金をもって小売商から自分の生活資料としての消費手段を買う。小売商は、それによって卸売商から商品を仕入れて補填する。卸売商は、部門Ⅱの資本家から商品を仕入れて補填する。この運動を媒介する貨幣の流れは、ⅡK→ⅡP→小売商→卸売商→ⅡKとなる。この貨幣の流れの過程を通じて、小売商と卸売商は自らの消費分をも部門Ⅱの資本家から購入し、それによって部門Ⅱの資本家が賃金として支払った貨幣は還流してゆく。このようにして、資本制生産の連続性の保持のための貨幣の流れは、商業資本から出発して、卸売商→ⅡK→ⅡP→小売商→卸売商という回路を辿って、再び商業資本へと還流する。

谷野勝明教授の集約によれば――

「以上のように、諸契機間の相互補塡運動の類別した一範囲内のみでは未還流部分が生じるが、商業資本による一方的購買が対応することによって、全部門の資本家が流通に投下した貨幣は、同じ部門の資本家の手許に還流しているものと見做すことができる。それによって全部門の産業資本家は再び生産手段と労働力とを購入すべき貨幣を回収し、商業資本用設備・資材・消耗品と商業労働力を購入すべき貨幣を回収する。さらに全資本家は消費手段を購入すべき貨幣をも回収する。賃労働者は消費手段の入手として支払われた貨幣を、商業資本の手を通じて、産業資本家の手に（部門Ⅱの労働者は同部門の資本家に、部門Ⅰの労働者は部門Ⅱの資本家の手をも通じてかれらが所属する部門Ⅰの資本家に）返還する。流通を媒介する貨幣は、すべていずれかの部門の資本家の手から流れ出て起点である同じ部門の資本家の手に還流する。資本家の側に可変資本が貨幣形態において回収され、各部門の不変資本が生産手段をもって補塡され、また、商業資本の設備・資材・消耗品も補塡され、全部門の資本家と労働者とがそれぞれ消費手段を得るのである」（谷野勝明「再生産（表式）論と商業資本」）。

このようにして、『資本論』第二部・第三部の体系的次元・範囲に限定された〈再生産表式〉はより具体化されて、商品資本の全社会的循環が最終的に貨幣資本化されることによって数量的表示が可能とする〈表式〉としての全社会的抽象的形式化を完成し、よってもって、『資本論』第三部の「生産価格」次元における資本の産業循環=景気変動の全局面転換を通じての**〈恐慌論〉**の**「恐慌の必然性・現実性」**へとアプローチしうる準備・前提を十全用意することができることとなるのである。

資本家社会における商品経済の発展のもつ社会の抽象化作用に即して、経済学原理論を基本的に完成させたマルクス経済学の総体としての全形成史において、その経済理論を**恐慌現象**の不可避的な必然性の発現としての**周期的恐慌の法則的出現**を核心として形成する理論的方法を、むしろマルクスより先んじて早くから天才的に素描したのは、イギリスの古典経済学=国民経済学の批判的考究を身に着けていた若きエンゲルスの『国民経済学批判大綱』であった。

一八四〇年の『独仏年誌』に、若きマルクスの『ヘーゲル法哲学批判』と並んで掲載されたこの若きエンゲルスの経済学批判は、かれ特有の〈唯物史観経済学〉の一般化的特性を最大限に生かして、（1）**恐慌**が資本主義にとっては不可避的・必然的につきまとうものであること、（2）**恐慌**が資本の集積と集中との最も重要な要因であること、（3）**恐慌**は資本主義制度の不安定的性格と経過的性格との最も深刻な現われであること、を一般的・抽象的にではあるがみごとに指摘していた。この**産業恐慌**の発現・存在に資本主義の資本主義たる最深の根拠を見出すエンゲルスの理論的見識が、終生不動のものであったことは、かれエンゲルスの後年の哲学・経済・社会主義の三身一体的体系性の労作である『反《アンチ》デューリング』における、「競争の諸条件によって生みだされる絶えまない物価の変動は、商業から道徳の最後の痕跡をすっかり奪いとってしまう。価値についてはもはや論ずるまでもない。価値にたいして一見、大変な意義をみてとると思われるところの、価値の抽象にたいして貨幣という形で独自の存在の格差をみとめるところの制度そのもの——この制度そのものが、競争というものによって、あらゆる内在的価値を破壊し、あらゆる物の相互の価値関係を日々深刻に変えてしまうのである」という核心的主張によって、これを再確認することができる。けだし、右の価値論的社会総括において明示化されていない、その文脈構成の主語が、あらゆる価値関係の「破壊者」としての**恐慌**にほかならないことは、明々白々なところである。

若きエンゲルスにとって、『国民経済学批判大綱』とともに、共産主義的出立を劃する労作であった『イギリスにおける労働者階級の状態』は、そのような画期性によって、若き僚友マルクスにも決定的影響を与えたが、その資本家社会に対する批判的分析において、科学的な対象化的「官能性」と主体の大衆的能動性の発動に基づく「党派性」

との結合の手本であるこの労作において、かれエンゲルスは、一八世紀のイギリスの大文字の「産業革命《インダストリアル・レヴォリューション》」の開始から一九世紀四〇年代にいたるまでのイギリス資本主義における産業発展が、労働者階級の現状をいかに形成してきたか、まさに「微に入り細をうがって」（マルクスの評言）実証しつつ、この期間のイギリスにおける**産業恐慌の実態**についてくわしく具体的に記述しながら、それらの**産業恐慌の意味と役割**をあきらかにしている。その労作を継承して決定的に経済学原理論としての『資本論』体系を仕上げていったマルクスは、その際、さまざまな形をとってイギリス資本主義の発達における「産業予備軍」についてくわしい記述を与え、これによって『資本論』第一部において明らかにした〈相対的過剰人口〉法則の発現である過剰人口の諸形態の分類に、先立って若きエンゲルスにその分類法の先乗りを与えていたと言ってよい。

　かれ若きエンゲルスは、**恐慌**と過剰人口とのきわめて緊密な結びつきを、初歩的な形にせよ基本的にあきらかにしていたのである。けだし、一方では、**恐慌**は過剰人口を増大させるし、他方では、この過剰人口がなかったとしたならば、資本制過程における産業循環の発現も、したがってまた、その最終的規定力としての**周期的恐慌の発現**も不可能であろうからである。

　一八四七年**イギリス商業恐慌の爆発**に先導されて勃発した、一八四八年ヨーロッパ世界革命の行動宣言にほかならなかった『共産主義宣言』において、その起草者である若きマルクスとエンゲルスの両名は、リカードが**全般的恐慌の可能性を全否定**し、シスモンディが**恐慌の発現の原因**を「生産と消費との間の矛盾」のなかに見出したのと、全く違った態度で**恐慌問題**を取り扱い、一八四七年**イギリス商業恐慌**に具現された、**恐慌の暴力的大爆発**のなかに、つまり、生産諸力の進歩的発達のなかに孕まれて爆発をとげるにいたる**恐慌**のなかに、一八四八年ヨーロッパ革命に具現された、大衆の主体的能動性を発動させたプロレタリア社会主義世界革命にとっての客観的諸条件の準備・熟成によるその解発を確認したのである。

まさに、かれら両人は、**恐慌現象の暴力的大爆発**のなかに、いまや生産諸力のこれ以上の発展の桎梏と化するにいたったブルジョア諸関係にさいする生産諸力の反逆の形態を見出したのである。これらの桎梏は、マルクスの〈**恐慌と革命**〉の階級闘争学説が最終的定式化をあたえたように、プロレタリアートによってブルジョアジー自身に向けられて、近代的桎梏として廃棄されなければならない、とされたのである。

以上のような、一般的には経済学史上における〈**恐慌**〉、特殊・特異的にはマルクス『資本論』体系における〈**恐慌**〉についての、マルクス主義者の標準的で平均的な把握は、ローゼンベルグ&ブリューミンの『経済学史』下巻に認められるその一般的な定義づけに見届けられるごとくであろう。それに曰く――

「資本の蓄積と有機的構成の高度化とは、二つの対立的な現象――利潤率の低下と利潤の量の増大とを生みだす。そして、この矛盾は、ますます拡大再生産される。すなわち、利潤がたえず増大してゆく反面、利潤のうち追加資本に転化する部分がたえず増大してゆく。したがって、資本蓄積はますます急速となり、そしてこの蓄積は、資本の有機的構成の高度化をともなうものであるが、それはそれでまた、ふたたび利潤率を低下させるようになる。利潤率はもしそれに反対作用をおよぼす諸要因がなかったならば、ますます低下してゆく一方であろう。マルクスは、これらの諸要因について『資本論』第一部・第一四章でくわしく研究している。

資本制生産の諸矛盾は、利潤率の傾向的低下の法則のなかにはっきりと現われている。すなわち、資本制蓄積の一般的法則の表現であるこの法則は、それ自体また、資本主義の諸矛盾を発展・激化させるとともに、歴史的に経過的な制度としての資本主義を、最も明確に特徴づけているのである。資本制蓄積が、労働者階級にかんして、過剰人口を生みだし、プロレタリアートをますます貧困化する運命のもとにおくとすれば、一方また――利潤の支配するもとでは――この資本制蓄積が利潤率の一定の運動法則（低下への傾向）を条件づけるとともに、過剰資本、すなわち現在の生産部面に充用したのでは通常の利潤をもたらしえないような資本をもつくりだす。それは、資本の輸出を、すなわちその活動分野を（「祖国」の国境外へ）たえずおしひろげることをよぎなくさせる。だがこの拡張は、蓄積のテンポを増大させることによって、過剰資本をますます増大させて、諸矛盾は拡大された基礎のうえで再生産される。

利潤率の傾向的低下の法則の諸矛盾が、どういうふうに展開されるかを研究しながら、マルクスは、これらの諸矛盾がどんなふうに**恐慌**のなかに現われるかを明示している。すなわち、「周期的には、相抗争する諸能因の衝突が**恐慌**となって現われる。**恐慌**は、つねに、現存する諸矛盾の一時的な暴力的解決にしかすぎず、攪乱された均衡を瞬間的に建設する暴力的爆発にしかすぎない」（『資本論』第一部・第七篇）と。

恐慌問題にかんして、マルクス以前の経済学者たちは、二つの陣営に分れていた。すなわち、一方の、リカードおよびセイに追随する経済学者たちは、**全般的恐慌の可能性**そのものを否定し、他方の、シスモンディに組みする経済学者たちは、正当にも、**恐慌**は資本主義にとって不可避であるとみなした。

だが、シスモンディとかれの一派とは、**恐慌の根本的原因**をも、それのあらゆる発現形態をも、あきらかにすることができなかった。マルクスは、単純商品生産に対応する単純流通のなかに、すでに**恐慌の可能性**が伏在するということを指摘し、それを証明するとともに、この可能性がどのようにして現実性へと転化するか、資本主義の一定の発展段階において、**恐慌**はどうして周期的となるか、なにがこの周期性基礎をなしているかを究明し、**恐慌の本質**ばかりでなく**攪乱された均衡を瞬間的に建設する暴力的爆発としての恐慌の意義**をも、あきらかにしたのである」（ローゼンベルグ&ブリューミン『経済学史』下巻・青木書店刊、一九五四年）。

マルクスの場合においても、シュンペーターの場合においても、かれらはいずれも、右のような純一般的・平均的な〈**恐慌論**〉を標準理論として前提としながら、それに理論的彫琢を加え、深めて、かれらの〈**恐慌論**〉を自らの経済学説の核心とする経済理論を仕上げている、と言える。

いうまでもないことながら、一九世紀中葉の最先進国イギリスの産業資本的蓄積様式を基軸とする自由主義的ないしは自由貿易帝国主義的世界編成へといたった、近代資本主義の発祥・形成の全発展史は、一六世紀初頭以来の〈大航海時代〉における福音伝道をともなった商人資本的蓄積様式を基軸とする重商主義的世界編成の歴史的形成からはじまって、一八世紀初頭以来のイギリスにおける〈大文字の産業革命〉時代の綿工業の機械制大工業を具現化したイギリスの「産業資本」範疇の確立にいたって構造化されるにいたるが、その歴史的構造化過程における共時態、すなわち資本家社会を批判的に解明する経済学原理論として共時的構造を析出しうる経済学的認知の観念=視覚の誕生を主軸として、認識（史）論的に整序していうならば、近代資本主義の発祥→形成の全歴史的発展において、その最枢要な世界史的出来事が一六世紀の〈大航海時代〉に在るのか、それとも、一八世紀の〈産業革命時代〉に在るのか、と二者択一的に敢えて問題を立てて問うならば、それは、今日的立場から言うならば議論の余地なく、最先進の資本主義の母国たるイギリスは中部ダービシャー県の寒村クロムフォードに創建されたリチャード・アークライトによる世界最初の綿紡績工場の建設（一七七一年）にはじまる大文字の産業革命 The Industrial Revolution に一義的に帰せられることとなろう。その、一六世紀の〈大航海時代〉ないしはイギリスの「エンクロージャー」による生産手段=土地と生産者=耕作農民との〈歴史的分離の時代〉と、一八世紀の産業革命による産業資本の範疇的確立とのあいだに介在している世界史的大事件は、いうまでもなく〈労働力の商品化〉にほかならない。

　イギリスにおける右の〈大文字の産業革命〉は、すでに周知のごとく、（1）自動ミュール精紡機・力織機など織維産業における生産機械の自動化、（2）ワットの蒸気機関の普及と大出力化、（3）製鉄・製鋼など冶金技術の革新（ベッセマー法）による鉄鋼の大量生産、（4）生産機械をつくる機械工業（機械を作る機械）の発展、（5）馬車・運河網から鉄道・汽船輸送網への大転換的発展、が緊密にからみあいながら相互作用を普遍化することによって、急速に進展して完成の歴史的水準に達した。

そのような労働力商品化の恒常化・普遍化に基づく大文字の産業革命の普及を、最初に天才的に素描し定式化したのが、先に述べたように若きエンゲルスの先駆的労作『イギリスにおける労働者階級の状態』であったのであり、それを経済学原理論として経済学的に彫琢・完備させた世紀の労作が、後年のマルクスの『資本論』体系に他ならなかったが、現在では時代を劃した術語として完全に常識化されるにいたっているこの〈産業革命〉という用語自体も、その初出は実に若きエンゲルスの『イギリスにおける労働者階級の状態』にあったという理論的事実を、今日のわたしたちが忘失することは許されない。近代的事態の発生とその認知とは、人類の経済学的思惟の証明として、そのようにも緊密不可分に相即的なものであったのである。

かつての〈古典派経済学〉から資本家社会における商品・貨幣経済の発展・普遍化にともなう〈俗流経済学〉への転期に当たって、先にも指摘したごとく、リカードとセーの一派が、資本制商品経済にとって必然的な**恐慌現象**の必然性と現実性そのものを完全に否定したのに対して、シスモンディとその一派は、正当にもブルジョア経済の発展に不可避的にともなって勃発する**周期的恐慌の暴力的爆発の必然性と現実性**を認めた。

この経済学説上の転機において、前者に属したリカード派経済学からは、社会・政治イデオロギー的には、〈リカード派社会主義〉の流派が生じ、そのためリカード派とシスモンディ派との分岐には、**恐慌**の必然性を理論的に否定しながらブルジョア社会の歴史的経過性を「社会主義」派として否定する後期リカード派と、**恐慌**の必然性を理論的に主張しながらイデオロギー的には近代市民社会の永続性に安住するシスモンディ派との、複湊した交錯という重層性が生まれることとなった。

そのような思想・理論・イデオロギー状況をアナロガスに現代経済学に転置してみるならば、通説上は、一九三〇年代の〈市場の失敗〉が顕わとなった危機《クライシス》の時代に、不完全競争市場における完全雇用の貨幣的経済政策を推し出して、修正資本主義と福祉国家主義の現代経済学的イデオローグとなった巨匠メナード・ケインズと匹敵する、二大巨匠とこれまで目されてきているジョセフ・シュンペーターは、恐慌の暴力的爆発とそれによる資本制商品経済社会の歴史的経過性を全体系的に主唱した核心的一点において、むしろ近代理論《モダン・セオリー》ではなくて、〈恐慌と革命〉の階級闘争学説に終始一貫・首尾呼応して立脚しぬいているカール・マルクスと同一陣営に属している、と言えるのだ。

　資本家社会における商品・貨幣経済的発展にかならずともなう「経済成長」という近代史的事態の出現は、今日のわたしたちにはあまりに日常的に慣れ切ってしまっているから、逆に信じがたいことにあるいは聞こえるかもしれないが、経済学において「経済成長」という概念が生まれたのは、それ自体が、近代商品・貨幣経済の一路的発展の終局的産物なのであって、その概念的初出は、実にジョセフ・シュンペーターの『経済発展の理論』（一九一二年）のことなのであって、きんきん二〇世紀的現代の発祥以来のことでしかないのである。

　そして、ブルジョアジーとそのブルジョア権力そのものにとって、「経済成長」が全世界的に支配政策目標として価値的に操作的に意識されるようになったのは、第二次世界大戦の戦後に属する一九五〇年代後半からのこと、つまり、ブルジョア国家目標として〈福祉国家〉が価値目標化されて以来のごくごく近来のことでしかないのである。けだし、経済成長なしには福祉国家の存立要件となる完全雇用が調達されえないからである。

　ブルジョアジーとその権力体制にとって、「経済成長」は、特定階級に極度に集約された強度な搾取・収奪なしに、市民社会各階層の物的生活条件をミニマムに常時改善してゆくことのできる、ブルジョア政治的融和（国民統合）にとっては、まことに好箇・好都合な事態の恒常化なのであって、この事態の招来と創出は、「福祉国家時代」下にまもなくその採る政治形態のいかんを問わず、市民社会の成員がすべて支持する普遍的な政治目標となった。

　二〇世紀的現代における、ブルジョア社会国家のこの「福祉国家」の一斉の進展は、第一次世界大戦の主要な副産物であったソヴエト・ロシア革命権力の出現にともなう社会主義の側圧によるところが甚大であった、と歴史的に把握しなければならないが、一九七一年に世界史的に現出したソヴエト連邦はじめ社会主義諸国体制の世界史的崩壊の以後にも、「福祉国家」体制はいわば予防反革命的に生き残り、市民国家の常態と化するとともに、その「福祉国家」体制の相対化は、もっぱら、その高度消費文明の生産的基礎を成していたフォーディズムに基づく大量生産・大量消費の道徳的陳腐化とともに、ポスト・フォーディズムとポスト・スターリニズムの二重のポスト体制の問題として問われるにいたった、と看てよいのである。

とはいえ、各先進国の国民経済にとって、客観的に政治・経済操作上の意味が出てくる「経済成長」の数値が、世界的に集計されるようになったのは、一九五〇年代後半よりももっとずっと後になってからのごく近来のことなのであって、しかもそれはさしあたり、資本制的生産の今日的時代に限定されるのである。このような「経済成長」の国民経済的目標数値の国家社会的意味が、歴史定性的に解釈されうるようになったのは、さらにもっと最近事のことに属するのである。

A・マディソンの『資本制的発展の諸相』（一九八二年）の集計によるならば、主要な先進諸国である西ヨーロッパ諸国の十二ヵ国、アメリカ合州国とカナダの北米二ヵ国、オーストラリア、そして日本の小計十六ヵ国の、一八二〇年～一九七九年の「経済成長」率平均をまとめてみるならば、右の「経済成長」の平均成長率は二・五％である。これは、イギリスで大文字の産業革命 Industrial Revolution が開始されて機械制大工業が資本制的生産の物的装置として確立されてから以降の世界資本主義の歴史的平均経済成長率とみなしてよい。そして、この間における国民人口一人当たりの所得水準は、年率で一・六％、人口は同じく〇・九％上昇したことになる。

年率二・五％の経済成長とは、二十八年間で二倍、五十六年間で四倍、八十四年間で八倍のテンポであるから、この一世紀の間には資本制的生産の経済成長は十二倍ほどになった勘定となる。近代資本主義二百年としてみるならば、この二世紀の間に資本制的生産の経済成長、言い換えればその経済規模は、何と一四四倍になった計算である。その一人当たり水準では、四十四年間で二倍のテンポであるのだから、八十八年間で四倍、一世紀間ならば五倍になり、近代資本主義発展史二百年で二十五倍に達する。この間の資本主義諸国の人口増は八十年間で二倍、二百年間で六倍――これで、資本主義の経済成長なしには経済発展は、近代の人口の有機的な「算術級数」的発展を凌駕する食糧需要の「幾何級数」的発展、という〈マルサス・テーゼ〉を、完全な杞憂として資本主義は自己克服してしまったことになる。「経済成長」という近代史的事実の出現とともに、〈マルサス・テーゼ〉は完全に過去のものとなり、第二次世界大戦以後の一九五〇年代後半には、資本制国家の〈福祉国家〉時代が、大量生産・大量販売・大量消費・大量廃棄の高度消費文明的基盤をもって出来《しったい》したのである。

第二次世界大戦以後の日本資本主義のように敗戦的壊滅から再建されてから以後の世界史上稀有の「高度経済成長」時代を経験したわたしたち日本人のような場合には、何しろ年率一〇%の経済成長を三十年間近く持続した日本経済の経済成長の事実を基礎にしているのであるから、年率二・五%の経済成長をも低いと感じる経済成長感覚が強くて、この経済成長の年率二・五%という平均集計が、人類文明史上いかに画期的発達式であったかを、軽視ないし不感症的に黙殺しがちになるが、現代史的比較からいうならば、一九五〇~七三年の間に先進十六ヵ国平均で四・九倍の経済成長率、第二次世界大戦以後第一次原油ショックにいたるわずか一世紀の間に先進十六ヵ国は平均で近代史上通例の歴史的平均の経済成長の実に二倍の経済成長を経験したのであり、この期間の日本の「高度経済成長」の場合には、驚くべきことにその二倍の経済成長を達成したのであるから、歴史的判断基準を正常に保つためには、わたしたち戦後日本人に刷り込まれているこの感性的慢性からひとまず身を引き離して客観的に巨視化してみなければならない。

判断基準を資本主義発展史だけに即してみても、歴史的正常に戻してみるために、二つの歴史的比較に訴えてみよう。その一つは、前近代との比較であるが、それが前近代の共同体社会である以上、経済学的数値がもともと十分に具備されていないのだが、その時代における人口増加率を経済成長率に読み替えて、大まかに推計してみると、前近代の直近の一千年の間に人口二倍加を年率〇・〇七%の経済成長と読み替えることができる。したがって、前近代共同体社会から近代資本制市民社会への歴史的転態において、商品・貨幣経済の発展に依拠して経済成長率は実に四十倍近くにはね上がっていることが判る。その間に、それに連れて、人口増加率の方も上がったのであるが、とりわけ一人当たり消費水準が一世代でほぼ二倍になるテンポで持続的に上昇していることが、きわめて目立つ近代史的事実としての経済成長の証左である。

時代的比較のもう一つは、社会体制としての存続期間のそれである。右の歴史平均の経済成長率二・五%とは、資本がその自己増殖運動を維持できるためには、逆算して全社会的経済成長・拡大がこの程度には必要であるということである。さて、この無限のブルジョア的欲望ともいうべき資本の自己増殖運動が右の本性を、維持したままで資本主義は果たしてこの先どのくらい持続できるものか？　歴史的に見て、一つの社会体制は一千年、短くとも五百年くらいは続いてきた。逆に言えば、そのように五百年〜一千年の間持続しなければ、一つの歴史的社会はその歴史的存在性としての資格を十全に示すことにはならない。

二百年間で経済成長規模が右に看たごとく一四四倍になる歴史的にきわめて特異な発展形態的特殊性を示す近代資本主義が、この先かりに四百年間続いたならばその経済成長規模は二万倍、五百年間では二十四万倍となる。千年間ならば実に六百億倍にもなる。このような超上昇的持続は、人類史上ないしは人類文明史上の単純計算上から言ってもなかなか考えられない事実であろう。

近代資本制社会の歴史的経過性の運命を客観的に悟るためには、第二次世界大戦以後の史上類例のなかった、その限りきわめて異常な「高度経済成長」が、わたしたちの頭に刷り込んだ「高度成長迷信」に基づく判断基準から、今日のわたしたち自身が身をふりほどかねばならないと先に指摘した理論的自覚の絶対的必要は、この根本的原理から深く発しているのである。

右のような根源的《ラジカル》な資本制生産の経済成長が孕んでいる逆説的《パラドキシカル》なジレンマは、そのような経済成長が資本制的総過程の好況→**恐慌**→不況→経済的再高揚と、産業循環の四局面交替・推移を通過して、最終的に**恐慌の暴力的大爆発**によって、規定され、円環体系的に高次の再生産軌道へと旋転してゆくことによって、まさに「縮図」的に凝縮されて示されているのである。

　そのような歴史的尺度によって、わたしたちは、資本制的生産の総過程における経済成長そのものが不可避化する〈**恐慌と革命**〉の階級闘争学説的意義を理論的に反芻しなければならない。ひとりカール・マルクスのみならず、ジョセフ・シュンペーターに即してみても、そのように確言できるのである。

　右の議論の延長線上に、ことのついでに、付論しておくならば、アダム・スミスの『諸国民の富』、デイヴィッド・リカードの『経済学および課税の原理』のイギリス古典派経済学=国民経済学から、フリードリヒ・エンゲルスの『国民経済学批判大綱』から始まりカール・マルクスの『経済学批判』『資本論』にいたった、資本制商品・貨幣経済発展の歴史と論理を対象化分析した経済学原理論の理論方法的特性を〈労働価値説〉として措定し、それに対抗して後行してきて一世の通説と化した〈近代経済学《モダン・セオリー》〉の理論方法的特性を〈限界効用説〉として措定する、といったよく知られた常套法が、その実は（これまでほとんど誰も言わないできていることなのであるが）理論的事態の真相のツボを外している或る種の謬説・偏見でしかないことは、そもそもイギリス古典派経済学の集大成者であるリカード経済学が展開した、商品生産物についての価格理論がきわめて直接的にかれの〈差額地代〉論に結びついていたことを、ちょっと看てとるだけでも容易に了解できるところであるとしなければならない。

　森嶋通夫『リカードの経済学　分配と成長の一般均衡理論』（岩波書店刊、『森嶋通夫著作集』六、二〇〇三年）によれば、「リカードの時代に、生産関数という概念をはっきり持っていた経済学者はいなかった。しかし、リカードは同時代の人々よりも、はるかに抜きんでており、生産関数の概念にほとんど到達していた」と正当に特筆大書している。それに値するように、かれリカードの〈差額地代〉論は――「第二、第三、第四、あるいは第五等というような、より劣等な土地が耕作されるに先立って、資本は、既耕地において、より生産的に使用されうるということがしばしば起こり、いや実際そのことは、普通に起こるのである。第一等地に使用された当初の資本を二倍にすることによって、生産物は二倍にはならないにしても、すなわち、一〇〇クォータだけ増加することはないにしても、八五クォータは増加しうる……、ということがおそらく見出されるであろう」（D・リカード『経済学および課税の原理』岩波文庫刊――傍点いいだ）。

右の事情は、第一等地において、より多くの資本が投下されるとき、その土地の限界生産力が逓減し、また、第二、第三等地……などでも同様であることを、意味している。リカードの〈資本〉概念は、労働者を雇う基金（賃金源資）も当然のこととして含んでいるので、資本の生産過程で消費（使用）されるべく雇用された労働者は、つねに資本の増減とともに増減するということになる。そして、資本の生産過程における技術革新ならびに生産方法の革新の進展によって〈資本の有機的構成〉が高度化することに基づいて特別剰余価値（特別高利潤）の逓増ということも起こり、このようにして、土地のみならず資本一般の「限界生産力」の逓増・逓減の問題を〈生産関数〉の概念として「経済学原理」化して論ずることができることとなったのである。このことの確認は、理論上重要である。

したがって、この理論的ならびに理論方法的な根本点に着目する限り、通説では、『経済学および課税の原理』リカードと『資本論―経済学批判』マルクスは〈労働価値説〉、『純粋経済学要綱』のワルラスは近代理論《モダン・セオリー》としての〈限界効用説〉として大別（それも対立的・敵対的に大別）する従来の通俗的方法は、その根底から崩壊せしめられるのである。森嶋通夫が正当・炯眼にも指摘しているように、「われわれは、マルクスのいわゆる「転形」問題の検討と再生産表式の分析の中に、ワルラスが一般均衡分析と呼んだものと同的の、あるいは、少なくともそれに対応する議論を明確に観察することができる」（森嶋『リカードの経済学』）。かれらは共に、その同系の基本観点から、商品生産物の分析においてとりわけ「価格と数量との二重調整ルール」を用いていたのであり、これがマルクス的労働価値説の何よりの特徴である価値・交換価値と生産価格・費用価格との「二重調整ルール」を導き出しているのである。

このようにして、リカード、マルクス、ワルラスは、同時代の同一課題に直面して、それを「古典的一般均衡理論」の核心において解いた同等の経済学者として一括することができるのであり、このような〈労働価値説〉と〈限界効用説〉との通俗的な対置法を超え出た一括法的定義によってこそ、かれら経済学発展史上の巨人三人が、後代の、ヒックス、アロー、ドブロウ、ハーン、マランボー等々の「俗流経済学者」たちから明確に峻別されることができるのである。マルクスの『資本論』弁証法体系自体が実は、或る種の資本の限界効用学説に立脚した一大傑作にほかならないのである。

貨幣—抽象的労働∪価値形態、という〈三角形〉の論理範疇の範囲内において論ずるならば、マルクスのこの〈三角形〉が示している理論的主体は、ウルリッヒ・クラウゼ『貨幣と抽象的労働　政治経済学の分析的基礎』(三和書房刊、一九八五年)が述べているように、「より新しい研究、たとえば、狭義な枠からやや飛び出して貨幣理論のミクロ経済の基礎づけを論ずるR・クラァーの研究にも適しているように思われる」。

このような立ち入った考察は、かつてはA・クルノーにみられ、先に見たごとく後にL・ワルラスの『純粋経済学要綱』によって取り上げられ、比較的最近では、森嶋通夫の『ワルラスの経済学』『リカードの経済学』において再度とりあげることになった、基本的には価値形態-貨幣関係をめぐる考え方をめぐるものとなる。価値形態の推移化問題として論じられる一つの問題は、資本制商品交換経済過程において、多数の相互に独立した交換が、一般に、一価格ベクトルで記述できる交換の均衡をもたらすのは、いったいなぜなのか?という問題である。

この問題は現在も、「不均衡における交換」というスローガン下に再び焦眉の理論的問題として再上程されているが、一般的に言うならば、ワルラスの「古典的均衡状態」の構想を精緻化しながら一般均衡論のなかで貨幣を位置づけて論ずる今日の議論は、上記の〈三角形〉における価値形態-貨幣の側面を新たに問題にしたものとみることができきる。

言うまでもなく、二つの商品の関係からだけでは、それらの等価性について一般に何も言明することができないのであって、それを言明することができるためには、両者を「測る」さらなる一商品、すなわち貨幣を必要とする。比較的最近に森嶋通夫『ワルラスの経済学』『リカードの経済学』が、「これ以上裁定取引ができないためのクルノー=ワルラス条件」と呼んでいる、三種類以上の商品にたいする市場均衡の斉合性条件は、マルクスの価値形態論に基づく商品交換の斉合性条件の考察にも基本的照明を与えうるものである。この、〈貨幣=抽象的労働∪価値形態〉の三角形の交換は、たとえばジョセフ・シュンペーターが論じているごとき、間接交換の必然性ならびにそこから導き出される貨幣の必然性との理論的つながりにおけるものであるが、総じてこのことは、商品交換の斉合性条件を交換ならびに貨幣の必然性とのつながりにおける必然的な均衡条件とみなされる。

K・クルノーの場合には、「かりに一時この関係が満足されないとしても、銀行の取引はつねにこれを回復する傾向がある」と指摘しているにすぎない。K・ヴィセルとJ・A・シュンペーターは、L・ワルラスによってはじめて右の必然性が証明されたことを、指摘している。この再考察は、森嶋通夫の一連の考察によってワルラスの解決以上に徹底的にこの問題を解決したとみることができる。

しかしながら、上記の各著者たちによる、個人の効用最大化を用いてなされる考察と、個人の商品へのつながりをもっぱら商品相互の比率として客観的に説明する価値形態を用いて右になされた考察との間には、当然、基本的な区別がある。マルクスの価値形態分析の試みは、斉合性をもたない状態、すなわち言い換えれば不均衡における交換を論じるためにもうまく適合した理論的枠組である。なぜかというと、今日においては、個人の効用最大化に基づく交換の理論、言い換えれば〈限界効用説〉の一適用として解することのできるマルクス『資本論』体系における価値形態分析は、上記の問題構成における「労働の役割とは実はまだ一度も分節化されたことがない」、いわんやそのかわりに何らかの理論的解答が与えられたということもない、という重大な困難にぶつかってくるからである。商品交換に関する新古典派的な均衡論には、だからこそ根本的な批判を加える必要があるのである。

生産構造の連関の研究は、スラッファ『商品による商品の生産』での「基礎財」と「非基礎財」との区別ならびに「ニュメレール」的な「標準基礎財」の設定において、大きな理論的役割を演じている。生産構造の連結の研究においては、Wiは、iからあらゆるjへの生産（A）による連鎖が存在するときに、「基礎財」と呼ばれ、そうでないときには「非基礎財」と呼ばれる。交換構造の連結についての研究において、スラッファの設定した「基礎財」に対応するのが、そこから他のあらゆる商品への間接交換が存在する一商品、すなわち「ニュメレール」的な「標準財」である。これと対応して、連結は交換構造の想定は、すべての生産物が基礎財である、という概念に対応しているのである。

「貨幣の役割」を適切に表現するモデルは、「観念のなかで考えられた価格での抽象的な交換の機会と、実際の現実の取引の機会とを、区別しなければならない」とF・H・ハーン『貨幣経済における均衡の存在を証明する上でのいくつかの問題』（一九六五年）がしているようなものであり、ハーンがつづけて叙べているように、そこで生じる「非ワルラス的経済の研究にとっての中心的困難は、当事者によって知覚される商品取引の可能性と『本当の』商品取引の可能性との違いである」と。

この困難な問題理論的解決のためには、数多の諸商品の交換に関するL・ワルラスの考察へと立ち戻って追求されなければならない。かれワルラスは、二つ以上の商品の交換における斉合性問題の存在を認めているのだが、「xのzにたいする計画された交換を、一般の計画された交換、つまり、xのyにたいする交換とyのzにたいする交換から区別していない」としている。

森嶋通夫の諸著書も触れているように、この論のもう一つの点は、比較的に現代最新のケインズ経済学において、

「貨幣の役割」は根本的にいったいどのように解釈されるか、という問題である。J・M・ケインズは、「貨幣を使用はするが、しかし、現実の事物の諸取引の間の中立的なリンクとしてのみそれを使用する実物は交換経済、という通例の経済学観念」を批判して、それにかわって「貨幣的生産理論」を創り上げるよう提唱している。このようなケインズの現代経済学的考究は、そのヒントを、一九世紀イギリスの国際金本位制の枠外に置かれ、その世界決済の下支えをしていた植民地インドのルピー通貨の考察から発していたことには、今日的注意を深く払う必要がある。

一般的に言って、従来のマルクス主義者ないしはマルクス経済学者による貨幣についての議論は、きわめて貧弱かつ不毛であって、わずかに価値形態の分析が展開されているだけに留まっている。

右の点に関して、R・U・クラウァーの「貨幣商品」の定義は、その定義が特殊な直接交換関係に結びつけられると、きわめて狭義の貨幣概念しか生じてこない理論的欠陥をもっている。このような貨幣商品は、定義だけされても、実際にはめったに存在しないものである。すべての交換行為が直接的な交換行為であるわけではなく、したがって直接的交換関係はつねに不完全なものであって、貨幣商品が間接的交換を媒介しなければならない時には、貨幣が必要不可欠なものだということが、クラウァーの「貨幣商品」の定義の積極面として捉えなければならない。しかし、交換行為の数があまりにも少なく、そのため間接交換が不完全であるようなときには、それとは別の貨幣の存在性が存在するのであって、このような事態は、クラウァーの意味での「貨幣商品」が存在しない連結的な直接交換過程においてさえも生じうるのである。

古典古代ギリシアの最大の哲学者アリストテレスは、「貨幣はその定在を自然に負うているのではなくて、人間がそれを『通用するもの』（nomos＝合意）として設定したのである。このゆえに、それは『貨幣 nomisma』という名称をもっている」（『ニコマコス倫理学』）としている。貨幣《ノミスマ》とは、その本質上、名目的なものなのである。

L・ワルラスは、「完全な、あるいは、市場の一般的均衡は、任意の二つの商品相互の価格が或る任意の第三の商品を以て表わされるその両商品各々のかくかくの比に相等しい時にだけ成り立つ」としている。三商品間において tij=tik/tij　が成り立つ（ワルラスの術語《ネーム》では　Pc, b=Pc, a/Pb, a）ということである。

言い換えるならば、「ワルラス均衡」が存在するのは、すべての商品が同一の貨幣関係を誘導する貨幣商品である時、または、均一な貨幣商品が存在する時、つまり考察されている当該経済が物々交換経済である場合であり、しかもその場合だけである。このような均衡が理論的には可能であることを示した後、ワルラスは次のように叙べている――「前節において理論的に解かれた交換の問題は、実地には市場における自由競争の機構によって解かれるのと同じであることを、証明することがまだ残っており、またこれが理論上の主要な問題である」（『純粋経済学要綱』）と。

商品流通と貨幣の問題は、ピエロ・スラッファの研究にあっては論じられていないが、それにもかかわらず、価格、とりわけ「価格の正値性」はスラッファ経済理論において、中心的な役割を果たしている。しかし、森嶋通夫の検討が示しているように、相互の間に直接交換行為が存在しない三つの基礎財の例については、これらの価格がいかにして生じるのか、そして一般に、それらの価格はいかに理解されるべきなのか、が問われることとならざるをえない。森嶋通夫によれば、「このたぐいのおかしな場合を避けるための一つの方法は、個人や企業が十分な貨幣を保有しなければ、商品を需要することできないようにすること」である。この問題はおそらく、特定のタイプの分解可能な生産構造において、「負の価格」が生じることに関連をもっているものと思われる。

スラッファの「価格」は、この点から観ると、「superponierte Preise　重ね合わされた価格」である。R・レーマは、すでに一九二九年に発表した論文で、生産とは独立に交換の問題を考究し、「剰余生産物」が存在しない場合についてのスラッファの価格システムと、形式的には同一の解を与えている。

マルクスは、『資本論』で提示した一般的範式〈W-G-W′〉に基づいて、如上の点を明快かつ詳細に論じている。マルクスはそこで、**「恐慌の可能性」**を論じているが、今日の貨幣現象における「破産」や「倒産」といった現象が強調されているような場合には、マルクスのそうした理論的展開との一定の類似性を認めることができる。

ジョセフ・アロイス・シュンペーター（一八八三～一九五〇年）は、よく近代経済学者として、先にも触れたごとく、ジョン・メナード・ケインズと並んで、それに比肩する傑出した経済学者として紹介されるが、オーストリア・ハンガリー二重帝国のモラヴィア地方のツレスチュに生まれたかれジョセフ・シュンペーターは、ボン大学の教授をつとめた経済理論家であったばかりでなく、第一次世界大戦ならびにソヴエト・ロシア革命の以後の一九一九年には、短期間にせよオーストリアの社会民主党・キリスト教社会党連立政権の下で大蔵大臣をつとめたことのある現実政治家でもあった。

かれJ・シュンペーターの処女作『理論経済学の本質と主要な内容』（一九〇八年）は、マリー・エスプリ・レオン・ワルラスの「一般均衡論」を、エルンスト・マッハの「道具主義方法論」をもって基礎づけた野心作であったが、経済学者としてのかれシュンペーターの名を一躍高からしめた著作は、その処女作の展開した方法論的基礎理論の上に資本制商品経済についての動態理論を展示した『経済発展の理論』（一九一二年）であった。

かれシュンペーターは、その『経済発展の理論』において、有名な「企業者の革新《イノベーション》」（新製品・新技術・新市場・新供給源・新組織）が資本制商品経済の経済発展の基軸的原動力である、と主張した。社会民主党連立内閣の大蔵大臣をつとめた政治的活動家でもあるかれは、ナチス・ドイツのヨーロッパ＝旧大陸制圧をかわして、一九三二年に新大陸のアメリカ合州国へと渡り、ハーバート大学教授となって、『資本主義・社会主義・民主主義』（一九四二年）を著わして、企業者の革新活動による資本主義の経済発展の成功が、まさにそのゆえに資本主義の崩壊をもたらす、とみなした。

一種の資本主義の自動崩壊論であるが、カール・ハインリッヒ・マルクスの〈恐慌と革命〉の学説に酷似した、資本制商品経済の発展が固有している弁証法論理に着目したユニークな経済学説である。『経済分析の歴史』（一九五四年）は、いわゆる「シュンペーター的思考」（塩野谷祐一）の白眉をなすものとして、マルクスの『資本論』弁証法体系とともに、人類の経済学史における不朽の業績とみなすことができるが、かれシュンペーターは、その経済学史上の画期的な動態的な経済分析において、「恐慌」を分析の基軸的動因に据えたのである。

かれが一九一二年に公刊した『経済発展の理論』初版の「恐慌の本質」と題した第六章には次のごとくある（なお、この第六章の題名は、一九二六年に発行された第二版においては、「景気の回転」に変えられたが、この変更は、マルクス〈**恐慌論**〉**の基本規定編成**になぞらえて言うならば、資本の景気循環の四局面（好況→**恐慌**→不況→経済的再高揚）の交替・推移・転換の規定力として**恐慌**を動態理論的に位置づけた構成法にほかならない）。――

「さて、この経済的発展全体は、中断のない連続性をもって進行するのであろうか？　それは、樹木の幹や枝の漸次的・有機的成長に比するべきものであろうか？　経済はこの問いを否定する。国民経済のこの基本運動が、恒常的に撹乱なしにおこなわれるものでないことは、一つの（否定すべからざる）事実にほかならない。反動や挫折やさまざまな価値体系の崩壊は、そのような成長を撹乱する。わたしたちは、理論的にその（具象的な）形態が得られるような、或る一定の発展経路について語ることはできる。しかし、経験が教えるように、現実の発展がしばしばこの経路から逸脱する。どこからこのようなことが起こるのであろうか？　ここでわたしたちは、一つの新しい問題に直面する」。

弁証法的思考が躍動している右の全構文を通じて、「一つの新しい問題」としてシュンペーターによって立てられ、そしてその問題解決の概念としてかれ自身によって経済学的に発見されているのは、構文の主語として明示化すれば、それは〈**恐慌**〉にほかならない。その概念化において、資本制商品・貨幣経済の現実の発展が、経済的発展の恒常的・持続的な進行・成長を撹乱し、逸脱をする経済的動態の動因にほかならないものとして、適確に把握されているのである。

シュンペーターの『経済発展の理論』初版の問題意識は、「自然は飛躍しない」というスローガンを自らの『経済学原理』のスローガンにかかげて資本制商品・貨幣経済の有機的・持続的成長を説いたアルフレッド・マーシャルに対抗して、かれシュンペーターが資本制商品・貨幣経済の動態的変動過程を解明しようとした際の鍵概念《キイ・コンセプト》であった。「自然は飛躍しない」というA・マーシャルの生物学的アナロジーに基づくスローガンの提示にもかかわらず、資本制商品・貨幣経済が実際に演じている経済的現実の様相は、**恐慌を通じて**近代史としての歴史的現実としてまさに飛躍するのであり、そのような自然史的過程の中断・撹乱・逸脱を通じてこそ、その動態的経済発展は進行してゆくのである。

このようなシュンペーターの『経済分析』の方法論は、ドイツ歴史学派の提示したすぐれた方法論であり、それはまさしくマルクス『資本論』弁証法体系の方法論にほかならない。

こうした方法論による、歴史的な経済発展はどのようにして動態的に現象するのか、資本制商品経済の発展の経路が有機的・持続的成長の過程をなだらかに辿るのか、それとも、激しい変動の過程をたどるのか——という探究は、近代市民社会を編成する国民経済にとって、きわめて重要な探究課題である。周知のように、アダム・スミスは、資本制商品・貨幣経済の経済発展の自然的経路が、有機的発展であり、それはニュートン的な自然の〈見えざる手《インヴィジブル・ハンド》〉に導かれた分業と商業市場の成長過程であるものとしてこれを捉らえた。スミスは、〈見えざる手〉による経済の自然的成長に、かれの古典派経済学的探究の焦点を見定めたのである。先に看たかのマーシャルのテーゼは、このスミス的・ニュートン的事態を、「自然は飛躍しない」として近代経済学のスローガンに据え替えた営為にほかならないのである。

このニュートン古典力学的アナロジーで経済学を構造的に構築することに、理論的誇りを有ったレオン・ワルラスの経済力学理論が、その後の近代経済学原理《モダン・セオリー》の理論的趨勢を創り出したと言ってよい。その趨勢は、経済過程は力学過程、ないしは数理論的微分方程式・積分方程式過程を進行してゆく、というウィリアム・スタンリー・ジェヴォンズのベンタム的・功利主義的哲学に基づく力学的経済学方法論に継承され、さらに今日のアメリカ経済学の趨勢を決定づけたサミュエルソン、フリードマン以降のシカゴ学派による「完全情報」下の「合理的期待形成」に基づく商品経済市場の動学的一般均衡理論へと進んできている。動学化されているとはいえ、この知的な一般均衡理論においては、つねにそのような一般的均衡を逸脱し・攪乱し・中断しなくてはやまない**〈恐慌〉のごとき動態的規定力**を固有する動因はいっさい、無意識界に追放ないしは秘匿されてしまっているのである。

先に冒頭に叙べたごとく、レオン・ワルラスが資本制経済の一般均衡条件を追求した『純粋経済学要綱』は、〈限定効用説〉に依拠した経済学原理として〈近代理論《モダン・セオリー》〉としてつねに類別されてきたのであるが、実はそのような「ワルラスの経済学」は、リカードやマルクスの〈労働価値説〉に立脚した〈古典派経済学《クラシックス》〉と対立するものではなく、むしろ「リカードの経済学」も「マルクスの経済学」も、先に解明したごとく、通説に反して、本質的に〈限界効用説〉的構成をもって理論体系化されているのである。

このような、近代経済学《モダン・セオリー》の全般的趨勢に対して、わがA・シュンペーターは、**〈恐慌〉を鍵概念**とする資本制商品経済の動態的発展運動が、恒常的に逆に、攪乱・逸脱・中断なしには進行することはない、とみなしたのである。**恐慌**、反動、挫折等々のさまざまな事件《ハプニング》が絶えず現われて、資本制国民経済の価値体系の崩壊が有機的・持続的な経済式を攪乱するなかでこそ、資本制商品経済は動態的発展をとげてゆくのである。

そうした経済発展の挫折の頻発性と非連続性こそが、資本制商品経済の絶えざる反動・挫折・解体現象を惹き起こし、そうした反動・挫折・解体現象が集大成されて、**〈恐慌 der Krise〉経済現象の特性**となるとしたのである。近代経済学《モダン・セオリー》発展の一般的趨勢からみるならば、まさに逆行現象の法則的確認が、シュンペーターによってなされたのである。その限り、シュンペーターはまさに、ケインズに極北化・凍結化した近代経済学《モダン・セオリー》の趨勢的発展に属していたのではなくて、〈恐慌〉をもって資本制商品経済の激動的発展の核心であるとみなしたマルクスと同じ陣営サイドに立つものである、と言うことができる。

しかし、そこでもう一つの問題として、〈恐慌〉は経済外的な要因から生じたものなのか、それともそれは経済にとって偶然的要因から生じた現象なのか、という問題が残っている。

シュンペーターは、マルクスと同様、**恐慌**を純粋に経済学的次元から現象を解明しようとした。〈恐慌〉が資本制商品・貨幣経済の発展にとって、純粋に経済内的次元から生じたものと、経済外的要因から生じたものとを区別し識別し、純粋に経済的次元から生じた現象として、シュンペーターはこれを解明しようとしたのである。

かれシュンペーターの理論的自覚では、「**恐慌**が経済発展の本質から必然的に生ずるものであるのかどうかを、試みた」のである。そして、『経済発展の理論』第六章における初版の「**恐慌の本質**」から第二版の「景気の回転」への題名変更が示しているように、かれシュンペーターは、〈**恐慌**〉の純粋経済学的次元の具体的探究を、四局面の「景気の転換点に求め」、「好況と不況の問題」としてとらえたのである。これは文字通り、マルクスの〈**恐慌**〉**論の基本規定の基調**にほかならない。それ以外の**恐慌現象**は「非本質的現象」にすぎない、とシュンペーターは考えたのである。

そして、景気変動の局面転換が示している好況・不況の交替現象は、資本制商品・貨幣経済の演ずる「経済発展の力強い波動」過程から生ずる内在的・必然的現象であり、であるからこそ、この発展の現実的進行は、連続的・有機的成長としては進まないで、断続的に、景気局面転換的に、すなわち資本制商品経済の上昇（好況）運動の次にその下降（**恐慌**）運動がつづき、この下降運動による**恐慌の不況化**を通じてはじめて次の経済の再上昇の運動が開始される、としたのである。この理論的枢要関心において、シュンペーターの〈**恐慌**〉**論**は、まさしくマルクスの〈**恐慌**〉**論**と、その理論的筋道を一にしているのである。

マルクスは、周知のように、『資本論』で与えた〈恐慌〉現象の基本規定において、「周期的には、相抗争する諸能因の衝突が恐慌となって現れる。恐慌は、つねに、現存する諸矛盾の一時的な暴力的解決にすぎず、攪乱された均衡を瞬間的に建設する暴力的爆発にすぎない」とした。

〈恐慌と革命〉についての階級闘争学説といってよいマルクス学説は、一八四七年イギリス商業恐慌の発現とそれに直続した一八四八年ヨーロッパ世界革命の勃発といったマルクス『共産主義宣言』の提唱以来の恐慌と革命が相互に競り合っている階級闘争学説が示しているように、物象化危機の暴力的・激発的・全面的大爆発が、客観的に大衆の主体的な資本主義体制変革へ向けての活動的行動の触発《リリース》の積極的要因に転化する、という革命の力動的登場の確認に結びついていたが、それは同時に、そのような被治者大衆の体制変革的な能動的行動が治者=支配階級によって鎮圧・解体された場合には、恐慌という資本制的諸矛盾の一時的な・経過的な暴力的解決を介して、過剰化した資本の既存価値の破壊・償却・清掃が進んで、一度は恐慌によって中断され攪乱された資本制商品・貨幣経済の均衡が再回復されて、より高次の上昇回転軌道へと資本制経済の総体が据え直されて、資本制商品・貨幣経済の新たな高次の回転が開始される、という、マルクスの円環化的な資本制世界経済認識——これこそが、マルクスの〈経済学原理論〉の究極の根拠である——と不可分に結合されていた。

このような、プロレタリア革命家としてのマルクスの経済学的認識の特異性に比べてみるならば、シュンペーターは単なる経済学者・政治家ではなく第一次世界大戦後の活きた歴史舞台において活歴を演じた一種の実践政治家でもあったとはいえ、社会民主党連立内閣の大蔵大臣としてのその全実践は、社会民主主義的実践の常套に洩れず、第一次世界大戦後のドイツ・オーストリアを襲った天文学的インフレーションに対する資本制商品・貨幣経済の均衡回復のための一種の資本主義再建計画であるにすぎなかったのであって、シュンペーターの〈恐慌〉認識はその限りでは恐慌《クリーゼ》のもたらす資本主義の危機《クリーゼ》のブルジョア経済的、そしてブルジョア政治的緊急救治策であった、と言ってよいものである。

恐慌問題に関して、マルクス以前の経済学者たちは、くりかえし強調して指摘してきたように、二つの陣営に判然と分かたれていた。すなわち、その一方には、リカードおよびセーに追随して、**全般的恐慌の発現の可能性**を否定し、その他方では、シスモンディーに抗争して、**恐慌**は資本制経済にとって不可避の現象であるとみなした。わがシュンペーターが、この分類においては、シスモンディーの徒に属することは改めて言うまでもないところである。

だが、シスモンディーとかれの一派とは、**恐慌の根本的原因**をも、そのあらゆる発現形態をも、あきらかにすることができなかった。マルクスは、先にも触れたように、単純商品生産に対応する単純流通のなかに、すでに**恐慌の「形式的可能性」**が伏在していることを指摘し、証明した。そして、この可能性がいかなる資本制商品経済の全発展によって必然的に**恐慌の「現実性」**に転化するか？——資本制商品・貨幣経済社会の一定の発展段階において、**恐慌**はどのようにして周期的なものとなるか？、いったいなにがこの周期性の物質的・生産的基礎を成しているか？を究明し、**恐慌の本質**ばかりでなく、撹乱され一度は中断された均衡を瞬間的に高次化して再建軌道へと導き入れる暴力的・全面的・激発的爆発としての**恐慌の本質的意義**をもあきらかにしたのである。シュンペーターが、こうした**マルクスと等しく**、単なるシスモンディーの徒に経済学説史上分類されるにとどまらず、そのような資本制商品経済の全発展にとって不可避的な**恐慌の発現の不可避性**の実在的・理論的根源を究明しようとした、稀有な（近代経済学発展史上ただ二人と言ってよい）経済学者であることは、改めて強調されて然るべきところである。

しかしながら、シュンペーターの『経済発展の理論』の初版は、当時の学界において二つの批判を招いた。その一つは、このシュンペーター創発の理論が「**恐慌**の心理学」であるにすぎないという批判であり、もう一つは、これが「**恐慌の周期性**」をすこしも解明しえていない、という批判であった。そのどちらもが、一知半解の俗学者流批判にしかすぎない。この二つの批判に抗して、シュンペーターは、すでに触れておいたように、第二版の発行をもってこれらの批判に応えるべく、初版の第七章を省き、第六章の表題を「恐慌の本質」から「景気の回転」へと変更したのである。

そしてかれシュンペーターは、こうした景気循環現象の発現にとって決定的に重要な出来事として、有名な「企業家の群起」という新結合理論を提起したのである。これは初版にはなかったシュンペーター的「新結合」概念の提示なのであって、あきらかにかれシュンペーターは、「恐慌論」をめぐるかれに対する批判・論難に対して十全に応えて、景気循環現象を理論的に説明するためには、「企業家の群起」「群生」という出来事の提示がどうしても必要である、と考えたのである。これを要するに、シュンペーター経済学における〈恐慌〉の最重要視と〈新結合理論〉の創発との不可分な内的関係性の提示の理論的根拠が、ここに提示されているのである。このような理論的作業過程を通じて、「企業家の群起」「群生」が、シュンペーター理論を独特のものたらしめた。

マルクスにあって、近代市民社会の「造物主《デミュルゴス》」としての位置価を有つこととなった〈資本家〉という基軸範疇が、シュンペーターの場合には〈企業家〉という基軸概念に置き換えられたのである。ここに、〈企業家〉ないしは〈企業〉という社会学的階層概念が、資本制商品・貨幣経済の発展の過程、特に景気循環過程を形成することが、あきらかになった。かれの経済学理論体系にあって、〈企業家〉ないし〈企業〉という概念範疇は、社会学的範疇に属するとともに経済学的範疇に中枢的に属するものとなったのである。

〈企業家〉とは、シュンペーター理論によれば、資本制商品・貨幣経済過程の、とりわけその生産過程の支配者にほかならない。生産するとは、シュンペーターの〈新結合理論〉によれば、わたしたちが利用しうるいろいろな物や力やアイデアを結合する力である。生産とはその意味で、諸生産企業の「新結合」の調達と遂行である。言い換えれば、それは、「新生産関数」の決定行為なのである——

(1) 新しい財貨、すなわち、消費者のあいだでこれもいまだ知られていない財貨、あるいは新しい品質の財貨の創発的生産。

（2）新しい生産方式、すなわち、当該産業部門において実際上未知であった生産方法の導入。これはけっして科学的に新しい発見に基づくものである必要はなく、また、商品の商業的取扱いに関する新しい販売方法をも含んでいる。

（3）新しい販路の開拓、すなわち、当該国の当該産業部門が従来参加しなかった市場の開拓。ただし、この市場が既成のものであるかどうかは必ずしも問わない。

（4）原料あるいは半製品の新しい供給源の獲得。この場合においても、この供給源が、既存のものであるか、いったん見過ごされていたのかを問わず、あるいは初めて作り出されなければならないかは、必ずしも問われない。

（5）新しい組織の実現。すなわち、たとえばトラスト化による独占的地位の形成、あるいは既存独占の打破。

以上のような「新結合」遂行をおこなうためには、諸生産企業の新結合様式を獲得しなければならない。そのために、他の諸領域に存在する既存の生産の潜在的エネルギー・物質・労働力を商品化し、新しい生産関数のなかに組み込まなければならない。そのための貨幣が必要となる。この貨幣を、企業家は銀行から借り入れる。

各銀行は、各企業に資金・資本を利子獲得を目当てに貸し出す。こうして、企業家の新結合の遂行による商品生産は、銀行の資金・資本借入によって遂行される。シュンペーターは、資本主義の特徴を、銀行による信用創造機能に看た。あきらかにシュンペーターの資本家的企業モデルは、マルクスと同じく、銀行の「信用創造機能」を上向的に発展の最上位に据えた信用経済（マルクス『資本論』体系に即していえば、その資本制的生産の諸姿容《ゲシュタルト》を明らかにした第三部の信用論）の経済理論なのである。

そして、この企業家の新しい生産関数設定行為の新結合的群起・群生が、資本制商品・貨幣経済の発展・成長を産み出し、景気循環過程を引き起こし、その規定力に**恐慌局面**が位置づけられることとなる。しかしこのような景気循環は、シュンペーター理論では、どのように現象すると説明されているのか?

かれシュンペーターは、「景気回復の理論を最初わたしが完成したときには、わたしは波動過程として単一のものすなわちジュグラーによって発見されたものだけが存在するのを当然のこととみなしていた。しかし現在わたしは、こうした運動は少なくとも三種、あるいは多分それ以上存在していること、現在、景気回復の理論家の当面している最重要問題は、たしかにこれらの諸運動を分離し、その各々の交換作用に由来する現象を記述することにある」とした。これは重要な提起である。

かれシュンペーターが、右の観点から注目したのは、生産物商品の販売過程で生ずる商品の在庫循環、企業の投資に基づく生産設備の設置と減価償却で生ずる循環、そして、自然科学技術を商品化する過程で生ずる景気循環ないし景気波動であった。そして、現実の経済過程は、この三種類の景気循環の重なりとして現象するとかれはみなした。いうまでもなく、資本制商品・貨幣経済の発展過程で「生産・過剰」の最初の発現として生ずる、生産物商品価値の実現についての原理の困難の所在を告知する、売れ残っている商品の在庫の問題は、**資本制的恐慌現象**にともなう「失業者」の吸排出の問題と共に、相対的過剰人口法則の物質生産的基礎を成すものであり、それを資本家的方法によって処理するための近代科学技術の商品化・応用過程をふくめての資本の「有機的構成」の高度化が、景気循環過程を通しての**恐慌現象の暴力的発現**をいっそう高度化・大規模化させるにいたるのである。

しかし、シュンペーター理論にとってここで問題となるのが、商品の在庫循環と企業の設備投資循環とを、企業家ないしは企業家の群起・群生に結びつけることがどうやってできるか?という問題である。ジュグラー波動は一般に、自己革新の過程で生じる現象である、と考えることはできるが、しかし一般に、設備投資循環として了解されているジュグラー循環を、新企業の設立と新企業の群起に結びつけるために諸企業の設備投資次元での企業設立、マニュファクチュア的企業の設立に限定しなければならなくなる、という難点《アポリア》が生じてこざるをえない。

当時のドイツ学界における景気循環論は、ジュグラーの理論とシュピートホフの理論がその中心であった。綿織物工業、製鉄工業、石炭産業、蒸気機関産業、鉄道業、船舶工業が、先進のイギリス産業革命を経てドイツ工業革命として、一九世紀中葉以降進行中であった。先進イギリスにおいて国際金本位制下の資本主義発展へと進展してゆく過程で、銀行による貨幣・信用創造が**恐慌**の原因である、という認識が産み出された。つまり、産業革命過程が**恐慌**を生み出す、という理論である。ドイツ経済の歴史理論として、ジュグラーやシュピートホフの〈**恐慌**〉理論が正当に展開されることになったのである。

かれシュンペーターは、貨幣的**恐慌理論**と工業生産過程が引き起こす**恐慌過程**とを、同時に理論的に説明しようとした。マルクス的に言うならば、「再生産構造」に結び付けられ、基礎付けられた信用恐慌の発現である。そして、工業生産を遂行する生産設備そのものを、企業家が企業組織そのものを設立する経済行為の全体を、資本制商品・貨幣経済の発展に結びつけた。その経過は先に述べたように、企業家は企業を新たに設立するために、銀行から資金を借り入れる→資金供給者としての銀行と、企業を設立し・投資活動を遂行する企業家との協力体制から、経済発展が可能となり、その過程が景気循環を引き起こし、〈好況→**恐慌**→不況→経済的再高揚〉から成る周期的な景気循環過程が形成されるとするのである。

イギリスの学界の**恐慌理論**が**貨幣恐慌**に注目し、ドイツの学界の**恐慌理論**が工業設備の拡大と収縮に**恐慌の本質**を見たのに対して、シュンペーターは、貨幣面を銀行の貨幣信用創造に、工業設備投資面を新企業の設立行為、設備投資過程のすべてにおいて見た。くりかえし確認しておけば、シュンペーターのこの資本制商品・貨幣経済の有つ両面にわたる観察は、マルクスにおける、貨幣面における銀行の貨幣・信用創造、ならびに企業の設備投資過程における有機的構成の高度化に、用語が違うだけでぴったりと全面対応しているのである。シュンペーター的用語で言えばこうして、近代金融システムと新企業の設立・設備投資が結びついているという意味で、シュンペーター経済理論は、本質的に歴史=社会理論になるのである。

　企業は、企業家集団が労働者を賃金雇用して資本の生産過程を開拓し、経済発展過程としての景気上昇期間には労働者の雇用は資本の生産過程を軸心に拡大しつづける。こうして経済過程は拡張してゆき、インフレーション基調となり、新生産物商品が世界市場を拡張させる。労働者の消費生活もまた拡張される。そこで当然、労働者は不足気味になる。労働力市場での労働者の立場は、労働者人口のこの吸着過程において強力となる。こうして、生産の拡張、流通市場の拡張、消費市場の拡張が同時に進行し、今日風に表現すれば「大衆消費時代」が現出されるのである。

　しかしながら、景気循環過程の進行として、企業の生産活動は、生産物の完成が市場供給の終わりにいたって、市場の拡張も終わる。企業は、企業収入から銀行に利子を支払い、新しい生産物商品の生産の準備にとりかかる。こうして、労働力の再編成過程が開始される。労働者の企業からの解雇が始まり、労働者の失業過程が発生し、この労働力人口の排出過程において労働者は無力な地位へと落とされる。企業内存在としての労働者階層にとって、この失業者の発生と企業破産による労働者の生産過程からの排出は、〈労働者〉概念そのものの（一時的なものにせよ）消滅を意味する事態の出来《しゅったい》である。こうして、近代科学技術の成果を商品化する過程で、企業の生産過程も変化し、企業雇用としての労働者階級の性格も変化する。長期波動《ロング・ウェイヴ》であるコンドラチェフ波動過程で、労働者階級の性格もまた具象的に変化するのである。

　シュンペーターは、『景気循環』（一九三九年）で、コンドラチェフによって注目された半世紀の長さを有つ〈長期波動《ロング・ウェイヴ》〉の存在に注目を深めた。かれは、第一次コンドラチェフ波動の出現を、一九八〇年代以降の綿織物工業を中心とするイギリス産業革命過程に見届け、第二次コンドラチェフ波動を、一八五〇年代以降のドイツの鉄道業や製鉄業を中心とする重化学工業化に見届け、第三次コンドラチェフ波動を、二〇世紀の新大陸アメリカで開始された電気・化学・自動車・住宅産業の発展に見届けた。

このような、科学技術＝テクノロジーを商品化・工業化する過程を土台としながら、新たな企業が設立され、「新企業の大量出現」という現代的事態が生じたのである。

右の事態にさらに、企業の設備投資循環、商品の在庫循環が、長期にわたるコンドラチェフ波動、新企業の群起・群生として、波動に加わる。第一次コンドラチェフ波動過程での労働力のギルド的熟練労働から、機械制的単純技術（不熟練）労働への転換である。第二次コンドラチェフ波動での鉄道業や製鉄・製鋼工業では、さらに機械制分業労働へと労働力編成がなされる。第三次コンドラチェフ波動では、さらにＩＴ革命の進展に即応してテクノロジー的労働編成が遂行される。

このようにして、コンドラチェフ波動として現象するイノベーション過程は、歴史的な個別化過程である。資本主義における労働力商品化という一般的・抽象的「労働力」規定は、コンドラチェフ景気循環の担い手としての「歴史的労働力」規定にまで具体化されて展開されなければならない。

現代的生産様式における生産工程の拡大は、固定資本・流動資本の拡張を必然化させる。企業は、生産拡大のために資本を必要とさせ、ここに、企業と資本供給機関としての銀行とが、分化・分業化し、かつ融合・癒着する。企業は、銀行から資本を借り入れて投資活動をせざるをえなくなり、その返済は企業にとっての死活事となる。

シュンペーターは、「資本」を「企業家が必要とする具体的財貨を、自分の支配下に置くことができるようにする梃子にほかならず、また、新しい目的のために財貨を処分する手段、あるいは生産に新しい方向を指令する手段である」とした。資本は、経済過程が発展過程へと展開するとき、企業家の投資に必要な貨幣および支払手段の金額を指す。それは、企業が「新結合の遂行」＝イノベーションを遂行するために、従来の市場で行われている諸生産要素を引き抜くための資金にほかならない。

シュンペーターは、資本主義について『景気循環論』（一九二九年）において、「資本主義とは、革新《イノベーション》が、論理的に必然的にではないにしても、一般的に、信用創造を含意する借入貨幣によって遂行される、私有財産経済形態である」と定義した。

かれシュンペーターにとって資本主義とは、私有形態の下で企業による革新・イノベーションが、銀行の信用創造のもとで遂行される経済体制である、ということになる。経済活動が、私有財産を特徴とし、私的創意によって統御され、私的に所有された工場、給与を受ける労働者、実物的な、または貨幣を媒介とする財と用役との自由な交換があったとしても、それだけで資本主義を本質的に特徴づけることはできない。資本主義は、銀行による絶えざる貨幣創造を媒介として、企業が利潤拡大化原理に基づいて、イノベーションが遂行される生産過程なのである。そこにおいて、私有財産経済と企業活動の自由は当然の前提である。

右の構文において「銀行による絶えざる貨幣創造」とは、銀行による絶えざる紙幣の印刷・発行としての「貨幣創造」、すなわち銀行券が信用券の増発発行による信用創造の意であり、シュンペーター経済学のモデルは、このように現代信用創造経済に即して動態的に規定されることによって、一般的・抽象的な「資本主義」定義を、きわめて具体的・具象的に規定することによって、ティピカルな資本主義規定として有用な内容性をもって規定されているのである。それが利潤率最大化の原理に基づいて、最終的には利潤率の傾向的低下の法則と利子率の異常高騰との激突によって**恐慌の暴力的大爆発**へと導かれる、という存在=認識論的な資本制商品経済のトータルな把握をもたらすこととなって、マルクスの「資本」規定・「景気変動」規定・「**恐慌**」規定とぴったりと重なり合うこととなっているのである。

右のように歴史的・論理的に把握すると、私有財産経済形態が形成された、生産手段(土地)と生産者(耕作農民)との歴史的分離過程が「エンクロージャー」として進展した一六世紀のイギリスを準拠とする近代市民社会=商業社会と、一八世紀後半に先進イギリスにおいて先行的に開始された大文字の「産業革命《インダストリアル・レヴォーリューション》」とは、ここに改めて再言して強調しておくならば、概念範疇上、歴史的にも論理的にも区別されなければならないものとなる。したがって、〈資本主義〉という概念範疇が、「資本主義」を全面的に定義づける特別の意義をもつようになるのは、一六世紀の〈大航海時代〉における、商人資本的蓄積様式を基軸とする重商主義的な近代市民社会形成期ではなくて、一八世紀後半以降の産業革命の時代であるということになる。

言葉を換えていうならば、前者の一六世紀イギリスに典型的に見られた時代は、土地＝自然の私有化＝土地商品化の謂であり、後者の一八世紀後半以来のイギリスに典型的に見られた大文字の産業革命 the Industrial Revolution の時代は、労働力商品化によって資本が生産過程の基柢から全面的に「商品による商品の生産」が具現化する時代の謂にほかならない。そして、そこにいたって全面的に視られるにいたった資本主義の「特徴」とは、家内工業から工場制手工業（マニュファクチュア）の成長を介在させた機械制大工業生産への革命的転化過程で必要であるとされた貨幣・資本問題であった。

一八世紀後半以降の産業革命の時代を通じて、貨幣問題は、先進資本主義国イギリスにとって実は頭痛の種であった。国際金本位制を通貨・金融的基軸として多角的世界貿易決済を行っている〈パクス・ブリタニカ〉秩序において、産業革命と産業資本的蓄積様式の推転の中心を占めていた綿織物工業にとって、原料の購入と製品＝綿布の販売の両面において貿易依存度がきわめて高く、エジプト、インド、アメリカ南部などの棉花供給地との国際経済のこうした関係を離れては、それは絶対に調達も発展もしえないものであった。

このヴィクトリアン・エイジを通貫した特徴的事態は、逆に言うならば、〈宇野理論〉の理論法則的準拠とされて、一九世紀中葉のイギリス資本主義の歴史的現実を抽象化し理念型化された〈純粋資本主義モデル像〉なるものを再考察にさらして看るならば、その実体は、貿易依存度のきわめて高かったイギリス綿織物工業の原料（綿糸）の購入と製品（綿織物）の販売の両面を完全に捨象し、ひいては綿織物工業に従事しているイギリス労働者が食うパンの原料としての小麦の輸入（農業問題！）も捨象し、イギリス資本主義を周期的に襲うようになった古典的恐慌の最終的決済のために海外諸国へと鋭角的に流出入することとなった金の流出入問題をもすべて捨象することで、はじめて成立した、一国資本主義モデルの理念像以外のなにものでもなかったのである。

一七六〇年以降の具体的イギリス資本主義においては、恐慌は、国際的な性格を帯びるようになった、投機・銀行券の過剰発行・物価騰貴・金流出・為替下落・国内的取り付け騒ぎ・恐慌の発生、という資本主義をして資本主義たらしめる物象化法則の価値法則的支配・貫徹の国際的進行である。それゆえ、一方では、産業資本発展のための銀行の信用創造と国際金本位制として知られる国際通貨システムの形成と安定が、イングランド銀行とロンバート街《ストリート》の両軸によって形成されることが必要不可欠となるにいたったのである。

一八世紀後半のイギリスにおいては、三種の異なった銀行制度が発生した。株式会社創設業務を仲介する銀行業を法的に独占する「貨幣創造株」として法定されたイングランド銀行、それを最頂点としてピラミッド型に組織された五十以上に上るロンドンの個人銀行業者、ロンドン以外で金貨と補助貨幣・銀行券・小切手によって引き出されたり把り替えられたり割り引きされたりする預金——以上の三種の銀行制度の全面的発展とそのピラミッド型構成化とである。

こうして、産業革命過程でのイングランド銀行券の兌換によって国内各種信用機構の基盤をなしているイングランド銀行券を、国際通貨である金に直結させる方法が創られていった。一八二六年、イギリス議会はイングランド銀行の独占条項を変更し、それ以外の株式組織の銀行を許可する法案を可決した。こうした銀行制度の発展が、工業化過程における企業による銀行への貨幣需要の急場に対応したのである。

大英連邦は、一八六六年議会法に法制的に基づいて、最終的に〈金本位制度〉を採用した。一八七〇年代以降は、基軸国イギリスにヘゲモニックに牽引されつつ世界も〈国際金本位制度〉を採用するに到った。しかし、その世界化によって、金貨と銀貨によるヨーロッパならびに東洋における伝来的な「複本位制の問題」、「銀行による貨幣・信用創造の問題」、「国際紙幣問題」と、次々に問題が生じてきた。それらの諸問題を具体的に解決する概念の創成として、シュンペーターは、企業のイノベーションと銀行による信用創造問題を、資本主義の根本問題と規定したのである。

資本制商品経済の発展過程は、企業の行動原理として利潤最大化原理に集約される。企業は銀行から貨幣・資本を借り入れて、イノベーションを遂行するのであるから、企業利潤は当然、利子費用を負担できる額以上でなければならない。

生産関数は、こうして、収益獲得のための機能と費用負担のための機能とに分化する。利潤原理と収益原理と費用原理とに、三分裂する。利潤は、収益最大化マイナス費用最小化行為として遂行されるとき、新企業・新生産投資の群起・群生を引き起こし、景気上昇・ブーム期となって現われる。そして、収益最大化原理が作動しなくなる時、利潤最大化行為は費用最小化行為として現れ、景気下降・不況期となる。

収益最大化は、商品数量と商品価格との積として現われる。企業による大量生産・大量販売・大量消費・大量廃棄過程として現われる。費用最小化行為は、資本費用・労働力支払費用の最小化行為として現われる。不況過程も、労働力商品の雇用喪失過程、すなわち失業の発生過程である。

利潤最大化原理に基づく企業の収益大化行為が、イノベーション・新投資の群起となり、経済の好況過程としてそれは現象する。そのような資本制商品・貨幣経済の展開の全経過は、投資の増加が好況開始の最初である理由、生産手段産業が異常な活況化の最初の産業部門である理由、資源の消費が増加する理由、新しい購買力の大量出現、好況期の特徴である価格上昇を、説明する。賃金の上昇、利子率の上昇、貨物輸送の増加、銀行信用の逼迫、等々の好況の抬頭の必然性を説明する。

景気好況は、景気変動の交替・推転にともなって、終局を迎え**恐慌過程へと突入**する。景気変動はこれによって変動し、上昇過程から下降過程へと突然変異してゆく。企業者の連続的出現によってその変動は連続的に惹起するため、経済過程の撹乱は連続的に吸収されるのに対して、新設備投資の群生的出現の結果としては、特別に判然たる吸収の過程、新しいものの採用の過程は、資本制商品生産的国民経済が、好況の撹乱・中断によって変形された与件の登場に適応した新たな均衡状態に接近しようとする苦闘の過程、すなわち周期的不況の過程にほかならない。

恐慌は景気転回を介して不況へと転ずる。この過程は、経済過程としては吸収の過程である。この吸収過程は、資本制経済全体を新しい均衡過程へと導く。この過程では、負債を返却する企業者に替わって、他の企業者が信用を求めて現れてくることがない。この過程こそ、本来的意味での「**恐慌**」、すなわち、パニック、信用体系の全面的崩壊、破産の普遍的蔓延、といった事態の出来《しゅったい》である。この**恐慌の勃発とその波及過程**は、以上のように吸収過程ないしは整理過程とこれを名づけることができる。

しかしながら、パニック、破産、信用崩壊などは、好況と不況との間の転換点において必然的に出現する経済現象ではなくて、ただそこにおいて容易に生じうる経済現象であるというにとどまる。不況期に株式市場の意見を構成し、繁栄において商業的・社会的に注目を惹いて、投機的要素が被害の側面をいっそう拡大する。投機筋の人びと、これらの人びとからの投機的需要に依存する奢侈的生産者にとって、事態は実際の事態よりも悪化する。

生産者が不可避的な価格低下に抵抗しているときには、景気転換点でそれまでの潜在的過剰生産の勃発、その結果としての**恐慌**を引き起こす、生産された商品が生産費を償う価格で販売できないことが、「貨幣不足」という事態、「支払不能」という事態を引き起こす。

過剰生産は、好況期に一面化されて発展しやすいが、それが不況期間中に多くの産業に起こらざるをえない有効供給と有効需要のアンバランスとあいまって、**恐慌期の事態**を長びかせて深刻化させる。需要と供給の不比例性、資本制商品経済の社会的均衡の喪失から由来する財量間・財価格内の不比例性、各個別部門における所得間不比例性、といった事態も働く。これらの不況期の経済状態の不確実性、不規則性、予測不可能性、パニックや異常な経過の漫羨が、不況期に多くの企業を倒産させ、不振企業と優良企業との自然淘汰が全社会的に進行する。

そして、こうした不況期の問題の最も深刻な問題としての「失業」が発生する。失業の性格が、相対的過剰人口法則の発現として労働者人口の吸収・排出の交替的一過程として、たとえ一時的・経過的なものであるとしても、失業に見舞われた人びとにとってはそれは生存そのものの困難化の問題であり、しかもその恐怖の予測困難が心理的に破滅的な不幸感を生み出す。労働は、パニック的に供給され、それまで労働組合によって獲得した多くの職場の喪失となり、賃金下落をもたらす。

つぎに不況期には、新企業が旧企業を打ち負かし、経営の縮小を強制することから、労働者の失業が一層構造化して生じやすくなる。好況期生産過程への転化過程で採用された生産手段の自動機械化過程は、生産物一単位当たりの労働要素の減少を引き起こし、生産物拡張にもかかわらず労働需要の不振は一定程度・一定期間続かざるをえない。労働者の転業上の困難は、こうして失業をさらに深刻なものにする。

好況が旧い生産結合における労働および土地の相対的限界量要素を、新結合において労働にたいして著しく不利に働くように変化させる場合、社会生産物に対する労働者の分け前のみならず、かれらの実質所得の絶対額も持続的に減少する。もちろん、このような事態は労働者・生活者のいわゆる「絶対的貧困化法則」として絶対化・瀰漫化させることはできないが、不況期に失業問題が深刻化した一時期に、右のような絶対的貧困が一時的・経過的にせよ持続的に発生することもまた避けられない。

好況期へと経済事態が転回すれば、当然労働者の賃金は騰貴する。最初企業者から、次に第二次的な繁栄現象を惹き起こす追随から新しく現われる需要が、直接・間接に労働に対する需要を煥発する。先ず、就業率は増大し、それとともに労働者の賃金単位の購買力も増加するが、この不況期の淘汰過程が完了したとき、経済過程は回復へと転ずるのである。しかし、この回復過程は、現代資本主義の現条件下では、必ずしもそのまま直ちに好況過程に自動的に転ずることはない。好況過程は、再び新企業家の群起に待つ以外にない。資本制商品経済の回復過程と好況過程・繁栄過程は、自ら全く性質を異にする過程なのである。

資本制生産の総過程としての資本家社会的体制は、右に全面的に考察してきたような動態的過程を避けることはできない。**恐慌の急襲の不可避性**とは、そのことの別名にすぎないのである。

銀行の貨幣・信用創造に基づく企業家のイノベーションは、資本制商品経済の発展を生み出すが、その現象形態は景気循環過程以外のなにものでもなかった。商品のジュグラー的在庫循環、企業投資の設備投資循環、近代科学技術の成果を商品化する過程としてのコンドラチェフ波動等々、経済循環すべての重合としての経済変動過程が、資本制的生産の総過程なのである。

自由を本性とする資本制的生産様式は、にもかかわらず、この休みなき変動過程を自らの「運命《モイラ》」として歩む。したがって、安定的経済成長の恒常的持続という市場経済の成長理論は、ついに神話でしかありえないのである。

第二次世界大戦以降の現代資本主義における先進工業諸国の「成長論」は、ハロッド・ドーマーの成長論であれ、ロバート・M・ソワー、スワン、ミードの成長論であれ、それらすべては「陰鬱な科学《ディスマル・サイエンス》」としての経済学の科学的理論ではなくて、そのことごとくが無邪気な幸福感にあふれた神話でしかないのである。その神話を容赦なく解体した俊秀な真理を、わがジョセフ・アロイス・シュンペーターの『理論経済学の本質と主要な内容』『経済発展の理論』『景気循環論』は、カール・ハインリヒ・マルクスの『経済学批判要綱』『剰余価値学説史』『資本論』と同様、**〈恐慌論〉**をまさに「運命的」核心《ガイスト》とする経済学原理論の体系的完成によって、この世に生き働かなければ食えない、生きてゆけない万人にとって永遠の真理として規範化しつづけているのである。このような**〈恐慌〉**を、この世から追っ払ってしまうためには、ジョセフ・シュンペーターにとっても、カール・マルクスにとっても、資本主義の変革・消滅という歴史的行為の主体的遂行以外にはありえないのである。

〔以上、西村閑也『国際金本位制とロンドン金融市場』、伊藤誠『信用と恐慌』、シュムペーター『資本主義は生き延びうるか』、東條隆進「シュンペーターの資本理論」（『情況』二〇〇六年七・八月号所収）、塩野谷祐一『シュンペーター的思考』を、ぜひとも参照されたい〕。

本章において全面展開した、現代経済学の位相において、「シュンペーターの経済学」を「ケインズの経済学」から引き離して、経済学原理論の核心としての**〈恐慌論〉**を決定的基準として、「マルクスの経済学」と共に大括した見地、さらには、〈リカードの経済学〉、〈マルクスの経済学〉、〈ワルラスの経済学〉を一括して、あらゆる近代経済理論《モダン・セオリー》から引き離して、それらの経済学の歴史的・論理的特質が、〈労働価値説〉的にして同時にまた〈限界効用説〉的であると断定した見地は、今日をもふくめての従来の経済学説史上において、前人未踏の見地の創発であると、秘かにわたしは自負している。

第二三章　カール・マルクスの『資本論』弁証法体系と宇野弘蔵の〈純粋資本主義モデル像〉体系

――「具体的普遍」と「抽象的普遍」

1　『資本論』冒頭命題の深遠な意義

「資本制的生産様式が支配している諸社会の富は、「商品の巨大な集まり」として現われ、個々の商品はその富の要素形態として現われる。それゆえ、わたしたちの研究は、商品の分析から始まる」〔『資本《ダス・カピタール》-経済学批判』第一部・第一篇「商品と貨幣」・第一章「商品」・第一節「商品の二つの要因——使用価値と価値（価値の実体、価値の大きさ）」〕。

あまりに有名な、『資本論』全三部＝弁証法体系の端初《アンファング》にドカッと据え置かれた〈冒頭商品〉論である。『資本論』体系の冒頭に立ち現われてくる端初《アンファング》であるそれは、論理的にして歴史的な冒頭商品として、『資本論』第三部「資本制生産の総過程の諸姿容《ゲシュタルト》」・第七篇「諸収入とその源泉」・第五二章「諸階級の終末階級論」と、首尾一貫した自己還帰による円環化体系を成して、近代市民社会の経済的運動法則＝価値法則を全面的な批判的分析の対象としてその体系を叙述することをもってその体系を批判《クリティーク》を叙述した（そのようにすることができた）、近代市民社会の全面的な真理としての自己表現＝自己告白＝自己批判と成っている。したがって、この「冒頭商品章」は、ただ単に『資本論』第一部の「序章」であるにとどまらず、『資本論』全三部体系の総体の「序章」である、という体系的位置価を有つのである。

そのかんの三位一体的全事情を、ヘーゲル思弁哲学の『哲学史』「序論」に叙述されている観念弁証法論理をもって言い表わしてみるならば——「理念は即自的に具体的であり、自己展開によって、一つの有機的体系となり、諸段階と諸契機の富を自分のうちに含むところの総体性《トタリテート》である」ということになる。

さらにもうひとつ、この、理念《イデー》＝真理が完全に実現されるのは、自己実現として全歴史的発展の終局《ダス・エンデ》においてである、というヘーゲル弁証法特有の〈真理=結果《リゲルテート》〉〈目的=手段〉論に立脚している『精神の現象学』から引例するならば――「真理は全体である。だが、この全体とは、その発展を通じて自己を完成する本質であるにすぎない。絶対的なものについていえることは、それは本質的に結果 Resultätであり、終局 das Endeにおいてはじめて、その真理性のうちにあるところのものである」ということになる。

右のような近代資本制商品・貨幣経済社会総体についての存在（論）的=認識（論）的把握についての、ヘーゲルの観念弁証法体系の概念構造を、マルクスの唯物弁証法の具現にほかならない『資本論』全三部体系の概念構造に、対応・対比させてみるならば、その真理が「理性の狡智 Der List von Vernunft」を有機的に含む目的=手段の全歴史的発展を遂げて自己成就してゆく「絶対的理念」とは、ブルジョア的宇宙の造物主《デミュルゴス》として不断の価値増殖過程を自己展開してやまない価値法則運動の唯一主体としての資本《ダス・カピタル》の上向的極限において（つまり、『資本論』第三部において）利潤と利子の分化をもたらしつつ立ち現れる「利子生み資本」という最終「資本」範疇とともに登場する株式会社という「絶対的理念」の化身にほかならず、そのような資本制社会の上向的極限における利子生み資本―株式会社―信用制度の形態化運動が、現実資本と擬制資本との両価値増殖運動が分離・二重化してその乖離の増大を隠蔽し救済すべく発動されるその終局 das Ende において、**全面的・暴力的に大爆発する周期的恐慌**として結果する、という弁証法構造的対応・対比となる。逆に言えば、ヘーゲルはその「終局《ダス・エンデ》」において自己実現する「結果《リザルテート》」としての〈総体性《トタリテート》〉が、具体的普遍化形態としては**恐慌**であることを、ついに摑みえないままに終わったのである。したがって、ヘーゲルにとって「具体的普遍」とは、本来「多様な諸規定の豊かな統一」として形式上は立てられているにもかかわらず、エトヴァス（何物か）に留まらざるをえなかったのである。

ヘーゲルとマルクスは、共に近代市民社会の住人であった学知者として同時代的経験に生きながらも、ヘーゲルにとっては「真理は全体である」というリアルに秀抜きわまるヘーゲル思弁哲学の命題の検証が、絶体的理念である

「株式会社」の理念的価値法則貫徹運動が終局的にもたらさざるをえない**周期的恐慌の突変・突発的大爆発**であるということなどは、当然ながら覚知することも反省することもありえなかったのであるが、（簡単にいえば、マルクス的弁証法には、近代資本制社会の相対化・批判的分析とその革命的打倒・変革・転形というヘゲモニー的概念装置が内在的・枢要的に具備されているが、ヘーゲル弁証法にとっては、その悪無限的運動展開の静止は、プロテスタント的プロイセン絶対主義国家という終局《ダス・エンデ》として到来する以外にはなかったのである、そしてそれが到来すれば、まさにフランシス・フクヤマの言い草ではないが〈歴史は終わる〉のである）、そうであるにもかかわらず、また、それゆえにこそ、わたしをして言わしめるならば、カント以来のドイツ観念論の批判《クリティーク》哲学大系の軌跡の歴史的集大成としてヘーゲル観念弁証法体系の全体系的な「唯物論的改作」とは、右に看たごとき、冒頭商品の端初《アンファング》から始まり、**終末恐慌**の終局《ダス・エンデ》に終わる『資本論』全三部の弁証法体系の総体性《トタリテート》そのものにほかならないのである。

「理念、生命、精神は、絶対的静止でもあるようなこうした自己内での運動としてのみ Nur als diese Beweung in sich die obenso absolute Ruhe ist 存在する」（一八二一年七月三日付のヘーゲルのデュボックあての手紙）。真理の弁証法的運動過程は、存在（論）的＝認識（論）的な自証過程として、全体である、というヘーゲル思弁哲学に特有な、こうした絶対的理念＝真理＝結果の〈総体性《トタリテート》の弁証法〉論理自体が、ヘーゲル自身はもとより自知・自覚する余地のなかった**恐慌**によって終わる近代資本制商品経済社会の弁証法的形態化運動の自証である、という総体性《トタリテート》を一種の「相似形」として、マルクス的弁証法にいわば強制するのである。その全面的検証の場がまさに、冒頭商品から**終末恐慌**へといたる資本の産業循環＝景気変動過程における四局面（好況→**恐慌**→不況→経済的高揚）の推移・交替・転換の全形態化運動によって自証されるものとして。

　歴史的過程においては、この論理的な弁証法の運動過程は無限進行の形態をとり、制限と当為による不断の自己超出を本質とする過程にほかならないが、〈総体性《トタリテート》の弁証法〉運動は、否定性の全体の「静止」をこそ保障する完結的運動であり、自分自身を自己完結する円環化運動である。したがってこの運動の自己実現にとっては、この歴史主義的弁証は真無限の形態をとらなければならない。マルクスの『資本論』における唯物弁証法運動は、冒頭商品から開始され**終末恐慌**によって完結する円環化による螺旋状的上昇の反覆運動を社会的再生産として持続させる真無限の具体的形態を発見・創出させることによって、ヘーゲル思弁哲学体系の観念弁証法が「悪無限」と観ぜざるをえなかった弁証法運動の歴史的過程の無限進行を、いかにして限度化・限界化して否定性としての全体の「静止」を保障するのか、という問いにたいして、ヘーゲル『論理学』体系は具体的な解決運動形態を与えることができなかったが、ヘーゲル観念弁証法の「唯物論的改作」による『資本論』体系は、これに反して、その特定の解決運動形態を**周期的恐慌**を最終範疇とする資本の産業循環=景気変動過程をリズミックな四景気局面の推移・変遷・交替の律調曲線として図式化して与えることによって、完全に答え切ることに成功を収めたのである。

　このような、実在的弁証法の運動特性をその諸環節の節合に沿って分節=接合=綜合化して把握するマルクスの唯物弁証法に特有な認識方法は、本来、必然的に実践的立場と結びつく「歴史主義的弁証法」を基盤としながらも、歴史の最後の段階=終局《ダス・エンデ》に「ミネルヴァの梟」よろしく飛翔を開始する〈総体性《トタリテート》の弁証法〉の〈知《エピステーメー》〉として、「叡知の女《ミネルヴァ》神」が主宰している「概念」「推論」「理論」の「学問《ヴィッセンシャフト》」領域の立場と内的に固く結びつくこととなる。「真理トハ全体デアル」というみごとに包括的形式命題化されたヘーゲル「全体」弁証法の第一テーゼを、マルクスは『資本論』全三部体系を自己完結運動体たらしめた「唯物論的改作」によって、その実在的体系の全運動にたいする叙述が全体的な体系の批判の全面的叙述であるような（そのような存在=思惟のパルメニデス的形態論になることができるような）経済学方法論として完成させることができたのである。

　このような弁証法運動が自己展開される歴史的過程においては、制限=障碍を突破すべき行為的自己の主体的当為が、たえず追求されなければならないが、〈総体性《トタリテート》の弁証法〉においては、真理は与えられた体系的原理への合致=一致のうちに存しているのであるから、不断の自己超出を真無限の具体的形態の発見・創出で獲得しなければならない主体的当為は、すでに確固・確実なものとして実現され、現存してしまっているのであって、このような実在の真無限的な自己超出運動に裏打ちされた根拠を根底から有つものとなっているのである。

以上が、ヘーゲルの曰う「概念のより高次なる弁証法 die hohere Dialektik des Begriffes」の唯物論的改作による、マルクスの『資本論』体系によって裏打ちされ・同時に・その体系性を裏打ちする経済学方法論の概念的生成の経緯である。この経緯が、ラディカルな、すなわち根拠に根差したものであることは、ヘーゲル弁証法体系の有った「総体性《トタリテート》」が、自然の固有する機械的関係→生命の固有する化学的関係→人間の固有する目的的関係、というトリアーデにおける、媒辞としてのその化学的有機体の論理をふくめて、そこにおいて目標として立てられた人間の構想力的労働に依拠する目的的社会形成をも包括されたなかでの、有機的生命性の論理をそのヘーゲル体系的総体性《トタリテート》の核心としている根本義にも、きわめて適切に適《かな》った、マルクスによるラディカルな唯物論的改作なのである。

ヘーゲル『法哲学』「基礎」の形容によるならば、「有機的に、すなわち総体性《トタリテート》においてとらえれば organisch d. i. in die Totalität aufgenommen」、全事態の運動はそのような有機的生命性のオートポイエーシス的な自己産出編成をもった〈総体性《トタリテート》の弁証法の体系〉たらざるをえないのである。資本制商品・貨幣社会の形成もまた、オートポイエーシス的な自己産出編成なのであって、そのようなものとしてその終局《ダス・エンデ》に**恐慌の暴力的爆発**を孕んでいるのである。

この有機的生命性の論理こそ、ヘーゲル思弁哲学にとっての「概念 Begriff」の本性にほかならないのであって、だからこそ、この有機的関係が自然―生命―社会の総体にわたる弁証法《ディアレクティケー》と成るのである。そのようなヘーゲルの哲学的著作に、生命性 Lebenslichkeit、根 Wurzel、芽 Keim、魂 Seele、さてはまた、保存 Erhalten、揚棄 Aufheben、有機的統一 organiche Einheit 等の活きた概念が、まるで物語論的神話世界の物語語彙のように頻出する所以である。

マルクスの唯物弁証法的方法の特質＝特性である〈歴史的＝論理的アプローチ〉の方法も、それを歴史＝論理という単純といえばいかにも単純に分かりやすいドンピシャリの一元的トートロジーにおいて、スターリン主義は、その不毛きわまるウルトラ中央集権的な同語・同義反覆的方法論を権威づけるために、一世を風靡した〈理論と実践との統一《アインハイト》〉なる恐怖の（！）呪禱を発明・乱発したのであるが、マルクスによる存在（論）的=認識（論）的な、総体性《トタリテート》への弁証法的アプローチは、そのように安直・短絡的な一対一直接対応の歴史=論理方法ではないことは、経済学原理論としてトコトン体系的に構成されているにもかかわらず、まさにそうであるがゆえに、共時態的《サンクロニック》構造の論理と通時態的《ディア・クロニック》歴史=論理が、幾重にも交錯・錯湊・重層する『資本論』弁証法体系を一読したほどの者であれば、誰しもが感ぜざるをえないところであろうが、ヘーゲルの〈終局《ダス・エンデ》〉で観念弁証法の悪無限的進行=垂れ流し（！）を打ち切って、その論理進行を真無限のものたらしめる思惟方式を特徴づける〈追思考 Nachdenken〉の特質（それであればこそ、例の「日暮れて飛び立つミネルヴァの梟」という秀抜なかれの比喩《メタファー》もありえた）を、（それが「後ろ向き」思考の特徴であるという世に流布している俗説は、いつもハッピー思考・ルンルン思考に生きている歴史を先廻りして出し抜くのが〝革命的思考〟であると思い込んでいる常に〝前向き〟な俗物どもの持説であるにしかすぎない）を、マルクスがまさに自家薬籠中のものとして会得して、それを資本制商品経済社会の経済的運動法則に対する批判的分析にいかに活学・活用しているか、そのための経済学方法論において、さまざまな不一致・不相応・逆倒・逆行・回り道等々にみちみちた、まさにスターリン主義の歴史=論理といった素朴実在論の簡便・捷径主義とは正反対の複雑・重層思考をしていたかは、『資本論』第一部に付された次の命題にもあきらかなごとくである。すなわち――

「人間生活の諸形態にかんする追思考《ナッハデンケン》は、したがってまた、その学問的分析なるものは、一般的現実の発展とは反対の道を進むものである。このような反省は、後から post festum はじまり、したがって発展過程の完成した成果をもって mit den fertigen Resultaten des Entwicklungsprozesses 始まるのである」。つまり、真の思考はつねに〈後の祭《ポスト・フェストゥム》〉から始まる！のである。

2　人間生活の歴史的諸形態についての追思考《ナッハ・デンケン》

このような学知的思考が、いかにスターリン主義者や日本教主義者の思惟様式と異質なものであるか（だから、逆に言うと、世の俗学的マルクス主義者たちは、『資本論』の弁証法体系的思考には、なじむことなく、その既成事実拝跪的にして、現世的刹那主義的思惟の本心を吐露させてみるならば、それをマルクス御大の異様で奇態な理窟っぽい観念的（！）思考とみなしてきているのである）、かれらあるいはわれらがPost Festumつまり後の祭り（「神国日本」の篤信者たちは、それこそけったいきわまる、「後の祭り」は意味がない、だからやらない、せいぜいやるのはワイワイ「前夜祭」である）、という実績・効率本位の手抜き主義者がいかに日本教主義者には多いことか！　このような実践・実質主義が、スターリン主義者の簡便・捷径主義と結びつくから、日本の新旧スターリン主義者の〈理論と実践の統一《アインハイト》〉の神話の盲目、〈実直〉〈実物〉についての呪物崇拝《フェティシズム》、〈民主集中制〉なる組織原則による自己呪縛、に由来する主体の危機現象は、手のつけようがないくらい、救いがたいまでに、日本左翼の頭脳を現に今日も汚染しつづけているのである。日本左翼たろうとする者は須く、カラダを鍛えておくことではなくて、アタマを鍛えておくことが何よりも今日肝要・緊喫な主体再生の第一歩と言わなければならない。「反省とか理由づけ等々というものも、右に述べたような意識の諸様式にかんする追思考が産み出した思想であり、また哲学もそうなのである」とは、ヘーゲル『小論理学』の忠言である。今日のわたしたちにとっては、これは「他山の石」たるべき忠言である。

第一次世界大戦勃発期において第二ヨーロッパ・インターナショナルを領導していた社会民主主義が戦争参加の「世界史的裏切り」に陥って、相互大量殺戮の「共犯者」に転落したのに抗して、主体の危機のどん底からの必死絶対の主体の蘇生・復活を賭して、亡命中のスイスの図書館に籠もって、『帝国主義論』の画期的著作にいそしみながら、密接不可分なそれとの論理的関連において、ヘーゲル『論理学』『哲学史』の再学習に専念してノートしたいわゆる『哲学ノート』から、二つの警世的命題を――

「警句：ヘーゲルの『論理学』全体をよく研究せず理解しないことには、マルクスの『資本論』、とくにその第一章を完全に理解することはできない。したがって、マルクス主義者のうち誰一人として、半世紀もたつというのに、マルクスを理解しなかった！」

「マルクスは『論理学』（大文字で始まる――いいだ注・「論理学」一般ではなくて、ヘーゲルの主著としての『論理学』、とりわけて『大論理学』のことを、レーニンは意味しているのである）そしてこれは、与えられた問題について、十分に利用されるべきであろう。『資本論』のなかでは、ヘーゲルにあるすべての価値あるものを取りいれ、そしてこの価値あるものを前進させたところの唯物論の、論理学、弁証法および認識論〔この三つの言葉は必要ではない：これらは自己同一のものである〕が、一つの科学に適用されている」。

右の、レーニンによる、マルクス「唯物論の、論理学、弁証法および認識論は同一のものである」という〝三位一体的〟自己同一性の規定的発言は、マルクスの経済学原理論-唯物論的歴史把握-実践的唯物論のメタ体系の全てを含蓄した規定であるが、その世界についての存在（論）的=認識（論）的な総体性把握には、もちろんのこと、その自己同一性の確認がけっして形式論理的な「自己同一」ではなくて、アイデンティティーとして分節化を内部構造化したうえでの、わが西田哲学の術語で表現するならば〈絶対矛盾的自己同一〉の、ヘーゲル『大論理学』の〈有―無―成〉のトリアーデ弁証法論理の全てを総括した概念範疇である。レーニンが指摘した「半世紀」どころか、それからさらに「一世紀半」を閲した現在でも、〈恐慌論〉を核心とするマルクス『資本論』を真に完全理解しえているマルクス主義者は、いぜんとして、「誰一人として居ない」のである！

さて、「直接性とともに媒介性を含まないものは、天にも、自然にも、精神にも、その他どこにもありえない。この両規定は、不可分なものであり、この両者を対立させるにはばかげたことである」（『大論理学』）と断言するヘーゲルにとって、その有―無―成のトリアーデ弁証法の運動開始の始源に設定された端初《アンファング》は、それ自体が最初から端初としての二重性を内的に固有している。それはあたかも、『資本論』弁証法体系の端初として設定された冒頭商品（商品形態）が、それが立ち現われた当初から、一つの商品として自己自身に一元化している（つまり、ヘーゲル式に言えば、あらゆる媒介性を欠いた直接性の始源的一者として）存在ではなくて、「巨大な商品集成」として資本制世界市場を構成する一要素＝細胞として、多くの商品と市場交換関係を取り結んで、その自他交通《フェアケール》の鏡像関係において、相対的価値形態と等価形態の形態二分化を運動化し（その運動化は当然その相互顚倒的照合として意識的心象をともなっている）、よってもって商品形態から貨幣形態へと上向して、商品所有者たちの「共同事業」として貨幣を定立する運動形態を獲得することと、同質・相似の端初《アンファング》の二重性の弁証法的設定である。この『資本論』の冒頭命題は、マルクスのその語意的含意をふくんで訳してみるならば、「巨魔的なまでの商品集成」、「巨人族的な大量の商品集成」、「天をも摩する巨魔的な商品集成」として、正訳しうるものである。そのような語義を、この「商品集成」という術語は、『要綱《グルントリッセ》』における初出以来固有しているのである。

　端初《アンファング》そのものが有―無―成というトリアーデ弁証法が、この世界全体を自己産出する出発点において「二重性」を内的本性として設定されているからこそ、それ以降の前進（マルクス『資本論』では、この前進は上向法的分化として実現される）が、その動力源を自らの内に備えていることができることとなる。その始源の当初からして、けっして〈一が分かれて二となる、二が分かれて三となる〉という絶対的一者からの直線的分化ではないのである。そして、そのようなヘーゲル観念弁証法にとって、このような端初《アンファング》の「二重性」的始源の設定は、真理ハ全体デアルというヘーゲル思弁哲学の「体系」構成志向を保証する唯一無二の条件付けとなるのであって、ヘーゲル哲学の終局《ダス・エンデ》は、自己還帰的な歴史的・論理的構造を有ちうることにもなるのである。この自己還帰的高次化の運動構造は、前進即後退、飛翔即根拠付け、本質即現象、端初即終局といった弁証法的特性をもつものとして、マルクスの『資本論』弁証法体系においても、その体系構成原理として顕著に見届けられるところである。すなわち、ヘーゲル『大論理学』は曰く——

「前進 Vorwärtsgehen とは根拠への、根源的なかつ真なるものへの後退 Ruckgang である。端初《アンファング》となるものは、この根拠に依存するものであり、また実際に、端初《アンファング》はこの根拠によって産出されるものだということが、本質的な洞察であることを認めなければならない」と。

こうした、〈端初→進展→終局〉という〈絶対的理念〉の自己究極的な円環的体系構成こそ、ヘーゲルが「思弁的方法 spekulative Methode」と呼ぶ方法なのであって、ヘーゲルにおいても、マルクスにおいても、方法 Methode とは、全体である真理の自己展開そのものの謂なのである。『資本論』体系の体系構成法である〈マルクス経済学方法〉のMethode《メトーデ》とは、この全体的生命体＝自己完結運動体の合目的的自己展開の論理にほかならないのである。このような方法《メトーデ》は、それ自体が、因果的必然性と合目的性との統一という二重性をもって進展する根本性格を具備していると言える。

3　終局《ダス・エンデ》から後退即前進式に逆進する全体的真理

或る意味では終局《ダス・エンデ》から後退即前進式に逆進することによって真理ハ全体デアルという全体性を体系化して自証しようとするヘーゲル哲学にとっては——とりわけその真理の〈世界史の法廷〉における審判過程（それは、フランツ・カフカの傑作『審判《プロツェス》』ではないが、「訴訟」と「判決」の両義をふくむ——検事と被告と弁護人と裁判長が構成する近代法の裁判モデルの「世界史の哲学」にとっては、その端初に一人が自由な「モンゴル」以前の日本《ジャパン》はその影さえもなく、数人が自由と成る「シナ」以降のオリエント専制国家を経て、万人が自由と成る西ヨーロッパのキリスト教世界へと終局化してゆき、その絶頂がプロテスタント的な自らの所属するプロイセン絶対主義国家に至って「歴史の終焉」を実現（！）するといった世界史の道程になり、「未来の国」とヘーゲルによって規定された「アメリカ」ももはや世界舞台に登場することがない以上、その世界史の終焉による弁証法運動の「静止」において、ヘーゲル『法哲学』式に言えば、近代市民社会における貧富の二極化の出現・存在の「制限」「障碍」の解決は、（1）「団体《コラポラチオーン》（職能集団）」等の中間者の媒介による福祉国家化、（2）貧困者を国外へと排出させる植民地の獲得・経営、（3）プロイセン君主制国家の人倫による共同性の回復、の三点に委ねられたのである。これがヘーゲル『歴史哲学』として名高い、〈自由の意識における進化〉を総タイトル化した世界史の道程のあらましである。〈自由〉のヘゲモニー過程において、蹂躙され放逐されていった諸民族、とりわけ非西欧世界の「天下の民」から見るならば、それは定めし〈不自由の意識における退化〉の歴史であると観ぜられる態《てい》のものであるだろう。

哲学上で謂うならば、ヘーゲル思弁哲学体系における「保守的」とならざるをえない〈体系性〉と、その本性上「革命的」である〈弁証法的方法〉との二律背反として総括されるような歴史的事態は（実際に、ヘーゲル没後のヘーゲル学派の四分五裂・七花八裂の分解とその崩壊過程での、「ヘーゲル左派」なかんずく若きマルクス、エンゲルス、ルーゲ、ヘス等が属した「ヘーゲル青年派」の抬頭と制覇は、そのような二律背反問題を焦点として現実的に生起したのである）、政治上でいうならば、フランス市民革命後の近代ヨーロッパ的事態として若きマルクスが批判した、「フランス大革命の歴史的帰結は民族国家《フォルクス・シュタート》の形成である」というテーゼが、事態の二律背反性を核心的にえぐり出した市民社会と国民国家との分離・二重化の問題を、かれヘーゲルとしては（マルクスのように「国家の市民社会への再吸収」としてではないしに）国家への市民社会への吸収として、言葉の真の意味での「理論的反動」によって〝解決〟〝解消〟しようと図ったのである。

このような終局《デア・エンデ》によって世界史の弁証法的行程をイデオロギー上も・国家政策上も保守的に・反動的に、解決・解消しようとした老ヘーゲルにとっては、『資本論』弁証法体系をヘーゲル自らの革命的方法であった方法《メトーデ》として弁証法の論理を「唯物論的改作」して概念的に再鍛造したマルクスのごとき、**恐慌現象の不可避的・必然的発現**を終局《デア・エンデ》とする資本制商品経済社会の自己還帰的・自己完結運動体としての体系的編成のような徹底的にラディカルで革命的な方法論が、思いもつかない・思いもかけない追思考《ナッハ・デンケン》であったことは、当然すぎることと言えるであろう。

ヘーゲル『法哲学』は、かれなりに、「理論」と「実践」との統一を、後代のスターリン主義的安直な即自的統一に帰一させることなく、真に論理的根拠づけるために、先ずもって「思考 des Denken」と「意志 der Wille」とが即自に同一である、という考え方を提唱した。曰く――

「理論的なもの das Theorentische は本質的に実践的なもののうちに im Praktischen 含まれている。このことは、その両者が離れ離れのものである、という考えに反する。なぜかというと、わたしたちは、いかなる意志も、知性 Intelligenz なしには、これを有ちえないからである。反対に、意志は、理論的なものを自己のうちに含んでいる。意志は自己を規定する。この規定は、さしあたり内面的なものとなる。わたしは、わたしの意志するものを、自己に表象して、わたしにとってそれは対象となる。動物は、本能にしたがって行動し、内面的なものによって動かされて実践的にもなる。だが、動物はなんらの意志をも持たない。なぜならば、動物はその欲求するものを自己に表象しないからである。しかし人間もまた同様に意志を欠いては理論的にふるまうこと、すなわち思考することはできない。というのも、わたしたちは思考することによって、まさに活動的であるからである。思考されたものの内容は、なるほど存在するものという形式を保ってはいるが、しかしこの存在するものは、一つの媒介されたものであり、わたしたちの活動によって措定されたものなのである。したがって、この区別された両者は不可分なものである。両者は同一のもの eines und dasselbe なのである。この両契機は見い出されるのである」。

一読して分かるように、近代ドイツ観念論のイマニュエル・カント以来の批判《クリティーク》哲学体系の最終的な集大成者として登場したヘーゲルが、カントの第一批判＝『純粋理性批判』の「知性 Inelligenz」と第二批判＝『実践理性批判』の「意志 der Wille」との両者を、自己表象化によって対象化する人間が、本能的行動をおこなう動物と質的に区別される、という中間項＝繫辞を挿入することによって結びつけ、理論・知性・思考と実践・活動・行動の本質的・即自的同一を証明しようと努めていることを知ることができる。意志がなければ、思考も可能でないし、理論も出来ないのである。或る意味においてこの主題を哲学的に解く営為が、「ドイツ古典哲学の終焉」（F・エンゲルス）に先立っての老ヘーゲルの最後の弁証法展開であった、と言える。

そのような老ヘーゲルの最後の哲学的営為を、「従前の哲学的意識」から晴朗に訣別した「ヘーゲル青年派」出自の初期マルクスが、そのようなヘーゲル哲学が最終的に到達した方法《メトーデ》を唯物論的に改作することに鋭意つとめつづけながら、『経済学批判要綱《グルントリッセ》』の中期マルクスにいたって、「いわゆる歴史的発展の一般的基礎にあるものは、最後の形態が過去の諸形態を自分自身にたいする諸段階とみなすということ、そして、その最後の形態は稀にしか、しかもまったく限られた条件のもとでしか、自分自身を批判しない、つねに一面的に過去の諸形態を把握する、ということである」という方法《メトーデ》を産み出し、その方法を資本制商品・貨幣経済社会の批判的分析的に百パーセント活学・活用したのである。今日のわたしたちにとって、そのような老ヘーゲル伝来の、過去の歴史の「歴史的諸形態」を或る意味では終局《デア・エンデ》としての「最後の形態」からの背面思考によって把握するという方法が、通時態《ディア・クロニック》としての歴史的法則を共時態《サンクロニック》化して商品・貨幣経済による「純化」によって析出される原理論的世界の構造的原理の内部的諸連関として有意味化する、といった唯物弁証法の精錬につながったことを知ることができる。後期マルクスによるその一大結実が『資本論』にほかならない。

さて、〈端初《アンファング》〉概念の存在（論）的＝認識（論）的な二重性・両義性についての方法論的再検討に立ち戻るならば、ヘーゲル『大論理学』は、つぎのような明敏な考察をしている——「端初《アンファング》は端初《アンファング》であるがゆえに、その内容は直接的なものである。しかしそれは、抽象的普遍性という意味と形式をもつところの直接的なものである」と。さらに、へーゲル『小論理学』は曰く――「端初《アンファング》は直接的な存在という意味では、直観ならびに知覚からとられ、有限な認識の分析的方法の端初《アンファング》であるが、普遍性という意味では、それは綜合的方法の端初《アンファング》である。しかし、論理的なものは、直接的に普遍的なものであるとともに存在するものであり、概念自体によって前提されたものであるとともに、概念そのものでもあるから、その端初《アンファング》は綜合的であるとともに分析的な端初《アンファング》なのである」。

〈端初《アンファング》〉概念は、このようにして方法《メトーデ》として綜合的であるとともに分析的な性格をもつ二重性の方法概念存在なのである。へーゲルは、「対立関係に立って一方の極Extremに位置を占める一定の契機が、同時に、中間項Mittelとなることによって、極であることをやめ、有機的な契機となる、ということは、最も重要な論理的洞察に属する」（へーゲル『法哲学』）と論述したことがある。この「論理的洞察」は、さらに論理的に厳密にその洞察を深化させて再定義するならば、そのような「対立関係」は、「対立物の分離・統一」としての弁証法の典型的例外としていえば、いくらでも差異の多様性へとさらに中間的に移行・転化してゆくたぐいの論理的空間に布置されていて、けっして双方・両項の極Extremに根拠を有する矛盾contradictionの関係――たとえば、資本制社会の矛盾である資本‐賃労働関係や、使用価値‐価値（交換価値）の鏡像的関係のようなものではない、と断定しなければなるまい。

　このような矛盾関係に着目したマルクスの唯物弁証法にあっては、「現実の両極は、相互に媒介されない。また何の媒介も必要としない。なぜなら、それらは対立する本質であるからだ」（『へーゲルの国法論批判』）と、早い・若い時代から矛盾、対立、差異、を厳密に弁別する弁証法的規定を展示していた。

　このような、若きマルクスによる両極弁証法の厳密な定義は、けっして直接無媒介の「弁証法」ではない。すくなくとも、「対立した本質」に根差した中間項の相互媒介者があれば、さらに高次化した次元・形態で現出する直接無媒介の弁証法である。わたし流に言えば、「対立物の闘争的自己同一性」なのである。このような厳密な本質としての〈矛盾論〉に立脚すればこそ、「多様性の統一」としての論理的上向の極限的発展によるブルジョア的経済関係の全体系的認識の立場に立って、そのまさにオートポイエーシス的な内部編成・自生的産出の諸環節・諸契機の連鎖に即して、次のごとき媒介的論理をも、かれマルクスは、ヘーゲル的媒介の論理を用いて明快に展開することができたのである。『経済学批判要綱《グルントリッセ》』に曰く――

「富そのもの、すなわち、ブルジョア的富は交換価値の形で、つねに最高のポテンツにおいて表現される、ということを注意しておくことは重要である。この交換価値においては、富は媒介者 Vermittler として、つまり、交換価値と使用価値そのものという両極の媒介として措定されている。この中間項 Mittel は、つねに完成した経済的関係――というのは、この関係が両対立を結合させているから――としてあらわれ、また最後には、つねに両極そのものにたいして、一方の側により高次のポテンツとしてあらわれる。それは、はじめには両極のあいだを媒介するものとして出現した運動や関係が、弁証法的に次の結果へと必然的に導くからである。すなわち、この関係が自分自身との媒介として、主体としてあらわれ、両極はこの主体の契機にすぎず、そしてこれら両極の自主的前提を揚棄して、この揚棄そのものを通じて自己を唯一の自主的なものとして措定する、という結果に導くからである」。『要綱《グルントリッセ》』は、「全経済の総体的表現は、両極にたいして一方の側においてではあるが、交換価値であって、これはそのさい中間項 Mittel として措定される。たとえば、単純な流通での貨幣、生産と流通との媒介としての資本そのもののようにである」としている。

4　両極弁証法の形態化運動による〈総体性の弁証法〉=〈過程性の弁証法〉

両極弁証法の形態化運動は、それ自体が過程を過程する運動である以上、つねに Mittel の媒介による両極・両項相互媒介による有機的過程として進行するものであって、それはまた対立物の闘争の揚棄そのものを通じて自己を唯一の自主的なものとして措定する、といった過程を通じて形態化運動をつづけてゆくのであって——わたしの言う「矛盾の闘争的自己同一性」である——、そのかぎり、ヘーゲルにとっても、マルクスにとっても、〈総体性の弁証法〉は同時に二つならず〈過程性の弁証法〉にほかならないのである。ヘーゲル『大論理学』は、だからこそ曰う——「端初《アンファング》となるものは普遍であるが、これに対して結果的個別、具体的なものは主体である。前者が即自的にあるところのものに、いまや後者は同じく対自的な形になっている」と。

この弁証法方法論の論議は、先に述べた二重性の揚棄過程における「抽象的普遍」と「具体的普遍」の区別と関連の問題に深くかかわるのである。

ヘーゲル『大論理学』の弁証法方法論の論理体系にあっては、先ずもって、自分自身を他者に対立させて、他者を排斥する絶対的な規定有として、純粋概念そのものである〈自己〉を、「普遍性 Allgemecheit」として、そこから弁証法的論理の進行を出立させる——「この意味で、自己は普遍性である。すなわち、捨象としてあらわれるこの否定的態度を通じてはじめて自分自身との統一であり、またその点で、あらゆる規定有を自分の中に解消したものとして含むような統一である。第二に、自己はまた同時に、自分自身の関係する個別性 Einzeelheit であり、自分を他者に対立させ、他者を排斥する絶対的な規定有である。すなわち、個性的な人格性 individuelle Personlichkeit である。このように、普遍性であって同時にそのまま絶対的個別化でもあるような絶対的普遍性が、あるいは即且《かつ》向自有であって、それがそのまま被措定有であり、またただ被措定有との統一によってのみこのような即且《かつ》向自有であるような即且《かつ》向自有が、概念としての自己の本性を成す」。

このような、〈概念としての自己〉のさしあたりの初源の定義（それは現代哲学風に言えば、自己言及の論理的本性によって、必ずや自己定義でもある）のなかに、絶対的個別化された個性的な人格《ペルソナ》、すなわち、近代西欧社会に現われた社会的個人を典型的なペルソナ＝市民《ブルジョア》、その主体に体現された否定性の普遍、それぞれ各個の〈自己〉の自他交通がもたらす向自有、等々の基本範疇が布置されている。このような〈概念論〉においては、普遍的な概念そのものが、普遍性 Allgemeinheit–特殊性 Besonderheit–個別性 Einzelheit の三つの契機をふくんでおり、このような概念の自己関係が概念普遍性なのである。すなわち——

「概念はだから、先ず絶対的な自己との同一性であるが、それはこの同一性が、ただ否定の否定として、あるいは否定性の自分自身との無限の統一としてのみそれ（こういう自己同一性）であるという意味においてである。この概念の純粋な自己への関係は、あくまでも否定性によって自己を措定するものとしてこういう関係なのであって、このような概念の純粋な自己関係がすなわち概念の普遍性である」。

このようにして、〈具体的普遍〉における「否定の否定」に先立って、純粋な自己関係としての「否定性」に基づく〈抽象的普遍〉における「否定の否定」が基礎的に定義されるのである。

〈抽象的普遍性〉と〈具体的普遍〉との区別と関連の解明に先立つ共通の基盤の了解としての、一時的な「普遍性」、一般的な「否定の否定」についてのヘーゲルの規定は——「普遍上は否定性一般として、あるいは第一の直接的な否定面で、規定性一般を特殊性としてそれ自身の身の上に an ihm 持つ。そして、第二のものとして、すなわち否定の否定として、普遍は絶対的な規定性であれ、個別性または具体化である。——こうして普遍は概念の総体性である。普遍は、具体的なものであり、空虚なものではなく、むしろその概念に基づいて内容を持つのである。——すなわち、その内容は、普遍がその中でたんに自分を維持するにすぎないようなものではなくて、むしろ普遍に固有で、内在的なものである」。

ここにいたって、規定性は規定された概念として、外面性から自分の中へと曲げ戻されて in sich zurckgebogen、「内へ向かっての映現」という「第二のものとしての否定の否定」の作用が顕勢化してくる。若きマルクスが、人間存在の「類としての本質」を「自由な意識的活動」や「社会的共同性」として把えた場合、「規定性自身の内在的性格」とか「類に所属するところの性格」としてこのヘーゲル流の「内に向かっての映現」を表現し、人間存在と「類的本性」を「活動的な本質」として明らかにしようとしたのである。

今日、ルビンシュテインの心理学は、弁証法的決定理論を「外的原因は内的諸条件を通して屈折されて作用する」と表現したが、これは毛沢東『実践論』における「外的要因は内的理由として発現する」という弁証法の定義と同一＝同質のものであって、ヘーゲルの「内的映現」論でいえば、「外面性から自分の中へと曲げ戻されている」規定された概念の形状と言えるだろう。

こうなると、「抽象的なものそのものが個別的内容と抽象的普遍性との統一である」ということき、また、「特殊が形式的推論式の媒辞となっている」ということき、形式論理学的思考様式、ないしは「弁証法」と称する形式論理学的思考様式に慣らされ切ってしまっている俗学者にはとうてい把捉することのできない、真の弁証法についての『大論理学』の概念定義が成立してくることとなる。

このような論理的移行の進行は、大括していうならば、〈概念から判断へ〉の移行、言い換えれば「概念の最初の実在化」とされる〈判断〉の前景化であり、ここにいたれば、普遍‐特殊‐個別の弁証法的統一としての〈概念〉を前提として、そこにおいては、悟性的・形式論理的な普遍‐特殊‐個別のトリアーデ関係から理性的・弁証法的な普遍‐特殊‐個別の関係へと、段階を逐次追って現実についてのわたしたちの認識が深まってゆく姿が、〈判断の諸形態〉として示されてゆくこととなる。

主語＝主体を媒辞＝中間項（手段）を媒介として述語＝客体と繋げて、文意・論脈を自己表出させて、有意味な真理判断を、「仮言判断」→「選言判断」→「概念判断」の進行として成立させる――

「ところで、概念は普遍であるから、すなわち特殊の否定的な総体性であるとともに、また、肯定的な総体性であるから、まさにそのことによって、概念はそれ自体、直接にその選言肢の一つである。けれども、爾余の他の選言肢は、この普遍性がその特殊性のなかに解消したものである。いいかえるならば、それは、そのなかでまさしく普遍性が自分を総体性としてあらわすところの規定性としての概念の規定性である。ある類の種への分離「選言」が、まだこのような形式を獲得していないとすれば、それはこの分離「選言」が概念の規定性にまで高まらず、また概念から生じたものでないことの証拠である」。

このようにして、主語＝主体の述語＝客体の場所に於てあらしめる構造論理の進展につれて、概念を構成・成立させている普遍‐特殊‐個別のトリアーデ弁証法の内部諸環節の節合方式がより一歩具体的に解明されてゆき、ただ真理ハ全体デアルと一般に無媒介にマクロ命題化しても明確にはされえないその内部構造的連鎖が、次第にあぶりだされ、分節化されてゆくこととなるのである。

このようにして、ヘーゲル『大論理学』の弁証法論理は、〈概念論〉→〈判断論〉→〈推理論〉としての推転をとげてゆく。推論式において、普遍性‐特殊性‐個別性の三つの契機の統一性が回復される。推論においては、「B（特殊）はA（普遍）である、E（個別）はB（特殊）である、ゆえにE（個別）である」というように、単に述語の場所が主語を含むだけの〈判断〉では獲得することのできない真理性なり有意味性なりが〈推論式〉の推論を通じて新たに発見されることになるのである。解釈法によってしか照明されない〈判断〉から、発見法としての〈推理〉への論理的移行・推転である。ヘーゲル『大論理学』的にいえば――「推理は判断の中における概念の回復として、したがって、概念と判断との統一であり、真理として示された」。ヘーゲル「真理」論において、概念‐判断‐推理はそれ自体の全体がトリアーデ弁証法論理を示しているのである。

〈推理論〉のヘーゲル「論理学」の次元にまで概念的に精錬されれば、それは産出した商品生産物の内から労働者とその家族の両生産費用を自らの生活的再生産を営むために必須不可欠な生活資料を全社会的に買い戻す基礎過程を全面的に規定しているばかりではなく、そのような「可変資本」化した労働者は、かれらに支給された「前貸資本」＝賃金による自己自身の生活的再生産費としての生活資料の買い戻し過程が、価値＝価格の特異な構造を内有している「単純商品」である「労働力商品」の価値を重心とする資本家社会の全商品生産物の価格決定機構を基本的に規定することを基盤として、資本家社会における資本‐賃労働の両極関係の社会的再生産の全機構が作動しているのである。

その基本点を明確に把握している〈宇野理論〉における「商品経済」論的資本主義把握を、たとえば重田澄男教授ごときがいかにも憎々しげに、「資本主義社会にとって最も基本的社会関係たる資本家と賃労働とのあいだに取り結ぶ関係の規定的内容をも、「商品形態」をもって結ばれる関係とされることになる」といかに悪罵しようとも、その合理的事態にはビタゆるぎも生じえないのである。けだし、そのような「資本の生産過程」における労働力商品の価値による買い戻し過程を基礎とする資本‐賃労働両極関係の全社会的再生産過程を目して、それが「労働の対価」として現象する賃金形態を基軸として展開されていることから、無理論をもって「重田理論」とする重田澄男教授は、資本の流通過程における資本家と労働者との雇用契約に基づく「前貸資本」の支払いをもって（その限りにおいてだけ）「労働力商品化」を渋々ながら確認せざるをえないとはいえ、そこにおいて雇用された労働者がその等価交換的形式をもつ雇用契約に従って一度工場の門を潜って「資本の生産過程」に入るや否や、「可変資本」として賃金を支払われている労働者は流通形態の産物たる「労働力商品化」形態を脱してしまい、商品たることを廃絶してしまう、という途方もない誤認へと滑り落ちてしまうのである。

宇野弘蔵教授が正しく指摘しているように、だからこそ「労働力の商品化をなくするということが社会主義の基本的問題となる」のであるが、「重田理論ないしは無理論」の説教によるならば、「資本の生産過程」における労働者の「生産的労働」がその前段の「資本の流通過程」における「労働力商品形態」からの脱化・廃棄を全面的に実現するとされている以上、労働者=プロレタリアートは、プロレタリア世界革命による資本主義体制の批判・変革による「将来社会」への世界史的転形を待つことなく、資本主義の発達による労働者の「資本の生産過程」への配備そのものによってその「基本的問題」をすべて解決してしまう、という結論に達してしまうのである。わたしがこうした「重田理論ないしは無理論」を目して、「天下の珍説・愚論」と筆誅を加えているのも、けっして徒らな敵本主義的中傷の蕪言ではないのである。

重田教授が、宇野教授による資本制商品経済社会における資本-賃労働両極関係の規定的内容が「「商品形態」をもって結ばれる関係」と解している（全く正しい）規定を敵視して、悪罵を極めているにもかかわらず、そのような「商品形態」をもって結ばれる関係のなかでこそ資本-賃労働「両極」関係の絶えざる再生産過程もまた進行・形成されているのである。したがって、資本-賃労働「両極」関係の弁証法的再生産運動の展開を、「商品形態」化運動として形態媒介的に展開して、生産手段の「所有」・「非所有」の区別を基礎として、その弁別に基づく「資本の生産過程」における階級関係を、「所有者階級」である「有産階級」=ブルジョアジーと、「無所有階級」である「無産階級」=プロレタリアートとの敵対的対立として規定する基本的関係規定もまた、『資本論』全三部体系の体系的核心として確立されたと言わなければならない。

そのような「きわめて重大な問題」の解決を、資本制的生産の総過程の諸姿容《ゲシュタルト》がきわめて具体的にいかなる商品形態分化の運動形成の創出を通じて解決してゆくのかは、「搾取」「階級」といった資本制経済的関係の根幹についての基礎的範疇、そしてまたそれを基礎として最終的に物象化社会である近代市民社会を「三位一体範式」としてカテゴライズするなかでの「諸階級」関係の汎「収入《インカム》」範疇への平準化に基づく「市民」関係への溶解による物象化社会としての「近代市民社会」の物神性の実現として、『資本論』弁証法体系は、自己完結運動体の実在的円環化運動を完璧に反映しながら全体系的に完結するにいたったのである。

〈宇野理論〉に対する「重田理論ないしは無理論」に全面的に共鳴している吉村達次教授は、その『経済学方法論――宇野理論批判――』（雄渾社刊、一九六六年）において、つぎのような〈宇野理論〉批判を展示した――

「注意すべきことは、（宇野）氏にあっては、資本主義的生産様式の基本法則が商品経済法則として把握されていることである。単純な商品経済を資本主義的商品経済に推転せしめる労働力商品化という事実も、資本制生産過程の内部で遂行される剰余価値収奪の前提条件としてよりも、労働力商品による商品生産の一般化という点に力点がおかれていることである。すなわち、本来商品として生産されたのではない労働力が、商品として『処理』されることにより、商品形態による生産過程の包摂が行われ、全社会が根底から商品形態化され、これによって宇野氏が資本主義の唯一の根本的矛盾とみなすところの、資本蓄積のテンポと労働人口との間の矛盾が、純商品経済的に解決・処理されることになり、純粋な資本主義を想定するかぎり、この根本矛盾も商品形態によって矛盾を解決しつつ無限に発展しうるものとして現われざるをえないというわけである。事実、基本的な側面を商品経済化することにおけば、商品経済の平面では矛盾とその解決は商品経済という同質の円環内での矛盾の自己運動として反覆推進されるだけであろう」（傍点いいだ）。

右のような、「重田理論ないしは無理論」に基本的に同調する吉村達次教授の所論は、〈宇野理論〉における「商品経済」論的資本主義把握が、労働力商品による「資本の生産過程」における商品形態化生産を基礎として全社会を根底から商品経済化して、よってもって資本制社会を成立させる、という〈宇野理論〉の資本制商品・貨幣経済観が、「純粋な資本主義」が商品形態によって資本主義の根本矛盾を商品経済の「平面」において純商品経済的に解決・処理してしまうことによって、資本主義の発展が無限に反覆推進されるだけであるものとして、論証する結果になっていることを、その〝根底から批判〟することによって自らの「経済学方法論」の革命性（！）を輝かせようとする（当方から観ればどうでもよいような）学問的穿鑿《せんさく》に現《うつつ》を抜かしているばっかりに、次のようなかんじんかなめな論点については、全く欠落させてしまうこととなり、そのこと自体にまたマルクス主義経済学者として全く無自覚であるという点に、わたしたちは注目しなければなるまい。

すなわち、吉村達次『経済学方法論』によるならば、そもそもマルクス『資本論』弁証法体系における「資本主義の根本矛盾」の「解決・処理」の経済学原理論的解明にとって、価値法則に基づく資本の価値増殖運動の無限の推進が資本の産業循環＝景気変動過程の四局面推移・変換・交替が恐慌局面の規定力を基軸として周期的・全面的・暴力的な激発として現われることを「最終範疇」として自証される円環体系化として完全に自証されることとなっている、というかんじんかなめなことが、字面だけでも一字といえども登場することがない態たらくなのである。かれ吉村達次教授は、その無理論的な長広舌にもかかわらず、そのような周期的恐慌の大爆発として最終的に帰結する「資本の生産力」の無限の反覆推進力の動源的由来が、労働力商品化を基軸とする商品経済の形態的「抽象力」にある、という単純な洞察力も何ら具備していないのである。

そして付言しておくならば、このような無理論・無理解きわまる重田澄男・吉村達次水準の〈宇野理論〉批判に対して、宇野弘蔵教授が万人を納得させるには足りない反論上の弱点を副次的にせよ持っている根本原因は、〈宇野理論〉が資本の流通過程において流通形態化した商品が労働力商品化を介して実質社会《サブスタンツ》の根柢＝中軸である「労働過程」を外側から包摂して「資本の生産過程」として編成することによって、資本─賃労働「両極」関係の社会的反覆再生産を自己実現して、資本主義社会という歴史的に特異な一社会として定立せしめる、という「流通主義的」「流通形態視角」と呼ばれるドグマの一面をやはり内包しているという点に求められなければならない。

そして、本書が〈宇野理論〉のドグマ性の誤謬の虚妄を全面的に論証しているごとく、そのような「流通形態滲透的視角」のドグマの根柢には、もろもろの多種・多様な共同体社会にとって本来外部的なものとして、外周的・外縁的な商品交換が、本来内部なものとしての労働過程の外側からの流通形態の滲透によって労働力商品の「資本の生産関係」への内部化を介して実質社会の内部をことごとく商品形態化することに基づいて外側から包摂するを達成したことによって、資本主義社会という歴史的社会が「純粋資本主義モデル像」として造型化されて成立するにいたる、という資本主義観が横たわっているのである。この観は、本書が主題とする〈恐慌論〉に即しながら全面的に再検証したうえで全体的に立証しぬいたごとく、根源的に宇野博士のドグマである。優に十二分に、マルクス『資本論』弁証法体系の〈価値形態論〉の発明（これはすでに〈推論式〉の発見にとどまらないで論理的発明）であろう。マルクスの理論的同志であったエンゲルスもカウツキーもクーゲルマンも厳格に言えば理解できなかったという、ヘーゲル弁証法と肝臓病との臭いがする『資本論』冒頭の最大難関であるマルクスの〈価値形態論〉は、ヘーゲル観念弁証法の「唯物論的改作」の光輝ある典型例であったと声を大にして言わなければならない。

すでにヘーゲル『大論理学』の「推理論の〈E—B—A〉の推論式の発見の論理に比定して、価値形態論の形態I—形態II—形態IIIの論理形態構造を比定するさいの最大の急所は、ヘーゲル「推理論」の媒辞と、マルクス「価値形態論」の形態IIとが、全体の論理構造の成立のために占めている相互媒介的な中間項としての重要な役割を演じていることの確認にある。

価値形態I→形態II→形態IIIという形態IIの媒辞的作用によって進行し成立・完成させられる〈価値形態〉の展開・移行に応じて、〈等価形態〉にある商品も、個別的等価物→特殊的等価物→一般的等価物として妥当し、このような『資本論』価値形態の「個別‐特殊‐普遍」トリアーデ弁証法運動は、単純なもの→複雑なもの→単純なものへの後退即前進ともいうべき高次の復帰・復習となって、貨幣の萌芽・貨幣の即自体の発展、貨幣形態の生成、すなわち〈貨幣出現の謎〉が商品所有者たちの「共同事業」として貨幣の定立によって解かれたのである。

こうして、貨幣形態の創出へと上向する価値形態は、〈個別‐特殊‐普遍〉という「推理」の三項関係において明示され、「価値概念」が価値形態全体の有機的で内在的で必然的な連関の具体化として表現されたのである。

〈宇野理論〉の全骨格を支える最枢要な支柱として核心的な概念装置としての〈純粋資本主義像モデル〉は、〈宇野理論〉を熱烈に支持するマルクス経済学者も、〈宇野理論〉を同じく熱烈に（！）反対・批判するマルクス経済学者も、共通にその枢軸的意義を確認しているところである。この経済学原理論を理論化するモデルとしての〈純粋資本主義モデル〉の形成の由来は、宇野弘蔵博士自身の言明によれば——一九世紀中葉の先進イギリス資本主義における商品経済的純化の増大の実在的傾向に依拠しながら「純粋資本主義像」を抽出し、産業資本的蓄積構造を基軸とする自由主義的世界構造を代表（？）する典型的な資本主義モデル像を分析基盤としてなされたものである。

〈宇野理論〉の支持者・賛同者と反対者・支持者との双方の間での論議、というよりは物議、物議というよりは紛議の甚だしい、この〈純粋資本主義モデル像〉の核心問題の問題点は、その紛議にかかわった多くの当事者自体の意識をはるかに超えて、右にヘーゲル『大論理学』の概念論→判断論→推理論の三相にわたる弁証法論理の高次体系化における普遍―特殊―個別のトリアーデ三項関係の弁証法論理学的了解にある。実はまさに、この、ヘーゲル弁証法体系論理の主体的重層構造を唯物論的に改作したマルクスの〈『資本論』の論理学〉（レーニン）の了解とマスターがなければ、『資本論』自体の円環化自己完結体系の学知的理解もまた覚束ないとしなければならない。

日本マルクス主義経済学者たちによる弁証法論理に対する或る種平板・劣悪な形式論理学的理解の低水準では、右のヘーゲル『大論理学』の三相・三項にわたる弁証法論理体系の体系的理解は全く覚束ないのである。そのような或る種平板・劣悪な弁証法論理学の形式論理学的理解によるならば、要素＝個別の集合が群＝特殊であり、群＝特殊の系列化が一般＝普遍である、という極度に機械主義的で不毛な、論理的産出力と構想力を全く欠如させた図式主義以上には全く出れていないのである。

したがって、〈宇野理論〉における論理模型ないしは模図にほかならない〈純粋資本主義モデル像〉をめぐる紛議も、当事者の宇野博士自身も十分には意識していない、右のような三相・三項にわたるヘーゲル『大論理学』体系とその唯物論的改作であるマルクス『資本論』体系の基礎概念である〈普遍（類）－特殊（種）－個別（個）〉の概念体系図式の了解の仕方にあるのであり、その宇野博士的ビルト了解に対して、客観的に見て一層低級・低水準の無理解的漫罵を加えているだけのスターリン主義丸出しの日本マルクス主義経済学者たちの多くは、問題の理論的・方法論的核心がどこにあるのかさえもすこしも心得えないままに、宇野式〈純粋資本主義モデル像〉に対する全く見当違いの批判を加えているのである。そこでのそれらスターリン主義的反対意見者たちの言説は、客観的には漫罵と中傷と雑談の域を一歩も出ないこととなっている。

たとえば、一九世紀中葉のイギリス資本主義を取り上げてみる場合、平凡な確認としてそれが個別資本主義の一例であること自体は何人にとっても疑いの余地はなかろう。だが、だからと言って、そのような一九世紀中葉のイギリス資本主義が現象的に提示している性格を拡張し一般化して、それぞれの個別資本主義諸国的の性格規定に推し拡げて、その合算的ないしは国際的総和として国際関係論式に一九世紀世界資本主義の普遍性を一般化していいのであれば、それは『経済学批判要綱』のマルクスが想定していた〈イギリスはドイツの未来だ〉という資本主義の一般的・原理的発展図式への逆戻りでしかないであろう。これでは、戦前の日本資本主義論争における向坂逸郎イズムに基づく〈労農派〉の水準でしかないことになってしまう。

その意味での悪い冗談的辻占でいうならば、「純化」と「不純」との対抗＝開発関係性の変動という水位からいえば、鉄鋼業・重化学工業における固定資本の巨大化を動源として、二〇世紀へ向けて〈イギリスはドイツの未来〉としての現象化の道を露わにして、組織的独占体を主軸とするにいたったドイツ資本主義の後進的・後発的編成は、固定資本の巨大化をまかなう資金需要の巨大化に対して過剰資金の社会的動員を株式発行業務として営むライヒス・バンクを最頂点とするドイツ型に垂直統合された全国的なドイツ銀行システムの形成として、一九世紀末葉～二〇世紀初頭のドイツ資本主義は産業独占体と銀行資本との癒着・結合を基軸とする「金融資本」を新たに編成した「帝国主義」段階としての最新の先進的・能動的資本主義国として立ち現われたのである。二〇世紀に入れば、誰が見ても、〈パクス・ブリタニカ〉時代以来の旧い植民地独占にすがりつく型の「帝国主義」的再編成をおこなったイギリス資本主義は、ドイツ資本主義とはもとよりのこと、西暦二〇〇〇年にUSスチールを聳立させた〈証券主義〉型のアメリカ帝国主義にも、一籌を輸する後進「帝国主義」以外のなにものでもなかったと言える。

近代化日本における農村の寄生地主制農業に端的に型制化されていた後進・後発的資本主義の性格をめぐって白熱的に〈日本資本主義論争〉がたたかわされたマルクス理論的難題《アポリア》を解いた初期〈宇野理論〉の不滅の功績も、明治維新後の近代日本の資本主義的発達のヘゲモニー力として働いた大阪紡績が会社設立・発足の当初から社会的資金を動員する「株式発行」形態をとって、しかもその工場に配備された紡績機は当時の世界最新鋭のイギリスの紡績機の輸入によってまかなわれたような事態、資本主義の後発的発展にともなう農村における相対的過剰人口の形成が、農村の二極化的分解の進行によってではなくて、「小作農」の「停滞的」滞留、さらには「中農標準化傾向」の析出として現われたような事態、の現実的発生について、その事態発生の経済学的原因を、世界的な「帝国主義」段階の形成・普及期に後進的・後発的近代化の道に就いた日本資本主義の非「純粋資本主義モデル＝イギリス資本主義」的特徴・様相に求めた、宇野『農村問題』に具現されたマルクス経済学による論理的・歴史的分析の卓越性によるものであった。わたしから言わしめれば、〈宇野理論〉の核心的模型である「純粋資本主義モデル像」のごとき観念的恣意像は、自らが戦前に独創的に創発した宇野「農村・農民像」を自ら裏切った所説以外のなにものでもないのである。

このように看てくれば、個別イギリス資本主義の一九世紀中葉〜末葉〜二〇世紀初頭における資本主義的発展の具体的様相、二〇世紀初頭以来の個別的資本主義の近代化的発展の具体的様相は、それぞれお互いに似ても似つかない非原理論的発展を具現化したものであって、それは形式論化すれば、個別資本主義の発展は一般化も普遍化も原理化も困難ないしは不可能なバラツキにみちみちたものであり、そのようなバラツキをもたらした主因も、それをバラツキとして判断する基準も、そのどちらもが「帝国主義」段階という特殊性に由来しているのであり、しかも、その資本主義的特殊性は、その段階にとっては時代的に一般的・普遍的なものとして存在しているのである。

このような現実資本主義的事態の生成は、すくなくともヘーゲル『大論理学』の提示した弁証法論理の摂取なしにはできないことは、あまりにもあきらかなところである。そのような方法論的関心に導かれた眼をもって看るならば、ヘーゲル思弁哲学の〈概念―判断―推理〉の三相、〈普遍―特殊―個別〉の三項の関係性の総体を体系化して、〈真理トハ全体デアル〉というテーゼをかかげた弁証法論理の一見突飛な、突拍子のない命題の数々の方が、よほど合理的に有用なのである。たとえば――「概念的普遍であり、個別である」、「特殊もまた総体性である」、「差異性Verschiedenheit は総体性 Totalität である」、「普遍の特殊化を把握することが真の差異性の分類原理である」、「無規定性も一つの規定性である」、「即自的には特殊性もまたこの総体性である」、「抽象的普遍も、もとより概念であるが、しかし没概念的なものとしての概念にすぎず、概念そのものとして措定されていない概念にすぎない」、「判断の命題は『普遍は個別的である』となる」、「個別性は概念の自己による媒介である」、「したがって、この規定なものの面の普遍への復帰も、また二様である。すなわち、或いは規定的なものを捨ててしまって、より高い、または最高の類に昇る抽象によるか、それとも普遍が規定性そのものの中で個別性にまで降ってゆくところのその個別性によるかのいずれかである」、「抽象的なものそのものが個別的内容と抽象的普遍性との統一である」、「個別性はしかし、概念の自分自身への復帰ばかりではなく、直接的には概念の喪失である」、「普遍性は個別性の概念の一契機であるがゆえに、必然的に多くの個別に関係しなければならない」等々。

歴史的実在から抽象される〈純粋資本主義モデル像〉が、果たして「実験性」をも兼ねている自然的実在から法則的理解のためのモデル――たとえば物理学＝自然科学における「長岡モデル」や「坂田モデル」のような有用な機械的「模型」ないしは「模図」を造形できるかどうか自体も、簡単にはゆかないところがあるとみなければならないがが、かりにそれを抽出するにせよ（抽象化に依拠しなければこの〈歴史モデル〉形成は進みようがない）造形するにせよ（形態化と形象化がなければ、それはかりに抽象的図式にはなることができたとしても、資本主義モデル像とはなりえないであろう。問われているのは、「純粋資本主義化」という世界観であるばかりでなく、その表現としての世界像でもあるのであるから）、その抽出・造形が〈モデル像〉を得てくる基盤が歴史的実在である一九世紀中葉の個別資本主義自体であることがなければならないことは、宇野博士とその批判者である当の当事者たちのいずれにとっても、異議のないところであろう。しかし、そのような抽出・造形行為の類推で一九世紀中葉のドイツ、フランス、イタリア、アメリカ、日本等々の各個別資本主義の形式原理を抽出・造形して、それらを全員集合させて〈純粋資本主義モデル像《ビルト》〉を一般化した普遍的原理をつくるような奇術・芸当などは、何人にもできっこないことは、それこそすくなくともこのわたしに言わせれば、原理的に明瞭至極なことである。

そうなると、その理論的難題《アポリア》は、当時の世界先進的な個別イギリス国家が、産業資本支配による自由主義段階という特殊化された資本主義の態容・局面によって規定されながら、それをヘゲモニックに規定しかえしている極めて特殊な性格を、「極めて」と形容するのは、現に一九世紀中葉の資本主義世界において、そのような特殊なブルジョア国家はただ一つイギリス資本主義だけであったからである。そして、実際上、それが唯一の基軸として与えられなければ、〈パクス・ブリタニカ〉世界秩序の形成も、その世界的編成に規定しかえされたイギリス資本主義の「純化」もまたありえなかったであろう。

5　ヘーゲル『論理学』世界における普遍（類）―特殊（種）―個別（個）のトリアーデ体系

本書本章の〈いま・ここ〉での理論的展開は、〈純粋資本主義モデル像《ビルト》〉としての一九世紀先進イギリス資本主義による原理論的世界の形成の根拠（それには、歴史的実在としての根拠とそれを認識してビルト化する方法論的根拠との、二種類の、それぞれに性格の違った根拠がある——宇野博士自身もふくめ宇野派のマルクス経済学者には、一九世紀中葉イギリスの資本主義発展史において特に極大化して顕著に現われた商品経済の実在的発展の「抽象力」と、「顕微鏡も化学的試薬も全く役に立たない」歴史現象を対象化して解明する学知者的主観の「抽象力」との混同が、決定的に見られる）を問い質すことに主題を集中しているから、〈類—種—個〉の三項と〈概念—判断—推理〉の三相との弁証法論理的処理に、以上だけに限局して、そのさらに拡大した再検討としては後章に譲ることとするが、この難題《アポリア》解決のためにヘーゲル『大論理学』、マルクス『資本論』の弁証法体系論理の援用が必要不可欠である所以だけは、理解していただけたであろう、と確信する。

さて、そこで、先にアタマの二行だけを引用しておいた『資本論』弁証法体系の「端初《アンファング》」として設定された〈冒頭商品論〉についての、これからの行論の展開に必要なかぎりでの最小限の注釈に移りたい。注釈であるから、マルクス『資本論』の「端初《アンファング》」概念についてのわたしの解釈が入ることにならざるをえないが、マルクス原典のわずか二行で叙述された体系的命題をそのまるごと受容して、しかも東洋的伝統にしたがって、その〈注〉をのみこみ顔に付けるだけのわたしの目下の補注作業が、必ずやマルクスの原意と真意にそのまま適っているであろう、とわたしは読者への責任からここで確言しておく。

自らの口で自らの尾を銜《くわ》える宇宙蛇《ウロボロス》の論理的形象を以て、有限の〈時空《タイムスペース》〉における価値法則の形態化運動による自己完結運動体としての資本制商品経済社会の弁証法体系をまるごと自己表現した『資本論』の追思考《ナッハデンケン》におけるマルクス的下向法の下向の極限＝限界を劃している商品形態の析出によってはじめて、「商品の分析」から開始されるマルクスのその体系形成の叙述が同時にその体系を全面批判的に分析する叙述となるたぐいの、市民社会の経済的運動法則の学知的対象化を、いわゆる「冒頭商品」の端初《アンファング》をわずかワンセンテンス二行のこの命題は示している、と言ってよい。

「冒頭商品」論は、世界市場を定在とする、この世のすべての労働生産物を商品生産物として一物一価の世界市場価格を以て価値社会編成するウロボロス的円環化体系の二重性の端初《アンファング》である「商品の巨大な集まりとして現象している」、「資本制的生産様式が支配している諸社会の富」の価値社会・価値世界編成は、その汎通化している商品生産物の下向極限＝限界における析出の底がかりに割れて抜けて労働生産物として露出してしまうならば、もはや自らの口をもって自らの尾を銜《くわ》える宇宙蛇《ウロボロス》としての論理的形象は、いかなる構想力をもってしてもこれを造形することはできなくなってしまう。

労働力商品によってこの世の全商品を生産・流通させて価値社会編成をおこなう近代市民社会の極めて特異な――この「極めて」という定性的形容を定量化して理論化するならば、この近代市民社会の「特異性」はむしろさらに人類文明史上唯一回の出来事なのであって、その歴史上奇異とさえ言ってよい「例外性」を除いて、人類史上のすべての諸社会を総括考察してみるならば、それらの諸社会のすべては共同体社会として、商品形態化によって実質《サブスタンス》社会のいっさいの労働過程と交通《フェアケール》関係を価値総合編成している、物象化社会ではない（ありえない）〈共産主義《コミュニズム》〉として天下の大道を歩みつづけているのである。

正―反―合というトリアーデ弁証法運動に則って総括すれば、人類史は群という集団性から開始されて狩猟・拾集・農耕・牧畜文明の曙――そこにおいて、男性＝狩猟・女性＝拾集といった単純性分業に由来する「分業社会」化が、すでに始まっている。その分業は、さらにメソポタミアを原郷とする農耕・牧畜文明の発祥とともに、文明社会・都市社会としての「分業社会」の社会形態として人類文明史的に型制化されるのである。人間主体と自然対象との関係行動である労働が標示する生産諸力の水準が現出するならば、地上の共同体社会と共同体社会との間の無言貿易《サイレント・トレード》＝鬼市（闇市）として「東西初期文明汎通的に出来する商品交換の発生によって生産関係もまた、諸共同体社会の市場関係化を流通形態的基盤として本質的に階級関係化するにいたる。

　初生的にはその階級社会は身分制社会として現出するが、人類社会史における身分制社会の由来は、エンゲルスの『家族・私有財産ならびに国家の起源』が「原始共産制」として文字記録の発祥すなわち歴史の発生に即してカテゴライズした原初共同体以来人類社会史的に「悠久」といってよいくらいに久しい往古にまで遡源しうるものであって（拙著『〈主体〉の世界遍歴《ユリシーズ》』藤原書店刊、二〇〇六年、における、古代地中海世界文明以来の八千年間にわたる歴史を全総括した労作を、ぜひ参看されたい）、エンゲルスが謂うところの「原始共産制」とはエンゲルスによるその美化的称揚にもかかわらず、真実のその具体的内容は、貧弱きわまる生産力水準のもとにあって「飢餓と貧困」の粗野な平等共産主義を実施する、戦争による共同体社会間の殺人行為の規則化とその相互征服・殺傷行為にともなって発生する「捕虜」をも低級な生産力水準の強制にしたがって、食人《カニバリズム》として祝聖する粗野きわまる低度・低級の価値統合社会たらざるをえなかったのである。したがって、わが中村吉治教授の『共同体の史的考察』（日本評論社刊、一九六五年）がつとに日本の農村の根本性格を対象モデル化して、実証的にも・理論的にも説きつくしたごとく、エンゲルスが人類の歴史の初源に据えた「原始共産制」社会とは、その実は「身分制社会」以外のなにものでもなかったのである。或る意味では、原初社会は「身分制社会」なのであるからして、本来の「共産主義」とは正反対のものであろう。

　このように歴史の理論総括を転位させて再考察すると、正＝原始共産制→反＝階級社会制→合＝マルクス＝エンゲルス的高次共産制、といったトリアーデ弁証法ふう人類史叙述も、そこで設定された初源からして疑ってかかって然るべきこととなる。複雑多岐なダイナミズムにみちみちている人類社会史は、そのように簡便重宝（！）な図式弁証法遊戯などにはとうていなじまないものなのである。

　初期エンゲルス主導の『ドイッチェ・イデオロギー』において定式化されたいわゆる唯物史観以来、人類史は原始共産制→古代奴隷制→中世封建制→近代資本制→近未来共産制、として直系・一系図式化されて、スターリンの『弁証法的唯物論と史的唯物論』として標題化された「唯一前衛党」なるものの「党の世界観」とされた〈DIAMAT《ディアマート》体系〉の世界史の緻では、栄誉ある原始共産制→人類の堕落史＝「原罪史」の開始である古代奴隷制→中世封建制→近代資本制→、そして全人類の堕罪史からの救済としてのスターリン主義的「一国社会主義」制として、きわめて汎通的に地球上のいかなる人間の歴史的社会も必ずその一義的な段階・形態内容を踏んで不可避的に発展をとげなければならないものとして型制化された。

そのような「プロクレスのベッド」式の禁着衣を無理やり着せられた人類史は、二〇世紀的現代において「一国社会主義国」ソ連邦の国家公認・欽定の「官許」人類史像・世界史像として流布されるにいたったが、そのような全体主義的・ウルトラ中央集権主義的な「唯物史観史学」の歴史観、歴史像が、「一国社会主義」的な歴史を横領したスターリン主義イデオロギーによるまさにイデオロギッシュな「真理独占」による貧弱・無内容きわまる不毛の産物にしかすぎなかったことは、すでに一九九一年の現代史の劇的大転回によるソ連邦共産党（ボリシェヴィキ）とそのボリシェヴィズム＝スターリン主義の暴力主義的・国家主義的全一支配のもとにあったソ連邦＝「一国社会主義」体制の世界史的自壊・解体・没落が、白日のもとにさらされて木乃伊的雲散霧消をとげてしまって以来、それを契機としたドル・核世界帝国＝一極USA資本主義によるイラク戦争・ボスニアヘルツェゴヴィナ戦争→アフガニスタン・イラク戦争の苦悩と重圧に悩まされている今日の情勢をもふくめて、今日のわたしたちにとっては明々白々となったことと言える。

その世界史的起点における、エンゲルス流にいえば正＝「原始共産制」が反＝「階級社会」によって崩壊・解体せしめられて以後の歴史は、直系・一系の古代奴隷制→中世封建制→近代資本制→現代「一国社会主義」制として、スターリン主義式に全体主義イデオロギー化されてきたが、その「原始共産制」崩壊以後の人類文明史は、拙著『〈主体〉の世界遍歴《ユリシーズ》』が八千年にわたる古代地中海世界文明（それは、ミノア・ミュケーナイ文明として貢納制を土台として、往昔から人類文明史の世界交通《フェアケール》の海洋的中心＝要衝である地中海の島々に営まれた城砦王宮を頂点的枢軸として営まれた家産制の〈城砦王朝体制〉であった）を総括して示したように、オリエント、オクシデントともに、経済的社会構成体として〈古代貢納制〉の世界史的範疇として社会形態化した歴史的存在にほかならなかった。

　右のような古代地中海世界における貢納制文明の世界史的範疇化は、第二次大戦の以後のこの戦後において、クレタ島におけるイギリスの考古学者アーサー・エヴァンスによる線文字B文書の出土発掘から始まったことであった。そのクレタ島出土文書の線文字Bは、ヴェントリスとジョン・チャドウィックによって戦後の一九五〇年代において、ついに解読されるにいたった――ギリシア文字として。

　この時代を画した線文字B文書の発掘と解読によって、古代地中海世界文明におけるクレタ文明を媒介とする古代城砦王朝の貢納制・家産制文明と古典古代ギリシア・ポリス文明との連続接点化がはじめて学問的・理論的に可能となり、したがって戦後のこの時期にいたってはじめて世界史としての人類文明史の記述が可能となったのである。したがって、従来の世界史＝人類文明史の歴史学的記述は、ヘロドトスの『歴史《ヒストリアイ》』以来の正統・正当な根拠を有していた物語《ヒストリー》ではあったものの、この戦後においては根本から書き直されなければならなくなった。これは、甲骨文字・金石文字による「殷文字」の発見による「夏」王朝時代にまで遡源しての中国世界史の根本的書き直しのオリエント的出来事に、優に匹敵するオクシデント的出来事にほかならない。今日の歴史学にとっての急務は、あれこれの重箱の隅をいつまでも突っついていることではなくて、この戦後におけるオリエント＝オクシデントを通しての東西文明史をペルシア帝国文明を節合点として一元・一円化して物語ることでなければならない。

　歴史《ヒストリアイ》というものが、エンゲルスが『共産主義宣言』補注で付加して記したごとく、文字記録によって始まる以上（もっと正確に言えば、文字記録によってはじめて始まることが確認されなければならない以上）、古代地中海世界文明史そのものが、線文字B文書の発掘・解読によってトロイ戦争の故事の位置価も含めて根本から書き直されなければならなくなったのである。わたしの自負で言えば、『〈主体〉の世界遍歴《ユリシーズ》』としての八千年以上にわたるミノア・ミュケーナイ文明の全興亡にまで遡源しての歴史的再考察は、その世界史の根本的書き直しの絶対的要請に全面的に応えた世界最初の労作である。

　文献記録証拠こそなかった、大炎上・大被害によって残されなかったものの、トロイ戦争が古代地中海世界の高度なミノア・ミュケーナイ城砦国家文明を破壊して世界舞台から消去してしまった世界史的事変としての世界戦争であったことは、その当時からしてすでに伝承的歴史事実であったのである。『イリアス』『オデュッセイ』というホメロスないしはホメーリダイを吟誦「作者」とする偉大な二大叙事詩は、そのことを朗誦伝承していたばかりでなく（その共同体的伝承がなければ、古典古代ギリシア文明のポリス国家的誕生もまたありえなかったであろう）フェニキア文字を海上世界で継承してギリシア文字が形成された時、『イリアス』『オデュッセイ』はその出来立てホヤホヤの古代ギリシア文字によってホメロスないしはホメーリダイによって文字化されていたのである。ヘレニズム時代以降の、古代ギリシア文明やアラビア文明をもふくめた文明的大転機の結晶は、ホメロス文書の蒐集・整理・解読・写本・公刊にあったと言ってもけっして過言ではない。そのようなホメロス「叙事詩」文献は、文字記録による〈歴史《ヒストリアイ》〉発生確認の一種の代行・代用的な口承・伝承物であったと言ってもよいものである。〈歴史《ヒストリアイ》〉はもはやヘロドトスから始まるものではなくなっているのである。

　文献資料こそ出土してはいないが、第一次世界大戦の前後を画した、つまり大局的に言えば二〇世紀的現代へと人類が入ってから以後における、ハインリッヒ・シュリーマンのあまりにも有名となったトロイ発掘は、考古学的資料としては「先史時代」におけるトロイ戦争が実在した歴史的事実であったことを完全に実証したのであった。七層にもわたったトロイ文明の遺跡のシュリーマンによる発掘は、多くの過誤と思い違いをかれシュリーマンにもたらさざるをえなかったが、そのような「数多くのトロイ」が同一の地上に層を成して眠っていたこと自体が、「先史時代」

のトロイ戦争が慢性化して長期に戦われた、いかに古代地中海世界のミノア・ミュケーナイ文明の没落の劇的な世界史的事件であったことかということを、むしろ完膚なきまでに裏打ちしたものであったといえる。

　トロイ戦争の重層的・多層的遺跡のシュリーマンによる第一次世界大戦前後期における考古学的発掘につづく、第二次世界大戦の戦後期における文献学的発掘であった、線文字B文書のエヴァンスによる発掘、ヴェントリス&チャドウィックによるそのギリシア文字としての解読は、オクシデント世界史の連続的了解と西洋中心主義的な人類史構成の初源を、よかれあしかれ劃する画期的大事件にほかならなかった。

　興趣にあふれたその経緯を、拙著『〈主体〉の世界遍歴《ユリシーズ》』から簡略化して紹介すれば「人をば語れ、ミューズよ、神の城トロイを摧《くだ》きしめと、果てなき漂浪と転変に名をはせしかの人を」と古代叙事詩『オデュッセイア』に歌われたトロイ戦争という世界史的大異変の意味解読こそが、一見実務的で凡庸きわまる王宮「家産制」経済・経営の記録である粘土板文書の発見の画期的意味であったのである。

　アーサー・エヴァンスをクレタ島のピュロス文書とクノッソス文書の発掘にかりたてた原動力は、あの緻密堅牢な石造建築物を設計し正確きわまる石組みを施工したミュケーナイ文明人が、果たして本当に文字を知らなかったのか？　というもっともな疑問に発していた。そのような疑問を内心発していたかれエヴァンスは、クレタ島に伝わる祭祀用の器や小さい印璽や土器のたぐいの考古学的遺物の若干をすでに掘り出していることから、一九〇〇年に実際にクレタ島に出向してクノッソス王宮の発掘を始める以前から、そこにはかならず、独特な絵文字なり線文字なりが刻されているにちがいない、という予想を立てていたのである。文字通りの作業仮説である（！）が、わたしにとっていくたの学問的経験に徴するところ、理論的展開というものはその実は作業仮説にしたがって導かれて、理論的実証事実がかならず出てくる、後からくっついてくるものであって（！）、これはわたしは大学者たる者がかならず有っている念力、つまりシャーマン的能力の所産であろうと考えている。

アーサー・エヴァンスの場合もかれの思念を凝らした念力は、もののみごとに大当りしたのであって、かれは初発掘に成功したクノッソス宮殿の遺跡の十二ヵ所において、「クレタ文字」を記された王宮記録用の粘土板文書を多数発見した。かれはそれが、クレタ島のミノア文明期においては、象形文字、線型A文字、線型B文字の三種が用いられており、それらは「クレタ文字」の三つの発展段階を示すものであること、これら三種の文字はみな、エジプト文字とも中近東の楔形文字や線文字とは異なり、クレタ文明独自のものであること、そしてさらに、線型文字のA、B両種は一文字で一言節《シラブル》をあらわす表記法であることを、シャーマン的大学者の直感によって直ちに看破したのである。

ピュロス文書とクノッソス文書とは、字体・用語・用法・記録内容のいずれをとっても、きわめてよく似ており、クレタ島出土文書としての基本的性質には両文書にはなんの差異もないと言ってよいが、にもかかわらず、その両文書の発掘者つまりエヴァンスによる推定年代、片やピュロス文書の「前一二〇〇年頃」という推定（鑑定）に対して、片やクノッソス文書の方は「前一四〇〇年頃」という推定（鑑定）がなされており、こうした同一のクレタ島のミノア文明期に属する年代である以上、この二百年ものの差は、けっして大雑把に無視してかかっても文明史記として大差ない些々たる「誤差」であるとして看過することのけっして許されない数字的誤差であった。

両文書ともにクノッソス王宮最後の年の記録であり、ミュケーナイ文明代終末期の「証人」と解される以上、この考古学的・歴史学的観点からするならば、ピュロス文字文書のエヴァンスによる推定（鑑定）年代の方が、ミュケーナイ文明の興亡の年代的枠組に適合的であるのに反して、クノッソス文字文書のやはりエヴァンスによる推定（鑑定）の方は、この時代の終末期ではなくて最盛期と一致してしまうのである。

さて困った。そこからイギリス考古学界においても、クノッソス文字文書の年代を、前一二〇〇年にまで引き下げようとする異説が現われてくることとなった。自他ともに「最高権威」と目されてきたアーサー・エヴァンスによる文書の推定（鑑定）年代決定に誤りがある、という異説であるから、これは「ボス」エヴァンスのサイドからすれば、自らの権威を脅かす異端邪説のたぐいである。当時のイギリス考古学界における鑑定つまり目利きの「上がり」「上納」（やくざ言葉を使って大碩学アーサー・ジョン・エヴァンス卿には申しわけないが）は、ひとえにこの御師匠のクノッソス発掘の厖大・綿密な報告書“The palace of Minos at Knossos”全四巻（1921～36――わたしの全三巻本などメではない！）の権威ある鑑定原本による「お墨付」の発給によっていっさい決まるのであるから、これは当時のイギリス考古学界をあげてのスキャンダル的大騒動へと発展していったのである。その紛乱・紛議過程のなかでも、当時学界の（いつものことながら権威には弱い）多数意見はなお「ボス」エヴァンス卿の「お墨付」鑑定書を鵜呑みにしつづける方向にあったが、学問上はその受容をつづけるためには、なぜミュケーナイ文明時代の最盛期にクノッソス王宮が炎上したのか？　そんな大椿事がほんとうにあったのか？　という当然の疑問に真正面から向き合って答える必要があった。

エヴァンスは同好の誼み、同気相求めるで、シュリーマンと初会、再会したことがあって、それは偉大な人物は偉大な人物を知るという一証例であると言ってよいが、素人シュリーマンの「トロイ」発掘とはちがって、専門家としてのエヴァンスの「クレタ」発掘は、はるかに組織的に周密に行われ、第一次世界大戦をはさんで一九三二年までつづいたこの画期的発掘調査によって、クノッソス王宮の全容はほぼ完全に再現された。王宮自体破壊と復旧をかさねて、けっして一つの時代の固定的な静画的産物ではなかった。エヴァンスは遺物と遺跡を綿密に検討して、クレタ文明を前・中・後の三期に分け、さらにその各期を三分する九区分法を提案し、それにさらに各層から出土するエジプトの陶器の配列を基準＝基礎として、三期、九区分のそれぞれの時期の絶対年代を示した。これが、エーゲ先史文明研究の基準＝基礎となったのである。ギリシア本土やエーゲ海上のキュクラデス諸島の先史文明にも照明をあてることのできる基本的な枠組と筋書が、これによってあきらかに定礎されたのである。普遍的基準の発見と設定がなされなければ、出来事の厖大な堆積があっても、そこから年代記を語り出すことはできない。したがってこのエヴァンスによる基準の割り出しが、古代地中海世界の解明にもっていた意義はきわめて大きい。

さて、これ以上はもはや、この世界史＝人類文明史を根底から書き直さなければならなくなった機縁をつくった、興趣ある線文字B発見の御縁起を簡略化して伝えることは無理だ。なにしろ、拙著『〈主体〉の世界遍歴《ユリシーズ》』は、ミノア・ミュケーナイ文明時代以降の八千年の人類文明史をわずか八千ページできわめて簡潔に記した略述書であるから、これ以上簡略化は不可能なので、行論上大事な問題点の解明であるから、ここはひとつ御免蒙って同書からの三ページ分の引例をそのままおこなわさせていただいて、この分の論述を終わらして、それから再び『資本論』〈冒頭商品〉論の端初《アンファング》的意味の原理論的考察の深化へと戻りたい。

以上のようなクレタ文明の発掘に依拠するエヴァンスのエーゲ先史文明研究の画期的な枠組自体が、その後の学問上の発展史から見るならば、エヴァンス学派の仕事の真の発展を自己拘束する理論的桎梏に転化したと言える。学問・理論にもよくある、偉大な人物の長所がそのまま短所となる「性格悲劇」的な逆説である。エヴァンス卿は、エーゲ文明をあくまでも自分が発掘したクレタを中心に、クレタにひきつけて見ていこうとした。客観的に大局的に冷静に考えれば、ミュケーナイ文明はクレタ文明を交通的媒介にして古典古代ギリシア文明へと推移していったのであるから、すべてをクレタ文明の派生として考えようとするエヴァンス学説には、かれ本領の考古学的知見からいっても、それとは間尺にあわない出土的事実が次々と種々出てくるようになることは、避けられない。

ギリシア本土各地の王宮跡の発掘の進展にともなって、それらの遺跡には、確かにクレタからの影響のあとが認められるはずだが（これはエヴァンス学説の研究材料にいつも、逆行させられる形で、転化・利用された）、同時に本土独自の要素もまたそれ以上に顕著であって、それはとくに陶器の様式、墳墓、王宮の構造にあって著しいばかりでなく、前一五〇〇年代ともなると、そのようなギリシア本土特有の格式が、逆にクレタのクノッソス王宮の同時代的な遺跡の形跡にはっきりと認められるようになるのである。これは、ますます自説補強のために反動的体系化しているエヴァンス学説に対する、新進気鋭の後輩者たちからの真っ向からの学問的挑戦を意味するものであった。平明に考えれば、クレタ島文化は古典古代ギリシア文明の副次系以外のなにものでもありえないのである。

然るに、エヴァンス卿は頑として自説を曲げなかったばかりか、「ボス」エヴァンスの権威を背景に、「クレタ中心説」はなおしばらくは学界の大勢を制しており、新進のヴェントリスらの著書の巻頭に考古学・歴史学の学問的立場から解説的序文を寄せているウェイスなども、御大のエヴァンスにさからうことになったために、一時は考古学者としての活動を中断するのをよぎなくされる窮地に追いこまれたくらいだったのである。

一九四一年にエヴァンスが亡くなった後、ウェイスらの異説はしだいに理論的・学問的比重を増していったが、その趨勢に最後の勝名乗りを挙げさせたのが、ほかでもない、ヴェントリスによる線文字Bの解読であった。この線文字Bの戦後における解読の画期的意味については、『〈主体〉の世界遍歴《ユリシーズ》』では何箇所かで論じたが、最初の先駆者アメリカの言語学者コーバー女史は、線文字Bの言語的性格について、この言語は語尾変化に富んでいる動詞の語尾変化らしいものが認められるだけでなく、名詞も語尾を変化されることによって、性・数・格を示すことができるらしい、これはセム系言語ではなく、インド・ヨーロッパ語族のなかでも語形の変化に富んだ種類に属するにちがいない、という考察を早くからあきらかにしていた。

このようなコーバー女史の一連の研究が公けにされる少し前の一九三九年に、アメリカの考古学者ブレーゲンによって、知将ネストルの居城があったとホメロスに謳われているピュロスの発掘が行われ、王宮跡があきらかにされるとともに、その文書室から六百枚あまりの線文字B文書が新たに発見されたのである。これらのピュロス文書は枚数こそエヴァンス発見のクノッソス文書に劣るが、資料としての保存のよさではるかに勝っており、一枚一枚が精密に写真に撮られた上、それが第二次世界大戦の勃発とともに最後の引揚船で辛うじてUSAに送られ、無事そこで保存・保管されて、そして戦後、この写真版をもとにしてアメリカの学者ベンネットが、精確なテキストを公刊したのである。ベンネットによるこのピュロス文書の公刊が、ヴェントリスの線文字B解読の直接の前提となった。翌くる一九五二年には、クノッソス文書も、エヴァンスのかつての共同研究者の手で公刊されるにいたった。

『〈主体〉の世界遍歴《ユリシーズ》』では何度か、ヴェントリスの協力者ジョン・チャドウィックの『線文字Bの解読』（一九五八年、邦訳・みすず書房刊、一九六二年）からの紹介、引例を行っているから、詳しくはそれを参看してほしいが、天才的な語学力の持主であるヴェントリスは、七歳のときにすでにエジプト象形文字に関心をいだいたといわれるが、十四歳の折りに晩年のエヴァンスの講演をじかに聴いて、古代クレタの不思議な文字の解読を決意したという。そのようなかれが、クレタ文字解読の本格的な作業に入ったのは、第二次大戦後の一九五〇年以降のことであり、あくる一九五一年から一九五二年六月までの一年半にわたって、その解読研究の成果を次々に謄写版の覚書にまとめられて、二十名余の各国の専門家たちに送られて公正な意見が集められてきていた。当初は線文字Bで記されている言語はエトルリア語ではないかと考えたヴェントリスは、ベンネットから多くの助けと示唆を受けながら、暗号解読にも似たこのピュロス文書の解読を推進していった。音価の与えられた文字を格子状の表のなかに配置していったヴェントリスは、ついに瞠目すべき発見にたどりついた。ピュロス文書もクノッソス文書も、エヴァンス以来の学界常識とされていたクレタ人の言語の産物なのではなくて、なんとなんとギリシア語であったのである。この「ユーレカ・ユーレカ！」は、一九五二年六月のことである。戦後の地中海史学の大転換を画する記念すべき時である。

　当時、クノッソス文書の公刊をとりあげたBBCの第三放送で、線文字Bはギリシア語を書き記した文字にちがいないとするヴェントリスの講演を聴いて強い感銘をうけたケンブリッジ大学の講師J・チャドウィックは、ヴェントリスの死にいたるまでの四年間、二人しての緊密な共同研究に没頭し、一九五七年秋に線文字Bの解読を公表した。反響は概して好意的であったが、慎重に賛否を保管する専門家も、ブレーゲンやベンネットといったエヴァンス以来のこの方面での第一人者たちをふくめてけっして少なくはなかったのである。

しかし、一九五三年五月のブレーゲンによるピュロス発掘再開による三百三十枚余の粘土板の発掘によって、権威と旧慣に弱い学界状況もついに一変するにいたった。ヴェントリス＝チャドウィックの解読の正しさが、有無を言わさない証拠によって最終的に証明されたのである。こうして線文字B解読の分野は、一躍、古代ギリシア研究の花形となったのである。

前二〇〇〇年頃のエーゲ海一帯に栄えた先史文明は、旧エヴァンス学説とは逆に、ピュロス文書がすべてギリシア語を記していた事実そのものによって、ミュケーナイをはじめとするギリシア本土各地の王宮は、クレタ人ではなく後のギリシア人の直接の先祖たちが築き、かつ、住《すま》いとしたものであったことが判明するにいたった。そればかりではない。クノッソス文書の存在そのものも、エヴァンスの考えとはまさに逆に、ギリシア人がクノッソス王宮を占領し、クレタに勢力を伸ばしていた古代ギリシア世界にとって比較的最近・最新の時期のものであることを証明したのである。このような、線文字Bがギリシア語として解読されたことによる決定的な証明は、すでに旧エヴァンス学説の権威に従わなくなっていた一部の新進の考古学者たちが、ギリシア本土やクレタ島の遺跡・遺物の研究から考古学的に推測していた新学説を裏付けたといってよい。

この画期的大逆転によって、各地に王宮の跡を遺している先史時代のギリシア人が、どのような社会を作り、どのような生活を送っていたのだろうか？　という解明が進展し、ホメロス的世界を介する古典古代ギリシア世界の系譜的解明も全体として可能となったのである。まさしく、解読された線文字B文書は、同時代の、しかも何らかの後世からの作為も加わっていない「一等史料」として千鈞《せんきん》の重みをもつものであったのである。わたしの大三部作のミュケーナイ時代→古典古代ギリシア時代の記述のごときも、戦後の線文字Bの出土と解読がなければまったくありえなかったのである。

以上のような、ホメロスの叙事詩の英雄たちの行動の時代が、ユダヤ教＝キリスト教『旧約聖書』の「士師記」に記された英雄たちの行動の時代と、同時期であったということに、ジョゼフ・キャンベルは注意を促している。このことはこれまでの多くの識者がうっかり見落としていた最重要な一事である。すなわち——

「双方の領域で、定住した農業民と侵入してきた遊牧戦士族の間には、長い相互交渉と調整の期間があったが、そのあとで突然に、新しい遊牧的戦士民族（パレスティナではヘブライ人、ギリシアではドーリア人）の下の圧倒的な虐殺が、真の〈神々の黄昏〉と、青銅人の世界年代の終焉を早めた。ホメロスのいう「英雄たちの聖なる種族」の偉業は、ほぼ紀元前一二五〇年から一一五〇年の間に属するが、それからの約三世紀の間隙をおいてから叙事詩はその形をとった。その年代はほぼ次のごとく『聖書』のそれと一致する。

前八五〇年頃——『イリアス』——ヤーヴィスト・テキスト

前七五〇年頃——『オデュッセイア』——エローヒム・テキスト

単なる偶然の一致にしては、あまりに符合がよすぎる。そして、フロイトが注意したように、そこにはさらに、なぜギリシアの場合には詩が出現し、ユダヤ人の場合には宗教が出現したのか、という問題があるのだ」（J・キャンベル『神の仮面——西洋神話の構造』青土社刊、一九八五年）。

このキャンベルとフロイトの注意は、エーゲ海的ギリシアとヘブライとを世界同時代史的観点から再考察するわたしたちにとって、きわめて有益・有用である。

6　ヘーゲル-マルクスの判断命題における端緒《アンファング》と終末《エンデ》

さて、話また代わりまして、それにしてもお耳古い毎度変わり栄えのしない〈冒頭商品〉論の蒸しかえし的再考察であるが、その冒頭命題の主語＝「資本制的生産様式が支配している諸社会の富」のなかで、「諸社会」とはおそらくはかんじんな「資本制商品経済社会」を含んでいるのにちがいないから、それ以外の爾余の諸社会は基本的に商品経済を営んではいない前=非近代資本制社会の謂で、そのようなものとしてその「諸社会」は類別して規定するならば前=非近代の諸〈共同体社会〉であるにちがいない。そのような諸社会に内属する「富」もまた、アダム・スミスの『諸国民の富』のような「ウェルス」あるいは「コモンウェルス」として近代市民社会の富をも主要に含むものであること自体は疑いないが、同時に右に観た前=非近代市民社会としての歴史的存在である諸「共同体社会」に内属する富として、商品形態化されていないいわゆる財あるいは財物の存在形態をとっているものにちがいない。そのような財あるいは財物としての諸社会の富は、本源的に「労働生産物」であることには違いなかろうが、そのようなものとしてその「富」概念は、いわばそのような本源的な労働生産物の二次的転化物であるともいうべき商品生産物として、資本制世界市場に現われる主要な世界商品として浮上して、一物一価の市場価格をもって売買されているものであろう。

このような「主語」としての多種・多様・多質な〈諸社会の富〉は、冒頭命題が包括している「資本制的生産様式が支配している諸社会の富」としては、マルクス『経済学批判』（一八五八年）の概念装置表現によれば、「商品の巨大な集まり」として現象しているのである。

近代資本制社会の世界編成においては、このような「商品の巨魔的・巨人族的な集まり」という普遍的・一般的な基本規定においてそれら商品を産出している生産的労働が、人間主体と自然対象との関係行為として労働過程として営まれている多種・多様・多質に特殊化・個別化している「諸社会の富」としての由来や氏素姓を一切問われることなく、資本制世界市場へと浮上してきて集合し、一物一価に一義化・定量化した商品の「巨大な集まり」として普遍的・一般的に遍在しているのである。このような「主語」を、存在（論）=認識（論）的に述語している――言い換えれば、〈判断命題〉として有意味な命題文脈・論脈に結合している、「主語」「述語」両者の媒介・節合の文法範疇である媒辞・繋辞は、かならずしもist, isといった「be動詞」の結合動態化作用によって媒介・節合されているのではなくて、本質・即・現象、実在・即・仮装的に、その両者の結合によって、そしてその結合とともに、「立ち現われる」のである。

先に現代哲学としての現象学用語として論及した、このようなデカルト哲学以来の〈身-心〉〈主観-客観〉〈物質-精神〉の二元論的分裂を再一化して統合しようと試みている「立ち現われ一元論」（大森荘蔵）を成立させる原動力として、「商品の巨大な巨魔的・巨人族的な集まり」としての普遍的な一般形式化を実現させている媒辞=繋辞は、超感性的な呪《フェティッシュ》物崇拝的心霊作用をともなって立ち現われてきているのである。

こうした中間者Mittel（手段）の媒介作用によって歴史の意味そのものを成立させている〈判断命題〉の確立は、そのような「主語」「述語」結合による価値社会統合に基づいて成立している歴史存在なのであって、たとえその歴史的実在としての近代資本制商品・貨幣経済社会そのものが近代的状態において近代《モダン》的現象として立ち現れる経過的・一時的な歴史存在である（にしかすぎない）にはしても、それはそれなりに自らを自立・自律した自己完結運動体として自己表現しかつ自覚している歴史的実在なのであって、その自己言及的な自己表現が、ヘーゲル『大論理学』的概念範疇で言うならば〈判断〉なのであり、そのような〈判断命題〉化した自己完結運動体は、普遍（類）-特殊（種）-個別（個）の三項を意味ある連鎖命題として、「主語」ist（is）「述語」として、さらなる高次化の価値増殖運動を自己展開する「推論式」の発見・発明・創発能力を持ち得て、「B（特殊）はA（普遍）である、E（個別）はB（特殊）である、ゆえにE（個別）である」といった〈推論〉の自己完結的・自己増殖的主体、すなわちオートポイエーシスを営む自己発展主体たりうるのである。

このような〈判断〉〈推論〉主体の物象化的完成の唯物弁証法運動の自己展示において、「個々の諸商品」は巨大な普遍的・一般的「主語」である「諸社会の富」の要素形態=細胞形態として立ち現れるのである。それを有機的要素としての「細胞」として、生体の可塑的能力を固有する特性をもって（簡単に言って、「細胞」は眼にもなれるし、手足にもなれるし、頭脳にもなれるのである）一箇の全体的な生体たらしめるのであるが、そのような可塑性を「諸社会の富」に与えるのは、商品形態＝価値形態の可塑力にほかならない。そして、こうしたオートポイエーシス的な「要素」は生きた「細胞」として、一般的・普遍的な要素の「巨大な集まり」として、〈身体〉を生命作用的に構成し、そのA細胞は軀幹、B細胞は眼、C細胞は神経系、D細胞は脳……といったきわめて多種・多様・多機能・多目的な分化を「胚葉種軀幹細胞」からの多機能分化として実現・調達し、生命現象を映幻させるのである。「それゆえ、わたしたちの研究は、商品の分析から始まる」のだ。

たとえば、太平洋上の島民の自給自足経済から、中央アジアの牧畜民のホルド経済から、インド亜大陸のカースト経済から、さらには、古代ギリシア・ローマの奴隷制社会の労働生産物、中世封建制・農奴制の生産した農産物の残存、あるいは東欧の「再版農奴制」が現に産出しつづけている農産物等々、現存する非商品経済の全生産物が、その氏素姓を問われることなく、ヘゲモニー世界商品の画一的価格を付けられて「世界市場」へと一物一価的に総浮上してくるのである。

そのような端初《アンファング》としての「商品」の分析から開始された資本制商品経済社会についての体系的分析は、価値形態の胚葉種軀幹細胞のもつ身体の分化的形成能力にも似た、全商品生産物の絶え間のない「均衡の不均衡化」「不均衡の均衡化」の往還運動を組織し、その商品価格の絶え間のない価値重心から乱反射的に遠離化してや上下動をことごとく受容し吸収してしまうきわめて柔軟性に富んだ容器《いれもの》としての機能は、価値実体としての労働実体（資本の生産過程に配備され、有用的・具体的労働と一般的・人間的労働との労働の二重性を統合した生産的労働によって、固定資本としての既存の生産手段・生産対象を「ヘラクレイトスの火」によって熔解させながら、新たな剰余価値生産を、商品の二重性（「使用価値」と「価値＝交換価値」）との「対立物の統一」を実現しつつ、不断の価値増殖運動を、〈資本〉の循環・変転・

回転を通じて営みつづけるのである。

右のような、たった二行の「冒頭商品」論から能産的に開始された「巨大な集まり」としての商品の相互の「相対的価値形態」と「等価形態」の鏡像的関係による「価値（交換価値）」と「使用価値」との「二者対立物の闘争」の弁証法的進展は、商品から貨幣への論理的上向の原動力となって、商品形態の貨幣形態への上向を決定的に促進し、商品所有者たちの「共同事業」によって個々の多種・多様・多質な個別商品の市場における交換が一般的普遍商品である貨幣の形態化運動によって可能となりかつ実現して、ここに「貨幣の謎」は解決・解消されて、商品→貨幣の論理的上向が首尾よく成就されるのである。

その次なる論理的上向は、いうまでもなく、貨幣から資本への転化であるが、『資本論』第一部・第二篇においてその主題提示を告げられた問題は、具体的には「労働過程」と「価値増殖過程」とを統一する〈資本の生産過程〉の成立・確立、その〈資本の生産過程〉への雇用労働者の嵌め込みによる生産的労働、すなわち絶対的剰余価値生産の開始、その形態化運動による、A・スミス、D・リカードの古典派経済学の枢要概念装置であった「固定資本と流動資本」のマルクス的創発による「不変資本と可変資本」としての再定義、そして、その可変資本＝労働者が不変資本＝固定機械設備の更新・新設と結合して産出する相対的剰余価値生産、それに基づいて起こる資本の有機的構成の高度化、という上向過程として、資本の生産過程の骨格が自己形成されてゆくのである。「資本の蓄積過程」として資本家社会的に全総括される「剰余価値の資本への転化」の完成で、それをもって『資本論』弁証法体系の〈冒頭商品〉論から始められた第一部の煉獄巡歴は終わるのである。

それはさらに、『資本論』第二部において〈資本の流通過程〉の全総括に、そしてさらに、『資本論』第三部において〈資本制的生産の総過程の諸姿容《ゲシュタルト》〉の次元が、資本形態の上向運動の極限として、利子生み資本‐株式会社‐信用制度といった資本の擬制的運動形態の分化・創出、現実資本と擬制資本との両価値増殖運動の分離二重化とそれに起因する乖離の増大化、その乖離を資本による原理論的〝解決・解消〟を企図する絶対的理念《イデー》としての信用制度による不換銀行券発券の運動形態創出による「信用の創造」にまで到るのである。

そして、そうした「価値創造」活動による現実資本と擬制（架空）資本との両価値増殖運動の乖離のますます増するの亢進を「隠蔽」「糊塗」し、深まりゆく金融逼迫期の〈資本の過多《プルセラ》〉に本質的・内在的に由来する経済的危機の先のばし・延命・〝解決・解消〟の狂熱的努力、その果てに終局《デア・エンデ》として到来する産業循環＝景気変動過程の好況局面から恐慌局面への転移・交替を劇的に告げる「平均利潤率」の傾向的低下の亢進と「利子率」の異常高騰の亢進との大激突を、直接の契機とする**周期的恐慌の全面的・突変突発的・暴力的な大爆発**という大破局としての終局《デア・エンデ》の全面的顕在化によって、資本制商品経済社会の不断の価値法則運動が悪無限的な価値増殖運動として終局的には有限の〈時空《タイム・スペース》〉に於て演じられる弁証法体系運動化であることが自己暴露されて、過剰化した既存資本価値の破壊・破棄・清掃がクリティカルに強行され、それを介して過剰化した〈資金＝資本〉はその宇宙蛇《ウロボロス》の自らの口をもって自らの尾を銜《くわ》えて終って〈冒頭商品〉へと自己還帰し、依って以て、資本制商品経済社会の円環体系化は完了し、この決死の「通過儀礼」の荒業《あらぎょう》を経ることによって蘇生した資本家社会は、さらに高次な再生産軌道へと、**恐慌局面の不況局面への交替・転化**を介して導かれてゆくのである。

その永劫の「資本ノ制限ハ資本自身デアル」というマルクス命題に促された、くりかえしての自己破産とそれからのプロメテウス的復活は、最終的にブルジョア的宇宙の自己完結的有限性を自証して、それのオルタナティヴとして新たな歴史的社会の構想を全人類的課題として死活的に上程するのである。今日の言葉で表現するならば、エコロジカルにしてアソシエーショナルな将来社会の主体的構想である。

右のような終局《ダス・エンデ》まで見切った〈主体〉の世界遍歴の全経験の総括的立場から、その端初《アンファング》としての〈冒頭商品〉論の原理的再考察に立ち戻るならば、そのわずか二行の全包括的定式化は、マルクス弁証法の特質に順って、冒頭だけでその役割を終わって消え去ってしまうのではなく、その第三部の終末最高規定にいたるまで、つまり、「利子生み資本」「信用制度」「株式会社」の全運動にいたるまで、つねにその形式形態として枠組的に作動しつづけるのである。『要綱《グルントリッセ》』の中期マルクス時代に〈経済学批判体系プラン大系〉として提示された「前半体系」の「主語」であった「資本一般」の立場からの規定でないことはもちろんのこととして、現実には、後期マルクスによって〈プラン大系〉の廃棄となってその「前半体系」（(1) 資本→(2) 土地所有→(3) 賃労働）と「後半体系」結尾（(8)「世界市場と恐慌」）の基本的内容を実際上ことごとく『資本論』体系へと吸収して、〈冒頭商品〉から〈**終末恐慌**〉へと自己円環化する自己完結運動体として運動表現されるのである。そして、そうした体系化の叙述が同時にそのような体系=体制《システム》の全面的な打倒・変革の転形への批判的叙述と二重化して重ね焼きさせられる、下向・上向法の経済学方法論による円環体系化弁証法から、冒頭命題を再び捉えかえしてみるならば、わたしたちは今まで論述してきた〈付注〉にさらに加えて、次のごとき〈大論理学〉的事態を指摘しておかなければならないであろう。すなわち――

（1）中期マルクスの『経済学批判要綱《グルントリッセ》』が〈経済学批判体系プラン大系〉が、その前半体系の主導的な首位範疇として根本規定した〈資本一般〉の概念装置が、ヘーゲル『大論理学』の概念装置論からするならば、〈抽象的普遍〉であることは、おそらくは誰にとっても見易いところである。

マルクス『資本論』体系が、資本制社会のダイナミックな現実的運動のいわば「静態図」として、資本制商品・貨幣経済の発展の「理想的平均」として概念連関を構造的論理化することを幾度か明言していることは、人の知るところであるが、それは、資本の産業循環=景気変動過程のダイナミックな四局面（好況―**恐慌**―不況―経済的高揚）の動態的な推移・変貌・交替に資本家社会を一元的に統括する作用力の原理を（とりわけ、マルクスが『資本論』体系を「資本一般」論的方法のような、諸資本の競争、土地所有（地代）、賃労働（賃金）等の）資本家社会の動態的編成に当ってのいくつかの基軸概念を廃除、括弧入れ、無化して説こうとするような「静態的方法」と、**恐慌の規定力**を推進軸として動態的に説く方法とを、並存させているところから、マルクスにとって「理想的平均」論が経済法則の、とりわけ諸商品の等価交換にひとつけた経済法則の理論的構成の鍵である、と誤解・盲信しつづけてきている日本マルクス主義経済学者が多いのであるが、そのような誤解・誤認・盲信・理論方法的一面化は、マルクスが「理想的平均」論的方法をもちだす時は必ず、明示的にそれが価値論的抽象によって検討中の経済的現象を「純粋な姿容」において観察して、次なる概念的奴上の概念的重層化・深化の準備としたいという注意を施していることの、経済学方法論的意義を全く理解していないところからくる一種の理論的斜視であるにしかすぎない。

次に、そのような「理想的平均」化によってこそ、「純粋な形での経済法則」が完全無欠なかたちではじめて抽出できる、といったドグマティズムは、その理論方法的根柢において、中期マルクスの『要綱』的〈経済学批判体系プラン大系〉の前半体系が、後期マルクスの『資本論』体系化への道において廃棄されてしまったことの理論方法的意義を熟考することなく、後期マルクスにおいても依然として活きていると時代錯誤的に盲信しつづけているドグマティズムと、内的に不可分に結びついているのである。だからこそ、〈資本一般〉説と〈プラン大系〉説は、日本マルクス主義経済学者のなかで信者が絶えないのである。右のような、「理想的平均化」による静態としての資本制社会の概観作成について、一番意識的によく心得ていた現代マルクス主義者は、『資本蓄積論』のローザ・ルクセンブルクであったが、そのかわりかのじょは、資本主義のクリーゼは西欧的中心《センター》の本来的蓄積が周辺《ペリフェリー》世界を侵蝕し尽くした時に到来するという〈永久帝国主義〉論的方法をとっていたために、かんじんかなめな恐慌現象を括弧に入れたまま、それを採り出せなくなってしまい、『資本蓄積論』を龍頭蛇尾に終わらせるほかなかったのである。

したがって、『経済学批判要綱』段階の中期マルクスに特徴的・特有な「資本一般」論的方法と「プラン大系」的方法の双方が、その内的不可分の腐れ縁を考慮して、後期マルクスの『資本論』弁証法体系の基本的完成によって基本的には克服されたことの決定的・理論戦略的意義を、曇りなく確信して、会得しなければならない。

この場合、本書が力説これつとめているように、マルクスがそのあらゆる学問的精通にもかかわらず生前に〈**恐慌論**〉を完成できなかったことが、右のような「資本一般」説や「プラン大系」説のような中期マルクス的欠陥・偏向・不備を、『資本論』段階の理解の水準のなかでもなお温存していることに、否定的に作用していることを、今後のマルクス経済学とマルクス主義の創造的発展においても深く捉えかえしておかなければなるまい。

さらに、二〇世紀的現代において、そのような**マルクス**〈**恐慌論**〉のよぎない不備を、マルクスの〈**恐慌**〉についての基本規定を生かしてそれを**マルクスの**〈**恐慌論**〉完成をめざして基本構想を基準として〈**恐慌論**〉**の理論的・体系的完成**に不滅の巨歩を進めた〈宇野理論〉が、その学問的素志に反して、本書がくりかえし強調しているように、宇野『経済原論』と**宇野**『**恐慌論**』との別建て・別刷といったバラバラ事件的な龍頭蛇尾に遺憾ながら終わらせられてしまったことの影響もすこぶる大きい。

〈宇野理論〉における経済学原理論は『経済原論』として完成された、と本人自身と宇野学派によって自負されているところであるが、本書で詳述したように、私見では、宇野博士の経済学原理論の方法は、「資本一般」説や「プラン大系」説の「理想的平均」に基づいて経済法則の理論的実証とみなすといった、基本的に誤謬・欠陥・不備をまぬかれない、その実は、中期マルクス以来、『資本論』段階においても、マルクスに過去の残滓としてなお残っていた古い経済学方法論の残滓なのである。

この「理想的平均」の経済法則把握によって静態図として『経済理論』を純化させて完成させるという目標、そしてその目標は、マルクス『資本論』体系になお残っている欠陥・不備・不明確を超えて、宇野『経済原論』によって貫徹されて、残る隈なく経済学原理論は完成されたという宇野学派としての理論的自負にもかかわらず、その「理想的平均」による資本家社会における経済的運動法則の批判的解明は、「地代」の「例解的挿入」を媒介として、利潤と利子への分化、利子の最終範疇にまで上向的完成をみることはできるが、三位一体範式による物象化社会としての資本制商品経済社会の完全な円環体系化の自己還帰による宇宙蛇《ウロボロス》が自らの口に自らの尾を銜《くわ》える、円環体系化による「有限の弁証法」として「総体性の弁証法」を真理運動としてうちたてることは、ついにできないのである。私見では、それが、〈抽象的普遍〉の方法であり、純粋資本主義社会のモデル像であるからである。

マルクス『資本論』弁証法体系が、二〇世紀的現代におけるその最良・最高の極東の日本人マルクス経済学者によって、『経済原論』と『**恐慌論**』とに分岐・分裂させられてしまった悲劇の発生は、右の原理的欠陥の何よりの現の証拠である。

（2）きわめて痛恨・遺憾なことながら、右の理論的・方法的確認との関連において、〈純粋資本主義モデル像〉に専一的に依存する〈宇野理論〉による経済学原理論の理論的構成が、「抽象的普遍」の方法であって、マルクス『資本論』体系が提示した資本家社会を全体系的に把握する「具体的普遍」の方法ではないことを、ここで徹底的・根底的に確認しておかなければならない。

7　〈宇野理論〉の抽象的普遍性とマルクス『資本論』体系の具体的普遍性

『資本論』弁証法体系の〈冒頭商品〉命題を〈判断〉文脈体系的に意味構成するマルクスの「大主語」は、「資本制的生産様式が支配している諸社会の富」として複合的・重層的に立言されているのであって、〈純粋資本主義モデル像《ビルト》〉として観念的「帰一」化方法による一元化――その方法は、自らの〈純粋資本主義〉という「抽象的・形式的普遍性」に都合の良い一面的・断片的事実は、「抽象化」して一般化・普遍化して、それに都合の悪い他面的・断片的事実はことごとく「捨象化」して無化してしまうという特性において、際立っている。要するに、弁証法ではなくて、折衷主義、それも自らの主張だけに〝帰一・還元〟させてしまう御都合主義的な折衷主義なのである。

〈宇野理論〉のその折衷主義的方法の世界観的・方法論的特性の由って来たる淵源を推測してみるならば、その抽象と捨象のアンバランスにそれなりに気付き、悩んでいる当事者が、たとえば大森荘蔵哲学に窺えるような、現代現象学の分析哲学にみられるごとく、「立ち現われ一元論」による二元論的分離の克服のための「重ね焼き」や「重ね描き」や「思い籠め」のような工夫を苦心惨憺凝らしているというのにそのような方法論的苦心もないままに、二元論的に拡散してしまっている「抽象」と「捨象」のバラバラな諸事実・諸断片をただ堆積させて重ね置きしている怠慢というか放置に由来しているのではないか、と思われる。

そのような〈宇野理論〉における恣意的な、その意味で観念論的な経済学方法の欠陥・不備は、一九世紀中葉の最先進資本主義国イギリスにおける商品経済的「純化」の増大の特定の事実・一定の傾向に依拠しながらも――そのような〝帰一的・還元的〟な〈純粋資本主義〉の抽出方法は、当事者にとっては「純化」すなわち普遍化・一般化の確固たる歴史的事実による確定として、何によって商品経済の実在的発展に基づく客観的「抽象」と「純化」的把握論としての主観的「抽象」とのそれこそ「重ね焼き」に由来しているのであるが、そのような最先進イギリス資本主義から抽象される歴史的・論理的普遍性＝一般性は、そのヘゲモニックな領導のなかで〈パクス・ブリタニカ〉世界秩序や〈国際金本位〉体制やポンド体制のもとでの後進的・後発的な資本主義発展をとげているヨーロッパ資本主義諸列強やA・A・LA周辺世界の植民地・従属諸国にとっては、かならずしも暴力的方法によるのではない平和的方法あるいは自由主義的方法による、そのようなイギリス純粋資本主義の「普遍性強制」の文明開化作用は、その実は、個別的各自国の資本主義発展の道を特殊化する野蛮化作業以外のなにものとしても受けとめられなかったにちがいない。

そのような純粋イギリス資本主義の「文明開化作用」は、〈宇野理論〉の理論的事実として、一九世紀中葉のヴィクトリア期イギリス資本主義を純化せしめた直接的要因としての諸問題――外国貿易問題の捨象、農業・食糧問題の捨象、原料輸入（とりわけ棉花・羊毛）問題の捨象、**恐慌時にとくに深刻化して緊急な現実的必要事となる金の流出入問題**の捨象、戦費・軍事の植民地インドへの押しつけ問題の捨象、といった一連の重要な諸問題の捨象によって――はじめて成り立っているのである。この捨象は、近代イギリス史の重要な政治的・経済的事象のほとんど全面に亙っているのである。それらを捨象してしまっては、イギリス資本主義そのものが成り立ちえない。再構成できない。

この場合、わたしがとくに注目するのは、イギリス資本主義における商品・貨幣経済の発展に由来する実在問題としての捨象、当事者の経済学原理論の理論的構成に由来する観念的方法問題としての捨象、の対応的ダブリということである。この対応的ダブリは、先程の言い方で言えば、重ね焼きではない重ね置きの理論的怠慢である。このことは裏返していえば、直ちに、純粋イギリス資本主義モデルをビルト化するさいにおける、実在問題としての抽象、当事者の理論的構成に由来する観念的方法問題としての抽象の対応的ダブリが、必ずそこに存在しているということを意味している。

〈抽象的・形式的普遍〉の世界化は、かならずその他面では、〈抽象的・形式的個物〉や〈特殊の多数個別的な相互に無関係な並立〉等々の弁証法的論理事態の発生をともなっているのである。そのようにはしない〈具体的普遍〉の方法ビルトや、〈個物の根拠に垂鉛を深く下すことによる普遍への道の把握〉の自他交通の開拓の秘訣は、わが「昭和」期日本においてきわめて真摯に白熱的にたたかわされた〈日本資本主義論争〉における、日英同盟路線に現実化した、先発・先進イギリス資本主義の「純化」「普遍化」と後発・後進日本資本主義の「不純化」「特殊化」といった弁証法論理的事態の発生一つだけでも主体的に反省してみれば、すぐ分からなければならないところである。右の場合、一方における「純化」と、他方における「不純化」は、同時代史としての世界資本主義発展の事実においては、完全に因果関係をももって裏表的に完全一体化しているのである。

（3）冒頭命題の「大主語」が、世界市場的仮現としては「商品の巨大な集まり」として立ち現われ、そのような巨魔的で巨人族的な商品集成は「その富の要素形態（細胞形態）として」の「個々の商品」の巨大な集まりとして立ち現われる、という〈判断〉命題の有っている意味生成はどこにあるのか？　その「巨大」「巨魔」「巨人族的」という普遍主義的・一般化主義的「定性」形容の「定量」はどの種のものであるのか？

　右の冒頭商品が設定する「定性」と「定量」の量質転化の弁証法を解明するためには、先ずもってそのような弁証法的両項問題の問題設定そのものを可能にし、かつその問題の現実的解決をも可能にする形態化的運動能力を固有する質的規定を、明らかにしなければならない、ヘーゲルは、かれの思弁哲学体系の起点＝基点を先ずもって解明して据え置くに当って、「物事は何事も端初《アンファング》が難しい」と喝破したが、だからこそ、『資本論』体系の解読に当っても、その〈冒頭商品論〉が最初から抱えこんでいる商品形態＝価値形態論は、その端初《アンファング》としての難解性にみちみちている。その難解さの程度は『資本論』全三部体系を現行版として整理・整序・公刊した「第二ヴァイオリン」の僚友エンゲルスが、冒頭商品が本質的に有っている価値形態論が分からないことに自分でもすっかり閉口してしまって、『資本論』初版の公刊に際して、マルクスにたいして百方手をつくしてかんじんかなめな価値形態論を『資本論』体系からひっこめることを提案し、ついに初版本『資本論』第一部において価値形態論を「付録」とすることに成功（！）した一事をもってしても、これを知ることができる。そのエンゲルス的・クーゲルマン的策動にたいして、やはり百方手をつくして原則的に抵抗した著者マルクスは、第二版の刊行にいたるや、たちまち「付録」の価値形態論を、冒頭商品論の首位へと復権させ、さらにいわゆる「フランス語版資本論」の公刊の好機に乗じて、価値形態論の大巾な補充・補完の理論方法作業を行ったことをもってしても、その難解性の由って来たる所以とその処理法の難しさを知ることができる。

　『資本論』読者が『資本論』読解に当たって、その冒頭かならず躓いてしまう難解さは、いうまでもなくこの価値形態論が固有している最高度の抽象性の水準に由来しているのである。それは、冒頭商品が内的に固有している（固有せざるをえない）形式的・一般的・抽象性の水準の難解さであり、そのような論理的下向法の極限＝限界（それは資本制社会そのものの原理的限界性の自己表現にほかならない）「抽象的普遍性」から、諸社会の有つあらゆる富を世界市場商品の「巨大な集まり」として、その「多様性の統一」を論理的上向法の極限的展開によって（したがってまたその追思考《ナッハデンケン》によって獲得される、ありのままの資本制商品経済社会は、それが歴史的社会として人類文明史上では有限な一時的・経過的存在であるにしかすぎないことを自証するのである）体系化する弁証法論理は、自己自身を「具体的普遍性」として世界大に多様に豊富化してゆく形態化的分化能力にほかならないのであって、けっして〈宇野理論〉が〈純粋資本主義モデル像〉に依拠して観念的恣意性において設定したような純然たる「抽象的・形式的普遍性」の帰一性の論理方法のお歯に合うようなチョロイ存在ではありえなかったのである。

「無前提の学」としての哲学の方法である弁証法論理学（つまり、ヘーゲル哲学の『大論理学』である）に順って、端初《アンファング》としての冒頭商品論から始めて、「商品の巨大な集まり」としてグローバルな資本制商品世界市場として現象する「資本制的生産様式が支配している諸社会の富」と成っている総有的存在のすべてを論理的下向・上向法によって自己完結運動体として円環体系化するのが、商品形態を「冒頭」範疇とし恐慌を「終結」範疇とする『資本論』弁証法体系の動態的核心《ガイスト》である。

東西文明世界を問わず、また中心─周辺世界を問わず、全球的規模において世界編成している資本制世界市場に遍在している価値形態的普遍性を有つ〈商品〉が、その遍在性の根拠を「商品形態」としての価値形態的抽象性・一般的形式性に有っていることは、疑いを容れないところである。

そのように資本制世界市場商品として、そのいっさいの身分・由来・氏素姓を問われることなく、普遍的・一般的に形式化（商品形態化）した「無前提の学」的根拠が、スピノザ哲学式にいえば、神〈即〉自然として、万有の造物主《デミユルゴス》である神が、そもそもの原初の無の闇のさなかで、光アレと呼ばわって（「言語論的転回」である）多種・多様・多質な万有を産出したオートポイエーシス的な価値形態の有つ動態的・動軸的普遍形式性にあること、さらにライプニッツ哲学式にいえば、宇宙のいたるところを各自個別存在としての自己（自己同一的自己《アイデンティティー》）の数多の中心としてロケーションしている、いわゆる〈窓なき単子《モナド》〉の相互交通《フェアケール》=自己交通《フェアケール》にあることは、間違いないところである。

神〈即〉自然のスピノザ哲学における普遍的存在としての万有の〈神〉は、受肉によってこの世に個別化した数多の被造物をもたらすと語る汎神論哲学として、事実上の無神論の自己告白となっている。ライプニッツ哲学の普遍的要素=一般的個物である（このような自己定義自体が冒頭の端初《アンファング》からして、自己矛盾的二重性・両義性において際立っている）「窓なき単子《モナド》」は、窓が無いのにどうして相互交通・自他交通するのか、とよく哲学的に問われるが、ライプニッツ自身はその究極の問いに明示的に答えていないが、わたしがその代わりをつとめて答えるならば、単子《モナド》そのものが「窓」である、と答えることができる。物象化社会として万有が商品形態化存在として呪物崇拝《フェティシュ》を受けることになるこの独特な近代《モデルネ》の無神論世界における単子《モナド》は、まさしくその各自個別存在自体が〈時空《タイム・スペース》〉へと開かれた「窓」という普遍形式なのであって、そのような単子《モナド》的世界商品が全員集合した資本制世界市場とは、一物一価の「商品の巨大な集まり」としての個別的単独性をもって普遍的・一般的な相互交換を一般的商品である貨幣形態の等価交換的に相互媒介することを介して、自己実現するがごとき全称存在にほかならないのである。

そして、そのような「商品の巨大な集まり」として商品形態化された「諸社会の富」という主語を述語化して有意味の全称命題を〈判断〉作用によって全面的にもたらした「推論的世界」としてのダイナミックな価値増殖運動が無限進行する資本制商品・貨幣経済世界は、そのそもそもの弁証法論理学的構造における、その構造に内在する本質的・根本的矛盾の自己展開によって、受苦的苦悩に悩まされつづけながら、そうした全過程を「最終」範疇である**恐慌の周期的・全面的・暴力的大爆発**によって再び「冒頭商品」へと自己還帰をとげることに基づいて、自己完結運動としての自らの価値法則的全運動を円環体系化するのである。

けだし、「商品の巨大な巨魔的・巨人族的な集まり」としての集合の集合において、そのような全称命題としての価値形態的社会統合においては、〈集合の集合〉全称命題が、その〈集合の集合〉を新たな一つの集合要素とせざるをえないがゆえに、バーランド・ラッセルの『プリンシプル・マテマチカ』の論理体系化が発見した〈集合論のパラドックス〉の自己暴露もまた必至のものであったのであり、そのパラドックスの有っていた論理学的意味は、この現代において、あらゆる全称系列命題は普遍化されたその個別全称命題の内部においては絶対に解決することのできない矛盾をかかえこんでおり、そのようないわば先験的矛盾は、経験的世界の重層化的解決法としては、その全称命題体系のもう一つ高次にある全称命題体系の中枢概念を、インストラクターとして導出して下部へとそれを導入する以外にはありえない、と数学的に完全に証明したクルト・ゲーデルのいわゆる〈不完全性定理〉の大発見によって、今日的に解明されたのである。

フォン・ノイマンがゲーデルのアインシュタイン賞受賞式での記念講演において、かれゲーデルの双対の定理の発見——自然数の〈完全性定理〉、一般数の〈不完全性定理〉の数学的発見——を目して、折り紙つけた「人類文明史の画期を分かつ論理学の一大変革」によって、完全無比に解明されたごとくである。わたしに言わせれば、資本の産業循環=景気変動過程における全四局面の推移・変転・交替の最終局面としての**恐慌の全面的・突発突変的な大爆発**は、ラッセル&ゲーデルの発見した「集合論のパラドックス」の大爆発にほかならず、そして、固定資本巨大化の金融・独占資本主義の今日的条件下において過剰化した既存資本価値を破壊・整理する通過儀礼を経て蘇生した資本制的再生産軌道の新たな高次の次元における再生・再開とは、ゲーデル〈不完全性原理〉の謂うもう一つ高次元からの「インストラクターの導入」にほかならないのである。

商品を要素形態=細胞形態とする巨魔的・巨人族的な巨大集合として身体的有機体を総体化した資本制市民社会の

有機的弁証法体系を、〈欲求の体系〉である近代市民社会の構成の歴史的特質として明らかにしたのが、ヘーゲルの『精神の現象学』ならびに『法哲学講義』にほかならない。

「序論」法（正義）の概念→「第一部」抽象的な正義（法）→「第二部」道徳→「第三部」共同体の倫理→同「第一章」家族→同「第二章」市民社会→同「A．欲求の体系」→「B．司法活動」→「C．社会政策と職能集団」→同「第三章」国家→同「A．国内法」→「B．国際法」→「C．世界史」、という篇別構成体制のなかでの、ヘーゲルの「欲求の体系」としての近代市民社会論の冒頭命題は、§189として展示されている。すなわち――「意志の一般性（共同性）に対立するものとしてあらわれる特殊性が、主観的な欲求である。欲求が満たされて客観的なものになるには、（α）他人の所有物であり、他人の欲求や意志の産物である外界の物を手段とし、（β）欲求と満足とを媒介する活動と労働の力に依らなければならない。

目的は、主観的で特殊な欲求の満足だが、それが他人の欲求や自由な我儘と関係するなかで、一般性（共同性）が考慮に入れられるので、有限な領域にこのように理性があらわれでるとなると、社会的な知性に、市民社会の調停役として出番があたえられ、それについての考察が必要となる。／国家経済学は、このような視点から出発する学問だが、それが実際に表現するのは、一般大衆の相互関係運動の、質的ないし量的な在り様と錯綜ぶりである。それは近代という土台の上に生じた学問である。その発展は、目の前にある無限の個別事象から、事柄の単純な原理――そこに働き、全体を統率する知性――を思考の力によって発見していくという、興味深い足どりを示している〔スミス、セー、リカード経済学原理論的な諸著作を参照されたい〕。

ヘーゲルが謂う「国家経済学」とは、いうまでもなく先進イギリスの古典派経済学の謂であるが、以て、かれヘーゲルのスミス、セー、リカード等の国民経済学についての並々ならない素養と蘊蓄の程をうかがい知ることができる。意志の一般性（共同性）と欲求の特殊性との弁証法的闘争をはらんでいる、他人の所有物である外物を「手段」として、欲求的満足の媒介活動（つまり貨幣の力である）と労働の力によって、自他交通をおこなう〈欲求の体系〉社会において、国民経済学は多種多様な欲求のすべてを充足させることのできる体系《システム》がどのようにして統制されるのか、という経済法則（つまり価値法則である）を見出すべく、眼前にある無限に多様な欲求を充たすことを特殊目的として、食べたり、飲んだり、着たりという一般的欲求を、外見上偶然の事象の堆積のなかで、その諸衝突から産出される社会全体を充足する一般的な事実を基礎として「自ずと生じる必然性」を認識するのが経済学の仕事である、と把えている。経済学だけに限局してみても、みごとな方法的把握である。

そのような多種・多様な一般的・特殊的・個別的欲求の働く「偶然性の世界」が、オートポイエーシスしている普遍的「必然性」の経済法則を把えるのが、「欲求の体系」である近代市民社会を対象化分析するものとしての経済学の任務である、とするのである。「たとえば、労働の価格、自然からとれる生活手段の価格は、もっぱら偶然に左右されるかに思えるが、一見するとどうにでもできると思える一切が、その実、一定の必然性をもって決定される。したがって、国家経済学は、大量の偶然な諸事象のなかから法則を発見してくる」と（傍点いいだ）。あたかも丁度、太陽系の惑星が、見た目にはいつも不規則な運動を示していながら、ティコ・ブラーエの望遠鏡の視角でそれを見ると、そこに天文学の法則が認識されて、認識パラダイム上も根本的に「コペルニクス的転回」が起きるようなものである。当然のことであるが、ティコ・ブラーエが望遠鏡で覗いたから、その時急に太陽系の惑星が天文学的法則に順う天体運動を始めたわけのものではないのである。マア、ヒュームみたいに疑り深くなると、星々たちも望遠鏡を当方が覗いていない瞬間には、何をしているか分かったもんじゃない、ということになるのであるが！　しかし、今日、量子力学の観測行為の物資性が明らかにしているところに、〈観《テオーリア》〉を離れて、素材に外部に在るモノの自足的〈視〉などはありえないのである。ビルトは必ず観《テオーリア》の所産である。

マルクスの『資本論』弁証法体系は、よく知られているように、「労働の価格」として現象し仮装されている労働力商品の価値を規定力として、その価値＝価格の特異な構造を有し人間社会唯一の特異な「単純商品」である労働力商品が、爾余の単純ならざる全商品を資本の生産過程において産出し、よってもって資本制社会を自己形成する、と説いているのであって、そのような価値法則社会としての資本制商品・貨幣経済社会の批判的分析は、ヘーゲルの観念弁証法による「欲求の体系」としての近代市民社会に対する批判的分析のまさに「唯物論的改作」にほかならないのである。

8　戦後日本における〈宇野弘蔵vs久留間鮫造論争〉の意義の今日的回顧

戦後日本において、価値論論争のなかで宇野弘蔵博士が「商品所有者の欲望」の問題を提起したのが、宇野弘蔵vs久留間鮫造の「貨幣論論争」をひきおこして、よってもって日本のマルクス経済学の水準を一挙に高度の世界的水準へと引き上げたことは、著名な学問的歴史事実である。本書でも、この戦後初心の意義については、すでに何遍も触れたところである。それをここで、最終的に再考察したい。

戦後のマルクス経済学者による『資本論』研究の水準を世界的に一気に引きあげる契機となった〈宇野・久留間論争〉が、雑誌『評論』が主催した「資本論研究会」の第三十四回の席上、宇野弘蔵が「相対的価値形態に立つ商品所有者の欲望を捨象すべきではないのではないか」と発言したことから、討論が大紛糾・大混乱を来たして、速記を取ることさえ不可能な収拾不能に陥った〝椿事〟から生じたということは、あまりにも有名なところであるが、今日から改めてそこでの紛糾した討論の問題点を要点してみるならば――（1）価値形態論における欲望の捨象をどのように考えたらよいか、それは思惟のなかだけの捨象か、それとも現実的な捨象なのか、（2）価値形態論における価値表現の「回り道」の論理の内容を、どのように理解したらよいか、そのさい「価値物 Wertding」範疇はどのように把握されるべきか、（3）そのさい左辺・右辺両項の価値等式は、それ自体として「逆の連関」を含むものとして把えてよいかどうか、の三点に集約される。だが、この論争の有っていた深層の問題については、理論的垂鉛が意外に届いていないように、すくなくともこのわたしには思われる。

本書の本章での再検討の主題上、〈宇野・久留間論争〉の内容には本章での探究の必要以上には立ち入ることをしないが、マルクスの『資本論』第一部における第一章「商品」・第三節「価値形態または交換価値」と第二章「交換過程」が、いずれにせよ、それに直接に後行する第三章「貨幣または商品流通」の直接の論理的前段として、貨幣生成の「謎」のいわば二つの道の叙述であることを踏まえてみて、多少場違いで奇妙なわたしの感慨を一言述べさせてもらうならば、『資本論』の論理的純化の徹底の見地から、「交換過程」論を廃して「価値形態」論にそれを吸収してしまうべきであると主張した宇野弘蔵が、現実には、交換過程の場＝市場において出会うほかない商品所有者の欲望が解明されると主張した久留間鮫造が、「交換過程」においては、商品所有者の欲望など不用である、と強調したことを強調し、それに対して「価値形態」論で貨幣形成の「如何にして」が、「交換過程」論で貨幣形成の「何によって」との交差を、やや皮肉な事態と感ぜざるをえないのである。

マルクス自身の第一篇「商品と貨幣」における第一章・第三節「価値形態または交換価値」と第四節「商品の物神的性格とその秘密」を中間媒介的に介在させた上での、第二章「交換過程」との前後配列をそのままに尊重して言うならば、マルクスが「決定的に重要なことは、価値形態と価値実体と価値の大きさとの関係を発見すること、すなわち、観念的に表現すれば、価値形態は価値概念から発していることを論証するということ」と述べた大局的な問題意識に即してみて、「冒頭商品」の商品形態からはじまる「流通形態」が、「貨幣の生成」を普遍的媒介にしながら、いかにして「資本の生産過程」において「価値実体」としての生産労働を摑んで、その労働時間による「価値の大きさ」を定量的に（つまり科学として）計測しうることになるか、そのように「価値概念に適合した価値形態はいかにして成立するか」、という視角から、価値形態の発展→交換過程という論理的序列を追求してゆけばそれでよい、ということになろう。

したがって、価値形態論では、諸商品を価値抽象に還元し価値実体を析出することが問題なのではなく、いかにして商品の価値が他商品の使用価値で表現されるかの価値の現象形態が問題となっているのであり、それは価値実体の析出としての異種の具体的有用労働の抽象的人間労働への還元の問題とは別個の事柄なのであり、その別個の事柄の相違の無視ないしは取り違えが、『資本論』第一部・第一章の第一・二節と第三節とのそれぞれの課題の混同につながる、という理論的了解となろう。本書のわたしとしては、そのような論理的序列の整理と了解で、この難題をここで卒業させていただくこととして、その先に伏在している、深層での問題領域に理論的垂鉛をさらに深く下ろすこととしたい。

右に対応して、『資本論』第一部・第二章の「交換過程」論は、一般的等価物を成立させる商品世界の「共同事業」が何故に起こされる必然性があるのか、したがってまた、如何なる過程に媒介されて貨幣が生成するのかという、言い換えれば、商品のなかから「何故に」「何によって」貨幣が必然的に形成されるのかが、久留間鮫造博士がみごとに整理したように課題とされているのであって、これは、価値形態の「第二形態」から「第三形態」への移行過程に対応するいわば縦系列の問題を、諸商品相互のあいだの全面的交換の矛盾としていわば横布団において把握するものにほかならない。このように、「交換過程」論は、「価値形態」論の基礎づけのもとに後行としての前後関係をもって説かれなければならないのである。価値形態論が前、交換過程論が後、でなければならないことには何の問題もない。問題は、だからと言って、宇野弘蔵博士が「商品所有者の欲望」の検討の絶対的必要性を主張しながら、同時に、後へ廻された「交換過程」を廃することが果たして妥当なのか、という問題である。

このようにして、「価値形態」論の基礎づけのもとに「交換過程」の矛盾は、すべての商品所有者が商品所有者として互いの売買を成立させようとするかぎり、一般的・統一的な価値表現関係が成立することができず、諸商品は相互に諸使用価値として徒らに対立しあうにすぎず、したがって、そのような交換過程では、現実の商品交換が行われえないこととなる――そのように矛盾が定立され、その矛盾に運動形態を与えるものとして、まさに商品所有者の共同事業による「貨幣の生成・成立」が説かれるのである。

そこで形成される貨幣は、貨幣商品としてただ単に観念的存在にとどまることなく、価値形態に基礎づけられながら交換過程に現実に登場してこなければならないのであるからして、先ずもって「価値尺度」機能をになう貨幣であり、さらにその基礎規定の上に「流通手段」機能をにないうる貨幣の生成・出現が必然的なものとして要請されているのである。オアシはまさしく、脚を有っている商品所有者が異質の使用価値物を現に所有している他者と出会うべく交換過程に現われなければ、自分の交換「欲望」に順ってそのオアシを使うことができないのである。「商品所有者」の問題というのは、これを要するに、私有財産とその所有者の問題である。これは資本制社会においては、先にも論定したように「私的・資本家的所有」であるが、水平的出会の場である「交換過程」においては、さしあたりそれは「私的所有」として、エンゲルス的に立ち現われるのである。それにしても、交換過程の場における当事者の「立ち現われ」がないならば、重ね焼き的一元化は可能でなくなってしまうのである。

A・スミスをはじめとする古典派経済学は、貨幣を何よりも先ずもって「流通手段」として把えて、貨幣の「価値尺度」機能を「流通手段」機能に随伴する副次的機能としてみなしていた。マルクスはまさに、この古典派経済学的認識をもののみごとに逆転させて、貨幣の本源的機能を「価値尺度」機能に求め、「流通手段」としての貨幣はつねに「価値尺度」としての貨幣を前提として機能するものであることを、あきらかにしたのである。そして、『資本論』第一部・第三章「貨幣または商品流通」第二節「流通手段」第三節「貨幣」（a）蓄蔵貨幣の形成（b）支払手段（c）世界貨幣）という論理的序列をもって、価値尺度と流通手段を統一する「貨幣としての貨幣」が「第三の規定における貨幣」として〈世界貨幣〉という貨幣の最終範疇として現われ、蓄蔵貨幣が支払手段・世界貨幣の三位一体の相において機能することを明確にしたのである。

〈宇野理論〉においては、その理論形成の当初からして、交換過程への現実的登場をヌキにした「商品所有者」の純然たる「欲望」だけのさながら幽霊的登場という無理無体が、結局、「貨幣としての貨幣」としての「世界貨幣」を経済学原理論では説けないものとして、原理論的純化の外へと追いやり、結局この処理が仇となって究極的に『恐慌論』を『経済原論』では説くことができないという二元論的分離を、〈宇野理論〉に強制するにいたった、と総括することができる。何度も強調してきたようにこの点が〈宇野経済学〉批判の本書におけるポイントである。

「価値が金の姿で表示され、価格の形態をとるということ、このことはいったい、商品生産にとってどのような意味をもつかという問題」（マルクス『資本論』第一部）は、こうして「形態としての価格」としての貨幣という商品運動形態をもつことによって、マルクスの体系的理論としては解決されたのであるが、そのマルクス的解決の余慶に、宇野『経済原論』は遺憾ながら預かることができなかった。初発における折角の「商品所有者の欲望」というブリリアントな問題提起が、オアシを有たない幽霊的存在の「欲望」になってしまったために、最後の最後までタタッタのである。ウラメシヤ！

マルクスが従来の古典派経済学が、アダム・スミスにしても、デイヴィッド・リカードにしても、「見落しているもの」として力説している「尺度の質」が、この「形態としての価格」＝貨幣の形成によって、マルクスにとっては、またマルクスによって、解決されたのであるが。これは、宇野弘蔵が、戦後初頭の問題提起で「商品所有者の欲望」という一見突飛・奇体な形で提起して一座の混乱を招いた問題の真意・核心が、価値形態の規定力による商品価格の「尺度の仕方」「計量の仕方」の問題であったことを、傍証しているのである。

これは、取引商品の重心ともいうべき価値と、当然のこととして、積極的意味をもつこととして、それとは不断に不一致におちいり、上下動しながら、乖離する市場価格との量的不一致の問題自体を、「尺度＝計量の仕方」として許容する「質的規定の問題」（宇野弘蔵）の解決運動形態＝価値形態なのである。にもかかわらず、宇野『経済原論』における、価値形態の交換過程からの切り離しが、価値形態のこのような柔軟無比な容器的可能性を実際には殺してしまったのである。

マルクス『資本論』第一部流に言うならば、「商品は実在的（reell）には使用価値であり、その価値存在は、その商品をそれの実在的な価値姿態としての・対立的な金に関連されるところの価格において、ただ観念的（adeell）にのみ現われる」のであって、貨幣たる金はまさに「価値の物質化（Wertmaleriatur）」として、実在的に（reell）交換価値であるが、その使用価値は、「物価表」を逆さに読むというかたちで観念的（ideell）にのみ表われる。

したがって、貨幣は、現実に使用価値たるためには、G―Wという形態運動をおこなわなければならない。こうした対立的な諸形態と対立的な形態運動こそが、「諸商品の交換過程の現実の運動諸形態」であるというのが、ここでマルクスの言わんとするところにほかならない。

いまや「直接的交換可能性を有する唯一の商品」となった貨幣金が、顚倒的な運動形態によって推進されてゆく売買運動の起点でなければならない。W―Gの運動は商品にとっての「命懸けの飛躍《モルト・モルターレ》」であり、G―Wは貨幣にとっての「命懸けの飛躍」ではない、という弁証法的表裏性がないしは非対照性、この商品の購買‐販売過程において出現するのである。マルクスが**恐慌の最初の**「**抽象的可能性**」を看破する場所である。

『資本論』弁証法体系の論理的上向の進展において、絶えず変動する「社会的生産有機体の量的・質的編成」（マルクス）とそのもとでの社会的質料変換＝物質代謝が、「矛盾の運動形態」である商品流通によって絶えず媒介されて進行する点に、資本制商品・貨幣経済に固有・特有の形態規定の問題があるのである。マルクスによれば、そこにすでに「**恐慌の原基形態**」が含まれているのである。『**恐慌論**』の端緒《アンファング》の問題である。本書でのわたしの場合には、先にも論証したごとく、その**恐慌の原基形態の初発的な「形式的可能性」の端緒《アンファング》の場**を、そのまた以前のそもそもの価値形態と変換過程との前後のズレに求めているのであるが。

そのような論争の主題《テーマ》を、今日からの追思考《ナッハデンケン》として思想的・理論的・論理的に再構成する場合には、商品所有者の（つまり「私的所有者」である）の欲望がなければ、市場関係＝交換過程（「交換過程」を無化させて、そのような私的所有物としての商品の市場交換を組み込んだものとして「価値形態」論を十全に純化した、という宇野博士の理論的思惑にもかかわらず）、第一に、そのような欲望をいだいて市場関係＝交換過程へと立ち現われる「欲望」とは、宇野博士が黙示的に前提にしているような商品交換をおこなって貨幣形態を共立したい、という欲望に限局されるものではなくて、そのような欲望の基礎にある、「食べたり飲んだり着たり」という一般的な欲望ならびにそれに付け加わる生活者大衆の「無数の特殊目的」に由るものである、ということが一番重要であり、第二に、そのような無数の生活人的諸欲望が市場関係＝交換過程において「売買」という形態によって大量の行為的事実としておこなわれて、由って以てそれを土台とする生産価格法則としての経済法則が一般化される、ということである。その後者の一般化がさらに高度化すれば、オアシ自体が「章標貨幣」へと完全に観念化し、そうなってしまえば、宇野博士の御希望のように、オアシはもはやアシなしに貨幣市場を相手に出会う必要もなく、自由往来することができるのであるが、そのような局面は幾重にもさらなる論理的上向を続けていった果てに、はじめてそのような高等芸当が可能となるのである。この順序は絶対に逆にはできないし、逆にはならない。

価値法則と交換過程論のこのような端初的結合における「貨幣の謎」が解決され、「貨幣生成への二様の道」の結合によって、商品→貨幣の価値形態的上向が首尾よく達成されるのであるが、この等価交換の形式的一般性におけるこの商品交換の端初《アンファング》においてすでに商品生産物の販売と購買の分離が出来し、そこに**「恐慌の可能性」**の一般的・抽象的基礎が与えられるのである。わたしの場合には、もっと前にその分離をずらすことについては、右に触れたごとくであるが。
この端初《アンファング》の場面ですでに、各個別の商品所有者は、単なる一般的な魂《ゼーレ》としてではなく、ちゃんとお互いに身体的存在である足腰を備えた生命的存在として市場へと立ち現われてくるのであり、そこにおける自他交通の鏡像的関係によって、労働の二重性（人間主体の対象自然との関係行為において映幻する、有用的・具体的労働と一般的・人間的労働との二重性）の市場過程的外化形態としての商品の二重性（市場過程での商品交換そのものの行為を通じて形態化的形象をもって現われてくる「相対的価値形態」と「等価形態」との形態化的対峙としての、「使用価値」と「価値（交換価値）」との鏡像反映による実在化）も、はじめて顕在化・顕勢化・現前化するのである。約言すれば、後行した「交換過程」の場における、異質使用価値物との交換「欲望」を有った「商品所有者」同士の出会いがなければ、先行した「価値形態」による「価値・交換価値」と「使用価値」との二者闘争物の具体的析出もまたありえなかったのである。日本語の不便さで、戦後早々の『資本論』討論者において、宇野弘蔵教授が「商品所有者」と発言した場合、それが単数＝一者であったのか、複数＝二者であったのか、は判明しえないのであるが、後知恵として言うならば、その大混乱の際すかさず「それは一人の欲望か二人の欲望か」と問い返す機転の利く学者が在席していたならば、その後の日本マルクス経済学の発展のテンポと高さはたいへん違ったであろうと、今もって悔やまれるのである。それは、哲学上は「独我論」か「社会的個人」かという大主題なのである。

ヘーゲル「欲求の体系」論の§192命題は曰う――「欲求とそれを満たす手段は、物としてあるという点では、他にたいする存在であって、欲求の満足は、互いに他人の欲求や労働を抜きにしては成り立たない。欲求やそれを満たす手段は、細分化されて抽象的なものにとなるが、同じ抽象化が、個々人のあいだの相互関係のうちにもあらわれる。互いの欲求や労働が抽象化されて、一般的（共同の）欲求や労働となり、そのようなものとして互いに承認されるなかで、細分化され抽象化された欲求や労働が、社会性をもつ具体的な欲求となるし、欲求を満たす手段や方法ともなるのである」。

このような、労働と商品の二重性を知悉していた「国家経済学者」ヘーゲルが、にもかかわらず、そこから出来する資本家社会の経済法則が、最終的には、資本の産業循環＝景気変動の四局面の循環・推移における最終解決者＝規定力としての**恐慌の周期的・暴力的大爆発**によって律調されている、というマルクス的検証の場をもちえなかったのは、なぜか？ それは、「欲求の体系」としての近代市民社会における貧富・賤貴・被支配・支配をよく心得ていたかれヘーゲルが、むしろ、であるがゆえに、その矛盾を解決する「インストラクター」の導入を、マルクスのように「国民国家の市民社会への再吸収」の大方向に求めることなく、「国民国家、すなわちプロテスタント的プロイセン絶対主義国家への市民社会の昇華」という逆方向、つまり反動政治的方向へと求めたからにほかならない。パラダイム・チェンジがなければ、万人に見え、万人が体験している筈の**恐慌現象**のような大社会現象も大学知者の目には入ってこないのである。

このような、他者・他物との相互承認的契機に基づいて個別的な多種・多様・多質の諸欲求を、共同化・一般化する（それは当然、「共同作業」による貨幣のゲネシスを伴う）市民社会＝利益社会《ゲゼルシャフト》の構成論（前・非近代の共同体社会＝共同態社会《ゲマインシャフト》の構成法とは異質な）は、そのような細分化＝具体化が抽象化＝一般化であるといった弁証法的な分業社会構成として、その水平的なように外見上は見える諸契機の自他交通《フェアケール》関係においても、その実は「自己」と「他者」との弁別と交渉を、お互いに生産関係・流通関係において出会うヒト（人）をモノ（物）として「手段 Mittel」視して取り扱う日常生活関係において、始めて成り立っているのである。宇野弘蔵教授がシカトした「交換過程」は、その最初の場《トポス》にほかならない。

したがって、資本家社会において世界市場に立ち現われる商品の遍在性は、各自個別的に単独化した存在となってしまっては、まさに「窓なき単子《モナド》」と化して自他交通《フェアケール》による〈時空《タイム・スペース》〉形成が不可能となってしまうのであり、その立ち現われの当初から複数存在として顕勢化してくるのであって、その基本性格があればこそ、「二者闘争物」としての鏡像反照関係によって、労働の二重性を商品の二重性へと外化させて表象化することもできることとなるのである。

このような、〈『資本論』の論理学〉（レーニン）の固有する弁証法的関係性は、経済学原理論の基準とされる一九世紀中葉の最先進資本主義国であるイギリスが産業資本支配の〈パクス・ブリタニカ〉を自由主義的にヘゲモニー編成した具体的状況にも、そのまま適用されるのであり、その普遍的・一般的世界構成において抽象的共同性の基軸力となるイギリス資本主義は、数学的にいえばけっしてその普遍的・一般的資本主義世界の「代表単数」としては立ち現われえないのであって、ヘゲモニックな抽象化＝捨象化作業を通じて〈パクス・ブリタニカ〉として世界的工農編成を〈ヨーロッパ工業宗主国―A・A・LAモノカルチャー農業植民地〉として行なう国際編成・世界統括を実現し、その多角的貿易決済を国際金本位制下の自動調節作用によって決済するといった具体的な歴史的構造を形成したのであった。その具体的実態は、けっして〈宇野理論〉がモデル構成したような〈純粋資本主義モデル像〉などははじめからありえなかったのである。

ヘーゲルの「欲求の体系」論における、一九世紀中葉におけるイギリスという（マルクス流にいえば資本家社会原理の「典型的例解の場」である）「純粋資本主義モデル像」についての観察によるならば――「イギリス人は、特に、銃、火薬、織物、火酒の輸出や、見本市の開催によって、そういう（近代的）事態を産み出そうとしている。そうした国民の国情は、世界貿易に左右され、その幸福は全世界とつながり、その教養的諸国民の教養と関連し、国家としてうまくやっていけるかどうかは、世界中の諸国民がうまくやっていけるかどうかにかかわってくることになります。世界中の国民が欲求を知るようなことになると、かれらは自然状態をぬけ出し、それでだめにもなるが、欲求を満たす手段を産み出す必要を感じることにもなる」（ヘーゲル『法の哲学序論』）と。

そして、このような観察にすぐにひきつづいて、§201においては、「真理ハ全体デアル」というかれの根本的な世界観に基づいて、「真の全体は寄せ集めではなくて、必然性に貫かれたひとまとまりである」として、次のような、近代市民社会の状態と展望についての再総括を試みている。すなわち曰く――

「無限に多様な手段と、手段の社会的な生産と交換における、これまた無限に細分化される運動とは、その内容に含まれる一般性（共同性）のゆえに、離合集散をくりかえしつつ、いくつかの一般的な集団へとまとめあげられてゆく。こうして、つながりの全体が欲求と、それを満たす手段や労働と、満足と方法と、理論的教養ならびに実践的教養とを包みこむ。特殊体系へと構造化され、その体系のどこかに個人個人が割りふられる。こうして出来上るのが、さまざまな階層の織り成す体系である。／わたしたちは、労働や欲求や手段が分割され、細分化され、抽象的になり、共同の形成をとる、というさまを、すでに見てきた。それは、個々の場面での分割であり、特定の労働における分業にほかならなかった。／ここでは、もはや、個々の手段や欲求や労働が考えられているのではなくて、手段や欲求や労働の総体が考えられ、それがその本質にしたがって体系化されるのである。／真の全体は寄せ集めではなく、必然性に貫かれたひとまとまりである。寄せ集めでは、個々バラバラを数多くの要素がただ外面的に結びつくだけだが、真の全体となると、絆《きずな》がその本質からして内面的なものとなる。この総体、この全体の内部に、分裂が生じるのである。そうした分裂の一つが、労働の現場に見られる分業である。全体がいくつかに別れ、その別れた一つ一つが、一つの全体、一つの体系、一総体を構成する。それは、本質的に有機的な分割というべく、内部に分裂の活動を有つものだけが生きている。このように、全体が有機的組織を成しつつ、区別や分割が行われる。／ここに言う体系は、そうした体系であって、社会全体にゆきわたる特殊性の体系化、欲求を満たす共同の（一般的な）方式の体系化である。市民社会に見られるさまざまな階層が、そうした体系を成している」（前同）。

（4）『資本論』の冒頭命題――それは「具体的普遍」を論理的に定立する〈判断〉命題でもあり、そのようなものとして『資本論』体系の総体性を有意味化する「端初《アンファング》」範疇となる――の「大主語」として「諸社会の富」を複合的にして同時に自己完結的な存在たらしめる「資本制生産様式」というヘゲモニー力が、そのまた内部の中核に産業資本的蓄積様式という諸資本の自由競争と自由主義イデオロギーによって〈パクス・ブリタニカ〉の世界秩序を形成するヘゲモニー力として内在させている、入れ子式の内部構造に注目しなければならない。この〈判断〉命題体系の複合・重層構造が、一九世紀中葉における商品経済的原理の純化傾向にあった産業資本の蓄積構造を基軸としたイギリス資本主義をヘゲモニー力とする〈パクス・ブリタニカ〉世界秩序の世界編成の論理的・概念的反映であることは、言うまでもないところである。

　このような歴史的にして論理的な内部構造の複合的・重層的特徴に着目して言うならば、資本制市場に遍在化した「商品の巨大な集まり」という富の一般的共同性の形成の核心に、労働力商品というヘゲモニー核を擁していることが、分節化的に、かつ中心-周辺編成化的に、看取されてくる。商品形態化による一般的な〈商品〉概念の形成における、労働力商品をいわば基軸とする構造形成の問題は、長い歴史を有つ〈冒頭商品論〉の謂う「商品」は、果たして労働力商品を除外する一般性において定義されているのか、それとも労働力商品を含んでそれをも一般商品に平均化・平準化することによって定義されているのか、それともまた労働力商品をこそ主軸に首座として定義されるべきものなのか、という論議が久しくなされているにもかかわらず、『資本論』の論理学として言うならば、個別性が一般性の水準において把握されて平均化・平準化されて水平的な平等性において取り扱われるべきものなのか、それともそのような横並び的な個別性の形式論理的把握ではなくて、その個別商品のなかに特出される（特出すべき）特異的な個別商品がありうるのではないか、その後者の黙示的・伏在的にさしあたりは説（解）くほかないにしても、労働力商品のヘゲモニー力によってはじめて「諸社会の富」の普遍的・水平的形態化が可能になるのではないか、という提題は、その当初から絶対に回避しえないのである。

たとえば労働力商品という特異な個別商品は、富の要素形態＝細胞形態として、一般性・共同的水準に包まれる一般的水準における個別商品であることは疑いないところだが、同時に、わたしたちの経済学原理論の範疇化《カテゴライズ》によるならば、人類社会史上において唯一の例外として特出される（また特出されるべき）単純商品なのであって、その価値＝価格という唯一特異な静態的価値・価格特性をもつ単純商品としての労働力商品は、爾余のすべての商品が価値から価格への転化を〈転形論〉として、ベーム・バヴェルク以来の体系的なマルクス批判論争が絶えなかった『資本論』体系における第一部と第三部との関係性における論議を必要としてきたのであったが、それとの横並びではない（横並びには処理できない）価値＝価格の特異な静態的構造を唯一特別にとる単純商品としての労働力商品の例外的性格が、価値形態の柔軟な形態化運動の容器《イレモノ》のなかで、不断に「不均衡の均衡化」「均衡の不均衡化」の均衡運動＝価格の上下運動を反復する価値法則運動の特色が、ブルジョアジーからの前貸資本＝賃金の供給をもって資本の生産過程に配属されて生産的労働に従事する労働者が、その家族もふくめた生活費として社会的平均労働によって生産された日常の生活消費資料としての商品生産物を買い戻す、という可変資本の循環過程において、爾余の全商品生産物の価格変動なかんずく費用価格・生産価格・市場価格の上下動を、労働時間をもって「定量」的に計測される価値決定の重心へと求心的にひき寄せることによって、価値法則そのものを経済法則化する、といった構造化論理が見られるのである。これは全商品の価格決定を大略的な意味では（上下動の価格変動をふくめて）一義化する、労働力商品という唯一・独特な単純商品の有つヘゲモニックな編成力の力を物語っているのである。ヘーゲル『大論理学』式に言えば、ここでは、「例外」が「普遍性」を形成する基礎動力となるのである。

　この事情から、「商品の巨大魔的な巨人族的な集まり」として現象する冒頭商品の、「定性」的にして「定量」的な規定の問題に戻っていうならば、商品の分析における質的規定性によって商品の価値・価格問題の「定性的」解析はできるが、「価値形態」自体が商品価格の不断の上下動変化を柔軟に受容することができる一種の安定装置としての

「置き上り小法師、達磨」のような容器《イレモノ》であるだけに、一口に「巨大な」「巨魔的な」「巨人族的な」と言っても、そのような定性的修飾辞によっては、あたかも李白の「白髪三千丈」といった秀抜な詩的メタフォアに接している時と同じことで、その白髪が真に実際に何尺であるのかという「定量」の一義的決定はなしがたい。

しかしこれが無ければ、資本制世界市場における一物一価的な世界商品の一義的「売買」は成り立ちえないのであり、商品取引における詐欺・瞞着・略取が、むしろ「商売の常道」とされる前期資本（商人資本・金貸資本）を駆逐・排除・無化して、等価交換の一物一価原則を一義的に貫徹する「産業資本」の純化的形成、ならびにそう言いたければ〈純粋資本主義モデル像〉の定立などは、全く覚束ないのである。

わたしの提示したい、この問題の理論的解決は、すでにこれまでの理論展開行程に伏在させてきている通りであるが、ここで簡単に総括しておくならば――世界市場に遍在化した商品の平均的・一般的な価格を、世界市場価格として「一物一価」原則として一義化するのは、一般商品中から特出された「労働力商品」という唯一的・例外的に特異な「単純商品」のヘゲモニックな規定力に由るものである、というものである。弁証法論理学的に言えば、単独個別商品として単独化された唯一・特異商品が、全商品にたいするヘゲモニックな規定力を発揮して、その特出した作用力によって、世界市場商品価格の一般的・普遍的・共同的な平均価格を決定する、という機構《メカニズム》である。

(5) 右のような、ヘゲモニーの突出的・領導的作用によって、一般商品の平均的共同性・普遍性を全社会的に達成するという機構《メカニズム》は、各個別商品を要素形態＝細胞形態として、全有機的身体を「非有機的身体」としての外界環境との関係行為的交渉のなかで自己完結的・自己産出的に形態化するという、『資本論』弁証法体系の体系的特質にほかならないが、〈純粋資本主義モデル像〉のようには純化〈貧困化！〉しない（できない）、三段階論（商人資本の重商主義的世界編成→産業資本基軸の自由主義的世界編成→金融・独占資本基軸の帝国主義的世界編成→多（超）国籍企業・ドル核世界帝国基軸のグローバリズム世界編成）を通じて確認することのできる、近代資本制的生産様式と資本家社会の歴史的特質のこの構成法（その通時態的《ディア・クロニック》「汎通性」）に依拠してわたしは、世界史的な世界編成の推移・推転として近代史を解して、「段階論」を終始採らないできているが、どうしても〈宇野理論〉的「段階論」に執着したい奇特なマルクス経済学者は、そのそれぞれの世界史的世界編成・社会編成のヘゲモニックな力として基軸的に定位してきている、商人資本→産業資本→金融・独占資本→多（超）国籍資本といった資本形態の変遷・変態が、そのような「三段階」の特質を規定的に定義していると見て、つねに世界史的な資本主義についての世界編成論としてのわたしなりの区分を了解していただきたい。

そのような資本主義の世界編成論を採るわたしは、それと有機的に不可分に連動して定義されるべき一国資本主義編成の原理的メカニズムについても――それは、本書でいく度か触れてきているように、〈宇野理論〉での〈純粋資本主義モデル像〉基軸の資本主義編成論における国内外問題の「抽象」と「捨象」の関係性の根拠をめぐって、物議・紛議の絶えない問題中の問題なのであるが――わたしとしては「内面化の方法」を終始一貫して採ってきているのである。

（6）以上のように観じ来たれば、『資本論』体系の――というよりは、自己完結運動体としての「資本」体系の「最終範疇」である**周期的恐慌の全面的・激発的・暴力的大爆発**によって劃される、資本家社会の価値法則的全運動過程の円環体系化によって完成せしめられる〈経済学原理論〉を理論的基軸とする、前＝非近代資本制生産様式＝共同体社会を対象化する〈唯物論的歴史把握〉における社会理論的照明の領域が出来してくるのである。

このような人類史上のもろもろの共同体社会は、基本的に、宗教的価値総合によって政治・経済・イデオロギー混淆・混和の実質社会として編成されているのである。

こうした諸共同体社会は、諸共同体国家や世界帝国をも含めて、共同体間関係における商品交換の経済的発生史ばかりでなく、戦争・征服・捕虜奴隷化・戦争儀礼化の政治的共同体間関係、「女性」を媒辞とする両性生殖・婚姻・

家族形成・家族養育・親族・宗族形成の家族的共同体間関係、主語の分化取り入れ・神話の交流・トーテミズム・シャーマニズム・文明伝播・文化移動・他国文化の輸入・採用・習合・世界宗教・翻訳・流行等々の文化的共同体間関係等々として、歴史的に多種・多様・多質に発生してくる社会・経済・文化現象の解明を問題として上積させてくる。

それらの社会原則による経済現象領域の事例において、その主要な共同体社会的特徴は、私見では、無言貿易《サイレント・トレード》（沈黙貿易）＝鬼市（闇市）から始まる商品交換（その共同体社会内部への反射に由来する商品生産・流通の発生とその領域拡大と、贈与・互恵・再分配・結い・無縁・慈善・慈悲・勧進・寄進・喜捨・お裾分け等々の聖なる経済行為とのアマルガムである）、そしてさてはまた、そのような唯物弁証法的方法による自然・歴史全事象の照明・解明に当たって、〈光の光学〉の役割を果たす世界観的立場性としての〈実践的唯物論〉との三位一体としての、〈マルクス主義〉のメタ体系性の全構造も、また自ずから明らかになるであろう。

このようなメタ体系性の「開かれた体系性」としての再建と創発が、今日においてきわめて重要なのは、二〇世紀現代史の力動的過程において、世界資本主義の**「世界恐慌」**や「世界戦争」に代表される否定性の全面的露呈に対抗するところから、次第にそれへの藉口、投機的乗っかり、そして癒着へと歴史的変質をとげていった〈スターリン主義体系〉が、唯一前衛党なる「党の世界観」と自称する巨大な空虚・無内容な〈DIAMAT《ディアマート》体系〉として久しく君臨し、「一国社会主義」世界体制として現代世界の主体形成にとって、或る面では取り返しがたい権力犯罪的猛威を振るいつづけてきたからであり、現代世界における主体再生の営為の核心が、この〈スターリン主義体系〉に対するラディカルな批判の成否にかかっているからである。

（7）そのような、二一世紀へと人類が踏み込んだ〈いま・ここ〉での、人類と地球自然との共滅か否かを賭けた、オールタナティヴな世界の共同的探究と創出的行動のアクチュアルな契機は、カール・マルクス-宇野弘蔵の遺鉢を継ぐ後代のわたしたちの理論的・思想的営為を、緊急不可欠なものに迫り上げてきていると言ってよい。

わたしは、『資本論』体系の出発点を画した、この端初《アンファング》としての「冒頭商品」を、下向法的極限＝限界と論定して、そこから直ちに反転して、論理的上向による資本家社会総体の体系的叙述と体系的批判を両義的な同時進行によって完成せしめた『資本論』弁証法体系の営為を、**〈恐慌論〉**を基軸とする円環体系化の完成から見返してみて、マルクス主義の「開かれた体系」としてのメタ体系的見地からして、〈冒頭商品論〉の第一頁のそのまた前のゼロ頁へと経済学原理論的下向法の底を抜いて、人類史を測る垂鉛を深く深く下ろしてゆくならば、どのような歴史の原風景が視えてくるかと、覗き込みはじめている。歴史の「無底の底」を覗き込む作業であり、歴史の「始源＝第一原理《アルケー》」へと遡源してゆく作業である。その最初のわたしの調査報告が、地中海世界のミノア・ミュケーナイ文明以来の八千年間に及ぶ人類史を遡源して全総括した、三部作『〈主体〉の世界遍歴《ユリシーズ》』（藤原書店刊）にほかならない。そのようなわたしにとって、**『恐慌論』**と**『〈主体〉の世界遍歴《ユリシーズ》』**は、二にして一の歴史分析書である。

二〇世紀的現代へと人類が踏み込むにあたって、フリートリヒ・ニーチェがやはりAbgrund深淵を深く深く覗き込んだ。「君が長いこと深淵《アブグルンド》を覗きこんでいると、深淵《アブグルンド》もまた君を覗き込む」と『善悪の彼岸』のニーチェは言ったが、その無底の底から視えてきたものは、ツアラトゥストラに証言させれば〈光の深淵〉にほかならなかった。

それからさらに一世紀が経った〈いま・ここ〉において、わたしが「光の深淵」に見届けた原光景は、古典古代ギリシア以来の二千五百年間にわたる西洋中心世界史の狭隘な、せせこましい啓蒙時代をはるかに逆進的に越えて、ミノア・ミュケーナイ文明時代のドグマティックな興亡をふくめた、ホメロスの『イリアス』『オデュッセイア』の大叙事詩時代からの古代地中海世界の八千年にわたる主体の世界遍歴であったのである。その原光景は、真ッ闇であった、とも言えるし、光まばゆい、とも言える『〈主体〉の世界遍歴《ユリシーズ》』に記述したごとくである。八千年の長い人類文明史をわずか八千ページにまとめた、つまり一年一ページにまとめきわめて簡潔なささやかな〈略史〉である。その八千年間の人類文明史の大部分は、言うまでもなく商品経済が無かった実質社会《サブスタンス》の〈歴史《ヒストリアイ》〉であって、その歴史には、当然のことに恐慌が無い、有りえない共同体社会の——わたし流に言えば、〈共産主義《コミュニズム》〉という天下の公道＝大道を人類が濶歩してきた血湧き肉躍る歴史である。本書と合わせて参看していただき、両者照応して主体の世界遍歴を経ての今後の再生への助けに活学・活用していただければ幸いである。

さて、二一世紀もすでに二〇〇六年へと入ってしまった現在から、大日本帝国の天皇制軍隊の山東出兵から開始された中国への大侵略を泥沼化戦争として遂行したあげく、「満州国」の建国につづけて「大東亜共栄圏」の建設を「大東亜戦争」として拡大し、ついに第二次世界大戦に合流した、この〈戦争と反革命の時代〉の悪気流のなかで、〈宇野理論〉を創成した不朽のマルクス経済学者の学恩に感謝しつつ、その巨大な胸を拝借して不遜にも〈宇野理論〉に対する全面的な批判を展示しようとしている本書＝『恐慌論』の今日的立場からするならば、そのような〈宇野理論〉に対する根底的批判は、まだ世に多い俗学者流からいかに不遜の限りという譏《そし》りを蒙るであろうといえども、〈昭和〉（一九二六～一九八九年）と呼ばれたきわめて激動的であった一時代についての、とりわけラディカルな批判の全面展開とならざるをえない。

人は誰しもそうであるが、〈宇野理論〉の忘れがたい開祖であった宇野弘蔵博士といえども、いや、スターリン主義全盛のその一時代に先駆的なスターリン批判もふくめて、きわめて独創的《オリジナル》なマルクス経済学者であった宇野博士は特に、一個の〈時代の子〉であった。

名著『増補　農業問題序論』（青木書店刊、一九六五年）「増補版序言」において、「昭和初年から抱いてきた私の日本資本主義に対する考えは……戦後続けてきた『資本論』に対する研究と相俟って、いわゆる三段階論の方法を基礎づけるものとなった」（傍点いいだ）と回想している〈宇野理論〉は、まさしく〈昭和のマルクス主義〉であったのである。

〈宇野理論〉という新しいマルクス経済学の〈それにとどまることなく、マルクス主義のメタ体系としての総体の〉パラダイムは、戦前・戦中における講座派vs労農派の〈日本資本主義論争〉に、東北帝国大学に在って沈潜してきわめて独創的なアイディアに立ちながら、『経済政策』の大学講義にいそしんで、ついに治安維持法の権力弾圧にひっかけられて、東北帝国大学の教壇からの追放をよぎなくされた時期を、直接の発酵準備期としながら、本格的には、第二次世界大戦戦後の、敗北した大日本帝国が解体され、日本国憲法のもと「戦後平和と民主主義」体制が新鮮に形成の途に就いた一九四九年から一九五〇年にかけて、いわゆる「三段階論」が明示的に定式化された時点で、その「三段階論」を核心として基本的にパラダイム化された、と回顧的に総括してよいであろう。

9　唯一回の出来事の個性的記述と繰り返される現象の法則的定立

宇野弘蔵御本人自身の学問的回顧によれば――

「昭和の七、八年頃からは、いわゆる日本資本主義論争が盛んに行われていたが、これも私の『資本論』の勉強には非常に役立った。私は、しかし、これらの『資本論』に直接、間接に関係する論争には、まだ入れなかったが、この論争から次第に『資本論』の方法について考えることを学ぶことができた、と思っている。勿論、当時、東北大学で講義していた「経済政策論」も、その点に非常に役立ったと思う」（宇野弘蔵『社会科学としての経済学』筑摩書房刊、一九六九年）。

「僕なりに帝国主義論をやって見たわけです。根本は、原理論と段階論との方法上の違いにあるといってよいでしょう。君にはすでに幾度も話したし、また他の機会にも述べたことですが、僕は『経済政策論』を講義している間に、漸次にその区別を樹てざるをえなくなったのでした。それと同時に僕の『経済原論』も特有なシステムをもつことになったのです。もちろん、いずれも僕が自分で発明したわけではありません。『資本論』や『帝国主義論』

から学んだことを、僕なりに理解しうるものにしてみただけのことです。僕の『(経済)原論』や『(経済)政策論』は、『資本論』や『帝国主義論』の解説ではありませんが、前にも述べたように、学べるだけのものは学んでやったつもりです。『(経済)政策論』にしても、レーニンの『帝国主義論』を学ぶことによって、始めてああいう形にすることができたものと、考えています。／僕にとっては、帝国主義を知ることによって、資本主義の自由主義、重商主義の段階も明確になり、また経済政策論を段階論の基本的規定として展開することによって、原理論としての経済原論の範囲や性格——方法も明確になった、といってよいでしょう」(宇野弘蔵『「資本論」と社会主義』岩波書店刊、一九五八年)。

「『資本論』の場合は、僕にとっては、その理論的内容もそうですが、特にその方法について教えられるところが非常に多かったのであって、——といっても、『資本論』はその点非常に複雑で一義的にはいえないが、ただ僕自身としては、『資本論』から学んだ論理によって、『資本論』に明らかにされた原理を展開すればこういう風にしか考えられないというのが、僕の『経済原論』です。ところが、レーニンの『帝国主義論』になると、内容点では非常に教えられるところが多かったのに反して、方法の点ではどうしても従えないものがあったのです」(前同)。

事情は定めしこのような、『帝国主義論』—『経済政策論』—『資本論』の三者の関係性であったであろうと思われ、その連関の序列の整理が進む過程で、原理論—段階論—現状分析、といったわたし流の命名法では〈三次元論〉へと整序されていったものと考えられるが、わたしなりの今日的コメントを多少つけておこう。すなわち——帝国主義時代(二〇世紀的現代)にあっては、「帝国主義」段階論は、同時代の資本主義についての「現状分析」であり、前代(一九世紀)の自由主義時代においての「資本論」＝経済学原理論は、そのブルジョア基軸であるイギリス資本主義についての「現状分析」にほかならなかった。わたしにとってみれば、このように単純な自明事ともいうべき事態がかえってなかなか視えなくなってしまうのは、〈三次元論〉を時系列における歴史過程に機械的・固定的に配列・

配当してしまう結果の一つとして、右のような或る種の斜め倒しの方法的処理が、可動的な組み合わせ変更としての機転が利かなくなってしまい、原理論＝段階論＝現状分析の「重ね焼き」が近似的・比較的真理として成立する、といった観方がハナからできなくなってしまうのである。

右のように斜め読みする場合でも、その「重ね焼き」の仕方は、版画の重ね刷りとは異なるのであるから、むしろその色と線とのズレがおもしろい味をかもし出す、といった等置記号による等値の自由な読み方を楽しめばそれでよいのである。その方が、コチコチに純化して無菌状態になってしまった〈純粋資本主義モデル像〉のような、ひたすら〝帰一化還元〟を進めた観念的恣意によってボテ張りされたビルトなどよりは、資本家社会像の解像としても、資本家社会発展史の解断としても、よほど興趣があることは請け合いである。

戦後の〈宇野理論〉の「三次元論」「三段階論」の整序を中軸とするパラダイムのいっそうの精緻化と理論的彫琢の背景を成し、下地を作り、活性化させた戦後的状況については、わたしとしては、宇野門下の逸材として、特に〈宇野理論〉の論理的方法をさらに純化させて継承した学風を有つ、わたしの高校生時代から六十年間の理論的交流歴のある同学の親友日高普博士の、現場でのなつかしい発言を紹介しておきたい――

「西ヨーロッパ、とくにイギリスにおいては、一六世紀ごろから一九世紀初頭にかけてだんだんと資本主義が形成された。そして、産業革命によって確立した資本主義は、その（一九世紀の）中葉にかけて純粋化の傾向をみせた。むろん、完全に純粋資本主義が成立したわけではない。……一元化の傾向が、世界歴史のうちに、ただ一度だけあった、ということがわかる。……資本主義は、地球上のごくわずかな部分にすぎないとはいえ、そして期間にして三十年程度にすぎないとはいえ、純粋化はしなかったが、その傾向ははっきりと示された。いわば歴史的現実そのものが、傾向的に異物を捨象していったのである。ここに人類史の秘密を解く鍵があたえられた。現在の日本の社会はもちろん、封建社会や古代社会でさえも、それを理解するための、出発点となるべきものが、ここに与えられたのである。／……異物をみずからの力で消去していって、全体が一様化するという傾向を示したのであった。だから、この純粋化に沿って、この傾向を観念のなかで徹底させることによって、純粋資本主義の像をわれわれは得ることができる。この純粋資本主義を対象とすることで、社会科学の基本となる法則である価値法則の論証が可能となるのである。……こうして古典経済学の成果を批判的に摂取して、資本主義自身が指示する方法によって徹底的に分析し、資本主義の原理を明らかにしたものとして、われわれは『資本論』をもっている」（日高普「抽象化の問題」——岩波書店刊、一九六八年、岩波講座『哲学』第一二巻・所収）。

かれ日高普教授とともに戦後日本をこれまで生きて来た者の実感として記しておくならば、その戦後への出発点において、日高普編の『講座　戦後日本の思想』（現代思潮社刊）の果たした、学界と一般社会への影響力はきわめて大きいものがあったし、また、その後六十年間の戦後日本の思想の発展は、そこでかれによって総括されていた水準を何程も越えていないように見受けられる。なにしろ、六十年来のわたしの信頼しつづけてきた先達であり学風的同志であるから、どうしても御贔屓筋《ごひいきすじ》になってしまうのかも知れないが、もともとは、東京大学文学部の哲学科の卒業生で、たまたま八・一五後の天皇制日本＝大日本帝国の解体と「戦後平和と民主主義日本」への再出発への転機にだぶった大学卒業期において、かつて前世紀の一八四八年ドイツ革命期に若きマルクス＝エンゲルスを襲った〈哲学からの訣れ〉を再演した若き日高普は、『資本論』勉強に熱中するなかで、当時新設された東京大学社会科学研究所の所長に就任した宇野弘蔵教授を直接に単身訪ねて、以後、マルクス経済学の学徒になって、そのまま六十年間経ってしまったのである——右に引例した岩波講座『哲学』の「抽象化の問題」は、そのような哲学者でもあったマルクス経済学の面目がよく出ている戦後六〇年代の好論文である。そして、このケースにおいても、その後、六十年間の戦後日本のマルクス経済学もふくめた戦後思想の発展は、いくらも新次元の創発をもたらしてはいないように見受けられるが、いかがであろうか？

第一に何と言っても、一九世紀中葉のわずか三十年間程度の期間に、地球上のごくわずかな部分にしかすぎないイギリスにおいて、大文字の産業革命以降、歴史的現実の発展そのものが、傾向的に「異物」=「不純物」を捨象して、その反面として、「純粋資本主義」の「純化」が進む傾向が顕在化して、よってもって、資本主義の原理を『資本論』として明らかにする、資本主義を徹底的に分析する基準=方法が確立するにいたったことが、哲学的に平明に説かれている。もちろん、「純粋資本主義」という鍵術語《キイ・ターム》が、歴史的現実のことであるのか、それとも、観念上の理念型のことであるのか、また、「傾向」概念であるのか、それとも、「法則」概念であるのか、ということが平明にさらに分かるようになっていないことは、宇野師もふくめて宇野学派全体の通弊であるが、とにかく、そのような資本主義の実在的発展を対象化分析する経済学原理論を「鍵」として、〈大航海時代〉以降の資本主義の世界史的発展の各環節を解くばかりでなく、封建社会や古代社会でさえも理解する「人類史の秘密を解く鍵」――わたし流に言えば、唯物論的歴史把握を拡大して人類史上の諸共同体社会を解明をする「鍵」が与えられた、という説き方も、〈宇野理論〉の「三次元論」――原理論‐段階論‐現状分析――の図式《シェーマ》整理として、よくできた平明な説明である、と今日でも言えるだろう。

　このような説明の仕方の改善的長所は、かれ日高普の師でもある宇野博士自身がいつもはっきりさせえないままに終わってしまった、いったいぜんたい、近代的事態における「抽象化」とか「抽象力」とか言われるのが、果たして、歴史的実在における商品経済の発展の客観的抽象としてのことなのか、それとも、それを観念が模写するという主観的抽象のことなのか、が混同されて、混乱・不明瞭なところを残している難点《アポリア》を、それは歴史的現実そのものの客観的な「純粋化」傾向のことなのだ、と明快に言ってのけているところにある。

　そして、資本制世界の全体が一様化するという傾向が、一元の傾向として、人類史上「ただ一度だけあった」という発言も、それこそ一度、経済学者と歴史学者とでゆっくり詰めてもらいたい大事な哲学的（！）主題であるように、わたしには思える。

わたしが云うまでもなく、この主題《テーマ》は、戦前の戦間期における新カント派が新ヘーゲル派が復古的に領導した西ヨーロッパ哲学界にあって、社会科学ないしは人文科学における「法則」とは、「一般普遍化」の法則定立のことなのか、「個性記述的」な法則定立なのか、と認識論主義的に論議が重ねられてきた問題なのであって、本書『**恐慌論**』のモティーフで言えば、わたしが強調するように、たまたま（「一度だけ」ではなかったが、やはり偶然に）マルクスと学知者が五度だけにわたってすべての**恐慌現象**に出会って、その経済的全経験を、イギリス経験論の「マッドリング・スルー」の泥臭い方法・プラス・ドイツ観念論（なかんずく、ヘーゲル哲学のすっきり超越してしまう観念弁証法）によって法則探究的に分析・綜合することができたことが、経済学原理論の「法則」定立の基準＝根拠である、ということを力説しているのであるが、そのようなわたしの「法則」観との類・対比において、世界一元化つまり法則化の傾向が全人類史の（「世界歴史」）上、「ただ一度だけあった」ということの確認が、マルクス主義にとっても、そうであるならば、そのような歴史《ヒストリアイ》の存在（論）的＝認識（論）的把握は、大量・反復現象がなければ（私見ではその計測器そのものもそのような大量・反復を基礎にして作られる）諸事象の「定量化」は、原理的に不可能なのであるからして、そのような歴史把握は、そも、科学なのか、芸術なのか、辻占なのか、ホビーなのか、それとも単なるヨタ話なのか？――この至妙にして霊妙ともいえる問題領域は、拙著『〈主体〉の世界遍歴《ユリシーズ》』が人類文明史八千年間の歴史総括にかけて明らかにしたように、古典古代ギリシア文明、ミノア・ミュケーナイ地中海世界文明の往古から、〈神話〉と〈合理〉との境界領にあった大問題なのである。

さらにかてくわえて、ここでわたしの素朴な心配事をつけ加えれば、定量的な「科学」として確立をみていると信じられている生物科学や天文科学においても、〈進化論〉や〈宇宙論〉のような、それらの存在の始源や終焉の問題を「ただ一度だけ」のマクロな出来事として、さりとて「実験」も利かない（できない）マクロ事象として、かかえこんでいるために（さらに、大風呂敷のホラ話がメシより好きなわたしにとっても、いとも悩ましいことには、「かかえこんでいる」といっても、どこのだれがどうやって内部化して保持しているのか、ということが見当がつかないところである）、誰もあいかわらず触れようとはしないが、戦前においても、戦後においても、誰もが解決していない、あるいは解決しようともしていない大問題である。

これは、わたしたち生来のウソつきには、古来からあるパラドックス——或るクレタ人が「クレタ人はすべてウソつきだ」と言った、はて、その言表命題は真なのか、偽なのか——であり、だからわたしとしては、前著の『〈主体〉の世界遍歴《ユリシーズ》』でも本書の『**恐慌論**』でも、「集合の集合」を「集合」の一要素とする〈集合論のパラドックス〉についてのクルト・ゲーデルの〈不完全性原理〉による数学的解決や、〈自己言及事態の発生〉を処理する〈言語論的転回《リンギスティック・ターン》〉の重要性について、声を大にして虚空に叫びつづけている所以である。ヘーゲル『大論理学』がその考究に腐心した、普遍（類）—特殊（種）—個別（個）、の三項（三元）、概念—判断—推論、の三相の全関係を論理的に処理する、弁証法論理学の整備の必要が、いぜんとして厳在していることを、本書でもわたしは強調しているのである。

さて、宇野『経済原論』（岩波全書、一九六四年）は、「『資本論』では、資本主義の発展は一社会を益々純粋に資本主義化するものとされていたのであ」るとする。資本家社会の経済的運動法則を総体として、価値法則的に把握する経済学原理論が、商品経済の客観的・実在的発展の「純粋化」にその歴史現実的根拠を有していることの指摘である。「そしてそれは、慥かに一七、八世紀以来の歴史的事実に基づくものであり、また資本主義経済の一般的規定をなす経済学の原理を確立するためには、欠くことのできない前提をなすのである」と。

そして、この経済学原理論の成立の客観的根拠につづけて、その主観的根拠について、つぎのように指摘する——「マルクスが利潤論や地代論を展開する場合に、屢々述べている純粋の資本主義社会というのは、そういう歴史的限定を受けながらも、その発展の過程の内に認められる方向を『思惟によって』極点まで押し進めたものと、理解してよいであろう」と。

「利潤論や地代論」と右わざわざノミネートされているのであるから、マルクス『資本論』の第三部「資本制的生産総過程の諸姿容《ゲシュタルト》」にいたって、言い換えれば、冒頭商品の価値形態論から上向をはじめた「資本」範疇の論理的上向が極点まで押し進められて、利子生み資本‐株式会社‐信用制度の形態化運動が析出された次元で、客観的な商品経済の歴史的発展にみられる「抽象化」を実在的土台として、その「歴史的限定」を受けながら、その発展の歴史過程の内に認識される資本家社会の法則的発展方向を、「思惟によって」（マルクス）によって（だから、マックス・ウェーバー流に言えば「理念型」として）言い表わした概念が、「純粋の資本主義社会」である、という基本規定がこれである。わたしとしては、故宇野弘蔵師の右の発言を、そのように受け取り、受け留めている。

これは、大旨、何人をも納得・承認させるに十分足りる基本的規定である。あいかわらず、最終的・究極的には、その「理念型」的概念が「純粋の資本主義社会」であるという、主語―媒辞―述語を「真理」文脈・論脈的に成立させる、歴史的一社会についての存在（論）的＝認識（論）的全把握における媒辞の方法的構造がいかなるものであるか、という哲学的問題は残るが。

右のような、資本制商品・貨幣経済社会の歴史的一社会として体系化せしめる経済的運動法則の展開を、総体として解明するマルクス『資本論』の批判的分析における対象設定の〈循環の弁証法〉と、そのような経済学原理論を体系化せしめるその弁証法とは次元・範囲を異にする、「資本主義の発生・発展・消滅」の全歴史過程を作動している〈移行の弁証法〉を、そのような移行の契機《モメント》をやはりそれを把握しようとしている学知者の「思惟をおしすすめる」ことによって、「経済学原理論」の体系化的結論の全成果を接点として、「統一的に」扱うという把握の仕方は、〈宇野理論〉に基本的に反対するスターリン主義者亜流の批判・反論がくりかえされつづけてきているにもかかわらず、**恐慌の周期的・全面的激発**を契機《モメント》とする動態的な資本家社会の自立的・自律的な運動過程（それはとりもなおさず、価値法則を自己実現・自己表現する法則的運動過程である）の自己完結的な「円環化」的体系を自証する、という『資本論』の論理学」（レーニン）の核心《ガイスト》に即していうならば、十二分の「充足理由律」をもって完全に成立するのである。

　わたしは、この媒辞の動軸的論理については、一九六八年世界反乱が産出した（また、それを産出させる動因でもあった）最高の世界的水準は、わたしにとって「両師」と言うべき経済学者宇野弘蔵と哲学者梅本克己との『《対談》社会科学と弁証法』（岩波書店刊『思想』一九六六年第一号・所収）における、身体的存在である労働力の商品化の根拠の探究を基礎としながら〈循環の弁証法〉と〈移行の弁証法〉とのメタ弁証法的関係の論理を白熱的対談によって煮詰めた「思想と科学」の提示に窮まっている、と確信しながら社会活動をつづけてきている極東の一人の「マルクス行者」なのであるが、右のような「循環の弁証法」と「移行の弁証法」とのメタ弁証法論理化が、資本制商品・貨幣経済社会としての近代市民社会と総体的に全面対決して資本家社会の批判的分析の原理的基準を定立したマルクス『資本論』弁証法体系を前提としてはじめて可能となった、と確信しつづけてきている「マルクス行者」である。

　そのような観点から、若干補足的に言い置くならば、「歴史的事実」論として「もっと慥かなこととして、「資本主義の純化」は、宇野博士が、近代資本制社会の存在（論）的＝認識（論）の全把握において強調する、商人資本のグローバル化を基軸とするいわゆる重商主義・重金主義段階における黄金欲とキリスト教宣布が結合した〈大航海時代〉以降としての「一七、八世紀以来の歴史的事実に基づくもの」で慥かにあるとともに、もっと慥かにより直接的に、西ヨーロッパの最先進資本主義国イギリスにおける定冠詞つきの大文字の「産業革命」the Industrial Revolution 以来の「歴史的事実」である、イギリス資本主義の自由主義的ないしは自由貿易帝国主義的な世界統括のなかでの「産業資本」的蓄積様式を基軸とする産業資本支配の次元において、いわゆる「ヴィクトリア期」の資本主義興隆の「歴史的事実」に基づいて、「資本主義の純化」が得られたのである。

　わたしは、そうした「資本主義の純化」力の最高度の形態化運動は、**「恐慌」**であると断じて、本書の体系化論理としているものであるが、単純きわまる「歴史的事実」確認として、その**恐慌現象**はイギリス「産業革命」以後の一八二五年に**イギリス商業恐慌の爆発**として第一回の出現を画し、以来五回にわたる大爆発を周期的にくりかえしながら、「資本主義興隆期」における**一八六八年恐慌**の（わたし流に言わせるならば）**「龍頭蛇尾」的恐慌の爆発・放散**を最後として、「近代的事態」の世界舞台から消え去るのである、永久に。

宇野博士自身が『社会科学の根本問題』（青木書店刊、一九六六年）において、右のような歴史的にして論理的な経過を、「資本主義は、その一定の発展段階では、マルクスのいうように、理論的に想定される純粋の資本主義にますます近似する傾向をもつものであったことは、何人にも否定しえない事実である」のであって、このような資本主義の歴史実在的な発展方向に即して、一六、七世紀の資本主義発展、そして一八世紀の「産業革命」以降の歴史的時代における資本主義発展の「歴史的事実」についての評価も、イギリス国内の権力統治形態（いわゆる「地主王政」としての「ウィッグvsトーリー」両党支配体制である）も「安上りの政府《チープ・ガヴァメント》」による国家権力のガヴァナンスのミニマム化として自由主義化し、そのように特異にイデオロギッシュ化したいわゆる「ジェントルマン資本主義」が、〈パクス・ブリタニカ〉世界秩序の造物主《デミウルゴス》として、世界史的に出現するにいたるのである。

ここで、エピソード的に、宇野弘蔵『社会科学としての経済学』（筑摩書房刊、一九六九年）がくつろいで披露しているサマセット・モームの小説の話を、好個の題材にしてさらに論議を深めてゆこう――

「モームという小説家が、面白いことをいっているんです。彼が自分の生涯に身につけてきた教養について語っている本の中で、それは日本語に訳されて『要約すると』という書物になっているのですが、その中で彼が病院の助手をしていたとき、解剖の実習で先生からある神経を取り出すようにといわれ、その神経を取り出そうとしても、どうしても取り出せなかったことを述べているんです。彼はそこで、先輩の人に聞いたところが、その神経はこれだといって教えてくれた。しかしそれが自分の求めている神経だとはどうしても考えられない。それは、解剖の本に書いてあるところにはないので、そのことをいうと、先輩は、解剖はすべて例外だといって教えてくれた、というんです。モームは、このことを述べたあとにつづいて、科学的な理論というのは、実際にはない平均なものにすぎないものであるという結論を付け加えていっている。そして、それを小説論に対照しているのですが、それはともかくとして、これは面白いと思うのです。彼がもしマルクス経済学を知っていたら、結論は違っていたかも知れない。というのは、資本主義では、その発展にしたがって、理論の想定する純粋の、あるいは平均的の状態にだんだんと近づいてくるんです。それは、人間でいえば、解剖学の教科書に出ているような位置に神経のある、そういう人間に近づきつつあるということになる。人間の進化がそういうものか、どうかというと、これは一寸問題にならないと思うが、経済現象では、資本家的商品経済に関する限り、そういう傾向をもっているのです。私は実際、生理学をやっている人にただしてみたが、もちろん、そんな答えはえられなかった」(傍点いいだ)。

サマセット・モームの小説のファンであるかれ宇野弘蔵は、別な本『経済学の効用』(東京大学出版会、一九七二年)の中でも、同じエピソードを(ただし今度はもうすこし理論的な問題次元で)引例し論述しているところがある。わたしも人並みにサマセット・モーム好きではあるものの、申しわけないことに宇野弘蔵博士が引例しているサマセット・モームの小説、邦訳題名『要約すると』を読んでいない。どんな本であるかさえも知らない。そのブツに当って考証(!)して確かめる暇にも恵まれない倉皇《そうこう》な毎日のオルグ暮らしであるので、サマセット・モームの「意見」なるものも、宇野弘蔵の「要約」にそのまま従って行論を展開するのほかにはないから、作家サマセット・モームの「自分の生涯に身につけてきた教養について」の自己要約のそのまた要約が、今日のこの行論が依拠する〝原典〟であり、どうせ作家のものした高級な作り話の要約の要約であるから、理論上の議論としては何やら不安なところが残らざるをえないが、そのことは御勘弁していただいて、読者の方々にはもうすこしこの議論につきあっていただきたい。

前記の『経済学の効用』のなかで曰く――「生理学などで人間が解剖図にあるような純粋な構造というべきものにだんだんと近づきつつあるということがいえるのかどうか。つまり、大人になるとだんだん純粋な人間に近づきつつあることになるのか。答えはどうもそうではない。人間の成長は資本主義のような歴史はもっていないのだな、といって笑ったことがあるのです。……一般的にいって自然科学の対象では、そういう純粋化の傾向があるとはいえないのではないか、それは経済学に特有なことじゃないだろうかと、僕は思うのです。そういうと、我田引水だといってみんな笑うんだけれども、しかし実際に資本主義の一定段階までは純粋化の傾向を示し、経済学者もそれによって対象を的確に把握できるようになったのです」（『経済学の効用』）。

これを要するに、宇野弘蔵教授のサマセット・モームの『要約すると』を引き合いに出しての仕方噺は、経済学を典型とする社会科学の原理=方法は、生理学を典型とする自然科学の原理=方法とは、厳格に画然と違うのだ、という所説であって、わたしは昔「宇野理論」の学風についての最大・最高の讃辞のつもりで「志ん生の仕方噺にそっくり」と特徴づけたことがあるのだが、この場合には、その志ん生もどきの教授の仕方噺にみんな好意的に（！）笑ったとされるその「みんな」の方、つまり聴衆の方がダンゼン正しい。社交マナーとしても、理論方法的直観としても正しい。そういえば、わたし自身の寄席体験をよく想い出し直してみると、わたしには、志ん生の仕方噺はうますぎてまるきり笑えず、可楽の破天荒・ハチャメチャの羽目を外した落語の方が顎が外れる。大体が、そう云われてみると、〈宇野理論〉の方法論論議もスキが無くて全く笑えないが、問題の急所は、その仕方噺を演じている宇野弘蔵自身が噺し家=落語家としての職業意識が全く無いところにこそある！

経済学者の場合には、一定の段階まで「純粋化の傾向」が資本主義の実在的発展の現実という裏打ちがあるから経済学原理論として「対象を的確に把握できるようになった」のだ。わたしに言わせれば、そういう身も蓋もないこととなる！　生理学の解剖を典型とする自然科学などは逆立ちしたってこんな名人芸はやれまい（！）、といった論理の運び方は、観念論というか、機械論というか、とにかく物事の上下を顚倒させた「天地無用」の鉄則に反した屁理窟なのであって、落語の世界ではこういう落ちのつけ方はリクツ落ちと言って、絶対にお手が来ない、笑うに笑えない、アゴが落ちない！　名人芸どころか、素人の学習会芸（「学会」ではありませんよ、念のため）であって、この程度の分別の在り方では、失礼ながら自然科学と社会科学とを截然と分かつ概念《ベグリフ》分割の類別＝分類などはできっこない。

昔から「腑分け」といって人体だって〝逆立ち〟して解剖すれば、人体に手術治療行為を施して病気を治療させて人体を再生させる芸当だってできますよ、このような高尚な芸当は、誰でもが出来る素人芸になるのが、むしろ臨床医学という高級な科学技術《テクノロジー》の価値目標なのであって、その点では「解剖ハ例外デアル」と秀抜なサマセット・モーム・テーゼに則って、セットと標準的な解剖図が載っている教科書を大量作製して医者の卵を養成するのがよいのであって、なるたけ名人芸の老大家のアゴは外れないが歯が外れてしまう芸談などは、「公害」そのものだからできるだけ御遠慮願った方がよい。人体解剖なしで病気を治してみせる、などというホラ話は、それ自体がヤブ医者の自家証明・誇大宣伝のたぐいだ。資本家社会の「純粋化傾向」なるものによって、資本家社会を真に対象化して変革する社会運動をやってごらんなさいな、問題の所在点は一瞬にして分かるだろう！

ヘーゲル『大論理学』における「概念の判断」に弁証法論理が入ると、近代市民社会の対象化による批判的分析が市民社会の概念《ベグリフ》分割を範疇化《カテゴリー》によってもたらすという、「対象の概念にたいする関係」がはじめてそこにおいて一義的に確定されるのである。その関係移行を、カントの第一批判＝『純粋理性批判』から第二批判＝『実践理性批判』への移行、つまり理論から道徳への移行という図式《シェーマ》に対比する通俗的解釈に反して、ヘーゲル『大論理学』における「概念の判断」とは、主観的な「価値判断」としての「当為」つまりスベシという一方的言明にすぎないものではないのであって、ヘーゲルが曰うには――「選言判断のなかで概念《ベグリフ》は普遍性である本性《ナトゥール》とその特殊化との同一性（自己同一性）として措定され、これによって判断の関係は自らを揚棄した。これによって、判断の関係は自らを揚棄した。

しかし、この普遍性と特殊化とのこの具体的なものの〔自己同一性《アイデンティティー》〕は、さしあたって単純な結果である。それが含んでいる諸契機は、そこではさしあたり没落していて、まだはっきりした自立性のかたちをとって互いに対立しあうまでにはいたっていないから、その単純な結果は、自分を総体性《トタリテート》へと形成しなければならない」（傍点いいだ——圏点ヘーゲル原文）と。また、「この一なる規定性こそ、いまや自らの否定性を措定し、自らを両項に分離し、こうしてついには自らを推理にまで自らを展開しなければならないものである」（傍点いいだ——圏点ヘーゲル原文）と。

つまり、ヘーゲル〈論理学〉体系における「概念の判断」の位置価は、〈判断〉から〈推理〉への上向移行の「環」として設定されているのである。そしてこの結節環の規定である「選言判断」において、最終的に「普遍」と「特殊」、「主語」と「述語」とが完全に一致に達した、そのものの何たるかが分かった、とヘーゲルは曰うのである。そのことによって、そのものを「対象」とする認識は完了したかというと、けっしてまだそうではなく、そのものの現存在《ダザイン》の必然性、言い換えれば、そのものがなぜ・どのようにして現にみる（みられる）姿をとってここに存在するのか——そういう発生の必然性、またそれがそのように在ってそれ以外には在り様がない唯一無二の一義的在り方で自分を展開する、その発展の必然性、これを明らかにする（それは、実在の顕勢化であるとともに認識の解明である）のがすなわち「概念の判断」である、というのが、ヘーゲル『大論理学』の「概念の判断」論の核心である。

このようにして看てくるならば、この「選言判断」における「必然性の判断」は、解剖学に相当し、「選言判断」における「概念の判断」は発生学に相当する。オパーリンの「生命の起源」を解明した自然科学的やり方を看てみると、生命の基本要素、必要不可欠な最小限の構成要素を知ってはじめて、「生命の発生史」を問うことができることがよく分かる。そのことによって、生命を対象化分析する自然科学においては、解剖学は発生学に補足・補完されてはじめて、やっと完全にそのものの何であるかを摑むことができることが分かる。宇野博士がサマセット・モームの小説に事寄せて主張したいことと、まるきり正反対であるのだ。

ものの現存在《ダザイン》(この場合には「人体」)の解剖学のうえに、そのものの由来と行方を指し示す発生学、概念から発生史的展開——ここに「概念の判断」の論理学的意味がある。本書ですでに詳しく再検討したごとく、『資本論』弁証法体系の上向的出立の端初《アンファング》における「冒頭商品」の措定(「労働の二重性」に土台を置く「商品の二重性」の外化)、「商品の巨大な巨魔的・巨人族的な集まり」として現象する資本制商品・貨幣経済社会——世界市場を土台空間＝舞台として演じられる「諸社会の富」の最小限の単子《モナド》である要素形態＝細胞形態の「使用価値」と「価値(交換価値)」の計量化された有形の大きさをもっての「定性的」かつ「定量的」な質的・量的規定性の自己発生運動の上向に基づく、価値形態と交換過程の重合的発展、それによって「共同形成される」商品から貨幣への発生史による「貨幣の謎」の解明(それは同時に「謎の解決」である)、そして貨幣から資本への「推論式」的転化——だからわたしは、生理学を典型とする自然科学体系と経済学を典型とする社会科学体系との原理的な類別の「宇野理論」的分離などは、多少でも「分別」のある者であったらできっこない、と頑強に言い張っているのである。

そのようなたぐいの、弁証法的概念分割を機械的・形式論的弁別と取り違える分類法では、どだい、自然科学体系が、マクロ体系として宇宙の「ビック・バン」の始源から「熱的死」の終焉までの通時態的《ディア・クロニック》な時間過程を辿る自然の歴史としての〈宇宙論〉として、あるいはまた「アメーバ」から「人間」までを辿る生命的存在＝生物の歴史としての〈進化論〉として、巨大な自己完結運動体として成立する秘密についても、また、ミクロ体系として「原子《アトム》」を概念分割した「素粒子」の量子力学的運動状態における「粒子《マーティクル》」と「波動《ウエイヴ》」の弁証法的「一者」の二重性に基づくその「位置」と「運動」との不確定性関係、一九世紀のニュートン物理学の「万有引力」学説を価値中軸として構成された〈古典力学的世界像〉を崩壊せしめた、一九〇五年の「アインシュタイン奇蹟の年の五大発見」以降の「一般・特殊相対性理論」による〈時　空《タイム・スペース》〉の非ユークリッド幾何学的な構成と「粒子」と「波動」の二重性「一者」の量子力学的定式化に基づく、自然のミクロ像とマクロ像との照　応《コレスポンダンス》、といった存在(論)的＝認識(論)的把握方法の新機軸のことなどを、学問的に了解することができないままに、『資本論』弁証法体系として資本制商品経済社会を対象化してその批判的分析を体系化したマルクスが、生涯をかけて終始一貫追求しつづけた〈一つの歴史科学＝ヴィッセンシャフト〉といった夢＝構想などの意味などは、まったく体得することができないに違いない。今日の「マルチテュード」の主体再生を懸けた闘争も、こうした構造的論理を固有しているのである。本書〈**恐慌論**〉は、近づきつつあるその大会戦のささやかな準備なのである。

10　「循環の弁証法」と「移行の弁証法」——宇野弘蔵と梅本克己との対論の今日的回顧

恐慌史的に回顧・総括してみながら、「もう一つの世界」と「もう一つの日本」へと歴史的構想力をもって向かう展望を、マジック描きに一筆書きすることに資そうとするならば——

定冠詞つき大文字の〈産業革命 the Industrial Revolution〉以来、西ヨーロッパ資本主義の先頭に立ちつづけてきた最先進のイギリス資本主義が、まさに「諸国民の富」を「資本制的生産様式が支配して諸社会の富」として商品形態で集約＝統括してきたブルジョア経済的全経験を「推論的判断」として有意味命題体系化してきた古典派経済学の開祖であるアダム・スミスとデイヴィッド・リカードの『経済学原理』にあっては、資本家社会的商品経済の「抽象化」の発展傾向を顕勢化・現前化させた実在的運動に依拠しての経済学原理論の自己完結運動体の自己形成——それは、一六世紀の「エンクロージャー」と一八世紀の「産業革命」を特異点として、「土地私有化」と「労働力商品化」とを基軸として自己編成された、きわめて特異な歴史的社会の自己言及的自己表現にほかならない——は、資本制商品・貨幣経済独特の抽象による抽出によって、その存在自体が人類文明史上においては経過的・一時的な歴史的所産としての近代市民社会像をビルトしたのを承けて、**冒頭商品から終末恐慌へと**円環体系化運動をほぼ十年の周期の産業循環＝景気変動過程として、反復的な社会再生を以て永遠にくりかえすがごとく自己演出しつづけながら、それを実在的基盤とするブルジョア観念体系《イデオロギー》上には絶対的理念としての「永遠の相」の下における〈純粋資本主義モデル像〉をブルジョア的宇宙の造物主《デミュルゴス》のビルトとして自己造型したのであった。

「解剖はすべて例外だ」という名文句のサマセット・モーム・テーゼは、そこから作家モームが引き出した「科学的理論というものは実際はにがい平均的なものである」という結論が、生理学＝自然科学の方法論であることをものみごとに示しているが、そのようなモーム・テーゼが作家としてのモームの「小説論」に対照するかどうかについて、宇野博士は「それはともかくとして」といなしてしまっているが、その問題（つまり、「一般法則定立」的な自然科学にとっての「理論モデル」と芸術にとっての「典型モデル」との類・対比の問題）をカッコに入れて回避してしまった上での（そのこと自体は、経済学者宇野弘蔵は別に「文芸評論家」ではないのであるから、まったく構わないことであるが）「これは面白いと思う」という学問的興趣の在り方は、そのようにモームが確認している生理学＝自然科学の方法論に比べてみて、宇野博士の「縄張り」＝「守備範囲」である経済学＝社会科学の方法論とは質的に違いがあるというところに重点移行してしまって語られている。これがまた、わたしなどの興趣とまったく違ってくるところなのであるが、私見では、宇野博士の「我田引水」の思い込みにもかかわらず、サマセット・モーム・テーゼが経済学原理論＝自然科学一般法則にも通用することは、〈宇野理論〉の基軸を成す〈純粋資本主義モデル像〉という（わたしに言わせれば、最も典型的な）「理念型」（M・ウェーバー）が、一九世紀中葉のわずか三十年の期間だけの、それもイギリスというヨーロッパ大陸の外の一島国だけに「近似的傾向」としてだけ実在した歴史的「純化」の傾向性を、学知者の「観念の上で極点にまで押し進めていった」結果の産物として、市民社会のそのような生理学的解剖図が妥当するものは教科書のどこを探してみても見つからない、だから例外だとなるのと同じく、〈イギリス純粋資本主義モデル像〉のビルト図表をいくら検索してみても、それは解剖学図表における「神経」と同じことで、全く見つかりようがないのである。それが人文科学としてもっと典型的な「歴史学」との対照ともなれば、宇野門下の最高の逸才であるわが日高普博士がタイコ判を捺しているように、悠久の人類の世界歴史において「ただ一度だけ」という心細さなので、大海をさらえてただ一粒の砂金を見つけ出すようなその理論作業が、金という世界貨幣のモノ＝ブツに突き当れる可能性はほとんどゼロだとわたしのような不精者には思われてならないのである。

宇野博士にとっても、社会諸科学の科学的基軸をなすものとして観念されている経済学原理論において、それを『資本論』弁証法体系として完成させたマルクスの所説に即していうならば、一九世紀中葉のイギリス資本主義に実在的に現われた経済法則の「純化」が、産業資本支配下の商品経済の「抽象化」能力の進展に依拠して為されたような「純化」の極点にあっても、その商品経済的「抽象」は、不可分なその「裏面」における、外国貿易・食糧・農産物の輸入・棉花・羊毛など工業原料の輸入、農業問題の外化、地主王政、チープ・ガヴァメント、アイルランドにはじまる植民地の大英帝国的拓殖、アイルランド没落農民の新大陸アメリカへの大量移民、戦費のインド植民地への押しつけ、東洋の阿片貿易等々の「異物」（日高普）「不純物」（宇野弘蔵）の捨象がおこなわれてはじめて、〈宇野理論〉が「理念型」化した「純粋資本主義モデル像」が思惟模型として観念上造形されることができたことも、わたしに云わせれば明らかすぎるところである。

この「理念型」の理論作業にとって、「異物」や「不純物」の或る程度の部分的「同化」作用もふくめての「純化」が、一九世紀中葉のイギリス資本主義の歴史的実在に根ざした「抽象」であると言うのであれば、すくなくともそれと同等・同格・同質の位置価において、それがまさにその「抽象化」の絶対的な前提条件として「捨象」した「異物」や「不純物」もまた、当時のイギリス資本主義自体の（つまり島国イギリスの外周を囲繞していた旧大陸的・新大陸的外部世界のものとしてではなく）歴史的実在であったのである。

この〈中心-周辺〉的な資本主義モデル像のビルト形成において、近代イギリス憧憬・西ヨーロッパ崇拝の西洋中心主義的イデオロギーからは、文明開化の進歩・発展によって「歴史の屑箱」に放り込まれて漂白・洗浄されてしまったと目されてきた、イギリス資本主義世界と世界資本主義世界の内外の「不純物」経済現象も、それなりの造形・表象をもって経済学原理論の次元においてそれなりの経済法則として定立させられなければ、マルクス経済学者としても、それは西洋中心主義的世界形成のイデオローグ＝御用学者以外のなにものでもないのである。

一九世紀中葉の「純粋資本主義的純化」の成果を受けて、〈パクス・ブリタニカ〉としての近代世界形成を、国際金本位制の自動調節装置と作動によって、工業宗主国＝ヨーロッパ―モノカルチャー農業＝A・A・LA植民地・従属国の工農国際分業体制と、世界交通・国際資金移動によってその国際体制をグローバルな規模で回転運動させる多角的貿易構造を、最終的には信用経済回転上の「最後の貸し手」であるイングランド銀行発券部の主宰する「金準備」に依拠した現金《ゲンナマ》（「貨幣としての貨幣」である世界貨幣）の現送をもって最終決済しながら、一九世紀末葉の転換期にいたるまでを「大英帝国」としてもちこたえて、資本主義的な一国回転・世界回転を保持することができたのである。

このような、**農業恐慌がすでに長期・慢性化**していた「世界大不況期」における〈パクス・ブリタニカ秩序〉の自動調節的効率性・簡便性・節約性を、「イギリス人的特性」とする、ヘゲモニックな世界編成のパワーのごときも、一九世紀中葉以来の「ジェントルマン資本主義」体制の「抽象力」の世界史的産物にほかならなかったのである。

そのような世紀末《ファンド・シェークル》が推進した準備過程の歴史的帰結は、産業資本的蓄積様式を社会経済基軸とする自由主義的・自由貿易主義的世界編成から金融・独占資本的蓄積様式を社会経済基軸とする帝国主義的世界編成への世界史的移行・転化、鉄鋼業・重化学工業における固定資本の巨大化を物質的回転基礎とし株式会社形態による社会的資金動員の信用制度の活動を「最後の必然性」要因とする**恐慌の変容**、そうした経済的土台における資本制的生産・流通経済の大変貌に起因する全球的規模での領土の分割・再分割の経済的進行、そしてまた、金融寡頭制国家の「軍国主義化」に起因する同じく全球的規模での領土分割・再分割の政治的進行、それらの政治・経済・イデオロギー的大変動の重合・合流による総帰結としての二〇世紀的現代における帝国主義世界戦争＝第一次世界大戦の大爆発であったのである。

資本主義の世界的発展史における「純化」と「不純化」の同時進行の分離・結合、その「歴史ブロック」としてのアマルガム、資本主義の自由主義的世界編成から帝国主義的世界編成への世界史的移行・転化にともなう資本主義発展傾向の「純化傾向」から「純化の停滞・不純化温存」傾向への逆転……といった資本主義発展史過程における客観的な経験的諸事実の集積・蒐集に基づく「純化」「不純化」の識別認識は、あたかも人間生命有機体における栄養摂取・排泄作用における自己維持、その内外代謝を通ずる「同化」と「異化」の対立物の統一、免疫系機能による「異物」の識別、と同じ様にヘーゲル『大論理学』の弁証法論理でいえば、「推論的判断」によることは、すでに論述したごとくである。

そうした論理「範疇」化過程の進展のなかで、資本主義総体（自体）の歴史的・論理的総括形態が、その「前提条件」を自ら産出しなければならない。異種・異化な「外部」の「内部化」・「同化」の内外「物質代謝」として進行しなければならない。この「推論的判断」である「概念の判断」としての推論式は、『資本論』体系の下向極限に設定された〈冒頭商品〉の商品形態（流通形態・価値形態の端緒的現われ形式）の上向力として内在している価値形態として与えられているのであって、歴史的にはそれは、資本主義の（〈宇野理論〉式にいえば）「三段階」をすべてまるごと伏在させながら超えてゆく、プロレタリア世界革命による後近代のエコロジカルにしてアソシエーショナルな将来社会（オルタナティヴ社会）構想からの逆照射を、〈いま・ここ〉の資本主義の世界的危機を克服するための価値目標を明らかにするものとして樹てざるをえないこととなる。

資本主義総体（自体）の「前提条件」が、こうして過去の実在的達成・総括として出来《しゅったい》するばかりでなく、未来からの価値構想として今日的に出来《しゅったい》させられなければならないということは、一見きわめて奇妙に見えるかもしれないが、非＝前近代の唯物論的歴史把握の照明も〈いま・ここ〉のそうした光学によってはじめて明らかになるのであって、その光学の人類史照射のもとにさらされてはじめて、近代市民社会を挟んだ前後の共同体社会が非近代としての一般性・普遍性・共同性の概念包括として、前近代の諸共同体社会の経験を「推論的判断」として論理総括するうえでの判断基準となり、後近代のエコロジカルにしてアソシエーショナルな将来社会（オルタナティヴ社会）を表象化・形象化・造形化する構想力の原基を提供することとなるのである。

このような、人類史の総体を開《あ》ける「鍵」が、『資本論』弁証法体系が資本制商品経済社会の体系的叙述が体系批判的叙述として両義一元化して解明して、資本家社会（それは、「三位一体範式」的に聖なる価格統合された「物象化社会」の完成・統合である）の総体《トタリテート》をまるごと原理論化した〈経済学原理論〉にほかならないのである。

この貴重な「鍵」の入手が、労働する主体である人間そのものを「労働力商品化」することによって全社会・全世界を物象化社会としての資本制商品・貨幣経済社会＝資本制的生産様式として社会形態化したことの世界史的「遺贈」としてはじめてもたらされえたことを、わたしたちは銘記しておく必要がある。その限り、人類史上・人類文明史上きわめて特異な社会形態としての近代市民社会は、プロレタリア世界革命によって打倒・転形さるべき人類史上・人類文明史上の特異点にほかならないのである。

このような人類史・人類文明史把握の方法論は、ミクロ世界の量子力学的状態を「粒子」と「波動」との弁証法的な二重性的〈一者〉の形態化運動として把えたヴェルナー・ハイゼンベルグが、その〈不確定性原理〉を、また、ニールス・ヘンリック・デイヴィッド・ボーアの〈相補性原理〉とによるいわゆるコペンハーゲン解釈を確立し、そのような把握によって、量子力学的状態のミクロ分析を、〈全宇宙〉〈全自然〉のマクロ分析とものののみごとに接続・統合・照応させた方法論と、等価・同質・同格のものにほかならない。そのことを通じて、ハイゼンベルグ博士は、物理学で入手した鍵を使いながら、同時に、ネゲントロピー現象に着して「生命」にアプローチして、生物学への扉をも開けることができたのである。

そのような超一般的形式性から見返してみて、必要な人間社会史的限定＝限局を施して言うならば、わたしが、近代資本制社会の経済的運動法則を解析し切った本書『恐慌論』と、古代地中海世界のミノア・ミュケーナイ文明＝古代貢納制・家産制文明以来の八千年間にわたる人類文明史の歴史過程を理論的に総括し切った前著『〈主体〉の世界遍歴《ユリシーズ》』とを、相互補完的なミクロ・マクロ的照応関係である、と自家宣伝にこれつとめている所以のものも、またそこにある。わたしの熱愛する泉鏡花の「朦朧体」よりもなおアイマイモコたる表現としてきわめて厳密に言表するならば――そのようなものとしてそこにあるそのものは、そのようなものとしてあそこへと向かうそのものであるのである。

このようにアイマイモコたる往還運動の循環論が、堂々めぐりに徒らに終わらせられないためには、有限の〈時空《タイム・スペース》〉に限定された弁証法の論理を、円環化体系として、資本制社会の歴史実在的運動の示している歴史的・論理的特質に深く依拠しながら構築されたマルクス的弁証法に論理化して、経済学原理論―唯物論的歴史把握―実践的唯物論、の全体構成としてのマルクス主義のメタ体系化を倦まずたゆまず自己形成化してゆかなければならない。

そのような相互補完的な弁証法的性格を有つメタ体系においては、資本家社会のグローバルな原理的発展の歴史過程に即しての「純化」「不純化」という弁証法が、歴史的現実そのものの運動によってつねに上程させられて解決を求めるべきものとして、わたしたちに迫ってくる問題の要点に据えられつづけなければならないばかりでなく、「資本主義」と「非資本主義」との弁別、「ゲゼルシャフト」と「ゲマインシャフト（ゲマインヴェーゼン）」との弁別、人類史を巨大に〈判断命題〉化するうえでの、判断基準として、右に見た三相のメタ体系弁証法として定立させられなければならない。

この存在（論）的＝認識（論）的な世界関係把握の〈いま・ここ〉的立ち現われ方は、プラトン＝アリストテレス

「哲学」以来の叡知《ヌース》的イデア論以来の西洋《オクシデント》中心主義的な〈形而上学《メタ・タ・フュジカ》〉の伝統的方法によってではもちろんのことなくて、まさにその逆に、そのような西洋《オクシデント》中心主義的な〈形而上学《メタ・タ・フュジカ》〉の伝統がすべて破産に終わってしまった〈いま・ここ〉の歴史的・論理的臨界点を踏まえて、二〇世紀初頭来の「言語論的転回《リンギスティック・ターン》」を潜らせたマルクス的弁証法を方法的基軸動源として、資本主義変革・転形のメタ体系的再建・創発として、ラディカルに根柢にまで徹底されて遂行されてゆかなければならない。「無底の底」としての深渕《アブグルンド》を覗くことなしには、今日の世界危機の深い闇のなかでの〈無からの創造〉は不可能であるとしなければならない。

　マルクスがその「唯物論的改作」によって『資本論』体系化に活用した、その「合理的核心」におけるヘーゲル的弁証法にあっては、産業資本支配がイギリスの一局・一部分に発現させた「純粋化傾向」に依存する純化として「普遍性」へと帰一してゆくではなくて、歴史的実在の形態化運動における変化・変転と多種・多様化のなかで「概念はであるからして、先ずもって絶対的な自己との同一性ではあるが、それはこの同一性が、ただ否定の否定として、あるいは否定性の自分自身との無限の統一としてだけ、それ〔そのような自己同一性〕である、という意味においてなのである。この概念の純粋な自己への関係は、あくまでも否定性によって自己を措定するものとして、このような関係なのであって、このような概念の純粋な自己関係がすなわち概念の普遍性である」という「概念」範疇規定を、端緒《アンファング》に据えることによって、たとえば〈宇野理論〉に、歴史概念としても、論理概念としても、実質・内容としてはほとんど無内容に近い〈純粋な資本主義モデル像〉の純粋主義的貧弱化・不毛化の自己同一性に陥ることのない動性にみちた上向力を保全することができるのである。

　そのような動軸概念としての「個別」とは、ライプニッツ哲学における「世界を映す単子《モナド》」のごとき動的存在として、「全体性」を総括する一要素＝一側面なのであって、このような「個別」〔マルクス的弁証法においては、たとえば「労働力商品」〕が特出されて諸要素の全体〔マルクス的弁証法においてはたとえば「巨大な商品の集まり」としての世界市場）一つにヘゲモニックに包括する理念《イデー》（マルクス的弁証法では、たとえば「株式資本形態」）として特出定位されるにいたるならば、このような「個別性」即「普遍性」の動軸概念は、資本家社会の「多様性の統一」を上向的極限において達成するのである。古典古代ギリシア哲学の始源において、パルメニデスが喝破した〈多の一〉の現代的復活である。ヘーゲル『大論理学』の「概念」範疇運動用語では、これが〈具体的普遍〉なのである。このような論理的厳密化に拠ってこそ、マルクス『資本論』体系の〈具体的普遍性〉と〈宇野理論〉の〈形式的普遍性〉との識別もまた、可能となってくるのである。

そのような、今日におけるマルクス主義のメタ体系的再建・創発は、資本家社会特有の近代的呪物崇拝《フェティッシュ》によって物神性的顚倒を全面的に蒙らされている現代社会において、資本主義的「純化」を基準として「不純分」が規定されて処分されてゆくようなたぐいの方法論的に基づく最も巧妙な変装・扮装の仮面をかぶった、あれこれの自称「解放イデオロギー」ではありえないことを、今日の思想状況のなかでは特に強調しておく必要がある。

たとえば、マルクスもふくめて近代西欧人が、歴史を〈判断命題体系〉として構成して、その歴史的意味を読み解く判断基準とした古代ローマ帝国の興亡にみられる価値諸力のヘゲモニー転位においては、たとえば「イコン」を高くかかげたゲルマン「蛮族」のローマ侵入、あるいはまた地中海の「海の民」の来襲は、いうまでもなく〈宇野理論〉に謂う「不純力」の「純化された世界帝国の西欧的中枢」への滲透なのであって、そのように歴史理解しなければ、逆に、本来はポリス国家の特権的な民主主義的平等理念を体現していたローマ市民共同体の「市民権」が、ローマの世界帝国的拡大とともに、「すべての道がローマへ通ずる」その巨大な純化力（！）によって、アフリカからゲルマニアからブリタニアにまでいたる史上空前の世界版図大に、第一次供与から第二次供与へと次々に「市民権」を異族・隷属民・被占領民に授与しながら、市民共同体的特権であった由来を有つ「ローマ市民権」を世界平等民主主義的（！）に世界帝国大に拡大（つまり「同化」、つまり「純化」）しつづけた栄光の事業のとどのつまりの歴史的帰結が、つまりは「永遠の都ローマ」を荒廃の極へとたたきこんだ「ローマ帝国」の没落にほかならなかったのである。

　塩野七生女史の大流行中の〈ローマ没落物語〉とは自ら一味違うわたしの物語は、『〈主体〉の世界遍歴《ユリシーズ》』の第三巻全体を参看していただきたいが、わたしが敬愛するタキトゥスの『歴史《ヒストリアイ》』に全面的に依拠して書かれたその物語《ヒストリー》では、右に略記したローマ市民共同体の「市民権」の世界帝国大の拡大（わたし流に言えば、「不純物」の「純化」）の帰結は、そのような「純粋化」の亢進による帰一化の求心的軸点となったローマ市の権力（ガヴァナンス）構造における変貌は、アントニオ・グラムシが最重視した「カエサル主義」の制覇であり（私見では、A・グラムシの『獄中ノート』は、「進歩的カエサル主義」と「退歩的カエサル主義」の区別において際立っているが、マキャヴェッリの『君主論』の国民国家創設構想が「進歩的カエサル主義」の所産であることはわたしにとっても積極的に疑いないところであるが、ローマ世界帝国の興亡の歴史的現実に即していうならば、ローマのカエサル主義には進歩的であった局面や側面は全く無いのである。したがって、わたしはたぶん他のだれよりも『ガリア戦記』『内乱誌』を何度もくりかえし読んでいる愛読者であるが、カエサルを全く尊敬しない。尊敬すべき現代マルクス主義者グラムシのカエサル評価にも同調できない）、カエサル主義とは、それを転機とするローマ帝国の前期すなわち共和制からその後期すなわち皇帝制への変質そのものの指標であり、その変質・変態をおずおずと表現した「同輩中の第一人者」アウグストゥス（「尊厳ある者」の意である）の「プリンキパトゥス（元首政）」の開始、「名は実の賓」であってこれを決定的転機として、末期ローマ共和国は名実ともにインペラトゥールによって直接支配される帝国へと変質的転化を完成し、この後期ローマ帝国下のローマ市民がいわゆる「パンとサーカス」のその日暮らし（！）に現《うつつ》を抜かすようになったことは、よく知られているところであろう。

　このようなローマ帝国末期ともなれば、その価値荒廃・価値空白に滲透してきたのは、皇帝崇拝教の国教化であり、地下のコンペから抬頭してきたキリスト教の進出であり、オリエント旧諸異神の秘儀の礼拝であった。そうした末期的痙攣と頽廃のなかで、「耽美的政治家」（！）であった皇帝ネロは、「暴君」として、母后や哲学者セネカや数多くの元老院議員たちを次から次へと殺し、ローマ市の三分の二を焼亡させたといわれる「ローマ炎上」のさなかに、「トロイ落城」のホメロス叙事詩を朗誦しながら、ついに自殺へと追いこまれていったのであった。詳しくは、『〈主体〉の世界遍歴』第三巻の後半・末尾における迫真的な描写を読まれよ。

わたしのマルクス主義的持説では、ローマ世界帝国の世界史的没落を革命物語の脚本《シナリオ》として、一八四八年ヨーロッパ世界革命へと勇躍参加したマルクスが、その革命の「行動宣言」として発した『共産主義宣言』は、一八四七年ヨーロッパ恐慌の勃発が一八四八年のフランス二月革命、ドイツ三月革命の口火となったという自覚的認識のもとにその〈連続革命〉論を物語化した時、その革命展望は、「両階級の共倒れ」による世界帝国の滅亡であったのである。マルクスはそのような主体的確認のうえに、〈**恐慌と革命**〉学説としてかれの階級闘争学説を首尾一貫して開示することとなったのであるが、「マルクス行者」として若い頃から『共産主義宣言』をそのように読み解いてきたわたしが、運動曲線の浮沈やスターリン主義の一時的制覇や世界的危機の核心としての主体の危機などにはウロチョロしない〝不感症〟革命中毒者として、八十四歳にもなってしまった今なお〈**恐慌論**〉の理論総括と〈人類文明史八千年〉の歴史総括に営々として没頭しているのは、この古典の読書体験に由るところが多大である。

今日のわたしは、本書でも度々強調しているように、ドル・核帝国によるイラク侵略戦争の泥沼化と金融経済のインフレ・ターゲット政策への転換との重合のなかで、戦争国家財政の破綻、乱発された赤字国債の大暴落ならびに原油高騰の亢進とともに、ドル危機とイラク戦争危機との合流・重合による資本主義のはじめての「全般的危機」の到来は近未来に必至であり、そのような世界の有機的危機の到来が今日の「主体の危機」に逆媒介されて、ローマ世界帝国の没落期のような「あいたたかう両階級の共倒れ」に終わらないように——しかも今日のドル・核世界帝国は、多国籍企業基軸のグローバル・インターネット金融・独占資本主義として、すでに全球的規模においてブルジョアジー支配の「抽象的・合理的普遍性」を実現してしまっているのであるからして——「両階級の共倒れ」の招来は、人類と地球の共滅へと現象化せざるをえない。だからこそ、わたしは年甲斐もなく警鐘を乱打しつづけているのである。
八千年の人類文明史の総体の臨界閾における、そのような人間=自然の全般的な生死が懸かった階級闘争・社会運動なのである、さしせまってきている自衛隊のサマワ総撤退と名護・普天間・岩国・座間米軍基地の解体と、消費税十六%大増税、赤字国債の暴落、年金制度の崩壊、「福祉国家」の「福死国家」化、とによって、否応なしに、待ったなしに大爆発へと押しつめられつつある近未来に勃発必至の大動乱の開始に、今日のわたしたちは深く周到に準備するところがなければならない。この『恐慌論』の発刊と普及が、そのための一助となれば、原著者としての悦びはこれに過ぐるものはない。

〈宇野理論〉はこのような近代的事態について、「一般に法則の論証は、純粋な関係によらなければならないもの」（宇野弘蔵『経済学ゼミナール（1）経済学の方法』法政大学出版会刊、一九六三年）として考え、「資本主義社会を支配している経済法則を明らかにするのは、自立的な純粋の資本主義社会を想定するということが何故いけないのか?」（同『科学とイデオロギー』）、あるいはまた、「何らかの法則的規定を与えるのに、純粋の対象をおかないではいえないということ位は、誰でもわかっていることではないのか?」（前同）といった疑問を発しているが、この〈科学とイデオロギー〉における自らの自己同一《アイデンティティー》を再三にわたって自己確認しようとしている、基本的には自問自答の性格を有っている問答法《ディアレクティケー》の哲学的問いにおける、多分に不本意な焦ら立った口調には、もちろんのこと、〝正統派〟の代々木派マルクス主義経済学者の〝異端派〟のマルクス経済学者宇野弘蔵に対する多分に没理論的な無理解・誤読・誤解を含んだ〈宇野理論〉批判のかまびすしさをめぐっての不信・不満・軽蔑が籠められていることは言うまでもないこととして、それが本質的には「（それ）位は誰にでもわかっていることではないではないか」というわけにはけっしてゆかないことは、他《ほか》者から観れば八百長的な自画自賛としかとられないであろう「純粋の資本主義社会を経済学原理論の純粋の対象を想定する以外にはない」という、予め決まりきっている答え方をする問答法が真の弁証法《ディアレクティケー》になっていないということが、横たわっているのである。

自然を純粋な対象としてアプローチする自然科学においては、反復をくりかえすことによって法則定立の真偽検証を一義的に決定・決着させることのできる「実験」という科学的検証方法が与えられているのにもかかわらず、人間社会の歴史過程においては、資本家社会を「対象」とする経済学ならびにそれを典型的代表とする諸社会科学においては、「実験」という検証方法が原理的に「禁じ手」になっている以上、マルクスのあまりにも有名な方法論的テーゼの自己明示によれば、社会科学的対象把握は、化学的試薬や顕微鏡を使っての対象把握のアプローチが利くが、社会科学の対象把握のアプローチにおいてはその反対にいっさいの化学的試薬や顕微鏡も用いることができず、その代わりをつとめるものはただただそれをアプローチする学知者の「抽象力」しかない、という明示がなされている。

このカール・マルクスの確認を、宇野弘蔵もまた踏襲して、資本制的商品経済の運動を把握する上での「抽象力」の第一義性を強調しているのであるが、このような〈宇野理論〉の一見マルクス直伝の立場性の表白の場合には、本書で何度も強調してその点を指摘してきたように、そのような思惟の「抽象力」と、資本制経済の商品経済的発展の示す実在の「抽象力」――少なくともその高揚的前進の一定の局面・一定の時期においては前面化・顕勢化してくる商品経済の実在的発展の示す「純化力」としての「抽象力」――とが、いつも厳密・厳格には弁別されないままに、つねに混同されながら〈純粋資本主義モデル像〉の正当性を強調するために、第一次的に援用されるために、〈宇野理論〉における自問自答的な問答法《ディアレクティケー》に何人も納得するのが当然とは当然（！）言えなくなってしまう憾みが、頑強に残ってしまうのである。その理論方法的弱点は、換言するならば、厳密・厳格に区別されなければならない、客観的抽象と主観的抽象との同一視・混同に根源がある。わたしは、マルクスの謂う〈抽象力〉は、獄死した三木清がわたしたちに遺贈した〈構想力〉と等価である、と確信している者である。

近代世界史におけるイギリス資本主義の産業資本的蓄積様式を基軸とする自由主義的ないしは自由貿易帝国主義的

世界編成（「自由主義段階」）を挟んで、重商主義的・重金主義的世界編成（「重商主義段階」）の資本家社会＝世界と帝国主義的世界編成（「帝国主義段階」）の資本家社会＝世界は、そのような近代世界史的な文脈＝論脈における歴史的意味の自己形成から言うならば、前世界編成様式と後世界編成様式に挟まれたイギリス産業資本のヘゲモニーによる〈パクス・ブリタニカ〉として具体的に型制化され表象化された国際金本位制＝ポンド体制下の自由主義的ないしは自由貿易帝国主義的な資本主義の世界編成様式を、「推論式的判断」を判断主体とする媒辞＝繋辞として文脈・論脈形成されたと看てよい。

　そのような歴史的＝論理的な媒辞・繋辞世界においては、資本の産業循環＝景気変動過程における四局面推移・転換・交替を規定する、一九世紀において五回勃発した**周期的恐慌現象**を資本家社会再生産の全文脈＝論脈のいわば句読点として、一個の完結した句切りの判断文として意味命題化＝文法命題化する意味産出・形成力を自ら示したと言ってよいが、このような資本主義的意味形成をおこなう「抽象化基準」として、**周期的恐慌現象**を有って反復した規則性すなわち価値法則を主軸とする経済法則に基づく形態化運動を、経済的土台における自立・自律した価値増殖運動を、無限前進させる資本家社会のきわめて特異な歴史的特質は、いわゆる自由主義段階におけるイギリスに傾向的に見られたいわゆる〈純粋資本主義〉から抽出されながらの他の資本主義的世界編成〈段階〉における、どの諸局面・どの諸部分・どの諸国の〈現状分析〉においても貫徹しており、その対象認識としては、いつでもどこでも共通の分析基準＝判断基準をもって通用させることができると言い得る。

　それ以外・それ以前における一国＝世界資本主義の一国＝世界資本主義構造を有つ、一九世紀中葉のイギリス資本主義の傾向的発展を模式とする、いわゆる〈純粋資本主義モデル像〉も含めての普遍的な比較論や、一国資本主義の国内・国際関係をアトム的基本単位として（中期マルクスの『経済学批判要綱』の抱懐した〈経済学批判体系プラン大系〉の前半体系から後半体系への「移行環」として観念的に設定されていた（４）「国家に総括されたブルジョア経済」（５）「国際貿易・国際関係」二範疇に「模式化」されていたごとき）近代世界の「国際関係論」的な組み立て方とか、普遍（類）―特殊（種）―個別（個）の、三項・三相の弁証法トリアーデとか、これらの大主題はいずれもみな、或る意味では、『資本論』体系に依拠してひたすらその「純化」をめざす〈宇野理論〉的営為にとっては「無用の長物」以外のなにものでもないのである。

それがいかに、「無用の長物」をも越えて、「無用の重荷」になっているかは、周期的恐慌という資本主義的全文脈・全論脈にとっては、最枢要の「抽象基準」＝「推論判断」基準となっている概念の解明である宇野『恐慌論』として、意外や意外、宇野『経済原論』からすっかりはみ出してしまって、その両者のメタ関係が全く機械的・形式的に並置されるだけに止まり、本質的には無関係化してしまった無惨な姿に、わたしたちはこれを見届けることができる。この難点《アポリア》中の難点《アポリア》が、結局のところ、〈宇野理論〉の折角のパラダイムの「無用の底荷」となって、パラダイム全体の沈没を招いてしまった根因にほかならない。このタイタニック号の遭難は、万人の眼前で出来《しゅったい》した最近の出来事として、それこそ万人にとって一目瞭然の無惨な悲劇であったのである。

宇野博士は、かつて『経済学方法論』において「一つしかないモデル」として〈宇野理論〉の核心である〈純粋資本主義モデル像〉を「科学的」にというよりは「イデオロギッシュ」に強く押し出す主張をおこなったことがある――「僕が純粋の資本主義社会を対象にして原理論をやるというと、それをもモデルであるように思う人もあるようだが、それには困る。あれはけっしていわゆるモデルではない。資本主義的発展の結果到達されると考えられる純粋の資本主義社会で、不純な状態から作り上げられたモデルではない。いわば一つしかないモデルだ」（傍点いいだ）と。

今更そんなことを言われては、読者のサイドとしては「それには困る」。というのは「純粋の資本主義社会」を対象にしてそれを〈純粋資本主義モデル像〉として命名したのは、宇野博士自身にほかならないからである。

わたしからすれば、ごく一般的・抽象的なレヴェルにおいて、〈実践的唯物論〉のマルクスの世界観的立場から考えてみても、「資本主義的発展の結果到達される」のは（「到達されると考えられる」のではなくて）近似的にもせよ商品経済的発展の純化傾向の上に立つ「純粋の資本主義社会」なのであって、それを一般的資本主義の特殊化（たとえば〈宇野理論〉の謂う〈段階論〉として）として、あるいはまた個別化（たとえば〈宇野理論〉の謂う〈現状分析〉の対象としての各局面・各時期・各国の資本主義として）の際の比較判断基準として用いることは、一向構わないどころかむしろ積極的に必要なことであるが、「資本主義的発展の結果到達されると考えられる純粋の資本主義社会」とは、その実は、対象化存在として実在的発展をとげつつある（その歴史過程で「純粋」化現象を特定の一時期・一部分で呈示しつつ）歴史実在的な「社会」なのではなくて、あくまでもそう言っている学知者宇野博士の脳中にだけ観念的に存在する単なる〈純粋資本主義モデル像〉にほかならないのである。

世界の存在（論）的＝認識（論）的把握の平明な立場からいえば、このような「純粋の資本主義社会」・「純粋資本主義モデル像」の関係性の設定の仕方は――はなはだ困ったことに、ここでも〈宇野理論〉はその関係両項を同一視して混同して議論を進めるから、そうした議論はなおのこと混乱・紛糾を深めるばかりなのであるが――何としても天地転倒した「無用」な異常発言である。こちらこそ、「それには困る」のである。宇野博士の自称する「徹底唯物論」どころか、「徹底観念論」の顚倒構造である。

右の発言の最後のところで、宇野博士が顧みて他を言っている「不純な状態」から「モデル」を作り上げる理論作業のごときは、理論上の捏造作業なのであって、一般的に言ってそんな芸当は、誰にとっても――たとえ宇野「志ん生」師匠のような名人芸にとってさえも、できるようなものではありえない。

画一像を作り上げるとしても、人格《ペルソナ》の「モデル化」の場合を具体的に考えてみれば、だれにとっても直ちに分かるように、そのような人格《ペルソナ》の相貌は画一・帰一的形式性においてではなくて、活きた相貌として他者・他人の「モデル像」とは取り替えることのできない、取り替えの利かない――弁証法論理学的に言えば、「普遍性」「共同性」「一般性」としての「個別性」としてではなくて、言うならば「個別性」としての「普遍性」つまり〈具体的普遍性〉として、この世に一つしかない相貌として立ち現われてくるのである。そうでなければ、いかなる学知者といえども、そのような対象を分析しようと試みている外部観察者は、だれがだれであるのか？という初歩的識別でさえも、弁別することもできないことになるであろう。わたしが、〈宇野理論〉には、かんじんな「分別」というものがなくて、対象の識別力を有っていない、と断定している所以である。

もちろんのこと、〈純粋資本主義モデル像〉の造型だか捏造だかを核心として形成される、〈宇野理論〉の経済学原理論のパワーの質と程度を論ずるに当たって、その客観的「抽象」と主観的「抽象」の同一視・混同を厳しく排除・放逐して、真偽の判断基準としての「モデル」構成を進めたそのまた一つ先の問題としては、そこにだけ止まってはいられない、さらに高次の「真偽無記」状態が創出された次元で――その一つ前の次元に止まっている限り、〈純粋資本主義モデル像〉の原理的誤謬・虚妄にもかかわらず、そのビルトが実際上に演じている、資本主義発展の或る局面・或る時期・或る側面の理解照射の実際的作用力の根拠と意味を評価して体系叙述に取り込むことも、反対にできなくなってしまうであろう――、これもまた、反論法を真の弁証法的問答法《ディアレクティーク》に発展させることのできない、「学芸共和国」の公共性から見れば、もう片一方からの一面の弱点・欠陥を温存、形成してしまうことになってしまうであろう。

資本制商品経済社会を対象化した経済学原理論における〈循環の弁証法〉、言い換えればマルクス『資本論』の弁証法体系と、前近代的な共同体社会から近代市民社会への移行ならびに後近代的な高次の共産主義的共同体社会への移行を主題とする〈移行の弁証法〉との異同関係について、一九六八年の世界反乱の時期に白熱的な対論を展開した、マルクス経済学者宇野弘蔵とマルクス哲学者梅本克己との『社会科学と弁証法』（岩波書店刊、一九七六年〔初出＝『思想』掲載は一九六六年〕――こぶし書房再刊、二〇〇六年いいだもも「解題」付）が獲得した、現代マルクス主義としての思想的・理論的水準は、今日からみてもなお瞠目すべき高度な水準にあると言って良い。

そこにおける対質は、（Ⅰ）「社会科学と弁証法」、（Ⅱ）「『資本論』と『帝国主義論』」、（Ⅲ）「労働力商品の特殊性」、（Ⅳ）「搾取の論理と収奪の論理」、の四枢要点をめぐって対論され、それを踏まえて、宇野・梅本両当事者の主題として（Ⅴ）「資本制生産の基本的矛盾とその解決」、（Ⅵ）「商品としての労働力とその矛盾」、の二点に絞られ、それに付随してその弁証法的矛盾の把握をめぐる（Ⅶ）「科学とイデオロギーの関係」について論及するという系統的な形をとって展開され、それが、著書一本としてみごとに仕上げられている。

いま、そのような総体的文脈を再集約してみるならば、『社会科学と弁証法』の「前半体系」の四章は、経済学原理論の理論的核心である「搾取の論理」と、それが唯物論的歴史把握の領域へと渡る「収奪の論理」との二者の関係性を問うことを軸心として構成され、「第一は、経済学と唯物史観との特殊な関係をめぐる問題、第二は、資本主義の基本的矛盾をめぐる問題」の二つの根本点に集約され、それらの主題がさらに集約されて、「商品としての労働力の矛盾」を鍵概念《キイ・コンセプト》としながら、「資本制生産の基本的矛盾」の再定義にいたる普遍的問題領域が「弁証法的矛盾」として抽象化されて再集約され、それを把握するマルクス主義体系が固有に内有している〈科学とイデオロギー〉の両義性の峻別と相互関連の関係性が、最終章（Ⅷ）において論約される、という全体構成を呈するかたちとなっている。

以上のような、現代の意識としてのマルクス主義総体の再生志向を劃したきわめてスリリングな理論的・思想的追究のなかで、本書〈**恐慌論**〉との関連に着目してみるならば、両巨人ともに「資本制生産の基本矛盾」の具体的・具象的な発現が〈**恐慌**〉**現象**として、マルクス『資本論』弁証法体系の核心が〈**恐慌**〉**の体系的基礎了解**に存することが、両者の共通了解となっていることが判る。

この高次な対論水準において提起されている資本制商品・貨幣経済社会の発展における〈**恐慌**〉**現象**の了解をめぐる主張・意見を、ここに繁を厭わずわたしなりに要約的・総覧的に本書に再録しておくこととする。けだし、この

『社会科学と弁証法』の提示した〈恐慌観〉の未解決部分・相違部分を解明する営為なしには、二一世紀における恐慌論のマルクス的完成はありえないからである（以下、傍点はすべていいだ——「恐慌」のゴチ化は無しとする）——

（Ⅰ）社会科学と弁証法　（三）純化・不純化の問題

〔宇野〕生産の社会的な性質と私的領有というのは、資本家的社会としては矛盾する問題ではないのです。問題は社会的な生産が労働力の商品化によって行われているというところにある。それをただ社会的に労働しているものが直接にその生産物を私有しえないという意味で矛盾とするのは、それは、労働によって物が私有されるという前提からいっていることで、むしろ小生産者的に資本主義を批判することになる。それは資本主義に特有な発展の動力を明らかにするものではない。その面からいえば資本主義はますます社会的に生産を拡大するということがいえるだけで、私的領有もますます拡充されていくというだけの話になる。それでは資本主義の発展に特有な恐慌現象も解くわけにはゆかない。労働力というものが、あなた（梅本克己）の言われるように、労働者の体を離れない。そしてそれが生産手段と分離されて商品化しているというところに、問題があることは事実なんですが、それがすぐ資本主義の矛盾を呈しているというわけではないのです。

（Ⅰ）社会科学と弁証法　（四）移行の論理

〔宇野〕対象自身は歴史的な存在だけれども運動の性質からいうと、永久的に、螺旋状をなして発展するものとして説くということになる。理論的にはどうしてもそうなるのではないですか。ただ理論的にそういうふうにつかめるような対象になってきたということが、われわれには非常に重要なのです。つまり十九世紀の二〇年代から六〇年代までのわずかな期間ですが、周期的に恐慌現象が現われたということは、そういう法則性をわれわれにつかませるものとなっている。これをのがしてはならないと思うのです。僅かの期間で、僅かの回数しか繰りかえしていないし、また原理化するには不純な要素、特に外国貿易などの影響があって、先にいったように原理論的抽象が十分にはできていないのですが、しかしこれをのがすと資本主義の基本矛盾のあらわれとしての恐慌現象の原理的解明はできなくなる――と僕は思っている。そしてそれがまた歴史的対象としての資本主義を理論的に解明する経済学に特有な方法ではないでしょうか。

あなたのいわれる自己を再生産してゆく永遠の弁証法が、歴史的な、一定の時期に始まって終りを予想される資本主義社会で認められる。そしてその基軸は労働力の商品化にある。それは元来は商品となるものではないものが商品化しているということにあるので、その点では、その形態の止揚をそれ自身に展開するということにはならない。むしろ矛盾を現実的に解決しつつ発展するということになる。それを理論的に体系化したのが経済学の原理になる。それはつまり有限なもののなかで無限に動くものをつかむ、そういうふうに考えているのです。

〔梅本〕そうですね、そういっていいと思う。どんな有限なものも、それが運動の中に存在する限り、その中には永遠に循環するサイクルがある。しかしまた、有限なものは、そのサイクルの中に入ってくることによって始めをもち、そのサイクルから出てゆくところで終わるのではないでしょうか。有限のもののなかに、先生（宇野弘蔵）のおっしゃるような「かのように」それを抽象することは可能でもあるし、またそれを認識のある段階で抽象することは必要である。その点は私も認めるのです。

〔宇野〕そこで、今度は唯物史観自身を、経済学がどういう風にして証明するか、この点について僕の考えを述べてみると——といってもすでに屢々述べてきていることを繰り返すだけですが、たとえば生産力と生産関係の矛盾というような、唯物史観の基本的問題について、これを封建社会で明らかにしてみる、あるいは資本主義社会の社会主義への変革としてやってみるということになると、これは経済学にもできない。マルクスでさえ、これをやろうとすると筋が通らなくなる。そこで唯物史観でいう変革の過程としてあらわれるものは、経済学では何にあたるか、という問題として、僕は、これを恐慌論としているのです。これから先どう変るかわからないけれど、今のところそれ以上のことを考えろといっても、ちょっと考えられない。

〔梅本〕それはそれで致し方ないとして、問題はやはり、唯物史観の有効性の性格ですね。生産力と生産関係の矛盾なんてことを封建社会でやってみろ、なんていわれても、これはなかなかうまくゆかない。経済学としては恐慌論でやるほかないが、資本主義以前の社会に恐慌なんてものはない。そうなると、経済学で唯物史観を科学的に基礎づけるとはどういうことか、そこに重要な問題が出てくる。こっちから注文をつければ、逆にそちらからも注文をつけられる問題が出てくるわけですけれども、なにしろこの場合、私自身、経済学と唯物史観との関係で解決していない問題をかかえているわけですよ。ブルジョア社会の法則性を媒介にして科学として成立した経済学、その経済学によって唯物史観が基礎づけられるとしたら、全人間史に対するその有効性は何によって論証されるのか、ということですね。

（I）社会科学と弁証法　（三）論理的なものと歴史的なもの

〔宇野〕この資本主義の発生、発展、没落の過程をも理論的展開の内に規定する、ということになると、原理論はその内に解消されざるをえないことになり、原理論は筋の通らないものとなって、その体系的完結は不可能になる。それは資本主義社会を抽象的にではあるが、完全に把握するということをも不可能にする。僕は、原理論を段階論と分離することによって、始めて原理論は、その体系を完結し、その内に資本主義の基本的矛盾の発現としての恐慌現象をも理論的に解明できるものと思っている。

(Ⅱ)『資本論』と『帝国主義論』　(一) 原理論の法則性と段階論の法則性

〔梅本〕先生(宇野弘蔵)の方法体系の中では、原理論で論証されるのは恐慌の必然性、それに対して段階論では戦争の必然性というような形になって、原理論のなかに段階論発生の論理的必然というようなもの、別の言葉でいえば、原理論と段階論の論理的な結節点を見出すということは、経済学としてはちょっと無理ではないか、という結論がなされているわけです。その問題に関連することなのですが、たしかに帝国主義段階になれば資本主義としての純化傾向というものも阻害される条件が出てくるわけですから、恐慌の必然性といったようなものも、そのままの形では出ないわけです。しかしそれにしても、まず恐慌の原理論に対応して、段階論で、恐慌の段階論的な展開というようなものができないのか。それができていればそれを媒介にして、産業資本段階では恐慌という形で解決された矛盾が、帝国主義段階では別の形に転化するという形で、原理論と段階論との論理的な関係もつけることができるのではなかろうか。とにかく、戦争の必然性にゆくまえに、ひとつの媒介項として恐慌論の段階論というようなものがあり得るのではなかろうか。それは不可能なのかどうか。素人的な発想ですけれども、そういう問題が出てくるわけです。

恐慌論の段階論という場合、私としては、産業資本段階でも、この段階に即して、産業資本主義段階における恐慌論の段階論的規定、つまり原理論では捨象された条件を導入した上での恐慌の必然性の論証ということも必要かと思うのですが、この問題にはいずれあとでたち戻ることにして、とりあえず、帝国主義段階での恐慌論ということに焦点をあわせて、先生（宇野弘蔵）の御意見を伺いたいのです。

〔宇野〕いまのお話は、恐慌論の段階論的規定というか、帝国主義時代の恐慌の解明というか、そういう問題ですが、これはなかなかむずかしい。だが、これは、あるいは『帝国主義論』と『資本論』との関連を考えるうえに、具体的な例解になるかとも思います。が、その点に入る前に少々前置きをいっておきたい。僕はいままでも何べんも書いたことですが、ヒルファーディングもレーニンもみんな『資本論』の延長上に『金融資本論』や『帝国主義論』があるというふうな説き方をしているんです。ヒルファーディングのほうは、その点が非常にまずい説き方になっていて、『資本論』のなかから抜き書きをして、しかも貨幣論から始めて信用論をやって、それで金融資本論に入っていく。これは原理論で抜き書き的な前提になるために、それと金融資本との関係がむしろむずかしくなっている。これに対してレーニンの場合は、あとから書いたせいもあると思うのだが、また頭がよかったのか、抜き書きはしないで『資本論』の結論によって――といっても『資本論』第一部に体系的に続くのではなく、第一部の終りの蓄積論に続いたような形で――集積の増大から始めている。もっとも集積という言葉を『帝国主義論』では、『資本論』でいえばむしろ集中にあたるものに使っているようですが、それはともかく、たんに集積の増大というよりも、一定の資本の集積が集中されるという形で、企業の規模が非常に大きくなる、その問題から入っているんです。これは僕にとって非常に面白い点です。つまり、『金融資本論』は貨幣の必然性から利子論へいって、それから株式制度を説いて、ようやく金融資本としての銀行の関係になる。レーニンのほうは、集積から――今もいったように、この集積がだいたい株式会社による集中論なんですが――、それを基礎にして銀行の集中、（固定資本の）巨大化を説いて、いわゆる金融資本を説いて、いわゆる金融寡頭制に入ってゆくわけです。こういう展開をしてレーニンは、『帝国主義論』が『資本論』の続きをなすものとしている。ところが——これは僕が前から何べんも言っていることですが——この集積論のはじめに、こういう企業が大きくなるというのは一様にそうなるんじゃないということを言っている。つまり各産業部門にそういう大きい企業が等しく出るんじゃないということですね。これを僕は非常に重要なことだと思うのです。この点で、そんな誤解なんか起きっこないから、それは問題ではない、という批評を受けたこともあるけれども、それはおかしい、そう書いてあるんです。ところで、『帝国主義論』では、それがどういう産業に起きているかというのは、あとでずっと論じていくうちに、だんだん出てはいるんですが、僕はむしろその点をそこで明確にしておいたほうがよかったんじゃないかと思う。これを明確にすると、『資本論』の論理と違ったものがあるという点が、そこで出てくるのじゃないか。僕自身は、この出発点をヒルファーディングとレーニンを折衷したような形で——といってもたんなる折衷ではないが——帝国主義論を説いて、その点は最初から明確にしている。つまり、特定の産業における固定資本の巨大化としているわけです。それを基礎にして、それに対応するものとして、株式会社論をやったわけです。それから銀行を論ずる。

レーニンの場合はヒルファーディングの場合と違って、本来の株式会社論がないんですが、これはことによると株式会社は『資本論』でもう説かれていると考えたためかもしれない。たしかに『資本論』は或る程度説いている。しかし株式会社が『資本論』の他の原理とともに説けるかどうか、その点は僕らには非常に問題になるのです。たとえば、株式会社の資本家というのは、基本的には大株主と普通株主とに分かれる。しかもその点でも種々ある変化を伴うが、それはともかく、『資本論』でいう資本家とはズレてきている。剰余価値論や蓄積論はもちろん、たとえば利潤論でいう資本家ではなくなっているんです。

〔梅本〕いまのお話の中には、私などの立場からいいますと複雑な問題が出ていたと思うのです。つまり、法則性とは何かという問題で、原理論としての『資本論』のなかでいわれる法則性と、段階論としての帝国主義論のなかでいわれる法則性、帝国主義の段階で帝国主義の諸特徴を表わすものとして示される法則性とは、等しく法則性といわれても、ちょっと違うわけですね。法則性概念のこの違いをどのように理解するかで、原理論と段階論との区別の仕方、連結の仕方もちがってきます。原理論の論理と、段階論の論理とを、論理的に結節しようとしても、ちょっと不可能ではないかという先生（宇野弘蔵）の主張も、やはりその法則性概念の質的な違いと関係してくるのではないかと思うのです。たしかに集積・集中といっても、各産業部門という契機がはいってくるわけですね。しかも基本的な契機としてはいってくる。そこでこの段階の法則性というものをとらえようとすれば、やっぱりどうしてもタイプ論的なものを要求するような法則性としてとらえるほかにない、というのが先生（宇野弘蔵）の御意見ではないかと思います。

そこで『資本論』における恐慌論、それに照応する段階論――こんな言葉はおかしいかもしれませんが、いちおうそう言っておきます――を媒介とせずに、いきなり帝国主義段階での集中・集積の論理へもっていく、そこに飛躍があるのじゃないかと私は見当つけたんですが、しばらくその問題はわきに置いておいて、いま先生のお話を聞くと、そこに法則性の質的な違いがあるということですが、どこからこの質的な違いが出てくるか。いまのお話のように、そこに特定産業部門というものが入ってくるし、さらに株式会社の特殊性というものが入ってきますけれども、その前に、ここで原理論での法則性というものをふりかえってみる必要があると思うのです。……

本来、純化を阻害するものがなければ、恐慌によって矛盾を解決するという形でいくわけなんだけれども、それがそういかなくなる。その矛盾を別の形で展開する過程に転化する。それが帝国主義段階なんですが、しかし資本主義としての一般的原理の貫徹にある。とすれば、帝国主義段階の法則性は、原理論の法則性とは違うものだといっても、法則的な関連にあるのではないか。そこで例の純化と不純化との関連という問題が出てくるわけですが……。

〔宇野〕それはことによると僕の言葉が足らないんで、理解しにくいものがあったのかもしれない。イギリスにおける資本主義の発展は、具体的には常に外国貿易をとっているし、むしろそれによって大いに促進されるのですが、しかし資本主義の発展自身はそういう外的な要因のウェイトをいわば小さくしていくので、具体的な現象もだんだん法則性をそのままあらわす、いわば実験室に近い状態——といっても社会科学では、自然科学の実験室とは違うが——現われてくるわけです。だから恐慌現象も十七・十八世紀と較べてはもちろんのこと、十九世紀の初めまでと較べても二〇年代ないし六〇年代には法則性に近い形でくりかえしている。それは原理論的に想定される純粋の資本主義社会で現われる状態へ、だんだん近づいているというのが、純化の意味です。具体的には常に不純な状態なのですが、そういう傾向によって経済学は、資本主義社会の法則をつかまえてきたわけです。ところが、十九世紀末からその傾向を阻害する要因が強くなってきた。たとえばいまさっきもいった固定資本が特定の産業で特に巨大化することが、あるいはまた発明・発見の採用が、株式会社形式になってわりあいに時期を選ばなくなるので、それも規則性を乱すもととなる。資本主義は一般にはむしろ不況期に発明・発見を、いわゆる合理化をやるために採用するという傾向があるんです。株式会社制度では同じ傾向はあるが、しかし、少し変って、時期を選ばずに出てくることになる。元来、産業循環の原因は、不況期にいまいった発明・発見を採用するということで生産方法が変って、相対的過剰人口ができるところにある。そこで発明・発見が不況期でなくても産業的に採用できることになると違ったことになるのは当然でしょう。それと同時に恐慌現象の解明もできなくなる。そこに非常な重要な問題がある。いままで規則的にあったものがそうでなくなってくるといっても、純化傾向に基づいて法則的に明らかにされた諸要因がぜんぜん作用しなくなってくるかというと、そうではない。その法則的展開を条件づけている要因のウェイトが変ってくるために、恐慌も純粋の形で現われるということがなくなってきたと考えられるのです。

そのうちの一つの重要な要因である外国市場の点で、例えばレーニンが批評しているカウツキーの超帝国主義論は、全世界が一つの資本主義になったときには、純粋に経済的になるのじゃないだろうかということになるが、あれは非常に空想的なアイデアですけれども、原理的な世界というのはそういう意味だというのであれば、わからないことはない。しかしレーニンも純経済的見地というのが無意味の抽象だと批評しているように、実際上そんな全世界が一つの資本主義国になるというようなことはないし、またならないうちにもう社会主義の問題がおきてくるので、帝国主義時代、金融資本の時代に純粋化の傾向があるというのは、基本の法則性としてあるだけで、純粋化を阻害している要因の方が、非常に大きくなってきていて、それが問題なのです。イギリスで十九世紀の中葉に見られたような資本主義の発展も、さきにもいったように、世界市場のなかでのことですが、しかしあのときはまだイギリスの資本主義の発展のウェイトがだんだんと大きくなっていたために、経済学の理論的な構成が可能だったわけです。それが帝国主義論を必要とするような状況になると、法則性が純粋に現われる傾向が崩れてくる。イギリスに対してドイツやアメリカが資本主義国として出てきたということだけでも、それが出てくるのではないかと考えているんです。

〔梅本〕それで、二つの法則性の質的な違いを生み出す条件はわかったんですけれども、それについて、もう少し具体的に、誤解のないようにはっきりさせておきたいんです。先ほど、どちらかというと帝国主義段階の法則性というのは、社会学でいわれるような、と言われましたが、これはたしかにそうだろうと思うのです。たとえばコミュニケーションの領域で、情報機能の発達などというものをとってみると、それは恐慌現象というものに対しても、或る程度の影響力をもつのではないかと思うのですが、これはどうでしょう。

〔宇野〕それは意味が違うでしょう。

〔梅本〕むろん情報機能の発達で恐慌の根源を除くなんてことはできませんし、そんなことになったらマルクス主義は根底からひっくりかえってしまいますけれども、恐慌現象にしても、情報の機能が一定の限界内にあるということを条件として、むしろ純粋に出るのだろうと思うのですが。

〔宇野〕もちろん具体的な恐慌現象ということになると、情報機能が十分であるのと不十分であるのとで、いろいろの違いがあるといえるでしょう。しかし法則的にくり返す恐慌現象ということになると、むしろ情報のいかんにかかわらず出てくるものだといっていいんじゃないかと思うのです。

〔梅本〕つまり、どんな条件が出てきても、資本主義生産の基軸に変化がないかぎり、やはりそこに貫徹するものがあるわけですね。帝国主義段階にも原理的な法則性の貫徹はある。ただその純粋な発現を阻害する条件のもとで、原理論の法則性とはちがう法則性をあらわしている。ですから、かりにそれを傾向性というにしても、そこに出てくるものはけっして偶然的なものじゃないんであって、やはり原理的な法則性を媒介とした、さまざまな原理外の条件との組み合わせで出てきているものだ。──だいたいこんなふうに理解してよろしいのか、どうか。

〔宇野〕それが原理外の条件との組み合わせによっていろいろな原理的に直ちに解明されないものがあらわれ、しかもそれが偶然的なものではないということは、たしかにそうなんです。しかしそういう原理外の条件にしても、それによって原理がどういう法則性を展開するか、それが問題なのです。しかしそういう原理外の条件にしても、それによって原理がどういう法則性を展開するか、それが問題なのです。たとえば固定資本が十年前後使われたものだというのは、原理的に規定しうることではない。

これは恐慌現象でいうから非常にむずかしくなるんですが、たとえば価値法則、あるいは利潤率均等化の法則ではどうなるか。利潤率均等化もやはり株式会社形式になっても働いているんです。だが、たとえば、株式会社だともうからなくなって、減資をしてもやっていけるわけですね。何らかの方法でもうからなくても容易につぶれないというようなことになると、利潤率均等化の法則は、ある程度貫徹しようとしていても、そういう条件のために阻害されてくる。価値法則でもやはり同じで、資本家的には利潤率均等化の法則のもとで貫徹する。ところが独占価格とか独占利潤とかということになると、価値法則は或る程度人為的に破られることになる。これもしかし、それじゃ勝手にいくらでも人為的に動かせるかというと、そうじゃないんで、全体としてはやはり、鉄なら鉄を生産するのに要する労働時間というような、決まった価値規定が基準にありながら、或る程度、しかもそうとう長く価格をそこから動かすことができるわけですね。

そこで、その阻害された法則の発現をも、傾向的法則とすることになると、価値法則によって明らかにされた基本的な規定が曖昧になる。そういう方法は、現実的なようでそうでない。労働者と資本家との関係が、内容を失って、価格関係の中に解消されることにもなる。原理の法則性は、その点で段階論の法則性と明確に区別されなければならないわけです。

（Ⅱ）『資本論』と『帝国主義論』（二）唯物史観と恐慌論

〔梅本〕いや、それはよくわかります。だいぶ問題がはっきりしてきたと思いますから、そこでもう一度、先ほどの恐慌論の段階論というものに焦点を合わせて、ひとつ、基本的な問題形式で出してみます。

先生（宇野弘蔵）の方法体系的の中では、原理論では恐慌の必然性、段階論では戦争の必然性、そして革命の必然性は現状分析の段階でそれぞれ論証の対象となる。そしてこの場合、それぞれの段階で必然性の概念内容がちがうということです。そこで私の考えを申しますと、恐慌の必然性といっても、原理論の中で論証される必然性は、原理論的な限界内の抽象的なもので、より具体的にというが、厳密な意味でそれを論証しようとすれば、原理論では捨象される条件も導入してくるほかない。そこにどうしても恐慌論の段階論といったものが必要になるのじゃないか。同様に恐慌の現状分析ということも必要になる。これは段階論というものを、帝国主義段階だけのものとしてでなく、産業資本段階にとってみればそういうことはいえないのか、どうか。

『資本論』を原理論として純化しようという先生（宇野弘蔵）の問題意識にしても、原理論の中に、産業資本段階の段階論的要素や現状論的要素が混在している、と見た上で、そうした側面の捨象を必要と考えたからだと私は理解しています。たしかにその通りだと思うのですが、しかし産業資本段階にあったマルクスにしてみれば、恐慌の必然性にもとづいて、革命の必然性も論証することになったのではないかと思うのです。その必然性を、いまいったような意味で、マルクス自身が、段階論的に、さらに現状論的に展開しえたかどうかということは別としてです。しかし帝国主義段階になれば恐慌の必然性といったものも異なる条件のもとにおかれる。こういった歴史的制約というものは、例の唯物史観の定式などにも反映しているのではないでしょうか。私はあの『経済学批判』の序文に出てくる、いわゆる唯物史観の定式だけで唯物史観というものを理解することには反対なんですけれども、あの定式、発展した生産力にとって、その生産関係が桎梏になる、革命の時期がくるという、あの規定など、やはりマルクスの段階で革命の戦略を規定するとすれば、やはり恐慌論を土台にして展開するほかなかったし、そこにまた産業資本段階での、原理論と段階論との分離がまだ十分でなかった、というよりも、分離のための歴史的条件がまだ成熟していなかった、そこで純化がそのままの形で進むものとすればこうなるんだろうという想定のもとで、生まれたんじゃないかと思います。むろんあの定式の中の想定にしても、巨視的な世界史的な推移の上からいえば、直接恐慌論と直結させる必要のないことですから、今日でも修正の必要はないと思います。しかし、マルクスの意図したところからすれば、そういうことではなかったかと思います。しかし実際にはそうはいかない。恐慌原理の純粋な発現を阻害する条件が帝国主義段階に出てきて、そこでレーニンなどが、帝国主義間の戦争という媒介項をもってきた。こういう想定はいかがですか。

〔宇野〕マルクスのおかれた状態としてはそういうことがあったかもしれない。だけれども、恐慌現象というのは、事実、新しい生産関係を展開するんです。唯物史観でいう変革が恐慌という形で行われる。つまり経済上の恐慌現象が政治上の革命にあたるわけですね。それがためにくり返してあらわれる。

〔梅本〕そういってよいと思いますが、ここには二つ問題があり、この点はやはり唯物史観との関係からいってもはっきりさせておかねばならないと思います。まず唯物史観のなかでの生産関係という言葉の意味なんですが、いったいそれは、何をさすのかということです。資本主義生産は、原理的にいえば、恐慌によってたえず自分の矛盾を解決していく。増大した生産力に対して、古い生産関係が桎梏になったときに恐慌がおこる、そこで新しい生産関係が生み出されてゆくわけですが、しかしこの場合の生産関係というのは、資本主義内部の生産関係で、矛盾といわれるものにしても資本主義内部での生産力と生産関係の矛盾ですね。そのようにして、資本主義生産というものは、たえず内部の矛盾を解決しながら自分を再生産してゆくわけで、そこのところを先生（宇野弘蔵）の原理論でいえば、あたかも永遠にくりかえすごとき循環体系の論理ということになるのでしょう。

しかしマルクスの定式の中で、生産関係という用語が使われるのは、そういった意味ではなく、たとえば封建的社会とか資本主義社会とか社会主義社会とか、そういった社会構成を全的に規定するものとしての基本的なカテゴリーとして使われているわけです。ですから生産力と生産関係との矛盾、その解決は必然的に革命の必然性と結びついてくる。ここに出ているのは循環の論理ではなくて、あきらかに移行の論理です。ただこの二つの論理が、恐慌論との関係でいえば、無媒介に二重映しになっているような関係ですね。

〔宇野〕だから唯物史観の場合は、直接には科学的に論証できないんです。

〔梅本〕そこに前回の対談でも問題になった重要な問題があるのではないでしょうか。先生（宇野弘蔵）の立場からいえば、経済学の領域で科学的に論証できるのは恐慌の必然性である、ということですね。唯物史観でいう生産力と生産関係の矛盾による社会構成の変化、恐慌による一定の生産様式の内部での変化じゃない、だから科学的には論証できない、ということは、恐慌によってたえず自己を再生産してゆく循環の論理、その弁証法では、唯物史観の発展の弁証法を基礎づけることは、不可能であるということになりませんか。

〔宇野〕いや、不可能かどうか、それが問題なんです。唯物史観はまず自立的な運動体として、いわゆる下部構造を想定しているが、それは明らかに経済学の対象をなしているわけですね。いいかえれば上部構造に対応して、しかしそれ自身に動くものとしての経済的構造をなすというのは、経済学の対象になる純粋な資本主義社会よりほかにないのです。だからそこでの生産力と生産関係の矛盾とその解決というのが経済学で解明されれば、それは唯物史観を科学的に基礎づけることになる。ところが唯物史観のいわゆる公式では、この生産力と生産関係の矛盾はむしろ上部構造に現われる所有関係と下の経済過程における生産力との矛盾という形で説かれている。そこで経済学の対象となるものから、経済学で直接には扱いえない歴史的諸社会の関係に移ることになる。しかしこの歴史的諸社会の変動をそのままには扱わないにしても、経済学は、経済的構造が生産力と生産関係の矛盾を通して動くことを明らかにすれば、そういう他の諸社会の運動にも通ずる動力を明らかにすることになるのではないか。

もちろん経済学で明らかにされる矛盾は剰余価値率として現われる労働者と資本家の生産関係にほかならないので、新しい生産関係を展開するといっても、資本主義的生産関係から新たなる生産関係へ移るという問題とは、もちろん違う。違うんだけれども、封建的な生産関係から資本家的生産関係への移行も剰余労働に基づくものとしては同様に階級社会内の移行です。ただそれは直ちに科学的に論証するわけにはゆかない。むしろ経済学で理論的に明らかにされた剰余価値論で封建的階級関係も歴史的な解明を受けることになるのと同様に、生産力と生産関係の矛盾も、唯物史観の場合に適用される。そうするとこれは唯物史観でいう社会の発展の、一種の縮図というか、なにかそういう関係があるのじゃないかと僕は考えるわけです。

〔梅本〕 たしかにその縮図という表現はたいへん面白い表現で、その縮図をどんなふうにひろげてゆくかというところに、論理的に重要な問題が出てくると思うのですが、その前に、ここでちょっと唯物史観の形成過程というものについて考えてみたいとおもうのです。

唯物史観と経済学の相互依存の関係が、歴史的にどうなっているか、これは先生もおっしゃっているし、私も私なりに検討してきてはいますが、ここで重要なのは、例のヘーゲルの『法哲学』を読んだマルクスが、ブルジョア社会の解剖は、これを経済学によるべきであるという結論に到達する過程と、その結果との関係ですね。マルクスにしても、いきなりそういった結論に到達できたものでもなく、ヒントはヘーゲル法哲学の中にあったといっていいでしょう。現にヘーゲル自身が、ブルジョア社会というものを欲望の体系として、いわば、法的関係に対する下部構造の意味で把握している。しかもそれを分析する場合に、ブルジョア社会での分業と労働との関係、機械の導入による労働の一般的抽象化、その結果としての生産力の増大、それに比例する貧困の増大というような、矛盾を摘出しておるわけです。ですからマルクスにしてみれば、そこでブルジョア社会の解剖は経済学によらなければならないという結論に達するのは当然なんですが、そこでマルクスはいきなり経済学にいくんではない。ブルジョア社会を解剖するのは経済学であるが、その経済学を真に科学的にするために、別な言葉でいえば、経済学をブルジョア社会の根底的な批判にたえうる科学にするために、既存の経済学を批判するという仕事が出てくる。いわゆる経済学批判ですね。その批判をどういう立場でやるかというところに、唯物史観というものの芽生えが出てくるのじゃないかと私は見るわけです。ですから、『経済学・哲学手稿』のなかでも、やはり一つの問題は、対象的世界の実践的創造という、のちに『資本論』では労働過程として論ぜられる一般的な人間の生産活動の法則、労働と人間との本質的な関係が取り出されており、そして、それが資本主義社会ではどうなっているか、どのような法則として現われるか、いつもこの二本立てでいくわけですね。この二本立てが、『手稿』から『資本論』を通じて一貫している。『手稿』と『ドイツ・イデオロギー』とでは叙述の順序はちがいますが、二本立てであることは一貫しています。その点で私は、『手稿』→『資本論』、『ドイツ・イデオロギー』→「唯物史観」といった系譜分けの方式はとっておりません。もちろん『資本論』に近づくにしたがって、論理は精密になりますし、科学的になっていきますけれども、その過程に唯物史観のほうでは、ブルジョア社会の解剖に際しても基本的指針となるようなものが発見されていったのではないのでしょうか。

ですから、そのすべてが今日科学的に基礎づけられているかどうかは別として、経済学では科学的に解明できない、だから、それは科学的には基礎づけられない、といった形では解決のつかぬ領域があるのではないか、ということです。ブルジョア社会内部での生産力と生産関係の矛盾にしても、そこではむしろ巨視的に、一つの社会構成から他の社会構成への移行の問題として、先に出たんじゃないかと思うのですが。

〔宇野〕 考えとしてはそうでしょう。しかしその移行の問題も経済学で恐慌論として解明されるということになるのは、ブルジョア社会の内部の生産関係の変化がやはり生産力の発展によるという同じような問題があるからではないかと、僕は考えるんです。

〔梅本〕 それはそれでいいと思うのです。ブルジョア社会の成熟と、それが生み出している矛盾の現象、それが認識の出発点で、それをブルジョア的な制約をこえて、根柢的に解決するには、人間の生活生産、その歴史というものに対して、どのような見地に立たねばならないか、というところから、さきほど申しあげたような二本立ての問題展開がはじまったわけでしょう。

〔宇野〕 ええ。しかしその二本立て自身も実は経済学で初めて明らかになるのです。例のスミスにおける労働一般にも、マルクスのいうように、資本家的生産方法の発展という物質的基礎がある。経済学では研究対象とすべき問題が、たとえば恐慌現象も十九世紀の二〇年代からくり返し現われてくるということから問題になる。マルクスの言葉でいえば、資本家的生産方法はけっして最善の方法じゃないという考えも、この現象とともに経済学の問題についてくる。マルクスに先だって、いろいろな社会主義者が、やはり資本家的生産方法というのは変っていいんだ、なかにはもっと歴史的に考察していいんだと考えた。つまり十八世紀のスミスなどが考えたような啓蒙的な資本主義万歳論ですますことができなくなって、何とかして恐慌現象を解明しなければならぬというようになる。もちろん資本主義批判と同時に弁護論も出る。マルクスの場合も十九世紀三、四〇年代のそういう事情のもとで唯物史観をとることにもなったのでしょうが、しかしマルクスはその唯物史観を科学的に論証するのに経済学をとったわけです。ところが経済学をやるのにはまた、マルクスもいうように、唯物史観が一つの導きの糸にはなっている。それにしても経済学で生産力と生産関係の矛盾の展開ということになると恐慌論になって、封建社会から資本主義社会へ移るというような関係は直接には説けない。資本主義から社会主義に移るということも説けない。ただし、今もいったように、資本主義の社会の中で生産関係が新しくなる、また生産力もそれで増進して新しく矛盾を展開する。それはちょうど唯物史観の諸社会の関係と同じような形になるわけです。大きく見れば人間の歴史の変化をうつしているということになる。

今さきの二本立てということも、ここでもいえるので、一般的に歴史的な諸社会の変化に共通なものが、資本主義社会の経済過程としては、純粋に経済的過程として、したがって経済学的に解明しうるものとしてあらわれる。それは唯物史観にいう矛盾とその解決に通ずるものと思うのです。もちろん唯物史観では古代社会から中世社会、中世社会から近世へ移るという過程だが、この移行が、実は古代はギリシャ・ローマ、中世はフランス、ドイツでやることになるんで、一つの社会でずっと行われているわけでもないので、その点でも科学的に明らかにするというわけにはゆかない。経済学では、同じ資本家的な生産関係のなかの労働者と資本家との関係の変化として現われるものとしてやれるのですね。むしろ経済学がそれと同じことを、恐慌現象として、スケールが小さくなるにしても、そのかわりに経済的に純粋な形で、したがって科学的に、解明しうるようになるということは非常に重要なことではないか、と思うんです。

(Ⅱ)『資本論』と『帝国主義論』　(三) 移行の論理と循環の論理

〔梅本〕結局前の話のくりかえしになってしまうんですけれども、スケールが小さくなって、そのかわりに純粋な形で説けるような問題になった、ということだけなのかどうか。それでは、スケールの大小と、論理の質の問題とが直結してしまいはせぬか、と私は考えるわけです。唯物史観の論理はたしかに大雑把ですが、移行の論理はあくまでも移行の論理なので、純化すれば循環の論理になってしまうといったものでないことはたしかです。たしかに恐慌論の中にも移行の論理はありますが、それはやはりひとつの循環体系の中での移行で、いわゆる「永遠にくり返すかのごとくに」でしょう。

〔宇野〕もちろん単に、スケールが小さくなってそのかわりに純粋になったというのではない。唯物史観にいう土台が、それ自身で動くものとしてあらわれたので、そういえるのです。それでこそ『資本論』で原理論の体系化ができるということもいえるのです。

〔梅本〕マルクス自身には、そこに資本主義体系そのものを破壊するかのごとくにという構想がなかったんですか。むろんこれは、資本主義の崩壊を革命論ぬきの自動崩壊説にしてしまいたいから、そんなことをいうわけではないのですが……。

〔宇野〕いや、恐慌現象についてはマルクスもくり返すものとして考えていたようです。そうでありながら、やはり社会主義者だから、蓄積論をやると、例の鐘が鳴るんだな（笑）。この点は極めて興味あることなのです。僕は「商品」から始まって「諸階級」に終る『資本論』の体系は、マルクスが社会主義者として唯物史観をもっていたからできたことだと思うのですが、しかしそれがまたかえって恐慌論の完成を妨げることにもなっているんです。それに第一巻の終りにああいうことを言ってしまった。どうしてそうなったかというと、一般的な蓄積論に関連して、原始的蓄積を説いて、――これがまた社会主義者マルクスにして始めてできることだったのだが――その反映として「資本主義的蓄積の歴史的傾向」を説くことになって、いわゆる崩壊論になったんですね。事実、あれは『資本論』第一部とはちっとも関連しない。第三部とも直接は関係ない。だから体系的には妙なものがあそこへ入ったことになる。非常に重要な章ではあるのです、二十四章というのは。しかし最後の第七節がよくないんで、唯物史観の用語とも違っているし、この節自身でも生産関係が生産方法になったり、生産力が生産方法になったりしているんです。あれは唯物史観の言葉からいうと、やはり生産力と生産関係としなければいけない。

旧社会における生産力と生産関係の矛盾ということは――僕はそんな研究をたいしてしていないので大きいことはいえないが――そう簡単にはいえないのではないかと思います。マルクスがほんとうに恐慌論をやったとすれば、唯物史観の生産力と生産関係の矛盾の展開もそこで説くことになり、歴史的過程はそれを基準にして解明されるということになるのではなかったか。それがなされないで唯物史観で片づけられた。結局、経済学も人間社会の発展を説くわけですから、資本主義社会をもって人間社会におきかえると、恐慌論は唯物史観のミニアチュアみたいになるわけです。特殊な形態のミニアチュアになるわけだけれども。

〔梅本〕ミニアチュア、さきほどの縮図論にかえるわけですが、問題は縮尺の原理をどこにおくかということで、原理論としての恐慌の論理を基準にしてミニアチュアをつくってしまうと、永遠にくりかえすかのごとくに、が、資本主義の永遠存続論になってしまう。これは、原理論としての恐慌論がそうなることに、異議を申し立てるのではないのです。恐慌論を原理論の次元で抽象すれば、そうなるでしょうが、果してそれが縮尺の原理になるかどうか。たとえばこんなふうに考えることはできるでしょう。恐慌の波は永遠にくりかえすかのごとくおしよせてくるのだが、その波にうまく乗って、資本主義の世界から外へ出てしまう、社会主義の岸へ打ち上がってしまう。その場合、どんな波をどんなふうにとらえるかは、原理論の枠外、革命論の問題ということになります。しかしこれは縮図論とはちょっとちがう。唯物史観の方は、戦争の必然性や、革命の必然性やらを含んだものとして、発展の論理を示すわけでしょう。しかもそこには、原理論における法則性概念と、段階論における法則性概念とのちがいという問題もあるわけです。

　唯物史観の立場で、革命の必然性といったものをとりあつかう場合には、革命的大衆の生産とか、意識の生産とかいった問題をめぐるなかで、法則性概念がとりあつかわれてくるわけです。先生も強調されるように、それは恐慌の必然性といったようなものと同一次元で扱うわけにはいきませんが、縮図論を成立させるとすれば、ただ、ちがうといって、機械的に切り離しておくわけにもいかない。

　とすると、そういった唯物史観の中で、原理的には循環の論理として現われる恐慌論はどのような位置を占めるのか。私としてはそこで、前回にも申し上げた、資本主義成立の原理と、労働力商品の独自性との関係を私なりのやり方でつかんでおきたい、ということになるわけです。これは人間主体を切り離しては消費することができない、そういうものが商品化するところに資本主義自立の根拠があるとすれば、自立の根拠そのものの中に、自立を許さないものがある。どんなに資本主義が自己の原理を純化させようとしても、純化を阻害するものが必ず出てくる。労働者階級の反抗といったこともそのあらわれの一つで、純化にとっては障害になるものでしょう。とにかく現実の歴史過程としては、純化の方向で抽象された法則体系では割り切れぬものが出てくるのであり、そこに唯物史観との関連をもつのではないか、という見当をつけたわけでした。つまり資本主義が現実の人間主体と切り離せない労働力を自己成立の根拠としているかぎり、資本主義としての原理的完結体系で、現実の歴史過程を完結させることはできない。現実の歴史過程のなかでは、有限な未完結なもの、他の体系によって止揚されるしかないものとしてしか自分を実現しえない。経済学プロパーの領域でいえば、そこに段階論との内的関連をもとめる上でのひとつのモメントがあるのではないか、という見当だったわけです。しかし現在の私には、またそれを経済学的に展開する力はないのです。

ですからこの見当は保留ということにして、今度は、先生の原理論に即してミニアチュア論をやると、唯物史観はそこにどんなモメントとして入ってくるのか、というふうに考えてみましょう。縮図というよりも、そういった資本主義原理に対する価値判断の基準として唯物史観がはいってくる、といった関係になるのではないでしょうか。つまり、資本主義生産は原理としては永遠に循環するかのごとくにとらえるほかない。しかし原理としてはそうだが、これは人間的生産としてはけっして最善の方法でないという、価値判断の対象になるわけです。ここに科学とイデオロギーの問題もあるかと思うのです。それともうひとつ、よしあしの問題は別として、すべての文化様式は、それ自体としてはそのなかで循環するものをもって完結している。それぞれに内部構造としては循環の原理があって、そういうものを含みながら、AのものからBのものへ移行していくのではないか、といったことも考えられるわけです。そこに、ウェーバーとは違った意味で、一つのタイプ論ができ上がるのじゃないかと思うのですよ。その点で循環論は、文化史論として見ると重要な問題点を持っていると思うのですが、ただこの場合でも、完結の論理の中に、その完結を破るものがないとすると、その完結体系は、価殖判断の対象として取り扱うほかなくなってしまうのではないかと思うのです。

〔宇野〕もちろんミニアチュアといっても、また縮図といっても、われわれがつくるわけではないですね。旧来の諸社会では、多かれ少なかれ上部構造をなすイデオロギー的なもので規制されていた下部構造が、商品形態という特殊の形態のもとで法則的に規制されることになると同時に、生産力と生産関係の矛盾が、いわば下部構造の内部で展開されることになる。社会的変革の過程が、経済的構造の内部で縮図的に行われることになるというわけです。もちろん単なる縮図ではない。また資本主義社会としても、歴史的に発生、発展、没落の過程の内に、その発展期においてそれを生産力に対する生産関係の変化として示すわけです。旧来の諸社会において長い期間にわたって一定の生産関係のもとに、おそらくはきわめて緩慢な発展をなしてきて、しかし結局はその生産関係を桎梏として変革する動力となった生産力が、資本主義社会では、たとえば慣行的に規制せられる関係から脱して、いわば純経済的な過程において生産関係を変革してゆくことになる。それはもちろん唯物史観の社会的変革過程をそのまま写すわけではない。しかし、唯物史観では科学的に解明せられる法則性をそのままに示すものではなかったのが、ここではその根拠と展開の過程自身をも論理的に明らかにされるものになるのです。それと同時に、唯物史観にいう社会的変革自身は、その論理的に解明される経済過程外からこの経済構造そのものを変革する革命になる。それは従来のいかなる変革とも異なって意識的に行われる革命になる。社会主義経済は、経済学の原理論でその構造を示されるものではないが、しかし、資本主義経済が、何を、いかにして、していたかを明らかにされることによって、これに代る社会主義経済機構を考えることができることになるわけです。その点、旧社会の中で発展した商品経済に障害になるものを除くブルジョア革命とちがって資本主義経済に代るものを新しく建設してゆかなければならないので、原理論と機械的に切り離すようにもみえる分離が必然的になるのだと思う。もちろん人間社会の歴史的発展としてのつながりが根本にあるので、決して単純に機械的に切り離しうることではない。この変革の過程は、しかし歴史的過程として盲目的必然性をもって行われるのでなく、歴史的過程を意識的に変革していくものになる。経済学が資本主義経済を科学的に解明したということが、それを可能にするのです。

たしかに労働力の商品化は、元来商品にならないものを商品とする無理をもっている。しかしその無理も、人口法則を通して資本主義は体系内で片づけている。それは恐慌現象を伴い、またそれによって資本主義は最善の生産方法とはいえないということを明らかにされ、社会主義の発生を見、労働者の反抗をも組織的にすることになるのですが、しかしそれだからといって直ちに資本主義の自立を許さないものが、自立の根拠そのものの中にあるとはいえない。社会主義的価値判断そのものは、資本主義の自立的な運動過程の外にあって、この運動過程に対してなされるものであって、資本主義の自立的運動過程そのものがその変革の過程を、恐慌のように必然的に展開するものではないのです。また資本主義が帝国主義段階で純化過程を阻害されるということも、労働力商品化の無理から出るというのではない。逆にこの時期には、一般に生産方法の改善による相対的過剰人口の形成が促進されることになるので、かえってその方に無理がでるのです。資本主義の自然的発展過程で労働者が反抗を強化するとは必ずしもいえない。そこに、社会的組織運動の意味があるのです。

それにしても資本主義社会が原理論として体系的に完結する経済学を可能ならしめるということは、決して軽視されてはならないことと思うのです。これは僕が経済学をやっているからそういうわけではない。それはまた現実に純粋の資本主義が完結した体系として実現されないという理由で否定されてはならない。むしろマルクスが唯物史観という世界観をもったということ自身も、この点に関連することで、それは歴史過程を科学的に解明する手がかりを与えてくれるものといってよい。実際またこの点から段階論の原理的規定をも求めるのは、科学的規定を曖昧にする逆行というほかはない、とも僕は思っている。なお、それぞれの文化様式がそれ自体として循環するものとして完結しているとしても、それは自立的に動くものとして原理的に体系化されるものになるとはいえない。完結するという意味も違うのではないですか。経済学の原理は、それ自身で動く経済的構造を対象とするものとして完結する体系をなすのであって、何らの価値判断を加えないで、むしろそういう価値判断が消去されるところに、完成される。だから論理的に誤っていれば当然訂正されてよいのです。それはあくまでも科学的体系ですが、しかしその体系を可能にするものがその対象をなす資本主義経済の発展のなかにあるわけです。これはほかの社会ではなかったことですし、また社会科学の他の対象領域でもないことだと思うのです。

〔梅本〕経済学の対象領域は、ブルジョア社会ではじめて抽象可能になった下部構造の自律的な運動法則ですが、唯物史観は、上部構造と下部構造との関係を問題にしてゆくわけですね。ブルジョア社会というのは、下部構造が自律的な運動を展開している社会、またそれが抽象可能な社会ですから、経済学を自己解剖の基礎科学とするような社会だということになりますけれども、それ以前の社会となるとそうではないわけなんで、そこで上部構造と下部構造との関係といっても経済学だけでは解明できないものがあるわけですね。

〔宇野〕それはもちろんです。経済学的な解明を与えられうるものは一部の商品経済部分だけです。それも部分的ですから経済学にはならなかったのです。しかしそこに共通なものがあるということは確実……。

〔梅本〕ええそうです。共通なものというのが、つまり対象的世界の実践的創造といいますか、人間と労働の関係——しかしこれはいわゆる経済学プロパーの対象領域じゃなくて、先生の用語でいうと、経済法則じゃなくて、経済原則ですか。

〔宇野〕ええ、そうです。経済学は、経済原則として行われるものを法則によって強制する商品経済を対象にするわけです。しかしその経済原則の役割も経済学で始めて明らかになるのです。封建社会で経済原則をどういうふうにやっていたかは、経済史で明らかにされるわけですが、商品経済を一部に採り入れながら、基本的には封建的な上部構造からの規制があったといってよいでしょう。封建社会も古代社会も全面的に経済学で解明されるわけではないが、しかし資本主義とともに発展した経済学によって、その経済構造を明らかにされる道を開かれたわけです。

〔梅本〕先生は経済法則というカテゴリーに対応させて、経済原則といわれるわけですけれども、私などの立場でいいますと、いわゆる人間の生活生産の法則といっても、言語とか意識とか、人間が動物と区別される場合の基本的なものを扱ってゆかねばならない。言語と生産活動との関係というような問題のなかで、やはり唯物史観の基本原則が出てくるわけですね。自然からの分離のモメントは何かとか、生産活動の中に現われる外化や疎外の論理というようなものですね。むろん、こういう問題も、ブルジョア社会で成熟した問題を契機として出てきていますが、必ずしも経済学が基礎科学となるような領域での問題ばかりではない。そういう問題がまず一般的に出ておって、それがブルジョア社会ではどういう形態をとっているか、ブルジョア社会においてはまさにこうである、といった形でお互いに相互解明の関係になるのだろうと思うのです。ブルジョア社会の特殊な構造が一般的な歴史認識に対しても、科学的な方法獲得のための基礎的条件を展開したということ、これには私も異論ありません。

(Ⅱ)『資本論』と『帝国主義論』　(四)「経済学批判」のプランと帝国主義論

〔**梅本**〕ところでその問題はまたあとで考えるとして、はじめにちょっとふれたことですが、産業資本段階の段階論という問題に、ここで立ち戻っておこうと思います。マルクスが、『資本論』で触れた恐慌の問題で、し残している問題ですね。国家、外国貿易、世界市場、例のプランといわれるものを、もしかりにマルクスがやっていたとして、それは産業資本段階での恐慌論の段階論みたいなものになるのか、またそれは帝国主義論とどういう関係をもつのかという問題です。

〔**宇野**〕あのプランは、だいたい五〇年代末ごろのものなんで、それが六七年に出た『資本論』、あるいは六七年前後に書かれた『資本論』の原稿に、どれだけ生きているかは、非常に問題だと思うのです。『経済学批判』の序文であげている資本、土地所有、賃労働、国家、外国貿易、世界市場というところで最初の三項目が大体原理論に入るのかどうか、『資本論』は資本の項目だけであったのかどうか、それさえ不明確なんです。恐慌現象ともなれば、具体的には二〇年代から六〇年代までのあいだも、つねに世界市場と関連して出ているんです。だからマルクスがそのときに、やはり世界市場と恐慌というのを関連して考えるのも、これは当然だと思うのです。

ただ経済学の理論のうえからいう場合に、世界市場という関係を原理のなかへどうやって取り入れるか。あるいは原理の外へどうやってはね出すのか。これはどうもマルクスも明確には言ってないようです。むしろ『資本論』の理論的展開とともに、世界市場を解消した純粋の資本主義社会を考えて経済学の原理を体系化することになったのではないかと思うのです。事実、法則はやっぱり純粋に出るものとしてしか把握できないので、種々なる経済構造を包括する世界市場は、法則的につかまえるということはできないものとして排除されることになってしまうんです。たとえば、利潤論でもそうだが、例の有名な表式でも、世界市場というのはないいんです。それから地代論でも、やはり資本家と土地所有者と賃銀労働者という関係でやらざるをえなかった。ことに地代論では、「緒論」を書いていてその点を明らかにしているのです。これは僕が非常に愛用しているマルクスの言葉ですが、こういう意味のことをいっている。――現実には他の土地所有関係というのがあるのじゃないかという批評を受けるかもしれないけれども、それは資本家的な関係を絶対的だとでもいっているとすれば、そういう批評を受けるのがあたりまえだが、自分の場合はそうでない。逆にいえば、だんだんとそういうものになりつつあるような状態であるのだから、不純なものが残っているのは当然だ。しかし原理はやはりその純粋な状態でやるよりほかないんだ、というんです。そうなると、「世界市場と恐慌」を『資本論』のなかへ入れることができるということは、非常な問題だと思うのです。むしろ、最初そういう「世界市場と恐慌」という関係を考えていたために、恐慌論が完成しないことになったのではないか、とさえ考えられる。しかし実際は、これは産業予備軍の概念とも関連するんではないかと思う。折角の相対的過剰人口論の発見が、産業予備軍の中に埋没してしまったのです。

産業予備軍というのは、エンゲルスが四〇年代のはじめにイギリスの状態から規定したもので、あの若さでエンゲルスらしい天才的規定だとは思うんですけれども、産業予備軍というのを採り入れると、資本主義は自分の発展の材料を現実に持っていて、恐慌現象を通してその矛盾を現実的に解決されるという面が人口と関係しなくなるんです。これはかえって恐慌論の展開を妨げることになった。実際、イギリスの資本主義は産業予備軍と世界市場とでどんどん発展したのです。それにもかかわらず、周期的に恐慌現象が起きるという問題がある。これを理論的に解明しようとすれば、どうしても純化した状態でやらなければならない。産業予備軍を相対的過剰人口に集約すると同時に、世界市場を単一の市場に——これを一国の市場といえば原理論的にならないで段階論的になる——一社会の市場に抽象するのでなければ、理論的解明はできないのじゃないかというわけです。

そこで最初の問題にかえって、帝国主義時代の恐慌現象に特有の法則性があるかということになると、さっき言ったように、その法則性というのは、社会学でいうような法則性で、経済学の原理でいう法則性じゃない、といいたい。たとえば価値法則とか、あるいは利潤率均等化の法則というようなものが、やはり帝国主義時代にはその発現を阻害されている、阻害されるから、独占利潤が成立することになる。その法則性を原理的に規定しうるか、というのと同じです。

マルクス主義の経済学者諸君の中にも、近代経済学に負けないように、独占利潤論とか独占価格論というのをやりたい人がある。第一回の経済理論学会だったと思うが、そういう研究を大いにやろうという決議のようなものをしていたのを聞いたこともある。僕は、その会議の題目が、僕の主張を批判するものになるのではないかと思えるものだったので、ちょっと出てみたのですが、別に批判はされないでそういう決心をきくことになった。その後どういうことになったかは知らないのですが、僕はできるわけがないと思っている。そういう決心をするのは自由だが、そうなると、今いったマルクスの考え方を批判してからしなければならないと、僕は思うのです。これはマルクス経済学の価値論の根本にふれることです。独占利潤をも法則的に説けるとすれば、これは帝国主義時代の諸現象がすべて法則になるという考え方にしたがうことになるわけですが、それは価値論を内容のない、つまり労働価値説のない法則性に解消せずにはいないのです。恐慌論についても同様ではないかと思うのです。帝国主義時代の恐慌の法則性ということになると、必ず実質を失った恐慌論になるために、恐慌の法則性が乱れるということもなくなる。結局、乱れ方の法則性があるかという問題になる。

〔梅本〕 問題はその法則攪乱の法則ですね。こんな言い方は形容矛盾でちょっと無理かと思うのですが、やはりそこには法則性というものがあって、それが阻害されるということなんです。ですから原理論のような法則性はもちろん説けない、だからこそ他の形態に転化しているといわざるをえないんですけれどもね。

〔宇野〕 それに似た面白い言葉があるんです。レーニンに有名な不均等発展の法則というのがあって、よく使われるのですが、しかしこの不均等発展の法則という言葉には二つの点を区別しなければならない。資本主義は発展を不均等にやりながら、また均等化する傾向を持っている。いかえれば不均等を通して均等化する。これだったらレーニンは特別に言う必要はないんです。無政府的生産の法則性にそれは当然のことです。あれは帝国主義時代のいろいろの現象をもって、特に不均等発展の法則といったのだと思うが、そうなると、法則という言葉が問題になる。価値法則その他の原理論でいう法則と同じにいってよいか、どうか。

〔梅本〕 あとのカラスが先になるというか、なんていうか、あれにやはり法則性があるのじゃないですか(笑)。

〔宇野〕 そういう言葉は、法則の発現が阻害されているということを明確にしないで使われると、大変なことになる。それは原理でいう法則性ではない。それが『資本論』と『帝国主義論』との違いなので、両者が続いているかのごとくに説くものだから、原理的な法則がやはり帝国主義論でもずっと続いているかのように理解されるのではないですか。

〔梅本〕しかし、法則阻害の法則性というか（笑）……。

〔宇野〕それはあとのカラスが先になると、また先のカラスがあとになるというのですか（笑）。それに法則があるといえるのか。法則としても実質のないものになるのではないですか。

〔梅本〕しかし、原理論で恐慌論として展開された矛盾が、帝国主義段階では――レーニンの場合――、集積・集中の増大、それから戦争の不可避性ということになるのですけれども、原理的には、やはりそこにも資本主義の基本的な矛盾があるはずでしょう。それとの関連はどうなのか。

〔宇野〕ただしかしレーニンの場合は、やはり基本的な矛盾にしても正確に規定しているとはいえないのではないですか。例えば『帝国主義論』のなかでも、資本の過剰という言葉も、『資本論』でいう資本の過剰を前提していっているとはいえないように思う。『資本論』ていう資本の過剰というのは、資本が自分自身の制限を資本に持っているという、ほんとうに矛盾の現われなんです。ところが『帝国主義論』でいう資本の過剰は、国内で蓄積して得られる利潤よりも、国外へもっていったほうがより大きい、そういう意味の過剰になっている。レーニンがあそこで、基本的な資本の過剰論をふまえたうえで、海外投資にむく資本過剰論をやると、もっと生きてきたんじゃないかと僕は思っている。という意味は、単純に、原理的な資本の過剰から海外投資が出るとはいえない。むしろレーニンが言っているように、利潤率の比較から出るんです。しかしそれは資本の独占資本化からくる慢性的な過剰があるということからきているんで、『資本論』の資本の過剰とちがうんです。

それはともかく、たとえば恐慌論が帝国主義時代にはできないというと、それでも資本の過剰も慢性化するとが、過剰人口も慢性化するとか――これは傾向ですけれども――とにかく法則的なのではないかということになるかも知れないが、そういう法則と価値法則とをいっしょにはできない。恐慌の必然性と戦争の必然性とを同じ必然性で考えたらおかしいでしょう。過剰の資本や過剰の人口にしても原理的に扱いえないような種々なる様相を示すのです。イギリスとドイツでも性格を異にする。国によっても違うし、時期によっても違う。それは法則というよりもずっとゆるいものとして、むしろタイプが問題になる。こういうものを原理論と同列にあつかうのは、価値論を需要供給論に埋没せしめるのと同じく、きわめて重大な問題ではないかと思う。

『帝国主義論』の諸規定と原理的な規定との関連は、それをすぐ結びつけられれば、非常に明快になるわけですが、そう簡単にゆかない。

〔梅本〕ただ、レーニンのばあい、そうした論理を踏んでいかずに、いきなり帝国主義段階の本質的な現象をずばりつかみますね。あれはいったいどうして……。

〔宇野〕それはもちろん、十九世紀末以来の歴史的な事実と、これを解明しようとしたヒルファーディングの『金融資本論』があったからでしょうね。ヒルファーディングにとっては、ベルンシュタイン以後のいろいろな論議が問題だった、といってよいでしょう。

〔梅本〕現象把握ではベルンシュタインが明確にやっていますからね。

〔宇野〕ベルンシュタインは現実把握を確実にというのではなく、誰でも知っている事実をもち出して『資本論』の理論の修正を要求したんです。それが正しく行われれば、『資本論』の理論を修正することにはなっても、いわゆる修正派にはならずにすんだのです。正しくやらずにやったものだから、逆に運動の修正派になった。

〔梅本〕理論を修正するというよりも、ほんとうに科学的に発展させることができれば、運動を修正せずに……

〔宇野〕そうです、運動を修正する必要はない。むしろ明確になったんじゃないかと僕は思うんです。

〔梅本〕結果的にはレーニンがその道を進んだわけですね。

〔宇野〕ええ。カウツキーはほとんどやらなかったようです。カウツキーにはベルンシュタインの『資本論』に対する誤解、というより曲解を明らかにするという、妙な任務があった。そこで本来の任務はヒルファーディングがやって、そうしてレーニンが引きつぐということになって、だいたい、マルクス主義の帝国主義論が正しいものになってきたといってよいと思います。

しかし、レーニンの場合でも、『資本論』と『帝国主義論』との関係ということになると、どうも明快にならなかったんじゃないか。

〔梅本〕ところで、こんにち、また第二インター以来の危機がマルクス主義に訪れているとか、マルクス主義の崩壊というようなことがいわれる。そういう関係で、先生のベルンシュタインの評価をお聞きしたいのですが。

〔宇野〕ベルンシュタインについては、僕はあまりよくは読んでないいんで全面的にいうわけにはゆかない。例の有名なカウツキーとの論争の成果をまとめた『社会主義の前提と社会民主党の任務』というのを読んでいるくらいですが、これでみても、彼は『資本論』の諸規定をそのまま当時のドイツの状況にあてはめて論じているだけでなく、『資本論』その他マルクスの所論に対して、全く理解のない解釈を下しているんです。もちろん『資本論』自身に問題点があるし、またその規定をそのままドイツの現実にあてはめるということに無理がある。たとえば集中による大企業の出現と中小企業との関係とか、小農の存続の問題、あるいは窮乏化の問題、あるいはまた崩壊論とか、そういうものは、今日われわれから見ると、むしろ『資本論』、『帝国主議論』の方法上に重要な問題をなすものとして扱われなければならなかったことだと思う。

僕自身にとっては戦前の日本資本主義論争で、その点を教えられることになったといってよい。いわゆる講座派と労農派の論争では、あのときは講座派のほうが、ベルンシュタインの裏返しのような主張となって、日本では資本主義が『資本論』の規定するようなものにならないで、封建制を著しく残すことになった、といった。もちろんベルンシュタインと反対にむしろそれを革命的主張の基礎においた。これに対して労農派の方はカウツキーに似て『資本論』をそのまま日本の資本主義にも適用されるものとし、だんだんと『資本論』の規定に近づくものと考えていた。それはちょうど『資本論』の初版の序文でマルクスが、ドイツとイギリスとの比較をして、ドイツはまだそんなことはないといっても、いずれはイギリスと同じになるのだと言っているのと同じように、考えたわけでしょうね。

ところがそういかないという点に問題がある。これは事実の問題ですが、マルクスにしてもそんなこと考えなかったのではないけれども、後進国の問題が、明確には出ていない。やはり原理的な規定は後進国にも同じように貫徹するというのですが、イギリスに対するドイツの後進国の問題というのが、実際は単なる後進国の問題ではなかった。ドイツの経済学は、はじめから後進国的な問題点を持っていて、それがむしろリスト以後いわゆる歴史学派として骨抜きの経済学になっているんだと思うが、実はこの後進国の問題の上にいま一つ金融資本の帝国主義段階の発展ということが加わる。ベルンシュタインでは、そういう点が明確でなかったのではないかと思うのです。具体的には、いまの中小企業とか小農あるいは窮乏化の問題とかというのが、『資本論』の規定で直ちに処理できない、新しい段階の問題だったのです。それをベルンシュタイン自身は『資本論』をずいぶん乱暴に読んで、乱暴に批評して、マルクス主義の修正を要求することになった。僕は、あれだけ長い間エンゲルスの下にいて、マルクス主義を学んだベルンシュタインが、どうしてこんなことになるのか、しかもエンゲルスが死んですぐああいうことをいうということは、何としても理解できないことです。

ところがカウツキーがそれに答えたその答え方がまた問題なのです。ベルンシュタインの出した問題をほんとうに解いてはいないんです。これはちょうど日本のマルクス主義者達が、大正末から昭和初年にマルクス批評家に答えたと同じように、マルクスはそうは言っていない、お前はマルクスの理解が足らんのだ、という答え方をしている。ベルンシュタインに対するカウツキーの論戦で特徴的なことは、今ここで問題になっている、『資本論』の後に帝国主義論が必ず出なければならなかったという、マルクス経済学にとってきわめて重要な方法論上の問題が、ほとんど全く自覚されなかったということだと思うのです。前にも僕は書いたことですが、カウツキーはベルンシュタインが崩壊の必然性を問題にして、マルクスはたんに窮乏化から崩壊するといっているのに対して、いや、マルクスは窮乏化だけではなく、労働者の組織的な反抗をも説いている、と言っている。ところが、窮乏化を説いたのは章が違う。前の章の蓄積のところで説いているんです。そうして崩壊のところで、窮乏化と同時に組織的反抗を説いている。『資本論』もその間の関係を明確にしているとはいえないのですが、とにかく窮乏化は経済学的な理論として説いたのに対して、崩壊論は唯物史観的に説いている、といってもよいでしょう。だからベルンシュタインがもしも『資本論』をほんとうに精確に、といってもここだけでなく、ほかのところも不精確なんですが（笑）、議論していたら、そしてその点をカウツキーが問題にしていたら、いわゆる修正派ということにはならなかったのではないかと思うのです。実際は、ドイツの社会（民主）党のなかにそういう対立があって、こういう科学上の問題にまでなったのかもしれない。

問題は、しかし『資本論』の規定自身にあると同時に『帝国主義論』との関連を明らかにするということに帰着する。そしてそれは先にいった原理論の法則性を確実にすることによって段階論の規定が決してそれと同じ法則性をもつものでないことを明らかにすることにあると、僕は思うのです。最初に問題として出された段階論での恐慌の規定ということになると、それは法則としては、もちろん規定できないと思うが、しかし原理論の規定からその攪乱を解明することはできる。しかしそれはむしろ現状分析となるのであって、段階論的には攪乱の条件をあげうることに留まるのではないかと思う。少なくとも僕としてはその程度のことしかいえない。また、現状分析には、それで十分だと思うわけです。

（Ⅱ）『資本論』と『帝国主義論』　（五）教条主義と修正主義

〔梅本〕『資本論』、『帝国主義論』の論理に関連して、教条主義とか経験主義という言葉についても、もう少し深化させる必要があると思います。たとえば、教条主義というのは、なにかの原理をそれなりに固定化して適用する、はみ出た現象は非本質的な現象として切り捨ててしまう。一方経験主義の方は、ある原理で説明のつかぬあたらしい経験に出会わすと、いきなり経験に席を譲るものなのだ、といった具合に、私たちは、教条主義と経験主義をひとつのものの表裏として理解しているわけですが、もう少し厳密に見てみると、教条主義というのは、原理をうのみにするとかじゃなくて、もともと原理の検討をやっていない。たとえば窮乏化法則がマルクス自身の方法で、どこまで解明できているのかどうか、そこまでつっこむということをしない。そういうものをはたして教条といえるかどうかわかりませんけれども、われわれが教条主義といっている言葉のなかにも、まだそうとう分化させなければならんものがあります。それをそのままにしておいてマルクス教条主義は崩壊したとかいっても、実際のところ何が崩壊したのかわからない。ベルンシュタインとカウツキーの論争にも、そういうところがよく出ていると思います。

〔宇野〕もともと『資本論』に理論的に不整合の点があるという場合、これを訂正することができるということになっていれば、『資本論』で明らかにされた理論が教条にはならんのです。つまり『資本論』の所説が絶対的に正しいものとせられて、例えば後進国もやはり同じようになるのだ、あるいは帝国主義時代も同じようにマルクスは見通していたんだということになると、それは教条主義でしょう。僕はよくは知らないが、スターリン時代のマルクス主義が、その最も代表的なものを示しているのではないかと思う。理論は与えられていて、それにみんな従わなくちゃならない。そうすると、例えば社会主義化も、国によって違うなんていうことは考えられない。コミンテルンが命令すると、みんなそれに従わなければならぬというようなことにもなるのじゃないでしょうか。僕もそういう世界的な中央の意義を認めないんじゃない。むしろ実践的には極めて重要だと思う。しかしそれも根本の精神が、『資本論』の理論をドグマティックに、もう訂正しえないものと考えるというのではいけない。『資本論』の所説を、科学的理論として、それを訂正する必要があれば訂正すると同時に、後進国が資本主義化する場合の特殊性をも明らかにする。これは必ず段階が違うんですから、その違いを考える。その点、先に問題にした『帝国主義論』をどういうふうに『資本論』と結びつけるか、ということを明確にすることが必要なのじゃないかと思うのです。それがいままで行われなかったということが、理論的な問題ばかりでなくて、実際的な運動の方面にまで影響しているんじゃないですか。これは社会主義を実現する道の違いということにもなる。といって、実現する道が『資本論』ですぐ与えられるわけじゃないんで、『資本論』の理論がその点でどういうふうに役立つかも問題ですが、そういう点にこそ教条主義であってはならない問題が、各国にあるのじゃないかと僕は思うんです。

〔梅本〕ですからこの問題は、教条主義の問題としても、どうそれを防ぐかという、方法論的な見地を抜かしては、どうにもしようがないということですね。方法論的に媒介体系を持っていない原理体系は、どんなに教条主義を排するといっても、排しようがないと思うのです。たとえば毛沢東が、誤りがあったらただちに直せといっていますね。これは絶対にまちがいはない。そこで毛沢東思想には絶対にまちがいはないといってこの言葉をかつぎ廻っていても、検討の媒介項は出てこない。私は、毛沢東思想に危険なものがあるとすれば、どうにも、あれでは誤りは絶対に出てこない、という……（笑）。

〔宇野〕まさに、誤りがあったらといっても、それがなにで誤りとされるのかという問題があるわけで……

〔梅本〕そうです。対立物の闘争といっても、またすべて存在するものは自分を否定する条件を生産する、といっても、それだけではどうにもしようがないです。それぞれの特殊の形態のなかで、その形態を規定するものがどういう特殊な運動を起こすかというところまでいってはじめて、闘争を具体的に論ずることもできる。あるひとつの原理が、媒介体系の産出ぬきで何にでもいきなり結びつくというのは、科学的にはけっして自慢できることじゃない。むしろそういうことを拒否するだけのものを、それぞれの問題次元でもっていなければならないわけでしょう。

〔宇野〕それが具体的に出ないとね。僕は、たとえば毛沢東の『矛盾論』でもそう思ったけれども、そのもとになるレーニンの場合、矛盾を論ずるとき、たしか数学や電気のプラス・マイナスから自然科学的な現象をずっとあげていって、最後にいきなり階級闘争が出るでしょう。どうもあれは困ると思う。矛盾を論ずるのに、どうしてあそこで経済学上の問題をあげないのか。たとえば恐慌現象の動力になっている矛盾こそあげるべきではないか。これはエンゲルスのせいかと思うのですが、それがレーニン、毛沢東と続いている。もちろん僕はレーニンや毛沢東にその責めを押しつけるのではない。むしろマルクス主義がその点で社会科学的な面を重視しなかったのが不思議でならないのです。

僕は、『資本論』で与えられた経済学の理論こそ、この矛盾と運動の関係をも具体的に解明するものではないかと思っています。これは我田引水ととられるかもしれないが、決してそうではない。運動といえば経済学では資本主義の発展の運動ということになるが、これこそ資本主義の矛盾の発現の過程を示すものといえるが、さらにさかのぼっては資本の運動をとって考えてみても、それは人から人に渡る商品・貨幣の運動を媒介にしながら、資本の姿を変えていくという運動になっている。こういう運動自身をもっと明確につかまえると、矛盾論がほんとうに理解されることになるのじゃないかと思うんです。

すこし話が飛んだけれども、ベルンシュタインの場合でも、カウツキーの場合でも、どちらかが経済学の基本の点をしっかりとつかまえて論ずればよかったのではないかと思うんです。ところが、カウツキーはやはりややドグマティックになる傾向をもっていた。ベルンシュタインが経験主義的なのに対して正反対ということになっている。

それは理論を適用するといったときに、適用とはどういうことかということを考えたら、あの両方をやはり訂正することができたんじゃないかと思うのです。これは『資本論』と『帝国主義論』との関係に関連してくるわけですが、はじめに言ったように僕から見ると、ヒルファーディングでもレーニンでも、原理論から金融資本論、帝国主義論を続けて出している。そこで法則性にどういう違いがあるかというような問題が、不明確になっている。しかしそれにしても、そこでは、カウツキー、ベルンシュタインにおける問題がだんだんと解決の方向をとっていたといってよいと思います。レーニンが実質的には『資本論』から『帝国主義論』を切り離して、新しい展開を与えた。ただ、なおやはり方法的にはまだ明確にならなかった。その点はやはりマルクス・レーニン主義のもとで、『資本論』は訂正すべからざるものとせられていたのじゃないですか。

〔梅本〕方法論的にその点を明確にする一つの問題点として、先ほどの恐慌の、原理論に対する恐慌論の段階論というようなものは、設定不可能であるという、その論拠を明確にするということも、必要な問題になるわけですね。ところで、マルクス主義の今日の問題状況からいいますと、どうなんでしょうか。その点は一般的にはもう……

〔宇野〕いや、ほとんどわかってない。ちっともできてない。

〔梅本〕これは不可能であるという……

〔宇野〕こともできてないです。

〔梅本〕可能であるという……

〔宇野〕ということはもちろんできないしね。

〔梅本〕その点の問題意識というものはどの程度ですか。

〔宇野〕やはりそれは恐慌現象が多少変化するというような程度です。その多少の変化が法則性をもった変化かということになると、これは言えない。さきにも言ったように、いろいろな阻害条件が出てくるわけですが、その出方を何がタイプとして規定することもできないのではないかと思う。例えば独占価格論というのを法則的に説けるか、というのと同じような問題になる。価値論が労働価値説で説けるというのとは全く違う。独占利潤論は剰余価値論や利潤論と同じようには説けない。独占利潤も、あまりに多く取ろうとしたら、かえって独占利潤は得られないというのでは法則にはならないんですね。それはその条件の如何によって異なるし、実際は種々異なった源泉の利潤を混入して、価値論の意味を台無しにすることになります。それは基準のない現状分析になる。それでは経済学の原理論も段階論も無意味になる。非常に不純な要素を含む資本主義をそのままに理論化することになるので、いくらモデルをつくっても現状分析には役立たない。経済学がその研究の窮極の目標とする現状分析は、歴史的過程の科学的解明なので、何か現状に対して、例えば資本主義的政策を樹てるとか、資本家的行動をとるとかのためのものではない。資本家的にはそういう科学的解明がなくても、具体的な知識を前提にして、政策も樹てれば、売買もできる。それで十分なのです。そういう知識には科学的理論は必要ないし、また役にもたたない。何かその点に一般的にいって誤解があるのではないでしょうか。買付けが増えれば値段が上り、減れば下るということは、何も科学的理論によらなくても経験的に誰でも知っていることで、法則などという必要はないわけでしょう。

科学としての経済学が政治に利用されるというのは、そういう法則を何か自然科学の法則を技術的に利用するのと同じように利用するというのではない。この点が明確になっていないと、折角のマルクス経済学も十分に生かして使うことにならないのではないか。元来、経済学でいう価値法則はそういう実用的なものではないんですね。それがドイツの経済学のように政策のための経済学では、リストなどに見られるように、価値法則を放棄させることになったのです。価値法則というのは資本家社会のいわば節度をなすものです。もちろん資本家が自分で節度を持っているわけじゃない。むしろ資本家の無制限の欲望をおさえる客観的な社会的節度をなすもので、それだから自由主義を基礎づけることになったわけです。恐慌現象は労働力商品に対する価値法則の特殊なあらわれなのです。そこで一般的には価値法則の展開の阻害されるところに政策が主張されるわけです。だから政策を主張する経済学というのは、必ず価値法則を基本的には無視することになるんです。客観的な節度がなくなった世界で政策論者が大きい顔をする。そこに法則性を説くと、さっき言ったように社会学的法則性になってくるのじゃないか、こう思うのです。

〔梅本〕内容の異なる法則性概念をひとしなみに扱うことはできないということ、その点については前にも言ったように私も先生の意見に全く賛成なのです。ただ経済学原理論であきらかにされる法則と政策論での政策主張の根拠になるものとの対比を、そのまま、経済法則と他の社会科学がとり扱う法則との対比に移行させてしまうと、経済学以外の社会科学は政策科学だということになってしまいます。経済学との関係からいいますと、唯物史観では、経済法則と経済外的な領域との関連の中に出てくる法則性をむしろ重要視するために、ほかの科学との関連が出てくるのですけれども、原理が他の社会領域との結合で、どのような現象形態をとるか、そこにどういう法則性が現われるかというような問題、これはもう少し厳密に検討してみないと、私としてはいまのところすぐ回答が出ないんです。ただ言えることは、何度もくりかえすようで恐縮なんですけれども、いわゆる帝国主義段階にも、やはり原理の貫徹ということはあって、そうしてそれが阻害されるという形で、その矛盾が他の形態に転化されるわけですから、原理論の法則性と段階論の法則性とはちがうといっても、やはり内的な関連がなければならない。そうでないと原理論で原理を明らかにするということは、段階論に対してどういう意味で積極性をもつか、不明になると思うのですね。

〔宇野〕それは繰り返していえば、たとえば資本概念なくして金融資本を論ずるわけにいかない。価値概念なくして独占価格論をやるわけにいかない。ただ独占価格論に価値法則と同じような法則性を求めることはできない。

逆にそれを価値法則とするわけにはいかない。あるいはまた、金融資本に、一般の資本と同じように、利潤率均等化の法則をそのままあてはめることはできないということに帰着します。

しかし、それでは利潤率均等化の法則をもった資本概念が、金融資本にはないかというと、そうじゃないんで、そういう意味では常に前提になっているんですが、その法則の展開を阻害されるので、形式的に、例えば有価証券の利廻りの均等化としてあらわれるにしても、独占価格と同様に実質を失ったものになる。もっとも利子論自身が、マルクスでは『資本論』で解決されていない。利子論ができていないということは、ヒルファーディングにも非常に影響しているんです。利子論が原理的にできるということは、金融資本の理解にもっと深いものを与えるんじゃないかと思います。それは原理論としての『資本論』と段階論としての『金融資本論』を明確に区別するものだと思う。マルクスの利子論が原理的に確実になるということは、利潤論を確実にし、そしてまた原理論とその法則性とを明確にすることだと思うんです。

〔梅本〕そういう問題もありますが、それより前の問題に戻って、原理論と段階論の区別ですね。これはもちろん前提したうえで、原理論内部での段階といいますか、つまり、原理のなかでも、抽象的なカテゴリーが相互の矛盾によって展開して、新しい運動形態を展開するわけですね。それで、最初の段階では捨象されますけれども、のちには捨象されたものが新しく自己実現の場所として取り上げられていくという形が出てくる。そういう形の最終的なものとして、株式資本などというものも出るんだろうと思うのですが、その場合、世界市場というようなものは、捨象はいちおうされるんですけれども、原理論のなかでの最終段階に、やはり原理的な性格を持って登場させられる可能性があるのかどうか。

〔宇野〕そういう意味では、捨象されたものが登場するということはないのです。世界市場というのはむしろ逆に原理的に非常に簡単な交換関係の形式としてあらわれるだけなんです。たとえば、アメリカの奴隷が生産したものと、イギリスの賃銀労働者が生産したものとが交換されるという場合、それは生産関係としては何とも規定しえないんです。それは小生産者としての農民の生産物と資本の生産物が交換される場合と同様に、原理的には捨象されて交換関係の形態として残るだけで、ここのあいだに法則性をつかまえようとしてもできない。もしもやるとすれば、非常に抽象的な、実質のない価格の運動法則になります。簡単な商品価格論になる。実体は法則的には説けないんです。

そこでそういう形態規定から、例えば生産論に具体化したとしても、そこではもはやアメリカの奴隷はもちろん、小農をも登場せしめるわけにはゆかない。下向の出発点がどういうものであるかということが、その点に影響してくるとはいえます。資本主義が発展した十九世紀の中葉のイギリスから出発するということは、むしろそういう資本主義的生産関係にとって異質的なものを捨象するということが、一面では容易になっていたともいえる。しかしまた他面では逆にそういう国際関係を考慮せざるをえない事情も加わったので、ミルのようにそれがために労働価値説を放棄することになったといわれるものも出た。いずれにしても原理論が、いわゆる抽象から具体へ展開されるからといって、先に捨象された国際関係や小農関係が、その過程で登場してくるということはないのです。価値論が市場価値論として展開されるにしても、そういうものは登場しない。マルクスが、例のプランなどで世界市場という場合、どういう規定を考えていたかはわからないが、『資本論』に出る国際価値論はほとんど何の積極的規定も与えていない、といってよい。

〔梅本〕そうすると、やはりこれは段階論のほうですか。

〔宇野〕ええ、段階論の問題だと思うのです。その上で具体的な現状分析になるわけです。

〔梅本〕そうしますと、たとえば株式資本などはどうでしょう。これはもちろん段階論的な要素を持つわけですが、しかし同時にまた原理的な側面も持つ……。

〔宇野〕それが、さっきもちょっと言ったけれども、株式資本の原理的規定は、資本も商品化するものとして、一般的に擬制資本としては与えられるが、株式資本が、株式資本たる所以は、そういう原理的規定にあるのではないのです。むしろ、なぜそれを原理的規定の中へ入れなければならないのでしょう。もともとマルクスの時代には株式会社というのは、まだ産業には普及しかけたときで、その点を明確にする基礎がなかったといってもよいのではないかと思います。対外貿易にだったらすでにエリザベスのときからあるし、銀行業でも十九世紀のはじめから普及してきているのですが、産業に株式会社が出たというのは、イギリスではずっとのちの五、六〇年代以後のことで、マルクスのときには、特殊な存在になっているんです。そしてそれが利子論のなかで論ぜられるんですが、これがかえって利子論にもあまりいい影響を及ぼしていないんではないかと思う。それはともかく、今もいったように『資本論』の利子論がいいようにできていないものだから、或る程度正しいマルクスの株式論も基本的には全体の筋がうまく通っていないんです。これは実質的には株式のもとで資本家が分裂するために、しかもそれのほうが株式会社の主たる機能になるために、利子論はその点を隠蔽することになり、どちらにもよくないことになる。レーニンの場合はあまりやってないが、ヒルファーディングは『資本論』によって論じている。しかしその点ではあまりよくなかったのではないかと思う。

株式会社というのは、比較的に少ない自分の資本をもって他人資本をなるべく多く支配し、しかもそれを自己資本と同じように支配するという、資本家的に特殊の規定を展開するんです。資本の集中をやるわけですが、それが所有の集中に先だって支配の集中をやるわけです。それが株式会社の機能ですから、これに原理的規定を与えるといってもできないわけです。もちろん株式会社も資本として利潤をあげる。これは一般の利潤論になるわけですけれども、問題はその資本家の内部に分裂があって、むしろそれを利用することが主眼になるために、株式会社による資本の蓄積ということになると、いろいろなニュアンスの違いができるわけで、法則的に規定できるような帰一するところがないのです。

これをもっと具体的にいえば、俸給生活者が株主になってちっともさしつかえないんです。そうしたら資本家になっているわけです。賃銀労働者が株主になるということも不可能ではない。それと同時に、資本家という規定がそれで曖昧になる。資本主義社会の階級構成というものも、株式会社のもとでは非常に複雑になってくるわけです。資本が基本的には労働者の剰余労働で利潤をえていることに変りはないが、株式会社の機能はそういう基本的な点を基礎にしながら特有の展開をなすので、それを原理的に規定しようとすると、どちらも不明確になってしまいます。資本家でありながら労働者であるとか、あるいは土地所有者であるというのでは、実際上そういうことがあったとしても、それがために基礎的な階級関係までが、不明確になっては、原理が台なしになる。むしろ逆に、資本家と労働者と土地所有者の基本的関係を前提として、原理を明確にした上で、そういう資本家の分裂が説かれると、それは原理とはいえないが、株式会社のいま言ったような具体的な機能が明確になる。そうなると、常識的に考えられるような株式会社で、ただ多数の人が資本を供出して、それで事業をしているというような単純な幻想は消えてしまう。株式会社はむしろ少数の大資本家が、なるべく少ない自己資本でできるだけ多くの他人の資本を利用する方式であることが明らかになる。これが金融資本の独占的な傾向の出発点をなしているわけです。

〔梅本〕労働者が株券を持った場合、かれは資本家か労働者か。そこで階級というようなものをはっきりさせる法則性というものも、明確にはされないということなんですけれども、個々に部分的には持つことはできても、賃金労働者が株の所有によって階級的に主導的な位置を獲得できる可能性は、原理としては存在しないということはいえるわけでしょう。

〔宇野〕それはそうです。しかしそんなことをして何になるか、原理的に規定できない複雑なニュアンスの違いを持った現実に対して、直ちに原理的にそれを片づけようとすると、内容のない原理になるだけです。

〔梅本〕このへんで、理論と実践の問題にはいってみようと思います。戦争の必然性だの革命の必然性だのということになると、恐慌の必然性とはちがうわけですから、科学的に検討可能な領域、あるいは予測可能な領域、その限界といったようなことをめぐってめんどうな問題が出てきます。関係する科学も経済学だけではありませんから、それぞれに関係する側面の特殊性に応じて、必然性なるものの規定、抽出の仕方もちがう。科学的に処理できる範囲の限界も一様ではないでしょう。そんなわけでめんどうなことになりますけれども……

〔宇野〕ええ、それは学問的にも非常にたいへんな問題になるわけです。

〔梅本〕革命論との関係でいえば、たとえばロシア革命に踏み切るときのレーニンの予測というようなもののなかに、どの程度、理論的な前提があり、同時にまたそれをはみ出るものがあったか。やってみたら、予測にはずれるものも出てきたのだが、また予測になかった別の条件にたすけられもした、いうようなことになっています。レーニンはそういった不測の状態の中で、実践家としての卓抜した能力を発揮したわけですが、しかしそうした不測の状態にしても、一定の理論的認識にもとづいた行動の結果として出てきたものでしょう。そうした結果に対しては理論はやはり理論上の責任を負わねばなりませんし、それを負うことの中に実践家としての栄誉もあると思います。

一九一七年の二月革命はレーニンの予測にはなかったことですけれど、その直後のごくみじかい期間に、レーニンはロシア革命が社会主義革命たるべきことを理論的に把握して、例の四月テーゼの立場に立っています。レーニンはここではっきり二段階革命論から離脱したわけですが、十月革命を指導したこの見地は単に実践的能力の栄誉に帰せらるべきものではないでしょう。何よりもまず、理論的認識の領域での能力を評価しなければなるまいとおもいます。しかし、他方、ロシア革命を救援すべき世界革命の予測という点では、レーニンの予測ははずれました。二月革命以前に、後進国ロシアが社会主義革命でヨーロッパの先進国に先行する可能性を予測していたのはトロツキーですが、しかしトロツキーの予測は、帝国主義的段階の理論的分析にもとづいたものというよりは、後進国における政治と経済の不均衡というきわめて一般的な見地からの、可能性の予測です。レーニンのばあいでいえば、そこに『帝国主義論』の確立があって、基本的にはそれが大きな威力になっている。こういった実際の過程の中での理論と実践の関係を見てみますと、その過程に対して、どの程度まで理論的認識が責任を負わねばならぬか、ということは当然問題になる。少なくともその判定の方法原理が必要です。実践の領域には科学的に処理できない領域がある、予測不可能な要素がある、この点については私も全く異論ありませんし、そこに実践家が創意を発揮すべき場所もあるわけですが、しかしこれは実践の領域すなわち科学的に処理できない領域ということではない。もともと実践を対象的につかむ、というのが唯物史観の立場なのですから、当然そこには科学的認識の対象領域はある。問題はその対象領域の設定の仕方ではないかとおもうのです。レーニンのばあいでいえば、世界革命の予測のはずれに対して、理論的責任をとるとすれば、それはどのような次元においてか。原理論的な次元でか、段階論的次元でのものか、それとも現状分析的次元でのものか、といった問題設定をしてみてもいいでしょう。むろんこの場合、理論的認識として責任をとり得る範囲内では、ヨーロッパ革命の一般的可能性は存在した、という結論があってもいいわけです。そうすれば、その可能性を現実性に転化しえなかった政治的責任の意味もはっきりします。ドイツ社会民主党の政治的責任といったものもはっきりしてくる。その後のスターリン主義をめぐる問題にしても、スターリン式の一国社会主義の理論的なあやまりはあきらかであるとして、ではトロツキーの世界革命論には理論的に何の見落しもなかったかどうか。何でもかんでも予測にはずれたことをすべてスターリニストの裏切りにしてしまうのは、理論的にも政治的にも責任ある態度とはいえない。

とにかくこの問題は、政治的責任とは何かという問題とも関連してくる重要な問題ではないかと思います。マルクス主義のばあい、政治的責任の中で、理論的な認識上の責任の占める位置をあいまいにすることはできない。

いろいろな領域の問題がからみあって、めんどうな問題なんですけれども、人間の実践が関与して生み出される領域で、科学的な分析の対象となる領域があるとすれば、それはどういうふうにして設定されるのか。これを原理論、段階論、現状分析という先生のいわゆる方法体系のなかで、検討してみたいと思うのですが、段階論というものと、具体的な資本主義社会の変革的実践というようなものとは、関連するとしたら、どういう形で関連できるんでしょうか。関連の可能性はないのか。

〔宇野〕すぐはないのです。僕のいう段階論や現状分析ではそういってよい。現状分析は政治的実践の対象を科学的に明らかにするもので、現状分析も実践的活動が加わってこそ変革の過程につながるわけで、そのままで変革を展開するというようなものではない、と僕は考えています。ロシア革命については、あまりよくは知らないので何ともいえないですが、実践家は、その実践活動に必ずしも科学的規定を十分に使うことがなくても目的を達することは、もちろんあるわけです。十分に使うことができれば、それに越したことはないが、それにしても変革の過程そのものを予測することはできないでしょう。実践に対する理論の役割はそういうことにあるのではない。

経済学の原理も、段階論も、むしろ現状の分析のためにあるので、その現状分析そのものの内に変革の過程が入るとすれば、すでに変革が行われてからのことになる。そういえば科学的規定は無意味になるように思われるかも知れないが、この点を明確にしないと、とんでもない間違いをおかすことになる。社会科学は、自然科学のように技術的に使えるものではない。それだからこそ原理に対して段階論が必要なのです。それは対象が歴史だということを考えるとすぐわかることです。原理的に明らかにされる恐慌の必然性と、段階論で明らかにされる戦争の必然性の違い、さらにまた現状分析で問題になる革命の必然性は前の二つと全く違ったものだということを明らかにすることが、理論を実践に役立てる道だと思うのです。『資本論』は、たしかに非常に偉い科学的成果だが、これですぐ現状分析はやれない。少なくとも帝国主義時代の、特に後進国の現状分析はできない。

〔梅本〕そういう意味で段階論の媒介が必要になるということは、そういう意味で段階論は実践的領域と関連してくる、と解していいのでしょうか。

〔宇野〕そうです。段階論を媒介にして現状分析をやり、現状分析によって実践するわけですが、しかし現状分析から実践活動が当然に出てくるというんじゃない。現状分析も科学的にやれる範囲ではまだまだ一般的規定にすぎない。それに現状は科学的にはなお解明しえられないものを常に残しているし、それがまた非常にバラエティのある問題をなし、始終動いている。そしてまた敵対する方でもじっとしているわけではない。種々なる対策も持っているし、それを時に応じて変えもする。さらにまた中間の階層がどういうふうに動くかも問題になる。それは原理的規定で与えられる必然性はもちろんのこと、段階論、現状分析でも決して解明しつくせるものではなく、常に政党活動自身の内でなされる現状分析によらなければ、実践に役立つものにはならない。こんなことは僕なんかがいわなくても皆知っていることですが、ただ理論と実践との関係が余りに一般的に片づけられているために、かえって理論の役割がわからなくなっているのではないかと思うのです。それはまた逆に、政党の決定をそのままで科学的なものとする誤りともなっているのじゃないですかね。

〔梅本〕それならば異存はないんです。まあ日本の革命の場合でも、日本の資本主義が、世界資本主義のなかでどのような位置、また性格を持っているかということを、科学的に明確にしないかぎり、現状分析の基本的指針が出ない。そのうえで現状分析をやる。その分析の結果をどのように利用するかということは、これは政治的実践の領域に入ると思いますけれどもね。

〔宇野〕ただ、そういう場合の現状分析がどの程度科学的に正しく行われるかは問題なので、政党が決定する場合は、それを科学的なものとしないで、自己の党派的なものと明確にすることが大切だと思うのです。科学的規定を利用したにしても、科学的なものとして押しつけることは、どちらにもよくない。従来のマルクス主義では、今もいったようにこの理論と実践の関係が余りに抽象的に片づけられているので、ある場合にはそれで役立ったかも知れないが、そうでない場合も当然出てくる。たとえば、ものを売買したり生活しているというような実践を、政治的な実践と一様に実践としたのでは、理論と実践の関係は決して明らかにならない。人間の行動と認識というような抽象的な規定でいっていたのではなおさらいけない。そういう非常に抽象的規定で考察するために、かえって不明確になっているんじゃないかと思うのです。

〔梅本〕そういってよいと思いますが、しかしこの問題にしても、この問題なりに抽象的な原理的な次元と、対象領域の特殊性に応じた適用次元とがあるわけです。この二つの次元を混同するから両方ともが不明確になるわけで、認識上の原理的問題として、理論と実践との関係を抽象的に追求すること自体は必要なことではないでしょうか。現に唯物史観というものは、認識の対象が同時に認識の主体であるという歴史の世界での認識の一般構造を追求したものでもあるわけでしょう。この構造は、理論をつくるためには実践がなければならん、といったようなことを何回くりかえしてみたところで判明するわけのものではありませんし、それでは認識の論理を抽象することはできない、少しも抽象的でない、だから不明確です。

理論と実践の問題は、原理的次元でいえば、歴史的世界での対象認識の原理論と直結してくる問題です。たとえば、先生の表現を借りれば、対象を模写する方法を、対象自身から模写するというんですが、この表現については私は疑問があるのですけれども、やはり、今申しあげたような意味で、重要な原理上の問題をふくんでいるといっていいのではないでしょうか。

前回の討論のなかにも出ましたけれども、下向にせよ、上向にせよ、対象認識のアンファング（始元）、出発点自体が、やはり対象的世界の歴史的な成熟のなかから生み出されてくる。歴史自身がそれを抽象してくるというか、始元抽象の拠点そのものが歴史的に生み出されてくるわけですね。そういう認識の構造のなかに、理論と実践の関係をめぐる原理的な問題も出ていると思うのです。観念論の領域でいえば、ヘーゲルの認識論など、徹頭徹尾、この認識の展開構造を対象的世界の展開構造との関連の中でつくりあげようとしたものでしょう。ただ、ヘーゲルの場合、対象的世界を産出する実践主体がいわゆる世界精神で、ブルジョア社会もその精神の産出したものみたいになってしまいますけれど、歴史的世界での対象認識の急所はよくつかまえているようです。弁証法もそういった認識の論理です。

〔宇野〕これはマルクスが、なぜ唯物史観を把握し、そしてそれを経済学で解明しようとしたかということに帰着する。経済学の対象がまた一般的な経済生活でなくて、資本主義的な経済だったということ、しかもそれが十七世紀から十八世紀を通して十九世紀のイギリスに発展する過程の内に歴史的に確立された対象だということ、こういう点をよく考えて貰いたいのです。それは決して自然科学的対象からではもちろんないが、人間生活一般からでもない。歴史的に発達してきた資本主義社会を対象としながら、自然科学的対象はともかく、人間生活一般をもこの特殊の社会生活の解明の中に、規定しようというのです。僕はここにマルクスの方法の神髄があると思うのです。

なぜ資本主義社会がそういう役目をになうことになったか、ということに、なかなか面白いものがあると思う。対象が自らを形成すると同時に純粋化するということ、これは旧諸社会ではなかったことでしょう。十七世紀よりは十八世紀、十八世紀よりは十九世紀のほうが、純粋な状態に近い。そういういろいろな発展段階の違いのなかで、経済学者が何べんも何べんも理論的な抽象をくりかえしてきて、対象と共に理論が体系化されてきたのです。もちろんその抽象化は、いわゆる下向過程の内に行われるのですが、おそらく現実に与えられたものから直接にやるというのではなく、先輩がやった抽象的規定を自分の経験的な知識によって補整していったものと思うが、そういう過程のなかで概念が確実になってきた。それというのも対象自身が純化してきているからなのです。単純に知識が進んだとか、経験が深くなったとか、方法が確実になったとかいうのではないのです。しかもその過程でまた人間生活一般というような、つまり超歴史的なものも漸次に明確になってきている。人間生活の歴史のなかの或る一定の時期、資本主義が発生し、発展してきたという一定の時期に、経済学がその理論を体系化しうることになり、それと同時に、人間の経済生活の一般的規定も与えられることになる。経済生活があるところに経済学が出るわけではないのです。商品経済があるところに経済学がその理論を体系化しうるわけでもないのです。商品形態が、人間生活の基礎をなす経済的過程を全面的に把握する資本主義社会で始めて、経済学はその理論を体系化し、同時にあらゆる社会に通ずる経済生活の基礎をも一般的に規定しうることになるのです。僕はよくいうのですが、マルクスが『資本論』を労働過程や生産過程から始めないで商品から始め、資本を説いた後に初めて労働過程を説いていることを非常に偉いと思うのです。これは唯物史観から経済学への道に通じることと思う。一般的な認識構造もこの特殊な社会科学の中に解明されるのではないか、というわけです。君のいう認識上の原理的問題もこの特殊の社会科学の理論と実践の関係としてでなければ解けないというのです。それは一般的に抽象的には追求できないというわけです。その点を具体的にいえば、たとえば、マルクスはアダム・スミスについて、労働一般というのはアダム・スミスがはじめて明確にしたといっている。あとから考えれば労働一般というのはだれでも考えうることになってきているが、そしてまた経済学はそれを基礎にして論ずることになるが、この労働一般を明らかにして、いろいろの産業のなかに、一般的に労働というものが基礎になっているということを明らかにするということは、アダム・スミスによって初めてなされた偉大な功績だというのです。しかも、その当時はまだ、それがいかに困難な抽象だったかということは、アダム・スミスでさえ、ときどきフィジオクラートの考えに逆もどりしているといっている。つまり、農業のような特定の産業の労働を、富を生産する労働とするというわけです。労働が種々なる産業に共通な基礎をなしていることは、社会的には資本家的生産と共に具体的になるので、経済学の基礎がそれによって与えられるのです。それから逆にあらゆる社会に通ずる経済生活の基本的規定が与えられることになる。それは決して一般的な労働生産過程から資本主義的生産が説けるというものではないのです。それがまた社会主義に対する経済学の科学的基礎づけをなすものとなるのです。社会主義は、人間一般の規定から主張されるものではなくて、資本主義社会の発展の内に、その実践的基礎と共に理論的基礎を与えられることになるというわけです。

〔梅本〕先生が意図されるものはよくわかるのです。はやい話が、恐慌ということをとってみたって、産業恐慌というものが周期性をもって現われる。そこまで資本主義が成熟して、そこではじめて資本主義の本質認識に対しても認識の手がかりが得られた。その意味で、資本主義の本質認識の方法それ自体を、資本主義生産の発展が生み出してくるというわけです。ただこの論理を認識論的に解明しようとすると、単に方法そのものを対象から模写するといった表現では済ませないものが出てくるのではないでしょうか。この表現は、言葉の意味だけでいえば、通常の模写論をレトリックの上で言いかえたものに過ぎないと思うのですが、むろん先生の意図するものはそうではない。そうではないところのものを論理的に突込んでゆくと、どんな問題が出てくるかということなのです。道元の言葉に「万法すすみて自己を修証する」という面白い表現があるのですが、今の場合でいいますと、「万法」は資本主義の運動法則、この「自己」は資本主義自体であると同時に、その中にあって資本主義を認識するものの「自己」でもあるという関係で、この二つのもののかかわりあいそのものが、対象的世界の発展の中から生み出されてくるといった具合です。こういった関係を唯物史観の立場でどう解明するか、私自身模索中なのですから仕様がありませんが、はっきりしていることは、対象的世界は人間的実践の産物であるにもかかわらず、人間の意志から独立した関係を生み出しているということですね。経済法則といったようなものは、そうした対象的世界の自立性をよく示しているといってよいでしょう。

〔宇野〕方法を模写するという言い方にはまずいところがあるかも知れないが、しかし対象を模写するというのをいい換えたということにはならない。事実、対象を模写するといっただけでは観念論を排除しうる唯物論にはならない、と僕は思っている。方法は主観的になるからです。経済学は、対象が決して固定的に与えられるものでなく、歴史的に発生し、発展するものであり、しかもマルクスもいっているように、その対象が発展するにしたがって、理論的に想定されなければならない純粋の資本主義に近づいていくといっていいのです。したがってこの理論的な世界像自身が客観的に与えられるという性質をもっている。それはわれわれが何らかの指導概念で形成するものではない。僕には、道元の言葉の意味はよくわからないし、またそれが何によっていわれたかも知らないが、しかし経済学の対象のように理論的世界像自身が客観的に形成されるというものが、他にあるでしょうか。僕は、その点でマルクス主義哲学は、マルクス経済学のこの方法から、その唯物論を主張すべきだと思っているし、また、しばしばそれを主張してきています。

僕自身は、唯物論も、唯物史観があらゆる社会についての研究からその科学的基礎づけを与えられるものではなく、歴史的に特殊な一社会を対象とする経済学によって確証されるのと同様に――といっても、もちろん他の諸社会についての研究がある程度なされていないと、資本主義社会を歴史的に特殊な一社会となすわけにもゆかないが、しかしまた経済学的に資本主義社会が明らかになるにしたがって、他の諸社会も歴史的に明らかにされる道が開けるわけだが、それはともかく――この経済学の方法から学ぶべきだと思うのです。それは対象が人間的実践の産物だというだけでなく、特定の形態のもとでの対象の形成なのです。マルクスがヘーゲルの方法をひっくり返さなければならないといっているのも、マルクスの真意はちょっとわからない点もあるが、僕自身は、経済学の原理論の体系を完成することによってなすべきことだと思っている。ただひっくり返すといっただけでは意味をなさない。

具体的にそれをやってみせたのが『資本論』の体系だと思うんです。もっとも『資本論』の体系は僕の理解するところでは、どうもそれを完成していないのではないか。そこにまた『帝国主義論』の出現の意味があるというわけです。

（Ⅱ）『資本論』と『帝国主義論』　（七）科学とイデオロギー

〔梅本〕ところで変革的実践という点からいうと、人間の価値意識というものがまた、その対象的世界の生み出す生活関係から生み出されてくる。そこから、対象に対する価値関係的なかかわり方も生まれてきていて、それが、認識方法にも関係してくるのではないかと思うのです。少なくとも認識拠点の選択を規制してくる。資本主義生産についていえば、こういう生産方法に対して、一定の価値判断に基づいた、これは最善の方法でないというような判定が、一つの導きの糸になって、そこでブルジョア社会を永遠化する立場での認識方法と、それに対立する認識方法が分れてくるのじゃないかと思うのですけれども、問題はその場合のイデオロギー的なものと認識との関係なんです。

〔宇野〕恐慌はたしかに資本主義を最善の方法ではないものとする価値判断を生むでしょうが、しかしこの価値判断そのものは、恐慌論の科学規定を与えるものではない。恐慌現象からは社会主義の主張も出れば、また俗流経済学も出てくる。実際恐慌論は、そういう価値判断そのものとは関係ないのです。むしろそういう価値判断から自由になってこそ科学的に確立されるといっていい。多くのマルクス主義経済学者が恐慌論を確実にしていないということでも、それは明らかです。もっともマルクス主義経済学者の場合は、『資本論』に対してこれを客観的なる科学的成果としながら、なおマルクス主義のイデオロギーによって形成せられたものとすることから、『資本論』

の規定を動かすことのできないものとしているので、『資本論』に明確に規定されていない恐慌現象はそこでは規定しえないものという考えが一般的にあるためでもあるのです。僕はこういう解説的研究に留まりえないのです。

それはともかく『資本論』の諸規定は、マルクスが社会主義者であったということが、重要な前提をなして与えられたものといってよいが、しかしそれは一旦与えられると何人にも理解しうる、検討しうる客観的な科学的規定なのです。むしろマルクスにしても社会主義イデオロギーが強くでると誤りをおかすことになるといってよいのです。この点はもう繰り返しいっているが、僕は『資本論』を一言一句動かすことのできない聖書のようなものにしたのでは、その偉大なる科学的業績を評価しえないと思っている。例えば資本概念でもこれは何人にも科学的な規定として自由に論じてよいのです。むしろ従来のいかなる経済学でも否定することのできなかったものといってよいのです。それでこそ科学的規定なので、一定の価値判断によって擁護されたり反対されたりするものではないのです。もっとも経済学の研究者自身がそういう価値判断を一切もってはならないというのでは決してない。実際、研究者も日常生活から常に一定のイデオロギーをもっているので、それから自由になるためにも一定の他のイデオロギーが必要なのです。しかしそれは君のいう認識拠点というような積極的なものではない。その点アダム・スミスの場合にもいえることではないかと思う。スミスは重商主義を資本主義の発展に伴って形成されてきた自由主義によって批評しながら、科学的な規定を確実にしてきているといってよい。リカルドの場合は、アダム・スミスの与えた科学的規定の整合を求めて、結局はそれが十分には成功しなかったといえるのではないかと思う。マルクスはこのリカルドの展開を妨げていたブルジョア的イデオロギーを解消する歴史的な世界観を「導きの糸」として経済学の原理論の体系化の基礎を確立したといってよいでしょう。僕たちにとっては、むしろマルクスの科学的な、何人にも認めざるをえない規定の論理的整合ということが非常に重要な仕事として残されているのであって、それにはむしろ社会主義イデオロギーの科学的認識における役割をその本来の任務に抑制することが大切なことになる。

しかしその仕事は、僕たちにもまた日常生活からくるイデオロギーに支配されていてはできないことで、社会主義的イデオロギーの役割を軽視してはならない。よくイデオロギーを論ずる場合に、自分たちの日常生活からくるイデオロギーの支配を忘れて、マルクス主義のイデオロギー面だけを批難するのを見るが、こういう人は自分が日常生活のイデオロギーに支配されていることを忘れて、イデオロギーには支配されないものと思っているにすぎない。もちろん『資本論』の科学的規定を認めると、自己の常識的イデオロギーを批判されることになるわけです。多くの『資本論』批評は、いわば『資本論』の規定にマルクスのイデオロギー的面の強く出ているところと、また時代的制約による方法上不備な点とによるもののように思われます。実質的には恐慌論が完成しなかったということが何といっても最大の問題点だった。これを『資本論』の範囲の問題でないというのは、『資本論』を一言一句動かしえないという考え方によるもので、真に『資本論』の科学的成果を評価しえないものではないか。僕はそういうように思うのです。

そういうわけで僕も対象に対する認識過程で君のいわゆる価値関係的なかかわり方が問題にならないというのではないのです。今もいうように、そういう点ではイデオロギーの役割も重要なのです。ただそれが客観的認識の内容にまで影響することになると、誤りをおかすことになるというのです。いいかえれば科学的規定自身はイデオロギー的であってはならない、というきわめて当然すぎることをいっているのです。ただこの当然すぎることが、自己の日常生活からくるイデオロギーに対して無批判な人によっていわれたり、承認されたりすると、当然でなくなるし、またマルクス経済学における社会主義イデオロギーの役割がわからないままマルクス経済学を排撃することにもなる。自己のプチ・ブルジョア・イデオロギーをそのまま客観的な見地だと思うからです。こういう人々は、マルクスの科学的規定を、例えば資本概念を批判してからマルクス批評をなすべきです。それはともかくイデオロギーに対してはイデオロギーの消去作用がないと、客観的な科学的な規定は与えられないいんじゃないかというわけです。恐慌論もちろんそういう方法で確立される。それはたとえば資本主義を無政府的生産で片づけようとしたのでは経済学的解決ではない。資本主義経済の法則性を基礎にして解明しなければならない。

〔梅本〕その点は異存ないんです。恐慌論の理論的な解明となれば、これは価値判断を離れて、あくまでも科学的に法則性を明らかにするほかないわけで、資本主義というものは元来、そういうふうにして自立的に自己を再生産するものだという認識がそこに成立するわけですね。それに対する否定的な価値判断というようなものは、恐慌論の理論的解明からは出てこないわけですね。

〔宇野〕そうです。しかし社会科学の理論による実践ということになると、もちろんイデオロギーの積極的役割が問題になってくる。その場合、資本家としての実践とか労働者としての実践とかという日常的な実践を離れないと、これを変革しようという実践は出てこない。賃銀労働者が賃銀労働者であることをやめることを主張する実践でなければ変革にはならん。日常生活の内での実践でもって、革命をやるわけにはいかないわけです。こんなことはわかりきったことですが、実践ということばが無造作に使われているので、何か労働者の日常的生活の中から理論が出たり、変革的実践が出るかのように考えられ、理論と実践、科学とイデオロギーの関係も不明確になっているように思うのです。労働者としての、つまり労働力を商品として売る者としての、それから資本家はそれを買うものとしての実践、そうして工場で生産をするという、賃銀で生活資料を買って生活し、労働力を再生産するという、そういう実践も実践ですが、それはそのままで革命的実践につながるわけではない。恐慌現象が起こるというのはそういう日常的実践を基礎にするもので、経済学はそれを対象にして科学的に解明するわけです。革命的実践は、そういう日常的関係を変革することを目標とする。経済学はこの変革過程を解明したり、予測したりするものではない。ただこの変革の展開過程で社会主義運動に利用されるにすぎないが、それが重要なのです。

〔梅本〕その場合、労働力の商品化といったような基軸を廃棄する実践、その実践を指導する価値観なり人間観なりといったものを、ある階級的な主観だけで基礎づけるのではなくて、人間の生活生産を貫く一般的な原理によって基礎づける。その原理によって、本来商品化さるべきものではないものが商品化されている、だから廃棄しなければならない、といった価値判断が成立する。

〔宇野〕それはもちろんそういってもいい。

〔梅本〕そういったイデオロギー的な側面についていえば、それを、単にある階級的な主観によってではなく、人間の対象生産の一般的原則から基礎づけようという、そこに唯物史観があるのじゃないかと思うのですが。

〔宇野〕さあ。その基礎づけるという言葉の意味ですが、それは単に人間的立場からというのではないのです。資本主義社会に特有の問題です。これはエンゲルスの言葉で、僕はそれを非常に愛用しているんですが、こういうのがあるんです。すなわち、対象を完全に知ることができたら変革することができる、というような意味の言葉ですが、経済学の原理は、恐慌論を完成することによって、資本主義的な生産方法を完全に知ることができる、抽象的にだけれども。それが社会主義的変革を基礎づける理論になるわけです。そしてそれはあらゆる社会に通ずる労働生産過程を明らかにするのです。だけどそういう理論そのものからはなにもそういう革命的な変革を展開するわけにはゆかないんです。理論そのもののなかで革命的変革を展開しようとしたら、マルクスといえどもできないのじゃないかといえるし、恐慌の理論の展開の方はおるすになり、変革的実践を基礎づける理論が完成しないことにもなるのです。もちろん理論が完成しなくても変革は行われうる。今までの変革はすべてそうだったといってもよい。社会主義的変革は対象を抽象的にではあるが、完全に認識しうるということによって行われるというところに科学的社会主義といわれる所以がある。しかし実際の変革が、変革の対象を現状分析的にはもちろんのこと、原理的にも十分には認識しえないでも行われうることは決して否定するわけではない。イデオロギーが、科学的には確実にならない点を補って行われるわけです。それだけにあとに問題が残るということにはなる。それはともかく、理論は社会主義的主張によって利用されてはじめて実践に入るので、それ自身で実践を展開するというものではない。そういう価値判断は理論にはないのです。

〔梅本〕対象の構造を知らなければ変革はできないわけですから、それは、ただイデオロギー的な願望だけではできっこないわけです。しかしまた対象の構造を知ればそれを変革することができるとはいっても、対象の構造を知ることと変革とは必ずしも結びつくとはかぎりませんし、それを知った上で変革しなくたっていいという場合も出てくるわけなんですね。

〔宇野〕それはもちろんです。

〔梅本〕変革と認識との通常の順序からいいますと、まず対象的世界の発展に強いられて対象との間に否定的な価値意識的な関係が生まれる。そこから一つの指導的な価値意識が出るわけですが、変革するためには対象の構造を知らねばならない。そこで対象の構造を、没主観的に、客観的に明らかにするわけですね。その場合価値意識の成立過程そのものが、対象の構造からの規制を受けるとすれば、その規制関係をあきらかにして、対象認識の客観性を保証するイデオロギー的条件を明確にしてゆかねばならない。労働者階級の立場に立ったからといって、ただちに科学的認識が成立するというものではありませんけれども、本来労働力というものは商品化さるべきものではないという見地に立つことによって、資本主義生産の認識の客観性が保証されるというようなこと、そういう関係はないですか。

〔宇野〕そうはちょっと簡単にはいえないんです。労働力が商品化したという事実を、歴史的な事実として認めるということが、第一ですが、しかし労働力は本来商品化されるべきものではないにしても、資本主義はその商品化を続けていく機構をもっているのであって、それはそういう本来的見地からの否定はできないのです。もちろんクラシックの経済学のように、ブルジョア・イデオロギーによっている限り、そのイデオロギーがじゃまになって、その事実の認識もできないし、資本主義の発生も、その機構も十分にはわからないわけです。しかしまた社会主義的なイデオロギーによれば、わかるというものではありません。資本主義の発展に伴う一定の歴史的な過程では重商主義思想を批判する自由主義思想の内に科学的認識が或る程度確立され、さらに資本主義がその基礎をなす労働力商品化による矛盾を恐慌現象の発展によって暴露し、これに対して社会主義のイデオロギーがブルジョア・イデオロギーを批判しつつ労働力商品化の事実をも科学的に認識しうることになったのです。もちろん労働力の商品化の事実自身が資本主義的生産と共に普及してきたということがあってのことです。それは単に社会主義イデオロギーで認識されるというものではない。しかしまた社会主義イデオロギーでブルジョア・イデオロギーを消去してこそ認められるのです。

〔梅本〕つまりそこなんですがね。認識のなかにイデオロギー的な主観を関与させて、認識の客観性を撹乱させるということは、排除されなければならないけれども、先生がよくいわれる、社会主義的なイデオロギーによってプチブル的な意識を排除する。そのことによって認識の客観性というものが獲得できるということになると、一定のイデオロギーがやはり認識の客観性獲得の一つの条件になっているのではないのですか。

〔宇野〕いや、それは条件になっているだけのことで、その対象内容の科学的な認識自身は、資本主義がいわば抽象作用を客観的にやってくれないとできないのです。それはただ対象を認識するというだけではないのです。つまり方法を模写するというのは、科学的抽象を客観的対象の発展自身がやってくれるということをいっているので、たとえば恐慌現象というものが規則的に出るようになるということがあって始めて科学的に認識できるのです。これはわれわれの頭で抽象したり、実験室的純化をやって認識するわけではない。しかしそれはブルジョア的なイデオロギーやプチ・ブルジョア的なイデオロギーを持っていたんではじゃまになる。

〔梅本〕そこなんですよね。じゃまになる。だからそれを排除するために、社会主義的イデオロギーが有効な役割をするというのですね。そこにやはりイデオロギーというものの……

〔宇野〕その役割はあるのです。その点を否定しているわけではありません。

〔梅本〕そうですね。その点を認めていただければそれでいいです。

〔宇野〕役割はあるけれども、その内容にはちっとも影響しない。

〔梅本〕いや、内容はあくまでも客観的な事実、現に恐慌はイデオロギーが生み出すんじゃないんです。資本主義というものが一定の成熟段階に達して、はじめて出てくる現象なんですから、その点は……。

〔宇野〕そういうふうに僕は考えているんです。だから逆に社会主義でもってそれを廃棄するといったときには、その客観的認識を基礎にしながら、やるということになる。それはイデオロギー的に認識されたというものではない。もちろん実践活動は、その客観的認識を基礎にして政党自身の現状分析によって行われるが、それは科学的規定そのものではない。この二つの現状分析が混同されてはならないといっているのです。

〔梅本〕そうですね。いずれにしても、認識の客観性を保証するイデオロギー的条件がそのまま対象認識の領域で科学の代用物になるわけのものではないこと、この点については全く異論はないのです。

〔宇野〕もちろん実際上の変革は資本主義の現実に対して具体的になされるわけで、もう繰り返しいってきたように現状分析を基礎にして行われる。経済学の原理は変革の対象の根本を、すなわち労働力商品化の廃棄を指示し、その変革の主体を基本的に労働者階級と規定するわけです。

最後に、しかしイデオロギーについての僕の考えを述べて、梅本君の批評を得たいと思う。僕は、イデオロギーを単なる思想とは思っていない。思想といえば非常に広いことになる。哲学者の思想もあるし、宗教家の思想もあるし、いろんな人が、それぞれ思想をもっているといってよい。ごく平凡な市井の一市民も思想を持っているわけです。しかしこの市井の一市民が日常生活の内にもつ思想ということになると、哲学者や宗教家の思想とは異なってむしろ社会的に形成された思想ということになって、それは資本主義社会ではそれに特有な体系をもつことになる。そういう日常的実践を安心してさせるような思想体系をなしているのがイデオロギーをなすわけだと思う。ブルジョア的というよりも、むしろプチ・ブルジョア的イデオロギーをなす。つまり社会的な行動の規準となる思想です。そういう思想を、僕はイデオロギーと考えている。哲学者も、宗教家も日常生活では大体これによるわけです。もちろんわれわれも同様です。これに対して社会主義的なイデオロギーは、資本主義の変革を求める政治的な行動のイデオロギー、それはけっして個人的な思想体系じゃなくて、社会的な行動の一つの基準になる思想体系でなければならない。社会主義者でも個人的には必ずしも社会主義イデオロギーによって行動するものではない。事実、日常生活はそれではできない。ところが科学は、それ自身では、そういう行動の規準をなすものではない。それは社会生活自身の内に社会的に形成されるものではない。科学的な認識そのものはイデオロギーじゃないわけです。思想は広くいえば、われわれが頭のなかで考えるのはみな思想といってよい。しかし科学、特に社会科学に対して思想という場合には、イデオロギーを意味するものとして使ってよいと僕は考えている。思想の自由というのもそうでないと意味をなさない。しかしまた哲学的な思想体系も科学的成果によらない限り、余り積極的意味がないのではないか。その意味で僕は、マルクス主義哲学者諸君にマルクス経済学の成果を十分に利用して貰いたいと思うわけです。数学とか自然科学とかの成果も大切だろうが、理論と実践という問題に対しては、社会科学としての経済学の成果を前提しないかぎり解答はえられないのではないか。その点からもぜひマルクス経済学の成果を考えて貰いたいと思うのです。またそれはマルクス経済学の発展にも役立つわけです。

〔梅本〕だいたいそんなところでいいんじゃないかと思っています。ただ私としては、さきほどお話ししたように、対象的世界の構造と思想、イデオロギーの生産構造との関係でまだ解決していない問題があるわけです。大ざっぱにいえばイデオロギーは集団的利害の制約のもとにある思想のことでしょう。階級社会では事実上どんな思想も階級的制約をうけますから、実体的にはなかなか区別しにくいのですね。実体的な次元で区別すれば、思想のほうには、集団的利害の制約を消去したのちの、個性的制約がのこるといったらいいかも知れません。方法意識の有無で両者を区別しても量的な相対的なものにすぎないんです。虚偽意識ということについていえば、何れも虚偽意識を含むわけですが、科学における真偽と価値意識における真偽とは同じ意味では扱えません。いろいろ未解決の問題があるのですが、さし当って、先生のいわれる区別で不便はないでしょう。

〔宇野〕 僕は、そういうふうな、全く常識的だけれども、自分の考えを持っているわけです。これはしかしもっと厳密に検討しなければならぬと思っている。

〔梅本〕 ええ。それは私たちがこれからやらなければならない。たとえば定式のなかでも、イデオロギーのなかに、マルクスは科学というのを入れてないわけですけれども、あの場合入れてないのはどういう意味かということにしても、もっと厳密に追求しておかなければならない。

〔宇野〕 僕はあれは正しいと思っている。いわゆる上部構造になる思想というのはだいたい社会的な行動の規準としてのイデオロギーでしょう。しかし、そうするとあそこへ入っている哲学はどういう意味かということになる。唯物論か、観念論かというのではないかと思うが、そういってしまってよいか、どうか。もちろんマルクスの考えは僕には明確ではない。

〔梅本〕 たとえば唯物史観というものですね、一つの世界観ですから、哲学の中にはいるでしょう。しかしまたイデオロギー批判の科学だといえぬこともない。この問題にはいってゆくとさきほどの問題にかえってしまいます。ただレーニンの場合とマルクスの場合では、イデオロギーという言葉の使い方がだいぶ違いますね。レーニンは観念形態一般にしてしまっていますけれども、観念形態一般にしてしまったんでは、またちょっと話が、区別がしにくくなりますから、いちおう先生の言われたような意図のもとで、もう少し厳密に……

〔宇野〕なお検討してみるべき問題として残しておきましょう。

(Ⅲ) 労働力商品の特殊性　(一) 二つの論理

〔梅本〕私の理解するかぎりで、あらかじめ抽象的に結論的なことをいってしまうと、或る体系が自己展開の原理として自己に固有の矛盾をもつということは、自己の体系内では処理し切れぬもの、自己の体系内部では解決し切れぬ原理を包摂しているということである。弁証法体系の歴史的特殊性とは、この包摂形態の特殊性ということであろう。つまりその包摂構造において固有な矛盾をもっているということで、だからこそその体系は、その固有の体系構造を維持するかぎり、またそれを維持するためにも、くりかえして同一の構造原理にもとづいて、その矛盾の解決を強制させられる。少なくとも原理的にいえばそうである。恐慌の必然性と崩壊の必然性とを混同してはならぬということにしても、この点を明白にしておかないと、必然性の概念がもつ多義性がどこで分化するか、その分化を規定する段階相互の関係に対する分析の手がかりは得られない。

恐慌の必然性と戦争の必然性、更には革命の必然性とでは概念の規定段階を異にするが、必然性概念の一般的規定としてはさし当ってつぎの点だけを注意しておけばよい。宇野氏はくりかえして現われるものでなければ必然性とはいえない、という点をおさえて必然性の概念を規定しているが、たしかにその通りで、最も抽象的に、そして普遍的にとらえれば必然性の概念はそれしかない。しかし一回性は必然性をもたぬかどうか。或る体系にとって崩壊は一回かぎりのものであっても、その崩壊がその体系の構造的矛盾に根拠をもつならば、それは必然的なものである。特殊性とは、くりかえされるものと、この一回性とを媒介する歴史的契機のことであろう。この特殊性は歴史的形態としては類型的分化の対象となるものではあるが、しかし必然性の根拠をもたぬ類型の中では、一回性は単なる偶然である。その点からすれば、類型とは或る体系がさまざまな偶然的条件を媒介にして自己に固有な必然性を貫徹してゆくその形態の歴史的特殊性である。したがって、その歴史的特殊性をどのような段階でとらえるかによって、必然性の内容も多義的なものとなる。産業資本段階の恐慌の周期性にしても、この段階特有の産業構造をはなれては解明はつかない。

必然性の概念にしても、その抽象の次元が一様でないとすれば、純粋な原理論の段階で単にくりかえしの可能根拠として抽出される必然性が、果してどの程度まで恐慌の必然性をあきらかにしうるかということにしても当然限界はある。おそらくそれはきわめて抽象的な一般的可能性の限界内のものであろう。だいいちそこには、何をもって純粋原理とするか、別の言葉でいえば、どの程度まで段階的特殊性を捨象したときにそれは得られるのか、その場合、捨象の基準をどこからもってくるのかといった問題もある。しかしここでは、必然性の概念そのものがそのような性格をもつものだ、ということだけを確認しておけばよい。

必然性の内容をどのような段階でとらえるにしても、それを規定する矛盾は、ひとつの体系が自己の体系内部では解決しきれぬものを包摂しているところから生まれる。或る体系に固有な矛盾とは、その包摂体系の特殊性によって規定された矛盾である。

資本制生産体系の基軸となる労働力商品の特殊性は、そうした体系的矛盾の性格をもっともよく示しているといってよいであろう。循環の論理と移行の論理との結節点も、その窮極の解明はそこにあるといってよい。たしかにその解明の過程には、解決されねばならぬ多くの問題がある。宇野氏の批判は、『資本論』が資本制生産の原理論である限り、当然それは循環の論理として解明されねばならぬものとして、マルクス自身の論理的展開の過程に現われた二つの論理の混同、循環の論理と移行の論理とのあいまいな形での直結を摘出したものであった。この批判が科学としての経済学の存立にとって、どんな重要な意味をもつかについてはここであらためて強調する必要はないと思うが、私の疑問は、この二つの論理は分離されたままでよいのかということである。むろん宇野氏にしても分離したままではない。しかし分離の形態は結合の形態を規定する。かりに循環の論理の中に現われる移行の論理をもって唯物史観の論理の縮図と見做すにしても、この縮図論を成立させるためには、断絶を媒介するものがそれぞれの論理の中に結節の契機をもっていなければならないだろう（「対談」Ⅱ、本書八八―九〇頁）。いわば縮尺の原理が必要で、そうでなかったら、移行の論理と循環の論理とは依然として並行関係にとどまるか、乃至は再びあいまいなアナロギーの中で移行し合うかいずれかである。そしてこの結節契機をどのようにつかむかということは、思想と科学との関係にも必然的に影響を与えてくる。

ではこの問題と、労働力商品の特殊性とはどのようなかかわりをもってくるだろうか。視点をそこにおけば、問題は単に一般的に労働力商品の特殊性を並列するだけで終るものでないことは明らかである。それらの特殊性のうち、何を基本的なものと見るかということこそ、この問題の焦点をなすものではないかと私は思う。

以上、一九六八年世界反乱の時期に、きわめて高度な理論的・思想的水準において白熱的にたたかわされた、マルクス経済学者宇野弘蔵とマルクス哲学者梅本克己の対論の一つの最枢要事項として探究された〈恐慌論〉論議は、『社会科学と弁証法』の「前半体系」の第二章＝「『資本論』と『帝国主義論』」に、ほとんど集中されて展開されていることが判る。

その論議が、本来の主要討論戦場である〈社会科学と弁証法〉〈資本主義の基本矛盾〉の章ではほとんど展開されないで終わっているのは、おそらくはその経済原理論のプロパーな経済学の土俵においては、十九世紀中葉のほぼ十年前後の周期をもつ五回にわたった古典的恐慌の規則性のある襲来が、近代資本制商品経済社会の物象化法則＝価値法則の基準を与えるものとして、対論者両人にとって争う余地のない共通・共有の基礎になっていたからであると思われる。以下は、大洗海岸で行なわれたこの画期的な対議に、梅本克己が会長をつとめていた〈水戸唯物論研究会〉の事務局長をつとめていたわたしが、準参加者として陪席していた者としての準当事者の臨床証言のつもりである。

その事情を裏返して看るならば、一八六八年の恐慌が示した、ほぼ十年前後の古典的周期性が喪失されて、農業恐慌の長期・慢性化による「世界大不況」へと恐慌現象の変容が前面化し、それを介して、資本主義の世界史的編成が、一九世紀の産業資本基軸の自由主義的世界編成から、二〇世紀の金融・独占資本基軸の帝国主義的世界編成へと世界史的に移行し、それによって帝国主義世界戦争の不可避性が第一次世界大戦として大爆発し、それを通して主体の側の〈第二インターナショナル＝ヨーロッパ社会民主主義〉が崩壊し、レーニンの『帝国主義論』によって新たな理論武装を行ったロシア・ボリシェヴィキ党ならびに第三共産主義インターナショナルによって、一九一七年のソヴエト・ロシア革命が決行され、地球上にはじめての社会主義国家権力であるソヴエト・ロシア権力が出現し、それを包囲して反革命的干渉戦をおこなった帝国主義諸列強との対抗・対峙の一時代――全世界的規模におけるいわゆる〈戦争と革命の時代〉――が開始されたことに起因していると観てよいであろう。

宇野・梅本の両巨人もふくめて、二〇世紀のすべてのマルクス主義者によって〈資本主義から社会主義への世界史的移行期〉の初期・初発段階が、一九一七年ソヴエト・ロシア革命によって歴史的巨歩を踏み出した、と観ぜられた思想的・理論的情況のなかで、〈宇野理論〉によれば、恐慌の必然性と戦争の必然性と革命の必然性がいわば新カント派の論理に基づいて峻別され、その三つの必然性のおのおのが経済学原理論―帝国主義段階論―世界政治経済の現状分析に対応され、配当され、整序されたのである。

宇野博士の哲学的教養上多分に〈新カント派〉的区別の論理に依拠しながら遂行されたこの理論的配当作業は、恐慌の時代は前世紀＝一九世紀の古典的周期恐慌の終焉とともに終わりを告げてしまい、今世紀＝二〇世紀の資本主義の基本矛盾の爆発は世界市場恐慌ではなくて、世界戦争へと転移するにいたった、と一面化されて把握されるにいたったと言ってよい。

宇野・梅本対論で、梅本克己が執拗にしきりに提示した「恐慌の段階論」あるいはまた「帝国主義段階の恐慌論」の理論的創発の必要の提起に対して、宇野博士が熱心な理論的興味を示さないで、その主題の討論を極力回避しようという態度をとったのも、右の事情の故であるものと察せられる。

そこでは読まれたごとく、宇野弘蔵のサイドは、梅本克己の折角提示した問題をはぐらかしつづけていると言ってよい。もちろん別にはぐらかす気があってのことではないが、「恐慌の段階論」「帝国主義段階の恐慌論」の具体的内容に踏み込むことを避けているために、問題点をはぐらかした結果となっているのである。この残念な結果は、宇野博士がそこに立ち入れば、恐慌＝一九世紀、戦争＝二〇世紀という〈宇野理論〉の固有している新カント派的弁別の論理が崩れ去ってしまうからにほかならないからだろう。折角の対論での新しい問題領域の提示が出ているというのに宇野博士のサイドは終始、従来からの自分の持説のくりかえしという〝防衛的〟〝保守的〟対応にとどまっているのである。当時のこの対論についての大方の読者の反応は、逆の、梅本克己のサイドが押されて萎縮している、との評価になっていたのであるが。

現実の二〇世紀初頭の帝国主義的資本主義世界の具体的状況は、いわゆる帝国主義的高揚とその反作用としての帝国主義的恐慌への推移を現実に示したのであり、そこにおいて爆発した恐慌の変容は、巨大化した特定企業の固定資本の既存価値の破壊・清算を徹底させることができない鈍角的・長期停滞的様相を示し、その経済的困難が過剰資本の資本輸出を回転軸として諸列強による地球領土の分割・再分割闘争をシーリアスに激化させ、ついに帝国主義世界戦争の爆発としての第一次世界大戦へと帰結していった、という歴史帰趨の形を具体的にとって発現したのである。

この問題は、『社会科学と弁証法』の対論において、梅本克己が執拗に主張している「資本主義の純化を阻害する要因自体が、資本主義の基本矛盾の発現の一形態となっているのではないか？」という宇野博士に対する疑問＝質問に凝縮されているのである。これに対して、〈宇野理論〉は一九世紀中葉のイギリス資本主義の商品経済的抽象化に依拠して理念型化した〈純粋資本主義モデル像〉を準拠として、マルクスが体験できなかった帝国主義段階の到来による資本主義の「不純化」への「逆転」という歴史的事態を提示して対論するという域に止まったのである。

しかしながら、この宇野博士のいささか通念的な〈純粋資本主義〉論に対して、梅本克己の広範な質問は、ただ単に帝国主義段階の到来、言い換えれば〈宇野理論〉的にいえば、〈戦争の必然性〉による在来の**〈恐慌の必然性〉**の代置にとどまることなく、一九世紀中葉のイギリス資本主義の現状から抽象力・捨象力を得た〈純粋資本主義モデル像〉の時代にも、そのような純化=抽象化は、イギリス資本主義の外因を成すアイルランド（ポテト）、ツァーリスト・ロシア（小麦）、北アメリカ（棉花）、エジプト（棉花）、インド（棉花そして阿片）、シナ（茶）といった実在の外国貿易を〝不純なもの〟として一方的に捨象することによってはじめて成立した資本主義純化モデルにすぎないではないか、という正当な疑問にまで遡及して発せられたのである。問題が全世界的にそこまで遡及すれば、そこで問われている問題構制《プロブレマティーク》の根幹は、一九世紀中葉に抽象化=純化されて〈宇野理論〉の根拠を成すものとして提供された〈純粋資本主義モデル像〉という理念型自体が、同時代の世界経済として共在・共有していた〝不純物〟との交通関係《フェアケール》によってはじめて成立しえたのではないか、という世界構造的把握に収斂されて然るべき根本性格を有っていたのである。

一方において、〈宇野理論〉は、マルクス『資本論』弁証法体系を〈純粋資本主義モデル〉に則って純化すべく、〝不純な〟〈世界貨幣〉、それによって国際金本位制に枠組みされた世界経済の場としての〈世界市場〉、という二つの基礎的範疇概念を、かれ自身の『経済原論』から排除・放逐してしまった結果、この「利子論」で終わる『経済原論』では、信用経済の発動による「平均利潤率の傾向的低下」の亢進と金融逼迫期における「利子率の異常な高騰」の亢進との両傾向の激突による**〈恐慌〉**の全面的・暴力的激発を、「経済原論」体系の外へと放逐せざるをえない狭隘な意味に堕した経済学原理論的性格を固有せざるをえないことになった。

この〈宇野経済学〉が自ら抱えこんだ理論的難点《アポリア》は、宇野博士をして、自身のマルクス『資本論』弁証法体系の完成は**〈恐慌論〉の核心的体系化**によるほかない、という素志にもかかわらず、その宇野的素志は理論上破産をとげてしまい、現実にそうなったように『経済原論』の利子論を最終範疇とする静学的完成の後に続けて、別建て・別冊による**『恐慌論』**を発刊するのにいたるという異常事態を、産み出すことになってしまったのである。わたしに言わせれば、マルクス経済学上痛恨の極みの理論的離破事故の発生である。

そして、この最大の難点《アポリア》は、中期マルクスの『経済学批判体系綱要《グルンドリッセ》』が提示した〈経済学批判大系プラン〉が、その「前半体系」（資本—土地所有—賃金）からその「後半体系」（国家として組織された世界経済—国際貿易—世界市場と**恐慌**）が、後期マルクスの『資本論』への道の理論的深化にしたがって、プラン大系の「前半体系」から「後半体系」への移行・推移環が「資本制商品経済」の世界普遍的発展ではなくて「国民国家」による世界の国際関係論的・国際貿易論的組織化に置かれている決定的な理論的破産のゆえに、マルクス自身によって自覚的・意識的に廃棄されて、**〈恐慌論〉**の基本規定を核心とする『資本—経済学批判』弁証法体系として完成された、という理論的・体系的大前進の確認を〈宇野理論〉が逆に一面化して解釈してしまって、後半体系の第一項（国家に組織された商品経済）第二項（国際貿易と不生産的官僚階級）を正当に廃棄するのとともに、本来プラン大系全体の最終範疇として終末部《エクソダス》に措定されていた**〈世界市場と恐慌〉最終範疇**をも〈宇野理論〉は不当にも廃棄してしまったのである。これが宇野**〈恐慌論〉**が経済学原理論的破産に終わった究極的ドグマにほかならない。

〈宇野理論〉における**〈世界市場恐慌〉範疇概念そのものの追放**は、その理論方法の一大欠陥に基づく否定的所産以外のなにものでもない。これこそが、本書**〈恐慌論〉**が、宇野**〈恐慌論〉**の最大難点《アポリア》として批判し切っている理論的要所である。

11 〈宇野理論〉と大森荘蔵哲学の〈立ち現われ一元論〉

本書において、二〇世紀的現代における〈言語論的転回《リンギスティック・ターン》〉が世界の全体事実についての存在（論）的＝認識（論）的把握を決定的に深化させるにいたっているという根本的観点から看て、『ヨーロッパ諸学の危機と超越的現象論』以来のエドムンド・フッサールの〈現象学《フェノメノロギー》〉が現代哲学の主流であるという基本的確認に発して、そのような現代哲学の戦後日本版であるとかねてからわたしが評価している〈大森荘蔵哲学〉の「立ち現われ一元論」を援用してきたのであるが、ここでも、近代におけるデカルト哲学が分離した身‐心、存在‐思惟、物質‐観念の「二元論」の克服が、決定的な思想的必要になってきているのと同様に、〈宇野理論〉が分離しかつ混同した客観的抽象と主観的抽象を、「立ち現われ一元化」することが何よりも必要不可欠となってくるのである。

主観主義的な「表象主義」と客観主義的な「存在論主義」のそのどちらの立場をも、また、「独我論」的単一化帰一性と無内容な世界化的「全体論」の似而非普遍性のそのどちらの方法論をも、「一元論的立ち現われ」が生起してくる根源から、徹頭徹尾「立ち現われ一元論」の動態性によって、二元論的分裂をその基盤から解決しようと志向している現代日本哲学が〈大森荘蔵哲学〉である。

それは、「内包論理学の形式化」（『人文科学科紀要（東京大学教養学部）』第三輯、一九五四年）の処女論文に見られるバタ臭い西洋的思惟型の「徹頭」から、「天地有情」「物心一如」「無心・無我」などと〝生悟り禅〟じみた東洋的「活物的自然観」型の「徹尾」――たとえばかれ大森荘蔵の遺稿である「量子論問題の病因と治療」（『現代思想』一九九七年五月号）――これでは現代「量子論」の提示している観測パラドックスの解決問題が、まるで漢法医つまり「ヤブ医者」の臨床技術の問題に化けてしまう（！）へといたった哲学的閲歴をもっている。

前期大森哲学から、戦後日本哲学学界にとって衝撃的であった一九七三年の「ことだま論」（東京大学出版会刊、

『講座哲学』・第二巻「世界と知識」所収――つまり「言語論的転回」である）の転機を介して、後期大森哲学への「終わりのない過程」（大森荘蔵自身の覚悟的・決意的「実践優位」宣言によれば、「哲学とは本来、途上のものであり、終りのない過程である」とある）の徹頭徹尾展開の核心的問題構制《プロブレマティーク》は、〈宇野理論〉の悟性主義的二元論の処理の問題という本書の主題にひきつけて言うならば、「知覚像」（つまり「純粋資本主義モデル像」の知覚像である）と「物」（つまり商品経済発展の実在的「抽象化」である）の分離・分化として再考察してみるならば、その問題構制の根源が奈辺にあるかの見当がついてくる。

後期大森哲学の「視覚的知覚」と「物」との立ち現われ一元化を構想した『新視覚新論』（東京大学出版会刊、一九八二年）には、「だから、しいて伝統に従って『判断』という言葉を使うならば、見えることと判断とは、たとい権利問題としても分離することはできない。判断から絶縁され、解釈から漂白された純粋にただ見えるもの、そういうものはないのである。感性的なものと知性的なものとをたとえ理論的（？）にでも分離することはできない。感性的なものはつねにまた知性的なものである」とされる。

すなわち、〈純粋資本主義モデル像〉などというようなビルトは、たとえ映幻して視えているとしても、「そういうものはない」のであって、だからやがてまもなく幻滅へと帰して雲散霧消してしまうのである。マルクスは、商品というモノ（物象）はコックリサンのタクトにしたがって超感性的なモノ（魂＝心霊）として踊り出す、とみなした。そのような商品というモノ（商品形態）は、つねにまた、経済原理論のロゴス（知性的なもの）であるモノとして、商品―貨幣―資本へと上向し、商品資本―貨幣資本―生産資本と循環し、その極限において利子生み資本―株式会社―信用制度、の最高度の形態化運動を自己展開し、依ってもって**恐慌の周期的・全面的・暴力的激発**によって、円環化体系としての自己完結運動＝資本家社会の価値法則の経済法則運動を自己完結させるのである。このような概念の推論式『判断』においては、「見えることと判断とは、たとい（〈宇野理論〉におけるような）権利問題としても分離することはできない」のである。

今日のわたしたちは、右のような〈宇野理論〉における悟性的権利問題としての、「客観的抽象と主観的抽象との分離」を根源的《ラディカル》に克服するために、新たな高次的次元において再現してきている、高次化した「真偽無記」状態の立ち現われの間で、「事後的な『分類』(『物と心』)」によってはじめて成立する高次元での「真偽の弁別(分別、区分、区別)」を、事後的検証によって可能とする、高次な「分類」法・「分類」表を創発してゆかなければならないのである。

12 重田澄男教授の「無理論の理論」による〈宇野理論〉への論難

「宇野弘蔵氏における『商品経済』論的資本主義把握」に対する全面的批判によって、最大・最強の〈宇野理論〉批判意見者となった重田澄男教授は、その『マルクス経済学方法論』(有斐閣刊、一九七五年)のイデオロギッシュな「方法論主義」において、定めし「代々木派」に組織所属しているスターリン主義者として〝異端狩り〟に学問的情熱を燃やしておられる(「方法論主義」はそれ自体が社会分析の方法としては、実質社会の批判分析としては無内容な成果しか産まない不毛のイデオロギーなのである)奇特なマルクス主義経済学者のお一人と拝察するが、かれ重田澄男教授は『商品経済』論的資本主義把握の仮象性」について、次のような宇野理論の〝仮象性〟についての批判を展開している。それらの標題を見ればすぐ分かるように、「商品経済」とその発展による歴史的実在としての一社会形成としての「資本制商品経済社会」との次元の区別と連関を一向に解さない理解水準は、〈広義経済学〉〈唯物史観経済学〉に基づくエンゲルス主義的「資本主義把握」、その『自然弁証法』的把握が資本制商品経済社会という歴史事象に無媒介に適用されたことから生じた弱点が満開するにいたったスターリン主義的「資本主義把握」の権力犯罪的欠陥として、わたしたちにとってお馴染みなところであるが、重田澄男教授の〈宇野理論〉の〝仮象性〟についての批判の新機軸は、それが、流通形態にある商品経済はともかくとして、かんじんかなめの「資本制的生産過程においては、労働力はもはや商品形態をもっているものではない」という天下の珍説・愚論を押し立てて、それを弁別基準として、〈宇野理論〉の核心である折角の宇野弘蔵の唱える「南無阿弥陀仏」としての「労働力商品化」論に対する全面爆撃を加えてござるところにこそある。

「労働力商品」こそ『資本論』の神髄」であり、「法然上人の南無阿弥陀仏」に見合うものであるとは、宇野教授自身がかれの人生の回顧録である『資本論五十年』（下）（法政大学出版局刊、一九七三年）において記しているところである。濃尾平野の浄土真宗門徒であった小作人の子である出生の曰われを有つわたしは、この宇野上人の「労働力商品、ああ、ありがたや、ありがたや、南無阿弥陀仏！」の口誦を、真理中の真理と受け留めていることを、これからの宇野・重田論争への介入に当って最初に明言しておく。

「《インタビュー》宇野経済学——その切り開いた道」（『情況』一九七一年五月号）のインタヴューにおいて、宇野＝「法然上人」説教師・「志ん生」噺し家は曰く——

「（資本主義の特殊性というのは）全経済を商品形態をもって処理するという点です。それは労働力を商品形態としているということが軸になっている。といっても、もちろん、労賃などは資本主義以前からありますね。例えば徳川期にもあるし、それ以前からもある。しかし、一般的に日常生活に必要なものを作る労働が、労働力の商品化によってなされているというのが他とは違う点です。それが重要な点ですね。だから、労働力の商品化をなくすということが社会主義の基本的問題となる。僕はこれを僕の「南無阿弥陀仏」と称している。これは僕の友人から聞いたことだが、法然上人は『大蔵経』を四回か五回読んで——『大蔵経』といったら大変な量のものですが——「南無阿弥陀仏」を発見したということです。僕は『資本論』を読んで何を発見したかというと「労働力商品化」

です」。
「マルクス行者」のわたしは、現在老いぼけのままに『資本論』の四回目の通読にとりかかっており、『大蔵経』に優に匹敵する大変な量の『〈主体〉の世界遍歴』全三巻を世に問うたばかりであるが、その「南無ありがたやマルクス経」の生涯の祝《ほ》ぎ歌を賭けて、マルクス主義経済学者・重田澄男教授の唱える「資本制的生産過程においては、労働力はもはや商品形態をもつものではない」――より簡単に言えば、働いている労働者はもはや労働力商品ではなくなってしまっている、という珍説・愚論が「阿呆陀羅《アホダラ》経」にすぎない、ということを申し上げたい。

ここでの問題点はむしろ、批判者のこのような天下の珍説・愚論に直面させられた宇野弘蔵師自身が、「これはぼくにとって非常に問題だったんだ。商品として買い入れたものが商品でなくなって商品の生産過程で消費される。それは資本の生産過程の中でも労働力が商品だということになると、非常な違いになるからね。つまり価値の移転があるというのと新しい価値を形成するかというので、つまり生産過程という意味がまるで違ってくるわけだ。この点はぜひ明確にしておきたいと思っていた」（宇野弘蔵『資本論50年』（下）法政大学出版局刊、一九七三年）と、御本尊自体が〈労働力商品＝南無阿弥陀仏〉の呪禱に半信半疑で確信がいささかグラグラしているところがあるところにこそ存する。

千里の堤も蟻の一穴から破れる――資本の生産過程の中でも労働力が商品であることを否認すれば、全くそれと同じ論理で、資本の生産過程の中ではそこで消費されてしまう、価値移転してしまう機械設備のような生産手段も原料資源のような生産対象もそのことごとくが商品ではない、ということになってしまう。工場内において機械や原料を商品生産物を産出するために移転・移動する者は、何もそのために一々、それらの機械や原料を売買しているわけではないのだ。だから、どうしたと言うのだ？　そうなれば、マルクス『資本論』体系の第一部「資本の生産過程」論の弁証法体系論理は総崩れとなってしまい、批判者がそこにつけこんで威丈高に言い立てているように、「してやったり」とばかり長文の反マルクス主義的駄弁の披瀝をムザムザと許してしまうような態たらくに、我と我から道を開《あ》けてしまうことになる。すなわち、「マルクス主義経済学者」コト反マルクス主義者・重田澄男教授はトクトクと説教をタレ流して曰く――

「もはや商品形態をもたない労働力による生産たる資本制的生産を、宇野氏のように「商品による……生産」ということは不正確である、といわざるをえない。／しかも、それはたんに事態の内容にたいして不正確な表現であるということにとどまらない。宇野氏による「商品による商品生産」という表現は、「商品形態」を資本制的生産関係の「基軸」とみなす誤った「商品経済」論的資本主義理解とむすびついているものである。……／そのように、「商品による商品生産」とか、「生産過程そのものが……根柢から商品経済化」した、といった宇野弘蔵氏の把握は、資本制的生産過程そのものにおける規定的内容にもとづくものではなくて、労働力商品化という流通過程での事実にもとづき、それをテコとして、資本制的生産過程についての一定の解釈をふくむ特異な読み込みをおこない、「商品経済」的なものとみなされているにすぎないものである。／労働力が「商品形態を通して始めて生産過程に入る」ということから、「生産過程そのものが……根柢から商品経済化」して「社会存続の物質的基礎をなす生産過程自身をも商品形態を通して行い、それによって商品形態をして全社会を支配するものとする」（宇野弘蔵『マルクス経済原理論の研究』岩波書店刊、一九五九年）ようになるとする把握は、資本制的生産過程の規定的内容を、生産過程そのものによってではなく、生産要素としての労働力の確保形態ないしは調達形態のあり方によって規定されるとするものである」（重田澄男『マルクス経済学方法論』有斐閣刊、一九七五年――傍点いいだ）。

前にも触れたことであるが、この途方もない「反マルクス経済学方法論」の長広舌にもかかわらず、いやしくも『資本論』弁証法体系としてのマルクス経済学方法論を奉ずるかぎり、〈宇野理論〉による「商品による……生産」ということは正確無比であり、「商品による商品生産」とか「生産過程そのものが……根柢から商品経済化」した、という「商品経済」論的資本主義把握は、正確無比のものである。

この天元の一石を外してしまうならば、「南無労働力商品化」に基づく歴史的にきわめて特異な「資本の生産過程」は、超歴史的に抽象的・一般的な「労働過程」へといわば舞い戻ってしまうこととならざるをえない。そうなれば、資本制商品経済社会を資本家社会として全面化している「商品形態化」された特殊化社会の「商品生産物」のいっさいも、一般的に「労働生産物」にすぎないものと逆転化させられてしまい、価値法則による資本制的生産・流通の特異性を担っている「剰余価値生産」(「絶対的・相対的剰余価値生産」)もまた、単なる「剰余生産物生産」へと脱化・漂白されてしまう。そうなれば、根柢からのマルクス『資本論』弁証法体系の全面崩壊である!

わが重田澄男教授のごとき曲学阿世の学匪は、マルクス経済学が厳格・厳密に原理論「範疇」化した基本的規定である「商品労働力」範疇規定と、超歴史的に一般化された抽象「範疇」である「労働」との区別と連関、「剰余価値物」範疇規定と、同じく超歴史的に一般化された抽象「範疇」である「剰余生産物」との区別と連関も、一切心得ることのない無智・低能な輩にとってはともかくとして、「生産過程そのものが……根柢から商品経済化」して「社会存続の物質的基礎をなす生産過程自身をも商品形態を通して行い、それによって商品形態をして全社会を支配するものとする」といった〈宇野理論〉の「マルクス経済学原理論」の把握は、完璧な総体性真理なのである。したがって、そのようないわゆる「商品経済」論的資本主義把握の現実的(つまり、反マルクス経済学の徒輩である重田澄男教授の主張するがごとき「仮象性」ではない)・原則的な「『資本論』的資本主義把握」を堅持して、宇野弘蔵教授は、重田澄男教授の反共デマゴギー的批判に対して、一歩たりとも譲歩することなく、もっと毅然と自己の本来のマルクス経済学的立場を護持すべきなのである。

およそ、資本家=ブルジョアジーにとっては、「資本の生産過程」の内に配備されて、資本家的所有のもとにある生産手段=機械設備と「生産労働」的に再結合された無所有・無産の労働者すなわち「労働力商品」が、一社会の全商品を生産する労働行為は、まさに労働力商品としての「生産的消費」なのであって、その「生産的消費」は終始一貫・徹頭徹尾「商品形態化」された労働力商品に即してなされており、それはそれ以外・以前の諸共同体社会における「労働過程」における生産的労働とは、概念としての質的規定性において厳然・画然と区別されて然るべき範疇に属するものなのである。

そのような「資本の生産過程」においては、資本家所有の生産手段＝機械設備と再結合された労働力商品の「生産的消費」によって営まれる生産的労働は（人類祖先の歴史過程において汎通的・一般的な「労働」）が、定性的・定量的基準をもつ「生産的労働」に化するのは、ひとえに「資本の生産過程」における「労働力商品」の生産的消費によるからなのである。その意味で、「生産的労働」という概念自体が超歴史的に一般化されるイデオロギー的外見を呈しているが、それはあくまでも近代的概念なのである。

右のような「資本の生産過程」のもつ歴史的・論理的特質に基づいて、労働力商品の価値の維持と移転も、生産手段＝機械設備に体化・物質化された既存の資本価値の維持と移転に合体されながら、そこで生産された商品生産物が有機的に含有している新たに創出された剰余価値の基礎部分を成しているのである。この点は、無理論な重田澄男教授の反マルクス経済学方法論に全面的な反論を加えなければならない立場・状況にあった〈宇野理論〉としても、この初歩的枢要点はぜひとも明確にしてもらいたい争点である。そのような「資本の生産過程」における剰余価値生産にともなう価値移転は、「他人のための使用価値」としての商品を産出・生産する性格を有つものであって、そのような資本家社会的に独自の使用価値をもつ商品生産物として商品形態化された労働生産物を形成する有機的構成部分なのである。

したがって、〈宇野理論〉における「商品による商品生産」として規定された資本制商品経済との根本性格の規定は、マルクス『資本論』体系の基本規定を踏襲した、完全に正確無比なものとされなければならないのである。資本家＝ブルジョアジーが資本市場＝流通過程において予め雇用契約に定められた一定の「前貸資本」を支払って買い入れ・雇い入れて、それを「資本の生産過程」の内に配備して生産的労働を営ませるその全過程を一貫して通じて、価値＝価格の特異な構造をもつ「単純商品」としての労働力商品の根本性格は、首尾一貫・終始一貫して維持・保全されているのであり、それは労働者＝プロレタリアートが資本家＝ブルジョアジーから「前貸資本」として支払われ、それをもって「資本の生産過程」がその労働力商品を「生産的に消費」することによって全商品生産が営まれるのである。

以上が、「重田理論ないしは無理論」が由ありげに、かつことごとしげに論じ立てている〈宇野理論〉の「仮象性」なるものの、その実はマルクス自身が『資本論』第一部において資本‐賃労働「両極」関係における商品交換的関係は、労資「両極」関係の敵対的対立性すなわち矛盾を隠蔽する「仮象にすぎない」と観じた命題についての、それを上下顚倒させてまったく正反対の意味に解した無智・無理解なかこつけでしかないことを、立証した。いうまでもなくこの「仮象」は、資本家社会の発展の進捗によって刻々に化けの皮を剝がされて、やがて「幻滅」へと帰していったが、A・スミス、D・リカードを宗祖とする古典派経済学にとっても、歴史的現実の「永遠性」の幻想を産み出したその「仮象」の幻滅過程は、いわゆるリカード派社会主義の運動を、イギリスをはじめとする当時の先進資本主義諸国にひきおこすこととなった。

それに対して、マルクスは「労働力商品」の「価値創造的属性」を発見することによって、近代市民社会《ブルジョア》が人類史においてほとんどわずかな時期における経過的・一時的存在でしかないことを看破し、リカードを大成者とする古典派経済学における市民社会の「永遠の相」の下での根本的不安定性が、「神の手」（A・スミス）によっても、あるいはまた「リカード派社会主義」の手によっても、最終的・究極的に解消不可能であることを看破したのである。

そのような限界を本質的・根源的に有っていた「リカード派社会主義」の今日における亜流・末裔ともいうべき

「重田理論ないしは無理論」は、マルクス『共産主義宣言』が発した「私的所有批判」の含意をもって、資本―賃労働「両極」関係の持続的な再生産的形成を論述すべく、「等価交換」の形式的一般化をその「本質」ともし「形態」ともしている資本制商品経済の実在的な自己完結運動体に特有な「商品生産」「商品形態」の特質について与えた論述の一面、すなわち、それが「仮象としての不等価交換による収奪の隠蔽である」という解明をゴジラ化して、「商品生産の所有法則」の転化形態として区別されたその「資本制的領有法則」への転化の仮象性にすがりついたのが、「重田理論ないしは無理論」のより根柢的な発展（！）にほかならない。このようにして「重田理論ないしは無理論」は、「資本の生産過程」と「資本の流通過程」との絶対的な分離・区別、「流通形態」としての労働力商品化と「資本の生産過程」における労働力商品化「範疇」の無化との絶対的な分離・区別、にひきつづいて、「商品生産の所有法則」と「資本制的領有法則」との絶対的な分離・区別を重合させて、その機械的・形式的な悟性主義的「先ずもって分離せよ」論の絶対化を行うにいたっているのである。亜流スターリン主義者としての代々木派マルクス主義経済学者の今日的頽廃の極みである。

右に重合された資本家社会の自己形成における〈分離・結合論〉の原点・根柢にまで、経済学原理論の照射光学による照明を当てて、宇野教授はつぎのように論述している――

「元々、人間は一日の労働によって、一日の生活資料以上に多かれ少なかれ剰余生産物を生産してきたのであって、この剰余生産物を生産する剰余労働時間が如何様に処理されるかは、それぞれの社会において生産自身が如何様にして行われるかに対応して決定され、歴史的に社会形態を区別することになる。資本主義は、古代、中世の社会と異なって、資本家的商品生産に対応して、この剰余労働時間をも、商品として購入され、生産過程に消費される労働力による労働の一部分として、したがってまた、その生産物たる剰余生産物をも資本の生産物としての特殊の形態をもって処理するのである」（宇野弘蔵『経済原論』岩波全書、一九六四年）。

この経済原理論的解明・説明は、全くもって正しいのであるが、これに対してどうしても商品生産物と労働生産物との区別、剰余価値物と剰余生産物との区別、したがってまた、剰余価値生産労働（時間）と剰余生産物生産労働（時間）との区別、「搾取」と「収奪」の区別もつかない「重田理論」は、古代、中世、近代の諸歴史的社会の区別もつかないままに、すべてがのべったらな無理論的本性を自己暴露しながら、上記の全く正当な解明・説明を呈示している〈宇野理論〉に対しても、つぎのような全くもって論理逆倒した噴飯物の異議申し立てを頑迷きわまりなく行いつづけるのである。全く持って何とかにつけるクスリは無い！　曰く――

「すなわち、剰余価値をうみだす実体的要因たる剰余労働時間について、宇野弘蔵氏は、「生活資料の生産に要する必要労働時間」を上まわって「多かれ少なかれ剰余生産物を生産」する労働時間部分とされ、しかも、「元々、人間は一日の労働によって一日の生活資料以上に多かれ少なかれ剰余生産物を生産してきた」ものであるといったかたちで、剰余労働を、階級関係のもとで支配階級によって収奪される直接的生産者の労働についてのカテゴリーとしてではなくて、人間社会一般に共通する生産的労働についてのカテゴリーとして把握されているのである。／そして、そのような人間社会一般に共通して存在するものとしての剰余労働時間を、「商品として購入され、生産過程に消費される労働力による労働の一部分として」処理するといった「特殊の形態をもって処理する」のが「資本主義」であると、人間社会一般に共通する生産的労働についての「商品経済」的処理という「特殊の形態」にその規定的性格がみいだされるものとして、支配階級による被支配階級の労働とその成果の一部の無償領有という階級関係に共通する規定的内容を欠落せしめた「商品経済」論的把握をおこなわれているのである」。

右のような『マルクス経済学方法論』では、古代、中世、近代の諸歴史的社会はのべったらに平板な社会的実質を有ちつづけてきており、悪いのはただ（！）上っ面の（！）「商品形態」だけだということになるのであろう。こうした驚くべき、かつは恐るべき「マルクス経済学方法論」なるものが予測している「社会主義社会」においても、かれ重田教授がすでに見届けているごとく（！）、近代市民社会においても社会的実質たる「資本の生産過程」においては「労働の対価」たる賃金の規定正しい支給（！）が証明しているごとく、価値の実体的中枢である「労働力価値」も「商品形態化」からすべてことごとく脱して単なる「労働」に逆転化（！）をとげてしまっている以上、将来の「社会主義社会」においても「資本の流通過程」の内のどこかにわずかに残存している「商品形態」さえプロレタリアート独裁ないしは「人民国家」権力を以て除去してしまえば、資本主義から社会主義への「過渡期」なるものも手もなく簡略して急速通過し、高次共産主義社会が明日にでも実現される、といういともおめでたい話になっているのであるのであろう。

　現に最晩期スターリンは、かれの『ソヴエト同盟における社会主義経済の根本問題』において、ソヴエト連邦に最後にわずかに残っている経済的矛盾は、すでに労資の根本矛盾を完全克服してしまった上での、完全に社会主義経済化した生産手段の国有化下の工業の全社会性と、なお小生産の「母斑」を「蒙古痣《あざ》」のごとく新社会の尻にわずかに残しているコルホーズ農業の集団性との、「人民内部の矛盾」の解決・解消であって、現に「嵐のごとく」進行しているその解決・解消過程は、「価値法則の範囲」の拡大によって為されつつある、と主張していたのである。一九九一年に爆発したスターリン主義体制とスターリン主義体系の世界史的な瓦解と解体の以後である今日において、かの勇ましい重田澄男教授が現在いかに「マルクス経済学方法論」を深化しているかは、これを知る由もないが、「重田理論ないしは無理論」が、かつての悪名天下に鳴り響いた「スターリン理論ないしは無理論」の戦後日本〝代々木派〟版であることだけは、これを疑うべくもない。

　このようにして、「重田理論ないしは無理論」は、「搾取＝収奪」という、複合性をそのまま一元性化する没概念的な直接的自己同一性を虚妄な鍵概念《キイ・コンセプト》として、現実版実在としては等価交換の本質的形式によって特異な社会形態編成を行っている近代資本制商品経済社会の剰余価値のブルジョア的取得＝所得を、そのような剰余生産物取得を経済的に（「経済法則」的にできることになるという言質を、〈宇野理論〉的概念である「経済原則」とひっかけて）曳き出しかかっていた折角の縄がプツリと切れてしまったのである。ブルジョア的取得＝所有をまたまた、前・非近代の諸共同体社会に特有の剰余生産物の取得様式である〈収奪〉と同一化・等置してしまうところに舞い戻ってしまったのである。

近代資本制社会においても、その社会の周縁と社会内的な空隙・間隙においては、部分的に存在している前期資本、すなわち商人資本・金貸資本的収奪についても、産業資本的蓄積様式によるヘゲモニー的編成のなかで、これら前期資本の再定義をたとえば商人資本→商業資本、金貸資本→金融資本、という資本形態の高次転化として、一般的に「収奪性」の痕跡を稀釈、漂白、隠蔽してしまい、最終的・究極的には価値増殖運動の形式も〈G—G′〉という、産業資本の産出運動の総体を「推論式判断」命題体系から消去・蒸発させてしまうに至るのである。その「極点」においては、現実資本の「純」搾取による価値増殖運動の展開は、擬制資本（架空資本）の価値増殖運動の成果＝獲得物を目して、「重田理論ないしは無理論」ははたしてそれを「収奪」としてカテゴライズする蛮勇（！）をもちうるのであろうか？

その問題こそ、晩期マルクスが、「地代論」の「例解」問題、「利潤と利子」「利潤率と利子率」の分解・分裂・乖離の問題、恐慌発現における契機の問題等々の一連の重要な原理論的問題として、その理論的解決に苦慮しながら、「特別剰余価値」や「超過利潤」のカテゴライズの創発につとめたところである。

利潤率均等化の法則の作用によって、最終的・究極的には全社会的利潤率に平準化されて消滅してしまうカテゴリーであるものの、それらの「特別剰余価値」「超過利潤」は一時的にはせよ資本制社会の中枢的な諸産業部門の内部に実在するのであり、その演ずる経済的作用は、資本の産業循環＝景気変動過程の好況→恐慌→不況→経済的高揚の四局面の推移・変換・交替の全経過・全局面において、それぞれ、とりわけて、技術革新、固定資本の保全・新設・更新、資本の有機的構成の高度化、蓄蔵貨幣ないしは貨幣蓄蔵、資本の回転数の変化、好況期での優位個別資本の更新・増加、**恐慌期**での劣位個別資本の既存資本価値の破壊・破棄・削減・清掃等々の重要問題について、並々ならぬ経済的な作用と役割を演ずるのである。

『資本論』第三部の最終シーンである「三位一体範式」の定式化の直前において、その範式化を可能にする直接的前提条件として「例解的に挿入」される〈地代論〉のごときも、リカード〈地代論〉が解けなかった「地代の謎」を、「利潤・利子論」の論理的整備によって理論的に解決した晩期マルクスが、「一般的平均利潤率」の理論的成果をひっさげて「地代」の源泉が都市大工業が取得している「超過利潤」にほかならないことを突き留めたことによって、はじめて経済学原理論的に可能になったのであった。すなわち、そうした「超過利潤」の配分である、そのことによって規則的・定期的な「収入《インカム》」に範疇化している「地代」（だからこそ、〈宇野理論〉の目次編成式に云えば、「地代論」は「利潤論」「利子論」ともに第三部『分配論』に属せしめられているのである）を、全社会的な一般的平均率を以て除するならば、「土地」は「資本」に擬制化されて土地価格を一義的・定量的に弾《はじ》き出して、この社会的に公認された市場価格表示によって「土地商品」を売買することができることとなる。

わたしたちが日常経験し慣れて、常識化してしまっている経済現象経験ではあるが、自然にほかならない土地―労働力商品と同じで資本の生産過程における商品生産物としては元来、本来的に生産することができない曰く・因縁・故事来歴を有つ土地商品は、もとより擬制商品であり、土地資本ももとより擬制資本であるのであって、そのようなものとしてそれは、マルクスの謂う〈架空資本《フィクティヴェ・カピタール》〉なのであるが、そうした〈擬制資本＝架空資本〉である土地の概念定義によってこそ、爾余の今日の現代資本主義世界システムのヘゲモニックな運動資本「範疇」として、現実資本の百倍もの広大な規模と高速な運動を現代資本主義的〈時空《タイム・スペース》〉において日々に演じている擬制資本＝架空資本の価値増殖運動は、〈G―G′〉の資本形式の主軸動源・動力として概念体系的に定位させることが、経済学原理論としてできることとなったのである。

「重田理論ないしは無理論」が、〈宇野理論〉の或る種の理論的不備とそれを内心自ら気にかけていた（であろうと推測される）宇野博士自身の博士には珍しい論戦での弱気とにつけこんで、一時期はせしめかかった、資本制商品経済社会における存在と必要の以上に誇張された〈収奪〉カテゴリーは、第一に、歴史的世界市場形成論として看るならば、資本の本来的蓄積（搾取による）を成す中心的西欧世界と、周辺的A・A・LA世界において同時進行している資本の本源的蓄積（収奪による）の全世界的合金《アマルガム》の有機的一半として説かれなければならず、それも地球上の諸社会の富を資本制的生産様式のヘゲモニー下に一つの「商品の巨大な集まり」としての資本制世界市場においては、「貨幣としての貨幣」の機能を発揮する「世界貨幣」によって、いずれにせよ、それらの諸商品はいっさいの出生の謂われと氏素姓を問われることなく、言い換えれば、「搾取」と「収奪」の別をも無化されて、一物一価の世界市場価格の汎通化に基づいて世界市場売買されるのである。

そして、第二の確認点として、やはり世界史的な時間的前後関係をもって、自由競争の資本世界に替わって立ち現われてくる「資本独占」の出現による、大資本による中小資本の「収奪」、資本の「集積」の「集中」への転化ともなって、その一九世紀末以来の世界史的経過をカテゴライズしようとした、レーニン『帝国主義論』の論理は、特定の種類の企業体においてそのに出現が現実化する独占企業体における固定資本の巨大化の購入資金の社会的動員を、株式銀行業務として司る金融資本の定義化と、その巨大固定資本価値の価値破壊・破棄・清掃の困難に起因する「**恐慌現象の変容**」の再定義化もまた、論理方法的に可能となったのである。レーニンに即していえば、かれは、その集中・収奪現象に理論的関心をそれこそ集積・集中させてしまったあまり、株式発券部門化した銀行資本と独占体化した産業資本との癒着としての〈金融資本の発生史・即・概念化としてそれを大括するに当たり、ヒルファーディング『金融資本』と同じ理論的難点《アポリア》として、前一九世紀のマルクス『資本論』体系、すなわち経済学原理論と、今二〇世紀の自らの『帝国主義論』との論理関係を、歴史関係へと解消してしまいながら、そのような金融資本の新範疇化が

「資本の輸出」を媒介にした「植民地超過利潤」と「資本の集積と集中」を媒介にした「資本独占的超過利潤」のアマルガムとして、「資本の集積と集中」という直線的接続に基づいて、本来ならば概念の「推論式判断命題」として定式しなければならない資本主義の世界編成の形態の世界史的移行の表現である「金融資本の発生史的定義」を、「資本の集積」と「資本の集中」という質的区別のある資本主体を、「複合的一者」として判断命題の「主語」に据えて、単なる概念の判断体系として静態的《スタティック》に定義してしまった理論的弱点があることに注意しなければならない。

このような「帝国主義論」的方法論によっては、「搾取」と「収奪」との概念体系上の区別と連関は不明確なままに終わらざるをえないであるが、全世界のマルクス主義者としてこのことにはじめて気付いたといってよい宇野弘蔵博士は、この質的区分をもつこの問題を次元の相異の「複合性」において解くことに理論的に腐心して、『資本論』と『帝国主義論』との理論的斉合性の緻密化を基軸として、いわゆる〈三段階論〉を経済学方法論として構築して、よってもって新たなパラダイムとしての〈宇野理論〉の体系的構成の核心を得たのである。宇野個人にとって、二〇世紀的現代に生まれたマルクス経済学者の利点を生かした理論的営為のなかで、かれ宇野弘蔵が『帝国主義論』の「段階論」の視覚をもって『資本論』の「原理論」のいっそう純化を考え、逆に『資本論』の「原理論」の視覚をもって『帝国主義論』の「段階論」において「帝国主義」自体が「三段階」の最終段階「範疇」であることについて熟考した、理論的往復運動の苦労は、かれ自身の諸著書にしばしば語られ記されているがごとくである。そのような異次元・異域の往還運動を終生つづけて倦み疲れることのなかったこの大碩学が、わたしが類い稀れなシャーマン的経済学者と久しく仰ぎ見てきている所以のものである。

たとえば、わたしどものような場合には、右の『資本論』の端初《アンファング》「商品」範疇の原理的再考察に当っても、真っ先に念頭に去来するのは、マルクス的商品交換過程における販売と購買の一時的な分離・乖離に**「恐慌現象の最初の抽象的可能性」**を確認しているのであるが、そのような場合、マルクスが明示的には語っていない、そのような商品一般の価値・価格規定力である「労働力商品」の販売と購買、さらに具体的に言えば、資本家の「前貸資本」による雇用契約に基づいた等価交換による労働力商品の販売と、その雇用労働者を「資本の生産過程」に配布して、資本家所有の生産手段と再結合させて生産的労働を働かせている過程における「生活資料の買い戻し」としての一般商品の購買との資本家社会的〈時空《タイム・スペース》〉上での分離・乖離の問題は、どのように解決・処理さるべきなのか？　という問題であるのだが、そのような問題意識は、おそらく重田重男教授的マルクス主義経済学者たちには、チラリといえども兆さないのであろう。

わたしとしては、この端緒的問題は、終局的に好況期における「労賃の高騰」に恐慌現象の爆発への接近の一指標を求めて、よってもって「南無労働力商品化」の立論（！）を〈恐慌論〉の核心《ガイスト》に首尾一貫して据えようと苦闘した宇野『恐慌論』にとっても、その「徹頭」において先ずもって最初に検討・確定すべき先決問題の重要な位置価を有しているのであって、私見では端緒《アンファング》におけるその間の間隙・空白が残ったその分だけ、終末恐慌論の認識における、信用創造の展開・介入による、利潤率の傾向的低下の亢進と利子率の異常高騰の亢進との矛盾の大激突を直線的契機とした大爆発をリアルに・ドラスティックに遂げるにいたる恐慌現象の最終シーンの解明・説明にも、宇野『恐慌論』にはなお理論的な間隙・空白が残されているのであるのだが。

資本制商品経済国家社会における経済上の搾取・被搾取関係、政治上の支配・被支配関係の「歴史的ブロック」（A・グラムシ）としての合金《アマルガム》のなかで、「他人の不在労働を領有する」収奪・被収奪関係もまた布置化されるのである。言葉を換えて言うならば、産業資本的蓄積様式を基軸としてヘゲモニックに編成された資本制商品経済社会は、そこに抽象形式化されたありとあらゆる諸生産関係を、資本‐賃労働「両極」関係への「純化」「汎通化」として、概念「命題」体系化して、原理論的世界をオートポイエーシスした自立・自律・自己完結運動体である。そのような特異な論理形式によって「純粋資本主義」化された経済学原理論的世界における、搾取・被搾取関係、収奪・被収奪関係、支配・被支配関係の、メタ関係として「歴史ブロック」化された社会包括規定である自立した価値増殖運動が、自律的運動を自己完結的に行う「経済的土台」と、それと分離・二重化した「国家的・法的・イデオロギー的上部構造」が、経済的土台の無限の推進運動を反映し、表現する関係――しかも「時代の自己表現」としてその意識上の自己告白が、かならず「自己言及」活動を伴って表象発現する関係――として、『純粋資本主義』的に処理されるのである。それが、中期マルクスの『経済学批判要綱《グルントリッセ》』の〈唯物論的歴史把握〉の「一般的結論」なのであって、そのようなものとしてその「一般的結論」は、経済学原理論の内的解析・編成においても、問いの入口から答えの出口へといたる「導き《アリアドネ》の糸」として有用・不可欠な役割を果たすとともに、近代市民社会の内的解析・編成である経済学原理論から前・非近代の諸共同体社会の〈唯物論的歴史把握〉領域への越境の旅においても、その「導き《アリアドネ》の糸」として有用な道案内の役割を演ずるのである。

自称〝正統派〟のマルクス主義経済学者として、他称〝異端派〟のマルクス経済学の巨匠の「仮象性」を暴露しつくさなければならないといきりたつ重田澄男教授は、まるで論敵のトドメを射すように全総括的に宣言する――

「このように私的所有の無条件的前提化、資本＝賃労働の階級関係にたいする労働力商品の売買における商品所有者の相互関係への解消、資本主義的搾取からの収奪的内容の抹殺――これが、イデオロギーと科学との峻別を強く主張して、純粋科学としての経済学をうちたてたと自負されている「マルクス経済学」研究者宇野弘蔵氏の「商品経済」論的資本主義把握におけるイデオロギー的性格を特徴づける内容にほかならぬものである。／資本制的生産過程における資本＝賃労働関係の規定的内容を「労働力商品化」という労働力の調達においてとる形態に解消し、資本家と賃労働者とのあいだの規定的関係を「商品形態」をもってとり結ばれる関係としてとらえ、それを基礎に、資本主義社会を「商品経済的に統一的な社会」とみなされている宇野弘蔵氏の把握は、まさしく、私的所有を無条件的に前提することによって、資本＝賃労働関係における他人労働の無償領有という階級関係にとっての規定的内容をぬぐいとり、資本主義的経済関係の規定的内容にとっては「仮象」にすぎない形式たる「商品経済」的関係を、規定的内容そのものとみなし「唯一の原理」にしたてあげたものにほかならない」。

これが、長大な『マルクス経済学方法論』の結論であるが、飛んでもない、夜郎自大のひとりカチドキの高笑いではある！　それこそ、その一行一行が、マルクス『資本論』弁証法体系の理論的核心《ガイスト》に対する無知・誤謬と〈宇野理論〉に対する誤読・誤解・無理解とに、みちみちている。その浅薄きわまる内容に対する解説と再反論は、もはや全く必要ないものと思われるが、本質的にはブルジョア・イデオロギーに対する無惨な理論的屈服、スターリン主義体系の日本的「信条告白《クレードー》」である『マルクス経済学方法論』の固有している「イデオロギー性格」は、すこぶるイデオロギッシュなその〈宇野理論〉批判の文体にうかがわれるごとくであるが、もうひとつ注目すべきこのスターリン主義経済学者の「イデオロギー的性格」は、『資本論』弁証法体系の体系性はまさにそれが「開かれた体系」であるがゆえに（エンゲルス流に、だからといってその体系を実証主義的な「科学的社会主義」に帰一させてしまうがごとき、まさにイデオロギー主義をなんら必要とするものではないが）、そのまた以前の確認事項として、〈宇野理論〉において「純粋資本主義モデル像」として純粋化された一九世紀中葉の自由主義的ビルトとは、これもまた「自由主義」と自己命名されている以上、「資本主義」という命名と同様、主義《イズム》すなわちイデオロギーには相違なかろうが、この純粋化したブルジョア・イデオロギーの特徴は「安上りの政府《チープ・ガヴァメント》」論に見られるような、良心・意見・言語・出版の自由に対する一切の権力的排除を最大の特性・機能とするたぐいのブルジョア・イデオロギーであったということであり、そのような初歩的なことに全く無知・無学なスターリン主義的思想官僚は、その権力主義的・権勢主義的そして権力犯罪的な自立的・自律的個人＝市民の「良心・意見・言論・出版の自由」を踏みにじってはばからない〝常習犯〟であることも、かれらの世界観的信念の上からも、ソ連邦における政治的経験の全てからも、すでに完全に反論不能に証明されてしまった以上、今日の時代においてそのような前自由主義の蒙昧・反動のイデオロギーが、自由主義以降の資本制商品経済社会の「永遠のパワー」をそれなりに確信しつづけているブルジョア・イデオロギーに対して万に一つの野望も、そのような近代が後代のわたしたちに民主主義的に世界史的に「遺贈」した「基本的人格」の全世界的普及・汎通化という具体的現実条件のなかでは、全くありえないことは今日では明瞭至極なことであると言える。このことの再確認を、今日ではやっておく必要がある。

経済学原理論に特有な方法としてこの「抽象力」をめぐる、自然科学における「顕微鏡」「化学的試薬」の分析的効用と社会科学における「抽象力」の同じく分析的効用との比較論は、マルクス経済学方法論の核心の問題であるので、繁を厭わずに、ここでマルクス『資本論』第一部「序文」の原文を引例している、宇野弘蔵『経済学方法論』（東京大学出版会刊、一九六二年）の問題意識を、引例しておきたい――

「「経済的諸形態の分析には、顕微鏡も化学的試薬も用いるわけにはゆかない。抽象力が両者に代らなければならない」（『資本論』第一巻「序文」）のであるが、この「抽象力」は、少なくとも資本主義社会に存続する旧社会の「残滓」に関する限りでは、資本主義社会自身がもっているのである。科学的研究は、この資本主義社会の客観的傾向に即して、自然科学における実験装置によってえられるような純粋の状態を想定することができる。いな、むしろ旧社会の「残滓」としての不純物も、この客観的傾向に即することなくして「除去」することは、機械的抽象としての欠陥を免れることはできない。……それは歴史的なる資本主義の客観的な純化傾向に即して、資本家と労働者と土地所有者との三大階級から成る資本主義社会を想定する以外に、撹乱的要因を除去することはできないのである」。

右の引例から浮かび上がってくる注意点は、そこで宇野博士がマルクスによる「経済的諸形態の分析」方法の、顕微鏡も化学的試薬も役に立たない自然科学の対象分析の方法との違いを強調している文章との対比を議論の余地ない明晰さで述べているために、くっきりと浮かび上がってくる注意点なのであるが、このようなマルクスの経済学方法としての「抽象力」の特性にさらに対比して、〈宇野理論〉の経済学方法における「抽象力」の特性をかれ自身の右の規定にしたがって比較してみるならば、宇野教授の場合には「資本主義社会自身がもっている」「資本主義社会の客観的傾向に即する」という意味の「抽象力」であることが明瞭化されて判明してくる。この対比では、カール・マルクスの「抽象力」は主観的抽象であり、宇野弘蔵の「抽象力」はそれに対照してみて客観的抽象なのである。

13　〈宇野理論〉における客観的抽象と主観的抽象

そして、〈宇野理論〉的経済学方法の自覚的な自己規定は、マルクス『資本論』の同じく自覚的な自己規定とは内容的規定としては正反対に異なっていて、思惟としての抽象力なのである。むろん、この違いはそのどちらが正しいのかというような真偽の二者択一の問題ではないのであって、その水準としてはさしあたり「真偽無記」の比較問題なのである。ただこの場合、宇野博士の方法論的関心・興味は、やはりマルクス『資本論』「序文」の「抽象力」規定とは違って、右のような資本主義社会自身がもっている商品経済的実在の客観的発展の傾向に即した「抽象力」という観点から、そうではない「抽象力」規定、つまり旧社会の「残滓」として不純物をこの実在的発展による「純化」の傾向に即することなく「除去」するような（この場合は当然、マルクスの場合と同じく人間的思惟の作用としての主観的抽象である）抽象の方法は、理論方法的欠陥のある「機械的抽象」と同一の文脈に置かれていることは、宇野博士自身の記述に即してみて、すこぶる明瞭なところである。

では、このような客観的抽象と主観的抽象との間の概念的論理の往復運動のなかで――というより、結果としての宇野式経済学方法論の結論は、どうなるのか？　二大階級から成る資本主義社会を「想定」する以外には、「機械的抽象」の主観主義的欠陥の「撹乱的原因」を除去することはできない、ということになる。「除去」などという同一語彙を連想ゲーム的に使うために、文意の理解がそれこそ撹乱させられて取りづらくなる面が出てくるが、とにかくこれは「想定」の次元である以上、三位一体範式化した物象化社会としての近代市民社会の「諸階級」＝「三大階級」の「収入《インカム》」範疇の汎通化に基づく同権的「市民」への溶解という、『資本論』全三部の弁証法体系の結論なのであり、定めしその文章展開によって、『資本論』第一部「序文」の引用から始めたマルクスの「抽象力」方法概念との全体的な照応を図ったものであろうが、このような理念《イデー》化された「総体性の弁証法」概念体系の照応では、結局のところ、宇野博士が、マルクスは『資本論』の全三部による「資本主義社会」の経済的対象化も理念《イデー》の「想定」に基づいて「撹乱的要因」を「除去」することによって、だから、主観主義的な「機械的抽象」である、と積極的に主張しているのか、それとも「想定」とはいえ、理念《イデー》の想定なのであるから——たとえば宇野博士の『経済原論』にも「資本制商品経済社会」の物神性の極限化である絶対的理念は「株式資本形態である」という、これもまた「物心一如」的な「立ち現われ一元論」的な微妙な最高「範疇規定」がある——、二重の意味で概念的に微妙なところがある。

それはそれで、わたしにとっても、ヘーゲル『大論理学』の世界と、マルクス『資本論』の世界との論理体系的類・対比の大問題として、学問的興趣を感ずるところであるが、それにしてもこの暫定的な〈宇野理論〉的「結論」では、かんじんな比較が一九世紀中葉のイギリス資本主義の発展傾向が持っていた客観的抽象との「重ね描き」「重ね焼き」「思い籠め」から得られた〈純粋資本主義モデル像〉の当否ということから、そもそもが始まった論議・紛議に立ち戻っての解決法の暗示としては、逆に「帯に短し襷に長し」のところが出てきてしまって、経済学方法論的にして大論理学的方法論的な問題解決ならびに解決法の暗示・示唆からは、かえって遠去かってしまったところがある。

ここで本当に問われているのは、現代哲学の第一線に立つ〈現象学《フェノメノロギー》〉の術語で表現としていえば、いぜんとして、〈知覚像〉と〈物〉との往還的な二重化一者（同じことを裏返せば、一者二重化）の哲学的問題なのであり、これは本書がくりかえし強調しているように、哲学《フィロソフィア》の原基である古典古代ギリシア自然哲学におけるパルメニデスの〈存在＝思惟〉の人間主体の言語意識的思惟の存在＝思惟の自己同一の二重化による意味存在すなわち〈歴史《ヒストリアイ》〉の発生、という全体事実の存在（論）的‐認識（論）的把握の哲学的問題なのである。

身‐心、物質‐観念、主観‐客観、主体‐客体、存在‐認識、の二元（論）の発生史の立ち現われ根拠＝始源《アルケー》を問う弁証法の、形態化的運動による解決の仕方は、問答法《ディアレクティケー》とヘラクレイトス以来二千五百年間にわたって呼ばれてきた、つねに古くして新しい大主題であるのであるが、それは今日ではその大主題が、近代資本制商品経済社会の総括の主題として問われているのである。

言い換えればこれは有限の弁証法＝総体性の弁証法として、近代の文明開化作用に順って推進されてきた市民《ブルジョア》社会の誕生から臨終までの自己完結的有機運動体の全運命が問われている人類文明史の臨界閾としての〈いま・ここ〉で、臨床的に問われている問題構制にほかならないが、問題がこのような哲学の世界観＝価値観問題の領域に決定的に移行してきているのである以上、この一種の二元論問題の「立ち現われ一元論」的な解決が、もはや自然科学の方法と社会科学の方法との悟性主義的分離の次元では解決しえないことだけは確実になっている、と言える。

商品・貨幣経済の歴史的実在（＝客体）の動態と関連する「抽象力」とその「抽象」的認識における学知者的思惟（この「学知者」はそれ自体が「主体」である——ただし、この「主体」は外部観測者なのではなくて、ありえなくて、「世界内存在」としての内部観測者なのである）の「抽象力」とのメタ関係性の問題は、一面から言えば、〈宇野理論〉の経済学方法論のように安直に同一視・混同されてしまってはならないことはもちろんのことであるが、他面では、これまで縷々哲学的考察を加えつづけてきたように、ただ単に客観的抽象と主観的抽象との機械的対置、無関心的関係に止まっているだけでは、一歩たりとも問題解決に近づくことはできない。そのような機械的抽象は、二元論的方法が一見一番通用しそうに見える自然科学のノエマ的対象である自然の解明においてさえも、今日のわたしたちは、次のような重大な問題点をかかえこむにいたっている――

（1）ミクロな領域における量子力学的状態での量子飛躍《クァントム・ジャンプ》に由来する「粒子《マーティクル》」と「波動《ウェイヴ》」の同時決定が不可能な「不確定性」の問題――にもかかわらず、その特質（アトム、モナド）としての一元化的確定をもたらす「相補性」の問題が、いずれも「原理」問題として法則化して出てきていること。

（2）それはそれでもそれなりに純対象（この自然対象の「純」化が、単なる対象の客観的性格の問題なのかどうかも、実のところは複雑微妙な問題が伏在しているのであるが、それはそれとしては括弧に入れてしまってしまうとしても）、括弧に入れて現象学的判断中止《エポケー》をして問題を（「物」を？）純化するとしても、そのような現象学的中止を行う（たとえ観念上・想定上の事態であるにはしても、そしてそれは中止という行為（！）であって作動ではないのであるからして、物質的エネルギーの発動と消費はない筈ではあるものの、それでもそこには）何らかのかたちでの行為的自己の存在が無ければならない（想定（！）されなければならない（！））。

（3）とりわけそのような、中立化担当者《エポケー》、観測者としての消極的存在であるにはしても（「観測者」の場合には、先に述べたように、「世界内存在」である観測者が直接観測対象と向き合っている対象とのミクロ関係においては、外側からの外部観測者で、そのような行為的自己は少なくとも、計測定量化にかかわる以上、観測主体として観測対象に対して光を当てて新視覚像を得ることとなるし、得なければならない）すくなくとも、量子力学的状態の「不確定性」を相補的に確定させるためには、新視覚者としての行為的自己がミニマムな消極性に徹するとはしても、ミクロな対象に光を当てて視なければならない、そしてその新視覚像（大森荘蔵）を得る観測装置を媒介にして「翻訳」して巨視像として、古典力学的世界へともちきたらさなければならない。

これがいわゆる量子力学における「観測問題」であって、この問題は、主観的観測者の干渉による客観的対象の運動と速度の一義的決定不可能となる「確率的分布」の範囲＝曖昧領域の発生が「観測問題」となって問題化させるのである。したがって、厳密に言うならば、この「観測問題」の決着が、最終的な現象認識の受け手である「脳」内で新視覚像を結ぶまでは、新視覚者＝観測者によってノエシス的に視られている何らかのノエマが対象であるのかどうか、とりわけそれが一義化された自然対象なのかどうかも、本当のところ分からないとしなければならない。。例の猫は生きているのか、死んでいるのか、分かりようがないのである！「物心一如」まではどうにか了解範囲に入るとしても（「認識論」問題はなにしろチョロイところがあるから！）、「生死一如」というようなことにまでなれば、よほど生悟りの野狐禅者でもなければ、「生きるべきか、死ぬべきか、それが問題だ」といつも呟いて苦悩して立ち尽くしている問題王子ハムレットの人間的悩みは尽きないのだ！

（4）量子力学的状態のミクロ分析があきらかにした霊妙な哲学的問題のもう一つは、それがニュートン力学が通用していた（いや、それはニュートン力学が完全に没落していった現在でも、マクロ領域ではいぜんとして通用しているのであるが――これとてもこだわりだせば、万有の存在（論）的＝認識（論）的把握の対応・照応の問題として本当のところは――みなさん黙っていらっしゃるが――怪訝《けげん》なところが残っている。化現《けげん》と書けばもっと問題がはっきりするかも知れないが、要するに今日のわたしたちは、一九〇五年のアルベルト・アインシュタインの「特殊相対性理論」と「光量子」の〝奇跡の発見〟以来というもの、ニュートン古典力学的世界像（認識像）は消失してしまったが、そのニュートン古典力学の対象であった客観的なマクロ世界はむろんのことちゃんと健在に存在しているのだ、という前提に立って、多少怪訝な感じを残しながらも（！）毎日元気に生きているのである！）マクロな世界との照応《コレスポンダンス》（シャルル・ボードレールの詩学に由来する術語である、わたしの大好きな詩語だ）が定立されていることである。

そのマクロとミクロとの照応《コレスポンダンス》の証拠は、いろいろあるが、生物学におけるヘッケル以来の〈個体発生ハ系統発生ヲ再現スル〉というテーゼと同様、（すくなくともわたしの無学な水準では）本当のところ、どうしてそういう相似が生ずるのかは分からない。（わたしに言わさせてもらえば、ミクロな世界の「観測問題」が、わたしたちの或る種実存的不安としての潜在意識と深く関連して「問題」として浮上しているのは、もしかすると場合によっては、ミクロの世界ではマクロの世界とは違って認識と存在との照応《コレスポンダンス》が無いのではないか、いや、無くなってしまうのではないか、という根源的不安が潜在しているかもしれないのである）。

（5）ミクロな世界の照応《コレスポンダンス》から見返されてのマクロな世界の存在（論）的‐認識（論）的把握の問題領域では、わたしに言わせれば、これも二〇世紀以来の最大の現代哲学問題である「言語論的転回」の延長線上にある問題なのであるが、その「言語論的転回」がさらにコンピューターの発展などによって加速されたフェルジナンド・ソシュールの記号論革命以来の「記号論的転回」と「情報論的転回」に裏付けられた、情報と存在の関係性の問題――わたしの言う化身《けげん》の問題領域である、単純化して言えば、幼かったわたしにとって好箇の怪訝《けげん》な主題であった、宇宙をどんどん行ったらどうなるのか？　という落語の落とし話の主題である――ビッグバン以来の膨張宇宙論の「問題」としては（「問題解決」なのかな？）膨張してゆく宇宙の涯に立っている超マクロな観測者が「ココダ」と旗を掲げた信号が地球の情報受け手に届いた（視えた？）事態（？）が宇宙の涯＝限界の存在状況（？）である、という問題である。（？）マークがたくさん付いて申しわけないが、すくなくともわたしの今日的水準では、あまりにも怪訝＝化身《けげん》なことが多すぎるのである。

（6）最後に、先にも一度述べたところであるが、自然科学は実験が利く（だから「一般法則定立科学」が成立する）、社会科学はそれに反し実験が利かない（だから、「個性記述」の歴史学だ、あるいはまた、「抽象力」に依存する経済学だ）と、カール・マルクス式・宇野弘蔵式に自然科学方法論と社会科学方法論を悟性主義的に峻別してみたところで、今日ではこの「実験」問題の主題は、ミクロな世界のそれが新視覚の新対象に対する干渉・影響としての観測の問題に移ってしまっているのに照応《コレスポンダンス》（！）して、マクロな世界でもたとえば、（a）ダーウィンの『種の起源』以来、生物学をいわば公理的体系として整序する原動力となった（この事態もよく考えてみると、存在（論）的＝認識（論）的把握の方法論的問題として、悩ましいところがあるのだが！）〈進化論〉という実験の利かない大風呂敷が全体物の綱・目の細部《ディテール》にいたるまでの分類原理となっている。（b）宇宙のビッグバンから熱的死へといたる〈宇宙論〉という超大風呂敷が、実験も生物の「種」以上に絶対に利かない領域であるというのに（これが、生物の「種」であれば、「育種」や「挿し木」のようなわたしたちにとってお馴染みに親しい、或る種の「実験」的実践による「種」の変化を、合目的的に起こしうる可能性が、或る範囲において有るのだが）絶対的信頼を博して現にある。

そして、これからこのマクロ問題の階層化の弁証法も、ますます拡大しながら明瞭化してゆくことであろうが、このマクロ弁証法は、おそらく、（a）ミクロ世界観における戦後のワトソン&クリックの「遺伝子の二重螺旋構造」の解明以来の〈ゲノム・マップ〉の分類表の全貌化との何らかの照応《コレスポンダンス》の方向へと進むであろう。（b）「超弦理論」と「統一場理論」の発見による「量子力学的状態」と「光現象」との大統一のミクロ解明は、かならず「重力問題」「暗黒物質《ダーク・マター》」「暗黒《ダーク》エネルギー」「多重宇宙」問題などを含めた、マクロ世界の重要問題の解明に直接つながってゆくであろう。これを要するに、諸自然科学における法則定立の根拠も、諸社会科学における法則定立の根拠も、そのそれぞれに固有の根拠の権利づけ問題があって、〈宇野理論〉が想定していたようなチョロイわけには今日ではゆかなくなっているのである。

第二四章　自由主義時代の周期的恐慌ならびに前=後自由主義時代の恐慌の変容の歴史

1　恐慌論はマルクス『資本論』体系の核心である

〈**恐慌論**〉は、近代資本制商品社会の経済的運動法則を解明したマルクスの『資本論』体系の核心である。

マルクスはすでに、一八五七~五八年の『資本論』草案において、**恐慌の反復的爆発**が「ほぼ十年の期間」であると想定している。その巨大固定資本の更新という資本制生産的基礎から発する周期性は、「産業が（固定資本の大規模な発達以来）十年前後の期間で通過する循環は、このようにして規定された資本の総生産部面と関連しており」（『経済学批判要綱』）**恐慌の周期性**にとっての一つの規定根拠を示しているということがそれである。この点は、『資本論』第二部に——いっそう発展させられて——再び見出されるかれマルクスの思考過程である。

マルクスによれば、リカード理論は、資本を一つの「経過的な統一体」として把握し、その諸矛盾を発展させるための「弁証法的な鋭さ」に欠けている。マルクスによって、このリカード理論の欠陥を「ひっくりかえす」ことが、理論方法的基軸点であったのである。この意味で、その場合、マルクスにとってヘーゲルの『論理学』が役立ったということは、いくら高く評価しても評価しすぎることはない。E・プライザー『**マルクスの恐慌論の本質**』によるならば——「かれマルクスの学説のあらゆる隙間を通して、かれの哲学的な基礎的見解が見受けられる。ヘーゲル的方法をもって、ヘーゲル的考え方をもって、ヘーゲル的概念をもって、かれマルクスは、自分の研究対象であるブルジョア社会へと近づいている」と。

一九世紀の産業資本主義時代に、「典型的例解の場」である先進イギリス資本主義において、**歴史上五回勃発した周期的恐慌**に即して解明された**マルクス〈恐慌論〉**は、経済学原理論の法則的解明の基準を与えたといってよい。

このような**周期的恐慌**は、**一八六八年恐慌現象**を最後としてその周期性を喪失するにいたり、爾後、「**世界市場と**

恐慌」は歴史的変容を蒙りながら現出するに至った。

この時代の巨大固定資本を要した機械制大工業のモデルは、綿工業である。一九世紀末葉に近くなれば、資本の蓄積様式の副軸に鉄工業が迫り上り、これがドイツを軸に、鉄鋼業ならびに重化学工業を主軸とするまでになれば、そこにおいては独占体の巨大固定資本がいっそう展開するようになり、「ほぼ十年毎」とされた**恐慌の周期**は、単純な既存資本価値の破却・清算・一掃を許さなくなる事情に規定されて、**恐慌はここにその鋭角性を喪失**し、より相対的に**鈍角化した恐慌の周期**は十年よりは長びく傾向性を帯び、二〇世紀の金融・独占資本主義は特有な**恐慌現象の変容**をもたらすこととなる。

今日の、ドル本位変動相場制の世界史的没落へとイラク戦争の泥沼化のなかで向かいつつあるドル・核世界帝国において現出しつつある、グローバルに頻発・転移するドル危機は、右のような**恐慌の歴史的変容の今日的表われの最たるもの**に他ならない。

恐慌現象は本来、商品・貨幣経済の不可避的産物であるから、逆に言えば、商品・貨幣経済に依拠しない前近代の実質社会であるもろもろの前代の共同体社会には、**恐慌現象**はないし、ありえない。したがって、その存否の問題を含めて、〈**恐慌**〉**問題**は、人類社会史を特性づける一つの重要な歴史的指標である。

言い換えれば、マルクスにとって〈**恐慌**〉は、単に、経済学原理論にある核心問題であるばかりでなく、かれマルクスの、実践的唯物論・唯物論的歴史把握・経済学批判＝『資本論』体系のすべてにわたるメタ体系的核心の問題である。

マルクスが『資本論』体系において基本的規定を与えながらも、最晩期マルクスの生命的限界によって、未完に終わらざるをえなかった〈**恐慌論**〉を、二〇世紀的現代において帝国主義段階の解明を基軸とする「三段階論」の理論的創発によって完成させた宇野弘蔵の『**恐慌論**』の不朽の業績を、さらに発展・整備させる理論的作業は、今日のわたしたちに課せられた第一義的な課題・任務であると言ってよい。

今日の国際通貨管理制度のもとにおけるドル危機の最終的深刻化は、「もう一つの世界」の展望を明確化することもふくめて、右の課題・任務を実践的にも可能にし、かつ緊急不可欠なものとしている、とみなすべきである。

たまたま極東の一島国に生を享けながらも、わたしは、資本制西洋のただなかから西洋中心主義史観の自己克服を志向した近代西欧人カール・マルクスの思想的普遍力に惹かれて、一生をマルクス行者として終始するに至った。そのようなマルクスの弁証法的な教養の念行を日常としたわたしの生涯オルグ生活において、つねにわたしを導きつづけてきたのは、**マルクス〈恐慌論〉**の根本義であった。これは、わたしの「南無阿弥陀仏」である！

二〇世紀的現代の初頭にそれまでマルクス主義の正系・正嫡と信じつづけられてきた社会民主主義が、第一次帝国主義世界戦争の勃発に際して、プロレタリアートの反戦の大義を裏切るに至った世界的危機によって、震撼的な主体的危機に陥らされたウラジミール・イリイチ・レーニン（ウリャーノウ）は、ヘーゲル弁証法の再学習である『哲学ノート』において、先にも触れたごとく、「従来のマルクス主義者の唯一人として、マルクスの「資本論の論理学」を解した者はいなかった」という驚くべき文辞を秘かにノートに記した。

その「資本論の論理学」とは、言葉を換えて言えば、マルクス的弁証法の検証の場である**〈恐慌論〉の論理**の謂《いい》に他ならない。

今日のドル危機の爆発による〈パクス・アメリカーナ〉の世界史的危機を目前にして、わたしたちもまた、右のレーニンのいわゆる「資本論の論理学」を真に自得しているかどうかを、再思・三考してみなければならない。

近未来における、歴史的に大変容した現代資本主義世界システムの**恐慌現象の今日的大爆発**は、マルクス的弁証法の検証の場であるとともに、まさにそのようなものとして、わたしたち自身の主体の深奥のあり方を、容赦ない検証に掛ける場となるであろう。

カール・マルクス=宇野弘蔵の遺志を完遂した本書のこの**〈恐慌論〉**の完成が、近く到来すべき世界史的大闘争におけるプロレタリアートの勝利に少しでも役に立てば、マルクス行者としてのわたしの本懐これに過ぎるものはない。最後に繰り返し強調すれば、**マルクス〈恐慌論〉**のマスターなくして、今日における労働者運動の本格的・本質的前進はありえない。そのマスターの理論的困難にひるむ者は、けっして有理・有用・有益なマルクス主義戦士たることは叶わない、と断ずるべきである。

2　資本《ダス・カピタル》は人間と自然を生かさない。トコトン exproitation（搾取=開発）してしまう

資本主義というやつはダメだ。

資本《ダス・カピタル》は、ヒトを金輪際生かさない。自然をトコトン開発してしまう。エクスプロイテーション（exproitation）である。中性名詞のそのグローバルな魔性の力は、人間を搾取し収奪し、自然を開発し略奪しつくす。こんにちでは宇宙までが、ドル・核帝国の宇宙核戦争の舞台と化せしめられてしまっている。

近代世界の造物主《デミウルゴス》は資本であるが、この唯一絶対神にたいする土偶《でぐ》拝みが、資本主義を神聖なものとして支えつづけている。貨幣=カネの呪物崇拝《フェティシズム》による、〈資本―利子、土地―地代、労働―賃金〉の三位一体範式に基づく物象化社会の完成である。マルクス経済学の真髄は、このような資本家的物象化社会の解像にほかならない。

グローバル・インターネット資本主義としての今日の現代資本主義世界システムにおいては、地球は全くのダメ詰まりとなっている。もうゲーム・セットだというのに、交わり手がまだどこからも現われてきていないのである。客観的・対象的な資本主義のグローバルな危機が、その核心部分に主観的な主体の危機を深く内包しつつ立ち現われてきているからである。

ダメの目馬の眼、と俗にいうが、じっさいには馬の瞳はかわゆい、メンこい。だが、資本主義のダメ詰まりの眼《マナコ》は、全くもってかわゆげがない。

もともとダメなものだったが、いまの晩期資本主義《シュペート・カピタリムスリム》の現状にいたってますますダメなものであることを、きわめてアクチュアルに自己暴露するにいたっている。人工的に延命している、あるいは延命させられている現代資本主義世界システムにあって、まさにグローバルに、世界も、人間も、そして地球そのものも、すっかりダメにされてしまった。資本主義はいまや、自分自身が依ってもって立脚している自分の脚をすっかり貪り食いつくしはじめているのである。

このようにしてこんにちの過飽和状態の現代資本主義は、人類文明史の臨界閾に踏み込んでしまっており、人間社会と地球環境の共滅の危機をもたらしつつある。現在、ドル・核帝国の巨魁が「二一世紀型戦争」の発動として大規模テロルを行使しつつあるアフガン＝イラク戦争が決定的に泥沼化しつつあり、その泥沼化した侵略・征服戦争にともなわれて深刻化を亢進している戦費の調達と、その欠を補うために乱発されている赤字国債の累積が、「二一世紀型戦争」と「二一世紀型**恐慌**」との合流・重合を招きよせつつある。

近未来の現実性《アクチュアリティー》として、瀕発をくりかえしつつあるドル危機が、世界化的複合のその極、ドル本位変動相場制として現出している今日的姿における国際通貨体制そのものを瓦解させ、国際金本位制以来の資本主義の世界的枠組自体をついに雲散霧消させるにいたる公算は、きわめて大きいと観なければならない。資本主義の現代的編成である、多国籍金融・独占資本とドル・核世界帝国を基軸とする〈パクス・アメリカーナ〉世界秩序の世界史的没落の開始である。まさに資本主義の全般的危機の発現として、歴史的な資本主義の終わりの始まりである。

そこにおいて、「世界農業問題」の今日的転形形態である「南北問題」のいっそうの深刻化、それによる「南」の世界が「北」の世界に負っている巨額な債務の累積が、「南」の世界の死重と化し、それにもう一つ、「地球環境＝自然生態系のエコロジカル・クライシス」の問題が構造化し、いまやかけがえのない緑の地球が再循環困難・不能の域へと急接近しつつある。そのようなクリティカル・ポイントを基盤として、中枢的な人間社会そのものの腐朽化が急速に進行している。ミシェル・フーコー式に謂えば——人間は死んだのである。

したがって、資本主義にとってかわる、いま・ここで滅び去って歴史の屑籠《トラッシュ》へと投げ込まれてしまう資本主義に到来する、また到来させるべき人間社会の具体的な在り方がいかなるものであるか、そのことがすでに緊喫な歴史的課題として上程されてきている、と言ってよい。現代資本主義の全般的危機の核心が、わたしが久しく強調にこれつとめているごとく〈主体の危機〉にほかならない以上、その主体の再生こそが、今日の政治的・経済的・思想的・文化的課題の核心問題として問われているのである。

この歴史の問いに応えて、今日、いわゆるシアトル以降、また九・一一以降、イラク戦争以降、グローバルにめざましく抬頭してきた〈マルチチュード〉の一千万人を優に超える直接的な大衆行動の励起は、その自律的・自治的な直接的大衆行動のアクチュアルな行動目標として、〈もう一つの世界〉の創成をかかげているのである。

この二〇〇七年の最近未来において、大英連邦のブレア、企業大国日本の小泉、USAのブッシュをしてイラク戦線からの占領軍の総撤退をよぎなくさせようとしている、この再生主体の励起がよびおこしつつある社会的構想力に依拠しながら、来たるべき自治・連帯・協働のエコロジカルにしてアソシエーショナルな社会構想を万人に提示することは、今日における第一義的なわたしたちの歴史的課題である。わたしたちは、のっぴきならない緊急性において、〈農業基礎・工業主導〉の持続可能な社会的再生産の循環社会を現代的自己形成の課題に迫られている。〈恐慌論〉を中心主題とする本書が、そのために少しでも役立つことになるならば、著者のライフ・ワークとしての本懐これに過ぎるものはない。

翻って考えるならば、人類史の大道は、やはり、共産主義である。その人類史の大道から看るならば、きわめて短かい一時的・経過的な歴史的社会である資本主義の時代とは、ほんの傍道《わきみち》に逸れたエピソード的歴史であったにしかすぎない。

利益社会《ゲゼルシャフト》として編成されたその物象化社会としての社会形態は、同時に契約社会として「基本的人権」「ブルジョア民主主義」その他を含めた人類史的遺産を、わたしたちに遺贈してくれた市民社会としての歴史的特性を有しているが、人類史の社会的大道はやはり、それらの民主主義的遺贈と太陽をはじめとする自然からの賜物を再出発的基盤としながら、自然‐人間関係と人間‐人間関係を、自然と人間との関係行為である生産的労働を動的基軸として、二重化する共同体の自己形成なのであって、「市民」という近代人的疎外集団の関係性そのままではないのである。近未来的に到来すべきエコロジカルにしてアソシエーショナルな二重化関係を、人間主体によって自治関係化する高次の共同体社会は、必ずや「基本的人権」「ブルジョア民主主義」という市民社会の基本的遺産をその実質内容としてさらに活かしつづける、その意味で高次化された共同体社会となることであろう。

思えば、一時的・経過的な歴史的実在であった資本制商品・貨幣経済社会の有った人類文明史的意義も、そのような利益社会《ゲゼルシャフト》を潜ることによってはじめて、人類古来からの共同社会《ゲマインシャフト》を未来の共産主義《コミュニズム》へと招来したところにあるのであって、マルクスが近代資本制社会の批判的分析・叙述を理論的・方法的基軸として、人類史の再構想を史上最後の階級社会である資本制商品・貨幣経済社会の五世紀間にわたる興亡を大分割線として、前近代の多元的な共同体社会から、プロレタリア世界革命による資本主義打倒・変革を介在させた、後近代のアソシエーショナルにしてエコロジカルな共産主義共同体として、グローバルに再構想した所以のものである。

わたしは、今日到来しつつある資本主義の全般的危機のなかでの、ブルジョアジーの死の苦悶と臨界的病理の溢出による、深刻きわまる主体の危機の普遍化の底深さからの脱却の路を求めて、『〈主体〉の世界遍歴《ユリシーズ》――八千年の人類文明はどこへ行くか』全三巻（藤原書店刊、二〇〇五年）を上梓したばかりであるが、今日の底深い主体の大危機からわたしたちが脱出するためには、脱出できるためには、私見では、ごく近来のたかだか五百年間の資本主義を遡源するるのはおろかのこと、今日の西洋中心的世界の初源を成した古典古代ギリシアの理性（ヌース、ロゴス）中心文明以来の二千五百年間にわたる文明史を総括するのでも前へと跳ぶ助走路としてはまだなお足りないのであって、かつて地中海世界において、古代ギリシアのポリス国家の誕生に先行・先駆したミノア・ミュケーナイ文明の再精査・再総括にまで、遠く深く遡源しなければならなかったのである。

第二次世界大戦のこの戦後における真に画期的な歴史考古学的発見であった、エヴァンスによるクレタ島における線文字B文書の出土の発見は、歴史は文字の記録とともに始まるという公理に基づいて、ヘロドトス『歴史《ヒストリアイ》』による「歴史の発見」からさらに遡っての地中海世界史を発見・復原せしめたのである。

先にも詳述したごとくその大発見者エヴァンスは、独往的発見者にしばしばうかがわれる不幸な頑固主義によって自らのクレタ島線文字A・B文書の発見の先取特権に依拠しつづけながら、終生、ギリシア文化の発祥はクレタ文化の副次系的副産物にしかすぎないと主張しつづけたのであるが、その後、ヴェントリスクとチャドウィックによって線文字B文書が最終的に解読されてそれがギリシア文字による記述であることが判明して以来、ついに地中海世界のクレタ=ミュケーナイ文明（それは今日では周知のごとく、トロイ戦争によって完全に壊滅して、歴史舞台からその姿を消してしまったのであるが）と古典古代ギリシア・ポリス文明とを連続化せしめる接点が発見・解明されるにいたったのである。ここに、人類史の大道が連続化した文明史として据えられる大出発点が確認されるに到った、と言ってよい。

このようにして、わたしの前著『〈主体〉の世界遍歴《ユリシーズ》』があきらかにしているように、今日現出している歴史的根拠がそれなりに深くある現代資本主義世界システム下の主体の危機を自己克服するための、再生しつつある主体の共滅か、再建か、を賭した歴史的大跳躍で宙を前方へと跳び切るためには、地中海世界のミノア=ミュケーナイ文明の興亡以来の人類文明史の八千年を助走路として採って、自らの脚力によってその長大な助走路を全力疾走しぬいて、将来社会の希望へと向けて天翔ける以外には活路はありえないのである。これが、マルクス行者として全生涯のオルグ生活を活きたわたしの、身をもって獲得した今回の結論である。

そのような、ホップ・ステップ・ジャンプの歴史的大跳躍＝三段跳びのジャンプへの最後の踏み切り点は、資本制商品経済社会体系を一つの体系化せしめる資本の産業循環＝景気変動過程の最終カテゴライズとしての**恐慌の大爆発**以外のなにものでもない。本書が、右のような全文脈に即して読者に読みとられるならば、著者としては無上の喜びである。

地球上に生まれて来て久しい人類文明史は、二一世紀のいま・ここにいたって、アウシュヴィッツ、ヒロシマ以来の危機をさらに亢進させて、歴史的臨界点＝飽和点に達しているのであるが、その資本主義の臨界点を金輪際において示している経済現象が、本書の主題とする**恐慌**である。資本の無際限な価値増殖運動である産業循環＝景気変動過程を有限な循環過程として画する**恐慌の、周期的・暴力的な爆発**は、永遠に繰り返すがごとく、高次化的な螺旋状発展をつづけてゆく資本制社会の反復してやまない規則、つまり経済法則（価値法則）の基準であるとともに、その通過儀礼の度毎にかならず現われる生産者大衆の資本主義打倒をめざす能動的行動を解き放つ現実的契機を提起する。それは、人間の歴史のダイナミズムを力動させる自律的なリズムにほかならない。

この一面の主体の能動性の解き放ちが、しばしば不発と空振りのままに、主体の危機をどん底にまで深刻化しているだけに、他面での過剰な資本の解き放ちによる、資本家社会の高次化のみが進展しているために、過飽和状態になった高度消費・情報文明社会の自己頽廃がとめどなく亢進して、今日のグローバルな人類史的危機を現出させつつあるのである。

資本の過多《プルセラ》に深く由来して、利子生み資本と信用制度の最高度の発動によって、利潤率の傾向的低下の亢進と利子率の異常高騰の亢進との大衝突を直接的契機として**大爆発をとげる恐慌**は、飽和点を越え出た資本制商品経済の富の過多=豊富化がもたらす爆発現象であって、けっして絶対的貧困化などの所産ではありえない。

現代資本主義の形態的特徴に即していうならば、それは、高度消費社会=高度情報化社会の呈示する社会的・経済的・文化的変異現象であって、そのようなものとして、次なる〈もう一つの世界〉の切迫を促しているシグナルなのである。そのシグナルがもたらしている象徴的意味を、今日のわたしたちは、そのような〈もう一つの世界〉をこの地上にもたらす主体的構想力を、わたしたち自身が創発できないならば、人類文明史はここに自己破産としての地球を巻き込んでの共滅をとげざるをえないものとして、深刻に受け留め、解読しなければならない。

そのような主体的構想力の再生の原基であるマルクス主義とは、元来、**一八四七年恐慌の襲来**にともなった一八四八年ヨーロッパ世界革命に際して誕生した〈**恐慌=革命**〉学説に深く根拠づけられたものであった。それは、近代世界をヨーロッパ中心的に構成したイギリスの産業革命=フランスの政治革命=ドイツの意識革命の三位一体に即して言うならば、批判哲学体系であったドイツ観念論の集大成であるヘーゲル思弁哲学体系=絶対観念弁証法体系の終焉を劃した、ヘーゲル体系の四分五裂・七花八裂にともなって登場した〈青年ヘーゲル派〉の最左派に属したマルクス、エンゲルス、ルーゲ、ヘス等の共産主義的立場性への移行を、原動力として形成された、新しいプロレタリア世界革命の時代の主体的構想力にほかならなかった。

そのような、一九世紀中葉における最先進的なイギリス資本主義の「純化傾向」をモデルとして方法的抽象によって得られたマルクスの経済学原理論は、**恐慌を最終範疇**とする『資本論』弁証法体系として結実し、近代市民《ブルジョア》社会の経済的運動法則を解明するとともに、それを理論方法的基軸として、恐慌のないこと、恐慌によって画されないことを陰画的な特性とする前近代《プレ・モダン》・後近代《ポスト・モダン》の共同体の歴史的諸社会をも唯物論的歴史把握の対象領域としてあぶり出すことを、学知的に可能ならしめた。そのようなもろもろの共同体社会の経済的実態は、聖なる宗教的社会として価値編成されている共同体に即して、共同体と共同体との間に発生した商品交換の発生史的由来を受け継ぐ、歴史的実在社会の周縁部ならびに内部間隙部に存立し歴史的に増殖傾向をたどってゆく（その限り共同体社会そのものを内部的に分解せしめてゆく）商品生産・流通経済とアマルガムした、国家政治権力と経済とが複合的に相互浸透・混淆・癒着する、贈与、互酬、再分配、無縁、寄進、慈悲、勧進、喜捨等々の体制として大括化される歴史的体制にほかならない。

一九世紀中葉のイギリス的世界に即して検出された〈**恐慌-革命**〉のマルクス「階級闘争学説」は、一八四八年革命の「敗北の年代記」に基づいてなされた、ボナパルティズム制覇下の〈反動の時代〉におけるマルクス＝エンゲルスの自己総括によって、プロレタリアートの連続革命、プロレタリアート独裁、プロレタリア党の自立化、という三命題の創発に集約されたが、共産主義者同盟の解散によって劃された〈反動の時代〉における、「**恐慌の再襲来**とともに革命の再生もまた必至である」としたマルクスの〈**恐慌-革命**〉連関型把握は、一九世紀を見舞った**五度目の恐慌である一八六八年恐慌がロンドンの信用恐慌**へと絶頂化することなく、ドイツ、アメリカへの世界恐慌の波及として拡散していった、**恐慌の十年毎の周期性の喪失**をともなったいわゆる**「恐慌の変容」**とともに、誰よりもマルクス自身が最も先駆的に感知していた資本主義の変容——それはまもなく「世界大不況」として**農業恐慌の慢性化**を軸として長期化し、「世界大不況」として発現し、やがて一九世紀末葉には、資本主義の旧大陸のイギリスを基軸国とする産業資本基軸の自由主義的世界編成から、新大陸のアメリカを新たな基軸国とする独占資本・金融資本基軸の帝国主義的世界編成への世界史的移行として、その巨姿を世界舞台に現わすこととなった——にともなって、六七年恐慌の勃発・離散に先立って、ヨーロッパ資本主義体制を地殻変動させた普仏戦争の勃発、ビスマルキスムスのプロシアとボナパルティスムのフランスとの一大決戦における前者の軍事的勝利と後者の軍事的敗北、セダンの一戦によるナポレオン三世の捕虜化、それにともなうボナパルティズムの瓦解、フランス第三共和制の出現と「史上最初のプロレタリアート独裁」としてのパリ・コミューンの出現との二重権力的対峙、ビスマルク・プロシア軍の占領とティエール共和国軍の支配のもとに六十日余の自己権力を死守したパリ・コミューンの流血裡の敗北……といった、めまぐるしい軍事的・政治的激動が、一九世紀末葉へとさしかかるヨーロッパ資本主義世界をゆるがしたのであった。マルクスの階級闘争学説における〈**恐慌‐革命**〉連関型から〈**戦争‐革命**〉連関型へのこの推転は、ヨーロッパ世界資本主義の戦争的・政治的激動によって必至となったのである。

一九世紀の〈世紀末《ファン・ド・シェークル》〉における産業資本基軸の自由主義的ないしは自由貿易帝国主義的な世界編成から、鉄鋼業・重化学工業における固定資本の巨大化を株式会社形態による銀行発券の社会的資金の調達によってまかなう独占資本・金融資本基軸の帝国主義的な世界編成への世界史的移行は、新たな二〇世紀の初頭において、レーニンの『帝国主義論』の先見的分析のごとく、帝国主義世界戦争としての第一次世界大戦の不可避的爆発をもたらし、この〈**恐慌‐革命**〉型と〈**戦争‐革命**〉型の全世界的規模における合流・重合は、第一次世界大戦が米・英・仏主導の連合国による独・墺主導の同盟国に対する征圧へと帰趨してゆくなかで、ヴェルサイユ講和体制へと帰結するとともに、一方では、社会民主主義＝第二インターナショナルの全世界的破産のなかで、第一次大戦の主要な副産物として、レーニン主義（コミンテルン＝第三インターナショナル）による一九一七年のソヴエト・ロシア革命の勝利、ソヴエト権力の制覇をもたらすにいたった。このようにして二〇世紀の時代は、全世界的規模における〈戦争と革命の時代〉として、現代史的時代規定によって歴史了解されることとなったのである。

一八四七年に爆発したイギリス商業恐慌に先行されて、一八四八年に勃発したヨーロッパ世界革命に身を挺して、『共産主義宣言』を発して以来急発展をとげたマルクスの階級闘争学説は、〈**恐慌と革命**〉**の学説**と集約されて然るべき根本性格を有つものであるが、「敗北の年代記」としてかれ自身が確認した一八四八年革命（フランス二月革命とドイツ三月革命）の敗北によって、自らが創設のイニシアティヴをとった「共産主義者同盟」そのものの解体（「ケルン共産党」の自己解放）に追い込まれた以後のマルクスは、**一八四七年恐慌の退潮**とともにやってきたヨーロッパ資本制商品経済の好況への再転化にもかかわらず、いぜんとして〝革命の継続〟を観念的・自己陶酔的に呼号しつづけるシャッパー＝モルらの極左主義的妄動者に対して、厳しい分派闘争をたたかいながら、**恐慌の消滅**と革命の敗北についてのリアルな確認の上に、四八年革命敗北以後のいわゆる〈反動の時代〉、すなわち、ボナパルティズムの制覇の時代の到来下に、さしあたりは、四八年革命の敗北の教訓を革命論として自己総括すべきであるとした。その自己批判的総括の深化は、周知のように、（1）連続《パーマネンツ》における革命、（2）プロレタリアート独裁、（3）小ブルジョア急進主義の民主党から自立したプロレタリアの党＝共産党の独立の組織化、の三点集約となった。そして、さらなる将来の展望としては、「新しい革命は、**新しい恐慌**につづいてのみ起こりうる。しかし革命はまた、**恐慌が確実**であるように確実である」（マルクス「評論」——マルクス＝エンゲルス全集・第七巻・所収）と断言した。これが、**恐慌と革命**の密接不可分な内的関係性についての、マルクス「階級闘争学説」の心髄にほかならない。

したがってまた、そのようなマルクスは、同じ時期に「中国とヨーロッパにおける革命」という、先進ヨーロッパの発展と後進中国の発展との相互関係に着目して、世界市場の形成とそれに基づく**恐慌の国際化**、すなわち、**〈世界恐慌〉の観点**から、次のように確言したのである——

「一八世紀のはじめ以来、ヨーロッパでは**商品恐慌と金融恐慌の先行**しない重要な革命は一つもなかった。このことは、一七八九年の革命（フランス大革命）についても同じようにあてはまることである。いかにも、わたしたちは、支配者とその臣民とのあいだ、国家と社会とのあいだ、および諸階級のあいだの紛争の、いよいよ恐るべき徴候を、日々見うけるばかりでなく、現存の諸列強相互の紛争は、剣を抜き、王侯の最後の議論 Ultima ratio（最後の手段としての「合理的」戦争）に、いまや訴えざるをえないほどの極点に、しだいに達しつつある。**商工業の全般的恐慌の結果**としてでなければ、戦争も革命も、全ヨーロッパにつかみあいを始めさせることは、とうていできないであろう」（マルクス＝エンゲルス全集・第九巻・所収）。

最先進のブルジョア国家社会であったイギリスに亡命の居を構えたマルクスが、その一九世紀後半期において、『資本論』体系の経済学原理的完成にいそしみながらも、たえず**恐慌到来**についての予測と予言に熱中したのも、右のような根本的な学説的視角に基づくものであった。これは〈**恐慌と革命**〉の世界史的理論であるマルクスの「階級闘争学説」にとって、当然至極のことであった。しかしながら、その**恐慌の到来**の具体的な時日の予測・予言としては、**一八五七年恐慌**においても、**一八六六年恐慌**においても、もちろんのこと、マルクスの目算は具体的にはみな外れた。その不的中を目して、プロレタリア革命の再来に期待するマルクスの熱望が、かれの厳密で科学的な理論を裏切って越えた証左とみなして、**恐慌の予想**などということは「ほとんど意味がない」とみなすたぐいの自称マルクス主義国家学者には、昔も今も事欠かない。

　そのような自称マルクス主義的賢者は、マルクス自身がエンゲルスに宛てて「君もよく知っているように、物価や、割引率や、そのほかいろいろなものの一年間の運動などが、上下動するジグザグ形で示されている表がある。ぼくはこれまでに何回も――**恐慌の分析**のために――不規則な曲線を成しているこの上下運動を計算しようと試みた。そして、そこから**恐慌の基本法則**を数学的に確定しようと思った（いまでも、十分に選りぬかれた材料をもってすることができれば、それは可能である、と思っている）。ムーアは、この問題はしばらくは解決することができない、と考えている。そして、ぼくも当分はそれを断念することを決めた」（一八七一年五月三一日付のマルクスのエンゲルス宛手紙）と明言していることを、忘れてしまっているのである。**恐慌の到来**する期日の目測は、科学的理論としては当然蓋然的なものでしかありえないのである。それがマルクスのさしあたりの結論であった。

　そうした、きわめてそそっかしい自称マルクス主義国家学者が、早のみにとんでもない誤認をしているのとちがって、右のマルクスの「断念」の明言は、かれが「**恐慌の周期的爆発**」が、一九世紀のヴィクトリアン・エイジの歴史的条件、すなわち資本主義の自由主義的世界編成下においては「ほぼ十年周期」をもって規則的に勃発する、という

「恐慌の基本法則」の確定を斥けるようなものでは、まったくないのである。

それは、そのような周期的恐慌の到来（マルクスが生きた一九世紀の具体的時代においては、それはマルクスが確定して予測していたように、五度勃発・循環したのである）の何月何日といったたぐいの「数学的に正確な日取り」として確定することなどは、不規則なジグザグ形の上下運動曲線の総和として近代市民社会における「恐慌の基本法則」が発現してくるものである以上、そのような予測はナンセンスなものとして「ぼくも断念することに決めた」ということなのである。

ましてや、マルクスがきわめて具体的な一八六八年ロンドン信用恐慌の襲来において、だれよりも敏感に先駆的に確認したところによるならば、諸国へ波及しながらもかんじんな火元のイギリスにおいては消失してしまった信用恐慌といった奇瑞現象の発生は、一九世紀末葉の「世界大不況」へと転移してゆく具象的な資本主義の恐慌現象の周期性がすでに変容を来たして、従前来の「ほぼ十年前後」という古典的規則性を喪失したことを告げている、近代史上に始めての奇瑞現象の到来にほかならなかったのである。

このような画期的新現象を、何人にも先がけてマルクスが感知できたということは、それだけでも、かれの厳密な理論的把握力がいかに卓越していたかの一証左にほかならない。しかし、そのような資本主義の形態変化（それはマルクスの死後、産業資本的蓄積様式から金融・独占資本的蓄積様式への転化として、資本主義の自由主義的世界編成から、一九世紀末葉の農業恐慌の長期慢性化とそれに基づく「世界大不況」の長期停滞化）を介して、資本主義の帝国主義的世界編成へと転化してゆく、そのような資本主義の歴史的形態の世界史的転化は、マルクス死後の後代のレーニンの現状分析に即していえば、世界帝国主義世界戦争の大爆発としての第一次世界大戦へと導かれていったのである。

この歴史的転化過程の「媒介」にほかならなかった「世界大不況」についても、マルクスが一八六八年恐慌の変異から結論を曳き出していた、当時、綿工業基軸の産業資本主義型の副古典的恐慌のほぼ十年前後の周期性の変化は、軸として重合しつつあった鉄工業における「固定資本の巨大化」を物質的基礎として、**「変容する恐慌」**の周期は独占資本における巨大化した固定資本の既存価値の完全破壊・完全清掃が不可能になったがゆえに、周期としては十年以上に長びく傾向性にある、というマルクスの**最後の恐慌についての予見・予測**によって、ピタリと言い当てられていたのである。

このような厳然たる経済事象のマルクス的分析にまったく目を向けることなく、「マルクスには、**恐慌の一般的な法則・理論**を構成する学的・原理的作業と、それを前提とし、また再確認〔再把握〕するために、**個別歴史社会の特定の恐慌**を追究し、解析する学的適用作業とが、方法的に区別されていない。というより、前者のために後者の作業に取り組んでいるなかで、思わず**個々の恐慌**の「正確な日取り」の〈数学的な確定〉、つまりは予測・予言が、可能であるかの錯覚に陥ったのかもしれない。いずれにせよ、近代経済学者ならともかく、生涯徹底したヘーゲル論理学徒であった、マルクスらしからぬ、錯誤と失態というほかない」（滝村隆一『国家論大綱』第一巻上・勁草書房刊、二〇〇三年）といったたぐいの没理論的ナンセンスを、したり顔に、しかもいかにも俚耳に媚びたデマゴギーに訴えて情緒的に語る自称「マルクス以上のマルクス主義者」は、かれマルクスが『資本論』弁証法体系（それはいかにもかれマルクスが「生涯徹底してヘーゲル論理学徒であった」ことを自証した、いかにもマルクスらしい学的大労作であった）において基本的に明確に概念化した、近代市民社会の経済的運動法則、すなわち価値法則が、「物象化法則」として、根底的・究極的に**恐慌現象の規則性**によって法則化されていることについて、まったく一知半解の低水準にあって、ひとり悦に入っているのである。それが何より証拠には、この自称マルクス主義国家学者の厖大な〈国家論大綱〉には、個々の有用・有益な展開にもかかわらず、その「マルクス主義的」国家論を動態化する**恐慌のキョの字**もなく、そのためにただただ静態《スタチック》的な形式主義的体系にどこまでいってもトートロジー化してしまっているのである。それは、動態的法則性を全く欠如した国家論大綱でしかないのである。

このような現代史了解が、それ以後のアメリカ基軸の世界資本主義の包囲下に孤立したソヴエト連邦権力の、レーニン死後におけるスターリン主義的変質、第二次世界大戦後における米ソ冷戦、それらの歴史的経過の紆余曲折を通して、その最終的帰結として、スターリン主義的な「一国社会主義」のアマルガムとしての「社会主義世界体制」なるものの世界史的瓦解（一九九一年の劇的大転回）として、〈戦争と革命の時代〉としての現代史そのものの終焉へといたったのである。

その以後は、単一世界市場化したドル・核帝国主導のグローバルな現代資本主義世界システム化における、ブッシュ米共和党大統領が「二一世紀型戦争」として発動しているイラク戦争の泥沼化と、それと次第に重合・合流してきつつある**〈恐慌の今日的変容〉現象**としての資本主義世界のそこ・ここに絶えず転移しながら瀕発してきているドル危機の発現となってあらわれてきていることは、何人も目撃しつつあるところである。今日の〈**恐慌論**〉によって確言しうることは、このようなイラク戦争の「戦費」問題を介在させて、「赤字財政」「原油高」「赤字国債乱発」問題を軸として、重合・合流しつつあるドル危機の近未来的な全面的爆発は、今日の国際通貨システムである〈ドル本位変動相場制〉そのものの世界史的崩壊をもたらすことであろう。

このような近未来的展望は、人類文明史的臨界域においてすでに「フェイル・セイフ」の一線を越えつつある暴走的資本主義が、人類史の転形か、人類の共滅か、を賭けて、次の全球的な歴史的大変動へと促進されていることを意味している。本書の〈**恐慌論**〉が、そのような〈いま・ここ〉における「もう一つの世界」への人類史の転形をめざす主体的構想力の再生・創発に資するものとなるならば、著者としての本懐これに過ぐるものはない。ダメ詰まりの局面は、一局の棋盤そのものを取り換えて一新してしまう以外には、打開の方途はもはやありえないのである。

3　一九世紀中葉の「ヴィクトリア朝時代」における産業資本的蓄積様式基軸の自由主義的世界編成とその後の資本主義の世界的発展を踏まえて

一九世紀中葉の「ヴィクトリア朝時代」における、産業資本的蓄積様式を基軸とする自由主義的ないしは自由貿易帝国主義的な世界編成における歴史的資本主義像を、当時のイギリス中心の資本主義の商品経済発展の歴史的実在の運動が有っていた「抽象力」に依拠して、それを表象的に反映した観念的抽象によって（だからその抽象像は「普遍的」なイデー性を獲得することとなる）いわゆる〈純粋資本主義〉をモデル化する場合、そこでは、国内的には、「安上りの政府《チープ・ガヴァメント》」としてイギリス国家権力が統治機構としてミニマム化して、契約社会における自由な商品交換と商品流通を私人的自由による契約ならびに契約履行の保障＝裏打ちをおこなう「夜警的」機能へと縮小化・無化することになるが、当然すぎることながら、それは、世界史的な資本の自由主義的世界編成に属している、非イギリス的な数多くの各国の国家権力＝統治機構に普遍的に現出するものでは全くなくて、ひとり、当時におけるヘゲモニー国家＝基軸国家であるイギリス一国にのみ独占的に現出した、その意味では民族国家的特性＝特異性であることを、先ずもって確認しておかなければならない。

このような一種の逆説的歴史状況を、逆に裏から言うならば、「イギリス純粋資本主義モデル」を準則化した自由主義的普遍性とは、或る種の普遍性強制の産物なのであり、その強制力とは、かつてピューリタン革命＝クロンウェル革命の「鉄軍」の軍事力によって国王を斬首し、カソリック的アイルランドを農業植民地にしたごとき強力《ゲヴァルト》の強制力ではなく、また、一九世紀以後もふくめて「七つの海」にユニオン・ジャックの旗をなびかせて全世界の飛び地を植民地化した軍事的・征服的強制力ではなかったが、それはたとえば、イングランド銀行（中央銀行）とロンバート街（金融市場）を基軸として型制化された〈国際金本位制〉に見られるごとき経済的・金融的強制力にほかならなかったのである。

実際にも、その〈国際金本位制〉の力に依拠して、イギリス資本主義は、多角的貿易決済を自動調節的に現実化に調達することが十二分にできたのであって、その自動調節力の普遍化作用を通じて、宗主国イギリスを綿・鉄工業中心国として、爾余の周縁世界を、労働者とその家族用のパンと工業用の原料である羊毛・綿花を供給するモノカルチャー農業植民地とする、〈国際工農編成〉をグローバルに回転させることができたのである。それこそが、かつての〈パクス・ローマーナ〉のいわば隔世遺伝としての〈パクス・ブリタニカ〉の世界秩序形成にほかならなかった。

このような、〈パクス・ブリタニカ〉の基軸国として、単一の全ブルジョア的宇宙の造物主《デミュルゴス》としての中心を成す基軸国であるがゆえに、「純粋資本主義モデル」として普遍モデル化したイギリス資本主義の抽象化的イデー性は、その実態をリアルに見るならば、国内的に言っても、イギリスの農業問題も、食糧問題も、棉花や羊毛のごとき工業原料問題も、そしてまた、**一八二五年恐慌の発現以来**一九世紀において五回の規則正しい発現をみた**周期的恐慌の全面的・激発的・暴力的な爆発**にともなう「金」の移出入の問題等々のすべてを、捨象することによってはじめて、「純化」された形象を獲得することができたのである。

右のような実態を有った一九世紀のイギリス資本主義は、国際金本位制下に「貨幣としての貨幣」すなわち金属貨幣としての定在形態をつねに取る「世界貨幣」の問題をも、**ほぼ十年毎の恐慌の爆発期**に必ず発生した金のイギリスから海外への移出入の絶対的必要による金移動についても、一国=世界資本主義的な特異な構造を反映して、その理論モデルにおいても、国内の「最後の貸し手」であるイングランド銀行（中央銀行）発券部の発券保証の引き当てである中央銀行「金準備」の問題として、政治モデル化したばかりでなく、実際にも、その「準備金」を取り崩して、国内の下位・地方諸銀行に供給するという現実的配分過程をとって、そのような垂直的配分による立体的な銀行ネットワークを一元的にピラミッド型に形成することによって、イギリス資本主義経済を回転・駆動せしめながら、〈パクス・ブリタニカ〉秩序下の世界経済をも自由貿易帝国主義的に回転せしめていたのである。

これを、「経済学原理論」として理論命題化するならば、兌換制下のポンド信用制度にとって、イングランド銀行の金属準備が軸点を成すとともに、外国為替手形や外国為替相場の多角的・国際的決済として、恒常的にも、そしてとりわけ**恐慌時には急性的にも出動した金の内外移動**が、国際金本位制の国際的回転の軸点となっていた、とされるのである。

経済学原理論としては、このような「世界貨幣」としての「貨幣としての貨幣」の貨幣中枢機能は、「利子生み資本」「株式会社」「信用制度」といった『資本論』体系にあっては最終の第三部にいたってはじめて説かれうるようになるその事前において、すでに『資本論』第一部における商品→貨幣→資本への論理的上向、貨幣の資本への転化、貨幣資本―商品資本―生産資本の資本の「三形式」の社会的運動過程とともに説かれていなければならないからして、「単純な商品流通」に対応する社会的生産・流通過程としての資本の生産過程（『資本論』第一部）ならびに資本の流通過程（『資本論』第二部）の次元・範囲で、貨幣の価値尺度、購買手段、支払手段の諸機能を説き終わり、次いでその最終範疇としての「世界貨幣」＝「貨幣としての貨幣」を説き終わらなければならないことになる。原理的に貨幣論がそうであってみれば、〈宇野理論〉における宇野弘蔵『経済原論』のごとく、そのような「貨幣」の最終範疇を『原論』では説くことができないという「純化」論を取るならば、そのような『資本論』体系第一部・第二部の要目である〈貨幣〉論は、龍頭蛇尾ともいうべき不具な原理論へと転化してしまわざるをえないのである。

『資本論』第三部へと上向の極限にいたれば、その〈資本の総過程の諸姿容《ゲシュタルト》〉とは、マルクスが周到に形式論理学的綜合の習癖の持主に厳重注意を明示的に促しているように、資本の生産過程（『資本論』第一部）と資本の流通過程（『資本論』第二部）との合成＝総和ではないのであるからして、そのような資本主義の極限的上向による分化と形態化の次元においてこそ、単なるイデー的上向の論理的産物ではない、「あるがままの資本主義」の実態をそのまま・

まるごと反映して自己表現する「資本」範疇は、利子生み資本・株式会社・信用制度の発動のなかで、「貨幣」の機能範疇にしても、また前代の「商人資本」や「金貸資本」のような資本範疇にしても、産業資本のヘゲモニーのもとに「再定義」され、また一般利潤率の社会的成立を介して〈土地―地代〉から資本還元によって、商品としての土地の売買価格を一義的に計測・算定・確定するいわゆる「地代論の例解的挿入」を、資本制社会の〈三位一体範式〉化による物象化社会としての全面完成を規定する『資本論』第三部の編成序列における〈三位一体範式〉を規定している最終章の直前において、〈擬制資本〉のモデル範例をも「地代」という定期的収入《インカム》を規則的・恒常的にもたらす「資本」範疇として、確立するにいたるのである。

　したがって、一九世紀イギリス資本主義の商品経済的純化傾向に依拠した〈純粋資本主義モデル〉が、その実は、抽象・捨象の観念的操作を施された〝普遍制強制〟の一国＝世界の空間的仮説モデルであったように、利子生み資本―株式会社―信用制度の全商品経済運動の基軸的な運動展開も、商品から貨幣を経て資本の運動形態分化へと上向した円環化的な前後関係（それは当然、時間的仮説モデルである）によって、〈三位一体範式〉的な資本制商品経済社会の全社会的次元においてのみ自証される〈資本―貨幣―商品〉諸範疇以外のなにものでもありえないのである。

　この内外関係や前後関係に藉口して、「世界貨幣」概念や「世界市場」概念が〈経済学原理論〉としての『資本論』体系になじまないとして、自らの『経済原論』から排除・放逐・追放した〈宇野理論〉の所見は、『資本論』体系が一個円環化した「弁証法体系」であるものとして把えることができない難点《アポリア》から由来している、或る種の俗流的見解にしかすぎない。そのようなヘーゲル哲学もどきの観念的抽象性の思考によっては、『経済原論』から別建て・別扱い・別冊で『**恐慌論**』をものさなければならない羽目におちいるばかりか、「世界貨幣」概念・「世界市場」概念を放逐して（それは当然「**世界市場恐慌**」概念の全面放逐へと帰結せざるをえなかった）『経済原論』を「利潤の利子化」を最終範疇として〝純化〟した上で、その尻っ尾になお頑強に残ってしまった資本主義的〝不純〟をどういう経済学方法論的に処理したかは審らかではないが――マルクス自体としては、『経済学批判要綱《グルントリッセ》』段階のマルクスの〈経済学批判プラン大系〉の「後半」三要目の最終範疇であった〈世界市場と恐慌〉だけを生かして（いうまでもなく、「前半」三要目＝資本一般―土地所有―賃労働は、『資本論』体系へと全吸収して処理ずみであり、「後半」三要目の（1）ブルジョア国家による経済の総括―（2）国際貿易・国際経済としての経済の世界編成―（3）世界市場と恐慌は、（1）（2）の媒介項が「国民国家」であって経済学原理論には原理的・絶対的になじまないことが『資本論』マルクスには明確に自覚されて、〈プラン大系〉そのものが破棄されてしまった以上、残る要目は（3）の「世界市場と恐慌」ばかりになっていたのである。

したがって、〈恐慌論〉を『資本論』に散在するマルクスの恐慌についての基本的規定と〈恐慌〉を最終範疇とする『資本論』の弁証法体系化の基本的志向＝構想を何とか活かして、二〇世紀的現代における〈恐慌論〉の完成を期そうとする場合、宇野博士は、「世界市場恐慌」を完成するためには、「世界市場」「世界貨幣」概念は不可欠であるというのに、そのように「世界市場」「世界貨幣」概念を活用すれば〈宇野理論〉的「純粋資本主義モデル」の立場性から云えば、反「経済学原理論」的な〝不純な〟概念の、宇野『恐慌論』への全面浸透は不可避となる、それは何としても回避しなければならない、といった一種の論理上のフィルダース・チョイスにおちいり、このようにしてははなはだ遺憾なことに〈恐慌論〉の体系的理論構策はついに不可能と化してしまったのである。わたしがこのたまたまのことではありえない事態の発生をもって、〈宇野理論〉の最終的な理論的破産の悲劇として観じてきている所以である。

4　産業革命以後の周期的恐慌の根本性格

先進イギリスの大文字の産業革命 The Industrial Revolution の以後における、産業資本主義時代の最初の周期的恐慌の到来は、一八二五年恐慌の爆発であった。それ以降というもの、イギリスを中心とする産業資本的蓄積様式を基軸とする自由主義的世界編成の資本主義は、一八三六年、一八四七年、一八五七年、一八六六年と、およそほぼ十年前後の長さの周期をもって規則的に現われるようになった。資本主義を資本主義たらしめる、その基本矛盾の蓄積の暴力的爆発であるとともに、その滞留した矛盾を現実的に解決して、資本制経済を一層高次の産業循環軌道へと導いてゆく法則的動源として、周期的恐慌は巨大な機能を発揮してきたのである。

この周期的恐慌の「古典的実例」を提供したものは、マルクスによれば、一八四七年と一八五七年の両恐慌であった。一八四七年のイギリス商業恐慌の勃発は、周知のようにマルクス＝エンゲルスの共産主義者同盟の『共産主義宣言』が〈恐慌―革命〉理論の原型を確立した、一八四八年ヨーロッパ世界革命の勃発の引金となった恐慌にほかならない。「近代社会の経済的運動法則」を解明することを終生の『資本―経済学批判』体系の目標としたマルクスは、イギリス近代社会史のなかで、「一八四六～一八六六年の二十年間ほど、資本制的蓄積の研究にとって好都合な時期はない」と自ら目して、近代市民社会の生理的解明を孜々営々と進めるとともに、一八四八年・フランス二月革命・ドイツ三月革命の究極的敗北以後のボナパルティズム治下の〈反動の時代〉においても、「恐慌の再襲とともに革命の再来もまだ不可避である」という〈恐慌―革命〉論的確信を堅持して、次の恐慌の再襲を待望しつづけたのである。

しかしながら、待ちに待った一八五七年恐慌の到来は、革命的激動・擾乱をもたらすことなしに過ぎ去った。一八五七年恐慌勃発の最初の震源地は、今回は旧例通りのイギリス＝旧大陸ではなくて、新大陸＝アメリカであった。USAでは、一八五七年八月二四日に、有名な「オハイオ生命保険会社」の破産を契機に、パニックが発生した。オハイオ・カンパニーは、名称こそ「生命保険会社」となっているが、保険証書はまったく発行せず、専ら銀行から借り受けた資金を鉄道会社と鉄道建設に融資する一種のトンネル会社であった。その得意先のアメリカで、大陸横断鉄道ラッシュに沸いていた鉄道会社がパンクして、支払不能に陥ってしまったために、オハイオ会社もその煽りをくらって破産に追い込まれてしまったのである。そこから発生した**貨幣恐慌**がピークに達したのは、一八五七年一〇月中旬で、ニューヨーク市中の六十三の銀行のうち実に六十二行が、その煽りをくらって支払停止に陥った、という。

この**貨幣恐慌**は、直ちに大西洋を渡って飛び火し、ロンドン金融市場をもつイギリスでは、対アメリカ貿易に巨額の資本を焦げつかせた銀行や株式会社がまず倒産し、その次に、ヨーロッパ貿易やインド貿易に従事していた貿易社会にも倒産が波及した。倒産した巨大銀行のなかには、数百の支店をもつグラスゴーのウェスタン・バンク・オヴ・スコットランドやリヴァプールのリヴァプール・ボロウ・バンク等も含まれていた。これら地方銀行への「最後の貸し手」である中央銀行としてのイングランド銀行は、みるみるうちに金準備が減少してゆき、巨額・安全を誇っていたイングランド銀行の準備金は、**恐慌波及後**の一一月一二日には早くも、わずか五十八万ポンドへと激減してしまった。それに対応すべくこのわずかの期間に、イングランド銀行は公定歩合を五回も引き上げて、それは五・五%から一〇%へとほぼ倍弱に昂騰した。このイギリス銀行史上前代未聞の高公定歩合をもってしても、第一級の手形さえ割引くことができなくなってしまったのである。そのため、ピール条例も、一八四七年危機の時と同様、今度もまた停止された。前古未曾有の危機である。

一般に、**恐慌の中枢**は、先ず銀行の取付けに端を発するかのように見えるけれども、実はその前に、なぜ銀行取付けが発生してそのため銀行が倒産に追いこまれるか、という一歩手前のところの了解が重要である。右の**一八五七年のイギリス恐慌**が、先ずもって対アメリカの貿易取引を行っている会社で発生していること、銀行の手形割引を史上空前の高さに引き上げ、これに対処できなくなった会社・銀行が次々に倒産へと追いこまれ、関連諸企業に波及し、

恐慌が全面展開される、という経過をとっていることに注目する必要がある。
まことに、**マルクス〈恐慌論〉**がみごとに指摘しているように、「**恐慌が先ず現われ勃発する**のは、直接的消費に関係している小売業においてではなくて、卸売商業と、これに社会の貨幣資本を用足てる銀行業、との部面においてである」のである。マルクスの経済学原理論は「**恐慌の可能性**」について、第一に「購買と販売との分離」を挙げ、第二に「購買と支払との分離」を挙げ、この第二形態規定の方を「より深化した可能性」としたが、**現実の恐慌の展開の在り方**は、このようなマルクス的カテゴリー序列の現実化にほかならない形で進行したのである。したがって、**マルクス〈恐慌論〉**における「恐慌の可能性」のカテゴリー序列化は、単なる論理的展開のカテゴリー化としての形式化ではないのであって、それ自体が「**恐慌の現実性**」**としての直接的爆発**へと接近してゆく現実的過程の予測的分析として、これを読解しなければならないきわめて具体的な論理階梯であるのである。卸売業、したがって商業資本は産業資本の再生産過程の諸制限から或る程度独立して運動するが、この「外的独立性」が産業資本との「内的依存性」の枠を超えて強力に突き進むとき、ついに「**恐慌の可能性**」である「購買と支払との分離」が必然的に「**恐慌の現実性**」**として発現**せざるをえなくなるのである。

こうして、**恐慌**は**一八五七年恐慌**にみられるごとく、先ずもって卸売業に現われ、その相次ぐ倒産がそこに信用貸しをおこなっている商業銀行に集約されて、諸銀行の連鎖倒産へと波及し、ついには中央銀行＝イングランド銀行の史上前代未聞の公定歩合の高騰と、ピール条例の全面停止にまでゆきついたのである。

理論的問題として汎通化していうならば、『資本論』第二部第三篇のいわゆる〈再生産表式〉が、第三部「資本制生産の総過程の諸姿容《ゲシュタルト》」次元とどのように関連しているのか、という論題をめぐって、産業資本の運動から相対的に自立して「外的独立性」の運動を展開することをいかに位置づけるのか、という問題究明において、『経済学批判』ノート一七・一八の「貨幣の流通と再生産過程との関係」において記されていた「エピソード。資本主義的再生産における貨幣の還流運動」の提起の読解の問題がある。その「運動全体における商業資本」の箇所には――「次のような違った部類を考察してみよう。／部類Ⅰは生活手段を生産する。／部類Ⅱ、これはその生活手段のための不変資本とこの不変資本のための不変資本とを生産する。／部類Ⅲは、最初の二つの部類の間の運動をただ仲介するだけの商業資本と貨幣資本である」とある。右の「部類Ⅰ」「部類Ⅱ」は順序こそ前後しているが、マルクスの〈再生産表式〉で規定されている「Ⅰ生産手段生産部門」と「Ⅱ消費手段生産部門」の言い換えにすぎないものであるが、右に新たに出されている「部類Ⅲ」は、「生産手段生産部門」と「消費手段生産部門」をいわば全社会的に束ねる「商業資本と貨幣資本」の活動であって、それは両者の運動を「ただ仲介するだけ」と形容されているが、その実質的内容が〈再生産表式〉において諸資本の運動循環を総体として成り立たせている「商品資本」の循環運動を指すことは明らかである。したがって、この全社会的な商品経済の均衡諸条件を保証する「商品資本」の運動、すなわち「商業資本と貨幣資本」の特定の運動の把握が、決定的に重要なのである。そこへの発展において、商品資本の全社会的循環運動は、〈再生産表式〉における数字的形式性・抽象性の次元から自己脱皮して、さらに具象化して進展する現実的次元を獲得するのである。

新《ネオ》メガの原マルクスに即した読解・整理・編集の最前線に立っている大谷禎之介の「『資本論』第三部第一稿のMEGA版について――MEGA第二部・第四巻・第二分冊の付属資料を中心に」（『経済志林』六二巻二号、一九九四年九月）によれば、マルクスは第Ⅲ部草稿のために、「資本制的再生産における貨幣の還流運動」の内容に相当するような「章を書かなかったが、その基本的なものは第四章の中に取り入れられた」ともされているが（このような判断は「『一八六一～六三年草稿』の「貨幣の還流運動」の「内容」を念頭に置きながらなされたものであろうが、『還流運動』の『基本的なものが』（いいだ付加――果たして）第三部・第四章で論じられていると言いうるであろうか。むしろそれは、第七章のなかに吸収されることになったと見るべきではないであろうか」（傍点いいだ）と提起している）、これを要するに、商業資本論と「貨幣の還流運動」との関連は、いまだにマルクス理論にとって未決の課題なのである。

『資本論』第三部・第四章・草稿第四部の「商業資本論」において、マルクスは曰う――「その他に次のことが研究されなければならないであろう。第一に(略)。第二に、蓄積は商人資本の場合どのように現われるか? 第三に、商人資本は社会の現実的な(wirklich)総生産過程ではどのように機能するか?」と。

エンゲルス編現行版『資本論』第三部でははなはだ遺憾なことに無断省略されてしまっているが、マルクス原草稿では、右の「蓄積」と「現実的な」の部分にはマルクス自身によって下線《アンダーライン》が引かれてあり、特にマルクスが読者に注意を促しているのである。右の「社会の」は編者エンゲルスの補であるが、「現実的な総再生産過程」という術語に何か掛かるような意味を持ちうるのであろうか? 先の省略が遺憾であるのと同じく、この追補も遺憾なことである。エンゲルスにはこのマルクス的概念の意味がちゃんと分かっていないのである。

マルクスの第一六章「商品取引資本」草稿第四章には、つぎのごとくある――「商品取引資本は、それが商品資本の形態で存在する限り、そして存在している間は、明らかに――社会的総資本の再生産過程を考察すれば――産業資本のうち、まだ市場にあってその変態の過程を通りつつある、現に商品資本として存在し機能している部分以外のなにものでもない。したがって、いま資本の総再生産過程との関連で考察されるべきは、商人によって前貸される貨幣資本、もっぱら購買と販売だけに用いられ、それゆえけっして商品資本および貨幣資本の形態以外の形態を採らず、……つねに資本の流通部面に囲いこまれつづける貨幣資本――このような貨幣資本だけである」と(傍点いいだ)。マルクスが先に「現実的《ヴィルクリッヒ》な総再生産過程」としたのは、あきらかに産業資本＝再生産過程における「形態的な(formell)変態《メタモルフォーゼ》」と区別する意味であるのである。

産業資本、商業資本の双方にわたる資本の再生産過程の考察にさいして、マルクスが「現実的《ヴィルクリッヒ》な」側面と「形態的《フォルメル》な」側面との区別と関連を重要視していたことは、大谷禎之介の文献考証によって、『資本論』第三部草稿第四章以前に執筆され、その前提とされているとみられる第Ⅱ部初稿（第三章流通と再生産）において次のごとく記されているところを見れば、よく判る――「資本の総流通過程＝再生産過程のこれまでの考察では、わたしたちはこの過程が経過する諸契機あるいは諸局面を、ただ形態的に（formell）だけ考察してきた。これに対して今度わたしたちは、この経過が進行しうるための実体的な（real）諸条件を研究しなければならない。マルクス的術語において、「形態的formell」と〈対〉になっている「現実的 wirklich」「実体的 real」はキチンと対応しているのである」。

これを要するに、「流通過程的現実的《ヴィルクリッヒ》な再生産過程および蓄積過程として考察する」とは、「実体的《レアル》な再生産および流通過程は、ただただ多数の諸資本の、すなわち相異なる諸産業（trades）の諸資本に分裂している総資本の過程としてのみ把握されうる。したがって……実体的《レール》な再生産過程の考察方法が必要であるが、それはこの部の第三章で行なわれる」（傍点いいだ）ということにほかならないのである。

その第三章にはこうある――「貨幣流通（および貨幣資本としての形態にある資本）は、現実的《ヴィルクリッヒ》な再生産過程の考察から貨幣流通にとっての特殊的規定がこの過程の契機として生ずる場合に、ときおり考慮に入れられるが、……これより進んだ諸規定は、商人資本等々、ならびに剰余価値が分裂する相異なる特殊的諸範疇が考究された後に、第三部の最後の章ではじめて問題になる」と。

このようにして、現実的《ヴィルクリッヒ》な総生産過程のなかに位置づけて、「貨幣資本の形態にある資本」すなわち貨幣流通が「特殊的規定」として総過程の一契機として位置づけられる、というマルクスの理論的布置の構想が判明するが、その位置づけの総仕上げは、かれによって、『資本論』体系を総仕上げする第三部の最終章すなわち「三位一体範式」による物象化社会としての近代市民社会の完成――言葉を換えていえば収入《インカム》範疇に諸階級が溶解されて「市民」諸個人として立ち現われる最終シーンにおいて「はじめて問題となる」とされているのである。ともかく、ここまでマルクスは、「商業資本論」とそこにおける鍵概念としての「貨幣の還流運動」との関係の問題を、体系的考察の重要な一環節として煮つめた。あとその問題――というよりは、位置づけの具体的在り方を解くのは、後生のわたしたちに委ねられていると考えなければならないのである。

中期マルクスの『経済学批判要綱』ノート一七〜一八「貨幣の流通と再生産過程との関係」に所記された「エピソード」。資本制的再生産における貨幣の還流運動」においては、「生産資本家と小売商人と労働者との間の流通」と「運動全体における商業資本」の箇所で、つぎのように記されている――「貨幣は、労賃として、資本家によって労働者に支払われる。労働者は、この貨幣を流通手段として支出し（いいだ注――つまり、労賃によって消費生活資料を買い戻して）それによって諸商品を小売商人から買う。小売商人は、その貨幣でかれの在庫を資本家の下で補填する」と。こうして、同一の貨幣が、資本家→労働者→小売商人→資本家と循環流通して、出発点に貨幣還流するのである。

そして、この貨幣還流運動において、その過程に登場する貨幣は「三つのすべての過程で流通手段として」機能すること、さらに同じ貨幣が、資本家にとっては「資本の単なる形態転換として」、労働者にとっては「所得として」、小売商人にとっては「資本プラス所得」として、機能することが、指摘される。そして、商品流通の貨幣量的観点からは、「食料雑貨商（労働と取引をする者――いいだ注「小売商人」）が、流通の中に投じるよりも多くの貨幣を絶えずそこから引き出すためには、労働者の賃金を支払うのに十分な貨幣が流通しているということの他には、何も必要としない」のである。

なおここでは、「わたしたちがここで価値と言うのは生産価格の代わりである」とされ、その理由として「わたしたちはここで資本全体を問題にしているのであり、どの特殊的な部面も総資本の部分としてだけ考察しているからである」と述べられている。これは、商業資本が媒介する場合には、商業資本への産業資本からの「利潤」の分与が必ずつきまとうので、ここで「生産価格」の問題が本来であれば関連してこざるをえないことが、念頭に置かれているのである。言い換えるならば、資本全体を問題にしている現実的な総過程の考察においては、そのため、価値＝生産価格という作業仮説を立てて「転形論」を導入しないで、「理想的平均」状態にある総資本の運動過程として――貨幣の還流運動によって動因づけられる商業資本の「外的独立性」の運動のような特殊的な部面がそうした総資本の運動の一部分として――考察するために、産業資本の基礎的運動については、資本構成が社会的総資本の平均構成に等しくないような、資本の価値と生産価格との「乖離」は、一先ず問題外として、理論構成的にいわば静態的《スタティック》に・形態的《フォルメル》に処理しているのである。

以上のような〈エピソード〉における、「一つの事例」としてマルクスが提示した「小売商人」についての考察部分から読み取れる「商業資本」の特異な運動に関する論点は、次の四点となる――

（1）商業資本の運動と、それを背後・土台で規制する現実的な《ヴィルクリッヒ＝レアル》「再生産過程の総循環」との関連が、明らかにされなければならないこと。

（2）商業資本の運動をふくむ貨幣の還流運動に関する基本法則を把握するためでは、同一規模でのくりかえしの場合の商業資本の運動を想定して――全体的に産業資本の単純再生産ではない拡大再生産を再生産表式を発展させて全社会的に考察しなければならないが、その場合でも、その総資本の運動の一部である「商業資本」の「特殊的運動形態」においては、単純再生産の「同一規模でのくりかえしの場合」が想定しうる――これを考察する必要があること。

（3）商業資本のその特定な運動については、商品買取資本と、それとは区別される「流通費」部分の考察――それはもちろんのこと総資本にとっての「冗費」である「流通費」をゼロに近づけるための努力であり、そのために適切な諸形態の創出であるが、それは「マイナスのマイナス」節約努力ではありえても、商業資本存立の根拠である「流通費」そのものをゼロ化することは絶対にできない――が必要であること。

（4）商業資本が媒介する場合には、商業資本による商業利潤の獲得が不可欠の要因・条件として設定されえなければならないので、『資本論』第三部の主要課題である生産価値・一般的利潤率の問題を商業資本との関連でも何らかの形でクリアすることが必要となること。

これらの諸点は、『資本論』第二部の「資本の回転」の基礎動力を得るためには、「商業資本の回転」の問題や「流通貨幣量」の問題にもフィード・バックしてその解決形態を見出さなければならないが、それよりも何よりも、(4)の論点との関連で、これらの諸論点の解決を、先に述べた「理想的平均」状態の価値＝生産価格という「作業仮説」に基づく「静態的・形態的」処理を、最終的にはとっぱらってしまって、ありのまま、第三部の現実的な総過程運動のなかで動態的・現実的にこれを解決する理論構成を首尾一貫してうちたてなければならない。それがマルクスの要請する「運動全体における商業資本」の定式化の充足条件である。

〈エピソード〉項は、マルクス自身によれば、「けっして、商業資本の叙述における中断を示すものではなく、商業資本の特殊な諸問題の一つの包括的かつ詳細な分析である」(傍点いいだ)。〈エピソード〉の内容は、以下の四つの叙述順序によって構成されている。

(1)「生産資本家と小売商人と労働者との間の流通」

(2) 剰余価値の貨幣化

(3)「再生産における貨幣の還流運動」

(4)「1) 蓄積、とくに貨幣との関連で。／2) 諸運動の同時性。／3) 金銀生産者。／4) 運動全体における商業資本」。

このような〈エピソード〉の問題構成の総体を、今日のわたしたちは、マルクスの問題解決の構想・指示にしたがって、『資本論』体系の最終範疇である〈三位一体範式〉的完成のなかにその緊急・必要な一部分＝一環節として位置づけるなかで、理論概念的に解決していかなければならない。

「一八六一〜六三年草稿」では、商業資本論と「貨幣の還流」論とは、それぞれに論理次元を異にするものとして区分されており、したがってまた、「貨幣の還流運動」の商業資本に関連する諸論点は、商業資本論を前提としてそれとは関連はするが、異なる諸論点の展開が必要であるとされていたのであるが、マルクスの〈エピソード〉の問題解決構想が四論点にわたって提示された以上は、『資本論』段階においても、その第三部・第四章草稿の「商業資本論」の叙述の後に、それを踏まえ、それを基礎・前提として、同一の論理次元においてそれらの諸論点を展開し、理論概念的に解決することが必要とされる。そうであってみれば、商業資本の運動とそれを背後・土台で規制する現実的な「再生産過程の総循環」との関連という枢要点は、『資本論』第二部・第二稿・第三章以降での「再生産表式」と「貨幣還流の法則」の展開を前提として、それを展開させて理論概念的に解決してゆかなければならない、ということになる。

5　マルクス〈恐慌論〉の法則的基準を確立せしめた周期的恐慌とその歴史的変容

さてここでまた、産業資本主義時代の、**一八四七年恐慌**の次に到来した**典型的な周期的世界恐慌**であった**一八五七年恐慌の問題**に立ち戻れば、革命的激動・擾乱をもたらさずに一過した**この激甚な世界市場恐慌**は、革命家としてのマルクスの待望を裏切る結果となったが（当時の歴史的条件下にあって、一八五七年の新たな火元であるアメリカにおいて革命運動が励起しなかったことは、何人にとっても致し方ないことであった）、比類ない客観的分析精神の持主であるマルクスは、その恐慌期をも初動局面としてふくむ一八五六〜一八六六年の十年間の景気循環＝景気変動について、それを「生産の巨人的発展」として**恐慌後の資本主義的新時代**を把握したのである。

〈パクス・ブリタニカ〉の国際金本位制のもとで、ついにヨーロッパ宗主国工業―モノカルチャー植民地農業の特異な国際工農編成を多角的に決済機構を通して「自動調節」するブルジョア的世界機構を創り出した資本主義世界においては、一八二〇〜七〇年の半世紀間で圧倒的にレヴェル・アップした世界貿易の実に七割以上を、ヨーロッパ中枢経済が占める盛況を現出することになった。イギリス産業資本の綿工業と鉄道業が、このような世界的活況を牽引することとなった具体的な産業構造のなかで、右の国際貿易の主軸は、当然、棉花の占める割合が断然高かったが、これらの原棉はいうまでもなく、アメリカ合州国のディープ・サウスの奴隷制棉花プランテーション、エンプトのライヤット隷農棉花農園、インドの隷民棉花農園の産出物の輸入品であった。この原料貿易へのイギリスからの引当ては、ランカシャー綿工産が大量加工生産した綿布・綿糸そのものであったのである。

これが「世界の工場」イギリスを基軸として全世界的に形成された「自由貿易の至福千年王国」の具象的実相にほかならない。そのような「至福千年王国」を周期的に見舞うほぼ十年毎の**世界市場恐慌の「主導的商品」**は、主軸としての綿工業製品であり、副軸としての鉄工業製品であったが、後者は後者として「鉄道建設」として世界的に展開され、そのようなものとしてまもなく**世界恐慌**の新たな爆発源となっていったのである。線状の鉄道建設であるからして、それを発火源とする**世界恐慌の爆発**は、ますますマルクスの待望する革命行動の励起にはつながりにくくなってゆく。

マルクスは、「自由貿易の至福千年王国」を見舞ってそれを震撼させながらも露程してくる**恐慌現象の性格**を、経済学原理論においてその周期性・全般性・激発性として規定した。このような**マルクスの「恐慌」規定の優越性**は、**一八二五年恐慌から一八五七年恐慌**へといたる自由主義的世界編成下の周期的恐慌の分析に理論的威力を示すとともに、自由主義以前の**恐慌現象**の理解についても、そうした「基準」による対照に基づいて、その前期的性格を浮かび上がらせることができた。

このような**マルクス〈恐慌論〉**の基準が定立されるためには、**恐慌の「抽象的可能性」「物質的基礎」「必然性」**

「現実性」と上向的・累重的分析を進めたマルクス『資本論』体系に即してみて、その十年毎という「周期」の具体性を特定しなければならない根拠を、固定資本＝不変資本の「回転」の具体的解明に求め、その「全般性」の根拠を〈パクス・ブリタニカ〉の国際金本位制下の工農国際編成による「世界市場」の創出・形成に求め、その「激発性」のバネを最終的には「信用論」の完成による金融逼迫期において産業循環上亢進してゆく一般的利潤率の傾向的低下と利潤率の高騰との激突に求めた、と整理・整序して言うことができる。

こうして理論構成された基準から見返してみるならば、**自由主義以前の資本主義的諸恐慌**の非周期的性格、多発的・散発的性格、部分的性格は、浮彫り的に鮮やかな対比をもって浮かび上ってくる――

一七世紀ヨーロッパにおいて勃発した最も代表的な恐慌としては、まず第一に、一六三四～三七年のオランダにおけるいわゆる**「チューリップ恐慌」**の解明からはじめなければならないが、当時全オランダを上から下まで支配したチューリップ投機の瓦解は、約三年間オランダを激烈なパニックの底に沈め、そのとばっちりは、ロンドンやパリにも飛び火したとされるが、基本的には、そのそれなりに激発波及した恐慌の本来の範囲は、オランダ一国のものであったのである。

次は、一八世紀初頭のフランスで勃発したいわゆる「ジョン・ローの株式投機」の瓦落（一七一九～二〇年）である。当時「制度《システーム》」と一口に呼ばれたジョン・ロー「王立銀行《バンク・ロイヤル》」総裁の「特許会社」――ミシシッピー流域のフランス植民地開発のための「西洋会社 Compagnie d'Occident」＝「ミシシッピー制度《システーム》」は、やがて「東インド会社」と「シナ会社」をも合併して「インド会社 Compagnie des Indes」と改称し、アメリカ、アフリカ、アジアの貿易、すなわち当時のフランスの全植民地貿易を独占することになった。ローの「インド会社」は、貿易独占の利潤を獲得したばかりでなく、フランス王室のすべての収入（徴税・地代）の取立ならびに管理をもその手中に収めていた。

折柄、ルイジアナにおける金鉱発見が伝えられ、「インド会社」の株価はまたたく間に大暴騰して、バンドーム広場に在るジョン・ローの家の前には、まだ戸口が開かれない早朝から、数百人ものパリシャンが人垣・行列をつくったと言われる。当時のパリは、まだアムステルダムやロンドンのように証券取引所をもっていなかったので、株式の売買はこの会社の本拠であるカンカムポア街で行なわれたのであるが、マックス・ヴィルトの証言によれば――

「(インド会社の)株式申込期間中、会社の事務所前の喧騒は実に最も恐るべきものであった。そこでの人ごみぶりはたいへんなもので、毎日、大勢の人間が押しつぶされて死んだ。この通りにやってくる住民のあらゆる階級からなる人びとの群れは、数えきれないほどで、会社と隣り合っていた家々の小さな空地は、どこであろうと高値をよび、その空地の所有者は一躍大金持になった。辻待人足でさえも、自分の背中を申込書書き込み用の机がわりに貸してやることで、一財産作ったのである」。

こうしたブームのなかで、全フランスが狂騒と興奮のうちに「インド会社」株の投機が展開されたが、この取引を容易にするために、ジョン・ロー「王立銀行」総裁お手盛りの紙幣発行高がウナギ上りに増発された。一七一九年六月には一億六千ルーブルであった紙幣流通総額は、わずか半年後の十二月には実に一〇億ルーブルにまで達した。ローの会社自体、もはや植民地貿易そのものよりも、株式投機の方に全力をあげるようになった。このような狂熱のブームの頂点のなかで、**恐慌的危機**はまさに近づきつつあったのである。

「インド会社」のブーム株は、一七二〇年の一月下旬、ジョン・ローがフランス財政の最高責任者である「財務総監」に就任して以来、わずか二週間もたたないうちに、下落へと転じはじめたのである。いまや、株の所有者は、真の価値あるものの方つまり金正貨の方へと向かい、黒山のような群衆が正貨での償還を求めて、毎日、銀行へつめかけた。この事態を前にして、ジョン・ロー財務総監は、正貨の使用を全面的に停止しようと考えたが、時すでに遅かった。銀行券と「インド会社」株の相場は、つるべ落しに低落し、ついに一七二〇年一〇月一〇日、ローのあらゆる努力にもかかわらず、「王立銀行」は破産し、銀行券は全面的に流通を停止させられた。「インド会社」株は、わずか十ヵ月の間に、一八、〇〇〇ルーブルから実に四〇ルーブルにまで下落したのであった。

フランスにおけるジョン・ローの「制度《システーム》」は、こうして終焉したのであるが、この大騒動も、ヨーロッパ全体から見れば——さらに広い世界から見ればなおのこと——フランスという「片田舎」の一エピソードたるにすぎなかった。対岸のイギリスはイギリスで、「南海泡沫《ザ・サウス・シー・バブル》」**恐慌の勃発**でてんやわんやの情況であったのであったが、この**双つの恐慌**の間には何のつながりも関係もなかった。この双つの**フランスとイギリスの恐慌**は、まさに**同期性勃発の激烈な恐慌**であっただけに、直接合一の**世界恐慌**ではなかったという点で、前自由主義時代における**恐慌の特異性**を際立って逆証するものである。

ジョン・ローの「制度《システーム》」恐慌と同じく、その動因に当時うちつづいていた戦争にともなう「国債の累積」という財政的事情が起因したイギリスの場合でも、累積赤字国債を整理するために、一七一一年に種々の特権をもつ「南海会社 The South Sea Company」が設立され、その会社は南アメリカ、とくにそこのスペイン領植民地に対する貿易独占権を獲得したが、この貿易事業の不振・低迷を打開すべく、会社は新規政府借款の引き受けや国債の借り換えをおこない、しだいに人気を獲得して、「プロジェクト」の名で知られる事業計画をうちだしてからというもの、それが異常な投機熱をよびおこした。マックス・ヴィルトの叙述によれば——「やがて、ロンドン証券取引所のあるチェインジ・アレイでは、パリのカンカムポア街（ジョン・ローの「インド会社」）と同じような光景が見られた。老いも若きも、貴賤の別もなく、あらゆる階層からなる人びとの群れが押しかけてきて、ほとんど吐き気を催させるばかりであった」。

イギリスの南海株式投機は、会社名自体が「ザ・サウス・シー・バブル」であるように、この二百二社をもたちまち乱立・創立させた夥しい企業熱の過熱化のなかで、海水の淡水化、私生児のための慈恵院の設立、海賊防禦船の建造、鉛からの銀の採所、人間の毛髪の取引、便所の汲取りの改善等々の突飛な事業目的が、各社によって競いあわせられるなかで、それらの株式をめぐる狂熱的な投機ブームが現出し、ここでの投機の対象は、会社への払込受領証そのものであって、商品でさえなく、完全に架空の未来の売買差益だけが狙ったものだったのである。マックス・ヴィルトの言うところでは、「事業目的については追って発表する」として設立されたたぐいの新会社に、株式の事後募集への申込みが殺到したのである。

だが、当然のことに、一七二〇年七月末、狂熱の峠をすでに昇り始めてしまった南海泡沫会社株は、一転してしだいに下り坂へ向かいはじめた。そこで「南海泡沫会社」はバブルをもう一度と、べらぼうに高い仮空の配当の空約束を行なったが、それはもはや何の鎮静効果も再活性化効果も演じえなかった。以来、株価は急坂を転げ落ちるごとく大暴落の一途をたどって、九月末にはついにパニックはその頂点に達した。

イングランド銀行は、「南海泡沫会社」のほかに「東インド会社」という二つの巨大な金融会社が両睨みにある関係もあって、南海泡沫会社のバブルの破裂を阻止するための銀行券増発をおこなわなかった。**恐慌後**、南海泡沫会社は捕鯨業を試みてこれにも失敗し、無人貿易も放棄してからは、政府年金公債のオーナーたちの合同会社として、国債の一部を管理する仕事だけに細々と従事しつつ一八五三年まで存続したという。

6　重商主義時代の**恐慌**の性格の特殊性

以上の**著名な**三つの一国恐慌のほかに、**重商主義時代**の主な恐慌としては、一七世紀初頭におけるリューベックの**商業恐慌**や一七六三年の**商業恐慌**等が有名であるが、総じてこの**重商主義時代の恐慌の性格**の特殊性としては、**自由主義時代の恐慌の周期的典型性**との対比において、次のようなその特異点を指摘することができる――

(1)　多かれ少なかれ、戦争、動乱などの経済外的要因に、**恐慌勃発の基盤と起因**がある。フランスにおけるジョン・ローの株式投機も、イギリスにおける「南海泡沫会社」の株式投機も、その基礎にはうちつづく戦争に起因する国債の急増の処理策が横たわっていたということについては、すでに述べたごとくである。中心国イギリスにおける一六四〇年から一八〇〇年にいたる**一世紀半余の恐慌史**を概観するとき、フレッド・エルスナー『**経済恐慌**』によれば、一六四〇年、一六六七年、一六七二年、一七〇八年、一七二〇年、一七四五年、一七六三年、一七七八年、一七八三年、一七九三年、一七九七年の**数多い諸恐慌の勃発**が、何らかの形でみな戦争や暴動と関係していた。

（2）**この時期の恐慌現象**は、商品取引あるいは証券取引の過熱による投機的恐慌としての性格が、著しく強く濃厚である。その背景には、銀行券＝信用制度の一定の発展があり、株式会社の登場が前提されてはいるが、この初期水準での基盤のうえで**投機的恐慌**が現実化するためには、戦争や動乱その他の経済外的な要因が媒介となることが必要であった。**恐慌の引金として戦争や動乱**が働かなければならなかったのである。

（3）**一般にあらゆる恐慌は、貨幣＝信用恐慌**として現われるが、**重商主義時代の投機的恐慌**の場合は、社会の再生産過程に基礎づけられそこでの過剰蓄積の結果として現われる**貨幣＝信用恐慌**ではない。形態的には**貨幣＝信用恐慌**の形はとっていても、それは、偶然的・偶発的で局部的・部分的な性格をまぬがれず、循環的な合法則性をもったものではない。**この時期の恐慌**は、社会的再生産過程そのものに発生的根拠をもっておらず、したがって、偶発的で非規則的であり、とうてい周期的性格をもちうるものではなかったという点に、それら歴史的共通性が見られる。

一八世紀末から一九世紀初頭にかけての、先進イギリスをへゲモニー国家とする産業資本的蓄積様式基軸の自由主義的世界編成が確立される直前の**過渡期に発生した恐慌現象**は、一七八八年、一七九三年、一七九七年、一八〇三年、一八一〇年、一八一五年、一八一九年のそれが数え上げられるが、**これらの恐慌**は、右に見てきた重商主義的世界編成下の**偶発的・投機的な恐慌のパターン**とも異なり、その他方では自由主義的世界編成下に周期化して典型的な様相を発現する「**真に本来的な意味での**」**恐慌**とも異なるパターンを示し、二重の意味の相違を有する歴史的性格のものとして特徴づけられる。簡単な特徴として、それが一九世紀の古典的恐慌とは異なって、周期性の検出が困難なほどに小刻みな点が挙げられる。

第一に、この過渡期の恐慌は、たしかに或る程度まで社会的再生産過程に根拠をもった一種の過剰生産恐慌ではあったが、それは主として綿工業部門を襲い、当時における前代からのやはり重要な生産部門であった毛織物工業への波及はかならずしもみられなかった。産業としてはその両者は近似産業であったにもかかわらず、直接の波及的効果は及ばなかったのである。わたしとしては、その理由・根拠は不明、と言うほかない。機械を導入している部門とそうでない部門との相違が、その遮断効果を産んだのであろうとは考えるが。したがって、この時期の諸恐慌は、まだ部分的・局地的性格のものに止まり、次期の自由主義期における周期的恐慌で一般化した全般的波及の世界的性格をまだ持ちえなかったのである。

第二に、その過渡期の恐慌は、重商主義時代の投機的・局地的恐慌と同様に、経済外的要因、とりわけて戦争の撹乱的影響を強く受けてはいたが、それが有つ意味は、もはや決定的に衰退してきつつあった。たとえば、一七九三年恐慌の原因を、その年の二月に宣戦布告されたイギリスの対フランス戦争に求めることは、もはやできなかった。たしかにこの英仏戦争は、イギリスの国際貿易を麻痺させ、貨幣恐慌を激化させて、恐慌の規模を拡大、その展開を複雑にはしたけれども、この恐慌はあくまでもイギリス経済の再生産過程・構造それ自体のなかから内生された基本性格のものであって、かりに対フランス戦争がなかったとしても発現したものと思われる。

同じく、一九世紀初頭の諸恐慌もまた、ナポレオン戦争によるイギリス商品に対する大陸封鎖などの経済外的な政治的・戦争的要因の影響を強く受けながらも、その恐慌発現の基礎過程ではすでに近代資本制的な産業循環の律動を基調としつつあったとみてよい。

第三に、この時期になると、恐慌現象も以前の時期にみられたような、単に偶発的に発生する性格のものではなく、しだいにゆるやかながらも規則性をおびてくる方向が萌してきて、四年から七年の間の周期で発生し、時期的バラツキがしだいに集約されてくるようになった。しかしまだ、**一九世紀中葉に典型化する周期的恐慌**のほぼ十年毎の規則性はまだ全面化していないし、景気循環の局面交替もまだくっきりした明確な形をとっていない。この時期の資本主義はまだ、イギリスに先導された産業革命の途上にあって、工業生産力の発展はまだ相対的に未熟であり、総資本に占める固定資本の比重もまだ低く、したがって**循環性恐慌の物質的基礎**もまだ幼弱であった。

最後に、**過渡期の恐慌**もまた、**貨幣=信用恐慌**をともなった激烈な形態をとって現われたが、この期のそれは過渡期に特有な循環的=再生産的基礎との関係を反映したものであり、**工業恐慌の現象形態**として、単に表層的・偶然的に発生する**重商主義期の貨幣=信用恐慌**のたぐいとは全く異なる性格のものであった。シュピートフが一九三六年の『景気理論』（旧版による邦訳、三省堂刊）で、一八二〇年代以降の「真に本来的な意味での資本主義的な景気交替の循環」と区別して、**一七九〇〜一八二〇年の時期の恐慌現象**を、それへの「過渡期 Übergangszeit」として時代規定している所以のものである。

このような**過渡期に属した恐慌**は、機械制大工業の幼年期に照応した、そうであるがゆえにマルクスが「本格的なマニュファクチャー時代」として特性づけた資本主義の物質的・労働制度的発達の時期の諸特徴を、さまざまな側面で色濃く反映している。そのなかで、**この時期の恐慌現象**は、**周期的恐慌を特性づける構造的諸契機**、すなわち**恐慌の全般性・周期性・激発性**を統一的な表現形態として示す方向へとしだいに志向しつつあったと言える。それは、イギリス産業資本の確立とそれに照応する古典的「世界市場」形成の前夜の情勢を反映する時代の過渡的性格を表現したものであった、と言ってよい。そして、このような時代の志向性は、自由主義的世界編成下の産業資本的蓄積様式に社会的再生産の基礎を置く**周期的恐慌の発現**へと集大成させて、**一八二五年の世界最初の周期的恐慌の暴力的・突変的爆発**へといたるのである。

綿工業を主軸とし、鉄工業を副軸とするイギリス産業資本の機構的確立とそれに照応するイギリス基軸の世界市場の形成過程を反映して、ついに「大工業は一八二五年の恐慌をもって、はじめてその近代的生活の周期的循環を開始する」事態が到来したのである。このような新事態の歴史的到来は、川上忠雄『**世界市場と恐慌**』（上）（法政大学出版局刊）によるならば、世界市場的規模における「イギリスのアメリカ綿輸入の九五％、イギリスの綿花総輸入の八八％、したがって世界綿花総供給の約半分までがリヴァプールに荷揚げされた」という世界貿易・世界市場的時代の到来にほかならなかった。

そうした全世界的な産業循環過程の展開のなかで、**恐慌**はそれ自体自己完結的に独立した現象ではなくて、資本の産業循環運動の決定的・画期的局面として、ブルジョア経済体制の全機構を根底から震撼させつつ突発的かつ周期的に現われるとともに、他方では、そこに過剰化していた既存資本価値の破壊による暴力的整理・一掃を介して、「一大新投資の出発点」（マルクス）としての位置価を獲得し、高次化した産業循環軌道を設定することとなったのである。

こうして、マルクスの言う「産業の生活は、中位の活況・繁栄・過剰生産・**恐慌**および停滞の諸時期の序列に転化」する、好況→**恐慌**→不況の三局面の連続的移行の産業循環の永久運動が稼働するのである。先に述べたように、一九世紀はこうして、一八二五年、一八三六年、一八四七年、一八五七年、一八六六年、というおよそ十年前後の**一定の周期をもつ全面的・激発的な「古典的」恐慌の暴力的・突発的な爆発**によって、ブルジョア社会的規則性を呈示するような歴史的・構造的特性を開示したのである。そのつねに震源地として作用した基軸国のイギリスの経済的運動法則を解明したのが、いうまでもなくマルクスの『資本‐経済学批判』体系にほかならないが、その「典型的例解の場所」とされた一九世紀イギリス資本主義は、歴史的抽象による「純粋資本主義像」を一種の理念型《イデアル・ティープス》として提供するものではあるものの、その純粋な典型性の基準は何によって与えられるか、と問うならば、それは実は**周期的恐慌の**

この五回の（だから、唯一的出来事の普遍化ではないが、同時にまたそれは、無数にくりかえされる出来事として列挙的に形成される普遍化でもない）の経済学原理論的な基本規定から抽出するのほかはないのである。**マルクス〈恐慌論〉**の歴史的・論理的完成が、『資本論』体系の弁証法的核心である所以である。

事の経過の結果として**自由主義時代の最後の恐慌となった一八六六年恐慌**は、一八六六～六八年の二年間にわたる不況をともなったが、それは早くも一八六九年には好況へと転じた。しかし、従来の景気循環とはちがって、今回の好況の原動力となったのは、イギリスを急進して追い上げていたドイツとアメリカにおける重工業の巨大固定資本の蓄積であったが。これらの諸国の景気上昇の影響を受けて、イギリスの資本輸出も増大したが、それには、イギリスの商品輸出の増大が伴った。イギリスの景気循環は、このような迂路を伴う受動的な形で、ようやく遅ればせに好況局面へと転じていったのである。また、軽工業部門はいずれの国でも、重工業部門における蓄積好調・増大の余波を受けて、好況へと転じた。ここから帰納される一つの経済学的結論は、一九世紀の世紀末《ファン・ド・シェークル》の歴史的特徴となる、重化学工業化と証券取引所化を推し進めているドイツとアメリカのイギリスへのキャッチ・アップ過程が、**一八六八年恐慌の変容**の基底にある、ということである。この資本主義の世界構造の変貌は、まもなく一九世紀末葉の**農業恐慌の長期・慢性化**を基軸とする「世界大不況」の長期発現へと導かれるのである。

こうした、マルクスが余人に先がけていち早く感知していた、具体的な景気変動の特異な様相を見れば、あきらかに、景気循環の主導国は、イギリスからドイツ・アメリカ合州国へと転移しつつあり、その主導産業部門も、イギリスの綿工業・鉄工業からドイツ・USAの重化学工業へと変化しつつあったのである。イギリス産業資本に替わって、金融・独占資本が新たな資本蓄積基軸へとのし上ってきたのである。要するに、帝国主義的世界編成への世界史的転化の動源としての金融・独占資本の制覇傾向の顕在化である。

後進ドイツの産業革命は、イギリスに遅れて一八五〇年代に始まったが、その特徴は先ず第一に、綿工業が最初から株式会社形態をとって経営されたことである。これは丁度、同じく後進日本の明治維新以来の近代化が、株式会社形態をとった大阪紡績の経営が、はじめからイギリスの最新型の紡績機の購入・輸入によって、その物質的再生産の基礎を据えたことと、同然の不均等発展の形態的特徴を示したものである。これらは総じて、先進国イギリスに対抗するために、資本蓄積が不足し技術的に後進性にある後進資本主義国（この場合には、近代カイゼルトゥム・ドイツと近代天皇制日本）が採らざるをえない歴史必然的形態の選択であったと看ることができる。

第二に、一九世紀末葉からの全世界的な鉄道建設ブーム――それはイギリス、ヨーロッパ大陸が飽和状態になれば、たちまち、ロシア、インド、新大陸アメリカへと、急速に普及していった――にともなって、これに資材を供給する鉄鋼業・重工業が発展を始めたということである。こうして、一八五〇年代は、史上第一回目の企業設立期(Gründerzeit)を迎えていたのである。

普仏戦争（一八七〇～七一年）は、**一八六八年恐慌後**の新たな〈戦争―革命〉型連関を、史上最初のプロレタリアート独裁の経験であった「パリ・コミューン」の六十二日の天下の興廃として、万国労働者協会＝第一インターナショナルに拠っているマルクスたちに開示されたが、ビスマルクに率いられたプロイセン・カイゼルトゥムの勝利と、敗戦したナポレオン三世の捕囚化によるフランス・ボナパルティズムの敗北は、ドイツに五十億フランの賠償金、アルザス・ロレーヌの獲得、ホーヘンツォーレルン王朝によるドイツ帝国の統一、という戦果をもたらした。これはこれで、イタリアにおけるエマヌエル二世治下のナポリ王国をヘゲモンとするローマ＝イタリアの帝政的統一の〈リソルジメント〉の完成、幕末期日本における明治維新による近代天皇制日本の創出、の同期化による、一九世紀後葉の世界史的な後進的国民国家の統一的形成の世界波をよびおこしたのである。

ドイツをカイゼルトゥムによって統一したビスマルク政府は、フランスから取り立てた賠償金の一切を国債（戦債）の償還に充てたので、国中に還元された資金は企業新設に向かって流れ、ここにドイツは第二回目の企業設立ブームを迎えるにいたり、その新規資本は、主として鉄道建設ならびにこれに関連する鉱山・冶金業の重工業部門に投じられた。

ドイツと並んでこの期の好況の根源地となったアメリカ合州国では、南北戦争（一八六一～六五年）の後に本格的なブームを迎えた。ここでは、新大陸を横断する巨大な大陸間鉄道建設が、盛況の原動力であった。一八六五～七五年の間に、全世界で一五〇、二〇〇kmの鉄道が建設されたが、そのうち実に六三、二〇〇kmがアメリカ新大陸でおこなわれたのである。イギリス、ドイツではすでに基本的な鉄道建設が終わっていたが、老朽化に対応する既存路線の改修・更新も長足の技術進歩による新設路線への投資が、大規模におこなわれ、さらに不況期の進行につれて、鉄道会社相互間の集中が亢進し、少なくともに一時的にはそれが景気を上昇させる推進力になったのである。

アメリカ新大陸の大規模な鉄道建設が要した巨大資金のうち、不足な部分はロンドン金融市場で調達された。それは直ちに、イギリス鉄鋼業・重工業に対する鉄道資材の発注となって、好況要因として直ぐにはねかえってきた。これによるイギリスの資本輸出とそれに連動した商品輸出が本格化した時、はじめて盛況が世界市場的規模に達したのである。

右に見たような世界的好況局面の次なる崩壊は、一八七二年秋の株式相場の崩落から始まった。**一八七三年恐慌の勃発**である。投機的に建設された鉄道は、いざ開業してみると、十分な乗車・輸送需要を直ちには見出せなかったし、他方では、建設資財の騰貴は、一般的利潤率を押し下げることとなった。実体面での悪化が露呈するのにつれて、投機的なバブル上昇をつづけてきた鉄道株式相場もまた低迷せざるをえず、それは**取引所恐慌**へと帰結せざるをえなかった。一八七三年春、**ウィーンに始まった取引所恐慌**は、形成されたばかりの新たな世界市場的連鎖を伝わって、たちまちドイツ、アメリカ、次いで全世界へと波及していったのである。

この全世界化した取引所恐慌は、信用恐慌をともなった。それら各地に多発した局地的パニックは、ロンドン金融市場における金流出と利子率の高騰という増幅機構に媒介・促進されることによって、はじめて世界市場恐慌へと発展していったのである。言い換えるならば、世界市場の産業的発展の中心は、この世紀転換期にすでにドイツ、アメリカへと移りつつあったが、その蓄積の限界がポンド世界体制のロンドン金融市場における金利の上昇という形で表現された時、はじめて世界市場恐慌へと発展していったのである。それまでの一九世紀の五回の古典的周期恐慌はヨーロッパ世界恐慌ではあったが、その波及・展開範囲は当然のこととして旧大陸に限局されていたのであり、現実の真の全球的な世界恐慌は一八七三年取引所恐慌の勃発をその嚆矢とするのである。

しかし、この恐慌の先駆であったと言ってよい一八六八年の恐慌は世界への遠心的拡大・発展にもかかわらず、それに吸収されて、従来その求心的中心たる役割を演じてきたイギリス経済はこの時、信用恐慌を全く経験しなかった。従来の一九世紀の典型的な周期的恐慌の根本様相と異質なこの一八六八年恐慌の特異な様相は、たちまちいち早いマルクスの感知と分析・探究をよびおこした。マルクスが早くも論断したように、ここに、一八二五年から一八六六年までほぼ十年毎の規則性をもって生起していた古典的な恐慌の周期性は、崩壊をとげてしまい、その周期的全般性はもはや帰り来たらざるものとなってしまったのである。マルクスが、自らの経済学原理論である『資本論』体系でブルジョア経済を法則化する基準の析出の鍵概念として据えた周期的恐慌の歴史性が、早くもすでに崩落してしまったのである。

一八七三年恐慌の予震は長い不況をともなうこととなった。それは特にイギリスと英連邦にとって深刻なものであった。一八七四年から一八九五年にかけての四半世紀に及ぶ慢性不況（Great depression）は、一八八二年恐慌、一八九〇年恐慌に転化した短期間の好況によって中断されただけで、長期慢性化するにいたった。この時代転換を告知している事態を、最もよく表現しているのは、イギリスの純輸出（Domestic Exports）の描いた曲線《カーヴ》であり、一八七二年に二五六・三（百万）ポンドに達した輸出額は、七二年以来低迷しつづけ、一八九〇年に二六三・九（百万）ポンドにいたるまで、以前の一八七二年のピークに達するまで四半世紀以上の長期間を要するにいたったのである。

世紀転換期におけるいわゆる「世界大不況」の発現であったが、このような資本主義的新現象について誰よりもいち早く感知したのが、マルクスの死後、その「遺言執行」としての『資本論』第二部・第三部の原稿読解・整理・編集・公刊に残生を費やした理論的活動と、第二インターナショナル＝ヨーロッパ社会民主主義インターナショナルを率いる政治実践的活動に、全力を傾注したフリードリヒ・エンゲルスであった。

かれが感知したこの新事態は、二〇世紀的現代に入るや、ホブソン『帝国主義論』、ヒルファーディング『金融資本論』、ローザ・ルクセンブルク『資本蓄積論』、カウツキー『帝国主義論』、レーニン『帝国主義論』、パルヴス『世界経済論』、トロツキー『世界経済論』、ブハーリン『過渡期経済論』等々がマルクス理論的に定式化した、資本主義の、産業資本的蓄積様式を基軸とする自由主義的世界編成から、金融・独占資本的蓄積様式を基軸とする帝国主義的世界編成へのグローバルな移行・転移の新たな時代表現にほかならなかった。エンゲルスは、基本的にそのような時代転換の徴候をよく読み取って、マルクス『資本論』第二部・第三部編集への「補注」その他の形をとって、ドイツ、アメリカに見られた「カルテル」「トラスト」「シンジケート」等の独占体範疇のトレースにいたるまで、よくキャッチ・アップして、人びとの注意を喚起することができた。これは、エンゲルスの非凡な現実感覚をよく示したものである。

にもかかわらず、一九一四年の第一次世界大戦＝帝国主義世界戦争の暴力的爆発とともに、カウツキー／ベルンシュタイン型のヨーロッパ社会民主主義体系は、たちまちに七花八裂をよぎなくされて、帝国主義戦争の相互殺戮の総力戦の中に呑み込まれていってしまったのである。いうまでもなく、全世界的規模における〈戦争と革命の時代〉の時代的真理を新たな体現する転形力としてのレーニン主義と第三・共産主義インターナショナルの創生の時代の新たな到来である。これとともに時代は〈二〇世紀的現代〉へと大移行するのである。

世紀転換期を劃することとなった「世界大不況《グレート・デプレッション》」の原因は、第一に、資本の国際的競争の激化によるものであった。ドイツ、アメリカといった後進国の工業化が、株式会社形態ないしは証券会社形態による社会的資金をフル動員して、重工業の巨大固定資本に投資することによって急進展するなかで、先進国イギリスの生産力発展は治下の植民地が死重となったこともあって、植民地超過利潤は流入はしたものの、総体として相対的にしだいに世界的進歩から立ち遅れていった。したがって、「世界大不況」は、〈パクス・ブリタニカ〉の多角的貿易決済に任じたポンド体制国イギリスにおいて、最も深刻であった。

「世界大不況」の長期・慢性化の第二の原因は、重工業が主導産業になり、固定資本が巨大化したにもかかわらず、イギリス資本主義においては、独占体が未発達だったことである。固定資本が巨大化してくると、その建設・運用期間もまた従前より相対的に長大になり、刻々の価格変動に対する弾力性が低下してくる。言い換えれば、好況期には、需要に対応して供給が追いつかないために商品価格が極度に騰貴する一方、不況期には、好況期中に着手された生産手段の建設が実力し生産力化してくるにもかかわらず、独占体が未発達なために過当競争がおこなわれて、生産過剰が深刻化するなかで価格低落が進行し、そのなかで結局は大不況をもたらす合理化が一層亢進されることとなったのである。

次に第三の原因は、「交通革命」（汽船・鉄道の世界的普及）の結果、新・旧大陸の深部・奥地の開拓が進み、大量に生産された穀物が、低落した運賃体系の下でヨーロッパへと輸入されることによって、西ヨーロッパの穀物在庫は大打撃を受けることとなった。主要農業生産物である小麦の価格は、そこでは**農業恐慌の前後**を比べてみると、約半分に低下したのである。こうした**農業恐慌の長期・慢性化**は、西ヨーロッパの「農業危機」を顕在化させるとともに、世紀転換期の大不況の性格を長期・慢性化させる基調となって作用したのである。

このような農業危機をもたらした**西ヨーロッパ農業恐慌の長期・慢性化**は、ヨーロッパ宗主国工業–モノカルチャー植民地農業の国際工農システムであった〈パクス・ブリタニカ〉世界秩序の解体を告知するとともに、二〇世紀に入って構造化する帝国主義的秩序――欧米金融・独占資本制中枢ー周辺植民地モノカルチャー農業世界への、世界一の大工業国=工業生産物輸出国でもあれば、世界一の大農業国=農産物輸出国でもある、新たなヘゲモニー国家USAを基軸国とする（前世紀の〈パクス・ブリタニカ〉工農世界分業秩序に替わる）〈パクス・アメリカーナ〉世界秩序の管理通貨制度下の世界的形成が、その一極に、農業問題の世界資本主義的構造化としての「世界農業問題」を析出するにいたることの、先駆的な予兆にほかならなかったのである。

前世紀末葉の一八七三年恐慌後の大不況は、六～七年間つづいた。過剰化した既存資本価格の暴力的破壊と巨大固定資本の大量更新、資本の集中が、アメリカ、ドイツを中心に、株式会社形態の下でおこなわれた。長くつづいた不況の好況への転化は、一八七八年、USAの鉄道建設再開とともに始まり、それは、イギリスとドイツの重工業鉄道資財の輸出を増加させ、世界的好況へと牽引されていった。その回転資金はヨーロッパ、とくにイギリスからの資本輸出によってまかなわれた。その好況の動因である世界鉄道網の増加は、一面での「世界文明化」の進展の指標として、一八六六～七年に一五一千km、一八七六～一八八五年に一九二千km、一八八〇～八三年に九七千kmであった。このうちアメリカは、一八六九～七三年に四五・一千km、一八七九～一八八三年に六三・九千kmであった。世界鉄道建設の規模の巨大さと、その中に占めるアメリカの役割の超巨大さがよく分かる。

この新大陸アメリカにおける世界鉄道建設に、資金を供給したイギリスの資本輸出は、一八八〇～一八八二年の間に六、二〇〇万ポンドに上ったが、これはしかしながら、一八七〇～一八七二年の間の一七、九〇〇万ポンドにははるかに及ばなかった。かつてのイギリスの工業独占も、植民地独占も、世紀交替期において急速に崩れつつあったのである。

一八八一年一月には、アメリカの株価ブームはすでに極点を迎えて、下落を開始した。あきらかに**真の世界恐慌**が急接近しつつあった。再生産過程の収縮は、一八八二年夏までに顕著となり、株式投機の崩壊は先ずフランスでパニック的形態となって始まり、株式パニックの後、信用パニックがそれにつづき、それは一八八二年初頭のUnion Généraleの大破産でそのピークを迎えた。この破産の影響を受けて、イングランド銀行から金が流出し、それを防遏するために公定歩合は、一八八二年一月末に六%に引上げられた。しかし、イギリスは今回もまた、マルクスが前回の**一八六八年の恐慌の歴史的変容の一証左**として目敏く感知したように、**貨幣=信用恐慌**を経験しなかった。あきらかに、マルクスが新たな定式化を開始したように、世界資本主義の根底的な構造変化が、決定的に進みつつあったのである。

一八八二年恐慌後の不況局面は、一八八八年には好況局面へと転じたが、それは三年間つづいただけで、一八九〇年には一九世紀の最後年を劃して早くも、**一九世紀最後の恐慌**が来襲した。あたかも、**自由主義前期の諸恐慌**が時間過程においても周期性を欠如したバラバラ、空間過程においても多発的・部分的発生としてバラバラ、であったごとく、**一九世紀の四回の古典的な周期的恐慌の典型性**を失った、一八六八年、一八八二年、一八九〇年の恐慌は、明白に自由主義時代の**古典的な周期的恐慌の規則的典型性を失ってしまった**。言うまでもなくこれは、資本の再生産構造の内的メカニズムを潜った上での規則的周期性の根本特性の喪失を意味していたのである。したがって、まもなく帝国主義的時代の恐慌の歴史的性格の変貌として現われるこの**「恐慌の変容」現象**は、もはや人類史の上では規則的な周期性への収斂が二度とありえないことを告知していたのである。その意味で、世界資本主義はきわめて巨視的に〈長期波動《ロング・ウェイヴ》〉としてこれを看るならば、或る峠を上って下り坂へと転じたとみることができる。

一八九〇年恐慌以後の三年間つづいた不況の好況への転化は、例によってアメリカで始まり、ヨーロッパへと世界的に波及していった。そこにおける例の景気牽引車である鉄道建設は、一八八五年の四、八〇〇㎞から、一八八六年には一三、〇〇〇㎞、一八八七年には二、一〇〇㎞へと、上上昇の三年間に上った。こうした鉄道建設の再々開は、不況期における鉄道業の再編成、とりわけドイツとアメリカで資本集中を通して進んだ独占体形成によってその道を掃き清められた。例によってそれを助長したのが、ヨーロッパ、とりわけロンドン金融市場を介する資本輸出であった。

この過程で、アメリカの銑鉄生産高は、一八八二年の四、八九六トンから一八九〇年の九、三四八トンへと急激に倍増し、また鋼鉄生産高は、一八八二年の一、七六五トンから一八九二年の五、〇〇七トンへと一八四%増大するにいたった。この前世紀末の年次ラッシュで、アメリカの鉄鋼業の生産力は、ついにイギリスのそれを追い抜いて世界第一位に躍進したのである。

これによりいまやUSAは、世界一の農業国であるばかりでなく、世界一の工業国に成り上ったことを自証したのであり、ヘゲモニー国家を基軸とするブルジョア的世界秩序が〈パクス・ブリタニカ〉から〈パクス・アメリカーナ〉へと世界史的に移行することが、すぐに来たるべき二〇世紀的現代史の世界史的趨勢であることを、満天下に告知したのである。爾来、**アメリカが恐慌の震源地**となることが、「古典的周期恐慌の変容」の根本的特徴となったのであり、このような把握の仕方の真理性は、まもなく**一九二九年のアメリカ大恐慌の爆発**によって、完膚なきまでに証明されたのである。人は、その当時の現場に在って誰一人として——米大統領フーヴァーその人を含めて——資本主義はもはや**恐慌**を克服した、と確信するにいたっていないことを、リアルに記憶しておかなければ、歴史の真相を見損なう惧れがある。

一九世紀最後の恐慌となった一八九〇年恐慌は、**ドイツにおける取引所恐慌**に始まり、それが飛び火した**アルゼンチンの恐慌**によって頂点を迎え、これがイギリスにはねかえって、一八九〇年一一月のベーリング兄弟商会の大破産という形で大爆発をとげたのである。この**一八九〇年恐慌**の後、一八九四年まで四年間の不況がつづいた。

以上のような「大不況期」の景気循環パターンの変形について言えば、「大不況期」の循環では、いずれも好況期の方が不況期よりも短く、また基軸国のイギリスでは特に、一八七三年前の最高波に、次の循環の山々が及ばないという世紀末状況が出現した。これは、ドイツ、アメリカの産業的追い上げによる国際的競争の激化とそのなかでのイギリスの産業的立ち遅れに由来するものであったが、このほかに、固定資本の巨大化とその建設期間の長期化とが、不況期の生産過剰をひきおこしたのであった。それは、なかでもイギリスにおける独占体形成の立ち遅れと未熟さがこの傾向を助長したのであり、そのため商品価格の低落は顕著に進行し、さらにこれに対応するための資本集中と固定資本の更新が、特にドイツ、アメリカ両国で株式会社形態をとって徹底的におこなわれ、そのため価格水準の低落は一段と亢進したのである。

そうした具体的な進行過程のなかで、不況期の合理化を徹底的に遂行したアメリカ、ドイツ両国の生産力的躍進と景気循環の大波に、受身的にしか対応しなかったロンドン金融市場をかかえる国イギリスの低成長とのコントラストが、否応なしに浮かび上がってきた。そして、このコントラストを背景に、独占資本の形成が不均等発展的に進むのである。それは、株式会社形成のもつ資本集中の機能を、銀行資本と産業資本との癒着一体化である金融資本を支配軸としてフルに発揮する形で行われるのであるが、この点で最も組織的・制度的であったのは、大銀行資本と重工業資本とのコンビネーションから生じる「金融資本」形成の典型国ドイツであった。

右のような世紀末不況期のパターン変化を受けて、この時代の不況局面から好況局面への産業循環の移行は、つねに鉄道会社の集中によって資本の減価が促進され、一般利潤率が回復することによって与えられた。さらに、固定資本の更新が始まるとともに、景気回復は本格化した。新たな主導産業である重工業部門では、鉄道界からの受注増という外部要因と資本集中・巨大固定資本更新という内部要因との結合が、不況局面からの脱出の景気循環的原動力となったのである。

巨大固定資本の更新につづいてか、あるいはまた若干はずれた形で平行的・結合的に鉄道新線の建設が始まると、きまって本格的な好況期が開始されることとなる。それは資本市場＝発行市場への資金需要を増大させるが、後進国ないしは資本蓄積力が相対的に弱体な国々では、自国の内部だけでその資本需要に応ずることはとうてい不可能なので、結局、資本を輸入して充当しなければならない。これに応ずることのできるのは、〈パクス・ブリタニカ〉世界秩序の遅効性効果がつづいている現状のもとでは、ロンドン金融市場を擁するポンド体制国イギリスしかありえない。こうして発動されるイギリスの資本輸出には、同国に対する鉄道資材を主とする重工業製品への発注が結びつく。世界市場の中心国であるイギリスの重工業部門がその技術の立ち遅れにもかかわらずこうして盛況を呈することによって、好況は世界的なものへと普及していった。後に、レーニンが『帝国主義論』で、「商品輸出」に取って替わる「資本輸出」の新たな意義として強調する経済現象は、右のような歴史的経緯を以て、顕在化したのであり、このような経済国体の独占的傾向性の発現は、まもなく地球領土の分割・再分割を必至とすることとなったのである。

こうして、重工業製品の価格が、全世界的に、景気上昇気流に乗って回復した後、供給の価格弾力性の低さを反映して、その価格は、平均値よりもさらに騰貴する。この結果、鉄道建設費は増大するが、全般的好況ブームを背景にして、投機的建設はなおも盛んに続行される。総じて、諸資本の競争によってこうした世界的経済過程の進展が亢進するなかで、破局の寸前ほど万事がうまく最高調に進行しているかのように見える。それが、つねにブームというものの認識論の特徴であるが、それをもののみごとに視せたのは、鉄道建設ブームであるのである。

鉄道建設費の騰貴は、資本市場への需要増をもたらすが、市場内部での自生的な供給力には当然限界があるので、ますます拍車を駆けられた諸資本の激烈な競争に促され、資金獲得のための貨幣市場への依存が強まり、信用機構が信用創造をふくめて資金引当てのため過剰流動性を創出・累乗させるにいたる。したがって、資金の過剰流出につれて、市場金利は上昇するが、株価は配当の増大が見込まれる限りはまだ低落せず、ぐずぐずと停滞傾向を慢性化するにすぎない。

このような好況末期局面によって隠蔽されていた諸矛盾が、**恐慌の突発**を準備するのである。機械的に建設された鉄道路線はいざ開業してみると、乗客・輸送不足できわめて低い利潤率しか示さないものが多く、当初期は赤字決算も普通であるので、株価はそこで一転して低落しはじめ、一部の鉄道会社がついに破産する。これをきっかけとして、先行不安で推移してきた株価は、全面的に暴落するにいたる。すると、取引所パニックは、鉄道会社に多額の融資をしている諸銀行に波及してゆき、今度はそこでのパニックをひきおこす。市場金利はにわかに急騰し、公定歩合に急接近するが、普通銀行の準備金強化のための金流出が始まると、中央銀行が統率・調節している公定歩合もまた、金準備維持という至上目的のために暴騰せざるをえなくなる。

恐慌がまず先行して勃発するのは、世界市場の中で最も投機的に発展し、鉄道建設を鋭意進めつつある国であるか、その他の諸国でも多かれ少なかれ鉄道株中心に投機的な蓄積が進んでいるので、国際間の金融市場的関連を通して恐慌が急速に世界的に波及する。ロンドン金融市場は、その世界的影響をもろに最も早く感受するのが常であるが、それは、イギリスからの国際的短期資金の流出、したがってまた、ひいては、金流出という形で現われる。イングランド銀行の金準備は、その重大な国際的機能の割には比較的に少額・少量なので、ここに来て必要に迫られて、公定歩合の引上げは、急激かつ大幅にならざるをえない。

その結果は、イギリスからの金流出、近隣諸国・世界諸国からの金流入であるが、これは各国金融市場からの全世界的な同時的金流出を意味する。そしてこれら諸国からの金流出を防ぐための同時的公定歩合の引上げを契機として、恐慌がほぼ同時的・同期的に生じるのである。このような、**変容した世界恐慌の同時的・同期的勃発**は、かつての一**九世紀の周期的恐慌の勃発における恐慌の同時的・同期的発生の物質的根拠**が資本の生産過程における再生産における固定資本の回転に基礎づけられていたのとは異なって、信用経済的に支えられている点に、注目しなければならない。

同時的金流出→同時的公定歩合引上げによって、**同時・同期化した世界恐慌の発生**は、各国資本主義の不均等発展法則が極度に強まった条件下で貫徹してゆくので、強蓄積をつづける主要国、とくにUSAでは、これより**世界市場恐慌年次の同時性**とは若干ずれを生じて、**アメリカ一国だけで恐慌に陥る傾向性**を帯びることともなった。

〔以上、石垣今朝吉・岡本繁男・武井邦夫『景気循環の理論』第二篇「世界資本主義の景気循環」（時潮社刊、一九八三年）を参看されたい〕。

7　二〇世紀的現代の開始以来の**変容された恐慌**の歴史的通観

二〇世紀初頭の資本主義の帝国主義的世界編成に特有な資本蓄積様式である金融・独占資本の確立期は、前世紀末葉の**「世界大不況期」の最後の恐慌である一八九〇年恐慌**後の不況が一八九四年まで四年間つづき、それを承けて一八九五年に次の産業循環が始まった過程を通じて確立をみたものである。ここで完全に顕在化した**「古典的恐慌の変容」**の歴史的特質は、第一に、**恐慌周期の鈍角化**による「世界大不況」が顕在化すること、第二に、**世界恐慌の中心にUSAが据わること**、第三に、鈍角化した不況の長期化の後にやっとやってくる好況期が短くなる傾向性が強まること、第四に、戦争のような経済外的要因との複合性が強まること、第五に、**農業恐慌の長期慢性化**が「世界農業問題」を構造化するとともに、東ヨーロッパ諸国のような「再版農奴制」をもたらし、植民地モノカルチャー農業を半崩壊させてしまうこと、である。以上のような二〇世紀初頭における**「恐慌の変容」**の具体的総括は、二一世紀初頭の現在、イラク戦争の泥沼化との関連で頻発しはじめているドル危機と国際管理通貨制度のドル本位変動相場制の大動揺の前途の見定めにも、きわめて有効に活用することができるであろう。

二〇世紀初頭の**「恐慌の変容」**の経済的基柢にある大変化を再考察してみるならば、帝国主義的循環が「帝国主義的高揚」とよばれた「好況的大周期」の様相を呈するのは、電気・化学工業という新産業の急激な創出・発展によるものであった。これに対して、一九世紀の綿工業に替わる大不況期におなじみの主導産業であった鉄道業もまた、この帝国主義時代にはすでにその主導的役割を失いつつあった。メンデリソン『恐慌の理論と歴史』（一九五九年）によれば、「一九世紀末の循環性盛況の主要な原動力となったのは、アメリカでもドイツでも、工業の固定資本の大衆的拡大であって、鉄道のそれではない」と。

二〇世紀の新たなヘゲモニー国家アメリカにおいて、「循環性盛況で重要な役割を果たしたのは、電化の進歩である。すなわち、発電所、電気工場、市街電車建設が、それである。……こうして、一八九〇〜一九〇三年の間に、発電所、電気工場、市街電車には、二二億五〇〇〇万ドル以上が投資された。この大きな資本投下に、発電所用の蒸気タービン、電車網用の車輛、電気工場用の工作機械、電機用の銅などの需要によってひきおこされた、銅、機械製作、その他数多くの工業部門への投資を付け加えなければならない」。

ドイツにおいて、「固定資本の拡大テンポで先頭を切っていたのは、電気工業である。各種の経済分野に電機製品が急速に導入されたことは、ドイツにおける九〇年代の循環性盛況の主要な基礎の一つであった。ドイツ電気工業の株式会社の資本（株式資本・借入資本・予備資本）は、一八九〇〜一九〇〇年の間に二、八〇〇マルクから六億五、五〇〇万マルクに増大した。ベルリン取引所で株式を上場されていなかった諸会社は、これにはふくまれていない。株式会社の資本の大きさの点で、電機工業は工業全体のなかの第二位に躍進した。一九〇〇年は、より大きな資本七億三、七〇〇万マルクを持っていたのは、鉄鋼業の諸会社だけであったが、その電機工業との差は比較的に小さいものであった。これにさらにはさらに、発電所の資本が加算されなければならない。……それに投じられた資本は、一八九五年の八、〇〇〇万マルクから一九〇〇年の六億マルクへと増大した。最後に、一九〇〇年までに五億マルクが電気鉄道に投資された」（メンデリソン『恐慌の理論と歴史』一九五九年、邦訳・青木書店刊、一九六〇〜六一年）。

右の大工業中枢のパターン変化に加えて、**長期・慢性化していた農業恐慌・農業危機の清算**、独占体の確立による価格支配力の強化と不況乗り切り等の強化、特に資本輸出の増大、国際的対立の激化に起因する軍拡競争・建艦競争、南アフリカ連邦における全生産の増大、等があげられる。

独占資本確立期のこの時期には、商品価格の長期的騰貴傾向がきわ立つが、その原因は、好況期が不況期よりも長くなったことのほかに、独占価格の作用を、金増産による金価格の低下等々をあげることができる。金価値が南アフリカ連邦における金生産の増大によって低落すると、銀の商品の価値が下っても物価は下落しないし、また独占価格は不況期の競争制限による価格低落の阻止を意味するとともに、好況期における価格上昇の増幅作用=バンドワゴン効果をも意味するのである。

この電機・電気新産業が飛躍的に発展した時期で、最重要な確認事項は、言うまでもなく、独占資本が本格的に形成されたことである。これによって、二〇世紀における景気循環の変容は、決定的となるにいたったのである。

ドイツでは、一八九三年にライン・ヴェストファーレン石炭シンジケートが形成された。このシンジケートは、ルール地方における石炭生産の割当と石炭販売の共販制（ルール地方金生産額の実に八七％を販売した）とを通じて、石炭価格の維持・釣り上げをはかるものであった。そしてその成功に刺戟されて一八九六年には「ライン・ヴェストファーレン銑鉄シンジケート」が、また一九〇一年には鋼鉄圧延分野における全国的規模での「半製品連合」が結成された。この時期には他の多くの産業分野でも、右の主導的産業のシンジケート化のヘゲモニーの下に諸「カルテル」が結成された。

これらのシンジケート、カルテル、トラストに参加した大産業株式会社の巨大資本集積・集中に要する資金は、ベルリン資本市場における大量の産業株の発行によって調達されたが、その引受発行をおこなったのがベルリン大銀行群であった。ドイッチェ・バンク、ディスコント・ゲゼルシャフト、ダルムシュタット銀行、ドレスデン銀行、シャークハウゼン銀行、ベルリン商事会社、ドイツ国民銀行より成る、いわゆるベルリン七大銀行は、支店または系列下の地方銀行より交互計算勘定を通じて各産業企業に貸付けている拡張資金を回収するために、株式・社債を引受発行したのであった。このような「資本信用」と引受発行との絡み合いを通じて、「金融資本」が一八九五年以降、本格的に成立したのである。

このようなドイツ大銀行と独占体株式会社との癒着をモデルとして、マルクス経済学的な分析・解明をおこなったルドルフ・ヒルファーディングの『金融資本論』が、前代の「産業資本」カテゴリーとは異質な、より進化した資本形態としてうち出した「金融資本」カテゴリーの成立によって、「金融寡頭制」支配による金融・独占資本が牛耳る新たな独占社会的体制が世界史的に出現をみたのである。右の反映としていまや、ベルリン資本市場上場株式数の中に占める産業株・社債のシェアは、一八七〇年二・八%、一八八〇年六・四%、一八九〇年三一・一%、一九〇〇年四二・四%へと、不可逆的・不可避的に着増・著増して、二〇世紀初頭にはベルリン資本市場を支配する過半数的地位をついに獲得するにいたったのである。

新大陸のUSAでは、一八九七年に景気が回復し、物価上昇が軌道に乗り、それとともに資本の集中がきわめて急速に盛んになり、一八九九年を頂点に一九〇二年まで前古未曾有の規模で「合同運動」があらゆる産業部門を席捲し、とくに重工業・電機・大量消費財・住宅産業部門では集中的に資本集中がおこなわれた。このアメリカ史上最初の企業「大合同運動」を推進したのは、「独立プロモーター」とよばれる引受専門業者の他に「モルガン財閥」によって代表される投資銀行業者であったが、徐々にその主導者は後者のモルガン財閥系の投資銀行業者の手に移行していった。このモルガン財閥主導によって一九〇一年に合同・設立にこぎつけたのがU・S・スチール株式会社であり、この「USスチール」の確立は、アメリカ金融資本の画期的成立を劃した歴史的指標であった。

そしてまた、世界資本主義的視角から見るならば、この米モルガン財閥による敗戦帝国主義国ドイツの新たな電機産業独占体への巨額な「合理化」資金の借款供与こそが、ヨーロッパ資本主義再建のいわゆるメリー・ゴー・ラウンド軌道→アメリカのドイツへの外貨提供→ドイツの「産業合理化」に基づく資本主義再建による、フランス・イギリスへの賠償の支払い→フランス・イギリスの戦時中に負った戦費借款のアメリカへの返済→アメリカの資本輸出=外資提供……といった国際的資金循環のルーティン化に由る世界資本主義のいわゆる「相対的・部分的安定」を一九二〇年代にもたらすこととなったのである。

U・S・スチール株式会社の総本額は約一四億三〇〇万ドルの巨額に達し、それは鉄鋼生産量の六六%を支配し、市場価格決定力を十二分に備えていた。同社の設立以後、アメリカの鉄鉱石・銑鉄・鋼鉄の一貫生産のもとその価格変動はきわめて安定的かつ構造的に推移し、ただ生産量だけが刻々の需要動向に応じて事態即応的に変動していったのである。

このような巨大合併が「大合同運動」を通して可能になった金融的背景には、ニューヨーク証券取引所を中心として整備されるにいたった資本市場のキャッチ・アップ的発達と、そこにおける工業株の流通性の汎通的増大があった。それによってこそアメリカ金融資本は、広汎な社会的資金をフル動員しえたのである。

また、老大帝国イギリスでも、一八九六年から一九〇二年にかけて、大規模な資本集中が行われ、巨大株式会社が鉄鋼・繊維部門を中心に形成され、植民地独占をも組み込みながらイギリス型の金融資本的蓄積様式が確立された。従来、ロンドン資本市場では、証券の海外発行高が国内発行高を一八七七年の一時的例外を除いて上廻ってきたのだが、一八九六年から一九〇二年にかけては、この傾向が逆転し、一八七七年の一時的例外が汎通化して、証券の国内発行高が海外発行高を凌ぐにいたった。

こうして、株式会社形態の独占体を基軸とするドイツ金融資本型、植民地独占利潤=超過利潤を基軸とするイギリス資本主義型、資本合同・金融・証券主導のアメリカ金融資本型、という「帝国主義の三類型」が出揃ったのである。

帝国主義時代における金融・独占資本の聳立は、抽象的に一般化して言えば、大銀行独占と重化学工業独占の癒着・合体による金融資本形態を共通基軸とするとはいえ、特定の産業部門における巨大固定資本化を物質的基盤とするその具体的様相は、最大公約数的一般化を許さない、それゆえに「類型」的差異性を示すドイツ・イギリス・アメリカ各主要国型の金融資本の特定化分析を、絶対に必要とするものであった、と言える。

一八九九年には、新たな質の世界恐慌の成熟を示す経済指標が出揃いはじめた。株価・物価の低落、利子率の上昇が始まった。過剰生産が露呈し、**取引所恐慌につづいて貨幣恐慌が発生**し、利子率の暴騰がつづいた。**恐慌は先ずもって一八九九年に**、投機的発展の著しかったツァーリスト・ロシアにはじまり、一九〇〇年半ばには、カイゼルトゥム・ドイツをも襲った。その年の五月から六月にかけて、過大貸付の破綻したドイツの数行の不動産銀行が破産し、銀行パニックが発生したので、中央銀行であるライヒス・バンクの出動・救援が必須となった。その波及効果で、イギリスでも、イングランド銀行の金利が上昇し、諸産業部門の生産が低下しはじめたが、近来の例通りは**貨幣=信用恐慌**はイギリスでは生じなかった。新大陸のアメリカでも、一九〇〇年には鉄鋼業を中心に景気が急激に悪化し、銑鉄・鋼鉄の生産は一九〇〇年中に約三〇%低落し、銑鉄価格は実に三分の二以下に低落した。しかし、鉄道業と鉄道建設はもはや主導産業《リーディング・インダストリー》とは言えず、電力・電機・自動車・建設業・化学等々の新産業が代わってこの新たな時期の主導産業の位置を占めつつあった。この他、この時期に目立ったのは、軍拡競争の激化に伴う軍需産業の成長・拡大と、それによる矛盾の内攻的滞留である。

恐慌勃発の前兆は、すでに一九〇六年末の金融逼迫による金利の急上昇に見られた。資本市場、とくにアメリカのそれにおける過大な投機が、その引金であった。一九〇六年末から一九〇七年の初めにかけて、全世界的に過剰生産の傾向が顕著となり、手はじめに重工業製品価格が崩れはじめた。しかし独占体はその価格維持力を発揮して、しばらくの間は持ちこたえ、取引所投機はなお旺盛に試みられた。しかしながら、虚偽意識としての過大な楽観を織り込んだこの持ちこたえと利潤獲得攻勢の持続自体が、金融逼迫した事態・過剰生産の累積を隠蔽することによって、深層の危機を恐慌現象の暴力的爆発へと引火させた。

一九〇七年三月にアメリカで激烈な取引所恐慌が勃発した。ドイツ・イギリスの株価も、その大西洋の海を渡っての波及効果の来襲・伝播のなかで、同じ時期に暴落しはじめた。同年一〇月には再び、アメリカで取引所恐慌が再襲し、景気循環動向についに最後のトドメを刺した。取引所恐慌につづいて銀行恐慌が蔓延し、株価は大暴落をつづけ、ついに先頃の最高値に比べて二分の一ないし三分の一以下に大崩落してしまった。

アメリカにおけるこうした株式恐慌の大爆発は、直ちにロンドン金融市場からの由々しい金の大流出をひきおこし、一九〇七年一一月の始めにはイングランド公定歩合は七％にまで引上げられ、この一八七三年恐慌以来の高金利は、一九〇八年初頭までつづいた。

この高金利は、諸外国からの金をロンドン金融市場に一手に引き寄せた。そのため、諸国政府・中央銀行は金流出を防ぐべく、公定歩合の一斉引上げに転じた。そのなかでたとえば、ドイツのライヒス・バンクの公定歩合操作は、七・五％という前古未曾有の高さに達した。こうして、世界市場恐慌が世界同時的に発現したのである。

一九〇七年恐慌は、独占資本成立後の初めての恐慌であることによって、一八二五年恐慌が産業革命後の産業資本成立後の初めての周期的恐慌であったことと同様の位置価を有する。一九〇七年恐慌の同時・同期性の激烈・突変性が、ロンドン金融市場の七％公定歩合（高金利）によって媒介されて世界汎通化した点で、新型のアメリカ発ではありながらきわめて典型的な世界市場恐慌であるとみることができる。もしもマルクスが在世していたならば、かならずやこの一九〇七年の世界市場恐慌の典型性の分析から、一九二九年アメリカ大恐慌の予見をひきだしたであろう、とわたしは強く思う。新たな二〇世紀的現代の資本主義を劃した一九二九年アメリカ大恐慌の勃発を、予見・予言した「二〇世紀のマルクス」は残念ながらどこにも居なかったのである。僅かにそれに近かったのは、ソ連邦のイエ・

ヴァルであるが、かれらソ連邦の経済学者たちは、スターリンのヘゲモニー下に陥ったコミンテルン『世界綱領』の無内容・空虚な「資本主義の全般的危機」なるテーゼに従って、絶えず資本主義のクリーゼの勃発を主張・予見しつづけていたがゆえに、たまたま一九二九年アメリカ大恐慌を「世界資本主義の全般的危機」として言い当てた面が強いのである。

　不況期に局面転換するや、アメリカでは鋼鉄の生産は、一九〇七年の最高点から一九〇八年の最低点にかけて四〇～五〇％も低下した。しかし、独占資本確立期の一特徴として、鋼鉄価格は独占コントロールの影響を受けてそれ程下がらなかった。同様の状況は多かれ少なかれ他の産業部門にもみられた。この特異な不況現象は、確立した金融・独占資本の不況対処としての価格統制力の強さを示しているとともに、資本主義全体として深く視るならばそのような価格下落に耐えられなくなった資本主義のいわば瀉血能力＝自己浄化能力の衰弱をこそ表わしているとも言える。

　一九〇七年恐慌後の不況局面が好況局面に転化したのは、アメリカとフランスでは一九〇九年、ドイツでは一九一〇年、イギリスでは一九一一年であった。この時期では、**一九〇七年恐慌の全世界的な同時性・同期性**の後を承けて、不況から好況への局面移行においてもほぼ同時的・同期的であった（ありえた）のであった。後にわたしたちは、**二〇世紀的現代における恐慌現象の歴史的変容**がさらに深刻になる**一九二九年アメリカ大恐慌→一九三一年世界恐慌**＝再建金本位制崩壊の以後の世界経済的事態においては、もはやそのような全世界的同時性・同期性も維持することが困難・不可能となり、世界資本主義の統一性が、**恐慌爆発期**においても、二〇世紀初頭の帝国主義世界戦争大爆発期のように解体されてしまう「非常時」的様相を目撃することになろう。

　メンデリソン『**恐慌の理論と歴史**』（一九五九年）によるならば——「**一九〇七年恐慌**からの脱出のためのたたかいの重要な特色の一つは、独占体が、その競争相手を犠牲にして自己の勢力範囲を拡張し、その販売量を拡大するために、競争相手の首を絞めたことである。外国市場ではダンピング、輸入業者への短期信用供与、資本輸出、政治的圧力を加えるさまざまな方法、植民地市場の独占化が、この目的のために用いられた。それぞれの帝国主義国の国内では、広範に中小企業が、時としては独占体ではない大企業も、この独占的攻勢に押し流された。独占体はきびしい闘争をおこなって、アウトサイダーを吸収し、自分の競争相手に合併をよぎなくさせた。カルテル型やシンジケート型の独占体の内部では、その参加企業同士のあいだで、割当高をめぐり、それぞれのグループにとって最も有利な生産水準や価格水準をめぐって喧嘩がおっぱじめられた。こうした闘争がおこなわれていくあいだに、解体した独占体もあれば、新たに創られた独占体もあり、また「再編成された」独占体もあった。これ以前の恐慌のうちどれ一つとして、**一九〇七年恐慌**ほどに、中小資本家の高い「死亡率」を伴ったものはなかったし、これほど激しい資本集中をおこなわせたものはなかった」。

右に見たような、二〇世紀初頭におけるいわゆる帝国主義的高揚の直後にやってきた**一九〇七年恐慌**の、それ以前の**恐慌現象**と際立って異質な特性を示しているのは、**恐慌過程**そのものを通して進行した、カルテル型・シンジケート型独占体による中小企業・非独占大企業の駆逐なのであって、それらを中枢大独占体は「アウトサイダー」として吸収し、さらには独占体内部での制覇闘争のなかで、独占体自体の解体・創出・再編成を展開した特異性を、わたしたちはよく了知しなければならない。

帝国主義諸列強の金融寡頭制をますます聳立させながら進行したこの過程は、いまや最高度化した金融寡頭制のもとでの――この政治的装置の高次化なしには、第一次世界大戦の総力戦も、いや反戦の国際主義の運動を撃破しての第一次世界大戦の開戦自体もありえなかった――政治的・経済的闘争の経過を理解することはできないにちがいない。とりわけ、その**一九〇七年恐慌**の激越な展開過程のなかの「植民地市場の独占化」は有限な地球領土の分割・再分割をめぐって周知のように、第二インターナショナルを解体して帝国主義戦争の大爆発にいたるまでトコトン徹底的に遂行されたのである。レーニンの『帝国主義論』は、マルクス『資本論』の資本集積・集中論を踏まえた、「資本輸出」を鍵概念とする、その世界的全過程の批判的分析・解明にほかならない。

一九〇七年以降の景気循環の特徴が、とりわけ「資本輸出」の増大ぶりに顕れているのは、その歴史論理的必然によるものである。メンデリソンが依拠した、A・K・キリンクロスの"Home and Foreign Investment"(『国内・国外投資』)によれば、一九〇八年には一三三百万ポンドであったイギリス資本の純輸出額は、一九一三年には一九八百万ポンドへと激増している。これはまさに、一九一四年に一見突如としてめぐるましい各帝国主義諸国が演じた政治的旋転を通じて勃発するにいたった、第一次世界大戦の前夜の経済的特性にほかならない。

こうした**一九〇七年恐慌の予後**は、**アメリカにおける一九一〇〜一一年の中間恐慌**の後、一九一二年の全般的好況を迎えたが、このようにきわめて短期間に終わった好況局面も資本の産業循環＝景気変動過程では稀有に珍しい症例であるが、その翌くる一九一三年には早くも**恐慌の様相**を強めた。**その恐慌は、取引所パニックも信用パニックもともなわなかった**し、また急激な生産減退をともなわなかった。この新たな経済的・信用的特徴も、**恐慌史上未曾有の**珍しい特徴といえるが、その**特異な一九一三〜一四年恐慌現象**は、一九一四年夏に勃発した第一次世界大戦の中へと解消されてゆき、それらの経済的諸様相はやがて総力戦の戦時経済の中へと組み込まれていって、一種の戦時生産力高揚を眩示することになった。

以上看てきたような、第一次帝国主義世界戦争の勃発と総力戦的長期化へといたった、二〇世紀初頭の独占資本確立期の「景気循環パターン」の変容の歴史的特性においては、不況から好況への局面移行は、縮小再生産が一段落し、景気の底入れが終わると、株式会社相互間の資本集中や減資によって既存固定資本価値の破壊・清掃がおこなわれ、電機・化学・自動車等の二〇世紀的新産業が景気牽引の主導役をつとめる、それを承けて巨大固定資本の現物更新がおこなわれる、という形で、新たに高次な産業循環軌道に乗って再開されるという新たな特性が観てとれる。このような再開状態は、当然、金融市場・資本市場への需要を強めるが、市場には過剰資金がすでに豊富に存在するにいたっているので、資金循環は万事円滑に進行してゆく。

その流通面を見ると、重工業製品の価格は独占体の価格規制作用を受けてあまり低下していないので、価格上昇の動きは鈍く、ゆっくりと回復してゆき、それにつれて軽工業製品の価格もややこれに遅れて上昇する。好況局面へのこの移行とともに、一般利潤率も当然回復し、これを反映して株価が回復すると、増資が可能となって、株価上昇運動にはずみがつく。

他方、先進諸国からの海外への資本輸出が盛んになり、植民地・後進国での鉄道建設が進行し、その建設資材は主として資本輸出先進諸国から輸出される。独占資本の本格的成立によって、この段階の主要矛盾は強まるが、その解決策としての資本輸出の増大は、レーニン『帝国主義論』の鍵概念的分析のごとく、さらに消費輸出の増強をみちびき、レーニン式に謂えば、「資本の文明開化作用」を「新世紀の象徴である鉄道網の人類文明化」として全世界的に普及する。このような全世界的な資本輸出の盛況と新産業の拡大とが、不況の短期化と好況の長期化をもたらしたのである。

好況現象の産業全部門への全面的浸透とともに、重工業の固定資本更新の設備投資も本格化し、投資が投資を生む「乗数効果」と巨大固定資本の建設期間の長期化とは相俟って資金の社会的需要を強め、物価をさらに一段と押し上げてゆき、それは独占体の価格規制の影響を受けて物価の不均等的上昇となって表われる。それは、建設費の騰貴をももたらすことになるが、好況末期の投機的建設はなおも強気に強行され、資本需要はなおも強まり、貨幣市場の逼迫と金利の急上昇をひきおこす。かくして**一九〇七年恐慌**、**一九一三〜一四年恐慌**が勃発し、それは結局、植民地の分割・再分割をめざす各帝国主義諸国の金融寡頭制支配による政治的・経済的闘争を決定的に激化させて、ついに帝国主義世界戦争の大爆発へと帰結していったのである。

恐慌は通常最も投機的な発展をしている国で先ず勃発するが、**そこでの取引所恐慌・信用恐慌**は国際金融市場ロンドンに対する金需要を強め、それによってロンドンから金が国外へ流出するにつれて、イングランド銀行の公定歩合が引上げられる。そこから生じる金利差は、周辺・近隣諸国からのイギリスへの金流入をひきおこし、それにつれて周辺・近隣諸国の公定歩合も一斉に急上昇する。これら諸国も、この**恐慌期**には多かれ少なかれ過剰資本蓄積・過剰生産状態に飽和的に到達しているので、金利の急上昇はその実態を急激に暴露することとなる。このようにして世界恐慌が世界同時的に同調して発生をみるにいたるのである。産業的過剰蓄積があまり進行していない時期に予防的に金融引締めがおこなわれる時には、**恐慌現象が中間的・部分的恐慌ないしは取引所恐慌**だけで終わることとなる。アメリカにおける**一九一〇～一一年の中間恐慌・取引所恐慌**は、その事例である。

恐慌後の不況期には、独占体によって生産制限が強力に組織されるので、重工業製品の価格はあまり下がらないが、これに比して、中小企業の物価は資本競争の激化によって暴落し、中小企業の破産が続出する。ドイツ・アメリカなど独占体形成の進んだ国々では、関税障壁を利用して国内価格を高く維持する反面、海外市場でのダンピング輸出を激しくおこなう。しかし、このダンピング輸出は原料価格の上昇をもたらすので、重工業独占体部門では、その価格上昇圧力を免れるために「縦断的結合」が進行する。不況の深化につれて、資本集中・減資がおこなわれ、また、資本の生産過程では固定資本の更新・合理化が進む、このような、既存資本の貨幣面・実物面における不況対策の進行と、新産業の旺盛な設備更新の拡大傾向、それに資本輸出の拡大が相俟って、不況局面の短期化をもたらすのである。

なお、この独占資本確立期には、**崩れた恐慌の周期が短縮**されながらもそれなりに約七年といった一定の「規則的周期」を示すようになるが、これは新産業である鉄工業の熔鉱炉の耐火煉瓦の耐用年限とほぼ一致しているので、この両者の間には深い内的連関が存しているものと推測され、依ってもって**一九世紀の古典的な「周期的恐慌」の約十年毎期限**は産業資本の回転が物質的基礎となっていたのと、本質的に同一の物質基礎的連関が、独占資本確立期の景気循環に再来したものと考えられる。

8　現代資本主義における恐慌現象の歴史的変容の概観

第一次帝国主義世界戦争の以後の、その主要な世界史的副産物としての一九一七年のソヴエト・ロシア革命以来のレーニン、トロツキー、ブハーリン、スターリンらの歴史的役割を含めたロシア・ソヴエト権力の全消長を包括する二〇世紀的現代史における、**一九二九年アメリカ大恐慌**の歴史的意義は決定的なものがある。スターリン体制の画期となった「工業化五カ年計画」の上からの慌ただしい急発動のごときも、その実は、**二九年アメリカ大恐慌**の直接的なインパクトに由るものである。

二九年アメリカ大恐慌によるドル・ポンド体制の世界史的崩壊にともなう国際管理通貨体制への移行以後におけるブロック経済化が亢進した戦間期の三〇年代危機＝「非常時」以降の現代資本主義の恐慌現象の変容のさらなる進行――それは、ナチス・ドイツの進出、天皇制日本の満洲事変的突出をふくめたブロック経済下での為替戦争による第二次世界大戦の大爆発を経て、戦後のアメリカ「ニューディール」政策の世界的普及によるブレトン・ウッズ体制の確立、そのドルの世界的撒布によって実効化した戦後通貨体制の形成へとつながっていったのである。東西双方に亙って二九年アメリカ大恐慌の歴史的意義は、このように絶大であったことを、今日のわたしたちは再確認しておく必要がある。

第二次世界大戦以後のそのようなブレトン・ウッズ＝ＩＭＦ体制下での、ＵＳＡのヴェトナム侵略戦争の瓦解にともなった、ニクソン「新政策《ニュー・ポリシー》」（ヴェトナムからの米軍撤退とドルの金との接合の切断）以来のドル本位変動相場制への移行もまた、二九年アメリカ大恐慌を引き継ぐ、二度目の画期的な歴史的意義において際立つものであった。

最新の中国の人民元をも組み込んだドル本位変動相場制の全世界化の下でのドル危機の頻発、今日のアフガン・イラク侵略戦争・征服下のＵＳＡの国家財政破産・赤字国債増発・原油高・ドル危機・為替危機の深化の様相、それに基づく近未来的なドル本位変動相場制自体の世界史的大崩壊の予兆については、アカデミックにもジャーナリスティックにも多くの研究者が論じているところであり、わたし自身もしばしば関説しているところであるので、比較的に略述しておくこととする。本章での最後の**現代恐慌史の歴史的論述**である。

現代資本主義世界システムにおいて巨大な歴史的変容を蒙った恐慌現象の今日的在り方については、多国籍＝超国籍企業を基軸とした金融・独占資本主義の発展と、ドル・核帝国アメリカのヘゲモニー国家的役割とを、世界基軸として歴史的変貌をとげてきた、第二次世界大戦以後の「グローバル資本主義」の構造と動態の現状についての具体的な批判的分析によって、その全貌を解明しなければならない。

二〇〇七年の現在、ＩＴ（情報技術）革命を、すでに全般的危機へと突入しつつあるグローバル資本主義世界経済の危機における発展を、地球環境生態系とのエコロジカル・クライシスの閾にいたるまで異常暴走的に展開している技術革進的推進力として、全世界的規模にわたって大競争《メガ・コンペティション》をくりひろげているグローバル大企業は、ドル本位制下の変動相場制や金融不安定性のリスクを露呈しながら、リストラクチャリング、経営組織のフラット化・ダウンサイジング、分社化・アウトソーシング・リエンジニアリングなど、経営革新の動きを幅広く展示してきている。

すでにポスト・フォーディズムの局面に入ってしまったグローバル大企業は、大量生産・消費・廃棄のシステムが消費者の個々的ニーズと環境制限とに撞着して廃物化され、ＭＥ（マイクロ・エレクトロニクス）・オートメーション化や、「トヨタイズム」化・「リーン」化・「モジュール」化、さらにはＩＴを駆使したＳＣＭ（サプライチェーン・マネジメント）など、生産システムの世界的標準《スタンダード》化を、いわゆる「アメリカン・スタンダード」化として、その普遍化強制的な世界的変容として全面化させてきている。今日の先端ハイテク分野においては、核物質と遺伝子との分子核の分裂に依拠する現代文明の様相（原爆・原発とクローン人間の合成）を代表するコンピューター・ネットワーク技術、バイオ・テクノロジー、ナノ・テクノロジーなどの汎用化を普及し、産業、経済、社会、文化の全般に対するきわめて深刻で広範な影響をおよぼしつつある。

「ＩＴブーム」「ＩＴバブル」によるＵＳＡ経済の「ニュー・エコノミー」現象は、今日におけるその反転現象の新たな深刻性の問題もふくめて全面露出するにいたっており、中国・東南アジア・アジア全域にわたる工業化・近代化とそれにともなう経済発展の加速化による「世界の成長センター」としての発展は、中国やインドの今日的発展にすでにうかがわれるような一面での「影」の露頂をもたらしている。

二〇世紀末葉に発生したスターリン主義体系の「一国社会主義」諸国家の崩壊と、それにつづく今日の諸「福祉国家」の衰退は、市場のグローバリゼイションの裡での従来の「国民国家」=「主権国家」の枠組の相対化と漏電現象を加速化してきており、かつての介入国家型・管理国家型から市場依存型・市場志向型国家への転換を促進しつつあるとともに、一方では、ＥＵの通貨統合やＮＡＦＡ、ＡＳＥＡＮその地域統合の流れをも急浮上させつつある。そして全般的に通観するならば、現代資本主義世界システムにおける通貨・金融危機や経済危機、ならびに地球的規模での環境問題・水問題、それに由来する地域紛争の多発化なども、全面化してきている。

こうした経済的・金融的背景をもつＵＳＡを中心とする今日の現代資本主義システムが、「ニュー・エコノミー」として喧伝されたアメリカのバブル経済が二〇世紀初頭にいたって泡沫とはじけとんだ二〇〇一年三月の直後に発生した九・一一事件（イスラーム文明復興運動によるアメリカニズムに対する価値的挑戦としてのワシントン軍事=金融二大中枢への攻撃）以来、Ｓ・ハンチントンのいわゆる「文明の衝突」の様相を呈し、一極支配を誇示するブッシュ米大統領の率いるドル・核世界帝国の「二一世紀型戦争」の開始と称するアフガン・イラク侵略征服戦争へといたっていることは、今日の世人のよく知るところである。

右のような現代世界史的経過の裡で、一九六〇年代末~七〇年代初めにかけて、ドル危機と世界的インフレーションの進行、第一次石油ショックの現出、戦後ＩＭＦ=ドル体制の固定相場制のニクソン「新政策《ニュー・ポリシー》」による崩壊とその変動相場制への移行、という戦後のブレトン・ウッズ体制以来の国際管理通貨制度の大転換が生じた。その過程で生起した一九七四～七五年の「戦後最大の不況」は、それまでの資本主義の「繁栄」と「持続成長」の資本主義の黄金時代（マーグリン、ショアー『資本主義の黄金時代』東洋経済新報社刊、一九九三年）の終焉を画した。

そして、一九七〇年代後半には、**恐慌現象の現代的変容発現の好個の新事例**ともいうべき、インフレーションと経済停滞《スタグネーション》が資本主義史上はじめて二律背反的共存・併存するという「スタグフレーション」現象が現われ、それは七〇年代末に発症した第二次石油ショックの衝撃のもとで再現されて、インフレーション亢進と異常金利高をともないつつ、一九八一～八二年の深刻な「世界大不況」をもたらした。それが、中南米諸国を中心とした深刻な累積債務危機をひきおこして、国際金融市場を危機におとしいれた。

このような、**恐慌現象の現代的変容の発現**ともいうべき、特異な国際金融危機の発症パターンは、一九九〇年代前半のＥＭＳ危機、メキシコ通貨危機の発生を皮切りとして、一九九七年七月のタイ・バーツの暴落に端を発したアジア通貨・金融危機が連鎖的に続発し、よってもって「世界の成長センター」としての東アジア・東南アジアに一頓挫を与えたのである。これと並行して、土地・株式バブル崩壊以後の企業大国日本における大型金融破綻・銀行債務累積・悪性デフレーションの亢進が、世界大不況化の先達としての「平成不況」の長期慢性化を一段と深刻化させることになった。一九九八年夏には、代表的な「ヘッジ・ファンド」ＬＴＣＭを金融破綻に追い込んだロシア経済危機の発生、一九九九年初めにかけて浮上したブラジルなど中南米経済危機の拡大、二〇〇一年末～二〇〇二年初めのアルゼンチンの通貨危機と「デフォルト」など、とりわけて格別に一九九〇年代後半以降には、全世界的規模にわたって一連の通貨・金融危機が頻発してくるようになった。

こうした局部的に転々とする金融・経済危機の頻発は、金融危機の全地球的連鎖が短期間のうちに世界的に拡大し金融市場の崩壊を招き寄せる「システミック・リスク」が今や大きく高まり、グローバル経済の「システム」的安定が失われつつある事態の端的な表明である。その背後には、「金融自由化」の世界的進展による戦後の国際資本移動規制の緩和・撤廃、「ユーロ・ダラー」や「ヘッジ・ファンド」に代表される投機的な国際資金流動性が大規模な形成が、横たわっている。金融と情報の顕著なグローバリゼイションのなかで、世界大不況の深化のなかでのUSAの一極的な好況で生みだした個人貯蓄や年金基金・企業資本などを原資として、金融派生商品《テリバティヴ》など一九八〇年代以来の金融技術革新を駆使しながら、グローバルに転々流動する投機資金が大規模に形成され、こうした架空資本の全球的運動が実態資本の貿易活動を実に二ケタ台も上廻るグローバル活動を、日夜急展開しているのである。現代資本主義における実体経済と金融的発展との乖離は極大化してきており、スーザン・ストレンジのいわゆる「カジノ資本主義」の様相を呈しており、ジョージ・ソロスのいわゆる「グローバル資本主義の危機」の様相を呈している。

このような全世界的・全地球的な絶えざる変動・変貌・不安定化は、〈長期波動《ロング・ウェイヴ》〉としてこれを見るならば、実に〈大航海時代〉の一六世紀における資本主義の重商主義的・重金主義的世界編成以来の、数世紀に一度の大転換の徴候である、と言えよう。このようなグローバル資本主義の危機における発展、自らの危機をもさらなる利潤追求の源泉へと逆転化させるたぐいの腐朽化的発展の様相として、『資本論』『帝国主義論』『現代資本主義理論』以来のマルクス主義の理論的フレーム・ワークの一大刷新・創発を要請していることは、いまや疑いもないところである。

各国民経済を基本単位としてその国際的編成を型制化してきている資本主義世界経済は、もとより単なる「諸国民経済の寄せ集め」に帰せられるものではなく、同時に〈基軸・周辺〉の重層的関係をともないながら、グローバルな規模で金融・信用・流通関係によって総括される特異な世界的編成関係をもって不断の価値増殖運動を営んでいる。

そのような資本主義の特異な世界編成の統合メカニズムは、産業資本的蓄積様式の時代には〈パクス・ブリタニカ〉の国際金本位制としてのポンド体制として現われ、第一次世界大戦後の戦間にはポンド=ドル体制の形をとった再建金本位制として現われ、さらに**一九二九年アメリカ大恐慌**・一九三一年再建金本位制崩壊の以後においては、国際管理通貨制度として現われ、その下で戦間化のブロック経済化（アメリカのドル・ブロック、イギリスのポンド・ブロック、フランスの金ブロック、スターリンのソ連邦の「一国社会主義」ブロック、天皇制日本の「日・満・蒙・支」ブロック等々）として立ち現われた。

そのブロック化・広域経済圏化の下での為替戦争の帰結が、第二次世界大戦へと導いた以後においては、第二次世界大戦後の国際連合（UN）体制＝ブレトン・ウッズ通貨体制の下でのドルを基軸通貨とする独特な国際管理通貨機構の下でのグローバル資本主義としての重層的展開が組織され、すでに右に看てきたような、多国籍＝超国籍的な金融・独占資本主義とドル・核世界帝国アメリカを両基軸とするグローバル資本主義の全球的展開となってきているのである。そこでは、今日のグローバル大企業は、国民国家間が形成する国際関係だけには帰着させえない次元において、資本の大競争《メガ・コンペティション》下で、金融市場・情報のグローバルなネットワークの複雑・錯綜したしかも一元的な発展と相互促進的に、多国籍・超国籍の企業間・企業内関係を展開し、世界的な政治経済関係とそれを体現した組織を現に形成している。

このような「グローバル資本主義」をめぐる昨今の諸問題は、基本的に、資本主義の「世界性」と「国民国家性」をいかに考えるべきか？　という古くして新しい大問題の再考の深化を、今日のわたしたちに迫っていると言ってよい。この問題は、マルクスの中期における「プラン問題」の後半体系における資本主義の「国民国家的総括」という中間・媒介範疇と**「世界市場と恐慌」**という最終範疇とをいかに観るか？〈宇野理論〉における「純粋資本主義論」と「世界資本主義論」との論争をどう観るか？　という問題とも、不可分に深く関わり合っている問題であり、本書はその点でも一定の結論的解明を行っていることはお読みのごとくであるが、本書の**〈恐慌論〉の展開自体**がさらに高次な資本主義をめぐる古くして新しい難問《アポリア》の原理的解明に資するところがあれば幸いこれに過ぐるものはない。

〔現代資本主義世界システムの本質と**現代恐慌**の諸様相については、全般的に、宇野弘蔵『経済学方法論』（東京大学出版会刊）、平田清明『経済学と歴史認識』（岩波書店刊）、望月清司『マルクス歴史理論の研究』（岩波書店刊）、大内力『国家独占資本主義』『日本経済論』（東京大学出版会刊）、日高普『資本蓄積と景気循環』（法政大学出版局刊）、岩田弘『世界資本主義』（未来社刊）、『世界資本主義Ⅰ』（批評社刊）、降旗節雄『マルクス経済学の理論構造』（筑摩書房刊）、伊藤誠『信用と恐慌』（東京大学出版会刊）、村上和光『景気循環論の構成』（御茶の水書房刊）、河村哲二『現代世界経済システム』（東洋経済新報社刊）、宮川彰『再生産論の基礎構造』（八朔社刊）、侘美光彦『世界資本主義』（日本評論社刊）、山口重克『市場システムの理論』（御茶の水書房刊）等々を、広く参看されたい〕。

一九一四年夏から一九一八年秋にかけての約四年数ヵ月にわたった長期総力戦の第一次世界大戦は、英仏米日の連合国の勝利、独墺の同盟国の敗北、その間の奇態な前後関係的スリップによるロシア・ツァーリズム=ケレンスキー政権の崩壊、ソヴエト・ロシア革命の勝利、ロシア・ソヴエト権力の成立、といったエピソードを織りまぜながら、終結したが、この帝国主義諸列強間における植民地・勢力圏をめぐる政治的・軍事的再分割の歴史的帰結が意味しているところは、歴史的社会としての資本主義がもはや自己に内在・内包した諸矛盾の処理を商品経済的機構、とりわけ恐慌の爆発によって解決するのではなくて（解決することができなくなって）戦争を通じての世界的処理としておこなわざるをえない事態に立ち到ったことを、立証したものである。この戦争そのものが植民地・勢力圏の暫定的な再分割という一時的決着でしかない以上、資本主義それ自身の矛盾はむしろ戦争そのものを通じて拡大深化してゆかざるをえなくなったのである。

すなわち、第一次世界大戦は、一方ではイギリス・ドイツ金融資本の発展を軸として展開されてきた、独占資本確立期の世界編成を世界経済の基礎から動揺させただけではなく、戦勝国のイギリス・フランスには戦債を、敗戦国のドイツには賠償を課することによって、イギリス・フランスのヨーロッパ二大列強の弱体化を促進したし、他方では、戦前までのヨーロッパ、とりわけ、フランスの資本市場・商品市場として重要な地位を占めてきたツァーリスト・ロシアは、レーニン主義に基づくソヴエト革命＝ボリシェヴィキ革命を成功させ、世界資本主義市場からの脱落を決定づけたのである。

こうして、資本主義世界経済の独占資本的編成による構造的不均衡の徹底と、ロシア・ソヴエト革命の勃発は、等しく第一次帝国主義世界戦争の生み落とした双生児として、その後のUSAをヘゲモニー国家とする世界経済の〈パクス・アメリカーナ〉的発展に一大難点を内蔵させることとなった。ソヴエト・ロシア革命の成功とロシア・ソヴエト権力の地球上での存続は、それまでの資本主義世界経済の一元的・一系的発展を歴史的存在の事実をもって否定したことであり、そこに生まれたコミンテルンの『世界綱領』的認識によれば、現代世界史は全世界的規模において「資本主義から社会主義への大移行期」の初歩段階にまでに突入した、と把握されていたのである。

もちろん、ヴェルサイユ講和条約体制・ワシントン条約体制として、世界大戦を通して唯一「債権国」へと成長転化をとげたアメリカ合州国および天皇制日本を主軸・副軸として、ウィルソンvsレーニンの先手争いのなかで、USAをヘゲモニー国家とする世界体制の再編は進められたが、その「ドル・ポンド体制」としての再編資本主義体制はそれはそれで、**一九二九年アメリカ大恐慌**によってその初期的脆弱面を露呈させ、一九三二年の英連邦オタワ会議（イギリスのブロック経済化の嚆矢）による「再建金本位制」の世界史的崩壊をよぎなくされて、現代世界経済は米ドルを基軸通貨とする「国際管理通貨体制」へと移行し、その双極に植民地・半植民地モノカルチャー農業体制の長期慢性的危機化に起因する「世界農業問題」を構造的に析出するにいたったのである。

したがって、戦間期における資本主義の根底的動揺は、「荒地《ウェイスト・ランド》」化したヨーロッパ旧大陸は、海の彼方の米モルガン財閥からの外資導入による敗戦帝国主義ドイツの資本主義再建のための、とりわけ新たな電機資本を代表するラーテナウの「合理化」路線を基軸とする、復興ドイツの賠償金のフランス・イギリスへの支払い→フランス・イギリスの戦債のアメリカへの支払い、といういわゆるメリー・ゴー・ラウンド構造軌道の全世界的布設によって、ドイツ・

レーテ革命の危機をワイマール共和国憲法体制へと集約させて、戦後の直接的革命情勢の危機を何とか凌ぎ切って、戦後資本主義のいわゆる相対的安定期にこぎつけることができたのである。

しかしながら、そのアメリカ新基軸の安定期の「相対性」は、まさにたちまち一九二九年アメリカ大恐慌によってその馬脚を露出させられ、アメリカ資本の総引き揚げに見舞われたワイマール共和国体制はこれを機に急瓦解して、再危機のドイツではヒトラーのナチス・ドイツが制覇することとなったのである。このヒトラーのナチス・ドイツ「民族社会主義」体制とスターリンのロシア「一国社会主義」体制は、二〇世紀現代資本主義体制の動乱要因として、第二次世界大戦までの戦間期→第二次世界大戦→戦後冷戦期を通じて、強力に作用しつづけたのである。

9　近・現代世界の**恐慌史**を再閲しての歴史的・理論的諸問題

恐慌史として再閲すれば、戦間期において、一九二〇年半ばから一九二一年にかけて「**戦後恐慌**」が勃発した。この**恐慌**はW・A・ルイスの『世界経済論』（一九四九年）によるならば、「在庫を補充しようとする一般的な要求に基づいた商品投機の崩壊」にその直接的な原因があり、それだけにそれにともなう物価低落もきわめて激しいものであった。ただし、この**物価恐慌**に見舞われたのは、アメリカ、イギリス、日本などにすぎず、ドイツ、フランスなどではインフレーションの進行によって、その物価低落は隠蔽された。つまり、戦時中に発生した、W・A・ルイスのいわゆる「物価革命」すなわち戦時インフレーションの収束が、戦争被害の大きい、したがって復興需要の旺盛なドイツ・フランスなどでは発動することなく終わり、逆に、比較的戦争被害の少ないアメリカ、イギリス、日本などでは（「債権国」へとその「被害」過程で転化したアメリカ、日本のごときは、むしろ「戦争被害」を蒙ったどころか「戦勝利得」に潤ったと言った方がより適切であろう）、戦時インフレーションの収束が「**戦後恐慌**」となって発現した、ということができよう。

そのような次第で、**一九二〇年半ばから一九二一年にかけての戦後恐慌**は、主要な資本主義諸国をすべて一律・一様に捉えることがなく、また資本主義諸国の不均等的発展の激化に助けられて、短期間のうちにそれから脱却することができたのである。戦後的変容の特徴が、**恐慌の周期性ならびに世界性の喪失**となって現われたと言える。

しかしながらそのなかでも、第一次世界大戦の勃発という「タナボタ」式の「神佑天助」によって、戦前の久しい「債務国」から一躍極東唯一の「債権国」へと成り上った成金ニッポンのごときは、にもかかわらず**戦後恐慌の勃発**によって、**震災恐慌**の整理もつかないうちに**金融恐慌から金融恐慌**へとよろめきつづけることになって、ついに満州事変への先行的突撃、国際連盟からの脱退へと追い詰められてゆくこととなったのである。

「ドル・ポンド体制」としての戦後の再建金本位制の成立は、国際的資金循環のルートから疎外された農業諸国とりわけて東欧諸国の農産物処理を一貫して困難にするとともに、ましてや植民地・半植民地・従属諸国の農業危機を長期慢性的に激成しつづけることになり、早晩その総帰結としての破産《バンク》をよぎなくさせるものであった。**一九二九年アメリカ大恐慌=「瓦落《ガラ》」を端緒とする一九三一年金融恐慌の勃発**は、その歴史的帰結だったのであり、一九三一年の英連邦オタワ会議によるイギリス自らの再建金本位制一抜けとそれにひきつづく金独占国の国フランスを除く一連主要な資本主義諸国の再建金本位体制からの総離脱は、前世紀末の国際金本位制の最終的崩壊として、資本主義史にとって、その基礎的な金融・通貨的枠組をとっぱらってしまった画期的事態の発生・到来にほかならなかったと言える。

その結果としての**一九三一年金融恐慌の襲来**は、一九三一年五月一一日、オーストリア最大の銀行であるクレディット・アンシュタルトが一億四〇〇〇万シリングの大欠損を暴露して破綻した事件から惹起された。オーストリア全銀行の七〇%と同国産業の六〇%を支配していたクレディット・アンシュタルトの大破産は、ヨーロッパ各国は言うまでもなく、アメリカの諸銀行も同行に密接な利害関係を保有したように、ここに否応なく**全世界的な金融恐慌の大波の開幕**が告げられることとなった。

クレディット・アンシュタルトの欠損が露顕した翌日から、同行への取付け騒動がはじまり、それが直ちにオーストリア諸銀行へと波及していった。保有手形の再割引を求める動きが、オーストリア国立銀行に集中・殺到したから、国立銀行の金準備ならびに外国為替準備が激減するにいたった。国際決済銀行は五月二九日、クレディット・アンシュタルトに対し一億シリングの緊急救済処置を講じたとアナウンスしたし、ドイツ・イギリス両国政府もクレディット・アンシュタルトに対する緊急融資を決定した。この時期には、こうした**国際的な金融恐慌への波及・発展**を阻止するために講ぜられた各国中央銀行・政府の必死機敏な国際的協力が有効に作用するかに見えたのである。

ところが、折悪しく（!）、ドイツとオーストリアの両国間に関税同盟についての合意が成立し、一九三一年三月二一日に両国間で署名を終えている旨が公表されたのである。ドイツとオーストリアの両国間の併合《アンシュタルト》の禁止は、ヴェルサイユ講和条約およびサンジェルマン条約で謳ってあったものであるが、にもかかわらない両国関税同盟の強行的成立を、独墺併合《アンシュタルト》への布石だとみなしたフランスは、**オーストリアにおける金融恐慌**を政治的取引の材料として最大限に利用しようと試みたのであった。

すなわち、一九三一年六月一五日、フランスは、独墺関税同盟の放棄を条件として、オーストリア政府に一億五〇〇〇万シリングの融資を供与する用意のあることを声明した。ところが、オーストリア政府は、このフランスの申し出を拒否し、これを契機として事態の展開は政治的にも経済的にも悪化してゆく新段階を迎えることとなった。フランス・オーストリアの両国ともが、一国的利害の丁々発止の貫徹企図にかまけて、迫り来たっていた世界金融情勢の逼迫を軽視したのである。フランスは、すでにオーストリアへの融資を決定しているドイツ、イギリスから、自国の短期資本引揚げの開始に踏み切り、ここに**国際的な金融恐慌への発展**が必至となったのである。

すでに一九三〇年九月のドイツ国会選挙でのナチスの進出以来、ドイツ政治情況に対する不安の亢進から外国資金の引揚げにさなきだけに苦慮しつつあったドイツは、フランスのこの政治的攻撃に遭遇してその金融的困難を倍加し、再建世界経済のメリー・ゴー・ラウンド構造を回転させていた第一始動力の、フランス、イギリスへの賠償支払いが不可能となって、それをストップしてしまった。かくて、ドイツ・ライヒス・バンクは、一九三一年六月のはじめの二週間だけで、金・外国為替を七億マルク以上も喪失してしまった。

世界経済上由々しき事態の発生のなかで、六月二〇日、米大統領フーヴァーは、賠償ならびに戦債支払いの「一ヵ年モラトリアム」を提案した。つづいてそれを承けて、国際決済銀行はライヒス・バンクに対して一億ドルの信用を供与したが、にもかかわらずドイツからの金および短期資本の流出はいぜんとして止まらなかった。七月三日、ドイツ最大の企業の一つである北ドイツ羊毛会社が、莫大な損失を出して破産した。この会社の最大の債権者であるダナート銀行は、そのため七月一三日閉鎖をよぎなくされ、ダナート銀行の閉鎖は直ちにその他のドイツ諸銀行への取付けの殺到をひきおこした。

北ドイツ羊毛会社やダナート銀行のこうした破産連鎖は、それに大きな利害関係を持っていたイギリスに、直ちに波及するところとなり、イングランド銀行は七月の最後の二週間だけで三〇〇〇万ポンド以上の金を失った。八月一日、イングランド銀行は、フランス銀行ならびにニューヨークの連邦準備銀行から五〇〇〇万ポンドのクレディット供与を受けたが、にもかかわらずイギリスからの金・短期資本の流出は止むことがなかった。こうして、一九三一年九月二一日、イングランド銀行の兌換停止を認める法案がイギリス議会を通過し、ここにイギリスは金本位制を放棄するにいたったのである。戦間期の世界経済を劃したドル・ポンド体制としての再建金本位制の崩壊は、こうして**一九三一年金融恐慌の直接の帰結**であったのである。

資本主義の世界市場の統一性が完全に解体された第一次世界大戦が終結するとともに、戦勝国秩序であるヴェルサイユ講和条約体制として資本主義の世界的統一性が回帰されるとともに、一九二五年に「ポンド体制」として再復帰した再建金本位制は、それからわずか六年後に、**一九二九年アメリカ大恐慌の煽り**をくらって、一九三一年九月のイギリスの金本位制放棄とともに、あえなく崩壊してしまった。大英連邦オタワ会議によるイギリスの金本位制離脱と同時に、大英連邦傘下の植民地・自治領諸国はもとよりのこと、デンマーク、スウェーデン、ノルウェーなど北欧諸国も金本位制を停止し、これ以降、世界のほとんどの国が、一九三一年金輸出禁止にあわただしく踏み切った天皇制日本をふくめて、相次いで金本位制を離脱してゆき、ここに一九世紀来の国際金本位制は、完全に永久に世界史的解体をとげていった。

ポンド体制=再建金本位制は、アメリカのモルガン財閥などの民間資金の導入を前提としたいわゆるメリー・ゴー・ラウンド構造形成によるドイツ資本主義再建のための賠償・戦債問題の解決として生み出された国際的資金循環の担い手として再構築されたため、**一九二九年アメリカ大恐慌**によるアメリカ外資の引揚げによってドイツのワイマール・デモクラシーが崩壊し、賠償支払いが中断におちいれば、国際的資金循環は切断・寸断されて、それがポンド体制にはねかえってこざるをえない仕組にあった。

しかもこのポンド体制下の国際的資金循環は、ヨーロッパ・東欧農業諸国を除外していたため、それら農業諸国の農産物処理を一挙に困難におとしいれてしまい、**世界の農業恐慌=農業危機**は決定的に深刻化された。そこで、戦後のヴェルサイユ体制下で反ボリシェヴィズムの担い手として連合国から位置づけられて反ソヴエト権力の尖兵たらしめられていた東欧農業諸国は、もっぱら国際連盟ならびにフランスの政治的借款に頼る一方となり、それはそれら諸国をして「借金をもって借金を返済する方式」の債務奴隷化への道を歩ませられることになった。

このような東欧農業諸国の困難は、戦後新たにその関係を密接にしつつあった再建ドイツ資本主義の経済的不安定に深く結びつくものであって、したがっていまやその両者が相互に経済的危機を増幅しあって、ポンドの通貨的地位の悪化を惹起していくことは必然であった。この意味において、戦後のポンド体制＝再建金本位制の脆弱性はメリー・ゴー・ラウンド構造の始点である再建ドイツ資本主義経済の不安定の裏返しであった、と言ってもけっして過言ではない。

こうして、イギリスが金本位制を自ら放棄し、自ら国際的資金循環を中断させざるをえなかったことは、同時に、ドイツ、ひいてはヨーロッパとのイギリスの関係を自ら切断することを意味し、ここにロンドン金融市場を喪失した戦後世界経済は、再建金本位制の全世界的崩壊とともに「ブロック経済」への道を、イギリスの大英連邦オタワ会議体制への移行を皮切りに一斉に歩み出すことになり、戦間期の一大特徴である「統一的な世界経済」のブロック化的分断がはじまるのである。

一九三〇年代危機＝「非常時」の世界経済的一大特徴である「ブロック経済」化の形成状況を、ここで概観しておこう——

(1) 先に、オーストリアのクレディット・アンシュタルトの破綻を契機とするヨーロッパの一九三一年金融恐慌が、激しい短期外資引揚げに遭遇したドイツ経済を窮地におとしいれたことに触れたが、その恐慌過程で独墺関税同盟を断念せざるをえないこととなったドイツは、その断念の代償として米フーヴァー・モラトリアムのフランス・イタリアの受諾によって、辛うじて救われた。

しかし、この間の経緯で、フランスから露骨に示されたフランスのドイツへの敵意は、ドイツの政治情勢をして反ヴェルサイユ・反ワイマールのドイツの志向をいっそう決定的に強め、一九三二年七月のドイツ総選挙でのヒトラー・ナチスの大量進出を招く政治要因となった。翌くる三三年一月、ナチス党が政権を掌握し、ヒトラー自らがヒンデンブルク大統領下で首相に就任するにいたったのである。ワイマール共和政の崩壊への決定的転機の到来である。「ナチス経済」（塚本健）の開始である。ナチス政権は、反ヴェルサイユ、反ワイマール両体制打破の敗戦ドイツ国民の政治的エネルギーの発揚を背景として成立したドイツ国民の一大凝集であり、その意味でそれは当初からして、イギリス・フランスに対する政治的・軍事的対立を前提として、イギリス・フランスとの戦争の開始に備えるべく、軍備再開・増強を基軸とする「経済の軍事化」によって推進され、運営されていくものとなった。この場合、敗戦によって植民地を喪失して、食料・原料資源に乏しいドイツにとって、「自給圏」の確立は焦眉の急であった。

一九二〇年代にポンド体制から排除されて慢性的な農業不況=農業危機に沈淪しつづけていた東欧農業諸国も、戦後体制打破という志向ではナチス・ドイツの志向と一致し、こうして、ドイツの東欧諸国をも一体として囲いこむ「自給圏」いわゆる「広域経済圏」が成立するにいたった。その政治軍事的にして経済金融的な武器として編み出されたのが、「清算勘定」である。

一九三一年夏の金融恐慌の拡大の過程で、大量の短期資本引揚げにぶつかったドイツは、ドイツ資本の国外逃避と相俟って、極度の金・外貨不足に見舞われ、それに対処すべく対内的には三一年七月六日、管理令を施行し、また対外的には三一年九月、短期資本据置協定を締結した。三一年六月末のライヒス・バンクの金・外貨準備高は一七億マルク強であり、ドイツの外債総額は同時期に二三八億マルクに達していたから、長期債を別に考えたとしても、その当時のドイツの金・外貨準備高をことごとくすべて短期債務の返済にあてたとしても、そのわずか一三%に充当されるにすぎない窮状にあった。ナチス・ドイツが外国為替の集中・管理をおこなう一方、他方では対外短期債務の引揚げについてのモラトリアムを取り極めた所以である。

一九二〇年代のドイツの対東欧貿易はほぼ一貫して出超をつづけ、それは**大恐慌下**でも変わらなかった。一九三三年はじめのヒトラー・ナチス政権の誕生によって、ナチス経済による道路、住宅、河川治水など大規模な失業対策功業が直ちに開始され、三三年六月から「第一次四ヵ年計画」が実施された。

この「第一次四ヵ年計画」の内容については、C・W・ギレバウドの"The Economic Rocevery of Germany"（1939）に詳しいが、資本主義特有の自由放任政策に任せた「政府の失敗」が上下あげての定評となった当時にあっては、「五ヵ年計画」経済の国家的強行は、なにもスターリンのソ連邦だけの専売特許でも、ルーズヴェルトのアメリカ・ニューディール政策の専売特許でもなかったのである。

ヒトラー治下では、約六百万人にのぼる失業者の大群が、ナチス経済の断行した公共事業への大々的財政支出によって吸収された結果、翌くる三四年には二七二万人に激減した。これは、非合法化されたドイツ共産党の復活の望みを断ち切るとともに、反ヒトラーの民主主義政治連合形成の願望をも断ってしまったのである。

この景気上昇に対応して、東欧農業諸国からの食料・原料の輸入も増加したため、三四年にはドイツの対東欧貿易は入超に転じた。しかも他方では、三三年から三四年にかけて、ドイツの手持ちの金・外貨準備も極端に少なくなっていった。こうした事態に対処して、三四年三月、「工業原料および半製品の取引に関する法律」を制定し、原料輸入を一般割当制から除外し、不要不急の原料輸入を抑制した。この法律をさらに強化し、為替管理と貿易管理を一体化したものが、一九三四年九月に発表されたいわゆる「シャハトの新計画」である。

「シャハトの新計画」は、二国間での貿易収支のバランスを求める方式であり、軍事力充実をめざして当時実施されつつあった「第一次四ヵ年計画」に基づいて原料輸入が急増したため、輸入品目別、輸入業者別、輸入国別などを選択決定し、輸出による支払能力の範囲内において、国民経済上の緊張度に応じて輸入を選択的におこなうことにしたのである。

こうした極端な双務主義に立った「新計画」は、貿易総額の縮減をもたらしただけでなく、相互に特定の市場への依存を強め、ドイツの相手国の生産構造までをも規定していくものとなった。このようにして、ナチスの「広域経済圏」＝マルク為替ブロックが、東欧農業諸国を囲い込んでブロック的に形成されてゆくのである。清算協定とドイツ・マルクの過大評価は、ドイツの東欧囲い込みの成功のための二大武器となったのである。

(2)イギリス、カナダ、オーストラリア、アイルランド、ニュージーランド、南アフリカ連邦、インド、ニューファンドランド、南ローデシアの九ヵ国の代表を結集した、一九三二年七月から八月にオタワで開かれた大英連邦帝国会議での主要な成果は、イギリス本国と帝国諸国間に結ばれた「オタワ協定」と呼ばれる特定協定であった。三〇年代の経済ブロック化→広域経済圏のイニシアティヴは、「持たざる国」のドイツ、イタリア、日本が採ったのではなく、「持てる国」の筆頭である「日の没することの無い大英帝国」が先ずもって先鞭をつけたのである。

(3)「持たざる国」と自ら名乗って、「現状打破」を呼号して満州事変を皮切りとする中国大侵略へと撃って出た天皇制日本は、「満洲国」を建国して、「日・満・支」ないしは「日・満・蒙・支」経済圏をかかげ、「五族協和」「大東亜新秩序」のスローガンを檄して、最終的には「大東亜共栄圏」をめざす「鬼畜米英」と戦う対米・対英・対仏・対和の「東亜解放」「共存共栄」をかかげる、倒錯的な権益闘争へと突っこんでいった。

(4)一九二〇年代に最高の「繁栄」を謳歌したUSAはまさにその機に一転して二九年秋のニューヨーク株式市場の瓦落《ガラ》を契機とする**大恐慌の勃発**によって最大の被害を蒙るにいたった。当時のアメリカのいくつかの経済指標をとって、一九二九年から三二年にかけての下落率を検べてみると、石炭産額四〇・九%、銑鉄生産高七九・四%、鉄鋼生産高七五・八%、建築契約高八一・五%、株価指数八七・四%、輸出額六九・四%といった、未曾有の驚くべき下落率を記録している。

主要なヨーロッパ資本主義諸国の工業生産指数の低落率で対比してみても、ヴァルガ『**世界経済恐慌史**』(一九五〇年)によるならば、同期間のイギリス三二%、ドイツ三二%、フランス三六%に対して、アメリカは五六%とダントツの下落率であった。また、三二年の失業率を指標にとってみても、イギリス二二・一%、フランス一五・四%に対比してみて、アメリカはドイツ四三・八%に次いで三四・〇%の高率であった。ドイツのこの四三・八%の高失業率は、ナチス経済によって翌くる三三年からの「第一次四ヵ年計画」によって激減してしまうのである。こうして、

USAは工業生産指数でも失業人口指数でも、まさに**未曾有の「大恐慌」**を経験したのである。

二九年アメリカ大恐慌の爆発によって超楽観視の面目をすっかり失ってしまった米大統領フーヴァーは、高関税のホーレー・スムート関税法、グラス・スティーガル法（信用膨脹政策）、全国信用会社・復興金融会社の設立、失業救済用の公共事業、農業不況対策の農業政策等々、**恐慌脱出策**に大童わになったが、その対応策のことごとくが裏目に出て、一九三二年予算では**大恐慌下の税収減**によって二九億ドルに上る国家予算赤字が見込まれたため、平時最大の増税となった三二年歳入法 Revenue Act を成立させたが、これは当然不況圧力をかえって強める結果をもたらしたのである。

銀行恐慌の渦中でフーヴァーにとってかわった新大統領に就任したルーズヴェルトは、就任二日後の一九三三年三月六日に全国的な銀行モラトリアムを宣言し、金の引出しや移送を禁止する応急策をとり、つづいて三月九日に緊急銀行法を成立させた。この法律は、先の機敏な新大統領宣言を追認しただけでなく、銀行の救済・整理など信用制度全般にわたる改善に対する大統領権限を強化したものである。フーヴァー前大統領の、経済の自由放任・金本位制堅持・健全財政維持の旧来の「政治哲学」を全く持たない、実際家としてのルーズヴェルトの事実上の「ケインズ経済学」（自由放任《レッセ・フェール》の否定、国家財政の発動による完全雇用政策の実施）の考え方が、このような強化された大統領個人権限に基づく「ニューディール政策」を可能にしたのである。

三月九日にはじまるいわゆる「百日議会」において、ルーズヴェルト政権は、景気回復政策として立てつづけに多くの立法化を試みたが、なかんずく三三年五月一二日成立のAAA（農業調整法）、三三年六月一六日成立のNIRA（全国産業復興法）は、アメリカ経済の工業・農業両面にわたる**恐慌脱出用**の緊急政策として決定打であった。

一九三四年以来、ルーズヴェルト政権の「ニューディーラー」たちは、公共事業、失業救済事業、産業復興融資、農産物価値引上げ等への巨額の政府資金の撒布政策＝いわゆるスペンディングを矢継早に展開し、これをもって景気回復への呼び水（pomp priming）とした。これと並行して、三四年一月三一日に四〇・九％におよぶドルの切下げを断行し、金一オンス三五ドルとし、物価政策はこれをもって一段落したのである。

このドル・スペンディングに基づく景気のポムピングによって、ニューディール・ポリシーは、二九年大恐慌を乗り切ることに成功したと言える。

スペンディング・ポリシーの大展開は、巨額の公債発行に依存する財政展開であり、これがため、政府公債は累増（一九三二年一九五億ドルであった国債は、三四年に二七一億ドル、三六年には三三五億ドルに激増した）、赤字財政の強行（三二年に二五億ドルであった財政赤字は、三四年に二九億ドル、三六年には四六億ドルに増大した）となってあらわれた。ルーズヴェルト政権の「ニューディール」の手品の種は、こうして国債の赤字発行と国家財政の赤字化であったといえる。資本主義経済としては、この「双児の赤字」が次の景気回復期＝好況局面で償還されさえすれば、それで足りるのである。

このようにして、一九三〇年代危機下の「非常時」の特徴であった「ブロック経済」は、（1）英連邦ポンド・ブロック、（2）ナチス・ドイツ・マルク広域圏、（3）天皇制日本「日・満・蒙・支」四ブロック、（4）アメリカ・ニューディール・ドル・ブロックとして、ブロック対峙の形勢を創り出し、睨みあうこれらの経済ブロックは、互いに広域自給圏の自国中心の囲い込みに狂奔しながら、熾烈な為替戦争を相互展開し、ついに本物の軍事戦争である第二次世界大戦へと突入するのである。

一九四九年の、毛沢東思想に基づく「持久戦論」で重慶の蒋介石国民党政府が参加していた連合国側に立って抗日民族解放戦争を戦いぬいた上に、戦の国共内戦にも勝利をかちとった、延安根拠地に依拠した中国共産党と紅軍は、中国半植民地革命の農民戦争を完遂して中華人民共和国を建国したが、これは一九四五年八月一五日に終了した第二次世界大戦の大惨苦が現代世界史にもたらした主要な歴史的副産物であった。

第二次世界大戦の総結果は、いうまでもなく、米英仏和に蔣介石の中華民国とスターリンのソヴエト連邦が加わった連合国（UN）の、ナチス・ドイツ、ファッショ・イタリア、軍国主義日本の三国枢軸に対する圧勝であった。大戦終末期には、ファシズムの統領《ドゥーチェ》ムッソリーニは反戦パルチザンによってミラノの街頭に愛人もろとも逆さ吊りにされ、ナチスの総統《フューラー》のヒトラーは、ソ連軍のベルリン占領の迫るなかで結婚式をあげたばかりのエヴァ・ブラウンとともに自殺して果て、それに比して最後の最後まで沖縄の全滅戦を戦わせた天皇裕仁は、アメリカ軍の沖縄占領と広島・長崎の原爆攻撃に屈して、遅まきながらポツダム宣言の無条件受諾をよぎなくされ、大日本帝国を解体させ、「大東亜共栄圏」大に展開した天皇制軍隊と治安警察・内務省を解散させられたものの、鈴木貫太郎内閣を立てての和平工作・終戦工作によって、延命することに成功し、戦後のマッカーサー米占領軍の日本占領に協力して、「天皇の地位は二個師団に相当する」と判断したマッカーサーの対日治安方針に乗じて、米軍基地用に占領されていた沖縄を差し出し、反ソ・反共の極東群策源地として日本をUN（国際連合）の首領USAに売り込んで、アメリカ占領行政の「衛立」として個人的にも政治的にも延命していった。

世界的戦勝国として立ち現われたUSAをはじめとする主要な連合国サイドの資本主義諸列強と、東欧圏を自らの勢力圏に加えたスターリンのソヴエト連邦は、連合軍（UN）の圧勝を享けた戦勝国ヘゲモニーの戦後の新たな世界秩序を直ちに国際連合（UN）として結成し、占領したドイツ（東西ドイツへと分割）と日本（大日本帝国憲法を解体し、沖縄の分離米軍占領を継続した）し、戦後の「ニューディール体制」の世界化の一環としての資本主義再建・復興を成就していった。

このような国際秩序の「ブレトン・ウッズ協定」下の形成は、現代資本主義のサイドからするならば戦争＝福祉国家USAをヘゲモニー国家とする「ニューディール体制」の世界的普及化としての〈パクス・アメリカーナ〉の本格的形成＝「西の自由主義陣営」化であり、スターリンの「一国社会主義」のサイドからすれば、ポーランドの分割、東ドイツの分割占領、バルト海東南岸のエストニア、ラトヴィア、リトアニアの併合、対フィンランド戦争によるフィンランドのソ連邦寄り領土の割譲の獲得、東欧圏の軍事占領を、既得戦争権益として打ち固めた、スターリン主義体制としてのいわゆる「社会主義世界体制」＝「東の社会主義陣営」の形成にほかならなかった。こうして戦後の世界体制は、その双方ともが「平和と民主主義」を名分とする、原子力時代の下での現代資本主義体制と現代社会主義体制との「核均衡平和」に基づく東西冷戦《コールド・ウォー》の米ソ争覇・結託のきわめて特異な世界体制であったと言える。

この特異な戦後世界体制が戦前・戦中のそれとは異なる一つの歴史的特異性は、戦後革命期における中国半植民地革命の勝利による毛沢東思想に基づく中華人民共和国の出現、非暴力不服従運動のガンディー主義に基づくインドの独立ならびにイスラーム復興思想のジンナー主義に基づくパキスタンの独立、スカルノ主義に基づくインドネシアの独立、を先頭とする澎湃たる民族独立運動の興起による古典的植民地主義体制の全世界的崩壊であった。文明開化の脚台としての植民地体制を、世界大戦の過程と戦後アジア・太平洋革命の過程で喪失させられてしまった資本主義諸列強は、植民地なき現代資本主義の体制再編のため、ブレトン・ウッズ国際通貨体制の創出のもとに顕著な構造変化をとげてゆき、資本蓄積と**恐慌のパターン**も顕著な変貌を示すこととなった。

新興民族独立諸国は、中国の周恩来、インドのネルー、インドネシアのスカルノ、エジプトのナセルの領導の下に、戦後の国連秩序と軍事同盟を根幹とする「自由主義陣営」vs「社会主義陣営」の陣営的対峙から抜け出す、非同盟中立の「バンドン会議」を組織し、インドネシア共和国のスカルノ大統領のイニシアティヴのもとに「第二国連」への結集を志向するにいたったが、その歴史的企図はUSAの使嗾したインドネシアの九・三〇事件の勃発（スカルノ大統領の失脚、スハルト軍事政権の樹立、アイディット、ニョト以下世界最大のインドネシア共産党の潰滅）によって空しく画餅と帰した。ここに、第二次世界大戦の革命的渦心であった植民地の民族解放運動は、歴史的退潮へと転ずることをよぎなくされてしまったのである。

戦後のブレトン・ウッズ体制に制度化された国際管理通貨体制は、本来、国内均衡を優先させるドル、マルク、ポンド、円等々の各国管理通貨の下にありながら、国際的資金循環の絶対的必要性の要請もふくめて各国ともに国際均衡を重視しなければならない国際通貨体制であるわけであるが、そのさい、国際収支の天井という限界自体はけっして先験的に一義的・固定的なものではなく、可変的・弾力的であって、しかも現代資本主義の発展趨勢から言うならば、その国際収支の天井は逐次高められる傾向性のもとに置かれてきたのである。

右のことは、一面では、資本主義諸国の国際貿易の取引量が世界的ニューディール体制の普及下で拡大したからでもあるが、他面では、主に戦後のヘゲモニー国家アメリカの特殊な世界的地位に由来するものであった。すなわち、アメリカ合州国自体は、第二次大戦後、圧倒的な世界一の経済力と世界独占に近い豊富な金準備を基礎に、自国通貨ドルを基軸通貨とする国際管理通貨体制をブレトン・ウッズ＝ＩＭＦ体制として創出し、「ニューディール体制」の世界的普及化を実現し、戦後現代資本主義体制を型制化することに成功を収めたのである。

この戦後アメリカ的体制は、一九五〇年代に入るや、一方では、高圧経済《ハイ・プレッシャー・エコノミー》下の完全雇用達成のための財政スペンディングに由来するインフレーションの亢進と、他方では、労働生産性上昇の伸び悩みによる貿易収支面での黒字を収縮させてきた国際貿易収支赤字化の傾向が露出させてゆくとともに、米ソ・東西冷戦の特異な戦後的条件下に、スターリンの「社会主義陣営」と冷戦対決する自由主義陣営の主導国として、政府が対外的なドル撒布による経済援助・軍事援助を積極的に推進しなければならなかったことにかてて加えて、民間資本も国内の資本過剰を背景に海外進出を激増させたため資本収支面での赤字幅が拡大し、国際収支の赤字が持続して構造化するにいたった。にもかかわらずＵＳＡは、国際収支が赤字の逆調におちいっても米通貨当局が印刷的にいつでも創出できるドル紙幣＝青票をもって赤字の国際決済にあてうる以上、ビナイン・ネグレクト政策の上にあぐらをかいて、国際収支決済上の金融節度を自らは遵守しようとはしないままに、ＩＭＦ体制下に海外諸国へのドル撒布をひきつづき続行してきたのである。

その結果、一九五〇年代末期以降、アメリカ経済からの金流出傾向を顕在化するにいたり、とくに一九六〇年央以降はヴェトナム侵略戦争の長期慢性化・泥沼化とともにドル体制は混迷を極めだして、ついに一九七一年のニクソン「新政策《ニュー・ポリシー》」宣言（ヴェトナムからの米軍の全面撤退とドルからの金の引当ての停止・切断）をよぎなくさせられるにいたった。ここに、今日にいたるまでのドル本位変動相場制が発動されるにいたり、国際管理通貨制度は一段と劣悪化する歴史的時期を劃されたのである。

ただし、戦後資本主義体制の現代資本主義的発展の見地からするならば、以上のようにドルが海外諸国の経済・軍事援助のために豊富に撒布《スペンディング》され、各資本主義諸列強の外貨準備が潤沢に蓄積された結果、各国はそれだけ国際収支面での限界を拡大させてマイルド・インフレーションをともなう高度経済成長を長期・高原状に達成することができたのである。朝鮮戦争特需によって復活・膨脹過程へと転じた戦後日本経済が、史上稀有の高度経済成長を享受しえたごときは、その顕著な典型的事例であった、と言うことができる。したがって、IMF体制は、各国の資本蓄積とマイルド・インフレーション下の高度経済成長を促進し、その他面ではそれをマイルドな高原状的発展に長期にわたって規制・操縦する制度的枠組として作用したと言える。大戦後に主要資本主義諸国にいわゆる「国家独占資本主義」体制が定着したが、このような「国家独占資本主義」体制が、それも「戦争国家」という側面よりも「福祉国家」という側面が優位に立って前面化する形で各国の景気循環がしばらくは順調に推移する制度的枠組が完備した、と言える。

第二次世界大戦においても、主要資本主義諸国における資本蓄積過程が、**戦後の「反動恐慌」**という性格を皮切りにしながら、**反復的な恐慌と景気変動**に幾度もさらされてきたことは、いうまでもない。戦後の現代資本主義世界のヘゲモニー国家としてのUSAの場合にも、一九六〇年代前半までの期間に限ってみても、一九四八〜四九年、五三〜五四年、五七〜五八年、六〇〜六一年と、実に四回もの景気後退《リセッション》を経験している。爾余の各国の景気循環は、このアメリカの浮沈する景気循環によって或る程度の影響は蒙ったものの、先ず第一に、**アメリカの五七〜五八年恐慌の影響**を除けば、各国は同時的・同期的な景気後退《リセッション》には見舞われないで済んでいる。ここに、従来から本来的であった**恐慌の世界的同時性・同期性**は、さしあたり消失してきたのであって、**戦後恐慌**は空間的には多発したアメリカを除いてバラツキが甚だしく、時間的に世界的同調が生じないままにバラバラに多発した、とみることができる。極端な一事例をとれば、一九六〇〜六一年度には、アメリカで景気後退《リセッション》が生起したにもかかわらず、西ヨーロッパと日本ではそれとは対照的に著しい経済ブームが発生したのであって、戦後はさしあたり、景気循環局面の転換が全世界的規模で同調して発生するものではないことの、論より証拠の証明を提示したのである。

しかも、**恐慌の歴史的変容**の観点から第二に強調すべきことは、第二次世界大戦後は、ＵＳＡを中心とする資本主義諸国の景気後退《リセッション》現象の生起においては、景気の落ち込みが戦前に比較してはるかに軽微になったという注目すべき歴史的事実である。もちろんそれが景気後退である以上、各国の鉱工業生産の減退・輸出入規模の縮小、失業者の増大、といった経済的・社会的諸指標が当然見られるとはいえ、その変化も戦前の景気後退の場合と対比すれば、比較的に軽微なものに止まっているのである。

そのかわり、景気循環上、**恐慌局面の初発から次の恐慌局面の初発までの期間**が、自由主義時代ないしは独占前期時代の場合に比較して短縮化した事実にも、着目しておく必要がある。言い換えるならば、戦後現代資本主義においては、**恐慌現象の世界的同期性・同調性**はさしあたり失われることとなったが、各国それぞれがバラバラに経験する景気後退の頻度は独占資本確立期よりも高まったのである。

以上のような、ＩＭＦ体制下の戦後資本主義諸国の景気循環の形態的変容は、いずれも各国の国家独占資本主義的方策とそれを支えるＩＭＦ体制という国際的枠組を、主たる要因としてもたらされたものであることは、言うまでもないところである。第一の景気循環の非同時性・非同期性の特徴は、各国政府が或る程度自由裁量的な景気調整策を随時・適時に弾力的に行使できたためにほかならないし、第二の景気下降期における生産の縮小度が軽微になったという問題も、政府の有効需要創出政策によって独占企業の製品販路市場が拡張されるようになったためであるし、第三の景気循環周期の短縮化という問題も、政府による需要の下支え効果によって不況局面が短期間のうちに吸収・克服されるようになった結果の産物にほかならない。いずれも、各国政府がＩＭＦ国際体制下に「国家独占資本主義」という制度的枠組の形成によってコントロールされた（しえた）管理通貨制度の運営を通じて、激烈な突変的恐慌の回避に、したがってまたそれによる経済の安定化・高度経済成長の達成にめざましい成功を収めてきたことの反映にほかならない。いわゆる「ケインズ革命」による「福祉国家」建設の時代である。

　右のような**戦後国家独占資本主義体制における恐慌の激発性の喪失**、好況～不況局面の循環を貫いての物価・賃金の下方硬直性の定着・強化は、国家独占資本主義国における通貨当局の総需要管理、とりわけ引締め政策がしだいに奏効しにくくなってきた限界性の露呈と関連した諸現象である、とこれをとらえることができる。この限界は同時にまた、戦後ドルの財政スペンディング政策の限界の問題にほかならない。

　この時期に本格的に形成された「国家独占資本主義」の本質を概念的に規定したのは、すぐれて大内力『国家独占資本主義』（東京大学出版会刊、一九七〇年）の業績に属する。それによれば国家独占資本主義の本質的定義は、「金本位制の終局的な放棄＝管理通貨制のうえに立って、主として通貨の側面からおこなわれる経済への介入、あるいは広義のフィスカル・ポリシーを媒介とした経済の国家管理」に帰せられる。これと併せて、現代世界経済を「資本主義から社会主義への世界史的移行期」の初発局面と解するコミンテルン・マルクス主義の伝来的定義に立脚した、**一九二九年アメリカ大恐慌**に際会した自由放任のアメリカ資本主義が、「五ヵ年計画」「農業のコルホーズ化計画」をもって計画経済的に躍進しつづける「社会主義経済」の仕組みを「内面化」して、ケインズ経済学的計画経済諸装置を国家独占資本主義制度として具現化した、と観るのが、大内力「国家独占資本主義論」の心髄である。

このような大内力の「国家独占資本主義」の本質規定は、それが国家資本主義的独占体の停滞傾向を過度に一般化したために、戦後経済のかんじんな高度経済成長の出現に対しては、その解明に立ち遅れを来たす一面を固有することとなったとは言えるが、その停滞性が決定的要因となって露出した、戦後国家独占資本主義体制の辿った次の局面――「スタグフレーション」の発現にさいしては、威力を発揮することになった。スタグフレーションという資本主義経済の新しい未知の経験の到来は、何よりもインフレーションの亢進と経済停滞《スタグフレーション》の亢進との結合に特異な根本性格があったからである。

一九七三年暮のスエズ危機に由来する石油産出諸国ＯＰＥＣの演じた石油危機《オイル・クライシス》の発現以後の、激烈なインフレーションの進行によって、スタグフレーション現象の発症は生起し深刻化したのであり、この現象発症の現代世界史的意味は、それが石油価格の高騰に経済的象徴化された「資源エネルギー問題」の発生という、言葉を換えれば生態系的環境の「エコロジカル・クライシス」の発現という歴史的新事象の経済的翻訳という意味を担ったところにあるが、石油・資源問題の発生の経済学的必然性に限局して、このスタグフレーション問題の発生を捉えるならば、不況・失業の存在とインフレーションの共存といういわば「二律背反的事象」の背後に横たわっている多元・多様な構造的諸要因の複雑・錯綜した相互諸関連をマルクス経済学的に解明する上で、大内力「国家独占資本主義論」の理論的解明力は絶大であったと言える。

スタグフレーションという二律背反的な最新の経済現象を理解する上で、インフレーションの加速→実質賃金の上昇→利潤率の低下という因果連鎖系列をもって解明した大内力理論は、当時の諸学説のなかで最も説得性に富む論理であったのである。ただし、こうした大内力説に対しては、川合一郎教授によるスタグフレーション発現の契機として、国家独占資本主義体制の（先にも述べたごとき）総需要抑制政策＝景気引締め政策の結果としての不況現象の顕在化を重視する学説による批判がある。歴史的事実の発現経過としてもたしかに、石油ショック以後の一九七四～七五年に資本主義諸国を強襲したスタグフレーションは、各国の同時的景気引締め政策を（その限界的無効性の露呈の問題もふくめて）同期・同調的に伴っていたのであるからして、この川合学説には今もって傾聴すべきところがある。

この国家独占資本主義諸列強を同時・一斉に襲ったスタグフレーションの発現は、このようなきわめて特異な形で（わたしは、この現象の発症をこの時限り・一回限りの歴史的出来事とはみなさない。現に、長期デフレ不況からようやくにして脱出しつつある今日の現代資本主義経済が「インフレーション・ターゲット」政策への米日同時の転換によって、景気の「踊り場」を脱出しつつある今後に待ち受けているのは、私見ではおそらく、一九七四～七五年過程で経験したスタグフレーションの高次の再燃であろう、と考えている）、戦後資本主義においてアメリカはじめバラバラに多発して本来のその**世界的同時性・同期性を久しく喪失していた恐慌現象**が、その同時性・同期性を回復したものとしてとらえることができるし、そのようにとらえるべきである。この点は、**現在での恐慌論再構築**に当ってのかんどころであろう。

そうした国際的要因の重要性に鑑みるならば、第一には、海外諸国に流入してくるドルは、諸国の通貨当局によって買い上げられた外貨準備に追加されて留保されるから、買い上げによって国内通貨量を直接に増加させてゆくという側面と、さらに第二には、豊富化された各国のドル準備を基礎に財政金融面での緩和策の実施の余地が拡大されることによって間接的に国内通貨量を増加させるという側面を持っている。この二重の側面の合成が、インフレーション促進の基礎条件を形成するのである。

一九六〇年代に入っていっそう重要な側面となったのは、主にヨーロッパの金融中心地において、ドルの取引市場としてのユーロ・ダラー市場が発展するようになったことに、関連している。この国際短期資本市場は、元来はUSAからの海外資本の慢性的流出とヨーロッパへの米多国籍企業の進出を主要な要因として、多国籍＝超国籍企業の金融的便宜を充足するために急発展をとげた多国籍型の巨大銀行《メガ・バンク》によって操作される世界市場であるが、アメリカから流出した過剰ドルは直接にかまたは各国通貨当局によって外貨準備に組み入れられてから後に、この市場に預託されるようになったから、アメリカ政府の過剰ドルの撒布が進むにつれて、資本市場は飛躍的に膨脹することになったのである。

このユーロ市場には、諸国の国内金融市場におけるような通貨当局が存在するわけではなく、その資金取りを制御し統制するのは価値尺度としての心髄を抜き取った管理通貨制度では困難ないし不可能であるからして、ユーロ・ダラーなる短期資金は、この資本市場における金利と各国の金融市場金利との間の金利差の変動と、ドルの先物為替レートの関係に応じて、自由・濶達に市場から流出入することができる。こうした国際的要因によって戦後現代資本主義＝国家独占資本主義の順調な発展が確保されたとみることができる。企業大国日本の円「過剰流動性」が、米日安保同盟（これは、政治的・軍事的同盟であるとともに、経済的・金融的同盟でもある）、アメリカのローザ・ボンド買付け資金としてアメリカに還流して、ドル本位制下の国際資金循環の主たる動力源になっているごときは、その好箇の証明事例である。

こうして、一九六〇年代には、ユーロ市場からの短期資金の流入というインフレーションの国際的増幅・同調のメカニズムが形成されたために、各国通貨当局は有効なインフレーション抑止策を採ることが最終的に不可能となってきたのである。一九〇七年代初頭以後、西欧諸国では二ケタ台の激しいインフレーションの亢進に見舞われることとなったが、それもアメリカの金融節度無視によって撒布された過剰ドルが、一九七〇〜七三年にはいっそう累積するようになった事態の帰結であった。

その事態はまた、それはそれで、先に述べた一九七一年八月のニクソン「新政策《ニュー・ポリシー》」によるドルの最終的な金交換停止・金切断によって、アメリカのドル撒布続行の金交換による歯止めが最終的に完全に喪失したことに基づいていた。一九七三年初頭から、国際通貨体制は、今日もそうであるような、ドル本位制下の国際変動相場制＝フロート制へと移行したのである。この移行は、全世界的には、中国の人民元の現在におけるドル・ＩＭＦ体制への加入、通貨バスケット制への移行によって、完成されたのである。

だが、このようにして国際通貨制度がドル本位変動相場制に移行したとはいえ、上に述べたようなインフレーションの国際的増幅・同調システムが消失・減衰したわけではないことも言うまでもないところである。このメカニズムからまた、現にオイル・ショックを契機としてスタグフレーションという二律背反的な新恐慌現象も発現したのである。

このように看てくるならば、現代資本主義諸国の国家独占資本主義体制下のインフレーション現象は、国際的なインフレーション増幅機構によって根本的に規定されながら発現してきている現状が把握される。言い換えれば、本来インフレーション的体質を内在させている各国資本主義の金融的上部に、大量な過剰ドルの滞留という、国際的インフレーション誘発メカニズムが「過剰流動性」の恒常化という形で構造的に定着し、各国のインフレーションに、国際的な、また国内的な要因によるインフレーションとして、二重の促進動力を与える根源が存在するにいたったのである。

各国の国家独占資本主義の総需要抑制策＝景気引締め政策が、先に述べたように、その限界上から次第に利かなくなってしまって、不況の深化という逆の結果をもたらすだけで、かんじんのインフレーションの方は抑止されないで野放しになってしまうのも、通貨当局の管理通貨制運営のための引締め政策を無効ならしめる原理的な構造的諸要因が、ただ単に国内的要因としてだけではなくて、国際的要因としても、戦後現代資本主義体制に定着してきたためである。

そして、一九七〇年代に入って世界インフレーションが顕在化して、主要資本主義諸国が実に二ケタ台の「ギャロッピング・インフレーション」の襲来に懊悩するようになったのは、基本的にはＩＭＦ体制の逐次の世界史的崩壊に基づいて国際的なインフレーション加速要因が発生したためにほかならない。そうした全社会的歪みは、Ａ・ギャンブル&P・ウォルトンの『現代資本主義の危機』（新評論刊、一九七八年）が指摘しているように、一方で、資本の一般利潤率がマルクスの定式化の通りいぜんとして傾向的低下をつづけ、その他方で、労働者への実質的分配率も低下し、ひとり国家独占資本主義の管理通貨当局である政府部門の公的収支のみが拡大している（これは基本的に国家赤字の拡大である）社会的歪みの所産であって、そのようなものとしてまさに現代国家独占資本主義体制の「行き詰まり」を何よりも雄弁に示している、と言える。

10　恐慌の通時態的歴史論と共時態的経済学原理論の解明との統合のために

最後に、本章で**恐慌現象の全歴史的態容**について、重商主義→自由主義→帝国主義→現代資本主義の各時代にわたる通時態の克明な歴史的考察をおこない、その歴史論と本書第一五章にまでいたる**恐慌現象**の経済学原理論的解明との統合を、総体化しようと志向したわたしなりの苦心を披瀝するためのエピソードをひとつ。

近代経済学の世界で、資本制商品経済社会についてのすぐれた共時態的分析である『価値と資本』『資本と成長』『一般均衡と原生経済学』など光彩陸離たる諸業績でノーベル賞の栄誉に輝いていたジョン・R・ヒックスは、自らはそれにあき足らないで、一九六九年にまさに通時態的考察である『経済史の理論』を世に問うた。

この『経済史の理論』は、前期ヒックスから後期ヒックスへの転換を象徴した、わたしに言わせれば稀有の名作品であるが、にもかかわらずその当時にあっては、学界からも一般読書界からもほとんど評価されなかった。しかしながら、ヒックス自身は「ノーベル賞がこの仕事にたいして授与されていた方が、わたしにとって望ましかった」と自負していたのである。

そして、今日になってみれば、古い「慣習経済」の見直しから、第一章〈理論と歴史〉のそもそもを問うたこの経済史家としての小篇は、「〃経済人〃あるいは経済計算をおこなう人間の出現」の歴史的由来にピタリと焦点を当てて照らし出した名著中の名著である。

よく考えてみれば、あまたの社会科学・人文科学のなかで、歴史と理論の双方が不可分に重要になるのは、おそらく経済学と言語学の分野であろう。言語学の方では、やはり二〇世紀を劃したフルディナント・ド・ソシュールの言語学の例がそれである。『一般言語学講義』でよく知られる関係論的立場に立ったソシュール言語学の共時態的構造論理は、その実は同時に、若い頃からインド=ヨーロッパ語の歴史的文法の渉猟者であったド・ソシュールの厖大な歴史的考察の上に構築された、一般的・抽象的論理にほかならない。

ソシュールは、マルクス経済学の価値論にも精通していた言語学者であり、かれの言語形態論はマルクスの価値形態論を模したものである、と言ってもよいものであるが、マルクス自身の『資本-経済学批判』体系もまた、資本制商品経済とそれ以前の先=非資本制経済についての「ノアの洪水」以前期からの厖大・周密な唯物論的歴史把握に、深く裏付けられた構造的論理であるのである。

かれヒックスは、『経済史の理論』の開巻劈頭において、「本書は、小著ではあるものの、極度に大きな大問題を取り扱っている。その問題は、一方では全世界にわたっており、またその一方では、人類の全歴史過程、すなわち、「未開の暗黒、時代の深淵」といわれ、人類学者や考古学者が若干の断片的知識を与えてくれているにすぎない、人類の最初の時代から、未知の未来の発端である現在までを、広く対象としている」と述べている。すなわち――

「わたしは、これを経済史とよぶが、この場合、経済史を狭い意味に解しているのではない。かと言って、経済史が歴史の全体を対象とするものであるとか、また、あきらかに非経済的と思われる行為の背後に、いつもたえず経済的動機を探求すべきである、といったようなことを、わたしは主張するつもりはまったくない。しかしながらまた、経済学そのものの領域について、最近しばしばおこなわれているような、経済史の領域を狭く限定しようとも思っていない。「数量経済史」の盛行にもかかわらず、経済史家は、経済学者のようには、自分の問題を純粋に数量的に把握しようとはしていない。これは、時代をさかのぼればさかのぼるほど、得られる数字がきわめて断片的になってしまうというだけの理由によるのではなくて、ほかにもっと深い理由があるのである。それは、過去にさかのぼるにしたがって、人間生活の経済的側面が、今日ほどには他の諸側面から分化していないということを、わたしたちが認めざるをえないところから出てくることなのだ。経済史は、しばしば分化の過程として示されるが、このことは正しいことであろうと考えられる。もっとも、この分化は、経済的諸活動内部の分化だけではなくて、他の種類の諸活動からの経済的活動（経済的活動となりつつあるもの）の分化をも意味している。もちろん、この後者の場合の分化は、いまだ完全なものではなく、またこれからもけっして完全なものになってしまうことはないであろうが、わたしたちの研究においてその過程を跡づけることができる程度には、その分化はすでに進行している。問題の取り扱いを容易にするために、わたしたちの主要問題と、それから派生してくる問題の領域を、それぞれ限定しておくこととしよう。このように問題の領域をそれぞれにはっきりと限定できるのは、学問上の分化が、「現実の世界」で実際に生起しつつある事柄と一致する場合があるためである。しかしそれは、実際に生起しつつある事柄のすべてについてではありえない。むしろ、ますます乖離が進みつつあるので、わたしたちは大いに悩み、そしてそのことをはっきりと自覚しているのである。経済史のひとつの大きな役割は、経済学者、政治学者、法律学者、社会学者ならびに歴史家——一般史家、思想史家、技術史家——が、一堂に会して、互いに話し合える公開討論の場を作りあげることである」（J・R・ヒックス『経済史の理論』講談社学術文庫刊、一九九五年）と。

経済史の理論において、ヒックスは、市場経済と非市場経済、慣習経済と指令経済、自由放任経済と中央計画経済、価格経済学と厚生経済学、封建制と官僚制、等々の〈対〉概念を駆使して歴史分析を試みている。かれヒックスは、アラン・カーディナー卿の創製した「収入経済《レヴェニュー・エコノミー》」に依拠しながら、人類の経済機構の一つの本来的な形態として「市場形態」と対比されるべき「収入経済《レヴェニュー・エコノミー》」は、食料やその他の必需品の「余剰物」を、耕作者から収取し、官僚にも生活資料として支給する。それはそのようなものとして、市場発展の主要な背景を成し、市場に先行するものであるが、市場発展と対比さるべき人類経済発展の歴史的形態であって、市場の成立後も残存しており、自由放任主義の全盛期においてさえも、国家が、なおも給与を受ける官僚群をもっている以上は、けっしてそれは完全には消滅することはできなかったし、現代経済における「公共部門」の成長は、「収入経済」の大幅な強化をさえもたらし、その公共領域は将来の社会主義的経済形態においてもますます強化されてゆくものと思われる。他面、市場の諸力が「収入経済」を変容させた一つの方法は、「収入経済」に経済計算をおこなう機会を与えたものであり、そのような経済計算は、原初の「収入経済」においてはほとんど完全に欠けていたにちがいないのであって、近代社会がはじめて可能にしたものであろう。

エジプト古王朝、中国諸王朝、インドのムガール帝国、古代ローマ帝国等の示している「古典的」官僚制は、市場の十分な発達がなくても起こりえたし、またそれらが市場の発達のずっと後に起きてきた時でも、すでにその時までに出現していた市場の発達は、それら官僚制の古典的発達とほとんどなんらの関係ももつことができなかった。論理的に言って、古典的な官僚制の発展は、古典的な市場の発展とは、まったく無関係なものなのである。

近代資本制世界における大英帝国が〈パクス・ブリタニカ〉として登場してくるずっと以前に、たとえば「古典的」帝国の代表の一つであったチムールのムガール帝国は影が薄くなってしまい、その「ナワブ」や「ニザーム」は、当初こそ「皇帝」の従臣であったが、一八世紀までにかれらの中央集権的な皇帝制度への忠誠は、まったく単なる名目上のものになってしまっていた。たとえそこに再び官僚制が維持・再編・強化されるような現象が起こったとしても、それはただきわめて限られた地域にのみとどまっており、それが支配していると称していた実効支配地域よりもはるかに狭いものであったであろう。「王」が主要な収入を得ていた「直轄地」は、「封土」に囲まれており、しかも「封土」に対する「王」=「皇帝」の支配はまったく形ばかりのものになっていたのが普通の状態であった。そのような帝国の衰退現象は、前近代の末期において中世ヨーロッパによく見られたものであり、また一七～一八世紀の幕藩体制期の近世日本においても、G・サンソム卿の『日本史＝History of Japan』における観察によれば、実質的には中世ヨーロッパと同一の形態で再現されているのである。

理念型された「慣習経済」と「指令経済」は、極限的な「純粋なタイプ」として両極化するが、実際の歴史ではこの両者の中間形態が存在しうるのであり、中央集権的な「指令経済」を執行する専制君主といえども、いっさいの慣習を打ちこわすことはできないのであって、「専制政治」を必要とした「非常事態」が強権的安定に基づく収拾によって過ぎ去ってしまえば、慣習はいつのまにか元に戻ってしまうのである。純粋なタイプの「指令経済」は、中央専制政府からの広範な命令が受容されるのは「非常事態」の時のみであるから、そうした、「非常事態」に当該社会が直面していた時期にしか存在しえないのである。実際の歴史的実在においては、「上からのもの」とともに、いくつかの「下からのもの」が、結局のところ、その社会組織にとって不可欠なものとならざるをえないのである。

遂に、非常事態に直面するにいたるや、当該の共同体は次第に軍隊組織のごときものに転化してしまうが、これは多くの事例に即してみてきわめて困難な過程=段階であって、諸帝国がその段階をうまく通過することができず、したがって、中央専制権力が形の上では残ったとしても、おそらくその実は衰滅・消滅してしまうような事態も、アレクサンドロス大王の死後のマケドニア帝国の分裂のように、生起してくることとなる。しかし、このようにして中央権力が無くなってしまった場合でも、もっと社会の下層において「統合」がおこなわれるかもしれない。したがって、中央専制権力の失敗は、完全な失敗でもないし、その逆にまた、その成功は完全な成功でもないであろう。

「封建制」という社会組織の諸体系の集合体は、おそらくはその共通性の一つとして、軍隊を民政期に転換させていく過程で、社会組織としてあまりうまく成功を収めることができなかった、という共通経験をもっている。将軍たちは領国の支配者に任じるし、司令官は一つの地区を統治する官僚に登用される。かれらは、自分たちの以前の地位に対する権力的記憶をもっており、したがって、なお中央に対する何らかの忠誠の感情をもっているのである。しかし、さまざまな指令をかれらに下して強制するような中央政府権力は、すでに非常に制限されたものになっており、それゆえにかれらに対する中央の権威は、いくらかの伝統的な諸権利において示されているだけにとどまっている。このことが、大領主に対する中央政府の地位・権限であり、また大領主とかつてはその部下であった小領主との関係においても、同様の形態が存在している。そうした体系は、「慣習」に回帰した形態なのである。すなわち、そこにおいては、「指令」の要素が残されているといっても、それはほんのとるに足らない程度のものであり、そこではヒエラルキーそのものが「慣習化」してしまっているのである。

こうした性格的特徴が、組織の上からみた「封建制」の特徴なのである。だが、封建制にはきわめて特徴的な経済的側面もまた、存在している。すでに軍事的専制主義の段階で、軍隊を養わなければならないという問題があって、もしもその軍隊が現に戦争に従事中で進撃中であるならば、それは略奪によって養われるということも実際的に可能となり、軍隊への供給問題にたいするこうした簡便な解決方法は、いつの時代でも侵略者を駆り立てて対外的な侵略行為に向かわせる大きなモティベーションになった。

だが、たとえそうした侵略行為が首尾よくいった場合においても、やがてその征服地を守らなければならない時期が必ず到来する。つまり、略奪による供給はけっして究極的・恒常的な解決にはなりえないのである。軍隊やすくなくとも軍事力のなにか中心となるものが、自ら恒常的に恒常的な所得=収入を確保する絶対的必要がやってくる。その時はまた、専制者が自らのために恒常的な所得を確保する必要が起こってくる時なのである。

その時に、専制者が採るべき道は二つある。その一つは、戦争によって獲得した捕虜を奴隷として働かせることであり、もう一つは、かれの被支配者・被征服者に「貢租」を課することである（これは今日の「租税」の先行形態である)。わたしたちは、往々、それらの方法のうち前者の一方を「野蛮なもの」として、また、後者の他方を「文明的なもの」として考えがちであるが、ここで取扱っているその段階においては、それら野蛮なものも、文明的なものも経済・社会維持の方法として、相互に入り混じっている。たとえば強制された労働は、そもそも一時的な奴隷制なのか、それとも税兌換の一形態であるのか、それは理論的カテゴリー化としてはどちらともとれるのである。

奴隷といえども生きなければならない——かれら奴隷自身にとってそうであるばかりでなく、奴隷労働からの収取に依存している奴隷主にとってもそうなのであり、そこにヘーゲル哲学の有名な〈主と奴の弁証法〉が働いているのである——、したがって、奴隷から収奪できるものが奴隷が経済的に生産したものの常に一部分なのであって、けっしてその全部ではありえない。それ以上に過多のものが取り上げられるならば、きわめて当然なこととして奴隷の生産性は減少し、そればかりでなく奴隷の餓死によって奴隷人口の再生産そのものが長期的にみて不可能になる。被征服者から略奪されるものは、単に穀物や家畜のようなその基本的な物的所有物だけではなく、かれらの人的生産能力もまた略奪される。したがって人は、略奪によって恒常的な所得を獲得・確保することはできない。

最終的に必要とされるものは、恒常的な所得にほかならない以上、もしも軍事・戦争経済もしくはそれらを継承するものが、所得確保上・経済運営上の何らかの「均衡」を見出そうとするならば「奴隷」や「貢納者」が生存できて、しかせ再生産を維持できるに足りるだけの十分なものがかれらに残されなければならないし、その確保がかれら支配者が治めている当該社会の機構・制度のうえでも保証されていなければならない。

このように軍事的専制主義の観点から「租税」もしくは「貢租」の必要・十分条件を導出してきた結果としても、それらの税金が耐えうるものであるならば、それはなにも武力を後楯にして強制する必要は何らないことが証明される。最も純粋な「平和的」な慣習経済においても、貢租を取り上げることのできる余地が必ず存在する。自分の手で働くことによって自活できない階級=支配・寄生階級がその社会に存在しているかぎり、社会そのものの存立・存続条件として、当然そうでなければならないであろう。神聖王や祭司や長老がそこに居るかぎり、かれらはだれかによって扶養してもらわなければならない。しかし、そのようなかれらは、慣習的な神々への供物によって、たやすく生きてゆくことができる。専制者の課する諸税は、まったく同じ「慣習経済」の中に吸収されていくものとして考えられるべきである。それらの諸税は、聖なる支配者であるかれらに与えられた権利となり、そしてまた「宗教」に対してなされる「供物」に類似したものとなるのである。

「王」は、自分のところに貢租として納入される財源から、自分の従臣、軍隊を養わなければならない。ここにおいて、この分取に必要不可欠な「輸送」の問題が生じてくる。この点は、時代が遡れば遡るほど、交通困難な時代となるので、実はきわめて重大な実際問題となる。貢租とは現物で、あるいはまた直接の労働賦役によって、農産物と農事労働で納められる。このことだけからしても、「封建制」へと移行することは、きわめてたやすいこととなる。なぜならば、その王国を構成している領国や準領国や小領国を治めるためには、とりわけ軍隊が分散している時には、徴収される収入によって養われている人びとは、中央政府よりも、収入源により近い場所に居ることが多いからである。

農産物や労働力を長距離にわたって遠方へ移動させることは、首都への集中納入であっても、各地方への分散配分にとっても、きわめて不合理な貢租農産物・労働力の消費である。その地にいる王の代理人が——徴税請負人もふくめて——収取する生産物の分け前を自分の手に入れるために——その分け前は、かれら自身の生活にとって毎日必要不可欠な必需品である——、収取した生産物をいったん首都中央に送り届けて、またそこから送り返して分配を受けるということほど、ばかげきったムダなことはありえない。地方領主が自分の収取分をその途中の在地で手に入れることを認めることのほうが、はるかに容易・簡便なのである。そうすれば、かれらが自分の取り分を取ってしまった後に残る貢租農産物だけを中央政府へ送り届ければよいのである。

だがしかし、このようなやり方をとってつづければ、地方領主が貢租を集めることになってしまう。その結果、地方領主が中央政府へ納める貢租は、全部が全部かれらの選択したものになってしまい、そうすることが適当であるとかれらが考えるものだけが、中央政府へ送られてくることとなる。このことが、経済的側面から観た「封建制」の真髄である。純粋な封建制の下では、この経済的側面からだけでも、中央封建政府が結局のところ長期的には衰退の一途をたどってゆく危険性にさらされていることを予見・予知することはきわめてたやすいことである。

このような封建的な自分の権力――経済力と、それゆえにまた政治力も――しだいに侵蝕されてしまうことに対して、強力な断固たる封建制支配者は当然、それに全力をふるって立ち向かおうとする。しかし、何かそれに代わるべき補完要素はあるだろうか？　一つだけ、それに代替されるべきものが存在する。すなわち、かれは民政、つまり「文官登用制度」を根幹とする「官僚制」を自ら創り出さなければならない。

この「官僚制」による代替・解決は、「封建的な」解決に比べてみて、はるかに困難であるばかりか、たいへんに手の込んだ複雑な治政機構にならざるをえない。それが十分にその潜在能力を解き放って成功にこぎつけるためには、市場制度が官僚制度を強化する時期にならなければならない。そしていうまでもなく、この官僚制度は、歴史上原理的に言って市場制度とは無関係に独立したものであったのであり、事実、歴史的記録に徴してみるに、「官僚制」が発達しはじめるのは「市場経済」が発達しはじめるよりずっと以前のことに属するのである。

総じて言って、以上のようなブリリアントな歴史的にして論理的な分析において、J・R・ヒックスは、前近代の共同体国家社会の政治経済的状況を、今日の術語で言うならば、カール・ポランニーのマルクス主義的分析の成果である「内部貨幣」と「外部貨幣」との区別と連関、「贈与」「互酬」「再分配」社会経済と「商品交換」「商品流通」「商品生産」経済との区別と連関のもとに、総体的・綜合的に取り扱っている、と総括することができる。

わたしに言わせれば、近代資本制社会における発明であると言ってよい〈経済人〉の人格化とそれに担われた〈経済計算〉は、やはり商品経済にだけ泥《なず》む、人類社会史的に言えばきわめて特異な社会現象なのであって、歴史貫通式に言うならば、太古からの人間社会は当然いつでもそのなかで何らかの経済を営んでいるが、その形態は、商品経済部分と、経済計算には本質的に泥《なじ》まない共同体経済部分——それは私見では、供給、贈与、互酬、再分配、勧進を基本形態として営まれている——とのアマルガムである——その合金の混合において、前者の商品経済の占める部分は後者の共同体経済の占める部分との相対比の歴史的帰勢は、後年に社会進化してゆけばゆくほど、前者の比率が累進的に高くなり、近代資本制社会にいたって前者の完全制覇が今日見るように実現されることとなる。

しかしながら、そうした合理化が徹底する近代社会もまた歴史的な経過的存在であるとするならば、それが去った後の将来社会は、ヒックスのいう「慣習経済」や「官僚制」もふくめて、右に述べた特性をもつ共同体社会の社会原則を高次化された水準で再具現するものとなるにちがいない。その未来の構想力の論理から見返してみるならば、「経済法則」とは、自然（土地）と人間（労働力）とを「商品化」したことによって、共同体社会に遍通している「社会原則」を「価値形態」化した合理化社会に特有な形式的法則以外のなにものでもありえないのである。

これを以てこれを看るならば、かれヒックスは自ら「ノーベル賞以上級」と自負する『経済史の理論』の〝小著〟を世に出すにあたって、経済史を「未開の暗黒、時代の深渕」としての「人類の全歴史過程」にわたる人類史のいわば象徴としてとらえて、それが人類文明史の全領域をカヴァーするものとしては当然のこととして捉えてはいないものの、それが単なる断片的数字の「数量経済史」的把握にとどまるものではなく、時代をさかのぼればさかのぼるほど得られる数字がきわめて断片的に少なくなってゆくというだけではなくて、人間生活の経済的側面が分化の過程の一路を歴史的にたどっており、それも、この分化過程がただ単に経済的諸活動の内部の分化だけではなく、他の種類に属している人間の諸活動から新たに経済的活動が分化し、経済的活動となりつつあるものが増加し、その増大傾向が完全なものとして完成されているものではなく、またそのようなものとして完成されるべきものでもなく、つねに現在進行形をもって完全化しつつあるものであるからこそ、わたしたちは歴史の主要問題としての領域と、そこから派生して増殖してくる問題の領域とを、それぞれ限定しつつ区分した上で、学問上のこうした必然的な分化と「現実の世界」で実際に生起しつつある事柄との照応・一致を追求し、その両者の関係が一面では乖離が亢進してゆく現状のなかで、わたしたちが学知的に孝情しながらその乖離をはっきりと自覚して、経済学者、政治学者、法律学者、ならびに一般史家、思想史家、技術史家が一堂に会する、壮大な相互討論の場を創り出すことが、今日における重要問題であることを、声を大にして強調していることを知ることができる。

その枢要な現代的問題構制《プロブレマティーク》としての「経済史の理論」の位置価の全面的自覚において、かれの『経済史の理論』は、ただ単にかれの一般経済「価値」理論の一般的・抽象的叙述には止まることのない、総体的・全面的な社会科学・人文科学全般の主導的理論＝方法としての位置価をもつ野心的自負にあふれた問題提起となっているのである。

そしておそらく、マルクス『資本―経済学批判』の弁証法体系における〈**恐慌論**〉**の位置づけ**、とりわけその経済学原理論における**周期的恐慌の暴力的・突変的・全般的な規則性の解明**を裏打ちして支える〈**恐慌史の理論**〉の形成もまた、右のような全面的性格を帯びるもの、帯びざるをえないものに相違あるまい。

右のような、〈**恐慌論**〉**完成**のための歴史と論理の関係性の全面的解明は、今日においても、経済学者、政治学者、法律学者ならびに一般史家、思想史家、技術史家を一堂に会する、相互討論の公開的深化・拡大を要する中枢中の中枢の学知的意義を有しなければならないものなのである。また、それに値する全文化的探究課題なのである。

J・R・ヒックスは、かれの『経済史の理論』の第一章「理論と歴史」において、「わたしたちはどのような意味において〈歴史の理論〉に取り組むことができるのであろうか?」と根源的な自問を発して、理論と歴史とは相互に「対極」にあるか、せいぜいのところ「二者択一的なもの」ではないか、という懐疑主義に対して、「わたしはこの懐疑主義を理解できるように思うし、また或る程度それに共感を覚えている」と前提したうえで、「科学的というよりはむしろ美的情調に訴える歴史パターンを作り上げる」大歴史家のトインビーやシュペングラーなどの「壮大な構想」よりも、右の懐疑主義の方に惹かれるとした上で、自分の〈経済史の理論〉の立場は、マルクスの〈歴史の理論〉に親縁性をもっている、と積極的な意志表示を明示的におこなっている。

通例の学界ではこの異例ともいうべき特異な出来事を無視、黙殺の状態、ないしはその意味が分からなくて茫然自失状態にあるが、何人も知る近代経済学の第一人者であるジョン・R・ヒックスと、マルクス経済学の第一人者であるカール・マルクスとは、その理論と歴史の両面にあいわたる思想的・学問的方法論の根柢では、全く一致しているのである。わたしに言わせれば、この言説的事実は、今日の思想・文化・学問を前進・発展させてゆく上での、決定的な確認事項でなければならない。すなわち——

「わたしの「歴史の理論」は、けっしてトインビーやシュペングラーなどの意味における歴史の理論ではない。マルクスは、自己の経済学から一般性をもつ理論を抽出し、それを歴史に適用した。そのため、かれの見出した歴史パターンは、歴史の分野を越えてその根拠を持っていたのである。わたしの「歴史の理論」は、マルクスによって試みられた、このような歴史の理論の方にはるかに近いものである。わたしが意図しているのは、このような歴史の理論にほかならない」と。

私見では、右のようなヒックスのマルクス了解は、マルクスの一般的な経済学原理論の理論抽出構成と、それが歴史に適用されて人類史の通時態的な「歴史パターン」を発見してゆく唯物論的歴史把握と、そのような人類史の把握によって「歴史の分野」を越え出るような共産主義へといたる人類史の再構想をうちたてたマルクス弁証法体系の全般にわたる、正確無比な了解を明文化しているものである。

さて、そのようなマルクスの『資本論』つまり経済学原理論の核心《ガイスト》として、資本制商品経済社会の高次化による螺旋状的発展——資本の産業循環軌道の高次の再生産過程の構造的展開——を〈宇野理論〉のいわゆる永遠にくりかえすかのごとき特性をさししめすとともに、マルクスの終生のテーゼである〈**恐慌=革命**〉連関に則って恐慌が大衆の資本主義批判・資本主義変革の発条を解き放って、新しい主体的社会=アソシエーション社会を形成する構想力としての歴史作用を演ずる、という論理をあきらかにした。

生涯にわたってこのような〈**恐慌論**〉の**基本的完成**をめざして理論的に腐心したマルクス自身が明言しているように、**恐慌現象**の周到・周密にして厖大・多岐にわたる歴史的把握なしには絶対に論理化できないたぐいの仕事であった。イギリス産業革命以後の**一八二五年恐慌からはじまり一八六六年恐慌**にいたった、ほぼ十年毎に規則的に資本主義世界を震撼した五回の周期的恐慌——唯一回の出来事でもなければ、万年危機的な平板でのべったらの爆発でもない周期的恐慌——の経済学原理的な経済法則的把握が見出した基準を軸心としながらマルクスは、その以前の一七世紀ヨーロッパにおけるオランダの**チューリップ恐慌**、一八世紀のイギリスの**ジョン・ローの株式投機恐慌**、同じくイギリスの「**南海泡沫**《ザ・サウス・シー・カンパニー》」**恐慌**、**リューベックの商業恐慌**、ドイツの**ハンブルク商業恐慌**等の**重商主義時代の恐慌**をも克明に調査研究し、あるいはまた、**一八六八年の恐慌の変容**をいちはやく唯一人だけ感知して、「世界大不況期」にいたる**自由主義時代以後の恐慌現象の周期性の喪失**をめぐる新しい理論構成にとりかかっていたマルクス的方法は、そのような周密・精到な歴史的把握なしには、かれの〈**恐慌論**〉の**基準の理論的完成**もまたありえなかったことを、よく物語っている。

ヒックス流に言うならば、そのような歴史的解明を通じて基準としての**恐慌の基本規定の定式化**において、マルクスは、統計的処理をおこなって、「統計上の一様性」を求めたことになる。無数・多数の諸原子《アトム》がブラウン運動をつづけているその総体の運動法則の解明は、統計的処理によるのほかはありえないのである。このような社会・経済現象の絶対的処理は、ヒックスが言うごとく、個々人の自由な行為選択を前提してなされているのであるからして、それはなんら機械的な「決定論」を意味するものではないのである。

本書の理論的構成も、そのようなマルクスが死没した後の「世界大不況期」を介して現われた、独占資本確立期である帝国主義時代における**恐慌の変容**、**一九二九年アメリカ大恐慌とそれを承けた一九三一年世界金融恐慌**による再建金本位制の崩壊、それ以後の**管理通貨制度下での恐慌現象の変容**、第二次世界大戦以後のブレトン＝ウッズ体制＝ＩＭＦ体制下の恐慌の戦後史的特性、一九七一年のニクソン「新政策《ニュー・ポリシー》」によるドルの金からの切断によるドル本位変動相場制の下における**戦後恐慌現象**のさらなる変容、そして**今日の頻発するドル危機という形で現われている変容した恐慌**、といったこれまでの**全恐慌の歴史分析**を、メンデリソンの大著『**恐慌の理論と歴史**』ならびにヴァルガの大著『**世界経済恐慌史**』に主として依拠しながら、わたしなりに全面的な歴史分析を試みて、〈**恐慌論**〉の**基本的な理論的規定**を集大成したものにほかならない。

今日の現代資本主義世界システムが、ヘゲモニー国家アメリカのアフガン＝イラク侵略・征服戦争の泥沼化のなかで、国家財政破産・赤字国債乱発・ドル危機・為替安・原油高を深刻させながら、〈パクス・アメリカーナ〉の没落期へとすでに踏み込み、近未来においてドル本位変動相場制そのものの世界史的崩壊に見舞われることがもはや必至となった情況のなかで、新しい〈もう一つの社会〉を構想して生きなければならない〈いま・ここ〉のわたしたちにとって、この〈**恐慌論**〉がいくらかでも役立てば、ありがたいことである。

11　カテゴリー史から——資本家社会の端緒《アンファング》「範疇」としての商品形態から上向して終末《ダス・エンデ》「範疇」としての**周期的恐慌**へ

資本家社会を対象化分析するさいの端緒《アンファング》「範疇《カテゴリー》」は商品形態であり、終末《デア・エンデ》「範疇《カテゴリー》」は**恐慌**である。

Kategorie という概念は、近代日本に泰西から輸入されて、「範疇」という邦訳語を宛てられることとなったが、この「範疇」という訳語はもと漢語の「洪範九疇」から来た一種の略語である。そのように簡略化された「範疇」で表現された「カテゴリー」とは、叙説語として用いられているが、さらにその本来の意味を遡源してみるならば、それが由来した古代ギリシア語のκατηγορεωカテーゴーレオとは、本来「訴訟」の義である。けだし、古典古代ギリシアのポリス国家にあって「訴訟」では、各別に特殊な諸犯罪を法＝ノモスの一般的規定の下に包摂して、その罪状を具体的に定めるものであることから、カテーゴーレオはおよそ「一般的に叙説する」ことの義となり、したがって「カテゴリア」はこうして叙説語の意味に変じたものである。

　この「カテゴリア」を、学術語としてはじめて規定し使用したのは、古典古代ギリシア哲学の集大成者として『形而上学《メタ・タ・フュジカ》』を著わしたアリストテレスである。アリストテレスの規定した「十範疇」は、実体、分量、性質、関係、場所、時間、状態、所有、能動、所動、である。能動・所動といった動作的細分を実体・分量・性質等々といった一般的なものと混淆させているアリストテレスのこの「十範疇」が、それこそカテゴライズとしては玉石混淆の感をまぬがれるものではなく、後に有名な「十二範疇」表を『純粋理性批判』について発表したカントが、アリストテレスの「十範疇」表を「ただ経験から拾い集めてきたものにすぎない」と評しているのも、もっともな欠陥・弊風が『形而上学《メタ・タ・フュジカ》』にはみられる。

　このようなアリストテレスの「十範疇」の規定は、トレンデレンブルグ『範疇論史』が述べているように、アリストテレス『形而上学』に具体的に即して、「文法の品詞」に相当したものであって、その十個という数自体の由来も、当時のギリシア語文法にあっては品詞が十種とされていた以上の絶対的意味はもっていないものである。にもかかわらず、アリストテレス『形而上学』の哲学的権威によって、この「十範疇」をもって実在の最高形式を分類的に表示したものと考えられてきたのが、古来の西洋思想史において多くの無用な誤解を招いてきたのである。それを輸入した近代日本思想・哲学が後生大事に絶対化してひたすらありがたがってきているのは、笑止千万な思想的喜劇である。

本来、実在そのものを最高形式において分類することが果たして可能であるのかどうか、そのような分類は結局のところ実在を認識する見方の分類に帰してしまうものなのではないか、という根源的な疑問があるのであるが、古来実在を若干の種類に分類する哲学上の企図自体はつねにあることはあったのであるが、アリストテレス「形而上学」体系における「範疇《カテゴリア》」は、かならずしもそれでもなかった。実際に、アリストテレスの場合には特にかれの「範疇」カテゴリアを以て、トマス・ヒル・グリーなどが説くがごとくに、「実在の形式」とみなすことは、困難である。トレンデレンブルグが言うがごとく、それが文法上の品詞に相当するものであったとすれば、その各概念はそれぞれに相当する或る命題の各部分をそれぞれ抽象的・形式的に示したものなのであって、それらの命題をもって思惟の結果を表わしているものとすれば、それらの諸範疇は結局あきらかに「思惟の形式」にほかならないのである。

そして、「思惟の形式」として「範疇」を把えるとしても、アリストテレスの「十範疇」分類によるそれは、古代ギリシア語の文法上の十品詞に相当する統一的連関性を措いて言えば、元来ただ単にこれを任意の命題の分析から考えたものであるから、その間に必然的な統一連関性などは有っていないのであって、とうてい統一的な原理に基づいた実在の最高形式の分類表とはなりえていない。

右のような範疇論史から言って、「範疇カテゴリア」を統一的原理を有し実在の最高形式の分類として表式化したのは、近代ドイツ観念論の批判哲学体系を創始したイマニュエル・カントの哲学的功績に、これを帰さなければならない。カントが喝破したごとく、Gedanken ohne Inhalt 内容なき思想は空虚 leer であり、Anschauungen ohne Begriffe 概念なき直観は盲目 blind である以上、思惟が知識を構成する自発性 Spentaneitat を具体的に実現するためには、適宜・適切な統一形式を有たなければならないのであるからして、その統一形式を Kategorien = 範疇として「十二範疇」表式化したカントの哲学的功績は絶大なものがある。

かれカントの『純粋理性批判』にかかげられた、「判断」形式=命題と「範疇」との対応における「十二範疇」表式を左にかかげておく――

〔判断〕			〔範疇〕
（1）	分量	全称的（すべての甲は乙である）	全体性
		特称的（或る甲は乙である）	多様性
		単称的（この甲は乙である）	単一性
（2）	性質	肯定的（甲は乙である）	実在性
		否定的（甲は乙ではない）	絶無性
		無限的（甲は非乙である）	制限性
（3）	関係	断言的（甲は乙である）	実体性
		仮言的（丙が丁であるならば甲は乙である）	因果性
		選言的（甲は乙であるか丙であるかである）	相互性
（4）	様相	蓋然的（甲は乙であろう）	可能性
		正環的（甲は乙である）	現実性
		必然的（甲は必ず乙でなければならない）	必然性

見られたごとく、それこそ雑多性の拾い集めであったアリストテレスの「十範疇」――実体・分量・性質・関係・場所・時間・状態・所有・能動・所動――が、分量・性質・関係・様相の四つの判断形式＝命題に基づいて「十二範疇」にそれこそ整然と原理ある分類化と変貌しているのである。観られるように、そこにおいて、アリストテレスの「場所、時間、状態、所有、能動、所動」が「（4）様相」に一括され、「十二範疇」の総体をもってアリストテレス

の「実体《オン》」が最高実在としてカテゴリーエンされているのである。

カント「批判哲学」体系において、右の〈判断表〉の分類原理とされた（1）分量（2）性質（3）関係（4）様相は、カントの「感性形式」の図形《シェーマ》としては、（1）時間系列（Zeitreihe）（2）時間内容（Zeitinhalt）（3）時間順序（Zeitordnung）（4）時間概念（Zeitbegriff）として配当せられている。

このことによって、カント「批判哲学」は、経験を時間形式の図形に当てはめて考えることによって、その系列によって算え、その内容の有無を検し、その順序によって因果の関係等を定め、よってもってそうした時間総括によって「経験」を「時間論」として概念化することができたのである。この概念的対応によって、〈判断表〉から〈範疇表〉へと移ることも、相互対応的にきわめて容易となったのである。本書における「範疇」の概念的使用において、わたしは如上のカントの「判断表」と「範疇表」の原理的照応に、終始厳密に則っているので、さよう心得られたい。範疇の厳密・適確な使用なくして、知的思考の明確さはありえないのである。

このような根本形式の「範疇」的確定に立脚しえて、自らの「批判哲学」体系に統一的な形式的外観を十全に与えることができたカントの所業を目して、後世それがドイツの「組織的」学風を誘致し、よってもって政治上・文化上に「規則主義・官僚主義」の弊風が横溢する濫觴をなした、とあげつらう俗学者がみられるが、そのような亜流学者はカント「批判哲学」の核心を全く知らない「概念なき盲目な直観」を弄するブラインドにしかすぎないのである。

この、俗学者には一見煩瑣に見えるかもしれない、カントによる「十二範疇表」の原理に基づいた総合的創製がなかったならば、イギリス経験論におけるロックによる知的能力の研究・点検、ヒュームによる懐疑論を潜り抜けて、近代哲学方法論として、とりわけヒュームの透徹した研究を自らの組織的・一般的形式の考案を創出することによって「組織的・一般的」に変形させることはできなかった、と言うことができる。したがって、カントの批判哲学にとっては、このような一見煩瑣な形式は、近代哲学方法論の創始上きわめて大きな生命力に富んだものであった。近代思想の能産性の観点から顧みて、その効能のほどを計測するならば、それが果たした思想的生殖力・繁殖力は絶大なものがあったと評して可なりである。「無前提の学」あるいは「最高実在の学」「最も厳密な学」とされる哲学は、或る意味では「範疇《カテゴリー》の学」であると言ってよいのである。

本書のこれからの議論の新展開のための行論の必要上から、カントのアンチノミーに由来するヘーゲル観念弁証法にせよ、マルクス唯物弁証法にせよ、〈矛盾論〉の核心は、わが近世日本の三浦梅園の日本型弁証法における「矛盾」の定義で言えば、「反観合一」（『玄語』「例旨」）ということになるであろう。この例旨を、かれ梅園が、浄向律師に与えた文言によって多少敷衍しておけば、「条理は則ち天なり、反観は則ち人なり」ということになる。

天＝宇宙のロゴスが「条理」と名付けられるとすれば、言語的意識をもつ人＝人間社会をもつ人間のロゴスは「反観」となり、是非黒白を弁ずるこの人間の概念《ベグリフ》（分割）が弁証法的に「正理」と「反理」を両可して、両極端の一致、対立物の統一と成るのが、三浦梅園のいわゆる〈反観合一〉にほかならない。

語源論としては中世ヨーロッパ世界のニコラス・クザーヌスの〈相反するものの一致〉の命題に由来する〈矛盾〉概念は、わが近世日本の三浦梅園『玄語』における「反観合一」のみならず、古代インドの『ウパニシャッド』の「ブラフマン／アートマン」や法華教学の「事々無礙法界」、さらにはプロティノスの「ヌース」やライプニッツの「単子《モナド》」論などにも通底する〈範疇〉概念である。これは、古今東西を問わず、広く深く通底し、弘通し、貫徹している〈範疇〉概念にほかならない。

かつて〈大正デモクラシーの時代〉の哲学講壇において、桑木厳翼は『カントと現代の哲学』（岩波書店刊、一九一七年）を著わし、「所謂実体性因果性其他種々の範疇は、此際判断の先天的基礎となるものといわねばならぬ」と喝破した。「之を卑俗に言へば、範疇が先験的統覚式に意識一般の道具として作用することによって統覚の事業が成就するのである。此の如く見れば範疇は悟性形式に過ぎないが、悟性の根本的統一を助けるものであつて、而して此悟性の統一が対象を可能にするもの即ち客観の基礎となるものであるから、範疇が客観的意義を有することは毫も怪しむに足らない。斯くして範疇即ち純粋悟性概念の先験的演繹は成立したのである」と。まさに「現代の哲学」としてのカント〈三批判書〉が展示した《十二範疇表》の悟性形式は、そのようなものとしてのカント哲学の核心である〈先験的統覚〉を成立せしめ、純粋悟性概念の先験的演繹は〈範疇〉として成立するにいたったのである。

ここであえて一注を挿入させて説くならば、カントの〈三批判書〉の順列と序次そのものが、「批判哲学」体系としての体系性そのものを自己表現し自己展示していることは、純粋理性批判すなわち純然たる理性=悟性→実践理性すなわち倫理→判断力すなわち美学ないしは宗教、という全包括的序列体系となっていることで、自己証明されているのであるが、広く一般歴史化してみるならば、このような対象世界に対する理論観照的把握→倫理実践的把握→宗教的・神義的把握という高次化体系は、理性《ヌース》の照明としての古典ギリシア文明→政治的制作物であった古代ローマ世界帝国→中世ヨーロッパキリスト教世界秩序そしてルネサンスによる古代学芸復興、といった西ヨーロッパ「普遍」文明（それは「ユニヴァーサル」でもあれば「カソリック」でもある）文明包括カテゴリー化のいわば模型を示していると言ってよい。

このようにカテゴリー系列化することによって、今日にいたるまで人類にとって巨魔のように伝統化してのしかかってきている西洋形而上学体系の総体を、かれらの西洋中心的思考法の自己批判もふくめて西洋中心的世界像そのものを相対化してゆくことは、それと同様な相対化を地球上における東西文明の比較・対比をもふくめてそれぞれの自己中心的な思考法と世界像の相対化をうながす比較文明史ないしは比較思想史が固有している強みとでもいうか、思想学上でのなにものにも替えがたい長所は、そのようなそれぞれの固有内部の自己批判に基づく相互比較によって、自他交通が真に開かれ、何らかの「普遍性強制」ではない真の自治的にして自己解放的な普遍文明へのユニヴァーサルな地平が、たとえ遠望にせよ展望されてくるところにこそある。二一世紀のエコロジカルにしてアソシエーショナルな地球文明の自己形成は、このことなしにはありえないであろう。

士大夫の学であるとされてきた古代中国以来の儒学を基軸とした（すくなくとも漢字文化圏＝儒教文化圏という、中華文明基軸の朝貢・冊封体制下の東アジア文明にあっては）独特な伝統文明の序次は、先にカント三批判書を原型とする西洋文明のパラダイム的序列編成の在り方とは、その分節化接合法としても、志向・方向性としても、全く異質なものでさえある。東西文明比較論のポイントは、まさにこの範疇《カテゴリー》次元にある。

「われ、いまだ生を知らず、いずくんぞ死を知らんや」とうそぶいて平然としていた孔子を宗祖とする儒教は、ジッテ（人倫）の体系イデオロギーとして、この現世を超越した彼岸の消息、つまり、今日の文明世界を領しているキリスト教的唯一神教の宗教秩序世界については、全くの風馬牛であり（この根本的特性は、前近代の共同体社会が地球上のいかなるところでも、何らかの程度でカースト制的な身分社会であるとともに、やはり何らかの程度で彼岸の宗教による価値統合によって共同体化された宗教社会であることを思い合わせるならば、きわめて異例な事態であると言わなければならない――「宗教倫理」をキイ・カテゴリーとして前近代の人類文明史を全総括しようと終生労苦したマックス・ウェーバーが、あれほど執拗に自らの出自である古代ユダヤ教と東洋儒教との対比にホトホト手古ずりながらこだわりつづけた所以である）、人倫《ジッテ》の礼俗秩序化からその日常生活人の知的生活をも包摂する世俗化原理としての儒教イデオロギーは、天上の「神の国」から垂直に下降してきて下界の人間生活を救済（！）しようというユダヤ教＝キリスト教世界とは対照的、というよりはむしろ対蹠的な文明パターンとして、士大夫をヘゲモンとして支配形態化されたのであって、それは西洋的文明パターンとは逆倒的であると言える。

そして、日本的近世である「元和偃武」後の江戸期においては、朱子学官僚（元武士）が全社会的支配＝総括を行政的・イデオロギー的に実現して、その意味では世界的に模範とされるに足りる国家的・法的・イデオロギー的上部構造を自己編成した日本は、そのような西洋的文明パターンとは逆倒的な異質な価値統合社会の一環であったのである。李氏朝鮮、徳川期日本、阮朝越南は、大真理王国として現出した西蔵、同じく喇嘛《ラマ》教化した蒙古、ネパールなどとともに、中国的「近世」を開始した北宋の慶暦年間のイデオロギー革新運動の帰結である「性即理」「理一分殊」「格物窮理」「居敬」などをキイ・カテゴリーとする、朱子学の「理気」一元世界へと包摂されたのであり、人類文明=地球文明上、かくも斉一的な支配イデオロギーによって多様な社会的実在が包括された例は、中世ヨーロッパにおける「聖書《バイブル》」とラテン語によるキリスト教ロゴス世界——そこにおける一元化イデオロギーは、古代ギリシア哲学との習合による〈ネオ・プラトニズム=アウグスティヌス神学体系〉（中世前期）、〈アリストテレス=トマス・アクイナス神学体系〉（中世後期）として自己形成された（今日の「普遍性強制」的な西洋文明の普遍性《カソリシズム》の一大源流である）以外には、いつにても、どこにても在りえない極め付けの特異例であろう。

　このような逆倒的一元化の様相は、通俗によく言われるごとき、西洋《オクシデント》における（とりわけ近代資本制世界にいたって輝かしく（！）実証されるにいたった）個人主義原理の存在、東洋《オリエント》におけるその不在といったような観念的短見の問題ではないのであって、もしかりに世俗的通説のごとく封建（フーケン！）的世界では個人は成長できないということであれば、中世キリスト教ヨーロッパ世界は経済的社会構成体としてはそれこそ典型的に封建的農奴制の世界であったのであり、わが江戸期をふくめた東洋的近世の世界は、「本来聖人」の世界として誰でもが聖人になることができるという共通価値観によって編成された、朱子学や陽明学に見られるごとき「自力肯定」のむしろ極致の世界なのであって、そのことはたとえ西洋人の学者であっても、Wm・セオドア・ドゥ・バリーのような近頃の大碩学は『中国におけるリベラルな伝統』（一九八三年）にみられるごとく、中国的個を認めざるをえなくなってきているのであって、かれドゥ・バリーは、中国では「士大夫」に「個人主義的傾向」が強烈に見られる、と断定しているのである。今日の欧米出自の大衆社会《マス・ソサエティー》における「他人志向」「外部志向」の〈一次元的人間〉の輩出を見ながら、西洋人全般の「個人的自律」や「個性的自立」などをあえて口にするほどの個人主義的西洋心酔者は、もはや今日では瘋癲《ふうてん》病院以外には見られないであろう！

吉川幸次郎『論語のために』（筑摩書房刊、一九七一年）の名言によれば、『聖書《バイブル》』の世界に生きる人は、天からの垂訓に生きるため根源的には人間の可能性は神の中にある、と啓示宗教式に見るのであるが、『論語』の世界に生きる人は、「人間の可能性は人間自体の中にある」と看るのである。この「論語」的東洋世界の方が、「聖書」的西洋世界の方よりも、よほど人間主義的・個人主義的なのである。

かつての戦時中に津田左右吉の『論語と孔子の思想』（岩波書店刊）は、いわゆる「中国文明の停滞性」の真の内在的理解の問題とも関連して、儒教の一つの特色である士大夫の一般庶民生活世界から遊離した思想の「観念性」のもつ意味の裏側（逆説）をみごとに洞察しえて、その事情を次のごとく懇切に開陳している——

「シナの知識人においては、このやうに生活と思想とは離ればなれになつて並び存してゐたのであるが、しかし生活と一致せず生活を指導し規制する力の無い儒家の思想が、思想としての権威をもつてゐて、いつまでたつてもその権威を疑はうとも、無くしようとも、しないところに、かれらの生活と思想とに対する特殊の態度があつた。さうしてそれには、一方では上にもいつたやうに、その思想は官府の権府の権威によつてうらづけられ、知識人の一生のめあてである仕官と結びついてゐるところから、思想としての権威が保たれてゐたこと、それがためにその思想が伝統的にうけつがれ、従つて後になるほど伝統として力が加はつてゆき、それにつれて思想としての権威も強められる傾向のあつたこと、などの事情があつたと共に、他方では、思想が思想として知識の上に権威をもつてゐること、特にことばや文字によつてそれを語りそれを宣伝することに、一種の力が生じ、それがために、その思想が生活をしはいしてゐるかのごとき錯覚を起さしめ、思想と生活とが別々になつてゐる事実を明かに認めさせなかつた、といふこと、また学問的精神がいつまでも発達しなかつたために、現実の生活によつて思想を批判することができなかつたこと、知識がシナだけの世界のことに限られてゐて、文化のちがつた多くの民族のありさまを知らなかつたために、広い知識の光に照らされておのれらの生活と思想とを反省することができなかつたこと、さうしてその根柢には、儒家の思想が、私人の道徳においても政治の道においても、人の行ひの目じるしを示したものであるところに、一種の権威が観ぜられる、といふ事実のあつたこと、などがその理由となつた、と解せられる」(『津田左右吉全集』14・岩波書店刊、一九六四年)。

前近代の東アジア近世世界を朱子学支配の一元化によって、朝貢・冊封体制として総括していた儒教国におけるこのような逆説的構造は、士大夫の「観念的思想」を社会の生活から遊離させながらも、巨大な中央集権国家の「官府」の権威によってその支配思想を強力に裏付けながら、生活に対する思想の規制力として立派に通用し、ただ単に通用していただけでなく、末期の後代になればなるほど、伝統としてのその権威力が加算されて、ただ単に政治支配の力としてだけではなく「思想としての権威」も強化され、よってもって人倫《ジッテ》の世俗的秩序を構築しえていたことがよく分かる。

逆にいえば、「学問的精神の発達」の問題としては、あるがままの生活人の既存の慣性的生活のまるごとの容認・肯定のごときは、反動以外のなんらの作用力も及ぼさないのであって、いわゆる「理論信仰」(それはインテリの「自己崇拝」でもある)といわゆる「実践信仰」(それは同じくインテリのコンプレックスからくる「生活信仰」でもある)の間を右往左往して、貴重な一生を蕩尽してしまうにいたる先進国インテリゲンチャの通弊である「生活人」に対する「生活信仰」のごときは、真の市民的な「学問的精神の発達」にとってはマイナス以外のなにものをもたらさないのである。カントの「批判哲学」体系のキイ・カテゴリーである〈批判《クリティーク》〉のごときも、あくまでもイギリス経験論から出発しながら、ヒュームの深刻な懐疑論を経潜って、超越的理性としての〈先験的統覚〉のキイ・コンセプトを獲得することによってはじめて、可能となったのであって、「生活の思想」なるものに一生跼蹐して止まない生活人の日常経験世界からは、いかにその身をかがめてその全経験を拾い集めたところで、カント的批判力の根拠が得られるというような奇跡・奇術は絶対に起きる気遣いはありえないのである。

名著『道学の形成』（二〇〇二年）「伊藤仁斎と朱子学」（『早稲田大学大学院文学研究科紀要』一九九七年二月）の著者として、国際シンポジウム〈東アジア世界と儒教〉を思想的に領導した土田健次郎教授は、単なる理論レベルだけには尽くされない「体認」「体創」「工夫」を求めた朱熹らの思想家の近世中国思想の特質に注意を促しながら、「理にいかなる内容が含まれるのかということでは、例えば万物の平等性から人間関係の平等が帰結されてもよいのであるが、実際には自然界の中から人間社会の上下秩序と類似するものを見出しては、それを社会秩序の自然法的根拠とするというように、その内容把握には逃れがたい前提が横たわっている」と、中国儒教思想の根幹をなす〈天人合一〉〈天人呼応〉の第一原理そのものがさほど予定調和的には成り立ちがたいことを、鋭く指摘している。「理の内容にそのまま礼をあてることがあるのは、理が実は無色の抽象的なものではなく、当初からその内実として期待されている無前提の価値がこめられているからである。その代表が三綱五常、忠孝なのであるが、それでもまだ抽象的なのであって、具体的な行為準則の場がどこまで無前提化されているのか、またその無前提なるものに対して批判的である場合にはそれがどこまで共有されうるのかが問題になる。ともかくも首章が形而上学なり認識論から始まり、その展開の帰結として最終章近くに倫理学が登場する西欧のスタイルによる思考法では、議論の説得力となる根拠は掬いきれないのである」（土田健次郎「中国近世儒学研究の方法的問題」、汲古書院刊『近世儒学研究の方法と課題』二〇〇六年・所収）。

本書の本章が縷々述べてきたように、カントの〈三批判書〉を原型とする純粋理性《ライネン・フェアヌンフト》の認識（ヌースあるいはイデア）→実践理性の倫理学《エチカ》→天上の「崇高《サブライム》」超絶領域の神義《テオデシー》ないしは美学《エステティック》、といった「西欧のスタイルによる思考法」では、それとは逆に、「最終章」の超絶的な宗教的領域を最初から怪力乱神の「あの世」のこととして放逐・追放してしまって、共同体社会を編成する「三綱五常」の人倫《ジッテ》による世俗的な礼俗秩序の生活人自身による自己編成（それは非宗教的な日常儀礼を当然ともなっている）儒教社会においても、土田健次郎教授が鋭く嗅ぎあてているように、かれらが日常を生きている「具体的な行為準備の場」の無前提化がどこまで共有されうるかは、つねに悩ましい難所・難点《アポリア》としてありつづけているのである。そのアポリアはとりわけ、広大な中央集権王朝国家の支配の任に当たっている「読書人」＝「士大夫」にとっては痛感させられつづけてきた難題中の難題であったのである。

　この「問題」に周到な〈注〉を施している土田健次郎教授の説明追加によるならば――「初期道学者は、万人の共通理解を得やすいものを理としたが、そのうちに理の内容として考え得るものの多様性が問題になっていった。そこで理の内容判定の基準に、外界の諸事象の客観性、内心の共通心情等々が持ち出され、そのいずれを選択したかが、諸学派の分岐になったとも言える。つまり理自体は常に肯定的に扱われるが、理の内容を確定するものの差に思想的分岐が生ずるのである」と。

　わたしたちはここで、近代ヨーロッパの価値統合のイデオロギー的要であった、カント「批判哲学」体系が、純粋理性批判（合理）―実践理性批判（倫理）―判断力批判（美学ないしは信仰）、といった体系的三環節を具備していたことの意味を、想起すべきである。それに対応した、東洋世界の支配思想の人倫《ジッテ》的共同体の価値統合は、同様なアポリアを最初から抱えこんでいるのである。そして、全社会的共通理解の根拠を求めて、このような「問題」が「持ち出される」ような事態になれば、人類文明史においてきわめて特異な近世東アジア的斉一性をかちえていた朱子学支配もまた、土崩瓦解へといたらざるをえなくなるのである。東アジア世界におけるいわゆる西力東漸による近代化過程は、この「蟻の一穴」から始まったきわめて具体的なアクチュアルな現実的事態であった。

　哲学的にいえば、「一と多」の問題――分解して表現すれば「一の多」「多の一」の力動的関係性の問題――が上程されるようになれば、「理気一元」の一者性と「分殊」の多様性との間に挟撃されてしまった朱子学体系は、「蟻の一穴」から土崩瓦解へといたらざるをえないのである。

近代ヨーロッパを近代ヨーロッパたらしめたカントの「批判哲学」体系とは、経験的多様性と先験的統覚の一者性とを立てることによって、そのような社会的価値統合の土崩瓦解を予め食いとめようとする社会的安全装置の保証にあったのである。朱子学体系にそのような保証装置が、思想的・概念的になかったことは明白である。この一事こそが、種々の東西比較・対比論の俗見とは異なる「天元の一石」にほかならない。そのカントの体系の初源の布石が、朱熹の体系には無いのである。

人類史上、先に近世東アジア世界を斉一的に統合したイデオロギー力としての儒教のパワーの世界史的特異性とわずかに匹敵するキリスト教の「普遍性《カソリシズム》」のパワーを具現した中世ヨーロッパ世界の歴史的事例の特異性をあげたが、西力東漸下の東アジア世界における朱子学的秩序の崩壊よりもさらに早く、西洋世界を『聖書《バイブル》』とラテン語のパワーによって一元的に総括した〈神の国〉もまた崩壊して、近代史の曙がイギリスから明け初めたことも、中学歴史教科書的常識に属する。

中世西洋世界の価値統合は、古代ならびに近世に対してみて、「自然的秩序と超自然的秩序」「この世=此岸とあの世=彼岸」という二大根本観念の統合を社会統合の鍵としていたのであり、〈アリストテレス=トマス・アクイナス神学体系〉こそが天に摩する大伽藍《カテドラル》のごとき巨大なその価値統合パワーであったのであるが、つねに〈永遠の相〉の下に語られるのを常とした一見堅牢無比の〈神の国〉が、当時の中世人信者とその支配官僚としての聖職者にとっては思いも掛けず意外だったことにきわめて急激・脆弱に土崩瓦解する事態が生じたわけであるが、碩学岩下壮一の『中世哲学思想史研究』（岩波書店刊、一九四二年）の断定によれば、「これは決して他から来た批評的精神や異分子によつて瓦解したのではなく、分裂は内部から起りました」とされる。すなわち、「スコラ学徒が理性の現実を把握する能力に対して信頼を失つた瞬間に、かの大体系はその支柱を失つて倒れました」と。

およそ前近代の共同体の社会的統合は、宗教社会として宗教的価値統合のパワーによって、枢要的に調達され維持されているものである以上、この碩学による一見観念論的な断定はすこぶる正しい。では、そのような大体系の支柱を内部から倒してしまった、「スコラ学徒が理性の現実を把握する能力に対して信頼を失った瞬間」はどこから生じたのか？　どのような「蟻の一穴」からひび割れを起こしたのか？

　私見では、その「蟻の一穴」は、中世スコラ学の具体相に即していうならば、Dostor Seraphicus と世人から渇仰されたトスカナ生れのジャン・フィダンサ（その聖職者名は、かれの幼時からの綽名である「ボナヴェンツラ」からとられて、聖ボナヴェンツラとされている）が、敬虔な司教として（かれは、トマス・アクイナスとともに、一二七四年のリオン公会議の「神学顧問」として招かれたほどの、人格・勢威ともに最高位の司教であった）が、トマス・アクイナス神学体系に則って信奉した、前代のネオ・プラトニズムからトマスの容認のもとに浸潤してきていたアリストテレス『形而上学』の受容に当って、抽象作用力である inlerllectus agens（能動理性）と外界からの印象を受け容れる inlellectus（受動理性）の区別を認め、しかも、アリストテレス的認識論にしたがって、能動理性《インテレクタス・アゲンス》の認識における抽象作用的能動性を認めたことに由るものと、かねがねわたしは考えている。ほんの比重の置き方の些細な違いのように一見見えるが、けだし、このアリストテレス的認識は、トマス・アクイナス神学体系が拠って以て立っていた神秘派の照明説の根本的破壊を意味していたからである。能動性《インテレクタス・アゲンス》は、とりも直さず、中世紀において認識の絶対的な必要条件とされた「神の光」の役を演ずる能力であって、それを認めてしまうことは、認識を人間固有の能力のみを以て説明してしまうことであって、その結果、従来トマス・アクイナス神学体系に着せられていた神秘的な衣をことごとく剝奪してしまうことにつながったのである。このイデオロギー構成上の「蟻の一穴」から、並びなき勢威をもって中世キリスト教世界を領した、さしものイデオロギー体系もついに土崩瓦解するにいたったのである。

　カントの世界論における「純粋理性の二律背反」という〈アンチノミー Antinomie〉の定立は有名であるが——それは、ドイツ観念論＝批判《クリティーク》哲学体系の全発展史にあっては、究極的にヘーゲルの〈ディアレクティーク〉へと導かれた「二律背反」であり、古代思想に遡源していえば『列子』に見える解析の「両可」概念そのものである——、カントはそのさい、これを〈カテゴリー〉にしたがって、四分類して論じた。例の（1）分量（2）性質（3）関係（4）様相の〈判断表〉による区分である。すなわち——

（1）分量からすれば、「世界」は空間・時間の裡に制限されるという「正理」と、いや制限されないという「反理」とが、まさに「両可」として両立する。

（2）性質からいえば、「世界」はこれ以上分割されえない原子《アトム》から成るという「正理」と、いや無限に分割されうるという「反理」とが、両立する。

（3）関係から観れば、「世界」の生起には無制約的・超因果律的原因があり、その「正理」に対してそのようなものはなく「世界」の生起は制約的・因果律的であるという「反理」とは、両立する。

（4）様相から云えば、「世界」には無制約的必然体があるという「正理」と、いやそんなものはどこにもないという反理とが、両立する。

このようにして、四組の「正理」と「反理」との対立が両立（両可）するものとして現われるのであり、それはおそらく私見では、「世界」という全包括的存在による総称命題であることから生じてくる論理的ないしは超論理的事態ではあろうが、とにかく、このような「純粋理性にとっての二律背反」である〈アンチノミー〉は、悟性形式の埒内には納まらないのである。おそらく、〈宇宙論〉としての世界論は、学知としては成立することができないものなのであろう。

右の「二律背反」の第四条に、「無制約的必然体」が「両可的」に説かれているが、そこを入口として無制約的・無限的完全存在である〈神〉の神議論へと導かれ、形而上学第三部門の論に入ってゆくわけである。したがって、この問題は〈アンチノミー〉の形で提示されているが、宗教の最後の（あるいは最初の）思想的・理論的根拠を与えるものであって、したがって元来の〈形而上学〉のなかでもきわめて重要な意義を有するものである。カントは、この『純粋理性批判』の「第三部門」の章を名付けて「純粋理性の理想《イデアーレ》」としたが、はたしてこの「理想 Ideale」がなお最高次のものにしても「純粋理性《ライネン・フェアヌンフト》」に内属しているものか、それともそれをすでに逸脱してしまって「純粋理性《ライネン・フェアヌンフト》」から超絶してしまっているものか、カント自身に即しても名状しがたいところがある。

この神義論《テオデシー》の論証は従来、いわゆる実体論的証明（Ontologischer Beweis）として試みられてきたものであり、その証明法とは、至高実在の概念の分析からその存在を論証するものである。けだし、神は至高存在として概念化されている以上、至高完全でなければならず、凡そ一切の属性を概念上具有していなければならないから、その属性の一つである「実在性」もそれに具わる筈だ、という推論式的証明である。

この実体論的証明の論証は、古くアンセルムの頃からおこなわれていて、その当時にあってもすでにガウニロの反対があったにもかかわらず、近代にいたっても「理神論」の興隆もあいまって、分析哲学の開祖とされるデカルトでさえも、この実体論的証明法を踏襲していた。わがカントが、このような所説に対して、「存在は概念の属性ではないのだから、概念をいくら分析してもそのような至高存在＝神の存在証明は出て来ようがない。概念としては実際の百円も想像の百円も同様であるが、その差別は存在という属性を総合すると否定になるのである」として駁論を下したことは、有名なところである。

「実体論的証明」は、とりわけ神という至高存在についての実体論的証明は、形式論理をもって直ちに直接無媒介に形而上学を構成しようとする、ヴォルフ一流の近代哲学の特色であった。このような合理主義思想は、直接無媒介の恍惚裡に神人合一が「証明」される神秘主義思想と、まさに紙一重なのである。カントは『純粋理性批判』に没頭して、批判《クリティーク》哲学大系の創始者に転化する以前の時期においては、ヴォルフ流の「神の実体論的証明」を奉じていたのであるが、かれの「先験的統覚論」を、何とかイギリス流「経験論」から導出しようと専念するようになるとともに、断然この旧説を放棄したのである。

カント自身において、神義Theodicyとしての信仰の批判的「証明」の領域が、第三批判の『判断力批判』を必要とするにいたり、〈崇高美《サブライム》〉の問題としての再アプローチを試みた所以である。そして私見では、そのような『判断力批判』の興味ある試行にもかかわらず、その第三批判書は、美学《エステティック》、常識《コモン・センス》、社会礼俗《ジッテオムレカスタム》、崇高現象《サブライム》等々として豊かなもろもろの内実的考察を批判哲学にもたらしたにもかかわらず、それは〈神という至高存在〉についての批判的《クリティーク》「証明」を綜合的一元化性において提示することには再び失敗してしまったのである。私見では、至高存在である神というごとき存在(?)は、「宇宙」や「世界」と全包括的存在の総称命題化以上に、それがカントが批判的に喝破したごとく「概念の属性」証明などに入れ上げて、いかに「概念を分析したところで出て来ない」のである。出て来っこないのである。それが唯一神というものの唯一の属性である!

それでも信心家たろうとするほどの有志は、〈不合理ゆえにわれ信ず〉といった域にまで、よかれあしかれ覚悟とアタマの調子を調えるのでなければ、《神の存在証明》などには達しえないのだ。これは、俗に言う「イワシの頭も信心から」の領域に属する問題なのであって、もはや〈知《エピステメー》〉の領域で論ずるに足る問題ではありえないのである。どうにでも好きにしてくれ! もちろん、とりわけ唯一神——たとえばキリスト教のような——を信仰するほどの篤信者にとっては、キリストとイワシとを同一視することはありえないし、そのような同一視には耐えがたい情緒的反動を起すことであろうが、その問題は永久に〈知〉の領域外の問題構制に属しているのである。

〈カテゴリー表〉をめぐる東西文明比較の結論をもって、本章の普遍的両検討を終えることとする。

中国への西欧数学の輸入=移入については、当時の西欧側代表格がジェズイットであり、中国側代表格が士大夫であった実態を反映して、マテオ・リッチ(中国名=利馬竇)が口訳し徐光啓が筆受したクラヴィスの *Euclidis Elementorum* すなわち『幾何原本』ばかりがよく知られているが、それに付されたリッチの前書である「訳幾何原本引」が、「幾何学者は主として物の区分を考察する。その区分は、もし分割して数とすれば、物が幾何（どれだけ）多いかを表わす。もし合成して測度とすれば、物が幾何（どれだけ）大きいかを示す」とあるのでも、分かる通り、「量学」として把えられ、そのようなものとして近世中国へ紹介されたものであり、かつて古代地中海世界において代数学を幾何学した古典ギリシア人（その場合、古代ギリシア人はそうすることによって数学を形象化して可視化したのである）の知的営為と正反対に、近世中国人は幾何学の問題を量に還元して幾何学を代表化したのである。中国人のこうした実学的傾向を熟知していたマテオ・リッチは、ユークリッドの『エレメント』のこの翻訳・紹介によってむしろエレメントの「幾何学的精神」を後景化させて、論証法や演繹法としての幾何学の精神については口をつぐみ、むしろリッチの原郷の西欧において後年盛んとなる「実用幾何学」としての社会的・軍事的有効性を、中国の政治的・知的世界（士大夫）に対する売口上にしたと言いうる。（山田慶児『混沌の海へ　中国的思考の構造』筑摩書房刊、一九七五年を、参看されたい）。

　元来、人類文明史の進展において、バビロニア人やエジプト人やアラブ人と同じく、数学においてはむしろ先進地帯に属していた中国人は、一三～四世紀には「天元術」さらには「四元術」とよばれる高度の代数学を創り出しており、その先進的成果のなかには、たとえばはるか近代ヨーロッパにおけるパスカルの「三角形」や、はては一九世紀になってからホーナーによって発見された「高次方程式」の解読などが、すでに含まれていたのであり、同様にして「割円術」とよばれる三角関数の代替物をも発展させており、その成果は直ちに「球面天文学」に応用されていたのである。この「割円術」も、弧の挟む角《カク》ではなくて、弧や弦の長さそのものを代数的に計算する方法なのであって、中国数学の先進性の特色が代数学であったことを再び証拠だてているが、そのかわりに「幾何学的精神」はついに中国人のものではなかったのである。

　ただし、山田慶児によれば、清代の乾隆年間に『孟子字義疏證』をものし、文献解題『四庫全書総目』の「西洋歴算書」の項目を執筆した戴震による『幾何原本』の解題は、リッチの前書「訳幾何原本引」などには目もくれることなく、『エレメント』の定義にはじまる全巻の構成を正確かつ簡潔に記述しており、筆者戴震が「完全な論証の方法」である幾何学を完全にマスターしていたことを示している。戴震の『孟子字義疏證』自体、カント「批判哲学」体系を思わせる分析性と体系性を備えているが、まさにそのかわり清代を通じてほとんど一人の理解者をも見出しえなかったのである。当時の社会的・思想的諸条件にあって、戴震の稀有な「幾何学的精神」は、完全に全社会・全読人層から孤立していたのである。

　今日でもユークリッド幾何学の理解者・心酔者として喧伝されることのある康熙帝は、マテオ・リッチの軍事的・社会的用途を宣伝これつとめる「実用幾何学」としての『幾何原本』に惹かれたのであり、それも『幾何原本』の満州語文への重訳の難解さに手古ずって、顧問のプーヴェ&ジェルビョンのコーチを受けて、その実は『幾何原本』へのアプローチを捨てて、パルデイの *Elements de geometrio* を訳させて、「エレメント」「エレメント」とよび、この『数理精蘊《せいうん》』に勅命で納めさせたパルデイの『エレメンツ』を『幾何原本』と称していたにすぎないのである。

　マテオ・リッチの時代に、ラテン以来のヨーロッパの伝統的な学問体系の「自由七科」のうち四科（算術、幾何、天文、音楽）を代表していた、ユークリッドの『幾何原本』が、先程も述べたごとく徐光啓筆受によって「実用幾何学」的に中国語訳され、さらに康熙帝による満州語重訳が挫折してパルデイの『エレメンツ』の訳にすりかえられたのに対応して、「自由七科」のうち後《あと》三科（文法、論理、修辞）を代表するコインブラ大学イエズス会によるアリストテレスの「論理学」の注釈書 *Commentarii Collegii Conimbruensis e Soceetate Iesu in Universam Dialecticam Aristotatis Stagerial*（1611）の中国語訳は、ワルタドが口訳し李志藻が筆受した『名理探』（一六三一年）として中国語訳化された。

　この李志藻筆受の『名理探』の公刊は全十巻のうち、前五巻はポルピュリオスの『アリストテレスのカテゴリー論入門』の注釈であり、後五巻は『カテゴリー論』の注釈である。この原書の体裁を襲った中国語翻訳はきわめて正確なものであったが、康熙帝はブーヴェ&ジェルビョンに命じてアリストテレスの「カテゴリー論」に論拠を置いた「論理学」のテキストを作らせて提出させたが、康熙帝は、ユークリッドの『幾何原本』を理解できなかったのと同様に、アリストテレスの『論理学』も理解できないままに、折角のこのテキストによる講義計画も流れてしまい、それ以来かれ康熙帝は再びは「哲学」ということ自体を口に出さなくなった、と言われる。J・ブーヴェの『康熙帝伝』（平凡社刊、東洋文庫、一九七〇年）を参照されたい。啓蒙王「康熙帝」に対する必要以上の「神話化」はこれを罷めて掃ってみなければ、中国で遭遇された東西〈知〉のドラマの真相はこれにアプローチすることさえできないとしなければならない。

J・B・ドゥ・ハルデの『帝国と中国の地理、歴史、年代記、政治、自然』（一七三六年）は、つぎのように記している――

「かれら中国人の幾何学についていえば、まことに浅薄である。定理とよばれる命題の真を証明する理論幾何学についても、問題解決のために或る特定のやりかたを適用する技法を教える実用幾何学についても、きわめて貧弱な知識しかもっていない」。

「ヨーロッパにあってはきわめて洗練されている論理学も、中国にあってはおよそ掟に欠けている。推論を完全にする、そして、定義し区別し結論を導く規則を、かれら中国人はまるきり発明していない」。

俗説とはいささか反することになるが、康熙帝の「幾何学」「論理学」理解の低水準と、それを社会的に支えている中国人の「幾何学」「論理学」への無理解の時代水準を、わたしたちはよく心得なければならないだろうが、それにしてもとにかく、このような形と経路で、アリストテレスの〈カテゴリー論〉は、中国へ伝わったのである。ということは、東アジア世界の冊封・朝貢体制的枠組にしたがって、その「洪範九疇」＝カテゴリー観は、九範疇（中国）

にせよ、十範疇（アリストテレス）にせよ、十四範疇（カント）にせよ、極東の「君子国」日本にも必ず伝わっている筈なのである。浅学のわたしとして遺憾なことに、ここでその考証を提示することができないが、思想史上きわめて重要なカテゴリー事態は、日本でも必ずそのようになっている筈のものである。カント「批判哲学」体系に即して〈カテゴリー表〉を再検討している本章にとって、確認したかった東西比較文明史的な確認の中間的結論は以上である。

第二五章　〈恐慌論〉なき自称「マルクス・レーニン主義」としてのスターリン経済学体系の空虚・無内容きわまる「基本的経済法則」論

1　一九世紀中葉の**古典的恐慌の古典的周期**の喪失と、二〇世紀の現代資本主義における**恐慌現象**の変容

近代の資本制商品経済社会の発展過程に特有な**恐慌現象**は、イギリス産業革命以後の一九世紀における、五度にわたる、産業循環＝景気変動上ほぼ十年前後の四局面（好況→恐慌→不況→経済的再高揚）が推移・循環する規定力とする、一九世紀中葉を世界史的典型とする古典的周期を、二〇世紀へと向かう一九世紀末葉の「世界大不況」期においてはついに喪失するにいたった。マルクスがいち早く感知した、**一八六八年イギリス信用恐慌の変型**が、その転機の到来の指標である。

これよりして、それ自体が一九世紀産業資本主義支配型の**古典的恐慌の変容現象の発現**である右の一九世紀末葉の「世界大不況」、なかんずく長期・慢性化した**農業恐慌**の発現を介する、世紀転換期における、産業資本的蓄積様式を世界基軸とする自由主義的世界編成から、新たな金融・独占資本的蓄積様式を世界基軸とする帝国主義的世界編成への世界史的「段階」転化にともなって、**古典的恐慌現象の歴史的変容**は、グローバルに進展し、ついには、資本の全球的輸出の増大と地球領土の経済的・政治的分割＝再分割を媒介として、帝国主義世界戦争＝第一次世界大戦を大爆発させることとなった。二〇世紀的現代の開始である。

周知のごとく、この**世界市場恐慌現象の変容**と密接不可分に関連して発生した帝国主義世界戦争は、その歴史的副産物としての一九一七年のソヴエト・ロシア革命とソヴエト連邦の国家的成立、ならびにレーニン主義的インターナショナルの創設をもたらし、それとの全球的対抗過程の関連のなかで、二〇世紀的現代における歴史的資本主義《ヒストリカル・キャピタリズム》の実在的形態は、世界一の重化学工業宗主国＝ドル通貨・金融制覇国であるとともに同時に世界一の農業生産・輸出国で

もあるという、特異な「世界一」工業・農業構造を固有する北アメリカ資本主義を、単一の世界基軸とする〈パクス・アメリカーナ〉世界秩序の、前代の〈パクス・ブリタニカ〉世界秩序と異なる現代資本主義的世界編成へと型制化・制度化されることとなった。

前一九世紀の国際金本位制＝「ポンド体制」下の〈パクス・ブリタニカ〉国際工農編成＝多角的貿易決済世界機構から、「ドル・ポンド体制」への移行を現代世界史的過渡としながら、とりわけ、一九二九年**アメリカ大恐慌**ならびに一九三一年英連邦オタワ会議によるポンドのイギリスの金本位制からの離脱を画期とする、旧世紀末の国際金本位制の世界史的崩壊と、新たなアメリカのドルを基軸通貨とする国際管理通貨制の世界史的出現、ならびにその変貌に連動した両極的変動として発現した「世界農業問題」の析出によって、現代資本主義世界システムへの資本主義のシステミックな世界史的移行＝推転は決定的に型制化されることとなった。今日の多＝超国籍企業とドル・核帝国を世界基軸とするインターネット資本主義グローバリズム世界の普遍化（普遍性強制化）にいたる歴史的起点である。

このような資本主義の変貌とともに、現代資本主義に特有な**恐慌現象の歴史的変容**は、とりわけ、金融・独占資本に特徴的な固定資本の巨大化ならびにそれがもたらす**恐慌期**における資本の価値破壊の全面的徹底化の困難、**恐慌期**から不況期への転化過程＝局面においてとくに尖鋭する技術革新・生産機構革新の増進に基づく資本の有機的構成の一層の高度化にもかかわらず、そこでなおのこと過剰化せざるをえない資本価値の**次の恐慌局面**における資本価値の全般的破壊の困難化は、**恐慌の変容現象**をますます決定的とすることとなった。

今日の現代資本主義的世界システムにおけるドル本位変動相場制下での不断のドル危機の時間的・空間的転移が、頻発する歴史的傾向性の発現・亢進の根底にある経済的・金融的・通貨的動因の根源は、ここにあるのである。そのような、**古典的恐慌**のほぼ十年毎の古典的周期性の喪失をともなった、資本制商品経済の発展における根源的発現としての**歴史的に変容した恐慌現象の生起**は、今日のドル・核世界帝国が惹起しているアフガン＝イラク侵略・征服戦争をめぐる攻防と、その泥沼化がもたらしつつある戦費・原油高・赤字国債増発・ドル危機との複合・重合が、近未来的に、現代資本主義の国際通貨・金融的枠組であるドル本位変動相場制そのものの世界史的崩落へと、したがってまたそれを経済的基柢として世界編成されている資本主義の〈パクス・アメリカーナ〉体制の世界史的崩壊へと、一路向かいつつあるのである。いうまでもなく、これこそが二一世紀へと踏み込んだ今日のグローバル資本主義がかかえこんでいる最大の今日的主題にほかならない。

二〇世紀の一九三〇年代におけるケインズ経済学の抬頭・普及、それを経済政策的・イデオロギー的起動力とした「福祉国家」体制の世界的普及とともに、通俗にも一口に「**恐慌の周期性の喪失**」とよばれることとなった現代資本主義的経済事象の出現は、より厳密に経済学原理論的概念=範疇として定義するならば、一九世紀中葉資本主義に特有であったほぼ十年前後を循環周期とする**古典的恐慌**の特有した古典的周期の喪失=変容ということなのであって、けっして資本主義そのものに固有な経済現象の規則性=法則性の基準である**恐慌**そのものの消失（ケインズ経済学の政策的制覇とともに通俗的俗信と化したごとき）といった、**恐慌の一般的周期の一般的喪失**ではない、ありえないことは、いうまでもないところである。**恐慌現象の歴史的変容**とは、けっして**一般的に恐慌の歴史的消滅**を意味するものではないのであって、もしかりに、現代世界史においてそのような奇瑞が生ずるとしたならば、資本主義はもはや資本主義では無くなっているであろう！

諸資本の完全な自由競争からその寡占的競争への歴史的転化を促した重化学工業化における固定資本の巨大化は、**恐慌局面**における過剰化した既存資本価値の破壊の全面的徹底化の困難をもたらしたのであって、したがって過剰資本の全般的清掃が独占資本にとってその存立上困難となって、既存資本価値の一部分が温存・隠蔽・繰延べされざるをえない現代資本主義的情況においては、産業循環=景気変動過程での四局面転換もまた、その鋭角的転換性を鈍角化させざるをえないのであって、その限り、すでに一九世紀末葉にマルクス=エンゲルスが先見的に定式化していたように、**恐慌の周期性の変容の基本的傾向性**は、一九世紀中葉に典型的に現われたほぼ十年毎の古典的周期よりはより鈍角的に・より平均化された、十年以上に長びく周期性を、変容的特性とすることになった。

資本主義の自由主義的世界編成から帝国主義的世界編成への世界史的転化を媒介した一九世紀末葉における「世界大不況」の発現、その核心にあった**農業恐慌の長期・慢性化**は、資本主義発展史として言ってその最初の**長びく恐慌周期の発現**にほかならなかったのである。それを承けて型制化されるにいたった現代資本主義世界システムの歴史的変容の特性は、一方の極における国際的管理通貨体制の析出と、他方の極における世界農業問題の析出、という両極的析出として現われたのであり、そのような現代史の孕んでいる根本矛盾の打開・超克を、工業と農業との根源的不均衡の救祓、その凝縮としての国際金本位制以後の通貨体制のドル基軸的不安定性からの救祓として、本来からいうならば現代社会主義が世界史的に担って解決しなければならない基本課題として歴史的に提示したのである。

このかんじんかなめな革命的課題の遂行において、「一国社会主義」のイデオロギーとしてのスターリン主義的体制が根本的な破産に終わってしまったことは、今日では万人がすでに目撃し終わったごとくである。本書の**〈恐慌論〉**の根底的再把握は、そのような世界史的挫折から学習しての現代マルクス主義の再生の試行以外のなにものでもないのである。

右に看てきたように、一九世紀産業資本主義型の諸資本の自由競争を直接的発現形成とする**古典的恐慌の古典的周期**は、二〇世紀的現代以降の金融・独占資本基軸の寡占的競争（独占と自由競争の相互拮抗的共存・共在）の発現形式下においては、著しい変容を蒙ってきているが、それがさらに、長期《ロング》かつ広域《ワイド》には、コンドラチェーフやトロツキーが主唱した〈長期波動《ロング・ウェイヴ》〉論の、より包括的・より長期的な循環波動の周期の拘束にしたがっていることは、疑いを容れない。

世紀的単位をもって測られるこの長期波動《ロング・ウェイヴ》の周期の定量的把握は、そのような世界資本主義としての歴史的資本主義《ヒストリカル・キャピタリズム》の全球的発展が、とりわけ、国際的な工業と農業の不均衡的発展の調整、後期資本主義《シュペート・カピタリスムス》に特有な技術革新の亢進とテクノロジー革命の進展、帝国主義世界戦争の発現以来の戦争のコントロールをふくめた政治的誘導と政治的闘争の経済への直接影響、によって一義的確定を許さないものである以上、それが〈長期波動《ロング・ウェイヴ》〉であればこそ逆にその都度・その都度毎の、言い換えれば最近時・最近時に絶えず更新される現代資本主義を、全面的に対象化して批判的分析する具体的作業に由るほかはない側面を固有している。本書の〈**恐慌論**〉が、そのような批判的分析による具体的究明を促進することになれば幸いである。

　近代市民社会《ブルジョア》を律している、歴史的にきわめて特異な経済的運動法則を、全対象化して批判的に解明したマルクス『資本論』弁証法体系の「天元の一石」が、〈**恐慌論**〉の基本的規定であることは、再言するまでもないところであろうが、そのような、〈**恐慌と革命**〉の「階級闘争」学説であるマルクス主義の基本的核心が、近代イギリスの産業革命以降における産業資本主義支配の一九世紀中葉における五回にわたるほぼ十年前後の古典的循環周期を固有した**古典的恐慌を基準**として、価値法則としての経済的運動法則の物象化規定に即していることが、〈**恐慌論**〉の『資本論』弁証法体系ならびにその全体系的論理を経済学原理的基盤として組み立てられたマルクス主義そのものに有っている核心的意義が、ぜひとも改めて強調されなければならない。

　なぜならば、全自然を対象化する自然科学の超歴史的な運動法則としての自然法則とは異質な、歴史的経過社会である近代社会の歴史を対象化する社会科学の経済的運動法則としての経済法則とは、右のような〈**恐慌論**〉によって批判的に解明される物象化法則にほかならないからである。

　ということは、超歴史的な自然法則に依拠しながら超歴史的真理へと無限に接近・深化しつづける自然科学とは異なる、近代市民社会《ブルジョア》の物象化法則としての経済的運動法則（くりかえし強調すれば、その法則的基準は資本の産業循環＝景気変動の〈好況→**恐慌**→不況→経済的再高揚〉の四局面推移＝転換の規定力である**周期的恐慌の急性的・全面的・暴力的大**

爆発にある）は、それが依って立っている実在的基盤としての近代市民社会《ブルジョア》が、全面的に対象化され、批判的に分析され、そのような理論的解明を手掛かりとして歴史的体制として変革されて歴史から消滅させられるとともに、その基盤そのものの消失によって直ちに全面的に消失してしまわざるをえない運命にある。

　このような、プロレタリア世界革命の能動的貫徹にともなう科学イデオロギー作用に、わたしたちは、深い注意を払わなければならない必要が、とりわけて今日では重大である。「とりわけて今日では」と限定的特徴づけを施したのは、価値法則の利用によって「一国社会主義建設」の経済社会的制約・困難を突破・打開して、ソヴエト連邦における工業の生産手段の社会化（国有化）と農業の生産手段の集団化（コルホーズ化）との「人民内部の矛盾」的対立・矛盾を克服し、よってもって高次共産主義（一国共産主義！）へと到る、というのが「マルクス・レーニン主義」と自称したスターリン主義体系（ディアマート体系）の「生産手段所有論」的なタダモノ論主義の理論的・思想的根幹にほかならないからである。

2　スターリンによる「価値法則の利用」による「一国社会主義」の建設

　そのスターリン主義体系（党国家の欽定による「弁証法的・史的唯物論」＝ディアマート体系）による「一国社会主義建設→一国共産主義建設」なるものの実態的歴史内容は、一九三六年以来のスターリン憲法として法制化された、工業における「五カ年計画」の強制労働、農業における「農業集団化《コルホーズ》」の強制労働に依拠した、党国家官僚的収奪・横領の経済社会体系にほかならなかった。

　その生産手段の国有化に依拠した官僚主義のソ連邦史的形態としての超《ウルトラ》中央集権主義的な、いわゆる「指令型経済」のゲヴァルト主義的経済運営の外見にもかかわらず、その「一国社会主義」経済の本質は、近代市民社会《ブルジョア》の最悪の遺産である物象化法則＝価値法則に依拠しながら、それをスターリン主義党国家の官僚的利益・利権の範囲内において利用しつつ「一国社会主義建設→一国共産主義建設」を進捗させてゆこうという、根本的に「市場社会主義」的な現代資本主義の一変種にほかならない。

そのような、新自由主義的な資本主義建設（！）がもたらさざるをえない経済的諸矛盾・諸困難が、スターリン主義下のソヴエト連邦における不断の「ゲヴァルト主義的発動」を避けがたく呼び起こしたと言えるのである。

最晩期スターリンが『ソヴエト連邦における社会主義の経済的諸問題』において定式化した、この国家資本主義建設の道を採ることによって、いまでは「歴史の屑箱」へと放り込まれるにいたったが、そのユーゴ共産主義者同盟支配下のユーゴスラヴィア連邦・ソヴエト共産党（ボリシェヴィキ）支配下のソヴエト・ロシア連邦の世界史崩壊過程の裡に、最晩期毛沢東が発動した「無産階級文化大革命」の敗北以後における中国共産党（毛沢東思想）の一党独裁指導下の中華人民共和国の資本主義化（鄧小平の「改革・開放」路線以来の、今日のＷＴＯ加盟の資本主義大国としての胡耀邦・温家宝制度にまでいたっている）過程が含まれていることは、歴史上あきらかなところである。

スターリン主義支配下のソヴエト連邦は、一九八八年〜九一年の一連の現代史の劇的転回過程（一九八九年に勃発した北京天安門事件から、ベルリンの壁の崩壊、ワルシャワ条約機構・コメコン体制下の東ヨーロッパ諸国の「社会主義圏」からの離脱・変質、ゴルバチョフ期の「ペレストロイカ＝グラースノスチ」政策、そして同期におけるソヴエト連邦ならびにソヴエト共産党（ボリシェヴィキ）の世界史的没落・崩壊）は、今日では、地球上の万人がすでに了知するにいたっているように、現代史の世界舞台から完全に消滅してしまった。

今日の現代世界史は、全球的に、多（超）国籍金融・独占資本とドル・核帝国を基軸とする〈パクス・アメリカーナ〉世界秩序として、「全能の造物主《デミウルゴス》」である「世界一」のＵＳＡ資本主義を軸心として世界編成された、単一の現代資本主義世界システム以上・以外のなにものでもない。

ということは、本書の〈**恐慌論**〉の批判的解明の対象は、一九世紀の〈パクス・ブリタニカ〉から二〇世紀の現代以来の〈パクス・アメリカーナ〉に属した旧資本主義諸国全般にとどまらず、旧「社会主義」諸国全般（ソ連邦・東欧諸国・人民中国を含めた――今日でもただ単に怠惰なノスタルジアにどっぷりと浸っている自称「マルクス主義者」たちが、それらの諸国のうちの或る国々を「社会主義国」と称して珍重しているにもかかわらず）、それら諸国の新資本主義体制を批判的に分析するために、それら諸国の経済社会現象から〈**恐慌**〉を検出・検証し、そうした**恐慌現象**を批判的に解明しなければならないことを意味している。たとえば、スターリン制覇開始期の上からの工業五カ年計画の時代に、ソ連邦経済を恒常的に襲って賑わした（！）かの「工業生産物価格と農業生産物価格の鋏状《シェーレ》価格差の拡大」のごときは、「一国社会主義」経済に周期的に襲来した**恐慌現象の「一国社会主義」経済的変型**以外のなにものでもない。本書の〈**恐慌論**〉は、現代世界史の今日的展開に即して、そのような理論的射程距離の延長・拡大の視角に立って全包括的に記述されているのである。

右のような現代世界史的諸経過・諸要因を包括した〈**恐慌論**〉の基本的完成は、近代資本制商品経済社会に特有な物象化法則（＝価値法則）である経済的運動法則を批判的に究明し解体する理論的作業である以上、資本制社会特有の**周期的恐慌**の解析を通じて、マルクス流に言えば「体系の叙述そのものを通して体系の終焉（限界の確定とその除去）」を図り、実現してゆく理論作業なのであって、その点からすれば、資本制社会の経済的運動法則の全対象化の完成・即・そのようにして形成された経済学原理論そのものの既成型の解体と自己革新を図り、真に包括的なものとして深化・実現する理論的・イデオロギー的作業にほかならない。

そのことがいささかでもなおざりにされるならば、共産党一党独裁国家のスターリン主義体系（ディアマート体系）の理論的核心である〈価値法則の利用による社会主義建設〉といった、途方もない反マルクス経済学的・反マルクス主義的な没理論の復活もまた、不断に避けがたくなるのである。あえて最後に再度強調して付言すれば、〈**恐慌論**〉

の基本的完成を核心とする『資本論』弁証法体系の〈体系の叙述・即・体系の批判的解体の叙述〉という論理構造は、歴史的な社会法則を対象化する社会科学の法則性そのものの解体にまで、〈恐慌論〉の基本的完成を介して徹底的に全面化されて及ぶのであって、その意味では〈恐慌論〉とは、超歴史的・客観的真理である自然科学とは異質な、歴史的・一時的仮構である社会科学そのものの批判的・自己批判的解体の論理作業にほかならないのである。

〈恐慌論〉の基本的完成によって、ここまで論理的な腹＝身構えを据え切らないならば、つねにスターリン主義体系の没論理的・無概念的復活が起こる〈観的空隙〉を埋め塞ぐことはできないのである。今日のわたしたちは、一般的に言って、スターリン主義体系が、マルクス主義の方法的・体系的な保持・活用の観点から言って、たまたまの「スターリン個人崇拝」等々の副次的産物ではありえないことを、よくよく胆に銘ずべきである。

通俗的な左翼的常識とは違って、マルクス経済学も、その経済学批判を理論的基軸として構成された社会科学一般も、歴史的・経過的な特異な商品経済社会である近代市民社会《ブルジョア》の批判・超克・過去化とともに、そうした土台の根本的変化に規定されて早晩消滅してゆかざるをえない歴史的固有性を有っているのである。

この事情は、マルクス主義そのものの時代性の自己了解とそれが内包する階層性の了解にも反映されて、マルクス主義そのものの世界観である〈実践的唯物論〉と、前＝後近代の諸共同体を解析する〈唯物論的歴史把握〉と、近代資本制社会の批判的分析である〈経済学原理論〉との、三相の階層性の根源的自覚をもたらすのである。

3　〈恐慌〉の有無による人類社会史の発展の大別

人類社会の発展史上、多種・多様に特化されて歴史的実在として出現したもろもろの共同体は、経済的社会構成体としてこれを大別するならば、近代の資本制商品経済社会＝市民社会と前＝後近代の諸共同体社会、として二別されるが、前者の商品経済的社会構成体が**周期的恐慌**を基準とする経済的運動法則によって自律される近代資本制商品・貨幣社会であり、後者の前=後近代の諸共同体社会の裡、わたしたち人類がすでに経験した、原初共同体から中世封建制的経済的社会構成体へといたる諸共同体社会の歴史的解明は、〈唯物論的歴史把握〉によって対象化される領域にほかならない。

そのような前近代的領域の諸共同体社会は大括して特性化するならば、宗教イデオロギーによって価値統合されている社会であり、そのような宗教イデオロギー的価値統括によって、社会原則を基準として統合されている社会である。そのような社会原則に順って価値統合されている共同体社会は、近代市民《ブルジョア》社会における経済法則とは異なる共同体社会的原理によって統括されている原則社会=実質社会であるが、それはそのようなものとして、宗教的社会原則によって価値観的に統合されている経済機構を当然包合している。

これが〈宇野理論〉に曰ういわゆる経済原則であるが、前近代の共同体社会の経済原則として知られるその実態的在り方は、従来の人類史的経験が示しているかぎり、贈与、互酬、無縁、結い、再分配、公界、物々交換、歌垣《かがい》、無言貿易《サイレント・トレード》（鬼市・闇市）、楽市、宴、淫売（売笑）、寄進、勧進、喜捨、施行、お裾分け等々の経済的諸行為の諸連関であり、それらの経済的諸行為は、当該の共同体社会の周縁・内部間隙に実在化するにいたっている商品生産・商品流通・商品交換とのアマルガムとして全面的・全社会的に発現する。

この全社会的アマルガムの歴史進展上、共同体と共同体の間に発生した商品交換――それはそれでその前代における〈無言貿易《サイレント・トレード》〉=鬼市・闇市を前代として発生させている、戦争・平和・婚姻・文化交通等々の共同体間交通の一形態である――が、共同体内部へと反射的に入り込んで共同体の根幹部を商品・貨幣経済へと変態・解体せしめてゆく一路的進行過程であり、そのような共同体社会の侵蝕・解体の極限において近代資本制商品経済社会の物象化社会としての全面化が実現されるのである。

いずれにせよ、このような、商品・貨幣経済現象の拡大化とのアマルガム社会である前近代の歴史上の諸共同体社会は、宗教的価値統合に由るゲマインシャフト（原則社会＝実質社会）として、もちろんのこと、近代市民《ブルジョア》社会＝ゲゼルシャフトにだけ特有な**恐慌現象**などとは全く無縁な「無縁社会」（網野善彦）にほかならない。このように大括して綜覧するならば、前近代の諸共同体社会と近代の市民《ブルジョア》社会とは、**恐慌**の有無をもってその識別指標たらしめることができるし、そのようにして社会的に識別しなければならないのである。

今日のわたしたちにとってなお将来社会である後近代の共産主義社会は、近代市民社会を潜った後の、かつはその超克の過程で近代の市民権的基本財産を遺贈された高次共同体社会として、前近代の共同体における経済的特性であった〈贈与、互酬、無縁、結い、再分配、公界、無言貿易、楽市、寄進、勧進、喜捨、施行等々〉の公共経済的行為の高次復活を必ずともなうにちがいない。

〈恐慌〉の基本的規定は、こうして、人類史をゲマインシャフトとゲゼルシャフトに大別する社会類別の指標であり、そのようなものとして、商品経済的社会構成体と非商品経済的社会構成体とを類別して、将来社会としてのアソシエーションの社会の構想へとつなげる陰画《ネガ》的図像にほかならないと言える。しかも、二〇世紀的現代以来の将来社会構想が、「マルクス・レーニン主義」としてのスターリン主義体系による根本的な汚染を蒙った以後においては、今日の将来社会展望は、このような人類文明史的全経験を活かした主体的再展望として構想される以外にはありえないのである。

現代資本主義世界システムのひきつづく批判的分析と、スターリン主義体系イデオロギーのひきつづく批判的解体が、**〈恐慌論〉**の基本的完成を機軸として同時平行的に行われなければならない今日的所以である。〔詳しくは、最近作の拙著『〈主体〉の世界遍歴《ユリシーズ》　八千年の人類文明史はどこへ往くのか』藤原書店刊、をぜひ参看されたい。〕

4　最新の『マンスリー・レヴュー』誌派＝イーチン・ウーによる、後期毛沢東思想の無産階級文化大革命の追総括

右の後者の、スターリン主義体系イデオロギーのひきつづく批判的解体の理論的作業が、スターリンの名を冠された限りでのスターリン主義批判の徹底化に際して、二〇世紀後半期の〈中ソ論争〉においてスターリン主義「左派」として登場し、「無産階級文化大革命」を発動させた後期毛沢東思想をも含めて敢行されつづけてゆかなければならないであろう。

『マンスリー・レヴュー』誌の最新号（二〇〇五年一〇～一一月号）におけるイーチン・ウーの論文「〈中国における資本主義復活〉再考」は、今日、中国共産党一党独裁指導下の中国資本主義の「復活」の伸長が、「支配階級の受動的戦略」に基づく「市場改革」として進展され、スターリン死後の狭義のスターリン主義の崩壊の以後は、「当権派ブルジョアジーの復活」から政治的実権の奪還として企図され発動された「無産階級文化大革命」が、そのような再晩期毛沢東思想の内有していた思想的・理論的空隙の故に敗北に終わった教訓を踏まえた好個の現代マルクス主義的「再考」である。

「官僚が政治的・経済的権力を独占している〈革命後社会〉において、生産者と社会的な生産手段が民主的な自主管理を通して直接に結びつくような内部改革が生じる可能性はあるのか」と提起したイーチン・ウーは、その主題の再考を開始するにあたって、現代マルクス主義者アントニオ・グラムシ『獄中ノート』が提示した有名な「受動的革命」テーゼを再提示している。すなわち――「一つの社会形態は、つねに発展と組織的改良のための余地を可能性として持っており、それに特有の性質と生活様式の結果として、対抗する進歩勢力の相対的な弱点に期待することができる。支配的な社会形態にとって必要なのは、この弱点を保持することである」と。

このような「受動的革命」概念の一般化・普遍化を、ほかならない自分自身のイタリアの後発的国民国家建設である〈リソルジメント〉の政治的歴史展開過程における、ガリバルジーら大衆的・能動的革命派のかちとりつつあった政治的変革を横奪したカヴールを先頭とするピエモンテの王制派が、ガリバルジー派の相対的な弱点につけこんで国家権力の簒奪に成功した歴史的事例からすれば、より正確に旧権力に対抗する「革命勢力」の抱えこんでいた相対的な弱点こそが、支配的な社会形態の「保守革命」的な創出者にとっては必要不可欠であった、と言うべきであろうが、このイタリアの〈リソルジメント〉による国民国家形成の特性を範疇化した「受動的革命」戦略の問題は、二〇世紀的現代でのソヴエト連邦・人民中国におけるスターリン主義制覇過程に対する批判的分析にも、十二分に活用しうる。

かつてアメリカ合州国における独立マルクス主義派の機関誌『マンスリー・レヴュー』の創刊者であった故ポール・スウィージーは、「効果的な対抗勢力が不在なので、階級支配体制が発展するのに有利な条件が実を結ぶのは当然であろう。効果的な対抗勢力とは、イデオロギーや教条や善意を表すものではなくて、組織化された政治闘争のことである」と述べたことがあった。この提起は、わたしたちが今日まで強調してきてやまない、現代資本主義世界システムの物象化力による意識剥奪による主体の解体・不在化の極限的進行と、それに効果的に対抗する「組織された政治闘争」力としての〈主体の再生〉の歴史的課題、という第一義的主題の提起である。

人民中国における、毛沢東が発動した「無産階級文化大革命」の無惨な敗退と、それ以後における鄧小平の「改革・開放」路線から江沢民「三つの第一」路線を介して今日の胡・温指導体制へといたる政治的主体の衰弱過程において、イーチン・ウーが総括しているように、「かつて中国革命で政治的に動員され、革命遂行に不可欠な要素であった一般的な労働者階級（いいだ注――正確にはむしろ、「半植民地農民大衆」と規定すべきであろう）は、数十年にわたる〈〈革命後社会〉の）抑圧と支配の結果として、今や非常に弱体化し、まったくまとまりもなくなってしまった。それぞれバラバラで、「お上」への依存心が強く、志気も失ってしまった。能動的に抵抗したり、自己発展するにしては、イデオロギー的・組織的なリソースがあまりにも脆弱だった。国家権力の再編にさいして、根本的変革を求める運動を立ち上げるエネルギーはなくなった」という主体的状況の臨床的診断は、何人も否みえないところであろう。

では、そのような「上からの革命」の進捗による大衆の「受動的革命」状況は、その前段における後期毛沢東思想のいかなる欠陥に由来して生じ、増殖をとげることとなってしまったのか?〔私見については、とりわけ無産階級文化大革命の最終期における「上海コミューン」派・「湖南省省無聯」派・王力ら「文革小組左派」vs最晩期「毛沢東」が「親密な戦友」林彪との政治的合作の下に推進した「革命的三結合」に基づく〈革命委員会〉の党国家掌握との、最期の死闘について叙述した拙著『レーニン、毛、終わった』〔論創社刊〕を、参看されたい〕。

今日の「新自由主義」全盛下の中国のWTO加盟後の「国家自体の内にある利益集団の増殖」との関係で急進展している中国共産党指導部の国家政策に、抗しようとしている第一人者として今日嘱望されている王暉の「中国の新政府」論文、あるいはまた、ハート＝ランズバーグ&バーケットの『中国と社会主義』、リチャード・クラウスの「毛沢東「司令部」」論、ヒントンの「何を間違えたのか」論文等々に依拠して展開されているイーチン・ウーの「再考」の結論は、大略つぎのごときものである——

> 社会主義の改革と限界という全般的な問題を論じる場合、中国の経験、とりわけて文化大革命で頂点に達した毛沢東主義の役割を無視することはできない。後期毛沢東主義と文化大革命が、世界社会主義の歴史における一つの逸脱であったことは、否定しがたいところである。とはいえ、改革に関する視野を、ポスト毛沢東時代に限定してしまうのは、政治的近視眼であるだろう。
>
> 中国社会主義の歴史的経験の独自性は、まさに自己改革へと向かう不断のダイナミズムとエネルギーとにある。毛沢東の中国は、支配階級の自己保存にとっては、有利な市場化への道を進まず、もっと困難で、いかなる青写真

もない、地図なき改革の道を選んだのであった。

後期毛沢東主義は、革命後の階級形成とブルジョアジー復活の過程について、非常にダイナミックな観点を発展させ、イデオロギー的・政治的・経済的レヴェルにおける相互作用を、一つの分析的枠組に統合した。搾取階級が打倒された後でさえ階級闘争が継続するというのが、毛沢東主義の立場であった。したがって、ここからすれば、社会主義の没落は、かならずしも社会主義国家の暴力的転覆によって生じるわけではなく、むしろそれ以上に、打倒された後も残存している搾取階級の影響の下で、支配階級（共産党）内部およびそれを取り巻く環境の双方から、平和的に進展することによって生じるのである。

この堕落の過程は、指導部の腐敗分子によるブルジョア思想の受容から始まる。この簒奪された指導部は、次に、国家権力の階級的性格の変容に手を着け、社会主義経済を解体し、新たに優勢な搾取階級＝官僚階級を創り出す。これは、やがて、支配階級の地位を固めるために、さらに完全なブルジョア的政治制度を発展させるという要請へとつながってゆく。

文化大革命は、社会主義を再活性化する試みとして、革命に関する集団的な歴史と大衆的な伝統の中に、深く根差すものであった。だが、その高邁な抱負にもかかわらず、後期毛沢東主義には重大な欠陥があって、結局は何の効果も発揮できなかった。ごく簡潔に言えば、毛沢東主義は、構造的な諸条件の中で定義されるような、明白な階級の焦点がなかったのである。

階級に関する毛沢東主義の政治は、広すぎると同時に狭すぎたのであるが、これは外見上の矛盾でしかない。文化大革命の政治的な標的は、個人的な好みに左右されることが多く、そのため拡散しすぎた。文化大革命の中でも、最も偶像破壊に熱心だった時期には、旧慣、内なる意識、旧資産階級の残党、走資派、特権官僚、美術や文学、性に関する振舞、服装のスタイル、靴のかかと等々、ありとあらゆるものを闘争対象とした。そのため、「階級」という根本概念は、おどろくほど通俗化され、異常なまでに拡張され、中身のない無茶苦茶な寄せ集めになってしまった。

後期毛沢東主義の政治的近視眼も、同様におどろくほどひどくなった。これが最もよく分かるのは、自己批判能力の欠如である。つまり、自らの歴史的な位置づけを直視したり、主要な階級関係とそれに対応する制度上の構造、自らが嵌まり込んでいる構造を認識したりすることができなくなってしまったということである。

毛沢東主義のこの逆説的なありさまは、革命後の階級構造の不規則さ、とりわけ、支配階級が多かれ少なかれ無定形であることにともなうイデオロギー的影響として、すくなくとも部分的には理解しうる。しかし、さらに根本的な次元で言えば、階級支配の最も基本的な構造に関してこのように近視眼的であることは、毛沢東主義の本質的な政治的限界を陰示しているのだ。

後期毛沢東主義は、革命に逆行するような傾向を非常に警戒していたにもかかわらず、革命後の国家における階級支配の基本構造という問題に、効果的に取り組むことができなかった。文化大革命は、官僚主義、修正主義路線、分配上の特権などに焦点をあてることで、官僚主義の支配システムよりも、個々の官僚主義者やそのイデオロギー的な連累者、旧体制の残存階級を攻撃したのである。

毛沢東主義の政治が、文化の革命化、プロレタリア意識の促進、ブルジョア利己主義との闘争、そして基幹官僚（および全人民）は自己の利益でなく人民に奉仕するよう奨励するなど、かずかずの試みによって、初期段階の支配階級に対する一時的な抑え込みに成功したのは事実である。それ自体、大きな業績だ。したがって、文化大革命がまさに文化的であり、そのような「文化を通じた革命」が事実上、毛沢東主義の最高の発展形態であり、同時にまた政治的限界であったことは、けっして偶然ではなかった。

毛沢東主義のさらにラディカルな政治的意味合いについて主張した若い知識人や活動家たちについて言えば、かれらは、官製の文化大革命は、中国の社会一般的問題の階級構造上の根源を追究するかわりに、権力者個人や旧来のイデオロギー的残滓を攻撃するだけで、本来的に保守的・改良主義的傾向をもつものとして批判した。

かれらは、ラディカルな反官僚主義、そして民主主義への欲求を持つだけでなく、革命後の時代における国家権力の性質や構造に深い関心をもち、社会を支配する新たな官僚階級の出現に対して深刻な憂慮をいだいていた。パリ・コミューンを歴史的範例として引き合いに出し、人民が本当に参加することができ、自己を統治しうる、真に平等な社会主義社会を実現するためには、中国の「新たな官僚ブルジョアジー」とかれらによる国家機構の独占を打破しなければならない、とかれらは訴えた。

一九六〇年代後半に文化大革命が始まって数カ月後、下からの大衆運動が盛んだった頃、上記のような一つの異質な政治思想、異質なイデオロギー的傾向（かなり原始的だったが）が現われ、影響を及ぼしはじめた。それは、官製毛沢東主義のドグマによる拘束を打ち破る可能性を秘めていた。当然にも、これらの若い活動家たちの政治思想は、毛沢東主義の大衆動員に貢献したが、その期間は短くて、やがて、急進主義、ウルトラ民主主義、ブルジョア無政府主義、反党、反革命、といった非難を受けるようになった。かれらの言論活動や政治活動は、例外なしにきびしく弾圧されたが、毛沢東主義の文化大革命を指導する「体制左翼」からの直接命令によるものもすくなくない。かれらは、早くも一九六七年から始まった大衆運動の解体といわゆる極左パージの中で、すべて姿を消してしまった。

毛沢東主義は、造反した我が子を共食いさせることによって、急速に政治的エネルギーを失ない、結局は、国家権力の根本的変革を通じて歴史的限界を乗り越えるという本来の任務を果たせなかった。したがって、文化大革命は、きわめて刺戟的でラディカルに見えながら、劇的ではあっても、ありきたりの大衆動員にすぎなかった。それは、表面的には大衆参加型だったが、じっさいには上下関係に基づいて階層化されており、官僚たちへの辱めは儀式であったにしかすぎない。ここに、文化大革命で毛沢東が陥った基本的矛盾があった。

リチャード・クラウスが適切に評したように、毛沢東は、自らが人格的に体現した官僚主義体制の「司令部」であると同時に、それへの「造反司令部」でもあった。その結果、革命後の社会と社会主義の改革における大胆な実験であった文化大革命は、失敗した。支配者と被支配者とを区別する基本的な構造や機能は、ほとんど手づかずのままだった。文化大革命から生じた社会革命によって、官僚主義エリートの横暴はすこしばかり減ったとしても、政治エリートと従属的大衆階級との関係が根本的に変革されたことにはならないのである。

文化大革命は、〈革命後社会〉における後退傾向を防ぐ試みだと考えられた。やや不安定ながら、「資本主義の復活」が、主として一つの重要なイデオロギー的機能を果たす神話だった、とかりに仮定してみよう。毛沢東主義者は、さらに革命を煽動しなければ、中国は必然的に資本主義に逆戻りすると主張したが、それは誤った方向へ事態を導くものでしかなかった。

永続革命はたしかに社会主義の本質である。しかし、中国の社会主義以後の歴史を見れば、社会主義政権の転覆の危険は、もっと広範で、もっと複雑な歴史的不確実性（それが後退、前進、あるいは横道に逸れてさえも）の一部と考えるべきであったことが分かる。にもかかわらず、中国の無産階級文化大革命においては、「ブルジョアジーの復活」という鳴り物入りの大騒動の中で、最大の危険の起源が覆い隠されてしまったのである。——

後期毛沢東思想と無産階級文化大革命の出来《しゅったい》という事態は、いずれにせよ、〈革命後社会〉という政治的過渡期における連続革命の途上における出来事である。したがって、そこには革命後社会としての社会的国家の執政党となった共産党のヘゲモニー下の（一党独裁の悪い形態にせよ、ヘゲモニー支配の善い形態にせよ）社会主義建設による社会革命・文化革命を志向する継続革命運動が展開されている、という一種の二重状況が推進されていることとなる。

したがって、そこにおける指導的共産主義者は、継続革命堅持者である以上、つねに「二重人格者」であって、リチャード・クラウスが言うごとく、中華人民共和国を革命的に建国した以後の後期毛沢東が、大衆運動の能動的発動の究極的な価値目標を国家権力そのものの消滅に据えていたとしても、そこへいたる当面の政治権力をめぐる運動の性格が無産階級文化大革命の場合、当権派支配の党国家権力の「奪還」を直接の政治目的としながらも、「文化革命」としてその社会革命的性格を表現したとしても、それはそれなりに事理と事宜に適ったことであり、毛沢東国家主席自身が官僚主義体制の「司令部」であると同時に、その官僚主義体制打倒の「造反司令部」の一人二役を演じたとしても、それ自体はすこしも奇異なことではない。それはたしかに、革命後社会国家の権力闘争の抱えこまざるをえない矛盾ではあるが、そのような活きた弁証法的矛盾は、それ自体が継続革命発動・推進のモメントとして働いているのである。

そのような、革命後社会国家における「ブルジョアジーの復活」の防止ないしはそれに基づく「実権派支配から」の党国家権力の「奪還」をかかげた政治闘争における、後期毛沢東思想路線が有っていた究極的な政治的限界は、その無産階級文化大革命の最終的処理局面における、毛沢東自身が軍事管制派の林彪軍閥との政治的合作の下に推進した、下からのコミューン原則に基づく大衆運動に依拠しつづけて文化大革命をトコトン追求しようとした「上海コミューン」派・「湖南省省無聯」派・「王力ら〝極左〟文革小組」派を、極左パージによってかれらの肉体的抹殺もふくめての徹底的解体へと追い詰め、「革命的三結合」（周恩来指揮下の行政官僚プラス林彪指揮下の軍事管制職業軍人プラス文革「四人組」派）による〈革命委員会〉方式――（〈コミューン〉方式ではない、それに対抗した権力装置方式）に基づく〈革命委員会〉党国家の再建を成し遂げ、再建された中国共産党第九回大会においてその新支配再編機構を戦略的に定式化して、それに基づいて無産階級文化大革命を新編実権派党国家権力へと回収・清算してしまったところにこそある。

5　〈革命後社会〉における「ブルジョアジーの復活」の特色

イーチン・ウーもふくめて『マンスリー・レヴュー』誌に拠る北アメリカの独立マルクス主義派は、『マンスリー・レヴュー』の創刊者である故ポール・スウィージーが創製した〈革命後社会〉という（それ自体は、とりわけその初期時代においては有用な術語ではあったが）一般的概念規定にその後もずっと寝そべったまま、かんじんな、それらソヴエト・ロシア革命以後、中国植民地革命以後の〈革命後社会〉についての批判的分析に依拠する概念の具体的精錬化（ごく抽象的にでも、あまりにも一般化された概念であるスウィージーの〈革命後社会〉がいかなる国家形態をとるのか、また、いかなる経済的社会構成をとるのかが、過渡期の問題としては最小限にでも直ちに概念分析される必要があった）をおこなわないで来てしまっている、という欠点を免れていない。

それと同じ様にして、一般的な〈革命後社会〉における継続革命の停滞・鈍化・後退傾向を一般的に防止しあるいは挽回するために、執政党としての共産党内にも潜入・発生した「当権派」を、「官僚ブルジョアジーの復活反対」のスローガンをかかげて廃除しようと志向して無産階級文化大革命を発動した後期毛沢東思想の場合にも、イーチン・ウーが一般的に正しく指摘しているように、晩期毛沢東が「造反司令部」として党国家の実権派の打倒・廃除をめざして党内外の左派活動家の大衆動員に折角一定の成功を収めながらも、かれらの文化大革命の打撃方向をどこへ向け、どこへ集中し、どのような全般的な体制転換を価値目標とするか、というかんじんかなめな政治的集中点について不明確な抽象性を免れることができず、その政治から社会・文化へとわたる全面的な政治権力闘争のプログラムを明確に具体化することができなかった不備は、これを蓋うことはできない。

無産階級文化大革命のダイナミックな進展過程において、イーチン・ウーが指摘しているように、「過去の旧弊の残滓、下からの自発的ではあるが取るに足らない諸傾向、そして党内に潜む走資派や社会内部から生じる走資派路線に〈政治闘争の打撃目標を〉集中させることによって、〈資本家の復活〉を抽象的に言い立てた後期毛沢東主義の言説《ディスクール》は、革命後の中国社会の中心的な矛盾が奈辺にあるかの認識を歪め、曖昧にした」ことは疑いを容れない。

6　ローザ・ルクセンブルク『ロシア革命論』における社会主義と民主主義との関係性の設定

したがって、そこからかれイーチン・ウーは「中国の資本主義への移行から学ぶべき、重要な教訓は何か」という自問を設定して、それは「内実ある民主主義を欠いた社会主義は成立しない」という教訓であると自答している。かれによれば、「社会主義と民主主義という問題は、単にユートピアの定義に関する哲学上の課題ではなくて、もっと根源的な、歴史と政治に関する避けることのできない論理に随伴している。真の民主主義は、社会主義の論理的な終極目標として規定されるだけでなく、まさに社会主義を効果的に守る安全装置でもある。ローザ・ルクセンブルクが、ロシア革命の成就直後に警告したように、社会主義という目標を達成するための革命は、「革命党のポケットの中にしかない既成の公式に頼ることはできない。むしろ、真の民主主義が正しく機能する大衆的な政治過程を通してのみ、社会主義は開花するのである」と正しく指摘して、かつてのローザ・ルクセンブルクの『ロシア革命論』で述べられている有名命題を援用している――

「否定的なもの、破壊的なものは、上から布告できる。肯定的なもの、創造的なものは、布告では成立させることはできない。新たな領域には、無数の問題が生じるだろう。ただ経験によってのみ、間違いを正し、新しい道を拓くことができる。束縛なき情熱的な人生のみが、無数の新たな形と自発性を経験し、創造的な力をもたらし、誤った試みをもすべて自ずから正すようになる。その反対に、自由を束縛された国の人びとは非常に貧しく、惨めで、硬直し、不毛である。その政治は、民主主義を排除したことによって、同時に、精神的豊かさと進歩の生き生きした資源《ソース》を断ち切ってしまったからである」（ローザ・ルクセンブルク『ロシア革命論』）。

当時、ソヴエト・ロシア革命の勝利と初期ソヴエト権力建設の前進に舞い上がって「成功の眩惑」に陥った側面が否定しがたくあった革命指導者レーニンとトロツキーが、一〇月革命勝利直後に冒した、ソヴエト議会の実力解散にひきつづく執政党としての反民主主義的侵犯行為を何とか正当化・合理化して弥縫すべく、「ソヴエト独裁＝プロレタリア独裁」＝「党独裁」の政治構造を至上主義的に聖化しようとするあまり、〈党独裁か、純粋民主主義か〉というそれなりに歴史的・思想的根拠のある二者択一の仮構に基づくソヴエト権力批判＝レーニン・トロツキー批判を浴びせかけていたカール・カウツキーの社会民主主義的＝第二インターナショナル的批判の罠に、まんまと自らはまりこんでしまった、とわたしはかねがね考えてきている。この大事な点については、すでに何度か書いてきているところである。

その結果、レーニンの「ブルジョア民主主義の形式的偽善性よりも百倍も、千倍も民主主義的なソヴエト独裁＝プロレタリア独裁」という基本的命題の無限的対置（だからこそそれは純抽象的・空想的対置となってしまう）に象徴されているような、社会主義的民主主義の自発的・大衆的発揚の決定的軽視に陥ってしまうことになった。そのような臨戦的な思想・政治状況のなかで、その後進ロシア的誤りの世界的関連起源を先進ドイツのレーテ・革命の遅滞という自らの主体的責任として引き受けながらローザ・ルクセンブルクが断乎として提示したように、右のような、プロレタリアートの権力獲得以後の新たな領域における「肯定的・創造的なもの」は、ソヴエト・ロシア革命によるツァーリスト＝ブルジョア権力の打倒にさいしての「否定的・破壊的な」偉力とは違って、絶対に「上からの布告」すなわちソヴエト国家権力の行政的布告によってはこれを捻り出すことはけっしてできないのだ。

そのような前古未曾有の新たな領域における大衆的創発によって自発的な無数の新たな解放的諸形態を創出して、新しい社会主義建設の道を切り拓くことのできるのは、ただただ、解放されたプロレタリア大衆の自由な内発的経験に徹底的に依拠して、そこで避けがたく冒される誤り（たとえば、即今のソヴェト国家によるソヴェト初議会の実力解散といった誤りを見よ）をも自己自身のその政治経験を通してのみはじめて自己訂正できるのである。

そのように主張してやまなかった、ローザ・ルクセンブルクの透徹した、あくまでも大衆の自発的経験に依拠しながら新たな社会主義建設の領域における創発を前進させてゆこうという道の提示にもかかわらず、その後のソヴェト権力の政治的前途が帝国主義的包囲の裡という最悪の国際的環境下にあったとはいえ（今日のわたしたちがすでに、二〇世紀的現代の最大の教訓として見届け切ったごとく）自由を束縛された収容所群島の奴隷的国民（ソヴェト的人間像！）として、「非常に貧しく、惨めで、硬直し、不毛である」結果へと歴史的に帰趨していってしまったのである。

そのような事態発生の根因が、まさにローザがもののみごとに予言したごとく、「民主主義を排除したことによって、同時に精神的豊かさと進歩の生き生きした資源《ソース》を断ち切ってしまったからである」ことを、今日的に想い合わせてみるならば、〈社会主義と民主主義〉の好循環的関係性の設定ということが、継続革命としての政治的過渡期における社会・文化革命の連続的前進にとって、最大級の政治的重要性を持っていることを、痛切に理解することができるだろう。

スターリン主義体系も、その左翼的・アジア的一変種であるといってよい後期毛沢東思想も、結局は自らのソヴェト連邦と中華人民共和国を土崩瓦解させるにいたってしまった歴史的限界の核心はまさしく、ローザ・ルクセンブルクの古い予言のごとく「民主主義の排除」にあったとこれを断定し切らなければならない。

無産階級文化大革命の無惨きわまる敗退と、それを承けての最近の「中国における資本主義復活」の再考を試みた『マンスリー・レヴュー』誌派のイーチン・ウーの今日的提起に戻るならば——「国家権力の獲得は、最終的解決ではない。国家権力の疎外形態としての（ブルジョア）民主主義に取って代わるべき対抗的な民主主義の形態を発展させないかぎり、それは社会主義運動に害毒をもたらしたり、それを破壊しさえする可能性がある。だから、（革命後社会における）重要な政治問題は、どうすれば革命が本来の目的とは反対に進むのを防ぐことができ、どうすれば新たな抑圧と搾取を生み出さないようにするか、ということである。究極的な意味においては、社会主義と民主主義は全く同じ事象と見るべきである。真の革命は、単に社会主義とも民主主義ともどっちつかずのものになるべきではなく、またそうなってはならない。／中国でもその他の国々でも、社会主義以後の変容は、右に述べてきた重要な問題を考察する上で、貴重な機会を提供している。中国革命は長所と短所を含め、歴史的な業績であった。わたし（イーチン・ウー）が民主主義の欠如を強調するのは、徒に中国革命に対する失望を嘆くためのものではなく、中国革命の限界を長期的な歴史的展望の中で捉えることができる観点を追究するためである。首尾一貫した二重の批判、すなわち資本と国家に対する批判・経済的蓄積と官僚権力に対する批判、そして、それらの構造的・歴史的連関に関するより十全な理解は、不可避であるだけでなく可能でもある。本論（イーチン・ウー「〈中国における資本主義復活〉再考」）の目的は、それを示すことである。ポスト社会主義の現状況において、新自由主義的資本主義が発展している今日の現実を批判するためには、平等主義・民主主義を不断に推進するという目的を踏まえて、既存社会主義に関するさらに高度な批判（それはいわば厳しい自己批判であるのだが）が必要である」。

　マルクスのマルクス主義にとっては、「私的所有の廃止」というスローガンにとってもそれ自体が目的とされたのではなくて、近代資本制社会における労働力商品の「疎外労働」の発生源である〈資本・賃労働〉再生産関係そのものの最終的廃絶に向けた一手段として「私的所有の廃止」というスローガンも位置づけられていたのである。

　ところが、〈革命後社会〉が、スターリン主義治下のソ連邦においても、毛沢東思想治下の人民中国においても、疎外労働とそれに見合った実権派支配の「歪曲・疎外された労働者国家への堕落」という政治形態が支配的となっていったために、最終的にはソ連邦・人民中国をはじめとする「社会主義世界体制」の現代世界史的解体という重大な否定的結果を招来してしまったのである。歴史の後知恵とはいえ（知恵の梟《ミネルヴァ》は日暮れてから飛び立つのである）、二〇世紀的現代の歴史的経験からして明らかなのは、既存社会主義が皮肉なことに、結果として資本主義への変身を招くいくつかの要因を、自ら用意していたことである。

すなわち、それは第一に、「復活」した官僚ブルジョアジーの支配下での労働者大衆の被支配的・被搾取的地位を不断に再生産し、第二に、社会的な国有化生産手段の管理にアクセスしながら民主的な責任をいっさい負わない特権官僚的権力国家を作ることによって、その「和平演変」後に後続する資本主義の「復活」に必要不可欠な本源的蓄積に関して重要な役割を果たすことになったのである。

この過程の最終的開花は、今日のプーチン体制下のロシアや胡・温体制下の中国に見られるごとき、政治権力の掌握者が国有化企業の公有財産を系統的に囲い込んで、企業民主化を営み、それを一括して特権的党国家指導層の「私有財産」へと転換させてしまうことによって、過去数十年間に横領され蓄積された「一国社会主義建設」期の巨大な富は、「公富」から「私富」へと転化させられ、資本主義的な生産と分配の「新自由主義的」回路へと引き込まれてしまっているのである。「市場社会主義化」への道は、本来は党国家の支配官僚階級の自己保存と政治的宥和の政策として始まったが、それは今日ではその最終段階ないしは「新自由主義」への出口戦略に、すなわち国家権力保持者から巨大資本所有者への大規模な自己転換へと変化したのである。

すでに一九八九～九二年の現代世界史の劇的転回過程――北京天安門事件↓ベルリンの壁の崩壊↓東欧「社会主義国」の解体↓ユーゴスラヴィア連邦・ソヴエト連邦の世界史的土崩瓦解↓パパ・ブッシュ米共和党政権による湾岸戦争の開始↓単一のアメリカ的世界市場の成立――をしたたかに見届けてきた今日のわたしたちは、七十余年にわたった「東の社会主義体制」の存在が果たして歴史的実在としての「社会主義」たる存在資格を具備していたか否か、という微妙な歴史判定問題を後代に委ねたとはいえ、大局的には、二〇世紀的現代社会主義（既存社会主義）は、全世界的規模での世界資本主義の全球的発展史における最後発的な資本主義へのもう一つの道であったと総括できるし、またそのように総括しなければならない。そのような現代世界史過程の総結果が、現に見る「新自由主義」のインターネット資本主義のグローバリゼイションの全世界的貫徹にほかならないのである。

7 無産階級文化大革命についての追総括の基本的志向と基本的問題

後期毛沢東思想の理論的・実践的検証でもあった無産階級文化大革命について有用・有益な追総括を今日おこなっている、『マンスリー・レヴュー』誌派の論客イーチン・ウーの基本的志向を共有しながら、それをさらに歴史的総括として深化させようとしている本書の厳格な立場性から言うならば、先ずもって、後期毛沢東思想が自ら「司令部」として発動した無産階級文化大革命が、パリ・コミューンを世界史的範例として推進された〈革命後社会〉の政治的過渡期における〈継続革命〉の歴史的大実験であった、という根本的意義に立ち戻って、その歴史的帰趨の精査を改めてトコトンおこなわなければならない。

無産階級文化大革命はその歴史的帰趨の結果、惨憺たる大失敗・大過誤に終わったとはいえ、一時期は張春橋・王洪文・姚文元の領導によって〈上海コミューン〉を成立させたのであり、たとえその〈上海コミューン〉が北京の党国家を領導していた毛沢東国家主席によって峻拒・否定されて悲劇的流産に終わらせられたとはいえ、そのような無産文化大革命のコミューン原則的志向は、その後も〈上海コミューン派〉〈湖南省省無聯派〉〈王力ら文革小組左派〉によって脈々と簇生・発展させられ、文革の最終的煮つまりの局面においては、周恩来主導の行政官僚体制、林彪主導の軍事管制に対する批判・突撃・攻略活動をくりかえし、最後の死力を尽くしたのである。

いうまでもなく、苛酷きわまる歴史的現実としてその文革の最終局面の清算は、自らが唱導して文革を発動した〈コミューン原則〉を、自ら否定することとなった毛沢東の「新実権派官僚＋軍事管制派職業軍人＋文革派四人組」

の〈革命的三結合〉なるものによる、党と国家の再建による中国共産党第九回党大会路線によって収拾され、ここに文革は自己否定的に終結をよぎなくされたのであった。

そのような内乱的最終過程の収拾を可能にした力は、「毛沢東思想大隊」と名乗った林彪派軍隊の工場と大学への「進駐」による、萌大富ら「紅衛兵」と王洪文ら「労働者造反部隊」の武力による解体であり、コミューン原則を裏切った毛沢東の「文革党」のさらなる革命的解体・再編を非合法活動下に志向していたものと推測される、〈上海コミューン派〉〈広東コミューン派〉〈湖南省無聯派〉〈紅衛兵極左派〉〈王力ら文革小組極左派〉によるプロレタリア地下共産党の形成企図をつぶした各集団の解体と肉体的抹殺にほかならなかったのである。この血しぶきは、党第九回大会路線による党国家の再建にもかかわらず、とどまることのない余波として、毛沢東と周恩来の合作による林彪・葉群・林果夫の〈五・一起義〉集団の殲滅とソ連邦への亡命を企てたかれらのモンゴル上空での墜落死となって、全中国・全世界を驚倒させたごとくである。

今日では歴史的分析・解明の一つの対象物と化した無産階級文化大革命は、近代の中国革命としては、清帝国を打倒して中華民国をもたらした孫文主導の辛亥革命（一九一一～一二年）、国共合作下の蒋介石主導の国民革命（一九二五～二七年）、中華人民共和国の建国をもたらした毛沢東主導の新民主主義革命（一九四九年）に次ぐ、革命後社会の政治的過渡期に毛沢東主導の「継続革命」として追求された第四の大革命であった、とこれを看ることができる。

事件史としての文革の歴史的な帰趨と経過は、先ず第一に、党国家の「当権派（実権派）」「走資派」と目された両頭目＝劉少奇国家主席と鄧小平党秘書長の打倒・解任として記録される。後期毛沢東の最大の政敵であった「実権派」の大頭目劉少奇（一八九八～一九六九年）は、文革運動裡に逮捕され、「労働者階級の隊伍に潜入した反党・売国奴」として誣告されて、党を「永久追放処分」に付されて、一九六九年、河南省開封監獄に護送されて無惨きわまる獄死を遂げた。後に、鄧小平が党国家の権力的地位に返り咲いた時、鄧小平「改革・開放」政権によって、一九八〇年に劉少奇の冤罪は晴らされ「名誉回復」された。

「不倒翁」の鄧小平は、文革運動裡に「走資派」「当権派」として批判されて失脚に追いこまれたが、一度は毛沢東の「権力奪還」後の党国家の行政的運営に当たる総元締めとして政治的地位を復活したものの、一九七六年、死去した周恩来を追悼する天安門事件が発生した時、その「黒幕」とみなされて再失脚の憂き目をみた。しかし「不倒翁」たるかれは、毛沢東死後、直ちに文革清算のイニシアティヴを発揮して、文革推進・継続派の「四人組」ならびに「凡是派」華国鋒首相を逐次・連続的に排除することに成功して、党中央の陰然たる最高決定権を掌握して、「四つの近代化」路線と「改革・開放」政策を鋭意推進し、深圳を主軸とする大陸沿海部の資本主義化を原動力として、共産党一党独裁下の人民中国の資本主義化をものの見事に実現させた。かれ鄧小平は、その激動的な転換過程で、自らの懐刀であった胡耀邦・趙紫陽の両首相の相次いでの解任をよぎなくされながらも、一九八九年の北京で勃発した故胡耀邦追悼に端を発した第二天安門事件を、戒厳令発令によって武力弾圧し、中華人民共和国の共産党独裁下の資本主義化という「和平演変」を成就させた。

かつての第一次中国革命ならびに「大長征」前期の党最高指導者であった周恩来の晩期の活動についても付言しておくならば、毛沢東をつねに行政的に補佐する官僚機構の頭目としてのかれは、文化大革命の推進と収拾に当り、「革命的三結合」によって党国家を再建した第九回党大会路線においては、毛沢東・林彪「軍事管制」路線による文革収拾に協力して事を成就したが、同大会後発生した国家主席獲得陰謀を進めた「林・陳集団」に対して「親密な戦友」林彪を切ろうと決断した毛沢東に協力して、かれらの排除に成功し、ついにはソ連邦への亡命を企てた林彪・葉群・林果夫らの一味をモンゴル上空で墜死せしめた。かれもまた鄧小平と同じく「不倒翁」と綽名されている所以のものである。

一九七六年は、中国革命の元勲である朱徳、周恩来、毛沢東が相次いで死去した、革命世代の代替わりの年であったが、死去した周恩来を追悼して天安門事件の発生（それは周知のように、毛沢東による鄧小平の再解任をもたらした）以来の激動的結果は、毛沢東死後における（周恩来の「同志中の同志」であった）鄧小平の再々復活による文化大革命の清算という形で、死せる周恩来による反毛沢東・反文革活動の顕勢化であった、と後からはこの逆転事態を特徴づけられうるであろう。

毛沢東死去後に党国家の指導権争いが一気に煮つまった局面で、江青・張春橋ら「四人幇」は、華国鋒・葉剣英の軍事クーデタによって逮捕されて完敗を喫した。このクーデタで党国家権力を保持した華国鋒政権は、毛沢東「文革」路線を墨守する「凡是派」路線をとりながらも、「文革の終了」を正式に宣言したが、党内の「真理」論争とよばれた権力闘争において鄧小平派によって失脚させられた。

その以後、鄧小平が秘密裡に最高決定権を掌握した党中央は、中央委員会の歴史的決議として、文革を「天下の大災厄」をもたらした「十年の動乱」として正式に断定し、無産階級文化大革命の歴史的・思想的意義そのものを全面的に完全に否定し清算した。その新たな資本主義への大転換路線が、鄧小平の死後も江沢民「三つの第一」路線→胡錦濤・温家宝「新自由主義改革」路線として推し進められているＷＴＯ加盟後の中国の資本主義強国化路線にほかならない。そのような資本主義大国中国の歴史的運命は、今日では現代資本主義世界システムとしてのグローバルなインターネット資本主義のたどるであろう歴史的運命と完全に合体したのである。

右のような、文革の惨憺たる敗退・清算以後の、鄧小平主導の「四つの近代化」「改革・開放」「深圳開発」路線以来の共産党一党独裁下の急激で全面的な資本主義への大転換＝「和平演変」（したがって、「市場社会主義」とは言い条、そこには「民主主義」もなければ「社会主義」もない）は、いうまでもないことながら、革命後社会である新中国における、文革の惨憺をきわめた全国民的体験に由来する「社会主義への絶望」の表白である。後期毛沢東思想路線の発動であった「反右派闘争」、「三面紅旗」、「人民公社《コミューン》」、「大躍進」、「無産階級文化大革命」、といった〈継続革命〉

のすべてが、内ゲバ的粛清と民衆の餓死といった「大災厄」をしかもたらさなかった以上は、その大衆的絶望とそれにとってかわる資本主義的〈私〉化への共同幻想的希望は、さしあたり必至絶対のものにほかならない。

二〇世紀的現代における全世界的規模における階級攻防の全経過に即してみて、ここに、第一次世界大戦の主要な副産物としての先進諸資本主義国における〈労働者評議会〉運動の全世界的興起（ロシア・ソヴエト、ドイツ・レーテ、ハンガリー・タナーチ、イタリア・コンシリオ、オランダ・カウンシル等々の多様な民族的名称を帯びた、本質的に同一な労働者階級の「評議会」的団結形態の大衆的創発を見られよ）の総体的な敗退・沈淪・消失（その否定的画期の徴表がソヴエト連邦におけるスターリン主義の制覇にほかならない）につづいて、第二次世界大戦の主要な副産物としての植民地・半植民地諸国における〈農民戦争＝民族解放〉の全世界的興起が発した巨大・巨量な革命的エネルギーがここに完全に退潮・敗退・消滅するにいたったのである。今日のわたしたちは、後期毛沢東思想が発動した無産階級文化大革命の無惨な敗北の歴史的意味を、このグローバルな徴表として把えなければならない。

実に、二〇世紀的現代の全世界的規模における階級攻防過程における〈労働者評議会〉運動と〈農民民族解放〉運動との敗退・消失こそが、二〇世紀的現代の歴史的総結果としての主体の危機の深い基柢として横たわっているのである。したがって、今日の新自由主義改革下の現代資本主義世界システムのグローバリズムは、全世界的に全面的に多様・多元・多極の形態で抗しようとしてマルチテュードの主体再生を推進しているわたしたちは、そのような具体的普遍としての主体再生の立場から、過ぎ去った中国文化大革命の追総括をも位置づけかえしながら遂行・深化させてゆかなければならないのである。

さて、ここが歴史総括の機微がすこぶる難しいところなのであるが、かりに、無産階級文化大革命の総結果がまことに惨憺たるものに終わったという後の結果からだけ遡源的に逆総括して、観念的に逆推理を募らせてゆく一方ならば、革命後社会の政治的過渡期が突き当たらざるをえない社会革命・文化革命推進上の困難をいっさい視ることなく、その不可避的に発生して立ちはだかってくる現実的困難を打開・突破しようとして苦慮した後期毛沢東思想の諸施策・諸実践として諸理念のすべての動機ならびに志向が、先験的にすべてことごとく無視されてしまうことにならざるをえなくなる。大失敗に終わった事の結果からの逆算が、主観的・恣意的なものにならざるをえない所以である。鄧小平が主導した党中央委員会による文革否定・清算の歴史的決議の孕んでいる根本的な限界・弱点は、まさにそこにある。そのような「十年の動乱」がもたらした「天下の大災厄」という現象規定だけでは、後期毛沢東思想が死力をつくして真向うから取り組んだ〈継続革命〉の諸課題の本来もっていた、そして、無産階級文化大革命の現実的展開によっては解決できなかった高さと深みが、全く閑却されてしまうのである。

鄧小平が主導した中国共産党の歴史的決議は、だからこそ、現象規定上の正当性と革命中国を成就した農民大衆の文革経験を通しての絶望の妥当性と切実な生活要求を反映していながらも、そうした「社会主義への深い絶望」の結果がそこからの出路としては共産党独裁指導下の資本主義への「和平演変」以外にはありえない、という一義的解釈・一路的解決方式だけにはまりこんでゆく以外の選択肢を提起できない自己呪縛構造を内包することとなったのである。そのような根本性格をもつ文革否定・清算の中国共産党中央の歴史的決議が、わが国もふくめて全世界から中国文化大革命の動機・課題・理念へのあれだけ熱烈であった関心・興味を急速・急激に冷却させて、その正負をふくめての貴重な歴史的経験をいっさい水に流してしまう特異な事大主義的にして歴史健忘症的な病候を呈したのも、その事由から由来しているのである。

スターリン主義批判との関係性からいえば、フルシチョフ治世以後のソヴエト連邦の党国家との「中ソ論争・中ソ対決」を亢進させて、核大国ソ連邦との核戦争の勃発までを覚悟に入れて、「深く濠を掘り、食糧を蓄える」あるいはまた「内陸部三線での工業建設」を基本政策として党国家をあげて実行化していた後期毛沢東は、その政治的立場から言っても、その起点であったソ連邦共産党第二〇回大会におけるフルシチョフの〈スターリン批判〉に対して、国際共産主義運動史上におけるスターリンの総体的位置づけを「正の功績七分、負の欠陥三分」という七・三バランス方式に則って遂行しつづけてゆかざるをえなかった。

しかしながら、事の実践的事実として、かれ毛沢東がスターリンの強制的な上からの集団化農業《コルホーズ》が招いたソヴエト農業の構造的不振・停滞と農民そのものの階級的解体を超えようとして、貧農・中農下層の革命的エネルギーに依拠した政社合一の農業・農村人民公社路線を意識的に選択したこと、そして戦後のスターリン経済学論文が提示せざるをえなかった三大差別（農村と都市、肉体労働と精神労働、女性と男性との三大差別の、ソ連邦の「一国社会主義建設」による重層的構造化）に対して、そうした重層的差別構造そのものを抜本的に改造すべく無産階級文化大革命を発動したことは、あまりにもあきらかなごとくである。一時期の全世界の社会主義陣営をゆるがした〈中ソ論争・中ソ対決〉が、「スターリン擁護」の名において現存するスターリン主義体系下のソ連邦の官僚主義的堕落・歪曲に対する尖鋭な全面的対決であったことも、同じくあきらかなところである。

若きマルクスは学位論文『デモクリトスの自然哲学とエピクロスの自然哲学の差異』において、つぎのごとく喝破したことがある――「ギリシアの神々は、アイスキュロスの『縛られたプロメテウス』のなかで、すでに一度は、悲劇的に傷つけられて死んだのであるが、ルキアノスの『対話』のなかでは、もう一度、喜劇的に死ななければならなかった」と。現代のわが不世出の農民革命家のごときも、一度目は悲劇的に死に、二度目は喜劇的に死ぬ、という悲・喜劇的《トラジ・コミック》な生涯を甘受せざるをえなかった、と言えるであろう。

したがって、今もって人は、生々しい歴史の浅瀬、あるいは低い鞍部を辿って、真の歴史的課題を越えようとしてはならない。近来日本をも賑わしている、最晩期の毛沢東をまるでボケ症状を呈した独善的な老人として描き出す、毛沢東の私生活ばくろのごときも、それがかれの「始皇帝」的欠陥を摘発する象徴的意義をもつかぎりにおいて一概に看過すべきではないが、浅い瀬と低い鞍部を越える便宜にそれが堕するならば、中国文化大革命が継続革命の推進過程でいったいいかなる重大な時代課題に挑戦し、何故にその果敢きわまる挑戦において敗れ去ったか、というかんじんかなめな枢要点が、歴史的経験に即してまるきり押さえられなくなってしまうであろう。

「当権派」からのプロレタリア政治権力の奪還をめざした尖鋭な党国内権力闘争の全面展開は、単純な在来の政治革命闘争の枠内に納まりうるものではなく、社会革命領域全般にわたってたたかわれなければならない根本性格のものである以上、それが「文化革命」として形態展開をとったことは当然すぎることである。

また、猖獗的実在物であった「スターリン個人独裁」に類比して「毛沢東個人独裁」を比定するのも、かれの「始皇帝」的習癖を批判する以上の意味をもちうるものではけっしてないのであって、実践的検証を初歩的におこなってみただけでも、初期毛沢東が「大衆路線」の提起で現代世界のマルクス主義者たちに特出して先駆しただけでなく、「百花斉放」「百家争鳴」「大字報」の〈大民主〉をかかげた後期毛沢東思想もまた、ローザ・ルクセンブルクが先行的に強調してやまなかった「社会主義」と「民主主義」との好循環的関係をかれなりに、また農民大衆の土着的革命力によりそいながら設定することによって、万人の「主観的能動性」を下から内発的に引き出そうとした営為にほかならなかった。

そのような無産階級文化大革命として毛沢東「司令部」によって喚発され発動された大衆動員も、最終的には上からの官僚主義的指令に依存する形式的な大衆操作に堕してしまったものの、それも本来は本質的には〈大民主〉による能動的な大衆参加型の自主的な運動形態にほかならなかったのである。

中国文化大革命の歴史的教訓とは、このような「民主主義」と「社会主義」との比例比の設定による大衆の自発的能動性に深く依拠しようとした運動形態の創出・展開にもかかわらず、それが無惨な挫折と失敗に終わらざるをえなかった社会的・政治的・文化的要因はどこにあるのか？　という現代的普遍性の問題を、その真の深い歴史的総括を通じてあぶり出すことでなければならない。

8　資本主義が分からなければ、社会主義は絶対に分からない

このように観じ来たれば、ローザ・ルクセンブルクがソヴエト・ロシア革命直後に先駆的・予言的に提示した〈民主主義がなければ社会主義はありえない〉という歴史的・思想的大教訓とともに、もう一つ大局的に強調されてしかるべき歴史的・思想的大教訓は、〈資本主義が分からなければ、社会主義は絶対に分からない〉というテーゼでなければならないだろう。

現に多分に歴史の後知恵であるとはいえ、人民中国のWTO加盟以後の巨大な資本主義企業大国化が、ドル危機と連動する人民元の切り下げ問題を世界第一級の政治的・経済的問題に押し上げているような情況下で、今日のわたしたちは、「新自由主義」に主導されるグローバルなインターネット資本主義についての批判的分析によって、近過去の人民中国における無産階級文化大革命の敗北ならびにその以後における「中国における資本主義復活」のまさに目覚ましい発展がもたらされた所以についての、新たな事後総括に理論的照射を加えることができるようになっているのである。

秦の始皇帝以来の超中央集権主義的な中国王朝国家を絶えず転覆しては、その易姓革命という「通過儀礼」を通してまた絶えず支配王朝を再生させてきた大農民一揆の革命的伝統を、二〇世紀的現代に承け継いだ、偉大な農民革命家であった毛沢東は、残念ながら資本主義が何たるかについては一知半解であった、つまり、資本主義の核心についてはついに分からなかった革命家で終始あった、と言ってよいであろう。

わたしがしばしば紹介してきたように、帝国主義世界戦争の大爆発前夜にスイスに亡命中のヴェ・イ・レーニンは、その危機書である『哲学ノート』において、「現代のマルクス主義者のうち誰一人として『資本論』の大論理学を理解した者は居なかった」という驚くべき論断を下したが（また、この英邁なレーニンの論断の忘れがたい記憶こそが、

「資本論の大論理学」の基準が〈**恐慌論**〉として完成されるべきである、という本書の基調となったのであるが）、ニキータ・フルシチョフによる一九五六年のソ連邦共産党第二〇回大会における「スターリン批判」以後も、スターリンの革命的功績は正が七分、負が三分である、として、そのような歴史逆行の・倒錯的立場から、きわめて現代革命的であった中ソ論争＝中ソ対決も、「三面紅旗」大躍進政策＝無産階級文化大革命も領導した後期毛沢東思想は、マルクスの資本主義理解にほかならない『資本論』弁証法体系の了得についても、けっしてスターリン的水準（それはそれなりに、根本的欠陥を固有しながらもそれなりにきわめて高度な水準のものではあるが――スターリンや毛沢東が『資本論』を理解できなかった、読んでさえいなかった、という俗学者の流布した俗見は、俗学マルクス主義者の一種の流言蜚語のたぐいなのであって、けっして真のスターリン主義批判・毛沢東思想批判を高度化するものではありえない）を出なかったものと考えられる。

戦後マルクス主義者＝現代マルクス主義者の一人として、後期毛沢東は、戦後イ・ヴェ・スターリンの理論的白眉ともいうべき『ソ同盟における社会主義の経済的諸問題　一九五一年十一月の討論に関連した経済的諸問題に関する意見』（一九五二年二月一日）において示されている、マルクス『資本論』体系についてのスターリン主義なりの綜合的・体系的了解の範囲・水準にとどまっていたのである。したがって、本書〈**恐慌論**〉の最終総括の一環として、この最終章において右のスターリン論文の体系的批判を完膚なきまでにぜひとも記し置かなければならない。けだし、このスターリン意見に基づいた戦後ソ連邦における『経済学教科書』の公刊は、当時、世界一のベスト・セラーと化し、戦後日本においても大流行したにもかかわらず、スターリン死去後にその狂熱が冷却すると同時に、亜流スターリン主義者もふくめてこのスターリン的「聖典」については何人も顧みる者がなくなり、その一結果として、スターリンの『資本論』弁証法体系についての体系的・総体的理解が、スターリン主義の体系的誤謬の集大成へと逆転化している理論事態についての根源的批判が、ほったらかされてきたままに今日にまでいたっているのである。これは今日のマルクス主義者にもこびりついている事大主義の一産物でしかないのだ。わたしが、この思想的・理論的怠慢のゆえにスターリン主義批判のさらなる徹底の必要が、不徹底・未完のままに停滞し、今日の思想的混迷の一根源になっている、とみなしている所以である。本書〈恐慌論〉は、その弊風を抜本的に訂すべく企図された試作にほかならない。

9 戦後スターリンの主著『ソ同盟における社会主義の経済的諸問題』の構造

スターリンの戦後の主著『ソ同盟における社会主義の経済的諸問題』（一九五二年）は――（1）社会主義のもとでの経済的諸法則の性格の問題、（2）社会主義のもとでの商品生産の問題、（3）社会主義のもとでの価値法則の問題、（4）都市と農村との対立、精神労働と肉体労働との対立を廃絶する問題、および両者の差異を一掃する問題、（5）単一の世界市場の崩壊と世界資本主義体制の危機の深化との問題、（6）資本主義諸国間の戦争の不可避性の問題、（7）現代資本主義と社会主義の基本的経済法則の問題、（8）その他の諸問題、（9）マルクス主義経済学教科書の国際的意義、（10）経済学教科書草案の改善方法――という、ソ同盟におけるスターリン主義的「一国社会主義建設」体験に媒介された、資本主義の原理論から第二次大戦後の「米ソ・東西冷戦《コールド・ウォー》」期の現状分析にまでいたる、まさに体系的・総体的な構成順次をもって叙述されている。したがってまた、真にスターリン主義批判を徹底貫徹しようとするほどの現代マルクス主義者にとっては、それに対する批判は全面的・体系的・総括的であるほかない。

そして、この一九五二年のスターリン論文は、スターリンなりに、二〇世紀的現代における全世界的思潮である現象学的転換の方法的推進力である言語論的転回に対応しながら、言語現象を経済的土台にも国家的・法的・イデオロギー的上部構造にも属さない中立的・無記的なものとして位置づけた『言語学におけるマルクス主義について』（一九五〇年六月二〇日）ならびに「言語学の若干の問題について同志クラシェニシニコワへの答」（一九五〇年八月二日）、「同志デ・ベルキンと同志エス・フーレルへ」（一九五〇年八月二日）を別格とすれば、戦後のソ連邦の国際・国内政策を開示したと言ってよい「モスクワ市スターリン選挙区選挙人の選挙民集会での演説」（一九四六年二月九日）の政治演説によって政策的に先駆され、スターリン論文発表直後の「同志アレクサンドル・イリイッチ・ノートキンへの答」（一九五二年四月二一日）、「同志エリ・デ・ヤロシェンコの誤りについて」（一九五二年五月二二日）に補完されている。本章としては、順次それらを追跡・追究して、体系批判的に総括することとする。

戦後のモスクワ市スターリン選挙区での政治演説において、帝国主義世界戦争としての第一次世界大戦が第二次世界大戦へと転化するさいに、「最初から反ファシスト解放戦争の性格を帯びた」、日独伊三国枢軸に対する戦争にスターリン支配下のソ連邦が加わったことによって「民主主義的自由の回復」がその戦争任務の一つとしてかかげられた第二次大戦が、英米華ソ同盟国側の戦勝に終わった総結果として、「先ず第一にわがソ連邦社会制度が勝利し、第二にわがソ連邦国家が勝利した」という歴史的帰結がもたらされたとした。

スターリンの自画自賛によるならば、第二次世界大戦を「祖国防衛戦争」として戦ったソ連邦の勝利は、「先ず第一に国の工業のソヴエト政策によって、第二に農業集団化《コルホーズ》によってもたらされたもの」であり、その戦後的総結果に基づいたソ連邦の戦後復興計画は、「より長期の計画についていえば、わが党は、わが国工業の水準を、戦前水準に比べてたとえば三倍にひきあげることを可能にするような、国民経済の新しい強力な高揚を組織するつもりである。われわれは、わが工業が年々約五〇〇〇万トンの鉄鉱、約六〇〇〇万トンの銅鉱、約五億トンの石炭、約六〇〇〇万トンの石油を生産しうるようにしなければならない」と提示した。このいずれも、五〜六〇〇〇万トン台の鉄鉱・銅鉱・石炭・石油の生産増強をめざす累次の工業化「五カ年計画」の推進によって、スターリンのソ連邦は戦後世界の「世界二」アメリカの高エネルギー消費の重化学・鉄工業独占体の生産力に対して、米ソ冷戦的対峙状況下で十分に耐えうる「社会主義的」生産力を具備しようという野心的な国家目標をかかげたものにほかならない。

右のような、第二次世界大戦後における現代資本主義とそれと冷戦的対峙下に競合・対抗する現代社会主義との双方にわたる現状分析が、このスターリン選挙演説の基調であった。そして、このような現状分析=内外政策の現代的根源に巨大に横たわっている、解決されるべき〈ソ同盟における社会主義の経済的諸問題〉について、「社会主義のもとでの、経済的諸法則–商品生産–価値法則–都市と農村=精神労働と肉体労働の対立の廃絶、両者の差異の一掃」ならびに、「単一の世界市場の崩壊と世界資本主義体制の危機の深化」–「資本主義諸国間の戦争の不可避性」–「現代資本主義と社会主義との基本的経済法則」–「その他の諸問題」（(1)経済外的強制の問題、(2)コルホーズ農家の個人的所有の問題、(3)地主に対する農民の小作農の価額、土地購入費の価額の問題、(4)国家独占資本主義体制における独占体と国家機構との癒着の問題、(5)ソ連邦における機械の使用の問題、(6)資本主義諸国における労働者階級の物質的基礎の問題、(7)国民所得の問題、(8)社会主義経済学の創始者としてのレーニンとスターリンとに関する特別の章を経済学教科書のなかに設ける問題）、および「マルクス主義経済学教科書の国際的意義」–「経済学教科書草案を改善する方法」として、全包括的に体系化されて提示されることとなった。

この現代資本主義と現代社会主義の両体制にわたるスターリン主義的な包括的体系化を、さらに大局的に分節化するならば、(1)「社会主義のもとでの、経済的諸法則–商品生産–価値法則–都市と農村=精神労働と肉体労働の対立の廃絶」を、マルクス『資本論』体系の原理的基礎からスターリンなりに解明し、(2)第二次大戦以後の現状分析における「単一の世界市場の崩壊と世界資本主義体制の全般的危機の深化」、すなわち米ソ・東西冷戦期における単一のブルジョア世界市場の分裂とその一極である世界資本主義体制の全般的危機の第三段階への深化、そのなかでの西側の「資本主義諸国の戦争の不可避性の問題」、すなわち東の「社会主義」サイドの平和共存・平和維持政策による当面の核世界戦争の防止・回避と、古典的危機観に基づく西=資本主義体制の打倒・廃絶による社会主義と恒久平和の展望との結合、その歴史的過程において現われる現代資本主義の基本的経済法則（「最大限利潤の追求」）と現代資本主義の基本的経済法則（現代資本主義の変容によって範囲を限定された価値法則の利用による「社会全体のたえず増進していく物質的ならびに文化的欲望を、高度の技術に立脚する社会主義的生産のたえまない増進と改善とによって最大限に充足するように保障する」）との対比・対照を措定することに置かれていることが、判然とする。

そして、それに付随して、（A）「封建制度の基礎は、経済外的強制ではなく、封建的土地所有であった」、（B）「コルホーズ農家の個人的所有と個人的使用の問題」、「地主にたいするソヴエト農民の小作料の価額および土地購入費の価格」、「ソ連邦における機械の使用の問題」、（C）国家独占資本主義体制は、「独占体にたいする国家機構の従属」であって、両者の「癒着」という表現は適当でないという問題、資本主義諸国における労働者階級の物質的状態は失業労働者の予備軍の状態を勘案するならば劣悪化しているという問題、（D）ソ連邦「一国社会主義経済」もふくめた「国民所得」範疇の不可欠性の問題、そして、レーニンとスターリンによって創始された「社会主義経済学」という特別章を削除した経済学教科書の刊行の国際的意義（「諸処国の共産党の多くは、マルクス主義的発展の水準が不十分であるから、このようなマルクス主義経済学教科書は、これらの国々の若くない幹部級の共産主義者に対してもまた、大きな利益をもたらすことができるであろう」）が強調されたのである。右の分節化の裡で、「その他の諸問題」のなかの（B）は大括の「都市と農村＝精神労働と肉体労働との対立の廃絶」に関わり、同じく（C）は大括の（2）の「世界資本主義世界体制の全般的危機の第三段階の到来」に連関しているといえる。

10　スターリン論文によるエンゲルス『反《アンチ》デューリング』体系の「よいとこ取り」の論理

右のような包括的・体系的総括において、よかれあしかれ、フリートリヒ・エンゲルスの『反《アンチ》デューリング』の三位一体体系（哲学―経済学―社会主義）の有機的構成要素化した「唯物史観経済学」に依拠しながら、自己をマルクス経済学的に権威づけているスターリン主義経済学は、その一九五二年経済学論文の開巻劈頭、「若干の同志は、社会主義のもとでの科学の諸法則の、とくに経済学の諸法則の、客観的な性格を否定している」が、「これらの同志はひどくまちがっている」と厳そかに宣言している。「あきらかに、かれらは、科学の法則《ザコーン》、つまり人間の意志に依存することなくおこなわれている自然や社会の客観的な過程を反映するところの法則と、法律《ザコーン》、つまり政府によって公布され、人間の意志にしたがって作られ、法的効力しかもたないものとを、混同してしまっている。だがしかし、この二つはけっして混同してはならないのである」と。

ほかならない、党国家の唯一全能の最高指導者として、「スターリン憲法」と称されたソ連邦の法律《ザコーン》あるいは個人独裁者の意志を、すべてを産出し規定する造物主《デミウルゴス》とみなしていたスターリンその人による、人間の意志には依存することのない科学の法則《ザコーン》と政治的国家の強制力に依存する指導者の意志によって作られた法律《ザコーン》との峻別の御託宣であるからして、この経済学論文は開巻劈頭から悲喜劇《トラジ・コミック》的相貌を呈することとなったのであるが、このスターリン冒頭命題の真義についての解義は、その後に展開される全理論的文脈によって遡源的に再定義されて、その真義が再定位されなければならない。

スターリンは、右の人間の意志には依存しない、客観的な性格をもつ科学の法則が、「経済的発展の諸法則、経済学の諸法則についても」適用されなければならないとし、しかもそのような客観的な経済法則観は、「それが資本主義時代のことであろうと、あるいは社会主義時代のことであろうと、同じことである」とする。党国家を全一的に指導したスターリン個人独裁の法律《ザコーン》がすべての社会法則性を領した「社会主義時代」の事柄はこれを暫く措くとして、価値法則にまで昇華された「資本主義時代の経済法則」が物象化法則として、それがスターリンが何ら概念的に区別することのない自然法則を取り扱う自然科学の法則観とは異質な、資本主義支配下の「日常生活の宗教」として瀰漫する商品—貨幣—資本の呪物崇拝《フェティシズム》（物神性）が化体させた仮構の法則であることを、マルクスの『資本論』弁証法体系の理解と習得によってわたしたちは熟知している。では、「偉大なる同志」スターリンは、物理学・自然科学の法則性も経済学・社会科学の法則性もこきまぜ・突きまぜた客観的・対象的性格を有つ法則観の一義的強調によって、わたしたちをどこへ導こうとしているのであるか？

周知のように、「自由とは認識された必然である」というテーゼを記したF・エンゲルスの『反《アンチ》デューリング』は、「かれら自身の社会的行動の諸法則は、これまでは、かれらを支配する、外部からの自然法則として、かれらに対立してきたのであるが、いまや人間にとって、事物に対する十分な知識をもって応用され、したがってかれらによって支配されるようになる」と論述している。すなわち、ここでエンゲルスの〈存在=認識〉論は、必然性の認識を介して外部的存在=自然の支配法則は、自由をめざす人間自身の社会的行動の法則となって発現し、逆に外部的自然を支配し返す、と定式化しているのであるが、このエンゲルス的定式化を、スターリンは、「エンゲルスの定式は、経済法則を絶滅することではなくて、それを認識し、それを巧みに応用することを、要求しているのである」と、限定的に読み替えて自己の実用的目的のために運用するのである。

ここがだいじな運用点なのであるが、スターリンはそのことによって、プロレタリア革命とそれによる国家権力獲得後の政治的過渡期における継続革命（社会・文化革命）の前進が、資本制商品経済社会を支配した「経済法則を絶滅する」という主張をくりかえす（マルクス『資本論』が言うがごとくに）「一部の同志たちの誤り」を論決する根拠へと逆にすりかえるのである。

11 スターリンの〈経済法則〉観における似而非弁証法的な論理移行

右のようなスターリンの経済法則観によるならば、「経済法則は不可抗的な性格をもっているとか、これらの法則の作用は避けることのできないものだとかは「法則の物神化」であり、自分を法則の奴隷にすることである」とする。マルクス『資本論』に則っているわたしたちの「経済法則」観では、諸資本家＝ブルジョアジーといえども資本家社会の経済法則は誰もが避けることのできない不可抗的な性格を本質的にもっているのであって、経済法則はそのような意味で支配者としての資本家階級にとっても被支配者としての労働者大衆にとっても万人にとって物神性をもって立ち現われ、わたしたちは資本主義を打倒・変革しないかぎり永劫に自分自身を経済法則の奴隷に化せしめてしまうのであるが、スターリンの「経済法則」解釈では、逆に、そのように考える者こそが、経済法則を物神化し自己自身を法則の奴隷たらしめてしまうということになる、と言っているのである。

このようにして、スターリンの論理は徐々に、「社会は法則にたいして無力ではなく、社会は経済法則を認識したうえで、（いいだ注——その資本制についての認識に基づいて資本制社会打倒の革命的行動に能動的に撃って出るのではなくて）、それらの法則に立脚しつつ、その作用する範囲を制限し、それを社会の利益になるように利用し、それに「くつわをはめる」ことができる」のだとする。経済法則に「くつわをはめながら」利用する、というのは馬術的技芸に類するでもあろうが、このようなスターリン的比喩は、「それはちょうど、自然力とその法則とについておこなわれるのと同じである」と直続して解説を付加しているところを読むならば、自然法則の認識による利用によって、たとえば「大河の氾濫」に堤防その他の造策によってくつわをはめながら水流を利用して水車を廻して動力源を得る、といったイメージでその形容的比喩がなされていることが分かる。なぜ、煉達した独裁政治家であるスターリンにとって、このような「法則」観の客観的・対象的性格の自然主義的確認から主観的主意主義への論理的移行が必要なのであろうか？

かれスターリンは、中期マルクスの『経済学批判要綱《グルントリッセ》』の「一般的結論」による〈生産力と生産関係の分離・二重化＝照応〉ならびに〈経済的土台と国家的・法的・イデオロギー的上部構造との分離・二重化＝照応〉の二大規定を、ソヴエト権力が「生産関係は生産力の性格にかならず照応する」という社会主義建設過程の基本法則へと転用し、その照応への転用がうまくいっているのは、ソヴエト党国家が「経済法則に立脚していたからだ」とする。すなわち、「わが国の生産力は、とくに工業では、社会的性格をもっていたのに、所有形態は、私的な、資本主義的なものであった。ソヴエト権力は、生産関係が生産力の性格にかならず照応するという経済法則に立脚して、生産手段を社会化し、それらを全人民の所有にし、それによって搾取制度を絶滅し、社会主義的な経済形態を創出した。この法則がなく、またこの法則に立脚しなかったならば、ソヴエト権力は自分の任務を遂行することができなかったであろう」と。

ソヴエト党国家における「生産手段の所有形態は、私的な、資本主義的なものであった」というこのスターリンの所説は、ソヴエト国家において国有化された生産手段が、それにアクセスできる特権官僚に事実上専有される所有形態へと転化して、そのかぎり〝私的な、国家資本主義なものであった〟ということはわたしたちの立場からも言うことができるとしても、このスターリン所説の指摘の場合には、ソヴエト・ロシア革命の政治的勝利によって旧ロシアのいっさいの生産手段が社会化＝国有化されたソヴエト国建設初期の事態のことであるのだから、わたしとしては初めて耳にする非通説的な珍論である。とにかくこうして、「偉大なる同志」スターリンによれば、ソヴエト型「経済法則《ザコーン》」に立脚してソヴエト党国家の生産関係は生産力の性格にかならず照応するようにしなければならないという法律的至上命令の下で、私的・資本主義的生産手段の所有形態は、全人民の所有形態へと党国家権力的強制によって漸次進化をとげて、よってもって「搾取制度を絶滅し、社会主義的な経済形態を創出した」という党国家神話が創製されるにいたるのである。

この神話化過程についてのスターリン主義的自己了解の鍵は、この経済法則に立脚する生産関係の生産力に対する照応への進化が、「新しい法則の発見と応用が多少とも円滑におこなわれる自然科学の諸法則とはちがって、経済の領域では、命脈の尽きつつある社会勢力の利益を損なう新しい法則の発見と応用とは、この勢力の示すきわめて強い抵抗にぶつかる。したがって、この抵抗に打ち克つことのできる、社会的な力が必要である」という、部分的ながら階級闘争モメントの強調にある。ただし、わたし流に厳格に言えば、この比喩法は、旧秩序にしがみつく絶対主義的勢力の抵抗を破砕して、「経済の領域」での「営業の自由」を革命的に貫徹したブルジョア（市民）革命の隠喩としての偽似的プロレタリア革命を意味する比喩にほかならない。そして、スターリンが自己の権力主流への「反対派」「異論派」を「人民の敵」「反党分子」「スパイ」にして肉体的に絶滅しつくした〈大粛清〉こそが、かれスターリンにとっては右のような階級闘争モメントの恰好の現実化にほかならないとされるのである。

もうひとつ、経済法則に立脚しての生産関係の生産力に対する照応という、新たな「社会的な力」の創出・闘争によって既成のブルジョア的支配勢力のきわめて強い抵抗に打ち克ってはじめて獲得できた、とスターリンによってみなされている生産手段の所有形態の転化は、経済法則に立脚してなされたとはいっても、ソヴエト党国家の「一国社会主義建設」における「国民経済の計画性をもった（均衡的）発展の法則は、かつての資本主義のもとでの競争および生産の法則に対立するものとして発生した」とされているたぐいの性質のものである。

このさい、スターリンによって、生産手段の所有形態の全人民的所有への転化によって範囲を限定した価値法則の作用に基づいて行われたとされるその「国民経済の計画性をもった（均衡的）発展の法則」は、「一部の同志たち」はそのような経済法則は「計画経済に基づいて、「改造された法則である」とか、あるいは「根本的に改造された法則」であるとか云々しているが」、それはまったく正しくない。「法則を「改造」することはできないし、「根本的に改造する」ことなどは、なおのことできない」。

「こうして、社会主義のもとでの経済学の諸法則は、われわれの意志に依存することなく生じている経済生活の諸過程の合法則性を反映するところの、客観的な法則である」と。このようにして、スターリンの〝弁証法《ディアマート》〟論理は、法則の客観的・対象的性格から主意主義的・主観的性格への逆転化を経て、またもや法則の客観的性格の確認へと再転化されるのである。右のようなスターリンの〝弁証法《ディアマート》〟的論理移行を摑みとる鍵は、「社会主義のもとでの商品生産の問題」のスターリン的解釈にある。

エンゲルスの『反《アンチ》デューリング』は、「生産手段が社会によって掌握されるとともに、商品生産が除去され、それと同時に、生産者にたいする生産物の支配も除去される」と論述した。わたし流に言えば、このようなエンゲルスの〈科学的社会主義〉的了解には、〈過渡期〉概念が欠如していて、抽象的な一挙共産主義論に傾斜している嫌いがあるが、それなりにエンゲルスの右のような古典的見解は、〈広義経済学〉を唱えたエンゲルスの〈唯物史観経済学〉なりに正しい・強い側面の主張である。したがって、「大粛清」をすでに完了している戦後のスターリン論文の当時においてもなお、「若干の同志は、共産党がわが国で権力を取り、生産手段を国有化したのちに、商品生産を保存したのは、正しくない行動だった、と主張している。党はそのときすぐに商品生産を除去すべきであった、とかれらは考えているのである」とスターリンが弾劾しているごとき「若干の同志」がまだ生き残っていたことが判る。かれらはそのマルクス主義的論証の古典的命題として、エンゲルスの『反《アンチ》デューリング』テーゼを引き合いに出していたのである。スターリンは、最晩期の経済学論文において、このような〝トロツキスト〟〝ブハーリニスト〟の残存分子たちを燻り出し、清掃しようと、理論闘争の外見の下での殲滅的な政治権力闘争を仕掛けているのである。

スターリンは、エンゲルスの定式化は、「すべての生産手段の社会的所有」が前提となっているのであって、ソ連邦における社会主義の経済的諸問題が現実に示しているように、工業の生産手段が国有化されているとはいえ、農業の生産手段が集団有《コルホーズ》という低位水準にとどまっている以上、エンゲルスの定式化などは、全く問題にならない、とするのである。スターリンは、『反《アンチ》デューリング』が世に出た前世紀末においては、工業でも農業でも国のすべての生産手段を収奪してそれらを全人民的所有に移すことができるような国はイギリス一国だけであった、というようなことまで引き合いに出している。たしかに、一九世紀中葉における、〈宇野理論〉が後に理念型的に想定した〈純粋資本主義モデル像〉は、最先進資本主義国イギリスの「農業問題」と「外国貿易問題」とを捨象して〈パクス・ブリタニカ〉世界像を理論構成したのであった。エンゲルスの「国のすべての生産手段の収奪」＝「共産主義」のイメージが、グローバルな世界資本主義総体の社会主義への世界史的移行の範例たりえないことは明瞭至極なことである。

　であるならば、スターリン論文発表の一九五二年という、東西両世界体制が拮抗する米ソ冷戦《コールド・ウォー》期においては、スターリン自身がソヴエト党国家における「一国社会主義建設」の要めとして提示している、農業の生産手段のコルホーズ的所有を単一の全人民的所有へと引き揚げる課題の促進を指示して、前向きに（！）積極的に「すべての生産手段の国有化」問題の解決を提示すればよさそうなものだが、ソヴエト農業の実情は、経済学論文の「その他の諸問題」の（2）「コルホーズ農業の個人的所有の問題」に提示されているごとく、「各コルホーズ農家は、牝牛、小家畜、および家禽を個人的に使用している」という経済学教科書「原案」が否定されて、削除されざるをえないような惨憺たる現状にあり（つまり、各コルホーズ農家は、ミルク、鶏卵を個人的に使用する＝飲んだり・食ったりする自由さえいっさい持た（て）ない）極端に劣弱な生産力水準に喘いでおり、集団化農業《コルホーズ》などといっても、その前段のソヴエト連邦労農提携《スムイチカ》・同盟においては、スターリン論文自体が「その他の諸問題」の項で扱っているように、かつての貴族・地主の土地を私有化したソヴエト農民は、格安の土地購入費も支払い困難なままに地主への小作料の支払いからやっと放免された程度の水準にあったのである。

　そのような低水準の個々の小作農を強制的に集団化《コルホーズ》していかに「ソヴエト農業」と誇称してみたところで、ついにツァーリズム時代の農業生産力水準を回復することがないままに潰え去ったソヴエト農業の実態は、農業集団化《コルホーズ》にともなって「富農《クラーク》」と恣意的に烙印されてソヴエト党国家によってすべてを収奪・没収された大多数の中農大衆が、党国家に没収されてしまう私的家畜を屠食し、農耕サボタージュを長期的に持続させたために、工業的蓄積源からの慢性的な資金の「汲み出し」によって辛うじて荒廃・解体した農業経営を連年にわたって支えつづける、という悪循環過程の連年連続のなかで、農村はおしなべて解体に瀕していたのである。

さて、社会主義下の「商品生産」の問題にここで戻れば、スターリン的論理によれば、「商品生産は資本主義的生産よりも古い」、「商品生産を資本主義的生産と同一視してはならない」ということに尽きる。たしかに、人類社会史発展の全経過に即して、諸共同体社会の周縁と内部間隙にいわば寄生した商品生産は、近代の資本主義的商品生産よりも古い由来をもつ。そのような商品生産・商品経済の発展がゲマインシャフト全体を制覇・解体させて、労働力商品による資本の生産過程における全生産物の商品生産が可能となり現実となった〈近代〉にいたって、資本制的商品経済社会＝ゲゼルシャフトがはじめて形成されたのである。（スターリンが商品生産と資本制的商品生産とを峻別するさいに、つねに注意ぶかく、後者を「資本主義的生産」とだけ記して、絶対に「資本主義的商品生産」と呼ばない理論範疇的奸智に注目する必要がある）。

この商品生産の先行性とそこから生い立ち増殖して資本制商品経済社会を自己形成した問題と関連して、エンゲルスがそのような近代社会に先行した商品生産・商品経済領域においてこそ「価値法則」が純粋に透明に貫徹し、近代資本制社会においては価値の生産価格化・費用価格化・世界市場価格化への転形が起きるために価値法則の貫徹が変容される、という特異な〈唯物史観経済学〉的な価値法則論を展開していたことを想起しておく必要がある。これはエンゲルスの〈広義経済学〉と称する〈唯物史観経済学〉の正しくない・弱い側面であるが、スターリン経済学はこのエンゲルスの弱い側面に今度は飛びついたのである。総じて、スターリン経済学は、エンゲルス経済学の正統的継承者としてマルクス経済学的権威付けを獲得したさい、エンゲルス〈唯物史観経済学〉の相対的に強い側面である

「すべての生産手段の社会化による共産主義への転化」論を排斥して、その相対的に弱い側面である「商品生産・商品経済の残存による価値法則の変容」論に飛びついた、と評しうる。スターリンにとっては、それは定めしエンゲルスの「よいとこ取り」のつもりであったのであろうが、その実質は右に見たごとく、エンゲルスの「悪いとこ取り」に終わり、マルクスの『資本論』弁証法体系からますます体系的に背馳し、背反する傾向・結果に理論的拍車をかけたのである。

12　ソ連邦における社会主義の経済的困難を解消しようとしたスターリンの「魔法の呪文」の一声

ソ連邦における社会主義の経済的問題を総論するに当って、つねにソヴエト農業におけるコルホーズ的所有に立脚する集団化農業の劣位性に藉口するスターリンは、この経済学論文においても、「現在わが国には、社会主義的生産の二つの基本的形態が存在している。すなわち、国家的‐全人民的形態と、全人民的とは呼べないコルホーズ形態とである」として、「もちろん、二つの質的な生産セクター、すなわち国家的セクターとコルホーズ的セクトに替わって、国内のすべての消費物資を処理する権利をもつところの、すべてを包含する一つの生産セクターが現われるときには、商品流通とその「貨幣経済」とは、国民経済の不必要な要素として消滅するであろう」としている。これを要するに、ソ連邦における一国社会主義建設を一国共産主義建設（！）へと飛躍させるスターリンの「魔法の呪文」は、工業的生産における生産手段の国家的‐全人民的形態への農業における生産の生産手段のコルホーズ的形態へのキャッチ・アップ、そして、工業生産における国家的セクターへの農業生産におけるコルホーズ的セクターのキャッチ・アップの一声にかかっているのである。

法律《ザコーン》で農業生産法則《ザルコーン》を強制的に産み出したコルホーズ農業が、一声の魔法の呪文を唱えただけでけっしてスターリンの言う「全人民的な経済機構」に転化するような奇跡がこの世では絶対に起こりえない以上、範囲を限定した価値法則の利用によって全範囲における価値法則を廃止する、といったスターリン的曲芸は、これを演ずるならばその曲芸師は架空の天空に張りめぐらした一本の綱から地上への墜落死は必至だったのである。だがしかし、スターリン主義的実用主義から言えば、コルホーズ農業の劣位性こそがソ連邦における社会主義の経済的困難を説明しえる唯一・最大の問題に祭り上げている以上、スターリンにとっては実のところこのコルホーズ農業の不振をきわめた劣位性が、より高次の「国家的・全人民的形態」へとキャッチ・アップしてしまっては困るのである。

すべての経済的困難を自らが強制的に創出した集団化農業の劣位に押しつけるスターリンは、この価値法則の利用による商品生産の廃絶という手品的展望においても、「したがって、われわれの商品生産は、普通の商品生産ではなく、特殊な商品生産、資本家のいない商品生産である。それの関係する商品は、基本的には、統合された社会主義的生産者（国家、コルホーズ、協同組合）の商品であり、それの作用する範囲は、個人的消費に必要な物資に限られている。また、この商品生産は、あきらかに、資本主義的生産に発展することはけっしてできず、その「貨幣経済」とともに、社会主義的生産の発展と強化のために働くことを、予定されているのである」と。

わたし流に言えば、右のような「資本家のいない、特殊な社会主義的商品生産」では、資本家の代理にノーメンクラトゥーラ＝特権官僚が、個人的消費に必要な物資の全管理権・配給権を独占するものとして（当然それは、全人民の生殺与奪の権限が、ノーメンクラトゥーラ官僚集団・身分に握られていることを意味している）立ち現われるのである。ソ連邦ならびに人民中国の「一国社会主義建設期」における全過程は、この官僚vs人民大衆の政治的・経済的力学を反映して帰趨しているのである。

一九五二年の最晩期スターリン時代においても、なお残存していた〝トロツキスト〟〝ブハーリニスト〟〝反党分子〟が実在していたことは、スターリン論文の「だから、社会主義社会が商品生産諸形態を一掃しないかぎり、わが国には、商品としての労働力、剰余価値、資本、資本の利潤、平均利潤率、などの、資本主義に固有なすべての経済的範疇が復活するにちがいないと言明する同志たちは、まったく正しくない」という威嚇的発言によってこれを知ることができる。「これらの同志は、商品生産と資本主義的生産とを混同し、商品生産がある以上、資本主義的生産もあるにちがいない、と考えている。かれらは、わが商品生産が資本主義のもとでの生産とは根本的にちがっていることを、理解していないのである」と。

右の条りにおいて、正しかったのは、まったく正しくないとされた「これらの同志たち」のサイドであることは、その後のソ連邦ならびに人民中国を体制的土崩瓦解へと導いた「党官僚ブルジョアジーの復活」による、プーチン体制のロシア、胡・温体制の中国の「資本主義金融大国化」の歴史的現実によってすでに完膚なきまでに実証され終わったところである。これに反して、「商品生産と資本主義的生産とを混同するな」というスターリンの似而非マルクス主義的トリックは、その〝逆弁証法〟によって、社会主義とは価値法則を利用して商品生産を営む基本的経済法則社会、資本主義とは商品生産とは異質な「資本主義的生産」を営む基本的経済法則社会という〝取り換えばや物語〟への逆転化を、この一九五二年度の時点でとげてしまったのである。スターリンの死後、一九八九～九一年過程において生じた劇的転回は、この理論的演習の現実的顕在化以外・以上のなにものでもなかったのである。

このような危機的分析《クリティカル・アナリシス》において、スターリンは、今や、「わたしは、資本主義の分析をこととしたマルクスの『資本論』からとってきて、わが社会主義的諸関係に人為的に貼りつけられているその他のいくつかの概念を捨て去ることが必要だ、と考える。わたしがとりわけ念頭においているのは、「必要」労働と「剰余」労働、「必要」生産物と「剰余」生産物、「必要」時間と「剰余」時間、というような概念である」と露骨に明言するまでにいたった。この発言についてのわたしにとっての最重要点の指摘は、スターリン論文の発表以来誰も指摘している者が残念ながら居ないのであるが、「偉大なる同志」スターリンがマルクス主義的意味での完全な「背教者」であることを、議論の余地なく示しているといってよい。
『資本論』体系が理論的に創発した「必要」労働・生産物・時間と「剰余」労働・生産物・時間、という一対概念は、「いくつかの（副次的）概念」ではなくて、労働者階級が自らと家族との生計を営む労働力再生産のために資本の「前貸部分」である可変資本へと支払う「賃金」によって必要労働生産物を買い戻し、そのような資本の生産過程において労働力商品を「生産的消費」する資本家階級が搾取し・収取する「剰余」労働生産物を生産するのである。（スターリン式に言えば、これがまさに「資本主義の基本的経済法則」の核心である、絶対的・相対的剰余価値生産の基本的なヘゲモニー概念である）。

一九五二年時点のスターリンにとっては、まさに〃あべこべ物語〃風にマルクスの『資本論』体系概念・範疇の逆隠喩によって、自らの「一国社会主義建設」の「社会主義的」概念・範疇を語る語り口が、前後・矛盾・撞着の極限に達して、もはやその理論的かつ没理論的重荷に耐え難くなっていたのである。だからスターリンは、それらの概念を一切合財捨て去ることが必要だ、と御託宣したのである。これはマルクス主義体系に対する体系的背馳・背反を、かれとしてはじめて明言した〈スターリン主義宣言〉にほかならない。

そのような畏るべき理論的逆旋回のバネは、再三強調するならば、「社会主義のもとでの価値法則の問題」のスターリン的解義にある。かれは曰う――「わが国には、わが社会主義のもとには、価値法則が存在し、作用しているだろうか、という質問がときおり出される。／そうだ、それは存在し、作用している。商品と商品生産とがあるところには、価値法則もないわけにはいかない。／価値法則の作用する範囲は、まず第一に、商品流通に、売買をつうじての商品の交換に、主として個人的消費のための商品の交換に、およんでいる。ここでは、この領域内では、価値法則は、もちろん、或る範囲内で、規制者の役割を保持している」と。

スターリン論文の別の個所では、すでに紹介したように、ソ連邦における社会主義の経済的困難の責めを農業生産のコルホーズ的所有に押しつける企図と密接に関連して、工業生産の分野での国有化された生産手段は「商品交換の対象ではない」旨を強調し、ソヴエト「五ヵ年計画」による工業生産物の商品流通と商品交換の問題には口をつぐみ、コルホーズ的所有下の集団化農業の産出する労働生産物（つまり、野菜等々の農産物）だけが商品交換に供されるように装っている（これは、そのように装うまでもなく、資本制交易世界のなかに共存的に置かれているスターリンの支配するソ連邦が、自国の存立そのものが懸かった外国貿易収支を、専ら鉱産物（石油、金、ダイヤモンド）と農産物（穀物、棉花）の輸出によって賄っている「後進国型貿易構造」によって、遍く全世界に知れ渡っていたごとくである）。

右のような理論的トリックを外して、「商品と商品生産とがあるところには、価値法則もないわけにはいかない」といわば理論的に居直ってみせたスターリンの明示によるならば、限定された或る範囲内に作用しているにすぎないとしばしば強調されている価値法則がソヴエト経済に及ぼしている作用は、「先ず第一に、商品流通に、売買をつうじての商品の交換に、主として個人的消費のための商品の交換に、及んでいる」とされている以上、ソヴエト経済の規制者《レグレーター》としての価値法則の作用は、ほぼ全社会的に全面的であったといってよい。

その唯一の例外は、工業生産の領域において国有化された生産手段は「売買をつうじての商品の交換」には供されないという一点であるが、或る意味では資本制経済においても一企業・一工場内部における生産手段ならびに生産原料相互の交換は「売買をつうじての商品の交換」ではないのである。してみれば、スターリンの「一国社会主義経済」とは、それと地球上で冷戦的対峙において対抗・共在している西の資本主義体制における価値法則に全面的に規制された商品経済的事態と事の実質、事の形態において何の変わりもないのである。泰山鳴動、ネズミ一匹、とはまさにこの事である。

このような価値法則が全面的に規制しているソヴエト経済社会における商品生産の全般化は、スターリンがコルホーズ農業による農業の大不振の打開の一念から押し出した「都市と農村との対立、精神労働と肉体労働との対立を廃絶する問題、および両者の差異を一掃する問題」についての問題解決の前途を何ら成算のない、お先真ッ黒なものとしている。ここでもまたスターリンの〈所有形態社会主義論〉に特有な呪文は、農業生産における集団的所有形態の工業生産における国有的所有形態へのキャッチ・アップ＝融合の一言に尽きるが、これはソヴエト農業の惨状のリアリティーを眼前にしては、もはやロシア的お題目・お念仏以外のなにものでもありえない、と言わなければなるまい。

13 スターリンによる価値法則の利用による「社会主義的商品生産」とは何であったのか？

わたしの理論的推測によるならば、後期毛沢東が、まさに「都市と農村との対立、精神労働と肉体労働との対立を廃絶する問題、および両者の差異を一掃する問題」の問題解決を志向して、農業・農村での「人民公社」創設、「三面紅旗」大躍進政策、無産階級文化大革命に取り組んだのは、スターリン論文によるこの提起に由来したものであろうと思われる。

そのさい、スターリンの〈所有形態革命論〉に拘束されず、コルホーズ農業の脈管系統であるトラクター・ステーションを押さえて労農スムイチカを一手に党国家が掌握しようという上意下達方式にも興味のない毛沢東（かれのスターリンの強制的農業集団化政策に対するほぼ全面的な批判は、文書考証上きわめて明らかなごとくである——毛沢東の『最高指示』における「スターリンの根本的な間違いは、農民を信頼しなかったことだ」という根本的命題を見られよ）は、偉大な農民革命家として、中国の王朝国家をしばしば転覆してきた大農民一揆の革命的伝統を継承して、中国半植民地革命の主力部隊であった農民大衆の革命的エネルギーに依拠しえていただけに、土地革命をかちとったばかりの農民大衆の主体的能動性を発動させて、強制的農業集団化政策ではなくて、政社合一の〈人民公社《コミューン》〉方式によって、「三大差異の廃絶」の突破口を継続革命的に突き進もうとしたのである。その壮挙の意図は、「人民公社」の創発を「共産主義へと到達するにいたる階梯」として高らかに位置づけた、かれ毛沢東の〈人民公社宣言〉に明らかなごとくである。

このようにして、二〇世紀的現代における現代社会主義の世界史的実験は、農業集団化《コルホーズ》も人民公社化《コミューン》もあいともに大失敗したなかでの、グローバルなインターネット資本主義におけるアグリ・ビジネスの支配下、バイオ工業のテクノロジー支配下における、家族小農の生産的優位性として、現に今日のわたしたちの前に提示されつつある。農業問題を世界資本主義の発展が解決しえないことは、一九世紀末葉の「世界大不況」のバネとなった長期・慢性的な農業恐慌の発現、それを受け継いだ二〇世紀初葉以来の一極における国際管理通貨制の析出の他極における「世界農業問題」の析出、一九三〇年代のブロック経済化における諸列強の国家独占資本主義体制に系列化されたモノカルチャー植民地農業の様相、第二次世界大戦以後のニューディール資本主義の世界的普及、資本主義諸列強の「福祉国家」化の反面における「低開発の開発」による〈南北問題〉さらには〈南南問題〉の露呈、共産党一党独裁維持下の資本主義大国に転化したWTO加盟後の中国における深圳・上海金融開発を拠点とする沿岸部の急成長・繁栄と「三峡ダム」「西部開発」を焦点とする内陸部の経済停滞との対照、農村の崩壊・解体による「工潮」とよばれる過剰・遊休労働力の都市集中・滞留、「三農（農業・農民・農村）問題」の露呈、「退耕・退土・退林」による「環境問題」の危機化、土耕・遊牧諸少数民族（回民・蔵民をはじめとする）の民族的遠心化、等々に現出しているごとくである。

社会主義の再生展望は、〈農的原理の復権〉と農・漁・林業を基盤とした〈地域循環系の再建〉を眼目として含まざるをえないものであるというのに、資本主義がその進歩的発展の側面にもかかわらずついに歴史的に解決しえなかった〈農業問題〉を、資本主義批判・変革に基づいて全社会的に解決しうる現代的構想力を、わたしたちがいまだに持ちえていないのが残念ながら現状である。

このきわめて重要な歴史的課題は、現に、グローバルなインターネット資本主義の発展が、危機工学の一種であるバイオ・テクノロジーの亢進に依拠しながら、農業型多国籍企業であるアグリ・ビジネス（多国籍企業の原型がアグリ・ビジネスであることを忘却してはならない）が、種子の独占的管理・売買から農産物の世界的輸出入、農産物商品の最終的なマーケット販売にいたるまで専一的に独占化してしまっている現状のなかで、それに抗して家族農業の生命線ギリギリの耐久力に依拠しながら営まれている家族小農単位の農業経営・農産物販売の諸経験を非効率的な零細経営の所産として排除してしまうのではなく、逆にそれらの諸経験を、環境＝自然生態系の保全・回復、有機肥料・有機栽培方式の拡充、地域循環的経済体の再建、植物・生物種の保全、水資源の自主管理、産直販売方式の普及、都市住民による家庭菜園の開拓、等々の諸経験と結合して全面的に発展させる方向で見直すべきであろう。

そのような家族小農経営を生産基軸単位とする農業改革は、都市住民と工業労働者をふくめた〈農的原理の復権〉〈地域循環系社会の再建〉〈水の広域的自主管理の系統化〉〈グローバル化の中での中小企業の固有性、林業・漁業の固有性の発展〉〈森と野と畑に生きる人間性の回復〉等々とも連動して、〈農業問題〉〈環境問題〉を積極的に解決することのできる将来社会＝アソシエーション社会像の現代的構想力の有機的一環となるであろう。また逆に言えば、そのような農業・自然生態系を社会の有機的一環むしろ基礎として再創出することなしには、エコロジカルでアソシエーショナルな社会としての高次共産主義は成立しようがないのである。

14　戦後の東西分割世界に対するスターリン論文的「現状分析」の特性

「都市と農村との対立、精神労働と肉体労働との対立を廃絶する問題、および両者の差異を一掃する問題」の今日的再考察を以上で終わって、再び三度、スターリン論文の再検討に戻るならば、如上のソ連邦における社会主義の経済的問題の体系的総括の理論的・政策的大失敗の上に要請された、第二次世界大戦以後の西側の「単一世界市場の崩壊と世界資本主義体制の危機の深化との問題」、それと密接に関連する「資本主義諸国間の戦争の不可避性の問題」を再総括してみて、およそつぎのようにスターリン論文の現状分析的・現実政治的問題点を指摘することができる。すなわち――

（1）悪い歴史的意味で画期的に新たな悪魔的・悪夢的な原子力時代の開幕期である、アウシュヴィッツ＝ヒロシマ以後の時期に、戦後スターリンは米ソ・東西冷戦期の現代世界へと、水爆の先行的獲得に成功してソ連邦の核「双占《そうせん》」国化として踏み込んだ。

第二次世界大戦における合作勝利の総結果の一つである単一の世界市場の分裂によって、反ファシズム・民主主義擁護の米英華ソ連合国《UN》の一員として「大祖国戦争」を勝ち抜いて枢軸国の首都ベルリンに先乗りし、東欧圏・バルト三国をも併呑したソ連邦の威光との対比上からも、資本制世界市場の外延的分割・縮少をもって戦後資本主義世界の衰退の証拠とみなしたスターリンは、ブレトン・ウッズ国際通貨体制下のアメリカ型「ニュー・ディール」の世界的普及化とアメリカ中枢経済自体の平和的復員に基づく、資本主義の内包的深化・拡大を把握することができずに、近代の資本主義発展史上も稀有な現象として発現した戦後高度成長を洞見することが全くできなかった。

したがってかれスターリンは、戦後世界経済の前途について、経済学者たちの前には二つの問題――（a）スターリンが第二次世界大戦以前に述べたところの、資本主義の全般的危機の時代における市場の相対的安定性についての、あの有名な命題は、いまもなお効力をもっていると主張できるか？（b）一九一六年の春にレーニンが述べたところの、資本主義の腐朽化にもかかわらず、「全体として資本主義は、以前とは比較にならないほど急速に発展する」（『帝国主義論』）という、あの有名な命題は、いまもなお効力をもっていると主張できるか？――が現われたとした。そして自ら答えて曰く――

「わたしは、そうは主張できないとおもう。第二次世界大戦にともなって発生した新しい諸条件のために、この二つの命題は効力を失ってしまった、と考えなければならない」と。

これは全くもって、〈パクス・アメリカーナ〉世界秩序としてよかれあしかれグローバルに形成された戦後資本主義世界については、時代錯誤《アナクロニズム》的な現状分析に、スターリンが終始していたことを意味している。それでは、右のような、一九二〇年代の資本主義の「相対的安定」期の再来も否定され、資本主義の帝国主義的腐朽化の下での資本主義の「以前とは比較にならないほど急速に発展する」可能性がやはり否定された、西側の現代資本主義世界は、スターリン型コミンテルンの定まり文句であった「資本主義の全般的危機」が第三期的悪化へと一路進んでゆかざるをえないのである以上、資本主義諸国間の基本矛盾の激化のなかで「戦争の不可避性」の増進の問題はどう捉えたらよいのか？　スターリンは託宣する――

「若干の同志は、第二次世界戦争後の新しい国際的諸条件の発展のために、資本主義諸国間の戦争は不可避ではなくなった、と主張している。かれらはつぎのように考えている。すなわち、社会主義陣営と資本主義陣営との諸矛盾は、資本主義諸国間の諸矛盾よりも、いっそう強い。アメリカ合州国は、他の資本主義諸国を十分に従属させているので、それらの国は、たがいに戦って、たがいに弱めあう、というようなことをさせない、資本主義の先導者たちは、資本主義世界全体に重大な損害を及ぼした二度の世界戦争の経験を十分に学びとっているので、再び資本主義諸国を相互の間の戦争にひきずりこむようなことはさせない、――すべてこうしたことの結果、資本主義諸国間の戦争は不可避ではなくなったと、と。

これらの同志は、まちがっている。かれらは、表面にちらついている外的な諸現象を見てはいるが、深部の力を見ていない。これらの深部の力は、さしあたっては目立たない作用しかしていないが、やはり諸事件の成行を決定するであろう。

外面的には、あたかも万事が「うまく」いっているかのようである。すなわち、アメリカ合州国は、西ヨーロッパ、日本、その他の資本主義諸国に当てがい扶持を与え、アメリカの手におちた西ドイツ、イギリス、フランス、イタリア、日本は、アメリカの命令をすなおに遂行している。しかし、この「うまくいっている状態」を「永遠に」維持しうるとか、これらの国々がアメリカ合州国の支配と圧制とをいつまでも際限なく我慢するだろうか、これらの国々がアメリカへの隷属を断ち切って自主的な発展の道に踏み出そうとつとめないだろうとか、考えることは、正しくないであろう」。

「資本主義と社会主義との諸矛盾は、資本主義諸国の諸矛盾よりも強い、というものがいる。理論的には、もちろんのこと、これは正しい。これは、いま、現在だけ正しいのではない。これは、第二次世界大戦以前にもまた正しかった。そして、このことは、資本主義諸国の指導者たちも、多かれ少なかれ理解していたところである。ところが、第二次世界大戦は、ソヴエト連邦との戦争からではなく、資本主義諸国間の戦争から始まった。なぜか。それは、先ず第一には、社会主義の国としてのソヴエト連邦との戦争は、資本主義諸国間が戦争よりも、資本主義にとっていっそう危険だからである。というのは、資本主義諸国間の戦争は、或る資本主義諸国が他の資本主義諸国に対する支配的地位という問題を出すにすぎなかったが、ソヴエト連邦との戦争は、資本主義そのものの存在という問題を、かならず出すにちがいないからである」。

「したがって資本主義諸国の市場獲得闘争と競争相手を滅亡させようとする願望とは、資本主義陣営と社会主義陣営とのあいだの諸矛盾よりも、実際には強いものだったのである。

では、ドイツと日本が再び立ちあがることもなければ、これら両国がアメリカへの隷属を断ち切って自主的な生活を始めようとやってみることもない、というどんな保障があるだろうか。わたしは、そのような保障はないものとおもう。

だが、以上のことからして、資本主義諸国間の戦争の不可避性は、依然としてまだ力をもっている、ということになる。

帝国主義が不可避的に戦争を生み出すというレーニンの命題は、平和を守り新しい世界戦争に反対している強力な人民勢力が成長した今では、古くなってしまったものと考えるべきだ、というものがいる。これは正しくない。

現在の平和運動は、平和を維持し新しい世界戦争を未然に防ぐための闘争に人民大衆を立ちあがらせることを、その目的としている。したがって、それは、資本主義の打倒と社会主義の樹立という目的を追求しているのではない。――それは、平和を維持するための闘争という民主主義的な目的に限られている。この点で、平和維持のための現在の運動は、帝国主義戦争の内乱への転化をめざした、第一次世界大戦の時期の運動とは、ちがっている。なぜなら、この後者の運動は、もっと先に進んで、社会主義的な目的を追求していたからである。

或る情況のもとでは、ところどころで平和のための闘争が社会主義のための闘争に発展することもありうるが、そのときには、それはもう現在の平和運動ではなくて、資本主義打倒のための運動であろう。

もっとありそうなことは、平和を維持するための運動としての現在の平和運動が成功した場合には、この運動は、この当面の戦争を未然に防ぎ、それを一時的ながら先に延ばし、この当面の平和を一時的に維持し、好戦的な政府をしりぞけて、それを平和を一時的にでも維持しようと用意している他の政府ととりかえることになろう、ということである。これは、もちろんよいことである。非常によいことでさえある。しかし、一般に資本主義諸国間の戦争の不可避性を絶滅してしまうためには、これだけではやはり不十分である。不十分だというのは、平和拡張運動がこのようなあらゆる成功をおさめたとしても、帝国主義はやはり維持され、依然として力をもっている。したがって、戦争の不可避性もまた依然として力をもっているからである。

戦争の不可避性をとりのぞくためには、帝国主義を絶滅することが必要である」。

繁をいとわずスターリン論文からの長文の引用を敢えてした。第二次世界大戦後の今日の時代の全世界的規模における〈戦争と平和〉の問題についてのスターリンの所説は、その全文脈においてしか正否の判定がつきにくいからである。

資本主義はそのフェティシズムの本性上、ドゥルーズに言わせれば「スキゾ＝精神分裂症」的であるとよく言われるが、そうした対象世界の認識上の乱反射のせいなのであろうか、最晩期スターリンの右の〈戦争と平和〉をめぐる御託宣はまさに「精神分裂症」そのものであって、読まれたごとくおよそ理論の態を成していない。いっさいの理論的整合性を欠いてしまっているのである。

戦後スターリンの精神分裂症的な現代世界把握症候群が発症する第一の理論的病因は、かれがレーニン『帝国主義論』の歴史的真理性をそれが理論的に妥当する（したがってまた、二〇世紀初葉における帝国主義世界戦争の大爆発の不可避性を理論的に洞見することのできた）歴史的時代性の範囲を越えて、超歴史的な現代世界史把握の絶対的基準とみなして、『帝国主義論』的見地を保守的に墨守しているところに先ずもって求められる。今回の新旧左翼の多くも、亜種スターリン主義者として、このスターリンの「帝国主義論」的見地を後生大事に墨守しているのであるが。

「マルクス・レーニン主義者」と自称して、とりわけミーチンと共に「哲学戦線における新たなレーニン的段階の到来」と称して、『弁証法的唯物論と史的唯物論』（党国家欽定の『ソ同盟共産党（ボリシェヴィキ）』の特別章として理論構成されている）＝ディアマート体系をひねり出して、「マルクス・レーニン主義」の宗祖＝教皇に納まって以来のスターリンは、自らが育てあげた官許御用イデオロギーである「赤色教授」たちから、レーニン『帝国主義論』からの逸脱者・背教者として批判・指弾されることを、誰よりも警戒し恐れていたから、スターリン論文においてもあれほどしばしば口を極めて、第二次世界大戦以後の新たな原子力時代においても（第二次世界大戦中のアメリカ合州国の「マンハッタン砂漠実験」に先導されヒロシマ・ナガサキへの原爆投下によるジェノサイドによって開幕されたその原子力時代に、「原子力スパイ」も駆使しながらかれなりに対応して、自国ソ連邦として核武装し、とりわけ水爆の製造実験では先駆して、戦後の米ソ「核大国」の一員に伍して、米ソ・東西冷戦期を双互に核武装した「相互破壊確証」に基づく、地球を何十回でも絶滅しうる異常な核拡大均衡下の核武装平和として対峙したにもかかわらず）帝国主義世界戦争の不可避性についてのレーニンの基本的命題の口頭禅を繰り返してやまなかったのである。

この現代資本主義が選択した「世界平和の維持」と米ソ冷戦期の現代資本主義陣営vs現代社会主義陣営の「核武装平和の維持」という現実からの、スターリン論文的〈戦争と平和〉論の遊離という理論的弱点は、スターリン死去後（その死去は、一時は核戦争勃発寸前にまで亢進した朝鮮戦争とインドシナ戦争の「ジュネーヴ協定」的終結へ直結した）における、ソ連邦共産党第二〇回大会（一九五六年）における画期的な「スターリン批判」が展開された第一の現実的モメントとなった。

にもかかわらず、歴史的妥当範囲を超える超歴史的なレーニン『帝国主義論』的見地の超保守的墨守に「偉大なスターリン万歳！　万々歳！」と大喝采とともに唱和する弊風は、世界はもとより今日の日本の旧・新左翼においてもゴマンとなお現存する亜流スターリン主義者の弊風となっているのであって、そのスターリン論文的源泉が、「帝国主義が不可避的に戦争を生み出すというレーニンの命題は、平和を守り新しい世界戦争に反対している強力な人民勢力が成長した今では、古くなってしまったものと考えるべきだ、というものがいる。これは正しくない」という御託宣なのである。これは一見「人民の力」の成長に対する確信のように見えて、その実は「相互破壊確証」に基づく相互核武装下の「世界平和」に対する核中毒的依存症の発症以外のなにものでもないのだ。

世界的規模において争覇・結托する米・ソ両「超大国」に対する二重対峙戦線の裡に、無産階級文化大革命を苦心推進中の後期毛沢東は、台湾海峡問題をめぐるアメリカとの核戦争の勃発、それよりもさらには長大な国境を地境として抱えているソ連邦との核戦争の勃発に備えて、「深く濠を掘り、食糧を蓄え、核戦争の勃発を恐れることなく、継続革命を前進させつづけよう」というスローガンをかかげて、地下鉄をはじめ核シェルターをいたるところに掘り、国内の工業建設も内陸部の「第二線」を中心に構築したが、そのような後期毛沢東思想もまた、あきらかにスターリン『帝国主義論』の亡霊にとりつかれていたのである。かれ毛沢東は、ソ連邦社会主義の変質を「フルシチョフ主義」として指弾する場合にも、その〝堕落〟を「社会帝国主義」として、レーニン『帝国主義』の基本範疇のもじりとしてこれを為す以外にはなかったのである。

15　スターリンにとりついたレーニン『帝国主義論』の亡霊

戦後の一九四六年二月九日におけるスターリンの「モスクワ市スターリン選挙区選挙人の選挙前集会での演説」において、スターリン自身が第二次世界大戦の基本性格について事後追認をおこなったように、「枢軸諸国（ヒトラー＝ナチス・ドイツ、ムッソリーニ＝ファショ・イタリア、裕仁＝天皇制日本、の「三国枢軸」）に対する第二次世界戦争は、第一次世界戦争とはちがって、最初から反ファシスト解放戦争の性格を帯びたのであって、民主主義的自由の回復もまたその基本任務の一つであった。枢軸諸国に対する戦争にソヴエト連邦が加わったことは、第二次世界戦争の反ファシスト的・解放的性格を強めざるをえなかったし、実際にまた強めたのである」と規定したごとく、第二次世界大戦の総帰趨の論理は、「帝国主義世界戦争を内乱へ！」「全権力をソヴエトに！」のレーニン的政治スローガンのもとに闘われた第一次世界大戦の総帰趨の論理とは異なるものであった。

その歴史的淵源を成した事態の推移を直視するならば、一見同様な形容的比喩によって「世界戦争の不可避性」という政治・経済力学的分析用語として表現するにせよ、第二次世界戦争の不可避性の歴史的動因が第一次世界戦争＝帝国主義世界戦争の歴史的動因とは異なって、すでにして帝国主義的資本主義としての形式的統一性を諸「ブロック化経済」圏の全世界的対峙として再び喪失するにいたった、一九三〇年代の〈非常時〉の時代にその淵源が求められる。その〈非常時〉的世界対峙の時代にあっては、「ドル・ポンド体制」の崩壊として一九二九年アメリカ大恐慌→同三一年英連邦オタワ会議によるイギリスの金本位制からの離脱→全世界的な国際金本位制の崩壊とドルを基軸通貨とする国際管理通貨制への歴史的移行によって、経済的・金融的・通貨的に領導された資本主義の世界編成の〈帝国主義的世界編成から現代資本主義的世界編成へ〉の世界史的移行を基軸焦点として、現代世界の基本矛盾の焦点はすでに推移していたことを看なければならない。

第一次世界大戦の総結果として形成された戦後世界秩序であるヴェルサイユ講和条約・ワシントン条約体制下の戦後世界は、旧植民地権益に「持てる国」として依拠しつづけている「現状維持」の米英「自由主義《リベラル》的ブロック」、「持たざる国」として「現状打破」を呼号してヴェルサイユ・ワシントン条約体制打破の能動的要因を成した日・独・伊「三国枢軸」の「生存圏《レーベンス・ラウム》ブロック」、一国金本位制をとっているフランスの「金ブロック」、そして帝国主義包囲下の「一国社会主義建設」の道を歩むスターリンのソ連邦の「社会主義ブロック」（そのブロック化は、独ソ協定によるポーランドの分割占領、バルト三国のソ連邦への併呑、ソ連邦の対フィンランド戦争によって歴史的端緒を与えられ、後年の「東欧圏」の囲い込みへといたったのである）へと四分五裂しながら、世界市場での生き残りを懸けた競争戦へと「ブロック化統制経済」の体制形式下に突入していったのである。そこにおける戦争の主要形態は「為替戦争」「貿易戦争」であって、「世界農業問題」をかかえこんだ「国際管理通貨制度」下でのそのような経済・貿易戦争の激化・亢進は、不可避的に天皇制日本の「満州事変」による中国大陸の侵略戦争の開始、ファショ・イタリアのエティオピア征服戦争、ナチス・ドイツのチェコスロヴァキア併呑・「独墺合併《アンシュタルツ》」に先行されながら、ついに資本主義の祖国ヨーロッパ大陸を大戦乱へと巻き込んだポーランド分割戦争の号砲を合図とする第二次世界大戦の大爆発へと、一路帰結していったのである。

ここに、植民地モノカルチャー農業圏をも諸列強の「ブロック化統制経済」の国家独占資本主義的装置の下に

「生存圏《レーベンス・ラウム》」として囲い込んだ、全世界的なブロック化的対峙は、不可避的・不可分的な連動性によって地球上再度の世界戦争として大爆発したのである。そのような「ブロック化統制経済圏」相互の「為替戦争・貿易戦争」の経済的性格が、先に戦後スターリン演説から引例した「反ファシスト解放戦争」の政治的・イデオロギー的性格と全球的に結合したと言ってよいが、このようにして最終的には「民主主義的連合国」vs「日独伊三国枢軸」との勝利か無条件降伏かを賭してトコトン戦われる事態に集約された第二次世界大戦の基本性格も、戦争の能動的放火者であった天皇制日本、ファショ・イタリア、ナチス・ドイツの「三国枢軸」、米英仏等々の「自由主義・民主主義諸国」、諸列強の半植民地中国・イギリスの植民地インドをはじめとする「植民地・半植民地・従属諸国」、そして「大祖国戦争」なるものを戦っているスターリン主義支配下のソ連邦、といった三つ巴・四分肢を有つ複雑多岐な諸要因の複合体が、第二次世界大戦の戦争過程そのものの推移を通じて、歴史経験にしたがって、「民主主義的連合国（スターリンのソ連邦も加わり、蔣介石の中華民国も加わった）」vs「日独伊ファシスト三国」の陣営的対峙死闘へと整理・集約されていったのである。

そのような第二次世界大戦に特有な力動的歴史過程において、複雑多岐な諸利害状況の錯綜に政治的に翻弄された事例の最たるものは、かつての資本主義宗主国イギリスのチェンバレン「宥和」政策からチャーチル「戦争」政策への転変であり、独ソ秘密協定によるポーランド分割戦争への参加からその予期せざる（スターリン自身によって）力動的一結果であるヒトラー・ドイツのスターリンソ連邦に対する電撃戦《ブリック・クリーク》の展開による独ソ開戦、反ナチス・反ファショをかかげた「大祖国戦争」としての「民主主義連合軍」への参加といった、スターリンの「権謀術数外交」の転変――それはソ連邦とコミンテルンの「社会ファシズム」論、「社会民主主義に対する主要打撃」論→ヒトラー＝スターリン秘密協定によるポーランド分割→「人民戦線戦術」（同時進行する「大粛清」とワンセットとして構成された）→「民主主義連合軍」の一員としての反ナチス「大祖国戦争」の開始の転変であろう。

16　スターリンの精神分裂病的な現代世界把握症候群の理論的病因

次いで第二に提示すべき、スターリンの精神分裂病的な現代世界把握症候群のすこぶる重要な理論的病因は、かれスターリンが、ヒロシマ以後の原子力時代に核武装国家の押しボタンを保持している、人類の運命を預かっている最高指導者の一人であるにもかかわらず、そしてまた現実的には「戦後平和」なるものが「恐怖の核拡大均衡」下の「核武装平和」として辛うじて維持されていることを知悉している指導的地位にありながら（核武装状況は国家の最高機密事項であるからして、指導者以外の被治者万人にとっては、そのような「知悉」は直接的にはこれを望むべくもない）、スターリン論文は、このような或る意味では一種異様な（歴史にその前例がないことからこの「不気味な」カフカ的ともいうべき現代感覚は生じている）〈戦争と平和〉状況を対象化・理論化することが全くできないでいるところにある。

この場合でも、スターリンのこの根本的な（レーニン『帝国主義論』の墨守と同様に時代遅れからくる）理論的無智を、卓越した実用主義的な実際政治家として補っているのはかれの鋭い政治的嗅覚なのであって、かれが「社会ファシズム・社会民主主義主要打撃」戦術から「人民戦線」戦術まで「ジグザグ運動」（トロツキー）に右往左往しながら、結局のところはソ連邦というガタ車を横転・転覆させることなく、「大祖国戦争」のベルリン突入・占領的勝利へと導いていったのと等しく、米ソ冷戦期《コールド・ウォー》（それは先述したように、朝鮮戦争・インドネシア戦争の局処的な熱戦《ホット・ウォー》を含んでいた）において熱核戦争の大炎上を回避して、曲がりなりにも米ソ「核拡大均衡」下の「核武装平和」を維持して、〈原子力時代〉への歴史的突入にもかかわらず「世界平和」の中での「一国社会主義の復興・建設」に取り組むことができたのも、その類い稀なともいうべき本能的な政治的嗅覚（それは多分に、かれの保守的な均衡《バランス》感覚・秩序感覚と結びついている）に由るものである。

その権謀術数外交＝国家運営のジグザグ（右往左往）運転方式の無器用かつ無概念な理論的定式化が、〈原理的には資本主義的諸列強のかかえている諸矛盾は、資本主義と社会主義との諸矛盾よりも強いが、にかかわらず実際的にはその資本主義諸国間の諸矛盾はその発露上、資本主義vs社会主義の諸矛盾よりも弱い〉という命題である。この理論上は支離滅裂と言ってよい命題の実際的効用の重要さは、『帝国主義論』のレーニン主義的原理規定の強調にもかかわらず（それと理論構成上無理論的に共存して）、資本主義諸国間の世界戦争も、米ソ間の世界戦争も、双方ともに否定して、（平和運動の強化による世界平和・平和共存の当面の、そのかぎり一時的な維持は、「非常によいことであり」、ただし戦争の不可避性をこの世から最終的に廃絶してしまうためには、レーニン的規定に順って資本主義体制を変革する革命運動に由るのほかない、という「革命的」保留を付しながら）、スターリン理論として曲がりなりにも、戦後世界に即して、全球的規模における戦争と平和との関係性問題、平和・民主主義と社会主義との関係性問題、平和運動と革命運動との関係性問題について、それなりに包括的な時代規定を与えることに「成功」を収めていたことから来ているのである。

その政治勢力配置的翻訳が、スターリンの世界政治力学を構成している、（1）社会主義諸国の「一国社会主義・一国共産主義建設」の系統的前進、（2）主要な資本主義諸国における「労働運動・社会運動」の前進、（3）植民地諸国における民族解放・民族独立運動の前進、という「三ブロック」階級闘争の世界的合成論にほかならない。この世界的政治力学は、今日でも、「不破哲三綱領」下の日本共産党が奉じてやまない路線である！

スターリン論文が「理論的には、もちろんのことこれは正しい」と折紙をつけた、「資本主義と社会主義との諸矛盾は、資本主義諸国の諸矛盾よりも強い」という命題は、スターリン自身はそのような理論的転用の現実的可能性については全く無自覚なのであるが、正しく理論的に適用・応用されるならば、「だからして、資本主義国間戦争が起きるというよりは反ソ戦争が起こりうる」という理論的提示にも転用されうることも、むしろもっと積極的に正しく適用されるならば、「だからして、資本主義諸国間の戦争の勃発も避けうるし、反ソ戦争（米ソ核戦争）の勃発も防ぎうる」という証明用にも転用することができるのである。

核世界戦争の技術的可能性が現実化した第二次世界大戦以後、つまりヒロシマ以後の時代から見直してみるならば、為替・貿易戦争と反ファシズム戦争の合体として大爆発した第二次世界大戦は、そこにおいてはまだ現代資本主義vs現代社会主義の間の基本的矛盾が決定的にまで深化していなかったがゆえにこそ起こった(国際的な資本家陣営にとっては起こしえた)のである。

したがって問題の核心は、戦間期における資本主義諸国間戦争(「満州事変」やエティオピア征服やチェコスロヴァキア占領を想起されよ)から始まった第二次世界大戦が、現代人類にとって未然に防止できなかった(この厳然たる歴史的事実の再考察は、今日のわたしたちにとっても主体問題として依然として重要な課題ではあるものの)ということよりも、そのような歴史的経緯から惹起された第二次世界大戦が、帝国主義世界戦争としての第一次世界大戦とは違って、それが「反ファシスト解放」の世界戦争へと転化したという歴史的事実の再確認にこそある。

この転化の歴史的創発が、帝国主義世界戦争をレーニン的規定にしたがって内乱へと転化させたソヴエト武装蜂起型の社会変革のパターンではなくて、(世界戦争に便乗した赤軍による「革命の輸出」という性格を色濃くもちながらも)、第二次世界大戦の総結果が、バルト三国圏・東欧圏のソ連邦主導下の「社会主義圏化」へと導き(これが、戦後世界の「東」的一環であるスターリン主義ブロック形成の歴史的契機である)、全世界的には「民主主義の防衛・回復」をもたらし(これが、戦後世界の「西」的一環であるブレトン・ウッズ協定下の「ニューディール」体制の世界的普及、「福祉国家」のブルジョア世界的範例化、の歴史契機である)、その後のさらなる歴史的帰趨を加味して言うならば、この後者の現代資本主義的傾向性が前者のスターリン主義的「社会主義圏」の形成傾向をも、究極的には呑み込んでゆくこととなったのである。

帝国主義世界戦争であった第一次世界大戦は、その主要な歴史的副産物としてのソヴエト権力の創設に対する帝国主義諸列強による対ソ干渉戦争（天皇制日本に即して言えば「シベリア出兵」）をおびおこし、帝国主義的包囲の下にソ連邦の「一国社会主義建設」を局限する「封じ込め戦略・政策」を実体化しうる政治力配置を形成したのであり、「反ファシスト解放戦争」としての性格をもつ第二次世界大戦においても、その反面である、ヒトラー・ナチス・ドイツによるスターリンのソ連邦に対する電撃戦《ブリック・クリーク》の発動によるレーニングラードの包囲、モスクワへの接近、スターリングラードの市街戦にまで一時は緊迫した「反ソ・反共戦争」としての歴史的側面の事例、あるいはまた、天皇制日本が挑発した張鼓峰事件、ノモンハン事件、「関特演」動員のごとき「反ソ・反共戦争」としての歴史的事例（それが〝未発〟に終わらざるをえなかったのは、挑発した側の「関東軍」を中軸とする天皇制軍部が、ジューコフ元帥の率いたソ連邦赤軍にその仕掛けた局部戦争を完膚なきまでに粉砕されてしまったからにほかならない）を想起する必要がある。

　さらにはまた、わたしたち日本人にとって最も重要な歴史的事例としては、「満州事変」に始まる天皇制日本の中国大侵略の歴史過程において、その双方の側の戦闘・戦役が結局のところ第二次世界大戦の全世界的帰趨へと大合流させられてゆくことになったのであるが、「昭和」期初頭を画した三回にわたる「山東出兵」以来の中国大侵略の戦争攻防過程を通して、天皇制日本にとって「満州事変」「上海事変」「支那事変」といった「事変」とよばれて「戦争」とはあえて呼びえなかった「反共・反革命戦争」が、蔣介石「国民党政権との攻防過程と平行・連動しながら、すでに延安に根拠地国家を構築していた毛沢東の率いる「辺境政権」の武装力である「中国紅軍」＝「人民解放軍」との熾烈な攻防関係へと踏み込んでしまっており、毛沢東の『持久戦論』に基づいた長期持久の自給自足的軍事である農民軍との対峙状況に入っていたことを想起する必要がある。

　『持久戦論』は天皇制日本の中国大侵略に抗する抗日民族戦争が〈防禦→持久的対峙→進攻〉の三段階を逐次推移して発展してゆき、最終的勝利を収めてゆく事物の力の論理過程の活写であったが、その戦略的意義をその一面にだけ求めてしまう通説は、一種の国内戦的一面性を免れないものとなるであろう。毛沢東の『持久戦論』の有つ画期性のもう一面は、かれのマルクス主義的情勢分析に基づく内外状況の政治的分析にあるのであって、それによれば、この自己武装に土着的に依拠した抗日民族解放戦争の持久戦的展開は、かつての国共合作―国共内戦以来の中華民国の執政党である国民党＝党国家と共産党＝辺境自治政府との矛盾・軋轢の一側面を、抗日民族統一戦線戦争の高次の総合性によってかならず不可避的に統一するものである、という事物の論理をあきらかにするとともに（これが半植民地革命運動の国内的統一・団結の理論展望的基礎である）、それだけにとどまることなく、「反ファシスト解放戦争」の基礎性格を帯びるにいたった「民主主義連合国」vs「日独伊ファシスト三国枢軸」との第二次世界大戦に、半植民地中国の抗日民族解放戦争が逐次大合流をとげてゆくことによって、「西安兵変」以来の第二次国共合作の「擁蔣・反日抗戦」運動を長期持久化している延安＝中国共産党の領導する抗日民族解放戦争が、スターリン大元帥麾下のソ連邦も加わっている「民主主義連合軍」の一員と有機的に化することによって、民主主義連合国の日独伊ファシスト三国枢軸に対する攻防過程を通ずる最終的な世界的勝利の一環として、究極的な勝利を収めることを理論的に将来展望しえたと言える（これが、毛沢東思想に導かれた半植民地革命運動の国際的連帯・総合の理論展望的基礎である）。

17　抗日民族解放農民戦争における毛沢東『持久戦論』の戦略的意義

以上のような、中国半植民地農民革命のマルクス主義的イデオロギーとしての作用を演じた毛沢東思想の『持久戦論』的な透徹した内外情勢把握＝東アジア・世界把握があったればこそ、中華民族の抗日民族解放戦争と侵略者のサイドから国際主義的に連帯しようとした、現代日本のマルクス的共産主義者のなかからも、たとえば、中国各地で天皇制軍隊の忠実な兵士を反戦兵士へと変貌させるべく挺身した野坂参三・鹿地亘・青山和夫らの在華反戦運動、リヒアルト・ゾルゲ・尾崎秀実・宮城與徳らの「コミンテルン諜報団活動」、中西功・安斎庫治、尾崎庄太郎・具島兼三郎らの「中国共産党諜報団活動」、長谷川テルらの「対日宣伝放送活動」、佐藤大次郎・大下末広・山上政義・石堂清倫らの「満鉄調査部活動」、等々の有用・有益な共産主義的諸活動が、日本共産党中央の潰滅とコミンテルンの解散との以後の「党なき戦中期」にも営々として簇生することとなったのである。

　これらの諸活動は、そのいずれもが中国人民の革命戦争の遂行・貫徹との関係性において生じた貴重な反戦活動であったが、その戦争最末期の活動は、時あたかもソ連邦軍が敗戦期日ギリギリにいわば〝火事場泥棒〟式に対日宣戦布告によって発動した「満州国」への進撃の悪しき副産物であった、捕虜とされた関東軍兵士五十余万人の、「スターリン指示」によるいわゆるシベリア抑留・強制労働という日本人にとって忘れ難い「社会主義体験」を重複的にもたらすこととなった。

　第二次世界大戦最末期のヒロシマ以後の新たな原子力時代においては、戦争と革命との関係性問題の全般が新たな再定義と再布置を蒙らざるをえないから、「大東亜戦争」における右のような正（反戦運動）負（シベリア抑留）を有つこととなった歴史的経験は、おそらくはもはや再び上演されることのありえない貴重な唯一回限りの出来事であったと言えるだろう。

　右のような、わたしたち侵略当事国である天皇制日本のサイドにおいて、「五族協和」「日満蒙支生命線」「鬼畜米英打倒」の「大東亜共栄圏」の創出を価値目標としてかかげる「大東亜戦争」として戦われた膨脹する侵略戦争の拡大に反対する、反侵略・民族独立の革命戦争としての主体的団結・連帯の内外基準を明確に意識化してたたかわれたものであったればこそ、第二次世界大戦の主要な副産物としての一九四九年の中国半植民地革命の勝利（中華人民共和国の建国）を渦心とする東アジアの直接的革命情勢（それは、天皇制日本の植民地朝鮮における金日成指導の民族独立運動の勝利、ヴェトナムにおけるホー・チ・ミン（胡志明）指導の民族独立運動の勝利への連帯（戦後のハノイを中心とする日本兵士＝ジャピンドの活動を見られよ）をも導き、インドネシアにおける国共合作・「（イスラーム民族をふくめた）

パンチャシーラ原則」に基づく民族的統一を実現したスカルノ建国革命の勝利への参加（戦後のジャワを中心とした日本兵士＝ジャピンドの活動を見られよ）にまで波及したのである――この形勢が、第二次大戦以後の「南」の世界における「非同盟・中立運動」の巨大な策源を生み出し、「第二国連」の創設企図にまで突き進み、米日反動が使嗾したスハルト反革命による「九・三〇事件」によるスカルノ体制の瓦解にまでつづいたことは、わたしたちの記憶にいまだに新たなごとくである。

この第二次世界大戦以後の東アジアを渦心とする直接的革命情勢の進展が一頓挫を来たしたのが、金日成・北朝鮮政権の軍事力南侵の過誤をとつこにとった米・韓反動勢力の朝鮮戦争、ハノイ＝ホー・チ・ミン政権の覆滅をねらったインドシナ戦争、蔣介石の台湾「亡命政府」を擁護するためのアメリカの台湾海峡封鎖、インドネシアのスカルノ建国体制を転覆させた「九・三〇事件」であったことは、いうまでもないところである。

戦後のアメリカ帝国主義を先頭とする世界支配勢力の捲き返しによる両陣営のこの「痛み分け」状況は、スターリン死去後に実現された朝鮮休戦、インドネシア休戦を軸心とする〈ジュネーヴ会議平和条約〉体制として、一九五〇年代に形成・定着されるにいたったのである。戦後日本に即して言うならば、その政治的転機は、いわゆる五〇年体制（自民党の合同、左・右社会党の合同、日本共産党の「六全協」統一）の到来である。

18　戦後アメリカ的世界におけるドイツ・日本の資本主義的再建・強盛化の歴史的特質

このような歴史的観点からいうならば、大日本帝国の全領土と全軍隊を失い、内務省を頂点とする治安維持法の撤廃をよぎなくされ、神聖天皇制を〈象徴天皇制〉へと転化せしめられた、戦後日本の戦争放棄・戦力放棄の第九条を核心とする日本国憲法の制定、それと裏腹に同時に調印された米日安保条約の締結が、戦後世界の〈ヤルタ体制〉化の日本的一環であったとするならば、いわゆる〈五〇年体制〉の成立（自民党の合同、左右社会党の統一、共産党の「六全協」統一の政党配置――生産性本部の発足と、戦後再建・成長の資本主義体制における生産性向上に見合った枠内での賃上げの定例化である太田・岩井派主導の総評「春闘」スケジュール闘争の「制度化」が、右の政党新配置の経済的土台である）は、戦後世界のジュネーヴ和平会議以後の〈ヤルタ・ジュネーヴ体制〉の日本的一環であるものとして、これを捉えることができる。

このような現実的政治事態の出来《しゅったい》は、一面から言えば、スターリン論文が予言した、第二世界戦争の「敗戦国」であるドイツと日本とが、戦後資本主義の再建・成長過程の進展とともに、やがてアメリカ占領制度のくびきから脱して再び資本主義大国として立ち上がるであろう、という展望が的中したことを意味する事態であったとともに、他面から言うならば、そのようなスターリンのいう「アメリカ占領制度のくびきからの自立」が、スターリンがそのまた先の将来展望として「実証」したがっていた「資本主義諸国間の戦争の不可避性」の証明材料とはけっしてならないことをも証明したのである。

戦後的歴史条件の変化の具体的実証としては、たとえば、戦争日本資本主義のアメリカ占領下からの離脱・自立が、アメリカ資本主義との敵対（それによる「戦争の不可避性」の発現？　真珠湾奇襲攻撃からヒロシマ殲滅へといたった米日戦争の再演？）へと進むことなく、戦後の世界的統合資本主義の時代的特性に応じて、それとはまさに形の上では正反対の進路をとって、米日安保同盟の支配勢力としての自発的な強化・再編として演じられているような「奇瑞」現象を呈するにいたっているのである。したがってまた、今日の日本では、安保条約の破棄による米日安保同盟の解体は、ほとんど日本資本主義打倒・変革の戦略的課題の遂行に近接した主要・重要な政治問題に転化しているのである。人民大衆の抵抗勢力の抬頭に対する一種の「恐怖による支配勢力の結集・同盟」である反安保同盟は、予防共同反革命装置以外のなにものでもないのである。

かつての「昭和」期の全体を領した、講座派vs労農派の〈日本資本主義論争〉のひそみにならおうとした、戦後の〈第二次日本資本主義論争〉は、従属・自立論争として没概念的・没理論的にたたかわされ、スターリン主義体系の全世界的没落とともにいつのまにかすっかり忘れ去られてしまったのも、戦後スターリン論文の〈敗戦帝国主義の再建・成長→アメリカ占領制度のくびきからの解放→アメリカ帝国主義との対立・敵対→資本主義諸国間戦争の不可避性の接近・爆発〉といった嗤うべき理論的呪縛のままに、その第二次論争が、戦後資本主義の従属か、自立かが純観念論的に二者択一的な進路選択として設定された理論的低迷からきていたのである。

今もって日本資本主義のアメリカ帝国主義の民族的従属のテーゼを頑迷に固守している日本共産党代々木派の「宮本→不破党綱領」は、右のような旧弊なスターリン主義丸出しの、今日ではスターリン主義の色彩いぜんとして濃厚な世界共産党のなかでもきわめて異例な「骨董品」的綱領であって、スターリン経済学論文と同じく、いかなる意味でも現実の歴史的資本主義《ヒストリカル・キャピタリズム》の分析用具としては何の役にも立たない擬似綱領体系にしかすぎないのである。

19　スターリン論文の〝最後の言葉〟としての、現代資本主義の「最大限利潤の法則」と現代社会主義の「欲望の最大限充足の法則」

党国家の官許イデオロギーであった〈ディアマート体系〉から演繹されたスターリン主義体系的思考の、空疎に空想的な体系的帰結は、一九五二年のスターリン経済学論文の全総括である〈七　現代資本主義と社会主義との基本的経済法則の問題〉に集約されているごとく、マルクス経済学の真髄をいっさい抜き取った、前にも述べたように、『資本論』体系における〈ゲモニー的範疇概念である「絶対的・相対的剰余価値生産の法則」さえも明言的に「棄て去ってしまった」、無内容な形骸的カスのごとき「基本的規定」でしかそれはないのである。

スターリン論文は曰う――「現代の独占資本主義が要求しているものは、平均利潤ではなくて、多少とも規則的に拡大再生産を実現するために必要な、最大限の利潤である」と。平均利潤以上に、技術革新が先行的に実現された特定の産業部門において獲得される超過利潤は、『資本論』の範疇概念によれば「特別剰余価値」であり、その転形としての「超過利潤」である。それを求めて各産業部門を転々とする資本は、諸資本の自由競争ないしは寡占的競争を通じて、不断にいついでも・どこでも右のような「特別剰余価値」→「超過利潤」を追求している。独占的高利潤とか植民地超過利潤とかよばれる利潤も、そうした利潤範疇の具体例であるが、そのような「特別剰余価値」＝「超過利潤」が諸資本の競争を通じて平準化されたものが利潤率平均化の法則にしたがった「平均利潤」なのである。

したがって、あまりにも無内容であるばかりでなく理論概念的にも混乱・迷妄をきわめている「最大限利潤の法則」に、われながら気がとがめたと覚しいスターリン論文は、「現代資本主義の基本的経済法則の主要な諸特徴と諸要求」について、つぎのような「定式化」を加味して述べている――「すなわち、その国の住民の大部分を搾取し、零落させ、貧困にすることによって、他の国々とくに後進諸国の人民を隷属させ、系統的に強奪することによって、最後に、最高の利潤を確保するために利用される戦争と国民経済の軍事化とによって、最大限の資本主義的利潤を確保することである」と。その推進動因は？ 「平均利潤でもなく、また通常、平均利潤をほんのすこしうわまるにすぎない超過利潤でもなくて、まさに最大限の利潤が、独占資本主義の推進者となっているのである」と。

この「現代資本主義の基本的経済法則」のスターリン的定式化は、搾取と強奪、絶対的貧困化、資本制的支配と植民地的隷属、経済的価値増殖と「国民経済の軍事化」をともなわざるをえない不可避的な「戦争」テーゼの、ごった煮であり、そのごった煮の中核が最大限利潤の獲得に集約されているのであるが、いかに没概念な修飾形容詞を誇大にいくら積み重ねて表現しようと、資本家社会にとっての「最大限利潤」とは「超過利潤」の平準化もふくめた「平均利潤」以上・以外のなにものでもありえないのである。資本の利潤とは、労働力商品が資本の生産過程における

「疎外された労働」を通じて産出する「剰余価値」「剰余生産物」を唯一・屈強の源泉とするものであって、スターリン経済学式にそれ以外の恣意的、空想的な「源泉」からビタ一文でも汲み出しうるものではないのである。

「すでにその以前からある商業利潤率は、ただたんに局地的に利潤率が水平化されているときでさえも、あいかわらずプロクルステスの寝台であって、その寝台からはみ出ている超過産業剰余価値は容赦することなく直ちに切り取られてしまうのである」（マルクス『資本論』第三部にたいする編者エンゲルスの補遺）。

「最後は、相対的過剰人口または産業予備軍を、いつでも資本蓄積の規模およびエネルギーと、均衡をもたせておくという法則は、ヘーパイトスの楔 Keile des Hephastos がプロメテウスを岩に釘付けしたよりももっと固く、労働者を資本は釘付けにしてしまう」（マルクス『資本論』第一部）。

このようなスターリン論文が没理論的に規定する「現代資本主義の最大限利潤法則」に模して、価値法則の利用によって「社会主義的」商品生産・商品流通を全社会化しているスターリン式「一国社会主義」の「基本的経済法則」は、これまたそれ以上に空疎・無内容も甚だしい、ただ単にスターリンのソヴエト経済運営の上での願望だけを反映・表現しているだけの「基本的規定」である。このような小学生的欲望表現をいかに書き連ねられたところで、実際に国有化生産手段へのアクセス権を専有して指令型集権制の「計画的国民経済」を運営しているノーメンクラトゥーラ特権行政官僚といえども、策の施しようがなかったであろうと思われる――「すなわち、社会全体のたえず増進していく物質的および文化的な欲望を、高度の技術に立脚する社会主義的生産のたえまない増進と改善とによって最大限に充足するように保障することである」と。

現代資本主義の基本的経済法則は最大限利潤の追求、現代社会主義の基本的経済法則は欲望の最大限充足の追求――これが一切のスターリン経済学的定義のアルファにしてオメガである！

ソ連邦におけるスターリン主義的経済規定はともかくとしても、マルクス『資本論』弁証法体系が資本制商品経済の下向‐上向法的分析によって獲得した三大経済法則——絶対的・相対的剰余価値生産の法則、相対的過剰人口形成の法則、一般的利潤均等化の法則——、ならびにそのような価値法則の貫徹による不断の価値増殖過程における資本の産業循環＝景気変動過程での四局面（好況→恐慌→不況→経済的高揚）の推移・転換・交替の波動確定とその規定力としての**周期的恐慌の突変的・全面的・暴力的な大爆発**、それによる過剰化した資本（＝資金）の高次化循環軌道への迫り上がりと、その軌道上の経済的循環を再開させる再起点としての「冒頭商品」への円環化的自己還帰——『資本論』のこれらいっさいの体系概念は、スターリン経済学論文と『経済学教科書』ではいったいどこへ行ってしまったのか？

スターリン経済学論文が明言しているように、それらのヘゲモニー的基本概念・範囲のすべてが単に行方不明になっただけでなく、自称「マルクス・レーニン主義者」自身によって「棄て去られてしまった」のである。けだし、このようなスターリン主義経済学とそれに立脚した〈ディアマート体系〉の君臨は、〈**恐慌論**〉なき「マルクス・レーニン主義」体系のとどのつまりのゼロ点であると断言することができる。

どだい、タダモノ論的なウルトラ観念論者であるスターリン御一人には、「基本的経済法則」なるものが、**周期的恐慌の規則的循環性**によってその「経済法則」性の基準を与えられた物象化法則であって、商品→貨幣→資本の上向法的進展も「日常生活の宗教」としての物神性崇拝《フェティシズム》の進展であって、その総帰結として〈土地‐地代、労働‐賃金、資本‐利子〉という聖なる三位一体の近代市民社会は、物象化社会として完成されるにいたる、というマルクス的方法の把握などはすべていっさい風馬牛なのである。馬や鹿の耳に念仏だ！ スターリン主義批判のあくなき徹底的全面化が、今日においても現代マルクス主義者にとっての第一級の思想的・理論的課題として突きつけられている、とわたしがみなしつづけてきている所以である。

20　「新自由主義的世界編成」としての今日のグローバルなインターネット資本主義の高度化における**恐慌現象の変容**の明日は？

今日の多（超）国籍企業とドル・核帝国を基軸とする「新自由主義的世界編成」としての現代資本主義世界システムにおける**恐慌現象の歴史的変容**が著しく多様・異例な発現形態をとっていることは、言を俟たない。「世界一」アメリカ資本主義を世界史的範例とする在来の主要資本主義国においてばかりでなく、プーチン体制下のロシアや胡・温体制下の中国もまた〝第二〟資本主義的発展の強大化とともに、その経済的諸矛盾が**特異な恐慌現象の発症**をともなうことによって、今日の「新自由主義的世界編成」下の**恐慌現象の特異な発現**は、ますます一義的な規定・展望を許さなくなってきている。ロシア・中国のごとき後発的な〝第二〟資本主義化諸国は、多分に後進資本主義国としての不均等的発展の特性をもつことによって、複雑な複合的・重層的様相を呈しているのであって、その把握は具体的な批判的分析の進展によるのほかはない。

しかしながら、今日のグローバルなインターネット資本主義の高度化の現状を範例的基準にとるならば、今日の世界経済の動向は、等しくデフレ・スパイラルからすでに脱して、好況の再来ないしはバブル経済の再現の外見のなかでの（それが外見的仮装として形容されざるをえないのは、そのＩＴ革命に依拠する好景気が疑いもなく赤字国債の大増発による経済的矛盾の繰り伸べ・隠蔽作用の所産であるという面を、構造的に内有しているからである）インフレ・ターゲット政策への転換を決定的に選択しているといえる。

今日の中国「人民元」の七ドル台への切り下げ措置をも伴って、アメリカ連邦準備局（ＦＲＢ）のグリーンスパン議長退任後もバーナンキ新議長体制下で神経質なほどの細心・精妙に続けられている五パーセント台の金利引上げ操作（それに連動しているのが、企業大国日本における日銀の「量的緩和政策」の最近の解除とインフレ・ターゲット政策への転換である）にほかならない。

このような金融・財政ミックス政策の精緻な運用によって、資本主義的中心諸国家は、インフレーションの進行を好景気を高原状に維持させるべく「マイルド・インフレーション」の枠内において発展させようと「くつわ」をはめながら加速化させる〃馬術〃的技術操作を励行しているが、近未来にこのデフレ・スパイラルからインフレ・ターゲット政策への急転換がもたらすものは、「くつわ」の外れたハイパー・インフレーションへの急加速化であり、それは今日の具体的状況下では経済成長に替わる経済停滞《スタグネーション》と特異に結合してゆかざるをえないから、近未来の経済的展望はかつての石油危機《オイル・ショック》後に戦後資本主義を席捲して襲来したスタグフレーションの、イラク戦争の泥沼化にともなう今次の原油高の裡での再襲として発現するであろう。

わたしたち現代マルクス主義者は、すでにかつてのきわめて特異なスタグフレーション経済現象についての歴史的経験についての多少の理論化的蓄積を有しており、例によってそれをインフレーション政策によって無意識裡に招来しつつあるブルジョアジーとその御用経済理論家たちは（かつての石油危機《オイル・ショック》後と同じく、不意を突かれて）すくなくとも再スタグフレーションの襲来の当初は右往左往せざるをえないであろうから、**〈恐慌論〉**によって理論武装した現代マルクス主義者の尖鋭な一群にとっては、かれらを出しぬき制圧して、マルチチュード大衆の生活経験と生活要求に深く根差した能動的大衆運動を誘発し先導することのできる唯一無二の絶好のチャンス到来ということになる現実的可能性を事態の今日的進行は秘めている、と言わなければならない。

したがって、**変容されている恐慌現象の今日的・明日的発現**の様相分析にとっては、イラク戦費調達の国家財政の大赤字化とそれを補完しようとする集団自衛権発動の戦争国家の赤字国債の大増発、ならびにそれと不可分に連動したハイパー・インフレーションの進行および少子化社会での移民労働者化やフリーター化をふくめた失業者・半失業者の構造的増大が、資本主義の体制そのものを問う第一級の政治・経済問題として迫り上ってこざるをえないこととなる。

このような政治・経済状況、より正確に包括して言うならば軍事・政治＝通貨・金融・経済状況は、ブッシュのアメリカ、ブレアのイギリス、小泉の日本を、全世界的に見れば孤立したごくマイノリティーの「戦争屋」がゴリ押ししているアフガン＝イラク戦争・占領・制圧の泥沼化と、その戦費・赤字国債問題の重圧化を媒介環とした、すでに各時・各処に転変して現われているドル危機の深刻化と、近未来的にしだいに重合・交錯・合流して、経済現象的には今日のグローバル資本主義の通貨・金融の国際的枠組であるドル本位変動相場制そのものの世界史的崩壊へと帰結してゆかざるをえないであろう。

この出来事が出来《しゅったい》するならば、それは支配ブルジョアジーにとって、二〇世紀の開幕期における金本位制度＝ポンド・ドル体制の世界史的崩壊・解体と、ドルを覇権通貨とする国際管理通貨制度の世界史的創出・出現以来の一大椿事の発生ということになる。

アメリカ・ドルを覇権・基軸通貨とする一極的なドル本位制変動相場制といっても、青色紙幣《ブルー・ノート》のドルの垂れ流し《ビナイン・ニグレクト》現象そのものによってドル危機が各時・各処に転変しながらすでに頻発している状況のなかで、赤字国債の大増発もふくめて無理なやりくり算段をつづけてきている結果として、すでに今日の国際管理通貨制度の実態そのものが、ドル一極性から遠心化して、ヨーロッパ諸国を東欧圏まで拡大しながら経済的統合を調達している〈ユーロ〉、そして、東アジア世界の広域経済圏を調達することになるにちがいない中国〈人民元〉との、三極通貨体制へとすでに移行してしまっているのである。これは、近未来のドル本位変動相場制の世界史的崩壊・解体そのものを予告するファンファーレである。このようなドル本位変動相場制の下で、今日、曲りなりにも「ドルのアメリカ」を主軸とする国際資金循環が回転・機能しているのは、ひとえに、イラク戦争泥沼化の随伴物である原油高によって滞留・滞積されている原油産出国の「オイル・マネー」が金利差を求めて「ドルのアメリカ」に吸い寄せられ、それをUSAが国際的に貸付けて、利鞘を稼ぐことが可能になっているからにすぎない。全事態はこの世界的回転がブッシュのイラク侵略戦争の大失敗とともにすでにブレアのイギリス軍、小泉の自衛隊のサマーワからの総撤退という形の進行とともに、それにともなって途絶せざるをえない方向へと一路向かっているのである。世界経済のIT革命下の好景気の回復にもかかわらず、バブル経済のハイパー・インフレーションへの傾向が発現しはじめているなかで、現在、世界同時株安が現出してきているが、それにつれて次いで近未来において世界同時国債赤字難が到来する公算も大きいであろう。

現代資本主義世界システムとしての〈パクス・アメリカーナ〉秩序は、イラク戦争の泥沼化とドル危機の頻発のなかで、すでにもはや引返し不能の世界史的没落期へと踏みこんでしまっていると断定してよい。

もはや天下動乱の再襲は避けがたい。

その大動乱は、失われた「構造改革」のこの十五年間のあいだに、東アジア世界を経済的に統合する〈円〉の広域通貨化の千載一遇のチャンスを逸してしまった企業大国日本にとって、最も重たい打撃を加えるものとなるであろう。なぜならば、折角稼ぎに稼ぎまくっている企業大国ニッポンの〈円の過剰流動性〉のことごとくが、単なる紙切れにすぎないブルー・ノート＝ドルに化けて、アメリカ商業銀行のドル預金ならびにローザ・ボンド＝米国債として集積されているからである。近未来にドル本位変動相場制が土崩瓦解するにいたるならば、そのブルー・ノートの厖大な堆積は、最終的にはただのカミキレの堆積でしかなく、せいぜいのところタバコを点けるマッチの代わりにしかなりえないからである。

いいだ・もも（飯田桃）
一九二六年、東京生まれ。東大法学部卒。
主要著書――『20世紀にとって〈社会主義〉とは何であったか』『日本共産党はどこへ行く?』『レーニン、毛、終わった』論創社、『新コミュニスト宣言』（共著）社会批評社、『日本共産党を問う』三一書房、『現代社会主義再考』（上下）社会評論社、『コミンテルンと民族・植民地問題』社会評論社、『転向再論』（共著）平凡社、『検証内ゲバ』（共著）（上下）社会批評社、『斥候よ夜はなお長きや』角川書店、『核を創る思想』講談社、『エコロジーとマルクス主義』緑風出版、『21世紀の〈いま・ここ〉―梅本克己の生涯と思想』こぶし書房、『検証党組織論』社会批評社、『主体の世界遍歴《ユリシーズ》 八千年の人類文明史はどこへ往くのか』（全三巻）藤原書店。
（〒251―0032 神奈川県藤沢市片瀬2―7―26
TEL・FAX 0466―22―4087）

恐慌論
――マルクス的弁証法の経済学批判的な検証の場

二〇〇七年七月二〇日 初版第一刷印刷
二〇〇七年七月三〇日 初版第一刷発行

著者 いいだ もも
発行人 森下紀夫
装訂 佐藤俊男
発行所 論創社
東京都千代田区神田神保町2―23 北井ビル2F
電話 （〇三）三二六四―五二五四（代）
振替口座 〇〇一六〇―一―一五五二六六
http://www.ronso.co.jp/
印刷／製本 中央精版印刷

ISBN978-4-8460-0678-5